2022 [제2개정판]

재건축·재개발사업을 위한
조합행정업무 지침서

[하 권]

박 용 범 편저
박 정 삼 감수

법률출판사

제2개정판을 출간하면서..

정비사업을 추진하기 위해서는 정비사업에 관련되는 행정업무나 적용되는 제반 법령은 물론, 주택건설에 필요한 건축기술 등 다양한 분야에 대한 지식이 요구된다. 그러나 이러한 전문지식을 해당되는 각 분야의 전문가 이외에는 잘 알지 못하는 것은 자연스러운 일이라 할 것이다.

따라서 재건축사업이나 재개발사업을 직접 추진하는 대부분의 정비조합 임원들이 이러한 전문지식을 잘 알지 못할 뿐만 아니라, 이를 단기간 내에 모두 습득한다는 것 또한 불가능한 일이며 습득의 필요성도 크게 느끼지 못하고 있는 것이 정비사업의 일면이기도 하다.

정비사업 추진과 관련된 현행의 법령 체계는 이러한 문제점들을 보완하기 위하여 정비사업을 추진하고자 하는 조합이 정비사업에 필요한 행정업무나 전문지식을 필요로 하는 경우에는 해당 전문가와의 용역계약이나 자문계약 등을 통해 필요한 전문지식을 언제든지 손쉽게 활용할 수 있는 기회를 마련하고 있는 것이다.

이러한 법령이나 제도가 충분히 마련되어 있음에도 불구하고 대부분의 정비조합은 사업을 추진하는 과정에서 여러 건의 법적인 분쟁에 처하게 되는 경우가 발생되며, 일부 조합에서는 정비사업을 본격적으로 추진하는 과정에서 해당 정비조합의 조합원이나 이웃의 주민들에 의해 진행 중인 정비사업에 대한 '공사중지가처분'이 제기되는 사태가 발생하기도 한다.

퍼스티지아파트의 재건축업무를 조합의 창립에서부터 해산 시까지 기술담당 상근임원으로서 제반 업무를 직접 수행한 경험을 바탕으로 이러한 문제가 발생되는 근본적인 원인을 파악해 본 바로는, ① 조합원 상호간의 경제적 이해상충, ② 정비조합의 태생적 한계(일회성), ③ 정비사업에 대한 임원들의 전문성 결여 및 해당 전문가와의 충분한 사전협의 부족, 그리고 ④ **정비조합 행정업무의 법적인 처리절차에 대한 인식부족**이 주된 원인이라고 판단된다.

정비사업을 추진하는 조합은 해당 사업의 시행자로서 법적인 측면에서는 정비사업의 모든 부문을 감독하고 중요한 사항들을 최종 결정하는 막중한 지위에 있으나, 조합의 임원진 중에는 정비사업 수행에 필요한 행정이나 건축기술 등 정비사업의 여러 분야에 대한 전문지식을 가진 인력이 매우 부족한 것이 엄연한 현실이다. 이와 더불어 정비사업의 모든 업무를 계획하고 책임지는 조합이 아파트의 품질을 좌우하게 되는 설계내역의 확인을 포함한 건축기술 분야를 총괄하여 검토하고 판단할 수 있는 임원의 선임 등 기술 관련 부문을 관리(管理)하는 구체적인 제도가 전혀 마련되어 있지 않은 상황에 대해 필자로서는 이해하기 힘든 경험이었다.

이러한 현실을 감안하면, 여러 부작용이 있음에도 불구하고 정비사업에 대한 풍부한 경험과 실질적인 업무수행능력 및 자금동원력을 갖추고 있는 시공자의 의견이 일정부분 반영되어 정비사업이 추진되고 있는 것이 어느 면에서는 불가피한 현상(現狀)이라 할 수 있을 것이다.

이와 함께 2017년 2월 8일 전부개정 공포된 도시정비법 및 동 시행령 등에서는 조합설립 추진위원회가 '정비사업전문관리업자'를 선정할 수 있도록 규정하고 있으나, 설계내역의 검토, 시공자와의 공사도급계약 체결과 기타 주요 행정업무에 대한 참여 등 정비사업의 핵심적인 사안에 관해서는 **정비사업자의 업무에 관한 규정**'을 통해 **'정비사업 전문관리업자'**가 직접 수행할 수 있는 업무범위에서 제외하고 있어, **'정비사업 전문관리업자'**의 역할에는 일정한 한계가 있다 할 것이다.

또한, 정비사업 추진과정에서 조합운영의 기준이라 할 수 있는 조합정관 등의 제정이나, 건축물의 성패를 좌우하는 건축설계에 대한 계획은 시공자가 선정되기 이전에 이미 확정되기 때문에 시공자가 선정된 이후에는 사업계획 등의 수정이나 설계의 획기적인 개선 등은 시기적으로나 공사도급금액의 변경이 수반되는 문제 등으로 인하여 이를 추진한다는 것이 매우 어려운 과제가 된다.

본 지침서는 이러한 여러 문제점들을 감안하여 편찬하게 된 것으로 편찬의 주된 목적은,

1) 정비사업에 대한 충분한 경험이 없는 조합의 임직원이나 조합원에게는 정비사업에 대한 법률상의 기본개념에 대한 이해와, 업무수행상의 유의사항 등을 사전에 파악하는데 참고가 되도록 하기 위함이며,

2) 정비사업전문관리업자에게는 비교적 성공적으로 수행된 정비사업에 대한 제반 자료를 제공함으로써 추후 더욱 향상된 업무수행을 위한 참고서가 될 수 있도록 하였고,

3) 시공자에게는 정비조합의 제반 행정업무를 이해함으로써 조합과의 업무협조에 도움이 될 수 있도록 하였으며, 시공자가 건축공정을 수행함에 있어서는 전 공정에 대한 사전 체크리스트의 역할을 함으로써 하자발생을 최소화 할 수 있도록 하기 위함이다.

정비사업을 추진하는 과정에서 발생되는 수많은 문제점들에 대한 해결방안으로 전문가들도 지적하고 있는 바와 같이, 정비사업의 초기단계에 PM(Project Management)제도를 사업의 주체인 조합이 도입할 필요가 있다고 생각한다. 그러나 PM제도는 조합이 사업초기단계에서부터 준공 시까지 단계별로 해당 분야에 대한 전문가들의 조력을 받을 수 있다는 이점이 있는 반면, 많은 비용이 수반된다는 문제점이 있다.

이러한 문제점들을 감안하여 PM에 준하는 업무를 수행할 수 있도록 **<u>외부의 「정비사업 전문인력」이나 「검증된 경력자」를 조합설립 추진위원회의 구성 초기에서부터 「사외이사」나 「자문위원」의 자격으로 정비사업에 직접 참여할 수 있도록 함으로써 해당 조합의 업무수행능력 중 부족한 부문을 직접 보완 할 수 있도록 하는 제도의 도입을 제안한다</u>**.

한편, 현행 법령체계 아래에서 운영 중인 '책임감리자 제도'는 그 수행업무의 목표가 설계의 사전 개선이나 공사금액의 절감 등이 아니라, 이미 확정되어 있는 계획에 대한 이행여부만을 감독하는 수동적인 역할에 국한되어 있고, 인·허가기관의 대리자로서의 역할을 수행함에 있어 일부 부작용도 경험한 필자로서는, '실질적인 측면에서는 민간기업의 사업시행자로서 책임감리에 따른 감리비를 지급하는 정비조합이 책임감리자에 대한 선정권 및 감독권은 인·허가기관이 갖도록 하되 사업시행자에게는 일방적인 "갑"과 "을"의 관계를 개선하기 위한 「재선정 청구권」을 갖도록 하는 등'의 현행 책임감리자 선정 및 운용방식에 대한 제도개선이 필요하다는 생각이다.

재건축사업을 통하여 정비사업에 대한 행정업무 등을 직접 경험한 바가 있는 필자는 본 지침서가 정비사업에 종사하는 여러분들에게 조금이나마 도움이 될 수 있기를 바라며, 정비사업에 관련되는 제도나 법령의 개선에도 일정부분 역할을 할 수 있기를 기대한다.

2022. 01.

필자 박 용 범

일러두기

　본 지침서의 편찬을 계획하게 된 가장 큰 목적은 정비사업을 수행하는 관계자 여러분들이 정비사업에 대한 관계 법령이나 전문기술을 깊이 있게 습득하기 위한 참고서가 되도록 하기 위함이라기보다는, 정비사업에 대한 경험이나 지식이 거의 전무한 사업주체가 정비사업과 관련되는 법령이나 건축기술 분야에 대한 기본적인 부문을 체계적으로 이해함으로써 정비사업 추진과정에서 예상할 수 있는 과오를 미연에 방지하는 데 도움이 되도록 하는 것이다. 그리고 조합의 임직원, 정비사업전문관리업자 및 건설회사 관계자들에게는 정비사업을 추진하는 과정에서 올바른 사업추진방향을 제시하는 PM의 역할을 할 수 있도록 하기 위함이다.

　정비사업의 기본적인 이해와 PM의 역할이라는 편집방향에 따라 지침서의 맨 앞부분에 사업시행자가 기본적으로 알아두어야 할 관계 법령들을 정리하여 수록하였는데, 사업시행자에게 꼭 필요한 조항들을 발췌하여 수록하였다. 다음 장에는 정비사업 추진절차를 정리하여 기술하였고, 기 시행된 정비사업을 근거로 작성되고 활용되었던 자료들을 각 사업단계별로 상세히 수록하였으며, 사업추진단계별 유의사항을 추가함으로써 정비사업을 본격적으로 추진함에 있어 사업 전반에 대한 이해를 돕고 정비업무를 정확히 수행하는데도 일정한 역할을 할 수 있도록 하였다. 또한, 기술부문에서는 설계 및 각 공종별로 주의해야할 사항을 간략하게 기술하였다. 본 지침서는 문장을 구성함에 있어 지침서를 읽으면서 내용을 쉽게 이해할 수 있도록 하기 위해 평이한 문장으로 구성하였다.

　2018년에 출간된 전부개정판은 2017년 2월 8일 전부 개정된 도시 및 주거환경정비법 및 이후 전부 개정된 시행령이나 시행규칙에 따라 지침서의 모든 내용이 전면 수정되었으며, 당시 서울시의 도시정비조례의 전부개정(안)이 확정·공포되지 않음에 따라 조례의 전부개정(안)을 기준으로 출간되었다. 이에, <u>2018년 7월에 확정 공포된 서울시 조례와 그동안 개정된 기타 제반 법령에 따른 내용 및 보완된 행정업무 시행자료를 반영하여 2022년도 **제2개정판**을 출간하게 된 것이다.</u>
본 지침서는 이미 완료된 정비사업의 추진과정을 단순하게 기록한 기록물로서가 아니라, 이미 완료된 정비사업을 통하여 새롭게 시작하는 정비사업에 하나의 표준자료 역할을 할 수 있도록 하기 위한 것인바, 본 지침서에 수록된 내용은 편찬의 기준이 된 특정한 정비사업장에서 시행된 자료들을 다른 모든 정비사업장에서 손쉽게 활용될 수 있도록 재구성하였으며, 예시한 아파트의 재건축사업을 추진할 당시에 미진한 사항들은 보완하였다. 지침서의 모든 내용은 『전부 개정된 도시 및 주거환경정비법령 등』에 따라 새롭게 편집한 것이나, 독자 여러분이 업무를 수행함에 있어서는 본 지침서는 하나의 참고자료임을 감안하여, 해당 조합행정업무의 수행은 업무수행 당시의 여러 관계 법령의 개정여부 재확인 및 관련 전문가와의 충분한 협의 후 진행되어야 할 것이다.

　<u>본 지침서 제2개정판이 출간된 시기는 아파트 준공 후 10년 이상이 경과한 시기로써, 아파트를 매입하여 이주하는 세대가 전면적인 인테리어 작업을 진행함에 있어, 건축물 외관에 대한 건축심의 기관의 심의를 받은 외부 창호의 구성형식이나 색상 등을 미관심의 대상과는 상이하게 인테리어 작업을 진행하는 문제가 발생되고 있다. 이러한 문제를 해당 아파트 자치회에서 통제할 수 있도록 하기 위한 '공동주택관리법'과 '공동주택 관리규정 준칙'의 조속한 보완을 제안한다.</u>
(하권 제Ⅲ부(기술부문, 제4장 참조)

❖ 참고문헌과 개정/보정사항

1. **새로운 재건축·재개발이야기**(김종보·전연규 공저. 도시포럼 출판국)
   : 상·하권 약1,900쪽의 내용 중 각 분야의 전문가에게 필요한 내용은 제외하고, 조합의 임직원 등이 필히 알아야 할 기본적인 사항만을 정리한 후 필자의 현장경험과 견해 등을 추가하거나, **도시정비법이 전부 개정된 이후, 일부 개정된 내용과 주택법령 등 관계 법령의 일부 개정된 내용 등을 반영**하여 약 300쪽의 분량으로 편집 후 수록하였다.
2. **재건축·재개발의 실무와 쟁점**(서울대 법학전문대학원. 건설법센터)
3. **조합 공문서, 총회자료 등**(반포주공0단지 재건축사업 행정업무 수행자료)
   - 인용된 자료는 대부분 필자가 조합에서 업무수행 중 직접 관여한 자료들로서 해당 내용을 더욱 개선된 방향으로 보완하였으며, **2017년 2월 8일 전부 개정되어 2018년 2월 8일부터 시행되는 도시 및 주거환경정비법령의 이후 2022년 1월까지 일부 개정된 법령 등에 따라 내용을 수정**하였고, 지침서의 기준이 된 특정 정비조합의 특수한 환경이나 목적에 의해 제정되었거나 시행된 내용들은 삭제 및 보완하여 모든 정비조합에서 공히 참고가 될 수 있도록 하였다.
   - 조합원 총회(창립, 관리처분, 정기, 임시, 조합해산)자료는 일부 내용이 다른 장과 중복되는 내용이 있으나, 총회자료는 법률상으로나 행정적인 측면에서 조합행정의 가장 중요한 행정업무 중 하나임을 감안하여, 내용의 대부분을 [하권]에도 중복하여 수록함으로써 본 지침서를 더욱 편리하게 이용할 수 있도록 하였다.
4. **서울특별시 도시 및 주거환경정비 조례 및 동 시행규칙**
   서울특별시 도시 및 주거환경정비 조례는, 2018년 3월 15일 서울특별시 공고 제2018-642호로 공포된 전부개정(안)에 따라 2018년도 지침서가 출간되었는바, 2022년도 **제2개정판**은 **2018년 7월 19일 확정 공포된 서울시 조례를 기준으로 지침서를 개정하였다.**
5. 위의 참고 문헌 이외에 지침서 상·하권의 부록에 수록된 법령 등과 인용된 제반 자료는 2022년 1월 **현재의 최종 개정된 법령** 등에 따라 수정·보완한 자료이다.
6. 수록된 「자재선정 및 단위세대 마감목록」은 기존의 버튼식 개별 스위치를 각 실에 설치되는 월-패드에 통합하여 터치식으로 작동하고, IOT(사물인터넷)를 공동주택에 접목하여 인터넷이나 스마트폰으로 주택의 상황을 확인·통제하려는 근래의 공동주택 건축경향 등을 반영하였다.
7. 사업시행자는 사업시행계획의 수립이나 변경 시 공사비가 도시정비법 제29조의2에서 정하는 사항에 해당하는 경우에는 **한국부동산원** 혹은 **한국토지주택공사**에 공사비에 대한 검증요청을 하도록 의무화하는 등 그동안 개정된 법령 중 중요한 사항을 반영하였다.
8. 근래에 개정된 법령 중 특기할 사항은, '주택건설기준 등에 관한 규정' 제28조에 대한 2020년 **1월 7일 개정을 통하여 아파트 단지에 '근로자를 위한 휴게시설의 설치'를 의무화한 것이다.**
9. 2022년 이후에 정비사업이 개시되어 입주하는 시기에는 내연기관을 이용한 자동차에 대한 규제가 점차 강화될 것이 예상되며, 이에 따라 전기차의 사용이 일반화내지 의무화가 추진될 것에 대비하여, 지하층에 설치되는 주차장의 모든 기둥에는 전기차 충전용 콘센트의 설치가 필요할 것으로 판단하고, 이를 제Ⅲ부-제1장제11절(주차계획)에서 제안하였다.

contents

제Ⅲ부 기술부문

[부 록]

❖ **줄임말**
  1. 도시및주거환경정비법은 '법', '도정법' 혹은 '도시정비법'으로 약칭
  2. 도시및주거환경정비법 시행령은 '영' 혹은 '시행령'으로 약칭

구름카페(가을)

[제3편]
협력회사와의 계약체결

제1장
협력회사 선정

① 정비사업과 협력회사

정비사업과 관련되는 업무영역은 관계 법령, 건축행정, 기술(토목·건축·전기·기타 각종 설비) 및 세무·회계 등 현대사회의 대부분의 전문분야를 모두 포함하고 있기 때문에 사업시행자가 정비사업을 추진함에 있어 수행할 업무영역이 매우 다양하다. 따라서 사업시행자는 많은 전문가와의 협력이 필요하게 된다. 필자가 경험한 재건축사업(도급제)의 경우에는 정비사업전문관리업자, 설계자, 시공자, 변호사, 법무사, 세무사, 회계사, 감정평가사, 책임감리자(건축), 전기·통신감리자, 소방감리자, 교통기술사, 측량회사, 안전진단회사, 문화재조사기관, 전파방해조사자 등 15개 이상의 협력회사와 직접 계약을 체결하게 되었으며, 해당 협력회사가 수행하는 일부 업무는 정비사업에 미치는 영향과 그 결과가 매우 크고 절대적인 것으로 판단하고 있다.

특히, 협력회사 중에서도 정비사업전문관리업자와 설계자는 조합설립 추진위원회나 조합의 초창기에 선정되고, 그 협력회사의 노력이나 능력이 해당 정비사업의 기본방향을 결정하는 중요한 역할을 하기 때문에 타 협력업체의 선정에 비해 더욱 많은 노력과 주의가 필요하다.

1) 정비사업전문관리업자의 업무

2022. 1. 현재, 정비사업전문관리업자(이하 "정비관리업자"라 한다)의 업무에 대한 규정은 다음과 같다. (법 제102조제1항)

[1호] 조합설립의 동의 및 정비사업의 동의에 관한 업무의 대행

[2호] 조합설립인가의 신청에 관한 업무의 대행

[3호] 사업성 검토 및 정비사업의 시행계획서의 작성

[4호] 설계자 및 시공자 선정에 관한 업무의 **지원**

[5호] 사업시행인가의 신청에 관한 업무의 대행

[6호] 관리처분계획의 수립에 관한 업무의 대행

[7호] 법 제118조제2항제2호에 따라 시장·군수등이 정비사업전문관리업자를 선정한 경우에는 추진위원회 설립에 필요한 다음 각 목의 업무

    가. 동의서 제출의 접수

    나. 운영규정 작성 지원

    다. 그 밖에 시·도조례로 정하는 사항

2) 정비사업전문관리업자의 업무 관련 법규 개정에 대한 견해

구)법 제69조제1항제6호에서 분양업무의 대행이 삭제된 것은, 과거에도 분양에 대한 실질적인 업무의 대부분은 전적으로 시공자가 **대행**하고 있었기 때문에 관련 규정의 개정은 당연한 업무분장 이라고 판단된다. 분양업무 즉, 조합원분양 및 일반분양을 위한 모델하우스의 건립, 분양 관련 광고업무, 분양가격의 책정 등 제반 분양 관련 업무의 수행은 그동안의 풍부한 경험을 바탕으로 시공자가 주체가 되어 대행하여 왔고, 모든 사업추진방식에서 분양업무 특히, 일반분양의 성공여부는 시공자가 실질적인 큰 영향을 발휘하기 때문에 시공자가 대행하는 것이 조합이나 시공자 상호간에 이익이 되며 더욱 효과적이다.
따라서 그동안 대부분의 정비조합에서는 이점을 감안하여 시공자 선정조건에 모델하우스의 건립과 분양광고 등 분양 관련 모든 업무를 「시공자가 자신의 책임과 비용으로 수행」하도록 제시하는 것이 일반화되어 있으며, 공사계약 시에도 이를 계약서에 반영하여 시행하고 있다. 법 제102조제1항에서도 이러한 현실을 반영하여 분양업무가 삭제된 것으로 이해한다.
한편, 구)법 제69조제1항제8호에서 규정하고 있던 사항인 '그 밖에 조합의 업무 중 조합이 요청하는 건'이 삭제된 것은, 삭제되기 전의 내용이 정비관리업자의 업무범위가 명확하지 못하고 광범위하여 이로 인한 부작용이 예상됨에 따라 정비사업에 대한 관리업무의 범위를 더욱 명확하게 하기 위함으로 이해한다.

3) 정비사업전문관리업자의 업무범위에 대한 이해

법에서 정하고 있는 정비관리업자의 업무에 대한 필자의 견해는, 담당 업무내용 중 일부는 정비관리업자가 단독으로 수행하기에 많은 무리가 있는 것으로 경험으로 이해하고 있다. 정비관리업자가 업무를 대행함에 있어 기본적인 자료가 필요하지 않은 일반행정업무 등은 정비관리업자 단독으로 충분히 수행 가능하다고 판단되나, 많은 분량의 기초자료가 바탕이 되어야 하는 사업성 검토와 정비사업의 시행계획서 작성 및 관리처분계획의 수립에 관한 업무는 설계자와 시공자의 협력 없이는 해당 작업의 수행이 매우 어려운 일이다.
필자가 경험한 정비사업 현장에서는 정비관리업자는 조합원 총회의 개최 등 특별한 행사의 경우에 한하여 정비회사에서 직접 관리하고 있다. 따라서 조합에 파견되어 있는 1명 내지 2명의 업무 담당자가 본사의 지휘 하에 업무가 수행된다고 하더라도 사업시행계획이나 관리처분계획 등 막중한 업무를 원활하게 수행한다는 것은 현실적으로 매우 어려운 일인 것이다. 따라서 이러한 업무에는 시공자와 설계자가 자연스럽게 참여하게 되는 것이다.

4) 정비사업전문관리업자의 업무범위에 대한 제언

정비사업의 사업주체인 조합이 정비사업을 수행함에 있어 법에서 정하고 있는 정비관리업자의 업무를 보완하는 방법에 대한 필자의 견해는, 조합이 조합원 중에서 건설업의 각 분야에서 다양한 경험을 가지고 있는 조합원을 임원으로 선정하여 정비관리업자의 부족한 부분을 보완하는 방법이 경제적으로나 실질적으로 가장 바람직한 일이라고 생각한다.
그러나 대부분의 정비사업 조합에서 정비사업에 대해 다양한 경험을 가지고 있는 주민을 찾는다는 것은 생각하는 만큼 쉬운 일은 아니다.

따라서 이에 대한 대안으로 도시및주거환경정비법 제102조제1항에 규정된 정비관리업자의 고유한 업무영역 이외인 설계내역의 검토 등 몇 가지 중요한 업무를 지원할 수 있는 기관과의 업무지원 협약을 체결하는 방안이 있을 수 있다.

이 업무지원방법을 확대한 것이 PM제도라 할 수 있을 것이며, 이 PM제도는 도입에 많은 비용이 소요되기 때문에, 대규모 정비사업 현장에 한하여 도입이 가능하다는 것이 현재 PM제도가 활성화되지 못하고 있는 원인이 된다. 그리고 다른 방안의 하나는 기 완료된 정비사업을 통하여 많은 경험과 노하우를 가지고 있는 전직 조합임원의 활용방안이 있을 수 있는데 이 방안은 매우 경제적이며 실효성이 있을 것으로 판단된다.

현행의 「도시 및 주거환경정비법」 제41조제5항 및 동 시행령 제41조제1항에서는 변호사나 건축사 등으로서 해당 전문 자격을 취득한 후 정비사업 관련 업무에 5년 이상 종사한 경력이 있는 사람이나, 조합임원으로 5년 이상 종사한 사람을 '전문조합관리인'으로 선정할 수 있도록 규정하고 있으나, 이 규정은 '조합임원이 6개월 이상 선임되지 아니할 경우에 시장·군수등이 전문조합관리인으로 선정하여 조합임원의 업무를 대행하게 할 수 있다.'라고 규정하고 있어 정비사업의 현장 상황을 감안할 때, 그 실효성에 의문을 가지게 한다.

필자는 이 법령을 추진위원회 등이 조합을 설립하여 이사회를 구성할 당시부터 1인(해당분야 경력자나 일정한 자격을 취득한 후 정비사업 관련 업무에 5년 이상 종사한 사람)에 한하여 조합의 임원 (사외이사나 자문위원)으로 선정할 수 있도록 함으로써 해당 조합이 필요로 하는 특정한 전문분야에 대한 외부 인력을 사업 초기부터 적극적으로 활용할 수 있도록 하는 법령의 제정을 제안한다. 이 제안은 매우 경제적이며, 정비사업 현장에서도 효율적인 제도가 될 수 있다는 판단한다.

2 설계자의 선정

1) 설계자와 조합의 관계

설계사무소는 정비사업의 초기단계인 추진위원회 단계나 정비조합의 설립 초기에 선정되기 때문에 대부분의 정비사업조합에서는 각 분야의 전문가 대비, 정비사업에 대한 지식이나 노하우가 없는 상태이므로 정비관리업자, 설계자 및 시공자가 수행하는 제반 업무에 대해 감독하고 개선할 수 있는 능력이 매우 부족하다. 따라서 이러한 중요한 업무는 위의 3대 협력회사가 실질적으로 이끌어가고 있는 것이 현실이며, 이러한 사실은 지극히 자연스러운 현상이라 할 것이다.

이때, 사업주체인 조합이 고려해야 할 점은 정비관리업자, 설계자 및 시공자의 관계는 해당 정비사업이 완료된 이후나 진행 중인 상태에서도 다른 건설현장에서 계속하여 정비사업을 함께 수행해가야 하는 입장인 반면, 사업주체인 정비조합은 해당 프로젝트가 끝나면 상호간의 이해관계가 종결되는 관계라는 점은 필자가 정비사업을 진행하는 동안 항상 염두에 둔 것 또한 사실이다. 결국, 사업주체인 정비조합은 조합의 경제적인 이해관계를 좌우할 수 있는 중요한 분야에 대해서만은 시행자인 조합이 스스로 충분한 지식을 직접 습득하거나, 협력 회사의 업무를 확인하고 개선할 수 있는 수단의 확보가 꼭 필요하다는 생각이다.

2) 설계자의 선정 시기

정비사업 추진 초기단계인 추진위원회에서 조합설립에 대한 동의를 받기위해서는 「개략적인 비용부담금의 산출」 및 「사업시행계획서의 작성을 위한 기본계획의 수립」에 필요한 자료가 필요하기 때문에, 도시정비법에서는 **정비사업전문관리업자와 설계자를 정비사업 초기단계 에서 선정하도록 규정하고 있다.** 추진위원회의 표준 운영규정에는 주민총회에서 개략적인 사업시행계획서의 작성을 위하여 설계자와 용역계약을 체결할 수 있도록 하였으며, **조합 설립 인가 후에도 조합원 총회에서 정비사업전문관리업자와 설계자를 선정 및 변경할 수 있도록 하고 있다.** 대부분의 정비사업 현장에서는 사업시행계획서의 작성을 위해 선정된 건축사사무소가 대부분 실시설계의 설계자가 되며, 이러한 절차는 사업계획의 일관성 유지 등을 위해서는 바람직한 일이라고 생각한다.

3) 설계자 선정의 중요성

정비사업의 수행초기 단계인 추진위원회에서는 조합설립에 필요한 「개략적인 비용부담의 산출」 및 「사업시행 계획서」와 이를 바탕으로 작성된 「기본계획 설계도」는 조합설립 이후에 있을 조합 창립총회에서 시공자를 선정하거나 공사계약을 체결할 때 시공자와의 공사비를 확정하는 기본적인 자료가 되기 때문에 매우 중요한 자료가 된다. <u>법 제29조제5항</u>에 따라 '**토지등소유자가 시행하는 재개발사업'의 경우와** <u>법 제118조제6항</u>에 따른 서울시 공공지원 제도에 의해 시행되는 재개발사업의 경우, <u>서울시 도시정비 조례 제77조제2항</u>에 따라 시공자를 선정할 때에는 '조합은 사업시행계획인가를 받은 후 총회에서 시공자를 선정하여야 하며, 이때, **인가된 사업시행계획서를 반영한 설계도서를 첨부' 하도록 하고 있다.**
만일, 이 설계도서 관련 자료가 불확실하거나 미비한 점이 있는 경우 이를 보완하게 되는 시점이 시공자를 선정한 이후가 되기 때문에 치열한 공개경쟁입찰을 통하여 선정된 시공자에게는 설계의 변경이나 보완은 결국 독점적인 지위를 바탕으로 한 이윤추구의 좋은 기회가 되기도 하는 것이다. 그리고 현실적으로도 위의 「기본계획 설계도」를 기초로 한 실질적이고 정확한 공사물량의 산출은 근본적으로 불가능하다.

시공자선정 당시 시공자에게 제공되는 제반 자료는 주택형별 단위평면도, 마감표, 총세대수, 최고 및 최저층수, 지하층수 등 극히 기본적인 계획만을 제시하기 때문에 실제 공사계약을 체결하는 경우에는 쌍방간에 많은 이견이 노출된다. 따라서 시공자 선정을 위한 설계도서는 「사업시행 계획서의 작성을 위한 기본계획 설계」에 대비하여 상세 마감표의 작성 등 더욱 구체화된 설계도서를 기초로 시공자를 선정하도록 하여야 한다. 그럼에도 불구하고 대부분의 정비사업 현장에서는 설계변경 필요성이 늦게 나타나기 때문에, 이러한 예상되는 문제점을 최소화하기 위해서는 공사계약서에 설계내용이나 마감재가 변경될 경우에는 추가되는 공사에 대한 공사금액을 「설계금액의 00퍼센트로 한다.」라는 등의 「추가나 변경되는 공사에 대한 공사금액 산정기준」 등을 추가하는 것도 하나의 방법이 될 것이다. 이때, 설계금액이란 정부노임단가를 기준으로 **정비조합이 선정한 설계자가 산출하는 공사금액**을 말한다.

4) 설계자 선정 관련 규정

설계자의 선정 및 변경에 대한 관계 규정은 다음과 같다.

- 도시정비법 제32조(추진위원회의 기능)제1항제2호
- 도시정비법 제45조(총회의 의결)제1항제5호
- 도시정비법 시행령 제26조(추진위원회의 업무)제5호인 그 밖의 추진위원회 운영규정으로 정하는 사항
- 정비사업 조합설립추진위원회 운영규정 제5조제1호

추진위원회는 개략적인 사업시행 계획서의 작성을 위하여 설계자를 선정하며, 이 설계자의 활동은 조합설립인가를 받아 조합에 서류를 인계하는 날까지이다(법 제32조제1항제2호). 즉, 설계자의 업무는 추진위원회에서 조합설립인가 때까지로 추진위원회가 해산되면 그 역할도 종료되고, 이후 조합원 총회 결의를 통해 설계자를 다시 선정할 수 있도록 규정되어 있다(법 제45조제1항제5호). 또한, 정비사업전문관리업자의 선정은 주민총회에서 경쟁입찰의 방법으로 선정한다.

필자는 아래의 설계자 선정 관계 규정과 같이 설계자의 선정 및 변경 규정을 이중구조의 체계로 구성한 것에 대한 정확한 이해는 할 수 없으나, 본 설계의 설계자는 조합에서 선정해야 한다는 취지로 이해한다. 그러나 통상의 경우에는 정비사업 준비단계인 추진위원회에서 선정한 설계자가 조합원 총회에서 다시 선정 내지 추인되는 것이 일반적인 현상이며, 이러한 절차는 사업계획의 일관성 유지로 공사를 효율적으로 추진한다는 장점이 있다 할 것이다.

정비사업관리업자와 설계자에 대한 선정방법을 이중구조로 규정한 것은 결과적으로 정비사업 시행자에게는 새로운 선택의 기회를 가질 수 있게 되는 것으로 이해할 수도 있다.

❖ 법 제32조(추진위원회의 기능)제1항

추진위원회는 다음 각 호의 업무를 수행할 수 있다.

1. 법 제102조에 따른 **정비사업전문관리업자의 선정 및 변경**
2. **설계자의 선정 및 변경**
3. 개략적인 정비사업 시행계획서의 작성
4. 조합설립인가를 받기 위한 준비업무
5. 그 밖에 조합설립을 추진을 위하여 대통령령으로 정하는 업무

❖ 법 제45조(총회의 의결)제1항<개정 2021.3.16.>

① 다음 각 호의 사항은 총회의 의결을 거쳐야 한다.

1. 정관의 변경(법 제40조제4항에 따른 경미한 사항의 변경은 이 법 또는 정관에서 총회의 결사항으로 정한 경우로 한정한다)
2. 자금의 차입과 그 방법·이자율 및 상환방법
3. 정비사업비의 **세부 항목별 사용계획이 포함된 예산안 및 예산의 사용내역**
4. 예산으로 정한 사항 외에 조합원에게 부담이 되는 계약
5. **시공자·설계자 또는 감정평가법인등**(법 제74조제4항에 따라 시장·군수등이 선정·계약하는 **감정평가법인등**은 제외한다)**의 선정 및 변경**. 다만, **감정평가법인등** 선정 및 변경은 **총회의 의결을 거쳐 시장·군수등에게 위탁할 수 있다.**
6. **정비사업전문관리업자의 선정 및 변경**

7. 조합임원의 선임 및 해임

8. 정비사업비의 조합원별 분담내역

9. 법 제52조에 따른 사업시행계획서의 작성 및 변경(법 제50조제1항 본문에 따른 정비사업의 중지 또는 폐지에 관한 사항을 포함하며, 같은 항 단서에 따른 경미한 변경은 제외한다)

10. 법 제74조에 따른 관리처분계획의 수립 및 변경(법 제74조제1항 각호 외의 부분 단서에 따른 경미한 변경은 제외한다)

11. 법 제89조에 따른 청산금의 징수·지급(분할징수·분할지급을 포함한다)과 조합 해산 시의 회계보고

12. 법 제93조에 따른 비용의 금액 및 징수방법

13. 그 밖에 조합원에게 경제적 부담을 주는 사항 등 주요한 사항을 결정하기 위하여 대통령령 또는 정관으로 정하는 사항

5) 설계자 선정 시 유의사항

위에서 언급한 바와 같이 설계자의 선정은 그 미치는 영향이 매우 크기 때문에 업체선정 시에는 건축사무소의 규모, 아파트에 대한 설계경험 뿐만 아니라, 담당 설계사무소로 선정된 이후 해당 정비사업을 주관하여 **설계업무를 실질적으로 수행할 예정인 담당 건축사에 대한 개인의 경험과 능력 등도 검증할 필요가 있다.**

설계자를 선정할 당시나 선정 후 유의해야 될 사항은 다음과 같다.

- 설계자의 선정은 공개경쟁을 통하여 실질적으로 유능한 자를 선정
- 적정한 설계비의 책정과 잦은 설계변경의 금지
- 설계자가 처음 제시한 '사업참여 계획서'를 조합설립 후 건축물의 실시설계(본 설계) 시에 필히 변경해야 될 필요성이 나타나는 경우에는 그 경제적 손익과 설계변경의 타당성을 반드시 확인해야 한다.
- 설계용역비의 지급조건을 사업계획승인, 중간검사 후 지급 등 단계별로 지급한다.
- 설계용역의 범위를 기 완료된 타 정비사업의 예를 참고하여 확정한다.
- 계약이행보증 증권을 제출하도록 한다.

6) 설계용역의 범위

설계자의 업무범위는 사업부지에 대한 제반 측량(경계측량, 현황측량 등 필요한 측량)과 측량성과도 작성, 지질조사 및 보고서 작성, 굴토공사계획의 설계, 토목설계, 입지심의, 토목심의, 경관심의, 건축심의, 사업계획승인에 필요한 계획설계, 기본설계, 실시설계, 도서작성(토목·전기·기계·가스설비, 오수정화 설비, 저수시설 등), 공사시방서 및 각종 계산서 작성 등이 있다. 그 외에 설계자의 상세한 업무범위에 관해서는 국토교통부 고시(제2003-42호)에 의한 건축물의 설계표준계약서와 다음 제2장의 제3항[건축물의 설계 계약서]의 1)국토교통부 고시 건축물 설계계약서와 2)건축물 설계계약서의 예를 참고하기 바랍니다.

1 시설물 안전진단 계약서

<table>
<tr><td colspan="3" align="center">시설물 정밀안전진단 계약서</td></tr>
<tr><td rowspan="2">계약자</td><td>발 주 자
(갑)</td><td>·명　　　칭 : (가칭)반포주공0단지 재건축정비사업조합
·주　　　소 ; 서울시 서초구 반포0동 00-0 주공0단지 아파트
·조 합 장 ; 0 0 0　　　　　　·전 화 번 호 ; 533-0000</td></tr>
<tr><td>시 행 자
(을)</td><td>· 법 인 명 칭 : 한국건설기술연구원
· 법인등록번호 : 000000-0000000
· 주　　　　소 : 서울시 서초구 00동 000번지
· 전 화 번 호 : 02)571-0000
· 대 　표 　자 : 0 0 0</td></tr>
<tr><td rowspan="5">계약내용</td><td>계 약 건 명</td><td>반포주공0단지 재건축 정비사업 정밀안전진단</td></tr>
<tr><td>계 약 금 액</td><td>一金 000백만원정(￦ 00,000,000 ; 부가세포함)</td></tr>
<tr><td>계 약 기 간</td><td>0000. 0. 0 ~ 0. 00</td></tr>
<tr><td>위　　　치</td><td>서울특별시 서초구 반포0동 00-00</td></tr>
<tr><td>기 타 사 항</td><td></td></tr>
</table>

　발주자와 시행자는 상호 대등한 입장에서 붙임의 계약문서에 의하여 위와 같이 계약을 체결하고 신의·성실에 따라 계약상의 의무를 틀림없이 이행할 것을 확약하며, 이 계약의 증거로서 계약서 2통을 작성하여 당사자가 기명날인 후 각각 1통씩 보관한다.

　[붙임서류] : 1. 시설물 정밀안전진단계약 일반조건 1부.

　　　　　　　 2. 정밀안전진단 과업지시서　　　　　1부(지침서에는 미첨부).

　　　　　　　　　0000 년　　0 월　　0 일.

[발 주 자]　　　　　　　　　　　　　　[시 행 자]

(가칭) 반포주공0단지 재건축정비사업조합　　　한국건설기술연구원

대표자 ; 조합장　　0　0　0　　(인)　　　대표이사 ; 0　0　0　　(인)

시설물 정밀안전진단계약 일반조건

(가칭)반포수공0단지 재건축정비사업조합(이하 "갑"이라 한다)과 한국건설기술연구원(이하 "을"이라 한다)은 다음 조항을 합의하고 본 계약을 체결한다.

제1조(계약의 목적)

"갑"이 관리하고 있는 건축시설물에 대하여 「도시및주거환경정비법 제12조」, 「동법 시행령 제10조」 및 「시설물의 안전관리에 관한 특별법 시행령 제9조」에 따라 노후·불량주택의 재건축을 위해 "을"이 현장 정밀안전진단을 실시하여 구조적, 기능적 결함 등을 발견하고 결함의 원인, 기능저하 수준, 시설물의 노후·불량 정도, 수선유지비의 과다투입 여부, 시설물 및 토지의 경제적 효용성 등을 종합적으로 분석 검토하여 시설물의 재건축 적정성 여부를 평가하는 데 그 목적이 있다.

제2조(과업의 범위)

① "을"이 수행할 과업범위는 본 계약서 별첨-2의 과업지시서(내역서), "갑"의 구두 또는 서면상의 과업지시를 그 내용으로 하며, "을"은 본 과업을 성실하게 수행하여 완료하여야 한다.

② "을"은 계약 체결 후 3일 이내에 과업수행계획을 수립하여 "갑"에게 제출하여야 한다.

제3조(계약 금액)

① 용역금액은 일금 0천0백만원정(부가세 포함)으로 한다.

② 과업수행완료 후 "을"은 "갑"과 「해당 관청」에 보고서를 제출하여야 하며, 관청의 심의위원회를 통과하고 "갑"의 승인을 받을 시에 동 금액을 지급한다.

제4조(계약 이행)

① "을"은 상기 용역을 시행함에 있어 제1조의 목적을 수행하기 위하여 모든 기술과 지식을 활용하고, 최대한의 신의와 성의를 다 하여야 한다.

② "을"은 안전진단 수행 중 발생한 안전사고에 대하여 전적인 책임을 지며, 위험발생이 예상되는 경우 사전에 "갑"에게 통보하고 그에 따른 적절한 대책을 상호 협의하여야 한다.

제5조(과업수행에 따른 "갑"의 협조)

① 과업을 실시하기 전, 또는 그 기간에 "갑"은 "을"이 필요하다고 요청할 경우 기존 시설물의 설계도서, 시방서, 사용재료명세서, 결함발생 및 보수내용 등 안전진단에 필요한 관계 서류 등의 자료를 가능한 한 제공하고 협조한다.

② 과업 수행에 필요한 시험기기와 장비 일체는 "을"이 반입하여 점검하여야 하며, 기타 현장 측정에 필요한 사항이 있을 시에는 "갑"이 협조한다.

제6조(이행 책임)

① "갑"은 "을"이 제출한 자료가 정밀안전진단 목적에 부합되지 않을 경우 "을"에게 수정·보완을 요구할 수가 있으며, "을"은 지체없이 이를 이행하여야 한다.

② "을"의 업무지연으로 인하여 지정된 기한 내에 과업을 완수하지 못하거나 정밀안전진단 보고서의 내용이 부실하여 심의위원회를 통과하지 못할 경우에는 지체상금으로 매일 총 계약금액의 1000분의 2의 금액을 과업이 완료될 때까지 "갑"에게 지급하여야 한다.

제7조(각종자료 이용권)

"을"이 작성 제출한 보고서, 설계도면, 증빙자료, 기타 정보자료에 관한 이용권은 "갑"이 가지게 되며, "을"은 과업수행과 관련하여 계약서상에 제출해야 할 각종 보고서에 한하여 이용권을 갖는다.

제8조(계약 변경)

"을"의 과업수행 도중 천재지변, 항거할 수 없는 분쟁 등 불가피한 사유로 인하여 과업을 수행할 수 없음이 분명한 때에는 "갑"에게 통지하여야 하며, 실시기간의 변경, 기타 필요한 사항에 대하여는 "갑"과 "을"이 협의에 의하여 변경한다.

제9조(계약의 해제)

① "갑"은 "을"에게 다음 각 호의 상항이 발생한 경우 계약을 해제할 수 있으며, "을"은 총 계약금액의 10%를 위약금으로 "갑"에게 지급하여야 하며, 추가 손해가 있을 경우에는 그 손해도 배상하여야 한다.

　가. 계약기간 내에 과업을 착수 또는 완수하지 못할 경우

　나. 수행한 과업이 계약목적에 부합되지 못할 경우

　다. 계약조건을 위반함으로써 계약의 목적을 달성할 수 없을 경우

　라. 파산, 부도, 법정관리, 금융거래중지 등으로 과업을 계속 수행할 수 없을 때

② "을"은 "갑"에게 다음 각 호에 상항이 발생한 경우 계약을 해제할 수가 있으며, "갑"은 총 계약금액의 10%를 위약금으로 "을"에게 지급하여야 하며, 추가 손해가 있을 경우에는 그 손해도 배상하여야 한다.

　가. "갑" 또는 "갑"의 대리인이 "을"의 직무집행을 방해 할 때

　나. 정당한 사유없이 "갑"이 본 계약의 해약을 요구할 때

　다. 기타 "갑"이 본 계약을 위반하였을 때

제10조(계약의 해석)

① 본 계약에서 명시되지 않은 사항은 일반 관례에 따른다.

② 본 계약서의 해석에 대하여 이의가 있을 시는 "갑"의 해석에 따른다.

③ 본 계약에 대한 분생이 발생한 경우 새판 담당 법원은 "갑"의 소재지를 관할하는 법원으로 한다.

제11조(비밀유지 의무)

"을"은 이 계약의 체결 및 이행으로 인하여 "갑"으로부터 취득한 "갑"의 사업비밀과 계약상 용역 성과물 또는 기성고, 정보, 기타 일체의 관련 자료를 비밀로 유지하여야 하며, "갑"의 서면에 의한 사전승인 없이 제3자에게 제공·누설 할 수 없다.

제12조(계약 증명)

본 계약서를 증명하기 위하여 계약서 2통을 작성하여 "갑"과 "을"이 기명·날인하고 각각 1통씩 보관한다. (끝)

반포주공0단지 재건축정비사업

- 정비사업 관리업무 -
용 역 계 약 서

0000년 0월 00일

시행자 : 반포주공0단지 재건축정비사업조합

협력사 : 주식회사   0   0   0

정비사업 관리업무 용역계약서

1. 서울특별시 서초구 반포0동 00-1, 2, 3, 4, 21, 23, 00-1번지 상에 소재하는 반포주공 0단지 재건축정비사업을 추진함에 있어, 시행자인 (가칭)반포주공0단지 재건축정비사업 조합(이하 "갑"이라 한다)과 정비사업 관리업무 수행업체인 (주)0 0 0(이하 "을"이라 한다)은 재건축사업 시행에 따른 인·허가 및 사업과 관련한 제반 업무의 대행에 대한 용역계약을 다음과 같이 체결하고, 이를 증명하기 위하여 계약서 2부를 작성 및 날인한 후 각각 1부씩 보관한다.

   가. 사업내용
- 사 업 명 ： 반포주공0단지 재건축정비사업
- 위 치 ： 서울시 서초구 반포0동 00-1, 2, 3, 4, 21,23, 00-1 번지 외
- 대지면적 ： 약 133,661.30㎡(40,432.54평) (추후 변동가능)
- 건축연면적 ： 약 487,799.56㎡(147,559.37평)(추후 변동가능)

   나. 계약내용 ： 재건축사업시행에 관한 정비사업 관리업무
   다. 계약기간 ： (가)계약 체결일로부터 조합청산 시까지
   라. 계약금액 ：
- 계약단가 ： 신축건물의 건축연면적을 기준 ㎡당 단가 금 0,000원정(₩0,000원)
- 총계약금액 ： (가)설계안의 신축 건축연면적을 우선 적용하여 총금액을 산출하고, 사업계획승인 후 건축연면적이 확정될 시 정산하기로 한다.
   단, 부가가치세는 별도임

2. "갑"과 "을"은 계약조건의 수행 및 지원업무의 범위에 대해 신의에 따라 상호 성실하게 이행하여야 한다.

3. 용역비는 "갑"이 시공사로부터 자금을 차입하거나 그 외의 방법으로 조달하여 지급하기로 한다.

0000년 0월 00일

  "갑" 주 소 ： 서울시 서초구 반포동 00-0번지
       성 명 ： (가칭)반포주공0단지 재건축정비사업조합
          조 합 장 0 0 0 (인)

  "을" 주 소 ： 서울시 00구 00동 00번지 00빌딩 3층
       성 명 ： 주식회사 0 0 0
          대 표 이 사 0 0 0 (인)

정비사업 관리업무 용역계약 조건

제1조(목 적)

본 계약은 반포주공0단지 재건축정비사업의 각종 인·허가 업무 및 사업 추진에 따른 제반 업무의 대행과 효율적인 사업추진을 위하여 "갑"과 "을"의 권리와 의무를 규정함을 목적으로 한다.

제2조(용어의 정의)

① 수행업무 : "갑"을 대신하여 "을"의 책임과 비용으로 "을"이 직접 수행해야 하는 업무

② 대행업무 : "갑"을 대신하여 "갑"의 비용으로 "을"의 책임 하에 "을"이 직접 수행해야 하는 업무

③ 지원업무 : "갑" 및 "갑"의 협력회사의 책임과 비용으로 "갑"이 주관하여 진행하되 "을"이 협조하여야 하는 업무

제3조(업무용역의 범위)

도시정비법 제102조제1항에서 정하는 업무범위를 기준으로 하여, 계약 체결일로부터 조합청산 시까지의 조합업무 중 "을"이 해당 업무를 대행하여 수행하거나 지원해야하는 일체의 업무

주) 별침의 수행업무 및 지원업무의 범위 참조

제4조(인·허가업무의 주관)

반포주공0단지 재건축정비사업과 관련한 모든 인·허가업무는 "갑"이 주관 하는 것을 원칙으로 하되, "을"은 이에 필요한 사전 정보와 구비서류를 준비하여 행정지원 및 인·허가 업무를 대행한다.

제5조(업무용역 처리기준)

① "을"이 수행하는 제반 업무는 조합정관 및 관계 법규에 의하여 시행한다.

② "을"이 용역을 수행함에 있어 "갑"이 추진하는 사업시행계획이 관계 법규에 위배되거나, 대지여건 또는 정관에 저촉되어 업무의 변경이 불가피한 경우는 "갑"과 사전에 협의하여 변경할 수 있다.

제6조(업무용역의 착수)

"갑"은 용역계약 체결 즉시 업무 수행에 필요한 기초자료를 "을"에게 제공하여야 하며, "을"은 계약과 동시에 해당 자료를 검토한 후 업무에 착수한다.

제7조(인·허가 서류의 작성 및 제출)

"을"은 건축 관계 법령, 도시정비법, 동법 시행령, 동법 시행규칙 및 조합정관과 시행규칙에 따라 업무를 수행하고, 상호 협의하여 확정된 사업추진일정에 따라 인·허가 서류를 작성 및 제출한다.

제8조(계약금액)

계약금액은 m²당 용역비에 건축연면적을 곱한 금액으로 하며, 건축연면적을 기준으로 m²당 금 0,000원(₩0,000원)으로 하고, 계약금액의 총액은 가설계(안)의 신축 건축연면적을 우선 적용하여 산출하고, 사업시행계획 승인 후 건축연면적이 확정되면 정산하기로 한다. 단, 부가가치세는 별도로 하며, 사업시행계획인가의 변경으로 건축연면적이 변동될 경우에는 이에 따른다.

제9조(용역비의 지급방법 및 지급시기)

① "갑"은 다음과 같이 용역비를 "을"에게 현금 또는 시중은행 발행의 자기앞수표로 "을"의 지정된 통장으로 입금하도록 한다.

구　분	지급비율	비　고
가. 계약 시	총계약금액의 10%	계약금액은 시공사와의 가계약 체결 이후 20일 이내에 지급한다.
나. 조합설립인가 신청을 위한 　　동의요건 구비 시	총계약금액의 10%	
다. 조합설립인가 시	총계약금액의 10%	
라. 사업계획인가 시	총계약금액의 10%	
마. 관리처분계획 수립 및 총회승인 시	총계약금액의 10%	
바. 분양완료 시(조합원 및 일반분양)	총계약금액의 10%	
사. 공정률 30% 시	총계약금액의 10%	
아. 공정률 70% 시	총계약금액의 10%	
자. 준공검사 시	총계약금액의 10%	
차. 청산완료 시 　　(관련 서류 일체의 인계인수 완료 시)	총계약금액의 10%	

② 용역비는 위 제1항에 따라 지급하는 것을 원칙으로 하되, "갑"과 "을"이 협의하여 조정할 수 있다.

③ "갑"은 정당한 사유없이 용역비의 지급을 지연할 수 없으며, 청구 후 10일 이내에 지급하기로 한다.

④ "을"은 정당한 사유없이 세부사업계획서의 예정과 달리 위의 용역업무를 이행하는데 지체하거나 불가능하게 하는 경우, "갑"은 "을"에게 용역비의 지급을 보류하거나 손해배상책임을 청구할 수 있다.

제10조(계약이행 보증금)

① "을"은 계약금 수령일까지 계약이행 보증금으로 제8조에서 정한 계약 예상 총액의 10%에 해당하는 금액을 "갑"에게 현금으로 납부하거나 보증보험회사의 이행보증보험증권을 제출한다.

② 계약이행보증금은 제12조에 의한 계약해지가 되거나, "을"이 계약의무 불이행 또는

위반 시에는 "갑"에 귀속되며, 계약이행이 완료되거나 "갑"과 "을"이 합의하여 계약을 해제하는 경우에는 "을"에게 반환한다.

제11조(자료제출 및 보관)

① "을"은 서울시로부터 반포아파트지구 개발기본계획[변경]에 대한 확정 고시가 발표된 후 1주일 이내에 반포주공0단지 재건축사업에 필요한 세부사업계획서를 "갑"에게 제출하여야 한다.

② "을"이 업무수행과 관련하여 필요한 자료를 "갑"에게 요청할 시에는 "갑"은 이에 응하여야 하며, "을"은 "갑"으로부터 제출받은 자료와 개인의 신상정보가 유출되어 문제가 발생되는 경우 민·형사상의 책임을 진다.

③ "을"은 "갑"과의 협의에 의해 결정된 일정에 따라 제반 서류를 인·허가 관청에 제출하여야 한다.

④ 조합의 인·허가와 관련한 서류는 "을"이 보관하지 못하며, "갑"의 사무실에 보관하여야 한다.

⑤ 천재지변 또는 불가항력의 명백한 경우를 제외하고는 "을"의 고의 또는 과실에 의하여 기 작성된 자료가 손괴되거나 정보가 유실되었을 경우 "을"은 민·형사상의 책임을 진다.

⑥ "을"은 제반 행정대행 업무를 수행함에 있어 "을"의 위법 및 중대한 과실 등으로 인하여 발생된 "갑"의 손해에 대해서는 모든 민·형사상의 책임을 진다.

제12조("갑"의 계약해제 요건)

① "갑"은 "을"이 다음 각 호에 해당하는 경우에는 계약의 전부 또는 일부를 해제할 수 있다.
  1. "을"이 약정한 착수기간을 경과하고도 용역수행에 착수하지 않는 경우
  2. "을"의 귀책사유로 인하여 용역을 완료할 수 없거나 지연될 경우
  3. "을"이 관할 행정기관으로부터 면허나 등록의 취소, 업무정지 등의 처분을 받은 경우
  4. "을"이 "갑"의 승낙없이 계약상의 권리 또는 의무를 양도한 경우
  5. 사망, 실종 기타 사유로 계약의 이행이 불가능하다고 판단되는 경우
  6. "을"이 금융거래정지, 파산, 부도, 워크아웃, 법정관리 등의 사유로 정상적인 업무수행이 불가능하게 되는 경우
  7. 기타 계약조건의 위반으로 계약의 목적을 달성할 수 없는 경우

② 불가항력의 사유로 인하여 계약이행이 곤란하게 된 경우에는 "갑"과 "을"이 협의하여 본 용역계약의 전부 또는 일부를 해제할 수 있다.

③ "을"은 제1항의 각호에 해당하는 사유가 발생한 경우에는 지체없이 "갑"에게 사유를 서면으로 통지하여야 하며, "갑"은 통지를 받거나 제1호 각호에 해당하는 사유가 발생한 사실을 알았을 때 그로부터 15일 이내에 해제하고자 하는 뜻을 통지하여야 한다.

④ "갑"으로부터 해약통지를 받은 "을"은 즉시 용역업무를 중지하고 "갑"이 요구하는 제반 자료 및 정보를 "갑"에게 이관하고 즉시 철수하여야 한다.

제13조("을"의 계약해제 요건)

① "을"은 "갑"이 다음 각 호에 해당하는 경우 "갑"과 "을"은 상호 협의하여 계약의 전부 또는 일부를 해제할 수 있다.

1. "갑"이 고의 또는 중대한 과실로 본 규정을 위배하여 "을"이 사업을 더 이상 수행할 수 없게 된 경우
2. 기타 계약조건의 위반으로 계약의 목적을 달성할 수 없는 경우

제14조(비밀 준수 의무)

"을"은 본 계약의 이행을 통하여 인지한 사업내용에 대한 지식이나 기타 비밀사항 및 자료를 계약기간의 전후를 막론하고 업무수행 이외의 타 목적으로 이용하거나 관계 법률이나 업무수행상 필요한 경우를 제외하고는 외부에 공개 또는 제공할 수 없다.

제15조(분쟁 및 소송의 관할)

계약과 관련한 소송에 대한 관할 법원은 "갑"의 소재지 관할 법원으로 한다.

제16조(이권개입의 금지)

"을"은 업무대행과 관련하여 어떠한 이권도 청탁하거나 개입 또는 요구할 수 없으며, 이를 위반할 때에는 용역계약의 일부 또는 전부를 해지할 수 있다.

제17조(대행업무의 하도급 및 채권양도 금지)

① "을"은 본 사업의 대행업무 전부나 일부를 하도급 하여서는 안 된다.
② "을"은 이 계약으로 인해 발생한 채권(용역대금청구권 등)을 제3자에게 양도해서는 안 된다.

제18조(계약이외의 사항)

계약서에 명시되지 아니한 사항은 도시및주거환경정비법, 동 시행령 및 민법 등의 관계 법령과 조합정관, 운영규정 및 일반 상거래관례 등에 따라 처리한다.

제19조(비용부담)

"을"이 직접 수행할 수 없는 각종 설계도서의 작성, 감정평가, 측량 및 "갑"과 "갑"의 조합원에 대한 권리를 증빙할 수 있는 공부(公簿)서류발급 등의 비용과 인·허가에 필요한 제반 비용은 "갑"의 부담으로 한다.

제20조(계약기간 종료 후 인계·인수사항)

"을"은 계약기간 종료 후 문서 및 조합원 관련 사항을 포함하여 서류 일체를 "갑"에게 인계한다.

제21조(계약의 효력발생 및 승계)

① 본 계약의 효력은 "갑"과 "을" 쌍방의 서명날인과 동시에 발효되고, "갑"의 변경(조합장 및 임원의 교체 또는 조합설립 등) 사유로 인하여 계약의 효력에 영향을 미치지 아니하며, 별도의 계약없이 승계되는 것으로 한다.
② "갑"은 본 건 계약체결 시 '계약동의 연명날인부'를 첨부한다.

③ "갑"과 "을"은 가계약 체결 후 본 계약은 사업계획승인 후 7일 이내에 체결하기로 하며, "갑"은 사업계획승인 전에 본 계약 체결과 관련된 이사회, 대의원회 결의 등 필요한 조치를 취하여야 한다.

제22조(특약사항)

① "갑"의 재건축정비사업이 불가능하여 사업이 중단될 시 "을"은 수행한 정비사업 관리업무에 대한 용역보수를 청구하지 않으며, "갑"은 기 지급된 용역비에 대한 반환을 청구하지 않는다.

② 제12조에 의해 "을"의 귀책사유로 본 계약의 이행이 불가능하게 된 경우에는 기 지급된 선급용역비(계약금 포함)에 법정이자를 가산한 금액을 "갑"에게 계약해지일로부터 10일 이내에 반환해야 한다.

③ 위의 경우 "갑"이 재건축사업을 재추진하게 될 경우에는 "을"의 기득권(본 계약권리)을 인정한다.

④ "을"은 사업수행에 필요한 2년 이상의 용역경력을 소지한 업무담당직원 1명 이상을 "갑"의 사무소에 파견근무토록 하여야 하며, 필요한 경우에는 "갑"과 "을"이 협의하여 인원을 증원하여 지원토록 한다. 이 경우 파견근무자와 관련한 일체의 비용은 "을"이 부담한다.

첨부 - 1. 정비사업 관리업무의 범위 1부
    - 2. 위임장(계약 동의 연명날인부) 1부

정비사업 관리업무의 범위

구 분	업무의 범위
설계검토	■ 조합원 요구사항 수렴 지원업무(배치도 및 조감도 전시) [主 설계]
	■ 설계변경(안) 타당성 검토 수행업무(시공성, 사업성)
	■ 설계지침서 및 설계 성과물 검토 수행업무
조합 설립 및 인·허가	■ 조합설립동의 및 정비사업의 동의에 관한 업무의 대행 [법적흠결 여부 검토(4대요건)]
	■ 조합설립인가의 신청에 관한 업무의 대행
	■ 사업성 검토 및 정비사업의 시행계획서 작성업무의 대행
	■ 조합설립인가 변경신청, 정관, 대표자선정업무의 대행
	■ 사업시행계획인가의 신청에 관한 지원업무[主 설계업무]
	■ 사업시행계획인가의 변경신청에 관한 지원업무[主 설계업무]
	■ 국·공유지 매수신청에 관한 지원업무[主 법무업무]
조합원 관리	■ 조합원명부와 주소록 및 조합원관리대장 작성업무의 대행
	■ 조합원권리변동(명의변경)에 따른 처리업무의 대행
	■ 토지, 건축물의 조서 작성 지원업무[主 법무업무]
	■ 권리자별 명세 및 소유권이외의 권리명세 작성 지원업무 [主 법무업무]

구 분	업무의 범위
총회 등 각종 회의개최	■ 각종 총회(안)책자 작성업무의 대행
	■ 정기총회(년1회) 지원업무 [(主 조합업무)]
	■ 임시총회 : 관리처분, 조합청산 등 지원업무 [主 조합업무]
	■ 추진위원회 : 운영위원회 지원업무 [主 조합업무]
	■ 조합 : 대의원회 및 이사회개최 지원업무 [主 조합업무]
	■ 협력사(건설사, 설계사 등)선정, 추진위원회 지원업무 [主 조합]
	■ 재건축사업 동별 설명회 지원업무 [主 조합업무]
협력사 선정 업 무 지 원 및 제반 계약의 조 건 검 토	■ 법무, 세무/회계, 안전진단, 변호사, 이주비지원 금융기관, 감리, 감정평가 및 기타 필요사항 지원업무
	■ 타 조합 사례 및 참고자료 제공업무의 수행
	■ 입찰공고(안)[입찰일보, 일간건설 등에 공고]작성업무의 대행
	■ 사업참여 업체별 계획서 비교표 작성업무의 대행
	■ 계약조건 검토 및 대안제시업무의 대행
	■ 조합과 협력사 간의 분쟁에 대한 1차 조정 지원업무
	■ 조합의 피해 및 계약불이행에 대한 보상청구 지원업무 [主 법무사, 변호사]

구　분	업무의 범위
재건축 관련 분쟁 및 소송	■ 변호사와의 업무협조 및 업무지원
	■ 조합원 상담기록부의 유지관리업무의 대행 [主 조합업무]
	■ 미동의자 법적처리 지원업무 [主 변호사]
	매도청구소송 : 처분금지가처분, 명도단행가처분소송 등의 지원업무 포함
	■ 동의 후 신탁등기 거부자 법적처리 지원업무 [主 변호사]
	소유권이전등기청구소송: 처분금지가처분, 명도단행가처분 신청 등의 지원업무 포함
	■ 동의 및 신탁등기 후 사업반대 및 과다채무 등을 이유로 이주기간 내에 이주거부자 법적처리 지원업무[主 변호사]
	명도소송(명도단행가처분) 지원업무 : 처분금지가처분신청 포함
	■ 조합장 등 임원의 업무정지가처분신청 및 대행자 지정 등의 지원업무 [主 변호사]
	■ 조합설립 또는 사업계획승인 취소청구 소송(행정소송) 등의 지원업무 [主 변호사]
	■ 총회(또는 이사회, 대의원)결의 무효확인 청구소송 등의 지원업무 [主 변호사]
	■ 조합장, 감사, 이사, 대의원을 상대로 하는 손해배상 청구소송 등의 지원업무 [主 변호사]
신탁등기	■ 신탁등기 관련 홍보물 제작 및 주민설명회 개최 지원업무
조합원 이주	■ 조합원 및 세입자 이주를 위한 홍보물 제작 및 주민설명회 개최 지원업무
	■ 과다채무자 및 이주거부자 대책수립 등의 지원업무

구　분	업무의 범위
조합원상담 및 주민설명회	■ 입주전략(입주여부, 입주자금 조달방법 등)상담업무의 지원
	■ 조합원의 제반 민원 상담업무의 지원 - **주택형** 선택의 기본방향 - 소유권이외의 권리처분문제 - 과다채무자의 입주나 이주대책
	■ 재테크 및 매도전략 관련 상담업무의 지원 - **주택형** 선택과 재테크의 관계 상담 - 재건축사업에서의 조합원권리, 분양권가격의 변동추이 - 아파트이주권의 매도시기(再 투자전략)
관리처분	■ 조합원분양 신청방법 및 제반권리 처리방법업무의 지원 (압류, 가압류, 가등기, 근저당권, 전세권, 지상권 등)
	■ 관리처분계획 수립업무의 대행
	■ 차입금(이주비, 사업비 등)에 대한 금융비용 산출업무의 대행
	■ 조합원 및 일반분양의 적정분양금액산정업무의 지원
	■ 신축건축물 귀속 및 조합원 비용부담기준 수립업무의 대행
	■ 조합원 의견수렴(설문조사) 및 관리처분계획 반영업무의 대행
조합원 분양 및 일 반 분 양	■ 조합원분양신청 및 동·호수추첨업무의 지원
	■ 일반분양(상가분양 포함)업무의 지원
	■ 미분양발생 시의 처분계획(안) 수립업무의 대행
	■ 분양대금과 조합원 분담금 산출업무 및 입금관리업무의 대행

주) : '主'는 해당업무의 주제가 되는 업무이거나, 이를 주관하여 수행하는 협력업체를 말한다.

위 임 장

수 임 자
성 명 : 0   0   0(주민번호: 000000-1000000)
직 책 : 반포주공0단지 재건축정비사업 조합장
주 소 : 서울시 서초구 반포0동 00-0번지

　　해당 재건축조합 임원 일동은 (주)0 0 0와 재건축에 따른 정비사업 관리업무에 대한 (가)계약을 체결하는 데 있어 조합장 000에게 위임하기로 하고, 또한 공증하는 행위일체를 위임한다.

0000년 0월 00일

위 임 자 : 반포주공0단지 재건축정비사업조합 임원 일동　　　　　（가나다 순）

성 명	직 책	주 소	서명(인감날인)
0 0 0	감 사	서울시 서초구 반포0동 00아파트 0동-0호	
0 0 0	총무이사	"　　　　　　　　0동-0호	
0 0 0	기술이사	"　　　　　　　　0동-0호	
0 0 0	이 사	"　　　　　　　　0동-0호	
0 0 0	"	"　　　　　　　　0동-0호	
0 0 0	"	"　　　　　　　　0동-0호	
0 0 0	"	"　　　　　　　　0동-0호	
0 0 0	"	"　　　　　　　　0동-0호	
0 0 0	"	"　　　　　　　　0동-0호	

3 건축물의 설계계약서

1) 국토교통부 고시 건축물의 설계 표준계약서 (2022. 1. 현재)

건축물의 설계 표준계약서

(2019. 12. 31. 국토교통부 고시 제2019-970호로 개정)

건축물의 설계 표준계약서

1. 건축물 명칭 :

2. 대 지 위 치 :

3. 설 계 내 용 : □신축 □증축 □개축 □재축 □이전 □대수선 □용도변경 □기타

    1) 대지면적 :   m²

    2) 용   도 :

    3) 구   조 :

    4) 층   수 : 지하   층   지상   층

    5) 건축면적 :   m²

    6) 연면적의 합계 :   m²

4. 계 약 면 적 :   m²

5. 계 약 금 액 : 일금   원정(₩   ) : 부가세 별도

년   월   일

"갑"과"을"은 상호 신의와 성실을 원칙으로 이 계약서에 의하여 설계계약을 체결하고 각 1부씩 보관한다.

건 축 주(갑)   상 호 / 성 명 :   (서명 또는 인)

                 사업자등록번호/주민등록번호:

                 주   소 :

                 전 화 / Fax :

설 계 자(을)   상 호 /건축사 :   (인)

                 사업자등록번호 :

                 주   소 :

                 전 화 / Fax :

제1조(총 칙)

이 계약은 「건축법」 제15조에 따라 건축주(이하 "갑"이라 한다)가 「건축사법」 제23조 제1항에 따라 **업무신고한**(건축사사무소의 개설신고를 한) 건축사(이하 "을"이라 한다)에게 위탁한 설계업무의 수행에 필요한 상호간의 권리와 의무 등을 정한다.

제2조(계약면적 및 기간)

① 계 약 면 적 ("을"이 총괄하여 작성한 전체 설계면적) :   ㎡

② 대 가 기 간 :   년   월   일   ~   년   월   일

제3조(계약의 범위 등)

① 계약의 범위 등은 [별표1]의 "건축설계업무의 범위 및 품질기준표"를 참고하여 결정한다.

② 공사완료도서 및 건축물관리대장 작성 등 설계업무를 위해 필요한 세부 사항은 "갑"과 "을"이 협의하여 정한다.

제4조(대가의 산출 및 지불방법)

① 설계업무에 대한 대가의 산출기준 및 방법은 [별표2]를 참고하여 현장여건 및 설계 조건에 따라 "갑"과 "을"이 협의하여 정한다.

② 설계업무의 대가는 일시불로 또는 분할하여 지불할 수 있다.

③ 대가를 분할하여 지불하는 경우에 그 지불시기 및 지불금액을 다음과 같이 정함을 원칙으로 하되, "갑"과 "을"이 협의하여 조정할 수 있다.

지불시기 및 기준비율(%)	조정비율(%)	지 불 금 액	비 고
계 약 시(20)		일금 원 (₩)	
계획설계도서 제출 시(20)		일금 원 (₩)	건축심의 해당 시 심의도서 포함
중간설계도서 제출 시(30)		일금 원 (₩)	건축허가도서 포함
실시설계도서 제출 시(30)		일금 원 (₩)	
계(100)		일금 원 (₩)	부가가치세 별도

제5조(대가의 조정)

① 설계업무의 수행기간이 1년을 초과하는 경우에 이 기간 중 한국엔지니어링진흥협회가 「통계법」에 따라 조사·공포한 "노임단가의 변경"이 있을 때에는 **「국가를 당사자로 하는 계약에 관한 법률 시행규칙」** 제74조에 따라 "갑"과 "을"이 협의하여 대가를 조정할 수 있다.

② "갑"의 사유로 계약면적이 5% 이상 증감되는 경우와 재료 및 시공방법의 변경 등으로 대가업무의 범위가 10% 이상 증가된 경우에는 "갑"은 "을"에게 해당금액을 정산한다.

③ "을"의 사유로 계약면적이 5% 이상 증감되는 경우 "을"은 "갑"에게 해당금액을 정산한다.

④ 대가의 증감분에 대한 정산은 최종 지불 시 반영한다.

제6조(자료의 제공 및 성실의무)

① "갑"은 "을"이 설계업무를 수행하는데 필요한 다음 각 호의 자료를 요구할 때에는 지체없이 제공하여야 하며 이때 "갑"은 제공해야할 자료의 수집을 "을"에게 위탁할 수 있다.

1. 건축물의 구체적 용도와 이에 관련된 요망 사항

2. 설계진행 및 건축허가에 필요한 제반서류(소유권 관계 등)

3. 토지이용에 관한 증빙서류(국토이용계획 확인원, 지적도, 토지대장, 건축물 관리대장 등)

4. 대지측량도(현황 및 대지경계명시 측량도)

5. 지질조사서 및 지내력 검사서, 굴토설계도서, 그 밖에 토질구조 검토에 필요한 제반도서 등

6. 대지에 관한 급·배수, 전기, 가스등 시설의 현황을 표시하는 자료

7. 교통영향평가서, 환경영향평가서, 재해영향평가서, 지하철영향평가서 등 각종평가서 및 검토서

8. 농지 및 임야 등의 형질변경 등에 관한 제반서류

9. 지구단위계획 제반도서

10. 그 밖의 업무수행에 필요한 자료

② "갑"이 제1항의 자료 수집을 "을"에게 위탁한 경우에는 "갑"은 이에 소요되는 비용을 지불한다.

③ "갑"은 본인이 의도하는 바를 "을"에게 요구할 수 있으며, "을"은 "갑"의 요구내용을 반영하여 맡은 바 업무를 성실히 수행하고, 설계도서에 대하여 "갑"에게 설명하며 자문하여야 한다.

제7조(건축재료의 선정 및 검사 등)

① "을"은 설계도서에 설계의도 및 품질확보를 위하여 건축재료의 품명 및 규격 등을 표기할 수 있다. 이 경우 "을"은 "갑"과 협의하여야 한다.

② "을"은 설계도서에서 표기한 건축재료를 선정하기 위하여 자재검사 및 품질시험을 관련 전문기관에 의뢰할 수 있다.

③ "을"은 제1항의 검사 및 시험의뢰에 앞서 "갑"과 협의하여야 하며, "갑"은 협의된 검사 및 시험에 소요되는 비용을 지불한다.

제8조(설계도서의 작성·제출)

① "을"이 설계도서를 작성함에 있어서는 「건축법」 제23조제2항에 따라 국토교통부장관이 고시하는 설계도서 작성기준에 따른다.

② "을"은 완성된 설계도서(3부)를 "갑"에게 제출하여야 한다. 다만, "갑"이 결과물을 추가로 요청할 경우 "을"은 해당 비용을 "갑"에게 청구할 수 있다.

③ 제2항에 의한 설계도서의 제출형식에 대해서는 "갑"과 "을"이 협의하여 정하도록하며, 수록내용을 임의로 수정할 수 없도록 작성한다.

④ "갑"은 "을"이 제출한 결과물을 검토하여 설계오류 등의 명확한 사유가 있는 경우에는 "을"에게 그 보완을 요구할 수 있다.

제9조(관련 기술협력업무의 종합조정)

① "갑"이 「건축법」 제67조(관계전문기술자)에 따른 관계전문기술자와의 협력을 분리 수행하도록 하는 경우에 "을"은 그 협력 업무를 종합 조정한다.

② "갑"은 제1항에 따라 협력을 분리 수행하는 자로 하여금 "을"이 종합조정업무를 수행할 수 있도록 필요한 조치를 하여야 한다.

③ "갑"은 "을"의 종합조정업무에 소요되는 경비를 제4조의 지불시기에 따라 "을"에게 지불하여야 하며, 그 금액은 별도 발주한 용역대가 금액에 비례하여 "갑"과 "을"이 협의하여 정한다.

제10조(계약의 양도 및 변경 등)

① "갑"과 "을"은 상대방의 승낙없이는 이 계약상의 권리·의무를 제3자에게 양도, 대여, 담보제공 등 그 밖의 처분행위를 할 수 없다.

② "갑"의 계획변경, 관계 법규의 개·폐, 천재지변 등 불가항력적인 사유의 발생으로 설계 업무를 수정하거나 계약기간을 연장할 상당한 이유가 있는 때에는 "갑"과 "을"은 서로 협의하여 계약의 내용을 변경할 수 있다.

③ 제2항에 따라 이미 진행한 설계업무를 수정하거나 재설계를 할 때에는 이에 소요되는 비용은 [별표1]을 참고하여 산정하여 추가로 지불한다.

제11조(이행지체)

① "을"은 설계업무를 약정기간 안에 완료할 수 없음이 명백한 경우에는 이 사실을 지체 없이 "갑"에게 통지한다.

② "을"이 약정기간 안에 업무를 완료하지 못한 경우에는 지체일수 매1일에 대하여 대가의 2.5/1000에 해당하는 지체상금을 "갑"에게 지불한다.

③ 천재지변 등 부득이한 사유 또는 "을"의 책임이 아닌 사유("갑"의 설계도서 검토, "갑"의 요구에 의한 설계도서 수정 등)로 인하여 이행이 지체된 경우에는 제2항의

규정에 따른 지체일수에서 제외한다.

④ "갑"은 "을"에게 지급하여야 할 대가에서 지체상금을 공제할 수 있다.

제12조(이행보증보험증서의 제출)

① "갑"과 "을"은 계약의 이행을 보증하기 위하여 계약체결 시에 상대방에게 이행보증 보험증서를 요구할 수 있다.

② 제1항의 규정에 의하여 이행보증보험증서를 제출받은 경우에는 이를 계약서에 첨부하여 보관한다.

제13조("갑"의 계약해제·해지)

① "갑"은 다음 각 호의 경우에 계약의 전부 또는 일부를 해제·해지할 수 있다.

  1. "을"이 금융기관의 거래정지 처분, 어음 및 수표의 부도, 제3자에 따른 가압류·가처분·강제집행, 금치산·한정치산·파산선고 또는 회사정리의 신청 등으로 계약이행이 불가능한 경우

  2. "을"이 상대방의 승낙없이 계약상의 권리 또는 의무를 양도한 경우

  3. 사망, 실종, 질병, 기타 사유로 계약이행이 불가능한 경우

② 천재지변 등 부득이한 사유로 계약이행이 곤란하게 된 경우에는 상대방과 협의하여 계약을 해제·해지할 수 있다.

③ "을"은 제1항 각 호의 해제·해지 사유가 발생한 경우에는 "갑"에게 지체없이 통지한다.

④ "갑"은 제1항에 따라 계약을 해제·해지하고자 할 때에는 그 뜻을 미리 "을"에게 13일 전까지 통지한다.

제14조("을"의 계약의 해제·해지)

① "을"은 다음 각 호의 경우에는 계약의 전부 또는 일부를 해제·해지할 수 있다.

  1. "갑"이 "을"의 업무를 방해하거나 그 대가의 지불을 지연시켜 "을"의 업무가 중단되고 30일 이내에 이를 재개할 수 없다고 판단된 때

  2. "갑"이 계약 당시 제시한 설계요구 조건을 현저하게 변경하여 약정한 "을"의 업무 수행이 객관적으로 불가능한 것이 명백할 때

  3. "갑"이 상대방의 승낙없이 계약상의 권리 또는 의무를 양도한 경우

  4. "갑"이 "을"의 업무수행상 필요한 자료를 제공하지 아니하여 "을"의 업무수행이 곤란하게 된 경우

  5. 사망, 실종, 질병, 기타 사유로 계약이행이 불가능한 경우

② 천재지변 등 부득이한 사유로 계약이행이 곤란하게 된 경우에는 상대방과 협의하여 계약을 해제·해지할 수 있다.

③ "갑"은 제1항 각호의 해제·해지 사유가 발생한 경우에는 "을"에게 지체없이 통지한다.

④ "을"은 제1항에 따라 계약을 해제·해지하고자 할 때에는 그 뜻을 미리 "갑"에게 14일 전까지 통지한다.

제15조(손해배상)

"갑"과 "을"은 상대방이 제10조제2항에 따른 계약변경, 제13조 및 제14조에 따른 계약의 해제·해지 또는 계약 위반으로 인하여 손해를 발생시킨 경우에는 상대방에게 손해 배상을 청구할 수 있다.

제16조("을"의 면책사유)

"을"은 다음 각 호의 사항에 대하여는 책임을 지지 아니한다.

1. "갑"이 임의로 설계업무 대가의 지불을 지연시키거나 요구사항을 변경함으로써 설계 업무가 지체되어 손해가 발생한 경우
2. 설계도서가 완료된 후 건축 관계 법령 등이 개·폐되어 이미 작성된 설계도서 및 문서가 못쓰게 된 경우
3. 천재지변 등 불가항력적인 사유로 인하여 업무를 계속적으로 진행할 수 없는 경우

제17조(설계업무 중단 시의 대가 지불)

① 제13조 및 제14조에 따라 설계업무의 전부 또는 일부가 중단된 경우에는 "갑"과 "을"은 이미 수행한 설계업무에 대하여 대가를 지불하여야 한다.
② "을"의 귀책사유로 인하여 설계업무의 전부 또는 일부가 중단된 경우에는 "갑"이 "을" 에게 이미 지불한 대가에 대하여 이를 정산·환불한다.
③ 제1항 및 제2항에 따른 대가 지불 및 정산·환불은 제15조의 손해배상과는 별도로 적용 한다.

제18조(저작권 보호)

이 계약과 관련한 설계도서의 저작권은 "을"에게 귀속되며, "갑"은 "을"의 서면동의 없이 이의 일부 또는 전체를 다른 곳에 사용하거나 양도할 수 없다.

제19조(비밀보장)

"갑"과 "을"은 업무수행 중 알게 된 상대방의 비밀을 제3자에게 누설하여서는 아니 된다.

제20조(외주의 제한)

"을"은 「건축법」제67조제1항에 따른 관련 전문기술자의 협력을 받아야 하는 경우를 제외하고는 "갑"의 승낙없이 제3자에게 외주를 주어서는 아니 된다.

제21조(분쟁조정)

① 이 계약과 관련하여 업무상 분쟁이 발생한 경우에는 관련 기관의 유권 해석이나 관례에 따라 "갑"과 "을"이 협의하여 정한다.

② "갑"과 "을"이 협의하여 정하지 못한 경우에는 「건축법」 제88조에 따른 "건축분쟁조정위원회"에 신청하여 이의 조정에 따른다.

③ 건축분쟁조정위원회의 결정에 불복이 있는 경우에는 "갑" 소재지의 관할법원의 판결에 따른다.

제22조(통지방법)

① "갑"과 "을"은 계약업무와 관련된 사항을 통지할 때에는 서면통지를 원칙으로 한다.

② 통지를 받은 날부터 7일 이내에 회신이 없는 경우에는 통지내용을 승낙한 것으로 본다.

③ 계약당사자의 주소나 연락방법의 변경 시 지체없이 서면으로 통지하여야 한다.

제23조(특약사항)

이 계약에서 정하는 사항 외에 "갑"과 "을"은 특약사항을 정할 수 있다.

제24조(재검토기한) <신설 2019.12.31>

국토교통부장관은 「훈령·예규 등의 발령 및 관리에 관한 규정」 (대통령 훈령 334호)에 따라 이 고시에 대하여 **2020년 1월 1일 기준**으로 매3년이 되는 시점(매 3년째의 12월 31일까지를 말한다)마다 그 타당성을 검토하여 개선 등의 조치를 하여야 한다.

부   칙

이 고시는 발령한 날부터 시행한다.

※ 표준계약서의 제3조 및 제4조의 [별표1], [별표2] 및 [별표3]은 본 지침서에 미첨부

반포주공0단아파트 설계계약서

(1996.5.18. 국토교통부령 제1996-129호로 제정되고 이후 2019.12.31.
국토교통부령 제2019-970호로 개정된 표준계약서를 기준으로 작성함)

0000년 0월 00일

건 축 주 : 반포주공0단지 재건축정비사업조합

설계회사 : ㈜ 0 0 0 건 축 사 사 무 소

건축물의 설계계약서

1. 설계계약건명 : 반포주공0단지아파트 재건축설계용역
2. 대 지 위 치 : 서울특별시 서초구 반포동00-1, 2, 3, 4, 21, 23, 00-1 번지
3. 대 지 면 적 : 133,661.3㎡(40,432.6평)
4. 설 계 개 요
   1) 용   도 : 아파트 및 부대시설·복리시설 등
   2) 규   모 : 지하 2층, 지상 35층
   3) 구   조 : 벽식 구조 및 일부 철근콘크리트 기둥 구조
                  플랫플레이트 슬래브 구조, 진도 8.0<MMI 기준> 적용
   4) 건축연면적 : 487,316,9㎡(147,560평)(단, 사업승인 면적을 확정면적으로 한다)

5. 계 약 금 액 : 제곱미터당 000천원정 (₩ 00,000원) - V.A.T별도
6. 계약이행보증서 : 계약금액(부가세 포함)의 10%

                        0000년 0월 00일

  이 계약을 증빙하기 위하여 본 (가)계약서 2통을 작성하고 "갑"과 "을"이 기명 및
날인한 후 각각 1통씩 보관한다.

    건축주("갑") 주   소 : 서울특별시 서초구 반포0동 00-0번지
                조 합 명 : 반포주공0단지 재건축정비사업조합
                조 합 장 : 0 0 0   (인)
                전   화 : (02)533-0000

    설계자("을") 주   소 : 서울특별시 00구 신천동 0-00번지
                상   호 : (주)000 종합건축사사무소
                대표이사 : 0 0 0   (인)
                면허번호 : 0000
                등록번호 : 220 -000 - 00000
                전   화 : (02)2140 - 0000
                F A X : (02)2140 - 0000

제1조(총 칙)

이 계약은 「건축법」 제15조에 따라 반포주공0단지 재건축정비사업조합(이하 "갑"이라 한다)이 **건축사법 제23조제1항**에 따라 **건축사사무소의 개설신고를** 한 건축사인 (주) 0 0 0 건축사 사무소(이하 "을"이라 한다)에게 위탁한 설계업무와 기타 지원업무의 수행에 필요한 상호 간의 권리와 의무 등을 정한다.

제2조(계약기간)

설계용역 업무의 수행 기간은 계약일로부터 사용승인 완료일까지로 한다.

제3조(계약의 범위)

① "을"이 "갑"에게 제공하는 계약의 범위는 건축물의 건축을 위한 기획설계, 기본설계도 (사업승인용), 실시설계도(착공계 접수용, 실행예산 작성용), 기타 공사실시에 필요한 설계도서를 작성하는 업무(이하 "설계업무"라 한다) 일체로 한다.

② "을"은 제7조에 의하여 "갑"으로부터 제공받은 자료를 참고하여 자신의 창의로써 건축물에 대한 기본구상을 입안하고 다음 각 호의 설계도를 작성하여야 한다.

1. 배치도, 평면도, 입면도, 일반단면도
2. 토목, 건축, 구조, 설비, 전기, 소방, 조경 등의 설계개요서, 계산서 및 시방서
3. 기타 설계지침서에 정하는 도서

③ "을"이 계약을 수행함에 있어 제1항에 의하여 작성한 기획설계를 기초로 하여 다음 각 호의 업무를 이행하여야 한다. (사업시행인가에 필요한 계획설계, 기본설계, 실시 설계도서 및 기타 지원업무 등 다음에서 정하는 사항)

1. 건축, 구조설계도서 전반
2. 단지 내 토목 및 조경설계 도서 전반
3. 전기, 기계, 설계도서 전반(정화시설, 소방, 가스설비 포함)
4. 수량 산출서(건축, 설비, 전기, 토목, 조경, 소방, 등) 및 공사비내역서
5. 각종 계산서 및 공사 시방서
6. 분양을 위한 각종 면적산출, 카탈로그 제작용 도면(자료협조)
7. 각종 심의용 도서(필요 시 패널 등 포함)
8. 사업승인 관련 업무(각종 심의 등)
9. 착공이후 필요한 설계변경 도서(경미한 변경)
10. 건축물 관리대장 작성용 도면 및 면적표(자료협조)
11. 색채심의 등 기타 인허가에 필요한 설계도서 일체
12. **지질조사서** 및 굴토설계도서(구조계산서) 및 지내력검사서
    (단, 지질조사는 건물 1동당 3공 이상 및 기타 필요개소에 실시한다)
13. 구조물 구조계산서, 굴토계산서, 우·오수 계산서
14. 대지측량(현황 및 대지경계명시측량)
15. 대지에 관한 급·배수, 전기, 가스, 지역난방 등 시설의 현황을 표시하는 자료
16. 토지이용에 관한 증빙서류(도시계획 확인원, 지적도, 토지대장, 건축물관리대장 등)
17. 각종 필요한 영향평가서(교통영향평가서, 환경영향평가서 등)의 작성
18. 기타 업무수행에 필요한 자료

④ "을"이 제1항 및 제2항에 의한 설계업무를 수행함에 있어 "갑"의 요구사항이 건축 관계 법령에 위배되어 업무의 이행이 어렵다고 판단될 경우 "을"은 "갑"에게 신속히 이를 고지하여야 한다.

⑤ "을"이 작성한 설계도서의 기술상 또는 제반 법규의 하자로 인하여 발생되는 일체의 문제는 "을"의 책임과 비용으로 해결하여 "갑"에게 하등의 손해가 없도록 하여야 한다.

⑥ 설계업무에 관련되는 추가업무(각종 영향평가 등) 및 조사기획업무, 대관 인·허가 업무, 본 사업부지상의 측량 및 지질조사업무 등은 "을"의 비용으로 완료하여야 한다.

⑦ 시공사 선정을 위한 재건축사업 참여 제안서 작성지침에서 정한 내용(마감재 및 시설 기준 등)을 설계에 반영한다.

⑧ 기타 지원업무(안전진단업무, 조합창립총회 지원업무) 등

제4조(대가의 지급방법)

① 설계업무에 대한 대가의 지급시기 및 지급금액은 첨부 ①과 같이 이행함을 원칙으로 하며, "갑"과 "을"이 협의하여 조정할 수 있다.

② 사업연면적의 확정은 최종사업승인 면적으로 하며, 그에 따른 차액은 사용승인 완료 시 지급비용에서 정산키로 한다.

제5조(주택형 배분사항)

① "을"은 조합원의 선호도 및 조합의 의견을 충분히 반영하여 계획 **주택형** 및 세대수 계획을 수립하고 가능한 남향으로 배치하며 쾌적하고 살기 좋은 주거환경이 조성되고 건축물의 미관을 고려하여 규모 있는 공간 활용이 되도록 설계에 최대한 반영한다.

② 재건축에 따른 세대당 면적, 평면계획 등은 조합과 충분한 협의를 거쳐 확정하고 건설공사비의 증감, 시공의 용이성, 설비의 효율성, 분양성 등을 고려하여 종합적으로 설계한다.

제6조(대여금)

"을"이 "갑"에게 지급하는 대여금의 금액, 지급시기, 상환방법 등에 대하여는 별도의 약정서에 의한다.

제7조(자료의 제공 및 성실의무)

① "갑"은 필요 시 "을"에게 본 계약서 제3조에 명시된 용역에 관련된 자료를 요청할 수 있으며, "을"은 이에 성실히 임한다.

② "갑"과 "을"은 계약이 종료될 때까지 신의와 성실의 관계를 유지하고, "을"은 설계 도서에서 의도된 바를 "갑"에게 설명하고 자문한다.

제8조(설계도서의 검수 및 납품)

① "을"은 설계지침에 명시된 매 단계마다 "갑"과 관할 관청의 담당자에게 설계도서를 제출하여 협의하여야 하며, 그 결과가 "을"의 의도에 크게 벗어나지 않는 한 성실 하게 반영하고 이를 서면으로 "갑"에게 통보한다.

② "을"이 제출하는 설계단계별 도서의 목록 및 수량은 본 계약서 제26조에 따른다.

③ "을"은 본 사업에 대한 인·허가 등 일체의 대관 인·허가 사항에 대하여 "갑"과 협의하고 "을"이 시행한다.

제9조(설계변경 및 계약금액의 조정)

① "갑"은 필요한 경우 설계의 일부 또는 전부를 중지 또는 변경할 수 있으며, 이 경우 "을"은 "갑"의 요구에 따라 설계도서를 중지 또는 변경 작성해야 한다.

② "을"은 변경된 설계도서를 작성한 후 필요에 따라 관계 관청에 설계변경허가를 신청 및 취득하여야 한다.

③ 건축심의 및 사업계획 승인 시 관청의 변경요구에 따른 설계변경과 분양촉진을 위한 경미한 설계변경에 대해서는 "을"의 부담으로 설계변경 도서를 작성하여야 하며, 이에 수반되는 대관업무를 수행해야 한다.

④ 「건축법」 제23조제2항에 따라 설계도서가 관계 법규에 적합하지 않거나 공사여건상 불합리하다고 "갑"이나 "갑"이 지정한 '공사감독자'가 판단해 감리자의 동의를 얻어 "을"에게 설계변경 요구 시 "을"은 이에 응해야 하며, 이에 따른 비용은 "을"이 부담한다.

⑤ 사업계획승인 후 "갑"이 설계변경을 요청하여 인·허가 절차상 재심의를 받아야 할 경우에 한하여 설계변경 추가비용을 인정하며, 그 소요금액은 "갑"과 "을"이 상호 협의하여 결정하되 변경차액이 계약금액의 5%까지는 "을"이 부담하고 5% 초과분은 "갑"이 부담한다. 이 경우 초과되는 설계용역비는 당초 계약금액의 10%를 초과하지 못한다.

⑥ 상기 제5항의 설계변경 추가비용 산출은 실제 추가 수행한 보수기준에 낙찰률(계약금액/보수기준금액 × 100)을 적용하여 계산한다.

제10조(계약의 양도 및 변경 등)

① "갑"과 "을"은 상대방의 승낙없이는 이 계약상의 권리·의무를 제3자에게 양도, 대여, 담보제공 등 기타 처분행위를 할 수 없다.

② "갑"의 계획변경, 관계 법규의 개·폐, 천재지변 등 불가항력적인 사유의 발생으로 설계업무를 수정하거나 계약기간을 연장할 상당한 이유가 있는 때에는 "갑"과 "을"은 서로 협의하여 계약의 내용을 변경할 수 있다.

제11조(이행지체)

① "을"은 설계업무를 약정기간 내 완료할 수 없음이 명백한 경우에는 이 사실을 지체없이 "갑"에게 통지한다.

② "을"이 각 업무별로 정한 약정기간 내에 해당업무를 완료하지 못한 경우에는 지체일수 매 1일에 대하여 용역금액의 1,000분의 3에 해당하는 지체상금을 발주자인 "갑"에게 지불하여야 한다. 설계단계별 약정기간은 서울시 반포아파트지구 개발기본계획의 확정고시 이후 "갑"이 수립한 사업추진계획에 따라서 "갑"과 "을"이 협의하여 결정한다.

③ 천재지변 등 부득이한 사유 또는 "을"의 책임이 아닌 사유("갑"의 요구에 의한 설계도서 수정 등)로 인하여 이행이 지체된 경우 제2항의 규정에 따른 지체일수에서 제외한다.

④ "갑"은 "을"에게 지급하여야 할 대가에서 지체상금을 우선 공제할 수 있다.

⑤ 지체상금의 누계액은 계약금액의 10%를 초과할 수 없다.

제12조(이행보증보험증서의 제출)

① "을"은 "갑"이 시공사와 계약을 체결하여 설계용역 계약금을 지급하기 1일 전까지 계약이행의 보증을 위하여 총 계약금액(부가세 포함)의 100분의 10에 해당하는 금액의 현금 또는 은행의 지급보증서 또는 엔지니어링 공제조합 발행의 계약이행 보증보험증권을 "갑"에게 제출하여야 한다. 단, 총 계약금액의 10%에 해당하는 이행보증금으로 계약이행 보증보험증서의 제출을 갈음할 수 있다.

② 제1항의 규정에 의하여 계약이행 보증보험증권을 제출받은 경우에는 이를 계약서에 첨부하여 보관한다.

제13조("갑"의 계약 해제 및 해지)

① "갑"은 다음 각 호의 경우에 계약의 전부 또는 일부를 해제·해지할 수 있다.
  1. "을"이 관할관청으로부터 면허 또는 등록의 취소, 업무정지 등의 처분을 받은 경우
  2. "을"이 금융기관의 거래정지 처분, 어음 및 수표의 부도, 제3자에 의한 가압류·가처분·강제집행, 금치산·한정치산·파산선고 또는 회사정리의 신청 등으로 계약이행이 불가능한 경우
  3. "을"이 상대방의 승낙없이 계약상의 권리 또는 의무를 양도한 경우
  4. 사망, 실종, 질병, 기타 사유로 계약이행이 불가능한 경우

② 천재지변 등 불가항력적인 사유로 계약이행이 곤란하게 된 경우에는 상대방과 협의하여 계약을 해제·해지할 수 있다.

③ "을"은 제1항 각호의 해제·해지의 사유가 발생한 경우에는 "갑"에게 지체없이 통지한다.

④ "갑"은 본 규정에 따라 계약을 해제·해지할 때에는 그 뜻을 미리 "을"에게 13일 전까지 통지한다.

제14조("을"의 계약 해제 및 해지)

① "을"은 다음 각 호의 경우에는 계약의 전부 또는 일부를 해제·해지 할 수 있다.
  1. "갑"이 "을"의 업무를 방해하거나 그 대가의 지불을 지연시켜 "을"의 업무가 중단되고 30일 이내에 이를 재개할 수 없다고 판단된 때
  2. "갑"이 계약 당시 제시한 설계요구조건을 현저하게 변경하여 약정한 "을"의 업무 수행이 객관적으로 불가능한 것이 명백할 때
  3. "갑"이 상대방의 승낙없이 계약상의 권리 또는 의무를 양도한 경우
  4. "갑"이 "을"의 업무수행 상 필요한 자료를 제공하지 아니하여 "을"의 업무수행이 곤란하게 된 경우
  5. 재건축사업의 중단 등의 사유나 "을"의 계약이행이 불가능한 경우

② 천재지변 등 부득이한 사유로 계약이행이 곤란하게 된 경우에는 상대방과 협의하여 계약을 해제·해지할 수 있다.

③ "갑"은 제1항 각호의 해제·해지 사유가 발생한 경우에는 "을"에게 지체없이 통지한다.

④ "을"은 제1항에 따라 계약을 해제·해지하고자 할 때에는 그 뜻을 미리 "갑"에게 14일 전까지 통지한다.

제15조(손해배상)

"갑"과 "을"은 상대방이 제13조 및 제14조의 규정에 의해 설계계약이 해제·해지된 경우에는 아래와 같이 조치한다.

1. "갑"의 귀책사유로 인하여 설계계약이 해제·해지된 경우에는 중단된 시점까지 수행한 업무에 대한 보수기준에 낙찰률(계약금액 ÷ 보수기준금액 × 100%)을 적용하여 산정된 금액을 "갑"은 "을"에게 지불한다. 이때, 기 지급한 금액이 있는 경우에는 차액을 정산 제공한다.

2. "을"의 귀책사유로 인하여 설계용역계약이 해제·해지된 경우에는 "갑"이 "을"에게 이미 지불한 용역비를 "을"은 "갑"에게 설계단계별로 정산하여야 하며, 중단시점까지 수행한 용역(차순위 설계단계)에 대한 보수는 추가 청구하지 않는다.

제16조("을"의 면책사유)

"을"은 다음 각 호의 사항에 대하여는 책임을 지지 아니한다.

1. "갑"이 임의로 설계업무 보수의 지불을 지연시키거나 요구사항을 변경함으로써 설계업무가 지체되어 손해가 발생한 경우.

2. 설계도서가 완료된 후 건축 관계 법령 등이 개폐되어 이미 작성된 설계도서 및 문서가 못쓰게 된 경우

3. 천재지변 등 불가항력적인 사유로 인해 업무를 계속적으로 진행할 수 없는 경우

제17조(설계업무 중단 시의 대가 지불)

① 제13조 및 제14조에 따라 설계업무의 전부 또는 일부가 중단되는 경우에는 "갑"과 "을"은 이미 수행한 설계업무에 대하여 대가를 지불하여야 한다.

② "을"의 귀책사유로 인하여 설계업무의 전부 또는 일부가 중단되는 경우에는 "갑"이 "을"에게 이미 지불한 대가에 대하여 이를 정산·환불한다.

③ 제1항 및 제2항에 따른 대가 지불 및 정산·환불은 제15조의 손해배상과는 별도로 적용한다.

제18조(저작권 보호)

이 계약과 관련한 설계도서의 저작권은 **"갑"**에게 귀속되며, "을"은 "갑"의 서면동의 없이 이의 일부 또는 전체를 동일하게 사용하여 다른 곳에 사용할 수 없으며, "갑" 또한 "을"의 서면동의 없이 이의 일부 또는 전체를 동일하게 사용하여 다른 곳에 건축할 수 없다.

제19조(비밀 보장)

"갑"과 "을"은 업무수행 중 알게 된 상대방의 비밀을 제3자에게 누설하여서는 아니 된다.

제20조(외주의 제한)

① "을"은 「건축법」 제67조제1항에 의하여 관계 전문기술자의 협력을 받아야 하는 경우를 제외하고는 "갑"의 승낙없이 제3자에게 외주를 주어서는 아니 된다.

② 관련 전문기술자의 협력을 받은 경우에 외주 내용에 대한 책임은 해당 관련 전문기술자가 지되 "을"이 업무수행의 총괄책임을 진다.

③ 외주를 주는 경우에 보수의 지불은 제4조의 규정에 의한 보수의 범위 내에서 "을"이 지불한다.

제21조(하자담보)

"을"이 제공한 설계도서에 의하여 사업수행 중 설계도서의 기술상 또는 제반 법규의 적용하자로 인하여 하자가 발생되는 일체의 문제점은 "을"의 책임과 비용으로 해결하여야 하며, "갑"에게 하등의 손해가 없도록 신속히 조치하여야 한다.

제22조(감독)

① "을"은 본 용역업무 수행에 있어 "갑"("갑"이 별도로 지정하는 진행 감독자 및 해당 검수자)의 요청이나 질의에 대하여 성실히 답변하여야 한다.

② "을"은 매 단계 설계완료 시마다 "갑"에게 설계도서와 문서를 제출하여 검사를 필하여야 한다.

제23조(분쟁조정)

① 이 계약과 관련하여 업무상 분쟁이 발생한 경우에는 관계 기관의 유권해석이나 관례에 따라 "갑"과 "을"이 협의하여 정한다.

② "갑" 과 "을"이 협의하여 정하지 못한 경우에는 「건축법」 제88조에 따른 건축분쟁조정위원회에 신청하여 이의 결정에 따른다.

③ 건축분쟁조정위원회의 결정에 불복이 있는 경우에는 "갑"의 소재지 관할 법원의 판결에 따른다.

제24조(통지방법)

① "갑"과 "을"은 계약업무와 관련된 사항을 통지할 때에는 서면통지를 원칙으로 한다.

② 통지를 받은 날부터 7일 이내에 회신이 없는 경우에는 통지사항을 승낙한 것으로 본다.

③ 계약당사자의 주소나 연락방법의 변경 시에는 지체없이 이를 서면으로 상대방에게 통지하여야 한다.

제25조(업무협조)

① "을"은 "감독"이나 "갑"이 별도 지정하는 공사감독자의 업무 수행상의 필요에 따라 설계도서의 설명, 이해 및 공사 진행상의 질의나 보완요구가 있을 시 성실하게 응답하거나 보완하여야 한다.

② "을"은 사용검사 및 기타 허가를 받을 시 "갑"이 요청하는 도서의 제출 및 기타 이에 필요한 사항에 대해 성실하게 협조하여야 한다.

제26조(설계단계별 납품도서 목록)

"을"이 "갑"에게 설계단계별 성과에 대한 납품도서 목록은 첨부②와 같으며, 이는 인·허가 시 해당관청 제출용 및 필요에 따라 "갑"과 "을"이 협의하여 증감시킬 수 있다.

제27조(기타사항)

"을"은 본 계약 체결 후 아래 사항을 "갑"에게 제출하여야 한다.

1. 각 단계별 세부 일정표
2. 제20조제2항의 관련 전문기술자의 실적, 기술사의 인적사항 및 기술자격과 경력증명서

제28조(부 칙)

"갑"과 "을"은 공히 조합장, 대표이사 또는 임원, 조합구성원이 변경되어도 본 계약에는 영향을 미치지 아니하고 자동 승계되며, 본 (가)계약서는 계약일로부터 효력을 발생하며 조합인가 후 본 계약으로 자동 승계한다.

첨 부 : ① 설계비 지급시기 및 방법 (제4조에 의한 설계비 지급 방법)
         ② 제26조에 의한 설계단계별 용역성과 납품도서목록 및 설계도서 제출부수
         ③ 위임장
         ④ 재건축사업 참여 제안서 작성지침(**본 지침서에는 미첨부**) -끝-

첨부-1 제4조에 의한 설계비 지급방법

(단위 : 원)

지 급 시 기	지 급 비 율	지 급 금 액	비 고
계약체결 시	10%	₩	시공사와 조합간에 가계약 (협약서, 약정서 등도 포함) 체결 후 30일 이내 지급
건축심의 신청 시	10%	₩	
건축심의 통과 시	10%	₩	
사업승인 접수 시	10%	₩	
사업승인 시	20%	₩	
착공신고 시	10%	₩	
시공도면 납품 시	20%	₩	
준공/사용승인 완료 시	10%	₩	
계	100%	₩	

※ 설계비는 상기와 같은 방법으로 지급됨을 원칙으로 하되 "갑"과 "을"이 협의하여
조정할 수 있다.

첨부-2 제26조에 의한 설계단계별 납품도서 목록

1. 건축계획심의도서

가. 건축계획서(개요)

나. 투시도 또는 조감도

다. 현장사진

라. 위치도 및 계획대지 주변현황(계획대지 주변 100미터 이내 건축물의 높이·규모·배치·벽면선 및 입면전개도 등)

마. 배치도

바. 교통처리 및 주차계획도

사. 조경계획도

아. 평면도

자. 입면도

차. 주단면도

카. 입·단면 상세도

타. 구조계획서(구조설명서, 구조계획도, 주요 구조전환부분 상세도 등)

파. 건축설비도(공기조화·난방·급수·급탕배관계통도, 장비일람표 등)

하. 방재계획서(개략도면 제출)

- 공간별 소방시설 개요(도면)

- 방·배연구획 및 배연계통도

- 소방차진입, 주차위치 및 방재센터의 위치도

- 수직관통부 구획 도면 및 방화구획 면적

2. 굴토심의도서

- 대지조성 및 토지굴착계획서(신청서 별도)

- 주위시설물 현황도(주위건물, 도로, 구조물 등) 및 영향검토서

- 지하매설물 현황도(상·하수도, 전기, 가스, 전화 등의 매설물)

- 흙막이도면(평면도, 단면도, 전개도, 주요부분 상세도 등)

- 시방서 및 계측계획서

- 흙막이구조계산서

- 지반조사서

3. 기본설계도면 (사업승인도면)

1) 총괄표

구 분	작 성 도 서	축 척	작 성 내 용
목 록	· 타이틀	-	· 공사명, 공사구분, 작성연월, 설계사무소명
	· 도면 목록표	-	· 도면목차, 도면번호
개 요	· 설계 개요서	-	· 설계 및 공사개요, 부대 및 복리시설개요, 대지위치, 대지면적, 지역지구, 건축면적, 연면적, 지하층면적, 건폐율, 용적률, 구조, 층수 및 규모, 주택형별 세대수, 주차장
	· 면적표		· 대지지분별 면적, 분양면적, 동별 면적, 부대시설 및 복리시설 면적
	· 구적표	1/100 ~ 1/600	· 구적도, 구적표 및 산출 근거
	· 배치도	1/300 ~ 1/1,200	· 축척 및 방위, 대지면적, 건축선, 대지경계선 및 대지가 접하는 도로의 위치와 폭, 건축선 및 대지경계선으로부터 건축물의 거리, 허가신청에 관계되는 건축물과 다른 건축물과의 구별, 옹벽, 우물, 배수시설, 오수정화시설, 분뇨정화조, 기타 건축물에 부수되는 시설 및 공작물의 위치, 공사용 가설건축물의 축조위치, 공사기간 중의 도로점용범위, 조경계획, 주출입구, 쓰레기 분리수거용기 위치
	· 주차계획도	1/300 ~ 1/1,200	· 법정주차면적 대비 주차공간계산표, 옥외 및 지하주차장 도면, 주차배치도
	· 단지조감도	1/300 ~ 1/1,200	· 단지 전체의 조감도
안내도	· 부근안내도	1/500 ~ 1/3,000	· 지적도, 위치도
	· 단지 밖 교통체계도	1/500 ~ 1/3,000	· 진입도로 표시, 대중교통정류장 위치, 단지 주변의 교통흐름과 교통체계, 차량 및 보행자 도로계획
	· 단지 안 교통체계도	1/500 ~ 1/1,000	· 단지 내 교통체계, 택시승강장 위치, 소방도로 확보상황
	· 토지이용계획도	1/500 ~ 1/1,000	· 기존 나대지의 현황 및 수목상태 등을 최대로 이용할 수 있는 토지 이용계획

2) 토목공사

구 분	작 성 도 서	축 척	작 성 내 용
토공사	· 현황측량도	1/600 ~ 1/1,200	· 측량도
	· 공사계획평면도	1/600 ~ 1/1,200	· 방위, 축척, 도로망, 구배, 도로 및 단지 조성고, 비탈면위치, 구조물표시
	· 대지 종.횡단면도	1/600 ~ 1/1,200	· 대표적인 주된 부분 단면도
	· 공동구계획평면도	1/600 ~ 1/1,200	· 평면도
	· 공동구종횡단면도	1/600 ~ 1/1,200	· 단면도
도로 및 포장공사	· 포장계획평면도	1/600 ~ 1/1,200	· 교차점의 간격, 축척 및 방위, 교차점의 평면 곡선반경
	· 아스팔트포장단면도	1/50 ~ 1/300	· 포장구조, 각층의 두께, 차선폭
	· 콘크리트포장단면도	1/50 ~ 1/300	· 포장구조, 각층의 두께, 차선폭
	· 보도블록평면도	1/300 ~ 1/500	·교차로 부근의 우각부 곡선반경, 보도폭, 횡단구배, 계획고, 축척 및 방위
배수공사	· 우·오수종합계획 평면도	1/300 ~ 1/1,200	· 시설물배치, 맨홀배치, 관배치, 관로도, 단지 외부의 기존 관로 연결상태, 관구경, 집수정위치.크기 등
	· 배수유역도	1/600 ~ 1/2,500	· 도로, 주택형상, 우·오수관배치, 맨홀
	· 우·수관로 종단면도	1/100 ~ 1/300	· 구배, 관경, 지반고, 토피, 관저고, 연장 맨홀위치 및 크기
	· 오·수관로 종단면도	1/100 ~ 1/300	· 구배, 관경, 지반고, 토피, 관저고, 연장 맨홀위치 및 크기
옹벽공사	· 옹벽계획평면도	1/100 ~ 1/600	· 설치위치, 계획평면도
	· 옹벽단면도	1/100 ~ 1/600	· 단면도
	· 옹벽전개도	1/100 ~ 1/600	· 옹벽의 연속적 모양, 시작 및 끝부분 표시
	· 옹벽상세도	1/10 ~ 1/100	· 옹벽설계도 1매에 단면도, 배근도, 배수처리, 시공이음, 재료집계표 포함
	· 옹벽철근배근도	1/100 ~ 1/600	· 철근배근도

3) 조경공사

구 분	작 성 도 서	축 척	작 성 내 용
조경부분	· 녹지종합계획도	1/500 ~ 1/3,000	· 조경계획도, 조경개념도, 토지이용 및 동선계획, 시설물배치, 단지 내 및 단지 외 고저차
	· 녹지구적도 및 구적표	1/200 ~ 1/2,000	· 구적도, 구적표 및 산출 근거, 축척
	· 조경평면도	1/200 ~ 1/600	· 배식평면도, 가로수 식재평면도, 완충녹지 식재평면도
	· 조경수량 총괄표	-	· 식재종류, 기호표시, 수종표시, 규격수량, 식재위치, 법정조경 면적대비 실조경면적, 수종별 식재비율
안내시설	· 시설물종합도	1/10 ~ 1/200	· 규격, 재질, 형태, 색상, 방위, 축척, 글씨체, 시설명, 기타 안내내용
휴게시설	· 휴게시설 평면도	1/10 ~ 1/200	· 공종, 규격, 단위, 수량, 방위, 축척
	· 휴게시설 배치도	1/10 ~ 1/200	· 공종, 규격, 단위, 수량, 방위, 축척
어린이 놀이터	· 놀이터 구적도	1/100 ~ 1/200	· 면적 및 산출방법
	· 놀이터 배치도 및 위치도	1/100 ~ 1/200	· 방위, 축척
	· 놀이터 평면도	1/100 ~ 1/200	· 규격, 방위, 축척
체육시설	· 체육시설배치도	1/600 ~ 1/1,200	· 시설배치도

4) 건축공사

구 분	작성도서	축 척	작 성 내 용
평면도	· 지하층평면도	1/100~1/200	· 각층별 평면, 각실의 용도 및 면적, 기둥.벽.창문의 위치, 방화구획 및 방화문의 위치, 복도, 직통계단, 피난계단 또는 특별피난계단의 위치 및 치수, 비상용승강기.승용승강기의 위치 및 치수, 파이프덕트 단위세대구획, 건축물의 중심선 및 외곽선, 출입구의 위치, 발코니, 창문위치 등
	· 1층평면도	1/100~1/200	· 〃
	· 2층평면도	1/100~1/200	· 〃
	· 기준층평면도	1/100~1/200	· 〃
	· 지붕층평면도	1/100~1/200	· 〃
	· 옥탑층평면도	1/100~1/200	· 〃
	· 단위세대평면도	1/30~1/60	· 기준격자, 중심선치수, 안목치수, 창호크기.재질 및 개폐방향, 가구설치 위치 및 크기(신발장, 욕실장, 주방가구, 거실장 등), 실명, 세대에 면하는 복도 탈출구 위치 및 규격, 선홈통드레인 위치 및 구배방향, 소화전, 방수구함 등의 위치 등
	· 지하층 코아평면도	1/30~1/60	· 옹벽두께, 방수한계, 트렌치, 집수정 등
	· 1층 코아평면도	1/30~1/60	· 관리인실, 부속실, 주현관, 진입계단 및 경사로, 우편물수취함, 부착시설물 등
	· 기준층 코아평면도	1/30~1/60	· 엘리베이터 규모 및 크기, 방화문위치, 방화구획(변화되는 층마다 작성)
	·옥탑층 코아평면도	1/30~1/60	· 물탱크규격, 기계실, 바닥마감, 옥상수평피트, 루프드레인 위치 및 크기, 사다리 등
	· 지하주차장 평면도	1/30~1/60	· 재료마감, 각종 설비(집수정, 트렌치, 배기설비 등), 주차구획, 경사로 등
	· 열교환실.전기실.기계 평면도	1/30~1/60	· 각종 설비기기 위치, 점검구 위치 및 크기
입면도	· 정 면 도	1/100~1/200	· 외벽마감재료, 층수 및 층바닥 위치, 창호개구부 형상 및 위치, 외벽 시설물(사다리, 난간, 경사로, 홈통 등), 굴뚝 및 옥상돌출부 등
	· 배 면 도	1/100~1/200	· 〃
	· 좌측면도	1/100~1/200	· 〃
	· 우측면도	1/100~1/200	· 〃
단면도	· 주 단 면 도	1/30~1/100	· 지표면위치, 기준격자, 중심선치수, 안목치수, 창호 및 개구부 위치, 실명바닥마감, 층고 및 천장고 최고 높이
	· 횡 단 면 도	1/100~1/200	· 〃
	· 종 단 면 도	1/100~1/200	· 〃
	· 코아단면도	1/10~1/50	· 〃
	· 계단단면도	1/10~1/50	· 디딤판, 챌판, 벽 및 기둥, 출입구 등과 관계, 층고.계단참 크기 등
	· 주단면상세도	1/10~1/50	· 〃

구 분	작 성 도 서	축 척	작 성 내 용
상세도	· 방수 및 결로보완 상세도	1/10 ~ 1/50	· 방수재료, 결로방지재 등의 설치부위 및 상세 등
구조도	· 구조개요도	-	· 구조계산서 일반사항 요약, 건물규모 층수, 구조방식, 철근 및 콘크리트 강도, 설계근거 및 해석방법, 지내력
	· 바닥구조평면도 (지하, 기준층, 지붕 단위세대, 옥탑층)	1/50 ~ 1/100	· 각층의 구조평면도, 철근의 이음 및 정착거리, 기둥 또는 옹벽의 위치, 보의 위치, 개구부의 위치, 기둥.옹벽.슬래브.계단.보의 기호표시, 보강근 표기, 슬래브 요철표기, 열부호 표기 드라이 에어리어 표기
	· 바닥구조 평면도 (코아부)	1/50~1/100	· 옹벽.피트.계단부분의 확대표시, 각종 기호, 주호, 치수표기, 중심선으로 부터 거리 및 두께 등
	· 기둥.보일람표 (필요시 옹벽일람표)	1/30~1/50	· 단부 및 중앙부에서의 보의 크기, 배근형식(상단 및 하단), 전단보강근의 종류 및 간격, 기둥의 크기, 주근의 배치형태 및 개수, 대근의 종류 및 간격
	· 슬래브배근도 (평면도 또는 표형식)	1/30~1/50	· 슬래브 두께, 배근위치 및 형식, 철근의 종류 및 간격, 상부.하부.장변.단변 별 표시, 개구부의 보강, 배근 간격이 다른 경우 철근의 위치, 세대간 거리 등 · 철근의 종류 및 배근형식, 캔틸레버 또는 2변고정계단 명기, 보강근의 위치
	· 계단배근도	1/30~1/50	· 초의 크기.폭.두께.배근방법.철근종류, 보강근의 위치, 파일의 위치. 크기.간격
	· 기초일람표	1/50~1/100	· 상세도에 준함.
	· 잡배근도(현관램프, 파라펫 공동구, 맨홀 등)	1/5~1/30	· 종횡구조 단면도, 골조의 철근배근형식기입, 철근의 종류, 배근방법, 벤트 위치, 보강근 표시, 늑근 및 대근의 종류.간격
	· 라멘도	1/30~1/200	· 기둥 및 벽체의 정확한 위치표기, 기둥 또는 수평.수직 단면의 변화관계 상세 표시
	· 주심도	1/30~1/200	· 철근종류 및 배근방법, 각종 보강근의 종류 및 배근방법, 각종 부재의 위치.거리 표시, 중요부분의 단면접합 방식을 상세 표시
	· 각부 구조 및 평면의 단면 상세도	1/5~1/30	
부품도	· 우편함상세도	1/1~1/20	· 규격.부착방법 등
마감 상세도	· 실내외재료마감표	-	· 천장.벽.걸레받이.바닥부위의 바탕 및 마감
창호도	· 창호일람표	1/30~1/60	· 모듈치수, 개구부의 수, 제작치수, 명칭, 적용위치, 부속틀재의 재질 및 규격, 개폐방향, 유리종류 및 두께, 방충망 설치방식(롤 타입)

5) 건축설비공사

구 분	작 성 도 서	축 척	작 성 내 용
지하저수조	· 평면도 · 단면도 · 철근배근도 · 각부 상세도	1/30~1/200 1/30~1/200 1/30~1/200 1/30~1/200	· 각 구조물의 외곽선.벽체두께, 저수조 내외부경사, 환기구, 맨홀 등 · 구조물의 크기(높이.길이 등) 및 단면, 단면치수, 내부마감재 · 철근의 배근위치.간격.크기 · 환기구, 사다리, 집수정
오수·분뇨 정화조	· 평면도 · 단면도 · 상세도 · 철근배근도 · 처리계통도	1/30~1/200 1/30~1/200 - 1/30~1/200 -	· 각 시설물의 외곽선.벽체두께.개구부 등 · 시설물의 바닥두께 및 높이 수위선.월류구 등 · 맨홀, 난간 등 · 배근위치, 배근간격, 철근규격 등 · 오수계통, 오니계통, 공기계통, 주요장비 등
옥외급수공사	· 상수도 계획평면도 · 소화전.급수전표준도 · 단지 내 간선의 분기배관도 · 구조물과의 연결부위 시공도 · 구조물로의 인입분기 배관	1/600~1/1,200 1/600~1/1,200 1/10~1/100 1/10~1/100 1/10~1/100	· 축척, 방위, 분기위치, 규격 등 · 소화전평면도 및 단면도, 급수탑단면도 · 종류별 분기상세도 · 구조물시공도, 오.배수배관 통과부위 시공도, 고저차별 시공도 · 종류별 인입분기 상세도
고가수조도 (옥상물탱크)	· 평면도 · 입면도 · 단면도 · 각부 단면 상세도	1/50~1/200 1/50~1/200 1/30~1/100 1/20~1/60	· 수조의 규격.형상 등 · 구조물의 형상.높이.마감 등 · 각부 단면의 치수, 내부마감재 · 출입구, 사다리 등

기계설비도
(옥내)
	· 난방배관 계통도
	
	· 단위세대 난방배관 평면도
	
	· 지하층 난방배관 평면도
	· 1층 난방배관 평면도
	· 기준층 난방배관 평면도
	· 옥상층 난방배관 평면도
	· 급수.급탕배관 계통도
	
	· 오수.배수배관 계통도
	· 지하층 급수.급탕 평면도
	· 지하층오배수관 평면도
	· 1층 오수관 평면도
	· 기준층 급수.급탕 평면도
	· 기준층 오수배관 평면도
	· 옥상 급수.급탕 오수배관
	  평면도
		-
		
		1/30~1/60
		
		1/100~1/200
		〃
		〃
		〃
		-
		
		-
		1/100~1/200
		〃
		1/100~1/200
		〃
		〃
		〃
			· 난방배관구획 또는 유량조절기기설치 난방배관 공급계통,
			  배관경표시, 밸브위치 표시
			· 난방코일의 배관재.배관경.피치표시.열량계.유량계.
			  온도밸브위치
			· 난방배관관로, 배관표시, 구조물관통관계
			· 난방배관관로, 배관표시, 구조물관통관계
			· 난방배관관로, 배관표시, 구조물관통관계
			· 난방배관관로, 배관표시, 구조물관통관계
			· 공급계통.공급체계.배관경표시.밸브위치표시.
			  옥상물탱크 설치높이
			· 배관계통, 배출체계, 배관경 표시
			· 급수, 급탕관로, 배관경, 구조물관통관계
			· 급수, 급탕관로, 배관경, 구조물관통관계
			· 급수, 급탕관로, 배관경, 구조물관통관계
			· 급수, 급탕관로, 배관경, 구조물관통관계
			· 급수, 급탕관로, 배관경, 구조물관통관계
			· 급수, 급탕관로, 배관경, 구조물관통관계

구 분	작 성 도 서	축 척	작 성 내 용
기계설비도 (옥내)	· 단위세대 위생배관 평면도 · 소화배관계통도 · 단위세대 소화배관 평면도 · 지하층·1층 소화배관 평면도 · 기준층·옥상층 소화배관 평면도 · 동별가스배관 입상계통도 · 단위세대가스 평면도	1/30~1/60 - 1/30~1/60 1/100~1/200 1/100~1/200 - -	· 위생기구 및 수도꼭지위치, 배관관로, 배기설비, 냉온수 계량기 위치 · 소방시설물 배관계통 및 시설물 표시 · 소방시설물 설치표시 · 소방시설물 배관계통·시설물설치 표시 · 소방시설물 배관계통·시설물설치 표시 · 각종 계기 위치, 배관경 · 계량기 위치, 배관경
기계설비도 (옥외)	· 옥외공동구 단면도 · 옥외공동구 난방배관 평면도 · 옥외공동구 급수배관 평면도 · 옥외공동구 소화배관 평면도 · 옥외가스배관 평면도 · 우.오수배관 계통도	1/10~1/50 1/300~1/600 1/300~1/600 1/300~1/600 1/300~1/600 1/300~1/600	· 난방, 급수, 급탕, 소화의 관로 등 · 보일러실.중간기계실에서 각 동에 난방공급 및 환수를 위한 배관관로 및 분기장치, 담당 기계실 표시 · 단지입구 시수 관로로부터 분기위치 및 관경, 펌프실 위치, 펌프실 위치로부터 각 동에 급수공급관로 및 관경 표시 · 옥내소화전관로 및 관경, 옥내 스프링클러 관로 및 관경, 기타 소방법에서 정하고 있는 소화관로 및 관경 표시 · 각종 계기, 밸브의 위치 표시, 배관경 · 배관계통, 배관의 재질, 규격, 맨홀위치, 건축배관 한계 등
기계설비도 (보일러실)	· 장비일람표 · 기계실 배관계통도 · 기계실 장비배치도 · 펌프실 급수배관 평면도 · 펌프실 소화배관 평면도 · 자동제어계통도	- - - - - -	· 기계설비 장비일람표 · 기계설비 전체 구성 및 운영계통을 파악할 수 있는 사항 표시 · 장비배치도 · 급수배관, 펌프구성, 배열, 관경 표시 · 소화배관, 소화펌프 구성.배열, 관경 표시 · 기계설비 전체구성 및 운영계통을 파악할 수 있는 사항 표시
기계설비 상세도	· 옥내소화전 상세도 · 옥외소화전 상세도 · 연결송수관 상세도 · 자동확산 소화용구 설치상세도 · 방수용 기구함 설치상세도 · 쌍구 방수구함 설치상세도 · 단구 방수구함 설치상세도 · 시험밸브 상세도 · 스프링클러 설치상세도 · 옥내소화전 감압밸브 상세도	1/5~1/10	· 설치상세도

구 분	작 성 도 서	축 척	작 성 내 용
전기설비	· 단위세대 배선도	1/30~1/60	· 조명기구.스위치.콘센트.세대분전반 설치위치 및 배치
	· 전력간선 계통도	-	· 주분전반에서 각세대 분전반 사이의 간선계통 및 연결
	· 공용부 회로 계통도	-	· 계단.복도.지하층 등 전등 및 전열회로 계통
	· 지하층 전력간선 및 전등 배선도	1/100~1/200	· 전력간선 : 주분전반에서 각 세대분전반 간의 배관배선 전등.전열 : 지하층 전등.전열설치, 배관배선
	·1층 전력간선 및 전등배선도	1/100~1/200	· 1층 공용부분 전등.전열설치위치 및 배선 각 세대 분전반.계량기함 설치위치 및 배선
	· 기준층 전력간선 및 전등 배선도	1/100~1/200	· 기준층 공용부분 전등전열 설치위치 및 배선 각 세대 분전반.계량기함 설치위치 및 배선
	· 지붕층 전력간선 및 전등 배선도	1/100~1/200	· 지붕층 공용부분 전등.전열설치위치 및 배선 동력분전함 설치위치 및 배선 피뢰침 설치위치 및 배선
	· 보안등 배선도(옥내.옥외)	1/300~1/600	· 보안등 위치.배관.배선
	· 전력 및 통신인입 제어배선도	1/300~1/600	· 전력통신 인입위치 및 배관배선, 맨홀 및 수공 개폐기 및 변압기 위치 옥외 스피커 배관.배선
	· 수전반.배전반.변압기반 설치 상세도	1/10~1/50	· 수전반.배전반.변압기반 등 설치상태
	· 변전실 접지 및 제어배선도	1/30~1/50	· 각종 접지 배선.조작.고장상태 감시, 계측 배관배선
	· 중앙감시 제어일람표	-	· 패널별 조작 및 감시.계측.변환기 수량
	· 보일러실 배선 일람표	-	· 장비명, 모터용량, 대수, 배관, 배선상시.예비 구분, 시공방법
	· 공동구 내 전력간선 계통도	1/300~1/600	· 구간별 아파트, 지하저수조.중간기계실 등 배선
	· 기계실 전등 및 동력 배선도	1/20~1/50	· 동력반 및 모터위치, 배관.배선
	· 지하저수조 동력반결선도	1/20~1/50	· 단선결선도 모터용량.차단기.변류기.컨테이너 규격, 상시 및 예비구분
	· 지하저수조 동력 및 전등 배선도	1/20~1/50	· 동력반 및 모터위치.배관배선 등
	· 변전실 단선결선도	-	· 수변전설비.배전설비.발전설비 기기 규격 및 계통
	· 변전실 배선도	1/20~1/50	· 특고반.변압기반, 저압판 발전기 및 운전반 위치, 특고인입 배관배선, 저압반과 발전기간 배관배선
	· 기계실 동력반 결선도	1/20~1/50	· 단선결선도, 모터용량, 차단기.변류기.콘덴서 규격, 상시 및 예비구분
	· 전기 부하용량 계산표	-	· 용량산출 근거

구 분	작 성 도 서	축 척	작 성 내 용
통신방송. 화재경보설비	· 화재경보설비 계통도	-	· 화재경보설비 입상
	· 유도등.유도표지 계통도	-	· 각층의 유도등 설비 계통표시
	· 화재설비 계통도(지하층, 1층, 기준층, 지붕층)	1/100~1/300	· 소방설비 배선배관
	· 안내실 배선도	-	· 배선도
	· 유도등.유도표지 상세도	-	· 배선도

	· 전화.TV공시청.인터폰.방송시설
	  계통도(지하층, 1층, 기준층,
	  지붕층)
		-	· 배관배선 입상계통

	· 공동구 내 인터폰 및 방송 계통도	1/300~1/600	· 구간별 방송.인터폰.인터컴배선
	· 공동구 내 방재 및 승강기 감시 계통도	1/300~1/600	· 구간별 화재감시, 소화.승강기 감시배선

4. 실시설계도면(착공 및 납품도면)

1) 토목공사

구 분	작성도서	축 척	작성내용
토공사	· 토사량 도표	-	·대지조성에 따른 토사량
도로 및 포장공사	· 포장구적도	1/50~1/100	-
	· 도로종횡단면도	1/50~1/300	·포장형식, 차선폭, 평면 곡선반경, 종횡단 구배, 보도폭 계획고, 축척, 곡선부 편구배 등
	· 주차장 표시선 및 경계명시 표시선	1/50~1/300	·노면표시 색채 및 도료종류, 기호, 문자 및 선의 길이, 간격, 폭, 위치
	· 도로 및 보도면 토공정리도	1/50~1/200	
	· 과속방지턱 계획도 및 상세도	1/30~1/300	·과속방지턱의 설치규격과 형상, 설치간격, 도료재료
	· 가로등 계획도	-	·차도폭, 설치위치, 축척 및 방위, 설치간격
	· 보차도 경계블록 및 측구 상세도	1/10~1/100	·보도 경사구간 구배, 재료종류 및 크기보도폭, 연석폭
	· 도로경계블록 상세도	1/10~1/100	·경계블록의 형식, 크기, 재료, 종류
	· 맹인용 점자블록 계획도 및 상세도	1/30~1/500	·점자블록 크기, 재질 및 색채, 설치폭, 계획고, 설치단면도
	· 도로표준단면도	1/30~1/100	·차선폭, 각층의 두께, 포장구조, 횡단구배 계획고
	· 보도블록 상세도	1/10~1/30	·상세도
	· 포장수량 집계표	1/10~1/600	·공종, 단위, 수량 등
배수공사	· 측구도	1/10~1/100	· L, U형
	· 외곽유입수 처리상세도	1/10~1/200	· 관경, 점검구, 맨홀 등
	· 우수 홈통받이 상세도	1/20~1/100	· 재료, 구경, 위치
	· 오수받이 상세도	1/10~1/100	· 인버트형상, 크기 등
	· 우수받이 상세도	1/10~1/100	· 트랩형상.크기 등
	· 시공.신축이음 상세도	1/10~1/50	· 신축이음용 상세도, 이음부 크기 및 위치 등
	· 원심력수도관 상세도	1/10~1/30	· 신축이음용 상세도, 이음부 크기 및 위치 등
	· 관연결부분 상세도	1/10~1/30	· 연결각도, 기초공, 관재료, 연결방법
	· 도로 우수받이 상세도	1/10~1/100	· 형상, 크기, 기초공, 배근도, 상부형태, 배근도, 관로연결 각도 및 위치 등
	· 합류식 종평면도	1/100~1/200	· 배수관, 인접지역 경계, 공사도, 경계배수구의 배치 및 명칭, 건물배치, 건물내부의 개략스케치, 오수발생 시설위치 등
	· 분류식 종평면도	1/100~1/200	· 관의 배치는 우수관이 위에 오수관이 밑에 가도록 배치, 기타 사항은 합류식 종평면도와 동일(우.오수관을 구분하여 작성)
	· 우수관보호 콘크리트 상세도	1/10~1/100	· 보호재료의 종류, 보호공 등
	· 도로 배수평면도	1/10~1/600	· 우.오수관 위치, 연장, 맨홀위치.구배 등
	· 건물 주위 우.오수배관 평면 상세도	1/20~1/200	· 받이위치, 건물배치, 연결관과 지선관의 연결형태, 관거구배, 관경 등
	· 맨홀표준도 및 상세도	1/30~1/100	· 기초내용, 외경 및 내경, 상부구조, 발판사다리, 인버트 등
	· 집수정 상세도	1/10~1/100	· 건물 주위 우.오수관 평면도에 포함

2) 조경공사

구 분	작성도서	축 척	작 성 내 용
담장공사	· 담장계획도 · 담장단면도 · 담장입면도 · 방음벽설계도	1/10~1/100 1/10~1/100 1/100~1/600 1/10~1/100	· 위치, 구간, 사용재료 등 · 단면도, 상세도 · 정면도, 측면도, 담장의 연속적 모양시작 및 끝부분 표시 · 설치위치, 방음성능, 계획도, 단면도, 입면도, 상세도, 전개도, 구조도 등
조경공사	· 지주목 상세도 · 주거동.부대복리시설 주변 식재상세도 · 가로수 식재 평면도 · 완충녹지 식재평면도 · 토지이용 및 동선계획도 · 단지 내 식재상세도 · 수목 보호홀 덮개상세도	1/10~1/30 1/100~1/300 1/100~1/600 1/100~1/600 1/300~1/600 1/100~1/600 1/20~1/200	· 규격, 재질, 형태 · 수종, 규격 등 · 가로수 간격.규격 등 · 수종, 규격 등 · 토지이용, 동선계획 · 수종, 규격, 단위, 수량 · 규격, 평면도
안내시설	· 단지 종합안내판 · 단지 유도표지판 · 방향안내판	1/10~1/100 1/10~1/100 1/10~1/100	- - -
휴게시설	· 페르골라.평의자.등의자.사각 의자 상세도 · 휴지통 상세도 · 시설물 수량표	1/10~1/30 1/10~1/30 -	· 규격, 평면도 · 규격, 재질, 형태 · 공종, 규격, 단위, 수량 등
어린이 놀이터 시설	· 놀이터 단면도 · 놀이터 철책 · 휴지통 · 놀이터배수 평면도 · 암거.경계석.모래막이 상세도	1/10~1/30 1/10~1/30 1/10~1/30 1/100~1/200 1/100~1/200	· 단면상세, 포장규격 등 · 규격, 재질, 형태 · 규격, 재질, 형태 ·배수망 등 · 규격, 재질, 형태 등

놀이시설	· 놀이기구 수량집계표
	· 놀이시설 평면.입면.단면 상세도
		-
		1/10~1/30
			· 모든 놀이기구의 수량집계표
			· 규격, 재질, 형태(망루, 외다리, 연결통로, 미끄럼대, 흔들다리, 봉
			  오르기, 원통굴리기, 외줄건너기, 사닥다리, 타이어터널, 통나
			  무오르기, 창작놀이대, 유격놀이대, 타잔놀이대, 회전그네, 평균대,
			  원형그네, 고리던지기, 균형잡기, 육각철봉, 윗몸일으키기, 높이
			  뛰기, 말차기, 그네, 평행봉, 시이소, 나무오르기, 줄타기, 공중
			  사다리 등)

체육시설 (해당시설 적용)	· 정구장 평면도 · 정구장 백보드 및 코트단면 · 정구장 암거 · 정구장 U형측구, L형측구, 집수정	1/100~1/600 1/20~1/300 1/20~1/200 1/20~1/200	· 배수평면도, 규격.경사 표시, 배수처리도 · 코트단면도, 정면도, 코트구성두께, 수량표 · 단면도, 수량표 · 시점단면상세도, 종점단면상세도, 재료표, 측구.덮개상세도, 평면도

구 분	작 성 도 서	축 척	작 성 내 용
부품도	· 폐건전지 수거함 상세도 · 층 및 세대별 표시판 상세도 · 옥상 익스팬션조인트 · 비상계단 난간상세도 · 옥탑층 내부계단 난간상세도	1/2~1/20 1/2~1/20 1/10~1/60 1/10~1/60 1/10~1/60	· 규격, 부착방법, 명칭의 표기에 관한 사항 · 서체, 규격, 처리방법, 부착방법 등 · 난간.간살의 규격.형상.고정상태 등 · " · "
마감 상세도	· 천장마감 상세도 · 벽체마감 상세도 · 측벽 및 코아벽틀 상세도 · 바닥 상세도(세대 내) ·바닥 상세도(세대 외) · 지붕층 파라펫 신축줄눈 상세도 · 수장 상세도 · 석고판붙이기 상세도 · 단열재 이음상세도	1/2~1/20	· 바탕면, 마감재 등 · 바탕면, 마감재 등 · 틀재의 규격, 마감재 두께, 적용 부위 · 바탕면, 마감재 두께, 적용 부위 · 바탕면, 마감재 두께, 적용 부위 · 줄눈재의 재질, 상세 등 · 수장부분 상세, 마감 부위에 포함되지 않는 상세 · 틀재의 규격.간격.부착방법 등 · 바탕재처리, 단열재 이음부위 및 이음방법 등
창호도	· 틀재의 형상 및 치수 · 외부 이중창호 입면도 · 외부 단창 입면도 · 내부창호 입면도 · 철재창호 입면도 · 알루미늄창호 입면도 · 합성수지창호 입면도 · 외부창호 상세도 · 알루미늄 문 상세도 · 합성수지창호 상세도 · 내부창호 상세도 · 환기구 상세도 · 압축성형 시멘트문.창틀 상세도 · <u>방충망 설치 상세도</u> · <u>난간 설치 상세도</u>	1/30~1/60 1/30~1/60 1/30~1/60 1/30~1/60 1/30~1/60 1/30~1/60 1/10~1/30 1/10~1/30 1/10~1/30 1/10~1/30 - 1/10~1/30 - -	· 바탕재처리.단열이음부위 및 이음방법 · " · " · " · " · " · 상틀.선틀.밑틀과 개구부와의 접합상태 등 · " · " · 환기구의 재질.규격.부착상태.틀재의 형상 및 치수 · 틀재의 형상 및 치수 · 방충망의 형식(롤 타입 등) · 난간의 자재(철재, 강화유리) 및 설치방법

구 분	작성도서	축 척	작 성 내 용

체육시설
(해당 시설
적용)
	· 정구장 펜스.포스트
	· 농구장 평면도
	· 농구대
	· 배드민턴장 평면도
	· 배구장 평면도
	· 배구장 상세도
	
	· 야구장.소프트볼장.
	  어린이야구장 평면도
	· 축구장 평면도
	· 롤러스케이트장
		1/20~1/300
		1/100~1/600
		1/10~1/20
		1/100~1/600
		1/100~1/600
		1/20~1/300
		
		1/100~1/600
		
		1/10~1/600
		1/10~1/600
			· 규격, 치수, 재료표, 정면도, 상세도
			· 규격, 배수처리도
			· 정면도, 측면도, 재료표
			· 규격, 배수처리도
			· 규격, 배수처리도
			· 펜스, 출입문, 코트장 코트처리 단면도, 포스트 상세도,
			  재료표
			· 운동장표면조성, 백네트단면, 배수처리도, 평면, 규격,
			  홈프레이트상세도
			· 평면도, 규격, 골문상세도, 배수처리도
			· 평면도, 난간상세도, 신축이음상세도, 단면도

3) 건축공사

구 분	작 성 도 서	축 척	작 성 내 용
상세도	· 욕실평면.입면상세도 · 주방 상세도 · 주현관 상세도 · 복도 상세도 · 반침.선반 상세도 · 침실.거실천장틀 상세도 · 익스팬션조인트 상세도 · MC 중심선도 · 램프평면.단면상세도 · 옥외계단상세도	1/10~1/50	· 위생기구배치, 드레인위치, AD.PD위치, 방수방법, 구배 및 마감재 등 · 주방기구평면도, 입면전개도, 주방벽마감재 등 · 평면도, 단면도, 지표면과의 출입관계, 1층바닥높이.보도와의 관계, 계단, 경사로 등 · 입면도, 단면도, 벽체부착물 위치, 선홈통 등 · 평면도, 단면도, 선반재료 및 규격, 설치높이 및 선반고정방법 등 · 재질, 규격, 천정마감재 등 · 조인트마감재, 충진재 간격 등 · 중심선치수, 골조치수, 개구부치수 등 · 경사로의 노면처리, 난간.지표면과의 관계 등 · 층별평면도, 단면도, 논슬립재질, 바닥마감, 선홈통, 난간 등
부품도	· 신발장 상세도 · 욕실장 상세도 · 주방기구 상세도 · 세대 현관문 상세도 · 철문(방화문) 상세도 · 창고 상세도 · 발코니 세대칸막이 상세도 · 점검구 상세도 · 지하 대피창 상세도 · 주계단 난간 상세도 · 지하철재 사다리 상세도	1/2~1/20 1/2~1/20 1/2~1/20 1/2~1/20 1/2~1/20 1/2~1/20 1/2~1/20 1/2~1/20 1/2~1/20 1/2~1/20 1/2~1/20	· 폭, 높이, 평면, 단면, 입면, 재료마감, 조립도, 부착철물, 문양 등 · " · " · 개구부치수, 설치부위상세, 골구의 형태, 재료, 부착물 (도어뷰 .차임벨.수취함 등)의 위치.규격, 충진재의 종류 등 · " · 창고규격, 선반규격 및 재질 등 · 재료, 접합상세, 규격, 접합철물 등 · 규격, 철물, 재료, 충진재의 종류 · 규격, 개폐방법 등 · 난간.간살의 재질, 규격, 손스침재료 및 규격 · 재질, 규격, 철물 등

4) 건축설비공사

구 분	작 성 도 서	축 척	작 성 내 용
기계설비도 (옥내)	· 온수분배기 주위 배관 상세도		· 제작상세도
	· 동관접합 상세도		· 제작상세도
	· 용접이음 상세도		· 제작상세도
	· 배관받침대 및 관플렌지 상세도		· 제작상세도
	· 덕트 내 밸브설치 상세도		· 제작상세도
	· 계량기함 설치 상세도		· 제작상세도
	· 통기관 설치 상세도		· 제작상세도
	· 소재구 설치 상세도		· 제작상세도
	· PVC관 및 주철관연결 상세도		· 제작상세도
	· 오.배수 입상관 소재구 및 옥외 연결 상세도		· 제작상세도
	· 배기그릴 설치도 및 상세도	1/5~1/10	· 제작상세도
	· 배기팬설치 상세도		· 제작상세도
	· 화이어댐퍼 설치 상세도		· 설치상세도
	· 옥상 PIT 내 배관보온 상세도		· 설치상세도
	· 배수펌프 설치 상세도		· 설치상세도
	· 온도계.압력계 설치상세도		· 설치상세도
	· 파이프 슬리브 상세도		· 설치상세도
	· 인서트 플레이트 상세도		· 설치상세도
	· 클램프 설치 상세도		· 설치상세도
	· 옥상 통기관 상세도		· 설치상세도
	· 배관 및 보온설치 상세도		· 설치상세도
전기설비	· 세대별 배선기구류 설치상세도	-	· 각 세대당 설치하는 배선기구류 등의 설치 상세도
	· 계량기함 상세도	-	· 〃
	· 주분전반 및 행거설치 상세도	-	· 〃
	· 전기실 상세도	-	· 〃
	· 발전기 설치 상세도	1/20~1/50	· 평면도, 단면도, 설치방법
	· 중앙감시 그래픽패널 상세도	-	· 각종 감시계통도(화재경보.전력계통.승강기)
	· 공동구 패널 설치상세도	1/20~1/50	· 구간별 수직.수평 찬넬길이 및 고정 위치.케이트레이 및 덕트규격
	· 중간기계실 단면상세도	1/20~1/50	· 중간기계실 정면.측면도
	· 공동구 단면상세도	-	· 지지금구, 케이블트레이, 덕트, 케이블, 전등, 콘센트 설치도 등
	· 유닛 상세도	1/20~1/50	· 상세도
	· 동력반 상세도	1/20~1/50	· 동력반 및 모터위치 등
	· 공동구 지지금구 상세도	-	· 수직.수평브리킷, 케이블트레이, 덕트 및 부속류 등
	· 터파기 및 전력인입맨홀 상세도	1/10~1/30	· 터파기 및 관로매설도, 맨홀 상세, 외벽관통 슬리브상세 등
	· 발전기 기초 및 연료탱크 상세도	-	· 기초 및 연료탱크

구 분	작 성 도 서	축 척	작 성 내 용
기계설비도 (옥내)	· 옥상물탱크 제작 설치 상세도 · E.L 기계실 배기팬 설치상세도 · 지하층 배관지지 상세도 · 방열기 설치상세도 · 온도조절기 설치상세도 · 열량계 설치상세도 · 옥상물탱크 제작 설치상세도 · 난방용 온수 유량계설치 상세도 · 온수분배기 배수 상세도	1/5~1/10	· 제작상세도 · 설치상세도 · 상세도 · 상세도 · 설치상세도 · 설치상세도 · 제작상세도 · 제작상세도 · 제작상세도

구 분	작 성 도 서	축 척	작 성 내 용

전기설비	· 한전인입 상세도
	· 굴뚝 피뢰침 상세도
	· 접지시험 단자함 및
	  모터 배관지지 상세도
	· 옥외 보안등 설치상세도
		-
		-
		-
		
		-
			· 평면도, 정면도
			· 상세도
			· 접지시험 단자함 및 설치상세, 모터배관
			  지지상세 등
			· 기초.등주.등기구.안정기설치 상세

통신방송. 화재경보 설비	· 유도등.유도표지 상세도(각층별) · TV공청안테나 및 피뢰침 설치 상세도 · 옥외용 스피커 상세도	- 1/100~1/200 1/20~1/50	· 소방설비 배관배선 · TV공청안테나와 피뢰침 설치 상세 · 스피커외형도, 스피커 지지밴드 상세, 배선 인출 방법

5. 설계도서 제출부수

구분	제출부수	비고
건축심의도서	각5부	CD 또는 디스켓 제출
사업계획승인도서	각5부	CD 또는 디스켓 제출
실시설계도서	각10부	CD5매 및 세피아 2세트 제출

위 임 장

수 임 자

성 명 : 0 0 0(주민번호: 000000-1000000)

직 책 : 반포주공0단지 재건축정비사업 조합장

주 소 : 서울시 서초구 반포0동 00-0번지

　해당 정비사업조합 임원은 (주)000건축사사무소와 재건축설계에 대한 (가)계약을 체결하는데 있어 조합장 000에게 그 권한을 위임하기로 하고 공증행위 일체를 위임한다.

위 임 자 : 반포주공0단지 재건축정비사업조합 임원 일동　　　　　　(가나다 순)

수 임 자

성 명 : 0 0 0(주민번호 : 0000000-1000000)

직 책 : 반포주공0단지 재건축정비사업 조합장

주 소 : 서울시 서초구 반포동 00-0번지

　해당 재건축조합 임원 일동은 (주)000엔지니어링종합건축사사무소와 재건축 조합경비 및 안전진단 수수료의 대여약정을 체결하는데 있어 공동책임을 지고 조합장 000에게 일체를 위임한다.

0000년 00월 00일

위 임 자 : 반포 주공0단지 재건축정비사업조합 임원 일동　　　　　(가나다 순)

성 명	직 책	주　　　소	서명(인감날인)
0 0 0	감 사	서울시 서초구 반포0동 00아파트 0동-0호	
0 0 0	총무이사	"　　　　　　　　0동-0호	
0 0 0	기술이사	"　　　　　　　　0동-0호	
0 0 0	이 사	"　　　　　　　　0동-0호	
0 0 0	"	"　　　　　　　　0동-0호	
0 0 0	"	"　　　　　　　　0동-0호	
0 0 0	"	"　　　　　　　　0동-0호	
0 0 0	"	"　　　　　　　　0동-0호	
0 0 0	"	"　　　　　　　　0동-0호	

반포주공0단아파트 설계계약서

(1996.5.18. 국토교통부령 제1996-129호로 제정되고 이후 2019.12.31.
국토교통부령 제2019-970호로 개정된 표준계약서를 기준으로 작성함)

0000년 0월 00일

건 축 주 : 반포주공0단지 재건축정비사업조합

설계회사 : ㈜ 0 0 0 건 축 사 사 무 소

건축물의 설계용역계약서

반포주공0단지아파트 재건축정비사업을 추진함에 있어 반포주공0단지아파트 재건축정비사업조합 조합장 0 00(이하 "갑"이라한다.)과 (주)000 종합건축사사무소 대표이사 0 00(이하 "을"이라한다.)는 다음과 같이 설계용역계약을 체결하고 신의와 성실로서 이행하기로 한다.

□ 사 업 내 용 □

1. 설계 용역명 : 반포주공0단지아파트 재건축정비사업 설계용역
2. 대 지 위 치 : 서울특별시 서초구 반포동00-1, 2, 3, 4, 21, 23, 00-1 번지
3. 용   도 : 공동주택 및 부대복리시설, 분구중심, 공공청사 및 문화시설
4. 설 계 개 요

순위	공동주택 및 부대복리시설		분구중심	공공청사	합 계
	구 분	소 계	00상가		
1	정비구역면적	73,101.50m²	7,370,40m²	3,535.40m²	84,007.30m²
2	사업면적	63,220.60m²	7,370,40m²	3,535.40m²	74,126.40m²
3	대지면적	55,422.60m²	7,370,40m²	3,535.40m²	66,328.40m²
4	계획연면적	284,313.42m²	33,412,36m²	12,141.59m²	329,867.37m²

5. 계 약 면 적 : 317,725.78m²(분구중심 및 공공청사 포함)
   ※ 계약면적 중 분구중심 포함여부는 상가재건축조합원협의회 의결에 따른 설계사 선정을 통해 결정하기로 하며 상가 미포함 시 해당 면적에 대해 정산하기로 한다.
6. 전체 용역금액 : 일금 0십0억0천0백만원정(₩ 0,000,000,000원)(부가세 별도)
   1) 특별건축구역 지정 용역비(₩000,000,000)(부가세 별도)
      ※ 건축설계용역과는 별도로 특별건축구역 지정 용역비는 공동주택 및 부대시설 건축연면적(분구중심 제외)에 제곱미터(m²)당 일금 ₩0,000을 곱한 금액으로 하며, 일백만원 이하는 절사키로 한다. 그리고 특별건축구역 지정 고시에 따른 건축연면적에 증감이 있을 시에는 변경된 면적으로 가·감 정산하기로 한다.
   2) 건축설계 용역비(공동주택 및 부대복리시설)
      : 일금 0십0억0백만원정(₩0,000,000,000)(부가세 별도)
      ※ 건축설계용역비는 건축연면적에 제곱미터(m²)당 일금 ₩0,000을 곱한 금액으로 하며, 일백만원 이하는 절사키로 한다. 그리고 사업시행인가 시 건축연면적에 증·감이 있을 시에는 변경된 면적으로 가·감 정산하기로 한다.

3) 건축설계 용역비(분구중심<00상가>)

   : 일금 0억0백만원정(₩000,000,000)(부가세 별도)

   ※ 건축설계용역비는 건축연면적에 제곱미터(㎡)당 일금 ₩00,000을 곱한 금액으로 하며, 일백만원 이하는 절사키로 한다. 그리고 사업시행인가 시 건축연면적에 증·감이 있을 시에는 변경된 면적으로 가·감 정산하기로 한다.

4) 건축설계 용역비(공공청사 및 문화시설)

   : 일금 0억0천만원정(₩000,000,000)(부가세 별도)

   ※ 건축설계용역비는 건축연면적에 제곱미터(㎡)당 일금 ₩00,000을 곱한 금액으로 하며, 일백만원 이하는 절사키로 한다. 그리고 사업시행인가 시 건축연면적에 증·감이 있을 시에는 변경된 면적으로 가·감 정산하기로 한다.

5) 용역비에는 인·허가 시의 제비용(건축설계 용역비(수수료, 면허세, 채권매입 비용, 인증 관련비용) 등은 포함하지 아니한다.

6) 용역범위는 설계용역계약 일반조건 제3조 용역의 범위에 따른다.

7. 용역비 지급방법

1) 특별건축구역 지정 용역비

지급시기	지급금액	비 율	비 고
용역계약체결 시	₩000,000,000	20.0%	
특별건축구역지정 완료 시	₩000,000,000	50.0%	
결정고시 완료 시	₩000,000,000	30.0%	
계	₩000,000,000	20.0%	

2) 건축설계 용역비(공동주택 및 부대복리시설)

지급시기	지급금액	비 율	비 고
용역계약체결 시	₩000,000,000	15.0%	
건축심의 접수 시	₩000,000,000	10.0%	
건축심의 완료 시	₩000,000,000	10.0%	
사업시행계획 인가 시	₩000,000,000	25.0%	
공사착공 허가 시	₩000,000,000	15.0%	
실시설계 완료 시	₩000,000,000	15.0%	
사용승인 허가 시	₩000,000,000	10.0%	
계	₩000,000,000	100.0%	

3) 건축설계 용역비(분구중심<00상가>)

지급시기	지급금액	비 율	비 고
용역계약체결 시	₩000,000,000	15.0%	
건축심의 접수 시	₩000,000,000	10.0%	
건축심의 완료 시	₩000,000,000	10.0%	
사업시행계획 인가 시	₩000,000,000	25.0%	
공사착공 허가 시	₩000,000,000	15.0%	
실시설계 완료 시	₩000,000,000	15.0%	
사용승인 허가 시	₩000,000,000	10.0%	
계	₩000,000,000	100.0%	

4) 건축설계 용역비(공공청사 및 문화시설)

지급시기	지급금액	비 율	비 고
용역계약체결 시	₩000,000,000	15.0%	
건축심의 접수 시	₩000,000,000	10.0%	
건축심의 완료 시	₩000,000,000	10.0%	
사업시행계획 인가 시	₩000,000,000	25.0%	
공사착공 허가 시	₩000,000,000	15.0%	
실시설계 완료 시	₩000,000,000	15.0%	
사용승인 허가 시	₩000,000,000	10.0%	
계	₩000,000,000	100.0%	

위와 같이 설계용역계약(특별건축구역지정용역 및 건축설계용역 계약)을 체결함에 있어 계약당사자는 건축설계용역 계약서, 설계용역계약 일반조건 등 위의 모든 조건에 따라 계약을체결하고, 이를 증명하기 위하여 계약서 2부를 작성, 날인한 후 각각 1부씩 보관하기로 한다.

[별 첨]: 설계용역계약 일반조건

0000년 0월 0일

도급인("갑")　주　　　소 : 서울특별시 서초구 반포0동 00-0번지

조 합 명 : 반포주공0단지 재건축정비사업조합

조 합 장 : 0 0 0　　　　(인)

수급인("을")　주　　　소 : 서울특별시 00구 신천동 0-00번지

상　　　호 : (주)000 종합건축사사무소

대표이사 : 0 0 0　　　　(인)

설계용역계약 일반조건

제1조(총 칙)

본 계약은 「도시 및 주거환경정비법」 제13조에 따라 설립된 반포주공0단지 재건축정비사업조합 조합장 0 00(이하 "갑"이라 한다)가 건축사법 제23조제1항에 따라 **건축사사무소의 개설신고를** 한 건축사인 (주) 0 0 0 건축사사무소 대표이사 0 00(이하 "을"이라 한다)에게 의뢰한 설계용역 업무를 수행함에 있어, "갑"과 "을"이 준수하여야할 기준 및 그 업무를 정하고 "을"이 "갑"에게 청구할 수 있는 설계용역비 기준과 기타 계약에 수반되는 사항 등의 기준을 정하는데 있다.

제2조(용역기간)

설계용역 업무의 수행기간은 계약체결일로부터 사용승인 완료일까지로 한다.

제3조(용역의 범위)

① 설계자는 국토교통부에서 고시한 「**주택의 설계도서 작성기준**」을 준용하여 설계도서를 작성하여야 하며, "갑"이 "을"에게 위탁하는 용역의 범위는 다음 각 호의 사항 및 "갑"이 추진 및 시행하는 재건축정비사업에 필요한 설계도서의 작성 및 그 도서의 인·허가 지원 업무와 이에 부수되는 제반업무를 수행한다.

1. 설계도서 작성을 위한 기초조사(지질<지반>조사)(지질조사는 건물 1동당 3공 이상 및 기타 필요개소에 실시한다)
2. 대지측량(현황측량 대지경계명시측량)
3. 경관심의 및 아파트개발기본계획변경 관련 건축설계 업무지원 및 자문
4. 건축계획, 구조계획(구조물 구조계산서 포함)(계획설계, 중간설계, 실시설계), 필요 시 풍동시험 포함
5. 설비설계(계획설계, 중간설계, 실시설계)
6. 전기 및 통신설계(계획설계, 중간설계, 실시설계)
7. 흙막이(가시설 구조계산서 포함), 기초, 도로, 우오수(계산서 포함) 등 토목설계 (계획설계, 중간설계, 실시설계)
8. 조경설계(계획설계, 중간설계, 실시설계)
9. 각종 계산서 및 공사용 일반 시방서
10. 교통영향분석·개선대책수립 및 교통영향평가 이행확인서
11. 건축심의, 사업시행계획(변경 포함) 인가에 필요한 일체의 설계와 인허가 업무
12. 일조분석, 경관분석, 계획설계 시의 개략공사비 산정 및 실시설계 시 내역서 작성 (도로, 공원 등 포함) 업무 및 자문
13. 각종 조사, 각종 영향평가, 관련 업무지원 및 자문
14. 재건축정비사업 관련 설계지원 및 자문
15. 사용승인신청 관련 설계 업무지원 및 자문
16. 건축물관리대장 관련 설계 업무지원 및 자문
17. 에너지절감대책 설계업무(태양열, 쓰레기, 우수 등)

18. 도시계획변경 관련 건축설계업무 지원 및 자문

19. 지내력검사서(신축건축물의 동별 1개소 이상), 그밖에 토질구조검토에 필요한 관련 서류 및 도서 등

20. 대지에 관한 급배수, 전기, 가스 등 시설의 현황을 표시하는 자료

21. 착공신고 전 수행하는 굴토심의, 구조심의 관련 설계도서 작성 및 인허가 업무

22. 형질변경에 관한 제반서류

23. 정비구역 내 도시계획시설(도로, 공원) 설계 및 실시계획인가(필요 시 조감도 포함)

24. 빛공해심의 및 실시계획인가

25. 건축환경 및 에너지 관련분야 일체의 업무(수수료는 "갑"이 부담)
   - 녹색건축물인증, 주택성능등급
   - 건축물에너지효율등급인증
   - 건축물에너지절약계획서
   - 친환경주택성능평가(그린홈)
   - 건강친화형주택
   - 장수명주택인증
   - 건축물 등의 범죄예방기준
   - 서초구친환경가이드라인
   - 서초형 여행아파트가이드라인
   - 서울시 건축물에너지소비총량제
   - 결로방지를 위한 설계기준
   - 소음영향평가
   - 교육환경보호에 관한 계획
   - 교육환경보호에 관한 계획
   - 수질오염총량제
   - 저영향개발(LID) 사전협의

26. 커뮤니티시설 및 각종 편의시설, 복합문화스트리트 설계업무

27. 인허가용 조감도 및 모형제작업무(홍보용, 일반분양용 모형은 제외)

28. 분양 카다로그 제작용면적표 및 기타 필요한 자료 작성 지원

29. 환경보존관리방안 업무

30. 지하철안전성평가 업무

31. 특별건축구역 지정신청에 관한 일체업무

32. 준공도면(as-built drawing) 작성업무

33. 공공디자인 심의

34. 입찰시점까지 관련 법령에서 규정하는 설계와 관련된 모든 조사, 각종 영향평가, 각종 심의 등 업무 일체

35. 커뮤니티시설 개발 및 운영컨설팅
   - 시대환경에 따른 각종 issue, 유사사례분석 후 반영여부 결정
   - 커뮤니티 시설의 효율적인 동선을 고려한 레이아웃 계획 및 설계
   - 주민들의 커뮤니티 시설 이용상 편리성과 수익의 극대화를 위한 계획

- 전체 커뮤니티 시설의 운영 시뮬레이션을 통한 최적의 설계
- 커뮤니티 시설의 효율적인 운영을 위한 최적의 전산화 및 자동화 방안 강구
- 분산된 커뮤니티 시설의 효율적 통합운영을 위한 운영계획 수립
- 커뮤니티 시설 계획에 부합하는 효율적인 운영 매뉴얼 작성
  (독서실 운영시간과 타 시설의 운영시간과의 시간차에 대한 대비 등)
- 휘트니스 운동기구의 고품질 제품 선정 및 효율적인 기구 배치계획 수립
- 입주 시 건설사에서 조합에 인수인계에 따른 설치물의 수량 및 상태 검수
- 최적운영에 필요한 누락 설치물 체크리스트 작성 및 해결방안 작성
- 운영관리(안) 및 운영사례집 작성
- 공동주택 관리규약과 연계한 커뮤니티 관리규정 제정
- 확정된 시설물의 종합 리스트 및 A/S 현황표 작성
- 건설사의 무료운영에 따른 기본운영계획서 작성
- 입주자대표회에 대한 커뮤니티시설의 설계방향 및 운영방안에 대한 교육실시
- 사업지(해당 아파트)의 주거환경과 부합하는 매입과 매출에 대한 시뮬레이션
- 기타 커뮤니티의 발전적인 개발계획안, 완전한 인수인계, 효율적인 운영을 위한
  컨설팅
  36. 내진설계업무
  37. 기타 업무수행에 필요한 자료
② "갑"이 "을"에게 위촉하는 특별건축구역 지정업무는 다음 각 호의 내용으로 한다.
  1. 특별건축구역 지정 업무
  2. 특별건축구역 지정 관련도서 작성 및 심의 완료 시까지 모든 절차 이행
  3. 계획설계 및 이에 부수되는 업무
  4. 조감도 및 모형제작 업무(심의 용)
③ "갑"이 "을"에게 위촉하는 공공공사 및 문화시설업무는 다음 각 호의 내용으로 한다.
  1. 인허가 대관업무 : 사업착수부터 준공완료 시까지 행해지는 모든 제반사항
    (사전자문, 경관 및 구조심의, 인허가 및 설계변경, 사용승인, 착공 및 분양신고
    지원 등 기타 사업완료 시까지의 대관업무 제반 사항 모두 포함)
  2. 건축계획, 구조계획(구조계산서 포함)
    [계획설계(건축심의도서), 중간설계(사업시행인가도서), 실시설계]
  3. 설비설계[계획설계(건축심의도서), 중간설계(사업시행인가도서), 실시설계]
  4. 전기 및 통신설계[계획설계(건축심의도서), 중간설계(사업시행인가도서), 실시설계]
  5. 흙막이, 기초, 도로, 우오수 등 토목설계
    [계획설계(건축심의도서), 중간설계(사업시행인가도서), 실시설계]
  6. 조경설계[계획설계(건축심의도서), 중간설계(사업시행인가도서), 실시설계]
  7. 각종 계산서 및 공사용 일반 시방서
  8. 건축심의, 사업시행계획 인가(변경인가 포함)에 필요한 일체의 설계와 인허가 업무
  9. 실시설계 시 내역서 작성(도로, 공원 등 포함) 업무 및 자문
  10. 사용승인 관련 설계업무지원 및 자문
  11. 건축물관리대장 관련 설계업무 지원 및 자문

12. 사업부지에 대한 급배수, 전기, 가스 등 시설의 현황을 표시하는 자료
13. 착공신고 전 수행하는 굴토심의, 구조심의 설계도서 작성 및 인허가 업무
14. 형질변경에 관한 제반서류
15. 실시계획인가신청(필요 시 조감도 포함)에 관한 대관업무
16. 건축환경 및 에너지 관련분야 일체의 업무(수수료는 "갑' 부담)
   - 녹색건축물인증
   - 건축물에너지효율등급인증
   - 건축물에너지절약계획서
   - 장애물 없는 생활환경인증(BF인증)
   - 건축물 등의 범죄예방기준
   - 서초구 친환경가이드라인
   - 서초구 여행아파트가이드라인
   - 저영향개발 사전협의
   - 이동통신설비구축지원 관련 업무
17. 인허가용 조감도
18. 분양 카다로그 제작용 면적표 및 기타 필요한 자료 작성 지원
19. 지하철안전성평가 업무지원
20. 준공도면 작업업무
21. 내진설계업무
22. 시설물 운영관리부서와 관련사항 협의 및 지원업무

제4조(설계용역 계획서 제출 및 보고)

① "을"은 본 계약 체결 후 10일 이내에 "설계업무 일정계획서"를 작성히여 "갑"에게 제출하고, "갑"의 승인을 받아야 한다.
② "을"은 설계도서 작성 및 현장조사에 있어 필요한 사항을 갑"에게 보고하여야 하며, "갑"은 업무진척 사항을 점검하고 "을"에게 필요한 지시를 할 수 있다.
③ "갑"은 "설계업무 일정계획서" 승인 후 일정변경이 필요한 경우에는 "을"에게 이를 통보하여야 하며, "을"은 새로운 "설계업무 일정계획서"을 작성하여 "갑"에 제출 후 협의 하여야 한다.
④ 위의 제③항과 관련하여 물가변동 등에 따른 건설용역비 조정은 "갑"과 "을"이 상호 합의하여 조정할 수 있다.

제5조(용역금액 및 지급방법)

① 용역비는 건축면적에 1제곱미터(m²)당 금액을 적용하여 산정 지급하며, 건축연면적은 기본계획에 의해 산출된 면적이므로, 건축인허가가 완료된 시점에 설계지침서 등의 변경으로 연면적이 변경된 경우, 변경된 연면적으로 정산함을 원칙으로 한다.
② 사업계획의 중대한 변경이 발생하거나 법규의 변경 등으로 인하여 보수의 조정이 필요한 경우 설계용역비 증감은 1제곱미터(m²)당 금액에 준하여 "갑"과 "을"이 합의하여 정산한다. 다만, 계약의 변경이 필요한 경우에는 상호 협의하여 별도의 계약을 체결하기로 하며, **정관이 정하는 바에 따라 추후 조합원총회의 의결을 받아 최종 확정한다.**

③ 설계업무의 보수는 설계용역 계약서에 포함된 지급방법 및 시기에 준하여 지급하며, 지급일은 청구일로부터 10일 이내에 현금으로 지급하는 것을 원칙으로 하되, "갑""과 "을"이 합의하여 조정할 수 있다.

제6조(설계도서의 검수 및 납품)

① "을"은 매 단계의 설계완료 시마다 "갑"에게 검사원을 제출하여 검사를 필해야 하며, 그 결과 부적합하다고 판단되는 경우에는 "갑"의 요청에 따라 수정한다. 이에 대한 비용은 "을"이 부담한다.

② "을"이 매 단계마다 제출하는 도서의 종류 및 수량은 설계도서 납품내역에 따른다.

제7조(설계변경)

① "갑"은 필요한 경우 설계의 일부 또는 전부를 중지 또는 변경할 수 있으며, 이 경우 "을"은 "갑"의 요구에 따라 설계도서를 중지 또는 변경 작성해야 한다

② "을"이 업무를 수행하는 동안 제5조제2항에도 불구하고 준공 시까지 "갑"의 전반적인 사업시행계획 변경의 경우를 제외한 설계변경(인허가, 법규의 변경, 도시정비법 시행령 제38조의 경미한 변경 포함)에 대하여는 별도의 용역비를 산정하지 않는 것을 원칙으로 한다. 다만, 중대한 변경이 발생할 때에는 "갑"과 "을"이 상호 합의하여 체결하는 별도의 계약에 따라 변경한다.

제8조(설계하자)

"을"이 작성한 설계도서의 기술상 또는 제반 법규상의 하자로 인하여 발생되는 문제는 "을"이 "을"의 책임과 비용으로 해결하여야 하며, "을"이 기 수행한 용역에 대하여 "갑"이 대금의 지불을 완료한 후에도 "을"의 하자로 인한 책임은 면제되지 않는다.

제9조(이행지체)

① "을"은 설계업무를 계약기간 내 완료할 수 없음이 명백한 경우에는 이 사실을 지체 없이 "갑"에게 통지한다.

② "을"이 계약서에 명시된 각 단계별 업무를 해당 계약기간 내에 완료하지 못한 경우에는 지체일수 매 1일에 대하여 단계별 보수의 1,000분의 3에 해당하는 지체상금을 발주자인 "갑"에게 지불하여야 한다.

③ 천재지변 등 부득이한 사유 또는 "을"의 책임이 아닌 사유("갑"의 요구에 의한 설계도서 수정 포함)로 인하여 이행이 지체된 경우 제2항의 규정에 따른 지체일수에서 제외한다.

④ "갑"은 "을"에게 지급하여야 할 보수에서 지체상금을 우선 공제할 수 있다.

제10조(이행보증보험증서의 제출)

① "을"은 "갑"이 시공사와 계약을 체결하여 설계용역 계약금을 지급하기 1일 전까지 계약이행의 보증을 위하여 총 계약금액(부가세 포함)의 100분의 10에 해당하는 금액의 현금 또는 은행의 지급보증서 또는 엔지니어링 공제조합 발행의 계약이행 보증보험증권을 "갑"에게 제출하여야 한다. 단, 총 계약금액의 10%에 해당하는 이행보증금으로 계약이행 보증보험증서의 제출을 갈음할 수 있다.

② 제1항의 규정에 의하여 계약이행 보증보험증권을 제출받은 경우에는 이를 계약서에 첨부하여 보관한다.

제11조("갑"의 계약 해제 및 해지)

① "갑"은 다음 각 호의 경우에 계약의 전부 또는 일부를 해제·해지할 수 있다.

  1. "을"이 관할 관청으로부터 면허 또는 등록의 취소, 업무정지 등으로 인하여 "갑"의 사업수행에 중대한 차질을 초래한 때.

  2. "을"이 금융기관의 거래정지 처분, 어음 및 수표의 부도, 제3자에 의한 가압류·가처분·강제집행, 금치산·한정치산·파산선고 또는 회사정리의 신청 등으로 계약이행이 불가능한 경우

  3. "을"이 상대방의 승낙 없이 계약상의 권리 또는 의무를 제3자에게 양도한 경우

  4. "을"이 사망, 실종, 질병, 기타 사유로 계약이행이 불가능한 경우

② 천재지변 등 불가항력적인 사유로 계약이행이 곤란하게 된 경우에는 상대방과 협의하여 계약을 해제·해지할 수 있다.

③ "을"은 제1항 각 호의 해제·해지의 사유가 발생한 경우에는 "갑"에게 지체 없이 통지한다.

④ "갑"은 본 규정에 따라 계약을 해제·해지할 때에는 그 뜻을 "을"에게 13일 전까지 통지한다.

제12조("을"의 계약 해제 및 해지)

① "을"은 다음 각 호의 경우에는 계약의 전부 또는 일부를 해제·해지 할 수 있다.

  1. "갑"이 "을"의 업무를 방해하거나 그 대가의 지불을 지연시켜 "을"의 업무가 중단되고 30일 이내에 이를 재개할 수 없다고 판단된 때

  2. "갑"이 계약 당시 제시한 행정업무요구조건을 현저하게 변경하여 약정한 "을"의 업무수행이 객관적으로 불가능한 것이 명백할 때

  3. "갑"이 상대방의 승낙 없이 계약상의 권리 또는 의무를 양도한 경우

  4. "갑"이 "을"의 업무수행 상 필요한 자료를 제공하지 아니하여 "을"의 업무수행이 곤란하게 된 경우

  5. 재건축사업의 중단 등의 사유나, "을"의 계약이행이 불가능한 경우

② 천재지변 등 부득이한 사유로 계약이행이 곤란하게 된 경우에는 상대방과 협의하여 계약을 해제·해지할 수 있다.

③ "갑"은 제1항 각 호의 해제·해지 사유가 발생한 경우에는 "을"에게 지체 없이 통지한다.

④ "을"은 제1항에 따라 계약을 해제·해지하고자 할 때에는 그 뜻을 "갑"에게 14일 전까지 통지한다.

제13조(손해배상)

"갑"과 "을"은 상대방이 제11조 및 제12조의 규정에 의해 설계계약이 해제·해지된 경우에는 아래와 같이 조치한다.

  1. "갑"의 귀책사유로 인하여 설계계약이 해제·해지된 경우에는 중단된 시점까지 수행한 업무에 대한 보수기준에 낙찰률(계약금액 ÷ 보수기준금액 × 100%)을 적용하여

산정된 금액을 "갑"은 "을"에게 지불한다. 이때, 기 지급한 금액이 있는 경우에는 차액을 정산 제공한다.

2. "을"의 귀책사유로 인하여 설계용역계약이 해제·해지된 경우에는 "갑"이 "을"에게 이미 지불한 용역비를 "을"은 "갑"에게 설계단계별로 정산하여야 하며, 중단시점까지 수행한 용역(차순위 설계단계)에 대한 보수는 추가 청구하지 않는다.

제14조("을"의 면책사유)

"을"은 다음 각 호의 사항에 대하여는 책임을 지지 아니한다.

1. "갑"이 임의로 설계업무 보수의 지불을 지연시키거나 요구사항을 변경함으로써 설계업무가 지체되어 손해가 발생한 경우.

2. 설계도서가 완료된 후 건축 관계 법령 등이 개폐되어 이미 작성된 설계도서 및 문서가 불필요하게 된 경우

3. 천재지변 등 불가항력적인 사유로 인해 업무를 계속적으로 진행할 수 없는 경우

제15조(설계업무 중단 시의 설계용역비)

① 제11조 및 제12조에 따라 설계업무의 전부 또는 일부가 중단되는 경우에는 "갑"과 "을"은 이미 수행한 설계업무에 대하여 대가를 지불하여야 한다.

② "을"의 귀책사유로 인하여 설계업무의 전부 또는 일부가 중단되는 경우에는 "갑"이 "을"에게 이미 지불한 대가에 대하여 이를 정산·환불한다.

③ 제1항 및 제2항에 따른 대가 지불 및 정산·환불은 제15조의 손해배상과는 별도로 적용한다.

제16조(저작권 및 소유권)

① "을"이 본 계약과 관련 작성한 모든 설계도서 및 자료의 소유권은 '갑"에게, 저작권은 "을"에게 귀속된다.

② 제1항의 설계도서는 "을"이 계약목적과 관련 없이 타 용도로 사용할 수 없으며, 인용 또는 사용이 불가피한 경우에는 "갑"의 승인을 득하여야 한다.

제17조(양도 및 채권담보 금지)

"을"은 "갑"의 서면승인이 없이는 본 계약에 의한 설계용역의 전부 또는 일부를 제3자에게 양도하거나 담보로 제공하지 못한다.

제18조(용역대행)

① "을"은 본 계약에 의한 설계용역 중의 일부를 업무상 특수성에 의해 부득이 '을"의 책임으로 제3자와 합동으로 작업해야 할 때에는 반드시 능력이 있는 우수업체를 선정하여야 한다.

② 상기 제1항에 의하여 하도급자와 "을"간에 분쟁이 발생하여 본 업무추진에 지장이 있을 경우, "을"의 비용과 책임으로 이를 해소하여야 한다. 그러하지 아니할 경우에는 "갑"의 결정에 따라야 한다.

제19조(비밀 보장)

① "을"은 "갑"의 이익을 최대한 보호하고 설계를 하면서 취득한 사항을 타인에게 누설하거나 인지시켜서는 아니된다. 또한 "을"의 구성원 또는 "을"의 하도급자가 이 조항을 위반하였을 때에도 "을"은 연대하여 책임을 진다.

② 설계도서의 일부 반출 또는 외부인의 열람은 "갑"의 사전 승인을 받아야 한다.

제20조(외주의 제한)

① "을"은 「건축법」 제67조제1항에 따라 관계 전문기술자의 협력을 받아야 하는 경우를 제외하고는 "갑"의 승낙 없이 제3자에게 외주를 주어서는 아니 된다.

② 관련 전문기술자의 협력을 받은 경우에 외주 내용에 대한 책임은 해당 관련 전문기술자가 지되 "을"이 업무수행의 총괄책임을 진다.

③ 외주를 주는 경우에 보수의 지불은 제4조의 규정에 의한 보수의 범위 내에서 "을"이 지불한다.

제21조(하자담보)

"을"이 제공한 설계도서에 의하여 사업수행 중 설계도서의 기술상 또는 제반 법규의 적용하자로 인하여 하자가 발생되는 일체의 문제점은 "을"의 책임과 비용으로 해결하여야 하며, "갑"에게 하등의 손해가 없도록 신속히 조치하여야 한다.

제22조(감독)

① "을"은 본 용역업무 수행에 있어 "갑"("갑"이 별도로 지정하는 진행 감독자 및 해당 검수자)의 요청이나 질의에 대하여 성실히 답변하여야 한다.

② "을"은 매 단계 설계완료 시마다 "갑"에게 설계도서와 문서를 제출하여 검사를 필하여야 한다.

제23조(분쟁조정)

① 이 계약과 관련하여 업무상 분쟁이 발생한 경우에는 관계 기관의 유권해석이나 관례에 따라 "갑"과 "을"이 협의하여 정한다.

② "갑"과 "을"이 협의하여 정하지 못한 경우에는 「건축법」 제88조에 따른 건축분쟁조정위원회에 신청하여 이의 결정에 따른다.

③ 건축분쟁조정위원회의 결정에 불복이 있는 경우에는 "갑"의 소재지 관할 법원의 판결에 따른다.

제24조(통지방법)

① "갑"과 "을"은 계약업무와 관련된 사항을 통지할 때에는 서면통지를 원칙으로 한다.

② 통지를 받은 날부터 7일 이내에 회신이 없는 경우에는 통지사항을 승낙한 것으로 본다.

③ 계약당사자의 주소나 연락방법의 변경 시에는 지체없이 이를 서면으로 상대방에게 통지하여야 한다.

제25조(업무협조)

① "을"은 "감독"이나 "갑"이 별도 지정하는 공사감독자의 업무 수행상의 필요에 따라 설계도서의 설명, 이해 및 공사 진행상의 질의나 보완요구가 있을 시 성실하게 응답하거나 보완하여야 한다.
② "을"은 사용검사 및 기타 허가를 받을 시 "갑"이 요청하는 도서의 제출 및 기타 이에 필요한 사항에 대해 성실하게 협조하여야 한다.

제26조(설계단계별 납품도서 목록)

"을"이 "갑"에게 설계단계별 성과에 대한 납품도서 목록은 첨부한 "설계도서의 납품 내역"과 같으며, 이는 인·허가 시 해당관청 제출용 및 필요에 따라 "갑"과 "을"이 협의하여 증감시킬 수 있다.

제27조(기타사항)

"을"은 본 계약 체결 후 아래 사항을 "갑"에게 제출하여야 한다.
1. 각 단계별 세부 일정표
2. 제20조제2항의 관련 전문기술자의 실적, 기술사의 인적사항 및 기술자격과 경력증명서

제28조(부 칙)

"갑"과 "을"은 공히 조합장, 대표이사 또는 임원, 조합구성원이 변경되어도 본 계약에는 영향을 미치지 아니하고 자동 승계되며, 본 (가)계약서는 계약일로부터 효력을 발생하며 조합인가 후 본 계약으로 자동 승계한다.

[별 첨] : 설계도서 납품 내역 (끝)

■ 설계도서의 납품 내역(인허가 관청용 도서는 별도)

구 분		설계도서명	규 격	납품부수	비 고
계획설계		- 위치도, 배치도, 개요, 단위세대평면	A3	3부	평철
		- 지하주차평면			
		- 부대시설평면			
기본설계		- 배치도	A3 A3	3부 1부	평철
		- 건물평면, 입면, 단면도			
		- 옥내외 조경도면			
		- 조감도 1EA	A1	1식	
실시설계	견적용도서	- 건축, 구조도면	A3	각2부	평철2부
		- 기계, 전기, 조경, 토목, 흙막이 정화조 도면	A3	각1부	평철1부
		- 구조, 기계, 전기, 토목계산서	A4	각 1부	
	공사용도서	- 건축, 구조, 기계, 전기, 조경, 토목, 흙막이, 정화조 도면	A3 A3	각4부 각4부	평철4부, 반접4부
		- 구조계산서, 시방서	A4	각4부	
		- 수량산출서 및 내역서	A4	각4부	
		- 조감도 1EA			
사용검사 도 서		- 건축, 구조, 기계, 전기, 조경, 토목도면,	A1	각5부	
		- 각종계산서	A4	각4부	
		- 사용검사서류		1식	
		- 설비, 전기 설치확인서 (기계기술사, 전기기술사 날인)		1식	인허가권자 요구시
		- 내진구조설계확인서 (구조기술사 확인)		1식	인허가권자 요구시
기 타		- 교통영향분석 개선대책		각8부	
		- 현황측량도		각2부	
		- 지반조사서		각5부	

법률자문계약서

0000년 0월 00일

"갑"(위임자) : 반포주공0단지 재건축정비사업조합

"을"(수임자) : 합 동 법 률 사 무 소 0 0 0

법 률 자 문 계 약 서

반포주공0단지 재건축정비사업조합(이하 "갑"이라 한다)과 합동법률사무소 00의 대표변호사 0 00(이하 "을"이라 한다)은 "갑"의 재건축정비사업에 관한 법률자문업무의 위임 및 수임에 관하여 아래와 같이 계약을 체결한다.

- 아 래 -

제1조(계약의 목적)
본 계약은 서울특별시 서초구 반포0동 00-0번지 외 0필지 소재 반포주공0단지 재건축정비사업에 관하여 "갑"과 "을"의 지위 및 권리·의무 등을 규정하고, "을"은 변호사로서 "갑"이 재건축정비사업을 수행함으로써 발생되는 제반 법률문제의 소송대리 및 기타 사안에 대한 법률자문업무를 수행하여 상기 재건축정비사업의 성공적인 수행을 그 목적으로 한다.

제2조(업무의 범위)
① 법률자문업무
1. "갑"의 정관 및 규정과 관련 문서 등의 제정과 검토에 관한 자문
2. "갑"의 계약체결, 관리처분계획, 기타 법률행위에 관한 자문
3. "갑"의 소송, 화해, 조정, 중계 및 기타 쟁송사건에 관한 자문
4. 기타, "갑"의 업무상 필요한 모든 법률문제에 관한 자문

② 소송대리업무
1. "갑"이 원고가 되어 제기하는 사건 및 "갑"이 피고가 되어 응소해야 하는 사건의 각 소송대리
2. "갑"의 집행부가 조합업무와 관련하여 제3자로부터 제기당한 각종 소송의 대리

③ 기타, "갑"의 재건축정비사업상 필요한 제반업무의 소송대리

제3조(계약기간)
① 계약기간은 계약체결일로부터 "갑"의 사업종료(청산 시)까지로 한다.
단, 청산 전에 제기된 소송에 대해서는 그 소송이 완료될 때까지로 한다.

② 본 계약은 "갑"의 조합집행부가 변경되더라도 계속 그 효력을 유지한다.

제4조(보수의 지급 및 소송업무의 위임)
① "갑"은 각종 소송업무의 위임과 관련하여 "을"과 약정한 수임료(첨부 : 소송수임료 내역서)를 지급하여야 한다.

② "을"은 "갑"의 법률자문요청에 성실히 응하여야 하며, 이 자문에 대한 별도의 보수를 "갑" 또는 "갑"의 조합원에게 요구할 수 없다.

③ "갑"이 재건축사업을 수행함에 따라 발생되는 각종 소송은 **"갑"이 객관적으로 판단하여** 특별한 사유가 없는 한 "을"에게 소송을 의뢰하기로 한다.

④ "을"은 "갑"이 위임한 소송업무 등을 "갑"의 허락없이 제3자에게 위임할 수 없다.

제5조(손해배상 책임)

"을"은 상기 계약업무를 처리하는 경우 "갑"과 "갑"의 조합원의 재산권 보호를 최우선으로 하여야 하며, 본 계약을 준수하지 아니하고 고의 또는 과실로 "갑"과 "갑"의 조합원에게 손해를 발생하게 한 경우에는 "을"은 이에 대하여 변상의 의무를 진다.

제6조(기밀의 보장)

"을"은 상기 계약업무를 수행함에 있어 취득한 업무의 기밀을 유지하고 타인에게 누설하여서는 아니 되며, 선량한 관리자로서의 의무를 다하여 업무를 성실하게 처리하여야 한다.

제7조(계약의 해지 및 해제)

"을"이 정당한 이유없이 변론에 불참하거나 법률자문 업무를 태만이하여 "갑"의 재건축 정비사업에 손해를 초래하였다고 객관적으로 판단될 경우에는 "갑"은 즉시 임의로 해약을 통보할 수 있으며, "을"은 그간의 소요비용 등에 대하여는 "갑"에게 그 비용을 청구할 수 없으며, 그 손해에 대한 배상의무를 진다.

제8조(기타)

본 계약에 명시되지 않은 사안은 민법 및 기타 일반관례를 따르기로 하며, 분쟁의 조정이 원만하게 해결되지 않을 경우에는 법원에 소를 제기할 수 있고 재판에 대한 관할 법원은 "갑"의 정비사업소재지를 관할하는 법원으로 한다.

위 계약을 증명하기 위하여 본 계약서 2통을 작성하여 날인한 후 "갑"과 "을"이 각각 1통씩 소지한다.

[첨　부] : 소송수임료 내역서

0000년 0월 00일

"갑(위임자)

주   소 : 서울특별시 서초구 반포0동 00-0 번지

조 합 명 : 반포주공0단지 재건축정비사업조합

대 표 자 : 조 합 장   0   0   0

"을"(수임자)

주   소 : 서울특별시 서초구 서초동 0000-0 00빌딩 4층

상   호 : 합동법률 사무소 0 0 0

대표자 : 변 호 사   0   0   0

소송수임료 내역서

1. 변호사용역 수임업무 내역

본 계약서 제2조(업무의 범위)를 기준으로 하며 아래 내용으로 한다.

1) 소송대리업무의 종류별 내역

　(1) 매도 및 명도청구소송업무

　　가. 소장 작성제출(매도청구 및 명도청구소송)

　　나. 처분금지가처분신청

　　다. 점유이전금지가처분신청

　(2) 신탁등기 및 명도청구소송업무

　　가. 소장 작성제출(신탁등기이행청구 및 명도청구소송)

　　나. 명도단행가처분신청

　　다. 처분금지가처분신청

　　라. 점유이전금지가처분신청

　(3) 기타 소송업무

　　가. 총회결의 무효 확인소송

　　나. "갑"이 원고 및 피고가 되는 각 소송의 대리

　　다. 직무정지가처분 등 조합집행부가 조합업무에 관련된 소송의 대리

　　라. 공사금지가처분, 분양금지가처분, 동·호수추첨효력금지가처분,

　　　계약금지가처분 등 일체의 가처분응소에 대한 소송의 대리

　　마. 기타, 조합업무와 관련된 소송

2) 법률자문업무

　(1) 재건축결의 및 조합설립절차에 대한 적법성여부 검토

　(2) 총회소집 및 각종 회의의 의결절차에 대한 적법성 검토

　(3) 조합정관, 조합운영규정, 관리처분계획, 공사 및 용역업무계약서 등

　　각종 규정과 계약서 검토

　(4) 미동의자, 미신탁자 및 미이주자에 대한 대처방안 자문

　(5) 조합장 및 조합임원들에 대한 조합업무로 인한 개인적인 법률문제 자문

　(6) 기타, 조합에서 필요로 하는 제반 사항에 관한 법률문제 자문

　(7) 필요 시 조합사무실을 방문하여 법률자문시행 등 "갑"의 재건축정비사업과 관련된

　　모든 법률자문업무

2. 수임료 산정방법

  1) 매도청구소송업무 및 명도청구소송업무

    (1) 10명까지   : 1인당 000만원

    (2) 11명~30명   : 000만원+10명 초과 1인당 000만원

    (3) 31명~50명까지 : 0,000만원+30명 초과 1인당 000만원

    (4) 51명~100명까지 : 0,000만원+50명 초과 1인당 00만원

  2) 신탁등기 및 명도청구소송

    상기 매도청구소송업무 및 명도청구소송업무의 수임료산정방법과 동일

  3) 기타 소송업무

    "갑"과 "을"이 별도의 협의에 따라 경제적인 가격으로 위·수임한다.

  4) 법률자문과 관련된 업무는 무료로 제공한다.

  5) 상기 소송수임료는 부가가치세, 인지대, 송달료 및 감정평가비 등이 제외된 순수 소송
    수임료를 의미한다. (이상)

법무업무 위·수임 계약서(제1안)

0000년 0월 00일

"갑"(위임자) : 반포주공0단지 재건축정비사업조합

"을"(수임자) : 0 0 법 무 사 합 동 사 무 소
                0 0 법 무 사 합 동 사 무 소

법무업무 위·수임 계약서

반포주공0단지 재건축정비사업조합(이하 "갑"이라 한다)과 00법무사 합동사무소(이하 "을"이라 한다)는 "갑"이 시행하는 재건축정비사업과 관련하여 법무업무의 위임 및 수임에 관하여 아래와 같이 체결하고 상호 협력하여 신의에 따라 성실히 이행할 것을 확약한다.

제1조(계약의 목적)
"갑"이 추진하고 있는 정비사업과 관련하여 발생하는 제반 법무업무를 "을"에게 위임하고, "을"은 민법 제2조에서 정한 신의·성실의 원칙에 입각하여 처리함에 있다.

제2조("을"의 업무범위 등)
① 등기 관련 업무

"을"이 수행할 법무업무의 범위는 반포주공0단지 재건축정비사업상의 아파트, 부대시설 및 복리시설 등의 건축물에 대한 등기업무 등 제반 법무업무로 하며 다음 각 호의 등기업무를 위임받아 처리한다.

1. 토지 및 건물의 소유권이전 및 신탁등기, 이주비담보 근저당권설정등기
2. 건축물 멸실등기 및 기 설정된 저당권 등의 말소등기
3. 분양권 전매 등으로 인한 신탁해지, 소유권이전 및 신탁등기
4. 사업부지정리에 의한 소유권이전등기
5. 준공 후 건축물의 소유권등기(보존 및 이전등기) 및 근저당권설정등기

단, 이주비대출 등 정비사업을 위해 금융기관이 근저당권을 설정하는 경우에는 근저당권설정비의 부담주체를 감안하여 예외로 한다.
6. 기타, 재건축정비사업 관련 각종 등기

② 기타업무

1. 등록세(취득세 포함)고지서 발급 등에 관련된 업무
2. 구분소유권자의 **등기사항전부증명서** 발급 및 권리분석표 작성 등의 업무
3. 기타, "갑"이 필요하다고 판단하여 의뢰하는 업무

③ "을"이 업무를 처리함에 있어 서류미비 및 등기비용의 미납 등 "갑"이 보완하여야 할 사안이 발생되면 빠른 시일 내에 "갑" 또는 "갑"의 조합원에게 통지하여 법정기일의 경과로 인한 과태료처분을 받는 일이 없도록 최대한 노력하여야 한다.

④ 입주 시 잔금대출 금융기관의 근보증(根保證) 해지 관련

"을"과 "갑"의 시공회사가 근(지급)보증한 중도금 및 잔금의 대출금융기관에 대하여 "을"은 반드시 근보증해지를 위한 입주 시 근저당권설정등기를 하여야 한다.

⑤ "을"은 위임받은 법무업무를 신속, 정확하게 진행해야 하고 업무처리 시한, 절차 등은 "갑"이 정한 바에 따른다. 업무지연, 사무착오 등으로 인한 "갑"의 손해에 대해서 "을"은 손해배상책임을 지도록 한다.

⑥ "을"이 이해관계인으로부터 수령한 모든 송달문서는 수령하는 즉시 "갑"에게 전달하여야 한다.

⑦ "을"이 위임받은 업무와 관련하여 착오, 오류가 발견되거나 "갑"이 요구할 경우 "을"은 이를 즉시 보완하여야 한다.

제3조("을" 간의 업무분담 및 책임)

① "을"간의 업무분담은 각 업무별로 50%씩 균등분담하기로 하되 조합에서 조정할 수 있다.

② 업무처리에 대한 손해배상 등 민·형사상 법적책임은 각 사별로 수행한 업무로 한정한다.

제4조(계약기간)

① 계약기간은 계약체결일로부터 조합해산일까지로 한다.

② 다음 각 호의 경우에는 "갑"과 "을"이 협의하여 계약기간을 연장할 수 있다.

    1. 천재지변 또는 이에 준하는 부득이한 경우가 발생한 때

    2. "갑"의 서면지시와 분양계약자의 소유권이전등기 요청이 상기 기일 내에 완료되지 못하여 등기일정의 변경이 불가피 할 때

제5조(보수의 지급)

① 법무사 보수료는 별첨 '법무용역 보수료'에 따라 지급하기로 한다. 단, 취득세(등록세 포함), 교육세, 증지, 인지, 국민주택채권, 등초본열람 및 공부발급에 따른 제 비용 등은 공과금으로 처리하여 "갑"이 별도 부담한다.

② "갑"의 조합원 각 개인이 부담할 수수료는 "을"이 개별 조합원들로부터 직접 징수하기로 한다.

③ 상기 제시된 사항 이외의 부수업무에 대해서는 "을"이 무료로 처리한다.

제6조(수임료의 지급방법)

① "갑"은 제반 등기수수료 중 소유권이전 및 신탁등기, 이주비근저당권 설정등기, 멸실등기에 한하여 등기처리 후 지급하기로 한다.

② 보존등기는 관련 세금 등 공과금에 대하여 매 등기신청일 전일까지 "갑"이 "을"에게 지급하고 그에 대한 수임보수료는 익월 25일까지 지급한다.

③ "이전고시 업무용역"을 별도로 수행할 경우 그에 대한 보수는 "갑"과 "을"이 협의하여 결정하기로 한다.

④ 신축아파트 소유권보존등기비용(제세공과금 포함)을 "갑"의 토지등소유자가 등기 만료일인 이전고시일로부터 60일 이내에 납부치 아니할 경우에는 전체 토지등소유자의 등기 해태에 따른 과태료와 감면사항 추징을 피하기 위하여 "을"이 대납하여 처리키로 한다.

제7조(업무착수 및 자료의 제공)

① "을"은 계약 체결 후 즉시 위임받은 업무에 착수한다.

② "을"은 민법 제681조에 따라 선량한 관리자로서 위임사무를 처리한다.

③ "을"은 업무를 추진함에 있어 관계 기관과의 업무협조를 면밀히 하여 업무가 지체되지 않도록 한다.

④ "갑"은 "을"의 업무수행에 대한 지도·감독을 위하여 업무절차, 진행에 관한 관련 법적 자료를 요구할 수 있으며, "을"은 "갑"이 요청한 기일 내에 관련 자료를 제출하여야 한다.

⑤ "을"이 업무를 수행함에 있어 "갑"이 보관하고 있는 서류가 필요할 경우, "갑"에게 자료의 요청을 할 수 있으며 "갑"은 이에 응하여야 한다.

⑥ "을"은 위임받은 업무를 신속하고 정확하게 처리하여야 하며, 업무처리와 관련하여 착오, 오류, 누락, 분실, 기타 불미한 사항이 발견된 때에는 "을"의 책임 하에 즉시 보완하여 업무처리에 하등의 지장이 없도록 하여야 한다.

제8조(완료보고)

"을"이 업무를 완료하였을 때에는 **등기사항전부증명서** 등을 첨부하여 완료보고를 한다.

제9조(과세공과금의 납부)

"갑"은 "을"이 업무를 추진함에 있어 소요되는 등록세 등 등기비용(제세공과금을 의미함)을 등기진행 시마다 협의키로 한다.

제10조(계약해지)

① "갑"은 다음 각 호의 경우에만 계약을 해지할 수 있으며, "을"은 이에 대하여 이의를 제기할 수 없다.
1. "을"이 법무사의 자격을 상실한 때
2. "을"이 제2조의 등기업무를 태만이하거나 지연시켜 "갑"이나 "갑"의 조합원에게 상당한 피해를 입혔을 때
3. "을"이 계약상의 의무를 위반하여, 계약목적을 달성할 수 없다고 인정될 때
② 위 제1항의 사유로 계약이 해지될 때에는 "을"은 "갑"으로부터 받은 등기관계 서류 및 제반 관련 자료를 "갑"에게 즉시 반환하여야 한다.

제11조(손해배상 책임)

① "을"은 등기업무를 처리함에 있어 "갑"과 "갑"의 조합원의 재산권보호를 최우선으로 하여야 하며, 본 계약내용을 준수하지 아니하고 고의 또는 과실로 "갑"과 "갑"의 조합원에게 손해를 발생하게 한 경우 "을"은 "갑"에게 손해액 전부를 배상하여야 한다.
② "갑"은 "을"의 고의 또는 과실로 인한 손해를 담보하기 위하여 "갑"이 부담하여야 할 소유권보존등기(일반분양분에 한함)수수료 지급액의 10%에 해당하는 금액을 계약 기간 만료 시 까지 지급을 유보하기로 한다.
③ "갑"이 위 제10조제1항 이외의 사유로 이 계약을 해지할 때에는, "을"이 본 계약 이후 처리할 수 있는 사건의 법무사보수의 30%를 배상하여야 한다.

제11조(기밀유지의 의무)

"을"은 법무업무를 수행함에 있어 취득한 업무상 기밀을 유지하고, 알게 된 "갑"에 대한 정보를 외부에 누설할 수 없으며, "을"의 직원에 대하여도 업무상 비밀을 준수하도록 관리하여야 한다.

제12조(권리·의무의 양도 및 하도금지)

"을"은 "갑"의 사전 서면승인 없이는 본 계약상의 권리·의무의 전부 또는 일부를 제3자 에게 양도하거나 담보로 제공할 수 없으며, 계약서에 명기된 해당 업무의 주요부분에 대하여 제3자에게 재위임할 수 없다.

제13조("을"의 책임과 의무)

"을"은 위임받은 업무를 처리함에 있어 민법 제750조의 고의 또는 과실로 인한 위법행위로 인하여 발생되는 사고 및 "을"의 손해에 대하여 민·형사상의 책임을 지며, "을"의 책임과 비용으로 "갑"에게 하등의 손해가 없도록 처리하여야 한다.

제14조(계약의 효력)

① 본 계약은 계약일로부터 효력이 발생한다.

② 계약서는 "갑"의 명칭, 임원 및 토지등소유자의 변경이나 "을"의 대표자 변경, 사무소 형태(개인, 합동, 법인) 등의 사유로 계약효력의 영향을 받지 아니한다.

③ 불가항력 등 기타 사유로 인하여 주택재건축정비사업이 무산될 시에는 계약은 자동 무효화된다.

제15조(기타사항)

① "을"은 등기업무 수행 중 알게 된 법률 행위가 "갑" 또는 "갑"의 조합원에게 효력이 미칠 수 있다고 판단되는 모든 사실은 즉시 "갑"에게 통지하여야 한다.

② "을"이 이해관계인으로부터 수령한 모든 송달문서는 즉시 "갑"에게 전달하여야 한다.

③ "을"은 위임받은 모든 등기업무와 관련하여 불비사항, 착오 등이 발견될 때에는 즉시 보완조치를 취해야 한다.

④ "을"은 제반 보수금을 초과하여 청구하는 일이 없도록 하여야 한다.

⑤ 본 계약서에 명시되지 않은 사항은 민법 및 기타 일반관례에 따른다.

제16조[관할법원]

본 계약에 관한 분쟁으로 인하여 발생하는 소송은 "갑"의 소재지를 관할하는 법원으로 한다.

위 계약의 체결을 증명하기 위하여 본 계약서 2통을 작성하고, "갑"과 "을"이 기명날인한 후 각자 1통씩 보관키로 한다.

[별 첨] : 법무용역 보수료 1부

0000년 0월 00일

위임인("갑")   반포주공0단지 재건축정비사업조합
　　　　　　　서울시 서초구 반포0동 00-0번지
　　　　　　　조 합 장　　　　　0　　　0　　　0　　　　(직인)

수임인("을")   0 0 법 무 사 합 동 사 무 소
　　　　　　　서울 강남구00동 00-0   00빌딩 000호
　　　　　　　대표법무사　　　　0　　　0　　　0　　　　(직인)

수임인("을")   0 0 법 무 사 합 동 사 무 소
　　　　　　　서울 강남구 00동 00-0   00빌딩 000호
　　　　　　　대표법무사　　　　0　　　0　　　0　　　　(직인)

법 무 용 역 보 수 료

구 분	보 수 료	비 고
제1항. 소유권이전 및 신탁등기	000,000원	신탁등기보수료 : 00,000 이전등기보수료 : 00,000
제2항. 멸실등기	00,000원	-
3제항. 소유권보존등기	• 기본보수료 • 공사원가에 대한 　세대별 누진료 • 가옥대장등재도면 　작성발급대행료 • 등록세, 　취득세신고납부대행료 **위 사항은 등기시행당시 보수료의 00%**	-
제4항. 소유권이전 및 신탁말소등기	00,000원	신탁말소보수료 : 00,000 이전등기보수료 : 00,000
위 각 항목에 따른 • 원인증명서 작성료 • 원인증명서 검인대행료 • 등록세 신고납부대행료 • 교통비	무 료	-
위 각 항목에 따른 • 누진료 　(위 제3항은 제외)	무 료	-

주) 1. 상기 보수료는 기존주택 18평형과 25평형세대가 동일함(소유권 보존등기 제외)
　　2. 상기 보수료는 공히 부가가치세 별도임
　　3. 제3항의 소유권 보존등기는 등기시행 당시 협의하여 결정하기로 한다.

법무업무 위·수임 계약서(제2안)

0000년 0월 00일

위임인("갑") : 0 0 정 비 사 업 조 합

수임인("을") : 0 0 법무사합동사무소

법무업무 위·수임 계약서

위 위임인 00정비사업조합(이하 "갑"이라 한다)과 수임인 00법무사 합동사무소 (이하 "을"이라 한다)는 "갑"이 시행하는 재건축정비사업과 관련하여 "갑"과 "을"은 아래와 같이 위·수임계약을 체결하고 상호 협력하여 신의에 따라 성실히 이행할 것을 확약한다.

제1조(목적)

"갑"이 추진하고 있는 정비사업과 관련하여 발생하는 제반 법무업무를 "을"에게 위임하고, "을"은 민법 제2조에서 정한 신의·성실 원칙에 입각하여 처리함에 있다.

제2조(위임업무 범위)

① 등기 관련 업무

신탁등기, 신탁등기 이행판결에 따른 등기, 잔금대출에 따른 설정등기, 멸실등기, 조합원 전매로 인한 신탁말소 및 재신탁등기, 조합원 소유 토지·건물 및 일반분양분건물 소유권보존등기, 일반분양자 소유권 이전등기, 중도금 및 잔금 근저당권설정등기와 대법원 규칙인 '도시및주거환경정비 등기에 관한 업무처리지침'(*개정 2011.10.11. 등기예규 제1385호)이 정하는 등기업무 일체

② 소송업무 관련(무료자문 포함)

신탁 관련 소송, 명도소송(세입자, 미이주자), 부동산처분금지가처분, 부동산점유 이전 금지가처분 등 주택재건축정비사업의 추진과정에 부수된 민·형사사건에 대한 서류의 작성 및 제출. 단, "갑"과 "을"간에 변호사에게 위임할 업무라고 판단될 경우에는 예외로 한다.

③ 이전고시 용역업무. 단, 별도업무를 수행할 시 "갑"과 "을"이 협의하여 결정하기로 한다.

④ 입주 시 잔금대출 금융기관 근보증(根保證) 해지 관련

"을"과 "갑"의 시공회사가 근(지급)보증한 중도금 및 잔금의 대출금융기관에 대하여 "을"은 반드시 근보증해지를 위한 입주 시 근저당권설정등기를 하여야 한다.

※ 근보증(根保證)

: 계속되는 계약관계에서 현재 또는 장래에 발생하게 될 불특정채무에 대하여 책임을 지는 일. 근보증은 임대차계약보증이나 은행거래에서의 채무를 보증하는 **신용보증**이 대표적인 예이며, 단어의 근본 의미는 '**계속적인 보증**(continuing guarantee)이라는 의미를 가지고 있다.

⑤ "을"은 위임받은 법무업무를 신속, 정확하게 진행해야 하고 업무처리 시한, 절차 등은 "갑"이 정한 바에 따른다. 업무지연, 사무착오 등으로 인한 "갑"의 손해에 대해서 "을"은 제13조에 의한 손해배상책임을 지도록 한다.

⑥ "을"이 이해관계인으로부터 수령한 모든 송달문서는 수령하는 즉시 "갑"에게 전달하여야 한다.

⑦ "을"이 위임받은 업무와 관련하여 착오, 오류가 발견되거나 "갑"이 요구할 경우 "을"은 이를 즉시 보완하여야 한다.

제3조(법무사 보수)

① "을"이 제2조의 업무를 처리하고 "갑" 또는 "갑"의 조합원으로부터 받을 보수는 관리 처분총회의 결의로 정한 법무사 보수규정 금액 범위 내 00%로 한다.

② 제2조제3항의 "이전고시 업무용역"을 별도로 수행할 경우 그에 대한 보수는 "갑"과 "을"이 협의하여 결정하기로 한다.

③ 신축아파트 소유권보존등기비용(제세공과금 포함)을 "갑"의 토지등소유자가 등기 만료일인 이전고시일로부터 60일 이내에 납부치 아니할 경우에는 전체 토지등소유자의 등기 해태에 따른 과태료와 감면사항 추징을 피하기 위하여 "을"이 대납하여 처리키로 한다.

④ 보수액에 대한 부가가치세는 별도로 한다.

제4조(계약기간)

① 계약기간(업무수행기간)은 계약체결일로부터 보존등기 및 이전등기(해산·청산 포함) 시까지로 한다.

② 다음 각 호의 경우에는 "갑"과 "을"이 협의하여 계약기간을 연장할 수 있다.

　1. 천재지변 또는 이에 준하는 부득이한 경우가 발생할 때

　2. "갑" 또는 "갑"의 토지등소유자의 소유권(보존)이전등기 요청의 지연으로 불가피한 경우

제5조(업무착수 및 자료의 제공)

① "을"은 계약체결 후 즉시 위임받은 업무에 착수한다.

② "을"은 민법 제681조에 따라 선량한 관리자로서 위임사무를 처리한다.

③ "을"은 업무를 추진함에 있어 관계 기관과의 업무협조를 면밀히 하여 업무가 지체되지 않도록 한다.

④ "갑"은 "을"의 업무수행에 대한 지도, 감독을 위하여 업무절차, 진행에 관한 관련 법적 자료를 요구할 수 있으며 "을"은 "갑"이 요청한 기일 내에 관련 자료를 제출하여야 한다.

⑤ "을"이 업무를 수행함에 있어 "갑"이 보관하고 있는 서류가 필요할 경우, "갑"에게 자료의 요청을 할 수 있으며 "갑"은 이에 응하여야 한다.

⑥ "을"은 위임받은 업무를 신속하고 정확하게 처리하여야 하며, 업무처리와 관련하여 착오, 오류, 누락, 분실, 기타 불미한 사항이 발견된 때에는 "을"의 책임 하에 즉시 보완하여 업무처리에 하등의 지장이 없도록 하여야 한다.

제6조(완료보고)

"을"이 업무를 완료하였을 때에는 **등기사항전부증명서** 등을 첨부하여 완료보고를 한다.

제7조(과세공과금의 납부)

"갑"은 "을"이 업무를 추진함에 있어 소요되는 등록세 등 등기비용(제세공과금을 의미함)을 등기진행 시마다 협의키로 한다.

제8조(권리·의무의 양도금지)

"을"은 "갑"의 서면승인 없이는 본 계약상의 권리·의무의 전부 또는 일부를 제3자에게 양도하거나 담보로 제공할 수 없으며, 계약서에 명기된 해당 업무의 주요부분에 대하여 제3자에게 재차 위임할 수 없다.

제9조("을"의 책임과 의무)

"을"은 위임받은 업무를 처리함에 있어 민법 제750조의 고의 또는 과실로 인한 위법행위로 인하여 발생되는 사고 및 "을"의 손해에 대하여 민·형사상의 책임을 지며, "을"의 책임과 비용으로 "갑"에게 하등의 손해가 없도록 처리하여야 한다.

제10조(민원사항의 처리)

"을"은 업무를 추진함에 있어 토지등소유자 및 분양계약자와의 관계에 있어 민원이 발생하지 않도록 주의하며, "갑"에게 일체의 피해가 발생하지 않도록 한다.

제11조(기밀엄수)

"을"은 업무상 알게 된 "갑"에 대한 정보를 외부에 누설할 수 없고, "을"의 직원에 대하여도 업무상 비밀을 준수하도록 관리하여야 한다.

제12조(계약해지)

① "갑"은 다음 각 호의 경우에만 계약을 해지할 수 있으며 "을"은 이에 대하여 이의를 제기할 수 없다.

1. "을"이 법무사의 자격을 상실한 때
2. "을"이 제2조의 업무 수행 중 중대한 과실로 인하여 "갑"에게 피해를 입혔을 때
3. "을"이 계약상의 의무를 위반하여, 계약목적을 달성할 수 없다고 인정될 때

② 위 제1항의 사유로 계약이 해지될 때에는 "을"은 "갑"으로부터 받은 관련 서류를 "갑"에게 즉시 반환하여야 한다.

제13조(손해배상 등)

① "을"이 본 계약상의 업무수행 중, 고의 또는 중대한 과실로 "갑"에게 손해가 발생할 경우 "을"은 "갑"에게 손해액 전부를 배상하여야 한다.

② "갑"이 위 제12조제1항 이외의 사유로 이 계약을 해지할 시에는, "을"이 본 계약 이후 처리할 수 있는 사건의 법무사 보수의 30%를 배상하여야 한다.

제14조(계약의 효력)

① 본 계약은 계약일로부터 효력이 발생한다.

② 계약서는 "갑"의 명칭, 임원 및 토지등소유자의 변경이나 "을"의 대표자 변경, 사무소 형태(개인, 합동, 법인) 등의 사유로 계약효력의 영향을 받지 아니한다.

③ 불가항력 등 기타 사유로 인하여 재건축정비사업이 무산될 시에는 계약은 자동무효화 된다.

제15조(관할법원)

본 계약에 관한 분쟁으로 인하여 발생하는 소송은 "갑"의 소재지를 관할하는 법원 또는 서울중앙지방법원으로 한다.

위 계약의 체결을 증명하기 위하여 본 계약서 2통을 작성하고, "갑"과 "을"이 기명날인한 후 각자 1통씩 보관키로 한다.

0000년 0월 00일

위임인("갑")　　반포주공0단지 재건축정비사업조합

　　　　　　　　서울시 서초구 반포0동 00-0번지

　　　　　　　　조 합 장　　0　0　0　　　　　（직인）

수임인("을")　　0 0 법 무 사 합 동 사 무 소

　　　　　　　　서울 강남구 00동 00-0 00빌딩 000호

　　　　　　　　대표법무사　　0　0　0　　　　（직인）

세무·회계업무 위·수임 계약서

0000년 0월 00일

"갑"(위임자) : 반포주공0단지 재건축정비사업조합

"을"(수임자) : 0   0   0 세 무 · 회 계 사 무 소

세무·회계업무 위·수임 계약서

반포주공0단지 재건축정비사업조합(이하 "갑"이라 한다)과 0 0 0세무·회계사무소(이하 "을"이라 한다)는 "갑"의 재건축정비사업에 관한 세무·회계업무의 위임 및 수임에 관하여 아래와 같이 계약을 체결한다.

- 아 래 -

제1조(계약의 목적)

본 계약은 서울시 서초구 반포0동 00-0번지 외 0필지 소재 반포주공0단지 재건축정비 사업에 관하여 "갑"과 "을"의 지위 및 권리·의무 등을 규정함으로써 상기 재건축정비사업의 세무·회계업무를 성공적으로 수행함을 그 목적으로 한다.

제2조(업무의 범위)

"갑"은 "을"에게 다음의 세무·회계업무를 위임한다.

1. 일반 세무·회계업무
   1) 매월 갑근세 등 원천징수 신고업무
   2) 분기별 부가세 신고업무
   3) 장부기장 및 지도업무
   4) 조합의 전반적인 세무·회계 자문업무

2. 조합 결산업무
   1) 자금수지 계산서 검토업무
   2) 회계감사 관련 서류 작성업무
   3) 조합원의 재건축소득 관련 신고업무
   4) 기타, 재건축정비사업에 필요한 세무·회계업무

제3조(계약기간)

본 계약의 계약기간은 계약체결일로부터 사업종료(청산 시)까지로 하되 준공 이후의 귀속종합소득세를 포함한 모든 세금의 확정신고 시한까지 순연하기로 한다.

제4조(보수의 지급)

① "갑"은 각종 세무·회계업무의 위임과 관련하여 별도로 정하여 첨부한 '보수지급 내역서'에 따라 "을"에게 지급하기로 한다.

② "을"은 "갑"의 제반 자문요청사항에 대하여 성실히 임하여야 하며, 이에 대한 별도의 보수를 "갑"에게 요구할 수 있다.

제5조(계약에 따른 의무)

"갑"은 본 계약업무수행에 필요한 증빙자료 및 제반서류 등을 신속하고 정확하게 제공하여야 하며, "을"은 "갑"이 제공한 자료에 따라 "갑" 및 "갑"의 조합원의 이익을 위하여 성실하게 업무를 수행하여야 한다.

제6조(계약위반에 따른 책임)

"을"이 본 계약에 따른 위임사무를 처리함에 있어 고의나 과실로 "갑"에게 손해를 발생시킨 경우 "을"은 일체의 손해를 배상해야 한다.

제7조(기밀의 보장)

"을"이 "갑"의 세무·회계업무를 대리함에 있어 선량한 관리자로서 성실하게 업무를 수행하여야 하며, 업무기밀을 유지하고 타인에게 누설하지 않아야 한다. 이를 위반하여 "갑"에게 손해가 발생한 경우에는 그 일체의 손해에 대하여 "을"이 배상 및 보상하기로 한다.

제8조(신의성실의 의무)

"갑"은 사실에 입각하여 진실한 자료를 "을"에게 제출하여야 하며, "을"은 동 자료에 따라 성실하게 업무를 수행하여야 한다. 다만, "갑"이 허위나 가공의 자료를 제공하거나 지연 제공하는 경우에는 "을"은 이로 인하여 발생한 세무 혹은 법적인 문제에 대해 책임을 지지 않는다.

제9조(계약의 해지 및 해제)

① "을"이 세무·회계업무를 태만히 하여 "갑"의 재건축정비사업에 지장을 초래하였다고 객관적으로 판단될 경우에는 "갑"은 즉시 임의해약을 통보할 수 있으며 "을"은 그간에 소요된 비용 등을 "갑"에게 일체 청구할 수 없다.

② "갑"이 보수지급을 "을"의 동의없이 지급약정일로부터 3개월 이상 지체할 경우에는 "을"은 그 지체 후 3개월이 되는 날부터 본 계약의 업무수행을 중지하고 해약할 수 있다.

③ "갑"이 제공한 자료의 불비 및 사실과 다른 자료의 제시 등으로 본 계약업무의 계속적인 수행이 불가능할 경우 해약할 수 있다.

④ "을"은 상기 제1항 내지 제3항에 따라 계약이 해지 및 해약되었을 경우에는 "갑"에게 그동안의 자료를 성실하고 정확하게 인수·인계하여야 한다.

제10조(조합원별 소득세의 처리)

① "을"이 조합원 재건축 종합소득세 신고업무를 함에 있어 재건축 단일소득 조합원 및 재건축 소득 이외의 종합소득조합원 중 근로소득에 해당하는 조합원은 '근로소득 연말원천징수 영수증'을 "을"에게 제출하여 재건축에 따른 소득과 합산하여 "을"이 처리하기로 한다.

② "을"은 제10조제1항 이외의 조합원에 대하여는 재건축 소득금액 결산자료 및 소득분배 명세서, 조정계약서를 "갑"에게 제출하여 "갑"이 처리하기로 한다.

③ "을"은 제10조제2항에 해당하는 조합원 중 재건축소득 이외의 별도의 종합소득에 대하여 합산신고를 의뢰받는 경우, "을"과 의뢰 조합원이 별도 협의하여 보수를 정하기로 하며 "갑"은 이에 관여하지 않는다.

제11조(기 타)

본 계약에 명시되지 않은 사항은 민법 및 기타 일반관례에 따르기로 하며, 분쟁이 발생한 경우에는 법원에 소를 제기할 수 있으며 재판에 대한 관할 법원은 본 재건축사업 소재지를 관할하는 법원으로 한다.

위 계약내용을 증명하기 위하여 본 계약서 2통을 작성하여 날인한 후, "갑"과 "을"이 각각 1통씩 보관하기로 한다.

(첩 부) : 보수지급 내역서 1부

0000년 0월 00일

"갑"(위임자)

주　소 : 서울시 서초구 반포2동 00-0 번지

조합명 : 반포주공0단지 재건축정비사업조합

대표자 : 조　　합　　장　　　0　　　0　　　0　　　(인)

"을"(수임자)

주　소 : 서울시 00구 00동 00-0 번지 00빌딩 000호

상　호 : 0　0　0　세　무·회　계　사　무　소

대표자 : 세　　무　　사　　　0　　　0　　　0　　　(인)

(첨 부)

보 수 지 급 내 역 서

반포주공0단지 재건축정비사업조합("갑")과 ○ ○ ○ 세무·회계사무소("을")는 "갑"의 재건축 정비사업에 관한 세무·회계업무의 위·수임계약에 따른 보수의 지급에 관하여 아래와 같이 약정하기로 한다.

- 아 래 -

1. 보수의 지급시기 및 금액

1) 기장대리업무 및 부가가치세 신고업무(제2조제1호의 업무 등)에 따른 보수
   (1) 지급기간 : 사업승인일 이후부터 조합청산일까지
   (2) 지 급 일 : 매월 말
   (3) 월지급액 : 0백만원(₩0,000,000/월[총액一金 0천0백만원(₩00,000,000)에 한함]

2) 결산업무 및 세무조정계산서작성업무(제2조제2호 등)에 관한 보수
   (1) 지 급 일 : 재건축조합 소득세 결산업무 완료 후
   (2) 지 급 일 : 총액 一金 0천0백만원(₩00,000,000)에 한함

3) 업무내역
   (1) 사업자등록 관리업무(세무서 관리업무 : 명의변경 등)
   (2) 사업소득세 청산업무
   (3) 원천징수 및 연말정산업무
   (4) 세무자문업무 및 세무조사 시 입회, 진술, 소명업무
   (5) 기타, 조합에서 요청하는 지원업무

2. 상기 보수금액은 부가가치세 별도 금액임

3. 상기 제1항의 보수금액 합계액은 일금 0천만 원(₩00,000,000)을 넘을 수 없다.

4. 조합원별 소득세산출업무 보수금액 및 대금지불방법

1) 보수금액

 : 계약서 제10조 제1항 및 제2항에 의한 보수금액을 조합원 각 세대당 일금 0만원 (₩00,000,000)(부가가치세 별도)으로 계산하여 "갑"이 일괄하여 지급하기로 하며, 제10조제3항에 의한 재건축소득 이외의 개인별 소득에 대한 추가보수금액은 "갑"에게 지급의무가 없는 것으로 한다.

 2) 대금지불방법

   (1) 사업계획승인 시 : 10%
   (2) 총액의 50%를 연도별 결산 시 사업기간별로 안분하여 지급
   (3) 조합해산총회 시 : 40% (이상)

7 주택건설공사 감리용역 계약서

1) 주택건설공사 감리용역 표준계약서(<u>2018.9.27. 일부개정</u>)(2022. 1. 현재)

주택건설공사 감리용역 표준계약서

1. 사   업   명 :

2. 사업승인(사업시행인가) 신청접수일 :   년   월   일

3. 사 업 계 획 승 인 일(사업시행인가일) :   년   월   일

4. 착 공 예 정 일 :   년   월   일

5. 완 공 예 정 일 :   년   월   일

6. 용   도 :

7. 공 사 개 요

    가. 위   치 :

    나. 규   모 :   동   세대

    다. 대지면적 :   m²

    라. 건축면적 :   m²

    마. 연 면 적 :   m²

    바. 구   조 :

8. 시공자

    가. 상   호 :

    나. 주   소 :

    다. 대 표 자 :   (전화   )

9. 설계자

    가. 상   호 :

    나. 주   소 :

    다. 대 표 자 :   (전화   )

10. 감 리 형 태 : <u>주택법</u>(도시 및 주거환경정비법)에 의한 공사감리

11. 계 약 금 액 : 일금   원정(₩   )(부가세 포함)
12. 감리용역착수일 :   년   월   일
13. 계 약 기 간 :   년   월   일부터   년   월   일까지

(용역 착수일로부터 00개월)

 사업주체와 감리자는 상호 대등한 위치에서 이 계약서 및 첨부의 계약문서에 의하여 위 감리용역계약을 체결하고 신의에 따라 성실히 계약상의 의무를 이행할 것을 확약하며, 이 계약의 증거로서 계약서를 작성하여 계약당사자가 기명날인한 후 각각 1통씩 보관한다.

첨 부 : 주택건설공사감리용역계약조건   1부

0000년 0월 00일

계약당사자

   사업주체   상   호 :
           주   소 :
           대 표 자 :   (인)
           전화/FAX :

   감 리 자   상   호 :
           주   소 :
           대 표 자 :   (인)
           전화/FAX :

주택건설공사 감리용역 계약조건(전문)

제1조(총칙)

주택건설공사 감리용역계약 (이하 "이 계약" 이라 한다)은 주택법 제43조 및 국토교통부에서 정한 주택건설공사감리업무 세부기준(이하 "업무기준" 이라 한다) 등에 의하여 감리자가 공사감리업무를 수행함에 있어 사업주체와 감리자(이하 "계약당사자"라 한다) 상호간의 권리와 의무에 관한 사항을 정한다. <개정 2018.9.27.>

제2조(용역의 범위)

주택건설공사 감리용역의 범위는 주택법 제43조의 규정에 의하여 사업계획승인을 받아 건설하는 주택건설공사의 감리업무를 수행하는 데 적용한다. <개정 2018.9.27.>

제3조(감리업무)

① 주택건설공사 감리용역 계약조건(이하 "이 조건"이라 한다)에서 정하는 바에 따라 감리자는 기본업무를 수행하고 사업주체의 요청에 따라 특별업무를 수행할 수 있다.

② 기본업무라 함은 다음 각 호의 업무를 말한다.
  1. 시공계획·공정표 및 설계도서의 적정성 검토
  2. 시공자가 설계도서에 따라 적합하게 시공하는지 검토·확인
  3. 구조물의 위치·규격 등에 관한 사항의 검토·확인
  4. 사용자재의 적합성 검토·확인
  5. 품질관리시험의 계획·실시지도 및 시험성과에 대한 검토·확인
  6. 누수·방음 및 단열에 대한 시공성 검토·확인
  7. 재해예방 및 시공상의 안전관리
  8. 설계도서의 해당 지형에 대한 적합성 및 설계변경에 대한 적정성 확인
  9. 공사착공계, 임시사용 및 사용검사신청서 적정성 검토
  10. 착공신고 시 제출한 "건설폐자재 재활용 및 처리계획서"의 이행여부
  11. 기타 관계 법령에서 감리업무로 규정한 각종 신고·검사·시험·품질확인 및 그에 따른 보고 등의 업무

③ 특별업무라 함은 제2항의 규정에 의한 기본업무 이외에 사업주체가 그 수행을 요청한 업무로서 다음 각 호의 업무를 말한다.
  1. 사업주체 또는 시공자의 귀책사유로 인하여 추가되는 감리업무
  2. 사업주체의 요청에 의한 특허·노하우 등의 사용, 모형제작, 현장계측, 외부 전문기술자의 자문 등
  3. 자재·장비 등의 생산지검사를 위한 해외 및 원격지 출장
  4. 사업주체의 요청에 의한 신규 주택건설사업 관련 설계도서의 검토
  5. 기타 사업수행 관련자(사업주체, 감리자, 시공자)가 협의하여 특별업무로 규정하는 업무

제4조(계약문서)

① 계약문서는 계약서 및 감리용역 계약조건으로 구성되며, 상호 보완의 효력을 가진다.

② 사업주체는 계약체결 후 다음 각 호의 문서 1질을 감리자에게 즉시 무상으로 제공하여야 한다.
1. 사업계획승인필증, 건축허가필증, 정비사업시행인가필증 중 관련 문서
2. 지장물 보상 및 철거 등에 관한 자료
3. 주택의 설계도서 작성기준(국토교통부 고시)에 의한 설계도서
4. 공사계획서 및 공종별 시공계획서
5. 지반 및 지질조사서
6. 공사착공신고서 일체
7. 공정률 확인을 위한 관계 서류(내역서 또는 공종별 보활 관계 서류)
8. 기타 감리업무 수행에 필요한 사항

제5조(법령의 준수)

① 계약당사자는 계약과 관련된 법령(이하 "법령"이라 한다)을 준수하여야 한다. 법령의 위반으로 처벌을 받은 경우에도 이 계약에서 요구되는 책임과 의무가 면제되지 않는다.
② 이 계약의 이행과 관련하여, 이 조건에서 규정하고 있지 아니한 사항으로서 계약당사자에게 준수의무가 있는 법령의 규정은 이 조건에 포함된 것으로 간주한다.

제6조(통화)

① 이 계약상의 통화는 대한민국의 원화로 한다.
② 계약당사자는 원화의 가치가 변동된 경우에도 계약금액의 조정 또는 기타 추가비용을 상대방에게 청구할 수 없다.

제7조(통지 등)

① 계약당사자간의 통지·신청·청구·요청·회신·동의 등(이하 "통지 등"이라 한다)은 문서에 의함을 원칙으로 하며, 구두에 의할 경우에는 즉시 문서로 보완하여야 한다.
② 통지 등의 장소는 계약서에 기재된 주소로 하며, 주소를 변경하는 경우에는 이를 즉시 계약상대방에게 통지하여야 한다.
③ 통지 등의 효력은 계약문서에서 따로 정하는 경우를 제외하고는 계약상대방에게 도달한 날부터 발생한다. 이 경우 도달일이 공휴일인 경우에는 그 다음 날부터 효력이 발생한다.
④ 기간 중의 휴일은 이를 기간에 포함한다.

제8조(채권양도)

① 계약당사자는 이 계약에 의하여 발생한 계약상대자에 대한 채권 기타의 권리를 제3자에게 양도하여서는 아니 된다.
② 계약당사자가 이 계약에 의한 감리용역의 이행을 위한 목적으로 채권양도를 하고자 하는 경우에는 계약상대자의 서면동의를 받아야 한다.

제9조(계약이행보증)

① 계약당사자는 이 계약상의 의무이행을 보증하기 위하여 계약체결일로부터 7일 이내에 계약금액의 10%에 상당하는 계약이행보증서를 상호 교부토록 한다.

② 계약당사자는 계약조건의 변경에 의하여 계약금액이 10% 이상 증감된 경우에는 증감된 날로부터 7일 이내에 제1항에서 규정한 계약이행 보증서의 금액을 증감하여야 한다.

③ 제1항의 규정에 의한 계약이행보증서의 보증기간은 감리용역의 착공예정일로부터 완공예정일에 1월을 추가한 날까지로 한다.

④ 사업주체의 부득이한 사유로 사용검사를 지연한 경우 사업주체는 반드시 계약이행 보증기간을 연장한 계약이행보증서를 감리자에게 제출하여야 한다.

제9조의2(감리비지급보증 등)

감리자가 요청하는 경우 사업주체는 보험 또는 보증 관련 기관으로부터 감리비지급보증서를 발급받아 제출하여야 하며, 이때 보증서 발급에 소요되는 비용은 감리자가 부담하여야 한다.

제10조(손해배상책임)

① 계약당사자는 이 계약에서 규정하는 책임과 의무의 위반, 부주의한 행위 또는 과실 등으로 인하여 손해를 끼친 경우에는 감리용역 계약금액의 범위 내에서 그 손해를 계약 당사자에게 배상하여야 한다.

② 감리자는 제10조에 따른 손해배상책임을 보장하기 위하여 보험 또는 공제에 가입하여야 한다. 이 경우 사업주체는 보험 또는 공제 가입에 따른 비용을 용역비용에 **계상하여야 한다.**

③ 감리자는 해당 주택건설공사 감리용역계약을 체결할 때에 보험증서 또는 공제증서를 사업주체에게 제출하여야 한다.

제11조(감리원 배치)

① 감리자는 주택법령 등 관계 법령과 감리자 입찰응모 시 제출한 감리원 배치계획에 적합하게 감리원을 배치하여야 한다.

② 감리자는 감리원 중 감리자를 대표하여 현장에 상주하면서 해당 공사전반에 관한 감리 업무를 총괄하는 자(이하 "총괄감리원" 이라 한다)를 지명하여야 한다.

제12조(편의시설의 제공)

사업주체는 감리업무의 수행에 필요로 하는 사무실(집기 및 비품을 제외한다), 수도, 전기를 감리자에게 무상으로 제공하여야 한다.

제13조(감리용역의 착수)

① 감리자는 계약서에서 정한 감리용역착수일에 사업주체와 협의하여 감리용역을 착수 하여야 하며, 착수 시에는 다음 각 호의 사항이 포함된 착수신고서를 사업주체에게 제출하여야 한다.

1. 감리업무 수행계획서
2. 감리원 배치계획서

② 사업주체는 늦어도 계약서에서 정한 감리용역 착수일 7일 이전에 감리자에게 감리용역 착수를 지시하여야 한다. 다만 사업주체의 귀책사유로 감리자가 감리용역을 착수할 수 없는 경우에는 사업주체는 실제 감리용역에 착수한 날의 14일 이전에 실제 착수시점 및 현장상주감리원 투입시기 등을 감리자에게 통보하여야 한다.

③ 감리자는 계약의 이행 중에 과업내용의 변경 등 기타 부득이한 사유로 제1항의 규정에 의하여 제출한 서류의 변경이 필요한 때에는 관련 서류를 변경하여 사업계획승인권자 및 사업주체에게 제출하여야 한다.

④ 사업주체는 실제 감리용역의 착수일이 감리자의 책 없는 사유로 이 계약의 체결일로부터 30일을 초과함으로 인하여 완공예정일이 지연되는 경우에는 계약기간을 연장하여야 한다. 다만, 사업주체가 사업계획승인권자로부터 분할 분양승인 등을 받은 경우에는 계약당사자간에 상호 협의하여 감리용역착수일을 변경할 수 있다.

제14조(선급금의 지급)

① 이 계약의 선급금은 계약금액의 10%로 한다.

② 사업주체는 감리자에게 계약 시 선급금을 지급하거나 주택법 시행규칙 제18조의2제1항에 따라 사업계획승인권자에게 공사감리비 예치방식에 대한 내용을 안내받은 날로부터 7일 이내에 선급금을 예치하여야 한다. <개정 2018.9.27.>

③ 제22조제4항 및 제5항의 규정은 선급금을 지급기한 내에 지급하지 못한 경우에 준용한다.

제15조(보고)

① 감리자는 매 분기 익월 7일까지 사업계획승인권자와 사업주체에게 다음 각 호의 사항이 포함된 감리업무수행사항을 보고하여야 한다.
1. 사업개요
2. 기술검토사항
3. 공정관리
4. 시공관리
5. 자재품질관리
6. 감리업무수행실적
7. 종합분석 및 감리추진계획
8. 기타사항

② 감리자는 다음 각 호의 1에 해당하는 경우에는 적절한 임시조치를 취하고 그 경위 및 의견을 사업계획승인권자와 사업주체에게 보고하여야 한다.
1. 천재지변 및 기타사고 등 불가항력으로 공사 진행에 지장이 있을 때
2. 시공자가 정당한 사유없이 공사를 중단한 때
3. 시공자의 현장대리인이 사전 통보없이 시공현장에 상주하지 않을 때
4. 시공자가 계약에 따른 시공능력이 없다고 인정될 때
5. 시공자가 공사수행에 불성실하거나 감리자의 지시에 계속하여 2회 이상 응하지 아니할 때
6. 공사에 사용될 중요자재가 규격에 맞지 아니한 때
7. 기타 시공과 관련하여 중요하다고 인정되는 사항이 있을 때
8. 사업계획승인권자 또는 사업주체로부터 별도 보고의 지시가 있을 때

제16조(휴일 및 야간작업)

① 사업주체는 공사계약의 수행상 필요한 경우에는 감리자에게 휴일 또는 야간작업을 요청할 수 있으며, 감리자는 특별한 사유가 없는 한 이에 응하여야 한다.

② 사업주체는 감리자가 휴일 또는 야간작업을 하는 경우에는 근로기준법에 의한 추가
비용을 감리자에게 지급하거나, 사업주체와 감리자가 협의하여 감리업무에 지장이 없는
범위 내에서 대체 휴무 등의 방법으로 조정할 수 있다.

제17조(계약사항의 변경)

① 사업주체는 계약의 목적을 이행하기 위하여 필요하다고 인정할 경우에는 다음 각 호의
1을 감리자에게 요청할 수 있다.
  1. 제3조제3항의 규정에 의한 특별업무의 수행
  2. 감리용역계약기간의 변경
  3. 추가감리원의 배치
② 감리자는 계약의 기본방침에 대한 변동없이 계약사항을 변경함으로써 사업주체에
유리하다고 판단될 경우에는 제1항 각호에 해당하는 제안을 할 수 있다. 이 경우
사업주체는 제안요청을 받은 날부터 14일 이내에 그에 대한 승인여부를 감리자에게
통지하여야 한다.
③ 제1항 및 제2항의 규정에 의한 계약사항의 변경은 상호 협의하여 결정하며, 감리원
추가배치에 의한 추가 감리비는 당초 계약 시 감리인·월수 대비 계약금액 기준으로
산정하며, 제3조제3항의 규정에 의한 특별업무의 경우는 실비정산 가산방식으로 정산 한다.
④ 제1항 및 제2항에서 규정한 사유 외에 세부 설계 확정 및 공사 방법 변경, 발코니 확장
등의 사유에 따른 계약사항의 변경에 대해서는 상호 협의를 통해 결정한다. 이 경우 감리원
추가배치가 발생할 경우 추가감리비는 당초 <u>계약 시</u> 감리인·월수 대비 계약금액 기준으로
산정한다. <개정 2018.9.27.>
⑤ 사업주체는 계약기간의 단축 또는 공사비가 절감된 경우에도 이 계약의 대가(계약금액)를
감액하여서는 아니 된다. 다만, 국토교통부에서 정한 주택건설공사 감리비 지급기준에
의한 감리인·월수는 충족되어야 한다.
⑥ 사업주체가 사업계획승인권자로부터 분할 분양승인 등을 받아 순차적으로 분양하는
경우에는 감리자와 상호 협의하여 감리용역 착수일을 변경할 수 있으며, 이 경우
감리대가는 당초 계약 시 감리인·월수와 감리비를 감안하여 적정하게 안분·조정할 수 있다.
⑦ **감리자는 <u>제1항, 제2항 또는 제4항</u>**의 규정에 의하여 계약사항의 변경이 결정된 경우
에는 결정된 날로부터 7일 이내에 수정된 감리원 배치계획서를 사업계획승인권자와
사업주체에게 제출하여야 한다. <개정 2018.9.27.>

제18조(설계변경의 제안)

① 감리자는 사업주체와 협의없이 시공자의 권리·의무사항을 증감시킬 수 없다.
② 감리자는 계약의 이행 중 신기술·신공법 등을 적용함으로써 사업주체에게 유리하다고
인정되는 경우에는 공사계약에 대한 설계변경을 사업주체에게 제안할 수 있다.

제19조(계약기간의 연장)

① 감리자는 다음 각 호의 1의 사유가 계약기간 내에 발생한 경우에는 사업주체에게
계약기간의 연장을 청구할 수 있다.

1. 감리자의 책임없는 사유로 공사기간이 연장된 경우
2. 사업주체 또는 시공자의 책임 있는 사유로 감리용역의 착수가 30일을 초과함으로 인하여 완공예정일의 지연이 예상되는 경우
3. 사업주체 또는 시공자의 책임 있는 사유로 공사의 수행이 중단되는 경우
4. 제21조에서 규정하는 불가항력의 사유로 공사기간이 연장된 경우
5. 제17조의 규정에 의한 계약사항의 변경으로 인하여 계약기간의 연장이 필요로 하는 경우

② 감리자는 제1항의 규정에 의하여 계약기간의 연장을 청구할 때에는 구체적인 사유를 기재한 계약기간 연장신청서를 사업주체에게 제출하여야 한다.

③ 사업주체는 제2항의 규정에 의한 계약기간 연장신청서를 접수한 때에는 지체없이 해당 용역이 적절히 수행될 수 있도록 계약기간의 연장 등 필요한 조치를 하여야 한다.

④ 제3항의 규정에 의한 계약기간을 연장한 경우에는 연장기간 중의 업무에 대하여 제17조 제3항의 규정을 준용한다.

제20조(검사)

① 감리자는 사업주체가 사용검사 또는 임시사용승인 신청을 관계 당국에 제출하는 때에는 공사의 적정시공 여부에 대하여 업무기준에서 규정하고 있는 사항을 확인한 후 감리 의견서를 첨부하여야 한다.

② 감리자는 각종검사와 관련하여 시정할 사항이 있을 경우에는 이를 지체없이 사업 주체에게 보고하고, 시공자로 하여금 보완 또는 재시공하도록 한 후 시정이 되지 않을 경우 사업계획 승인권자와 사업주체에게 보고하여야 한다.

③ 제2항의 규정에 의한 보완 또는 재시공으로 인하여 이 계약의 목적달성이 지체되는 경우에는 제19조의 규정을 준용한다.

제21조(불가항력)

불가항력이라 함은 태풍·홍수 기타 악천후, 전쟁 또는 사변, 지진, 화재, 전염병, 폭동 기타 계약당사자의 통제범위를 초월하는 사태의 발생 등의 사유(이하 "불가항력의 사유"라 한다)로 인하여 계약당사자 누구의 책임에도 속하지 아니하는 경우를 말한다.

제22조(기성대가의 지급)

① 기성대가는 착수일로부터 매 3개월마다 정액으로 지급하는 것을 원칙으로 하되, 다음의 지급일정에 따른다. 다만, 사업주체는 사용검사 신청서 또는 임시사용승인 신청서에 감리자가 <u>날인 시까지</u> 이미 지급된 선급금 및 기성대가를 포함하여 감리용역 계약 금액의 95%이상을 감리자에게 지급되도록 하여야 한다.

차 수	금 액	지급 예정일
제 1차	원	. . .
제 2차	원	. . .
제 3차	원	. . .
제 4차	원	. . .
제 5차	원	. . .
제 6차	원	. . .
제 7차	원	. . .
제 8차	원	. . .
제 9차	원	. . .
제 10차	원	. . .

② 사업주체는 제1항에서 규정한 해당차수 지급예정일 14일 이전까지 해당차수의 기성대가를 사업계획승인권자에게 예치하여야 한다.

③ 감리자는 해당차수 지급예정일 7일전까지 사업계획승인권자에게 해당차수에 대한 기성대가 지급청구서를 사업계획승인권자에게 제출하여야 한다. <개정 2018.9.27.>

④ 감리자는 해당 감리대상공사의 사용검사권자가 공사가 완료되었다고 인정하여 감리원 철수를 승인한 경우 민원 등으로 사용검사 신청이 지연되더라도 해당 지연기간에 대한 추가감리대가의 지급을 사업주체에게 요청할 수 있다.

⑤ 사업주체는 귀책사유로 제1항에 따른 지급예정일 내에 감리자가 대가를 지급하지 못하는 경우에는 사업주체는 지체일수에 해당 미지급금액에 대하여 시중은행의 일반자금 대출 시 적용되는 연체이자율을 곱하여 산출한 금액을 이자로 지급하여야 한다. 다만, 제21조에서 규정하는 불가항력의 사유로 인하여 대가를 지급할 수 없는 경우에는 해당 사유가 존속하는 기간은 지체일수에 산입하지 아니한다. <개정 2018.9.27.>

⑥ 제2항 및 제5항의 규정에 의한 대가 및 이자는 현금으로 지급하여야 한다. <개정 2018.9.27.>

제23조(최종대가의 지급)

① 최종대가라 함은 제14조의 규정에 의한 선급금과 제22조의 규정에 의한 기성대가를 제외한 금액으로서 이 조건이 정하는 바에 의하여 사업주체가 감리자에게 지급하여야 할 의무가 있는 모든 대가를 말한다.

② 사업주체는 사용검사필증 또는 임시사용승인(사업계획승인권자가 공사가 완료되었다고 인정한 경우)필증 교부일(이하 "감리용역의 완성일"이라 한다)에 최종대가가 지급되도록 감리용역의 완성예정일 14일 전까지 사업계획승인권자에게 예치하여야 한다. <개정 2018.9.27.>

③ 제2항의 규정에 의하여 최종대가를 지급한 경우에는 그로부터 계약당사자간의 책임과 의무는 소멸된 것으로 간주한다. 다만, 제29조의 분쟁사항의 경우에는 그러하지 아니하다.

④ 제22조제5항 및 제6항의 규정은 최종대가의 지급의 경우에 이를 준용한다.

제24조(감리자의 책임 있는 사유로 인한 계약의 해제 또는 해지)

① 사업주체는 감리자가 다음 각 호의 1에 해당하는 경우에는 해당 계약의 전부 또는 일부를 해제 또는 해지할 수 있다. 다만, 제2호, 제3호의 경우에는 사업계획승인권자의 승인을 얻어야 한다.

1. 관계 법령에 의하여 해당 사업계획승인권자가 감리자를 교체한 경우

2. 정당한 사유없이 제13조의 규정에 의한 착수기일을 경과하고도 감리업무의 수행에 착수하지 아니할 경우

3. 기타 계약조건을 위반하여 그 위반으로 인하여 계약의 목적을 달성할 수 없다고 인정될 경우

② 사업주체는 제1항의 규정에 의하여 계약을 해제 또는 해지한 경우에는 그 사실을 감리자, 시공자 및 계약이행보증기관에 통지하여야 한다.

③ 사업주체는 제1항의 규정에 의하여 계약을 해제 또는 해지한 경우에는 해제 또는 해지일(제1항의 규정에 의한 사업계획승인권자의 감리자교체일 또는 해지승인일을 해지일로 한다. 이하 같다)로부터 14일 이내에 아래 산식에 의하여 <u>미지급 기성대가를 정산지급하거나 사업계획 승인권자에게 예치해야 한다.</u> 이 경우 제9조의 규정에 의한 계약이행보증서를 동시에 반환하여야 한다. <개정 2018.9.27.>

※ 미지급 기성대가=(감리용역 계약금액×공사공정률)−(기지급 기성대가+선급금)

제25조(감리자에 의한 계약의 해제 또는 해지)

① 감리자는 다음 각 호의 1에 해당하는 사유가 발생한 경우에는 해당 계약을 해제 또는 해지할 수 있다.

1. 사업계획의 변경 등으로 인하여 계약금액이 100분의 40 이상 감소되었을 때

2. 제26조의 규정에 의한 용역수행의 정지기간이 60일을 초과하는 경우

3. 사업주체의 부도 등으로 인하여 사업의 계속이 가능하지 아니한 경우

② 감리자는 제1항의 규정에 의하여 계약을 해제 또는 해지하고자 하는 경우에는 사업계획승인권자의 승인을 얻어야 하며, 그 사실을 사업주체·시공자 및 계약이행보증기관에 통지하여야 한다.

③ 사업주체는 제1항 및 제2항의 규정에 의하여 계약이 해제 또는 해지된 경우에는 다음 각 호에 해당하는 금액을 해제 또는 해지일(사업계획승인권자에 의한 해지승인일)로부터 14일 이내에 <u>감리자에게 지급하거나 사업계획승인권자에게 예치해야한다.</u> 이 경우 제9조의 규정에 의한 계약이행보증서를 동시에 반환하여야 한다. <개정 2018.9.27.>

$$\text{감리용역계약금액} \times \frac{\text{감리원배치계획에 따라 실투입한 감리인·월수}}{\text{감리원 배치 계획상의 총 감리인·월수}} - (\text{기지급기성대가}+\text{선급금})$$

1. 미지급 기성대가 = (감리용역 계약금액×공사공정율)−(기지급기성대가+선급금)

2. 전체용역의 완성을 위하여 이 계약의 해제 또는 해지일 이전에 투입된 인력 및 장비의 철수 비용

제26조(감리용역의 일시중지 요청)

① 사업주체는 다음 각 호의 경우에는 감리용역의 전부 또는 일부의 일시수행 중지를 감리자에게 요청할 수 있다.

　1. 공사계약이 해제 또는 해지된 경우

　2. 공사의 수행이 일시중지된 경우

　3. 기타 사업주체 또는 시공자의 필요에 의하여 사업주체가 요청한 경우

② 사업주체는 제1항의 규정에 의하여 감리용역을 중지시킬 경우에는 그 일시 수행중지 일부터 30일 이전에 감리자에게 그 사유 및 기간을 통지하여야 한다.

③ 감리자는 감리용역의 중지기간이 60일을 초과하는 경우에는 사업주체에게 감리용역의 재개여부를 서면으로 확인하여야 한다. 이 경우 사업주체로부터 7일 이내에 재개에 대한 회신이 없는 경우에는 제25조의 규정에 따른다.

④ 감리자는 일시수행중지기간 중에는 영(주택법 시행령) 제47조제4항제3호에 의한 총괄감리원을 배치하고, <u>사업주체는 배치된 감리원에 따른 공사감리비 지급에 관한 사항을 감리자와 협의하여 결정하고, 해당 공사감리비를 정산하거나 사업계획승인권자에게 예치한다.</u>
　<개정 2018.9.27.>

⑤ 제1항 각호의 규정에 의하여 감리용역의 수행이 중지된 경우에는 사업주체에게 계약기간의 연장을 청구할 수 있다. 이 경우 제19조의 규정을 준용한다.

제27조(감리용역의 완성)

감리자는 사용검사신청서 또는 임시사용승인신청서에 날인한 후 14일 이내에 관계 법령에 의한 최종보고서를 사업주체에게 제출하여야 한다.

제28조(기술지식의 이용 및 비밀엄수 의무)

① 사업주체는 이 조건의 규정에 의하여 감리자가 제출하는 각종보고서, 정보, 기타 자료 및 이에 의하여 얻은 기술지식의 전부 또는 일부를 이 계약 이외의 목적으로 이용하고자 하는 경우에는 감리자의 사전승인을 받아야 한다.

② 감리자는 해당 계약을 통하여 얻은 정보 또는 자료를 계약이행의 전후를 막론하고 외부에 누설하여서는 아니 된다.

③ 계약당사자는 제1항 또는 제2항의 규정을 위반하여 상대방에게 끼친 손해에 대하여 이를 배상하여야 한다.

제29조(분쟁의 해결)

① 계약의 수행 중에 계약당사자간에 발생하는 분쟁은 사업계획 승인권자의 조정에 의하여 해결함을 원칙으로 한다.

② 분쟁이 발생한 날로부터 60일 이내에 제1항의 규정에 의한 조정안이 제시되지 아니 하거나, 제시된 조정안에 대하여 계약당사자 중 일방이 불복하는 경우에는 법원에 소송을 제기할 수 있다.

③ 감리자는 제1항 및 제2항의 규정에 의한 분쟁기간 중 용역의 수행을 중지 하여서는 아니 된다.

제30조(분쟁사항의 검토)

① 감리자는 사업주체와 시공자간의 분쟁에 대하여 사업주체가 요구하는 경우에는 분쟁 사항에 대한 자신의 견해를 제시하여야 한다.

② 감리자는 사업주체가 요구하는 경우에는 제1항의 분쟁의 해결을 위한 조정회의 등에 참가하여 객관적인 의견을 개진하여야 한다.

③ 제1항 및 제2항의 경우에는 특별업무로 간주한다.

제31조(시공자에 대한 주지의무)

사업주체는 이 계약의 이행을 원활히 하기 위하여 이 조건의 내용을 시공자와 전력기술 관리법령 및 기타 관련 개별법령에 의한 해당분야 감리자에게 주지시켜야 한다.

제32조(특약사항)

사업주체와 감리자는 이 조건에서 정한 사항 이외의 필요한 사항에 대하여는 계약당사자의 이익을 제한하지 아니하는 범위 내에서 특약을 정할 수 있으며, 이 특약은 이 조건의 일부를 구성하는 것으로 간주한다.

2) 반포주공0단지 주택건설공사 감리용역 계약서(계약서의 예)

공동주택/부대시설·복리시설 건설공사
감 리 용 역 계 약 서

1. 사   업   명 : 반포주공0단지 재건축정비사업

2. 사업승인신청접수일 : 0000년 00월 00일

3. 사 업 계 획 승 인 일 : 0000년 00월 00일

4. 착 공 예 정 일 : 착공 시

5. 완 공 예 정 일 : 완공 시

6. 용   도 : 공동주택

7. 공 사 개 요

　가. 위   치 : 서울시 서초구 반포0동 00-0외 00필지

　나. 규   모 : 아파트 28개동(지상22~32층/2,444세대) 및 상가 2개동

구 분	아 파 트	0 0 상 가	◇◇ 상 가
대지면적	000,000.0m² (00,000.0평)	00,000.0m² (0,000.0평)	0,000.0m² (000.0평)
건축면적	00,000.0m² (0,000.0평)	0,000.0m² (000.0평)	000.0m² (000.0평)
연 면 적	000,000.0m² (000,000.0평)	00,000.0m² (0,000.0평)	0,000.0m² (0,000.0평)

　다. 구   조 : 철근콘크리트구조

8. 시공자

　가. 상   호 : (주) 0 0 건설

　나. 주   소 : 서울시 서초구 반포0동 000번지

　다. 대 표 자 : 대표이사   0   0   0

9. 설계자

　가. 상   호 : (주)0 0 0 종합건축사 사무소

　나. 주   소 : 서울시 송파구 00동 0-00번지

　다. 대 표 자 : 대표이사   0   0   0

10. 감리형태 : 주택법에 의한 주택건설공사감리

11. 계 약 금 액 : 아파트 건축공사감리비 ₩0,000,000,000원정(부가세 별도)
　　　　　　　　　00상가 / ◇◇상가 건축공사감리 ₩ 000,000,000원정(부가세 별도)

12. 감리용역착수일 : 기존 건축물 철거공사 착공 시부터

13. 계 약 기 간 : 철거공사 착공 시부터 본공사 완료일(준공검사 완료일)까지

사업주체와 감리자는 상호 이 계약서 및 첨부의 계약문서에 의하여 위 감리 용역계약을 체결하고 신의에 따라 성실히 계약상의 의무를 이행할 것을 확약하며, 이 계약의 증거로서 계약서를 작성하여 계약당사자가 기명날인한 후 각각 1통씩 보관한다.

첨 부 : 주택건설공사 감리용역 계약조건 1부

년   월   일

계약당사자

　사 업 주 체　　상 호 : 반포주공0단지 재건축정비사업조합

　　　　　　　　주 소 : 서울시 서초구 잠원동 00-0 00빌딩 000호

　　　　　　　　대표자 : 조 합 장　 0　 0　 0　　 (인)

　감 리 자　　상 호 : 주식회사 종합건축사사무소 00건축

　　　　　　　　주 소 : 서울특별시 강남구 00동 00-0

　　　　　　　　대표자 : 대표이사 0　 0　 0 외 1인　 (인)

　연대보증인　　상 호 : 주식회사 종합건축사사무소 00건축

　　　　　　　　주 소 : 서울특별시 강남구 00동 00-0

　　　　　　　　대표자 : 대표이사 0　 0　 0　　　 (인)

주택건설공사 감리용역 계약조건

제1조(총칙)

주택건설공사감리용역계약 (이하 "이 계약"이라 한다)은 주택법 제43조 및 국토교통부에서 정한 주택건설공사감리업무 세부기준(이하 "업무기준"이라 한다) 등에 의하여 감리자가 공사감리업무를 수행함에 있어 사업주체와 감리자(이하 "계약당사자"라 한다) 상호간의 권리와 의무에 관한 사항을 정한다.

제2조(용역의 범위)

주택건설공사 감리용역의 범위는 주택법 제43조의 규정에 의하여 사업계획승인을 받아 건설하는 주택건설공사의 감리업무를 수행하는 데 적용한다. 다만, 소방시설공사업법이나 전력기술관리법·정보통신공사업법 등 개별법령에서 감리를 하고 있는 공사는 제외한다.

제3조(감리업무)

① 주택건설공사 감리용역 계약조건(이하 "이 조건"이라 한다)에서 정하는 바에 따라 감리자는 기본업무를 수행하고 사업주체의 요청에 따라 특별업무를 수행할 수 있다.

② 기본업무라 함은 다음 각 호의 업무를 말한다.

1. 시공계획·공정표 및 설계도서의 적정성 검토

2. 시공자가 설계도서에 따라 적합하게 시공하는지 검토·확인

3. 구조물의 위치·규격 등에 관한 사항의 검토·확인

4. 사용자재의 적합성 검토·확인

5. 품질관리시험의 계획·실시지도 및 시험성과에 대한 검토·확인

6. 누수·방음 및 단열에 대한 시공성 검토·확인

7. 재해예방 및 시공 상의 안전관리

8. 설계도서의 해당 지형에 대한 적합성 및 설계변경에 대한 적정성 확인

9. 공사착공계, 임시사용 및 사용검사신청서 적정성 검토

10. 착공신고 시 제출한 "건설폐자재 재활용 및 처리계획서"의 이행여부

11. 기타 관계 법령에서 감리업무로 규정한 각종 신고·검사·시험·품질확인 및 그에 따른 보고 등의 업무

③ 특별업무라 함은 제2항의 규정에 의한 기본업무 이외에 사업주체가 그 수행을 요청한 업무로서 다음 각 호의 업무를 말한다.

1. 사업주체 또는 시공자의 귀책사유로 인하여 추가되는 감리업무

2. 사업주체의 요청에 의한 특허·노하우 등의 사용, 모형제작, 현장계측, 외부 전문기술자의 자문 등

3. 자재·장비 등의 생산지 검사를 위한 해외 및 원격지 출장

4. 사업주체의 요청에 의한 신규 주택건설사업 관련 설계도서의 검토

5. 기타 사업수행 관련자(사업주체, 감리자, 시공자)가 협의하여 특별업무로 규정하는 업무

제4조(계약문서)

① 계약문서는 계약서 및 감리용역 계약조건으로 구성되며, 상호 보완의 효력을 가진다.

② 사업주체는 계약체결 후 다음 각 호의 문서 1질을 감리자에게 즉시 무상으로 제공하여야 한다.

1. 사업계획승인필증, 건축허가필증, 재건축사업시행인가필증 중 관련 문서

2. 지장물보상 및 철거 등에 관한 자료

3. 주택의 설계도서작성기준(국토교통부 고시)에 의한 설계도서

4. 공사계획서 및 공종별 시공계획서

5. 지반 및 지질조사서

6. 공사착공신고서 일체

7. 공정률 확인을 위한 관계 서류(내역서 또는 공종별 보활 관계 서류)

8. 기타 감리업무 수행에 필요한 사항

제5조(법령의 준수)

① 계약당사자는 계약과 관련된 법령(이하 "법령"이라 한다)을 준수하여야 한다. 법령의 위반으로 처벌을 받은 경우에도 이 계약에서 요구되는 책임과 의무가 면제되지 않는다.

② 이 계약의 이행과 관련하여, 이 조건에서 규정하고 있지 아니한 사항으로 계약당사자에게 준수의무가 있는 법령의 규정은 이 조건에 포함된 것으로 간주한다.

제6조(통지 등)

① 계약당사자간의 통지·신청·청구·요청·회신·동의 등(이하 "통지 등"이라 한다)은 문서에 의함을 원칙으로 하며, 구두에 의할 경우에는 즉시 문서로 보완 하여야 한다.

② 통지 등의 장소는 계약서에 기재된 주소로 하며, 주소를 변경하는 경우에는 이를 즉시 계약상대방에게 통지하여야 한다.

③ 통지 등의 효력은 계약문서에서 따로 정하는 경우를 제외하고는 계약 상대방에게

도달한 날부터 발생한다. 이 경우 도달일이 공휴일인 경우에는 그 다음 날부터 효력이 발생한다.

④ 기간 중의 휴일은 이를 기간에 포함한다.

제7조(채권양도)

① 계약당사자는 이 계약에 의하여 발생한 계약상대자에 대한 채권 기타의 권리를 제3자에게 양도하여서는 아니 된다.

② 계약당사자가 이 계약에 의한 감리용역의 이행을 위한 목적으로 채권양도를 하고자 하는 경우에는 계약상대자의 서면동의를 받아야 한다.

제8조(계약이행보증)

① 계약당사자는 이 계약상의 의무이행을 보증하기 위하여 계약체결일로부터 7일 이내에 계약금액의 10%에 상당하는 계약이행보증서를 사업주체에게 제출하여야 한다.

② 계약당사자는 이 조건의 규정에 의하여 계약금액이 10% 이상 증감된 경우에는 증감된 날로부터 7일 이내에 제1항에서 규정한 보증서의 금액을 증감한다.

③ 제1항의 규정에 의한 보증서의 보증기간은 감리용역의 착공예정일로부터 실제 공사 완공일에서 1개월을 추가한 날까지로 한다.

제9조(손해배상책임)

계약당사자는 이 계약에서 규정하는 책임과 의무의 위반, 부주의한 행위 또는 과실 등으로 인하여 손해를 끼친 경우에는 감리용역 계약금액의 범위 내에서 그 손해를 계약당사자에게 배상하여야 한다.

제10조(감리원 배치)

① 감리자는 주택법령 등 관계 법령과 감리자 입찰응모 시 제출한 감리원 배치계획에 따라 감리원을 배치하여야 한다.

② 감리자는 감리원 중 감리자를 대표하여 현장에 상주하면서 해당 공사전반에 관한 감리업무를 총괄하는 자(이하 "총괄감리원"이라 한다)를 지명하여야 한다.

제11조(편의시설의 제공)

사업주체는 감리업무의 수행에 필요로 하는 사무실(집기 및 비품을 제외한다), 수도, 전기를 감리자에게 무상으로 제공하여야 한다.

제12조(감리용역의 착수)

① 감리자는 계약서에서 정한 감리용역 착수일에 사업주체와 협의하여 감리용역을 착수하여야 하며, 착수 시에는 다음 각 호의 사항이 포함된 착수신고서를 공사착수 1월 전에 사업주체에게 제출하여야 한다.

   1. 감리업무 수행계획서

   2. 감리원 배치계획서

② 사업주체는 늦어도 계약서에서 정한 감리용역 착수일 7일 이전에 감리자에게 감리용역 착수를 지시하여야 한다. 다만 사업주체의 귀책사유로 감리자가 감리용역을 착수할 수 없는 경우에는 사업주체는 실제 감리용역에 착수일 날의 14일 이전에 실제 착수시점 및 현장 상주감리원 투입시기 등을 감리자에게 통보하여야 한다.

③ 감리자는 계약의 이행 중에 과업내용의 변경 등 기타 부득이한 사유로 제1항의 규정에 의하여 제출한 서류의 변경이 필요한 때에는 관계 서류를 변경하여 사업계획승인권자 및 사업주체에게 제출하여야 한다.

제13조(업무의 수행)

① 감리자는 관계 법령이 정하는 바에 의하여 설계도서의 내용대로 시공되는지의 여부를 확인하고, 공사감리업무를 수행한다.

② 감리자는 해당 공사가 설계도서대로 시행되지 아니하거나 관계 법령 및 이 규정에 의한 명령이나 처분에 위반된 사항을 발견한 경우에는 이를 사업주체에게 보고한 후 공사업자에게 이를 시정 또는 재시공하도록 요청하며 사업주체는 이에 협조한다.

③ 감리자는 제2항의 규정에 의한 요청에 대하여 공사업자가 취한 조치의 결과를 확인한 후에 이를 사업주체에게 보고한다.

④ 감리자는 공사업자가 제2항의 규정에 의한 요청에 응하지 아니하는 경우에는 해당 공사를 중지하도록 요청할 수 있으며 이를 사업주체에게 보고하여야 한다.

⑤ 감리자는 공사업자가 시정·재시공 또는 공사중지 요청에 응하지 아니하는 경우에는 이를 사업주체에게 보고하고 시·도지사에게 보고한다.

⑥ 사업주체는 제2항, 제4항 및 제5항의 규정에 의하여 위반사항에 대한 시정·재시공 또는 공사중지를 요청하거나 위반사항을 시·도지사에게 보고한 감리자에 대하여 이를 이유로 공사감리자의 지정을 취소하거나 대가의 지불을 거부 또는 지연시키는 등 불이익을 주어서는 아니 된다.

⑦ 감리자는 공사감리, 감독 또는 검사업무를 소홀히 하거나, 태만하여 공사 공정진행에 지장을 초래하여서는 아니 된다.

제14조(주요공정의 확인점검)

감리자는 시공사의 공사계획서, 공사시방서 및 공사자료에 따라 공사의 주요 공정에 대하여 사전에 검사계획서를 작성하여 사업주체에게 제출하여야 하며, 해당 주요공정이 시행될 시점에는 그 공사의 적합성을 확인 검사하고 합부판정을 한 후 검사보고서를 작성하여 사업주체에게 그 결과를 보고하여야 한다.

제15조(상세시공도면의 작성요청 등)

① 감리자는 시공자에게 상세 시공도면을 작성하도록 요청할 수 있다.

② 감리자는 작성된 상세 시공도면을 반드시 확인·검토하여 공사업자에게 의견을 제시하고 사업주체에게 이를 보고한다.

제16조(공기 및 공법의 변경)

① 사업주체 또는 공사업자가 공기 및 공법을 변경하고자 할 때에는 공사 7일 전까지 감리자에게 통보한다.

② 감리자는 제1항의 규정에 의한 공법의 변경과 관련하여 공법의 안정성, 전력시설물의 품질학보, 공사업자의 기술력확보 등에 대한 검토의견을 제시할 수 있다.

제17조(감리보고서의 제출 등)

① 감리자는 사업주체에게 감리결과를 매월 보고하고, 공사를 완료한 때에는 감리완료보고서를 작성하여 사업주체에게 제출한다. 단, 중요한 사항에 대해서는 수시로 보고서를 제출한다.

② 감리자는 감리일자를 기록·유지하여야 한다.

제18조(감리보조원 등)

① 감리자를 대리하여 감리보조원이 공사감리업무를 수행하는 경우에는 감리개시와 동시에 감리보조원의 인적사항, 경력 등 상세사항을 사업주체와 시공자에게 통지하여야 하며, 통지된 감리보조원이 하는 행위는 법적으로 감리자가하는 것으로 본다.

② 감리자는 감리보조원의 변경이 있는 경우에는 변경 전 3일 이내에 사업주체에게 통지하고 동의를 구하여야 한다.

제19조(자재의 검사 등)

① 감리자는 자재의 검사 및 품질시험을 사업주체와 협의하여 관계 전문기관에 검사를

의뢰할 수 있으며, 사업주체는 이에 소요되는 비용을 지불한다.

② 감리자는 자재의 검사 및 품질시험의 결과를 확인하고 이를 사업주체에게 보고하여야 한다.

③ 사업주체 또는 공사업자가 자재의 검사 및 품질시험을 허가된 시험기관에 의뢰하는 경우에는 그 일시, 장소, 시험목록을 시험일 7일전까지 감리자에게 통지한다.

④ 감리자는 제3항의 규정에 의한 자재의 검사 및 품질시험에 입회할 수 있다.

제20조(선급금의 지급방법)

① 감리자는 원활한 감리업무를 수행하기 위하여 사업주체에게 선급금의 지급을 요청할 수 있으며, 선급금은 계약액의 10%로 한다.

② 사업주체는 감리자에게 감리계약 후 감리자로부터 선급금 신청서류가 제출된 1개월 이내에 선급금을 지급하거나 주택법 시행규칙 제18조의2제1항에 따라 사업계획승인권자에게 공사감리비 예치방식에 대한 내용을 안내받은 날로부터 7일 이내에 선급금을 예치하여야 한다.

제21조(보 고)

① 감리자는 매월 7일까지 사업주체에게 매 분기 익월 7일까지는 사업계획 승인권자와 사업주체에게 다음 각 호의 사항이 포함된 감리업무 수행사항을 보고 하여야 한다. 단, 매월 사업주체에게 보고하는 보고서의 내용과 형식은 상호 협의하여 결정한다.

　　1. 사업개요

　　2. 기술검토사항

　　3. 공정관리

　　4. 시공관리

　　5. 자재품질관리

　　6. 감리업무 수행실적

　　7. 종합분석 및 감리추진계획

　　8. 기타사항

② 감리자는 다음 각 호의 1에 해당하는 경우에는 적절한 임시조치를 취하고 그 경위 및 의견을 사업계획승인권자와 사업주체에게 보고하여야 한다.

　　1. 천재지변 및 기타사고 등 불가항력으로 공사 진행에 지장이 있을 때

　　2. 시공자가 정당한 사유없이 공사를 중단한 때

　　3. 시공자의 현장대리인이 사전 통보없이 시공현장에 상주하지 않을 때

4. 시공자가 계약에 따른 시공능력이 없다고 인정될 때

5. 시공자가 공사수행에 불성실하거나 감리자의 지시에 계속하여 2회 이상 응하지 아니할 때

6. 공사에 사용될 중요자재가 규격에 맞지 아니한 때

7. 기타 시공과 관련하여 중요하다고 인정되는 사항이 있을 때

8. 사업계획승인권자 또는 사업주체로부터 별도 보고의 지시가 있을 때

제22조(휴일 및 야간작업)

① 사업주체는 공사계약의 수행상 필요한 경우에는 감리자에게 휴일 또는 야간작업을 요청할 수 있으며, 감리자는 특별한 사유가 없는 한 이에 응하여야 한다.

② 사업주체는 감리자가 휴일 또는 야간작업을 하는 경우에는 근로기준법에 의한 추가 비용을 감리자에게 지급하거나, 사업주체와 감리자가 협의하여 감리업무에 지장이 없는 범위 내에서 대체휴무 등의 방법으로 조정할 수 있다.

제23조(계약사항의 변경)

① 사업주체는 계약의 목적을 이행하기 위하여 개관적으로 필요하다고 생각할 경우에는 다음 각 호의 사항을 감리자에게 요청할 수 있다.

1. 제3조제3항의 규정에 의한 특별업무의 수행

2. 감리용역계약기간의 변경

3. 추가감리원의 배치

② 감리자는 계약의 기본방침에 대한 변동이 없이 계약사항을 변경함으로써 사업주체에 유리하다고 판단될 경우에는 제1항의 각호에 해당하는 제안을 할 수 있다. 이 경우 사업주체는 제안요청을 받은 날부터 14일 이내에 그에 대한 승인여부를 감리자에게 통지하여야 한다.

③ 제1항 및 제2항의 규정에 의한 계약사항의 변경은 상호 협의하여 결정하며, 감리원 추가배치에 의한 추가감리비는 당초 계약 시의 감리인·월수 대비 계약금액 기준으로 산정하며, 제3조제3항에 의한 특별업무의 경우에는 실비정산가산방식으로 정산한다. 단, 계약사항의 변경으로 인한 계약금액의 변동이 5% 내외일 경우에는 계약금액변경은 없는 것으로 한다.

④ 제1항 및 제2항에서 규정한 사유 외에 세부 설계 확정 및 공사 방법 변경, 발코니 확장 등의 사유에 따른 계약사항의 변경에 대해서는 상호 협의를 통해 결정한다. 이 경우 감리원 추가배치가 발생할 경우 추가감리비는 당초 계약 시 감리인·월수 대비 계약금액 기준으로 산정한다.

⑤ 사업주체는 계약기간의 단축 또는 공사비가 절감된 경우에도 이 계약의 대가(계약금액)를 감액하여서는 아니 된다. 다만, 건설교통부에서 정한 주택건설 공사감리비지급기준에 의한 감리인·월수는 충족되어야 한다.

⑥ 사업주체가 사업계획승인권자로부터 분할 분양승인 등을 받아 순차적으로 분양하는 경우에는 감리자와 상호 협의하여 감리용역 착수일을 변경할 수 있으며, 이 경우 감리 대가는 당초 계약 시 감리인·월수와 감리비를 감안하여 적정하게 안분·조정할 수 있다.

⑦ 감리자는 **제1항, 제2항 또는 제4항의** 규정에 의하여 계약사항의 변경이 결정된 경우에는 결정된 날로부터 7일 이내에 수정된 감리원 배치계획서를 사업계획승인권자와 사업주체에게 제출하여야 한다.

제24조(설계변경의 제안)

① 감리자는 사업주체와 협의없이 시공자의 권리·의무사항을 증감시킬 수 없다.

② 감리자는 계약의 이행 중 신기술·신공법 등을 적용함으로써 사업주체에게 유리하다고 인정되는 경우에는 공사계약에 대한 설계변경을 사업주체에게 제안할 수 있다.

제25조(계약기간의 연장)

① 감리자는 다음 각 호의 1의 사유가 계약기간 내에 발생한 경우에는 사업주체에게 계약기간의 연장을 청구할 수 있다.

1. 감리자의 책임없는 사유로 공사기간이 연장된 경우

2. 사업주체 또는 시공자의 책임 있는 사유로 감리용역의 착수가 30일을 초과함으로 인하여 완공예정일의 지연이 예상되는 경우

3. 사업주체 또는 시공자의 책임있는 사유로 공사의 수행이 중단되는 경우

4. 제21조에서 규정하는 불가항력의 사유로 공사기간이 연장된 경우

5. 제17조의 규정에 의한 계약사항의 변경으로 인하여 계약기간의 연장을 필요로 하는 경우

② 감리자는 제1항의 규정에 의하여 계약기간의 연장을 청구할 때에는 구체적인 사유를 기재한 계약기간연장신청서를 사업주체에게 제출하여야 한다.

③ 사업주체는 제2항의 규정에 의한 계약기간연장신청서를 접수한 때에는 지체없이 해당 용역이 적절히 수행될 수 있도록 계약기간의 연장 등 필요한 조치를 하여야 한다.

④ 제3항의 규정에 의한 계약기간을 연장한 경우에는 연장기간 중의 업무에 대하여 제23조 제3항의 규정을 준용한다.

제26조(검　사)

① 감리자는 사업주체가 사용검사 또는 임시사용승인신청을 관계 당국에 제출하는 때에는 공사의 적정시공 여부에 대하여 업무기준에서 규정하고 있는 사항을 확인한 후 감리 의견서를 첨부하여야 한다.

② 감리자는 각종검사와 관련하여 시정할 사항이 있을 경우에는 이를 지체없이 사업 주체에게 보고하고, 시공자로 하여금 보완 또는 재시공하도록 한 후 시정이 되지 않을 경우 사업계획승인권자와 사업주체에게 보고하여야 한다.

③ 제2항의 규정에 의한 보완 또는 재시공으로 인하여 이 계약의 목적달성이 지체되는 경우에는 제25조의 규정을 준용한다.

제27조(불가항력)

불가항력이라 함은 태풍·홍수 기타 악천후, 전쟁 또는 사변, 지진, 화재, 전염병, 폭동 기타 계약당사자의 통제범위를 초월하는 사태의 발생 등의 사유(이하 "불가항력의 사유"라 한다)로 인하여 계약당사자 누구의 책임에도 속하지 아니하는 경우를 말한다.

제28조 (기성대가의 지급)

① 기성대가는 본 공사 착공 후 조합원 분양대금 입금일정 기준에 따라 정액으로 지급하는 것을 원칙으로 하되, 아래의 지급일정에 따른다. (V.A.T 별도)

(단위 : 원)

구 분	차수	지급예정일	지급률	비 고
선수금	제1차	0000. 07	계약금액의 10.0%	감리계약 후 1개월 이내
용역비	제2차	0000. 10	7.5%	
	제3차	0000. 01	7.5%	
	제4차~제9차	0000. 04~0000. 01	6 × 7.5%	
	제10차	0000. 10	7.5%	
	제11차	0000. 01	7.5%	
	제12차	0000. 04	7.5%	
잔 금	제13차	0000. 06	7.5%	임시사용검사필증 또는 사용검사필증 교부 시
계			100.0%	

② 사업주체는 제1항에서 규정한 지급예정일 14일 이전에 해당차수에 대한 기성대가를 사업계획승인권자에게 예치하여야 한다.

③ 감리자는 해당차수 지급예정일 7일전까지 사업계획승인권자에게 해당차수에 대한 기성대가 지급청구서를 사업계획승인권자에게 제출하여야 한다.

④ 사업주체는 귀책사유로 제1항에 따른 지급예정일 내에 감리자가 대가를 지급하지 못하는 경우에는 사업주체는 지체일수에 해당 미지급금액에 대하여 시중은행의 일반자금 대출 시 적용되는 연체이자율을 곱하여 산출한 금액을 이자로 지급하여야 한다. 다만, 제21조에서 규정하는 불가항력의 사유로 인하여 대가를 지급할 수 없는 경우에는 해당 사유가 존속하는 기간은 지체일수에 산입하지 아니한다.

⑤ **제2항 및 제4항**의 규정에 의한 대가 및 이자는 현금으로 지급하여야 한다.

제29조(계약의 양도 및 변경)

① 사업주체와 감리자는 상대방의 승낙없이 이 계약상의 권리·의무를 제3자에게 양도, 대여, 담보제공 등 기타의 처분행위를 할 수 없다.

② 사업주체의 사업계획변경, 관계 법규의 개정·폐지, 천재지변 등 불가항력적인 사유의 발생 및 기타 공사감리업무를 수정하거나 계약기간을 연장할 상당한 이유가 있을 때에는 계약당사자는 상호 협의하여 계약의 내용을 변경할 수 있다.

제30조(감리자의 책임 있는 사유로 인한 계약의 해제 또는 해지)

① 사업주체는 감리자가 다음 각 호의 1에 해당하는 경우에는 해당 계약의 전부 또는 일부를 해제 또는 해지할 수 있다. 다만, 제2호, 제3호의 경우에는 사업계획승인권자의 승인을 얻어야 한다.

1. 관계 법령에 의하여 해당 사업계획승인권자가 감리자를 교체한 경우
2. 정당한 사유없이 제13조의 규정에 의한 착수기일을 경과하고도 감리업무의 수행에 착수하지 아니할 경우
3. 기타 계약조건을 위반하여 그 위반으로 인하여 계약의 목적을 달성할 수 없다고 인정될 경우

② 사업주체는 제1항의 규정에 의하여 계약을 해제 또는 해지한 경우에는 그 사실을 감리자, 시공자 및 계약이행보증기관에 통지하여야 한다.

③ 사업주체는 제1항 및 제2항의 규정에 의하여 계약이 해제 또는 해지된 경우에는 다음 각 호에 해당하는 금액을 해제 또는 해지일(사업계획승인권자에 의한 해지승인일)로부터 14일 이내에 감리자에게 지급하거나 사업계획승인권자에게 예치해야한다. 이 경우 제9조의 규정에 의한 계약이행보증서를 동시에 반환하여야 한다.

※ 미지급 기성대가＝(감리용역 계약금액×공사공정률)－(기지급 기성대가＋선급금)

④ 공사감리자의 변경으로 인한 공정지연, 감리비용의 변동 등에 의해 손실이 발생된 경우에는 감리자는 사업주체에게 이로 인한 손해에 대해 배상 및 보상을 하여야 한다.

제31조(감리자에 의한 계약의 해제 또는 해지)

① 감리자는 다음 각 호의 1에 해당하는 사유가 발생한 경우에는 해당 계약을 해제 또는 해지할 수 있다.

   1. 사업계획의 변경 등으로 인하여 계약금액이 100분의 40 이상 감소되었을 때

   2. 제26조의 규정에 의한 용역수행의 정지기간이 60일을 초과하는 경우

   3. 사업주체의 부도 등으로 인하여 사업의 계속이 가능하지 아니한 경우

② 감리자는 제1항의 규정에 의하여 계약을 해제 또는 해지하고자 하는 경우에는 사업계획승인권자의 승인을 얻어야 하며, 그 사실을 사업주체·시공자 및 계약이행보증기관에 통지하여야 한다.

③ 사업주체는 제1항 및 제2항의 규정에 의하여 계약이 해제 또는 해지된 경우에는 다음 각 호에 해당하는 금액을 해제 또는 해지일(사업계획승인권자에 의한 해지승인일)로부터 14일 이내에 감리자에게 지급하여야 한다. 이 경우 제9조의 규정에 의한 계약이행보증서를 동시에 반환하여야 한다.

   1. 미지급기성대가＝(감리용역계약금 × 공사공정률)－(기 지급기성대가＋선급금)

   2. 전체용역의 완성을 위하여 이 계약의 해제 또는 해지일 이전에 투입된 인력 및 장비의 철수비용

제32조(감리용역의 일시중지 요청)

① 사업주체는 다음 각 호의 경우에는 감리용역의 전부 또는 일부의 일시수행 중지를 감리자에게 요청할 수 있다.

   1. 공사계약이 해제 또는 해지된 경우

   2. 공사의 수행이 일시중지된 경우

   3. 기타 사업주체 또는 시공자의 필요에 의하여 사업주체가 요청한 경우

② 사업주체는 제1항의 규정에 의하여 감리용역을 중지시킬 경우에는 그 일시수행중지일부터 30일 이전에 감리자에게 그 사유 및 기간을 통지하여야 한다.

③ 감리자는 감리용역의 중지기간이 60일을 초과하는 경우에는 사업주체에게 감리용역의 재개여부를 서면으로 확인하여야 한다. 이 경우 사업주체로부터 7일 이내에 재개에 대한 회신이 없는 경우에는 제25조의 규정에 따른다.

④ 감리자는 일시수행중지기간 중에는 영(주택법 시행령) 제47조제4항제3호에 의한 총괄감리원을

배치하고, 사업주체는 배치된 감리원에 따른 공사감리비 지급에 관한 사항을 감리자와 협의하여 결정하고, 해당 공사감리비를 정산하거나 사업계획승인권자에게 예치한다.

⑤ 제1항 각호의 규정에 의하여 감리용역의 수행이 중지된 경우에는 사업주체에게 계약기간의 연장을 청구할 수 있다. 이 경우 제19조의 규정을 준용한다.

제33조(감리용역의 완성)

감리자는 사용검사신청서 또는 임시사용승인신청서에 날인한 후 14일 이내에 관계 법령에 의한 최종보고서를 사업주체에게 제출하여야 한다.

제34조(기술지식의 이용 및 비밀엄수 의무)

① 사업주체는 이 조건의 규정에 의하여 감리자가 제출하는 각종 보고서, 정보, 기타 자료 및 이에 의하여 얻은 기술지식의 전부 또는 일부를 이 계약 이외의 목적으로 이용하고자 하는 경우에는 감리자의 사전승인을 받아야 한다.

② 감리자는 해당 계약을 통하여 얻은 정보 또는 자료를 계약이행의 전후를 막론하고 외부에 누설하여서는 아니 된다.

③ 계약당사자는 제1항 또는 제2항의 규정을 위반하여 상대방에게 끼친 손해에 대하여 이를 배상하여야 한다.

제35조(분쟁의 해결)

① 계약의 수행 중 계약당사자간에 발생하는 분쟁은 사업계획승인권자의 조정에 의하여 해결함을 원칙으로 한다.

② 분쟁이 발생한 날로부터 60일 이내에 제1항의 규정에 의한 조정안이 제시되지 아니하거나, 제시된 조정안에 대하여 계약당사자 중에서 일방이 불복하는 경우에는 법원에 소송을 제기할 수 있다.

③ 감리자는 제1항 및 제2항의 규정에 의한 분쟁기간 중 용역의 수행을 중지하여서는 아니 된다.

제36조(분쟁사항의 검토)

① 감리자는 사업주체와 시공자간의 분쟁에 대하여 사업주체가 요구하는 경우에는 분쟁사항에 대한 자신의 견해를 제시하여야 한다.

② 감리자는 사업주체가 요구하는 경우에는 제1항의 분쟁의 해결을 위한 조정회의 등에 참가하여 객관적인 의견을 개진하여야 한다.

③ 제1항 및 제2항의 경우에는 특별업무로 간주한다.

제37조(시공자에 대한 주지의무)

사업주체는 이 계약의 이행을 원활히 하기 위하여 이 조건의 내용을 시공자와 전력기술 관리법령 및 기타 관계 개별법령에 의한 해당분야 감리자에게 주지시켜야 한다.

제38조(사업주체의 현장 확인)

① 사업주체는 조합의 임원이나 임원을 대리하는 자로 시공자와 감리자에게 선정 사실을 사전에 문서로 통지한 자(공사감독원 등)가 공사현황, 감리상태 및 공사의 품질현황 등 공사 현장의 제반 현황을 확인하기 위하여 현장을 방문할 필요가 있는 경우 사업주체는 언제든지 현장을 방문하여 확인 할 수 있으며, 감리자는 이 확인업무에 적극 협조할 의무를 가진다.

② 사업주체가 감리현황 등을 확인하는데 필요한 자료를 요청하는 경우 감리자는 이에 필요한 상세자료를 제공하여야 하며, 이에 불응할 경우 사업주체는 해당 승인권자에게 이 사실을 통지하고 시정을 요구할 수 있다.

제39조(특약사항)

① 사업주체는 계획되어 있거나 추가되는 부대공사에 대하여 감리자에게 공사감리용역을 추가 요청할 수 있다. 이때 사업주체와 감리자는 공사를 착공하기 전에 해당 공사의 공사비를 산출하여 건설기술관리법에 의한 감리용역비를 산출하고, **주택건설공사 감리비 낙찰률** 및 수의계약 할인율을 적용하여 정산하도록 상호 협의한다.

② 사업주체와 감리자는 이 조건에서 정한 사항 이외의 필요한 사항에 대하여는 계약 당사자의 이익을 제한하지 아니하는 범위 내에서 특약을 정할 수 있으며, 이 특약은 이 계약 조건의 일부를 구성하는 것으로 간주한다.   - 끝 -

전기·정보통신·소방공사 감리용역 계약서

0000년 0월 00일

발주자 : 반포주공0단지 재건축정비사업조합

수급자 : ㈜ 0 0 0 0 0 / ㈜ 0 0 0 0 0

목   차

I. 전기·정보통신·소방공사 감리용역 계약서

II. 전기·정보통신·소방공사 감리용역 계약조건

Ⅰ. 전기·정보통신·소방공사 감리용역 계약서

1. 용 역 명 : 반포주공0단지 재건축정비사업 전기·정보통신 및 소방공사 감리용역

2. 소 재 지 : 서울시 서초구 반포0동 00-0외 00필지

3. 공 사 개 요
   1) 대 지 면 적 : 133,349㎡ (40,796.07평)
   2) 건축 연면적 : 535,231.72㎡ (161,907.58평)
   3) 용   도 : 주거시설
   4) 층   수 : 지상 22~32 층
   5) 수전설비용량 :   KVA
   6) 비상발전설비용량 :   KVA
   7) 허가(인가신고)일 :   년   월   일 (허가번호   )

4. 설 계 사
   1) 회 사 명 :
   2) 대 표 자 :
   3) 전화 / FAX :   /

5. 시 공 사
   1) 회 사 명 :
   2) 대 표 자 :
   3) 전화 / FAX :   /
   4) 전력시설물공사금액 : 일금   원 (₩   )

6. 감리용역계약금액 : 일금 0십억0천만원 (₩0,000,000,000) – 부가가치세 별도
   "갑"과 "을"은 이 계약서에 의하여 공사감리계약을 체결하고 각 1부씩 보관한다.

0000년   0월   00일

발 주 자(갑)

  주   소 : 서울시 서초구 반포0동 00-0외 00필지

             회   사   명 : 반포주공0단지 재건축정비사업조합

             조   합   장 : 0　0　0　　　　　　　(인)

             전 화 / F A X : (02)533-0000,3477-0000/ (02)3477-0000

공사감리자(을)

  주   소 : 서울특별시 서초구 반포0동 000

             회   사   명 : (주) 00 000

             대   표   자 : 0　0　0　　　　　　　(인)

             등 록 번 호 : 제 서울S-1-000호

             전 화 / F A X : (02)3445-0000 / (02)3445-0000

공사감리자(을)

  주   소 : 경기 00시 00구 00동 00

             회   사   명 : 000엔지니어링 주식회사

             대   표   자 : 0　0　0　　　　　　　(인)

             등 록 번 호 : 경기 분당 제2003-0호

             전 화 / F A X : (031)726-0000 / (031)726-0000

Ⅱ. 전기·정보통신·소방공사 감리용역 계약조건

제1조(총 칙)

이 계약은 전력기술관리법, 정보통신공사업법, 소방시설공사업법에 의하여 발주자 (이하 "갑" 이라 한다)가 공사감리자 (이하 "을"이라 한다)에게 위탁한 공사감리업무의 수행에 필요한 상호간의 권리와 의무 등을 정한다.

제2조(업무기간)

공사감리업무의 수행기간은 착공일부터 완공일까지인 0000년 00월 00일부터 0000년 00월 00일까지이다. 단, 공사감리업무의 수행기간은 현장여건에 따라 "갑"과 "을"이 협의하여 정한다.

제3조(공사감리비의 산출 및 지불방법)

① 공사감리비의 산출기준 및 방법은 대가기준에 의한다. 단, 현장여건 및 공사감리조건이 특수한 경우에는 "갑"과 "을"이 협의하여 정한다.

② 공사감리업무의 대가는 일시불로 또는 분할하여 지불할 수 있다.

③ 대가를 분할하여 지불하는 경우에 그 지불시기 및 지불금액은 다음과 같이 이행함을 원칙으로 하되 "갑"과 "을"이 협의하여 조정할 수 있다.(잔금의 지급일은 전기 및 정보통신은 사용전검사 후, 소방은 완공필증교부 후로 한다)

지 불 시 기		지 불 금 액	비 고
계 약 금	계 약 시	000,000,000	
기 성 금 (제1회)	0000. 03. 25	00,000,000	
기 성 금 (제2회)	0000. 06. 25	00,000,000	
기 성 금 제3회)	0000. 09. 25	00,000,000	
기 성 금 (제4회)	0000. 12. 25	00,000,000	
기 성 금 (제5회)	0000. 03. 25	00,000,000	
기 성 금 (제6회)	0000. 06. 25	00,000,000	
기 성 금 (제7회)	0000. 09. 25	00,000,000	
기 성 금 (제8회)	0000. 12. 25	00,000,000	
기 성 금 (제9회)	0000. 03. 25	00,000,000	
기 성 금 (제10회)	0000. 06. 25	00,000,000	
기 성 금 (제11회)	0000. 09. 25	00,000,000	
준 공 금	사용전검사 후	00,000,000	
합 계		₩0,000,000,000	부가가치세별도

제4조(특약 등)

이 계약에서 정하는 공사감리의 기본업무 외에 "갑"과 "을"간의 특약이 있는 경우에는 이에 부수되는 개발계약을 추가로 체결할 수 있으며, 이에 소요되는 비용은 대가기준에 의하여 별도로 산정한다.

본 계약의 기본업무는 다음과 같다.

1. 전기감리[산업통상자원부의 전력기술관리법 시행령 제23조(감리원의 업무범위)]
 - 공사계획의 검토
 - 공정표의 검토
 - 발주자·공사업자 및 제조자가 작성한 시공설계도서의 검토·확인
 - 공사가 설계도서의 내용에 적합하게 행하여지고 있는지에 대한 확인
 - 전력시설물의 규격에 관한 검토·확인
 - 사용자재의 규격 및 적합성에 관한 검토·확인
 - 전력시설물의 자재 등에 대한 시험성과에 대한 검토·확인
 - 재해예방대책 및 안전관리의 확인
 - 설계변경에 관한 사항의 검토·확인
 - 공사진척부분에 대한 조사 및 검사
 - 준공도서의 검토 및 준공검사
 - 하도급에 대한 타당성 검토
 - 설계도서와 시공도면의 내용이 현장조건에 적합한지 여부와 시공가능성 등에 관한 사전검토
 - 기타 공사의 질적 향상을 위하여 필요한 사항으로서 산업통산자원부령이 정하는 사항

2. 정보통신감리[과학기술정보통신부의 정보통신공사업법 시행령 제12조(감리원의 업무범위)]
 - 공사계획 및 공정표의 검토
 - 공사업자가 작성한 시공상세도면의 검토·확인
 - 설계도서와 시공도면의 내용이 현장조건에 적합한지 여부와 시공가능성 등에 관한 사전검토
 - 공사가 설계도서 및 관계 규정에 적합하게 행하여지고 있는지에 대한 확인
 - 공사진척부분에 대한 조사 및 검사
 - 사용자재의 규격 및 적합성에 관한 검토·확인
 - 재해예방대책 및 안전관리의 확인

- 설계변경에 관한 사항의 검토·확인
- 하도급에 대한 타당성 검토
- 준공도서의 검토 및 준공확인

3. 소방감리[소방청의 소방시설공사업법 제16조(감리)]
- 소방시설등의 설치계획표의 적법성 검토
- 소방시설등 설계도서의 적합성(적법성과 기술상의 합리성을 말한다.) 검토
- 소방시설등 설계 변경 사항의 적합성 검토
- 「소방시설 설치·유지 및 안전관리에 관한 법률」제2조제1항제4호의 소방용품의 위치·규격 및 사용 자재의 적합성 검토
- 공사업자가 한 소방시설등의 시공이 설계도서와 화재안전기준에 맞는지에 대한 지도·감독
- 완공된 소방시설등의 성능시험
- 공사업자가 작성한 시공 상세 도면의 적합성 검토
- 피난시설 및 방화시설의 적법성 검토
- 실내장식물의 불연화(不燃化)와 방염 물품의 적법성 검토

제5조(대가의 조정)

공사감리업무의 수행기간이 120일을 초과하고 이 기간 중 대가기준에 의한 인건비의 변경이 있을 때에는 「국가를당사자로하는계약에관한법률」 시행규칙 제74조의 규정에 의하여 "갑"과 "을"이 협의하여 대가를 조정할 수 있다.

제6조(자료의 제공 및 성실의무)

① "갑"은 공사감리업무를 수행하는데 필요한 다음 각 호의 자료를 "을"이 요구할 때는 지체없이 제공하여야 하며, 이때 "갑"은 "을"에게 자료 수집을 위탁할 수 있다.
  1. 공사계획 신고서
  2. 공사도급계약서 및 현장기술관리인의 인적사항 관련 자료
  3. 시공계획서 실시도면 및 공정표
  4. 사용자재납품서 및 시험성적표
  5. 지반 및 지질조사서
  6. 보험가입증서, 산재보험가입증서
② "갑"이 제1항의 자료 수집을 "을"에게 위탁한 경우에는 "갑"은 이에 소요되는 비용을 지불한다.

③ "갑"과 "을"은 성의와 성실의 관계를 유지하고 관계 법령을 준수하며, "을"은 시설물의 품질향상을 위하여 노력한다.

제7조(업무의 착수시기)
① "갑"은 착공 3일 전까지 "을"에게 착공일자를 통지하고, "을"은 착공일로부터 공사감리업무를 착수한다.
③ "갑"은 공사 시공자에게 "을"의 인적사항을 착공 전까지 통지한다.

제8조(업무의 수행)
① "을"은 관계 법령이 정하는 바에 의하여 설계도서의 내용대로 시공되는지의 여부를 확인하고, 공사감리업무를 수행한다.
② "을"은 해당 공사가 설계도서대로 시행되지 아니하거나 관계 법령 및 이 규정에 의한 명령이나 처분에 위반된 사항을 발견한 경우에는 이를 "갑"에게 통보한 후 공사업자에게 이를 시정 또는 재시공하도록 요청한다.
③ "을"은 제2항의 규정에 의한 요청에 대하여 공사업자가 취한 조치의 결과를 확인한 후 이를 "갑"에게 통보한다.
④ "을"은 공사업자가 제2항의 규정에 의한 요청에 응하지 아니하는 경우에는 해당 공사를 중지하도록 요청할 수 있다.
⑤ "을"은 공사업자가 시정·재시공 또는 공사 중지요청에 응하지 아니하는 경우에는 이를 "갑"에게 통보하고 시·도지사에게 보고한다.
⑥ "갑"은 제2항·제4항 및 제5항의 규정에 따른 위반사항에 대하여 시정·재시공 또는 공사의 중지를 요청하거나 위반사항을 시·도지사에게 보고한 "을"에 대해 이를 이유로 공사감리자의 지정을 취소하거나 대가의 지불을 거부 또는 지연 시키는 등 불이익을 주어서는 아니 된다.
⑦ "갑"은 공사업자가 "을"의 시정·재시공지시 또는 요청에 응하도록 협조한다.

제9조(현장 확인지도)
"을"은 다음 각 호의 경우에 대하여는 현장에서 확인지도를 실시한 후에 공사 진행을 하게 한다.
1. 공사착공 시
2. 시설물 기초공사 시
3. 접지공사 시
4. 시설물 배관공사 시
5. 시설물 배선공사 시
6. 주요 기기 설치 시
7. 기타 시설물의 규격 및 품질관리상 주요 부분의 공사 시

제10조(주요 공정의 확인점검)

"을"은 공사의 주요 공정의 경우에는 그 적합성을 확인하고 서명한 후 "갑"에게 그 결과를 통보한다.

제11조(상세시공도면의 작성요청 등)

① "을"은 공사업자에게 상세시공도면을 작성하도록 요청할 수 있다.

② "을"은 작성된 상세시공도면을 반드시 확인·검토하여 공사업자에게 의견을 제시하고 "갑"에게 이를 통보한다.

제12조(공기 및 공법의 변경)

① "갑" 또는 공사업자가 공기 및 공법을 변경할 때에는 7일전까지 "을"에게 통보한다.

② "을"은 제1항의 규정에 의한 공법의 변경과 관련하여 공법의 안전성, 전력시설물의 품질확보, 공사업자의 기술력확보 등에 대한 검토의견을 제시할 수 있다.

제13조(감리보고서 등)

① "을"은 "갑"에게 감리결과를 분기별로 통보하고, 공사를 완료한 때에는 감리완료 보고서를 작성하여 "갑"에게 제출한다.

② "을"은 감리일지와 공사감리 수급대장을 기록·유지한다.

제14조(감리보조원 등)

① "을"을 대리하여 감리보조원이 공사감리업무를 수행하는 경우에는 "을"이 하는 것으로 본다.

② "을"은 감리보조원의 변경이 있는 경우에는 변경 후 3일 이내에 "갑"과 공사업자에게 통지하고 동의를 구하여야 한다.

제15조(자재의 검사 등)

① "을"은 자재의 검사 및 품질 시험을 "갑"과 협의하여 관계 전문기관에 의뢰할 수 있으며 "갑"은 이에 소요되는 비용을 지불한다.

② "을"은 자재의 검사 및 품질시험의 결과를 확인·검토한다.

③ "갑" 또는 전기공사업자가 자재의 검사 및 품질시험을 의뢰하는 경우에는 그 일시, 장소, 시험목록을 시험일 7일전까지 "을"에게 통지한다.

④ "을"은 제3항의 규정에 의한 자재의 검사 및 품질시험에 입회할 수 있다.

제16조(계약의 양도 및 변경)

① "갑"과 "을"은 상대방의 승낙없이는 이 계약상의 권리·의무를 제3자에게 양도, 대여, 담보제공 등 기타 처분행위를 할 수 없다.

② "갑"의 계획변경, 관계 법규의 개정·폐지, 천재지변 등 불가항력적인 사유의 발생 및 기타 공사감리업무를 수정하거나 계약기간을 연장할 상당한 이유가 있는 때에는 "갑"과 "을"은 서로 협의하여 계약의 내용을 변경할 수 있다.

제17조("갑"의 계약 해제·해지)

① "갑"은 다음 각 호의 경우에 계약의 전부 또는 일부를 해제·해지할 수 있다.

  1. "을"이 관할 행정청으로부터 등록의 취소, 업무정지 등의 처분을 받은 경우
  2. "을"이 금융기관의 거래정지처분, 어음 및 수표의 부도, 제3자에 의한 가압류·가처분·강제집행·금치산·한정치산·파산선고 또는 회사정리의 신청 등으로 계약 이행이 곤란한 경우
  3. "을"이 상대방의 승낙없이 계약상의 권리 또는 의무를 이행하지 않거나 양도 한 경우
  4. 사망, 실종, 질병, 기타 사유로 계약이행이 불가능한 경우
  5. 제26조(외주의 제한)를 위반한 경우

② 천재지변 등 부득이한 사유로 계약이행이 곤란하게 된 경우에는 상대방과 협의하여 계약을 해제·해지할 수 있다.

③ "을"은 제1항 각호의 해제·해지 사유가 발생한 경우에는 "갑"에게 지체없이 통지한다.

④ "갑"은 제1항의 규정에 의하여 계약을 해제·해지하고자 할 때에는 그 뜻을 미리 "을"에게 14일 전까지 통지한다.

제18조("을"의 계약 해제·해지)

① "을"은 다음 각 호의 경우에 계약의 전부 또는 일부를 해제·해지할 수 있다.

  1. "갑"이 "을"의 업무를 방해하거나 그 대가의 지불을 지연시켜 "을"의 업무가 중단되고 30일 이내에 이를 재개할 수 없다고 판단된 때
  2. "갑"이 계약당시 제시한 설계요구조건을 현저하게 변경하여 그 실현이 객관적으로 불가능한 것이 명백할 때
  3. "갑"이 상대방의 승낙없이 계약상의 권리 또는 의무를 양도한 경우
  4. "갑"이 "을"의 업무수행상 필요한 자료를 제공하지 아니하여 "을"의 업무수행이 곤란하게 된 경우
  5. 사망, 실종, 질병, 기타 사유로 계약이행이 불가능한 경우

② 천재지변 등 부득이한 사유로 계약이행이 곤란하게 된 경우에는 상대방과 협의하여 계약을 해제·해지할 수 있다.

③ "갑"은 제1항의 각호의 해제·해지 사유가 발생한 경우에는 "을"에게 지체없이 통지한다.

④ "을"은 제1항의 규정에 의하여 계약을 해제·해지하고자 할 때에는 그 뜻을 미리 "갑"에게 14일 전까지 통지한다.

제19조(손해배상)

"갑"과 "을"은 상대방이 제16조제2항의 규정에 의한 계약변경, 제17조 및 제18조의 규정에 의한 계약의 해제·해지 또는 계약위반으로 인하여 손해를 발생시킨 경우에는 상대방에게 손해배상을 청구할 수 있다.

제20조("을"의 면책사유)

"을"은 다음 각 호의 경우에는 책임을 지지 아니한다. 단, 감리원의 결격사유로 인하여 발생된 손해사정은 그러하지 아니한다.

1. "갑"이 임의로 공사감리업무에 대한 대가지불을 지연시켜 업무가 중단 된 경우
2. 공사시공자의 공사 중단으로 인하여 손해가 발생한 경우
3. 공사시공자가 제8조의 규정에 의한 "을"의 요청에 응하지 아니하고 임의로 공사를 계속 진행하여 손해가 발생된 경우
4. 공사시공자가 제9조의 규정에 의한 현장 확인지도를 받지 아니하고 공사를 진행하여 손해가 발생한 경우

제21조(공사감리업무 중단 시의 대가지불)

① "갑"의 귀책사유로 인하여 공사 감리업무의 전부 또는 일부가 중단된 경우에는 "갑"은 "을"이 이미 수행한 공사감리업무에 대하여 중단된 시점까지의 대가를 지불한다.
② 중단된 시점까지 수행한 업무에 대한 대가는 대가기준에 의하여 산정한다.
③ "을"의 귀책사유로 인하여 공사감리업무의 전부 또는 일부가 중단된 경우에는 "갑"이 "을"에게 이미 지불한 대가에 대하여 이를 정산·환불한다.

제22조(기성공사비의 지불검토)

① "갑"은 "을"에게 공사시공자로부터 제출받은 기성공사비의 지불청구에 대한 검토·확인을 요구할 수 있다.
② "을"은 제1항의 규정에 의한 기성공사비의 지불청구에 대한 검토·확인결과를 "갑"에게 통보한다.

제23조(다른 공사에 대한 확인점검)

① "갑"이 건축 및 기계설비 등의 다른 공사에 대하여 제3자에게 도급을 준 경우에는 "을"이 그 특정 공사에 대하여 확인·점검할 수 있도록 보장한다.
② "갑"은 "을"이 건축 및 기계설비 등의 다른 공사의 시공자에게 공사감리에 필요한 자료를 제시받을 수 있도록 보장한다.

제24조(비밀 보장)

"갑"과 "을"은 업무수행 중 알게 된 상대방의 비밀을 제3자에게 누설하여서는 아니 된다.

제25조(이권 개입)

"을"은 본 감리용역을 성실히 수행함에 있어 이권개입 및 청탁을 할 수 없으며, 또한 시공사와 결탁행위를 금하며 이를 위반하였을 경우 "갑"은 기성고의 지급보류 및 손해배상을 청구 할 수 있다.

제26조(외주의 제한)

① "을"은 공사감리업무의 전부를 "갑"의 승낙없이 제3자에게 외주를 주어서는 아니 된다. 단, 특수전문분야에 대한 감리의 경우에는 "갑"과 협의하여 관계 전문기술자에게 의뢰할 수 있다.

② 관계 전문기술자에게 감리를 의뢰한 경우에 외주내용에 대한 책임은 "을"이 진다.

제27조(분쟁조정)

이 계약과 관련하여 업무상 분쟁이 발생한 경우에는 관계 기관의 유권해석이나 관례에 따라 "갑"과 "을"이 협의하여 정한다.

제28조(통지·통보방법)

① "갑"과 "을"은 계약업무와 관련된 사항을 통지·통보할 때에는 서면으로 하는 것을 원칙으로 한다.

② 통지·통보 후 7일 이내에 회신이 없는 경우에는 통지·통보내용을 승낙한 것으로 본다.

제29조(설계도서의 보관 등)

"을"은 그가 감리한 준공도서를 하자담보책임기간이 종료 될 때까지 보관한다.

감정평가업무 계약서

0000년 0월 00일

"갑" 반포주공2단지 재건축정비사업조합

"을" (주) 0 0 0 감 정 평 가 법 인

감정평가업무 계약서

반포주공0단지 재건축정비사업조합(이하 "갑"이라 한다)과 ㈜ 00감정평가법인(이하 "을"이라 한다)은 "갑"의 재건축정비사업에 대한 감정평가업무의 수행에 필요한 제반 사항을 정하기 위하여 아래와 같이 약정하고, 이를 증명하기 위하여 계약서 2부를 작성하여 날인한 후 "갑"과 "을"이 각각 1부씩 보관하기로 한다.

- 아 래 -

1. 용역명
 : 반포주공0단지 재건축정비사업에 관한 감정평가

2. 용역위치
 : 서울시 서초구 반포0동 00-0번지 외

3. 용역범위
 : 감정평가업무 계약조건 제2조에 의한다.

4. 용역기간
 : 감정평가업무 계약조건 제6조에 의한다.

5. 용역수수료
 : 국토교통부 공고 "**감정평가법인등**의 보수에 관한 기준"이 정하는 바에 따른다.

"갑"과 "을"은 '도시및주거환경정비법' 등 관계 법령과 별첨 '감정평가업무 계약조건'에 따라 상호 신의와 성실로 본 계약을 이행하기로 한다. (이상)

 (별 첨) : 감정평가업무 계약조건

0000년 0월 00일

"갑" 주   소 : 서울시 서초구 반포0동 00-0번지
      명   칭 : 반포주공0단지 재건축정비사업조합
      대 표 자 : 조 합 장   0 0 0

"을" 주   소 : 서울시 서초구 반포0동 0-0번지 00빌딩 000호
      명   칭 : (주) 0 0 감 정 평 가 법 인
      대 표 자 : 대 표 이 사   0 0 0

감정평가업무 계약조건

제1조(계약의 목적)

본 계약은 서울시 서초구 반포0동 00-0번지 외 소재, 반포주공0단지 재건축정비사업에 필요한 감정평가업무의 수행에 따르는 "갑"과 "을"의 권리·의무 등을 규정하고, "을"의 원활한 감정평가업무 수행과 "갑"의 재건축정비사업의 성공적인 추진을 그 목적으로 한다.

제2조(업무의 범위)

① 반포주공0단지 재건축정비사업에 관하여 "갑"이 필요로 하는 제반 감정평가업무

② "갑" 및 "갑"이 선정한 협력업체와의 업무협의 등

③ 감정평가내용의 보완 등

④ 조합원분양가 및 일반분양가 산정 시 업무협조 등

제3조(감정평가의 기준 및 방법)

감정평가의 방법, 가격시점, 가격산출기준 등 감정평가의 모든 기준은 "갑"의 정관과 '도시및주거환경정비법' 등의 관계 법령이 정하는 바에 따르며, 기타 규정되어 있지 아니한 사항은 감정평가의 일반적인기준 및 "갑"과 "을"의 협의에 따른다.

제4조(관계 서류의 제공)

① "갑"은 감정평가에 필요한 관계 서류를 "을"이 요청할 경우에는 이를 신속하게 제공해야 한다.

② "갑"이 제공할 서류는 통상적인 범위 내에서 "을"의 의견에 따른다.

제5조(감정평가의 보수)

① "갑"이 "을"에게 지급할 감정평가보수는 국토교통부 공고 제0000-0000호(**감정평가법인등**의 보수에 관한 기준)에 따라 산정한 금액으로 한다.

② 감정평가보수의 지급은 해당 감정평가업무 착수 시 일금 0천만원의 감정평가 착수금을 "을"에게 지급하고, 착수금을 제외한 해당 감정평가보수잔여금액은 감정평가서의 납품예정일로부터 30일 이내에 전액을 지급한다.

③ "갑"의 부득이한 사정에 의하여 제2항의 감정평가보수지급시기를 조정할 필요가 있을 경우에는 "갑"과 "을"이 협의하여 지급시기를 조정할 수 있다.

④ "갑"이 시공사와의 공사계약 미체결로 시공사로부터 감정평가수수료를 대여받기 이전에 "을"이 착수 또는 수행하는 감정평가용역에 대한 착수금 및 보수는, "갑"이 시공사와의 계약을 체결하여 대여금을 수령할 때까지 지급을 유보할 수 있다. 이때 발생되는 이자는 지급하지 않기로 한다.

제6조(감정평가업무 수행기간 등)

감정평가업무의 수행기간은 "갑"의 재건축정비사업이 완료되어 이전고시가 완료되는 때까지로 한다. 다만, 특별한 사정이 있는 경우에는 "갑"과 "을"이 협의하여 해당 시한을 연장할 수 있다.

제7조(감정평가서의 제출 등)

① "을"이 "갑"으로부터 감정평가를 의뢰받은 때에는 "갑"이 요청하는 날까지 감정평가서의 작성을 완료하고 즉시 "갑"에게 감정평가서 3부를 제출하여야 한다. 다만, "을"에게 특별한 사정이 있는 경우에는 "갑"의 허가를 득한 후 제출시한을 조정할 수 있다.

② "갑"이 필요에 의해 감정평가서 사본의 제공을 요청하는 경우에는 "을"은 이를 무상으로 즉시 제공하여야 한다.

제8조(손해배상책임 및 지체상금)

① "을"은 감정평가를 함에 있어 고의 또는 과실로 감정평가를 잘못하였거나 감정평가 서류의 오류 등에 의한 하자로 인하여 "갑"에게 손해를 끼쳤을 경우에는, 관련 법규나 일반관행에 따라 그에 대한 책임을 진다.

② "을"은 정당한 사유없이 위의 제7조에서 정한 기한 이내에 성과물을 "갑"에게 제출하지 못할 때에는 계약된 용역수수료의 1,000분의 3에 해당하는 금액에 지체일수를 곱한 지체상금을 "갑"에게 지급하여야 한다.

제9조(성실의무 등)

① "을"은 고의로 진실을 숨기거나 허위로 감정평가를 하여서는 아니 된다.

② "을"은 업무상 알게 된 "갑"의 기밀에 대해 누구에게도 누설하여서는 아니 된다.
이를 위반한 경우 "갑"은 사전고지 없이 본 계약을 해지할 수 있으며 이에 대한 손해배상 및 보상을 청구할 수 있다.

③ "을"은 감정평가와 관련하여 국토교통부장관이 정하는 보수 이외에는 어떠한 명목으로도 금품 또는 향응을 받아서는 아니 된다.

제10조(민원의 처리 등)

① "을"은 감정평가를 완료한 후 감정평가 내용에 대한 조합원들의 의견제시나 이의신청 등이 있는 경우에는 이에 대해 성실히 답변하거나 처리하여야 한다.

② "을"은 감정평가용역기간 내에 감정평가에 관해 "갑"이 요구하는 제반 자문사항 등에 대해 성실히 임하여야 한다.

③ "을"은 "갑"의 요청이 있을 경우 총회나 대의원회에 참석하여 평가내용 등에 대해 설명하는 등 사후관리에 최선을 다하여야 한다.

제11조(계약의 해지 및 해제)

① "갑"은 다음 각 호의 사유가 발생하여 "을"이 계약을 이행할 수 없다고 판단될 경우에는 20일간의 이행 기간을 정하여 서면으로 통보한 후, 동 기한 내에도 이행되지 아니하는 경우에는 계약의 일부 또는 전부를 해제하거나 해지할 수 있다.

    1. "을"의 책임 있는 사유로 평가용역기간 내에 감정평가업무를 완성할 가능성이 없다고 객관적으로 판단되는 경우

    2. "을"이 계약조건을 위반하여 계약의 목적을 달성할 수 없다고 객관적으로 판단되는 경우

② 천재지변 등 쌍방이 인정하는 부득이한 사유가 발생한 경우에는 상대방에게 본 계약의 해지를 각각 요청할 수 있다.

제12조(권리·의무의 양도 및 하도급 금지)

"을"은 "갑"의 승인없이 본 계약의 권리와 의무의 전부 또는 일부를 제3자에게 양도하거나 담보로 제공할 수 없으며 하도급 할 수 없다.

제13조(기타)

본 계약서에 명시되지 않은 사항은 민법 및 기타 일반 상거래관례를 따르기로 하며, "갑"과 "을"간의 분쟁조정이 원만하게 해결되지 않을 경우에는 법원에 소를 제기할 수 있고 재판에 대한 관할 법원은 "갑"의 소재지를 관할하는 법원으로 한다.

0000년 0월 00일

(첨부) : 국토교통부 공고 제2016-1220호(감정평가법인등의 보수에 관한 기준)

감정평가법인등의 보수에 관한 기준

[시행 2016.9.1.] [국토교통부공고 제2016-1220호, 2016.9.1., 전부개정](2022. 1. 현재)
국토교통부(부동산평가과), 044-201-3430

제1조(목적)

이 기준은 「감정평가 및 감정평가사에 관한 법률」 제23조에 따라 **감정평가법인등이** 업무 수행에 관하여 감정평가 의뢰인으로부터 받는 수수료의 요율 및 실비의 범위와 적용방법을 정함을 목적으로 한다.

제2조(감정평가법인등의 책무)

① **감정평가법인등**은 이 기준에서 정하는 것 외에 다른 이유로 보수나 금품을 감정평가 의뢰인(이하 "의뢰인"이라 한다)에게 요구할 수 없다.

② 감정평가 의뢰를 받은 **감정평가법인등**은 업무수행 개시 전 가격산출 근거자료, 가치형성 요인 분석, 적용 감정평가기법 등 감정평가에 관한 개략적인 사항에 대해 의뢰인에게 고지하여야 한다.

③ **감정평가법인등**은 감정평가를 착수하기 이전에 제4조제1항 별표의 감정평가수수료 체계에 따라 적용하는 수수료 요율을 의뢰인과 협의하고, 제5조와 제6조에 따라 감정평가 수수료에 할증률 또는 할인율을 적용하는 경우에는 이를 의뢰인에게 고지하여야 한다. 다만, 평가물건의 의뢰내용이 현지 조사결과와 다른 경우에는 수수료 요율을 재협의할 수 있다.

④ **감정평가법인등**은 본인의 사정에 따라 감정평가의뢰를 반려하는 경우 지급받은 착수금의 1.5배에 해당하는 금액을 의뢰인에게 반환하여야 한다.

⑤ **감정평가법인등**은 공정하고 객관적인 평가를 위하여 이 기준에서 정하는 사항을 준수 하여야 한다.

제3조(감정평가법인등의 보수)

감정평가법인등의 보수는 이 기준에서 정한 감정평가수수료와 제10조에 따른 실비를 합산하여 산출한다.

제4조(감정평가수수료)

① 감정평가수수료는 건당 감정평가액을 기준으로 가격산출 근거자료, 가치형성요인 분석, 적용 감정평가기법 등을 고려하여 별표에 따라 감정평가액 구간별로 계산된 금액으로 산정한다.

② 제1항에도 불구하고 다음 각 호의 감정평가수수료 산정에 대해서는 각 호에서 규정한 금액을 제1항의 감정평가액으로 본다.

1. 「공익사업을 위한 토지 등의 취득 및 보상에 관한 법률」에 따라 취득하는 토지등의 보상을 위한 감정평가

가. 기준시점으로부터 2년 이내에 공시되어 있는 개별공시지가(해당 공익사업으로 인하여 필지가 분할된 경우 분할되기 전의 개별공시지가를 해당 토지의 개별공시지가로

본다. 이하 같다)로 산정한 전체 토지의 가액에 지상물의 감정평가액을 합하여 산정한 가액

나. 기준시점으로부터 2년 이내에 공시되어 있는 개별공시지가가 없는 경우에는 감정평가액

다. 「공익사업을 위한 토지 등의 취득 및 보상에 관한 법률 시행규칙 제23조에 따라 공법상 제한이 없는 상태로 토지를 감정평가하는 경우로서 개별공시지가에 따라 산정한 지가의 총액이 감정평가액의 50%에 못 미치는 경우에는 감정평가액의 50%에 상당하는 금액

2. 임대료(賃貸料) 또는 사용료에 대한 감정평가

가. 적산법에 따라 감정평가를 하는 경우 : 임차물건 또는 사용대상물건(구분지상권의 경우는 해당 토지를 말한다)의 기초가액

나. 임대사례비교법 또는 수익분석법에 따라 감정평가를 하는 경우 : 연간임대료 합계액 또는 사용료 합계액의 10배에 해당하는 가액

다. 여러 해의 임대료 또는 사용료를 감정평가하는 경우 : 가목 또는 나목의 연도별 가액의 합계액

3. 광업권 및 어업권 : 광산 또는 어장의 감정평가액

4. 비상장주식 : 수정 후 대차대조표상의 자산가치

5. 권리금 : 권리금 감정평가액의 5배에 해당하는 가액

6. 자산의 가치변동 : 자산의 가치가 변동되기 전(前)과 후(後)를 각각 감정평가한 가액의 합계액

③ 제5조에 따라 할증률을 적용하는 물건이 포함된 평가대상 물건의 감정평가수수료가 300,000원에 미달하는 경우에는 수수료를 300,000원으로 하고, 제6조에 따라 할인율을 적용하는 물건이 포함된 평가대상 물건의 감정평가수수료가 200,000원에 미달하는 경우에는 수수료를 200,00원으로 한다.

④ 평가대상 물건에 제5조 또는 제6조에 따른 할증률 또는 할인율 적용 물건이 포함된 경우에는 전체 물건의 감정평가액에 제1항과 제2항에 따른 요율체계를 적용하여 감정 평가수수료를 산정한 후 그 감정평가수수료 중 전체 물건의 감정평가액에서 각각의 감정평가액이 차지하는 비율에 따라 감정평가수수료를 구분하고, 할증률 또는 할인율을 적용하여 전체 물건에 대한 감정평가수수료를 산정한다.

제5조(수수료의 할증)

① 일반적인 평가대상 물건의 감정평가에 비해 평가 난이도가 높고, 시간이 많이 소요되는 감정평가에 대해서는 감정평가수수료에 할증률을 적용한다.

② 제1항에 따라 다음의 각 호에 대해서는 제4조에 따른 감정평가수수료에 100분의 150의 할증률을 적용하여 산정한다. 다만, 하나의 물건(토지, 건물, 특수용도의 구축물, 입목, 도로, 광산 등)이 둘 이상의 특수평가 대상에 해당하면 하나의 특수평가에 해당하는 것으로 보아 할증률을 적용한다.

1. 감정평가 의뢰일로부터 6개월 이상 기준시점을 소급하는 감정평가(제6조제2항제1호에 해당하는 경우는 제외한다)

2. 특수용도의 구축물(교량, 댐, 선거(船渠) 및 이에 준하는 물건)의 감정평가

3. 입목, 묘포(苗圃), 화훼 및 관상용 식물의 감정평가

4. 육로 또는 공공도로로 통행이 불가능한 도서지역에 소재하는 물건 및 산림(임야를 포함한다)의 감정평가

5. 손실보상을 위한 공장 등 산업체 시설의 감정평가

6. 해체 처분 가격으로의 감정평가

7. 도로, 구거(溝渠), 철도용지, 수도용지, 묘지, 유지(溜地), 하천, 제방과 이에 편입되는 토지의 감정평가

8. 광산 또는 광업권, 온천의 감정평가

9. 어장 또는 어업권(신고어업 및 허가어업을 포함한다)의 감정평가

10. 토지수용위원회가 의뢰하는 수용 또는 이의신청 재결을 위한 감정평가

11. 법원의 소송평가

12. 선하지(線下地)와 이에 편입되는 토지의 감정평가

③ 제2항 각 호의 특수평가를 행함에 있어 **감정평가법인등**이 제9조에 따른 특별용역 또는 이와 유사한 용역(의뢰인이 필요에 의해 전문기관에 의뢰한 용역을 말한다)의 결과를 이용하여 감정평가한 경우에는 제1항에서 정한 할증률을 감정평가수수료에 적용하지 아니한다.

제6조(수수료의할인)

① 평가대상 물건의 감정평가를 반복하는 등의 사유로 평가에 소요되는 시간 등이 줄어드는 감정평가에 대해서는 감정평가수수료에 할인율을 적용한다.

② 제1항에 따라 다음 각 호의 감정평가를 하는 경우에는 제4조에 따른 감정평가수수료에 해당 할인율의 금액을 감하여 산정한다. 다만, 하나의 물건이 둘 이상의 할인 적용 대상에 해당하는 경우에는 할인액이 큰 하나만 적용한다.

1. 같은 의뢰인(같은 소유자를 포함한다. 이하 이 항에서 같다)으로부터 같은 물건을 다시 의뢰받은 경우(여러 건으로 나누어 의뢰받은 경우를 포함한다) 아래의 할인율을 적용. 이 경우 재의뢰일은 당초 감정평가서 발급일로부터 기간을 계산하고, 기준시점은 당초 기준시점부터 기간을 계산하며, 재의뢰일과 기준시점으로 계산한 기간이 다른 경우에는 기간이 긴 것을 기준으로 하되, 당초 감정평가보다 기준시점을 소급하는 감정평가에는 적용하지 아니할 것.

재의뢰일	기준시점	할인율
3개월 이내	동일	100분의 90
3개월 이내	3개월 이내	100분의 70
6개월 이내	6개월 이내	100분의 50
1년 이내	1년 이내	100분의 30
2년 이내	2년 이내	100분의 10

2. 제4조제2항제6호에 따른 감정평가 및 「개발이익환수에 관한 법률 시행규칙」 제8조에 따라 개시시점과 종료시점 지가를 동시에 의뢰하는 감정평가는 100분의 50의 할인율을 적용

3. 가치형성요인이 유사한 10호 이상의 공동주택에 대한 감정평가는 100분의 20의 할인율을 적용

4. 「공익사업을 위한 토지 등의 취득 및 보상에 관한 법률」 제4조제5호에 따른 공익사업으로 조성하여 공급하는 토지에 대한 감정평가는 100분의 20의 할인율을 적용

5. 다음 각 목에 해당하는 감정평가로서 같은 **감정평가법인등**이 같은 기업의 자산에 대한 감정평가를 반복하거나 반복할 것이 예정된 경우에는 감정평가의 반복 주기, 자산 상태의 변동 정도 등을 고려하여 100분의 40 이내의 할인율 적용 가능

　가. 「주식회사의 외부감사에 관한 법률」에 따른 재무제표 작성에 필요한 감정평가

　나. 「자본시장과 금융투자업에 관한 법률」에 따른 집합투자기구의 편입재산에 대한 감정평가

　다. 「부동산투자회사법」에 따른 부동산투자회사의 투자·운용자산에 대한 감정평가 제7조(보상을 위한 감정평가수수료의 특례) ① 제4조에도 불구하고 「공익사업을 위한 토지 등의 취득 및 보상에 관한 법률」에 따라 보상을 위하여 감정평가를 하는 경우 토지와 건물(「건축법」 제2조제1항제2호에 따른 건축물을 말한다)에 대해서는 제4조에 따라 산출한 감정평가수수료의 100분의 70과 이 조에 따라 산출한 감정평가수수료의 100분의 30을 합하여 산정한다. 다만, 산정된 감정평가수수료가 200,000원에 미달하는 경우 수수료는 200,000원으로 한다.

제7조(보상을 위한 감정평가수수료의 특례)

① 제4조에도 불구하고 「공익사업을 위한 토지 등의 취득 및 보상에 관한 법률」에 따라 보상을 위하여 감정평가를 하는 경우 토지와 건물(「건축법」 제2조제1항제2호에 따른 건축물을 말한다)에 대해서는 제4조에 따라 산출한 감정평가수수료의 100분의 70과 이 조에 따라 산출한 감정평가수수료의 100분의 30을 합하여 산정한다. 다만, 산정된 감정평가수수료가 200,000원에 미달하는 경우 수수료는 200,000원으로 한다.

② 토지에 대한 감정평가수수료는 기본료 100,000원에 필지별 가산료를 모두 합산한 금액으로 한다. 이 경우 필지별 가산료는 100,000원에 다음 각 호에 따른 할증률과 할인율을 적용하여 산출한다.

1. 기본유형 할증률 : 개별 필지의 토지이용현황이 다음 각 목에 해당하는 경우 해당 할증률을 적용할 것. 다만, 동시에 둘 이상의 토지이용현황에 해당하는 경우에는 제4조제4항을 준용한다.

토지이용현황	할증률
가. 공장용지, 학교용지, 주차장, 주유소용지, 창고용지	100분의 110
나. 유지(溜地), 양어장, 수도용지, 공원, 체육용지, 유원지, 종교용지, 사적지, 묘지	100분의 130
다. 임야, 광천지, 염전, 매립지와 토지이용현황이 도로, 철도용지, 제방, 하천, 구거(構渠)이거나 이에 편입되는 토지	100분의 140

2. 특수유형 할증률 : 개별 필지가 다음 각 목의 특수유형에 해당하는 경우 해당 할증률을 적용할 것. 다만, 동시에 둘 이상의 특수유형에 해당하는 경우에는 가장 높은 할증률을 적용한다. 다만, 동시에 둘 이상의 토지이용현황에 해당하는 경우에는 제4조제4항을 준용한다.

특수유형	할증률
가. 표준지 2개 이상 사용 또는 불법 형질변경 토지	100분의 130
나. 미지급용지	100분의 140
다. 사용료	100분의 150

3. 수량 할인율 : 다음 각 목에 따른 구간별 필지수와 할인율을 곱하여 계산된 필지수를 모두 합하여 전체 필지수로 나누어 산출할 것

필지수	할인율
가. 1필지부터 20필지까지	100분의 0
나. 21필지부터 150필지까지	100분의 10
다. 151필지부터 250필지까지	100분의 20
라. 251필지부터 500필지까지	100분의 30
마. 501필지부터	100분의 40

③ 건물에 대한 감정평가수수료는 기본료 30,000원에 건물별 가산료를 모두 합산한 금액으로 한다. 이 경우 건물별 가산료는 30,000원에 다음 각 호에 따른 할증률을 곱하여 산출한다.

1. 특수용도 할증률 : 개별 건물이 다음 각 목의 특수용도에 해당하는 경우 해당 할증률을 적용할 것

특수용도	할증률
가. 주유소, 유류 및 가스 저장소, 냉동창고	100분의 130
나. 레저 및 위락시설, 쇼핑시설	100분의 140
다. 문화재, 고건물	100분의 170

2. 면적 할증률 : 개별 건물의 바닥 면적이 다음 각 목에 해당하는 경우 해당 할증률을 적용할 것

면 적	할증률
가. 500㎡ 초과 1,500㎡ 이하	100분의 110
나. 1,500㎡ 초과 3,000㎡ 이하	100분의 120
다. 3,000㎡ 초과	100분의 130

3. 기타 할증률 : 개별 건물이 다음 각 목에 해당하는 경우 해당 할증률을 적용할 것

사 유	할증률
가. 건물이 복수구조 또는 복수용도이거나 6층 이상인 경우	100분의 120
나. 건물 일부의 수용으로 보수비를 감정평가 하는 경우	100분의 150

제8조(여러 개 물건에 대한 수수료)

① 같은 사람이 여러 개의 물건에 대한 감정평가를 일괄하여 의뢰한 때에는 여러 개의 물건 모두의 감정평가액 총액을 기준으로 하여 감정평가수수료를 산정한다. 다만, 다음 각 호의 어느 하나에 해당하는 경우에는 제외한다.

1. 「공익사업을 위한 토지 등의 취득 및 보상에 관한 법률」에 따른 보상을 위한 감정평가 : 다른 공익사업(같은 공익사업이지만 사업인정고시일이 다른 경우를 포함한다)인 경우

2. 국·공유재산의 교환 또는 처분을 위한 감정평가 : 교환 또는 처분을 위한 공고를 달리한 경우

3. 「주식회사의 외부감사에 관한 법률」에 따른 재무제표 작성에 필요한 감정평가 : 다른 회사인 경우

4. 법원에 계속 중인 소송 또는 경매를 위한 토지등의 감정평가 : 사건번호 또는 경매번호를 달리하는 경우

5. 금융기관 등에서 대출금에 대한 담보를 설정하기 위하여 의뢰하는 감정평가 : 다른 대출 건으로 취급되는 경우

6. 그 밖에 사회의 거래 관행상 1건으로 보기 어려운 경우

② 제1항 각 호 외의 본문에도 불구하고 여러 개의 물건이 서로 다른 행정구역에 소재하는 경우에는 감정평가수수료를 시·군·구(지방자치법 제3조제3항의 구를 포함한다)별로 산출할 수 있다.

③ 제1항 각 호의 본문에도 불구하고 다음 각 호는 각각의 권리를 1건으로 보고 감정평가 수수료를 산정한다.

1. 「광업법」에 따른 광업권

2. 「수산업법」에 따른 어업권(신고어업 및 허가어업을 포함한다)

3. 영업권 또는 「공익사업을 위한 토지 등의 취득 및 보상에 관한 법률」에 따른 영업 손실 보상평가

제9조(특별용역)

① **감정평가법인등**이 감정평가를 시행하면서 특별한 용역이 필요한 때에는 의뢰인에게 그 용역의 시행을 요청하거나, 의뢰인의 승낙을 받고 그 용역을 시행할 수 있다.

② 제1항에 따른 특별한 용역은 다음의 각 호와 같다.

1. 「수산업법」에 따른 어업보상의 손실 범위 등을 산출하는 용역

2. 「광업법」에 따른 광업보상의 손실 범위 또는 광물매장량 등을 산출하는 용역

3. 「온천법」에 따른 온천원의 영향 등에 관한 용역

4. 그 밖에 감정평가의 시행을 위해 전문기관의 조사·검토 등을 필요로 하는 용역

③ 제1항에 따라 용역에 소요된 경비는 의뢰인이 지급하고, 의뢰인을 대신하여 감정평가업자가 그 용역을 시행한 경우에는 소요 경비에 대한 증빙서류를 갖추어 의뢰인에게 청구할 수 있다.

제10조(실비)

① 실비는 여비, 물건조사비, 공부발급비 및 그 밖의 실비 등으로 구분하여 산정한다.

② 여비는 한국감정평가사협회의 장이 제안하여 국토교통부장관이 승인한 금액을 기준으로 산정한다.

③ 물건조사비는 건물의 경우 1동당 3천원으로 하고, 제4조제2항제1호에 따른 토지의 보상평가의 경우에는 「공간정보의 구축 및 관리 등에 관한 법률」상의 1필지당 1만원으로 한다.

④ 공부발급비는 대상물건의 지적공부, 등기사항 전부증명서, 도시계획사항 등 공법상의 제한 등의 확인을 위하여 필요한 공부 등의 발급에 따른 비용으로서 수입인지 또는 수입증지대의 합산액으로 한다.

⑤ 의뢰인의 요청에 따라 사진촬영, 임대차 확인, 감정평가서를 외국어로 작성하기 위한 번역 등 감정평가업무에 부수하여 발생하는 비용은 그 밖의 실비로 산정한다.

제11조(상담 및 자문에 대한 수수료)

감정평가법인등이 감정평가와 관련된 상담을 하거나 자문에 응한 경우에는 다음의 기준액 범위에서 의뢰인과 합의하여 보수를 결정할 수 있다.

1. 구두 또는 전화 상담 및 자문 : 1건당 3만원

2. 서면 상담 및 자문 : 1건당 10만원

제12조(보수의 특약)

① 다음 각 호의 경우로서 제3조에 따라 보수를 산정하는 것이 현저하게 공정성을 잃어 부당할 때에는 당사자 사이의 합의에 따라 제3조에 따른 보수보다 높은 보수를 정할 수 있다.

1. 국외에 소재하는 물건을 현지 조사하여 감정평가하는 경우

2. 어업권(신고어업 및 허가어업을 포함한다), 광업권 또는 영업권 등의 무형자산을 감정평가하는 경우

3. 통상의 평가방식에 따르지 아니하고 특수한 평가목적이나 평가조건에 따라 감정평가하는 경우

② 다음 각 호의 경우로서 한국감정평가사협회의 장이 건의하고 국토교통부장관이 승인한 때에는 당사자 사이의 합의에 따라 제3조에 따른 보수보다 낮은 보수를 별도로 정할 수 있다.
　　1. 천재지변, 전시, 사변, 중대한 재정·경제상의 위기 등 비상사태가 발생한 경우
　　2. 공기업 또는 금융회사의 재정위기로 자산 또는 부실채권의 처분 등이 필요한 경우
　　3. 그 밖에 이에 준하는 경우

제13조(착수금)

　감정평가법인등은 의뢰인으로부터 대상물건의 감정평가예정액을 기준으로 하여 산출한 감정평가수수료의 2분의 1을 착수금으로 받을 수 있으며, 출장여비 또는 특별용역비가 과다하게 소요될 것으로 예상되는 경우에는 이를 착수금에 추가하여 받을 수 있다.

제14조(감정평가 의뢰 철회 및 수임 철회 시의 보수)

　의뢰인이 임의로 감정평가 의뢰를 철회하거나 **감정평가법인등**이 의뢰인의 귀책사유로 인하여 감정평가 수임을 철회하는 경우의 보수는 다음 각 호의 기준에 따른다.
　1. 현장조사 전 : 제13조의 착수금 최고액의 10% 상당액 이내
　2. 현장조사 후 : 제13조의 착수금 최고액의 30% 상당액 이내와 출장여비 등 소요된 실비 및 특별용역에 소요된 경비
　3. 감정평가서 작성 후 : 제13조의 착수금 최고액 이내와 출장여비 등 소요된 실비 및 특별용역에 소요된 경비

제15조(단수정리)

　제2조에 따른 보수액 중에서 1,000원 미만인 부분은 절사한다.

제16조(재검토기한)

　국토교통부장관은 「훈령·예규 등의 발령 및 관리에 관한 규정」에 따라 이 공고에 대하여 2017년 1월 1일 기준으로 매3년이 되는 시점(매3년째의 12월 31일까지를 말한다)마다 그 타당성을 검토하여 개선 등의 조치를 하여야 한다.

부　칙　<제2016-1220호, 2016. 9. 1.>

제1조(시행일)

　이 기준은 2016년 9월 1일부터 시행한다.

제2조(감정평가수수료 산출에 관한 적용례)

　이 기준 시행 후 최초로 감정평가 계약이 체결된 분부터 적용한다.

[별표] 감정평가수수료 체계

감정평가액	수수료 요율 체계		
	하한 수수료 (0.8배 부터)	기준 수수료	상한 수수료 (1.2배 까지)
5천만원 이하	200,000원		
5천만원 초과 5억원 이하	200,000원+5천만원 초과액의 11/10,000×0.8	200,000원+5천만원 초과액의 11/10,000	200,000원+5천만원 초과액의 11/10,000×1.2
5억원 초과 10억원 이하	596,000+5억원 초과액의 9/10,000×0.8	695,000+5억원 초과액의 9/10,000	794,000+5억원 초과액의 9/10,000×1.2
10억원 초과 50억원 이하	956,000+10억원 초과액의 8/10,000×0.8	1,145,000+10억원 초과액의 8/10,000	1,334,000+10억원 초과액의 8/10,000×1.2
50억원 초과 100억원 이하	3,516,000+50억원 초과액의 7/10,000×0.8	4,345,000+50억원 초과액의 7/10,000	5,174,000+50억원 초과액의 7/10,000×1.2
100억원 초과 500억원 이하	6,316,000+100억원 초과액의 6/10,000×0.8	7,845,000+100억원 초과액의 6/10,000	9,374,000+100억원 초과액의 6/10,000×1.2
500억원 초과 1,000억원 이하	25,516,000+500억원 초과액의 5/10,000×0.8	31,845,000+500억원 초과액의 5/10,000	38,174,000+500억원 초과액의 5/10,000×1.2
1,000억원 초과 3,000억원 이하	45,516,000+1,000억원 초과액의 4/10,000×0.8	56,845,000+1,000억원 초과액의 4/10,000	68,174,000+1,000억원 초과액의 4/10,000×1.2
3,000억원 초과 6,000억원 이하	109,516,000+3,000억원 초과액의 3/10,000×0.8	136,845,000+3,000억원 초과액의 3/10,000	164,174,000+3,000억원 초과액의 3/10,000×1.2
6,000억원 초과 1조원 이하	181,516,000+6,000억원 초과액의 2/10,000×0.8	226,845,000+6,000억원 초과액의 2/10,000	272,174,000+6,000억원 초과액의 2/10,000×1.2
1조원 초과	245,516,000+1조원 초과액의 1/10,000×0.8	306,845,000+1조원 초과액의 1/10,000	368,174,000+1조원 초과액의 1/10,000×1.2

10 천정 매립형 시스템에어컨 설치공사 계약서

필자가 참여했던 재건축사업에서는 시공자와의 공사도급계약이 체결된 후 아파트 설치용 천정 매립형 시스템 에어컨이 최초로 개발되었기 때문에, 당시 공사도급 계약서에는 침실 일부에 벽걸이형 에어컨과 거실에 스탠드형 에어컨을 설치하기 위한 배관만을 시공하는 것으로 계약이 되어 있었다.
따라서 시스템 에어컨 설치여부는 조합원 각자가 선택해야 되는 상황이었다.

그러나 2015년부터는 시스템 에어컨 설치여부는 시공사 선정 전에 확정이 가능해짐에 따라 시공사가 선정된 이후 별도의 계약을 체결하는 방식보다는 시공사 선정 전에 설치여부를 결정(시공사의 기본공사 아이템에 포함)함으로써 입찰자간의 경쟁입찰에 따른 에어컨설치비 절감효과를 누릴 수 있는 기회를 가지는 것이 바람직하다.

천정 매립형 시스템 에어컨은 아파트의 기본설비화하는 추세이고 아파트 입주 후에 에어컨을 설치하는 경우에는 천정공사가 이미 완성된 상태이기 때문에 천정 매립형 에어컨 실내기 및 에어컨용 배관을 설치하는 데에는 많은 불편과 경제적인 손실이 발생될 수 있다는 것이 필자의 판단이다.

반포주공0단지 재건축정비사업조합

천정 매립형 시스템에어컨 낙찰자 선정 세부기준

제1조(목적)

　이 기준은 반포주공0단지 재건축정비사업조합 천정 매립형 시스템에어컨 구매 입찰의 낙찰자 결정에 적용할 심사세부기준(이하 "세부기준"이라 한다)을 정함을 목적으로 한다.

제2조(심사대상)

　조합에서 요청한 회사로서 낙찰자를 결정하는 입찰에 참여한 업체를 대상으로 한다. 그 대상은 제조사로 제한한다.

제3조(제출서류 및 심사자료 요구 등)

　① 심사대상자로 통보받은 입찰자는 조합에서 지정한 날에 아래의 서류를 제출하여야 한다. 제출서류상 첨부된 목록에 기재되어 있는 서류가 누락되었거나 제출된 서류가 불명확하여 인지할 수 없는 경우 조합은 기한을 정하여 보완을 요구할 수 있다.

　　1. 입찰 및 심사신청서 1부 (별지 제1호)
　　2. 입찰 및 자기평가 심사표 1부 (별지 제2호)
　　3. 각 주택형대별 견적(확장/비확장, 전실/3실) 총 4부 (별지 제3호)
　　4. 각 주택형별 장비선정 및 소비전력 1부 (별지 제4호)
　　5. 신용정보의이용및보호에관한 법률 제4조제4항제1호 또는 제4호의 업무를 영위하는 신용정보업자가 발급한 신용평가등급 확인서 1부(입찰일 이후 3일 이내 제출)
　　6. 기타 제출서류 각 1부(입찰일 이후 3일 이내 제출)

　② 제1항의 보완요구기한까지 보완된 서류가 제출되지 아니하는 경우에는 당초 제출된 서류만으로 심사하되 당초 제출된 서류가 불명확하여 심사하기가 곤란한 경우에는 심사에서 제외한다.

　③ 제1항 내지 제2항에 따라 제출할 서류로서 입찰공고일 이후에 발생 또는 신고하였거나 수정된 자료는 평가에서 제외한다.

제4조(배점기준 및 평가기준)

　적격심사의 배점기준 및 평가기준은 [별표 1-1호]와 같다.

제5조(적용기준)

　심사의 적용기준은 다음 각 호에 의한다.

　　1. 기간계산 등 기준일
　　　납품이행능력(협력시공능력, 기술능력, 경영상태), 신인도 등의 적격심사에 따른 기간 계산 등의 기준일은 입찰일로 한다.
　　2. 계산결과 소수점이하의 숫자 처리
　　　비율, 평점 등을 계산한 결과 소수점 이하의 숫자가 있는 경우에는 소수점 다섯째자리에서 반올림한다.

제6조(평가방법)

① 세부기준에 따라 각항에 따라 심사한다.

② 협력시공능력, 기술능력, 경영상태의 평가방법은 다음 각 호에 의한다.
  1. 협력시공능력 평가는 [별표 1-2] 세부평가에 의한다.
  2. 기술능력평가는 [별표 1-2] 세부평가 기준에 의한다.
  3. 경영상태평가는 '신용평가등급에 의한 평가방법에 의하며, 이의 세부적용 내용은 [별표 1-2]에 의한다.

③ 신인도 평가는 다음 각 호에 의하되, [별표 1-2] 세부평가기준에 의한다.
  1. 각 심사항목별로 심사한 평점의 합계는 총 배점한도 2를 초과할 수 없다.
  2. 신인도 심사결과 총 평점은 각 항목의 가점합계와 감점합계를 상계한 점수로하여야 한다.

제7조(결격사유의 심사)

입찰대상자가 부도, 파산상태인 경우에는 결격사유로 평가하며, 부도, 파산의 우려가 있어 계약이행이 어렵다고 판단되는 경우에는 조합 이사회의 심사결과에 따라 결격 여부를 결정한다. 이 경우 조합이사회는 운영규정에 따라 입찰대상자에게 자료의 제출을 요구하거나 관계자 또는 전문가의 의견을 청취 또는 자문을 받을 수 있다.

제8조(낙찰자 결정)

① 최저가 입찰자에 대한 심사결과 종합평점이 85점 이상이면 낙찰자로 결정한다.

② 동일가격의 최저가 입찰자가 2인 이상으로서 적격심사 결과, 종합평점이 85점 이상인 자 중에서 최고 점수인 자를 낙찰자로 결정한다. 다만, 이외의 경우에는 추첨에 의해 낙찰자를 결정한다.

③ 최저가 입찰자에 대한 심사결과 종합평점이 85점 미만인 경우에는 차순위 최저가 입찰자 순으로 심사하여 낙찰자를 결정한다.

④ 심사에 소요되는 행정소요일수를 감안하여 필요하다고 인정되는 경우에는 예정가격 이내 입찰자를 대상으로 동시에 적격심사를 할 수 있다.

제9조(부정한 방법에 의한 심사서류 제출자 및 미제출자의 처리)

낙찰자가 세부기준의 규정에 따라 제출한 서류 중 부정 또는 허위로 작성된 서류가 포함된 것으로 판명된 때와 정당한 사유없이 심사서류의 전부 또는 일부를 제출하지 아니한 때에는 입찰에서 탈락 처리한다. —끝—

[별표 1-1] : 심사항목 및 배점한도

(단위 : 점)

구 분	심사분야	심사항목	배점한도	비 고
납품이행 능력	협력시공능력	가. 도급 순위 5위 이내 시공사에 납품실적	1	
	기술능력	가. 제품 적합성	2	
	경영상태	가. 신용평가 등급	25	
입찰가격	입찰가격	가. 평점 산식	70	
신인도	품질관리 등 신뢰정도	가. 기술 및 디자인 인증보유 나. 품질보증 다. 환경관리 라. 사후관리(A/S)	2	
결격사유	납품이행 능력 결격여부	가. 부도 또는 파산상태로 해당 계약의 이행이 어렵다고 판단되는 경우	-30	
		나. 도급순위 5위 이내 시공사 협력업체 등록이 어렵다고 판단되는 경우	-4	
계			100	

[별표 1-2] : 세부평가 기준

I. 납품이행능력

1. 협력시공능력 (배점한도 1점)

심사항목	평가요소	배점한도	등 급	
시공사에 납품실적	납품금액 (부가세 별도)	1	A. 50억 이상 B. 30억 이상 - 50억 미만 C. 10억 이상 - 30억 미만 D. 5억 이상 - 10억 미만 E. 5억 미만	1.0 0.8 0.6 0.4 0.2

주)
　　납품실적은 원본 확인된 해당 물품의 계약서, 세금계산서, 거래명세표 등을 실적증명서 (별지 제3호)에 첨부한 경우에 평가하고, 특히 필요한 경우 공급받는 자의 인감증명(법인 또는 개인)을 첨부한 거래사실 확인서를 제출하게 할 수 있으며, 실적에 대한 입증책임은 입찰자가 부담하며 의무를 다하지 않아 실적확인이 어려운 경우에는 실적을 인정하지 아니한다.

2. 기술능력 (배점한도 2점)

심사항목	평가요소	배점한도	등 급	평점
가. 제품 적합성	입찰조건 적합여부	2	A. 단배관 멀티 적용유무 　① 유 　② 무 B. 실외기 3상 4선 적용유무 　① 유 　② 무	 1.0 0.0 1.0 0.0

주)
　　"가"심사항목의 평가는 (별지 제2호) 입찰 및 자기평가 심사표의 입찰자 평가로 갈음하나, 추후 조합의 증빙요구 시, 제출하여야 한다.

3. 신용평가등급에 의한 경영상태 평가 (배점한도 25점)

신용평가 등급			
회사채에 대한 신용평가등급	기업어음에 대한 신용평가등급	기업신용평가등급	평 점
AAA		AAA	25.0
AA+,AA0,AA-	A1	AA+,AA0,AA-	23.0
A+	A2+	A+	21.0
A0	A20	A0	19.0
A-	A2-	A-	17.0
BBB+	A3+	BBB+	15.0
BBB0	A30	BBB0	13.0
BBB-	A3-	BBB-	11.0
BB+,BB0	B+	BB+,BB0	9.0
BB-	B0	BB-	7.0
B+,B0,B-	B-	B+,B0,B-	5.0
CCC+	C 이하	CCC+	3.0

주)
① 신용평가등급은 『신용정보의이용 및 보호에 관한법률』 제4조 제4항 제1호 또는 제4호의 업무를 영위하는 신용정보업자가 평가한 회사채(또는 기업어음)에 대한 신용평가등급 또는 기업신용평가등급[위의 신용정보업자가 신용평가한 등급, 등급평가일 및 등급유효기간 등을 명시하여 작성한'신용평가등급 확인서(이하 '등급확인서'라 함)]를 기준으로 평가한다.
② 회사채(또는 기업어음)에 대한 신용평가등급 또는 기업신용평가등급은 입찰일 전일 이전에 평가한 것으로서 유효기간 내에 있는 것이어야 한다.
③ 적격심사대상자의 회사채(또는 기업어음)에 대한 신용평가등급 및 기업신용평가에 따른 평점이 다른 경우에는 높은 평점으로 평가하며,'등급 확인서'를 제출하지 않은 경우에는 최저등급으로 평가한다.

II. 입찰가격 (각 주택형대별 단가 합산금액임)

1. 입찰가격 (배점한도 70점)

심사항목	평가요소	배점한도	평 점
입찰가격	투찰율	70	* 평점산식 : 아래

* **< 입찰가격 평점 산식 >**

$$평점(점) = 70 - 2 \times \left| \left(\frac{88}{100} - \frac{입찰가격}{예정가격} \right) \times 100 \right|$$

㈜

① Ⅰ Ⅰ는 절대값 표시임.

② 입찰가격을 예정가격으로 나눈 결과 소수점 이하의 숫자가 있는 경우에는 소수점 다섯째 자리에서 반올림한다. 예정가격은 [별지 1-3] 입찰 예정가격 기준으로 한다.

③ 입찰가격이 예정가격이하로서 예정가격의 100분의 95.5 이상인 경우의 평점은 40점으로 평가한다. 최저평점은 2점으로 한다.

III. 신임도

1. 품질관리 등 신뢰정도 (배점한도 2 점)

심사항목	평가요소	배점한도	등 급	평점
가. 기술 및 디자인 인증보유	기술 및 디자인 인증	2	A. 주무부 장관 등이 인증한 신기술(NET, NEP, 전력신기술) 인증, 중소기업 기술개발제품 성능인증 및 GS(국산 우수S/W) 마크 보유자 B. 특허, GD인증 보유자 C. 실용신안등록, 의장등록 보유자	0.5 0.5 0.5
나. 품질보증	품질, 규격 등에 대한 인증		A. 싱글PPM, 고효율에너지기자재인증 보유자 B. KS, CE(모듈 A<자기적합선언;DoC>방식에 의한 경우 제외), UL, 해당국의 국가산업 표준규격인증을 받은 자 C."건"자 마크, GQ마크, K마크, 국방품질 경영시스템인증을 받은 자	0.5 0.5 0.5
다. 환경관리	환경오염 억제와 자원절약 기여		A. GR, 환경표지의 인증(E마크) 보유자 B. 환경친화기업 지정자	0.5 0.5
라. 사후관리	사후관리 필요한 조직 및 능력		A. 정부로부터 사후봉사(A/S)우수기업으로 인증 받은 자	0.5

주)

① [별표 4-1] 품질관리 등 신뢰정도의"가, 나, 다, 라"항의 각 인증서 평가는 계약목적물 여부와 관계없이 직접 인증을 받은 자(권리취득자 포함)에 해당되는 경우이며, 입찰대상자가 동일 심사항목 내의 동일 등급 해당 인증서를 2개 이상 보유한 경우에는 하나만 인정하고, 반드시 유효기간 내의 것으로 평가한다(단, GD 등 유효기간이 정해지지 않은 경우의 유효 기간은 입찰공고일 전일부터 기산하여 2년 이내에 인증 또는 마크를 받은 것에 한하여 적용 한다).

② [별표 4-1] "가"항의 특허, 실용신안, 의장등록의 평가는 통상실시권자의 경우를 제외(기술 평가<등록유지결정>를 받지 않은 실용신안등록의 경우에도 제외)하여 평가한다.

[별표 1-3] 입찰 예정가격

(원, 부가세 별도)

주택형	단위	예 정 가 격	비 고
59m²	세대		주방포함
84m²	세대		주방포함
115m²	세대		주방포함
135m²	세대		주방포함
169m²	세대		주방포함
198m²	세대		주방포함
222m²	세대		주방포함
합 계			

입찰 및 심사 신청서

ㅇ 심 사 대 상 물 품 : 반포주공0단지 재건축정비사업조합 천정 매립형 에어컨
ㅇ 입 찰 장 소 : 반포주공0단지 재건축조합 사무실
ㅇ 입 찰 일 시 : 0000년 00월 00일

위 건 물품 입찰 및 심사와 관련하여 심사 자기평가 및 심사표와 제 증빙 자료를 신의 성실의 원칙에 입각하여 붙임과 같이 작성 제출하며, 만일 제출한 서류가 허위 또는 부정한 방법으로 작성된 사실이 확인될 경우에는 조합 및 국가계약에 관한 법령 등에 따라 처리하여도 아무런 이의를 제기하지 않겠음을 확약합니다.

0000년 00월 00일

입찰자 주소 :
업 체 명 :
대 표 자 :　　　　　　　　　　(인) 또는 (서명)

붙임　1. 심사 자기평가 및 심사표 1부
　　　2. 항목별 평점세부내역 1부
　　　3. 각 주택형대별 견적(확장/비확장, 전실/3실) 총 4 부
　　　4. 각 주택형별 장비선정 및 소비전력 1부
　　　5. 신용평가등급 확인서 1부
　　　6. 기타 첨부서류

반포주공0단지 재건축정비사업조합장 귀하

접 수 증

1. 심사대상물품 :
2. 제 출 자 :
3. 붙임서류확인 :
　1)　　　　　　　　　　　　2)
　3)　　　　　　　　　　　　4)

위 건 입찰 및 심사신청서 및 관계 서류를 접수하였음을 확인합니다.

0000년 00월 00일

반포주공0단지 재건축정비사업조합　　　(인)

입찰 및 자기평가 심사표

1. 심사대상입찰자

　가. 업체명 :　　　　　　　　　　　(전화)

　나. 대표자 :

　다. 회사를 대표하는 입찰참가자 인적사항

　-. 담당부서 :

　-. 직　　위 :

　-. 성　　명 :

　-. 연 락 처 :　　　　　　　　　(FAX)

2. 입찰금액(부가세 별도, 원) :

　(비확장, 59/84/115/136/169/198/222m² 주택형 각 단가의 합계금액)

3. 종 합 평 가

구 분	심사분야	심사항목	배점 한도	자기 평점	조합 평점
납품 이행능력	협력시공능력	가. 도급순위 5위 이내 시공사에 납품실적	1		
	기술능력	가. 제품 적합성	2		
	경영상태	가. 신용평가 등급	25		
입찰가격	입찰가격	가. 평점 산식	70		
신인도	품질관리 등 신뢰정도	가. 기술 및 디자인 인증보유	0.5		
		나. 품질보증	0.5		
		다. 환경관리	0.5		
		라. 사후관리(A/S)	0.5		
결격사유	납품이행능력 결격여부	가. 부도 또는 파산상태로 해당 계약이행이 어렵다고 판단되는 경우	-30		
		나. 도급순위 5위 이내 시공사 협력업체 등록이 어렵다고 판단되는 경우	-4		
계			100		

[제4편]
조 합 원 총 회

제1장
창립총회

재건축조합의 창립총회는 총회의 개최를 주관하는 조합설립추진위원장이나 총회에 참석하는 토지등소유자 모두가 이중적인 법적 지위에 있게 되므로 가능하면 이 문제를 먼저 해소한 다음 창립총회를 진행할 필요가 있다.

재건축조합의 설립은 토지등소유자의 「조합설립 동의서」에 동의를 받는 방법 즉, **서면동의의 방법**으로 진행되며, 창립총회에서 조합설립에 대한 최종 결의가 이루어진다. 이후 관청의 조합설립인가를 받게 되면 조합설립행위의 효력이 완성되며, 조합은 등기행위를 함으로써 최종적으로 법인격을 취득하게 되는 것이다. 따라서 일반적으로 총회와 조합설립인가 사이의 효력은 소급하여 그 효력이 발생되는 것으로 해석한다.

위와 같은 사실을 감안하면, 조합 창립총회에 상정된 결의안건의 의사진행순서는 제1호 안건에 조합정관 등이 포함된 **'재건축정비사업조합 설립동의의 건'**을 처리하고, 제2호 안건에 **조합장 선출 및 임원 인준의 건**을 처리하는 것이 이상적이다. 이러한 순서로 창립총회를 진행함으로써 추진위원장은 총회 상정의안 제3호 안건부터는 조합장의 자격으로 총회를 진행할 수 있게 되고, 조합설립에 동의한 토지등소유자는 조합원의 자격으로 총회에 상정된 제반 안건을 의결·인준·추인하는 것이 되어, 결국 조합 창립총회에서 회의를 진행하는 자나 상정된 안건은 필요한 법적지위가 확보된 상태에서 진행 및 처리되는 것으로 되며, 결의된 안건의 법적인 효력도 확고해지는 결과가 된다.

재건축정비사업 조합설립을 위한

창 립 총 회

(회 의 자 료)

■ 일　　시 : 0000년 0월 00일 (토요일) 14 : 00시
■ 장　　소 : 관악구 흑석동　00교 서울회관 대강당

※ 총회 참석 시 이 회의자료를 필히 지참하여 주시기 바랍니다.

반포주공0단지 재건축정비사업 조합설립추진위원회

서울특별시 서초구 반포2동 00-0번지　(새마을회관 2층)
전화 : 000-000-0000,　000-0000-0000　/　FAX : 000-0000-0000

재건축정비사업 조합설립을 위한

창 립 총 회

(회 의 자 료)

■ 일　시 : 0000년 0월 00일 (토요일) 14 : 00시
■ 장　소 : 관악구 흑석동 00교 서울회관 대강당

※ 총회 참석 시 이 회의자료를 필히 지참하여 주시기 바랍니다.

서울특별시 서초구 반포동 00-0번지　(우) 137-766
☎ : 02)000-0000, 02)0000-0000 / FAX : 02)0000-0000
홈페이지 : www. banpo0.com

반포주공0단지 재건축정비사업 조합설립추진위원회

총 회 장 소 안 내

총회장 : 서울특별시 동작구 흑석1동 1-3. 00교 서울회관 대강당

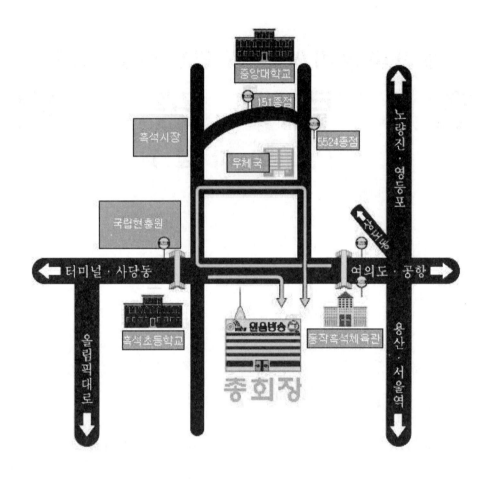

■ 일반버스 : 151, 360, 361, 362, 363, 640, 642, 4511,
　　　　　　　5517, 5511, 5529, 5524, 6411
■ 좌석버스 : 9408, 9412
■ 지 하 철 : 9호선 흑석역 1번 출구

　　※ 총회장 내 주차공간이 협소하여 교통이 혼잡할 것으로 예상되오니
　　　 대중교통을 이용하주시기 바랍니다.

목   차

1. 창립총회 개최 공고문

2. 모시는 글

3. 총회참석 시 유의사항

4. 대표자(추진위원장) 인사말

5. 회   순

6. 경과보고

7. 총회 상정의안

　　제1호 안건 : 재건축정비사업조합 설립동의의 건

　　제2호 안건 : 조합장 선출 및 임원 인준의 건

　　제3호 안건 : 재건축사업 시행계획(안) 결의의 건

　　제4호 안건 : 추진위원회 수행업무 추인의 건

　　제5호 안건 : 사업비예산(안) 승인의 건

　　제6호 안건 : 총회의 결의사항 위임의 건

　　제7호 안건 : 사업추진방식 확정 및 시공자 선정결의·공사계약 체결
　　　　　　　　　위임의 건

　　제8호 안건 : 기타 안건

8. 조합원 참고자료

　1) 정비사업추진 절차도

　2) 사업추진방식(도급제, 지분제) 비교표

　3) 용어해설

　4) 재건축사업과 컨설팅제도(PM, CM)

　5) PM제도 도입에 대한 대안

　6) 아파트의 면적표시 방법

　7) 향후 조합원분양 시까지 필요한 인감증명서 및 주민등록초본

　8) 도시정비법 제36조(토지등소유자의 동의방법 등)의 해설

　❖ 별지 : 서면결의서(양식)

창립총회 개최 공고

　반포주공0단지 재건축정비사업조합 창립총회를 아래와 같이 개최하고자 하오니 참석하여 주시기 바랍니다.

- 아　래 -

1. 일　　시 : 0000년 0월 00일(토요일) 오후 2시

2. 장　　소 : 서울시 동작구 흑석1동 103번지. 00교 서울회관 대강당

3. 참석대상 : 반포주공0단지아파트 구분소유권자 중 조합설립에 동의한 조합원

4. 상정의안 : 1) 재건축정비사업조합 설립동의의 건

　　　　　　　　2) 조합장 선출 및 임원 인준의 건

　　　　　　　　3) 재건축사업 시행계획(안) 결의의 건

　　　　　　　　4) 추진위원회 수행업무 추인의 건

　　　　　　　　5) 사업비예산(안) 승인의 건

　　　　　　　　6) 총회의 결의사항 위임의 건

　　　　　　　　7) 사업추진방식 확정 및 시공자 선정결의·공사계약 체결 위임의 건

　　　　　　　　8) 기타 안건

5. 지 참 물 : 1) 조합원(본인) 참석 시 : 참석권, 본인신분증(주민증 혹은 운전면허증), 도장

　　　　　　　　2) 대리인참석 시 : 위임장(조합원인감증명서 첨부), 대리인신분증, 대리인도장

6. 공유자의 경우 대표자 1인만 참석할 수 있습니다.

7. 부득이한 사정으로 총회에 참석할 수 없는 경우에는 '서면결의서(인감증명서 첨부)'를 총회개최일 전일까지 추진위원회사무실에 도착할 수 있도록 제출하여 주시기 바랍니다.

8. 기타사항 : 조합설립 동의서를 제출하지 않은 경우 총회에 참석할 수 없으며, 총회당일까지 조합설립 동의서를 제출하면 입장이 가능합니다.

　　　　　　(※ 총회는 '조합설립 동의서'를 제출한 조합원만이 참석할 수 있습니다)

9. 연락처 : 서울시 서초구 반포2동 00-0번지 반포주공0단지 재건축조합설립추진위원회

　　　　　☎ 02) 000- 0000, 0000-0000, FAX. : 02) 0000-0000

0000년 6월 30일

반포주공0단지 재건축정비사업 조합설립추진위원회

위　　원　　장　　　　　0　　0　　0　(인)

▶ 모 시 는 글 ◀

반포주공0단지아파트 소유자 여러분 그동안 안녕하셨습니까?

소유자 여러분의 큰 관심과 성원에 힘입어 그동안의 어려움을 무사히 극복하고 0000년 0월 00일 조합 창립총회를 개최하게 되었습니다.
반포주공0단지아파트의 재건축사업은 소유자님들의 진심어린 성원과 적극적인 협조로 조합설립을 위한 동의율이 80% 이상 달성되었으며, 드디어 조합 창립총회를 개최하게 됨으로써 우리들의 재건축사업은 본격적인 궤도에 진입하게 되는 것입니다.

저는 많은 소유자님들께서도 다른 재건축아파트에서 일어나고 있는 수많은 일들을 통하여, 재건축사업을 계획대로 그리고 무사히 추진한다는 것이 얼마나 어려운 일인가에 대해 잘 알고 계시리라 생각합니다. 따라서 우리 아파트의 재건축사업을 훌륭히 추진하기 위해서는 소유자 여러분의 적극적인 참여와 협조가 절실히 요구됩니다.
그동안 추진위원회에서는 여러 조합원님들과 전문가들의 도움을 받아서 사업계획의 수립 등 재건축사업을 훌륭히 추진하기 위한 여러 일들을 수행하여 왔습니다.
또한, 우리의 재건축사업에 큰 영향을 미치는 시공자를 선정하기 위한 '사업참여 제안서'의 작성을 위한 많은 토론과 고민이 있었습니다.
그 외에, 사업추진방식인 도급제와 지분제의 장단점 검토, 주택형 계획 등 조합원의 이익을 극대화하기 위한 여러 일들을 계획하고 확인하는 데 많은 시간이 소요되었습니다.

존경하는 아파트 소유자 여러분!
이번에 송부하여 드리는 '조합 창립총회 회의자료'는 추진위원회에서 그동안 수많은 시간과 노력을 경주하여 준비한 자료들입니다. 이 총회자료에는 재건축사업계획의 내용, 조합의 제반 규약, 조합장을 포함한 임원의 선출, 사업비예산(안), 사업추진방식 등 조합원님들께서 최종 결정해야 되는 중요한 사항들이 수록되어 있으니 상세히 검토해 주시기를 부탁드립니다.
책자의 모든 자료들은 조합원들의 손익에 직접적으로 영향을 미치는 매우 중요한 내용들입니다. 또한, 재건축사업은 우리들 스스로가 직접 결정하여 추진하는 사업입니다.
따라서 이번에 개최되는 창립총회에 필히 참석하시어 조합원 여러분의 소중한 권한을 행사하여 주시기 바랍니다.
부득이 총회 참석이 불가능한 조합원들께서는 동봉하여 드린 서면결의서 양식에 조합원님의 의사를 기재한 후 총회 전일까지 당 추진위원회 사무실에 도착할 수 있도록 송부하여 주시기 바랍니다.

조합원 여러분의 가정에 평안과 행복만이 가득하시기를 진심으로 기원합니다. 감사합니다.

0000년 0월 00일

반포주공0단지 재건축정비사업 조합설립추진위원회 위원장 0 0 0

총회참석 시 유의사항

1. 총회에 참석하기 전에는 본 '총회참석 시 유의사항'을 포함하여 '총회 회의자료'를 반드시 읽어보시기 바라며, 총회 당일에는 본 '총회 회의자료'를 필히 지참하시기 바랍니다.

2. 총회장 입장은 오후 1시부터이며 개회는 오후 2시입니다. 따라서 30분 이전에 미리 도착하여 접수절차를 마친 후 총회장에 입장하셔야 예정된 시간에 총회를 개회할 수 있습니다. 총회장 입장은 오후 4시 이전까지만 가능하므로 늦지 않도록 유의하여 주시기 바랍니다.

3. 총회는 조합원 본인이 직접 참석하거나, 조합정관 제10조제2항에 따라 대리인이 참석할 수 있습니다. 이때의 대리인은 민법에서 정하는 '상속에 관한 규정'에 준하는 성년자 (배우자 및 직계존비속)에 한합니다.

4. 총회에서의 의결권 행사는 '서면결의서'의 제출로 대행할 수 있습니다. 총회참석 시의 지참물 및 필요서류 등은 아래를 참고하시기 바랍니다.

- 아 래 -

구 분	지참물 및 필요서류
조합원이 참석 시	1. 신분증 및 도장 2. 2인 이상의 공동소유인 경우 - 조합에 대표자로 신고 된 조합원만 참석이 가능합니다. - 대표자가 아닐 경우 대표자의 위임장이 필요합니다.
대리인이 참석 시	1. 위임장(위임용 인감증명서 첨부) - 위임장에는 필히 조합원의 인감날인이 되어있어야 하며, - 2인 이상의 공동소유인 경우 조합에 대표자로 신고 된 조합원으로부터 위임받은 자만 참석이 가능합니다. 2. 대리인의 신분증 및 도장 3. 조합원과의 관계 증빙서류(예 주민등록등본, 호적등본, 의료보험증) - 대리인의 범위는 민법의 상속에 관한 규정에 준하는 성년자입니다. - 조합원과의 관계가 확인되지 않을 경우 입장할 수 없으니 관계를 증명할 수 있는 서류를 반드시 지참하여 주시기 바랍니다.
서면결의서 제출 시	1. 총회의결권은 서면결의서로 행사할 수 있습니다. 서면결의서 인감을 날인(조합에 등록된 인감)한 후 제출하여 주십시오. 2. 서면결의서는 총회책자의 각 안건을 검토한 후 표기하여 주십시오. 3. 서면결의서는 총회 전까지 도착될 수 있도록 제출하여야 합니다. 4. 서면결의로 의결권을 행사한 조합원은 총회당일 의결권을 행사할 수 없습니다.
정관변경동의서 제출 시 (미제출자에 한함)	1. 정관변경동의서는 별도의 양식 및 절차로 동의서를 징구하도록 관계 법령에 규정되어 있어 조합원은 필히 제출하여야 합니다. 2. 정관변경 동의서는 인감을 날인한 후 인감증명서 1통을 첨부하여 총회 참석을 위한 접수 시 접수처에 제출하여 주시기 바랍니다. 3. 2인 이상이 공동명의로 주택을 소유한 경우 조합에 신고 된 대표자의 인감증명서를 첨부하셔야 합니다.

▥ 대표자(추진위원장) 인사말 ▥

존경하는 반포주공0단지아파트 재건축조합원 여러분! 안녕하십니까?
재건축조합설립추진위원회 위원장 ○ ○ ○ 입니다.

그동안 우리 재건축조합설립추진위원회가 재건축사업의 성공적인 추진을 목표로 하여
힘차게 출범한 이래 관계 규정의 미확정 등 여러 난제들로 인하여 참으로 많은 어려움이
있었습니다. 그러나 소유자 여러분들의 적극적인 협조와 성원으로 오늘 재건축조합 설립을 위한
조합 창립총회를 개최하게 된 것에 대해 여러분께 진심으로 감사의 말씀을 올립니다.
또한, 그동안 우리 아파트의 성공적인 재건축사업을 위해 물심양면으로 도움을 주시는
관계 기관과 협력회사, 그리고 이 자리를 빛내주신 내빈 여러분께 주민을 대표하여 깊은
감사의 말씀을 드리는 바입니다.

성공적인 재건축사업을 추진하기 위해서는 앞으로도 여러 어려운 과제들이 우리들 앞에
산적해 있습니다. 그러나 우리 조합원들이 한마음으로 협력하여 조합업무에 협력하여 주신
다면 어떠한 어려운 일이라도 무난히 극복하고 소유자 모두의 염원인 재건축사업을 성공적으로
완수할 수 있을 것입니다. 이를 위해 조합의 모든 임원들도 최선의 노력을 다할 것입니다.

재건축사업을 추진하는 궁극적인 목표가 쾌적한 주거환경을 조성하는 것이라 하겠으나,
이에 못지않게 중요한 것은 개발이익을 극대화하여 소유자 여러분의 재산 가치를 최대한
높이는 일이 될 것입니다. 그렇지만, 우리가 이 두 가지의 목표를 동시에 달성하기란 결코
쉬운 일이 아닙니다. 이를 위해서는 조합의 임원 등 몇 사람들만의 노력으로 이루어지는
것이 아니라 모든 조합원이 힘을 합해 끝없는 노력을 기우려야 가능한 일입니다.
우리 모두가 협력해야 사업기간을 최대한 단축할 수 있을 것이며, 이로 인해 많은 금액이
예상되는 제반 금융비용이 감소되고, 불필요한 사업비도 절감될 수 있을 것입니다.
우리는 어떠한 어려움이 닥치더라도 합심하여 우리의 재건축사업을 성공리에 완수해야 할
것이며, 이는 소유자님들의 적극적인 협조없이는 절대 불가능한 일이라고 생각합니다.

소유자 여러분께서 지금까지 추진위원회에 보내주신 관심과 협조로 오늘에 이르게 된 것과
같이 앞으로도 재건축조합에 많은 성원을 보내주실 것을 부탁드리며, 저와 임원들 모두는
성공적인 재건축사업을 위해 최선을 다할 것을 약속드립니다.

주민 여러분의 가정에 평안과 행복만이 가득하시기를 진심으로 기원합니다.

0000년 0월 00일

반포주공0단지 재건축정비사업 조합설립추진위원회 위원장 ○ ○ ○

회   순

1. 성원보고

2. 개회선언

3. 국민의례

4. 위원장 인사말

5. 내빈소개

6. 내빈 격려사(축사)

7. 경과보고

8. 안건심의

   제1호 안건 : 재건축정비사업조합 설립동의의 건

   제2호 안건 : 조합장 선출 및 임원 인준의 건

   제3호 안건 : 재건축사업 시행계획(안) 결의의 건

   제4호 안건 : 추진위원회 수행업무 추인의 건

   제5호 안건 : 사업비예산(안) 승인의 건

   제6호 안건 : 총회의 결의사항 위임의 건

   제7호 안건 : 사업추진방식 및 시공자 선정결의·공사계약 체결
              위임의 건

   제8호 안건 : 기타 안건

9. 폐회선언

경 과 보 고

■ 사업추진 경과보고

■ 재정상태 보고

반포주공0단지 재건축정비사업 조합설립추진위원회

■ 사업추진 경과보고(0000. 0. ~ 0000. 0.)

일 시	주 요 수 행 업 무 내 역	비 고
0000. 0. 00.	★ 재건축조합설립 추진준비위원회 구성 : 잉여금 중에서 사업추진경비 1,000만원 조달	
	★ 6회에 걸쳐 조합설립 동의서 징구 안내문 발송 : 동의서 76.5% 징구	
	★ 재건축조합설립 추진준비위원회 명칭변경 →'재건축정비사업 조합설립추진위원회	
	★ 조합설립 동의서 징구결과 보고 ★ 조합정관 제정 발의	
	★ 9회에 걸쳐 조합설립 동의서 징구 안내문 발송 : 동의서 76.5% 징구	
	★ 재건축사업 추진비용 조달방법 결의 : 000에서 조달	
	★ 동별 대의원 선거 실시 : 총30명	
	★ 동별 대의원 상견례 및 임시 추진위원장 선출 : 0 0 0 선출 ★ 미선출된 동대의원 재선출 결의	
	★ 동별 대의원 재선거 실시 - 11명 재 선출	
	★ 재건축정비사업 조합설립추진위원장 선출 및 운영위원회 결성 -위원장 0 0 0 선출, 대의원회 구성(의원 : 7명)	
	★ 설계자 선정 발의(대의원) : 11차례 심사위원회 심의 ★ 대의원회 최종 결의로 설계자 선정 : (주) 000엔지니어링 종합건축사사무소 선정	
	★ 재건축정비사업 조합설립추진위원회 사무소개소식 개최 : 시의원, 구의원, 반포동협의회, 입주민 참석	
	★ 조합정관(안) 일부 개정, 여직원 채용, '운영위원회'를 '이사회'로 명칭변경	
	★ 예산편성 승인(8개 항목 : 18,855,000원), 회계감사 선출 : 김 0 0	

일 시	주 요 수 행 업 무 내 역	비 고
0000. 0. 00.	★ 재건축조합정관(안) 일부 개정, 궐위된 대의원 5명 선출 ★ 예산편성 승인 : 2개 항목 250만원 증액	
	★ 사업추진방식 확정 : 도급제로 결정 ★ 궐위된 동대의원 2명 선출	
	★ 시공자 선정 시기에 관한 토의 ★ 창립총회에서 시공자를 최종 선정하는 방안 확정	대의원회
	★ 컨소시엄에 관한 대의원 투표실시-컨소시엄 반대 확정 ★ 재건축사업시행계획서(개정된 동의서 등) 발송	
	★ 시공자 현장설명회 개최 : 8개회사 참여, 입찰신청서 접수	
	★ 이사 3명 선출	
	★ 조합장 입후보자 등록 공고	
	★ 재건축 관련 주민설명회 개최	
	★ 조합장 입후보자 등록마감	
	★ 시공자 입찰신청서 접수마감 : 2개회사 입찰참여	
	★ 총회 상정안건 확정, 총회개최 일시 및 장소 확정	대의원회
	★ 시공자의 입찰계획서 분석 후 사업추진방식을 　도급제로 하는 것으로 확정	대의원회

■ 재정상태 보고

재 무 제 표 주 석

1. 예 금

0000. 9. 30 현재 예금 잔액은 다음과 같습니다.

은 행 명	계 좌 번 호	예 금 종 류	금 액
하나은행	384-20-000000	기업자유예금	0,000,000
〃	384-20-000000	〃	000,000
우리은행	000-00000-00-000	〃	00,000
계			0,000,000

2. 재건축 미수금

재건축추진위원회에서는 소유자에게

0000년도 m²당 500원(18평 : 8,000원, 25평 : 12,500원)인 22,125,000원,

0000년 0월에 m²당 1,901원(18평: 30,416, 25평: 47, 525원)씩 84,119,250원을

재건축 미수금으로 회계처리 하였으며, 0000. 0. 00일 현재 재건축 미수금은

아래와 같습니다.

부과년도	면적(평)	미납세액	부과금액	합 계
0000. 0.	18	219	8,000	1,750,000
	25	20	12,000	250,000
0000. 0.	18	1470	30,000	44,711,000
	25	519	47,000	24,665,000
계				71,378,000

3. 선수관리비

연도별 선수관리비 내용은 아래와 같습니다.

년 도	선수관리비	수입이자	잡수익	합 계
0000	22, 125,000	151,000	20	22,276,000
0000		867,000		867,000
0000	50,000,000	994,000		50,994,000
0000		6,526,000		6,526,000
0000		2,761,000		2,761,000
0000		847,000		847,000
0000. 00. 00	84,119,000			84,119,000
계	156,244,000	12,149,000	20	168,393,000

❖ (이하 손익계산서는 수록 생략)

합 계 잔 액 시 산 표

0000. 1. 1 ~ 9. 30

대 변	차 변	과 목	차 변	대 변
305,000	32,362,000	현 금	32,056,000	
6,826,000	28,106,000	예 금(우리)	21,280,000	
54,000		예 금(하나)	2,600,000	
	2,654,000	예 금(국민)		
3,458,000	3,458,000	비 품		
71,379,000	86,146,000	재건축미수금	14,766,000	
		가 수 금	5,011,000	5,011,000
		선수 관리비	168,393,000	168,393,000
		단기 차입금	5,000,000	0
		수입보증금	3,000,000	500,000
		미처분이익잉영금	-77,267,000	-77,267,000
		수 입 이 자	71,000	71,000
		잡 수 입	5,000	5,000
14,683,000	14,683,000	(일반관리비) 인 건 비		
1,000,000	1,000,000	판 공 비		
21,000	21,000	교통운임비		
373,000	373,000	통 신 비		
1,133,000	1,133,000	도서 인쇄비		
500,000	500,000	광고 선전비		
537,000	527,000	업무 추진비		
9,064,000	9,064,000	회 의 비		
223,000	223,000	감 사 비		
838,000	838,000	소 모 품 비		
939,000	939,000	지급 수수료		
2,000	2,000	잡 비		
50,000	50,000	예 비 비		
8,000	8,000	수선유지비		
96,715,000	174,918,000	합 계	174,918,000	96,715,000

총 회 상 정 의 안

■ 제1호 안건 : 재건축정비사업조합 설립동의의 건

■ 제2호 안건 : 조합장 선출 및 임원 인준의 건

■ 제3호 안건 : 재건축정비사업 시행계획(안) 결의의 건

■ 제4호 안건 : 추진위원회 수행업무 추인의 건

■ 제5호 안건 : 사업비예산(안) 승인의 건

■ 제6호 안건 : 총회의 결의사항 위임의 건

■ 제7호 안건 : 사업추진방식 확정 및 시공자 선정결의·
　　　　　　　 공사계약 체결 위임의 건

■ 제8호 안건 : 기타 안건

[가칭]반포주공0단지 재건축정비사업조합

상 정 의 안

- 제1호 안건 -
재건축정비사업조합 설립동의의 건

(가칭)반포주공0단지 재건축정비사업조합

■ **상정의안 : 제1호 안건**

재건축정비사업조합 설립동의의 건

1. 의안상정
: 제1호 안건 「재건축정비사업조합 설립동의의 건」을 상정합니다.

2. 제안사유
: 반포주공0단지아파트의 재건축사업을 추진하기 위한 재건축조합을 설립하기 위해서는 ① 건설되는 건축물의 설계개요, ② 공사비 등 정비사업에 드는 비용, ③ 공사비 등 정비사업에 드는 비용의 분담기준, ④ 사업완료 후 소유권의 귀속에 관한 사항, 및 ⑤ 조합정관이 포함된 조합설립 방안에 대한 구분소유자의 동의가 필요하며, 이에 대한 동의 방법은 도시정비법 시행규칙의 별지 6호서식(**재건축정비사업 조합설립 동의서**)에 의한 동의서에 동의를 받는 방법에 따라야 합니다.

3. 제안근거
가. 도시 및 주거환경정비법 제35조(**조합설립인가 등**)제3항
나. 도시 및 주거환경정비법 제45조(**총회의 의결**)
다. 도시 및 주거환경정비법 시행령 제30조(**조합설립인가신청의 방법 등**)제1항 및 제2항
라. 도시 및 주거환경정비법 시행령 제47조(**사업시행계획서의 작성**)<u>제2항</u>

4. 의결내용
: 재건축사업의 추진을 위한 조합설립에 동의하여 기 배부된 별첨의 '재건축정비사업 조합설립 동의서'를 작성하여 창립총회 개최 전까지 재건축정비사업 조합설립추진위원회에 제출하는 방법으로 조합설립에 동의합니다.

[첨 부] -1. 재건축정비사업 조합설립 동의서

-2. ① 재건축정비사업조합 정관(안)
② 재건축정비사업조합 운영규정(안)
③ 재건축정비사업조합 선거관리규정(안)

0000년 0월 00일

(가칭)반포주공0단지 재건축정비사업조합 창립총회 참석자 일동
(동의서 제출자 총   명)

(첨부) - 1 재건축정비사업 조합설립 동의서(양식)

(검정양식인 도시정비법 시행규칙 별지 6호서식 기준)

※ 색상이 어두운 란은 동의자가 적지 않습니다.

행정기관에서 부여한 연번범위		연 번	

I. 동의자 현황

1. 주택소유자 인적사항

주민등록상 현주소			
성 명		주민등록번호	-
연 락 처	전화번호 :	핸드폰 :	

2. 공동주택 및 상가 등 부대시설 구분소유권 현황

소유권 위치 (물건소재지)	서울시 서초구 반포동 00-0번지(외 0필지) 지상, 반포주공0단지 ■ 아파트 : ( )동 ( )호 ■ 상 가 : ( )동 ( )층 ( )호		
등기상 건축물 지분	m²	등기상 대지 지분	m²

II. 동의내용

1. 조합설립 및 재건축정비사업 시행계획 내용

가. 신축건축물의 설계개요

(※ 반포아파트지구 개발기본계획 확정고시(안)를 기준하여 사업계획승인 시 확정됨)

대지면적 (m²)	건축연면적 및 건축규모와 세대수										용적률 (%)	복리시설/ 상가	비고
	건축연면적 (m²)	층 수	동 수	아파트 규모(m²)와 세대수									
				59	84	105	125	144	170	합계			
133,661.30	487,799.56	14~35	25	572	878	564	379	260	114	2,767	269.67		

나. 공사비 등 정비사업에 드는 비용(정비사업비)

(※ 예상사업비를 추산하여 산출하였으며 설계변경, 관리처분계획 및 입주 시 확정됨)

철거 및 건설공사비	기타 사업비용	합 계
약 383,654,362천원	약 143,099,373천원	약 526,753,735천원

다. 공사비 등 정비사업에 드는 비용의 분담

: 조합정관에 따라 현 소유주택의 주택형에 따라 비용을 공평하게 분담하며, 관리처분 시 가청산하고, 입주 후 청산 시 분담금을 최종 확정하는 데 동의한다.

■ 공동주택 소유 조합원의 신축 공동주택 입주 주택형별 예상 분담금액

(단위 : m², 천원

구　　분			조합원의 단위면적(m²)당 권리지분 : 85,137	
			[18평형] ▶ 대지지분: 58.530m² ▶ 권리지분: 550,668천원	[25평형] ▶ 대지지분: 81.216m² ▶ 권리지분: 764,104천원
주택형	분양면적	예상분양금액	예상분담금	예상분담금
59m²	85.90	312,500	-238,168(환급)	-451,604(환급)
84m²	115.12	540,000	-10,668(환급)	-224,104(환급)
105m²	136.92	715,000	164,332(부담)	-49,104(환급)
125m²	158.00	825,000	274,332(부담)	60,895(부담)
144m²	180.88	1,008,000	457,332(부담)	243,896(부담)
170m²	211.00	1,224,000	673,332(부담)	459,896(부담)

(※ 최종 분담금액은 관리처분, 가청산 및 청산 등을 통하여 확정한다)

《 공동주택(아파트) 소유 조합원의 분담금 산정 》

◉ 도급제방식으로 사업을 추진하기로 결의한 경우의 분담금 산정
　① 현 소유주택 주택형을 기준으로 분담금을 정하는 경우
　　* 조합원 분담금=분양받을 아파트의 분양금액-(해당)조합원의 권리지분
　　* 조합원의 권리지분= 주택형별 개발이익금 배분금액×(해당)조합원의 현
　　　소유주택 주택형별 평균대지면
　　* 주택형별 개발이익금 배분금액=개발이익금÷아파트 소유 조합원의
　　　총 소유대지 지분면적
* 조합원 권리지분의 산출

$$조합원\ 권리지분\ =\ 개발이익금\ ×\ \frac{조합원의\ 현\ 소유토지\ 및\ 건축물\ 평가액}{사업구역\ 내\ 전체조합원의\ 현소유토지\ 및\ 건축물\ 총평가액}$$

　* 개발이익금=(총 분양수입금+기타수입금) - (건축비 등 총사업비)

　② 현 소유 토지 및 건축물을 감정평가 하여 분담금을 정하는 경우
　　* 조합원 분담금=분양받을 아파트의 분양금액-(해당)조합원의 권리지분
　　* 개발이익금=(총 분양수입금+기타수입금)-(건축비 등 총사업비)

◉ 지분제방식으로 사업을 추진하기로 결의한 경우의 분담금 산정
　　* 시공자 선정 시 시공자가 제시하는 조합원 권리지분(무상지분)금액과
　　　분양주택형별 분담금액에 따른다.

《 상가 등 소유 조합원의 분담금 산정 》
◉ 상가 구분소유권자의 분담금 산정은 별도의 관리처분계획에 따른다.

■ 사업추진방식은 조합정관이 정하는 바에 따라 조합원 총회에서 재적조합원 과반수의 출석과 출석조합원 과반수 찬성으로 결정한다.

■ 분담금을 정하기 위한 조합원의 권리금액산정은 아래의 '①현 소유 주택형을 기준으로 분담금을 산정하는 경우'와, '②현 소유 토지 및 건축물을 평가하여 분담금을 산정하는 경우' 중에서 관리처분계획의 수립을 위한 총회에서 조합정관이 정하는 바에 따라 재적조합원 과반수의 출석과 출석조합원의 과반수 찬성으로 확정한다.

라. 신축건축물 구분소유권의 귀속에 관한 사항
: 조합정관 제8장(관리처분계획)에 따른다.

■ 아파트 : 분양 주택형의 결정은 조합원의 분양신청에 의하고, 경합이 있는 경우에는 현 소유(종전주택) 주택형이 큰 조합원에게 우선권을 부여하고, 주택형이 동일한 경우의 주택형 선택과 동·호수의 결정은 조합정관에 따른 관리처분계획 수립 시 정한다.

■ 상　가 : 분양면적 및 호수 결정은 분양신청에 의하고, 경합이 있는 경우에는 종전(현재) 소유 상가의 동일 층 조합원에게 우선권을 부여하고, 층이 같은 경우에는 평당 감정평가금액이 높은 조합원에게 우선선택권을 부여하며, 평가금액이 동일한 경우에는 공개추첨에 의한다. 단, 분양면적과 호수는 조합의 상가 분양계획에 의해 분할하여 정하는 면적과 호수에 의한다.

■ 잉여분 처분에 관한 사항 : 조합원에게 분양하고 남은 아파트와 상가 등 복리시설은 '주택공급에 관한 규칙'이 정하는 바에 따라 분양하고, 분양대금은 사업비에 우선 충당한다.

■ 토지 배분에 관한 사항 : 신축건물에 대한 토지는 공유지분으로 배분하되, 그 배분비율은 '도시및주거환경정비법 및 시행령 제63조'와 기타 법령이 정하는 바에 따른다.

위 본인은 '재건축정비사업 조합설립추진위원회'에서 작성·배포한 **재건축사업을 위한 사업시행계획서를** 살펴보고, 도시및주거환경정비법 제35조의 규정에 따라 조합을 설립하여 재건축정비사업을 시행하는 데 동의합니다.

2. 조합장 선정동의
본 조합의 대표자(조합장)는 조합원 총회에서 조합정관에 따라 선출된 자로 한다.

3. 재건축조합 정관(안)승인(동의)

위 본인은 '도시및주거환경정비법 제35조'의 규정에 따라 반포주공0단지 재건축정비사업 조합 설립추진위원회가 정한 첨부의 정관 내용을 숙지하고, 정관에서 정한 조합원의 권리 및 의무에 대해 성실히 이행하며, 정관이 정한 내용에 대해 이의가 없음을 확인하고, 조합정관의 내용 및 제정에 동의한다. (※ 조합정관 간인은 임원 및 감사 날인으로 대체합니다.)

(첨 부) - 2 : 재건축조합 정관(안) 등

4. 재건축정비사업 시행계획서

반포주공0단지 재건축정비사업 조합설립추진위원회에서 작성한 재건축정비사업 시행계획서와 같이 재건축정비사업을 추진한다.

※ 본 동의서를 제출한 경우에도 조합설립에 반대하고자 하는 경우 「도시및주거환경정비법 시행령」 제33조제2항에 따라 조합설립인가를 신청하기 전까지 동의를 철회할 수 있습니다. 다만, 동의 후 「도시및주거환경정비법 시행령」 제30조제2항 각호의 사항이 변경되지 아니한 경우에는 최초로 동의한 날부터 30일까지만 철회할 수 있으며, 30일이 지나지 아니한 경우에도 조합설립을 위한 창립총회 후에는 철회할 수 없습니다.

위 같이 본인은 반포주공0단지 재건축정비사업 시행구역의 토지등소유자로서 위의 동의 내용을 숙지하고 동의하며, 「도시및주거환경정비법」 제35조제2항부터 제3항까지의 규정에 따른 조합의 설립에 동의합니다. 또한, 조합설립 및 재건축정비사업 시행계획 내용은 사업시행계획 인가내용, 시공자 등과의 계약내용 및 제반 사업비의 지출내용에 따라 변경될 수 있으며, 그 내용이 변경됨에 따라 조합원 청산금(분담금) 등의 조정이 필요한 경우 「도시및주거환경정비법」 및 같은 법 시행령 에서 정하는 변경절차를 거쳐 재건축정비사업을 계속하여 추진하는 것에 동의합니다.

0000년 0월 00일

위 동의자   (인) (자필서명 후 지장날인)

(첨부 서류) : 토지등소유자 신분증명서 사본 1통

반포주공0단지 재건축정비사업 조합설립추진위원회 귀중

(가칭)반포주공0단지 재건축정비사업조합 창립총회 참석자 일동
(재건축정비사업조합 설립동의서 제출자 총   명)

재건축정비사업조합 정관(안)

본 재건축정비사업조합 정관은 법 제40조제2항에 따라 국토교통부가 제정한 「재건축정비사업조합 표준정관」을 기준으로 작성된 것으로, 정비사업 조합은 표준정관을 준수할 법적인 의무는 없으나, 「서울시 도시 및 주거환경정비 조례 제20조제1항제4호에서 '정관은 법 제40조제2항에 따른 표준정관을 준용하여 작성함을 원칙으로 한다.'라고 규정하고 있다.

- 차 례 -

제1장 총 칙

제1조(명칭)

① 본 조합의 명칭은 **반포주공0단지 재건축정비사업조합**(이하 "조합"이라 한다)이라 한다.

② 본 조합이 시행하는 재건축사업의 명칭은 **반포주공0단지 재건축정비사업**(이하 "사업" 혹은 "정비사업"이라 한다)이라 한다.

제2조(목적)

조합은 도시및주거환경정비법(이하 "법"이라 한다)과 이 정관이 정하는 바에 따라 제3조의 사업시행구역(이하 "사업시행구역"이라 한다)의 건축물을 철거하고 그 토지 위에 새로운 건축물을 건설하여 도시 및 주거환경을 개선하고 조합원의 주거안정 및 주거생활의 질적 향상에 이바지함을 목적으로 한다.

제3조(사업시행구역)

조합의 사업시행구역은 서울특별시 서초구 반포0동 00-0번지 외 0필지상의 주공0단지 아파트 단지로서 토지의 총면적은 133,349㎡(유치원부지 1,515.7㎡ 및 도로불하 예정용지 약 20,044.6㎡ 포함)로 한다. 다만, 사업시행상 불가피하다고 인정되어 관계 법령 및 이 정관이 정하는 바에 따라 추가로 편입되는 토지 등이 있을 경우에는 사업시행구역과 토지의 총면적이 변경된 것으로 본다.

제4조(사무소)

① 조합의 주된 사무소는 서울특별시 서초구 반포0동 00번지 반포주공0단지아파트단지에 둔다.

② 조합사무소를 이전하는 경우 대의원회의 의결을 거쳐 서초구 지역 내에서 이전할 수 있으며 조합원에게 통지한다.

제5조(사업시행방법)

① 조합원은 소유한 토지 및 건축물을 조합에 현물로 출자하고, 조합은 법 제74조 규정에 의하여 인가받은 관리처분계획에 따라 공동주택 및 **부대시설·복리시설**을 건설하여 공급 하기로 한다.

② 조합은 사업시행을 위하여 필요한 경우 정비사업비 일부를 금융기관 또는 관계 협력회사 등으로부터 대여 받아 사업을 시행할 수 있다.

③ 조합은 인·허가 등의 행정업무의 대행, 사업성 검토 및 사업시행계획서의 작성, 설계자· 시공자 선정에 관한 업무의 지원, 사업시행인가의 신청에 관한 업무의 대행, 관리처분계획의 수립에 관한 업무의 대행 등을 지원하는 정비사업전문관리업자를 선정 또는 변경할 수 있다.

④ 사업시행을 위하여 필요한 대지 및 주택 등의 사용·처분, 공사비 및 부대비용 등 사업비의 부담, 시공상의 책임, 공사기간, 하자보수책임 등에 관하여는 조합과 시공자간에 별도의 약정을 체결하여 그에 따른다.

⑤ 조합은 사업시행계획서를 작성하여 사업시행인가를 신청할 수 있으며, 이 경우 토지등 소유자의 동의를 얻어야 한다.

제6조(사업기간)

사업기간은 조합설립인가일부터 법 제89조에서 규정한 청산업무가 종료되는 날까지로 한다.

제7조(조합원의 권리·의무에 관한 사항의 고지·공고 방법)

① 조합은 조합원의 권리·의무에 관한 사항 및 총회, 대의원회, 조합의 운영에 관한 사항 등을 조합원에게 성실히 고지·공고하여야 한다.

② 제1항의 고지·공고방법은 이 정관에서 따로 정하는 경우를 제외하고는 다음 각 호의 방법에 따른다.

   1. 관계 조합원에게 등기우편으로 개별 고지하여야 하며, 등기우편이 주소불명, 수취 거절 등의 사유로 반송되는 경우에는 1회에 한하여 일반우편으로 추가 발송하며, 같은 사유로 반송되는 경우에는 제2호의 공고로 통지된 것으로 한다. 단, 사업구역에 거주 하는 조합원의 경우에는 우편발송을 생략하고 직접 전달하거나 각 동 우편함 또는 입구의 게시판에 게시함으로써 대신할 수 있다.

   2. 조합원이 쉽게 접할 수 있는 일정한 장소의 게시판(이하 "게시판"이라 한다)에 14일 이상 공고하고 게시판에 게시한 날부터 3월 이상 조합사무소에 관계 서류와 도면 등을 비치하여 조합원이 열람할 수 있도록 한다.

   3. 인터넷 홈페이지가 있는 경우 홈페이지에도 공개하여야 한다. 다만, 특정인의 권리에 관계되거나 외부에 공개하는 것이 곤란한 경우에는 그 요지만을 공개할 수 있다.

   4. 제1호의 등기우편이 발송되고, 제2호의 게시판에 공고가 있는 날부터 고지·공고된 것으로 본다.

제8조(정관의 변경)

① 정관을 변경하고자 할 때에는 조합원 5분의 1 이상, 대의원 과반수 또는 조합장의 발의가 있어야 한다.

② 정관을 변경하고자 하는 경우에는 조합원 과반수(법 제40조 제1항 제2호·제3호·제4호· 제8호·제13호 또는 제16호의 경우에는 조합원 3분의 2 이상을 말한다)의 동의를 얻어 구청장의 인가를 받아야 한다. 다만, 도시및주거환경정비법 시행령(이하 "시행령"이라 한다) 제39조에서 정하는 경미한 사항을 변경하고자 하는 때에는 대의원회의 의결을 거쳐 변경 하고 구청장에게 신고하여야 한다.

③ 법 제36조의 **토지등소유자의 동의방법에 관한 규정**은 제2항의 규정에 의한 동의에 이를 준용한다.

제2장 조 합 원

제9조(조합원의 자격 등)

① 조합원은 법 제2조제9호나목의 규정에 의한 건축물 및 그 부속토지의 소유자(이하 "토지등 소유자"라 한다)로서 **조합설립에 동의한** 자로 한다. 다만, 조합설립에 동의하지 아니한 자는 정관 제46조의 규정에 의한 분양신청기한까지 다음 각 호의 사항이 기재된 도시정비법 시행규칙 별지 제6호서식의 **조합설립 동의서**를 조합에 제출하여야 조합원이 될 수 있다.

   1. 신축건축물의 설계개요

2. 공사비 등 정비사업에 드는 비용

　3. 공사비 등 정비사업에 드는 비용의 분담

　4. 신축건축물 구분소유권의 귀속에 관한 사항

　5. 조합정관

② 동일인이 2개 이상의 주택 등을 소유한 때 및 조합설립인가 후 1명의 토지등소유자로부터 토지 또는 건축물의 소유권이나 지상권을 양수하여 여러 명이 소유하게 된 때는 그 주택 등의 수에 관계없이 1인의 조합원으로 본다.

③ 하나의 (구분)소유권이 수인의 공유에 속하는 때, 여러 명의 토지등소유자가 1세대에 속하는 때에는 동일한 세대별 주민등록표상에 등재되어있지 아니한 배우자 및 미혼인 **19세 미만**의 직계비속은 1세대로 보며, 1세대로 구성된 여러 명의 토지등소유자가 조합설립인가 후 세대를 분리하여 동일한 세대에 속하지 아니 하는 때에도 이혼 및 **19세 이상** 자녀의 분가(세대별 주민등록을 달리하고, 실거주지를 분가한 경우로 한정한다)를 제외하고는 1세대로 본다. 이 경우 그 수인은 대표자 1인을 대표조합원으로 지정하고 **별지 2**의 대표조합원선임 동의서를 작성하여 조합에 신고하여야 하며, 조합원으로서의 법률행위는 그 대표조합원이 행한다.

④ 양도·상속·증여 및 판결 등으로 조합원의 권리가 이전된 때에는 조합원의 권리를 취득한 자로 조합원이 변경된 것으로 보며, 권리를 양수받은 자는 조합원의 권리와 의무 및 종전의 권리자가 행하였거나 조합이 종전의 권리자에게 행한 처분, 청산 시의 권리·의무에 관한 범위 등을 포괄 승계한다.

⑤ 건축물 및 토지를 소유한 자라 하더라도 법 제39조제2항 본문에 해당하는 경우 조합원이 될 수 없다.

⑥ 건축물 및 토지를 소유한 자라 하더라도 법 제72조제6항 본문에 해당하여 분양신청을 할 수 없는 자는 조합원이 될 수 없다.

⑦ 토지를 소유하고 있지 아니한 건축물의 소유자는 자신의 부담으로 그 건축물의 부속 토지를 확보하는 조건으로 조합원이 될 수 있다.

제10조(조합원의 권리·의무)

① 조합원은 다음 각 호의 권리와 의무를 갖는다.

　1. 관리처분계획으로 정한 토지 또는 건축물의 분양청구권

　2. 총회의 출석권·발언권 및 의결권

　3. 임원의 선임권 및 피선임권

　4. 대의원의 선출권 및 피선출권

　5. 대지 및 건축물의 출자의무, 정비사업비, 청산금, 부과금(추가분담금, 사업경비 분담금, 매입부가세 및 사업소득세 등과 관련된 제반 부담금)과 이에 대한 연체료 및 지연손실금(이주지연, 계약지연, 조합원 분쟁으로 인한 지연 등을 포함한다)등의 비용납부의무

　6. 사업시행계획에 의한 철거 및 이주 의무

　7. 손실보상청구권

　8. 그 밖에 관계 법령 및 이 정관, 총회 등의 의결사항 준수의무

② 조합원의 권한은 평등하며 권한의 대리행사는 원칙적으로 인정하지 아니 한다. 다만, 다음 각 호에 해당하는 경우에는 권한을 대리할 수 있다. 이 경우 조합원의 자격은 변동

되지 아니 한다.

1. 조합원이 권한을 행사할 수 없어 배우자·직계존비속·형제자매 중에서 성년자를 대리인으로 정하여 위임장을 제출하는 경우
2. 해외거주자가 대리인을 지정한 경우
3. 법인인 토지등소유자가 대리인을 지정한 경우(이 경우 법인의 대리인은 조합의 임원 또는 대의원으로 선임될 수 있다.

③ 조합원이 그 권리를 양도하거나 주소 또는 인감을 변경하였을 경우에는 그 양수자 또는 변경 당사자는 그 행위의 종료일부터 **14일 이내**에 조합에 그 변경내용을 신고하여야 한다. 이 경우 신고하지 아니하여 발생되는 불이익 등에 대하여 해당 조합원은 조합에 이의를 제기할 수 없다.

④ 조합원은 조합이 재건축정비사업시행에 필요한 서류를 요구하는 경우 이를 제출할 의무가 있으며, 조합의 승낙이 없는 한 이를 회수할 수 없다. 이 경우 조합은 요구서류에 대한 용도와 수량을 명확히 하여야 하며, 조합의 승낙이 없는 한 회수할 수 없다는 것을 미리 고지하여야 한다.

제11조(조합원 자격의 상실)

① 조합원이 건축물의 소유권이나 입주자로 선정된 지위 등을 양도하였을 때에는 조합원의 자격을 즉시 상실한다.

② 관계 법령 및 이 정관에서 정하는 바에 따라 조합원의 자격에 해당하지 않게 된 자의 조합원자격은 자동 상실된다.

③ 조합원으로서 고의 또는 중대한 과실 및 의무불이행 등으로 조합에 대하여 막대한 손해를 입힌 경우에는 총회의 의결에 따라 조합원을 제명할 수 있다. 이 경우 제명 전에 해당 조합원에 대해 청문 등 소명기회를 부여하여야 하며, 청문 등 소명기회를 부여 하였음에도 이에 응하지 아니한 경우에는 소명기회를 부여한 것으로 본다.

④ 조합원은 임의로 조합을 탈퇴할 수 없다. 다만, 부득이한 사유가 발생한 경우 총회 또는 대의원회의 의결에 따라 탈퇴할 수 있다.

제3장 시공자, 설계자 및 정비사업전문관리업자의 선정

제12조(시공자의 선정 및 계약)

① 시공자의 선정은 일반경쟁입찰 또는 지명경쟁입찰방법으로 하되, 1회 이상 일간신문에 입찰공고를 하고, 현장설명회를 개최한 후 **사업참여 계획서**를 제출받아 총회에서 선정 한다. 다만, 미응찰 등의 이유로 **2회** 이상 유찰된 경우에는 총회의 의결을 거쳐 「국가를 당사자로 하는 계약에 관한 법률」 시행령 제27조의 규정을 준용하여 수의계약 할 수 있다. 선정된 시공자를 변경하는 경우에도 같다.

② **제1항 본문에 따라 일반경쟁의 방법으로 계약을 체결하는 경우로서 대통령령으로 정하는 규모를 초과하는 계약인 경우에는 「전자조달의 이용 및 촉진에 관한 법률」 제2조제4호의 국가종합전자조달시스템(이하 "전자조달시스템")을 이용하여야 한다.** <법 신설 2017. 8. 9.>

③ 조합은 제1항의 규정에 의하여 선정된 시공자와 그 업무범위 및 관련 사업비의 부담 등 사업시행 전반에 대한 내용을 협의한 후 미리 총회의 의결을 거쳐 별도의 계약을 체결하여야

하며, 그 계약내용에 따라 상호간의 권리와 의무가 부여된다. 계약내용을 변경하는 경우도 같다. 다만, 금전적인 부담이 수반되지 아니하는 사항의 변경은 대의원회의 의결을 거쳐야 한다.

④ 조합은 제2항의 규정에 의하여 시공자와 체결한 계약서를 조합해산 일까지 조합사무소에 비치하여야 하며, 조합원의 열람 또는 복사요구에 응하여야 한다. 이 경우 복사에 드는 비용은 복사를 원하는 조합원이 부담한다.

⑤ 제2항의 계약내용에는 토지 및 건축물의 사용·처분, 공사비 및 부대비용 등 사업비의 부담, 시공보증, 시공상의 책임, 공사기간, 하자보수 책임 등에 관한 사항을 포함하여야 한다.

제13조(설계자의 선정 및 계약)

① 설계자는 건축사법 제23조의 규정에 적합하여야 하며, 설계자의 선정은 일반경쟁입찰방법 또는 지명경쟁입찰방법으로 하되, 1회 이상 일간신문에 입찰공고를 하고, 현장설명회를 개최한 후 **사업참여 제안서**를 제출받아 총회에서 선정한다. 다만, 미응찰 등의 이유로 **2회** 이상 유찰된 경우에는 총회의 의결을 거쳐 수의계약할 수 있다. 선정된 설계자를 변경하는 경우도 같다.

② **제12조제2항내지 제4항**의 규정은 설계자의 선정 및 계약에 관하여 이를 준용한다. 이 경우 "시공자"는 각각 "설계자"로 본다.

제14조(정비사업전문관리업자의 선정 및 계약)

① 조합이 정비사업전문관리업자를 선정 또는 계약하고자 하는 경우에는 제13조의 규정을 준용한다. 이 경우 "설계자"는 각각 "정비사업전문관리업자"로 본다.

② 조합은 정비사업전문관리업자가 법 제106조제1항 규정에 의해 등록취소처분 등을 받은 경우, 처분 등을 통지받거나 처분사실을 안 날로부터 3월 이내 해당 업무계약의 해지여부를 결정하여야 한다.

③ 조합은 정비사업전문관리업자가 법 제106조제5항에 해당하게 되는 경우 즉시 업무를 중지시키고 관계서류를 인계받아야 한다.

제4장 임원 등

제15조(임원)

① 조합에는 다음 각 호의 임원을 둔다.
  1. 조합장 1인
  2. 이사 5~10인 이내
  3. 감사 1인 이상 2인 이내(회계감사, 업무감사)

② 조합임원은 총회에서 조합원 과반수 출석과 출석 조합원의 과반수 동의를 얻어 다음 각 호의 1에 해당하는 조합원 중에서 선임한다. 다만, 임기 중 궐위된 경우에는 다음 각 호의 1에 해당하는 조합원 중에서 대의원회가 이를 보궐선임 한다. 이때, 조합장은 선임일로부터 관리처분계획인가를 받을 때까지는 해당 정비구역에서 거주(다만, 영업을 하는 자의 경우 영업을 말한다)하여야 한다.
  1. 정비구역에서 거주하고 있는 자로서 선임일 직전 3년 동안 정비구역 내 거주 기간이 1년 이상일 것.

2. 정비구역에 위치한 건축물 또는 토지(재건축사업의 경우에는 건축물과 그 부속토지를 말한다)를 5년 이상 소유하고 있을 것

③ 임원의 임기는 선임된 날부터 3년까지로 하되, 총회의 의결을 거쳐 연임할 수 있다. 이때, 임기의 기산점은 조합임원의 등기시점을 기준으로 한다.

④ 조합임원의 선출방법 등은 정관으로 정한다. 다만, 다음 각 호의 어느 하나에 해당하는 경우 **시장·군수등에게** 시·도조례로 정하는 바에 따라 변호사·회계사·기술사 등으로서 대통령령으로 정하는 요건을 갖춘 자를 **전문조합관리인으로 선정하여 조합임원의 업무를 대행하게 할 수 있다.**

1. 조합임원이 사임, 해임, 임기만료, 그 밖에 불가피한 사유 등으로 직무를 수행할 수 없는 때부터 6개월 이상 선임되지 아니한 경우

2. 총회에서 조합원 과반수의 출석과 출석 조합원 과반수의 동의로 전문조합관리인의 선정을 요청하는 경우

⑤ 제2항 단서의 규정에 따라 보궐 선임된 임원의 임기는 전임자의 잔임 기간으로 한다.

⑥ 임기가 만료된 임원은 그 후임자가 선임될 때까지 그 직무를 수행한다.

⑦ 조합장은 대의원이나 조합원 중에서 재건축정비사업에 관한 전문직 약간 명을 자문위원으로 위촉할 수 있다. 이때, 자문위원은 의결권이나 투표권을 행사할 수 없다.

제16조(임원의 직무 등)

① 조합장은 조합을 대표하고 조합의 사무를 총괄하며 총회와 대의원회 및 이사회의 의장이 된다.

② 이사는 조합장을 보좌하고, 이사회에 부의된 사항을 심의·의결하며 이 정관이나 운영규정이 정하는 바에 따라 조합의 사무를 분장한다.

③ 감사는 조합의 사무 및 재산 상태와 회계에 관하여 감사하며 정기 총회에 감사결과보고서를 제출하여야 하며, 조합원 5분의1 이상의 요청이 있을 때에는 공인회계사에게 회계감사를 의뢰하여 공인회계사가 작성한 감사보고서를 총회 또는 대의원회에 제출하여야 한다.

④ 감사는 조합의 재산관리 또는 조합의 업무집행이 공정하지 못하거나 부정이 있음을 발견하였을 때에는 대의원회 또는 총회에 보고하여야 하며, 조합장은 보고를 위한 대의원회 또는 총회를 소집하여야 한다. 이 경우 감사의 요구에도 조합장이 소집하지 아니하는 경우에는 감사가 직접 대의원회를 소집할 수 있으며 대의원회 의결에 의하여 총회를 소집할 수 있다. 회의소집 절차와 의결방법 등은 제20조제7항, 제22조 및 제26조의 규정을 준용한다.

⑤ 감사는 제4항 직무 위배행위로 인해 감사가 필요한 경우 조합임원 또는 외부전문가로 구성된 감사위원회를 구성할 수 있다. 이 경우 감사는 감사위원회의 의장이 된다.

⑥ 조합장이 아래와 같은 이유로 그 직무를 수행할 수 없을 때에는 이사의 과반수 동의로 정한 이사가 그 직무를 대행하는 것을 원칙으로 한다.

1. 조합장이 유고 등으로 인하여 그 직무를 수행할 수 없을 경우

2. 조합장이 자기를 위한 조합과의 계약이나 소송 등에 관련되었을 경우

3. 조합장의 해임에 관한 사항

⑦ 조합은 그 사무를 집행하기 위하여 필요하다고 인정하는 때에는 조합의 인사규정이

정하는 바에 따라 상근하는 임원 또는 유급직원을 둘 수 있다. 이 경우 조합의 인사규정은 미리 총회의 의결을 받아야 한다.

⑧ 조합임원은 같은 목적의 사업을 시행하는 다른 조합·추진위원회 또는 해당 사업과 관련된 시공자·설계자·정비사업전문관리업자 등 관련 단체의 임원·위원 또는 직원을 겸할 수 없다.

⑨ 임원으로 선출된 날로부터 총회의결 시까지의 임원이 행한 적법한 업무행위는 법적효력을 갖는다.

제17조(임원의 결격사유 및 자격상실 등)

① 다음 각 호의 자는 조합의 임원 및 대의원이 될 수 없다.
  1. 미성년자·금치산자·한정치산자
  2. 파산자로서 복권되지 아니한 자
  3. 금고 이상의 실형의 선고를 받고 그 집행이 종료(종료된 것으로 보는 경우를 포함한다)되거나 집행이 면제된 날부터 2년이 경과되지 아니한 자
  4. 금고 이상의 형의 집행유예를 받고 그 유예기간 중에 있는 자
  5. **도시 및 주거환경정비법**을 위반하여 벌금 100만원 이상의 형을 선고받고 **10년**이 지나지 아니한 자

② 임원이 제1항 각호의 1에 해당하게 되거나 선임당시 그에 해당하는 자이었음이 판명되거나, 선임당시에 제15조제2항 각호에 따른 자격요건을 갖추지 못한 경우 당연 퇴임한다.

③ 제2항의 규정에 의하여 퇴임된 임원이 퇴임 전에 관여한 행위는 그 효력을 잃지 아니 한다.

④ 임원으로 선임된 후 그 직무와 직접적으로 관련한 횡령 등의 형사사건으로 기소된 경우 **(개인 간의 민·형사 사건에 의한 기소 등은 제외<주>)**에는 확정판결이 있을 때까지 제18조제4항의 절차에 따라 그 자격을 정지할 수 있다. 또한, 임원이 그 사건으로 받은 확정판결 내용이 법 제137조 및 제138조 벌칙규정에 의한 벌금형에 해당하는 경우에는 총회에서 신임 여부를 의결하여 자격상실 여부를 결정한다. **(주: 특정집단의 악용방지를 위해 추가필요)**

제18조(임원의 해임 등)

① 임원이 아래 사항에 해당하는 경우에는 해임할 수 있다. 다만, 제17조제2항의 규정에 의하여 당연 퇴임한 임원에 대해서는 해임 절차 없이 그 사실이 확인된 날로부터 그 자격을 상실한다.
  1. 업무상 중대 과실 및 업무태만
  2. 당 조합정관 및 재건축정비사업 관계 법령 등을 위반하여 조합에 부당한 손실을 초래한 경우
  3. 하도급공사의 수주, 하도급업자의 선정, 자재 납품 등의 업무와 관련된 이권개입
  4. 공사의 편의제공으로 뇌물수수 등
  5. 인쇄물의 배포, 게시 등의 방법으로 허위사실을 유포하여 조합의 명예나 신용을 훼손하거나 조합원간의 갈등, 분쟁을 조장하여 사업추진을 지연, 방해함으로써 타 조합원에 손실을 초래한 경우

② 임원이 자의로 사임하거나 제1항의 규정에 의하여 해임되는 경우에는 지체없이 새로운 임원을 선출하여야 한다. 이 경우 새로 선임된 임원의 자격은 구청장의 조합설립 변경인가 및 법인의 임원 변경등기를 하여야 대외적으로 효력이 발생한다.

③ 임원의 해임은 조합원 10분의 1 이상 또는 대의원 3분의 2 이상의 발의로 조합장

(조합장이 해임 대상인 경우는 발의자 공동명의로 한다)이 소집한 총회에서 조합원 과반수의 출석과 출석조합원의 과반수 동의를 얻어 해임할 수 있다. 조합장이 해임 대상인 경우 발의자 대표의 임시사회자로 선출된 자가 그 의장이 된다.

④ 제2항의 규정에 의하여 사임하거나 해임되는 임원의 새로운 임원이 선임, 취임할 때까지 직무를 수행하는 것이 적합하지 아니하다고 인정될 때에는 이사회 또는 대의원회의 의결에 따라 그의 직무수행을 정지하고 조합장이 임원의 직무를 수행할 자를 임시로 선임할 수 있다. 새로운 임원의 선임은 사임 및 해임 후 3월 이내에 조합의 선거관리규정에 의하여 선출한다. 다만, 조합장이 사임하거나 퇴임·해임되는 경우에는 제16조제6항을 준용한다.

⑤ 조합장 및 임원의 교체 시에는 조합관계 서류 일체를 후임자에게 인계인수 하여야 하며, 감사는 입회하여 확인 및 날인을 하여야 한다.

제19조(임직원의 보수 등)

① 조합은 상근임원 외의 임원에 대하여는 보수를 지급하지 아니한다. 다만, 임원의 직무수행으로 발생되는 경비는 지급할 수 있다.

② 조합은 상근하는 임원 및 유급직원에 대하여 조합이 정하는 별도의 보수규정에 따라 보수를 지급하여야 한다. 이 경우 보수규정은 미리 총회의 의결을 거쳐야 한다.

③ 유급직원은 조합의 인사규정이 정하는 바에 따라 조합장이 임명한다. 이 경우 임명 결과에 대하여 사후에 대의원회의 인준을 받아야 하며 인준을 받지 못하면 즉시 해임하여야 한다.

제5장 기 관

제20조(총회의 설치)

① 조합에는 조합원 전원으로 구성하는 총회를 둔다.

② 총회는 정기총회·임시총회로 구분하며 조합장이 소집한다.

③ 정기총회는 매년 1회, 회계연도 종료일부터 2월 이내에 개최한다. 다만, 부득이한 사정이 있는 경우에는 3월 범위 내에서 사유와 기간을 명시하여 일시를 변경할 수 있다. 단, 특별한 결의사항이 없을 경우 대의원 결의 후 서면결의, 소식지 등 서면으로 대체할 수 있다.

④ 임시총회는 조합장이 필요하다고 인정하는 경우에 개최한다. 다만, 다음 각 호의 1에 해당하는 때에는 조합장은 해당일로부터 2월 이내에 총회를 개최하여야 한다.

  1. 조합원 5분의 1 이상(정관의 기재사항 중 법 제40조제1항제6호에 따른 조합임원의 권리·의무·보수·선임방법·변경 및 해임에 관한 사항을 변경하기 위한 총회의 경우는 10분의 1 이상으로 한다)이 총회의 목적사항을 제시하여 청구하는 때

  2. 대의원 3분의 2 이상으로부터 개최요구가 있는 때

⑤ 제4항의 각호의 규정에 의한 청구 또는 요구가 있는 경우로서 조합장이 2월 이내에 정당한 이유 없이 총회를 소집하지 아니하는 때에는 감사가 지체없이 총회를 소집하여야 하며, 감사가 소집하지 아니하는 때에는 제4항 각호의 규정에 의하여 소집을 청구한 자의 공동명의로 이를 소집한다.

⑥ 제2항 내지 제5항의 규정에 의하여 총회를 개최하거나 일시를 변경하는 경우에는 총회의

목적·안건·일시·장소·변경사유 등에 관하여 미리 이사회의 의결을 거쳐야 한다.

다만, 제5항의 규정에 의한 조합장이 아닌 공동명의로 총회를 소집하는 경우에는 그러하지 아니하다.

⑦ 제2항 내지 제5항의 규정에 의하여 총회를 소집하는 경우에는 회의개최 **14일전**부터 회의목적·안건·일시 및 장소 등을 **게시판에 게시**하여야 하며 각 조합원에게는 회의개최 **7일전**까지 등기우편으로 이를 발송, **통지하여야 한다.**

⑧ 총회는 제7항에 의하여 통지한 안건에 대해서만 의결할 수 있다.

제21조(총회의 의결사항) (법 제45조<개정 2021.3.16.> 참조)

다음 각 호의 사항은 총회의 의결을 거쳐 결정한다.

1. 정관의 변경(법 제40조제4항에 따른 경미한 사항의 변경은 이 법 또는 정관에서 총회의 결사항으로 정한 경우로 한정한다)
2. 자금의 차입과 그 방법·이자율 및 상환방법
3. 정비사업비의 **세부 항목별 사용계획이 포함된 예산안 및 예산의 사용내역**
4. 예산으로 정한 사항 외에 조합원에게 부담이 되는 계약
5. 시공자·설계자 또는 **감정평가법인등**(법 제74조제**4항**<개정 2021.3.16.>에 따라 시장·군수 등이 선정·계약하는 **감정평가법인**은 제외한다)의 선정 및 변경. 다만, **감정평가법인등** 선정 및 변경은 총회의 의결을 거쳐 구청장에게 위탁할 수 있다.
6. 정비사업전문관리업자의 선정 및 변경
7. 조합임원의 선임 및 해임(임기 중 궐위된 자를 보궐선임하는 경우에는 제외한다)
8. 정비사업비의 조합원별 분담내역
9. 법 제52조에 따른 사업시행계획서의 작성 및 변경(법 제50조제1항 본문에 따른 정비 사업의 중지 또는 폐지에 관한 사항을 포함하며, 같은 항 단서에 따른 경미한 변경은 제외한다)
10. 법 제74조에 따른 관리처분계획의 수립 및 변경(법 제74조제1항 각호 외의 부분 단서에 따른 경미한 변경은 제외한다)
11. 법 제89조에 따른 청산금의 징수·지급(분할징수·분할지급을 포함한다)과 조합 해산 시의 회계보고
12. 법 제93조에 따른 비용의 조달금액 및 징수방법
13. 그 밖에 조합원에게 경제적 부담을 주는 사항 등 주요한 사항을 결정하기 위하여 대통령령 또는 정관으로 정하는 사항

제22조(총회의 의결방법) (법 제45조 제3항~제9항 참조)

① 총회의 의결방법은 도시정비법 또는 이 정관에서 특별히 정한 경우를 제외하고는 조합원 과반수의 출석으로 개의하고 **출석조합원 과반수**의 찬성으로 의결한다. 다만, 가부동수일 때는 의장이 그 결정권을 행사한다.

② 제1항의 규정에 불구하고 다음 각 호에 관한 사항은 **조합원 과반수**의 찬성으로 의결한다. 다만, 정비사업비가 100분의 10(생산자물가상승분, 법 제73조에 따른 손실보상금액은 제외한다) 이상 늘어나는 경우에는 **조합원 3분의 2 이상**의 찬성으로 의결한다.

   1. 정관 제21조제9호 – 법 제45조제1항 제9호의 사업시행계획의 작성 및 변경

2. 정관 제21조제10호 - 관리처분계획의 작성 및 변경

③ 조합원은 서면 또는 제10조제2항 각호에 해당하는 대리인을 통하여 의결권을 행사할 수 있다. 서면결의를 행사하는 경우 제1항 및 제2항의 규정에 의한 출석으로 본다.

④ 조합원은 제3항의 규정에 의하여 출석을 서면으로 하는 때에는 안건내용에 대한 의사를 표시하여 총회 전일까지 조합에 도착되도록 하여야 한다.

⑤ 조합원은 제3항의 규정에 의하여 출석을 대리인으로 하고자 하는 경우에는 조합이 정한 위임장양식에 인감 또는 조합에 등록된 사용인감을 날인한 위임장이나 대리인 관계를 증명하는 서류를 조합에 제출하여야 한다.

⑥ 총회 소집결과 정족수에 미달되는 때에는 재소집하여야 하며, 재소집의 경우에도 정족수에 미달되는 때에는 대의원회로 총회를 갈음할 수 있다. 단, 제21조제1호·제2호·제4호·제5호·제6호·제7호·제9호·제10호 및 제11호에 관한 사항은 그러하지 아니하다.

⑦ 제3항의 규정에도 불구하고 **시공자 선정을 위한 총회는 조합원 과반수가 직접 참석한 경우**(대리인이 참석한 때에는 직접 참석으로 본다)**에 한하여 의사를 진행할 수 있다.**

제23조(총회의 운영 등)

① 총회는 이 정관 및 의사진행의 일반적인 규칙에 따라 운영한다.

② 의장은 총회의 안건의 내용 등을 고려하여 다음 각 호에 해당하는 자등 조합원이 아닌 자를 총회에 참석하여 발언하도록 할 수 있다.

1. 조합직원

2. 정비사업전문관리업자·시공자 또는 설계자

3. 그 밖에 의장이 총회운영을 위하여 필요하다고 인정하는 자

③ 의장은 총회의 질서를 유지하고 의사를 정리하며, 고의로 의사진행을 방해하는 발언·행동 등으로 총회질서를 문란하게 하는 자에 대하여 그 발언의 정지·제한 또는 퇴장을 명할 수 있다.

④ 제1항과 제3항의 의사규칙은 대의원회에서 정하여 운영할 수 있다.

제24조(대의원회의 설치)

① 조합에는 대의원회를 둔다.

② 대의원의 수는 100인으로 하되 가능한 동별로 균등하게 대의원을 선출하여야 한다.

③ 대의원회 구성인원은 아래의 방법으로 선출된 대의원으로 한다.

가. 각 동별로 선출된 대의원

나. 상가 대표 대의원

④ 대의원은 조합원 중에서 선출하며, 조합장이 아닌 조합임원은 대의원이 될 수 없다.

⑤ 대의원의 선출 또는 궐위된 대의원의 보선은 다음 각 호의 1에 해당하는 조합원 중에서 선임한다. 다만, 궐위된 대위원의 보선은 대의원 5인 이상의 추천을 받아 대의원회가 이를 보궐 선임한다.

1. 피선출일 현재 사업시행구역에서 3년 이내 1년 이상 거주하고 있는 자(다만, 거주의 목적이 아닌 상가 등의 건축물에서 영업 등을 하고 있는 경우 영업 등은 거주로 본다)

2. 피선출일 현재 사업시행구역에서 5년 이상 토지 및 건축물을 소유한 자

⑥ 대의원회는 조합장이 필요하다고 인정하는 때에 소집한다. 다만, 다음 각 호의 1에

해당하는 때에는 조합장은 해당 일부터 14일 이내에 대의원회를 소집하여야 한다.

1. 조합원 10분의 1 이상이 총회의 목적사항을 제시하여 소집을 청구하는 때

2. 대의원의 3분의 1 이상이 회의의 목적사항을 제시하여 청구하는 때

⑦ 제6항 각호의 1에 의한 소집청구가 있는 경우로서 조합장이 **14일 이내**에 정당한 이유없이 대의원회를 소집하지 아니한 때에는 감사가 지체없이 이를 소집하여야 하며, 감사가 소집하지 아니하는 때에는 제6항 각호의 규정에 의하여 소집을 청구한 자의 공동명의로 이를 소집한다.

⑧ 대의원회 소집은 회의개최 **7일 전**에 회의목적·안건·일시 및 장소를 기재한 통지서를 대의원에게 송부하고, 게시판에 게시하여야 한다. 다만, 사업추진상 시급히 대의원회의 의결을 요하는 사안이 발생하는 경우에는 회의 개최 3일 전에 통지하고 대의원회에서 안건상정 여부를 묻고 의결할 수 있다.

⑨ 대의원 해임에 관한 사항은 제18조제1항을 준용한다.

제25조(대의원회의 의결사항)

① 대의원회는 다음 각 호의 사항을 의결한다.

1. 궐위된 임원 및 대의원의 보궐선임

2. 예산 및 결산의 승인에 관한 방법

3. 총회 부의안건의 사전심의 및 총회로부터 위임받은 사항

4. 인사규정, 보수규정, 회계규정 및 선거관리규정의 개정에 관한 사항

5. 총회의 의결로 정한 예산의 범위 내에서의 용역계약 등

6. 선거관리위원, 소위원회 등의 선출

② 대의원회는 제24조제8항의 규정에 의하여 통지한 사항에 관하여만 의결할 수 있다. 다만, 통지 후 시급히 의결할 사항이 발생한 경우, 의장의 발의와 출석대의원 과반수 동의를 얻어 안건으로 채택한 경우에는 그 사항을 의결할 수 있다.

③ 대의원 자신과 관련된 사항에 대하여는 그 대의원은 의결권을 행사할 수 없다.

④ 이사·감사는 대의원회에 참석하여 의견을 진술할 수 있다.

제26조(대의원회의 의결방법)

① 대의원회는 법 및 이 정관에서 특별히 정한 경우를 제외하고는 재적대의원 과반수 출석으로 개의하고 출석대의원의 과반수 찬성으로 의결한다. 다만, 제22조제6항의 규정에 의하여 대의원회가 총회의 권한을 대행하여 의결하는 경우에는 재적 대의원 3분의 2 이상의 출석과 출석대의원 3분의 2 이상의 동의를 얻어야 한다.

② 대의원은 대리인을 통한 출석을 할 수 없다. 다만, 서면으로 대의원회에 출석하거나 의결권을 행사할 수 있다. 이 경우 제1항의 규정에 의한 출석으로 본다.

③ 제23조의 규정은 대의원회에 이를 준용한다.

제27조(이사회의 설치)

① 조합에는 조합의 사무를 수행하기 위하여 조합장과 이사로 구성하는 이사회를 둔다.

② 이사회는 조합장이 소집하며, 조합장은 이사회의 의장이 된다.

③ 조합장을 제외한 이사의 과반수가 회의 목적을 제시하고 회의 소집을 요구할 시에는 조합장은 즉시 이사회를 소집하여야 한다.

④ 이사회 소집 통보는 소집일 2일 전까지 서면통보를 원칙으로 하되 긴급 시에는 12시간 전에 유선(전화, 팩스, 전자우편)통보도 가능하며 이 경우 통화기록부를 비치하여야 한다.

제28조(이사회의 사무) (주: 관계 법령의 개정에 따라 필자가 임의 수정)

이사회는 다음 각 호의 사무를 심의한다.

1. 조합의 예산 및 통상업무에 관한 사항
2. 총회 및 대의원회의 상정안건의 심의에 관한 사항
3. 업무규정 등 조합 내부규정의 제정 및 개정안 작성에 관한 사항
4. 대의원회의가 정족수 미달 등으로 회의 개최가 불가능 한 경우 이사회가 필요하다고 판단되는 사항에 대한 제25조제1항 제2호 내지 제5호의 업무를 수행 할 수 있다. 이 경우 집행내역은 대의원회의가 구성된 후 즉시 대의원회 또는 총회의 추인을 받아야 한다.
5. 그 밖에 조합의 운영 및 사업시행에 관하여 필요한 사항

제29조(이사회의 의결방법)

① 이사회는 대리인 참석이 불가하며, 구성원 과반수 출석으로 개의하고 출석구성원 과반수 찬성으로 의결한다.
② 구성원 자신과 관련된 사항에 대하여는 그 구성원은 의결권을 행사할 수 없다.
③ 제26조제2항의 규정은 이사회의 의결에 준용한다.

제30조(감사의 이사회 출석권한 및 감사요청)

① 감사는 이사회에 출석하여 의견을 진술할 수 있다. 다만, 의결권은 가지지 아니한다.
② 이사회는 조합운영상 필요하다고 인정될 때에는 감사에게 조합의 업무에 대하여 감사를 실시하도록 요청할 수 있다.

제31조(의사록의 작성 및 관리)

조합은 총회·대의원회 및 이사회의 의사록을 작성하여 청산 시까지 보관하여야 하며, 그 작성기준 및 관리 등은 다음 각 호와 같다. 다만, 속기사의 속기록일 경우에는 제1호의 규정을 적용하지 아니 한다.

1. 의사록에는 의사의 경과, 요령 및 결과를 기재하고 의장 및 출석한 이사가 기명날인하여야 한다.
2. 의사록은 조합사무소에 비치하여 조합원이 항시 열람할 수 있도록 하여야 한다.
3. 임원의 선임 또는 대의원의 선출과 관련된 총회의 의사록을 관할 시장·군수에게 송부하고자 할 때에는 임원 또는 대의원 명부와 그 피선자격을 증명하는 서류를 첨부하여야 한다.

제6장 재 정

제32조(조합의 회계)

① 조합의 회계는 매년 1월1일(설립인가를 받은 해당 년도는 인가일)부터 12월 말일까지로 한다.
② 조합의 예산·회계는 기업회계의 원칙에 따르되 조합은 필요하다고 인정하는 때에는 다음 사항에 관하여 별도의 회계규정을 정하여 운영할 수 있다. 이 경우 회계규정을 정할 때는 미리 총회의 인준을 받아야 한다.

1. 예산의 편성과 집행기준에 관한 사항

2. 세입·세출예산서 및 결산보고서의 작성에 관한 사항

3. 수입의 관리·징수방법 및 수납기관 등에 관한 사항

4. 지출의 관리 및 지급 등에 관한 사항

5. 계약 및 채무관리에 관한 사항

6. 그 밖에 회계문서와 장부에 관한 사항

③ 조합은 매 회계년도 종료일부터 30일 내에 결산 보고서를 작성한 후 감사의 의견서를 첨부하여 대의원회에 제출하여 의결을 거쳐야 하며, 대의원회의 의결을 거친 결산 보고서를 총회 또는 조합원에게 서면으로 보고하고 조합사무소에 이를 3월 이상 비치하여 조합원들이 열람할 수 있도록 하여야 한다.

④ 조합은 다음 각 호의 1에 해당하는 시기에 「주식회사의 외부감사에 관한 법률」 제3조 규정에 의한 "감사인"의 회계감사를 받아야 한다.

1. 추진위원회에서 조합으로 인계되기 전까지 납부 또는 지출된 금액과 계약 등으로 지출될 것이 확정된 금액이 3억5천만원 이상인 경우 **추진위원회에서 조합으로 인계되기 전 7일 이내**

2. 사업시행계획인가 고시일 전까지 납부 또는 지출된 금액이 7억원 이상인 경우 **사업시행계획인가의 고시일부터 20일 이내**

3. 준공인가 신청일까지 납부 또는 지출된 금액이 14억원 이상인 경우 **준공인가의 신청일부터 7일 이내**

4. 토지등소유자 또는 조합원 5분의 1 이상이 사업시행자에게 회계감사를 요청하는 경우 **회계감사 비용 예치에 따른 절차를 고려한 상당한 기간 이내**

⑤ 조합은 제4항의 규정에 의하여 실시한 회계감사 결과를 회계감사 종료일로부터 15일 이내에 시장·군수등에게 보고하고, 조합사무소에 이를 비치하여 조합원들이 공람할 수 있도록 하여야 한다.(주: 기존의 제5항은 도정법 시행령 제88조의 개정으로 필자가 임의 삭제)

제33조(재원)

조합의 운영 및 사업시행을 위한 자금은 다음 각 호에 의하여 조달한다.

1. 조합원이 현물로 출자한 토지 및 건축물

2. 조합원이 납부하는 정비사업비 등 부과금

3. 건축물 및 복리시설의 분양 수입금

4. 조합이 금융기관 및 시공자 등으로부터 조달하는 차입금

5. 대여금의 이자 및 연체료 등 수입금

6. 청산금

7. 그 밖에 조합재산의 사용수익 또는 처분에 의한 수익금

제34조(정비사업비의 부과 및 징수)

① 조합은 사업시행에 필요한 비용을 충당하기 위하여 조합원에게 공사비 등 주택사업에 소요되는 비용(이하 "정비사업비"라 한다)을 부과·징수 할 수 있다.

② 제1항의 규정에 의한 정비사업비는 총회의 의결을 거쳐 부과할 수 있으며, 추후 사업 시행구역의 토지 및 건축물 등의 위치·면적·이용상황··환경 등 제반여건을 종합적으로 고려하여 관리처분계획에 따라 공평하게 금액을 조정하여야 한다.

③ 조합은 납부기한 내에 정비사업비를 납부하지 아니한 조합원에 대하여는 금융기관에서 적용하는 연체금리의 범위 내에서 연체료를 부과할 수 있으며 법 제93조제4항의 규정에 따라 **구청장**(시장·군수등)에게 정비사업비의 징수를 위탁할 수 있다.

제7장 사 업 시 행

제35조(재건축 국민주택규모 주택의 건설)

도시정비법 제54조에 따라 정비계획으로 정하여진 용적률에도 불구하고 '**법적상한용적률**'까지 적용하여 재건축 **국민주택규모 주택**을 공급하게 되는 경우에는, 관계 법령에 적합한 범위 내에서 **국민주택규모 주택** 공급에 대한 사업시행계획을 작성하여 총회의 의결을 받아야 한다.

제36조(사업시행계획의 동의)

조합은 사업시행인가를 신청하기 전에 조합원 총회를 개최하여 조합원 과반수의 동의를 얻어야 한다. 다만, 법 제50조 제1항 단서에 따라 영 제46조에서 정하는 경미한 사항의 변경인 경우 (대의원회의 의결을 받아) **구청장**(시장·군수등)에게 신고하여야 한다.

제37조(이주대책)

① 사업시행으로 주택이 철거되는 조합원은 사업을 시행하는 동안 자신의 부담으로 이주하여야 한다.

② 조합은 이주비의 지원을 희망하는 조합원에게 조합이 직접 금융기관과 약정을 체결하거나, 시공자와 약정을 체결하여 지원하도록 알선할 수 있다. 이 경우 이주비를 지원받은 조합원은 사업시행구역의 소유 토지 및 건축물을 담보로 제공하여야 한다.

③ 제2항의 규정에 의하여 이주비를 지원받은 조합원 또는 그 권리를 승계한 조합원은 지원받은 이주비의 원리금을 신축된 주택 등에 입주 시까지 금융지원기관 또는 시공자에 상환하여야 한다.

④ 조합원은 조합이 정하여 통지하는 이주기한 내에 해당 건축물에서 퇴거하여야 하며, 세입자 또는 임시거주자 등이 있을 때에는 해당 조합원의 책임으로 함께 퇴거하도록 조치하여야 한다.

⑤ 조합원은 본인 또는 세입자 등이 해당 건축물에서 퇴거하지 아니하여 기존 주택 등의 철거 등 사업시행에 지장을 초래하는 때에는 그에 따라 발생되는 모든 손해에 대하여 변상할 책임을 진다.

⑥ 제5항의 규정에 의하여 조합원이 변상할 손해금액과 징수방법 등은 대의원회에서 정하여 총회의 승인을 얻어 해당 조합원에게 부과하며, 이를 기한 내에 납부하지 아니한 때에는 해당 조합원의 권리물건을 환가처분하여 그 금액으로 충당할 수 있다.

⑦ 조합원은 전기·수도·도시가스요금 등 제세공과금을 이주 시까지 조합원 책임 하에 정산하여야 한다.

제38조(부동산의 신탁)

① 재건축사업의 원활한 추진을 위하여 조합원은 사업시행계획승인 신청일 이전에 조합원의 소유로 되어있는 사업시행지구의 토지 또는 주택 등에 대하여 조합에 신탁등기를 완료하여야 하며, 등기기간 내에 신탁등기를 이행치 않을 경우 조합은 **신탁등기 이행의 소를** 제기할 수 있다.

② 조합은 신탁된 조합원의 재산권을 재건축사업시행 목적에 맞게 적합하게 행사하여야 하며, 재건축사업이 종료되면 즉시 신탁을 해지하고 위탁자인 조합원에게 반환하여야 한다.

제39조(신탁등기 및 소유권이전 등)

조합이 재건축사업을 위해 민법 제276조제1항과 부동산등기법 시행규칙 제56조제3항의 규정에 의한 다음 각 항의 소유권이전등기를 할 경우에는 조합원 총회의 결의를 받지 아니 한다.

1. 조합원명의의 부동산을 조합명의로 신탁하는 것을 원인으로 하는 소유권이전 및 신탁등기

2. 신탁등기 이후 해당 조합원이 시공사나 금융기관으로부터 이주비 차용 시 담보제공에 따른 근저당설정등기

3. 사업종료 또는 조합원 자격상실 등에 따른 신탁해지를 원인으로 하는 소유권이전등기

4. 교환·합병(필)·분할(필)·기부채납(寄附採納)에 따른 등기

5. 일반에 분양한 부동산의 보전등기

제40조(지장물 철거 등)

① 조합은 관리처분계획인가 후, 사업시행구역의 건축물을 철거할 수 있다.

② 조합은 제1항의 규정에 의하여 건축물을 철거하고자 하는 때에는 30일 이상의 기간을 정하여 구체적인 철거계획에 관한 내용을 미리 조합원 등에게 통지하여야 한다.

③ 사업시행구역의 통신시설·전기시설·급수시설·도시가스시설 등 공급시설에 대하여는 해당 시설물 관리권자와 협의하여 철거기간이나 방법 등을 따로 정할 수 있다.

④ <u>조합원의 이주 후 도정법 제29조제9항과 제81조제2항 및 동 시행령 제47조제2항제14호의 규정에 의한 철거 및 멸실 신고는 조합이 일괄 위임받아 처리하도록 한다.</u>

제41조(보상의 예외 등)

사업시행구역의 철거되는 일체의 지장물 중 등기 또는 행정기관의 공부에 등재되지 아니한 지장물은 보상 대상이 될 수 없다.

제42조(지상권 등 계약의 해지)

① 조합은 정비사업의 시행으로 인하여 지상권·전세권 또는 임차권의 설정 목적을 달성할 수 없는 권리자가 계약상 금전의 반환청구권을 조합에 행사할 경우 조합은 해당 금전을 지급할 수 있다.

② 조합은 제1항에 의하여 금전을 지급하였을 경우 해당 조합원에게 이를 구상할 수 있으며, 구상이 되지 아니한 때에는 해당 조합원에게 귀속될 건축물을 압류할 수 있으며 이 경우 압류한 권리는 저당권과 동일한 효력을 가진다.

③ 조합설립인가일 이후에 체결되는 지상권·전세권 설정계약 또는 임대차계약의 계약기간에 대하여는 민법 제280조·제281조 및 제312조제2항, 주택임대차보호법 제4조제1항, 상가 건물임대차보호법 제9조제1항의 규정은 이를 적용하지 아니한다.

제43조(매도청구 등)

① 조합은 재건축사업을 시행함에 있어 **가)** 법 제35조제3항 및 제4항의 규정에 의한 조합설립에 대한 동의를 하지 아니한 자(건축물 또는 토지만 소유한 자를 포함한다), **나)** 사업시행자를 지정하기로 한 후 이에 각각 동의를 촉구하였으나, 촉구 후 2개월 이내에 회답하지 아니한 토지등소유자와 건축물 또는 토지만을 소유한 자, **다)** 법 제39조제2항 **및** 법 제72조제6항에 해당되어 분양신청을 할 수 없는 자, **라)** 인가된 관리처분계획에 따라 분양신청에서 제외된 자에게 건축물 및 토지의 소유권과 그 밖의 권리에 대해 <u>법 제64조(재건축사업에서의 매도청구)의 규정에 따라 매도청구를 할 수 있다</u>. 이 매도청구 대상에는 제명된 조합원을 포함한다. **매도청구를 하는 경우 조합설립의 동의로 보며**, (구분)소유권 및 토지사용권은 사업시행 구역의 매도청구의 대상이 되는 토지 또는 건축물의 소유권과 그 밖의 권리로 본다.

② 제1항에 의한 매도청구 시 매도청구의 소에 관한 조합측 당사자는 조합장에게 있다.

③ 조합이 통지한 기간 내에 이주에 필요한 서류를 미제출한 조합원 등에서 이주의사가 없음이 객관적(이사회의 의결 등)으로 인정되는 조합원은 이주개시일로부터 1개월 이내에 명도소송, 점유이전가처분, 신탁을 원인으로 하는 소유권이전등기소송, 손해배상청구소송 등 제반 법적조치를 취할 수 있으며, 그에 따라 발생되는 모든 손해에 대하여는 해당 조합원이나 가구주가 변상할 책임을 진다.

제44조(소유자의 확인이 곤란한 건축물 등에 대한 처분)

① 조합은 사업을 시행함에 있어 조합설립인가일 현재 토지 또는 건축물의 소유자의 소재 확인이 현저히 곤란한 경우 전국적으로 배포되는 2 이상의 일간신문에 2회 이상 공고하고, 그 공고한 날부터 30일 이상이 지난 때에는 그 소유자의 소재 확인이 현저히 곤란한 토지 또는 건축물의 감정평가액에 해당하는 금액을 법원에 공탁하고 사업을 시행할 수 있다. 이 경우 그 감정평가액은 **시장·군수등이 추천하는** 「감정평가 및 감정평가사에 관한 법률」에 따른 **감정평가법인등 2인** 이상이 평가한 금액을 산술평균하여 산정한다.

② 정비사업을 시행함에 있어 조합설립인가일 현재 조합원 전체의 공동소유인 토지 또는 건축물에 대하여는 조합소유의 토지 또는 주택 등으로 보며 이를 **관리처분계획에 명시한다.**

제8장 관리처분계획

제45조(분양통지 및 공고 등)

조합은 사업시행의 고시가 있는 날(사업시행인가 이후 시공자를 선정하는 경우에는 시공자와 계약을 체결한 날)부터 **120일 이내**에 다음 각 호의 사항을 토지등소유자에게 통지하고, 해당 **지역에서 발간되는 일간신문**에 공고하여야 한다. **이 경우 제10호의 사항은 통지하지 아니하고, 제11호의 사항은 공고하지 아니 한다.**

1. 분양대상자별 종전의 토지 또는 건축물의 명세 및 사업시행계획인가의 고시가 있은 날을 기준으로 한 가격(사업시행계획인가 전에 철거된 건축물은 시장·군수등에게 허가를 받은 날을 기준으로 한 가격)

2. 분양대상자별 분담금의 추산액

3. 분양신청기간 및 장소

4. 사업시행인가의 내용

5. 사업의 종류·명칭 및 정비구역의 위치·면적

6. 분양대상 토지 또는 건축물의 내역

7. 분양신청자격

8. 분양신청방법

9. 분양을 신청하지 아니한 자에 대한 조치

10. **토지등소유자외의 권리자의 권리신고방법<통지 불필요>**

11. **분양신청서<공지 불필요>**

12. 그 밖에 시·도 조례가 정하는 사항

제46조(분양신청 등)

① 위 **제45조제3호**의 분양신청기간은 그 통지한 날부터 30일 이상 60일 이내로 한다. 다만, 조합은 관리처분계획의 수립에 지장이 없다고 판단되는 경우에는 분양신청기간을 20일 범위 이내에서 연장할 수 있다.

② 토지 또는 건축물을 분양받고자 하는 조합원은 분양신청서에 소유권의 내역을 명시하고, 그 소유의 토지 및 건축물에 관한 **등기사항전부증명서** 등 그 권리를 입증할 수 있는 증명서류를 조합에 제출하여야 한다.

③ 제1항 및 제2항의 규정에 의한 분양신청서를 우편으로 제출하고자 할 경우에는 그 신청서가 분양신청 기간 내에 발송된 것임을 증명할 수 있도록 등기우편 등으로 제출하여야 한다.

④ 조합은 관리처분계획이 인가·고시된 다음 날부터 **30일 이내**에 다음 각 호의 자에게 조합설립 또는 사업시행자의 지정에 관한 동의 여부를 회답할 것을 서면으로 촉구하여야 한다. 이 촉구를 받은 토지등소유자는 촉구를 받은 날부터 2월 이내에 회답하여야 하며, 이 기간 내에 회답하지 아니한 경우 조합설립 또는 사업시행자의 지정에 동의하지 아니하겠다는 뜻을 회답한 것으로 본다.

1. 조합설립에 동의하지 아니한 자(미응답자 포함)

2. 사업시행자의 지정을 총회에서 결의하였으나 이에 동의하지 아니한 자

⑤ 조합은 회답기간이 만료된 때부터 **2월 이내**에 제4항의 각호에 해당하는 자와 건축물 또는 토지만 소유한 자에게 건축물 또는 토지의 소유권과 그 밖의 권리를 매도할 것을 청구할 수 있다.

⑥ **조합이 협의기간의 만료일 다음 날부터 60일(회답을 촉구한 날로부터 120일)을 넘겨서 매도청구소송을 제기한 경우에는 100분의 15 이하의 범위에서 대통령령으로 정하는 이율을 적용한 이자를 해당자에게 지급하여야 한다.**

⑦ 조합은 아래의 각 호에 해당하는 자에 대하여는 위 제4항, 제5항 및 제6항에서 정한 방법을 준용한다.

1. 분양신청을 하지 아니한 자

2. 분양신청기간 종료 이전에 분양신청을 철회한 자

3. 법 제39조제2항 본문 및 법 제72조제6항 본문에 해당하는 자

4. 법 제74조에 따라 인가된 관리처분계획에 따라 분양대상에서 제외된 자

⑧ 손실보상금은 조합과 토지등소유자가 합의하여 산정하는 것을 원칙으로 하되, 관할 **구청장이 추천하는 감정평가법인등 2인** 이상이 평가한 금액을 산술평균하여 산정한 금액을 기준으로 청산할 수 있다.

⑨ 조합원은 관리처분계획인가 후 조합에서 지정한 기간 이내에 분양계약 체결을 하여야 하며 분양계약 체결을 하지 않는 경우 위 제4항의 규정을 준용한다.

제47조(보류지)

① 분양대상의 누락, 착오 등의 사유로 인한 관리처분계획의 변경과 소송 등의 사유로 향후 추가분양이 예상되는 경우를 대비하여 조합원 분양세대의 1% 이내의 주택과 복리시설의 일부를 보류지로 정할 수 있다.

② 제1항의 보류지에 대한 분양대상자, 처분기준 및 분양가격 등은 조례에 정한 방법에 따른다.

제48조(관리처분계획의 수립기준)

법 제74조제1항의 규정에 의한 조합원의 소유재산에 관한 관리처분계획은 분양신청 및 공사비가 확정된 후 건축물철거 전에 수립하며 다음 각 호의 기준에 따라 수립하여야 한다.

1. 조합원이 출자한 종전의 토지 및 건축물의 가격·면적을 기준으로 새로이 건설되는 주택 등을 분양함을 원칙으로 한다.

2. 사업시행 후 분양받을 건축물의 면적은 **분양면적(주거전용면적+주거공용면적)**을 기준으로 하며, 1필지의 대지 위에 2인 이상에게 분양될 건축물이 설치된 경우에는 영 제63조제1항제6호에 따라 건축물의 **분양면적(공급면적)의** 비율에 의하여 그 대지소유권이 주어지도록 하여야 한다. 이 경우 토지의 소유관계는 영 제63조제1항제6호에 따라 공유로 한다.

3. 조합원에게 분양하는 주택의 규모나 세대수는 건축계획을 작성하여 사업시행인가를 받은 후 주택형별로 확정한다.

4. 조합원에 대한 신축건축물의 주택형별 배정에 있어 조합원 소유 종전 건축물의 가격·면적·유형·규모 등에 따라 우선순위를 정할 수 있다.

5. 조합원이 출자한 종전의 토지 및 건축물의 면적을 기준으로 산정한 주택의 분양대상면적과 사업시행 후 조합원이 분양받을 주택의 규모에 차이가 있을 때에는 해당 사업계획서에 의하여 산정하는 주택형별 가격을 기준으로 환산한 금액의 부과 및 지급은 제56조 및 제57조의 규정을 준용한다.

6. 사업시행구역에 건립하는 상가 등 부대시설·복리시설은 조합이 시공자와 협의하여 별도로 정하는 약정에 따라 공동주택과 구분하여 관리처분계획을 수립할 수 있다.

7. 조합원에게 공급하고 남는 잔여주택이 20세대 이상인 경우에는 일반에게 분양하며, 그 잔여주택의 공급시기와 절차 및 방법 등에 대하여는 「주택공급에 관한 규칙」이 정하는 바에 따라야 한다. 잔여주택이 20세대 미만인 경우에는 그러하지 아니하다.

8. 1세대 또는 1명이 하나 이상의 주택 또는 토지를 소유한 경우 1주택을 공급하고, 같은 세대에 속하지 아니하는 2명 이상이 1주택 또는 1토지를 공유한 경우에는 1주택만 공급한다. 다만 다음 각 목의 어느 하나에 해당하는 토지등소유자에 대하여는 소유한 주택 수만큼 공급할 수 있다.

   1) 과밀억제권역에 위치하지 아니한 재건축사업의 토지등소유자. **다만, 투기과열지구 또는**

「주택법」 제63조의2제1항제1호에 **따라 지정된 조정대상지역에서 사업시행계획인가 (최초 사업시행계획인가를 말한다)를 신청하는 재건축사업의 토지등소유자는 제외한다.**

　2) 근로자(공무원인 근로자를 포함한다) 숙소, 기숙사 용도로 주택을 소유하고 있는 토지등소유자

　3) 국가, 지방자치단체 및 토지주택공사등

9. 법 제39조제2항 본문에 해당하는 자는 조합원이 될 수 없다.

10. 법 제72조제6항 본문에 해당하는 자는 조합원분양신청을 할 수 없다.

11. 법 제74조제1항제5호에 따른 **가격의 범위 또는 종전 주택의 주거전용면적의 범위**에서 2주택을 공급할 수 있고, **이 중 1주택은 주거전용면적을 60제곱미터 이하로 한다.** 다만, 60제곱미터 이하로 공급받은 1주택은 법 제86조제2항에 따른 이전고시일 다음 날부터 3년이 지나기 전에는 주택을 전매(매매·증여나 그 밖에 권리의 변동을 수반하는 모든 행위를 포함하되 상속의 경우는 제외한다)하거나 전매를 알선할 수 없다.

12. 과밀억제권역에 위치한 경우에는 토지등소유자가 소유한 주택수의 범위에서 **3주택까지** 공급할 수 있다. **다만, 투기과열지구 또는 「주택법」 제63조의2제1항 제1호에 따라 지정된 조정대상지역에서 사업시행계획인가(최초 사업시행계획인가를 말한다)를 신청하는 재건축 사업의 경우에는 그러하지 아니하다.**

13. 부대시설·복리시설(부속 토지를 포함한다. 이하 이 호에서 같다)의 소유자에게는 부대시설· 복리시설을 공급한다. 다만, 다음 각 목의 1에 해당하는 경우에는 복리시설의 소유자에게 1주택을 공급할 수 있다. (영 제63조제2항제2호 참조)

　가. 새로운 부대시설·복리시설을 건설하지 아니하는 경우로서 기존 부대시설·복리시설의 가액이 분양주택 중 최소분양단위규모의 추산액에 정관등으로 정하는 비율(정관등으로 정하지 아니하는 경우에는 1로 한다. 이하 나목에서 같다)을 곱한 가액보다 클 것

　나. 기존 부대시설·복리시설의 가액에서 새로 공급받는 부대시설·복리시설의 추산액을 뺀 금액이 분양주택 중 최소분양단위규모의 추산액에 정관등으로 정하는 비율을 곱한 가액보다 클 것

　다. 새로 건설한 부대시설·복리시설 중 최소분양단위규모의 추산액이 분양주택 중 최소 분양단위규모의 추산액보다 클 것

　라. 조합원 전원이 동의한 경우

14. 종전의 주택 및 부대시설·복리시설(부속되는 토지를 포함한다)의 평가는 **감정평가법인등 2인** 이상이 평가한 금액을 산술평균한 금액으로 한다.

15. 분양 예정인 주택 및 부대시설·복리시설(부속되는 토지를 포함한다)의 평가는 **감정평가 법인등 2인** 이상이 평가한 금액을 산술평균한 금액으로 한다.

16. 그 밖에 관리처분계획을 수립하기 위하여 필요한 세부적인 사항은 관계규정 등에 따라 조합장이 정하여 대의원회의 의결을 거쳐 시행한다.

제49조(분양받을 권리의 양도 등)

① 조합원은 조합원의 자격이나 권한, 입주자로 선정된 지위 등을 양도한 경우에는 조합에 변동 신고를 하여야 하며, 양수자에게는 조합원의 권리와 의무, 자신이 행하였거나 조합이 자신에게 행한 처분·절차, 청산 시 권리의무에 범위 등이 포괄 승계됨을 명확히 하여 양도하여야 한다.

② 제1항의 규정에 의하여 사업시행구역의 토지 또는 건축물에 대한 권리를 양도받은 자는 **등기사항전부증명서** 등 증명서류를 첨부하여 조합에 신고하여야 하며, 신고하지 아니하면 조합에 대항할 수 없다.

③ 조합은 조합원의 변동이 있는 경우 변경의 내용을 증명하는 서류를 첨부하여 시장·군수에 신고하여야 한다.

제50조(관리처분계획의 공람 등)

① 조합은 관리처분계획의 인가를 받기 전에 관계 서류의 사본을 30일 이상 토지등소유자에게 공람하고 다음 각 호의 사항을 각 조합원에게 통지하여야 한다.

1. 관리처분계획의 개요
2. 주택 및 토지지분면적 등 분양 대상 물건의 명세
3. 그 밖에 조합원의 권리·의무와 이의신청 등에 관한 사항

② 조합원은 제1항의 규정에 의한 통지를 받은 때에는 조합에서 정하는 기간 안에 관리처분계획에 관한 이의신청을 조합에 제출 할 수 있다.

③ 조합은 제2항의 규정에 의하여 제출된 조합원의 이의신청내용을 검토하여 합당하다고 인정되는 경우에는 관리처분계획의 수정 등 필요한 조치를 취하고, 그 조치 결과를 공람·공고 마감일부터 10일 안에 해당 조합원에게 통지하여야 하며, 이의신청이 이유 없다고 인정되는 경우에도 그 사유를 명시하여 해당 조합원에게 통지하여야 한다.

④ 조합은 제3항의 규정에 따라 관리처분계획을 수정한 때에는 총회의 의결을 거쳐 확정한 후 그 내용을 각 조합원에게 통지하여야 한다.

⑤ 조합원의 동·호수추첨은 OO은행 전산추첨을 원칙으로 경찰관 입회하에 공정하게 실시하여야 하며 추첨결과는 시장·군수에게 통보하여야 한다.

제51조(관리처분계획의 통지 등)

① 조합은 관리처분계획의 고시가 있은 때에는 지체없이 다음 각 호의 사항을 분양신청을 한 각 조합원에게 통지하여야 한다.

1. 분양대상자별 종전의 토지 또는 건축물의 명세 및 사업시행계획인가의 고시가 있은 날을 기준으로 한 가격(사업시행계획인가 전에 철거된 건축물은 구청장에게 허가를 받은 날을 기준으로 한 가격)
2. 분양대상자별 분담금의 추산액
3. 분양신청기간 및 장소
4. 사업시행인가의 내용
5. 사업의 종류·명칭 및 정비구역의 위치·면적
6. 분양대상 토지 또는 건축물의 내역
7. 분양신청자격
8. 분양신청방법
9. 분양을 신청하지 아니한 자에 대한 조치
10. 토지등소유자외의 권리자의 권리신고방법(통지 불필요)
11. 분양신청서<공고 불필요>
12. 개략적인 부담금내역

13. 그 밖에 시·도 조례가 정하는 사항

② 관리처분계획의 인가고시가 있은 때에는 종전의 건축물의 소유자·지상권자·전세권자·임차권자 등 권리자는 법 제86조의 규정에 의한 이전의 고시가 있은 날(이하 "이전고시일"이라 한다)까지 종전의 토지 또는 건축물에 대하여 이를 사용하거나 수익할 수 없다. 다만, 조합의 동의를 얻은 경우에는 그러하지 아니하다.

제9장 완료조치

제52조(준공인가 및 입주통지 등)

① 조합은 관할 **구청장**(시장·군수등)으로부터 준공인가증을 교부 받은 때에는 지체없이 조합원에게

입주하도록 통지하여야 한다.

② 조합은 제1항의 규정에 의하여 입주통지를 한 때에는 통지된 날부터 1월 이내에 소유자별로 통지내용에 따라 등기신청을 할 수 있도록 필요한 조치를 하여야 하며, 토지 및 건축물 중 일반분양분에 대해서는 조합명의로 등기(소유권보존등기)한 후 매입자가 이전등기절차를 이행하도록 하여야 한다.

제53조(이전고시 등)

① 조합은 공사의 완료고시가 있은 때에는 지체없이 토지확정측량을 하고 토지의 분할절차를 거쳐 조합원과 일반분양자에게 이전하여야 한다. 다만, 사업의 효율적인 추진을 하는데 필요한 경우에는 해당 사업에 관한 공사가 전부 완료되기 전에 완공된 부분에 대하여 준공인가를 받아 토지 및 건축물별로 이를 분양받을 자에게 이전할 수 있다.

② 조합은 제1항의 규정에 의하여 건축물을 이전하고자 하는 때에는 조합원과 일반분양자에게 통지하고 그 내용을 해당 지방자치단체의 공보에 고시한 후 이를 **구청장**(시장·군수등)에게 보고하여야 한다.

제54조(토지 및 건축물에 대한 권리의 확정)

조합원은 이전고시가 있은 날의 다음 날에 분양대상 건축물에 대한 소유권을 취득한다. 대지 또는 건축물을 분양받을 자에게 법 제86조제2항의 규정에 의하여 소유권을 이전한 경우 종전의 토지 또는 건축물에 관한 지상권·전세권·저당권 또는 등기된 임차권과 주택임대차보호법 제3조제1항의 요건을 갖춘 임차권은 분양받은 토지 또는 건축물에 설정된 것으로 본다.

제55조(등기절차 등)

조합은 제53조제2항의 규정에 의한 이전의 고시가 있은 때에는 지체없이 토지 및 건축물에 관한 등기를 지방법원지원 또는 등기소에 촉탁 또는 신청하여야 한다.

제56조(청산금 등)

① 토지 또는 건축물을 분양받은 자가 종전에 소유하고 있던 토지 또는 건축물의 가격과 분양받은 토지 또는 건축물의 가격사이에 차이가 있는 경우에는 조합은 이전고시일

후에 그 차액에 상당하는 금액(이하 "청산금"이라 한다)을 분양받은 자로부터 징수하거나 분양받은 자에게 지급하여야 한다. 다만, 분할징수 및 분할지급에 대하여 총회의 의결을 거쳐 따로 정한 경우에는 관리처분계획인가 후부터 이전고시일까지 일정기간 별로 분할 징수하거나 분할 지급할 수 있다.

② 제1항의 규정을 적용함에 있어서 종전에 소유하고 있던 토지 또는 건축물의 가격과 분양받은 토지 또는 건축물의 가격은 **감정평가법인등 2인** 이상이 평가한 금액을 산술평균하여 산정한다. 이 경우 가격평가에 있어서 층별, 위치별 가중치(효용지수)를 고려하여 산정한다.

③ 제2항의 분양받은 토지 또는 건축물의 가격산정에 있어 다음 각 호의 비용을 가산한다. 다만, 법 제95조의 규정에 의한 보조금은 이를 공제하여야 한다.

1. 조사·측량·설계 및 감리에 소요된 비용
2. 공사비
3. 정비사업의 관리에 소요된 등기비용·인건비·통신비·사무용품비·이자 그 밖에 필요한 경비
4. 법 제95조의 규정에 의한 융자금이 있는 경우에는 그 이자에 해당하는 금액
5. 정비기반시설 및 공동이용시설의 설치에 소요된 비용(법 제95조제1항의 규정에 따라 **시장·군수등**이 부담한 비용을 제외한다)
6. 안전진단의 실시, 정비사업전문관리업자의 선정, 회계감사, 감정평가비용
7. 그 밖에 정비사업추진과 관련하여 지출한 비용으로서 총회에서 포함하기로 정한 것

제57조(청산금의 징수방법)

① 청산금을 납부하지 않은 조합원이 있을 경우 조합은 청산금 납부요청을 2회 이상 최고하고 최고최종일로부터 1월 이내 **구청장**(시장·군수등)에게 청산금과 연체료의 징수를 위탁할 수 있다.

② 청산금을 지급받을 조합원이 이를 받을 수 없거나 거부한 때에는 조합은 그 청산금을 공탁한다.

③ 청산금을 지급받을 권리 또는 이를 징수할 권리는 이전고시일 다음 날부터 **5년간** 이를 행사하지 아니하면 소멸한다.

제58조(조합의 해산)

① 조합은 **특별한 사항이 없는 경우** 준공인가를 받은 날로부터 1년 이내에 이전고시 및 건축물 등에 대한 등기절차를 완료하고 총회 또는 대의원회를 소집하여 해산 의결을 하여야 하며, 해산을 의결한 경우 **구청장**(시장·군수등)에게 신고하여야 한다.

② 조합이 해산 의결을 한 때에는 해산 의결 당시의 임원이 청산인이 된다.

③ 조합장은 청산인 대표가 되며 청산위원회의 결의로 기한을 정하여 소수의 임직원을 상근하게 할 수 있다. 그 외 조항은 정관과 운영규정을 준용한다.

④ 조합이 해산하는 경우에 청산에 관한 업무와 채권의 추심 및 채무의 변제 등에 관하여 필요한 사항은 민법의 관계 규정에 따른다.

제59조(청산인의 임무)

청산인은 다음 각 호의 업무를 성실히 수행하여야 한다.

1. 현존하는 조합의 사무종결

2. 채권의 추심 및 채무의 변제

3. 잔여재산의 처분

4. 그 밖에 청산에 필요한 사항

제60조(채무변제 및 잔여재산의 처분)

① 조합이 조합정관 등의 적법한 규정이나 절차에 의해 공식적으로 행한 업무행위에 대하여는 모든 조합원이 동등한 책임을 진다.

② 청산종결 후 조합의 시공자 등에 대한 채무는 전 조합원이 그 채무를 변제할 연대책임을 지며, 잔여재산이 있을 때에는 해산당시의 조합원에게 분양받은 토지 또는 건축물의 부담비용 등을 종합적으로 고려하여 형평이 유지되도록 공정하게 배분하여야 한다. 기타, 채권, 채무에 관한 사항은 관계 민법 및 상법에 따른다.

제61조(관계자료의 인계)

조합은 사업을 완료하거나 폐지한 때에는 서울시 조례 제88조에 따라 관계 자료를 구청장에게 인계하여야 한다.

제10장   보   칙

제62조(관련 자료의 공개와 보존)

① 조합은 사업시행에 관하여 다음 각 호의 서류 및 관련 자료를 인터넷 등을 통하여 공개하여야 하며, 조합원의 공람요청이 있는 경우에는 이를 공람시켜 주어야 한다. 다만, 개인비밀의 보호, 자료의 특성상 인터넷 등에 공개하기 어려운 사항은 개략적인 내용만 공개할 수 있다.

1. 정관

2. 설계자·시공자 및 정비사업전문관리업자의 선정계약서

3. 총회의사록

4. 추진위원회, 조합의 이사회 및 대의원회 의사록

5. 사업시행계획서

6. 관리처분계획서

7. 해당 사업의 시행에 관한 행정기관의 문서

8. 회계감사결과

② 조합 또는 정비사업전문관리업자는 총회 또는 중요한 회의가 있은 때에는 속기록녹음 또는 영상자료를 만들어 이를 청산 시까지 보관하여야 한다.

③ 조합원이 제1항 각호의 사항을 열람하고자 하는 때에는 서면으로 열람을 요청하여야 하며, 조합은 특별한 사유가 없는 한 이에 응하여야 한다.

제63조(약정의 효력)

조합이 사업시행에 관하여 시공자 및 설계자, 정비사업전문관리업자와 체결한 약정은 관계 법령 및 이 정관이 정하는 범위 안에서 조합원에게 효력을 갖는다.

제64조(재건축정비사업조합 설립추진위원회 행위의 효력)

조합설립인가일 전에 조합의 설립과 사업시행에 관하여 추진위원회가 행한 행위는 관계 법령 및 이 정관이 정하는 범위 안에서 조합이 이를 승계한 것으로 본다.

제65조(정관의 해석)

이 정관의 해석에 대하여 이견이 있을 경우 일차적으로 이사회에서 해석하고, 그래도 이견이 있을 경우는 대의원회에서 해석한다.

제66조(소송 관할 법원)

조합과 조합원간에 법률상 다툼이 있는 경우 소송관할 법원은 조합소재지 관할 법원으로 한다.

제67조(민법의 준용 등)

① 조합에 관하여는 도시및주거환경정비법에 규정된 것을 제외하고는 민법 중 사단법인에 관한 규정을 준용한다.

② 법, 민법, 이 정관에서 정하는 사항 외에 조합의 운영과 사업시행 등에 관하여 필요한 사항은 관계 법령 및 관계 행정기관의 지침·지시 또는 유권해석 등에 따른다.

③ 이 정관이 법령의 개정으로 변경하여야 할 경우 정관의 개정절차에 관계없이 변경되는 것으로 본다. 그러나 관계 법령의 내용이 임의규정인 경우에는 그러하지 아니하다.

제68조(이권개입의 금지)

임원 및 대의원은 본 재건축 정비사업과 관련하여 본인 및 관계인을 통한 직·간접적인 방법으로 자재의 납품 및 공사의 수주 등 어떠한 이권개입이나 청탁을 할 수 없다. 이를 위반한 경우에는 기 체결된 계약은 무효로 하고 임원 및 대의원은 그 지위를 자동 상실하며 이에 대한 모든 손해배상의 책임을 진다.

제69조(시행세칙 등)

본 정관의 시행에 관하여 필요한 사항은 운영규정, 선거관리규정, 대의원회회의운영규칙에 따라 시행하며, 기타 사업에 필요한 규정을 이사회 또는 대의원회의에서 별도로 정하여시행할 수 있다.

부   칙 - 1

이 정관은 00구청장으로부터 재건축조합의 설립인가를 받은 날부터 시행한다.

부   칙 - 2

1. 이 정관은 서울지방법원에 반포주공0단지 재건축정비사업조합으로 등기되고 총회의 의결 후 시행한다.

2. (종전 행위의 효력)

이 정관 시행당시 종전의 조합에 의한 결정, 처분, 계약, 절차, 대의원회 결의로 시행 중인 각종 시행세칙 및 그 밖의 행위는 이 정관에 의하여 행하여진 것으로 본다.

재건축정비사업조합
운영규정(안)

반포주공0단지 재건축정비사업조합

서울시 서초구 잠원동 00-0 00빌딩 000호

☎ 02)000-0000, 0000-0000, FAX: 02)0000-0000

홈페이지 : www.banpo0.com

차 례

부 칙-1 (0000. 0. 00)

제1조(시행일)
제2조(규정 이외의 사항)
제3조(경과 규정)

(첨부) -1
 : 임직원 월정급여액 지급기준**(본 지침서에는 미첨부)**

(첨부) -2
 : 업무추진비 지급기준**(본 지침서에는 미첨부)**

제1장 총 칙

제1조(목적)

이 운영규정(이하 "규정"이라 한다)은 반포주공0단지 재건축정비사업조합 정관(이하 "정관"이라 한다)이 정하는 바에 따라 재건축사업을 보다 효율적으로 추진하고자 조합의 업무처리기준과 복무상 준수사항 및 상근하는 임직원의 근로조건 등 조합운영의 제반 사항을 규정함으로써 체계적이고 합리적인 업무수행을 목적으로 한다.

제2조(적용 범위)

이 규정에 의한 사항은 관계 법령이나 정관에서 다른 정함이 있는 경우를 제외하고는 이 규정이 정하는 바에 의한다.

제3조(규정의 구성)

이 규정은 총칙, 대의원회 및 이사회 규정, 문서규정, 조직 및 인사규정, 복무규정, 위임 전결규정, 회계 및 예·결산 규정, 보수규정, 퇴직금 규정, 재산관리 규정 및 부칙으로 구성하며 본 규정의 보완이나 개정은 조합정관에 준하여 대의원회의 결의로 할 수 있다.

제2장 대의원회 및 이사회

제4조(대의원회 소집 및 통지)

대의원회 소집 및 통지에 관한 사항은 조합정관 제24조제6항 내지 제8항에 준한다.

제5조(대의원회 참석)

0000.0. 0 대의원회의 의결에 의해 제정시행 중인 대의원회 운영규칙에서 정하는 바에 따른다.

제6조(대의원회 운영)

0000. 0.0 대의원회의 의결에 의해 제정 시행 중인 대의원회 운영규칙에서 정하는 바에 따른다.

제7조(이사회 구성 등)

① 이사회의 구성은 정관 제27조제1항에서 규정한 조합장을 포함하는 이사로 구성한다.
② 이사회는 필요 시 조합장이 소집하고 조합장은 이사회의 의장이 되며 회의를 진행한다. 다만, 조합장을 제외한 이사의 과반수로부터 회의목적을 제시하고 회의소집을 요구할 경우 조합장은 즉시 회의를 소집하여야 한다.
③ 이사회 소집통보는 소집일 2일 전까지 서면통지를 원칙으로 하되 긴급 시에는 12시간 전에 유선통신(전화, 팩스, 전자우편 등)도 가능하며 이 경우 통화기록부를 작성하고 비치하여야 한다.

④ 조합장은 이사를 총무, 기술, 세무회계 등의 분야별로 분장하여 임명하고 해당 이사는 담당업무에 대한 전문성을 가져야 한다.

제8조(이사회 운영)

① 감사는 이사회에 참석하여 의견을 진술할 수 있다. 다만, 표결권은 가지지 않는다.

② 이사회 내에는 조합원 등으로 구성되는 소위원회를 구성하여 특정사안을 논의하게 할 수 있으며 논의된 내용은 이사회에 보고한다.

③ 모든 임원은 이사회 등을 통하여 취득한 업무내용 중 기밀을 요하는 사항에 대하여는 기밀을 유지하여야 한다. 이를 위반할 시에는 이사회의 의결을 거쳐 제명할 수 있다.

제9조(이사회 참석)

① 이사는 회의소집 통보를 받은 때에는 부득이한 사정이 있는 경우를 제외하고는 시간 엄수 참석하여야 한다.

② 이사회의에 부득이 참석 못할 경우에는 회의개시 2시간 전까지 불참사유를 총무이사나 조합장에게 통보하여야 한다.

제3장 문 서

제10조(목적)

문서규정은 문서의 작성, 처리, 통제, 시행, 보관 및 보존에 관한 사항을 조직적이고 능률적으로 운영하기 위함을 목적으로 한다.

제11조(적용범위)

조합문서의 관리는 관계 법령 및 정관에서 특별히 정한 경우를 제외하고는 이 규정이 정하는 바에 의한다.

제12조(문서의 정의)

문서란 업무수행 중 발생되는 발송문서와 접수문서, 품의서, 규정, 계약서, 조사서, 인·허가서, 전보, 참고서류 등 내부 또는 상호간이나 대외적으로 작성 또는 시행되는 서류 및 조합이 접수한 일체의 서류를 말한다.

제13조(사무처리의 문서화)

① 중요하거나 복잡한 사항의 지시, 문의, 전달, 보고, 회답 등은 반드시 문서로써 하며, 모든 문서는 정확신속하게 처리하고 책임의 소재를 명확히 할 수 있도록 작성되어야 한다.

② 긴급한 사항으로써 구두 또는 전화 등으로 처리한 사항도 문서로써 그 근거를 기록해 두어야 한다.

제14조(문서담당)

문서의 접수, 배포 및 발송은 직무의 정하는 바에 의하여 처리한다.

제15조(문서의 효력발생)

① 문서의 효력은 결재권자의 결재로서 효력이 발생한다.

② 대외문서는 상대방에게 도달함으로써 효력이 발생하는 것을 원칙으로 하되, 조합원 총회 소집통고 등 민법의 규정이 발신주의를 원칙으로 하는 경우에는 그러하지 아니다.

제16조(문서의 사유금지 및 비밀유지)

① 모든 문서는 사유해서는 아니 된다.

② 모든 문서의 내용에 대하여는 기밀유지의무를 가진다.

제17조(기안)

① 문서를 작성할 경우에는 다음 각 호의 방법에 의하여 문서를 작성하여야 한다.

　1. 문장은 간결하여야 하며 1문서 1건으로 하여야 한다.

　2. 문체는 표준어를 사용하며 대외문서는 모두 경칭을 사용하여야 한다.

　3. 문체는 한글 맞춤법에 따라야 하며 가능한 한글을 사용하고 필요에 따라 한자 및 영문을 병용할 수 있다.

　4. 문서의 일부를 삭제하거나 수정할 때에는 삭제자 또는 수정자가 삭제 또는 수정한 란 밖에 자세한 자수를 표기하고 서명 날인하여야 한다.

② 기안의 이유 또는 사전교섭의 경위를 표시할 필요가 있는 경우에는 문안의 말미에 그 요령을 기재하거나 또는 관련 문서를 첨부하여야 한다.

제18조(공정증서)

① 특히, 중요한 안건인 계약서 등의 정본은 가능한 공정증서로서 하여야 한다.

② 문서작성의 일자에 대하여 완전한 증거력을 필요로 하는 것은 가능한 확정일자가 있는 증서로 작성하여야 한다.

제19조(문서의 서식)

문서의 서식은 다음과 같다.

① 발신문서는 작성일자, 발신장소를 표시하는 기호, 문서 발신번호, 제목, 발신자 및 수신자를 명기하고 부본에 관계자 전원이 날인한다.

② 접수문서는 접수대장에 접수번호, 제목, 접수일자를 기록하여 보관한다.

③ 위 제1항 및 제2항의 기호와 번호는 매 사업 년도 초에 갱신한다.

④ 수신자 이외의 연락을 필요로 하는 발신문서는 그 사본을 작성하고 정본, 사본 및 부본 모두 각각 오른쪽 상단에 사본 송부처를 기입한다.

⑤ 동일 문서를 2개의 처 이상에 발신할 경우, 수신자 측에 다른 수신자를 알릴 필요가 있다고 인정되는 때에는 수신처를 기입한다.

⑥ 문서는 보통문서와 기밀문서로 분류하며 기밀문서는 우측상단에 "기밀문서"라는 붉은색 스탬프를 표시하여 관리하여야 한다.

제20조(문서의 기명)

대외문서인 계약서, 위임장, 관공서에 대한 인·허가 신청서, 신고서, 공고, 기타 중요한 문서는 조합장 또는 조합명의로 한다.

제21조(기명날인 및 인장관리)

① 정본에는 반드시 기명자가 날인하고 기명자가 부재 시에는 직무권한 규정이 정하는 바에 따라 부재 대리자가 대리하여 날인하고 후에 부본에 신속한 추인을 받아야 한다.

② 조합장의 날인(서명 또는 사인[Sign] 포함)을 요하는 문서는 정본에 소관 담당자의 날인이 있는 부본을 첨부하여 담당이사에게 제출하여야 한다.

③ 조합은 조합장 직인을 관할 기관에 등록한 후 사용하여야 하며 업무담당 직원은 직인 사용 후 직인 사용대장에 기록하여야 한다.

④ 조합의 임원은 각자의 인장과 서명을 조합에 등록하여야 하며 조합업무에 사용되는 인장이나 서명은 등록된 인장이나 서명을 사용하는 것을 원칙으로 한다.

제22조(보통문서의 처리)

① 총무이사는 소관문서를 심사하여 조회, 회답, 기타 필요한 처리를 지시하고 담당자에게 교부한다.

② 중요하거나 이례적인 사항은 임원진에게 신속히 회람, 문의하여 지시 또는 결제를 받는다.

③ 문헌으로서 가치가 있는 문서는 사본을 작성하여 담당자에게 제출한다.

④ 조합원에게 필요한 문서는 조합 홈페이지에 신속히 게시하여야 한다.

제23조(기밀문서의 처리)

① 기밀문서라 함은 극히 중요하고 비밀을 유지할 필요가 있는 사항 또는 이에 준하는 사항으로써 조합 내외를 불문하고 내용을 누설하여서는 아니 되는 문서를 말한다.

② 기밀문서는 담당이사가 직접 처리하거나 그가 지정한 자가 하여야 한다.

③ 발신친전 문서는 원칙적으로 이중 봉투에 넣어서 문서 및 봉투에 그 요지를 표시하여 기명자가 직접 봉합한다.

④ 수신친전 문서는 수신인 이외의 자가 개봉하여서는 아니 된다. 다만, 직무상 미리 수신인에 대신하여 개봉할 권한이 부여되는 경우에는 그러하지 아니하다.

⑤ 기밀문서 내용의 공개가 필요한 경우에는 조합장의 허가를 득한 후 공개하여야 한다.

제24조(문서의 열람 및 게시)

① 문서 열람자는 그 문서에 열람필의 날인을 한 후 공란 또는 별첨지를 첨부하여 자기 소견을 기입하고 회부하여야 한다.

② 회람을 필요로 하는 문서는 문서 회람부에 기입하고 회부한다.

③ 정관 제7조 제1항에서 규정한 자료 및 서류의 공개 및 공람의 범위는 다음 각 호와 같다.

　1. 정관 등

　2. 설계자, 시공자 및 정비사업전문관리업자의 선정계약서

　3. 총회 의사록

　4. 조합의 이사회 및 대의원회의 의사록

5. 사업시행 계획서

6. 관리처분 계획서

7. 해당 정비사업의 시행에 관한 행정기관의 문서

8. 회계감사결과

④ 조합원이 상기 제3항의 사항을 열람하고자 하는 때에는 조합에 서면으로 신청하여야 하며, 조합은 특별한 사유가 없는 한 이에 응하여야 한다.

제25조(문서 수발)

① 본 조합에 도달하는 제문서는 접수부에 접수, 제목, 년, 월, 일, 번호를 기입하여 결재를 받은 후 처리한다.

② 발송문서는 조합장의 결재를 받은 후 발송대장에 기입 후 시행한다.

제26조(문서의 보관)

① 문서는 항상 내용에 따라 정리하고 완결, 미완결의 구분을 명확히 하여야 한다.

② 처리 필의 문서는 각각 소관 부서에서 매기 말 분류하여 제목, 정리번호, 보존연한을 문서 보존부에 기록하고 보존한다.

③ 부동산권리증, 계약서, 관공서의 인·허가 등 특히 필요한 문서는 담당이사가 중요 서류 목록에 기입하고 보존하여야 한다.

제27조(보존 기간)

문서의 보존기간은 10년 보존(청산완료 시까지), 5년 보존, 3년 보존, 1년 보존으로 분류하되 특별히 필요한 경우에는 그 기간을 단축 또는 연장할 수 있다. 또한, 문서 대장에는 보존기간을 기록할 수 있으며 폐기할 때에는 규정 제22조에 따라 처리한다.

제28조(보존 장소)

주요문서, 기밀문서는 금고 또는 잠금 장치가 되어 있는 장소에 보존하여야 하며 취급 담당자의 허가없이 출입하여서는 아니 된다.

제29조(인수 및 인계)

분담변경 또는 인사이동 등에 따라 문서를 인계하는 경우에는 문서 인계서를 첨부하여 인계하여야 하며 조합장, 임원 또는 감사 중 1명이 입회인으로 날인하여야 한다.

제30조(열람·배포 및 복사)

업무상 필요로 하는 경우에는 담당이사의 승인을 받아 문서를 열람 또는 배포 및 복사 할 수 있다.

제31조(문서의 폐기)

① 보존기간이 끝난 문서 또는 보존기간 중 보존의 필요가 없게 된 문서는 담당이사 및 조합장의 결재를 얻어 보존문서 기록대장에 폐기일자를 기입한 후 폐기한다.

② 폐기문서는 기밀 또는 조합의 특별사항이 대외적으로 유출되어서는 아니 될 문서를 제외하고는 소각이나 분쇄를 하지 아니하고 재활용할 수 있다.

제4장 조직기구 및 인사규정

제32조(목적)
이 규정은 조직운영과 인사업무처리에 관한 효율성과 공정성을 기하기 위하여 임직원의 구성과 인사관리에 관한 기준을 정함을 그 목적으로 한다.

제33조(임직원의 정의)
임직원이라 함은 조합 임원 중 조합 내에 상근하는 임원과 조합에서 채용한 직원을 말한다.

제34조(직원의 임용 등)
① 직원의 임용은 소정의 자격을 구비한 자 중에서 채용함을 원칙으로 하며 담당 이사의 의견을 들어 조합장이 임명하여 이사회에 보고하고 대의원회의 의결을 거쳐야 한다. 대의원회의 의결을 받지 못하는 경우에는 즉시 해임하여야 하며 직원에게는 사전에 임용절차를 알려주어야 한다. 또한, 정관 제19조제3항에 규정한 조합의 유급직원 구성은 다음 각 호의 범위 내에서 조정 운용할 수 있다.
1. 사무장 1인(과장 또는 부장급)
2. 사무원 4인 이내(경리, 서무, 기술, 기타)
② 조합은 공사를 감독할 공사감독원을 토목 1인, 건축 2인, 전기 1인, 설비1인의 기술 전문직원을 채용할 수 있다. 단 공사의 진척에 따라 5인 이내에서 각 직종 별로 가감하여 운용할 수 있으며, 이 인원의 범위 내에서 조합장자문위원으로 대치 선정하여 운영할 수 있다. (재건축정비사업의 도급제방식에 해당되는 조항)

제35조(조합기구의 구성)
조합은 조합정관 제15조 제1항 및 이 규정 제34조에 따라 아래와 같은 기구를 구성하여 운용한다. 단, 조합의 형편에 따라 직원의 사무내용은 변경하여 운영할 수 있다.

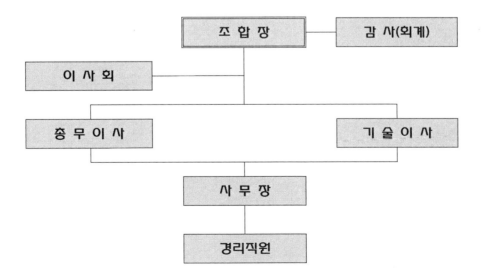

제36조(상근 임원)

조합정관 제15조제3항에 규정한 조합의 상근임원은 다음 각 호로하며 대의원회의 의결을 거처 1인을 추가할 수 있다.

1. 조합장　1인
2. 총무이사 1인
3. 기술이사 1인

제37조(임직원의 임용)

① 임직원을 임용할 경우에는 임용장을 교부함을 원칙으로 한다.
② 상근임원은 이사회의 추천을 받아 대의원회에서 선임한다.
③ 직원으로 채용된 자는 2개월의 수습기간을 정하여(인턴사원제) 시행할 수 있다.
④ 직원이 수습기간(인턴사원) 중에는 정식직원과 차등한 대우를 받을 수 있으며, 적성에 맞지 않거나 업무수행능력이 부족하다고 판단될 경우에는 채용 후 2개월이 경과 한 때에 이사회의 결의를 거처 면직할 수 있으며 정식직원은 이사회의 결의 후 대의원회의 의결로 면직할 수 있다.

제38조(직원의 자격)

① 직원은 사상이 온건하고 건강하며 신원이 확실한 자로서 공무원 임용기준에 위배되지 않는 자이어야 한다.
② 다음 각 호에 해당하는 자는 직원이 될 수 없다.
　　1. 금치산자, 한정치산자
　　2. 금고 이상의 형을 선고받고 그 집행이 종료되거나 집행을 받지 아니하기로 확정된 후 2년이 경과되지 아니한 자, 또는 집행유예기간 중에 있는 자
　　3. 조합의 임원 및 대의원
　　4. 조합원 및 임원의 친인척인 자

제39조(채용 시 제출 구비서류)

직원채용 시의 제출 구비서류는 다음과 같다.

1. 자필이력서 1통
2. 주민등록등본 1통
3. 종합건강진단서 1통(제출 1개월 전에 작성 된 것)
4. 기타 필요하다고 인정되는 서류

제40조(임직원의 직무)

① 조합장은 조합을 대표하고 조합의 사무를 총괄하며 총회와 대의원회 및 이사회의 의장이 된다.
② 총무이사는 조합장을 보좌하고 직무에 따라 하급직원을 관장하며 업무를 수행하되 세부 업무 내용은 다음과 같다.
　　1. 조합장의 지시 전달과 각종 회의 시 회의자료 준비업무
　　2. 사업전반의 기획 및 관리업무

3. 비품관리 업무 및 사무실 임대와 자산관리 업무

4. 경리 및 문서처리 업무에 관한 제반 업무

5. 각종 회의 준비 및 회의기록관리 업무

6. 조합장 직인과 조합직인의 관리업무 등

7. 직원의 업무지휘 감독 및 출·퇴근 관리업무

8. 전산 관련 업무

9. 차량, 금고 및 시설관리 업무

10. 기타 재건축사업에 관련된 모든 인사, 행정 및 서무업무

③ 기술이사는 조합장을 보좌하고 직무에 따라 하급직원을 관장하며 업무를 수행하되 세부내용은 아래와 같다.

1. 시공자 선정 시 기술부문의 검토

2. 시공자와의 가계약 및 본 계약 시 기술 부문의 검토

3. 설계에 관한 제반사항의 검토

4. 착공 후 공사감독원 등의 직원을 관장하며, 기술 분야에 대한 모든 업무를 담당한다.

④ 사무장은 담당이사의 지시에 따라 직원을 통솔하고 다음의 제반 업무를 관장하며 사무원의 직무는 다음 각 호와 같다.

1. 서무 및 경리업무

2. 문서기안 및 수발 업무

3. 문서 및 비품관리 업무

4. 조합원 관리 업무

5. 홍보, 전산 및 기술관리 업무

6. 조합장, 이사가 지시하는 업무

7. 기타 부여된 업무

제41조(직원의 직무정지)

① 직원이 직무수행능력의 부족, 사고발생의 우려, 근무태도의 불성실, 기타의 사유로 직무를 수행하기 곤란하다고 인정될 때에는 조합장은 직무를 부여하지 않고 대기조치할 수 있다.

② 전항의 사유로 대기조치 중인 직원은 월정급여액의 50%만 지급하고 상여금, 제 수당 등은 지급하지 않는다.

제42조(직원의 징계사유)

직원이 다음 각 호에 해당하는 사유가 있는 경우에는 그 사유의 경중에 따라 징계조치 한다.

1. 조합정관 및 조합규정을 위반하여 재건축정비사업조합의 질서를 문란하게 하였을 경우

2. 근무능력의 부족, 근무태도의 불량 등으로 해당 무를 담당할 수 없는 경우

3. 정당한 이유없이 계속하여 3일 이상 무단결근하였을 경우

4. 월 3회 이상 정당한 이유없이 지연 출근하였을 경우

5. 사업장에서 절도, 상해, 그 외에 형사법에 해당되는 행위가 있는 경우

6. 조합의 결정명령지시를 위반하였거나 이를 태만히 하였을 경우

7. 당직근무명령을 받은 자가 승인없이 당직근무를 기피하거나, 당직근무 중 근무지를 이탈하였을 경우

8. 근무 중 근무지를 무단이탈하였을 경우

9. 근무 중 음주를 하거나 이를 권유 또는 묵인하였을 경우

10. 사업장 내에서 상사 및 동료에게 위계질서를 파괴하는 폭행 및 욕설을 하였을 경우

11. 승인없이 조합업무 이외의 업무에 종사하였을 경우

12. 조합의 사전허가 없이 집회, 연설, 문서의 배포, 게시 등 직원을 조종, 선동하는 행위를 하는 경우

13. 고의 또는 과실로 조합의 시설물 또는 기구를 파괴하거나 질서를 문란케 하였을 경우

14. 직무와 관련 증여, 뇌물수수, 향응을 받은 경우

15. 화기단속 및 위험물의 취급을 태만히 하여 조합의 재산상 손실을 초래하였을 경우

16. 고의로 조합의 명예 또는 신용을 손상시키거나 조합에 물의를 일으키는 경우

17. 각종 공문서처리를 지연 또는 태만히 하였을 경우

18. 직무 또는 조합의 기밀에 속하는 사항을 누설하여 조합에 손해를 입혔을 경우

19. 형사상의 유죄판결을 받은 경우

제43조(징계의 종류)

징계의 종류는 다음 각 호와 같다.

1. 파면 : 직원의 신분을 박탈하여 면직시키며 퇴직금을 지급하지 않는다.

2. 해고 : 직원의 신분을 박탈하여 면직시키며 퇴직금을 지급한다.

3. 정직 : 정직기간은 1월 이상 3월 이하로 하여 그 기간 중에는 그 직무에 종사하지 못하며, 직원으로서의 신분은 보유하나 급여는 지급하지 아니한다.

4. 감봉 : 직원의 급여를 1월 이상 6월 이하의 기간 동안 감액지급하며, 1회의 감봉금액은 본봉의 3분의 1 범위 내에서 행한다.

5. 견책 : 시말서를 청구하고 반성 또는 시정을 촉구한다.

6. 경고 : 구두로 훈계한다.

제44조(당연 면직)

다음 각 호의 사유 발생 시 직원은 당연 면직된다.

1. 사망

2. 휴직명령 후 3개월 이내에 복직명령을 받지 못했을 때

3. 신체의 사고로 업무수행이 불가능하다고 인정되었을 때

제45조(징계 절차)

① 직원을 징계하여야 할 사유가 있다고 인정된 때에는 총무이사의 확인을 거처 조합장에게 제출하고, 조합장은 징계 결정 안을 이사회에 상정하여 이사회의 결정에 따라 처리한다. 단, 징계를 결정함에 있어서는 징계대상자의 평소품행, 근무성적, 조합업무 추진능력, 개전(改悛)의 정(情) 또는 징계사실의 유무 등의 정상을 참작하여 결정한다.

② 감봉 이상의 징계의 경우에는 당사자에게 소명의 기회를 부여하여야 하며 소명을 거절할 경우에는 소명을 한 것으로 본다.

③ 징계위원회의 의결은 이사회 구성원의 3분의 2 이상의 참석으로 개의하며, 참석인원 3분의 2 이상의 찬성으로 의결한다.

제46조(민사 및 형사상 책임과의 관계)
① 이 규정에 의한 징계처분은 민사 및 형사상의 책임에 영향을 주지 않는다.
② 상근 임직원의 고의 또는 중대한 과실 및 업무태만으로 인하여 조합에 손해를 끼쳤을 경우에는 징계처분과는 별도로 그 손해에 대하여 배상하여야 한다.

제47조(상훈)
① 조합은 조합업무 수행상의 유공자에 대하여 이사회 결정에 따라 포상할 수 있다.
② 유공자 포상은 년 1회 종무식 때 시행하며 특별유공자에 대해서는 수시로 포상할 수 있다.
③ 조합의 포상위원회는 이사회로 대신한다.

제48조(겸업 금지)
임원은 당 업무와 유사한 사업의 직책을 가질 수 없으며 상근임직원은 영리를 목적으로 하고 본인이 직접 출근을 요하는 영업을 영위하거나 업무에 종사하지 못한다.

제49조(건강진단)
상근 임직원은 조합에서 행하는 전염병예방주사 접종에 응하여야 하며 건강진단을 매년 1회 이상 받아야 한다.

제50조(유급휴일)
다음 각 호에 해당하는 날은 유급휴일로 한다.
1. 매주 토요일 및 일요일
2. 신정연휴
3. 설날 및 추석연휴
4. 국경일
5. 근로자의 날
6. 이 규정 제53조, 제55조 및 제56조에서 정한 휴일

제51조(휴일)
휴일은 공민권(公民權) 행사일과 기타 정부에서 정하는 공휴일을 말한다. 다만, 업무상 불가피한 경우에는 휴일에도 근무할 수 있으며 이에 따른 보수는 급여규정에 따른다.

제52조(월차 및 연차 유급휴가)
① 직원으로서 1개월간 개근한 자는 1일의 유급휴가를 준다.
② 1년간 개근한 자는 10일간, 연중 90% 이상 출근한 자에게는 8일간의 유급휴가를 준다.
③ 2년 이상 계속 근무한 자는 근속연수 1년에 대하여 1일을 가산한 유급휴가를 준다.

제53조(휴가의 적치 및 정산)

월차 및 연차휴가는 본인의 원에 따라 적치 또는 사용할 수 있으며 조합운영에 지장을 초래할 경우나, 본인이 사용하지 않을 경우에는 통상임금을 지급하고 유급휴가는 실시하지 않을 수 있다.

제54조(보건휴가)

여직원에 한하여 본인 청구 시 1월 중 1일의 유급보건휴가를 준다. 단, 보건휴가는 적치할 수 없다.

제55조(인정휴가)

상근임직원이 다음 각 호에 해당할 경우에는 유급인정 휴가(연휴)를 준다.
1. 병역검사점호 또는 훈련으로 인한 소집을 받았을 때에 그 기간과 왕복일수(단, 15일 이내에 한한다)
2. 업무수행 중 부상당하였을 때의 공상 치료기간(7일 이내) 단, 자상환자 및 질병환자는 예외로 한다.
3. 천재지변, 기타 재해 및 전염병 등으로 교통차단의 기간
4. 특별휴가(7일 이내) 단, 1년 이상 근무한 자로 하며 특별휴가는 1년간 조합업무에 지장이 없는 범위 내에서 본인이 원하는 시기에 분할하여 조합장의 승인 하에 사용할 수 있다.
5. 경조사 발생 시로서 다음 각 목에 해당하는 경우
    가. 본인 결혼 시 5일 이내
    나. 자녀 결혼 시 3일 이내
    다. 부모 및 배우자부모 회갑 시 2일 이내
    라. 조부모 회갑 시 1일 이내
    마. 부모 및 배우자, 배우자의 부모 및 자녀의 사망 시 5일 이내
    바. 조부모, 직계형제의 및 자매 사망 시 3일 이내

제56조(휴가의 허가)

① 휴가의 허가를 얻고자 할 때에는 사전에 그 사유를 신고하여 허가를 받아야 한다.
② 질병으로 인한 결근이 7일 이상인 경우에는 의사의 진단서를 제출하여야 한다.

제5장 복 무

제57조(목적)

이 규정의 목적은 임직원의 원활한 업무수행 및 업무의 만전을 기하는 데 있다.

제58조(준수의 의무)

임직원은 조합의 비밀은 물론 그 직무상 취득한 일체의 내용을 타에 누설하거나 조회에 응답하여서는 아니 되며, 이에 반하는 행위를 하였을 시는 이사회에서 의결한 조치에 따라야 한다.

제59조(복무의 기본원칙)

상근 임직원은 조합의 정관, 규정 및 조합의 업무지휘 명령에 따른 맡은 바 업무를 즉시 수행하여야 한다. 상근 임직원 각자는 조합의 신용이나 이익을 해치는 행위를 하여서는 안 된다.

제60조(상근 임직원의 의무)

조합의 상근 임직원은 다음 각 호의 의무를 진다.

1. 정관 및 규정의 준수의무
2. 상호 공조의 의무
3. 조합장의 적법한 지시의 이행의무
4. 조합의 운영방침 이행의 의무
5. 정숙유지 및 언어순화의 의무
6. 조합시설물의 선용 및 보존의 의무
7. 조합의 명예유지 의무
8. 신속하고 투명한 재건축정비사업의 수행의무

제61조(상근 임직원의 금지사항)

상근 임직원은 다음 각 호의 행위를 하여서는 안 된다

1. 조합이나 상근 임직원의 명예를 훼손하는 행위
2. 조합의 손해가 되는 사고발생을 보고도 이를 예방하거나 적절한 조치를 취하지 않는 행위
3. 조합 내에서 임직원간에 폭행을 행하는 행위
4. 조합의 시설물을 고의 또는 중대한 과실로 훼손하는 행위
5. 조합의 업무에 관련하여 금품을 받는 행위
6. 정당한 사유없이 업무를 태만히 하거나 조합의 정당한 업무지시를 거부하는 행위
7. 조합 내에서 심히 듣기 어려운 폭언이나 욕설을 하는 행의
8. 다른 임직원의 업무를 고의로 방해하는 행위
9. 업무상 또는 기타의 사유로 알게 된 조합의 비밀을 누설하거나 물품 등을 외부로 반출하는 행위
10. 허가없이 집회나 시위를 주동하는 행위
11. 허가없이 불온문서를 게시, 배포하는 행위
12. 직접 혹은 간접적인 방법으로 본 조합공사의 수주나 자재를 납품하는 행위

제62조(상근 임직원의 근무시간)

① 상근 임직원은 업무개시 10분 전에 출근하여 출근부에 자신이 날인하고 업무를 수행할 수 있는 준비를 한다.

② 상근 임직원이 업무종료 후 퇴근 시에는 금고, 책상, 캐비닛, 화기 및 전기 등의 안전 및 보안여부 등을 확인하여야 한다.

③ 조합의 업무개시 및 종료, 휴게시간은 다음 각 호와 같다.

    1. 3월 1일부터 10월31일까지 － 09:00 ～ 18:00
    2. 11월 1일부터 2월 28일까지 － 09:00 ～ 17:00

```
3. 토 요 일                    －  09:00 ～ 13:00
4. 휴게시간                    －  12:00 ～ 13:00
```
　　단, 휴게시간은 조합의 질서와 규율의 범위 내에서 자유로이 이용할 수 있다.

제63조(비상출근 명령)

천재지변, 기타 재해 또는 업무상 부득이한 때에는 휴일 또는 휴가 중이라고 하더라도 조합의 비상출근명령을 받은 상근 임직원은 출근하여 조합의 지시에 따라 업무처리에 임하여야 한다.

제64조(결근)

① 상근 임직원이 질병 기타 사유로 인하여 결근할 때에는 사전에 결근계를 제출하여야 한다. 그러나 긴급하고 불가피한 사유로 인하여 사전에 결근계를 제출하지 못하였을 경우에는 의사의 진단서 등을 첨부하여 결근계를 제출하여야 한다.

② 질병으로 인하여 계속 7일 이상 결근 할 때에는 의사의 진단서를 첨부하여 결근계를 제출하여야 한다.

③ 직원이 조합장 또는 총무이사의 승인을 받지 않고 결근할 경우에는 무단결근으로 처리한다.

제65조(지각)

① 상근 임직원은 부득이한 경우를 제외하고는 지각을 하여서는 아니 된다.

② 직원이 지각을 하였을 경우에는 즉시 조합장 또는 담당이사에게 그 사유를 보고하여야 하며, 그 사유가 정당하지 않을 경우에는 무단지각으로 간주한다.

제66조(조퇴)

① 조퇴라 함은 규정된 퇴근시간 이전에 퇴근함을 말하며, 부득이한 경우를 제외하고는 직원의 조퇴는 인정하지 않는다.

② 직원이 조퇴를 할 경우에는 사전에 조퇴원을 작성하여 총무이사의 승인을 받아야 한다.

제67조(외출)

① 상근 임직원은 부득이한 경우를 제외하고는 외출을 삼가하여야 한다.

② 상근 임직원이 근무시간 중에 외출을 하고자 하는 때에는 외출부에 기록 후 조합장 또는 총무이사의 허가를 받아야 한다.

제68조(출　장)

① 상근 임직원이 출장명령을 받았을 경우에는 특별한 사유없이 이를 거부할 수 없다.

② 조합장은 출장인의 직급에 준하는 출장비를 지급할 수 있다.

③ 거리 및 직무에 따라 교통비 및 숙식비와 기타비용의 실비를 지급할 수 있다.

④ 출장인은 출장 후 조합장에게 출장보고서를 제출하여야 한다.

제6장 위임전결

제69조(목적)

이 규정은 직무권한을 직위별로 위임하여 업무처리의 신속화와 업무능률의 향상을 도모하고 그 직위별 권한과 책임을 다하게 함을 그 목적으로 한다.

제70조(자금집행의 전결권)

월정급여, 공과금, 통상의 운영비 중 승인예산범위 내의 단일비목 10만원 미만의 지급권 등은 총무이사의 전결사항으로 한다.

제71조(전결사항의 하부위임과 책임)

조합장은 전결사항 중 경미하다고 인정되는 사항이나 이미 결정된 사항에 따라 반복되는 사항에 대한 처리권한을 조합장의 책임으로 총무이사에게 위임할 수 있다.

제72조(책임)

전결권자는 위임 전결권한에 관한 권한행사에 대하여 책임을 진다.

제73조(효력)

이 규정에 의하여 전결된 문서는 조합장이 결제한 문서와 동일한 효력을 가지며 대외적으로는 조합장명의로 시행하는 것을 원칙으로 한다.

제7장 회계 및 예산결산

제74조(목적)

이 규정은 조합의 회계 및 결산업무에 필요한 사항을 규정함으로써 조합운영을 원활하게 하는데 목적이 있다.

제75조(회계연도)

조합의 회계연도는 조합정관 제32조 제1항 규정에 따른다.

제76조(예산의 편성)

① 조합의 예산회계는 조합정관 제32조제2항에 준한다.
② 예산의 편성은 대의원회의 승인을 받아야 한다.
③ 익년의 예산은 매년 12월말일 기준, 30일 전까지 확정 및 편성되어야 하며, 해당 연도 결산절차는 조합정관 제32소제3항에 준한다.
④ 예산 미확정 시의 예산집행은 대의원회에서 의결될 때까지 전년도예산에 준하여 지출할 수 있다. 다만, 임직원의 급여, 제세공과금, 사무처리 경비 등에 한한다.
⑤ 전항 규정에 의하여 집행된 예산은 해당 연도의 예산이 수립되면 그 수립된 예산에 의하여 집행된 것으로 간주한다.

제77조(결산)

① 결산보고서는 매 회계연도 종료일로부터 60일 내에 감사의 의견서를 첨부하며, 대의원 회의에 제출하여 심의를 받아야 한다.

② 조합원 3분의 2 이상의 요청이 있을 때에는 공인회계사의 감사의견서를 첨부하여야 하며, 이때, 조합장은 위 제1항의 결산보고서 제출기한을 1개월 범위 내에서 연장할 수 있다.

제78조(회계처리)

① 조합의 회계처리는 조합 운영 관련 회계(이하 '조합운영비'라 한다)와 공사 관련 회계 (이하 '건설사업비'라 한다)로 분리하여 구분 회계처리 하여야 한다.

② 조합 운영비의 수입 항목은 대의원회에서 기 의결된 예산금액 및 항목에 한한다.

③ 조합운영비의 지출항목은 순수 조합 운영에 필요한 항목에 한하며 다음 항목에 준한다. 그러나 필요에 따라 항목을 추가하거나 중·소항목은 전용하여 집행할 수 있다.

1. 인 건 비 : 임직원의 급여와 제 수당, 상여금, 퇴직급여 및 복리후생비
2. 회 의 비 : 임원회의비, 대의원회의비, 자문위원회의비, 조합 총회의 실비변상적인 비용 등으로 조합 총회의 예산승인 범위 내에서 지출되는 비용
3. 업무추진비 : 업무지원과 섭외활동을 위한 임원의 업무추진비(＝활동비)
4. 여비·교통비 : 여비와 교통비, 출장비, 자가운전의 보조수당 등 업무 관련 교통비
5. 통 신 비 : 전신, 전화, 우편사용료 등과 이의 유지비 등
6. 수도광열비 : 일반관리업무와 관련하여 발생한 수도료, 전기료, 유류비, 가스비 등
7. 세금·공과금 : 제세(전화세, 인지세, 교육세, 면허세, 균등할주민세, 재산세, 도시계획세, 공동시설세, 종합토지세, 자동차세, 사업소득세, 지역개발세, 공과금 (연합회비, 벌과금) 등
8. 보 험 료 : 산재보험료 등의 보험료
9. 접 대 비 : 조합사업 관련 접대비용(경조금, 선물대금)**(법인신용카드 사용이 원칙)**
10. 광고선전비 : 아파트 일반분양광고비 등의 조합사업 관련 공고와 관련된 지출금
11. 협 회 비 : 재건축연합회비 등 가입단체회비
12. 차량유지비 : 조합임직원 차량의 사업 관련 차량 유지에 필요한 실비변상비용
13. 홍보조사비 : 시장조사, 정보수집, 통계조사 등 불특정인에게 지출하는 통상비용
14. 행 사 비 : 내부행사 개최비용과 관련 단체 행사 참가비용
15. 소 모 품 비 : 조합 운영 관련 소모품구입비용 등
16. 사무용품비 : 조합 운영에 관한 사무용 문구 및 제반 사무용품 비용 등
17. 도서인쇄비 : 신문, 도서 등의 구입비, 제반 양식 등의 인쇄비 등
18. 임 차 료 : 사무실 임차료, 창고, 관리비, 주차비
19. 잡 비 : 일상적으로 발생하는 경미한 비용 중 앞에서 규정되지 않은 항목
20. 지급수수료 : 변호사, 법무사, 감정평가사, 세무사, 공인회계사 등 조합사업과 관련하여 지급하는 수수료 등
21. 예 비 비 : (총 조합운영비의 약 10퍼센트)

④ 건설사업비의 수입은 다음 항목으로 처리하는 것을 원칙으로 한다. 그러나 필요에 따라 항목을 추가할 수 있다.

1. 조합원이 출자한 토지 및 건물
2. 분양수입금 : 건축물 및 분양가능 복리시설의 분양수입금
3. 부　과　금 : 조합원 및 일반분양자가 납부한 부과금
4. 수입분담금 : 조합원이 납부한 분담금
5. 차　입　금 : 시공자 및 금융기관에서 조달한 차입금
6. 이자수입금 : 예금 및 대여자금의 이자, 과태료 및 수입금
7. 기타, 조합재산의 이용수익 또는 처분에 의한 수입금
⑤ 건설사업비의 지출항목은 아래 항목에 준한다.
1. 지급수수료 : 변호사, 공인회계사, 법무사, 세무사 등 대외용역수당
2. 지출분담금 : 조합원에게 지급한 분담금
3. 지출이자 : 조합의 차입금에서 발생하는 이자 지급금 및 부대비용
4. 공사기성금 : 공사대금 등으로 시공자에게 지급하는 일체의 금액
5. 토지매입비, 소송비, 각종세금 등 회계기준에 의한 항목
6. 잡　　　비 : 공사수행상 발생되는 경미한 비용 중 앞에서 규정되지 않은 항목
7. 기타 분양원가성경비의 지출항목

제79조(금전의 출납)
① 금전의 출납은 담당 책임자의 날인이 있는 전표에 의하여 행사한다.
② 출납 담당자는 금전출납 시에 수납인 또는 지급인을 전표에 날인하여야 한다.
③ 금전을 출납하였을 때에는 금전출납장에 기재하고 매일의 입·출금액을 잔금과 대조하여 그 과부족 여부를 확인하여야 한다.
④ 조합의 운영을 원활하게 하기 위한 50만원 이내의 현금을 금고에 보관하고 사용할 수 있다.
⑤ 출납직원은 매월 수입 및 지출전표를 집게하며 항목별로 작성하여 조합장의 결재를 받아야 한다.

제80조(지출결의서 작성)
지출행위를 할 때에는 지출결의서를 작성하여 전결규정에 따라 결재를 받아야 한다.

제81조(증빙서류)
① 증빙서류는 거래사실의 경위를 입증하며 기장의 증거가 되는 서류로서 반드시 원본으로 첨부하여야 한다.
② 원본의 첨부가 곤란한 경우에는 그 사본으로 대신하고 원본대조자가 사본에 확인 표시를 하여야 한다.

제82조(전도금 관리)
업무수행상 증빙을 수령하지 못하고 금전을 지급 시에는 전도금으로 처리할 수 있으며, 전도금은 지급자별로 관리하여 추후에 증빙서류 및 잔액관리 정산한다.

제83조(세입·세출 및 회계책임)
조합의 세입 및 세출업무는 조합장의 책임 하에 집행한다.

제84조(회계감사)

① 내부감사는 조합정관 제30조제2항에 의한다.

② 외부감사는 조합정관 제32조제4항에 의한다.

제8장 보수 등

제85조(목적)

이 규정은 조합업무와 관련하여 지급하는 급료, 상여금, 시간 외 수당 등 보수의 지급기준과 지침을 규정하는 데 목적이 있다.

제86조(적용범위)

이 규정은 조합의 임직원, 대의원, 자문의원, 기타 보수를 지급하여야 할 촉탁자 및 임시직원 등에게 적용한다.

제87조(급료 등)

① 임직원에게는 직위와 직책에 따라 아래의 보수(급료, 상여금, 시간 외 수당 등)를 지급한다.

1. 조합장, 상근임원, 사무장과 사무직 및 기술직의 직원에게는 월정액의 급료를 지급한다.

2. 상근임직원들에게는 월정급료액 기준으로 년간 000%의 상여금을 매 분기마다 균등 분할하여 지급한다. 단, 경력사원을 제외한 신입직원은 6개월 이상 근무자에 한하여 지급한다.

   본 항에서 경력사원이라 함은 본인 직무 유관기관(건설, 공무, 금융, 경리, 재건축, 재개발 등) 근무연수 3년 이상 근무한 자 이어야 한다.

3. 상근직원에게는 조합장의 명에 의하여 시간 외 근무를 할 경우, 1일 2시간을 초과하지 않는 범위 내에서 근로기준법에 준하여 산정되는 시간 외 수당을 예산범위 내에서 조합장의 승인 하에 지급할 수 있다.

4. 직원들에게 지급하는 월차휴가수당은 매 분기마다 지급하며, 연차휴가수당은 계속 근무연수 1년을 초과하는 급여일에 지급한다.

5. 월정급여액은 매년 월정급여액의 10% 이내에서 상향 조정할 수 있다.

6. 임직원의 중식은 조합의 복리·후생비로 지급하며, 시간외 근무나 회의진행상 제공되는 실비의 식대는 조합이 복리후생비나 회의비로 부담한다.

제88조(지급기준)

① 제87조제1항제1호의 월정급료액은 별도로 정한 직위별, 직책별, 보수액기준에 의하며 해당 연도의 예산편성 시 승인되는 범위 내에서 상향 조정하여 월정액으로 지급한다.

② 보수의 지급일은 매월 25일에 당월 분을 지급하며 지급일이 휴일(은행휴무일 포함)인 경우에는 그 전일로 한다.

③ 조합장은 해당 연도의 예산액 범위 내에서 상근임원 및 직원 모두에게 사업의 진척도, 명절(설날, 추석), 특별휴가 시에 매년 급여액의 00%범위 내에서 특별상여금을 지급할 수 있다.

제89조(계약직 직원의 보수)

조합의 필요에 의해 채용하는 특수직종의 촉탁직원 및 임시직원의 보수는 조합의 채용품의로 조합장이 발의하여 예산 범위 내에서 이사회의 심의를 거쳐 대의원회의 의결에 따라 지급한다.

제90조(업무추진비와 회의비)

① 업무지원과 홍보섭외 등의 활동을 위하여 조합장, 상근임원, 비상근임원에게는 직책별로 정한 기준에 따라 월정액의 업무추진비를 지급한다.

② 대의원이나 조합원 등이 조합의 요청에 의하여 회의 등 조합 업무에 공식적으로 참석 시에는 실비액에 상응하는 교통비와 식대를 위한 일정액(00,000원)을 회의비로 지급한다.

③ 위 제1항과 제2항의 지급은 해당 연도의 예산의 편성과 승인에 의하여 책정된 예산액 범위 내에서 지급할 수 있다.

제91조(업무재해보상)

① 임직원이 업무상 부상으로 치료를 요할 경우에는 근로기준법 및 산업재해보상보험에 준하여 처리한다.

② 위 제1항의 경우에 이사회의 제청으로 대의원회의 결의에 따라 위로금을 지급할 수 있다.

제9장   퇴직금 지급

제92조(퇴직금의 지급대상)

상근임직원이 1년 이상 계속 근무하고 퇴직하는 경우에는 퇴직금을 지급한다.

제93조(퇴직금의 지급액 및 지급일)

퇴직금은 계속근무연수 1년에 대하여 30일분의 평균임금을 조합의 특수한 근속환경 등을 감안하여 매년 12월 말에 지급한다.

제94조(근속연수의 계산)

계속 근속연수 1년을 초과한 월 및 일에 대하여는 월할, 일할로 계산한다.

제95조(평균임금)

평균임금이라 함은 퇴직 전 3개월의 평균월급여(제 수당, 상여금포함)를 말한다.

제96조(퇴직금의 기산일)

퇴직금의 기산일은 임용발령일로 한다. 다만, 조합설립인가 이전에 임용된 자의 기산일은 조합설립인가일로 한다.

제10장   재산관리

제97조(재산관리)

조합의 재산관리는 조합장의 책임 하에 관리하며, 담당직원은 재산목록을 작성하여 성실히 관리하여야 한다.

제98조(처분방법)

조합재산의 처분은 조합이 해산인가를 받은 후에는 정관 제59조(청산인의 임무)와 제60조(채무변제 및 잔여재산 처분)에서 정하는 바에 따라 청산인이 청산위원회의 심의를 거쳐 대의원회의 의결 후 처분한다.

부 칙 1 (0000. 0. 00)

제1조(시행일)

본 운영규정은 대의원회의 결의와 총회의 의결을 받아 0000년 0월부터 효력을 발생한다.

제2조(규정 이외의 사항)

이 규정에 규정되지 않은 사항은 정관, 관계 법령 및 대의원회의 의결에 따른다.

제3조(경과 규정)

조합의 인가 이전에 행한 급여 및 운영경비 지급은 이 규정에 따라 조합이 행한 것으로 본다.

재건축정비사업조합
선거관리규정(안)

반포주공0단지 재건축정비사업조합

서울시 서초구 잠원동 00-0 00빌딩 000호

☎ 02)000-0000, 0000-0000, FAX: 02)09000-0000

홈페이지 : www.banpo0.com

차　례

제6장 이 의 신 청 등

제29조 (이의 신청)

부 칙-1 (0000. 0. 00)

제1장 총 칙

제1조(목 적)

이 규정은 반포주공0단지 재건축정비사업조합(이하 '조합'이라한다)의 정관이 정하는 바에 따라 조합장을 포함한 임원 및 대의원을 공정하게 선출하기 위한 방법과 절차를 규정함을 그 목적으로 한다.

제2조(용어의 정의)

이 규정에서 사용하는 용어의 정의는 다음 각 호와 같다.

1. '조합장' 이라 함은 총회에서 조합원이 선출하는 조합의 대표자를 말한다.
2. '이사' 라 함은 조합원 중에서 선출하여 조합 제반업무를 계획, 심의 및 수행하며 조합장을 보좌하는 자를 말한다.
3. '임원' 이라 함은 조합장, 이사 및 감사를 포함하는 자를 말한다.
4. '대의원' 이라 함은 조합정관 제24조의 규정에 의해 선출된 자를 말하며 선거당시의 조합원에서 각각 선출한다.
5. '조합정관' 이라 함은 공정하고 합리적인 사업수행을 위하여 사업목적과 명칭, 조합원 자격과 권리·의무, 조합비용과 회계처리, 사업종결 시의 청산절차와 방법 등 사업 추진의 중요한 근본원칙을 규정해 놓은 반포주공0단지 재건축정비사업조합의 규약을 말한다.
6. '조합운영규정'이라함은 조합정관이 정하는 바에 따라 체계적이고 효율적으로 조합을 운영하기 위해 각종 회의운영, 문서의 처리, 임직원의 인사·복무 및 재산의 관리 등 조합운영에 관한 제반업무를 표준화한 반포주공0단지 재건축정비사업조합의 업무 집행기준을 말한다.
7. '조합원'이라 함은 재건축정비사업시행구역에 구분소유권을 소유하면서 '재건축조합 설립'에 동의한 자를 말한다.

제3조(적용범위)

조합의 임원 및 대의원선거는 정관에서 따로 정하는 사항 이외에는 이 규정에 의한다.

제4조(선거사무의 협조의무)

조합장은 선거관리위원회로부터 선거사무에 관하여 필요한 협조의 요청을 받을 때에는 최대한 협조할 의무를 진다.

제2장 선거관리위원회

제5조(선거관리위원회의 구성 등)

① 이 규정에 의해 선거를 공정하게 관리하고 집행하기 위하여 선거관리위원회(이하 '선관위' 라 한다)를 두며, 선거는 선관위가 주관한다.

② 선관위원은 최초의 대의원선거에 대해서는 재건축정비사업조합 설립추진위원회

(이하 '추진위'라 한다)에서 선출하며, 그 후의 모든 선거에 대해서는 대의원을 포함한 조합원 중에서 이사회가 추천하여 대의원회에서 선출한다.

③ 선관위는 선거공고일 전 7일까지 구성해야 한다.

④ 선거관리위원의 임기는 선출일로부터 해당 선거종료 후 1월까지로 한다.

⑤ 선관위의 설치장소는 조합사무실에 둔다.

제6조(선관위의 조직)

① 선관위는 7인 이내의 위원으로 구성한다.

② 선관위는 위원장 1인, 간사 1인을 둔다.

③ 위원장은 위원회를 운영하고 선관위를 대표한다.

④ 간사는 위원장을 보좌하고 전반적인 선거 실무를 담당한다.

⑤ 위원장은 선관위에서 선출하고 간사는 위원장이 지명한다.

제7조(선관위의 직무)

선관위는 다음 각 호에 관한 직무를 수행한다.

1. 선거관리 규정의 해석 및 결정
2. 선거에 관한 안내 및 공고
3. 입후보자 등록업무 및 자격심사
4. 선거인명부 작성 및 투표자 신원확인
5. 투표용지의 작성 및 관리
6. 공정한 투표 및 개표관리
7. 기호배정 관리
8. 적법한 선거운동방법의 제시 및 감독
9. 당선자 공고
10. 투표지의 유·무효심사 및 판정
11. 각종 이의신청사항에 대한 조사, 심사 및 판정
12. 구체적인 선거절차 및 방법의 결정
13. 기타 선거에 관련된 사항

제8조(선관위의 소집 및 의결)

① 선관위원장은 선거의 집행 및 관리를 위한 일정계획을 수립하고 필요에 따라 선관위 회의를 소집한다.

② 선관위원 3분의 1 이상의 요구가 있을 경우 위원장은 회의를 소집하여야 한다.

③ 선관위는 재적위원 과반수의 찬성으로 의결한다.

④ 임원 및 내의원 후보로 출마하고자 하는 선관위원은 해당 선거 시 그 자격을 일시 정지한다.

제3장 입후보 등

제9조(후보자의 자격)

① <u>조합장, 이사 및 감사</u>에 입후보하고자 하는 자는 다음 각 호의 어느 하나에 해당하는 경우 후보자가 될 수 없다. (관련법령: 법 제43조제1항 및 제2항<개정 2020.6.9.>)

  1. 미성년자·피성년후견인 또는 피한정후견인

  2. 파산선고를 받고 복권되지 아니한 자

  3. 금고 이상의 실형을 선고받고 그 집행이 종료(종료된 것으로 보는 경우를 포함한다) 되거나 집행이 면제된 날부터 2년이 경과되지 아니한 자

  4. 금고 이상의 형의 집행유예를 받고 그 유예기간 중에 있는 자

  5. 이 법을 위반하여 벌금 100만원 이상의 형을 선고받고 <u>10년</u>이 지나지 아니한 자

  6. 조합의 조합설립 동의서 미제출, 미이주 등의 사유로 조합에 손해를 발생시킨 자

② <u>정비구역에서 거주하고 있는 자로서 선임일 직전 3년 동안 정비구역 내 거주 기간이 1년 이상이거나, 정비구역에 위치한 건축물과 그 부속토지를 5년 이상 소유하고 있는 자 이어야 한다. 다만, 조합장은 선임일부터 관리처분계획인가를 받을 때까지는 해당정비구역 에서 거주(영업을 하는 자의 경우 영업을 말한다)하는 자이어야 한다.</u>(법 제41조제1항 참조)

③ 업무감사는 정비사업 행정관련 업무를 감사할 수 있는 능력이 있는 유경험자이어야 한다. 회계감사는 조합원 중 회계사, 세무사, 관련 업무 유경험자이어야 한다.

제10조(후보자의 등록)

① 조합장, 이사 및 대의원에 입후보하고자 하는 자는 다음 각 호의 서류 및 선관위에서 요청하는 서류를 모두 갖추어 선관위가 정한기간 내에 입후보 등록신청을 하여야 한다.

  1. 후보자 등록신청서 1부(별첨 1 서식)

  2. 후보자의 최종학력 및 주요경력사항

  3. 후보자 추천서 1부(별첨 2 서식)

  4. 선거관리규정 준수서약서 1부(별첨 3 서식)

  5. 주민등록등본 1부

② 조합장으로 입후보하고자 하는 자는 후보자 추천서에 조합원 20분의 1 이상 또는 대의원 4분의 1 이상의 추천을 받아야 한다. 추천인은 후보자 1명만을 추천하여야 하며, 이를 위반하여 추천한 경우에는 선관위에 먼저 등록신청한 후보자의 추천만을 유효로 한다. 추천인은 후보에 대한 추천을 취소 또는 변경할 수 없다.

③ 이사 및 감사에 입후보하고자 하는 자는 대의원 5명 이상이나 조합원 50명 이상의 추천을 받아야 한다. 이때, 추천인은 입후보자를 중복하여 추천할 수 없다.

④ 대의원에 입후보하고자 하는 자는 대의원 5명 이상의 추천을 받아야 한다. 이때, 추천 하는 대의원은 중복하여 후보자를 추천할 수 있다.

제11조(후보자등록의 무효 및 후보자의 사퇴)

① 선관위가 후보자 등록을 무효로 하고자 할 때에는 해당 후보자에게 일정한 기간을 정하여 소명할 수 있도록 기회를 주어야 한다.

② 선관위는 후보자 등록이 무효로 된 때에는 지체없이 해당 후보자에게 그 사유를 명시 하여 서면으로 통지하여야 한다.

③ 후보자가 후보를 사퇴하고자 하는 때에는 본인이 직접 선관위에 서면으로 신고하여야 한다.

제12조(후보자의 기호배정)

① 입후보자가 2명 이상일 경우의 기호배정은 후보등록 마감 후에 선관위원장이 직접 추첨하여 결정한다.

② 추첨에 참가한 후보자 등을 우선 앞의 번호 중에서 추첨하여 배정한 후, 추첨에 불참한 후보자 등을 나머지 번호 중에서 선관위가 대리인을 선정하여 추첨하여 배정한다.

제13조(선거운동)

선거운동 기간 중 후보자와 선거운동원은 다음 각 호에 준하여 선거운동을 행하여야 한다.

1. 후보자는 자신의 능력, 자질 및 공약사항 등을 대의원이나 조합원에게 충분히 알리기 위하여 선거운동을 할 수 있으나, 본 선거관리규정 및 선관위가 정한 범위 내에서 행하여야 한다.

2. 선거운동 기간은 후보자 확정공고 다음날부터 선거일 전일 자정까지로 한다.

3. 후보자는 개인 홍보물을 선거권자에게 자유로이 배포할 수 있고 선거권자와 직접 또는 전화로 개별 접촉하여 자신에 대한 지지를 부탁할 수 있다.

4. 선관위는 선거권자가 조합장 후보자의 소신, 능력 및 자질 등을 평가하는 데 도움이 될 수 있도록 선관위의 주관으로 조합원을 초청하여 각 후보별로 20분 이내의 연설을 하게 할 수 있다. 연설일이 결정되면 선관위는 각 입후보자에게 이러한 내용을 연설일 5일 전에 문서로 통보하여야 한다.

5. 선관위는 선거권자가 이사 및 감사 후보자의 자질과 능력을 충분히 알 수 있도록 하기 위하여 대의원회에서의 투표실시 전에 각각의 입후보자가 정견을 발표할 수 있는 기회를 갖도록 할 수 있다. 이 경우 각 후보자별로 5분 이내의 발표기회를 갖도록 한다.

제14조(금지 및 제한사항)

① 선거과정에서 다음 각 호의 행위를 한 자는 후보등록이 취소되며, 만약 선거에서 당선된 후라도 당선 후 1개월 이내에 동 사실이 밝혀지면 그 후보자의 당선은 취소된다.

1. 선거운동 과정에서 조합원 등에게 향응이나 금품 등을 제공하거나 제공을 약속하는 행위

2. 허위사실 유포로 특정 후보자를 비방, 중상하는 행위

3. 선관위가 공식적으로 개최한 후보자 연설회장이 아닌 장소에서 집단적으로 선거집회를 하는 행위

4. 후보등록요건이나 기재사실 등에 허위가 발견된 경우

5. 후보자 서약서의 서약내용을 위반하는 행위

6. 선관위의 시정명령을 2회 이상 받고도 동일한 행위를 계속하는 경우

7. 추천서가 금품제공 등으로 부정하게 이루어진 경우

8. 폭력, 협박, 납치 등의 방법으로 조합원의 권리행사를 방해하는 행위

9. 사전선거운동을 하거나 배우자와 직계존비속을 제외한 제3자에게 선거운동을 하게 하는 경우

10. 선관위의 선거사무를 방해하는 행위

② 위 제1항을 위반하였을 경우에는 선관위원 전원의 의결로 후보등록을 취소할 수 있으며, 이에 해당하는 후보자는 선관위의 결정에 따라야 한다. 또한, 이 결정에 대하여는 민·형사상의 소를 제기할 수 없다.

③ 선관위에서는 위 제1항에 따라 등록 또는 당선취소에 해당되는 자에게는 그 사유를 명시하여 즉시 통지하여야 하며, 일정기간을 정하여 소명의 기회를 주어야 한다.

④ 혼탁한 선거를 방지하기 위하여 선거운동의 위반사실이 발견된 경우에는 선관위의 결의에 따라 선관위원장은 그 시정을 명할 수 있으며, 선관위원장은 투표 전에 그 위반 사실을 선거인들에게 발표할 수 있는 권한을 가진다.

⑤ 위반행위는 후보자 본인이 직접 하였거나 또는 후보자의 배우자, 직계존비속을 포함한 제3자를 불문하고 똑같이 후보자의 행위로 간주한다.

제4장 임원 등의 선출

제15조(조합장의 선출)

① 조합장은 20분의 1 이상의 조합원 또는 4분의 1 이상의 대의원의 추천을 받아 조합원 총회에서 재적조합원 과반수 출석과 출석조합원 과반수의 찬성으로 선출한다.

② 제1차 투표에서 재적조합원의 과반수에 미달되어 선출이 불가능한 경우에는 제2차 투표를 실시하고, 제2차 투표에서도 과반수의 득표자가 없는 경우에는 제3차 투표를 실시하여 최다득표자를 당선자로 선출한다.

제16조 (이사의 선출)

① 이사의 선출은 조합원 중에서 선출하며 대의원회에서 재적대의원 과반수의 찬성으로 선출한다.

② 이사 입후보자 중 재적대의원 과반수의 찬성을 득한 후보가 이사정원에 미달하는 경우에는 재적대의원 과반수를 득표한 후보자만을 이사로 선임한다.

③ 이사 입후보자가 이사정원을 초과한 경우에는 과반수의 득표자 중에서 다득표자순으로 당선자를 선출한다.

④ 이사 입후보자가 이사정원을 초과한 상태에서, 제1차 투표가 정족수에 미달되어 선출이 불가능한 경우에는 제2차 투표를 실시하고, 제2차 투표에서도 정족수에 미달되어 선출이 불가능한 경우에는 제3차 투표를 통해 다득표자순으로 선출한다.

⑤ 선임된 이사는 조합원 총회에서 재적조합원 과반수의 출석과 출석조합원 과반수의 찬성으로 인준을 받아야 한다.

제17조(감사의 선출)

선출방법은 이사의 선출방법에 따른다.

제18조(대의원의 선출)

① 대의원의 선출은 등록절차를 거쳐 확정된 후보자 중 해당 동 조합원의 과반수가 투표 하여 최다 득표한 자를 당선자로 한다.

② 최다 득표자수가 복수인 경우에는 연장자 순으로 선출한다.

③ 이주개시 후 궐위되는 대의원의 보선은 정관 제24조제5항에 따라 **사업시행구역**에 1년 이상 보유한 사실이 있는 조합원 중에서 대의원의 5명 이상의 추천을 받아 대의원회에서 참석 대의원 과반수의 찬성으로 선출한다.

제5장 투표와 개표

제19조(선거의 공고 등)

선거일은 대의원회의에서 결정하여 선거일 10일 전까지 선거관리위원장이 공고하여야 한다. 공고에는 후보자 등록기간, 등록에 필요한 서류 및 등록장소 등을 함께 공고하여야 한다.

제20조(투표방법)

① 선거관리위원회는 투표 전에 선거인 명부와 투표자의 신원이 일치하는지를 확인하여야 한다.

② 기표방법은 투표용지의 원하는 후보자성명 밑의 공란(기표란)에 "O"표를 표기한다.

③ 조합원은 직접 또는 부재자투표 중 택일하여 투표할 수 있으며 부재자 투표 시는 선관위에서 송부한 부재자투표용지에 기표 후 우송하여야 한다.

④ 기표한 부재자투표지는 선관위에서 통지한 투표예정일 전일까지 조합사무실에 도착한 것만을 유효표로 인정한다.

⑤ 회송된 부재자투표지는 개표일까지 선관위에서 별도 보관한다.

⑥ 투표를 개시하기 위해서는 선관위원의 과반수가 투표장에 출석하여야 한다.

⑦ 투표 시 필요한 경우 후보자가 지명한 1인의 참관을 허용할 수 있으며 참관에 관한 세부사항은 선관위에서 정한다.

제21조(투표용지)

① 투표용지에는 후보자의 기호, 성명 및 위원회의 직인을 인쇄(복사)하여야 한다.

② 투표용지에 인쇄할 후보자의 기호는 "1, 2, 3," 등으로 표시하여야 하며 후보자의 성명은 한글로 기재하여야 한다.

제22조(투표)

① 선거인은 신분증을 제시하고 본인임을 확인받은 후 선거인명부(조합원명부)에 날인 또는 무인(손도장)한 후, 기 배포된 투표용지에 기표하여 투표함에 넣어야 한다.

② 선거인명부에 등재되지 아니한 조합원과 선거인명부에 등재되었더라도 선거일에 선거권이 없는 조합원은 투표할 수 없다.

③ 선거인의 잘못으로 투표용지를 훼손 한 경우라도 재교부할 수 없다.

제23조(개표)

① 개표사무는 선관위원장이 선임한 개표종사원이 담당한다.

② 개표 시 필요한 경우 후보자와 후보자가 지명한 자의 참관을 허용할 수 있다.

③ 개표가 완료되면 개표결과 및 당선자를 즉시 공포하여야 한다.

④ 개표를 개시하기 위해서는 선관위 위원의 과반수가 개표장에 출석하여야 한다.

제24조(무효투표)

다음 각 호의 투표는 무효로 한다.

1. 선관위원장의 날인이 없거나 소정의 투표용지가 아닌 경우
2. 어느 후보자 난에도 기표가 안 된 경우
3. 2개 이상의 후보자 난에 중복 기표된 경우(다수의 대의원선출 시는 유효)
4. 기표한 후보를 식별할 수 없는 경우
5. 후보자 성명 밑의 공란에 문자나 기호 등으로 표시 된 경우
6. 투표자가 자신의 기표내용을 공개한 경우

제25조(당선인 결정)

① 당선인 결정은 선거관리규정 제4장에 의하여 결정한다. 단, 동수득표자가 2명 이상인 경우에는 연장자순에 의하여 결정한다.

② 조합장 또는 대의원 입후보자가 1명이거나 투표 전에 타 후보가 사퇴하여 단일후보로 되었을 경우에는 무투표 당선으로 하며, 선관위원장은 선거일에 후보자를 당선인으로 결정하고 이를 지체없이 공포하여야 한다.

③ 당선인이 선거일에 피선거권이 없게 되거나 임기개시 전에 피선권이 없게 된 때에는 당선의 효력이 상실된다.

제26조(재선거)

① 다음 각 호의 1에 해당하는 때에는 재선거를 실시한다.
1. 후보자가 없을 때
2. 선거무효 또는 당선무효의 결정이 있을 때
3. 당선인이 임기개시 전에 사퇴 등의 사유로 피선거권이 없게 된 때

② 재선거절차는 당초의 선거절차에 따른다.

제27조(보궐선거)

① 조합장이 사임, 해임 또는 유고로 인하여 그 직무를 수행할 수 없는 경우에는 그 사유가 발생한 날로부터 2개월 이내에 후임 조합장을 이 규정의 조합장 선출절차에 따라 선출하여야 한다.

② 이사 및 감사의 보궐선거는 이사 및 감사의 선출절차에 따라 선출한다. 단, 총회의 결의는 필요로 하지 않는다.

③ 최초 대의원 선거에서 입후보자가 없어 미선출된 동의 대의원 보궐선거는 이사회에서 정하는 시기에 이 규정의 대의원 선출절차에 따라 선출한다.

④ 대의원의 사임, 해임 또는 유고로 인한 후임 대의원의 보궐선거는 이사회에서 정하는 시기에 대의원 선출방법에 따라 선출한다.

⑤ 이주 후에 궐위된 대의원의 보궐선거는 조합원 중에서 대의원 5명 이상의 추천을 받아 대의원회에서 투표로 선출한다. 이때, 조합장은 투표예정 15일 전까지 조합원에게 입후보나 추천의 기회에 대하여 문서로 통지하여야 한다.

제28조(투표지 보관)

① 선거가 끝난 후의 투표용지는 선관위원장과 선관위원이 봉인 날인하여 조합에서 보관한다.

② 투표지의 보관은 3개월로 한다.

제6장 이의신청 등

제29조(이의 신청)

① 선거 및 당선인 결정의 효력에 관하여 이의가 있는 후보자는 선거일로부터 5일 이내에 선관위에 증거물을 첨부하여 서면으로 이의신청을 할 수 있다.

② 제1항의 규정에 의하여 이의신청을 접수한 선관위는 이를 심사하여 접수일로부터 10일 이내에 통보하되, 이의신청자와 피신청자를 불러 내용을 들은 후 결정하고 그 결과를 관계자에게 서면으로 통지하여야 한다.

③ 이의신청에 따른 선거무효 또는 당선무효 결정은 선관위원 과반수의 결의로 대의원회에 상정하고 재적대의원 과반수의 찬성으로 결정하되 결정 시에는 소수의견도 기재하여야 한다.

부   칙 1 (0000. 0. 00)

1. 본 규정은 0000년 0월00일 추진위원회에서 제정결의 된 날로부터 효력을 갖는다.

2. 본 규정은 추진위의 대의원회의에서 결의된 날로부터 효력을 갖는다. 단, 결의 이후에 총회의 추인을 받아야 한다.

(   ) 입후보 등록신청서

해 당 동 :   동

접수일 :   년   월   일   접수번호 :   후보기호 :   번

사진	성 명	한 글 (한자)		주민등록 번 호	－ (만 세)
	현주소				
	전 화 번 호	자 택		아 파 트 거주기간	년 월 일부터 현재까지 (년 개월)
		휴대폰			

년	월	일	경 력 사 항	비 고

후보자 추천인

상기 인을 반포주공0단지 재건축정비사업조합의 (   )으로 추천합니다.

동	호	소유자 성명	인	전 화 번 호	비 고

1. 위의 기록은 사실과 다름이 없으며,
2. 위 기재 사실이나 첨부서류가 허위로 판명될 경우 등 선거관리규정 위반에 의하여
   등록무효를 하여도 하등의 이의를 제기하지 않겠습니다.
[첨부서류] : 선거관리위원회가 정한 소정의 서류 각 1 부

년   월   일

후보자 :   ㉑

반포주공0단지 재건축정비사업조합 귀중

(   )후보자 추천서

후 보 자 성 명	
주민등록번호	
소 유 동 - 호	서울시 서초구 반포0동 00-0외 반포주공0단지 동 호
연 락 처	(자택) (휴대폰)

■ 상기 인을 (   )후보자로 추천합니다.

번호	추천일	호 수	조합원 성명	전화번호	인감 날인 또는 서명	비 고
1		동 호				
2		동 호				
3		동 호				
4		동 호				
5		동 호				
6		동 호				
7		동 호				
8		동 호				
9		동 호				
10		동 호				

반포주공0단지 재건축정비사업조합 귀중

선거관리규정 준수 서약서

소 유 동 - 호	서울시 서초구 반포0동 00-0 반포주공0단지 동 호
성 명	
주민등록번호	
현거주 주소	
연 락 처	자택) 휴대폰)

　　상기 본인은 반포주공0단지 재건축정비사업조합의 (대의원)후보자로서 조합정관에 따라 (대의원)으로 선출되면 조합주민총회에서 제정·공포한 선거관리규정을 준수할 것을 서약합니다.　 -끝-

년　　월　　일

후보자 :　　　　　　　　　　㊞

반포주공0단지 재건축정비사업조합 귀중

상 정 의 안

- 제2호 안건 -
조합장 선출 및 임원 인준의 건

(가칭)반포주공0단지 재건축정비사업조합

■ 상정의안 : 제2호 안건

조합장 선출 및 임원 인준의 건

1. 의안상정
: 제2호 안건 「조합장 선출 및 임원 인준의 건」을 상정합니다.

2. 제안사유
: 재건축조합 조합장을 총회에서 선출하고, 재건축정비사업 조합설립추진위원회에서 선출
되어 현재 재건축업무를 수행하고 있는 임원에 대하여 총회의 인준을 요합니다.

3. 근 거
　가. 도시 및 주거환경정비법 제41조(조합의 임원) 및 제45조(총회의 의결)
　나. 반포주공0단지 재건축정비사업조합 정관 제21조(총회의 의결사항)
　다. 반포주공0단지 재건축정비사업조합 선거관리규정 제4장(임원 등의 선출)

4. 의결내용
: 반포주공0단지 재건축정비사업조합 설립인가에 따른 대표자(조합장) 및 임원으로 제안
사유와 같이 아래의 조합장 및 대의원회에서 선출된 아래의 임원을 총회에서
선정하는 것에 동의합니다.

　[첨 부] : ① 조합장 후보자 약력
　　　　　　② 임원명부

0000년 0월 00일

(가칭)반포주공0단지 재건축정비사업조합 창립총회 참석자 일동
(서면결의 포함 총　　　　명)

❖ 조합장 후보자 약력 ❖

	성 명 (한 자)	○ ○ ○ (◍ ◍ ◍)
(사 진)	주민등록번호	-
	소유 동·호수	동 호
	주 소	서울시 반포0동 주공@ 동 호

❖ 최종학력 및 주요 경력사항 ❖

■ 최종학력
- ▷ ○ ○ 고등학교 졸업
- ▷ ○ ○ 대학교 ○ ○학과 졸업

■ 주요 경력 사항
- ▷ ○ ○ 건설 이사
- ▷ 연 수(교육) :
- ▷ 표 창 :
- ▷ 반포주공0단지아파트 재건축정비사업 조합설립추진위원회 위원장(현재)

■ 부동산 보유현황
- ▷ 반포주공0단지 내 00평형 아파트 (현재 거주)
- ▷ 상가 00평

❖ 임 원 명 부 ❖

[감 사]

성 명	주민등록번호	소유 동·호수	최종학력사항	주요경력사항
○○○	－	000동 000호	○○대학 졸업	○○회사 부장
○○○	－			

[이 사]

성 명	주민등록번호	소유 동·호수	최종학력사항	주요경력사항
○○○	－			
○○○	－			
○○○	－			
○○○	－			
○○○	－			
○○○	－			
○○○	－			
○○○	－			
○○○	－			
○○○	－			
○○○	－			

상 정 의 안

- 제3호 안건 -
재건축정비사업 시행계획(안) 결의의 건

(가칭)반포주공0단지 재건축정비사업조합

■ 상정의안 : 제3호 안건

재건축정비사업 시행계획(안) 결의의 건

1. 의안상정
: 제3호 안건 「재건축정비사업 시행계획(안) 결의의 건」을 상정합니다.

2. 제안사유
: 조합이 재건축사업을 시행하기 위해서는 사업시행인가를 신청하기 전에 조합설립에 동의한 토지등소유자의 찬성으로 결의하도록 도시정비법 제50조(사업시행인가)제5항에 규정되어 있어, 재건축조합이 작성한 '재건축사업 시행계획(안)'에 대하여 총회의 동의를 요합니다.

3. 제안근거
    가. 도시 및 주거환경정비법 제45조(총회의 의결)
    나. 도시 및 주거환경정비법 제50조(사업시행인가)제5항<법 개정 2021.3.16.>
    다. 반포주공0단지 재건축정비사업조합 정관 제21조(총회의 의결사항)

4. 의결내용
: 반포주공0단지 재건축정비사업을 수행하기 위하여 작성된 '재건축정비사업 시행계획(안)의 원안대로 재건축정비사업을 시행하는 것에 대하여 동의합니다.

    [첨 부] : 재건축정비사업 시행계획(안)

0000년 0월 00일

(가칭)반포주공0단지 재건축정비사업조합 창립총회 참석자 일동
(서면결의 포함 총   명)

재건축정비사업 시행계획(안)

1. 재건축정비사업 시행계획(안) 수립의 목적

반포주공0단지아파트 재건축정비사업 조합설립추진위원회에서는 재건축정비사업의 성공적인 수행을 위하여 서울시 반포아파트지구 개발기본계획[변경]을 기초로 하여 가설계(안)를 정하였고 다음과 같은 재건축정비사업 시행계획(안)을 수립하였습니다. 본 재건축정비사업 시행계획(안)은 재건축정비사업을 수행하기 위한 기본계획으로, <u>도시정비법 제52조제1항</u> <u>및 도시정비법 시행령 제47조</u>제2항에서 정하고 있는 사항을 포함하고 있습니다.

조합설립인가신청 및 미동의자를 위한 매도청구권의 행사를 위해서는 도시정비법 시행령 제30조제2항에 따라 작성된 동의서가 필요함에 따라 조합원 여러분들께서는 조합설립을 위한 '**재건축정비사업 조합설립 동의서**'를 작성하여 제출해 주셔야 합니다.

2. 재건축정비사업 시행계획(안) 수립의 기본방향

재건축정비사업의 궁극적인 목표는 쾌적한 주거환경의 조성에 있으나 조합원의 현실적인 관심은 개발이익의 극대화를 통한 재산증식에 있다고도 할 것입니다.

이러한 두 가지의 기본적인 목표는 상호 상반되는 요소를 가지고 있어 서로 충돌을 일으킬 수밖에 없습니다. 즉, 신축아파트의 품질을 확보하기 위해서는 무엇보다도 충분한 투자가 필요하지만 개발이익의 극대화를 위해서는 비용부담이 최소화되도록 해야 합니다. 품질을 확보하기 위해서는 일반사업비는 최대한 절약하고 품질향상에 필요한 건축비는 과감하게 투자할 필요성이 있으며, 이에 소요되는 공사비의 마련을 위해 일반분양수입금의 극대화가 필요합니다. 따라서 우리 아파트 재건축정비사업의 기본계획(안)은 비용절감을 통한 조합원 분담금의 최소화와 품질향상을 통한 개발이익의 극대화라는 두 가지의 목표를 동시에 추구하면서도 고품질, 최첨단 및 친환경아파트의 건축에 주안점을 두어 개발이익을 극대화하고, 입주 후에는 고부가가치의 아파트가 될 수 있도록 사업계획을 수립하였습니다.

3. 재건축정비사업 시행계획(안)의 결의요건 및 내역

본 재건축정비사업 시행계획(안)은 서울시 반포아파트지구 개발기본계획[변경]을 기준[소형주택형(전용면적 60㎡ 이하) : 20%, 국민주택규모(전용면적 85㎡ 이하) : 40%, 자율 주택형(중대형주택형) : 40%)으로 하여 작성된 조합의 가설계(안)를 기준으로 하여 작성하였으며, 본 가설계(안)은 반포아파트지구에 대한 확정고시와 주민(아파트 및 상가 조합원)의 의견반영, 조합 내부의 심의과정, 총회에서 선정된 시공자와의 업무협의, 인·허가 과정(건축심의, 사업시행계획승인 등)을 거치면서 변경되며, 추후 00구청의 사업시행계획 승인절차를 거쳐 확정됩니다. 소유자 여러분께서 조합설립에 동의하여 동별 구분소유자의 과반수 동의와 전체 구분소유자의 4분의 3 이상 및 토지면적의 4분의 3 이상이 동의서를 제출해 주시면, 00구청에 조합설립인가 신청서류를 제출하여 설립인가를 받아 정비사업을 추진할 수 있게 됩니다.

1) 건설되는 건축물의 설계개요

가. 설계개요

구 분	개 요		
사 업 명	반포주공0단지 재건축정비사업		
대지위치	서울시 서초구 반포0동 00-1,2, 3, 4, 21, 23, 00-1번지		
지역/지구	도시지역, 일반주거지역, 아파트지구, 중심지미관지구		
대지면적(㎡)	주택용지	133,060.00	도 로 : 20,674.70 공 원 : 11,803.80 학 교 : 37,713.10 주구중심 : 6,088.50
	주구중심#1	4,799.50	
	주구중심#2	1,289.00	
	계	139,148.50	
주택형별 세 대 수	주택형	세 대 수	비 율
	59m²	572	20.67(%)
	84m²	878	31.73(%)
	105m²	564	20.38(%)
	125m²	379	13.70(%)
	144m²	260	9.40(%)
	170m²	114	4.12(%)
	합 계	2,767	100.00(%)
건축면적	19,926.42㎡		
연면적	지상면적	568,465.17㎡	
	지하면적	193,550.04㎡	
건 폐 율	11.89%(법정 : 60% 이하)		
용 적 율	269.67%(지침 : 270% 이하)		
건설규모	아파트 28개동, 지하3층, 지상25~31층 및 부대시설, 상가		
구 조	철근콘크리트 벽식구조, 내진구조(진도 8.0 적용<MMI 기준>)		
설 비	난방방식	지역난방방식	
	급수방식	부스터방식	
주차대수	계획대수	4,111대(아파트)	
	법정대수	4,011대(아파트)	
조경면적	대지면적의 30% 이상		

나. 아파트 주택형별 세대수 및 면적

(단위 : m²)

주택형	세대수	전용면적	주거공용면적	분양면적	비주거공용면적	지하주차장	계약면적
59m²	572	59.85	26.05	85.90	1.78	26.64	114.32
84m²	878	84.99	30.13	115.12	2.53	37.83	155.48
105m²	564	105.00	31.92	136.92	3.13	46.73	186.78
125m²	379	125.00	33.00	158.00	3.72	55.63	217.36
144m²	260	144.88	36.00	180.88	4.32	64.48	249.68
170m²	114	170.00	41.00	211.00	5.07	75.66	291.73
합계	2,767	272,499.22	85,898.62	358,397.84	8,121.22	121,280.50	478,799.56

다. 부대시설·복리시설 설치계획

(단위 : m²)

시 설 명	규 모	지상면적(㎡)	지하면적(㎡)	면적계(㎡)	비 고
관리사무소		150.00	–		(법정사항)
근로자 휴게시설		–	1,000.00		(법정사항)
노 인 정		300.00	–		
집 회 소		300.00	–		
보육시설	지하1층-지상2층	110.00	–		
경 비 실		50.00	–		
문 고		50.00	–		
유 치 원					
커뮤니티시설	지하2층		3,081.00		
기계/전기실	지하3층		3,000.00		
–					

※ 위 '신축건물의 설계개요'는 서울시의 '반포아파트지구 개발기본계획'에 따라 추진위원회가 준비한 계획(안)이며, 해당 개발기본계획 결정고시 및 사업시행계획 승인 시 변경될 수 있습니다.

2) 공사비 등 정비사업에 드는 비용(정비사업비)의 개산액

※ 지출금 산출내역

가설계(안)를 기준으로 0000년 0월 현재 예상되는 철거비용과 건축비 및 제 사업비용을 개략적으로 산출하였으며, 사업추진에 따라 단계별로 비용이 정해지며, 재건축사업장의 여건에 따라 산출내역이 변경될 수 있으며, 관리처분 시 가청산하며, 입주 후 확정된다.

(단위 : 천원)

구 분	항 목	산 정 내 역	금액(천원)	비 고
공사비	건 축 비	@0,000천원×487,798.8m²	000,000,000	공사계약 시 확정됨
	철 거 비	건축공사비에 포함	-	
	소 계		000,000,000	
제 사 업 비	설 계 비	5,450천원×1.1×487,798.8m²	2,924,354	
	감 리 비	@10,590원×487,798.8m²	5,165,789	
	안전진단비	1식	100,000	입찰예상가격
	행정용역비	4천원×487,798.8m²	1,951,195	
	조합운영비	월20,000천원(사업시행 전)×18개월 +월15,000천원(사업시행 후)×36개월	900,000	
	측량/지질조사	경계측량, 확정측량, 지질조사 등 1식	-	설계비에 포함
	회계/세무	용역비	200,000	
	등기비용	신탁, 멸실, 보존등기비용	2,000,000	
	감정평가	1식(토지 및 상가 등)	100,000	
	소송비용	매도, 명도, 일반소송 등	300,000	
	인·허가비용	교통/환경영향평가, 사업계획승인 등	500,000	
	부가가치세	85m²(25.7평) 이상 적용 487,798.8m²×48%×800×10%	18,731,474	건축비 중 금융비용 제외
	인입시설 부담금	전기, 지역난방, 수도, 도시가스, @2,000원×487,798.8m²	975,598	
	토지매입비	21,871m²×@1820천원	39,805,220	
	토지매입 제세공과금	39,805,220×5.8%	2,308,703	
	예 비 비	(1식)	9,114,646	
	소 계		84,075,625	
금융비	금융비용	@130천원×487,798.8m²	63,413,844	
합 계			718,689,788	

3) 공사비 등 정비사업에 드는 비용(정비사업비)의 분담기준

가. 별도로 동봉한 '재건축정비사업사업조합 설립동의서'상에 표시되지 않은 사항은 조합정관이 정하는 바(경비의 부과 및 징수)에 따라 부과하고 징수합니다.

나. 신축비용 등의 조달은 조합원에게 분양하고 남는 아파트의 일반분양 수입금과 조합원 분담금(중도금)으로 우선 충당하되, 부족분은 재건축에 참여한 조합원(승계의 경우는 승계인)이 토지 및 주택의 면적, 위치 등을 고려하여 공평하게 분담하게 됩니다.

다. 다음 쪽 8) – 마의 '주택형별 조합원 예상 분담금의 산출내역'은 사업계획수립일 현재 (0000년 0월)를 기준으로 산출한 예상수지분석에 의하여 작성하였으며, 추후 조합 정관이 정하는 기준에 따라 수립되는 '관리처분계획'에 의해 가청산하며, 입주 후 청산 시 청산금(분담금)이 최종 확정됩니다.

4) 사업완료 후 소유권의 귀속에 관한 사항

'재건축정비사업조합 설립동의서' 상에 표시되지 않은 사항은 조합정관 제8장(관리처분 계획)에서 정하는 관리처분계획의 기준에 따릅니다.

가. 공동주택(아파트)의 경우

① 조합원에게 우선분양하며, 조합원에 대한 주택형 배정은 조합원의 분양신청에 의하되, 사업계획승인 후 조합정관이 정하는 분양신청방법에 의해 배정합니다.

② 경합이 있는 경우에는 현 소유주택(종전주택)의 주택형이 큰 조합원에게 우선권을 부여하고, 주택형이 동일한 경우의 주택형 선택과 동·호수의 결정은 조합정관에 따라 수립되는 관리처분계획에 따릅니다.

③ 조합원에게 우선분양하고 남는 아파트 잔여세대는 관계 법령과 조합정관이 정하는 바에 따라 일반분양합니다.

나. 상가 등 부대시설의 경우

① 분양면적 및 호수 결정은 조합원 분양신청에 따른다.

② 경합이 있는 경우에는 현 소유상가(종전상가)의 동일 층 조합원에게 우선권을 부여 하고, 층이 같은 경우에는 단위면적(m²)당 감정평가금액이 높은 조합원에게 우선권을 부여하며, 평가금액이 동일한 경우에는 공개추첨에 의합니다.

③ 분양면적과 호수는 조합의 상가분양계획에 의해 분할하여 정하는 면적과 호수에 의합니다.

5) 조합정관 동의서 제출에 관한사항

조합정관(안)은 국토교통부의 '재건축조합 표준정관'을 기준으로 작성하였으며, 일부 내용은 우리 아파트의 실정에 맞도록 수정·보완하였습니다. 조합의 조직과 운영에 관한 사항 등을 정하는 「운영규정」은 조합원 모두가 숙지하셔야할 사항입니다.

조합원의 권리를 확보하고 조합집행부의 권리남용을 예방하는 방향으로 정관이 제정 되어야 마땅하나, 이를 너무 강조하다 보면 효율적인 재건축사업의 추진에 걸림돌이 될 수 있다는 점은 배제할 수 없습니다. 결국, 조합집행부에 대한 조합원의 감독·감시 기능과 조합집행부의 효율적인 업무추진의 필요성이 동시에 요구된다는 것입니다.

또한, '조합정관'의 확정을 위해서는 조합원 모두가 확인 날인을 하여야 하나, 편의상 생략하고 대표자(조합장)가 조합을 대표하여 확인 날인 합니다.

6) 사업추진 단계와 절차

가. 전체 구분소유자의 4분의 3 이상(동별 3분의 2 이상, 상가 등 복리시설 동은 전체를 하나의 동으로 간주함)이 본 재건축정비사업을 위한 『조합설립, 조합정관 승인 및 대표자 선정 동의서』를 제출하여 주시면, 조합 창립총회를 개최하여 **『조합 설립동의』**, 『조합정관 승인』, 『사업비 예산(안)승인』, 『시공자 선정』 및 『기타 안건』 등에 대한 결의 및 『임원선출』 등에 대해 인준을 받은 후 조합설립과 정비사업추진을 위한 업무를 수행하게 됩니다.

나. 조합 창립총회 후 조합설립인가 신청을 위해 00구청에 의뢰하여 안전진단을 실시하고, 안전진단 문제가 처리되면 바로 「조합설립 인가신청」을 위한 제반 서류를 구비하여 인가승인권자인 00구청장에게 신청하게 됩니다.

다. 우리 반포주공0단지아파트 재건축정비사업은 서울시가 수립한 '반포아파트지구 개발 기본계획[수정]'에 의해 용적률과 주택형별 건축비율 등을 포함한 건축계획과 사업 추진을 위한 기본방향이 정해질 수 있으므로, 가능한 빠른 시일 내에 반포아파트지구의 개발기본계획에 대한 확정고시를 조속히 받을 수 있도록 노력하겠습니다.

7) 재건축사업 수지분석내역과 조합원 분담금 및 사업시행계획 변경의 주된 요인

조합원 분담금의 수지분석은 현 가설계(안)와 현재의 예상 건축비, 예상 사업비용 및 예상 분양수입금을 참고하여 작성하였습니다. 조합원 분담금은 사업시행계획(안)의 내용과 조합정관이 정하는 바에 따라 공평하게 부과되며, 관리처분계획을 통하여 더욱 구체화된 후 일단 가청산을 하게 되고, 입주 후 조합청산 시에 조합원 분담금이 최종 확정됩니다.

가. 예상 분양수입금

(단위 : m², 천원)

구 분	주택형	분양면적	예상분양금액		세대수	예상총분양금액	비 고
			분양단가	분양금액			
아파트	59m²	85.90	3,638	312,500	572	178,750,000	
	84m²	115.12	4,691	540,000	878	474,120,000	
	105m²	136.92	5,222	715,000	564	403,260,000	
	125m²	158.00	5,222	825,000	379	312,675,000	
	144m²	180.88	5,573	1,008,000	260	262,080,000	
	170m²	211.00	5,801	1,224,000	114	139,536,000	
합 계					2,767	1,770,421,000	

나. 예상건축비 및 제반 사업비용

위의 '2) 공사비 등 정비사업에 드는 비용(정비사업비)의 개산액' 참조

다. 예상 개발이익

(단위 : 천원)

구 분	산 출 금 액	예상개발이익	비 고
총 예상수입금	1,770,421,000	1,051,731,121	
총 지출금액	718,689,788		

라. 단위면적(m²)당 예상 개발이익

(단위 : 천원)

예 상 개 발 이 익	조합원의 권리지분면적(m²)	단위면적(m²)당 예상개발이익
1,051,731,121	111,788m²(33,816평)	94,083/m²(311,016/평)

마. 주택형별 조합원 예상 분담금 산출내역

(단위 : 천원)

구 분		조합원의 단위면적(m²)당 권리지분 : 85,137	
		[18평형] ▶ 대지지분 : 58.530m² ▶ 권리지분 : 550,668	[25평형] ▶ 대지지분 : 81.216m² ▶ 권리지분 : 764,104
주 택 형	예상분양금액	예상분담금	예상분담금
59m²	312,500	-238,168(환급)	-451,604(환급)
84m²	540,000	-10,668(환급)	-224,104(환급)
105m²	715,000	164,332(부담)	-49,104(환급)
125m²	825,000	274,332(부담)	60,895(부담)
144m²	1,008,000	457,332(부담)	243,896(부담)
170m²	1,224,000	673,332(부담)	459,896(부담)

주) 1. 예상 분양금액에는 주차장 분양가가 포함되어 있습니다.
   2. 현 부동산을 매매하는 경우의 실거래가격은 분양권에 대한 기대수익(주택형, 선택권, 로열층 배정 등)으로 인해 상기 조합원의 권리지분보다 당연히 높게 나타납니다.
   3. 총 수입금: 1,770,421,000천원, 총 사업비: 718,690,000천원, 대지면적: 133,060m² 용적률: 270%, 연건축면적: 359,262m²을 기준으로 산출한 자료입니다.

바. 사업시행계획 변경의 주된 요인

① 서울시의 '반포아파트지구 개발기본계획[변경]'이 확정고시 되면 용적률 및 주택형별 건축비율 등이 확정되므로 현재의 계획은 변경될 수 있습니다.

② 앞으로 조합원의 의견수렴과 조합 내부 및 총회의 결의, 사업단(시공자)과의 업무협의 과정에서 변경될 수 있습니다.

③ 관계 법규, 국토교통부 시행령 및 서울시 조례 등의 개정으로 용적률이 인하되거나 교통영향평가나 환경영향평가, 경관심의 또는 사업시행계획에 대한 심의나 인·허가 과정에서 건축규모나 사업추진일정 등이 조정 및 변경될 수 있습니다.

④ 사업계획(안)에 제시된 수입과 지출경비 등의 수치는 모두 사업시행계획 수립당시의 시점에서 예상한 수치로 추후 시공자와의 계약조건, 협력사에 대한 입찰 및 계약 조건 그리고 분양 시 결정되는 분양금액과 사업추진기간 등에 따라 변경됩니다.

⑤ 조합원 총회나 총회결의 건의 위임에 의해, 또는 기타 정관 등이 정하는 적법한 절차에 따라 사업시행계획이 변경됩니다.

① 시장·군수등, 토지주택공사등 또는 지정개발자가 아닌 자가 정비사업을 시행하려는 경우에는 토지등소유자로 구성된 조합을 설립하여야 한다. 다만, 제25조제1항제2호에 따라 토지등소유자가 재개발사업을 시행하려는 경우에는 그러하지 아니하다.

② **재개발사업의 추진위원회**(제31조제4항에 따라 추진위원회를 구성하지 아니하는 경우에는 토지등소유자를 말한다)가 조합을 설립하려면 <u>토지등소유자의 4분의 3 이상 및 토지면적의 2분의 1 이상의 토지소유자의 동의</u>를 받아 다음 각 호의 사항을 첨부하여 시장·군수등의 인가를 받아야 한다.

　1. 정관

　2. 정비사업비와 관련된 자료 등 국토교통부령으로 정하는 서류

　3. 그 밖에 시·도조례로 정하는 서류

③ **재건축사업의 추진위원회**(제31조제4항에 따라 추진위원회를 구성하지 아니하는 경우에는 토지등소유자를 말한다)가 조합을 설립하려는 때에는 <u>주택단지의 공동주택의 각 동(복리시설의 경우에는 주택단지의 복리시설 전체를 하나의 동으로 본다)별 구분소유자의 과반수 동의</u>(공동주택의 각 동별 구분소유자가 5 이하인 경우는 제외한다)와 <u>주택단지의 전체 구분소유자의 4분의 3 이상 및 토지면적의 4분의 3 이상의 토지소유자의 동의</u>를 받아 제2항 각 호의 사항을 첨부하여 시장·군수등의 인가를 받아야 한다.

④ **제3항에도 불구하고 주택단지가 아닌 지역이 정비구역에 포함된 때에는 주택단지가 아닌 지역의 토지 또는 건축물 소유자의 4분의 3 이상 및 토지면적의 3분의 2 이상의 토지소유자의 동의를 받아야 한다. 이 경우 인가받은 사항을 변경하려는 때에도 또한 같다.**

⑤ 제2항 및 제3항에 따라 **설립된 조합이 인가받은 사항을 변경하고자 하는 때**에는 총회에서 <u>조합원의 3분의 2 이상의 찬성으로 의결</u>하고, 제2항 각 호의 사항을 첨부하여 시장·군수등의 인가를 받아야 한다. 다만, 대통령령으로 정하는 경미한 사항을 변경하려는 때에는 총회의 의결 없이 시장·군수등에게 신고하고 변경할 수 있다.

⑥ 시장·군수등은 제5항 단서에 따른 신고를 받은 날부터 20일 이내에 신고수리 여부를 신고인에게 통지하여야 한다. <신설 2021.3.16.>

⑦ 시장·군수등이 제6항에서 정한 기간 내에 신고수리 여부 또는 민원 처리 관련 법령에 따른 처리기간의 연장을 신고인에게 통지하지 아니하면 그 기간(민원 처리 관련 법령에 따라 처리기간이 연장 또는 재연장된 경우에는 해당 처리기간을 말한다)이 끝난 날의 다음 날에 신고를 수리한 것으로 본다. <신설 2021.3.16.>

⑧ 조합이 정비사업을 시행하는 경우「주택법」제54조를 적용할 때에는 조합을 같은 법 제2조제10호에 따른 사업주체로 보며, 조합설립인가일부터 같은 법 제4조에 따른 주택건설사업 등의 등록을 한 것으로 본다. <개정 2021.3.16.>

⑨ 제2항부터 제5항까지의 규정에 따른 토지등소유자에 대한 동의의 대상 및 절차, 조합설립 신청 및 인가 절차, 인가받은 사항의 변경 등에 필요한 사항은 대통령령으로 정한다. <개정 2021.3.16.>

⑩ 추진위원회는 조합설립에 필요한 동의를 받기 전에 추정분담금 등 대통령령으로 정하는 정보를 토지등소유자에게 제공하여야 한다. <개정 2021.3.16.>

❏ 분담금(分擔金)과 부담금(負擔金) 용어의 이해

: 분담금과 부담금은 같은 의미로 사용되기도 하지만 다른 의미로 사용되기도 한다.

1. 동일한 의미로 쓰이는 경우

1) 조합원 분담금(부담금)과 같이 필요한 사업비 등을 일정한 비율에 따라 해당 조합원이 나누어낸다는 의미에서는 같은 의미로 쓰인다.

2) 또한, 일반회계의 경우 개발이익환수금, 교통유발부담금 등이 있으며, 해당 사업과 특별한 관계로 발생되는 수익자부담금(농지전용부담금), 원인자부담금(환경개선부담금), 손괴자부담금 등이 있다.

2. 다른 의미로 쓰이는 경우는

1) 분담금(分擔金)

: 주민이나 자치단체가 부담하는 것으로서 넓은 의미로서 목적세의 일종인데, 지방자치단체의 재산 또는 공공시설의 설치로 인하여 주민의 일부가 특별한 이익을 받을 때 그 비용의 전부 또는 일부를 지변(支辨)하기 위하여 그 이익을 받은 자로부터 그 수익의 정도에 따라 징수하는 공과금으로 특별부과금이라고도 한다.
재건축사업에서는 재건축으로 인해 전기, 수도, 도시가스 등이 증설되는 데에 따라 각 공사별로 특별부과금을 납부하게 되는데 이는 분담금이다.

2) 부담금(負擔金)

: 지방재정법상 지방자치단체 또는 그 기관이 법령에 의하여 실시해야할 국가와 지방자치단체의 공동관심사무로서 국가에서 부담하지 않으면 안 되는 경비를 국가가 그 전부 또는 일부를 부담하는 경우

3. 본 지침서에서의 사용구분

본 지침서에서는 재건축으로 전기, 수도, 도시가스 등이 증설되는 데에 따라 각 공사별로 특별부과금을 납부하게 되는데 이는 목적세의 일종인 공과금으로 분담금이라 불린다. 그럼에도 불구하고, 조합원들이 주택을 배정받은 후에 환급받거나 지불하게 되는 제반 금액을 분담금으로 부르도록 하였다. 이 경우 **사업비용을 납부하는 경우에 부담금**이라는 용어를 사용하게 되는데 이와 확실히 구분되는 장점이 있다고 할 것이다.

[참고사항]
- 정관(定款) : 회사나 공익법인 등의 설립목적, 조직, 업무집행 따위에 관한 규정.
- 규약(規約) : 서로 협의하여 정한 규칙, 단체 등에서 쌍방 간의 협의에 의하여 정한 규칙.
- 규정(規定) : 규칙으로 정해 놓은 조항이나 조목, 관공서 따위에서 내부조직이나 사무취급 등에 대하여 정해놓은 규칙
- 규칙(規則) : 국가나 단체에 속한 사람들이 지키도록 정해놓은 여러 가지 사항.

상 정 의 안

- 제4호 안건 -
추진위원회 수행업무 추인의 건

(가칭)반포주공0단지 재건축정비사업조합

■ 상정의안 : 제4호 안건

추진위원회 수행업무 추인의 건

1. 의안상정
: 제4호 안건 「추진위원회 수행업무 추인의 건」을 상정합니다.

2. 제안사유
: 반포주공0단지아파트 재건축정비사업 조합설립추진위원회에서 수행한 업무의 연속성과 일관성을 유지하여 재건축사업을 성공적으로 추진하고자, 기 수행한 아래의 주요 업무에 대해 총회의 추인을 받고자 합니다.

　가. 정비관리업자의 선정
　　- 업 체 명 : (주)000
　　- 계약단가 : 건축연면적 제곱미터당 00,000원
　　- 계 약 일 : 0000년 0월 0일

　나. 설계자 선정
　　- 업 체 명 : (주)000엔지니어링 종합건축사사무소
　　- 계약단가 : 건축연면적 제곱미터당 00,000원
　　- 계 약 일 : 0000년 0월 0일

3. 제안근거
　가. 도시 및 주거환경정비법 제45조(총회의 의결)
　나. 반포주공0단지 재건축정비사업조합 정관 제21조(총회의 의결사항)

4. 의결내용
: 제안사유와 같이 반포주공0단지아파트 설립추진위원회가 기 수행한 업무에 대해 추인을 결의한다.

0000년 0월 00일

(가칭)반포주공0단지 재건축정비사업조합 창립총회 참석자 일동
(서면결의 포함 총　　　명)

상 정 의 안

− 제5호 안건 −
정비사업비 예산(안) 승인의 건

(가칭)반포주공0단지 재건축정비사업조합

■ **상정의안 : 제5호 안건**

정비사업비 예산(안) 승인의 건

1. 의안상정
: 제5호 안건 「0000년도 정비사업비 예산(안) 승인의 건」을 상정합니다.

2. 제안사유
: 0000년도 사업추진과 앞으로 설립될 재건축조합의 경제적인 운영을 위해 불요불급한 예산을 억제하여 경비절감에 힘쓰는 한편, 효율적이고 합리적인 조합운영을 할 수 있도록 하기 위한 예산(안)을 편성하여 이를 승인받고자 합니다.

3. 제안근거
　가. 도시 및 주거환경정비법 제45조(총회의 의결)
　나. 반포주공0단지 재건축정비사업조합 정관 제21조(총회의 의결사항)

4. 의결내용
: 0000년도 예산을 첨부와 같이 승인할 것을 결의한다.

[첨 부] : ① 0000년 정비사업비 예산(안)
　　　　　 ② 정비사업비 예산(안) 산출내역

0000년 0월 00일

(가칭)반포주공0단지 재건축정비사업조합 창립총회 참석자 일동
(서면결의 포함 총　　　명)

❖ 0000년 사업비 예산(안) ❖

(0000. 0. 00 ~ 0000. 00. 00)

(단위 : 원)

항 목	내 역	예 산	비 고
업무추진비	판 공 비	24,600,000	조합장, 감사 및 이사
	회 의 비	10,650,000	임원(12회), 대의원(5회)
	소　　　계	35,250,000	
일반관리비	복리후생비	7,500,000	식대(임직원 및 자원봉사자) 5,000×25일×10명×6개월
	여비교통비	600,000	1,00,000×6개월
	통 신 비	1,800,000	300,000×6개월(전화 등)
	홍 보 비	4,500,000	1,500×1,000×3개월
	도서인쇄비	1,200,000	200,000×6개월
	소 모 품 비	600,000	100,000×6개월
	차량유지비	1,200,000	200,000×6개월
	소　　　계	17,400,000	
급 료	조합장 및 임원	36,000,000	조합장, 상근이사(2)
	직　　　원	4,800,000	800,000×6개월
	상 여 금	800,000	직원
	소　　　계	416,000,000	
예 비 비	소　　　계	5,000,000	
합　　　계		99,250,000	월 16,542,000원

※ 반포아파트지구 개발기본계획이 확정고시 되면 이 예산은 재편성된다.

❖ 0000년 사업비 예산(안) 산출내역 ❖

(0000. 0. 00 ~ 0000. 00. 00)

1. 사 업 비

① 업무추진비

항 목	산 출 내 역	비 고
판공비	- 조합장 : 월 00만원 × 6개월 = 0,000,000원 - 상근이사(2명) : 월 00만원 × 6개월 × 2명 = 0,000,000원 - 감　　사(2명) : 월 00만원 × 6개월 × 2명 = 0,000,000원 - 이　　사(2명) : 월 00만원 × 6개월 × 8명 = 00,000,000원	
합 계	00,000,000원	

② 회의비

항 목	산 출 내 역	비 고
임원회의비	- 월 00,000원 × 10명 × 12회 = 0,000,000원	회의자료 제작, 음료비, 식대
대의원회의비	- 월 00,000원 × 47명 × 5회 = 0,000,000원	회의자료 제작, 음료비, 식대
합 계	00,000,000원	

2. 급료 및 상여금

① 급 료

항 목	산 출 내 역	비 고
조 합 장	- 조합장 : 월 000만원 × 6개월 = 00,000,000원 - 상근이사(2명) : 000만원 × 6개월 × 2명 = 00,000,000원	
직 원	- 직원(경리) : 월 00만원 × 6개월 = 0,000,000원	
합 계	00,000,000원	

② 상 여 금(연간 000% 기준) - 0000년도 예산은 100% 반영

항 목	산 출 내 역	비 고
직 원	- 직원(경리) : 월 00만원 × 100% = 000,000원	
합 계	000,000원	

상 정 의 안

- 제6호 안건 -
총회의 결의사항 위임의 건

(가칭)반포주공2단지 재건축정비사업조합

■ 상정의안 : 제6호 안건

총회의 결의사항 위임의 건

1. 의안상정

: 제6호 안건 「총회의 결의사항 위임의 건」을 상정합니다.

2. 제안사유

: 효율적인 업무수행을 위해 조합정관 제21조(총회의 의결사항)에 규정된 총회의 의결사항 중 업무수행 일정 등을 감안하여 아래와 같은 사항을 대의원회에 위임하여 시행토록 총회의 사전 결의를 받고자 합니다.

[총회의 결의사항 중 대의원회에 위임할 제안내용]

① 사업구역, 면적 등의 변경으로 인한 사업계획의 변경이나 법령의 개정으로 인한 조합 정관의 변경 또는 개폐에 관한 사항

② 긴급을 요하는 사업시행계획의 변경

③ 협력사(시공자 제외)선정 및 계약체결에 관한 사항

④ 자금의 차입과 방법, 이율 및 상환방법

⑤ 조합원에 대한 분담금 산정 및 징수방법에 관한 사항

⑥ 조합정관에 따라 사업시행에 필요하고 인정되는 구역의 조합원 가입여부

⑦ 설계의 변경

⑧ 도로 및 토지, 특수건물 소유자의 보상

3. 제안근거

가. 도시 및 주거환경정비법 제45조(총회의 의결)

나. 반포주공0단지 주택재건축정비사업조합 정관 제21조(총회의 의결사항)

4. 의결내용

: 총회의 결의사항 중 일부를 제안내용과 같이 대의원회에 위임하여 시행토록 할 것을 결의한다.

0000년 0월 00일

(가칭)반포주공0단지 재건축정비사업조합 창립총회 참석자 일동
(서면결의 포함 총   명)

상 정 의 안

- 제7호 안건 -
사업추진방식 확정 및
시공자 선정결의·공사계약 체결 위임의 건

(가칭)반포주공0단지 재건축정비사업조합

■ **상정의안 : 제7호 안건**

사업추진방식 확정 및
시공자 선정결의·공사계약 체결 위임의 건

1. 의안상정

: 제7호 안건 「사업추진방식 확정 및 시공자 선정결의·공사계약 체결 위임의 건 」을 상정합니다.

2. 제안사유

: ① 사업추진방식은 대의원회에서 수차례의 논의를 통해 우리 아파트단지의 제반 여건에 가장 적합하다고 판단되는 도급제 사업추진방식을 대의원회에서 채택하였고, 이를 총회에서 최종 결의 받아 시공자를 선정하고자 합니다.

② 시공자는 총회에서 결의되는 사업추진방식에 따라서 조합원들의 무기명비밀투표로 선정하고자 합니다. (단, 서면결의의 경우 기명투표에 의함)

③ 선정된 시공자와의 공사계약은 총회에서 결의된 사업추진방식에 따라 국토교통부에서 제정한 '도급제 표준계약서'를 기준으로 하여, 조합원에게 더욱 유리한 계약이 될 수 있도록 대의원회 등에서 심의하고 결의한 후, 조합장이 대표로 계약을 체결할 수 있도록 총회의 승인을 받고자 합니다.

3. 제안근거

가. 도시 및 주거환경정비법 제45조(총회의 의결)

나. 반포주공0단지 재건축정비사업조합 정관 제21조(총회의 의결사항)

4. 의결내용

사업추진방식을 대의원회에서 채택된 도급제 사업추진방식으로 할 것을 결의하고, 이 방식에 따라 시공자를 조합원 비밀투표에 의해 선정결의하며, 공사도급계약서는 건교부 제정「재건축사업 공사표준계약서」를 기준하여 작성하고, 대의원회 등에서 심의한 후 확정하여 조합장이 대표계약을 체결할 수 있도록 승인할 것을 결의한다.

(첨 부): 건교부 제정 「재건축사업 공사표준계약서(도급제 방식)」 (본 지침서에는 미첨부)

0000년 0월 00일

(가칭)반포주공0단지 재건축정비사업조합 창립총회 참석자 일동
(서면결의 포함 총   명)

상 정 의 안

- 제8호 안건 -
기타 안건

(가칭)반포주공0단지 재건축정비사업조합

■ 상정의안 : 제8호 안건

기 타 안 건

1. 의안상정
: 제8호 안건 「기타 안건」을 상정합니다.

2. 제안사유
: 총회 진행 중 상정안건 제1호 안건 내지 제7호 안건 이외에 조합원의 요청 등에 의한 새로운 안건이 발의되는 경우 이에 대한 총회의 결의를 받고자 합니다.

3. 제안근거
가. 도시 및 주거환경정비법 제45조(총회의 의결)

나. 반포주공0단지 재건축정비사업조합 정관 제21조(총회의 의결사항)

4. 의결내용
제안내용 중 토의된 내용과 같이 결의합니다.

0000년 0월 00일

(가칭)반포주공0단지 재건축정비사업조합 창립총회 참석자 일동
(서면결의 포함 총   명)

조합원 참고사항

1. 정비사업 추진절차도

2. 사업추진방식(도급제방식, 지분제방식) 비교표

3. 용어해설

4. 재건축사업과 컨설팅제도(PM, CM)

5. PM제도 도입에 대한 대안

6. 아파트의 면적표시 방법

7. 향후 조합원분양 시까지 필요한 인감증명서 및 주민등록등본

8. 도시정비법 제36조(토지등소유자의 동의방법 등)의 해설

❖ 별지 : 서면결의서 (양식)

(가칭)반포주공0단지 주택재건축정비사업조합

1. 정비사업 추진 절차도

정비기본계획의 수립 (특별시장·광역시장·시장) (법 제4조제1항, 제2항)	특별시장, 광역시장, 특별자치시장, 특별자치도지사 또는 시장(이하 '**기본계획의 수립권자**')이 10년 단위로 수립하며 5년마다 그 <u>타당성을</u> 검토해야 한다.
정비기본계획의 수립을 위한 주민의견청취 (법 제6조제1항)	기본계획의 수립권자가 기본계획을 수립 또는 변경하고자 하는 때에는 <u>14일 이상 주민에게</u> 공람하고 지방의회의견 청취 후 지방도시계획위원회에 심의 신청하여야 한다.
정비기본계획의 지방(시)의회 의견청취 (법 제6조제2항)	지방의회는 기본계획의 수립권자가 기본계획을 통지한 날로부터 60일 이내에 의견을 제시하여야 한다. 60일이 경과하면 이의가 없는 것으로 한다.
정비기본계획의 확정 (법 제7조제1항)	기본계획의 수립권자(인구 50만 이하의 도시는 제외)는 기본계획의 수립이나 변경 시, 관계 행정기관의 장과 협의한 후 지방도시계획위원의 심의를 거쳐야 한다.
정비기본계획의 공보에 고시 및 열람 (법 제7조제3항)	'기본계획의 수립권자'는 기본계획이 수립 또는 변경된 때에는 해당 지방자치단체의 공보에 고시하고 일반인이 열람할 수 있도록 하여야 한다.
정비기본계획을 국토교통부장관에 보고 (법 제7조제4항)	'기본계획의 수립권자'는 기본계획을 수립 또는 변경한 때에는 국토교통부장관에게 보고하여야 한다.
정비계획 입안을 위한 주민의견 청취 및 입안, 정비세부계획의 수립 (시장·군수·구청장→시·도지사) (법 제8조제4항, 법 제9조제3항, 법 제15조제1항)	특별시장·광역시장·특별자치시장·특별자치도지사·시장 또는 군수(광역시의 군수는 제외, 이하 "**정비구역의 지정권자**")는 정비구역 지정을 위한 정비계획을 입안할 수 있다. 특별자치시장, 특별자치도지사, 시장, 군수 또는 자치구의 구청장, 광역시의 군수(이하 <u>정비계획의 입안권자</u>)는 정비세부계획을 수립할 수 있다. 이 경우 <u>30일 이상 주민에게</u> <u>공람 및 의견청취</u>
정비계획의 입안에 대한 제안 (토지등소유자 → 정비계획의 입안권자) (법 제14조제1항)	
정비구역의 지정·변경 및 지정신청 (시장·군수·구청장→시·도지사) (법 제8조제1항 및 제5항)	<u>정비구역의 지정권자</u>는 정비계획을 결정하여 정비구역을 지정 및 변경할 수 있다. 자치구의 구청장 또는 광역시의 군수(이하 **구청장등**)는 정비계획을 입안하여 특별시장·광역시장에게 정비구역지정을 신청하여야 한다. 이 경우 <u>30일 이상 주민에게 공람 및 의견청취</u>, 지방의회의 의견을 첨부하여야 한다.
안전진단 실시(재건축사업에 한함) (시장·군수·구청장) (법 제12조)	
정비구역의 지정·변경에 대한 고시 (법 제16조제2항 및 제3항)	<u>정비구역의 지정권자</u>는 정비구역을 지정·변경 또는 정비계획을 결정한 경우, 공보에 고시하고, 국토부 장관에게 보고하며, 관계 서류를 일반인이 열람할 수 있도록 한다.

조합설립추진위원회의 구성 및 설립승인신청 (법 제31조제1항, 영 제29조제1항, 시행규칙 제7조)	주민대표회의 구성 및 승인신청 (법 제47조제1항, 제2항, 제3항)
- 토지등소유자 과반수의 동의를 받아 추진위원회 구성	- 시장·군수등에 승인신청 - 설립신청 60일 전까지 철회방법 등 등기우편 통지	시장·군수등 또는 토지주택공사등과 사업시행을 추진하는 경우, 토지등소유자의 과반수의 동의로 추진위원회 대신 주민대표회의를 구성 후 시장·군수등에 승인신청

사업시행계획서의 작성
(법 제52조, 영 제47조)

공사비가 법 제29조의2에 해당하는 경우 사업시행자는
한국부동산원 또는 한국토지공사에 공사비 검증을 요청한다.

조합설립에 대한 동의요건(법 제35조)
- 재개발사업(법 제35조제2항)
: 토지등소유자의 3/4 이상 및 토지면적의 1/2 이상
동의가 필요하다.
- 재건축사업(법 제35조제3항, 제4항)
:공동주택 동별 구분소유자의 과반수 동의와 주택단지의
전체 구분소유자의 3/4 이상 및 토지면적의 3/4 이상의
토지소유자의 동의가 필요하다. 단지 외의 지역은 토지
또는 건축물소유자의 4분의 3 이상 및 토지면적의 2/3
이상의 토지소유자 찬성 필요
창립총회에서는 사업계획의 결의, 조합정관 및 규정의 승인,
조합장 선출, 임원의 인준, 사업예산의 승인 및 공사
계약체결의 위임 결의 등을 의결한다.

조합창립총회
(법 제35조제1항 내지 제4항), (법 제32조제3항)

조합설립인가 신청
(시장·군수·구청장)
(법 제35조제1항 내지 제4항, 영 제30조)

시공자 선정-1(조합설립인가 후 시공자 선정)
: 조합원 총회에서 건설사업자 또는 등록사업자를
시공자로 선정(법 제29조제4항)

시공자 선정-2(사업시행자 지정·고시 후 시공자 선정)
: 시장·군수등이 직접 사업을 시행하는 경우나 건설업자
또는 등록사업자를 사업시행자로 지정한 경우.
(법 제29조제6항)
이 경우와 주거환경개선사업의 시행자가 시공자를 선정
하는 경우에는 주민대표회의나 토지등소유자 전체회의가
시공자를 추천할 수 있다)(법 제29조제7항)

매도청구소송
(재건축사업에 한함)(법 제64조)

사업시행계획의 신청(인가)
(시장·군수·구청장)
(법 제45조제3항, 제4항, 제7항), (법 제50조)

**용적률 완화 및 국민주택규모 주택 건설에
관한 협의**
(법 제54조, 법 제55조)

사업시행자가 정비사업을 시행 하려는 경우 조합원총회 의결 후 사업시행계획서에 정관 등을 첨부하여 시장·군수등에 제출. 재개발사업은 토지등소유자의 3/4 이상 및 토지면적의 1/2 이상 토지소유자 동의를 얻어야한다. (법 제50조제1항, 제6항)	지정개발자는 토지등소유자의 과반수의 동의 및 토지면적의 1/2 이상 토지등소유자의 동의 필요. 사업시행계획을 변경하는 경우 토지등소유자의 과반수의 동의 필요. 단, 사업비가 10% 이상 증가하는 경우에는 2/3 이상 동의 필요(법 제45조제3항,제4항)

서울시 건축위원회 심의
(건축법 시행령 제8조제1항)

서울시의 허가대상인 21층 이상 이거나 연면적이
10만㎡ 이상인 경우[16층 이상으로 300세대 또는
실(室) 이상인 공동주택·오피스텔 포함 ?]
(서울시 건축위원회 공동주택 건축심의에 관한 규칙)

**국·공유지의 처분, 무상양도 및
용도폐지에 대한 각 관리청과의 협의**
(법 제98조, 제99조, 제101조)

사업시행계획서의 공람 및 공고
(법 제56조, 영 제49조)

- 시장·군수등은 사업시행계획서의 사본을 **14일 이상 공람**(법 제56조제1항)
- 시장·군수등은 사업시행계획서의 요지와 공람장소를 공보등에 공고하고
토지등소유자에게 공고내용을 통지(영 제49조)

사업시행계획의 인가 및 공보에 고시
(시장·군수·구청장)
(법 제50조제9항), (주택법 제43조제1항)

- 시장·군수등이 사업시행인가·변경 등을 하는 경우 그 내용을 해당 지방자치단체의 공보에 고시하여야 한다.
- 사업계획승인권자가 계획의 승인 시 책임감리자 지정

시공자 선정-3 (사업시행계획인가 후 시공자 선정)
1. 토지등소유자가 시행하는 재개발사업(법 제29조제5항)
2. 정비사업에 관하여 서울시에서 정한 「공공지원제도」에 의해 시행되는 재개발사업(서울시 조례 제73조, 제77조제1항)

본공사 착공

- 조합은 구청장에게 착공신고, 구청은 책임감리자 선정
- 조합은 입주자 모집공고(일반분양)

조합원분양에 대한 개별통지 · 공고 및 분양신청
(법 제72조, 영 제59조), (법 제73조제1항, 제2항)

- 통지 : 사업시행인가의 고시일(사업시행인가 후 시공자를 선정한 경우에는 시공자와 계약을 체결한 날)로부터 120일 이내에 통지(조합→ 토지등소유자)
  ※ 첨부서류 : 분양신청서, 정관, 사업시행인가서 사본 또는 사업시행인가 요지, 기타 분양신청에 필요한 안내문
- 해당지역 일간신문에 공고
- 분양신청기간 : 분양신청을 통지한 날로부터 30일 이상 60일 이내(20일 연장가능)
- 보상협의 : 사업시행자는 관리처분계획 인가·고시된 다음날(혹은 분양신청기간 종료일 이후)부터 90일 이내에 미신청자 등과 보상협의를 하여야 한다.(법 제73조)
- 수용재결신청/매도청구소공 제기 : 사업시행자는 협의불성립 다음날부터 60일 이내에 수용재결신청이나 매도청구소송 제기(법 제73조)

조합원의 종전 토지 및 건축물의 가격평가
(법 제74조제1항제5호, 및 제4항)

- 평가시점(제1항제5호) : 최초사업시행인가고시일 (철거 시는 철거허가일)
- 평가방법(제4항) : 감정평가법에 따른 감정평가법인등 2인 이상이 평가한 금액의 산술평균값

분양예정대지 또는 분양건축물의 가격평가
(법 제74조제1항제3호), (서울시 조례 제41조)

관리처분계획의 수립을 위한 조합원 총회
(법 제45조제4항, 제7항)

조합원 과반수의 동의를 받아야 한다. 다만, 정비사업비가 10% 이상 늘어나는 경우에는 조합원 3분의 2 이상의 동의를 받아야 한다. 관리처분총회는 조합원의 100분의 20 이상이 직접참석 의무.

관리처분계획의 인가신청 및 공람(사업시행자)
(법 제78조제1항)

- 사업시행자는 관리처분계획 인가 신청 전 관계 서류 사본을 30일 이상 토지등소유자에게 공람하고 의견을 들어야 한다.

관리처분계획의 공람계획·인가내용 통지(사업시행자)
(법 제78조제5항)

- 사업시행자는 관리처분계획의 고시 후 공람계획을 토지등소유자에게 통지하고, 분양신청자에게는 관리처분계획인가의 내용을 통지하여야 한다.

관리처분계획의 인가 및 고시(시장·군수·구청장)
(법 제78조제2항, 제3항 및 제4항)

조합원이주 및 기존건축물의 철거
(법 제81조제2항)

- 고시방법 : 시장·군수등이 30일 이내에 결정하고 사업시행자에게 통보 및 그 내용을 해당 지방자치단체 공보에 고시. 이때, 사업시행계획 대비 10% 이상 증가한 경우 시장·군수등은 공공기관에 타당성 검증을 요청한다.
- 사업시행자는 관리처분계획의 인가 후 기존 건축물을 철거하여야 한다.

관리처분계획 인가내용 통지(사업시행자)
(법 제78조제5항, 영 제65조)

- 통지내용 : 사업의 종류 및 명칭, 시행구역의 면적, 사업시행자의 성명 및 주소, 관리처분계획의 인가일, 분양대상자별 종전·종후재산의 명세 등
- 사업시행자는 임대주택 공급대상자로 확정된 자에게도 별지서식의 임대주택 공급안내서를 통지하여야 한다.(서울시 도시정비조례 시행규칙 제17조제3항)

재결 및 토지수용/건축물의 철거

감리자 지정 및 착공신고
(주택법 제43조제1항, 주택건설공사 감리자 지정기준)

- 사업승인권자는 주택건설사업계획을 승인하였을 때 주택법 제43조제1항에 따른 감리자를 지정한다.

입주자 모집승인 및 일반분양
(법 제79조, 영 제67조), (서울시 정비조례 제40조)

법 제79조제4항에 따라 조합원 외의 자에게 분양하는 경우의 공고·신청절차·공급조건·방법 및 절차 등에 관하여는 주택법 제54조를 준용한다.(영 제67조)

- 공동주택 : 「주택공급에 관한 규칙」에 준하여 따로 정한 후 일반인에게 분양
- 복리시설 : 「주택공급에 관한 규칙」에 준하여 따로 정한 후 일반공개경쟁 입찰방식 등으로 분양(상가 등 근린생활시설)
- 사업시행자는 법 제54조제4항에 따라 건설한 국민주택규모 주택을 국토교통부장관, 시·도지사, 시장·군수, 구청장 또는 토지주택공사등에 공급하여야 한다.(법 제55조제1항)

준공인가 및 공보에 고시
(법 제83조제2항/제4항, 영 제74조)

- 준공인가신청(조합→시장·군수등<구청장>)
- 관계 행정기관·연구기관 등 단체에 준공검사의 실시를 의뢰가능
- 시장·군수등은 준공인가 후 해당 지방자치단체의 공보에 고시하여야 한다.

토지분할 및 확정측량
(법 제86조제1항)

- 사업시행자는 준공에 대한 고시가 있은 때에는 즉시 대지확정측량을 시행하고, 분양받을 자에게 통지하고 대지 또는 건축물의 소유권을 이전

이전의 고시
(법 제86조)

- 통지 : 사업시행자는 준공에 대한 고시내용을 분양받을 자에게 통지한다.
- 고시 : 사업시행자가 대지 및 건축물의 소유권을 이전하고자 하는 때에는 그 내용을 해당 지방자치단체의 공보에 고시 후 시장·군수등에 보고. 이때 **분양받은 자는 고시가 있은 다음 날에 소유권을 취득한다.**

등기 촉탁(신청)
(법 제88조)

- 등기신청 주체 : 조합은 이전의 고시가 있은 때에는 대지 및 건축물에 대하여 토지소유자별로 이전의 고시 내용을 등기소에 촉탁 또는 신청

조합해산 및 청산
(법 제49조, 표준정관 제56조/법 제89조, 영 제76조)

- 조합의 해산은 「민법」 중 사단법인에 관한 규정을 준용한다.(법 제49조)
  조합의 해산방법 및 시기에 관하여는 정관에 따로 정하여 시행가능하다.
  (재건축 표준정관 제56조에 정한 사항은 임의사항으로 준수의무는 없다)
- 조합원 분담금에 차액이 있을 경우 차액(**청산금**)을 징수하거나 지급한다.

2. 사업추진방식(도급제방식, 지분제방식) 비교표

구 분	도 급 제	지 분 제	
		변동지분제	확정지분제
개 념	▪ 시공자에 정해진 건축비만 지급하고 모든 결정권은 조합이 가지며, 수입금과 지출금은 조합의 소유로 하며, 사업추진 시 발생되는 모든 위험도 조합이 지는 사업방식 ▪ 사업지연, 건축규모의 축소, 금융비용의 증가, 미분양발생에 의한 손실 등이 조합원 부담으로 됨	▪ 시공자는 일정한 무상지분율을 약속하고 추가이익은 시공자의 소유로 하며, 미분양책임 이외에는 대부분 조합이 위험을 부담하는 사업방식 ▪ 사업추진상의 많은 위험은 조합의 책임으로 하며, 추가분담금의 발생으로 시공사와의 많은 분쟁발생이 예상됨	▪ 시공자는 일정한 무상지분율을 약속하고 추가이익은 시공자의 소유로 하며, 위험부담도 시공자가 책임지는 사업방식 ▪ 사업추진상의 모든 위험은 시공자의 책임으로 하며, 조합원은 추가분담금의 발생이 없음
장 점	▪ 조합원이 사업주체가 되며, 개발이익이 창출되면 조합원에게 최대한의 이익분배가 가능하다	▪ 특별한 장점이 없는 제도	▪ 사업초기에 조합원분담금이 확정되어 안정적인 사업추진이 가능
단 점	▪ 관리처분 및 입주 전까지 조합원 분담금이 미확정 ▪ 주택경기 불황 시 분담금증가 위험	▪ 대부분 위험은 조합원이 부담하고 추가이익은 시공사에 돌아감	▪ 추가이익이 발생되면 실질적으로 조합원에 손실발생
시공자 선호도	▪ 시공자 선호	▪ 시공자 선호	▪ 시공자 기피
문제점	▪ 사업이 지연될 경우 금융비용이나 사업비 증가로 조합원분담금 증가	▪ 추가분담금 발생 시 시공자와 매우 어려운 분쟁 발생	▪ 시공자의 계약기피로 확정지분제 사업방식의 채택이 어려움
문제점 해결방안	▪ 사업초기 정확한 분담금산출과 사업지연 예방으로 추가분담금 발생방지	▪ 조합원에게 변동지분제의 특성을 인식시켜 추후 혼란을 방지	▪ 시공자에게도 추가이익의 발생이 가능한 방안을 별도로 제시하여 확정지분제방식의 채택에 노력
채택 시의 사회여건	▪ 금리안정이나 인하가 예상되는 경우 ▪ 경제의 안정 또는 상승기 ▪ 용적률이 예측 가능한 경우 ▪ 조합원간 분쟁이 적게 예상되는 경우 ▪ 추가이익의 발생이 예상되는 경우 ▪ 저물가시대	▪ 미분양발생 등 주택경기가 불안정한 경우	▪ 금리가 불안정(급등)한 경우 ▪ 미분양발생 등 주택경기가 불안정한 경우 ▪ 용적률의 감소가 예상되는 경우 ▪ 조합원간 분쟁발생 등 사업지연이 예상되는 경우 ▪ 분양가가 비자율화의 경우 ▪ 고물가(인프레이션)시대
사업지역	▪ 대도시중심부 등 추후 분양수입금의 증가가 예상되는 지역	▪ 추후 분양수입금의 증가가 작은 중소도시 및 도시근교지역	▪ 추후 분양수입금의 증가가 작은 중소도시 및 도시근교지역
기 타	▪ 계약서 대비 추가공사가 추진되는 경우 시공사의 능력에 대응할 수 있는 여러 분야의 우수한 인력이 조합에 필요하다	▪ 계약서 대비 추가공사가 추진되는 경우, 시공자의 기술력에 대응할 수 있는 여러 분야의 우수한 인력이 조합에 필요하다	▪ 시공자가 계약상의 의무를 수행하는 지의 여부를 확인할 수 있을 정도의 인력이 필요하다.

3. 용어의 해설

1) 조합원

재건축조합설립인가 시 ① 건축물을 소유하고, ② 조합설립에 동의한 자를 말한다. 주택을 여러 채 소유하였거나 1주택을 수인이 공유하고 있는 경우에는 모두 1인의 조합원으로 본다. 토지만을 소유한 자는 신축건물을 분양받을 권리가 없으며, 조합원분양은 재당첨금지 조항, 무주택세대주 조건 등 주택분양에 관한 법 규정을 적용받지 않는다.

2) 조합설립동의의 의미와 동의내역

토지등소유자의 과반수 동의로 추진위원회를 구성한 후 조합설립을 위한 창립총회를 개최하여 정비사업의 추진을 결정하는 행위를 말한다. 조합설립 동의에 따른 동의내역에는 1) 조합설립 및 정비사업 내용(① 신축건축물의 설계개요, ② 공사비 등 정비사업에 드는 비용, ③ 공사비 등 정비사업에 드는 비용의 분담, ④ 신축건물 구분소유권의 귀속에 관한 사항)과, 2) 조합장 선정, 3) 정관 승인 4) 추진위원회에서 작성할 정비사업 시행계획 등이 포함된다. 조합을 설립하기 위해서는 주택단지의 공동주택 동별 소유자의 과반수 동의와 재건축단지의 전체 구분소유자의 4분의 3 이상 및 토지면적의 4분의 3 이상의 토지등소유자의 동의가 필요하다. (시행규칙 별지 제6호 **서식-조합 설립동의서,** 도정법 제35조제3항 참조)

3) 무상지분율

정비사업에서의 무상지분율이란 정비사업의 조합원이 추가 분담금 없이 배정받을 수 있는 건축면적 비율을 말한다.
예를 들어 무상지분율이 200%라면 대지지분면적이 100㎡인 조합원이 입주 시 200㎡의 아파트를 추가분담금 없이 배정받을 수 있는 것이다.
무상지분율은 해당 정비사업에 적용되는 용적률이 가장 큰 영향을 미치게 되며, 그 외에 일반분양가와 공사비에 따라 좌우된다.

4) 용적률

대지면적에 대한 건축물 연면적의 비율을 말한다. 용적률을 계산하는 경우에는 지하층 건축면적은 포함되지 않는다.

5) 건폐율

건축면적(1층 바닥면적)의 대지면적에 대한 비율로서 주로 용도지역에 따라 그 비율을 달리한다.

6) 사업시행계획의 인가와 고시

사업시행자는 정비사업을 시행하고자 하는 경우, 사업시행계획서에 정관등과 그밖에 법령이 정하는 관계 서류를 첨부하여 시장·군수에게 제출하고 사업시행인가를 받아야 한다. 사업시행자가 사업시행인가를 받고자 하는 때에는 소정양식의 인가신청서와 다음 각 호의 서류를 첨부하여 시장 군수에게 제출하여야 한다. 해당 서류는 정관, 총회 결의서 사본, 사업시행계획서, 사용 또는 수용할 토지 또는 건축물의 명세 및 소유권 외의 권리의 명세서, 기타 법이 정하는 서류를 첨부하여야 한다.

7) 관리처분계획

관리처분계획(管理處分計劃)이란 정비사업지역에 조성된 대지와 신축 건축물의 관리 및 처분에 관한 계획이다. 즉, 종전의 토지나 건축물에 대한 소유권 및 그 이외의 권리 (지상권, 전세권 등)를 정비사업으로 새롭게 조성되는 토지와 건축물에 대한 권리로 전환시켜 배분하는 계획을 말한다. 쉽게 표현하면 신축 후 조합원별로 분양받게 되는 토지 및 건축물의 배분과 분담금을 확정하기 위한 계획을 말한다.

관리처분계획에서는 재건축된 건물에 대한 조합원별 지분율과 분담금, 정산받을 금액 등을 정하게 된다. 이는 조합원에 대한 동·호수 추첨을 끝낸 후 작성되며, 이때 가치가 큰 동호수를 분양받은 조합원은 그만큼 더 많은 분담금을 내게 된다.

한편, 관리처분계획은 기존 건축물과 대지의 가치를 산정하여 보상하게 되면 보상 금액에 따라 사업의 당사자들 간의 이해관계가 상충되게 된다. 따라서 이 과정에서 분쟁이 가장 많이 발생하게 된다. 이러한 분쟁을 최소화하기 위하여 재개발사업에서는 종전 및 종후재산에 대한 감정평가실시가 의무화되어 왔으며, 재건축사업에서는 관계 법령이 개정되면서 타 정비사업과 같이 감정평가를 실시하고 있다.

또한, 관리처분계획은 정비사업을 추진함에 있어 중요한 부분인 자금문제, 권리의 조정 등 조합원의 권리에 대한 이해관계를 다루게 되므로 정비사업의 성패를 좌우하는 매우 중요한 단계이다. 한편, 도시정비법 제81조제2항에서는 사업시행자가 기존 건축물을 철거하기 전에 관리처분계획을 수립하여 시장·군수등의 인가를 받도록 규정하고 있다.

8) 이전고시

사업시행자는 공사완료의 고시가 있는 경우에는 지체없이 대지에 대한 확정측량을 하여야 하며, 토지의 분할절차를 거쳐 관리처분계획에서 정한 사항을 분양받은 자에게 통지하고, 이전하려는 대지 또는 건축물의 소유권을 해당 지방자치단체의 공보에 고시 하고 해당 시장·군수등(구청장등)에 보고하여야 한다.
(도시정비법 제86조제1항 및 제2항 참조)

9) 정비기반시설

정비기반시설이라 함은 도로, 상·하수도, 공원, 공용주차장, 공동구(국토의 계획 및 이용에 관한 법률 제2조제9호의 규정에 의한 공동구) 그 밖에 주민의 생활에 필요한 가스의 공급시설 등 대통령이 정하는 시설을 말한다.

4. 재건축사업과 컨설팅제도(PM, CM)

❖ 컨설팅제도(PM, CM)란?

◆ PM(Project Management)

사업(Project)의 계획에서 부터 최종 완료 시까지의 모든 업무를 총괄하여 관리하는 일을 수행하는 것으로 수행하는 주요 업무내용은 ① 사업의 계획, ②사업수지분석, ③ 공정관리, ④ 원가관리, ⑤ 현장관리업무, ⑥ 계약서 검토, ⑦ 인·허가업무와 ⑧기타 제반 행정업무 등을 사업시행자를 대리하여 수행하고 일정한 용역비를 지급받는 제도이다.

이 PM제도는 해외에서 진행되는 대부분의 사업에서는 도입이 보편화되어 있으며, 우리나라에서도 이 제도의 도입이 점차 증가하고 있다. 그러나 아직도 컨설팅 업무의 필요성에 대한 많은 이해가 필요한 것이 현실이다.

◆ CM(Construction Management)

CM의 원론적인 의미는 사업(Project)의 건설부분에 대한 업무만을 수행하는 것을 말한다. 즉, ① 건설공정관리, ② 품질관리, ③ 원가관리, ④ 안전관리 등이 주된 업무내용으로 건축물이 우수한 품질로, 예정된 금액 및 공기 이내에 완공될 수 있도록 사업주체를 도와 현장관리 업무를 수행하는 것을 말한다.

그러나, 이 CM제도는 건설회사가 정비사업의 추진에 따른 건설공정관리, 품질관리, 원가관리 및 안전관리 등 모든 업무에 대한 실질적인 책임을 지고 공사를 수행하고 있으며, 인·허가청에서 선정한 「책임감리자」의 임무와 유사하고, 재건축사업을 포함한 모든 정비사업에 대한 공사수행시스템 하에서는 도입이 꼭 필요한 제도라고는 판단되지 않는다.

❖ 컨설팅(PM)회사의 역할 및 제도의 도입에 따른 효과
  - ◆ 개발이익의 극대화
  - ◆ 조합원 분담금의 최소화
  - ◆ 사업주체의 입장에서 사업수행, 컨설팅업체의 전문지식 활용
  - ◆ 시공자와 대등한 정보력과 기술력 확보
  - ◆ 사업기간의 단축으로 사업비 절감(정비사업에서는 시공자가 책임지고 수행)
  - ◆ 건설당시의 최신형 구조 및 최첨단 설비의 정보제공
  - ◆ 조합의 제반 규정에 대한 적정성여부 확인
  - ◆ 시공자와의 공사계약체결 전 계약서의 사전검토로 사업주체의 이익 극대화
  - ◆ 사업주체의 업무내용에 대한 사전검토로 법적분쟁 최소화
  - ◆ 동의서 징구 등 사업주체의 효율적인 업무수행 가능
  - ◆ 문제가 예상되는 조합원에 대한 특별관리 가능
  - ◆ 시공자의 요구사항에 대한 정확한 판단가능
  - ◆ 예상되는 문제에 대한 사전예방조치 가능
  - ◆ 투명한 조합운영 및 협력회사의 효율적인 관리 가능

5. PM제도 도입에 대한 대안

1) 정비사업에서 PM제도의 도입이 활성화되지 못하고 있는 근본 원인은, 이 제도에 대한 인식부족과 함께 제도의 도입에 따른 추가적인 비용부담도 한 원인이라고 판단된다.

2) 한편, 사업시행자로서 정비사업에 관한 제반 업무에 대해 전문지식을 가지지 못한 조합은 정비사업전문관리업자, 변호사 등 많은 전문가나 협력회사와 용역계약 등을 통하여 해당 전문지식에 대한 협력을 받고 있다.

3) 협력회사의 협력에도 불구하고 실시설계의 확인, 추가공사 등에 대한 공사비의 적정성 검토, 조합이 수행하는 업무 중 정비사업전문관리업자의 고유한 업무 이외에 조합이 수행해야 하는 금융지원업무 등 중요한 업무에 관해서는 전문가의 협조가 사실상 전무하거나 차단되어있는 상태이다.

4) 따라서 위 제3항의 업무 중 추가공사에 대한 원가계산, 실시설계의 적정성 검토 등 중요한 업무만을 부분적으로 확인하기 위한 **법적인 자격을 갖춘 협력자**가 필요하며, 이 제3의 협력자의 역할이 PM제도의 도입에 따른 역할 중 중요한 업무의 대부분을 대행할 수 있을 것이며 소요비용의 측면에서도 경제적인 방안이라고 판단된다.

6. 아파트의 면적표시 방법

1) 주거전용면적
: 소유자가 단독으로 사용할 권리를 가지는 면적으로, 각 세대현관의 내부면적 중에서 거실, 침실, 주방, 욕실 등의 **안목치수(각 실의 내부 벽 사이의 치수)로 계산한 면적**을 합한 면적을 말한다. 따라서 이 면적에는 각 세대 현관의 내부면적에서 벽량(벽체가 차지하는 면적) 등과 발코니 면적을 제외한 면적이다. 관계 규정에서는 **주거전용면적을 해당하는 아파트의 주택형(호칭면적)으로 하도록 하고 있으며 재산세부과의 기준이 된다.**

2) 주거공용면적
: 주로 각 동별로 존재하며, 주거전용면적을 사용하기 위한 면적으로 계단실, 엘리베이터 피트, 복도, 각층의 홀, 1층 공동현관(1층 로비면적) 등 주거를 위해 이웃의 다른 세대와 공동으로 사용하는 면적을 말하며, 설계분야에서는 **코어면적**이라고도 한다.

3) 기타공용면적
: 단지 내의 모든 입주자가 공동으로 사용하는 면적을 말하며, 관리사무소, 커뮤니티시설, 노인정, 지하주차장을 제외한 지하층면적 등이 이에 속한다.

4) 서비스면적
: 각 세대 내의 발코니 면적을 말하며, 이 면적은 분양면적에 포함되지 않으며, 발코니를 확장하는 경우에도 주거전용면적에는 변화가 없다. 따라서 발코니 확장 이후에도 호칭 주택형, 건축물대장 및 **등기사항전부증명서**에는 일체의 면적변화가 없다. 따라서 재산세도

변함이 없다. 발코니 확장에 소요된 공사비는 추후 양도소득세 계산 시에는 매입원가 (필요 경비)에 반영된다.

5) 지하주차장면적

: 지하층에 있는 주차를 위한 면적을 말하며, 이 면적은 계약면적에 포함된다.

6) 분양면적(공급면적)

: 아파트의 단위세대 면적 중 **주거전용면적과 주거공용면적을 합한 면적**을 말한다.

7) 계약면적

: 아파트 공급자에게 대금을 지불하는 면적으로 발코니면적(서비스면적)을 제외한 모든 면적이 포함된다. 따라서 **주거전용면적, 주거공용면적, 기타공용면적, 지하주차장면적을 합한 면적**이 계약면적이 된다. 즉, 서비스면적인 발코니 면적은 계약면적에서 제외된다.

※ 발코니의 폭(너비) 측정기준

: 발코니의 폭을 측정하는 기준은 세대의 외벽(분합문이 설치된 벽)의 중심선에서 발코니를 구성하는 <u>벽체의 외부면까지의 거리</u>를 해당 발코니의 폭으로 하도록 규정되어 있다.

7. 향후 조합원분양 시까지 필요한 인감증명서 및 주민등록등초본

구 분		인 감 증 명 서		주민등록 등·초본	비 고
		수 량	용 도		
①	조합설립 시	1통	공유지분자 대표자 신고용 1 통 (공유지분자에 한함)	등본 1통	[명의변경 시]는 명의변경용(인감) 필요
②	신탁등기 시	1통	신탁등기용 1통	등본 1통	–
③	이주비신청 시	6통	▪ 이주비차입 신청용 1통 ▪ 소비대차 계약용 1통 ▪ 근저당권 설정용 1통 ▪ 철거위임 각서용 1통 ▪ 영수증용 1통	등본 2통 초본 2통	※ 초 본 (조합원 본인의 초본)
④	분양신청 시	1통	분양신청용 1통	등본 1통	–
⑤	동·호수추첨 시	1통 (2통)	동·호수 추첨 신청용 1통 (※ 위임용1통 : 대리인이 계약할 경우)	등본 1통	–
⑥	분양계약 시	1통 (2통)	아파트분양계약용 1통 (※위임용 1통 : 대리인이 계약하는 경우)	등본 1통	※ 초 본 (조합원 본인의 초본)
합 계		본인의 경우 11통 (대리인의 경우 13통)		등본 7통 초본 2통	※ 공유자만(추가) 필요

☞ 상기 도표는 각 정비사업 조합에 따라 서로 다를 수 있습니다.

❖ 토지등소유자의 동의방법(도시정비법 제36조)에 대한 이해

1. 다음 각 호에 대한 동의나 동의한 사항의 **철회** (또는 법 제26조제1항제8호 단서, 법 제31조 제2항 단서 및 법 제47조제4항 단서에 따른 반대의 의사표시를 포함한다)는 **서면동의서에 토지등소유자가 성명을 적고 지장(指章)을 날인하는 방법으로 하며, 주민등록증, 여권 등 신원을 확인할 수 있는 신분증명서의 사본을 첨부하여야 한다.** <개정 2021.3.16.>

   1) 정비구역등 해제의 연장을 요청하는 경우(법 제20조제6항제1호에 따른)
   2) 정비구역의 해제에 동의하는 경우(법 제21조제1항제4호에 따른)
   3) 주거환경개선사업의 시행자를 토지주택공사등으로 지정하는 경우(법 제24조제1항에 따른)
   4) 토지등소유자가 재개발사업을 시행하려는 경우(법 제25조제1항제2호에 따른)
   5) 재개발사업·재건축사업의 공공시행자 또는 지정개발자를 지정하는 데 찬성(법 제26조 또는 법 제27조에 따른)하거나 반대(법 제26조제1항제8호 단서에 따른)하는 경우
   6) 조합설립을 위한 추진위원회를 구성을 위한 동의(법 제31조제1항에 따른)나 반대(법 제31조제2항 단서에 따른)의 경우(※ 제31조제1항은 검인된 양식인 시행규칙의 별지 제4호서식이 정하는 동의서 양식을 사용하여야 한다)
   7) 추진위원회의 업무가 토지등소유자의 비용부담을 수반하거나 권리·의무에 변동을 가져 오는 경우(법 제32조제4항에 따른)
   8) 조합을 설립하는 경우(법 제35조제2항부터 제5항까지의 규정에 따른)
      (※ 조합을 설립하는 경우에는 검인된 양식인 시행규칙의 별지 제6호서식이 정하는 동의서 양식을 사용하여야 한다)
   9) 주민대표회의를 구성을 위한 동의(법 제47조제3항에 따른)나 반대(법 제47조제4항 단서에 따른)의 경우
   10) 사업시행계획인가를 신청하는 경우(법 제50조<u>제6항</u>에 따른)
   11) 사업시행자가 사업시행계획서를 작성하려는 경우(법 제58조제3항에 따른)

2. 위 제1항에도 불구하고 토지등소유자가 해외에 장기체류하거나 법인인 경우 등 불가피한 사유가 있다고 시장·군수등이 인정하는 경우에는 토지등소유자의 인감도장을 찍은 서면 동의서에 해당 인감증명서를 첨부하는 방법으로 할 수 있다.

3. 위 제1항 및 제2항에 따라 서면동의서를 작성하는 경우 법 제31조제1항 **및** 법 제35조 제2항부터 제4항까지의 규정에 해당하는 때에는 시장·군수등이 **대통령령으로 정하는 방법에 따라 검인(檢印)한 서면동의서를 사용하여야 하며, 검인을 받지 아니한 서면동의서는 그 효력이 발생하지 아니한다.**

4. 위 제1항, 제2항 및 법 제12조에 따른 토지등소유자의 동의자 수 산정 방법 및 절차 등에 필요한 사항은 대통령령으로 정한다.

서 면 결 의 서

조합원 본인이 직접 작성하여 재건축조합 사무실로 총회 전까지 제출하여 주시기 바라며, 서면결의서를 제출한 소유자는 본 서면결의서로 의결권을 행사한 것으로 갈음합니다.

권리내역	서울시 서초구 반포0동 00-0번지 외	종전 동·호수	동	호
		신축 동·호수	동	호
		상 가		호
성 명	(인) 인감날인	주민등록번호		－
현 주 소				
연 락 처	자택 : 휴대전화 :			

상기 본인은 0000년 0월 00일(토요일) 개최되는 조합원 관리처분총회에 조합정관 제22조 제3항에 따라 본 서면결의서로 의결권을 행사한다. 총회 회의자료 내용을 충분히 숙지하고 상정된 안건에 대하여 아래와 같이 의사를 표시하고자 본 서면결의서를 제출합니다.

0000년 월 일

1. 총회일시 : 0000년 2월 26일(토요일) 오후 3시
2. 총회장소 : 흑석동 00교 서울회관 대강당(5,6층)
3. 총회안건 : 제1호 안건 : 재건축정비사업 조합설립 동의의 건
　　　　　　　제2호 안건 : 조합장 선출 및 임원 인준의 건
　　　　　　　제3호 안건 : 재건축정비사업 시행계획(안) 결의의 건
　　　　　　　제4호 안건 : 추진위원회 수행업무 추인의 건
　　　　　　　제5호 안건 : 정비사업비예산(안) 승인의 건
　　　　　　　제6호 안건 : 총회 결의사항 위임의 건
　　　　　　　제7호 안건 : 정비사업추진방식 확정 및 시공자 선정결의·공사계약체결 위임의 건
　　　　　　　제8호 안건 : 기타 안건

구 분	제1호 안건	제2호 안건	제3호 안건	제4호 안건	제5호 안건	제6호 안건	제7호 안건	제8호 안건
찬 성								
반 대								

주) 상정된 안건에 대하여 위의 공란에 ○표로 찬반의사를 표기하여 주시기 바랍니다.

☐ 인감증명서는 조합에 기 제출된 인감증명서로 갈음하며, 인감이 변경된 경우에는 변경된 인감증명서를 서면결의서와 함께 제출하여주시기 바라며, 서면결의서는 우편제출도 가능함을 알려드립니다.

반포주공0단지 재건축정비사업조합 귀중

제2장
관리처분총회

반포주공0단지 재건축정비사업조합

관 리 처 분 총 회
[임시총회]

일 시 : 0000년 0월 00일(토요일) 오후 2시

장 소 : 흑석동 00교 서울회관 대강당(5,6층)
(서울특별시 동작구 흑석동 0-0 번지)

반포주공0단지 재건축정비사업조합

서울특별시 서초구 반포0동 00-0(새마을회관 2층)
전화 : 02-000-0000, 02-0000-0000 / FAX : 02-0000-0000

반포주공0단지 재건축정비사업조합

관리처분총회

[회의자료]

일 시 : 0000년 0월 00일(토요일) 오후 2시

장 소 : 흑석동 00교 서울회관 대강당(5,6층)

※ 총회 참석 시에는 총회자료 책자를 꼭 지참하여주시기 바랍니다.

반포주공0단지 재건축정비사업조합

주 소: 서울시 서초구 반포동 00-0 새마을회관 2층
☎ 02)000-0000, 0000-0000 FAX: 02)0000-0000
홈페이지: www. banpo0com

총 회 장 소 안 내

총회장 : 서울특별시 동작구 흑석1동 1-3 00교 서울회관 대강당

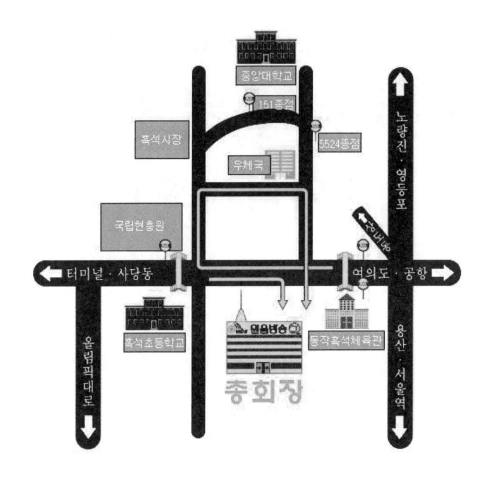

■ 일반버스 : 151, 360, 361, 362, 363, 640, 642,
　　　　　　4511, 5517, 5511, 5529, 5524, 6411
■ 좌석버스 : 9408, 9412
■ 지 하 철 : 9호선 흑석역 1번 출구

※ 총회장 내 주차공간이 협소하여 교통혼잡이 예상되므로 대중교통을
　　　　　이용하여 주시기 바랍니다.

목 차

반포주공0단지 관리처분총회 소집 공고

반포주공0단지 관리처분총회를 아래와 같이 개최하고자 하오니 참석하여 주시기 바랍니다.

- 아 래 -

1. 일   시 : 0000년 2월 26일(토요일) 오후 2시

2. 장   소 : 서울시 동작구 흑석1동 1-3번지. 00교 서울회관 대강당

3. 참석대상 : 반포주공0단지아파트 구분소유권자 중 조합설립에 동의한 조합원

4. 상정의안 : 1) 제1호 안건 : 사업시행 인가조건 이행 결의의 건

   2) 제2호 안건 : 조합 수행업무 추인의 건

   3) 제3호 안건 : 0000년도예산(안) 승인의 건

   4) 제4호 안건 : 공사도급계약(안) 체결 승인의 건

   5) 제5호 안건 : 관리처분계획(안) 결의의 건

5. 지 참 물 : 1) 조합원(본인) 참석 시 : 참석권, 본인신분증(주민증 혹은 운전면허증), 도장

   2) 대리인참석 시 : 위임장(조합원인감증명서 첨부), 대리인신분증, 대리인도장

6. 공유자의 경우 대표자 1인만 참석할 수 있습니다.

7. 부득이한 사정으로 총회에 참석할 수 없는 경우에는 '서면결의서(인감증명서 첨부)'를 총회개최일 전일까지 조합사무실에 도착할 수 있도록 제출하여 주시기 바랍니다.

8. 기타사항 : 동의서를 제출하지 않은 경우 총회에 참석할 수 없으며, 총회당일까지 동의서를 제출하면 입장이 가능합니다.

   (※ 총회는 동의서를 제출한 조합원만이 참석할 수 있습니다)

9. 연락처 : 서울시 서초구 반포0동 00-0번지 반포주공0단지 재건축정비사업조합

   ☎ 02) 000- 0000, 0000-0000, FAX. : 02) 0000-0000

0000년 0월 00일

반포주공0단지 재건축정비사업조합

조 합 장   0   0   0   (인)

총회참석 시 유의사항

1. 총회에 참석하기 전에는 본 '총회참석 시 유의사항'을 포함하여 '총회 회의자료'를 반드시 읽어보시기 바라며, 총회 당일에는 본 '총회 회의자료'를 필히 지참하시기 바랍니다.

2. 총회입장은 오후 1시부터이며 개회는 오후 2시입니다. 따라서 30분 이전에 미리 도착하여 접수절차를 마친 후 총회장에 입장하셔야 예정된 시간에 총회를 개회할 수 있습니다. 총회장입장은 오후 4시 이전까지만 가능하므로 늦지 않도록 하여 주시기 바랍니다.

3. 총회는 조합원 본인이 직접 참석하거나, 조합정관 제10조제2항에 따라 대리인이 참석할 수 있습니다. 이때의 대리인은 민법에서 정하는 '상속에 관한 규정에 준하는 성년자 (배우자 및 직계존비속)에 한합니다.

4. 총회에서의 의결권행사는 '서면결의서'의 제출로 대행할 수 있습니다. 총회참석 시의 지참물 및 필요서류 등은 아래를 참고하시기 바랍니다.

- 아   래 -

구 분	지참물 및 필요서류
조합원이 참석 시	1. 신분증 및 도장 2. 2인 이상의 공동소유인 경우 - 조합에 대표자로 신고 된 조합원만 참석이 가능합니다. - 대표자가 아닐 경우 대표자의 위임장이 필요합니다.
대리인이 참석 시	1. 위임장(위임용 인감증명서 첨부) - 위임장에는 필히 조합원의 인감날인이 되어있어야 하며, - 2인 이상의 공동소유인 경우 조합에 대표자로 신고 된 조합원으로 부터 위임받은 자만 참석이 가능합니다. 2. 대리인의 신분증 및 도장 3. 조합원과의 관계 증빙서류(예 주민등록등본, 호적등본, 의료보험증) - 대리인의 범위는 민법의 상속에 관한 규정에 준하는 성년자입니다. - 조합원과의 관계가 확인되지 않을 경우 입장할 수 없으니 관계를 증명할 수 있는 서류를 반드시 지참하여 주시기 바랍니다.
서면결의서 제출 시	1. 총회의 의결권은 서면결의서로 할 수 있습니다. 서면결의서에 인감을 날인(조합에 등록된 인감)한 후 제출하여 주십시오. 2. 서면결의서는 총회책자의 각 안건을 검토한 후 표기하여 주십시오. 3. 서면결의서는 총회 전까지 도착될 수 있도록 제출하여야 합니다. 4. 서면결의로 의결권을 행사한 조합원은 총회당일 의결권을 행사할 수 없습니다.

※ 서면결의서에 첨부해야 하는 인감증명서는 조합에 기 제출한 인감증명서로 대체되며, 조합에 신고 된 인감이 변경된 경우에는 변경된 인감증명서를 첨부해야 합니다.

▥ 조 합 장 인 사 말 ▥

존경하는 반포주공0단지 재건축정비사업조합 조합원 여러분! 안녕하십니까?
조합장 0 0 0 입니다.

드디어, 조합원 여러분의 노력으로 우리의 오랜 숙원이며 재건축사업에서 사업의 성공여부를
가늠해볼 수 있으며, 사업의 중요한 단계라 할 수 있는 관리처분계획을 수립하게 되었습니다.
그동안 여러 어려움이 있었음에도 불구하고 오늘 우리 모두가 이 자리에 함께할 수 있게
된 것은, 우리들만의 원대한 목표가 있었기 때문입니다. 그 중의 하나는 쾌적한 주거환경을
조속히 마련하여 좀 더 편안한 삶을 영유하고자 하는 것이요, 또 다른 하나는 우리가 가지고
있는 재산에 대한 가치를 한층 더 증대시켜, 보다 안정된 삶을 누리고자 하는 것이라고 생각
합니다. 우리는 이러한 공동의 목표를 기필코 실현시키고자 지금까지 함께 노력해 왔으며,
앞으로도 우리의 목표를 달성하기 위해 다함께 희망의 내일을 향해 힘차게 나아갈 것입니다.

우리의 재건축사업은 정부의 잦은 정책혼선에도 불구하고 우리 조합 재건축사업계획의 근간이
되는 '**반포아파트지구 개발기본계획**'이 수년간의 노력으로 서울시에 의해 확정고시 되었으며,
정밀안전진단, 조합설립인가를 위해 사업부지내 사유지인 유치원부지의 매입 등 어려운
일들을 슬기롭게 극복하고 드디어 지난 12월 사업시행인가를 득하게 되었습니다.
이것은 조합원 여러분들의 적극적인 협조와 따뜻한 격려가 있어 가능한 일이었습니다.
여러 조합원님께서 보내주신 적극적인 협조와 격려는 앞으로도 예상되는 여러 어려운 일들을
슬기롭게 극복하고 우리들의 오랜 소망을 이룩하는 큰 원동력이 될 것입니다.

조합원 여러분! 이제 우리는 조합원 여러분들의 적극적인 참여를 바탕으로 금번 관리처분
총회를 성공적으로 개최하여 우리 모두의 한결같은 꿈을 기필코 이룩해내야 할 것입니다.
이를 통하여 우리 조합의 3대사업목표인 「조합원 이익의 극대화」, 「투명한 사업추진」,
「쾌적한 주거환경 조성」을 목표로 추진하던 반포주공0단지 재건축사업의 풍성한 수확의
기쁨을 우리 다함께 즐기도록 합시다.

만에 하나라도 우리가 서로 협력하지 못하고 분열하게 된다면 우리의 이러한 원대한 희망은
한순간에 물거품이 될 것이며, 우리 조합원 모두에게는 분담금의 대폭적인 증가로 인하여
막대한 금전적인 손실과 차마 인내할 수 없는 크나큰 고통이 초래될 것입니다.
조합 집행부의 모든 임원들은 향후 어떠한 난관에도 불구하고 조합원님들의 단합된 힘을
바탕으로 일치단결하여, 우리나라의 어떠한 재건축단지보다 경제적이며 살기 좋은 아파트가
탄생될 수 있도록 최선의 노력을 다할 것임을 약속드립니다.
조합원 여러분들의 가정에 행복만이 충만하시기를 기원 드리며, 질서정연한 가운데 이번
총회가 원만이 진행될 수 있도록 협조해주시기를 당부 드립니다.

반포주공0단지 재건축정비사업조합 조합장0 0 0

회 순

1. 성 원 보 고 　　　　　　　　　　　　　　　　　사 회 자

2. 개 회 선 언 　　　　　　　　　　　　　　　　　조 합 장

3. 국 민 의 례 　　　　　　　　　　　　　　　　　사 회 자

4. 내 빈 소 개 　　　　　　　　　　　　　　　　　사 회 자

5. 경 과 보 고 　　　　　　　　　　　　　　　　　사 회 자

6. 안 건 심 의 　　　　　　　　　　　　　　　　　조 합 장

　　　제1호 안건 : 사업시행 인가조건 이행 결의의 건

　　　제2호 안건 : 조합수행업무 추인의 건

　　　제3호 안건 : 0000도 예산(안) 승인의 건

　　　제4호 안건 : 공사도급계약(안) 체결 승인의 건

　　　제5호 안건 : 1. 관리처분계획(안) 결의의 건

　　　　　　　　　　 2. 상가 운영규정 및 관리처분계획

　　　　　　　　　　　 1) 00상가 재건축위원회 운영규정(안)
　　　　　　　　　　　 2) 00상가 관리처분계획(안)

7. 폐 회 　　　　　　　　　　　　　　　　　　　조 합 장

경 과 보 고

(창립총회 이후 ~ 관리처분 총회 전까지)

반포주공0단지 재건축정비사업조합

▣ 경 과 보 고 ▣

일 시	추 진 업 무	비 고
	▫ 설계자 (주)000 엔지니어링 조합건축사사무소 선정	
	▫ 조합 창립총회 개최 － 도곡동 진선여고 강당 － 사업시행계획의 결의 외 7개 안건 상정	
	▫ 소식지 창간호 발간	
	▫ 정비사업전문관리업자 (주)000 선정	
	▫ 소식지 제2호 발간	
	▫ 설계자와의 재건축설계 용역계약 체결	
	▫ 사업수지분석 설명회 개최(3단지 예상일반분양가 적용)	
	▫ 소식지 제3호 발간	
	▫ 정비사업전문관리업자 (주)000 용역계약 체결	
	▫ 서울시 반포아파트지구 개발기본계획(변경) 고시	서울시
	▫ 안전진단 신청	서초구청
	▫ 상가 사업설명회 개최	
	▫ 예비안전진단 실시	서초구청
	▫ 조합원 희망 주택형 설문조사 실시(제1차)	
	▫ 예비안전진단 통과	서초구청
	▫ 안전진단 실시업체 선정-(재)한국건설안전기술원	서초구청
	▫ 안전진단 실시업체 (재)한국건설안전기술원과 용역계약	
	▫ 구조안전진단 통과 － 재건축대상 판정(D급 판정)	
	▫ 사업부지내 사유지(유치원부지) 매입	
	▫ 조합설립인가	서초구청
	▫ 도시및주거환경정비법 시행	건교부
	▫ 조합 법인등기 신청	지방법원
	▫ 조합 사업자등록 신청	서초구청
	▫ 소형 주택형 건설 의무비율(2 : 4 : 4) 시행	건교부

(계속)

일 시	추 진 업 무	비 고
	▫ 소형 주택형 건설의무비율에 대한 건의서 제출 - 건교부, 서울시, 서초구에 건의문 제출(반포 6개 조합) - 세대증가(10%)의 필요성 건의	
	▫ 자문변호사 선정 : 합동법률사무소-00의 000 변호사	
	▫ 소형 주택형 건설의무비율에 대한 건의서 제출 - 서울시 의회에 제출(반포 6개 재건축조합 공동제출)	
	▫ 소형 주택형 건설의무비율에 대한 탄원서 제출 - 국민고충처리위원회에 제출(반포 6개 조합 공동제출)	
	▫ 소형 주택형 건설의무비율에 대한 탄원서 제출 - 국회에 제출(반포 6개 조합 공동제출)	
	▫ **감정평가법인등**의 선정 - (주)00감정평가법인, (주)00감정평가법인 ▫ 법무사 선정 - 00법무사합동사무소 ▫ 세무사 선정 - 000세무회계사무소	
	▫ 사업추진 계획에 관한 조합원 설문조사 실시	
	▫ 건축심의 신청	
	▫ 조합설립 미동의자 최고서 발송	
	▫ 서울시 건축심의 통과 - 조건부 동의	
	▫ 교통영향평가 통과	
	▫ 조합설립 미동의자 매도청구소송 제기 ▫ 00상가소유주 - 재건축결의 무효소송 제기	
	▫ 사업시행계획 인가신청	
	▫ 사업시행인가 득함	서초구청
	▫ 임시총회(시공자 선정)	
	▫ 조합원 분양신청 공고	
	▫ 금융지원 은행 및 감리자(전기, 소방, 통신) 선정	
	▫ 조합원 분양신청 마감	
	▫ 임시총회(관리처분총회) 개최(예정)	

총 회 상 정 의 안

제1호 안건 : 사업시행 인가조건 이행 결의의 건
           1) 사업시행 인가서
           2) 사업시행 인가조건
           3) 설계개요 및 설계도서

제2호 안건 : 조합 수행업무 추인의 건
           1) 협력업체 선정 및 계약체결
           2) 사업부지 내 사유지(00유치원) 매입

제3호 안건 : 0000년도예산(안) 승인의 건

제4호 안건 : 공사도급계약(안) 체결 승인의 건

제5호 안건 : 관리처분계획(안) 결의 건

반포주공0단지 재건축정비사업조합

상정의안

– 제1호 안건 –
사업시행 인가조건 이행 결의의 건

반포주공0단지 재건축정비사업조합

▣ 상정의안 : 제1호 안건

사업시행 인가조건 이행 결의의 건

1. 의안상정

제1호 안건 「사업시행 인가조건 이행 결의의 건」을 상정합니다.

2. 제안사유

000년 00월 00일 개최한 조합원 총회에서 조합원 결의를 거쳐 사업시행인가를 위해 제출한 '재건축사업 시행계획'에 대해, 0000년 00월 00일 00구청으로부터 기능부서 (관계 기관)의 아래 주요내용과 같은 '사업시행 인가조건'이 첨부되어 인가를 득하게 됨에 따라 이를 총회에 상정하여 결의를 받고자 합니다.

　가. 반포유수지를 통과하는 폭25m도로에 대한 재검토(교량화 요구)
　나. 남측의 반포유수지 유입하수암거를 확관하여 이설
　다. 하수암거 및 지하철 9호선과 조합의 부지가 서로 상충되는 여러 개소에 대한 영구
　　　지상권 설정
　라. 당 사업부지 내에 동절기 피크부하를 위한 지역난방공사용 '분산형 열원' 설치 등

3. 제안근거

　가. 도시 및 주거환경정비법 제45조(총회의 의결)
　나. 반포주공0단지 재건축정비사업조합 정관 제21조(총회의 의결사항)
　다. 00구청의 재건축 사업시행인가서 '기능부서(관계 기관) 조건사항' 등

4. 의결내용

0000년 12월 31일 00구청으로부터 첨부 내용과 같이 인가받은 '재건축 사업시행인가서' 및 부속 기능부서(관계 기관)조건사항에 대하여 결의하고 이를 기본계획으로 하여 사업을 시행할 것을 의결한다.

　[첨 부] : ① 사업시행 인가서
　　　　　　② 사업시행 인가조건
　　　　　　② 설계개요 및 설계도서

0000년 0월 00일

반포주공0단지 재건축정비사업조합 조합원총회 참석자 일동
(서면결의 포함 총　　　　명)

1. 사업시행 인가서

	재 건 축 사 업 시 행 인 가 서			① 인가번호	0000-0

<table>
<tr><td rowspan="4">시 행 자</td><td colspan="2">② 명 칭</td><td colspan="4">반포주공0단지 재건축 정비사업조합</td></tr>
<tr><td rowspan="2">대표자</td><td>③ 성 명</td><td>0 0 0</td><td>④ 법인등록번호</td><td colspan="2">114-86-00000</td></tr>
<tr><td>⑤ 주 소</td><td colspan="4">서울특별시 서초구 반포동 00-0   (전화) 02-000-0000</td></tr>
<tr><td colspan="2">⑥ 사무소 소재지</td><td colspan="4">서울특별시 서초구 반포동 00-0   (전화) 02-000-0000</td></tr>
<tr><td rowspan="2">설 계 자</td><td colspan="2">⑦ 성 명</td><td colspan="2">(주) 000엔지니어링 종합건축사사무소 0 0 0 / (주) 종합건축사사무소 00 0 0 0</td><td>⑧ 자 격</td><td>건축사(제0000호)/ 건축사(제0000호)</td></tr>
<tr><td colspan="2">⑨ 주 소</td><td colspan="4">서울특별시 강동구 성내동 000-00/ 양재동00-00 (전화) 02-0000-0000</td></tr>
<tr><td rowspan="2">시 공 자</td><td colspan="2">⑩ 성 명</td><td>(주) 00건설 0 0 0</td><td>⑪ 자 격</td><td>000-00-00000</td></tr>
<tr><td colspan="2">⑫ 주 소</td><td colspan="2">경기도 00시 00구 00동 000번지</td><td colspan="2">(전화) 02-0000-0000</td></tr>
</table>

		⑬ 사업의 명칭	반포주공0단지 재건축정비사업	⑭ 위 치	서울시 서초구 반포동 0-10외 00필지
		⑮ 시행 면적	209,340.10㎡/ 139,148.50㎡	⑯ 시행시간	착공일로부터 38개월

사업시행계획	건축시설	⑰ 부지의 명칭	계	택 지	주구중심#1	주구중심#2	비 고
		⑱ 대지면적 (㎡)	139,148.50	133,349.00	4,799,50	1,000,00	도로: 29,674.70㎡ 공원: 11,803.80㎡ 주구중심:5,799.50㎡
		⑲ 주 용 도	공동주택 및 부대시설 복리시설,	공동주택 및 부대시설 복리시설,	근린생활시설	근린생활시설	
		⑳건축면적 (㎡)	18,752.55	15,854.59	2,398.12	499.84	
		㉑건축연면적 (㎡)	557,840.73	535,231.44	18,910.44	3,968.57	
		㉒지하면적 (㎡)	183,583.43	175,261.51	7,104.08	1,217.84	
		㉓ 건 폐 율 (%)	13.48	11.89	40.97	49.98	
		㉔ 용 적 율 (%)	268.96	269.95	245.99	248.07	
		㉕ 최고높이 (㎡)	90.50	90.50	24.15	23.80	
		㉖ 층 수	지하3층 ~ 지상 32층	지하3층 ~ 지상 32층	지하2층 ~ 지상 5층	지하2층 ~ 지상 5층	
		㉗ 주차장 (대, ㎡)	지하 4,513대	지하 4,355대 142,331.1㎡	133대	25대	

<table>
<tr><td rowspan="3">주 택</td><td rowspan="3">공급 구분</td><td rowspan="3">㉘ 주택의 형태</td><td rowspan="3">㉙ 동수</td><td rowspan="3">㉚ 세대수</td><td colspan="8">㉛ 주택규모별 세대수(전용면적 기준)</td></tr>
<tr><td>60 이하</td><td>85 이하</td><td>130 이하</td><td>165 이하</td><td>190 이하</td><td>211 이하</td><td>224 이하</td><td>245 이하</td></tr>
<tr><td></td><td></td><td></td><td></td><td></td><td></td><td></td><td></td></tr>
<tr><td>계</td><td>공동주택</td><td>27</td><td>2,444</td><td>489</td><td>978</td><td>130</td><td>210</td><td>231</td><td>224</td><td>182</td><td>-</td></tr>
<tr><td>분양</td><td>공동주택</td><td>27</td><td>2,444</td><td>489</td><td>978</td><td>130</td><td>210</td><td>224</td><td>224</td><td>182</td><td>-</td></tr>
<tr><td>임대</td><td>공동주택</td><td>-</td><td>-</td><td>-</td><td>-</td><td>-</td><td>-</td><td>-</td><td>-</td><td>-</td><td>-</td></tr>
</table>

③②종류	③③ 명칭	③④ 위치	③⑤ 규모	③⑥ 무상양여 또는 무상귀속		
				규모	가격	양도 또는 귀속될 자
도로	현황도로	구역내	21,544.30			반포주공0단지 재건축 정비사업조합
구거	구 거	구역내	6,355.50			반포주공0단지 재건축 정비사업조합
공원	공 원	구역내	13,606.80			반포주공0단지 재건축 정비사업조합

용도폐지되는종전의공공시설 (좌측 세로열)

사업시행계획 (최좌측 세로열)

공공시설 / 새로이설치할 공공시설

③⑦종류	③⑧명칭	③⑨위치	④⓪규모	④① 설치비용				④② 비용부담		④③무상귀속될 관리청
				계(천원)	보상비(천원)	공사비(천원)	기타	부담자	부담내용	
도로	도로용지 #1(대로2류29호)	반포동 14-1 ~ 18-2	3,281.50	24,057,609	23,713,789	343,820	–	조합	토지비 및 설치비용	서울 특별시
도로	도로용지 #2(광로2류51호)	반포동 14-2 ~ 18-4	1,236.50	7,851,646.5	7,386,183.	465,463	–	조합	토지비 및 설치비용	서울 특별시
도로	도로용지 #3(대로3류)	반포동 14-2 ~ 117-18	4,108.50	31,957,438	22,435,400	9,522,039	–	조합	토지비 및 설치비용	서울 특별시
공원	신규	반포동 14-21 11,15, 17, 18, 3,4,5,7, 117-1,2	11,803.80	67,386,485.5	64,755,485.	2,631,000	–	조합	토지비 및 설치비용	서초 구청

철거 또는 이전 요구허가 대상	④④건축물(동)	철거	이전	④⑤공작물(개소)	철거	이전
		47개동	–		–	–

④⑥개수대상 건축물	해당사항 없음	④⑦ 임시수용소	해당사항 없음		

수용 또는 사용대상	토지	④⑧필지수	④⑨ 면적	⑤⓪권리자수	건축물	⑤①동수	⑤②연면적(m)	⑤③권리자수
		30	139,148	1,994인		47	113,686.00	

⑤④세입자 대책	대상세대수	임대주택공급세대	주거대책비 지급세대	비대책세대
	–	–	–	–

⑤⑤ 일괄처리항					
주택건설사업자 등록	(0)	주택건설사업계획승인	(0)	건축허가	(0)
가설건축물건축허가	(0)	가설건축물축조신고	(0)	도로공사사행허가	(0)
도로점용허가	( )	사방지지정해제	( )	농지전용허가·협의·동의·승인	( )
농지전용신고	( )	보전임지전용허가	( )	하천공사시행허가	( )
하천점용허가	( )	일반수도사업인가	(0)	전용상수도설치인가	(0)
공공하수도사업허가	( )	측량성과사용승인	(0)	시장개설허가	( )
국유지사용수익허가	( )	공유지대부·사용허가	(0)	사업착수,변경또는완료신고	(0)
토질형질변경허가	(0)	토지의 출입등 허가	(0)		

기타(도시 및 주거환경정비법 제57조 규정에 따른 법률의 인·허가 등의 의제)

⑤⑥기타인가내역

이 인가서 및 첨부서류에 기재한 내용과 같이 도시 및 주거환경정비법 제50조 규정에 의하여 재건축정비사업의 시행을 인가합니다.

0000년 10월 31일

ㅇ ㅇ 구 청 장 　□□

※ 첨부서류

※ 인가안내
　1. 재건축사업시행을 변경하거나 사업을 중지 또는 폐지하고자 할 때에는 구청장의 변경인가를 받아야 합니다.(경미한 변경 제외)

2. 사업시행 인가조건

□ 반포주공0단지 재건축정비사업시행인가 관련
기능부서(관계 기관) 조건사항

1) 사업주체 : 반포주공0단지 재건축주택정비사업조합 대표 0 0 0

2) 사업위치 : 서초구 반포0동 00-0번지 외 00필지

3) 건설규모 : 지하 3층, 지상 32층, 아파트 27개동 2,444세대

         및 부대시설·복리시설(근린생활시설 2개동)

4) 용도지역·지구 : 도시지역, 제3종 일반주거지역, 중심미관지구, 아파트지구

5) 대지면적 : 139,148.50 ㎡

6) 건축면적 : 18,752.55 ㎡

7) 연 면 적 : 557,840.73 ㎡

8) 건 폐 율 : 13.48 %

9) 용 적 율 : 268.96 %

10) 정비사업시행기간 : 착공일로부터 38개월(예정)

11) 건축과 종합의견

  ㅇ관계 기능부서(도시정비과, 공원녹지과, 서울시 도시계획과, 시설계획과, 도시관리과) 협의내용 중 일부가 서울특별시 고시 제0000-397호(0000.11.11.)의 "반포아파트지구(반포지구2)개발기본계획"에 배치되는 내용으로 검토회신된 의견 일부에 대하여는 조건부여 및 수용이 불가하여 조건으로 부여하지 않습니다.

  ㅇ정비사업시행자는 관리처분, 착공, 일반분양, 준공인가, 이전고시 등 관련규정 및 부여된 조건에 맞추어 철저히 이행하고, 또한 정비기반시설의 매수·이전·신설 등과 관련하여 국·공유지의 매수, 기부채납은 공원녹지과, 건설관리과, 재무과, 토목과, 치수방재과 등 재산관리관 및 관리부서와 사전 협의 이행절차를 거쳐 차질이 없도록 사업진행에 만전을 기하시기 바랍니다.

  ㅇ관련 기능부서 협의 조건부여 내용, 건축과 부여 일반조건 내용 등 모든 사항을 철저히 이행하여 재건축정비사업이 원만히 추진되도록 하시기 바랍니다.

12) 재건축정비사업 시행인가 관련 기능부서 협의 조건부여 내용〈00구청 관계 부서〉

연번	관계 부서	관계 부서협의 주요내용	조치계획
1	청소행정과	◦일반폐기물 보관용기 설치기준에 따라 설치하시기 바랍니다. ◦재활용품 보관용기 설치기준에 따라 설치하시기 바랍니다. ◦사용검사승인 전까지 음식물쓰레기를 재활용하기 위한 보관시설 또는 전용수거용기를 설치 및 위탁처리하시기 바랍니다. ◦착공일까지 사업장 폐기물자진신고를 하시기 바랍니다.	조건부여
2	공공부조과	◦장애인, 노인, 임산부 등의 편의증진 보장에 관한 법령에 의한 설치기준에 따라 편의시설 설치 적합하며, 설계도서에 필히 표시하시기 바랍니다. ◦사용검사 전 설치완료서를 공공부조과로 제출하시기 바랍니다.	기 도서반영 이행 조건부여
3	지 적 과	◦사업착공 전 경계점 및 사업시행선에 대한 측량을 실시하여 경계를 정확히 설정한 후 사업 착공토록 하시기 바랍니다. ◦지적법 제27조 규정에 따라 사업착수·변경 또는 완료사실을 사유가 발생한 날로부터 15일 이내에 신고하시기 바랍니다. ◦해당 사업의 준공 전 제반공사 완료 후 지적확정 측량 실시하시기 바랍니다.	조건부여
4	산업환경과	◦공사시행 3일전까지 비산먼지발생 사업신고서 및 특정장비 사용 2일전 특정 공사 사전신고서를 제출하시기 바랍니다.	조건부여
5	도시정비과	◦간선도로변에 계획된 수목식재 등 녹지지역은 완충 녹지 역할과 주민 휴식공간을 동시에 충족할 수 있도록 공공공지 형태의 도심 속 녹지공간으로의 활용방안 검토가 필요하며, 주민에게 개방감증진 및 이용편의 등을 위해 사평로 남측의 소공원과 연계되는 공개공지 확보방안 검토가 필요합니다. ◦사업부지 내에 입지한 잠원초등학교의 운동장에 대한 그린화 (잔디구장 설치)강구방안과 아파트단지와 잠원초등학교를 연결하는 통학로 확보계획의 검토가 필요합니다. ◦사업부지내 잠원초등학교가 입지하고 있으므로 인근 거주 주민 및 입주민들이 쉽게 접근, 이용할 수 있는 지역에 어린이를 위한 유치원 건립방안의 검토가 필요합니다.	조건부여
		◦향후 사업완료 시 거주인구의 급격한 증가로 인한 치안체제 확보를 위한 공공시설(파출소)부지 확보방안의 검토가 필요합니다.	반포미주아파트 북측공원에 기 확보로 미반영

연번	관계 부서	관계 부서협의 주요내용	조치계획
		◦평소에도 교통혼잡지역이므로 신반포로와 반포로에 계획된 아파트 출입구는 간선도로의 차량소통 원활과 아파트 진·출입 차량의 안전운행을 위하여 출입구에 감속차선설치 검토가 필요합니다.	반포아파트지구 개발기본계획 고시(0000.11.) 및 교통영향평가 결과내용과 배치되므로 수용불가
6	교통행정과	◦개선안 시행계획에 명시된 사업시행주체 및 비용부담자, 시행시기를 명확히 하여 사업완료 후 보행자 및 주변 교통흐름을 저해하지 않도록 조치하시기 바랍니다. ◦특히 새로이 신설되는 25m도로의 개설에 대한 사항은 미주아파트와의 협의 완료 후 우리구 관련과에 통보하시기 바랍니다. ◦단지 내 도로(Cul-de-sac)에 설치될 험프는 이미지 마킹으로 대체되지 않도록 조치하시기 바랍니다. ◦자전거 보관소 설치하시기 바랍니다.	조건부여
7	토목과	◦공사 및 자재적치로 인한 주민 통행불편이 최소화되도록 조치바랍니다. ◦공공도로의 굴착을 수반하는 공사는 시행 전 토목과에 별도로 굴착허가를 받은 후 시행하시기 바랍니다. ◦간선도로변 set-back에 의해 도로로 편입되는 토지는 분양 이후의 소유권 분쟁예방 및 도로의 유지관리에 지장이 없도록 분양공고문 및 분양계약서상에 기부채납대상 토지 내용을 반드시 명시하시기 바라며, 사용승인 전까지 기부채납이 완료되도록 조치하시기 바랍니다. ◦사업구역에 포함되어 용도폐지 되는 단지내 공공도로에 대하여는 관계 부서와 협의를 거쳐 사전 용도폐지가 선행되어야 할 것입니다. ◦신설도로(폭25m) 건설계획에 따라 반포천을 횡단하여 사평로에 연결되는 신설교량에 대하여는 도시경관 및 주변 환경에 적합한 교량으로서, 관계 부서별 협의를 거친 설계도서를 첨부할 것이며, 신설도로가 반포유수지를 매립하여 조성하는 것으로 설계되어있는 바, 이에 대해서는 유수지 관리부서와 별도 협의 후 결정하시기 바랍니다. ◦반포유수지 진입도로 연결부분 처리가 미흡하니 보완하시기 바랍니다. ◦간선도로변 차량소음에 대한 방음시설이 계획이 미흡하고, 방음둑으로는 소음차단에 한계가 있으므로, 소음방지대책을 수립하여 보완하시기 바랍니다.	조건부여

연번	관계 부서	관계 부서협의 주요내용	조치계획
7	토목과	∘도로 set-back 및 신설에 의해 조성되는 보도는「투수성 보도블럭」재질로 조성하되 재질 및 문양에 대해서는 시행 시 우리 구와 사전 협의를 거쳐 시행할 것이며, 보차도경계석은 화강석으로 시공하시기 바라며, 도로의 신설 및 개량은 "도로구조, 시설기준에 관한 규정"에 적합하게 설치 및 시공하시기 바랍니다. ∘도로 set-back구간의 이설되는 가로등은 전면 개량할 것이며, 도로 set-back구간과 신설도로구간에 대하여 가로등 신설 계획을 수립하여 우리 구(토목과)와 협의 후 시공(서울시 도로조명유지관리지침 참고)하시기 바랍니다. ∘지하터파기작업과 공사장을 출입하는 대형차량운행으로 인하여 주변 도로시설물(도로, 도로경계석, 측구 등)의 균열, 침하 등 손궤가 발생하지 안 토록 공사장 관리를 철저히 하시기 바라며, 손궤발생 시는 즉시 공사를 중지하고 도로시설물에 대한 안전진단을 실시하여 그 결과에 따라 우리 구(토목과)와 협의하여 인자부담으로 원상복구 조치 후 공사재개하시기 바랍니다. ∘신설교량은 도시경관 및 주변환경에 적합한 교량이 설치될 수 있도록 계획하여야 할 것이며, 공사착공 전까지 25m 시도에 대해서는 서울시 관계 부서와 도로 및 교량의 설계도서를 작성하여 협의하시기 바라며, 구도에 대해서는 우리과에 도로의 상세설계도서를 작성하여 제출하시기 바랍니다.	조건부여
8	재무과	∘지방재정법시행령 제89조에 의하면 해당 지방자치단체의 장외의 자는 공유재산에 건물, 구거·교량 등 구조물과 그 밖의 영구시설물을 축조하지 못하므로 사업 착공 전에 소유권이전을 완료하시기 바랍니다. ∘지방재정법시행령 제89조 제6호에 의하면 "다른 법률의 규정에 의하여 지방자치단체에 그 소유권이 귀속되는 공공시설을 축조하는 경우"에는 제외한다고 규정되어 있습니다.	조건부여
9	공원녹지과	□ 3차협의 회신 ∘근린공원의 규모는 당초 11,803.8㎡로 하되 어린이 공원 2개소를 각각 1,161.04㎡, 1,870.57㎡ 공개공지 형태로 조성하시기 바랍니다. ∘공원의 설계는 공원녹지과와 사전 협의하시기 바랍니다. ∘어린이공원의 설계는 건축허가신청 시 제출하시기 바랍니다. ∘기본계획대로 유지할 경우 공원조성설계 및 시공 시 문제점을 분석하여 조치하시기 바랍니다.	조건부여

연번	관계 부서	관계 부서협의 주요내용	조치계획
9	공원녹지과	◦반포체육시설의 게이트볼장 1면과 배드민턴장 3면은 근린공원 내 게이트볼장 1면과 배드민턴장 2면을 배치하고, ◦단지 내 게이트볼장 1면과 배드민턴장 1면을 주민운동시설로 배치하시기 바랍니다. 　조경면적 40% 이상, 조경수목, 어린이 놀이터, 주민운동시설, 휴게시설 등은 현재와 같이 적합하게 설치하시기 바랍니다. ◦사업지구 내 수목에 대하여는 환경영향평가서에 따라 이식하시기 바랍니다. ◦나무은행 및 생명의 나무 식재에 대하여는 -이 지역이 향후 시설녹지로 결정될 경우에는 동 부지내에 수목을 미려하게 재식할 수 있도록 하며, - 시설녹지로 결정되지 않을 경우 재건축조합에서 원인자 부담으로 이식대상 부지를 확보하여 이식하시기 바랍니다. ◦한강수변과 우면산이 연계된 바람길과 가로공원형태의 녹도조성에 대하여 기 심의된 관련 자료를 제출하고, 이에 알맞게 처리하시기 바랍니다. 　실개천 조성에 대하여는 50m 이상 확대하여 반영하시기 바랍니다. □ 무상양도, 무상귀속관련 협의 회신 ◦반포0단지 주택재건축사업조합으로 귀속되는 토지는 공원 7개소 13,606.80㎡로 결정하고, ◦이와 같은 방법으로 우리구로 무상귀속 되는 토지는 1필지 11,803.80㎡로 결정하여 양도받도록 조치하시기 바랍니다. - 서울시 소유로 되어있는 반포동 18-22 돌샘 어린이공원 217.20㎡는 서울시로부터 우리구로 이미 재산이관 되어야할 재산으로서, 서초구 소유로 귀속조치하시기 바랍니다. - 지방자치법 제5조, 제10조 및 서울시 시유재산 조정계획(관재 22400-1440, '00.6.10)에 따라 서초구 공원녹지과 - 1896(0000. 3. 12)호로 재산이관 요청하시기 바랍니다. ◦용도폐지 되는 공원과 신설되는 공원의 토지면적차이 1,803.00㎡는 정산 처리하여 우리 구 수입으로 조치하시기 바랍니다. ◦신설되는 공원의 설치비용 : 2,631백만원 - 공원의 조성내역 : 따로 붙임. 용도폐지 및 신설 정비기반 시설(공원) 비교표 및 관련 도서(반포0단지근린공원 조성계획, 공사원가계산보고서 1부)	조건부여

연번	관계 부서	관계 부서협의 주요내용	조치계획

□ 무상양도, 무상귀속관관 협의 회신

종류	용도폐지 되는 국.공유지(A)		새로이 설치되는 국.공유지(B)			차이(A-B)	
	면적(m²)	평가액(천원)	종류	면적(m²)	평가액(천원)	면적(m²)	금액(천원)
도로	21,544.3 (6,517평)	95,160,679	신반포로	3,281.5	24,057,609	12,918.3 (3,908평)	31,293,985
			반포로	1,236.5	7,851.646		
			25m 신설로	4,108.0	31,957,438		
			소 계	8,626.0 (2,609평)	63,866,693		
구거	6,355.5 (1,922평)	26,565,990				6,355.5 (1,922평)	26,565,990
소계	27,899.8 (8,440평)	121,726,669		8,626.0 (2,609평)	63,866,693.5	19,273.8	57,857,975
공원	13,606.8 (4,116평)	63,113,885.5		11,803.8 (3,571평)	67,386,485.5	1,803.0 (545평)	(-4,272,600)

※첨부:용도 폐지 및 신설공공시설 재산평가 및 설치비용현황(안)

□ 검토의견
◦ 재건축 정비구역 내 용도폐지 되는 국가 또는 지방자치단체 소유 국·공유지 무상양여범위는 새로이 설치하는 정비기반시설로서 같은 용도의 대체되는 시설이어야 합니다.
◦ 신반포로에서 사평로로 연결되는 반포주공0단지 재건축부지 내 새로이 설치되는 도로 및 관통하는 도로에 대하여는 도시 및 주거환경정비법 제97조제2항의 규정에 의한 무상양도 및 무상귀속 대상입니다.
◦ 25m 관통도로가 통과하는 유수지 상부도로와 사평로로 연결 되도록 신설되는 반포천 상부도로(교량)는 무상귀속 대상입니다.
◦ 반포주공0단지 신반포로의 5m 확폭부분과 반포로의 3m 확폭 부분은 일반적인 도로의 기능으로 도시및주거환경정비법 제97조 제2항의 규정에 의한 무상양도 및 무상귀속하여야 하며, 신반포로와 25m 관통도로입구의 재건축사업부지내 폭3m 완화차로는 무상양도의 대상이 되지 않습니다.
◦ 사업부지 내 구거 1필지 6,355.5㎡ 는 재건축사업조합에서 매수하여야 합니다.
◦ 용도폐지되는 정비기반시설과 새로이 설치되는 정비기반시설에 대한 주거환경정비법 제97조제2항에 의한 무상양도검토는 반포주공0단지 조합에서 제출한 감정평가자료를 바탕으로 작성되었으며, 공사비는 추후 상세설계결정 시 별도 정산하여야 합니다.
[첨부]
: 용도폐지 및 신설공공시설 재산평가 및 설치비용 현황(안)]

연번: 10
관계 부서: 건설관리과
조치계획: 조건부여

연번	관계 부서	관계 부서협의 주요내용	조치계획
11	치수방재과	◦ 북측 유입박스(■2.5×1.9m)는 동측 반포로상에 확장 (■ 3.0×2.0m)이설하고 구배는 2%이상이 확보될 수 있도록 시공하시기 바랍니다. ◦ 주변 완화차로 지역의 기존 하수시설물 이전 및 신설계획 시 부근의 기존 지하시설물과 시설계획(지하철9호선, 기타 지하시설물)을 면밀히 검토하고 시행청 및 관리청과 사전 협의 후 시공하시기 바랍니다. ◦ 남측 반포유수지 유입하수암거(4련×3m×3m)는 30년 이상 된 구조물로 사업부지와 접하는 구간(L=390m)에 대하여 수리검토결과에 따라 확폭(폭1.0m 이상)이설(개량)하시기 바랍니다. (구거부지내의 하수박스에 대하여 공공용지확보를 위하여 현재공원으로 계획된 부지를 공원형식은 존치하고 구거부지와 교환할 수 있습니다. ◦ 남측 사업부지내에 포함되는 하수암거는 이설(개량) 후 준공검사 전까지 우리 구에 지상권(지하포함) 영구설정등기를 아래 조건에 따라 시행토록 하되 원인자가 조합에 있는 바, 조합 측 부담으로 합니다. ㅡ지상권 영구설정등기 조건 ① 하수암거시설물 좌·우2m 및 암거하부에서 2m까지 설정 ② 상부에는 고정시설물 설치불가 ◦ 이설되는 공공하수박스는 원인자가 조합에 있는바, 조합측에서 비용부담 하여야 합니다. ◦ 유수지를 통과하는 25m 신설로는 유수지의 담수면적을 축소하지 않는 조건인 교량형식으로 개설하고, 반포유수지 종합정비공사와 연계되므로 0000. 2월말까지 상세설계도면을 첨부하여 우리과와 별도 협의하시기 바랍니다. ◦ 하수분야는 착공 20일 전까지 착공계를 제출하고 치수방재과 감독 하에 시공하시기 바랍니다. ◦ 관로 깊이는 토피가 1.0m 이상 유지되도록 하고 관내구배는 유속이 1.0~1.8m/sec 유지하시기 바랍니다. ◦ 공공하수도 부설 시공기준에 의하여 시공하고, 오수관은 D=300mm 이상, 우수관은 D=450mm 이상의 소켓고무링식 흄관으로 시공하시기 바랍니다. ◦ 합류지점, 구배변화지점, 방향전환지점에는 반드시 맨홀을 설치하시기 바랍니다. ◦ 빗물받이 구체는 콘크리트로 시공하시기 바라며, 하수도 사용자재는 서울시 규격품 및 KS제품을 사용토록하시기 바랍니다. ◦ 하수도법 제32조 제1항에 따라 하수도원인자 부담금 부과대상으로 해당 사업완공일 1월전에 치수방재과에 신청하여 고지서를 발급받아 사용승인 이전까지 납부하시기 바랍니다. ◦ 별첨 하수분야 승인조건 이행	조건부여

연번	관계 부서	관계 부서협의 주요내용	조치계획
12	강남수도 사업소	◦ 첨부된 급수협의 조건을 반영하시기 바랍니다. ◦ 급수조건: 재건축사업 구역 내의 기존 배·급수관 등 급수시설물은 강남수도사업소장과 협의하여 유지관리 및 주민급수에 지장이 없도록 공사착공 전 철거 또는 폐쇄조치하여야 하며, 배·급수시설을 이설할 경우에는 이설계획을 강남수도사업소에 제출하여 사전에 승인을 득하도록 하고, 이에 필요한 비용은 원인자 부담.	조건부여
13	한국도시가스 (주)	◦ 반포0단지 재건축사업의 원활한 진행 및 안정적인 에너지(열/전기)공급을 위하여 반포0단지에 지역난방 SYSTEM보다 우수하고 에너지비용을 절감할 수 있으며 국가적으로 에너지 이용합리화정책에 부응하는 선진국형 에너지시스템인 소형 열병합발전시스템을 적용하시기 바랍니다.	조합제출 의견에 따라 미수용
14	지역난방공사	◦ 주공0단지아파트는 현재 지역난방공급 중이나, 재건축이후에는 열부하가 크게 증가할 것으로 예상됩니다. ◦ 우리지사는 열공급능력이 이미 포화상태에 이름에 따라 더 이상의 추가적인 열생산 및 열공급은 불가능한 상태이나, 반포주공 0 단지 내에 동절기 피크부하를 담당할 수 있는 분산형열원을 설치할 경우에는 지역난방공급이 가능합니다.	조건부여
15	서울지하철 건설본부	◦ 신반포로 보도에 설치예정인 출입구 2개소 및 환기구 4개소, E/V 1개소, 정화조 1개소를 재건축부지 후퇴 후 조성될 부지에 설치예정인바, 재건축부지내로 보행동선을 확보하시기 바랍니다. - 첨부도면①출입구#4,②출입구 #3, ③④⑤⑥환기구, ⑦E/V ◦ 재건축사업시행 전이라도 지하철9호선 건설공사에 필요한 재곤축사업 부지 내 토지는 지하철건설본부에서 우선 사용할 수 있도록 하시기 바랍니다. ◦ 정화조 부지는 재건축사업시행자 부담으로 서울시 소유 도시철도 지하구분지상권을 설정하시기 바랍니다. - 첨부도면⑧정화조 ◦ 재건축사업시행자는 지하철9호선 시설물 위치조정 시행 및 기타 제반사항등에 대하여 반드시 지하철건설본부와 별도로 협의하시기 바랍니다.	조건부여
16	도시철도공사	◦ 굴착부지가 도시철도7호선 고속터미널~내방역간 본선터널 구조물에서 약74m 이격되어, 우리 공사의 별도의견은 없습니다. ◦ 설계변경 등으로 인하여, 도시철도노선에 근접(수평 30m 이내)하여 굴토공사가 시행될 경우 우리공사와 사전 협의하시기 바랍니다.	조건부여

연번	관계 부서	관계 부서협의 주요내용	조치계획
17	강남교육청	◦ 단지내 잠원초등학교는 재건축공사가간 중 정상적인 학교 운영이 진행되므로 재건축공사로 인한 소음, 분진, 안전사고 우려로 민원발생 등 여러 가지 어려움이 예상되기에, 이에 대한 사전 대책 마련과 학교주변 및 통학로에 안전시설을 설치하여 학생 및 학교시설물보호에 최선을 다하도록 지도하여주시기 바라며, 세부시행방안은 붙임사항(재건축에 따른 기설학교 보호대책요구서)을 준수토록 사업시행인가 시 반영하여 주시기 바랍니다.	조건부여
18	소방서	◦ 소방시설시공신고 시 소방시설설계도서를 재확인하는 조건입니다. ◦ 협조사항 　가. 상기 소방시설은 국가 검정품으로 소방관계 법규에 적합하게 시설하고 완공검사를 받은 후에 사용토록 하여주기고, 　나. 기타 방화관계 등 제 규정(건축법, 전기사업법, 고압가스 안전관리법)에 적합하도록 하시기 바랍니다.	조건부여
19	군부대	◦ 신청지역은 행정기관 위탁고도 해발 113m 지역으로서 위탁 고도 이하건물의 건축 시 군협의 없이 행정기관 단독으로 건축 허가가 가능합니다.	조건부여
20	서울특별시 시설계획과	◦ 도로와 접한 대지는 도시계획시설의 결정, 구조 및 설치기준에 관한 규칙 제14조 규정에 의한 도로모퉁이 설치방안을 검토 하시기 바랍니다. ◦ 우리시 생태면적률기준(시설계획과-3666호 : 0000. 0. 00)에 따라 환경생태계획을 수립하시기 바랍니다.	조건부여
		◦ 아파트단지 내에서 잠원초등학교로 연결하는 통학로 계획을 검토 하고, 사업부지 동측 반포로에 설치 계획인 출입구는 간선도로의 **차량소통 원활**과 아파트 진출입 **차량**의 안전을 위하여 가·감속치선 설치를 검토하시기 바랍니다.	반포아파트지구 개발기본계획 고시(0000.11.) 및 교통영향평가 결과에 따라 수용불가

연번	관계 부서	관계 부서협의 주요내용	조치계획
		◦ 반포아파트지구 개발기본계획에 따라 용적률이 270% 이하이나, 재건축지역은 제3종일반주거지역이므로 용적률 250%를 초과하는 용적률에 대하여는 공공용지 확보여부 등을 감안하여 완화하는 것이 바람직함으로 이에 대해 검토하시기 바랍니다.	반포아파트지구 개발기본계획 고시(0000.11.) 내용 준용으로 미수용
		◦ 동 계획에 대하여는 건축계획 자문신청에 따라 우리시에 통보한 의견(도시계획과-2861호 0000.4.17)에 대해 반영 여부를 확인하고 미반영 사항은 최대한 반영하시기 바랍니다.	
21	서울특별시 도시계획과	- 자문신청 시 협의내용	
		◦ 0000.7.15일 제정 공포된 서울특별시 도시계획조례(조례 제3760)부칙 제5조(아파트지구에 관한 경과조치)의 규정에 의하면 반포지구 등 6개 아파트지구는 아파트개발기본계획(변경)에 의하도록 규정하고 있으므로 동 재건축사업이 아파트개발기본계획에 적합한지에 대해 검토하시기 바랍니다. ◦ 반포아파트 재건축사업은 0000년 제1회 수도권정비위원회 심의의결(안건번호 제326호)된 사업으로 변경내용이 수도권정비계획법에 의한 재심의 대상인지 아니면 건설교통부장관의 협의 또는 승인으로서 심의를 갈음하는 사항인지를 검토하여 이행하시기 바랍니다.	세대밀도 142.10%로 하향 조정하여 적합
		◦ 아파트단지 내에서 잠원초등학교로 연결하는 통학로계획을 검토하고, 신반포로와 반포로에 연결되는 출입구는 간선도로의 차량소통 원활과 아파트 진·출입 차량의 안전을 위하여 부가차선 설치를 검토 이를 개선하여 시각통로와 바람길을 형성하게 함으로서 신반포로에서 서리풀공원이 조망될 수 있도록 조치하시기 바랍니다. ◦ 학교보건법 제6조제1항은 정화구역은 학교의 보건·위생 및 학습환경을 보호하기 위하여 학교경계선으로부터 200m안에서의 행위 또는 시설의 입지를 제한하기 위한 규정이지 유치원 시설을 제외하라는 규정이 아니므로 유치원 설치를 검토하시기 바랍니다. ◦ 공공시설이 기존계획보다 21,017.9㎡(91,268.4㎡→70.191.6㎡)가 축소(도로 18,673.8㎡, 공원 1,803.0㎡, 학교 600.0㎡)되었으나 이 지역 일대는 평소에도 혼잡한 지역이고 환경이 열악한 지역이므로 당초 책정된 공공시설이 유지될 수 있도록 검토하시기 바랍니다.	조건부여 (기 반영)

연번	관계 부서	관계 부서협의 주요내용	조치계획
		◦ 공공시설이 기정(존)계획보다 21,076.9㎡(91,268.4㎡ → 70,191.6㎡)가 축소(도로 18,673.8㎡, 공원 1,803.0㎡, 학교 600.0㎡) 되었으나 이 지역 일대는 평소에도 혼잡된 지역이고 환경이 열악한 지역이므로 당초 책정된 공공시설이 유지될 수 있도록 검토하시기 바랍니다. ◦ 배치도상 120동은 삭제하여 공개공지를 확충하여 사평로 남측의 소공원과 연계되게 하여 주민의 정서순화, 개방감증진, 이용편의에 기여하도록 조치하시기 바랍니다. ◦ 단지 동측출입구는 기존 반포로의 혼잡도를 감안하여 차량 진출입을 지양하고 보행자 위주로 계획하시기 바랍니다. ◦ 외부에서 진출입하는 도로에는 가·감속 차선을 설치하시기 바랍니다.	반포아파트지구 개발기본계획 고시(0000.11.) 내용 준용으로 미수용
22	서울특별시 도시계획과	◦ 사업시행인가 신청한 사항에 대하여 검토한 결과 아파트지구 개발기본계획과 관련된 사항이 이상 없습니다.	조건부여
23	서울특별시 도시관리과	◦ 서울시 고시 제0000-397(0000.11.11)호로 고시한 「반포아파트 지구개발기본계획(변경)」에 따른 주구별 토지이용계획에 적합하도록 계획하여야하며, 각종 영향평가심의 조건 준수 하시기 바랍니다.	조건부여
24	서울특별시 공원과	◦ 도시및주거환경정비법 제97조제2항 규정에 따라 "서초구 반포 2동 0-0번지 일대 반포주공0단지 재건축정비사업구역"내의 아래 시유행정재산(공원) 무상양도 협의사항은 동 구역에서 용도 폐지되는 "공원면적보다 새로이 설치되는 공원면적이 작으므로 새로이 설치한 정비기반시설의 설치비용에 상당하는 범위가 아니 므로, 사업시행자에게 무상양도는 부적합하고, 효력발생 시 시유행정재산(공원)에 대해서는 조합에서 유상 매입하는 것이 적합한 것으로 사료됩니다. ◦ 행정재산 무상양도 협의내역	재산 이관 요청결과에 따라 처리

행정재산 무상양도 협의내역:

연번	소재지	지목	현황	지적	양도면적 (㎡)	소유자	비고
1	서초구 반포동 18-22	공원	공원	217.2	217.2	서울시	반포주공0단 지 재건축조합

※ 이하 사업시행인가서에 첨부된 「2. 반포주공0단지 재건축정비사업시행인가(일반조건)」 및 「3. 반포주공0단지 재건축정비사업시행인가 일반조건(공사유의사항)」 등은 미첨부.

3. 설계개요 및 설계도서

1. 건 축 계 획

2. 주택형별 면적

3. 조   감   도

4. 배   치   도

5. 주택형별 단위세대 평면도

1. 건축계획

1) 설계개요

사 업 명 칭	반포주공0단지 재건축정비사업			
대 지 위 치	서울시 서초구 반포0동 00-0외 32필지			
지역, 지구	일반주거지역, 아파트지구			
반포아파트지구 토지이용계획	구 분	기본계획 전	기본계획 후	비 고
	합 계	209,340.10㎡	209,340.10㎡	변경사항 없음
	주택용지	113,304.40㎡	133,349.00㎡	20,044.60㎡
	주구중심	4,767.30㎡	5,799.50㎡	1,032.20㎡
	도 로	39,348.50㎡	20,674.70㎡	−18,673.80㎡
	공 원	13,606.80㎡	11,803.80㎡	−1,803.00㎡
	학 교	38,313.10㎡	37,713.10㎡	−600.00㎡

구 분		주택용지	주구중심		−
대 지 면 적		133,349.00㎡ (40,338.07평)	00상가	4,799.50㎡	−
			00상가	1,000.00㎡	
건 축 면 적		15,854.59㎡ (4,796.01평)	00상가	2,398.12㎡	−
			00상가	499.84㎡	
건 폐 율		11.89% [법정 : 20%]	00상가	49.97%	−
			00상가	49.98%	
연 면 적	지하 연면적	175,261.51㎡ (53,016.60평)	00상가	7,104.08㎡	−
			00상가	12176.84㎡	
	지상 연면적	359,970.21㎡ (108,890.98평)	00상가	11,806.36㎡	−
			00상가	2,480.73㎡	
	합 계	535,231.72㎡ (161,907.58평)	00상가	18,910.44㎡	−
			00상가	3,698.57㎡	
용 적 율		269.95% [법정 : 270%]	00상가	245.00%	−
			00상가	248.07%	
조 경 면 적		533,390.00㎡ (계획 : 40.03%)	[법정 : 40% 이상]		−
세 대 수		2,444 세대	−		−

주 차 대 수	용 도	면 적	설치기준	법정주차대수	계획주차대수	−
	전용85m이하	112,384.57㎡	1대/75㎡	1,498대	지하 4,355대	
	전용85m초과	168,138.51㎡	1대/65㎡	2,587대		
	합 계			4,085대		

규모 및 최고높이	아파트 22~32층, 27개동 및 부대시설, 복리시설, 최고높이 109.55m 옥탑 및 해발고도 포함
구조 및 설비방법	철근콘크리트 벽식구조, 내진구조(진도 8.0 적용<MMI 기준>), 지역난방, 부스터방식 급수

2) 면적개요

시 설 명		연 면 적(㎡)			설 치 기 준	법정면적
		지하층	지상층	소 계		
아파트	공동주택		358,278.76	358,278.76		
	소 계	–	358,278.76	358,278.76		
부대/ 복리	경 로 당		323.76	323.76	20㎡+(세대수합−150)×0.1m 또는 300㎡	249.40
	관리사무소	334.25	118.80	453.05	10㎡+(세대수합 − 50)×0.5m 또는 100㎡	100.00
	근로자 휴게시설	1,000.00		1,000.00		
	주 민 공동시설	4,773.41	11.44	4,784.85	50㎡+(세대수합 − 300)×0.1m 또는 300㎡	264.40
	보육시설		277.93	277.93	500세대 이상 단지내 30인 이상 영유아보육가능시설	
	유 치 원		681.77	681.77	유치원: 2,000세대 이상 단지 내 설치	
	문 고	112.26		112.26	문고: 500세대 이상 단지 내 설치	
	중앙감시 시 설	143.34	21.95	165.29		
	MDF실		73.95	73.95		
	경 비 실		99.96	99.96		
	기 타		81.92	81.92	옥외코아 등	
	주민공동 시설(지하)	23,987.67		23,987.67		
	–					
	계	30,350.93	1,691.45	32,042.38		
놀이터/ 운동	어린이놀 이터		2,741.39		300㎡+[(세대수−100)×1m]²	2,644
	주민운동 시설		2,126.52		300㎡+[(세대수−500)/200 ×150m]²	1,800
	휴 게 실		5개소설치		1+[1×(세대수 − 500/200]개소 / 조경 안에 포함	5개소
기 계 전실기/ 주차장	기계전기실	3,579.48		3,579.48		
	주 차 장	142,331.10		142,331.10		
	소 계	145,910.58	–	145,910.58		
합 계		175,261.51	359,970.21	535,231.72		
근린생활시설−1					주구중심 별도	
근린생활시설−2					주구중심 별도	
합 계		176,261.51	359,970.21	536,231.72		

2. 주택형별 면적

(단위 : ㎡)

주택형	세대수	전용면적	주거공용	분양면적	기타공용	주차장	계약면적	서비스면적
59㎡T1	250	59.94	27.99	87.93	7.39	30.41	125.73	25.26
59㎡T2	239	59.91	27.27	87.18	7.39	30.39	124.96	23.12
84㎡L1	296	84.94	27.48	112.42	10.48	43.09	165.99	29.40
84㎡L2	142	84.95	27.56	112.51	10.48	43.10	166.09	33.39
84㎡T1	278	84.97	27.80	112.77	10.48	43.11	166.36	30.03
84㎡T2	262	84.94	27.46	112.40	10.48	43.09	165.97	24.10
115㎡T1	56	115.91	30.88	146.79	14.30	58.81	219.90	39.21
115㎡T2	74	116.75	30.78	147.53	14.40	59.23	221.16	45.63
135㎡T1	182	136.01	36.01	172.02	16.78	69.00	257.80	40.37
136㎡T2	28	136.69	36.17	172.86	16.87	69.35	259.08	46.61
169㎡T1	122	169.82	36.15	205.97	20.95	86.16	313.08	44.08
168㎡T2	109	169.75	35.49	205.24	20.95	86.12	312.31	51.07
198㎡T1	152	198.89	40.30	239.19	24.54	100.91	364.64	48.52
198㎡T2	72	199.00	40.52	239.52	24.56	100.96	365.04	57.50
222㎡T1	156	223.07	45.97	269.04	27.53	113.18	409.75	52.71
222㎡T2	26	224.92	45.72	270.64	27.75	114.11	412.50	67.49
계	2,444	280,523.08	77,740.92	358,264.00	34,609.90	142,319.87	535,193.77	86,608.73

※ 위의 사업계획은 관계 법령, 관리처분계획 및 허가관청 요청 등으로 그 내용이 일부
  변경될 수 있다.
※ 주택형별 면적의 서비스면적은 발코니면적임

3. 조감도

4. 배치도

평형별 세대수	
평형	세대수
26 PY	512
34 PY	955
44 PY	130
52 PY	210
62 PY	231
72 PY	224
81 PY	182
합 계	2,444

5. 주택형별 단위세대 평면도(비확장형, 확장형)

(분양면적(공급면적) 26평형 및 81평형의 비 확장형과 확장형만 지침서에 수록함)

■ 26평형 (P-1 TYPE) 단위세대

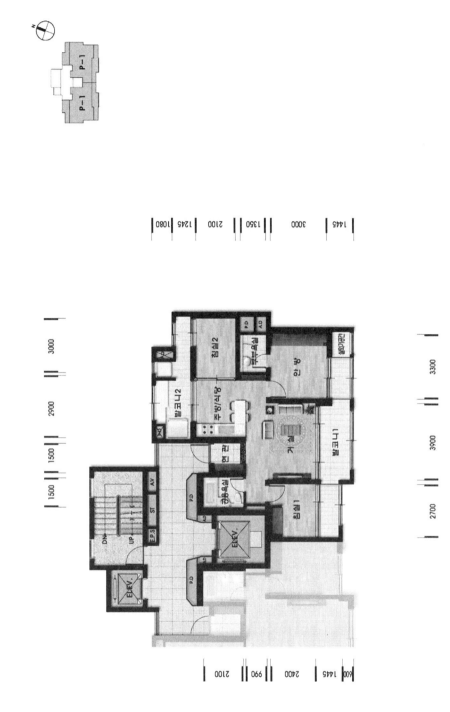

*상기의 이미지는 조합원의 이해를 위하여 기구 등을 임의 배치하여 시물레이션 한 것입니다.
*상기의 이미지는 착공 및 실시설계시 다소 변경될 수 있습니다.
*붙박이장, 기구, 인테리어를 등은 변경(추가 및 삭제) 될 수 있습니다.

26평형 (P-1 TYPE) 확장형 단위세대

*상기의 이미지는 조합원의 이해를 위하여 가구 등을 임의 배치하여 시뮬레이션 한 것입니다.
*상기의 이미지는 착공 및 실시설계시 다소 변경될 수 있습니다.
*불박이장, 가구, 인테리어를 등 은 변경(추가) 및 삭제) 될 수 있습니다.

81평형 (T-1 TYPE) 단위세대

* 상기의 이미지는 조합원의 이해를 위하여 가구 등을 임의 배치하여 시뮬레이션 한 것입니다.
* 상기의 이미지는 착공 및 실시설계시 다소 변경될 수 있습니다.
* 붙박이장, 가구, 인테리어름 등 은 변경(추가 및 삭제) 될 수 있습니다.

반포주공 2 단지 재건축 아파트 신축공사

■ 81평형 (T-1 TYPE) 확장형 단위세대

* 상기의 이미지는 조합원의 이해를 위하여 위아래 가구 등을 임의 배치하여 시뮬레이션 한 것입니다.
* 상기의 이미지는 착공 및 실시설계시 다소 변경될 수 있습니다.
* 불박이장, 가구, 인테리어를 등은 변경(추가) 및 삭제 될 수 있습니다.

상 정 의 안

- 제2호 안건 -
조합 수행업무 추인의 건

반포주공0단지 재건축정비사업조합

■ 상정의안 : 제2호 안건

조합 수행업무 추인의 건

1. 의안상정

제2호 안건「조합 수행업무 추인의 건」을 상정합니다.

2. 제안사유

반포주공0단지 재건축정비사업조합(재건축추진위원회 포함)에서 재건축사업을 추진함에 있어 대의원회의 결의에 따라 수행한 제반업무 및 아래의 주요업무에 대해 총회에 상정하여 추인을 받고자 합니다.

1) 협력업체 선정 및 계약체결
  - 상세내용은 첨부된 '협력업체 선정 및 계약체결 현황' 참조

2) 사업부지내 사유지(00유치원) 매입
  - 매입근거 : 창립총회의 결의안건 제6호
  - 매입물건 : (토지) 1,515.7㎡, (건물) 1,592.00㎡
  - 매입가격 : 00,00,000,000원(제세공과금 포함)

3. 제안근거

가. 도시 및 주거환경정비법 제45조(총회의 의결)
나. 반포주공0단지 재건축정비사업조합 정관 제21조(총회의 의결사항)
다. 조합창립총회의 결의안건 제6호(총회의 결의사항 위임의 건)

4. 의결내용

재건축조합설립 추진위원회를 포함한 재건축조합이 대의원회의 결의에 따라 수행한 제반업무 중 총회의 의결이 필요한 사항과 협력업체의 선정 및 사업부지내의 유치원 매입에 대하여 첨부 내용과 같이 추인하고 사업을 추진할 것을 결의한다.

[첨 부]: ① 협력업체 선정 및 계약체결 현황
        ② 사업부지 내 사유지(00유치원) 매입내역

0000년 2월 26일

반포주공0단지 재건축정비사업조합 조합원총회 참석자 일동
(서면결의 포함 총   명)

[첨부]

① 협력업체 선정 및 계약체결 현황

용역구분	업체명	계약일자	비 고
설 계 자	(주)0 0 0		
정비사업 관리	(주)0 0 0		
고문변호사 위촉	합동법률사무소 0 0 0 0 0 변호사		
변호사 선임계약	합동법률사무소 0 0 0 0 0 변호사		
감 정 평 가	(주)00감정평가법인 (주)00감정평가법인		종전 및 종후자산평가
법 무 용 역	00법무합동사무소 00법무합동사무소		신탁등기, 멸실등기, 보존등기 등
세무회계용역	000 세무사		
교통영향평가	00T&S		
정비기반시설 설치비용 산출	00C&D		
현 황 측 량	지적공사 서초지부		무상양도, 양여 관련 측량
금 융 지 원	00은행, 00은행		조합원이주비 담보대출은행 선정
공 사 감 리	00E&C, 000		전기, 소방 및 통신

② 사업부지 내 사유지(00유치원) 매입내역

사업시행인가를 위한 소유권확보에 관한 규정(도시정비법 제64조)에 따라 사업부지 내의 사유지인 00유치원을 매입한 건

- 매입근거 : 창립총회 결의안건 제6호(제안사유-제⑧호)
- 계약일자 : 0000년 0월 00일
- 매입물건 : (토지) 1,515.7㎡, (건물) 1,592.00㎡
- 매입가격 : 00,000,000,000원(제세공과금 포함)

상 정 의 안

− 제3호 안건 −
0000년도예산(안) 승인의 건

반포주공0단지 재건축정비사업조합

■ 상정의안 : 제3호 안건

0000년도 예산(안) 승인의 건

1. 의안상정
제3호 안건 「0000년도 예산(안) 승인의 건」을 상정합니다.

2. 제안사유
향후 재건축사업을 원활하고 투명하게 추진하기 위하여 조합의 정관 및 업무규정을 토대로 합리적이고 효율적으로 운영해온 0000년도의 결산내용을 기준으로 수립한 0000년도의 예산(안)을 총회에 상정하여 승인받고자 합니다.

3. 제안근거
가. 도시 및 주거환경정비법 제45조(총회의 의결)
나. 반포주공0단지 재건축정비사업조합 정관 제21조(총회의 의결사항)

4. 의결내용
재건축사업의 효율적이고 원만한 추진을 위해 첨부한 '0000년도 예산(안)'에 대해 원안대로 승인하는 것을 결의한다.

[첨 부] : 0000년도 조합운영비 예산(안) 1부

0000년 0월 00일

반포주공0단지 재건축정비사업조합 조합원총회 참석자 일동
(서면결의 포함 총   명)

0000년도 조합운영비 예산(안)

(0000. 1.1. ～ 0000.12.31)

(단위 : 원)

항 목	예 산	비 고
총 액		월평균 금액 : 40,000,000
1. 인건비 　급　　　료 　상　여　금 　제　수　당 　퇴 직 적 립 급		임원 : 00,000,000×12개월 = 000,000,000 직원 : 0,000,000×12개월 = 00,000,000 상여금(000%) : 00,000,000 년·월차수당 : 0,000,000 시간외수당 : 0,000,000 1년 기준 30일분 평균임금(월급, 상여금, 제 수당 포함)
2. 업무추진비 　섭 외 활 동 비 　감　사　수　당 　회　　의　　비		조합장 : 0,000,000 임원(12명) : 00,000,000 감사 1인(비상근) 이사회 : 0,000,000 대의원회 : 00,000,000(회의비 및 음료대 포함)
3.기타운영비 　복 리 후 생 비 　여 비 교 통 비 　통　　신　　비 　광 고 선 정 비 　도 서 인 쇄 비 　소 모 품 비 　사 무 용 품 비 　지 급 수 수 료 　잡　　　　　비 　접　　대　　비 　수　　선　　비 　수 도 광 열 비 　임　　차　　료 　보　　험　　료 　세금과　공과금 　협　　회　　비		건강보험, 고용보험 임원 및 직원식대, 생수, 커피 등 조합업무상 소요되는 교통비 인터넷, 전화료(5대) 소식지 등 발송비 신문구독료, 도서구입비 등 휴지, 쓰레기봉투 등 복사지, 토너, 프린터잉크 등 제 증명 발급수수료 등 각종 경조사 등 접대비 복사기 임차료, 세콤비용 등 산재보험료 국민연금 재건련협회비
4. 예 비 비		

＊ 총예산을 넘지 않는 범위 내에서 항목 간의 전용 가능 ＊

상 정 의 안

- 제4호 안건 -
공사도급계약(안) 체결 승인의 건

반포주공0단지 재건축정비사업조합

■ 상정의안 : 제4호 안건

공사도급계약(안) 체결 승인의 건

1. 의안상정

제4호 안건 「공사도급계약(안) 체결 승인의 건」을 상정합니다.

2. 제안사유

0000년 0월 00일 개최된 조합 창립총회에서 주식회사 00건설을 당 재건축사업 시공자로 선정함에 따라, 향후 시공자와의 유기적인 협력으로 재건축사업의 효율적이고 신속한 추진을 위해서는 시공자와 공사도급계약의 조속한 체결이 요구됩니다.

이에, 00구청으로부터 인가받은 '재건축사업시행인가서'와 건설교통부가 제정한 '재건축사업 공사표준계약서[도급제 방식]'를 기준으로 작성되고 조합 이사회에서 심도 있는 검토를 거쳐 대의원회의 의결을 받은 '공사도급계약서(안)'에 대한 결의를 받고자 합니다.

3. 제안근거

가. 도시 및 주거환경정비법 제54조(총회의 의결)

나. 반포주공0단지 재건축정비사업조합 정관 제21조(총회의 의결사항)

4. 의결내용

시공자와 조합간의 공사도급계약 조건에 대한 합의가 지연됨에 따라 본 4호 안건 「공사도급계약(안) 체결 승인의 건」을 차기 조합원 총회에 상정하기로 하고 본 총회에서의 의결을 연기하기로 한다.

[첨 부] : 공사도급계약서(안) 1부(본 지침서에는 공사도급계약 조건 미첨부)

0000년 0월 00일

반포주공0단지 재건축정비사업조합 조합원총회 참석자 일동
(서면결의 포함 총   명)

반포주공0단지 재건축정비사업

工 事 都 給 契 約 書

0000년 00월 00일

발주자 : 반포주공0단지 재건축정비사업조합

수급자 : ㅇㅇ건설주식회사

공사도급 계약서

 반포주공0단지 재건축정비사업조합(이하 "갑"이라 한다)과 주식회사 00건설(이하 "을"이라 한다)은 반포주공0단지 재건축정비사업에 필요한 사항을 정하기 위하여 상호 아래 및 첨부 '공사도급계약조건'과 같이 약정하고, 이를 증명하기 위하여 본 계약서 2부를 작성하여 "갑"과 "을"이 날인한 후 각각 1부씩 보관하기로 한다.

- 아   래 -

1. 사업의 명칭 : 반포주공0단지 재건축정비사업

2. 사업장의 위치 : 서울시 서초구 반포0동 00-0번지 외 0필지

3. 사 업 개 요
  1) 지역 / 지구 : 일반주거지역 / 아파트지구
  2) 대 지 면 적 : 133,349.00㎡ (40,338.07평)
                 (도로불하예정용지, 유치원 매입토지 포함)
  3) 건 축 면 적 : 15,854.59㎡ (4,796.01평)
  4) 건 축 연면적 : 535,231.72㎡ (161,907.58평)
              - 지상층 건축 연면적 : 359,970.21㎡ (108,890.98평)
              - 지하층 건축 연면적 : 175,261.51㎡ (53,016.60평)
  5) 건 폐 율 : 11.89%
  6) 용 적 율 : 269.95%
  7) 세 대 수 : 전용면적 60m² 이하   -   489세대
               전용면적 60m² ~ 85m² -   978세대
               전용면적 85m² 초과   -   977세대
                     계   2,444세대
  8) 구   조 : 철근콘크리트 벽식 구조, 내진구조(진도 8.0<MMI 기준>적용)
  9) 층   수 : 32층 이하
  10) 설   비 : 난방-지역난방, 급수 - 부스터 방식
  11) 기   타 : 부대시설 및 복리시설
  ※ 상기 사업개요는 사업시행변경인가에 따라 변경될 수 있다.

4. 사업추진방식 : 도 급 제

5. 공사도급금액 : 제곱미터당 공사도급금액에 최종 건축연면적을 곱한 금액

6. 공 사 기 간 : 본 공사착공일로부터 35개월

7. "갑"과 "을"은 도시및주거환경정비법 및 동 시행령과 동시행규칙, 주택법 및 동 시행령과 동 시행규칙, 주택건설기준등에관한 규정과 규칙, 주택공급에관한규칙, 집합건물의 소유및관리에 관한법률, 건설산업기본법 기타, 관계 법령과 "갑"의 조합정관을 준수하며 첨부한 '공사도급계약조건' 및 별첨된 계약관계 도서에 따라 해당 재건축사업이 성공적으로 완료될 수 있도록 상호 신의와 성실의 원칙에 따라 이 계약을 이행하기로 한다.

8. 본 계약체결 시에는 아래 도서를 "갑"과 "을"이 각각 작성하여 별첨하기로 한다.
   (1) 자재선정 및 단위세대마감목록 1부(별지 제1호)
   (2) "갑"의 재건축사업 참여제안서 작성지침(0000.0. 작성)1부(별지 제2호)
   (3) "을"의 재건축사업 참여계획서(별지 제3호)
   (4) 설계도서 1부(별책)
   (5) 공사비 산출내역서 1부
   (6) 공사예정 공정표 1부(PERT/ CPM 포함)
   (7) 공사계획서 및 공사시방서 1부
       (단, 제5호, 제6호 및 제7호는 착공신고 전까지 첨부한다)

0000. 00. 00

"갑" (도급자)
     주   소   : 서울시 서초구 반포0동 00-0 번지
     조 합 명   : 반포주공0단지 재건축정비사업조합
     성   명   : 조합장   이   0   0   (인)

"을" (수급자)
     주   소   : 서울시 00구 00동 000번지
     회 사 명   : 주식회사 00건설
     성   명   : 대표이사 0   0   0   (인)

✳ 본 장에는 '공사도급 계약조건'을 미첨부 – 지침서 하권 제4편(조합원 총회)-제3장(임시총회)-제9절의 (5) 제5호 안건(공사도급계약 체결의 건)을 참조하시기 바랍니다.

상 정 의 안

- 제5호 안건 -
관리처분계획(안) 결의의 건

반포주공0단지 재건축정비사업조합

■ 상정의안 : 제5호 안건

관리처분계획(안) 결의의 건

1. 의안상정
제5호 안건 「관리처분계획(안) 결의의 건」을 상정합니다.

2. 제안사유
반포주공0단지 정비사업의 추진으로 새롭게 조성되는 토지 및 건축물에 대해, 관리처분에 관한 법령, 승인받은 사업계획 및 조합정관 등에 근거하여, 주택형 및 동·호수의 배정방법, 부담금의 납부방법, 관리처분의 기준 및 절차와 방법 등 세부적인 처분계획을 정한 '관리처분계획(안)'을 총회에 상정하여 결의 받고자 합니다.

3. 제안근거
가. 도시 및 주거환경정비법 제45조(총회의 의결)
나. 조합정관 제48조(관리처분계획의 기준)

4. 의결내용
총회안건에 상정된 첨부의 관리처분계획(안)의 제반 처분기준, 절차 및 방법에 대해 승인하여 사업을 시행하는 것을 결의한다.

[첨 부] : 관리처분계획(안) 1부
　　　　　1. 관 리 처 분 계 획(안)
　　　　　2. 상가 관리처분계획(안)
　　　　　 1) OO상가 재건축위원회 운영규정(안)
　　　　　 2) ◇◇상가 재건축위원회 운영규정(안)

0000년 0월 00일

반포주공0단지 재건축정비사업조합 조합원총회 참석자 일동
(서면결의 포함 총 　　　 명)

1. 관리처분계획(안)(재건축사업-도급제의 사례)

- 목 차 -

관리처분계획(안)

 서울특별시 서초구 반포0동 반포주공0단지 재건축정비사업의 관리처분계획의 기준과 방법을 도시및주거환경정비법, 동법 시행령, 동법 시행규칙 및 조합정관과 관계 법령에 따라 다음과 같이 정하여 조합원 총회의 의결을 거쳐 시행하기로 한다.

제1조 사업의 명칭 및 시행자

 1. 사 업 의 종 류 : 재건축정비사업
 2. 시 업 시 행 자 : 반포주공0단지 재건축정비사업조합(조합장 0 00)
 3. 사 업 자 주 소 : 서울특별시 서초구 반포0동 00-0번지 새마을회관 2층

제2조 관리처분계획의 대상

 1. 사업의 명칭 : 반포주공0단지 재건축정비사업
 2. 사업장 위치 : 서울특별시 서초구 반포0동 00-0번지 외 0필지
 3. 사업시행인가 고시일 : 000년 0월 ㅇ일
 4. 사업시행기간 : 사업시행인가일로부터 60개월

제3조 종전의 토지 및 건축물 처분계획

 1. 택지(획지) 및 정비기반시설 처분계획

구분	명칭	면적(m²)		비율(%)	비고
		변경 전	변경 후		
택지 (획지)	주 택 용 지	133,661.3	133,349.0	63.70	
	주구중심-1	4,767.3	4,767.3	2.28	
	주구중심-2	1,032.2	1,032.2	0.49	
	유치원용지	1,515.7	0.0	0.00	사유지
	소 계	139,944.3	139,148.5	66.47	
정비 기반 시설	도 로	15,156.7	20,674.7	9.88	
	공원용지	13,606.8	11,803.8	5.63	
	학교용지	38,313.1	37,713.1	18.02	
	소 계	67,076.6	70,191.6	33.53	
합 계		208,053.1	209,340.1	100	

2. 건축시설계획(공동주택: 28개동, 부대복리시설 : 2개동)

구분	건폐율	용적률	건축면적	연건축면적	비고
공동주택	11.89%	269.95%	15,854.59m²	359,970.21m²	
부대복리시설-1	49.97%	245.99%	2,398.12m²	11,806.36m²	
부대복리시설-2	49.98%	248.07%	499.84m²	2,480.73m²	

가. 공동주택

구분	동수	세대수	주택규모별 세대수		
			60m² 이하	60m²~85m²	85m² 초과
분양아파트	28	2,178	313	888	977
장기임대아파트	-	266	199	67	-
계	28	2,444	512	955	977

나. 부대복리시설 :

구분	동수	층별	주구중심-1		주구중심-2	
			호수	건축면적	호수	건축면적
부대복리시설	2	지상5층	20	2,326.81	17	641.40
		지상4층	22	2,326.81	17	641.40
		지상3층	39	2,326.81	17	641.40
		지상2층	31	2,326.81	17	641.40
		지상1층	46	2,255.16	16	640.75
		지하1층	16/주차장	3,493.81	03	996.78
		지하2층	주차장	3,269.61	주차장	1,161.50
		지하3층	주차장	3,495.25	주차장	1,016.41
		계	174	21,965.07	87	6,381.04

제4조 소유권 이외의 권리내역

근저당	가압류	압류	전세권	기타	계
1,019	8	5	11	6	30

제5조 종전의 토지 및 건축물 권리가액 산정기준

1. 종전의 토지 및 건축물 면적의 권리산정기준

사업시행구역 내 종전의 토지 및 건축물 권리산정은 관리처분기준일 현재 '공간정보의 구축 및 관리등에 관한 법률'(약칭:'측량수로지적법' 혹은 '지적법'이라한다) 제2제19호에 따른 소유자별 "지적공부" 및 건축물관리대장상의 면적을 기준으로 하되, 각 소유자별 대지면적은 등기사항전부증명서상의 대지지분으로 한다. 다만, 1필지의 토지를 수인이 공유하고 있는 경우에는 등기사항전부증명서상의 지분비율을 기준으로 한다.

이때, 단순한 착오 등에 따라 종전토지의 소유면적에 오류가 발견된 경우에는 동일한 주택형의 동일세대의 면적과 동일한 면적으로 한다.

2. 종전의 토지 및 건축물의 소유권

종전의 토지 및 건축물 소유권은 관리처분계획기준일 현재(분양신청기간 만료일 현재)를 기준으로 소유건축물별 등기사항전부증명서상의 소유자로 한다. 다만, 권리자의 변경이 있을 경우에는 변경된 등기사항전부증명서에 따른다.

건축물관리대장에 등재되어 있지 아니한 종전건축물에 대하여는 재산세 과세대장을 기준으로 하고, 재산세과세대장에도 없는 경우에는 '현황측량 성과도'를 기준으로 할 수 있다.

다만, 단순한 착오 등에 따라 종전건축물의 소유면적이 잘못 기재되어있는 경우에는 동일한 주택형 동일세대의 면적으로 본다. 이때. 위법하게 건축된 부분의 면적은 제외한다.

3. 종전의 토지 및 건축물의 소유권이전 기준

종전토지등의 소유권은 관리처분계획 기준일 현재의 등기사항전부증명서에 따르고 소유권 취득일은 등기사항전부증명서의 접수일자를 기준으로 한다. 다만, 권리자의 변경이 있을 경우에는 변경된 등기사항전부증명서에 따른다.

4. 종전의 토지 및 건축물 소유자의 분양대상 기준

종전의 토지 및 건축물 소유자의 분양대상 기준은 분양신청기간 만료일 현재를 기준으로 등기사항전부증명서상의 반포주공0단지 내 아파트 및 복리시설(근린생활시설)의 소유자로서 관리처분계획(안)과 관계 규정에 의한 분양신청에 하자가 없는 조합원으로 한다.

제6조 종전의 토지 및 건축물 권리가액

1. 종전의 토지 및 건축물의 가격평가는 도시및주거환경정비법 제74조(관리처분계획의 인가 등) 제4항, '조합정관 제48조제14호' 및 '감정평가및감정평가사에관한 법률'에 따른 감정평가법인등 2인 이상이 평가한 금액을 산술평균한 금액으로 한다.

   1) 종전의 토지 및 건축물의 감정평가액 총액(아파트 및 부대·복리시설))

00감정평가법인	◇◇감정평가법인	산술평균금액
2,548,999,000	2,561,843,000	2,555,433,500

2) 종전의 토지 및 건축물의 항목별 감정평가액

가. 아파트

(천 단위 이하는 절사) (단위 : 천원)

구 분	평 형	00감정평가법인	00감정평가법인	산술평균금액
세대평균	18평형	1,306,644	1,322,314	1,314,489
소 계	(1,230세대)	1,607,172,000	1,626,446,000	1,616,821,000
세대평균	25평형	1,823,591	1,811,403	1,817,497
소 계	(490세대)	893,560,000	887,587,000	890,574,000
합 계		2,500,732,000	2,514,033,000	**2,507,395,000**

※ 상기 금액은 세대별 평균가액으로 조합원별 종전가액은 층, 위치, 면적 등에 따라 차등 적용하여 산출한 금액의 평균가액임

나. 부대복리시설(상가)

(단위 : 천원)

구 분	00감정평가법인	◇◇감정평가법인	산술평균금액
00상가	41,384,900	40,758,000	41,053,000
□□상가	6,919,000	7,052,000	6,985,500
합 계	48,267,000	47,810,000	**48,038,500**

3) 조합원 분양대상에서 제외된 자(현금청산 대상자)에 대한 감정평가

구 분	00감정평가법인	◇◇감정평가법인	산술평균금액	비고
00상가	0	0	0	
□□상가	0	0	0	
합 계	0	0	0	

제7조 사업운영수익 및 정비사업비 추산액

1. 사업운영수익 및 정비사업비 추산액(첨부된 내역서 참조)

조합원에 대한 대지 및 건축시설의 분양기준이 되는 분양대상자별 권리가액의 산정은 다음 산식에 의한다.

1) 사업비운영계획서의 소요비용 추산액(총사업비)은 증감이 있을 수 있으며, 증감이 있는 경우에는 청산 시 정산하기로 한다.

2) 사업시행인가조건 중 상가조합원이 부담해야 되는 상가토지매입비용 등 주구중심 (00상가 및 00상가)에 관련되는 제반 비용은 추후 정산하기로 한다.

3) 도시및주거환경정비법 제54조에 따라 **국민주택규모 주택**을 건설하는 경우에는 사업시행
계획인가를 신청하기 전에 인수예정자와 미리 협의하여 사업시행계획서에 반영하여야 한다.
(법 제55조제3항)

2. 조합원 아파트 평균분양가

도시및주거환경정비법 제74조제1항제3호에 따라 분양예정인 대지 또는 건축물의 추산
액을 산정할 경우에는 '감정평가 및 감정평가사에 관한법률'에 따른 **감정평가법인등** 2인에게
평가·의뢰하여 제출받은 평가액(층별, 위치별, 효용지수를 반영)을 산술평균한 금액에
따라 분양가격을 산정한다.(인근지역의 시세, 분양성 등을 고려하여 조합원분양분과 일반
분양분의 가격이 다를 수 있음)

(단위: m², 천원)

주택형	분양면적	m²당 평균분양가	세대당 평균분양가	비 고
59.9m²	87	9,330	811,710	
84.9m²	113	9,700	1,096,100	
116.5m²	148	10,120	1,497,760	
136.5m²	173	10,440	1,805,120	
169.5m²	205	10,620	2,177,100	
198.0m²	238	10,750	2,558,500	
222.5m²	268	10,890	2,918,520	

※ 조합원평균분양가는 감정평가액(평균)에서 매출부가세를 제외한 금액이며, 부가세 정산방법에
따라 조합원 분담금이 변경될 수 있으며, 그에 따른 정산은 청산 시에 한다.

3. 일반분양아파트 분양가의 책정

아파트 일반분양가는 향후 분양시장의 여건, 주변시세 등을 감안하여 최종 확정되며, 본
관리처분계획(안)의 분양수익 중 일반분양분은 조합원 제곱미터당 평균분양가에 제곱
미터당 000만원을 가산하여 산정하였으며, 아파트의 일반분양가 확정 시 조합원 분담금이
변경될 수 있으며 정산은 청산 시에 한다.

4. 신축상가의 층별 예상분양가

(단위 : 천원)

구 분		평가금액			비 고
		00감정평가법인	◇◇감정평가법인	산술평균	
00상가	5층	9,459,000	9,351,000	9,400,500	
	4층	9,472,000	9,351,000	9,411,500	
	3층	10,883,000	11,079,000	10,981,000	
	2층	15,299,000	15,193,000	15,246,000	
	지상1층	31,278,000	30,784,000	31,031,000	
	지하1층	7,093,000	6,944,000	7,018,500	

	5층	1,233,000	1,158,000	1,195,500	
	4층	1,233,000	1,158,000	1,195,500	
	3층	1,446,000	1,351,000	1,401,000	
□□상가	2층	2,031,000	1,969,000	2,000,000	
	지상1층	3,763,000	3,991,000	3,877,000	
	지하1층	1,875,000	1,827,000	1,851,000	

※ 층별 평가금액은 지하주차장(지하2층 및 지하3층)을 포함한 금액임.

5. 토지주택공사등 인수자에게 공급하는 소형(임대)아파트의 평균분양가

임대아파트의 분양가격은 공공건설임대주택의 표준건축비 및 공시지가(해당 년도)를 기준으로 하여 산정함(분양가는 임대아파트 매각 시 협의내용에 따라 변동이 있을 수 있으며 가격산정은 0000년도 매각을 기준으로 매년 3% 인상을 전제로 산정하였음)

주택형	m²당 평균분양가	세대 평균분양가	비 고
59m²형	0	0	국민주택규모 주택
84m²형	0	0	

제8조 분양대상 조합원별 권리가액(분양기준가액)의 산정기준

조합원에 대한 대지 및 건축시설의 분양기준이 되는 분양대상자별 권리가액의 산정은 감정평가금액을 기준 한다.

조합원에 대한 대지 및 건축시설의 분양기준이 되는 분양대상자별 권리가액의 산정은 다음 산식에 의한다.

1. 추정비례율 산정식(계산식)

$$\frac{(사업완료\ 후의\ 대지\ 및\ 건축시설의)총수입금 - 공동부담소요비용^*}{종전토지\ 및\ 건축물의\ 총\ 감정평가액} \times 100 \ = 추정비례율(\%)$$

* 공동부담소요비용 : 공사비, 설계비, 감리비, 금융비용, 제 사업비, 각종보상비용 등
  조합원이 공동으로 부담하여야 하는 총사업경비
* 총수입금 = 총 분양수입금 등, * 공동부담소요비용 = 정비사업 총비용

2. 아파트 추정비례율 산정내역(계산식)   (단위 : 천원)

$$\frac{4,451,518,000^* - 1,841,300,000}{2,507,395,000} \times 100 \ = 104.10078986$$

* 총수입금 : 신축아파트에 대한 조합원 총분양수입금(분담금) + 일반분양수입금(예상분양가)
  (일반분양수입금은 59m²형 및 84m²형을 분양하는 것으로 가정)

3. 상가 추정비례율 산정내역(계산식)(상가평균값)

(단위 : 천원)

$$\frac{94,608,500 - 29,874,567}{48,038,500} \times 100 \ = \ 134.9041706$$

4. 권리가액 산정식

종전의 토지 및 건축물가액 × 추정비례율 = 권리가액

5. 권리가액 산정내역

구 분	종전 평균평가액	추정비례율	권리가액
18평형	1,314,489천원	104.10%	1,368,383천원
25평형	1,817,497천원	104.10%	1,892,014천원
상 가	각 조합원별 소유지분 × 추정비례율		

제9조 처분의 일반기준

1. 신축되는 아파트 및 분양가능 복리시설은 조합원분양을 실시하고 잔여세대는 일반분양한다.

2. 정비기반기설(도로, 공원 등)은 관계 법규(도시및주거환경정비법 제97조) 및 서울시 반포아파트지구 개발기본계획(변경)과 사업시행인가조건에 따라 새로이 설치되는 정비기반시설은 그 시설을 관리할 국가 또는 지방자치단체에 무상으로 귀속되고, 용도가 폐지되는 국가 또는 지방자치단체 소유의 정비기반시설은 그가 새로이 설치한 정비기반시설의 설치비용에 상당하는 범위 안에서 사업시행자에게 무상으로 양도된다.

3. 신축되는 아파트 및 상가의 대지는 **분양면적의 비율**에 따라 토지지분이 나누어지며 공유지분으로 그 소유권이 주어진다.

제10조 공동주택(아파트)의 분양기준

1. 분양면적(공급면적)

1) 아파트의 세대별 **분양면적은 주거전용면적과 주거공용면적을 합한 면적**으로 하고, 계약면적은 **분양면적**에 기타공용면적(계단실, 각층의 홀, 관리사무소, 노인정, 경비실 등)과 지하주차장면적을 포함하며, 세대별 대지면적은 도시정비법 시행령 제63조제1항제6호에 따라 건축시설의 「**분양면적의 비율**」에 의하여 나눈 면적에 따라 공유지분으로 분양한다. 다만, 법령 개정 등으로 인하여 대지면적의 산출기준이 변경될 경우에는 세대별 대지 지분면적이 변경될 수 있다.

2) 분양대상자가 공동으로 취득하게 되는 건축물의 공용부분은 각 권리자의 공유로 하되, 공용부분에 대한 각 권리자의 배분비율은 그가 취득하게 되는 부분의 위치 및 바닥면적 등의 사항을 고려하여 산출하며, '주택공급에 관한 규칙'에 따라 분양한다.

2. 분양가격

도시및주거환경정비법 제74조제1항제3호에 따라 분양예정 대지 및 건축물의 추산액을 산정하는 경우에는 '감정평가및감정평가사에관한법률'에 따른 **감정평가법인등** 2인에게 의뢰하여 제출받은 감정평가액(층별, 위치별 효용지수를 반영하여 산출한 금액)을 산술 평균한 금액에 따라 분양가격을 산정한다. 다만, 인근지역의 시장가격이나 분양성 등을 감안하여 조합원 가격이나 일반분양가격이 변경될 수 있다.

3. 건축물의 분양기준

1) 조합원분양 기준
   조합원에게 분양하는 공동주택은 다음 각 호의 기준에 의한다.
   가. 조합원분양 대상자는 분양신청서 등 조합이 요구하는 서류를 분양신청기간 내에 제출한 자로 한다.
   나. 조합원분양은 조합원이 희망하여 분양신청 한 주택형에 따라 새로이 건설되는 주택을 분양함을 원칙으로 하며, 1조합원에게 1주택을 공급하되 2주택 이상을 소유한 경우에는 2 이상의 주택을 공급한다. 단, 조합원 분양신청 시 우리 단지가 투기우려가 있는 지역 등 국토교통부령이 정하여 고시하는 지역에 해당하는 경우에는 2주택 이하로 공급한다. 다만, 국가나 지방자치단체 소유의 관사, 법인소유의 근로자숙소에 대하여는 종전의 주택 수만큼 공급할 수 있다. (※ 「민간임대주택에 관한 특별법」 에 따른 임대사업자의 **임대주택은 관계 법령인 법 제76조제1항제7호에 주택공급에 대한 명문 규정이 없다**)
   다. 종전의 주택을 2인 이상이 공유지분으로 공동 소유하는 경우에는 그 중 조합에 신고된 대표자 1인만 조합원으로 보며 1주택만을 공급한다.
   라. 상속의 진행 등 불가피한 사유로 인하여 분양신청기간 내에 분양신청을 하지 못한 조합원이 조합원으로서의 제반 자격이 완성되는 때를 대비하여 조합원 분양 후 잔여 세대 중 일부를 보류지분으로 남겨둘 수 있다.
   마. 수인의 분양신청자가 하나의 세대(세대주가 동일한 세대별 주민등록상에 등재되어 있지 아니한 세대주의 배우자 및 배우자와 동일한 세대를 이루고 있는 세대원을 포함)인 경우 1인의 분양대상자로 보며 2주택 이하로 분양한다.
   바. 아파트와 상가를 동시에 소유하고 있는 조합원의 경우에는 아파트와 상가를 각각 분양받을 수 있다. 단, 상가를 포기하고 아파트를 분양받고자 하는 자는 기존에 소유하는 아파트를 포함하여 2주택 이하로 분양받을 수 있다.
   사. 기타 사항의 기준은 조합정관 제48조(관리처분계획의 기준)에 의하며, 위의 기준 등에 관한 법령의 개정이나 추가되는 경우 해당 법령을 기준으로 한다.

2) 일반분양 기준
   조합원분양 후 잔여세대에 대하여 일반분양한다.

4. 분양신청을 한 조합원에 대한 주택형 결정방법

1) 기존 아파트의 동일 주택형간 토지면적차이는 없는 것으로 간주하여 18평형 및 25평형의 2가지로 구분하여 주택형 결정방법을 정한다.

2) 건립예정 세대수(총 2,444세대)를 기준으로 조합원이 분양신청 한 내용에 따라 주택형을 배정하며, 주택형별로 경합이 발생할 경우 「재건축사업 시행계획」에 따르고, 주택형 배정방법은 동·호수 추첨과 구분하여 **한국부동산원** 또는 시중은행의 전산추첨을 원칙으로 하나 필요한 경우 수기추첨을 할 수 있다.

3) 선순위에서 탈락한 조합원은 차순위로 신청한 주택형에 잔여세대가 있을 경우에 배정하며, 상세한 규칙은 상기 제2호의 주택형 결정방법에 따른다.

4) 주택형 배정결과 미달되는 주택형(59m²형, 198m²형, 222m²형에 한한다)이 발생되는 경우 이미 신청한 조합원에게 해당 조합원이 희망한 층의 범위를 대상으로 추첨하여 배정한다.

5) 주택형 배정 후 미달되는 세대에 대한 추가분양신청의 접수 및 배정방법

　가. 주택형 배정 후 기 배정받은 주택형을 변경하고자 하는 조합원은 기 배정받은 주택형에 대한 기득권을 포기한 것으로 간주한다.

　나. 주택형 변경신청 접수결과 경합이 있는 경우에는 주택형별 추첨에 의해 주택형을 배정하며 경합에서 탈락하는 경우에는 59m²형이나 84m²형의 잔여세대에 배정한다.

　다. 주택형 변경신청에 따라 기득권이 포기되어 미분양된 세대는 조합원 추가분양 신청대상 세대에서 제외한다.

6) 분양될 공동주택에 대한 추첨의 투명성을 확보하기 위하여 주택형 배정과 동·호수 배정에 관한 전산추첨이 실시되는 경우에는 조합임원, 대의원, 조합원이 구성한 대표단의 추첨에 대한 참관 및 제반 추첨행위에 대한 보조적인 행위를 진행하도록 할 수 있으며, 필요 시에는 경찰관의 입회를 요청할 수 있다. 또한 추첨행사에 참석여부를 불문하고 추첨결과에 대해서는 일체 이의를 제기할 수 없다.

5. 동·호수의 추첨방법

1) 제1차 분양신청내용을 기준으로 하여 주택형을 배정받은 조합원에게 동·호수 추첨을 우선한다.

2) **동·호수 추첨은 조합원의 종전재산 및 종후재산(신축예정 아파트)의 감정평가액을 기준으로 각각 10개 그룹㈜으로 분류한 후 각 조합원의 동·호수 배정신청은 동일한 그룹에 한하여 신청한다.**

　　[㈜ 기존의 아파트가 5층 이하의 저층아파트인 경우에는 통상 3내지 5개군으로 분류]

3) 조합원 추가분양신청절차에 의해 아파트를 배정받은 세대는 제1차 동·호수 배정작업이 완료된 이후 잔여세대에 한하여 동·호수를 추첨한다.

4) 84m²형에 한하여 4개의 타입(L1, L2, T1 및 T2) 중에서 1개 타입을 우선하여 신청할 수 있다. 단, 동일한 타입에서 경합이 있을 경우에는 추첨으로 배정한다.

5) 동·호수의 배정은 관리처분총회 후 수기추첨을 원칙으로 하되 필요한 경우 **한국부동산원** 또는 시중은행의 전산추첨으로 배정한다.

6) 추첨의 투명성을 확보하기 위하여 동·호수 추첨 시에는 조합임원, 대의원 및 조합원으로 15인 이하의 참관단을 구성하여 제반 사항을 참관토록 할 수 있으며, 추첨행사의 참석 여부에 관계없이 추첨결과에 대해서는 소의 제기 등 일체의 이의를 제기할 수 없다.

제11조 부대복리시설(상가)의 분양기준

1. 사업추진방식
상가(주구중심 #1 및 #2)의 재건축사업 추진방식은 주공0단지 재건축조합의 행정단위 안에서 상가 조합원이 법적으로나 실질적으로 책임과 권한을 가지는 '독립정산제방식'으로 한다.

2. 건축시설의 분양면적
상가의 호별 분양면적은 전용면적과 공용면적을 합한 분양면적으로 하고, 계약면적은 분양면적에 기타 공용면적 및 지하주차장면적을 포함한 면적으로 한다.

3. 대지의 분양면적
상가의 호별 대지면적은 건축시설의 **분양면적 비율**에 의하여 나눈 면적에 따라 공유지분으로 분양한다. 다만, 법령 개정 등으로 인하여 대지면적의 산출기준이 변경될 경우에는 호별 대지지분면적이 변경될 수 있다.

4. 분양가격
도시및주거환경정비법 제74조제1항제3호에 따라 분양예정 대지 및 건축물의 추산액을 산정하는 경우에는 '감정평가및감정평가사에관한법률'에 따른 **감정평가법인등** 2인에게 의뢰하여 제출받은 감정평가액(층별, 위치별 효용지수를 반영하여 산출한 금액)을 산술평균한 금액에 따라 분양가격을 산정한다. 다만, 인근지역의 시장가격이나 분양성 등을 감안하여 조합원 가격이나 일반분양가격이 변경될 수 있다.

5. 상가건축물의 분양기준
1) 종전 건축물의 소유면적 및 층별 위치를 기준하여 분양함을 원칙으로 하며, 분양받는 상가의 분양가격과 종전가액과의 차액은 '감정평가및감정평가사에관한법률'에 따른 **감정평가법인등** 2인에게 의뢰하여 제출받은 각각의 감정평가액을 산술평균한 금액으로 정산한다.
2) 층·호수의 배정은 조합원이 희망하여 분양신청 한 층·호수를 우선 배정하며, 경합이 있는 경우에는 기존의 층과 위치가 동일하거나 유사한 위치를 분양신청 한 조합원을 우선하고, 그 이외의 호수 선택은 종전상가의 건축물 및 토지의 감정평가액을 기준으로 제곱미터당 감정평가금액이 높은 조합원에게 우선권을 부여한다.
3) 제곱미터당 감정평가금액이 동일한 경우에는 종전상가와 동일한 층을 분양함을 원칙으로 하며 제반 조건 등이 유사하여 층과 호수의 배정이 어려운 경우에는 경합자만의 추첨을 통하여 우선선택권을 부여한다.
4) 신축상가의 분양은 첨부된 신축상가(주구중심#1)의 층별 평면도상의 1개의 호수에 한하여 분양한다. 주구중심#2는 평면도 및 호수별 감정평가 작업이 현재 진행되는 중이므로 추후 조합 혹은 「주구중심#2 재건축추진위원회」에서 확정하여 상가조합원에게 통지하는 기준에 따른다.
5) 신축상가를 1개 호수 분양받고 남은 종전가액이 추가로 분양받고자 하는 호수의 분양가격의 50% 이상인 경우에는 또 다른 1개 호수의 상가를 분양신청 할 수 있다.

6) 조합원이 원할 경우 종전상가의 위치와 관계없이 신축상가에 대한 분양을 신청할 수 있다. 단, 경합이 있을 경우 신청대상 상가의 위치와 종전상가의 위치가 동일(유사)한 조합원에게 우선권을 부여하며, 그 이외의 경우에는 추첨에 의하여 분양한다.

6. 00상가의 사업추진

주공0단지 재건축정비사업의 원활한 추진을 위해 ◇◇상가의 재건축사업에 동의하지 않는 부동산등소유자에 대하여는 조합이 제기한 매도청구소송의 결과에 따라 법원에서 정한 금액으로 부동산 등에 대한 지분소유권을 매입하기로 하며, 00상가 재건축사업에 동의하는 조합원과 조합이 매입한 상가지분에 대하여는 0000년 00월 00일 서울시에 의해 수립된 「반포아파트지구 개발기본계획[변경]」을 00상가 재건축사업계획의 기본으로 하고, 사업추진방식은 00상가와 동일한 「독립정산제방식」으로 사업을 추진하는 것을 원칙으로 한다.

7. 상가조합원에 대한 주택공급

1) 상가소유 조합원에게는 상가를 공급하는 것을 원칙으로 한다. 다만, 상가 조합원이 신축상가의 분양신청을 포기하고 신축주택(아파트)으로 분양을 희망하는 조합원에 한하여 1주택을 공급할 수 있다.
2) 주택의 공급방법은 도시및주거환경정비법 시행령 제63조제2항에 따라 상가조합원의 주택분양 신청자격의 범위를 정함에 있어 분양주택 중 최소분양단위 규모(59m²형)의 추산액에 조합정관에서 정한 비율인 100분의 00을 곱한 가액 이상의 상가권리지분을 가진 조합원에게 아파트조합원 분양 후 잔여세대 중에서 1주택을 분양할 수 있다.
3) 주택공급을 위한 아파트와 상가의 자산평가는 상가의 제곱미터당 권리지분과 아파트의 제곱미터당 권리지분을 대등한 금액으로 평가하기로 하며, 이주비나 영업손실비 등은 지급하지 아니 한다.
4) 상가조합원이 주택의 분양을 신청하는 경우 종전에 소유하고 있던 토지 및 건축물의 규모나 개수에 관계없이 1주택만을 공급하며, 상가소유자 간에는 우선권이 없으며 동등한 자격을 가진다.
5) 상가조합원이 상가를 포기하고 주택을 신청하는 경우 재건축사업이 진행됨에 따라 발생되는 아파트와 상가 각각의 조합원 분담금 증감에 대하여는 서로 그 영향을 받지 아니하는 것으로 한다. 다만, 상가조합원이 해당 권리를 조합에 양도하거나 청산절차 등에 의해 소유권이 조합으로 이전된 경우 상가의 분담금 증감에 대한 권한과 의무를 진다.
6) 상가조합원이 상가분양을 포기하고 주택분양을 원하는 경우 상가권리지분의 액수나 개수에 관계없이 1주택만을 분양받을 수 있다. 그러나 상가조합원이 아파트 조합원의 자격으로 2주택을 분양받았을 경우 상가를 포기하고 아파트를 분양받을 수 없다.

제12조 공동주택(아파트) 및 부대복리시설(상가)의 일반분양

1. 조합원분양을 실시하고 남은 일반분양대상 공동주택은 「주택공급에 관한 규칙」이 정하는 바에 따라 관계 기관의 분양승인을 받아 일반에게 분양한다.

2. 상가조합원 분양 후 잔여상가 및 상가조합원이 아파트를 분양받아 조합이 취득하게 되는 상가 등은 공개경쟁입찰의 방법으로 일반분양하는 것을 원칙으로 한다. 다만, '상가재건축 추진위원회'에서 별도의 방법을 정하는 경우에는 그에 따른다.

제13조 토지주택공사 등에 공급하는 국민주택규모 주택

1. 용적률을 법정 상한용적률까지 적용하여 재건축 **국민주택규모 주택**을 공급하여야 할 경우에는 관계 법령(도시정비법 제54조)에 적합한 범위 내에서 **국민주택규모 주택**을 공급한다.

2. **국민주택규모 주택** 주택가격
 1) 조합에서 건립하여 서울시에 매각하는 **국민주택규모 주택** 매매가격(대지지분을 포함한다)은 서울시 조례 제41조에 의해 산출되는 금액으로 한다.
 2) **국민주택규모 주택**의 매매가격 추산액은 택지비, 대지조성비 및 「**공공건설 임대주택 표준 건축비**」를 적용하여 산정한다.

제14조 조합원 분담금 산출기준 및 분양계약

1. 종전자산의 감정평가금액을 기준한 권리가액을 분양가격에서 공제한 금액을 조합원 분담금(환급금)으로 한다.

2. 조합원별 종전자산의 감정평가금액과 신축세대에 대해 효용지수가 반영된 동·호수의 분양가격 차이에 따라 조합원 분담금은 감소하거나 증가한다.

3. 환급대상자에 대한 처리는 권리가액이 분양가격보다 많아서 환급대상이 되는 조합원의 금전청산은 본 관리처분계획에서 정하는 기준에 따라 현금청산한다. 다만, 환급금은 조합원 분담금 납부기일 종료 후 30일 이내에 지급하기로 한다.

제15조 분양예정 공동주택(아파트) 및 부대복리시설(상가)의 면적표

분양예정 아파트 및 부대복리시설의 분양예정 토지 및 건축물의 면적(전용면적, 주거 공용면적, 분양(공급)면적, 기타공용면적 및 계약면적)은 아래와 같다.
1. 공동주택(아파트)의 주택형별(미첨부)
2. 부대복리시설(상가)의 분양면적 및 계약면적과 대지면적
 가. 00상가(미첨부)   나. 00상가(미첨부)

제16조 분양신청을 하지 아니한 자에 대한 현금청산

1. 다음 각 호의 1에 해당하는 경우에는 관리처분인가를 받은 날의 다음 날로부터 90일 이내에 조합과 금전청산대상자가 합의하여 현금청산 하는 것을 원칙으로 하며, 합의가 이루어지지 아니할 경우에는 '감정평가및감정평가사에관한법률'에 따른 **감정평가법인등**

2인 이상이 평가한 금액을 산술평균하여 산정한 금액으로 현금 청산한다.

1) 분양신청하지 아니한 자

2) 분양신청기간 종료 이전에 분양신청을 철회한 자

3) 법 제39조제2항 본문에 해당하여 조합원이 될 수 없는 자

4) 법 제72조제6항 본문에 해당하여 조합원 분양신청을 할 수 없는 자

5) 관리처분계획에 의하여 분양대상자에서 제외된 자

7) 조합이 정한 날까지 분양계약을 체결하지 아니한 자

2. 청산금의 지급은 이주대여금과 연체이자 등 채무와 청산에 따른 비용 등을 공제한 잔액으로 금전청산하고 해당 물건은 일반분양으로 처리하며, 청산금을 지급받을 자가 없거나 지급받기를 거부한 경우에는 해당 청산금은 관할 법원에 공탁한다.

제17조 분담금의 납부방법 및 연체율의 적용 등

1. 분담금의 납부방법

조합원이 분양신청 한 건축시설물의 분양가격이 조합원별 권리가액을 초과하는 경우 그 초과금액의 납부방법은 아래의 방법에 의하며, 도시및주거환경정비법 제89조(청산금 등), 조합정관 제34조(경비의 부과 및 징수), 주택공급에 관한 규칙 제60조(입주금의 납부) 등 관계 법령과 일반관례에 따른다.

구 분	계약금	중도금	잔 금
납부일자	계 약 시 (착 공 전)	공사기간을 6회 균등분할 한 시점	실 입주일 또는 입주지정만료일 중 선도래일
납부금액	분담금×20%	분담금×10%×6회	분담금×20%

2. 분담금 연체료

분담금을 포함한 모든 청산금을 지정기일 내에 미납 시에는 연체이자를 가산하여 납부하여야 한다. 이때, 이자율은 시중은행 주택자금대출 연체이자율로 하며 상환 시까지 가산하여 납부한다. (시중은행 주택자금대출 연체이자율을 상환 시까지 가산함)

3. 이주지원금의 상환

조합원은 이주지원금[기본이주비, 추가이주비(이자포함)]을 실입주일, 입주지정만료일 또는, 보존등기일 중 빠른 날까지 상환하여야 하며, 연체하는 경우에는 조합에서 정한 연체이자를 이주비 상환 시까지 가산하여 납부한다.

4. 기본이주비 미수령자에 대한 환급

1) 조합원 전원에게 주택형별로 동일한 금액을 지급하고 있는 기본이주비는 조합원별 기본이주비 전액을 수령하지 않은 조합원에 한하여 기본이주비의 미 수령에 따른 금융비용(변동금리)을 해당 조합원의 개별부담(환급)금에서 잔금납부 시 정산한다.

2) 지급이자율의 계산방법은 이자계산 해당 연도의 연도별 이자율을 산술평균한 단일 요율을 적용한다.

제18조 조합원의 권리와 의무

1. 조합원이 될 권리를 양수받았을 경우와 주소지나 인감을 변경하였을 경우에는 해당 사항이 발생한 날로부터 14일 이내에 조합에 신고하여야 하며, 신고불이행으로 발생되는 불이익에 대해서는 조합에 이의를 제기할 수 없다.

2. 아파트의 동·층·호수의 추첨 또는 분담금의 납부통지 등 조합의 모든 공지사항에 대한 통지는 조합원이 조합에 최종 신고한 주소지로 통지하며, 해당 조합원이 주소지 변경 등의 절차를 이행하지 아니하므로 발생되는 일체의 불이익에 대해서는 조합에 대항할 수 없다. 주소변경 등 조합에 신고사항은 서면을 원칙으로 한다.

3. 관리처분계획인가의 고시가 있은 때에는 종전의 토지 또는 건축물의 소유자, 지상권자, 전세권자, 임차권자 등 권리자는 이전고시가 있는 날까지 종전의 토지 또는 건축물에 대하여 이를 사용하거나 수익할 수 없다. 다만, 조합의 동의를 얻은 경우에는 그러하지 아니하다.

4. 대지 및 건축물 등을 분양받은 자는 이전고시가 있는 날의 다음 날에 해당 대지 및 건축시설에 대한 소유권을 취득하고, 종전의 대지 및 건축시설에 관한 지상권, 전세권, 저당권 등은 새로이 분양받는 대지 및 건축시설에 설정된다.

제19조 관리처분계획(안)에 관한 기타사항

1. 보류시설의 준비
보류시설은 관리처분인가의 고시 후 발생이 예상되는 민원 등을 대비하여 조합원분양 후 조합원분양분의 1% 이내로 정하며, 임의분양(또는 공개분양)하여 조합사업경비로 충당한다. 처분 시기는 대의원회 또는 이사회의 결의에 따른다.

2. 관리처분계획의 경미한 변경
관리처분계획(안)의 확정 후 사업비의 10% 이내의 변경이나 총사업비를 초과하지 않는 범위 내에서 항목간의 전용 등 경미한 변경에 대해서는 별도의 총회결의 대신 대의원회 에서 의결한 후 사업을 시행하며, 추후 조합원에게 서면으로 보고한다. 단, 조합원 정산에 관한 변경이 있을 경우 조합 청산 시 지급하거나 징수한다.

3. 자금운용계획
관리처분계획(안)의 자금운영계획안(예산안)을 집행하는 과정에서 기 확정된 항목별 예산액 대비 집행할 금액이 초과되는 경우에는 총사업비를 초과하지 않는 범위 내에서 이사회의 결의 후 집행하고 추후 대의원회의 추인으로 예산의 항목간 전용이 가능한 것으로 한다.

4. 대표 동의 선정신고
동일인이 2주택 이상을 소유한 경우에는 분양받고자 하는 「대표 동·호수」를 선정하여 지정신청을 하여야 한다.

5. 공동대표자의 선정신고

공동소유자의 경우에는 조합에 대표자를 선정하여 신고하여야 한다. 이때, 신고한 대표자가 조합원의 권리와 의무를 가진다. 대표자 선정신고를 하지 않아 발생되는 모든 불이익에 대하여는 조합에 일체의 이의를 제기할 수 없다.

6. 설계변경 등

관리처분계획상의 분양예정 대지면적은 토지확정측량 시 면적이 다소 변경될 수 있고, 건축시설물 및 분양예정면적은 추후 사업시행(변경)인가 과정이나 사업추진과정에서 설계변경 등으로 인해 변경될 수 있으며, 이 경우 대의원회의 결의로 확정한다.

7. 기타 변경사항

본 관리처분계획이 정하지 아니한 사항은 관계 법령 및 조합정관에 의하며, 그 외의 관리처분에 관한 사항들을 시행함에 있어 발생되는 경미한 변경사항 등은 관계 규정 등에 따라 대의원회의 결의를 거쳐 시행한다.

8. 조합원의 하자치유

조합원 자격상실 및 소송관련 등 기타 사유로 조합원분양대상자에서 원천적으로 제외되었으나 「분양신청기간 만료 기준일」 이후 관계 규정의 변경 및 법원 등의 판결 등에 의한 하자 치유로 인하여 분양권이 회복되었을 경우에는 관리처분계획에 큰 차질을 주지 않는 범위 내에서 대의원회의 결의로 처리한다.

9. 조합원 분양신청서의 제출

조합원 분양신청서는 조합사무실에 직접 제출하거나 우편으로 제출할 수 있으며, 우편으로 제출하는 경우에는 조합이 통지한 분양신청기간 내에 발송된 것임을 증명할 수 있도록 등기우편발송을 원칙으로 한다.

10. 일반분양분에 대한 분양보증

조합원분양 완료 후 잔여세대에 대한 일반분양 시에는 대한주택보증(주)에서 발행하는 '일반분양 분양보증서'를 발급받아 처리한다.

11. 신탁등기 및 이주

조합원(세입자 포함)은 0000년 0월 00일부터 이주를 개시하며, 이주개시일로부터 0월 이내에 이주를 완료하여야 한다. 신탁등기는 0000년 0월 00일부터 0000년 0월 00일까지 사업시행구역 안의 조합원 소유로 되어있는 토지 및 주택 등에 대하여 조합이 신탁등기를 완료할 수 있도록 하여야 한다. 조합은 이를 이행치 않는 조합원에 대하여는 조합정관 등 관계 규정에 따라 처리할 수 있다.

12. 기타 준용사항

기타 조합원 분양 관련사항, 입주절차 등 세부적인 사항은 분양신청통지문이나 입주통지문 등의 내용을 관리처분계획의 일부로 준용하여 해당 업무를 처리한다.

사업운영수익 및 정비사업비 추산액

1. 사업운영수익 및 정비사업비 추산액(아파트)

2. 사업운영수익 및 정비사업비 추산액(상　가)

3. 개략적인 조합원 분담금 내역(아파트)

4. 신축아파트 세대별 조합원분양가

5. 세대별 분담금 내역
   - 18평형 소유자
   - 25평형 소유자

1. 사업운영수익 및 정비사업비 추산액(아파트)

[단위 : 천원]

구분	항 목			금 액	산 출 근 거
수입추산액	합 계			4,451,518,000	
	주택분양수입 (지분대지비포함)	조합원		3,589,780,300	
		일 반		861,737,700	59m²형-249세대, 84m²형-235세대(가정)

구분	항 목			금 액	산 출 근 거
소용비용추산액	합 계			1,841,300,000	
	조사측량비			200,024	정비기반시설 측량비(제세공과금 포함)
	설 계 비			3,205,770	연면적 : 535,232m², m²당 6.0천원(부가세 포함)
	감 리 비			7,600,778	건축 감리비 : 7,901,911천원 [감리기준의 80%]
					기타 감리비 : 1,279,249천원(전기, 소방, 통신 감리비)
	공사감독비			1,873,312	조합 감독관 예상비용(m²당 3.5천원×연면적)
	공사비	건축시설 공사비	대지조성비	–	건축공사비 포함
			소 계	498,507,310	m²당 910천원(가정), 연면적 : 535,232m²
			인상요인 (단위: 원/m²)	2,571,000	입찰 시의 공사도급단가
				199,098	물가상승율에 따른 인상 : 3.6%(04년), 05년 12월 30일 착공기준 : 4% 예상
				133,937	관계 법령의 변경, 설계(외관)의 변경
				132,790	외관의 고급화, 관계 법령의 변경, 설계변경 등을 고려함
			m²당 가격	918,642	
		지장물정비	건축물철거비	0	m²당 건축공사비에 포함
		인허가조건 이행공사비		13,100,000	
		정비기반시설 공사비		10,700,000	
		기타공사비		7,834,482	부가세 포함
		부가세		29,008,140	도급공사비에 대한 부가세(국민주택규모 이상 주택만 해당)
		소 계		548,349,932	–
	보상비	토지매입	국공유지	70,106,567	관련 제세공과금 포함(감정평가액의 120%로 계산) 상가매입 분은 추후 정산 예정
			유치원	15,480,050	사업부지내의 사유지인 유치원 매입대금(관련 제세금 포함)
		손실 보상비	매도청구 보상금 손실액	8,884,050	18평형 : 2세대, 동남상가(감정평가액의 110% 예상)
			기타손실보상	0	
		이주비 이자		51,595,313	기본이주비 금융비용(기본이주비 275,175백만원의 금융비용 연 5% 가정, 45개월 기준)
		소 계		–	

(계속)

구분		항 목		금 액	산 출 근 거
소용비용추산액	관리비	조합운영비		1,700,000	76개월 × 20,000천원, 총회경비 등 부대경비 포함
		세무회계비		17,000	1식
		기　타		3,000,000	-
		소　계		4,870,000	-
	부대경비	감정평가수수료		3,120,000	종전 및 종후 자산평가
		매도 및 명도 소송비		170,000	1식
		신탁등기비		192,150	세대 당 105천원 예상, 아파트 1,720 세대 + 상가 110세대
		멸실등기비		183,000	세대 당 100천원 예상, 아파트 1,720 세대 + 상가 110세대
		일반분양 보존등기		4,154,233	소형 주택형 일반분양기준
		교통시설부담금		1,551,838	광역교통시설 특별법에 근거
		학교용지부담금		1,370,383	1식
		인입시설부담금		5,100,0089	전기, 통신, 가스, 상하수도의 인입시설부담금
		문화재조사용역비		100,000	
		민원처리비		3,000,000	주민 예상 민원처리 비용
		외주용역비	행정용역	1,282,308	m²당 2.40천원(부가세 포함) × 연면적, 부가세 포함
			기반시설용역	750,000	무상양도 양여에 따른 정비기반시설 용역비 서초구청의 인가 후 확정
		금융비용	사업비금융비용	27,892,594	사업비(686,489,016 / 이주비금융비용 제외) 금융비용 년 6%
			후분양금융비용	25,000,000	후분양에 따른 공사비 금융비용(25,000,000,000원 예상)
		기타경비	안전진단비	37,000	-
			기　타	200,000	-
		소　계		-	-
	예　비　비			10,000,000	총사업비의 1.3%

사업이익	2,610,218,000	

주) 1. 상기 지출비용 중 미집행 비용은 청산 시 최종 확정된다.
　　2. 아파트 조합원의 분양신청결과 및 상가조합원의 아파트분양신청 세대수에 따라 수익이
　　　 변경될 수 있다.
　　3. 상가 수입 및 지출은 별첨된 사업비추산액 참조
　　4. 상기 수입 및 지출은 법령의 변경 및 사회여건의 변화에 따라 변경될 수 있다.

2. 사업운영수익 및 정비사업비 추산액(상가)

1) 사업운영수익(감정평가액)

(단위 : 천원)

구　분	00감정평가법인	××감정평가법인	산술평균
00상가	83,475,000	82,702,000	83,088,500
00상가	6,919,000	7,052,000	6,985,000
계	48,267,000	47,810,000	**48,038,500**

2) 사업비 내역(추정액)

(단위 : 천원)

구　분		산정내역	금　액	비　고
1.공사비	건 축 비	21,965.07㎡×0,000천원	00,000,000	공사비내역서 참조
	철 거 비	4,049.75×약3,580천원/㎡	145,000	
	소　계		00,000,000	
2. 용역비	설 계 비	연면적 21,965.07㎡	1,083,389	건축, 전기, 설비, 토목, 소방, 조경, 흙막이.
	감 리 비	감리기준 (건교부고시2004-147(80%)	880,000	건축, 전기, 설비, 토목 소방, 조경, 흙막이.
	용 역 비	법무, 세무회계, 컨설팅, 감정평가비 등	2,000,000	추정금액
	지질조사비, 측 량 비	일식	20,000	지적측량, 현황측량, 지질조사
	소　계		3,983,200	－
3. 기 타	도로매입비	888.26㎡×6,050.03천원/㎡	5,374,000	추정액
	금융비용	249억원×30%×0.7%×18개월	1,464,120	공사계약금, 중도금, 기타 설계비, 철거비
	분양경비	일식	1,600,000	분양수수료, 카다로그 등
	광 고 비	30,000×30회	900,000	총회공고, 분양광고 등
	제 사업비	249억원×7%	1,743,000	위원회운영비, 각종경비, 인건비 등
	지하통로연 결 공 사 비	일식	2,000,000	추정공사비
	부대경비	－	1,000,000	서울시 시설관리공단 관련 공사비
	예 비 비	249억원×8%	1,992,000	추정금액
	소　계		16,073,120	
합 계	합　계(1+2+3)		00,000,000	
	부 가 세	00,000,000×10%	0,000,000	
	총　계		00,000,000	

※ 상기 내역은 예정(추정)금액으로서 관계 법령의 변경 및 여건의 변화에 따라 변경될 수 있음

3. 개략적인 조합원 분담금 내역(아파트)

현재 18평형을 소유한 조합원							

[단위 : m², 천원]

입주희망 주 택 형	예상 평균분양가			예상평균 권리가액	조합원 예상평균분담금	
	분양면적	m²당 평균분양가	세 대 당 평균분양가			
59.9m²	87	9,330	811,710	1,368,383	(환 급)	-556,673
84.9m²	113	9,700	1,096,100	1,368,383	(환 급)	-272,283
116.5m²	148	10,120	1,497,760	1,368,383	(부 담)	129,377
136.5m²	173	10,440	1,805,120	1,368,383	(부 담)	441,737
169.5m²	205	10,620	2,177,100	1,368,383	(부 담)	808,717
198.0m²)	238	10,750	2,558,500	1,368,383	(부 담)	1,190,117
222.5m²	268	10,890	2,918,520	1,368,383	(부 담)	1,550,137

현재 25평형을 소유한 조합원						

[단위 : 천원]

입주희망 주 택 형	예상 평균분양가			예상평균 권리가액	조합원 예상평균분담금	
	분양면적	m²당 평균 분 양 가	세 대 당 평균분양가			
59.9m²	87	9,330	811,710	1,892,014	(환 급)	-1,080,810
84.9m²	113	9,700	1,096,100	1,892,014	(환 급)	-795,914
116.5m²	148	10,120	1,497,760	1,892,014	(환 급)	-394,254
136.5m²	173	10,440	1,805,120	1,892,014	(부 담)	-86,894
169.5m²	205	10,620	2,177,100	1,892,014	(부 담)	225,086
198.0m²	238	10,750	2,558,500	1,892,014	(부 담)	666,486
222.5m²	268	10,890	2,918,520	1,892,014	(부 담)	1,026,506

주) 1. 권리가액은 주택형별 평균가액으로서 층, 향, 위치 등의 차이에 따라 차등 적용됨
   2. 조합원 예상분담금은 0000년 00월 00일 사업시행인가 기준이며, 사업시행변경인가 및
      정책 등에 따라 일부 변경될 수 있다.
   3. 조합원별 분담금은 개별 조합원의 권리가액에 따라 결정된다.
   4. 입주희망 주택형은 전용면적이며, 분양면적은 전용면적+주거공용면적 임.

4. 신축아파트 세대별 조합원분양가

(총 28개동 중 양식의 표본으로 2개동만을 지침서에 수록함-양식 참조)

101동

주택형	타입	세대수	전용면적
84.9m²	L1	55 세대	84.94㎡
	L2	26 세대	84.95㎡
계	–	81 세대	–

(단위 : 천원)

호수명	타입	분양가
3103호	L1	1,355,500
3003호	L1	1,342,100
2903호	L1	1,342,100

호수명	타입	분양가	호수명	타입	분양가	호수명	타입	분양가
2801호	L1	1,318,900	2802호	L2	1,346,900	2803호	L1	1,342,100
2701호	L1	1,323,100	2702호	L2	1,353,300	2703호	L1	1,342,100
2601호	L1	1,323,100	2602호	L2	1,353,300	2603호	L1	1,342,100
2501호	L1	1,323,100	2502호	L2	1,353,300	2503호	L1	1,341,000
2401호	L1	1,318,900	2402호	L2	1,353,300	2403호	L1	1,341,000
2301호	L1	1,322,400	2302호	L2	1,353,300	2303호	L1	1,341,000
2201호	L1	1,321,300	2202호	L2	1,350.800	2203호	L1	1,341,000
2101호	L1	1,320,800	2102호	L2	1,350,200	2103호	L1	1,341,000
2001호	L1	1,320,800	2002호	L2	1,350,200	2003호	L1	1,340,000
1901호	L1	1,320.800	1902호	L2	1,349,500	1903호	L1	1,339,800
1801호	L1	1,320,800	1802호	L2	1,347,700	1803호	L1	1,339,800
1701호	L1	1,320,800	1702호	L2	1,347,100	1703호	L1	1,338,000
1601호	L1	1,318.300	1602호	L2	1,345,400	1603호	L1	1,338,000
1501호	L1	1,315,000	1502호	L2	1,319,700	1503호	L1	1,333,000
1401호	L1	1,308,100	1402호	L2	1,319,000	1403호	L1	1,329,600
1301호	L1	1,303,100	1302호	L2	1,318,000	1303호	L1	1,326,000
1201호	L1	1,299,200	1202호	L2	1,313,600	1203호	L1	1,323,000
1101호	L1	1,291,800	1102호	L2	1,313,400	1103호	L1	1,314,600
1001호	L1	1,288,600	1002호	L2	1,313,200	1003호	L1	1,311,300
901호	L1	1,281,300	902호	L2	1,313,000	903호	L1	1,304,700
801호	L1	1,275,300	802호	L2	1,311,400	803호	L1	1,298,000
701호	L1	1,269,800	702호	L2	1,304,700	703호	L1	1,289,000
601호	L1	1,263,100	602호	L2	1,291,500	603호	L1	1,283,000
501호	L1	1,257,600	502호	L2	1,275,800	503호	L1	1,276,000
401호	L1	1,247,600	402호	L2	1,274,800	403호	L1	1,263,900
301호	L1	1,192,900	302호	L2	1.263,000	303호	L1	1,252,200
		피로티			피로티			피로티

124동

주택형	타입	세대수	전용면적
198.0m²	T1	26세대	198.89㎡
222.5m²	T2	50세대	224.94㎡
계	–	76세대	–

(단위 : 천원)

222.5m²형			198.0m형			198.0m²형		
호수명	타입	분양가	호수명	타입	분양가	호수명	타입	분양가
2801호	T2	3,167,800						
2701호	T2	3,184,000						
2601호	T2	3,184,000						
2501호	T2	3,183,300	2502호	T1	2,794,000	2503호	T1	2,786,400
2401호	T2	3,183,300	2402호	T1	2,806,600	2403호	T1	2,797,700
2301호	T2	3,183,300	2302호	T1	2,805,700	2303호	T1	2,795,400
2201호	T2	3,177,300	2202호	T1	2,805,700	2203호	T1	2,792,000
2101호	T2	3,168,800	2102호	T1	2,804,700	2103호	T1	2,788,700
2001호	T2	3,167,800	2002호	T1	2,804,700	2003호	T1	2,787,700
1901호	T2	3,167,800	1902호	T1	2,804,700	1903호	T1	2,786,400
1801호	T2	3,166,300	1802호	T1	2,803,800	1803호	T1	2,786,400
1701호	T2	3,166,300	1702호	T1	2,802,300	1703호	T1	2,786,400
1601호	T2	3,166,300	1602호	T1	2,802,300	1603호	T1	2,785,400
1501호	T2	3,158,500	1502호	T1	2,795,500	1503호	T1	2,785,400
1401호	T2	3,150.700	1402호	T1	2,788,500	1403호	T1	2,778,500
1301호	T2	3,140,300	1302호	T1	2,780,700	1303호	T1	2,771,600
1201호	T2	3,132,500	1202호	T1	2,772,400	1203호	T1	2,763,700
1101호	T2	3,116,000	1102호	T1	2,765,500	1103호	T1	2,754,500
1001호	T2	3,108,100	1002호	T1	2,750,900	1003호	T1	2,747,600
901호	T2	3,090,000	902호	T1	2,737,200	903호	T1	2,733,900
801호	T2	3,075,200	285호	T1	2,721,300	803호	T1	2,719,400
701호	T2	3,059,000	702호	T1	2,706,600	703호	T1	2,704,300
601호	T2	3,042,600	602호	T1	2,691,600	603호	T1	2,689,700
501호	T2	3,027,000	502호	T1	2,677,000	503호	T1	2,676,000
401호	T2	3,001,300	402호	T1	2,655,600	403호	T1	2,661,400
301호	T2	2,976,000	302호	T1	2,632,900	303호	T1	2,639,600
피로티			202호	T1	2,602,300	203호	T1	2,596,000
			102호	T1	2,537,500	103호	T1	2,528,100

5. 세대별 조합원 분담금 내역

[18평형 조합원 세대별 분담금]

(총 28개동 중 양식의 표본으로 2개동만을 수록함-양식 참조)

101동-18평형 조합원 세대별 분담금

주택형	타입	세대수	전용면적
84,9m²	L1	55 세대	84.94㎡
	L2	26 세대	84.95㎡
계	–	81 세대	–

(단위 : 천원)

호수명	타입	분담금
3103호	L1	-12,880
3003호	L1	-26,280
2903호	L1	-26,280

호수명	타입	분담금	호수명	타입	분담금	호수명	타입	분담금
2801호	L1	-49,480	2802호	L2	-21,480	2803호	L1	-26,280
2701호	L1	-45,280	2702호	L2	-15,080	2703호	L1	-26,280
2601호	L1	-45,280	2602호	L2	-15,080	2603호	L1	-26,280
2501호	L1	-45,280	2502호	L2	-15,080	2503호	L1	-27,380
2401호	L1	-45,280	2402호	L2	-15,080	2403호	L1	-27,380
2301호	L1	-45,980	2302호	L2	-15,080	2303호	L1	-27,380
2201호	L1	-47,080	2202호	L2	-17,580	2203호	L1	-27,380
2101호	L1	-47,580	2102호	L2	-17,580	2103호	L1	-27,380
2001호	L1	-47,580	2002호	L2	-17,580	2003호	L1	-28,380
1901호	L1	-47,580	1902호	L2	-18,880	1903호	L1	-28,580
1801호	L1	-47,580	1802호	L2	-20,680	1803호	L1	-28,580
1701호	L1	-47,580	1702호	L2	-21,280	1703호	L1	-30,380
1601호	L1	-50,080	1602호	L2	-22,980	1603호	L1	-30,380
1501호	L1	-53,380	1502호	L2	-48,680	1503호	L1	-35,380
1401호	L1	-60,280	1402호	L2	-49,380	1403호	L1	-38,780
1301호	L1	-65,280	1302호	L2	-50,380	1303호	L1	-42,380
1201호	L1	-69,180	1202호	L2	-49,780	1203호	L1	-45,380
1101호	L1	-76,580	1102호	L2	-54,780	1103호	L1	-53,780
1001호	L1	-79,780	1002호	L2	-54,980	1003호	L1	-57,080
901호	L1	-87,080	902호	L2	-55,380	903호	L1	-63,680
801호	L1	-93,080	802호	L2	-56,980	803호	L1	-70,380
701호	L1	-98,580	702호	L2	-63,680	703호	L1	-79,380
601호	L1	-105,280	602호	L2	-76,880	603호	L1	-85,380
501호	L1	-110,780	502호	L2	-92,580	503호	L1	-92,380
401호	L1	-120,780	402호	L2	-93,580	403호	L1	-104,480
301호	L1	-175,480	302호	L2	-105,380	303호	L1	-116,180
	피로티			피로티			피로티	

124동-18평형 조합원 세대별 분담금

주택형	타입	세대수	전용면적
198.0m²	T1	26세대	198.89㎡
222.5m²	T2	50세대	224.94㎡
계	-	76세대	-

(단위 : 천원)

222.5m²형			198.0m²형			198.0m²형		
호수명	타입	분담금	호수명	타입	분담금	호수명	타입	분담금
2801호	T2	1,799,417						
2701호	T2	1,815,617						
2601호	T2	1,815,617						
2501호	T2	1,814,917	2502호	T1	1,425,617	2503호	T1	1,418,017
2401호	T2	1,814,917	2402호	T1	1,438,217	2403호	T1	1,429,317
2301호	T2	1,814,917	2302호	T1	1,437,317	2303호	T1	1,427,017
2201호	T2	1,808,917	2202호	T1	1,437,317	2203호	T1	1,423,617
2101호	T2	1,800,417	2102호	T1	1,436,317	2103호	T1	1,420,317
2001호	T2	1,799,417	2002호	T1	1,436,317	2003호	T1	1,419,317
1901호	T2	1,799,417	1902호	T1	1,436,317	1903호	T1	1,418,017
1801호	T2	1,799,917	1802호	T1	1,435,417	1803호	T1	1,418,017
1701호	T2	1,799,917	1702호	T1	1,433,917	1703호	T1	1,418,017
1601호	T2	1,799,917	1602호	T1	1,433,917	1603호	T1	1,417,017
1501호	T2	1,790,117	1502호	T1	1,427,117	1503호	T1	1,417,017
1401호	T2	1,782,317	1402호	T1	1,420,117	1403호	T1	1,410,117
1301호	T2	1,771,917	1302호	T1	1,412,317	1303호	T1	1,403,217
1201호	T2	1,764,117	1202호	T1	1,404,017	1203호	T1	1,395,317
1101호	T2	1,747,167	1102호	T1	1,397,117	1103호	T1	1,386,117
1001호	T2	1,739,717	1002호	T1	1,382,517	1003호	T1	1,379,217
901호	T2	1,721,617	902호	T1	1,368,817	903호	T1	1,365,517
801호	T2	1,706,817	285호	T1	1,352,917	803호	T1	1,351,017
701호	T2	1,690,617	702호	T1	1,338,217	703호	T1	1,335,917
601호	T2	1,674,217	602호	T1	1,323,217	603호	T1	1,321,317
501호	T2	1,658,617	502호	T1	1,308,617	503호	T1	1,307,617
401호	T2	1,632,917	402호	T1	1,287,217	403호	T1	1,293,017
301호	T2	1,607,617	302호	T1	1,264,517	303호	T1	1,271,217
피로티			202호	T1	1,233,917	203호	T1	1,227,617
피로티			102호	T1	1,169,117	103호	T1	1,159,717

[25평형 조합원 세대별 분담금]

(총 28개동 중 양식의 표본으로 2개동만을 수록함–양식 참조)

101동-25평형 조합원 세대별 분담금

주택형	타입	세대수	전용면적
84.9m²	L1	55 세대	84.94㎡
	L2	26 세대	84.95㎡
계	–	81 세대	–

(단위 : 천원)

호수명	타입	분담금	호수명	타입	분담금	호수명	타입	분담금
						3103호	L1	−536,514
						3003호	L1	−549,914
						2903호	L1	−549,914
2801호	L1	−573,114	2802호	L2	−545,114	2803호	L1	−549,914
2701호	L1	−5689146	2702호	L2	−538,714	2703호	L1	−549,914
2601호	L1	−5689146	2602호	L2	−538,714	2603호	L1	−549,914
2501호	L1	−5689146	2502호	L2	−538,714	2503호	L1	−551,014
2401호	L1	−573,114	2402호	L2	−538,714	2403호	L1	−551,014
2301호	L1	−569,614	2302호	L2	−538,714	2303호	L1	−551,014
2201호	L1	−570,714	2202호	L2	−541,214	2203호	L1	−551,014
2101호	L1	−571,214	2102호	L2	−541,814	2103호	L1	−551,014
2001호	L1	−571,214	2002호	L2	−541,814	2003호	L1	−552,014
1901호	L1	−571,214	1902호	L2	−542,514	1903호	L1	−552,214
1801호	L1	−571,214	1802호	L2	−544,314	1803호	L1	−552,214
1701호	L1	−571,214	1702호	L2	−544,914	1703호	L1	−554,014
1601호	L1	−573,714	1602호	L2	−546,614	1603호	L1	−554,014
1501호	L1	−577,014	1502호	L2	−572,314	1503호	L1	−559,014
1401호	L1	−583,914	1402호	L2	−573,014	1403호	L1	−562,414
1301호	L1	−588,914	1302호	L2	−574,014	1303호	L1	−566,014
1201호	L1	−592,814	1202호	L2	−578,414	1203호	L1	−569,014
1101호	L1	−600,214	1102호	L2	−581,614	1103호	L1	−577,414
1001호	L1	−603,414	1002호	L2	−578,814	1003호	L1	−580,714
901호	L1	−610,714	902호	L2	−579,014	903호	L1	−587,314
801호	L1	−616,714	802호	L2	−580,614	803호	L1	−594,014
701호	L1	−622,214	702호	L2	−587,314	703호	L1	−603,014
601호	L1	−628,914	602호	L2	−600,514	603호	L1	−609,014
501호	L1	−634,414	502호	L2	−616,214	503호	L1	−616,014
401호	L1	−644,414	402호	L2	−617,214	403호	L1	−628,114
301호	L1	−699,114	302호	L2	−629,014	303호	L1	−639,814
	피로티			피로티			피로티	

124동-25평형 조합원 세대별 분담금

주택형	타입	세대수	전용면적
198.0m²	T1	26세대	198.89㎡
222.5m²	T2	50세대	224.94㎡
계	–	76세대	–

(단위 : 천원)

222.5m²형 호수명	타입	분담금	198.0m²형 호수명	타입	분담금	198.0m²형 호수명	타입	분담금
2801호	T2	1,275,786						
2701호	T2	1,291,986						
2601호	T2	1,292,986						
2501호	T2	1,291,286	2502호	T1	901,986	2503호	T1	894,386
2401호	T2	1,291,286	2402호	T1	914,586	2403호	T1	905,686
2301호	T2	1,291,286	2302호	T1	913,686	2303호	T1	903,386
2201호	T2	1,225,286	2202호	T1	913,686	2203호	T1	899,986
2101호	T2	1,276,786	2102호	T1	912,686	2103호	T1	896,686
2001호	T2	1,275,786	2002호	T1	912,686	2003호	T1	895,686
1901호	T2	1,275,786	1902호	T1	912,686	1903호	T1	894,386
1801호	T2	1,274,286	1802호	T1	911,786	1803호	T1	984,386
1701호	T2	1,274,286	1702호	T1	910,286	1703호	T1	984,386
1601호	T2	1,274,286	1602호	T1	910,286	1603호	T1	893,386
1501호	T2	1,266,676	1502호	T1	903,486	1503호	T1	893,386
1401호	T2	1,258,686	1402호	T1	896,486	1403호	T1	886,486
1301호	T2	1,248,286	1302호	T1	888.686	1303호	T1	879,586
1201호	T2	1,240,486	1202호	T1	880,386	1203호	T1	871,686
1101호	T2	1,223,986	1102호	T1	873,486	1103호	T1	862,486
1001호	T2	1,216,086	1002호	T1	858,886	1003호	T1	855,586
901호	T2	1,197,986	902호	T1	845,186	903호	T1	841,886
801호	T2	1,183,186	285호	T1	829,028	803호	T1	827,386
701호	T2	1,166,986	702호	T1	814,586	703호	T1	812,286
601호	T2	1,150,586	602호	T1	799,586	603호	T1	797,686
501호	T2	1,134,986	502호	T1	784,986	503호	T1	783,986
401호	T2	1,109,286	402호	T1	763,586	403호	T1	769,386
301호	T2	1,083,986	302호	T1	740,886	303호	T1	747,586
피로티			202호	T1	710,286	203호	T1	703,986
			102호	T1	645,486	103호	T1	636,086

2. 상가 운영규정 및 관리처분계획

재개발·재건축정비사업 현장에서 상가조합원과 아파트조합원 간의 경제적 이해관계 상충으로 인해 정비사업이 여러 해 동안 추진되지 못하는 사례가 많이 발생되고 있다.

필자가 조합 집행부에 참여한 바가 있는 반포주공0단지 재건축조합에서도 기존의 상가 일부 조합원들로 인하여 사업추진에 많은 어려움이 있었고, 금전적인 측면에서도 막대한 손실이 발생되었다. 필자의 판단으로는 재건축에 대한 일부 상가조합원의 문제 제기는 상가의 권리금 보상문제 등에 의한 문제도 있겠으나, 재건축사업 추진 시 아파트와 상가를 동시에 추진해야 하는 사업진행방식 자체에도 일정부분 개선할 측면이 있다는 판단이다.

이에, 반포주공0단지조합에서는 아파트와 상가의 재건축사업를 실질적으로 분리하여 상가의 재건축사업에 따른 모든 권한과 의무를 상가조합원이 가지는 소위 '**독립정산제 사업방식**'을 채택하였으며, 이로 인해 재건축사업의 원만한 추진에 도움이 되었다고 믿고 있다.

그러나 '독립정산제 사업방식'을 채택하였다고 하더라도 법적으로는 하나의 조합으로 재건축 업무를 수행하기 때문에 행정적인 면에서는 일부 책임한계가 모호해지는 등 문제점도 다수 발견되기도 하였다. 이러한 문제점을 해소하기 위해서는 법적으로 아파트와 상가의 재건축 사업을 근원적으로 분리해서 추진하는 방안을 검토할 필요가 있었다.

다행스럽게도 정부에서는 이러한 문제점을 인식하고 이를 해소하기 위해 2003년 5월 및 2008년 3월에 「**구)도시및주거환경정비법 제41조제1항**」을 개정하여 일부토지에 대한 '**토지분할 청구제도**'를 도입함으로써 아파트조합원과 상가조합원과의 이해상충에 의한 정비사업의 지연을 줄일 수 있는 법적 근거를 마련하였다. 이와 관련한 상세내용은 본 지침서 「상권-제1편-제4장 -3항 조합의 설립」 편에 상세히 기술하였다.

아래에 수록된 자료는 반포주공0단지조합에서 '독립정산제 사업방식'을 채택한 이후 상가 조합원들 만으로 소위 '00상가 재건축주친위원회'를 결성하여 이 위원회에서 상가조합원 총회를 통한 관리처분계획(안)을 준비하고 이를 의결한 자료를 수록함으로써 독자들이 재건축사업을 원만히 추진하는 데 참고가 될 수 있도록 하였다.

아래의 자료 및 반포주공0단지아파트에 관한 제반 자료는 **2017.2.8. 전부개정된** 「도시및 주거환경정비법 제67조제1항」에 따라 '상가 토지 등을 분할청구'한 후 정비사업을 추진하는 경우나, 「도시 및 주거환경정비법 제67조제1항」의 분할청구 조건에 미달하는 경우에 이 자료를 원용할 수 있을 것으로 기대한다.

상가 재건축추진위원회의 관리처분총회에 대한 내용은 조합이 개최한 관리처분 총회의 형식과 유사하여 다른 자료는 생략하고 '**상가 재건축추진위원회 운영규정(안)**' 및 '**관리처분계획(안)**'만을 수록하였다. 상가를 위한 정관을 수록하지 않은 이유는 '독립정산제 사업방식'에서의 상가조합원은 법적으로 원래의 정비사업조합에 소속된 조합원으로서 조합의 정관에 따라야 하기 때문이다.

1) 00상가 재건축위원회 운영규정(안)

제1조(명칭)

본 위원회는 '반포주공0단지 00상가 재건축위원회(이하 '위원회'라 한다)라 칭한다.

제2조(설립목적과 활동)

1. 본 위원회의 설립목적은 반포주공0단지 재건축정비사업과 관련하여 00상가 재건축사업을 독립정산제로 추진함에 있어 상가회원(조합원)을 대표하며, 상가재건축업무의 효율적인 추진과 사업의 성공적인 완수를 그 목적으로 한다.

2. 본 위원회는 00상가 재건축과 관련한 제반 업무를 전담하며 상가의 성공적인 재건축업무 수행을 위해, 연구 및 심의, 의결업무, 결정사항의 집행 등 필요활동을 하며, 아파트재건축 조합과 상가재건축에 필요한 업무를 협의하고, 상호간에 발생되는 제반 업무에 대한 협의 및 이를 이행하기 위하여 최선의 노력을 다한다.

제3조(사무소)

본 위원회 사무소는 서초구 반포동 00-0. 00상가 내에 둔다. 단, 재건축사업이 진행되어 00상가 건축물이 철거될 경우에는 단지 외부에 설치한다.

제4조(시행구역)

본 의원회의 상가재건축사업 시행구역은 서초구 반포동 반포주공0단지 재건축정비사업 부지 내의 주구중심#1인 4,799.50㎡(약1,451.84평)로 한다. 다만, 아파트 재건축조합의 사업시행계획변경에 따라 시행구역의 면적이 변경될 수 있다.

제5조(시행방법)

1. 사업시행구역 안의 상가회원(조합원)은 소유한 토지 및 건축물을 위원회(조합)에 현물로 출자하고 위원회는 상가를 신축하여 상가관리처분계획(안)에 대한 상가회원(조합원) 총회의 결의내용에 따라 신축되는 상가를 상가회원(조합원)에게 공급한다.

2. 사업시행을 위하여 필요한 대지 및 상가 등의 사용처분, 공사비 및 부대비용 등 사업비의 부담과 공사기간, 하자보수책임 등 시공에 따른 모든 책임과 권한 등은 조합과 별도로 위원회와 시공사 등 관련 업체와 별도로 체결하는 계약이나 약정에 따른다.

3. 상가재건축사업에 관련한 인·허가업무 등 각종 행정절차, 관리처분계획(안)의 수립, 세무 업무 등 전문지식이 요구되는 업무에 대해서는 정비사업전문관리업자나 세무회계사 등을 상가대위원회의 결의를 거쳐 선정하여 관련 업무를 대행시킬 수 있다.

제6조(활동기간)

활동기간은 00상가 재건축추진위원회가 구성되어 상가재건축 관련 업무를 수행한 날부터 상가의 청산업무가 종료되는 날까지로 한다.

제7조(공고방법)

상가회원(조합원)의 권리·의무에 관한 통지나 재건축사업의 진척 등에 관한 사항 등은 우편으로 통지하는 것을 원칙으로 하되, 필요한 경우에는 전화로 통지할 수 있다.

제8조(규정의 개정)

1. 규정을 개정하고자 하는 때에는 상가회원(조합원)의 3분의 1 이상, 대의원의 3분의 2 이상 또는 위원장의 발의가 있어야 한다.
2. 규정의 개정요건은 상가회원(조합원)의 3분의 2 이상의 동의를 얻어야 한다.(서면동의서 포함) 다만, 경미한 사항에 해당되는 경우에는 상가회원(조합원) 과반수의 출석과 출석 회원(조합원) 과반수의 찬성으로 결의한다.

제9조(회원의 자격)

1. 본 위원회의 회원(조합원) 자격은 반포주공0단지 00상가의 건축물 및 토지를 보유한 구분소유권자로서 상가재건축에 동의하고 출자자산을 위원회(조합)에 신탁한 자로 한다. 또한, 아파트를 대신 분양받는 상가회원(조합원)이 종전에 소유하던 상가지분을 인수한 재건축 조합도 종전의 상가회원(조합원) 수에 해당하는 회원자격을 가진다.
2. 동일인(단체)이 수개의 점포를 소유하였을 경우에는 그 소유점포수 별로 회원(조합원)의 자격을 인정한다.
3. 하나의 점포를 수인이 공유하였을 경우에는 취득시기에 관계없이 하나의 회원(조합원)으로 한다. 이 경우 공유자들은 1인을 선정하여 위원회(조합)에 등록하여야 하며, 회원(조합원)으로서의 모든 법률행위는 등록된 자가 행한다.
4. 하나의 점포를 건축물이나 토지로 나누어 각기 소유하고 있는 경우에는 그 중 1인만을 회원(조합원)으로 인정한다. 이 경우 1인을 선정하여 위원회(조합)에 등록하여야 하며, 회원(조합원)으로서의 모든 법률행위는 등록된 자가 행한다.
5. 점포의 매매, 상속, 증여 등으로 회원(조합원)의 권리를 양도받은 자는 종전 권리자의 모든 권리와 의무를 포괄 승계한다.

제10조(회원의 권리와 의무)

1. 모든 회원은 다음 각 호의 권리와 의무를 가진다.
   1) 관리처분계획으로 정한 상가건축물의 분양청구권
   2) 총회의 출석권, 발언권 및 의결권
   3) 임원 및 대의원의 선출권과 피선출권
   4) 부과되는 분담금의 납부의무
   5) 기타 위원회 규정과 대의원회의 의결사항 준수의무
2. 회원(조합원)의 의결권은 평등하며 의결권의 대리행사는 인정하지 아니한다. 다만, 회원(조합원)이 불가피한 사유로 권리행사를 할 수없는 경우에는 대리인을 정하여 위임장을 제출하고 그 권리를 행사할 수 있다. 다만, 권리행사의 방법은 제14조 제2항 내지 제4항을 준용한다.

제11조(회원의 자격상실 등)

1. 회원(조합원)이 소유하고 있는 점포를 매매나 증여 등으로 해당 소유권을 타인에게 양도

하였을 경우에는 회원(조합원)의 자격이 자동 상실된다.

2. 회원(조합원)이 해당 소유권을 양도하거나 주소변경이 있을 경우에는 그 양수자 또는 변경 당사자는 해당 행위의 종료일로부터 14일 이내에 위원회(조합)에 변경신고를 하여야 한다. 이 경우 신고하지 아니하여 발생되는 제반 불이익 등에 대하여는 위원회(조합)에 이의를 제기할 수 없다.

제12조(총회의 설치)

1. 위원회는 전체 회원(조합원)으로 구성하는 총회를 둔다.
2. 총회는 필요에 따라 위원장이 이를 소집한다. 이 경우 위원장은 총회의 목적, 안건, 일시, 장소에 관하여 대의원회의 사전 결의를 거쳐야 한다.
3. 총회는 재적대의원 3분의1 이상의 요구가 있을 때 위원장이 소집한다. 다만, 회원(조합원) 5분의 1 이상 또는 감사 2인 전원이 총회의 목적을 제시하고 총회소집을 요구할 때에는 위원장은 총회를 소집하여야 한다.
4. 총회의 소집은 회의개최 14일 전까지 회의목적, 안건, 일시 및 장소를 위원회 사무소에 게시하고 각 회원(조합원)에게 회의개최 7일 전까지 우편으로 통지하여야 한다.

제13조(총회의 의결 및 추인사항)

- 다음 각 호의 사항은 총회의 의결을 거쳐 시행한다.
1. 회원(조합원)의 권리와 의무의 변경 또는 회원(조합원)에게 부담을 수반하는 규정 등의 개정에 관한 사항
2. 회원(조합원)의 부담이 될 계약 및 사업비 등의 차입에 관한 사항
3. 사업계획의 결정 및 변경에 관한 사항. 다만, 대의원회에 부의되는 변경사항에 한함
4. 관리처분계획의 수립 및 변경에 관한 사항
5. 대의원의 선임에 관한 사항
6. 대의원회의 해산에 관한 사항
7. 시공자, 설계자 및 정비사업전문관리업자의 선정
8. 대의원회에 부의된 사항
9. 기타 이 규정에서 총회의 결의를 요하는 사항

- 다음 각 호의 사항은 총회의 추인을 받아야 한다.
1. 대의원의 해임 및 보궐선임
2. 선거관리규정의 개정에 관한 사항
3. 기타 조합규정에 추인을 요하는 사항

제14조(총회의 의결방법 및 운영)

1. 총회는 상가회원(조합원) 과반수의 출석으로 개의하고 출석조합원 과반수의 찬성으로 의결한다.
2. 회원(조합원)은 서면 또는 대리인을 통하여 의결권을 행사할 수 있다.
3. 회원(조합원)은 제2항의 규정에 따라 총회 출석을 서면으로 할 때에는 미리 통지한 안건 내용에 대한 의사를 표시하여 총회 전까지 위원회에 도착되도록 제출하여야 한다.

4. 회원(조합원)은 제2항의 규정에 따라 대리인을 선임할 경우에는 다음 각 호에 해당하는 경우에 한하여 인감증명서를 첨부한 위임장을 첨부하여 위원회에 제출하여야 한다.
   1) 회원(조합원)이 권한을 행사할 수 없어 배우자 및 직계존비속 중에서 성년자를 대리인으로 정하여 위임장을 제출한 경우. 단, 주택재건축조합의 소유지분에 대해서는 조합 임원 중에서 조합이 지정하는 자가 대신할 수 있다.
   2) 해외거주자, 법인 또는 단체가 법정대리인을 지정한 경우
5. 1회 이상의 총회 소집 결과 정족수에 미달될 경우에는 대의원회의로 대신할 수 있다. 이 경우 대의원회의 의결사항은 회원(상가 조합원) 전원에게 그 결과를 서면으로 통지하여야 한다.
6. 위원장은 회의 안건을 고려하여 다음 각 호에 해당하는 자 등 회원(조합원)이 아닌 자를 총회에 참석하여 발언하도록 할 수 있다.
   1) 본 위원회의 직원
   2) 정비사업전문관리업자, 설계자, 시공자 및 분양자
   3) 기타 의장이 총회 운영을 위하여 필요하다고 인정하는 자
   4) 총회의 의장은 총회장의 질서를 유지하고, 의사를 정리하며, 고의로 의사진행을 방해하는 발언이나 행동 등으로 회의질서를 문란하게 하는 자에 대하여는 그 발언의 정지나 제한 또는 퇴장을 명할 수 있다.

제15조(대의원의 선출)

1. 대의원은 총13명 이내로 선출하며 대의원 중에서 위원장 1명, 감사 2명을 선출한다.
2. 대의원은 회원(조합원) 중에서 선출하고 보궐선출 시에는 재적대의원 3분의 2 이상의 출석과 출석대의원 3분의 2 이상의 찬성으로 선출하여 총회의 인준을 받는다. 다만, 재건축조합을 대표하는 2인은 당연직 대의원으로 한다. 또한, 조합장은 대의원회의에 참석하여 의견을 개진할 수 있으나 의결권은 가지지 않는다.
3. 대의원의 임기는 스스로 사퇴하거나 자산의 매매, 증여 등으로 회원(조합원)의 권리를 양도하거나 총회에서 해임되지 않는 이상 선임된 날로부터 상가 재건축사업의 종료일까지로 한다.

제16조(대의원회의 설치)

1. 위원회에는 대의원회를 둔다.
2. 반포주공0단지 00상가 구분소유권자인 모든 회원(조합원)은 대의원 피선출권을 가지되, 점포를 소유한지 만1년 이상이 경과된 자이어야 한다.
3. 대의원회의는 위원장이 필요하다고 인정한 때에 위원장이 소집한다. 다만, 전체 대의원 3분의 1 이상이 회의목적을 제기하고 대의원회의 소집을 요구할 때에는 위원장은 즉시 대의원회를 소집하여야 한다.
4. 대의원회를 소집할 때에는 회의개최일 최소 3일 전까지 회의안건, 일시 및 장소를 위원회사무소 게시판에 게시하고 각 대의원 본인에게 우편이나 전화로 통지하여야 한다.

제17조(대의원회의 직무 등)

1. 위원장은 위원회를 대표하고 사무실 운영을 총괄하며 총회와 대의원회의 의장이 된다.
2. 대의원은 회원(조합원)을 대표하며 특별한 경우 외에는 대의원회의에 참석하여야 한다.
3. 위원장 유고 시에는 대의원 중 최고 연장자가 위원장 직무를 대행하며 3개월 이내에 대의원회에서 후임 위원장을 선출하여 총회의 승인을 받아야 한다.
4. 감사는 위원회의 수행업무 및 재산 상태와 회계에 관하여 감사하며 감사보고서를 년 1회 총회나 상가회원(조합원)에게 서면으로 보고하여야 한다.
5. 감사는 재산상황 또는 업무집행이 공정하지 못하거나 부정이 있음을 발견하였을 때에는 대의원회나 총회에 즉시 보고하여야 하며, 이를 위한 임시총회의 소집을 요구할 수 있다.
6. 위원장이 자신을 위한 위원회와의 계약이나 소송에 관계할 때에는 감사가 위원회를 대표한다.
7. 위원회는 재건축사무를 수행하기 위하여 필요하다고 인정되는 때에는 총회 또는 대의원회의 의결을 거쳐 상근하는 유급직원을 둘 수 있다.

제18조(대의원회의 의결사항)

대의원회는 다음 각 호의 사항을 의결한다.
1. 대의원의 해임 및 보궐 선임
2. 대의원의 자격상실에 관한 사항
3. 시공자, 설계자, 감리자, 감정평가자, 정비사업전문관리업자, 변호사, 세무사, 법무사 등과의 각종 계약에 관한 사항
4. 예산 및 결산에 관한 사항
5. 부과금의 금액결정 또는 징수방법에 관한 사항
6. 위원회의 운영비에 관한 사항
7. 재정 관리에 관한 사항
8. 관리처분계획의 수립 및 기타 세부사항
9. 총회 부의안건의 사전심의 및 총회로부터 위임받은 사항
10. 업무처리 규정의 제정 및 개정에 관한 사항
11. 기타 대의원회의 의결이 필요한 사항

제19조(대의원회의 의결방법)

대의원회는 관계법 및 위원회 운영규정에서 특별히 정한 경우를 제외하고는 재적대의원 과반수의 출석으로 개의하고 출석대의원 과반수의 찬성으로 의결한다.

제20조(대의원회의 사무)

대의원회는 다음 각 호의 사무를 수행한다.
1. 아파트재건축조합과의 관련 업무, 기타 대외업무
2. 총회 위임사항의 처리 및 의결사항
3. 기타 위원회운영 및 사업시행에 관한 사항

제21조(대의원의 자격상실 등)

1. 위원장의 해임

   위원장이 그 직무를 태만히 하거나 업무를 일방적으로 처리하여 위원회의 운영에 지장을 초래하는 경우 재적대의원 3분의 2 이상의 출석과 출석대의원 3분의 2 이상의 찬성으로 해임할 수 있다. 이때, 감사는 위원장에 대한 해임사유를 총회에 보고할 수 있다.

2. 대의원의 해임

   제11조(회원의 자격상실 등) 제1항에 해당되어 회원(조합원)의 자격이 상실되는 경우에는 자동해임된다.

3. 대의원 중 상가를 포기하고 아파트를 분양신청하여 동·호수추첨에 당첨되면 자동해임된다.

4. 대의원회의의 소모적인 논쟁을 지양하고 운영의 효율성을 높이며, 상가 재건축에 대한 사안들의 원활한 추진을 위해 다음 각 항에 해당하는 대의원에 대하여는 대의원회에서 재적대의원 3분의 2 이상의 출석과 출석대의원의 3분의 2 이상의 찬성으로 대의원 자격의 정지나 제명을 의결할 수 있다.

   1) 일반적이고 민주적인 안건심의 방법을 통한 다수결원칙으로 의결된 사항을 승복하지 않거나 회의운영질서를 문란하게 하는 경우

   2) 조합원 상호간의 불화를 조성하는 행위

   3) 관련 회의에 사전통지없이 연속 3회 이상 불참하여 회의운영에 지장을 초래하는 경우

   4) 고의로 본 위원회를 음해, 비방, 모략, 기타 위원회에 중대한 해를 끼치는 경우

제22조(회계)

1. 위원회의 회계는 매년 1월 1일부터 12월 말까지로 한다.

2. 예산회계는 기업회계원칙에 따르되 필요 시 별도의 규정을 정하여 운영할 수 있다.

3. 위원장은 매 회계연도 종료일로부터 30일 이내에 결산 보고서를 작성한 후 감사의 감사보고서를 첨부하여 대의원회에 제출하여야 하며, 대의원회의 의결을 얻은 결산보고서를 총회 또는 회원(조합원)에게 서면으로 보고하여야 한다.

4. 재건축사업의 종료 후 청산일로부터 3월 이내에 결산보고를 총회에 보고하거나 각 회원(조합원)에게 서면으로 송부하여야 한다.

제23조(정비사업비의 부과 및 징수)

1. 위원회는 사업시행에 필요한 비용에 충당하기 위하여 회원(조합원)에게 제사업경비를 부과 징수할 수 있다.

2. 위원회는 납부기한 내에 부과금을 납부하지 아니한 자에 대하여는 금융기관에서 적용하는 연체금리의 범위 내에서 연체금을 부과할 수 있으며, 연체금리 및 미납금처리 등 세부사항은 대의원회에서 의결한다.

3. 위 제2항의 '위원회의 운영경비'에 관한 세부사항은 대의원회의 의결로 확정한다.

제24조(정비사업비의 조달)

   공사비와 위원회의 운영경비 등 정비사업비는 다음의 방법으로 조달한다.

1. 회원(조합원)이 현물로 출자하는 대지 및 건축물

2. 회원(조합원)이 분양받은 건축시설물의 분양금액과 권리지분가액(종전자산의 금액)과의 차이로 발생되는 분담금

3. 일반분양대상 점포의 일반분양수입금

4. 금융기관으로 부터의 차입금

5. 시공자 또는 분양대행자가 결정된 후에는 시공자 또는 분양자로부터 조달하는 차입금

6. 연체금 등의 수입금

7. 기타 위원회의 사용수익 또는 처분 등에 의한 수익금

제25조(대의원 및 직원의 보수 등)

1. 위원회는 상근하는 대의원을 제외한 대의원에게는 정기적인 보수를 지급하지 않는다.
   다만, 대의원회의 의결에 따라 업무추진비를 지급할 수 있으며 감사 및 대의원이 관련
   회의 참석 등 그 직무수행과 관련하여 발생되는 비용은 경비로 지급한다.

2. 감사에게는 년 2회, 반기별로 대의원회에서 정하는 일정액의 감사비를 지급한다.

3. 직원의 보수는 대의원회의 심의를 거쳐 결정한다.

4. 위원장에 대하여는 대의원회에서 정하는 보수를 지급한다.

제26조(이주대책)

1. 사업시행으로 상가가 철거되는 회원(조합원)은 본인의 부담으로 이주하여야 한다.

2. 위원회는 이주비의 지원을 희망하는 회원(조합원)에게는 일반은행으로부터 이주비를
   지원받게 하가나 시공자 또는 분양대행자가 이를 지원하도록 알선할 수 있다. 이 경우
   이주비를 지원받은 회원(조합원)은 **사업시행구역의** 회원(조합원)소유의 토지를 담보로
   제공하며 이주비이자는 본인이 부담한다.

3. 제2항의 규정에 의하여 이주비를 지원받은 회원(조합원) 또는 그 권리를 승계한 자는
   지원받은 이주비의 원리금을 정해진 상환기한까지 상환하여야 한다.

제27조(지장물 철거 등)

1. 위원회는 기존의 상가 건축물을 철거하고자 하는 때에는 10일 이상의 기한을 정하여
   구체적인 철거계획에 관한 내용을 미리 회원(조합원)에게 통지하여야 한다.

2. 회원(조합원)의 이주 후, 건축법 제36조에 의한 철거 및 멸실 신고는 위원회에서 위임
   받아 일괄 처리한다.

제28조(지상권 등의 계약해지)

1. 위원회는 재건축사업의 시행으로 인하여 지상권, 전세권 또는 임차권 등의 설정목적을
   달성할 수 없는 권리자가 계약상의 금전에 대한 반환청구권을 위원회에 청구하는 경우
   위원회는 해당 금액을 지급할 수 있다.

2. 위원회는 제1항에 의해 금전을 지급한 경우에는 해당 회원(조합원)에게 구상을 요구할
   수 있으며 구상에 응하지 아니할 때에는 해당 회원(조합원)에게 귀속될 건축물을 압류
   할 수 있다. 이 경우 압류한 권리는 저당권과 동일한 효력을 가진다.

제29조(매도청구 등)

1. 위원회는 재건축사업을 시행함에 있어 재건축에 동의하지 아니한 자(건축물 또는 토지
   만을 소유한 자를 포함한다)와 본 제29조 및 제11조 제2항의 규정에 의하여 제명된

회원(조합원)의 토지 및 건축물에 대하여는 주택정비사업조합의 관계 규정 및 도시 및 주거환경정비법 제64조의 규정을 적용하여 법원에 매도청구 할 수 있다.
이 경우 조합설립 동의는 사업시행계획의 동의로 보며, 구분소유권 및 토지 사용권은 **사업시행구역**의 매도청구 대상이 되는 토지 또는 건축물의 소유권과 그 밖의 권리로 본다.

2. 위 제1항에 의한 매도청구 시 매도청구소송에 관한 위원회 측 당사자 자격은 관계 법령에 의한 권리자나 위원회 대표인 위원장에게 있다.

제30조(부동산 신탁)

1. 상가 재건축사업의 원활한 추진을 위하여 회원(조합원)은 회원(조합원)이 소유하고 있는 **사업시행구역**의 토지 및 건축물에 대하여 재건축조합에 신탁등기를 완료하여야 하며, 별도로 정하는 기간 내에 신탁등기를 이행하지 않을 경우에는 재건축조합(상가재건축 추진위원회)은 신탁등기 이행 및 매도청구소송을 할 수 있다. 단, 신탁등기에 필요한 제반 서류는 본 위원회에 제출하여 일괄 처리할 수 있도록 하여야 한다.
2. 회원(조합원)이 위원회에서 별도로 정한 기간 내에 신탁등기를 이행하지 않거나, 기존 상가의 철거 등 사업시행에 지장을 초래하는 경우 그에 따라 발생되는 모든 손해는 해당 회원(조합원)이 변상할 책임을 진다.
3. 위원회는 재건축조합 명의로 신탁되는 회원(조합원)의 재산권은 재건축정비사업의 시행 목적에 한하여 행사하여야 하며, 사업이 종료되어 입주가 완료되면 즉시 신탁을 해지 하여야 한다.

제31조(신탁등기 및 소유권의 이전 등)

재건축조합이 민법 제276조 제1항과 부동산등기법 시행규칙 제56조제3항의 규정에 의한 다음 각 항의 소유권이전등기를 할 경우에는 위원회 총회의 결의를 받지 아니 한다.

1. 회원(조합원)명의의 부동산을 주택재건축조합 명의로 신탁하는 것을 원인으로 하는 소유권이전 및 신탁등기
2. 신탁등기 이후 해당 회원(조합원)이 시공자나 금융기관으로부터 이주비 차용을 위한 담보제공에 따른 근저당설정등기
3. 사업종료 또는 조합원 자격상실 등에 따른 신탁해지를 원인으로 하는 소유권이전등기
4. 사업부지의 합필, 분필, 기부채납에 따른 등기
5. 일반분양대상 점포에 대한 보존등기

제32조(관리처분계획의 기준)

1. 신축되는 건축물의 배분은 종전 건축물의 소유면적 및 층별 위치를 기준하여 분양함을 원칙으로 하며, 분양받는 상가의 분양가격과 종전가액과의 차액은 '감정평가및 감정평가사에관한법률'에 따라 **감정평가법인등** 2인에게 의뢰하여 제출받은 각각의 감정평가액을 산술평균한 금액으로 정산한다.
2. 층·호수의 배정은 조합원이 희망하여 분양신청 한 층·호수를 우선 배정하며, 경합이 있는 경우에는 기존의 층과 위치가 동일하거나 유사한 위치를 분양신청한 회원(조합원)을 우선하고, 그 이외의 호수 선택은 종전 상가의 건축물 및 토지의 감정평가액을 기준으로 제곱미터당 감정평가금액이 높은 회원(조합원)에게 우선권을 부여한다.

3. 제곱미터당 감정평가금액이 동일한 경우에는 종전 상가와 동일한 층을 분양함을 원칙으로 하며 제반 조건 등이 유사하여 층과 호수의 배정이 어려운 경우에는 경합자만의 추첨을 통하여 우선선택권을 부여한다.
4. 신축상가의 분양은 첨부된 신축상가(주구중심#1)의 층별 평면도상의 1개의 호수(戶數)에 한하여 분양한다.
5. 신축상가의 1개의 호수(戶數)를 분양받고 남은 종전가액이 추가로 분양받고자 하는 호수(戶數)의 분양가격의 50% 이상인 경우에는 또 다른 1개 호수(戶數)의 상가를 분양 신청할 수 있다.
6. 회원(조합원)이 원할 경우 종전상가의 위치와 관계없이 신축상가에 대한 분양을 신청할 수 있다. 단, 경합이 있을 경우 신청대상 상가의 위치와 종전상가의 위치가 동일(유사)한 조합원에게 우선권을 부여하며, 그 이외의 경우에는 추첨에 의해 분양한다.
7. 상가를 분양받고자하는 회원(조합원)은 위원회에서 정하여 통지하는 분양신청기간 내에 관계 서류를 첨부한 분양신청서를 위원회에 제출하여야 한다.

제33조(일반분양대상 점포의 처분)

회원(조합원)에게 우선하여 분양하고 남은 점포는 주택공급에 관한 규칙에 정하는 바에 따라 분양하는 것을 원칙으로 한다. 다만, 관계 규정에 위배되지 않는 범위 내에서 임의 분양할 수 있다.

제34조(기타)

본 규정에 규정되어 있지 않은 사항은 재건축조합의 정관 등의 규정과, 관리처분계획 및 재건축 관계 법령에 따른다.

부 칙

제1조(시행일)

본 운영규정은 상가조합원 총회에서 승인된 날로부터 시행한다.

제2조(종전행위의 효력)

본 운영규정이 시행되기 전 위원회에서 행한 결정, 처분, 계약 및 대의원회의 결의사항 등 모든 행위는 본 규정에 의해 행해진 것으로 한다.

제3조(의사록의 작성 및 관리)

1. 위원회는 총회, 대의원회의 회의내용에 관하여 회의록을 작성하여 청산 시까지 보관하여야 한다.
2. 회의록에는 의사 진행과정과 그 결과를 기재하고 총회 회의록은 위원장이 기명·날인하여야 하며, 대의원 회의록은 참석자가 연명하여 날인하여야 한다.

제4조(대의원회의 결의 효력)

상가 재건축사업을 위한 모든 업무수행은 본 운영규정이 정하는 바에 의하며, 규정되어 있지 않은 사항은 대의원회의 의결을 거쳐 시행한다. 그러나 관계 법령 및 관계 기관의 지침 또는 유권해석의 범위를 벗어날 수는 없다. 대의원회의 사전의결 없이 집행된 사항은 추후 대의원회의 추인을 받아야 한다.

0000년 0월 00일

반포주공0단지 00상가 재건축위원회

2) OO상가 관리처분계획(안)

서울시 서초구 반포O동 00-0 번지상의 반포주공O단지 OO상가 재건축사업의 관리처분계획의 기준을 도시및주거환경정비법 등의 관계 법령과 주택정비조합의 정관 등 관계 규정에 따라 다음과 같이 정한다.

제1조 사업개요
1. 사업명칭 : 반포주공O단지 OO상가 재건축정비사업
2. 사업위치 : 서울시 서초구 반포O동 00-0 번지 외
3. 시 행 자 : 반포주공O단지 OO상가 재건축위원회

제2조 사업계획

구 분	내 용		
공 사 명	반포주공O단지 OO상가 재건축정비사업		
대지위치	서울시 서초구 반포O동 00-0 번지 외		
지역/지구	일반주거지역 / 아파트지구(용도 : 근린생활시설, 업무시설)		
대지면적	4,799.50㎡(1,451.84평)		
건축면적	2,397.77㎡ (725.32평)		
연 면 적	21,965.07㎡(6,644.43평)		
건 폐 율	49.96%	용적률	243.91%
공사규모	지하3층, 지상5층		

제3조 사업추진방식
상가(주구중심#1 및 #2)의 재건축사업 추진방식은 주공O단지 재건축조합의 행정단위 안에서 상가조합원이 법적으로나 실질적으로 책임과 권한을 가지는 '독립정산제방식'으로 한다.

제4조 처분기준
1. 신축상가의 분양은 조합원분양 후 잔여세대는 일반분양한다.
2. 대지면적은 추후 확정측량에 의해 면적증감이 있을 수 있으며, 향후 분양되는 상가의 점포별 분양면적 비율에 따라 토지를 분배하며 공유지분으로 그 소유권이 주어진다.

제5조 종전자산의 평가기준
1. 종전자산(토지 및 건축물)의 평가기준은 종전상가의 개별 등기된 부동산 등기부상의 면적을 기준으로 한다.
2. 종전자산(토지 및 건축물)의 소유권은 관리처분계획 기준일 현재 부동산 등기부상의 소유자로 한다.
3. 종전자산(토지 및 건축물)의 기준가액 산정방법은 '감정평가 및 감정평가사에 관한 법률'

제19조 및 정비사업조합 정관 제48조(관리처분계획의 기준)제10호에 따른 2인 이상의 감정평가법인등이 평가한 금액을 산술평균하여 산정한다.

4. 종전자산에 대한 감정평가금액(종전자산의 합계액)은 아래와 같다.

(단위 : 천원)

층 별	면 적	00감정평가법인	◇◇감정평가법인	산술평균
지하1층	635.95㎡	4,751,000	4,494,000	4,622,500
지상1층	1,085.18㎡	17,619,000	18,041,000	17,816,500
지상2층	1,146.58㎡	9,655,000	9,374,000	9,514,500
지상3층	1,182.04㎡	9,323,000	8,876,000	9,099,500
합 계	4,049.75㎡	41,348,000	40,758,000	41,053,000

제6조 사업운영수익 및 사업비 추산액

1. 사업운영수익 및 사업비 추산액(첨부#1)
   1) 사업비 운영계획서상의 소요비용 추산액(총사업비)은 증감이 있을 수 있으며 증감이 있는 경우에는 청산 시 정산하기로 한다.
   2) 사업시행인가 조건 중 상가조합원이 부담해야 되는 상가토지의 매입비용은 완공 시 재건축정비사업조합과 정산한다.

2. 상가조합원 평균분양가

   도시 및 주거환경정비법 제74조 및 제89조와「감정평가 및 감정평가사에 관한 법률」에 따른 감정평가법인등 2인 이상에게 평가를 의뢰하여 제출받은 감정평가액(층별, 위치별 효용지수를 반영한 금액)을 산술평균한 금액에 따라 분양가격을 산정한다. (인근지역의 시세, 분양성 등을 고려하여 조합원 분양분과 일반분양분의 가격이 다를 수 있다)

※ 신축상가의 층별 예상분양가 (단위 : 천원)

구 분		평가금액			비 고
		00평가법인	00평가법인	산술평균	
00상가 (주구중심#1)	지하1층	20,583,260	22,122,135	21,352,696.5	층별 분양가격은 지하주차장을 포함한 가격임
	지상1층	64,290,900	62,512,648	63,401,774.0	
	2층	28,815,900	30,561,481	29,688,690.5	
	3층	20,125,080	30,561,481	20,751,963.0	
	4층	18,193,920	21,378,846	18,315,193.0	
	5층	18,193,920	18,482,116	18,333,467.5	
	합 계	170,157,330	173,530,241	171,843,785.5	

※ 조합원 평균분양가는 감정평가액(평균)에서 매출부가세를 제외한 금액이며 부가세 정산에 따라 평가금액에 약간의 변동이 있을 수 있으며, 이에 따라 조합원 분담금이 변경될 수 있으며 그에 따른 정산은 신축상가 완공 후 청산 시에 한다.

3. 일반분양분의 평균분양가

상가의 일반분양가는 향후 분양시장, 분양방법, 주변시세 등을 감안하여 최종 결정되며 일반분양가 확정 시 조합원 분담금이 변경될 수 있고 정산은 신축상가 완공 후 청산 시에 한다.

제7조 권리가액의 산정

조합원에 대한 대지 및 건축시설물의 분양기준이 되는 분양대상자별 권리가액은 감정평가 금액을 기준하여 산정한다.

1. 권리가액 산정 산식

조합원에 대한 대지 및 건축시설의 분양기준이 되는 분양대상자별 권리가액의 산정은 다음 산식에 의한다.

1) 추정비례율 산정식

$$\frac{(\text{사업완료후의 대지 및 건축시설의})\text{총수입금} - \text{공동부담소요비용}^*}{\text{종전 토지 및 건축물의 총 감정평가액}} \times 100 = \text{추정비례율}$$

* 공동부담소요비용 : 공사비, 설계비, 감리비, 금융비용, 제사업비, 각종보상비용 등
　　　　　　　　　　조합원이 공동으로 부담하여야하는 총 사업경비

* 총수입금 = 총 분양수입금 등,　　* 공동부담소요비용 =정비사업 총비용

2) 추정비례율 산정내역

$$\frac{171,843,785,500 - 49,620,679,000}{41,053,000,00} \times 100 = 297.7202798$$

3) 권리가액 산정식

종전의 소유토지및건축물가액 × 추정비례율 = 권리가액

2. 사업운영수익 및 정비사업추산액(첨부#1)

사업비 운영계획서상의 소요비용추산액(총사업비)은 증감이 있을 수 있으며, 증감이 있을 경우에는 청산 시 정산한다.

제8조 조합원분양

1. 건축시설의 분양면적

상가의 호별 분양면적은 전용면적과 공용면적을 합한 분양면적으로 하고, 계약면적은 분양면적에 기타 공용면적(지하주차장 등)을 포함한 면적으로 한다.

2. 대지의 분양면적

상가의 호별 대지면적은 도시 및 주거환경정비법 시행령 제63조제1항제6호에 따라 건축시설의 **분양면적의 비율**에 의하여 나눈 면적에 따라 공유지분으로 분양한다. 다만, 법령 개정 등으로 인하여 대지면적의 산출기준이 변경될 경우에는 호별 대지지분면적이 변경될 수 있다.

3. 분양가격

   도시 및 주거환경정비법 제74조제1항제3호에 따라 분양예정인 대지 및 건축물의 추산액을 산정하는 경우 '감정평가및감정평가사에관한법률'에 따른 **감정평가법인등 2인**에게 의뢰하여 제출받은 감정평가액(층별, 위치별 효용지수를 반영하여 산출한 금액)을 산술평균한 금액에 따라 분양가격을 산정한다.

4. 분양기준
   1) 종전 건축물의 소유면적 및 층별 위치를 기준하여 분양함을 원칙으로 하며, 분양받는 상가의 분양가격과 종전가액과의 차액은 '감정평가및감정평가사에관한법률'에 따른 **감정평가법인등 2인**에게 의뢰하여 제출받은 각각의 감정평가액을 산술평균한 금액으로 정산한다.
   2) 층·호수의 배정은 조합원이 희망하여 분양신청한 층·호수를 우선 배정하며, 경합이 있는 경우에는 기존의 층과 위치가 동일하거나 유사한 위치를 분양신청 한 조합원을 우선하고, 그 이외의 호수 선택은 종전 상가의 건축물 및 토지의 감정평가액을 기준으로 제곱미터당 감정평가금액이 높은 조합원에게 우선권을 부여한다.
   3) 제곱미터당 감정평가금액이 동일한 경우에는 종전 상가와 동일한 층을 분양함을 원칙으로 하며 제반 조건 등이 유사하여 층과 호수의 배정이 어려운 경우에는 경합자만의 추첨을 통하여 우선선택권을 부여한다.
   4) 신축상가의 분양은 첨부된 신축상가(주구중심#1)의 층별 평면도상의 1개의 호수(戸數)에 한하여 분양한다. 주구중심#2는 평면도 및 호수별 감정평가 작업이 현재 진행되는 중이므로 추후 조합 혹은 「주구중심#2 재건축추진위원회」에서 확정하여 상가조합원에게 통지하는 기준에 따른다.
   5) 신축상가를 1개 호수(戸數) 분양받고 남은 종전가액이 추가로 분양받고자 하는 호수(戸數)의 분양가격의 50% 이상인 경우에는 또 다른 1개 호수(戸數)의 상가를 분양신청할 수 있다.
   6) 조합원이 원할 경우 종전상가의 위치와 관계없이 신축상가에 대한 분양을 신청할 수 있다. 단, 경합이 있을 경우 신청대상 상가의 위치와 종전상가의 위치가 동일(유사)한 조합원에게 우선권을 부여하며, 그 이외의 경우에는 추첨에 의하여 분양한다.

제9조 상가조합원에 대한 주택공급

1. 상가 소유 조합원에게는 상가를 공급하는 것을 원칙으로 한다. 다만, 상가 조합원이 신축상가의 분양신청을 포기하고 신축주택(아파트)으로 분양을 희망하는 조합원에 한하여 1주택을 공급할 수 있다.

2. 주택의 공급방법은 도시및주거환경정비법 시행령 제63조제2항에 따라 상가조합원의 주택분양신청자격의 범위를 정함에 있어 분양주택 중 최소분양단위 규모(59m²형)의 추산액에 조합정관에서 정한 비율인 100분의 00을 곱한 가액 이상의 상가 권리지분을 가진 조합원에게 아파트조합원 분양 후 잔여세대 중에서 1주택을 분양할 수 있다.

3. 주택공급을 위한 아파트와 상가의 자산평가는 상가의 제곱미터당 권리지분과 아파트의 제곱미터당 권리지분을 대등한 금액으로 평가하기로 하며, 이주비나 영업손실비 등은 지급하지 않는다.

4. 상가조합원이 주택의 분양을 신청하는 경우 종전에 소유하고 있던 토지 및 건축물의 규모나 개수에 관계없이 1주택만을 공급하며, 상가소유자 간에 우선권이 없으며 동등한 자격을 가진다.

5. 상가조합원이 상가를 포기하고 주택을 신청하는 경우 재건축사업이 진행됨에 따라 발생되는 아파트와 상가 각각의 조합원 분담금 증감에 대하여는 서로 그 영향을 받지 않는 것으로 한다. 다만, 상가조합원이 해당 권리를 조합에 양도하거나 청산절차 등에 의해 소유권이 조합으로 이전된 경우에는 상가의 분담금 증감에 대한 권한과 의무를 진다.

6. 상가조합원이 상가분양을 포기하고 주택분양을 원하는 경우 상가권리지분의 액수나 개수에 관계없이 1주택만을 분양받을 수 있다. 그러나 상가조합원이 아파트조합원의 자격으로 2주택을 분양받았을 경우 상가를 포기하고 아파트를 분양받을 수 없다.

제10조 일반분양

1. 일반분양대상 점포는 「주택공급에 관한 규칙」이 정하는 바에 따라 분양승인을 받아 일반에게 분양한다.

2. 상가조합원 분양 후 잔여 상가는 공개경쟁입찰의 방법으로 일반분양하는 것을 원칙으로 한다. 다만, '상가재건축추진위원회'에서 별도의 방법을 정하는 경우에는 그에 따른다.

제11조 조합원 분담금 산출기준과 분양계약

1. 종전자산의 감정평가금액을 기준한 권리가액을 조합원 분양가격에서 공제한 금액을 조합원 분담금으로 한다.

2. 조합원 개인의 종전자산의 감정평가금액 차이와 층·호수의 분양가격 차이에 따라 조합원 분담금은 감소하거나 증가한다.

3. 권리가액이 분양가격보다 많아서 환급대상이 되는 조합원의 금전청산은 청산 시 현금으로 정산한다.

제12조 분양 미신청자 등에 대한 조치

조합원이 분양신청 기간 내에 분양신청을 하지 않는 경우에는 분양을 신청한 조합원에 한하여 우선 분양을 실시한 후 잔여점포를 대상으로 임의배정 한다. 이후 해당 조합원이 계약기간 내에 임의배정 된 점포에 대한 계약을 이행하지 않는 방법 등으로 분양을 포기하는 경우에는 **감정평가법인등** 2인이 감정평가한 금액을 산술평균하여 산정된 금액으로 현금청산할 수 있다.

제13조 기타 사항

1. 분담금 납부방법

    회원(조합원)이 분양·신청한 건축시설물의 분양가격이 조합원별 권리가액을 초과하는 경우 조합정관 제34조(경비의 부과 및 징수), 상가운영규칙 제23조(정비사업비의 부과 및 징수), 관계 법령 및 일반관례에 따른다.

조합원 분담금 납부시기

구 분	계약금	중도금	잔 금
납부일자	계약 시	공사기간을 6회 균등·분할한 시점	실입주일 또는 입주지정만료일 중선도래 일
납부금액	분담금×20%	분담금×10%×6회	분담금×20%

2. 분담금연체료

    분담금을 포함한 모든 청산금(유·무이자 이주비 원리금 등)을 지정기한 내에 상환하지 않는 경우에는 연체이자를 가산하여 청산 시 정산한다. 이때, 적용되는 금리는 시중은행의 대출금 연체이자율을 상환 시까지 적용한다.

3. 관리처분계획의 변경에 따른 조치

    관리처분계획이 의결된 이후 조합원 분담금에 10% 이내의 경미한 변동이 발생되는 사업계획의 변경에 관하여는 총회의 의결을 대신하여 대의원회의에서 의결한 후 사업을 시행토록하며, 조합원에게 서면으로 보고한다. 단, 조합원 정산에 관한 변경이 있을 경우에는 조합 청산 시 지급 또는 징수하기로 한다.

4. 자금운용계획

    관리처분계획으로 수립된 자금운용계획(예산안) 중 항목별로 정해진 예산액대비 불가피하게 초과되는 항목이 발생되는 경우에는 총사업비를 초과하지 않는 범위 내에서 대의원회의 결의를 받아 항목간의 전용이 가능한 것으로 한다.

5. 호수(戶數)의 결정 또는 분담금의 납부 등 위원회의 고지사항 통지는 조합원이 위원회에 신고한 주소지로 하며, 해당 조합원이 주소변경 신고 등의 절차를 이행하지 아니하여 받은 불이익에 대하여는 위원회에 대항할 수 없다.

0000년 0월 00일

반포주공0단지 00상가 재건축위원회

사업운영수익 및 사업비 추산액

1. 사업운영수익(감정평가액)

(단위 : 원)

구 분	00감정평가법인	××감정평가법인	산술평균
00상가	170,157,330,000	173,530,241,000	171,843,785,500

2. 사업비 내역(추산액)

(단위 : 천원)

구 분		산정내역	금 액	비 고
1. 공사비	건 축 비	21,965.07㎡×0,000천원	00,000,000	공사비내역서 참조
	철 거 비	4,049.75×약3,580천원/㎡	000,000	
	소　계		00,000,000	
2. 용역비	설 계 비	연면적 21,965.07㎡	1,083,389	건축, 전기, 설비, 토목, 소방, 조경, 흙막이.
	감 리 비	감리기준 (건교부고시2004-147(80%)	880,000	건축, 전기, 설비, 토목 소방, 조경, 흙막이.
	용 역 비	법무, 세무회계, 컨설팅, 감정평가비 등	2,000,000	추정금액
	지질조사비, 측 량 비	일식	20,000	지적측량, 현황측량, 지질조사
	소　계		3,983,200	-
3. 기 타	도로매입비	888.26㎡×6,050.03천원/㎡	5,374,000	추정액
	금융비용	249억원×30%×0.7%×18개월	1,464,120	공사계약금, 중도금, 기타 설계비, 철거비
	분양경비	일식	1,600,000	분양수수료, 카다로그 등
	광 고 비	30,000×30회	900,000	총회공고, 분양광고 등
	제 사업비	249억원×7%	1,743,000	위원회운영비, 각종경비, 인건비 등
	지하통로 연결공사비	일식	2,000,000	추정공사비
	부대경비	-	1,000,000	서울시 시설관리공단 관련 공사비
	예 비 비	249억원×8%	1,992,000	추정금액
	소　계		16,073,120	
합 계	합　계(1+2+3)		00,000,000	
	부 가 세	45,109,709×10%	0,000,000	
	총　계		00,000,000	

※ 상기 내역은 예정(추정)금액으로서 관계 법령의 변경 및 여건의 변화에 따라 변경될 수 있음.

건축개요, 건축도면 및 점포별 분양면적

1. 건축개요

공 사 명		반포주공0단지00상가 재건축공사
개 요	대지위치	서초구 반포0동 00-0번지 외
	대지면적	4,799.50㎡
	지역/지구	일반주거지역/아파트지구
	용 도	근린생활시설, 업무시설
	공사종별	신 축
설계규모	구 조	철근콘크리트조, 내진구조(진도 8.0<MMI 기준> 적용)
	층 수	지하3층, 지상5층
	최고높이	31,75m
	건축면적	2,397.77㎡
	연 면 적	21,965.07㎡
	지상연면적	11,706.40㎡
	건 폐 율	49.96%
	용 적 율	243.91%
조 경	옥상조경	239.90㎡
	지상조경	508.30㎡
	합 계	748.20㎡
공개공지	-	289.40㎡
주차장	지 상	000대
	지 하	151대(장애인 4대 포함)
	합 계	151대

2. 층별 면적

층 별	합 계	전용면적	공용면적	주차장	비 고
옥탑층	-	-	-	-	
지상5층	2,362.81	1,755.15	607.66	-	
지상4층	2,362.81	1,755.15	607.66	-	
지상3층	2,362.81	1,755.15	607.66	-	
지상2층	2,362.81	1,767.89	594.92	-	
지상1층	2,255.16	1,679.00	576.16	-	
지상층소계	11,706.40	8,712.34	2,994.06	-	
지하1층	3,493.81	1,536.22	884.98	1,072.61	
지하2층	3,269.61	-	242.34	3,027.27	
지하3층	3,495.25	-	586.84	2,908.41	
지하층소계	10,258.67	1,536.22	1,714.16	7,008.29	
합 계(㎡)	21,965.07	10,2458.56	4,708.22	7,008.29	
전용면적비	46.48%				

※ 재건축사업의 진행 중 사업시행변경으로 인하여 면적의 증감이 있을 수 있습니다.

관리처분총회 서면참석 및 결의서

소유주택 동·호수	[아파트] 서울특별시 서초구 반포0동 주공0단지아파트　　동　　호 [상가동] 서울특별시 서초구 반포0동　번지 0 0상가　　층　　호		
성　　명	(인)인감날인	주민등록번호	－
주　　소 (우편물수령지)		(☎:　　　　　)	

　상기 본인은 반포주공0단지 재건축정비사업조합 관리처분총회에 개인사정으로 참석할 수 없으므로 조합정관 제22조제3항의 규정에 의하여 본 서면결의서로 총회참석을 대신하고 아래와 같이 의결권(의사표시)을 행사하며, 총회에서 결의된 제반사항을 성실히 준수할 것을 확약하며 본 서면결의서를 제출합니다.

※ 조합에 기 제출 신고한 인감이 변경된 조합원은 필히 인감증명서(서면결의용)1통을 서면참석 및 결의서와 같이 제출하여야합니다.

※ 안건에 대한 의사표시(**의사표시란에 인감도장으로 날인하시 바랍니다.**)

안 건	내 용	※ 의사표시란	
		찬 성	반 대
제1호 안건	사업계획 인가내용 승인의 건	(인) (인감날인)	(인) (인감날인)
제2호 안건	조합수행업무 추인의 건	(인) (인감날인)	(인) (인감날인)
제3호 안건	0000년도예산(안) 승인의 건	(인) (인감날인)	(인) (인감날인)
제4호 안건	공사도급계약(안) 체결 승인의 건	(인) (인감날인)	(인) (인감날인)
제5호 안건	관리처분계획(안) 결의의 건	(인) (인감날인)	(인) (인감날인)

0000년　　월　　일

반포주공0단지 재건축정비사업조합 귀중

※ 유의사항
: 본 서면참석 및 결의서는 조합원 또는 대리인이 재건축조합 관리처분총회(제2기 임시총회) 장에 직접 참석하지 못할 경우에만 작성하여, 반드시 총회전일(0000년0월 00일)까지 조합에 도착될 수 있도록 제출하여주시기 바랍니다.
(우편제출 가능)

관리처분총회 참석권

1. 본 참석권은 0000년 0월 00일 개최되는 반포주공0단지 재건축정비사업조합 관리처분총회 (임시총회 겸함)에 조합원으로 참석할 수 있는 참석권이므로 총회장에 오실 때 지참하여야 하며, 1주택을 2인 이상이 공유지분으로 소유하고 있는 경우에는 대표조합원으로 신고한 1인만 총회장에 입장할 수 있습니다.

2. **대리인이 참석하는 경우에는 조합정관 제10조제2항의 규정에 따라 민법의 상속에 관한 규정에 준하여 배우자 및 직계존비속의 성년자를 대리인으로 정하고 조합원과의 관계 확인이 가능한 서류(주민등록등본, 의료보험증사본, 호적등본)을 지참·첨부하시고, 아래의 위임장을 작성하여 조합원의 인감증명서를 첨부하여야 대리인의 총회장 입장이 가능합니다.**

소유주택 동·호수	[아파트] 서울특별시 서초구 반포0동 주공0단지아파트 동 호 [상가동] 서울특별시 서초구 반포0동 번지 0 0상가 층 호		
성 명	(인)인감날인	주민등록번호	—
주 소 (우편물수령지)		(☎:)	

※ 조합원 본인이나 대리인 모두 총회참석 시에는 필히 조합원의 신분증 및 도장 지참

위 임 장

본인은 반포주공0단지 재건축정비사업조합 관리처분총회(임시총회 겸함)에 참석할 수 없어, 본인을 대리하여 총회참석 및 의결권의 행사 등 금번 총회에서의 조합원에 대한 모든 권리를 행사할 수 있도록 조합정관 제10조2항의 규정에 따라 **민법의 상속에 관한 규정에 준하여 배우자 및 직계 존·비속의 성년자를 대리인으로 정하여 아래와 같이 위임하며**, 본인의 대리인이 행한 일체의 행위에 대하여 아무런 이의를 제기하지 않을 것을 확약합니다.

※ 첨 부 서 류
1. 조합원(위임자) 인감증명서 1통(용도: 총회참석 위임용)
2. 조합원과의 관계 확인이 가능한 서류(주민등록등본, 의료보험증사본, 호적등본 등)

0000년 0월 00일

※ 조합원(위임자)

소유주택 동·호수	[아파트] 서울특별시 서초구 반포0동 주공0단지아파트 동 호 [상가동] 서울특별시 서초구 반포0동 번지 0 0상가 층 호		
성 명	(인)인감날인	주민등록번호	—
주 소 (우편물수령지)		(☎:)	

※ 대리인(수임자)

대 리 인 성 명	(인)	주민등록번호	—
관 계	조합원의( )	**※ 조합원과의 관계 확인이 가능한 서류(주민등록등본, 의료보험증사본, 호적등본), 대리인 신분증, 도장 지참**	

반포주공0단지 재건축정비사업조합 귀중

관리처분계획 참고자료

1. 관리처분계획(안) - 재건축사업(도급제)

2. 관리처분계획(안) - 재건축사업(지분제)

3. 관리처분계획(안) - 재개발사업(시행사례)

□ [참고자료] -1 : 관리처분계획(안)-재건축사업(도급제)

(이 자료는 기존(종전) 건축물의 층수가 12층~15층, 용적률이 150%~200%의
아파트 단지를 최고층 약35층, 용적률 약299%로 재건축하며, 재건축부담금
납부대상인 경우의 재건축정비사업(도급제) 관리처분계획 참고자료이다)

- 목 차 -

■ 별표 1. 사업운영수익 및 정비사업비 추산액 (아파트/상가)

관 리 처 분 계 획(안)

 서울특별시 서초구 반포0동 반포00아파트 재건축정비사업의 관리처분계획의 수립은 도시 및 주거환경정비법(이하 "법"이라 한다), 동 시행령(이하 "시행령" 혹은 "영"이라 한다), 서울특별시 도시 및 주거환경정비 조례(이하 "조례"라 한다) 및 반포00아파트 재건축정비사업조합(이하 "조합 "이라 한다) 정관에 따라 관리처분계획(안)을 수립하여 조합원 총회의 결의를 거쳐 해당 구청의 인가를 득한 후 이에 따라 재건축정비사업을 수행한다.

제1조 정비사업의 개요 및 기존건축물 현황

 1. 개 요
　　1) 사 업 명 칭 : 반포주공0단지 재건축정비사업
　　2) 대 지 위 치 : 서울특별시 서초구 반포0동 00-0 번지 외 0필지
　　3) 사 업 시 행 자 : 반포00아파트 재건축정비사업조합(조합장　0 00)
　　4) 사무소소재지 : 서울특별시 서초구 반포대로 000번지, 새마을회관 2층
　　5) 사업시행면적 : 33,355.58m²(10,090.06평)

(단위: m²)

지 번	000-1	000-2	000-3	합 계
면 적	9,578.77	15,964.62	7,812.19	33,355.58

　　㈜ 위의 면적은 공부상의 면적으로 실측한 후 변경될 수 있다.

 2. 기존건축물 현황
　　1) 아파트의 구분소유현황

(단위: m²)

평 형	대지권 비율	세대별 건축물면적	세대수	해당 동호
34평형	$31,929.24m² \times \dfrac{16.78}{9,658.7}$	111.47	194	000동 외 0개동
38평형	$31,929.24m² \times \dfrac{19.45}{9,658.7}$	126.85	192	000동 외 0개동
48평형	$31,929.24m² \times \dfrac{24.08}{9,658.7}$	158.04	96	000동 외 0개동

　※ 대지권 비율 = 사업시행면적×평형별 대지면적/조합원 소유 총 대지면적
　주-1 위의 대지권비율 및 세대별 건축물면적은 **등기사항전부증명서를** 기준으로 각 동의 표준주택의 면적을 기준으로 한 것인바, 각 호에 따라 차이가 있을 수 있다.
　주-2 종전 토지 및 건축물의 총 소유면적은 사업시행인가일 현재를 기준으로 한 토지대장, 지적 공부 및 건축물관리대장을 기준으로 하되 각 소유자별 대지면적은 공부상의 대지지분으로 하며, 소유권은 분양신청 만료일 현재의 **등기사항전부증명서상의** 소유자로 한다.
　주-3 분양신청 만료일 후 소유권의 변동이 있는 경우에는 조합에 신고할 의무를 가진다.

　　2) 부대·복리시설 : 상가 1개동

제2조 토지의 처분계획

1. 토지의 처분계획

1) 사업시행면적 : 33,355.58m²(10,090.06평)

2) 분양대지면적 및 정비기반시설을 위한 면적

(단위: m²)

합 계	분양대지면적(택지)	정기기반시설용 면적(기부채납)		
	아파트 및 부대복리시설	도 로	녹지(공원)	소계
33,355.58	29,898.21	1,172.16	2,285.21	3,457.37

주) 위의 면적은 확정측량 및 인.허가 과정에서 일부 변경이 될 수 있다.

2. 토지의 처분기준

1) 건축시설별 대지면적과 정비기반시설용 면적은 추후 인.허가 과정이나 사업시행계획 등의 변경 및 이전고시 전의 확정측량에 따라 일부 증감이 있을 수 있다.

2) 분양받은 건축물에 따른 토지의 처분은 시행령 제63조, **집합건축물의 소유 및 관리에 관한 법률 제12조**, 조합정관 제00조 등에 따라 건축물의 **분양면적 비율**에 따라 배분하며 그 소유관계는 공유로 한다.

3) 조합원분양, 일반분양 및 **국민주택규모 주택**(용적률을 '법정상한용적률'을 적용하기로 조합원 총회에서 결의되는 경우에 한한다)공급에 따른 대지의 배분은 관련 법령에 따라 처분하며, 새로이 설치되는 정비기반시설(도로 등) 설치를 위한 토지는 법 제97조제1항에 따라 인수자 및 해당 관리청에 무상귀속 된다.

4) 사업시행 후 이전고시를 위한 확정측량 및 사용승인인가(준공)시 건축시설 및 토지 면적의 증감이 있을 수 있으며, 이 경우에는 법 및 주택법 등의 관계법령에 따른다.

제3조 신축건축물의 설계개요

1. 건축개요

1) 공 사 명 : 반포00아파트 재건축정비사업

2) 사업장 위치 : 서울특별시 서초구 반포대로 000 번지 외 0필지

3) 건 축 면 적
   가. 주택용지 : 28,471.87m²(8,612.74평)
   나. 상가용지 : 1,426.34m²(431.47평)

4) 건축연면적

　　가. 공동주택(아파트)　：85,290.33m²(25,800.32평)

　　나. 부대복리시설(상가)：11,168.36m²(3,378.43평)

5) 건 폐 율 : 공동주택 :　19.95%,　　부대복리시설(상가) : 49.99%

6) 용 적 율 : 공동주택 : 299.56%,　　부대복리시설(상가) : 236.86%

7) 건 축 구 조 : 철근콘크리트구조

8) 공 사 규 모 : 지하 : 3층, 지상 : 22층 ~ 35층, 공동주택 : 6개동, 총 704세대,
　　　　　　　　부속상가 : 1개동

2. 주택형별 면적(아파트)

(단위 : ㎡)

주택형 (전용면적)	세대수 (소형임대)	전용면적	공용면적	공급면적 (분양면적)	기타공용면적 (지하주차장)	계약면적	비 고
54	33(33)	54.88	17.79	72.67	43.39(34.86)	116.06	
59	33(20)	59.94	19.40	79.34	47.40(38.40)	126.74	
84A	98	84.35	26.17	110.52	66.69(53.58)	177.21	
84B	86	84.11	26.61	110.72	66.51(53.43)	177.23	
84C	58	84.98	25.31	110.29	67.20(53.98)	177.49	
97	192	97.47	28.81	126.29	77.07(61.92)	203.36	
121	96	121.61	34.61	156.22	96.16(77.25)	252.38	
136	108	136.01	38.90	172.02	105.89(81.93)	277.91	
계	704(53)	69,295	20,603	80,120	54,614(43,547)	120,227	

※ 대지면적은 사업완료 후 확정측량 시 다소 변경될 수 있으며, 주택형별 공급(분양)면적은
실시설계 시 다소 변동될 수 있다.

3. 정비기반시설

(단위 : ㎡)

구 분	도로, 구거		공 원	
	확폭 및 신설	용도폐지	신 설	용도폐지
면 적	0,000.00	0,000.00	00,000.00	00,000.00

제4조 종전의 토지 및 건축물 등에 관한 평가기준

1. 종전의 토지 및 건축물의 소유면적

사업시행구역 내의 종전의 토지 및 건축물의 총 소유면적은 사업시행인가일을 기준으로 현재의 소유토지별 지적공부 및 건축물관리대장상의 면적을 기준으로 하되, 각 소유자별 대지면적은 <u>등기사항전부증명서</u>상의 대지지분으로 한다.

2. 종전의 토지 및 건축물의 소유권

종전의 토지 및 건축물의 소유권은 관리처분계획 기준일 현재(분양신청기간 만료일 현재)를 기준으로 <u>등기사항전부증명서</u>상의 소유자로 한다. 다만, 권리자의 변경이 있을 경우에는 변경된 <u>등기사항전부증명서</u>에 따른다.

3. 종전의 토지 및 건축물 소유자의 분양대상 기준

종전의 토지 및 건축물 소유자의 분양대상 기준은 분양신청기간 만료일 현재를 기준으로 <u>등기사항전부증명서</u>상의 반포00아파트 및 복리시설(근린생활시설)의 소유자로서 관리 처분계획(안)과 관계규정에 의한 분양신청에 하자가 없는 조합원으로 한다.

4. 종전의 토지 및 건축물의 평가(추산액 산정방법)

종전의 토지 및 건축물의 평가는 '조합정관 제00조' 및 '감정평가및감정평가사에 관한 법률'에 따른 <u>감정평가법인등 2인</u> 이상이 평가한 금액을 산술평균한 금액으로 한다.

1) 종전의 토지 및 건축물의 총 평가액(아파트 및 상가)

(단위 : 천원)

00감정평가법인	◇◇감정평가법인	산술평균금액
613,139,804	561,600,896	**588,870,350**

2) 종전의 토지 및 건축물의 평형별 평가액

가. 아파트

(천 단위 이하는 절삭) (단위 : 천원)

구 분	평 형	00감정평가법인	00감정평가법인	산술평균금액
세대평균	34평형	1,047,930	948,128	998,029
소 계	(194세대)	203,298,420	183,936,832	193,617,626
세대평균	38평형	1,215,585	1,100,245	1,157,915
소 계	(192세대)	233,392,320	211,247,040	222,319,680
세대평균	48평형	1,509,334	1,379,344	1,444,339
소 계	(96세대)	144,896,064	132,417,024	138,656,544
합 계	482세대	581,586,804	527,600,896	**554,593,850**

※ 상기 금액은 세대별 평균가액으로 조합원별 종전가액은 층, 위치, 면적 등에 따라 차등 적용하여 산출한 금액의 평균가액임

나. 부대·복리시설(상가)

(단위 : 천원)

구 분	00감정평가법인	◇◇감정평가법인	산술평균금액
00상가	34,553,000	34,000,000	34,276,500

제5조 사업운영수익 추산액

1. 사업운영수익 및 정비사업비 추산액(관리처분계획(안) 하단의 별표1 참조)

조합원에 대한 대지 및 건축시설의 분양기준이 되는 분양대상자별 권리가액의 산정은 다음 산식에 의한다.

1) 사업비운영계획서의 소요비용 추산액(총 사업비)은 증감이 있을 수 있으며, 증감이 있는 경우에는 청산 시 정산하기로 한다.

2) 사업시행인가조건 중 상가조합원이 부담해야 되는 상가토지매입비용 등 주구중심(00상가)에 관련되는 제반 비용은 추후 정산하기로 한다.

3) 도시및주거환경정비법 제54조에 따라 **국민주택규모 주택** 등을 건설하는 경우에는 사업시행인가신청 전에 인수예정자와 협의 후 사업계획을 최종 확정한다.

2. 신축아파트의 조합원 평균분양가

도시및주거환경정비법 제74조제1항제3호에 따라 분양예정인 **대지 또는 건축물의 추산액**을 산정할 경우에는 '감정평가 및 감정평가사에 관한법률'에 따른 **감정평가법인등 2인**에게 평가·의뢰하여 제출받은 평가액(층별, 위치별, 효용지수를 반영)을 산술평균한 금액에 따라 분양가격을 산정한다.(인근지역의 시세, 분양성 등을 고려하여 조합원분양분과 일반분양분의 가격이 다를 수 있다)

(단위: m², 천원)

주택형	세대수	분양면적	m²당 평균분양가	세대당 평균분양가	비 고
54m²	33(33)	72.67	-	-	소형(임대)분양
59m²	33(20)	79.34	-	-	소형/일반분양
84m²A	98	110.52	12,250	1,353,793	
84m²B	86	110.73	11,990	1,327,305	
84m²C	58	110.29	12,000	1,327,305	
97m²	192	126.29	12,300	1,553,089	
121m²	96	156.22	12,300	1,926,733	
136m²	108	172.02	13,500	2,321,601	
계	704(53)	-	-	-	

※ 조합원평균분양가는 감정평가액(평균)에서 매출부가세를 제외한 금액이며, 부가세 정산방법에 따라 금액에 약간의 변동이 있을 수 있으며, 이에 따라 조합원 분담금이 변경될 수 있다. 그에 따른 정산은 청산 시에 한다. 세대수의 괄호 안은 **국민주택규모 주택** 세대수임

3. 일반분양아파트의 분양가 책정

아파트 일반분양가는 향후 분양시장의 여건, 주변시세 등을 감안하여 최종 확정되며, 본 관리처분계획(안)의 분양수익 중 일반분양분은 조합원 제곱미터당 평균분양가에 <u>제곱미터당 000만원</u>을 가산하여 산정하였다. 아파트의 일반분양가 확정 시 조합원 분담금이 변경될 수 있으며 정산은 청산 시에 한다.

4. 신축 부대·복리시설(상가)의 층별 예상분양가

(단위 : 천원)

구 분		평가금액			비 고
		00감정평가법인	◇◇감정평가법인	산술평균금액	
00상가	지하1층	7,093,000	6,944,000	7,018,500	
	지상1층	24,185,000	23,840,000	24,012,500	
	지상2층	15,299,000	15,193,000	15,246,000	
	지상3층	10,883,000	11,079,000	10,981,000	
	지상4층	9,261,000	9,872,000	9,566,500	
	지상5층	7,093,000	6,944,000	7,018,500	
	합 계	73,814,000	73,872,000	73,843,000	

※ 층별 평가금액은 지하주차장(지하2층 및 3층)을 포함한 금액이다.

5. 한국토지주택공사 등 인수자에게 공급하는 국민주택규모 아파트의 평균분양가

임대분양아파트의 분양가격은 공공건설임대주택의 표준건축비 및 공시지가(해당 년도)를 기준으로 하여 산정함(분양가는 임대아파트 매각 시 협의내용에 따라 변동이 있을 수 있으며 가격산정은 0000년도 매각을 기준으로 매년 3% 인상을 전제로 산정하였다)

주택형	분양세대수	m²당 평균분양가	세대 평균분양가	비 고
54m²형	33세대	1,400	102,000	국민주택규모 주택
59m²형	20세대	1,400	111,300	

제6조 신축건축물의 분양기준

1. 처분의 일반기준

1) 조합원에게 분양하고 남은 잔여주택이 20세대 이상인 경우 상가조합원에게 우선 분양하고 남은 잔여세대와 분양이 가능한 부대복리시설은 일반분양한다.

2) 조합원에게 공급하고 남은 잔여주택 중 **국민주택규모 주택**을 제외한 나머지 주택 중

분양대상자의 누락사고나 착오 등과 향후 관리처분계획의 변경에 따른 주택의 수요에 대한 대비 및 각종 소송 등으로 인한 추가분양에 대비하여 법 제79조제4항, 조합정관 제00조 및 서울시 조례 제44조 등에 따라 조합원에게 공급하는 총 세대수의 1%(5세대)를 보류지로 지정할 수 있다.

3) 1세대 또는 1인이 종전주택(아파트)을 1주택 이상 소유한 경우에는 1주택만을 공급한다. 다만, 종전주택의 평가금액이나 주거전용면적의 범위 내에서 2주택을 공급할 수 있다. 이때, 이 중 1주택은 주거전용면적이 60제곱미터(㎡) 이하로 한다. **또한, 2018. 3. 20. 개정된** 법 제76조제1항제7호 라목**에 따라 당 조합의 사업지가 과밀억제권역에 속하는 경우에는 토지등소유자가 소유한 주택수의 범위에서 3주택까지 공급할 수 있다.** 다만, 투기과열지구 또는 「주택법」 제63조의2제1항제1호에 따라 지정된 조정대상지역에서 사업시행계획인가(최초 사업시행계획인가를 말한다)를 신청하는 재건축사업의 경우에는 그러하지 아니하다.

4) 조합설립인가 당시 1세대가 2주택 이상을 소유한 후 세대원이 각각 조합원으로 가입되어 있는 경우에는 법 제39조(조합원의 지격 등)에 따라 대표조합원을 선임하여 **조합설립 동의서를 다시 제출하여야한다. 이를 이행하지 않을 경우에는 조합원의 자격이 상실된다.**

5) 준공 후 이전고시를 위한 확정측량 결과 건축물 및 토지면적의 증.감이 있는 경우에는 도시 및 주거환경정비법 및 주택법 등 관련 법령에 따른다.

6) 정비기반기설(도로, 공원 등)은 관계법규(도시및주거환경정비법 제97조) 및 사업시행 인가조건에 따라 새로이 설치되는 정비기반시설은 그 시설을 관리할 국가 또는 지방자치단체에 무상으로 귀속되고, 용도가 폐지되는 국가 또는 지방자치단체 소유의 정비기반시설은 그가 새로이 설치한 정비기반시설의 설치비용에 상당하는 범위 안에서 사업시행자에게 무상으로 양도된다.

7) 신축되는 아파트 및 상가의 대지는 **분양면적의 비율**에 따라 토지지분이 나누어지며 공유지분으로 그 소유권이 주어진다.

2. 공동주택(아파트)의 조합원분양 기준

1) 분양면적(공급면적)

가. 아파트의 세대별 **분양면적은 주거전용면적과 주거공용면적을 합한 면적**으로 하고, 계약면적은 **분양면적**에 기타공용면적(계단실, 각층의 홀, 관리사무소, 노인정, 경비실 등)과 지하주차장면적을 포함하며, 세대별 대지면적은 도시정비법 시행령 제63조제1항제6호에 따라 건축시설의 「**분양면적의 비율**」에 의하여 나눈 면적에 따라 공유지분으로 분양한다. 다만, 법령 개정 등으로 인하여 대지면적의 산출기준이 변경될 경우에는 세대별 대지 지분면적이 변경될 수 있다.

나. 분양대상자가 공동으로 취득하게 되는 건축물의 공용부분은 각 권리자의 공유로 하되, 공용부분에 대한 각 권리자의 배분비율은 그가 취득하게 되는 부분의 위치 및 바닥면적 등의 사항을 고려하여 산출하며, '주택공급에 관한 규칙'에 따라 분양한다.

2) 분양가격

도시및주거환경정비법 제74조제1항제3호에 따라 분양예정 **대지 및 건축물의 추산액**을 산정하는 경우에는 '감정평가및감정평가사에관한법률'에 따른 **감정평가법인등 2인**에게 의뢰하여 제출받은 감정평가액(층별, 위치별 효용지수를 반영하여 산출한 금액)을 산술평균한 금액에 따라 분양가격을 산정한다. 다만, 인근지역의 시장가격이나 분양성 등을 감안하여 조합원 가격이나 일반분양가격이 변경될 수 있다.

3. 건축물의 분양기준

1) 조합원분양 기준
조합원에게 분양하는 공동주택은 다음 각 호의 기준에 의한다.

가. 조합원분양 대상자는 분양신청서 등 조합이 요구하는 서류를 분양신청기간 내에 제출한 자로 한다.

나. 조합원분양은 조합원이 희망하여 분양신청 한 주택형에 따라 새로이 건설되는 주택을 분양함을 원칙으로 하며, 1조합원에게 1주택을 공급하되 다음 각 목의 경우에는 각 목의 방법에 따라 주택을 공급할 수 있다.

다. **다음 어느 하나에 해당하는 토지등소유자에게는 소유한 주택 수만큼 공급할 수 있다.**

　가) 과밀억제권역에 위치하지 아니한 재건축사업의 토지등소유자. **다만, 우리의 사업구역이 투기과열지구 또는 「주택법」 제63조의2제1항제1호에 따라 지정된 조정대상지역인 경우 사업시행 계획인가(최초 사업시행계획인가를 말한다)를 신청하는 (재건축사업의) 토지등소유자는 제외한다.**

　나) 근로자(공무원인 근로자를 포함한다) 숙소, 기숙사 용도로 주택을 소유하고 있는 토지등소유자

　다) 국가, 지방자치단체 및 토지주택공사등

라. 법 제74조제1항제5호에 따른 **가격의 범위 또는 종전 주택의 주거전용면적의 범위에서 2주택을 공급할 수 있고, 이 중 1주택은 주거전용면적을 60제곱미터 이하로 한다.**

다만, 60제곱미터 이하로 공급받은 1주택은 법 제86조제2항에 따른 이전고시일 다음날부터 3년이 지나기 전에는 주택을 전매(매매·증여나 그 밖에 권리의 변동을 수반하는 모든 행위를 포함하되 상속의 경우는 제외한다)하거나 전매를 알선할 수 없다.

마. 과밀억제권역에 위치한 재건축사업의 경우에는 토지등소유자가 소유한 주택수의 범위에서 3주택까지 공급할 수 있다. 다만, 투기과열지구 또는 「주택법」 제63조의2제1항제1호에 따라 지정된 조정대상지역에서 사업시행계획인가(최초 사업시행계획인가를 말한다)를 신청하는 재건축사업의 경우에는 그러하지 아니하다.

(※ 「민간임대주택에 관한 특별법」에 따른 임대사업자의 임대주택은 관계 법령인 법 제76조 제1항제7호에 주택공급에 대한 명문 규정이 없다)

다. 종전의 주택을 2인 이상이 공유지분으로 공동 소유하는 경우에는 그 중 조합에 신고된 대표자 1인만 조합원으로 보며 1주택만을 공급한다.

라. 상속의 진행 등 불가피한 사유로 인하여 분양신청기간 내에 분양신청을 하지 못한 조합원이 조합원으로서의 제반 자격이 완성되는 때를 대비하여 조합원 분양 후 잔여 세대 중 일부를 보류지분으로 남겨둘 수 있다.

마. **수인의 분양신청자가 하나의 세대(세대주가 동일한 세대별 주민등록상에 등재되어 있지 아니한 세대주의 배우자 및 배우자와 동일한 세대를 이루고 있는 세대원을 포함)인 경우 1인의 분양대상자로 보며 1주택 이하로 분양한다.**

바. 아파트와 상가를 동시에 소유하고 있는 조합원의 경우에는 아파트와 상가를 각각 분양받을 수 있다. 단, 상가를 포기하고 아파트를 분양받고자 하는 자는 기존에 소유하는 아파트를 포함하여 2주택 이하로 분양받을 수 있다.

사. 기타 사항의 기준은 조합정관 제00조(관리처분계획의 기준)에 의하며, 위의 기준 등에 관한 법령의 개정이나 추가되는 경우 해당 법령을 기준으로 한다.

2) 일반분양 기준
조합원분양 후 잔여세대에 대하여 일반분양한다.

4. 분양신청을 한 조합원에 대한 주택형 결정방법

1) 기존 아파트의 동일 주택형간 토지면적차이는 없는 것으로 간주하여 34평형, 38평형 및 48평형의 3가지로 구분하여 주택형 결정방법을 정한다.

2) 건립예정 세대수 총 778세대 중 주택공사 등에 매각하는 **국민주택규모 주택**을 제외한 주택을 기준으로 조합원이 분양신청 한 내용에 따라 주택형을 배정하며, 주택형별로 경합이 발생할 경우에는 「재건축사업 시행계획」에 따르고, 주택형 배정방법은 동·호수 추첨과 구분하여 **한국부동산원**의 **전산추첨을 원칙으로 하나 수기추첨을 할 수 있다.**

3) 선순위에서 탈락한 조합원은 차순위로 신청한 주택형에 잔여세대가 있을 경우에 배정하며, 상세한 규칙은 상기 제2호의 주택형 결정방법에 따른다.

4) 주택형 배정결과 미달되는 주택형(59m²형, 84m²A형, 84m²B형 및 84m²C형에 한한다)이 발생되는 경우에는 이미 신청한 조합원에게 해당 조합원이 희망한 층의 범위를 대상으로 추첨하여 배정한다.

5) 주택형 배정 후 미달되는 세대에 대한 추가분양신청의 접수 및 배정방법
    가. 주택형 배정 후 기 배정받은 주택형을 변경하고자 하는 조합원은 기 배정받은 주택형에 대한 기득권을 포기한 것으로 간주한다.
    나. 주택형 변경신청 접수결과 경합이 있는 경우에는 주택형별 추첨에 의해 주택형을 배정하며 경합에서 탈락하는 경우에는 59m²형이나 84m²A,B,C형의 잔여세대에 배정한다.
    다. 주택형 변경신청에 따라 기득권이 포기되어 미분양된 세대는 조합원 추가분양 신청대상 세대에서 제외한다.

6) 분양될 공동주택에 대한 추첨의 투명성을 확보하기 위하여 주택형 배정과 동·호수 배정에 관한 전산추첨이 실시되는 경우에는 조합임원, 대의원, 조합원이 구성한 대표단의 추첨에 대한 참관 및 제반 추첨행위에 대한 보조적인 행위를 진행하도록 할 수 있으며, 필요한 경우에는 경찰관의 입회를 요청할 수 있다. 또한 추첨행사에 참석여부를 불문

하고 추첨결과에 대해서는 일체 이의를 제기할 수 없다.

5. 동·호수의 추첨방법

1) 제1차 분양신청내용을 기준으로 하여 주택형을 배정받은 조합원에게 동·호수 추첨을 우선한다.

2) **동·호수 추첨은 조합원의 종전재산 및 종후재산(신축예정 아파트)의 감정평가액을 기준으로 각각 10개 군으로 분류한 후 각 조합원의 동·호수 배정신청은 동일한 그룹에 한하여 신청한다.**

3) 조합원 추가분양신청절차에 의해 아파트를 배정받은 세대는 제1차 동·호수 배정작업이 완료된 이후 잔여세대에 한하여 동·호수를 추첨한다.

4) 84m²형에 한하여 3개의 타입(A, B, 및 C형) 중에서 1개 타입을 우선하여 신청할 수 있다. 단, 동일한 타입에서 경합이 있을 경우에는 추첨으로 배정한다.

5) 동·호수의 배정은 관리처분총회 후 수기추첨을 원칙으로 하되 필요한 경우 <u>한국부동산원</u> 또는 시중은행의 전산추첨으로 배정한다.

6) 추첨의 투명성을 확보하기 위하여 동·호수 추첨 시에는 조합임원, 대의원 및 조합원으로 15인 이하의 참관단을 구성하여 제반 사항을 참관토록 할 수 있으며, 추첨행사의 참석 여부에 관계없이 추첨결과에 대해서는 소의 제기 등 일체의 이의를 제기할 수 없다.

제7조 상가 등(판매시설)의 분양기준

1. 사업추진방식

상가(주구중심)의 재건축사업 추진방식은 반포 00아파트 재건축조합의 행정단위 안에서 상가 조합원이 법적으로나 실질적으로 책임과 권한을 가지는 '독립정산제방식'으로 추진한다.

2. 건축시설의 분양면적

상가의 호별 분양면적은 전용면적과 공용면적을 합한 분양면적으로 하고, 계약면적은 분양면적에 기타 공용면적 및 지하주차장면적을 포함한 면적으로 한다.

3. 대지의 분양면적

상가의 호별 대지면적은 건축시설의 **분양면적 비율**에 의하여 나눈 면적에 따라 공유지분으로 분양한다. 다만, 법령 개정 등으로 인하여 대지면적의 산출기준이 변경될 경우에는 호별 대지지분면적이 변경될 수 있다.

4. 분양가격

도시및주거환경정비법 제74조제1항제3호에 따라 분양예정 **대지 및 건축물의 추산액**을 산정하는 경우에는 '감정평가및감정평가사에관한법률'에 따른 **감정평가법인등 2인**에게 의뢰하여 제출받은 감정평가액(층별, 위치별 효용지수를 반영하여 산출한 금액)을 산술 평균한 금액에 따라 분양가격을 산정한다. 다만, 인근지역의 시장가격이나 분양성 등을 감안하여 조합원 가격이나 일반분양가격이 변경될 수 있다.

5. 상가건축물의 분양기준

1) 종전 건축물의 소유면적 및 층별 위치를 기준하여 분양함을 원칙으로 하며, 분양받는

상가의 분양가격과 종전가액과의 차액은 **감정평가법인등 2인**에게 의뢰하여 제출받은 각각의 감정평가액을 산술평균한 금액으로 정산한다.

2) 층·호수의 배정은 조합원이 희망하여 분양신청 한 층·호수를 우선 배정하며, 경합이 있는 경우에는 기존의 층과 위치가 동일하거나 유사한 위치를 분양신청 한 조합원을 우선하고, 그 이외의 호수 선택은 종전상가의 건축물 및 토지의 감정평가액을 기준으로 제곱미터당 감정평가금액이 높은 조합원에게 우선권을 부여한다.

3) 제곱미터당 감정평가금액이 동일한 경우에는 종전상가와 동일한 층을 분양함을 원칙으로 하며 제반 조건 등이 유사하여 층과 호수의 배정이 어려운 경우에는 경합자만의 추첨을 통하여 우선선택권을 부여한다.

4) 신축상가의 분양은 첨부된 신축상가(주구중심)의 층별 평면도상의 1개의 호수에 한하여 분양한다.

5) 신축상가를 1개 호수 분양받고 남은 종전가액이 추가로 분양받고자 하는 호수의 분양가격의 50% 이상인 경우에는 또 다른 1개 호수의 상가를 분양신청 할 수 있다.

6) 조합원이 원할 경우 종전상가의 위치와 관계없이 신축상가에 대한 분양을 신청할 수 있다. 단, 경합이 있을 경우 신청대상 상가의 위치와 종전상가의 위치가 동일(유사)한 조합원에게 우선권을 부여하며, 그 이외의 경우에는 추첨에 의하여 분양한다.

6. 상가조합원에 대한 주택공급

1) 상가소유 조합원에게는 상가를 공급하는 것을 원칙으로 한다. 다만, 상가 조합원이 신축상가의 분양신청을 포기하고 신축주택(아파트)으로 분양을 희망하는 조합원에 한하여 1주택을 공급할 수 있다.

2) 주택의 공급방법은 도시및주거환경정비법 시행령 제63조제2항에 따라 상가조합원의 주택분양 신청자격의 범위를 정함에 있어 분양주택 중 최소분양단위 규모(59m²형)의 추산액에 조합정관에서 정한 비율인 100분의 00을 곱한 가액 이상의 상가권리지분을 가진 조합원에게 아파트조합원 분양 후 잔여세대 중에서 1주택을 분양할 수 있다.

3) 주택공급을 위한 아파트와 상가의 자산평가는 상가의 제곱미터당 권리지분과 아파트의 제곱미터당 권리지분을 대등한 금액으로 평가하기로 하며, 이주비나 영업손실비 등은 지급하지 아니 한다.

4) 상가조합원이 주택의 분양을 신청하는 경우 종전에 소유하고 있던 토지 및 건축물의 규모나 개수에 관계없이 1주택만을 공급하며, 상가소유자 간에는 우선권이 없으며 동등한 자격을 가진다.

5) 상가조합원이 상가를 포기하고 주택을 신청하는 경우 재건축사업이 진행됨에 따라 발생되는 아파트와 상가 각각의 조합원 분담금 증감에 대하여는 서로 그 영향을 받지 아니하는 것으로 한다. 다만, 상가조합원이 해당 권리를 조합에 양도하거나 청산절차 등에 의해 소유권이 조합으로 이전된 경우 상가의 분담금 증감에 대한 권한과 의무를 진다.

6) 상가조합원이 상가분양을 포기하고 주택분양을 원하는 경우 상가권리지분의 액수나 개수에 관계없이 1주택만을 분양받을 수 있다. 그러나 상가조합원이 아파트 조합원의 자격으로 2주택을 분양받았을 경우 상가를 포기하고 아파트를 분양받을 수 없다.

제8조 공동주택 및 상가의 일반분양

1. 일반분양대상 공동주택은 「주택공급에 관한 규칙」이 정하는 바에 따라 관계 기관의 분양승인을 받아 일반에게 분양한다.

2. 상가조합원 분양 후 잔여상가 및 상가조합원이 아파트를 분양받아 조합이 취득하게 되는 상가 등은 공개경쟁입찰의 방법으로 일반분양하는 것을 원칙으로 한다. 다만, '상가재건축추진위원회'에서 별도의 방법을 정하는 경우에는 그에 따른다.

제9조 신축건축물의 설계기준

1. 주택(아파트)의 분양면적은 세대별 전용면적과 주거공용면적(엘리베이터홀, 동별 피난 계단, 현관홀 등 해당 동에서 주거에 필요한 공용면적으로 지상층에 위치하는 공간)을 합한 면적으로 하며, 계약면적은 기타 공용면적(커뮤니티시설, 관리시설 등 공용으로 사용되는 면적) 및 주하주차장 면적을 포함하는 면적으로 한다.

2. 주거공용면적과 기타공용면적 및 지하주차장 면적은 전용면적비율로 배분한다.

3. 주택(아파트)의 세대별 대지면적은 이전고시를 위한 확정측량 후 건축물의 분양면적(전용면적+주거공용면적)의 비율로 배분한다.

제10조 한국토지주택공사 등에 공급하는 국민주택규모 주택

1. 용적률을 법정 상한용적률까지 적용하여 재건축 **국민주택규모 주택**을 공급하여야 할 경우에는 관계 법령(도시정비법 제54조)에 적합한 범위 내에서 **국민주택규모 주택**을 공급한다.

2. **국민주택규모 주택의** 주택가격
 1) 조합에서 건립하여 서울시에 매각하는 **국민주택규모 주택** 매매가격(대지지분을 포함한다)은 서울시 조례 제41조에 의해 산출되는 금액으로 한다.
 2) **국민주택규모 주택**의 매매가격 추산액은 택지비, 대지조성비 및 **「공공건설 임대주택 표준 건축비」**를 적용하여 산정한다.

제11조 현금청산 대상자 및 청산절차

1. 다음 각 호의 1에 해당하는 경우에는 관리처분인가를 받은 날의 다음 날로부터 90일 이내에 조합과 금전청산대상자가 합의하여 현금청산 하는 것을 원칙으로 하며, 합의가 이루어지지 아니할 경우에는 '감정평가및감정평가사에관한법률'에 따른 **감정평가법인등 2인** 이상이 평가한 금액을 산술평균하여 산정한 금액으로 현금 청산한다.
 1) 분양신청하지 아니한 자
 2) 분양신청기간 종료 이전에 분양신청을 철회한 자
 3) 법 제39조제2항 본문에 해당하여 조합원이 될 수 없는 자

4) 법 제72조제6항 본문에 해당하여 조합원 분양신청을 할 수 없는 자

5) 관리처분계획에 의하여 분양대상자에서 제외된 자

6) 조합이 정한 날까지 분양계약을 체결하지 아니한 자

2. 청산금의 지급은 이주대여금과 연체이자 등 채무와 청산에 따른 비용 등을 공제한 잔액으로 금전청산하고 해당 물건은 일반분양으로 처리하며, 청산금을 지급받을 자가 없거나 지급받기를 거부한 경우에는 해당 청산금은 관할 법원에 공탁할 수 있다.

제12조 일반분양 대상 건축물(체비시설 포함)의 처분기준

1. 조합원분양이 실시되고 남은 일반분양대상 공동주택은 「주택공급에 관한규칙」이 정하는 바에 따라 분양승인을 받아 일반에게 분양한다.

2. 상가조합원이 분양받고 남은 잔여상가 및 아파트를 분양받아 조합이 취득하게 되는 복리시설은 공개경쟁입찰의 방법으로 일반분양하거나, 「상가재건축추진위원회」에서 상가 조합원의 결의로 정하는 방법으로 분양한다.

제13조 비례율의 산정

조합원에 대한 대지 및 건축시설의 분양기준이 되는 분양대상자별 권리가액의 산정은 감정평가금액을 기준 한다. 조합원에 대한 대지 및 건축시설의 분양기준이 되는 분양 대상자별 권리가액의 산정은 다음 산식에 의한다. 이때, 비례율이란 재건축사업으로 발생되는 이익을 조합원에게 합리적으로 배분하는 비율을 말한다.

1. 추정비례율 산정식(계산식)

1) 추정비례율 산정식(계산식)

$$\frac{\text{(사업완료 후의 대지 및 건축시설의)총 수입금-공동부담소요비용*}}{\text{종전토지 및 건축물의 총 감정평가액}} \times 100 \quad =\text{추정비례율(\%)}$$

* 공동부담소요비용 : 공사비, 설계비, 감리비, 금융비용, 제 사업비, 각종보상비용 등 조합원이 공동으로 부담하여야 하는 총사업경비

* 총수입금 = 총 분양수입금 등, * 공동부담소요비용 =정비사업 총비용

2) 아파트 추정비례율 산정내역(계산식)(단위 : 천원)

$$\frac{1,153,557,861* - 450,113,022}{554,593,850} \times 100 \quad = 126.84\%$$

3) 상가 추정비례율 산정내역(계산식)(단위 : 천원)

$$\frac{73,843,000 - 29,874,567}{34,276,500} \times 100 \quad = 128.27\%$$

4) 권리가액 산정식

　종전의 토지 및 건축물가액 × 추정비례율 = 권리가액

2. 조합원 종전자산의 평가

조합원의 종전자산에 대한 평가는 법 제74조제4항제1호나목 및 영 제76조제1항·제2항에 따라 구청장과 조합이 각각 감정평가기관을 선정하여 산출한 감정평가금액의 산술평균 평가금액으로 한다.

1) 조합원 종전자산의 평가총액(아파트)

(단위: 천원)

구 분	00감정평가법인	□□감정평가법인	산술평균평가금액
합 계	581,586,804	527,600,896	554,593,850

주) 평가시점은 관계법령에 따라 사업시행인가일을 기준으로 하였다.

2) 아파트 평형별 평균평가액

(단위: 천원)

구 분	세대수	평가금액/세대	비 고
34평형	194	998,029	
38평형	192	1,157,915	
48평형	96	1,444,339	
합 계	482	554,593,850	

주) : 위의 평균가액은 각 평형별 평균가격으로 각 동·호별에 따라 금액에 차이가 있다.

3. 종후자산(신축아파트)의 평가액 산출방법

1) 조합원 종후자산(신축아파트)의 평가총액은 법 제74조제4항제1호나목 및 영 제76조 제1항·제2항에 따라 구청장과 조합이 각각 감정평가기관을 선정하여 산출한 감정평가 금액의 산술평균평가금액으로 한다.

2) 분양대상 조합원의 공동주택(아파트) 분양가격
　가. 분양대상 조합원별 분양예정 공동주택(대지지분을 포함한다)과 정관 제00조 (보류지)의 보류지 분양가격은 일반분양가를 기준으로 하여 관리처분계획 수립 시의 추산액으로 정하고, 분양대상자의 누락이나 관리처분계획에 대한 소송에 의한 사유로 발생한 경우에는 정관 제00조(신축건축물의 분양기준)에 따른다.
　나. 분양예정 공동주택의 세대별 감정평가액 중 각 주택형별 평균, 최고, 최저가격은 첨부−4.자료인 '신축아파트의 세대별 조합원 분양가' 참조

4. 총 사업비용 추산액

총 사업비용은 공사, 제사업비용 등 정비사업에 소요되는 모든 비용이다.

(단위: 천원)

구 분	전체 금액	비 고
공사비	296,240,290	총공사비(국민주택규모 이상의 주택에는 부가세 포함) ※ 정비사업비의 추산액 및 그에 따른 조합원의 분담금 규모 및 분담금의 부담시기를 가상한 공사비이다.
제사업비용	153,872,732	• 재산세, 조합원 등기비용 등 조합원이 직접 부담하는 비용은 제외한 금액이다. • 재건축부담금을 약산하여 반영하였다.
합 계	450,113,022	—

주) 총 추산액은 천단위를 절삭하였고, 위의 정비사업비 추산액 등은 설계변경 등의 이유로 변경될 수 있다.
주) 정비사업비 추산액의 상세내역은 별표1 참조(**본 지침서에서는 미첨부**)

5. 분양대상 공동주택(아파트) 분양가격

(단위: m²/천원)

구 분		전용면적	분양면적	평균분양금액	세대수	총 액	비 고
조합원분양	84m²A	84.35	110.52	1,353,793	98	132,671,800	
	84m²B	84.11	110.73	1,327,305	14	18,582,281	
	84m²C	84.98	110.29	1,327,305	8	10,618,446	
	97m²	97.47	126.29	1,553,089	192	298,193,200	
	121m²	121.61	156.22	1,926,733	96	184,966,400	
	136m²	136.01	172.02	2,321,601	74	171,798,474	
	소 계	-	-	-	482	816,830,601	
일반분양	59m²	59.94	79.34	1,253,900	13	16,300,700	
	84m²B	84.11	110.73	1,642,333	72	118,247,976	
	84m²C	84.98	110.29	1,636,243	50	81,812,150	
	136m²	136m²	172.02	2,621,601	34	89,134,434	
	소 계	-			169	305,495,260	
임대분양	54m²	54.88	72.67	102,000	33	3,366,000	
	59m²	59.94	79.34	111,300	20	2,226,000	
	소 계				53	5,592,000	
전세금 반환관련비용 구상수입		전세금 5억원(주-1) × 40세대(세입자의 약20%				20,000,000	
전세금반환관련비용에 따른 금융비용 및 부대비용 구상수입		전세금 반환청구비용(주-2) (CD금리[91물변동금리](주-3) × 4년 + 2억(근저당 설정비 등) + 10억원 (기타 유이자 사업비 금융비용)				5,640,000	
총 수입 추산액		-				1,153,557,861	

주-1: 위 예시의 기준은 사업시행계획 변경(0000년 0월 0년) 당시의 설계도면을 기준으로 **감정평가법인등**이 제시한 자료를 기초로 조합원 및 일반분양금액을 추산한 금액이며, 관리처분계획의 수립시 조합원 분양신청 결과 및 종후자산평가 및 일반분양가 추산액, 사업비의 변동에 따라 변경될 수 있다.

주-2: 위 예시의 조합원분양세대수 및 일반분양세대수는 임의배분이며, 실제 조합원분양신청 결과에 따라 변동될 수 있다.

주-3: 위 예시의 기준에 대한 개략적인 추정분양가는 평균가로서 세대별 동, 호, 층,위치 및 향 등에 따라 변경될 수 있다.

6. 추정비례율의 계산

구 분	추정비례율			비 고
①종전자산 평가액	554,593,850	②총사업비 추산액	450,113,022	
③총수입 추산액	1,153,557,861			(종후자산 추산액)
비례율	[(③ - ②) / ①]×100 = 126.84%			

제14조 조합원별 권리가액의 산정 및 평균분담금

1 정비사업비 추산액

별표1의 '사업운영수익 및 정비사업비 추산액' 참조

2. 권리가액의 산정

조합원별 권리가액은 각 조합원별 종전자산평가액에 (추정)비례율을 곱한 금액으로 한다.

■ **조합원별 권리가액(원) = 개별조합원 종전자산 평가액 × 비례율**

3. 분담금의 산출방법

개별 조합원의 분담금은 조합원이 분양받을 종후자산의 평가금액인 조합원분양가에서 개별 조합원의 권리가액을 차감하여 산정한다.

■ **조합원별 분담금 = 분양받을 종후자산의 평가액 – 조합원별 권리가액**

4. 조합원 평균분담금

■ **개략적인 조합원 평균분담금 추산액 산출의 예** (3.3m²당 평균분양 추정단가 적용)

(단위: m²/천원)

구 분		비례율 예시(%)	A 추정 권리가액	B 종후자산 추정액	B-A 평균분담금	종전면적 (평균)	분양면적 (평균)	비 고
평형	평가액							
34평형	998,029		1,265,900	1,348,938	83,038	111.12	110.55	부담
38평형	1,157,915	126.84	1,468,700	1,553,090	84,390	127.01	126.29	부담
48평형	1,444,339		1,832,000	1,926,733	94,733	157.02	156.22	부담

■ 이주비 이자 제외 시 분담금

(단위: m²/천원)

평형	평균분담금 (A)	금융비용(이자) (B)	분담금(C) (A-B)	비고
34평형	83,038	60,900	22,138	부담
38평형	84,390	67,200	17,190	부담
48평형	94,733	79,800	14,933	부담

주-1 추후 분양시장의 상황에 따라 분담금의 추가적인 경감을 위한 후분양을 추진할 수 있다.

주-2 이주비 금융비용(이자)은 기존주택의 평형별 이주비 협약금액 2,600억원 × 3.3%(변동금리 추정 이자율) × 39개월로 가정하여 산출된 금액으로 청산시 최종 정산 한다.

주-3 위의 개략적인 분담금은 신축평형에 대한 평균 추산금액이며, 각 주택형의 타입(TYPE- A, B형), 층, 위치, 향 등의 요인에 따라 관리처분변경을 통하여 변경될 수 있으며, 최종 분담금은 관리처분계획의 변경 내용 및 동·호수 추첨결과에 따라 확정한다.

주-4 위의 개략적인 분담금은 종전재산 및 종후재산에 대한 감정평가시 층, 향, 조망, 일조 등을 반영하여 평가한 호별 감정평가금액을 최종 관리처분계획에 반영하여 분담금이 확정된다.

제15조 조합원 분담금 산출기준 및 분양계약

1. 종전자산의 감정평가금액을 기준한 권리가액을 분양가격에서 공제한 금액을 조합원 분담금(부담금 및 환급금)으로 한다.

2. 조합원별 종전자산의 감정평가금액과 신축세대에 대해 효용지수가 반영된 동·호수의 분양가격 차이에 따라 조합원 분담금은 감소하거나 증가한다.

3. 환급대상자에 대한 처리는 권리가액이 분양가격보다 많아서 환급대상이 되는 조합원의 금전청산은 본 관리처분계획에서 정하는 기준에 따라 현금청산 한다. 다만, 환급금은 조합원 분담금 납부기일 종료 후 30일 이내에 지급하기로 한다.

제16조 분담금의 납부방법 및 연체율의 적용 등

1. 분담금의 납부방법

조합원이 분양신청 한 건축시설물의 분양가격이 조합원별 권리가액을 초과하는 경우 그 초과금액의 납부방법은 아래의 방법에 의하며, 도시및주거환경정비법 제89조(청산금 등), 조합정관 제00조(경비의 부과 및 징수), 주택공급에 관한 규칙 제60조(입주금의 납부) 등 관계 법령과 일반관례에 따른다.

구 분	계약금	중도금	잔 금
납부일자	계 약 시 (착 공 전)	공사기간을 6회 균등분할 한 시점	실 입주일 또는 입주지정만료일 중 선도래일
납부금액	분담금×20%	분담금×10%×6회	분담금×20%

2. 분담금 연체료

분담금을 포함한 모든 청산금을 지정기일 내에 미납 시에는 연체이자를 가산하여 납부하여야 한다. 이때, 이자율은 시중은행 주택자금대출 연체이자율로 하며 상환 시까지 가산하여 납부한다. (시중은행 주택자금대출 연체이자율을 상환 시까지 가산함)

3. 이주지원금의 금융비용 및 상환

조합원은 이주지원금[기본이주비, 추가이주비(이자포함)]을 실입주일, 입주지정만료일 또는, 보존등기일 중 빠른 날까지 상환하여야 하며, 연체하는 경우에는 조합에서 정한 연체이자를 이주비 상환 시까지 가산하여 납부한다.

4. 기본이주비 미수령자에 대한 환급

1) 조합원 전원에게 주택형별로 동일한 금액을 지급하고 있는 기본이주비는 조합원별 기본이주비 전액을 수령하지 않은 조합원에 한하여 기본이주비의 미 수령에 따른 금융비용(변동금리)을 해당 조합원의 개별부담(환급)금에서 잔금납부 시 정산한다.

2) 지급이자율의 계산방법은 이자계산 해당 연도의 연도별 이자율을 산술평균한 단일 요율을 적용한다.

제17조 조합원의 권리와 의무 등

1. 조합원이 될 권리를 양수받았을 경우와 주소지나 인감을 변경하였을 경우에는 해당 사항이 발생한 날로부터 14일 이내에 조합에 신고하여야 하며, 신고불이행으로 발생되는 불이익에 대해서는 조합에 이의를 제기할 수 없다. 또한, 본 사업부지가 투기과열지구에 속하는 경우에는 조합설립 후에 토지와 주택을 매입한 자는 조합원이 될 수 없다.

2. 아파트의 동·층·호수의 추첨 또는 분담금의 납부통지 등 조합의 모든 공지사항에 대한 통지는 조합원이 조합에 최종 신고한 주소지로 통지하며, 해당 조합원이 주소지 변경 등의 절차를 이행하지 아니하므로 발생되는 일체의 불이익에 대해서는 조합에 대항할 수 없다. 주소변경 등 조합에 신고사항은 서면을 원칙으로 한다.

3. 관리처분계획인가의 고시가 있은 때에는 종전의 토지 또는 건축물의 소유자, 지상권자, 전세권자, 임차권자 등 권리자는 이전고시가 있는 날까지 종전의 토지 또는 건축물에 대하여 이를 사용하거나 수익할 수 없다. 다만, 조합의 동의를 얻은 경우에는 그러하지 아니하다.

4. 대지 및 건축물 등을 분양받은 자는 이전고시가 있는 날의 다음 날에 해당 대지 및 건축시설에 대한 소유권을 취득하고, 종전의 대지 및 건축시설에 관한 지상권, 전세권, 저당권 등은 새로이 분양받는 대지 및 건축시설에 설정된다.

5. 조합원의 종전자산을 조합에 신탁한 이후에 부과되는 조합원 재산세는 해당 조합원이 부담한다.

제18조 관리처분계획(안)에 관한 기타사항

1. 보류시설의 준비
보류시설은 관리처분인가의 고시 후 발생이 예상되는 민원 등을 대비하여 조합원분양 후 조합원분양분의 1% 이내로 정하며, 임의분양(또는 공개분양)하여 조합사업경비로 충당한다. 처분 시기는 대의원회 또는 이사회의 결의에 따른다.

2. 관리처분계획의 경미한 변경
관리처분계획(안)의 확정 후 사업비의 10% 이내의 변경이나 총사업비를 초과하지 않는 범위 내에서 항목간의 전용 등 경미한 변경에 대해서는 별도의 총회결의 대신 대의원회 에서 의결한 후 사업을 시행하며, 추후 조합원에게 서면으로 보고한다. 단, 조합원 정산에 관한 변경이 있을 경우 조합 청산 시 지급하거나 징수한다.

3. 자금운용계획
관리처분계획(안)의 자금운영계획안(예산안)을 집행하는 과정에서 기 확정된 항목별 예산액 대비 집행할 금액이 초과되는 경우에는 총사업비를 초과하지 않는 범위 내에서 이사회의 결의 후 집행하고 추후 대의원회의 추인으로 예산의 항목간 전용이 가능한 것으로 한다.

4. 공동대표자의 선정신고
공동소유자의 경우에는 조합에 대표자를 선정하여 신고하여야 한다. 이때, 신고한 대표 자가 조합원의 권리와 의무를 가진다. 대표자 선정신고를 하지 않아 발생되는 모든 불이익에 대하여는 조합에 일체의 이의를 제기할 수 없다.

5. 대표 동의 선정신고
동일인이 2주택 이상을 소유한 경우에는 분양받고자 하는 「대표 동·호수」를 선정하여 지정신청을 하여야 한다.

6. 설계변경 등
관리처분계획상의 분양예정 대지면적은 토지확정측량 시 면적이 다소 변경될 수 있고, 건축시설물 및 분양예정면적은 추후 사업시행(변경)인가 과정이나 사업추진과정에서 설계변경 등으로 인해 변경될 수 있으며, 이 경우 대의원회의 결의로 확정한다.

7. 기타 변경사항
본 관리처분계획이 정하지 아니한 사항은 관계 법령 및 조합정관에 의하며, 그 외의 관리처분에 관한 사항들을 시행함에 있어 발생되는 경미한 변경사항 등은 관계 규정 등에 따라 대의원회의 결의를 거쳐 시행한다.

8. 조합원의 하자치유
조합원 자격상실 및 소송관련 등 기타 사유로 조합원분양대상자에서 원천적으로 제외 되었으나 「분양신청기간 만료 기준일」 이후 관계 규정의 변경 및 법원 등의 판결 등에 의한 하자 치유로 인하여 분양권이 회복되었을 경우에는 관리처분계획에 큰 차질을 주지 않는 범위 내에서 대의원회의 결의로 처리한다.

9. 조합원 분양신청서의 제출

조합원 분양신청서는 조합사무실에 직접 제출하거나 우편으로 제출할 수 있으며, 우편으로 제출하는 경우에는 조합이 통지한 분양신청기간 내에 발송된 것임을 증명할 수 있도록 등기우편발송을 원칙으로 한다.

10. 일반분양분에 대한 분양보증

조합원분양 완료 후 잔여세대에 대한 일반분양 시에는 대한주택보증(주)에서 발행하는 '일반분양 분양보증서'를 발급받아 처리한다.

11. 신탁등기 및 이주

조합원(세입자 포함)은 0000년 0월 00일부터 이주를 개시하며, 이주개시일로부터 0월 이내에 이주를 완료하여야 한다. 신탁등기는 0000년 0월 00일부터 0000년 0월 00일까지 사업시행구역 안의 조합원 소유로 되어있는 토지 및 주택 등에 대하여 조합이 신탁등기를 완료할 수 있도록 하여야 한다. 조합은 이를 이행치 않는 조합원에 대하여는 조합정관 등 관계 규정에 따라 처리할 수 있다.

12 보존등기에 따른 비용부담

공사완료 후 이전고시에 따라 각 조합원에게 주택(아파트)을 이전하기 위한 보존등기에 소요되는 비용은 조합이 부담하기로 한다.

13. 기타 준용사항

기타 조합원 분양 관련사항, 입주절차 등 세부적인 사항은 분양신청통지문이나 입주통지문 등의 내용을 관리처분계획의 일부로 준용하여 해당 업무를 처리한다.

■ 별 표 1. 사업운영수익 및 정비사업비 추산액 (아파트/상가)

■ 첨 부 1. 설계개요
        1. 건축개요
        2. 부대·복리시설 설치개요
        3. 주택형별 면적표

   2. 설계도서
      1. 조감도
      2. 배치도
      3. 주택형별 단위평면도

   3 개략적인 조합원 분담금 내역(아파트)

   4 신축아파트의 세대별 조합원 분양가(동별/ 전 세대)
    : 동별 – 층별 – 호별로 표기, 동 평면도 첨부

   5. 신축아파트의 세대별 조합원 분담금
    : 기존주택의 평형(34평형, 38평형, 48평형)별로 동별 각 세대에 배정될 경우의
      분담금 표기

   6 신축아파트의 동별 분양신청 가능세대 배정표
    : 각 동을 확정된 분양신청가능 군(종전 및 종후아파트를 각각 감정평가금액에
      따라 3개 군 내지 10(12)개 군으로 구분하여 동일한 군에만 분양신청이 가능토록
      하는 분양신청기준의 한 방법)를 표기한다.

   7. 관리처분에 관한 조합정관 및 관계법령

■ 별 첨 1. 임시총회(관리처분총회) 서면결의서(양식)
      2. 임시총회(관리처분총회) 참석권(위임장)(양식)
      3. 서면결의서 제출을 위한 반송봉투

   주) <u>위 목록의 내역 미첨부(상세양식은 위의 상정의안 제5호 안건 참조)</u>

❑ [참고자료] -2 : 관리처분계획(안)-재건축사업(지분제)

(이 자료는 기존(종전) 건축물의 층수가 5층, 용적률이 약 90%의 종전
아파트 단지를 최고층 약32층, 용적률 약 299%로 재건축하며, 재건축부담금
납부대상이 아닌 경우의 재건축정비사업(지분제) 관리처분계획 참고자료이다)

- 목   차 -

관리처분계획(안)

  서울특별시 서초구 반포0동 반포00아파트 재건축정비사업 관리처분계획의 수립은 도시 및 주거환경정비법(이하 "법"이라 한다), 동 시행령(이하 "시행령" 혹은 "영"이라 한다), 서울특별시 도시 및 주거환경정비 조례(이하 "조례"라 한다) 및 반포00아파트 재건축정비사업조합(이하 "조합"이라 한다) 정관에 따라 관리처분계획(안)을 수립하여 조합원 총회의 결의를 거쳐 해당 구청의 인가를 득한 후 이에 따라 재건축정비사업을 수행한다.

제1조 정비사업의 개요

  1. 사 업 명 칭 : 반포주공0단지 재건축정비사업
  2. 대 지 위 치 : 서울특별시 서초구 반포0동 00-0 번지 외 0필지
  3. 사 업 시 행 자 : 반포00아파트 재건축정비사업조합(조합장　0 00)
  4. 사무소 소재지 : 서울특별시 서초구 반포대로 000번지, 새마을회관 2층
  5. 사업시행면적 : 837,303.91m²(253,284.43평)

제2조 종전 토지 및 건축물의 현황 등

1. 종전 토지 및 건축물의 소유면적
    사업시행구역내의 종전 토지 및 건축물의 총 소유면적은 사업시행인가일을 기준으로 현재의 소유자별 **토지 지적공부** 및 **건축물 관리대장** 면적을 기준으로 하되, 각 소유자별 대지면적은 **등기사항전부증명서**상의 대지지분으로 한다.

2. 종전 토지 및 건축물의 소유권
    종전 토지 및 건축물의 소유권은 분양신청기간 만료기준일 현재 **등기사항전부증명서**에 따른다. 다만, 권리자의 변동이 있을 때에는 변동된 **등기사항전부증명서**에 따른다.

3. 종전 토지 및 건축물 소유자의 조합원 판단기준
    조합원 및 신축건축물 분양 신청권자의 최종 판단 기준은 「분양신청기간 만료일 현재」를 기준으로 **등기사항전부증명서**상의 반포주공0단지 아파트 및 부대시설·복리시설의 소유자로서 관리처분계획(안)과 관계규정에 따라 분양신청에 하자가 없는 조합원으로 한다.

※ 「토지 지적공부」의 종류
  1. **토지이용 계획서**: 용도지역/지구, 소재지, 지목, 면적, 개별공시지가 등이 기재됨.
  2. **등기사항전부등명서[구]등기부등본]**: 토지의 표시(표제부), 소유권에 관한 사항(갑 구) 및 소유권 이외의 권리에 관한 사항(을 구)이 기재됨
  3. **지적도/임야도**: 토지의 모양과 방향, 주변토지와의 경계가 표기됨
  4. **토지대장/임야대장**: 토지의 지목과 면적이 기재됨
  (주: 토지의 "지목"과 "면적"은 대장 기준이며, "소유자"는 등기사항전부증명서가 기준)

✻ 종전 토지 및 건축물 소유자 세대수와 조합원 세대수 현황

구 분		동	대지지분	토지등소유자 세대수	조합원 세대수
아 파 트	16평형	330, 331, 332, 333, 334, 336, 337, 338, 339, 347 348, 349.	65.51m² (19.81평)	590	589 <0 00 미동의 (000-000)>
		341, 342, 344, 345, 346,	66.60m² (20.15평)	200	200
		302, 304, 305, 306, 307, 308, 309, 301, 311 312, 313, 314, 315, 316, 317, 318, 319, 320, 321, 322, 323, 352, 353, 354,	67.59m² (20.45평)	960	960
		16평형 조합원 총 세대수		1,750	1,749
	25평형	329, 335, 350, 351,	102.36m² (30.96평)	120	120
		340, 343,	104.07m² (31.48평)	50	50
		301, 303, 324, 325, 326, 327, 328, 355, 356, 357, 358, 359, 360, 361, 362,	105.61m² (31.95평)	480	480
		25평형 조합원 총 세대수		650	650
	소 계			2,400	2,399
상사 등				116	115
총 계				2,516	2,514
✻ 조합원 세대수는 신규가입 및 하자치유 등에 따라 증·감이 있을 수 있음.					

제3조 신축 건축물의 분양내역 및 설계개요

[첨부자료 참조]: 건축개요, 주택형별 분양면적표, 단위세대 평면도, 배치도, 조감도

제4조 신축 건축물의 분양내역 및 설계기준

1. 아파트 분양면적
1) 아파트의 **분양면적**은 주거전용면적에 주거공용면적(해당 동의 동별 계단, 복도, 엘리베이터홀 등의 공유면적)을 **합한** 면적으로 하며, **계약면적**은 분양면적에 **기타 공용면적**(관리사무소, 노인정, 지하 주차장면적 등)을 포함한다.

2) **대지의 지분면적은** 시행령 제63조, **집합건축물의 소유 및 관리에 관한 법률 제12조에 따라 분양면적의 비율에 따라 공유지분으로 분양**한다.

3) 아파트의 **세대별 공용면적은 주거공용면적과 기타 공용면적을 합한 면적을 주택형별 전용면적의 비율로 나눈 면적으로 한다.**

2. 아파트의 분양가격(조합원 분양가격)

아파트의 **조합원 분양가격**은 조합과 시공자가 협의하여 결정하는 것을 원칙으로 하되, 세대별 조합원 분양가와 일반분양 세대의 분양가에 대하여 차등을 두기로 하며, **「감정평가 및 감정평가사에 관한 법률」**에 따른 **감정평가법인 등 2인** 이상에게 평가를 의뢰하여 제출받은 각각의 평가지수의 산술평균한 지수를 기초로 각 주택형 및 동·호수의 분양가격은 조합원 비용분담에 대한 공평성, 형평성, 합리성을 도모하기 위해 층별, 위치별, 향별 등 **효용격차지수**를 적용하여 분양가격을 차등화하여 산정한다.

3. 조합원분양의 기준

1) 일반분양에 앞서 조합원분양을 우선 실시하며, 조합원이 출자한 <u>종전자산의 감정평가액 (감정평가법인 2인이 제출한 가액의 산술평균한 가액)을 기준</u>으로 새로이 건설되는 주택 등을 분양함을 원칙으로 한다.

2) 조합원이 2주택 이상을 소유하고 있는 경우

도시 및 주거환경정비법 제76조제1항제7호의 규정에 따라 우리 아파트단지가 투기과열지구에 속하는 경우 1세대가 2주택 이상의 주택을 소유하는 경우라도 2주택 이하의 주택을 공급해야 하며, 초과분은 현금청산하기로 한다. 따라서 1세대가 2주택을 초과하여 주택을 소유한 조합원은 조합에 자진신고하여야 하며, 신고하지 않아 발생되는 불이익 등에 대한 책임은 해당 조합원에게 있으며 조합에 어떠한 이의도 제기할 수 없다.

3) 부대시설·복리시설의 소유자에게는 새로운 부대시설·복리시설을 공급하는 것을 원칙으로 한다. 다만, 도시 및 주거환경정비법 시행령 제63조(관리처분의 방법 등) 제2항제2호에 따라 다음 각목의 1에 해당하는 경우에는 1주택을 공급할 수 있다.

가. 새로운 부대시설·복리시설을 건설하지 않는 경우로서 기존 부대시설·복리시설의 가액이 분양주택 중 최소분양단위규모의 추산액에 정관 등으로 정하는 비율(정관 등으로 정하지 않는 경우에는 1로 한다. 이하 나목에서 같다)을 곱한 가액보다 클 것.

나. 기존 부대시설·복리시설의 가액에서 새로 공급받는 부대시설·복리시설의 추산액을 감한 금액이 분양주택 중 최소분양단위규모의 추산액에 정관 등으로 정하는 비율을 곱한 가액보다 클 것.

다. 새로 건축하는 부대시설·복리시설 중 최소분양단위규모의 추산액이 분양주택 중 최소분양단위 규모의 추산액보다 클 것.

4) 1세대가 2주택 이상을 소유하고 있는 경우에는 「조합원 분양신청기간 만료일」까지 대표물건 2주택을 선정한 후 분양신청서를 작성하여 조합에 제출하면 이를 대표물건 신고에 갈음하기로 하며 대표물건으로 새로운 건축물을 분양받기로 한다.

5) 신축건물을 분양받는 조합원의 판단기준일은 조합이 정한 「분양신청기간 만료일」을 기준일로 한다.

6) 조합원에게 분양되는 주택의 규모는 사업시행인가(변경인가 포함)를 기준으로 하여 주택형별로 정한다.

7) 아파트와 상가를 동시에 소유한 경우 아파트와 상가를 각각 분양 공급한다.

8) 종전의 주택 등을 2인 이상이 공유지분으로 공동소유하는 경우에는 취득시기에 관계없이 그중 조합에 신고된 대표자 1인만을 조합원으로 하며, 1주택만을 공급한다.

9) 기타 관리처분계획을 수립한 후 시행하는데 있어 필요한 세부사항은 관계법령 등에 따라 대의원 회의 결의 후 시행할 수 있다.

제5조 조합원분양 아파트의 주택형 배정 및 동·호수 결정방법

1. 주택형 및 동·호수의 결정절차에 대한 일반원칙

조합원 분양은 주택형 결정과 동·호수 결정을 구분하여 실시하되, 분양신청기간 만료일 이후 일정기간 내에 조합원의 주택형 신청 및 동·호수 배정을 전산으로 추첨하여 결정 한다. [계획(안) 제5조제3항제4호 관련사항]

2. 평형배정 기준

1) 분양신청을 하지 않은 조합원의 경우에는 분양받을 의사가 없는 것으로 간주하여 금전청산을 원칙으로 한다. 다만, 조합원분양 후 잔여 주택형에 한하여 관리처분계획 에서 정하는 기준에 따라 조합이 분양여부를 결정할 수 있다.

2) 분양신청서를 제출하였으나 인감증명서가 첨부되지 않은 경우, 분양신청서에 날인이 누락되는 등 분양신청서 작성 내용이 불완전한 경우, 그 외에 분양신청서가 미비한 경우 에는 조합이 해당 조합원에게 통지한 후 조합이 정한 일정한 기간 동안 보완토록 한다.

3) 조합원의 분양 주택형 신청 접수는 0000년 00월 00일부터 동년 00월 00일(조합의 사정에 따라 연장 및 재접수 가능) 조합원 분양신청만료 기준일(이하 "관리처분계획 수립 기준일"로 본다)까지이며, 분양신청기간 만료일을 기준으로 「기준일 현재 **등기 사항전부증명서**상 소유자」 중 분양신청에 하자가 없는 조합원을 분양대상자로 확정한다.

3. 조합원의 주택형 배정 및 추첨 방법

1) 조합원은 모든 주택형에 대해 분양신청이 가능하나, 49평형, 60평형, 69평형, 79평형, 89평형, 및 91평형을 아래 표와 같이 16평형 조합원과 25평형 조합원에게 배정하여 추첨하며, 경합에서 1순위 탈락자는 하순위인 2순위, 3순위, 4순위, 5순위의 순서로 자동적으로 변경되어 경합한다.

주택형	세대수	16평형 조합원 배정		25평형 조합원 배정	
		세대수	비율	세대수	비율
49평형	340세대	272	80%	68	20%
60평형	340세대	68	20%	272	80%
69평형	296세대	178	60%	118	40%
79평형	162세대	97	60%	65	40%
89평형	156세대	94	60%	62	40%
91평형	70세대	42	60%	28	40%

2) 각 순위별로 희망주택형의 신청자수가 공급 주택수에 미달될 때에는 해당 순위 희망 주택형 신청자에게 선호하는 동·호수를 우선 공급할 수 있다.

3) 상가 조합원은 아파트 조합원 분양 후 잔여세대 중에서 분양하기로 한다.

4) 조합원의 분양 주택형 신청에 대하여 주택형 결정 및 동·호수의 배정은 관리처분총회 이후 「**한국부동산원**」의 전산추첨으로 결정하게 되며, 전산추첨으로 결정된 주택형 및 배정된 동·호수 결과에 대하여는 일체의 이의를 제기할 수 없다.

4. 순위 탈락자 등의 처리 절차
조합원의 분양 주택형 신청이 경합하여 5순위까지 당첨이 되지 않은 자와 분양 주택형 신청을 5순위까지 신청하지 않아 신청한 순위까지 당첨이 되지 않은 자는 조합원의 동·호수 배정이 5순위까지 완료된 후 남은 잔여세대에서 선호하는 주택형을 배정한다. 다만, 경합이 발생할 경우 수기추첨으로 한다.

5. 분양신청 자격이 제한되는 경우
분양신청 만료 기준일까지 분양 주택형의 신청을 하였으나 기타 관계규정 등에 따라 조합원 분양권 자격이 상실되는 경우에는 분양 주택형을 결정할 때 제한을 할 수 있으며 관계법령 등에 따라 관리처분계획에서 정하는 방법으로 처리한다.

제6조 상가 분양
1. 상가분양에 대한 일반원칙
상가 조합원은 종전 건축물의 소유면적 및 층별 위치를 기준으로 분양함을 원칙으로 하며, **신축 건축물**의 층과 위치, 면적이 동일하지 않을 경우 「**감정평가 및 감정평가사에 관한 법률**」에 따른 **감정평가법인등 2인** 이상에게 평가 의뢰하여 제출받은 각각의 감정평가액 (평가지수)을 산술평균한 금액으로 정산(환급 또는 추가 납부)하기로 한다.
이 경우 정산의 기준은 조합원이 종전 건축물과 동일 또는 유사한 층과 위치에 해당하는 신축 건축물을 배정받았을 경우 해당 조합원이 얻었을 이익(신축 건축물 분양가 기준)과 해당 조합원이 실제 배정받은 신축 건축물의 분양가액의 차액으로 한다.

2. 분양기준
1) 신축 건축물의 배정은 층과 위치가 종전 건축물과 동일 또는 유사하도록 배정한다. 다만, 신축되는 건축물에 대한 층과 위치에 관하여 경합이 발생할 경우 종전 건축물의 감정평가액이 높은 조합원에게 우선권을 부여한다.

2) 조합원에게 분양하고 남은 상가는 「주택공급에 관한 규칙」이 정하는 규정에 따라 일반 분양하거나 관계규정에 위배되지 않는 범위에서 임의 분양할 수 있다.

3) 상가 조합원은 시공자와의 본 계약서(안) 제5조제5항에 따라 별도의 관리처분계획에 의할 수 있으며, 상가 조합원이 종전 건축물의 소유면적 및 층별 위치를 기준하여 보상 기준으로 조합(상가)과 시공자간에 체결한 약정서에 따라 대물보상면적을 초과하는 면적의 분양을 희망하는 경우, 그 초과면적에 대한 분양가 등은 약정서 상의 "갑"과

"을"이 협의하여 분양 가능한 적정가격으로 결정하기로 한다. 또한, "갑"과 "을"이 도급공사 방법에 따른 경우에는 그에 따라 처리한다. **신축상가의 분양면적**이란 「전용면적+공용면적+지하주차장면적」을 합한 면적으로 한다.

4) 신축 건축물 중 특정한 건축물에 대하여 종전 건축물의 위치나 가격 등이 유사한 상가 조합원 간에 중복하여 분양을 원하는 경우에는, 조합이 지정한 일시와 장소에서 공개 추첨 등의 방법으로 해당 건축물에 대한 배정을 정할 수 있다.

5) 종전의 상가를 2인 이상이 공유지분으로 공동 소유하는 경우에는 취득시기와 관계없이 그 중 조합에 신고된 대표자 1인만을 조합원으로 본다.

6) 종전의 상가 소유자 중 00유통 조합원은 사업시행인가 배치도상 신축건축물 슈퍼마켓 시설로 대물보상을 하며, 초과하는 면적은 관리처분계획에 따라 처리한다.

7) 유치원은 사업시행인가 배치도상 유치원 신축 건축물로 대물보상을 하며, 초과하는 면적은 관리처분계획에 따라 처리한다.

제7조 분양신청을 하지 않은 자 등에 대한 조치

「도시및주거환경정비법」 제73조 및 조합규약(정관) 제38조제4항, 조합에서 통지한 분양 신청 통지문 및 관리처분계획 등과 기타 관련규정에 따른 금전청산자 지정 및 그 처리 기준은 다음과 같다.

1. 금전청산 대상자
1) 분양신청을 하지 않은 자
2) 분양신청을 철회한 자
3) 각종 소송과 관계규정 및 법률에 따라 분양권 취득자격이 상실된 자
4) 조합이 정한 날까지 분양계약을 체결하지 아니한 자
5) 이주비 대여금을 수령한 조합원이나 그 승계자가 채무를 불이행할 경우
6) 기타 관리처분계획에 따라 분양권 신청자격이 없거나 금전청산자로 간주 처리된 자

2. 금전청산 방법
「도시및주거환경정비법」 제65조의 규정에 따라 금전청산 대상자에 해당하는 경우 해당 청산금액은 조합과 금전청산 대상자가 협의하여 처리하는 것을 원칙으로 한다. 다만, 상호 협의가 이루어지지 않을 경우 다음의 절차에 따라 처리한다.
– 금전청산 대상자는 분양받을 권리를 포기한 것으로 간주하여 「감정평가 및 감정평가사에 관한 법률」에 따른 **감정평가법인등 2인** 이상에게 평가의뢰 하여 제출받은 감정평가액의 산술평균한 금액으로 금전청산 한다. 이때, 감정평가금액에서 해당 조합원의 이주대여금 원금과 연체이자 등의 채무와 청산에 따른 비용 등을 공제한 금액으로 금전청산하고 해당 물건은 일반분양으로 처리한다.

3. 금전청산 시기

「도시및주거환경정비법」 제65조의 규정에 따라 금전청산 대상자에 해당하는 경우 그에 해당하게 된 날부터 **150일 이내**에 건축물 또는 그 밖의 권리에 대하여 현금으로 청산하고 청산금을 지급받을 자가 없거나 지급받기를 거부하는 경우 그 청산금은 관할하는 법원에 공탁처리 한다.

제8조 일반분양 대상 신축 건축물의 처분 등

1. 공동주택

일반분양대상 공통주택의 경우 그 가구수가 20가구 이상일 때에는 「주택공급에 관한 규칙」이 정하는 바에 따라 일반분양한다.

2. 상가

상가의 경우 종전 건축물을 기준으로 관리처분계획에 따라 신축 건축물로 분양함을 원칙으로 한다. 잔여시설에 대해서는 「주택공급에 관 한 규칙」이 정하는 규정에 따라 분양하거나 관계규정에 위배되지 않는 범위에서 임의 분양할 수 있다.

제9조 용도폐지·신설되는 정비기반시설(공공시설)의 처분기준

1. 처분기준

공원, 도로, 공공청사, 하수관로 등 정비기반시설(공공시설) 등은 사업시행인가 조건 등에 따라 무상귀속 또는 무상양도 등으로 처리한다.

2. 정비기반시설(공공시설) 내역

－ 용도폐지·용도신설 되는 공공시설 내역

		종류	명칭	위치	규모	무상양여 또는 무상귀속		
						규모	가격	양도 또는 귀속될 자
용도폐지 되는 종전의 공공시설		도로	현황도로	구역내	14,452.23			반포주공0단지 재건축 정비사업조합
		공원	공원	구역내				반포주공0단지 재건축 정비사업조합

		종류	명칭	위치	규모	설치비용				비용부담		무상 귀속될 관리청
						계 (천원)	보상비 (천원)	공사비 (천원)	기타	부담자	부담내용	
공공시설	새로이 설치할 공공시설	도로	도로용지#1	반포동 20-00	(기록생략)	(기록생략)	(기록생략)	(기록생략)	－	조합	토지비 및 설치비	서울시
			도로용지#2	반포동 20-00	(기록생략)	(기록생략)	(기록생략)	(기록생략)	－	조합	토지비 및 설치비	서울시
		공원	신규	반포동 20-00	(기록생략)	(기록생략)	(기록생략)	(기록생략)	－	조합	토지비 및 설치비	00구청
		공공청사	신규	반포동 20-00	(기록생략)	(기록생략)	(기록생략)	(기록생략)	－	조합	토지비 및 설치비	00구청
		하수도	－	사업부지내	(기록생략)	(기록생략)	(기록생략)	(기록생략)	－	조합	토지비 및 설치비	00구청
		학교	학교용지	사업부지내	(기록생략)	－	－	－	－	－	－	서울시 교육청

✳ 재건축정비사업시행인가 내용임(인가번호: 000-4)

- 용도폐지·용도신설 되는 공공시설 내역
  가. 정비기반시설(도로) 변경조서

구분	규모			기능	연장 (M)	면적 (m²)	기점	종점	사용 형태	무상 양도자	귀속 관청	비고
	등급	류별	폭원(M)									
기정	대로	2류 29호	30~40	보조 간선	(기록 생략)	(기록 생략)	(기록 생략)	(기록 생략)	일반 도로	조합	서울시	완화 차로
변경	대로	2류 29호	38~43									
기정	광로	3류	40	주 간선	(기록 생략)	(기록 생략)	(기록 생략)	(기록 생략)	일반 도로	조합	서울시	완화 차로
변경	광로	3류	43									
폐지	-	-	10	단지 내 도로	(기록 생략)	(기록 생략)	(기록 생략)	(기록 생략)	단지 내 도로	00구	-	-
폐지	-	-	8.5	단지 내 도로	(기록 생략)	(기록 생략)	(기록 생략)	(기록 생략)	단지 내 도로	00구	-	-

나. 정비기반시설(공원)의 변경조서

구분	시설의 종류	위치	면적	무상양도자	귀속관청	비 고
폐지	근린공원	반포동 20-0, 20-00	0,000	00구청	반포주공0단지 재건축정비사업조합	근린공원 용도폐지
신설	근린공원	반포동20-0, 20-00	0,000	반포주공0단지 재건축정비사업조합	00구청	근린공원 총면적 : 0,000.00m²

다. 정비기반시설(도시계획시설 공공시설용지)의 변경조서

구분	시설의 종류	위치	면적	무상양도자	귀속관청	비 고
신설	공공청사	반포동20-0	0,000	반포주공0단지 재건축정비사업조합	00구청	공공시설용지 무상귀속 (총면적: 0,000㎡)
신설	공공청사	반포동20-0	00.00	00구청	00구청	

제10조 조합원 무상지분 및 부담금 산출기준

1. 조합원 무상지분의 기준
조합원에 대한 대지 및 신축 시설물의 분양기준이 되는 조합원 무상지분의 산출방법은 시공자와의 본 계약서(안) 제5조에 따라 확정한다.

2. 조합원 부담금의 산출방법
조합원의 부담금은 효용격차지수가 적용된 신축주택 동·호수의 분양가격 차이에 따라 동·호수별로 감소하거나 증가한다.
1) 조합원 무상평수 = 조합원 권리가액 ÷ 평당(제곱미터당)분양가
2) 조합원 부담금 = 신축 주택형 분양가 - 조합원 권리가액

제11조 부담금 납부 방법 및 연체율 적용기준

1. 부담금 납부 방법

조합원의 권리가액과 분양예정가액의 차액(부담금)은 다음과 같이 납부비율과 시기를 정하고 환급받는 금액(환급금)이 있는 경우에는 부담금과 같은 납부비율과 시기로 한다. 다만, 환급금 지급일은 조합원 납부기일 종료 후 15일 이내로 한다.

구 분	계 약 금	중 도 금	잔 금
납부일자	분양계약 체결시 (착공 시)	본 공사도급계약서(안) 제7조 규정의 공사기간을 6회 균등 분할한 시점	실입주일 또는 입주지정만료일 중 선 도래일
납부금액	부담금액×20%	부담금액의 10%×6회	부담금액×20%

2. 부담금의 연체료

조합원의 부담금을 포함한 모든 청산금을 지정기일 내에 미납할 경우에는 시공자와 체결한 공사도급계약서에 따라 연체이자를 가산하여 납부한다.

3. 이주비 등 반환시기

- 조합원은 이주비(유이자 이주비 및 이자 포함)를 입주일 또는 입주지정기간 만료일 중 빠른 날까지 상환하여야 하며, 연체 시에는 연체이자(이주비 지급은행의 일반주택자금 대출 연체율 적용)를 상환 시 까지 가산한다.
- 조합원은 이주비의 일부 또는 전부를 조기 상환할 수 있으며, 이러한 경우 시공자는 본 공사도급계약서(안) 제16조에 따라 이주비 조기 상환액의 조달금리 기준으로 산정한 이자 상당액을 조합원이 입주 후 1개월 이내에 납부한다.

제12조 관리처분계획(안)에 관한 기타 세부사항

1. 조합 신고사항의 서면원칙

신축 아파트의 동·층·호수 결정 또는 조합원 부담금의 납부 등 조합의 모든 공지사항의 통지는 조합원이 조합에 신고한 주소지로 서면통지하며, 해당 조합원이 주소변경 등의 신고의무 사항을 이행하지 않아 발생되는 일체의 불이익에 대해서는 조합에 대항할 수 없다. 조합원의 현주소 변경신고(7일 이내) 등 조합에 신고하여야 할 사항은 서면신고를 원칙으로 한다.

2. 공동소유자의 대표자 선정

공동소유자의 경우에는 대표자를 선정하여 지정된 기간 내에 조합에 서면 신고하여야 한다. 조합에 신고한 대표자만이 조합원의 권리의무를 행사할 수 있고, 대표자를 선정 및 신고하지 않아 발생되는 모든 불이익에 대하여는 조합에 일체의 이의를 제기할 수 없다.

3. 조합원의 대표 동 지정신청

동일인이 **2주택 이상**을 소유한 경우에는 분양을 받고자 하는 「대표 동·호수」를 선정하여 조합에 지정신청을 하여야 한다.

4. 설계변경 등

관리처분계획상의 분양대지 면적은 토지 확정측량 시 면적이 변경될 수 있다. 또한, 주택과 신축 건축물의 분양면적은 추후 사업시행(변경 포함)인가 과정이나 사업추진과정에서 설계의 변경 등으로 변경될 수 있다. 이러한 경우에는 대의원회의 심의를 거쳐 결정한다.

5. 기타 변경사항

본 관리처분계획에서 정하지 않은 사항은 관계법령 및 조합규약(정관)에 따른다. 그 외의 관리처분계획을 시행함에 있어 발생되는 경미한 사항 등은 관계규정 등에 따라 대의원회의 결의를 거쳐 시행한다.

6. 조합원의 하자치유

조합원의 자격상실 및 소송관련 등의 사유로 해당 조합원이 분양대상자에서 제외되었으나, 「분양신청기간 만료기준일」 이후 관계규정의 변경 및 하자치유로 인해 분양신청이 가능해진 경우에는 관리처분계획상에 특별한 차질이 발생되지 않는 범위 내에서 처리하도록 한다.

7. 소유권 이외의 권리승계

종전 건축물에 관한 소유권 이외의 권리는 해당 조합원이 분양받은 신축 건축물에 승계된 것으로 한다.

8. 조합원의 분양신청서 제출

조합원 분양신청서는 조합 사무실에 직접 제출하거나 우편으로 제출할 수 있다. 우편으로 제출하는 경우에는 「도시및주거환경정비법」 제72조 및 「동법 시행령」 제59조제2항 및 조합 규약(정관) 제38조제3항에 따라 **조합에서 통지한 분양신청기간 내**에 발송된 것임을 증명할 수 있도록 등기우편을 원칙으로 한다.

9. 일반분양에 대한 **주택도시보증공사(HUG)와의 주택분양보증 약정체결**

조합원 분양 완료 후 잔여 세대에 대한 일반분양분의 처리는 **주택도시보증공사(HUG)** 에서 발행하는 일반분양분양보증서를 발급받아 처리한다.

10. 조합원 신탁등기 및 이주

조합원(세입자 포함)은 0000년 0월 0일부터 이주를 개시하며, 이주개시일로부터 8월 이내에 이주를 완료하여야 한다. 조합원 신탁등기는 0000년 0월 0일부터 0000년 0월 0일까지 60일 이내에 조합원의 소유로 등재되어 있는 사업시행구역 안의 모든 토지 및 주택 등에 대하여 조합에 신탁등기를 완료하도록 한다. 이를 이행하지 않을 경우 조합규약 (정관)등 관계규정에 따라 처리하여 사업을 원활하게 추진토록 한다.

11. 자금의 차입

무이자 이주비, 일반분양 분양대금, 기타 조합사업비의 금융기관 조달 시의 명의주체는 조합이며, 시공자는 연대책임을 지며, 이와 관련된 모든 원금과 금융비용(무이자 이주비 제외)은 금리변동 등과 관계없이 시공자의 책임 및 비용으로 처리한다.

12. 기타 준용사항

조합원 분양과 관련되는 기타 세부사항에 대하여는 조합원 분양신청 통지문을 관리처분 계획(안)의 일부로 준용하여 처리 할 수 있다.

제13조 조합원 부담금 산출내역

1. 대물변제기준 조건

- 주택형별 분양가는 각 타입별, 층별, 동별, 향별 평균분양가이며, 동별, 층별, 향별로 차등 적용하여 확정한다. 따라서 **「감정평가 및 감정평가사에 관한법률」**에 따른 **감정평가법인등 2인** 이상이 평가한 금액을 산술평균하여 산정한 금액으로 확정한다.

- 기본이주비(무이자이주비), 기타 조합 사업비의 금융기관 조달 시 조달주체(대출명의자)는 조합이며, 시공자는 연대책임을 진다. 이와 관련된 모든 원금과 금융비용(무이자 이주비 제외)은 금리변동과 관계없이 시공자의 책임 및 부담으로 처리한다.

- 일반분양에 대한 분양가 결정, 분양책임 및 귀속 등 모든 권리와 의무는 시공자에 있다.

- 조합원 환급금은 조합원 분담금 납부비율에 따라 지급정산 한다. 단, 지급일은 조합원 납부기일 종료 후 15일 이내로 한다.

- 견본주택은 조합원 분양계약 체결 전(착공 전) 시공자의 부담으로 3개 주택형을 건립한다. 이때, 시공자는 시공자선정 시의 입찰관계 서류에 근거하여 작성된 각 주택형별 마감자재 사양 및 설비 등의 상세 리스트를 조합의 사전 승인을 득한 후 건설하여야 한다.

- 사업부지에 포함되는 국·공유토지는 시공자의 책임 및 부담으로 매입한다.

- 조합원 명의로 개인별로 부과되는 각종의 제세공과금은 해당 조합원의 부담으로 한다.

- 상가, 유치원, 새마을회관의 토지에 관련한 조합원 대물변제기준은 변동이 없다.

- 사업추진에 소요되는 제반 사업경비에 관련한 조합원 대물변제기준은 변동이 없다.

- 임대주택의 건립, 일반분양가 원가연동제 실시 등 정부정책이 변경되는 경우에는 조합원 대물변제기준이 변동된다.

- 관리처분계획의 대물변제 기준은 상기 조건을 전제로 산출된 확정지분이다.

2. 아파트 주택형별 조합원 분양가

[단위 : m², 천원]

주택형 (전용면적)	분양면적	세대수	m²당분양가	세대당 분양가
59m²A	59.986	525	11,160	669,444
59m²B	59.987	158	11,160	669,455
84m²A	84.960	724	10,860	922,666
84m²B	84.895	197	10,860	924,507
84m²C	84.947	222	10,860	922,524
84m²D	84.986	220	10,860	922,948
128m²	128.546	224	12,170	1,564,405
129m²	129.139	116	12,170	1,571,622
163m²	163.975	224	12,420	2,036,570
164m²	164.527	116	12,420	2,043,425
188m²	188.744	194	13,110	2,474,434
189m²	189.653	102	13,110	2,486,351
210m²	210.925	162	14,100	2,974,043
241m²	241.078	156	14,510	3,498,042
244m²A	244.894	35	14,740	3,609,738
244m²B	244.841	35	14,740	3,608,956

3. 무상지분 권리금액

구 분	대지지분	16평형	대지지분	25평형
무상지분 권리금액	67.59㎡	1,153,300천원	67.59㎡	1,802,126천원
	66.60㎡	1,136,490천원	66.60㎡	1,775,840천원
	65.51㎡	1,117,874천원	65.51㎡	1,746,675천원

4. 대물변제기준

1) 16평형

[단위 : m², 천원]

구 분	16평형					
	65.51㎡		66.60㎡		67.59㎡	
주택형	무상지분면적	분담금	무상지분면적	분담금	무상지분면적	분담금
59m²A	100.17	-448,430	101.84	-467,046	103.34	-483,856
59m²B	100.17	-448,419	101.84	-467,035	103.34	-483,845
84m²A	101.84	-195,208	104.65	-213,824	106.20	- 230,634
84m²B	101.84	-193,367	104.65	-211,983	106.20	- 228,793
84m²C	101.84	-195,350	104.65	-213,966	106.20	- 230776
84m²D	101.84	-194,926	104.65	-213,542	106.20	- 230,352
128m²	91.85	446,531	93.38	427,915	94.77	411,105
129m²	91.85	453,748	93.38	435,132	94.77	418,322
163m²	89.44	918,696	91.50	900,080	92.86	883,270
164m²	90.00	925,551	91.50	906,935	92.86	890,125
188m²	85.27	1,356,560	86.69	1,337,944	87.97	1,321,134
189m²	85.27	1,368,477	86.69	1,349,861	87.97	1,333,051
210m²	79.28	1,856,169	80.60	1,837,553	81.79	1,820,743
241m²	77,04	2,380,168	78.32	2,361,552	79,48	2,344,742
244m²A	75.84	2,491,864	77.10	2,473.248	78.24	2,456,438
244m²B	75.84	2,491,082	77.10	2,472,466	78.24	2,455,656

주) 1. 조합원은 조합원 분담금 이외 별도의 부가세를 납부하지 않는다.
2. 조합원의 무상지분권리금액은 현재의 관리처분계획 하에서 확정금액이다.
3. 개발이익금(A) = 총수입(총분양수입금 등) - 총지출(공사비 등)
4. 무상지분면적(B) = 개발이익금(A)(무상지분권리금액) ÷ 주택형별 단위면적(m²)당 분양가
5. 무상지분율 = 무상지분면적(B) ÷ 총 대지면적
6. 분담금(환급금) = 조합원분양가 - 무상지분권리금

2) 25평형

구 분	25평형					
	102.36㎡		104.07㎡		105.61㎡	
주택형	무상지분면적	분담금	무상지분면적	분담금	무상지분면적	분담금
59㎡A	156.51	-1,077,231	159.13	-481,524	161.48	-1,132,682
59㎡B	222.18	-1,077,220	159.13	-480,779	161.48	-1,132,671
84㎡A	221.19	-824,009	163.52	-371,176	165.94	-879,460
84㎡B	221.19	-822,168	163.52	-371,596	165.94	-877,619
84㎡C	221.19	-824,151	163.52	-374,071	165.94	- 879,602
84D㎡	221.19	-823,727	163.52	-371,585	165.94	-879,178
128㎡	182.08	-182,270	145.92	-211,435	148.08	-237,721
129㎡	182.08	-175,053	145.92	-204,218	148.08	-230,504
163㎡	171.24	289,895	142.98	260,730	145.10	234,444
164㎡	171.24	296,750	142.98	267,585	145.10	241,299
188㎡	162.90	727,759	135.46	698,594	137.46	672,308
189㎡	162.90	739,676	135.46	710,511	137.46	684,225
210㎡	154.90	1,227,368	125.95	1,198,203	127.81	1,171,917
241㎡	147.83	1,751,368	125.95	1,722,202	124.20	1,695,916
244㎡A	146.41	1,863,063	120.478	1,833,878	122.26	1,807,612
244㎡B	146.41	1,862,281	120.478	1,833,116	122.26	1,806,830

주) 1. 조합원은 조합원 분담금 이외 별도의 부가세를 납부하지 않는다.

2. 조합원의 무상지분권리금액은 현재의 관리처분계획 하에서 확정금액이다.

3. 개발이익금(A) = 총수입(총분양수입금 등) - 총지출(공사비 등)

4. 무상지분면적(B) = 개발이익금(A)(무상지분권리금액) ÷ 주택형별 단위면적(㎡)당 분양가

5. 무상지분율 = 무상지분면적(B) ÷ 총 대지면적

6. 분담금(환급금) = 조합원분양가 - 무상지분권리금

사 업 수 지 분 석 표

1. 수입
[단위 : 원]

구 분	주택형	세대수	금 액	비 고
아파트	59m²	683	000,000,000	조합원 및 일반분양분 예상액
	84m²	1,363	000,000,000	〃
	128m²	340	000,000,000	〃
	163m²	340	000,000,000	〃
	188m²	296	000,000,000	〃
	210m²	162	000,000,000	〃
	241m²	156	000,000,000	〃
	244m²	70	000,000,000	〃
계	-	3,410	0,000,000,000	〃

2. 지출
[단위 : 천원]

구 분	항 목	금 액	비 고
공사비	건축, 토목, 조경, 전기, 통신설비공사. 철거공사 및 잔재처리공사, 모든 인입시설비 및 인입시설부담금, 모델하우스건립비 및 운영비, 분양경비, 예술장식품 설치비, 신탁등기비 등	000,000,000	
조합사업비	조합운영비, 설계비, 감리비, 측량비, 지질조사비, 안전진단비, 각종영향평가비, 소송비용, 교통시설부담금, 관리처분비용, 등기비용, 토지매입비, 컨설팅용역수수료, 부가가치세, 이주비금융비용, 환급금금융비용, 보증수수료, 상가토지보상비, 공공청사건립비, 학교시설개보수비, 사업승인조건 사업비, 정비기반시설설치비, 국공유지 매입비 등	000,000,000	
지출 계		0,000,000,000	

3. 개발이익 및 권리가액
[단위 : 천원]

구 분	내 용	금 액	비 고
수 입	조합원 및 일반분양 예상액 합계	000,000,000	
지 출	공사비 및 조합사업비 합계	000,000,000	
개발이익	수입금 - 지출금	000,000,000	
권리가액	개발이익÷아파트조합원소유 총 대지면적 (대지 1제곱미터당 권리가액)	000,000,000	

※ 상기 수입 및 지출은 변동될 수 있으나 조합원권리가액은 변동이 없음

※ 복리시설(근린생활시설) 소유의 조합원권리가액은 별도의 수입 및 지출에 따라 산정함

신축 아파트 동별 · 호수별 조합원 분양가

(총 44개동 중 4개동 수록)

(본 지침서 에서는 신축 아파트의 세대별 조합원 분양가는 기록을 생략함)

101동

2901		2902		2903	
2801		2802		2803	
2701		2702		2703	
2601		2602		2603	
2501		2502		2503	
2401		2402		2403	
2301		2302		2303	
2201		2202		2203	
2101		2102		2103	
2001		2002		2003	
1901		1902		1903	
1801		1802		1803	
1701		1702		1703	
1601		1602		1603	
1501		1502		1503	
1401		1402		1403	
1301		1302		1303	
1201		1202		1203	
1101		1102		1103	
1001		1002		1003	
901		902		903	
801		802		803	
701		702		703	
601		602		603	
501		502		503	
401		402		403	
301		302		303	
201		202		203	
101		102		103	

84m²A(C, D) 주택형	84m²B(C) 주택형	84m²A(C, D) 주택형
29세대	29세대	29세대

101동	총 87세대
84m²A(C, D) 주택형	58세대
84m²B(C) 주택형	29세대

동별 총평가액	00,000,000,000

121동

2901		2902		2903	
2801		2802		2803	
2701		2702		2703	
2601		2602		2603	
2501		2502		2503	
2401		2402		2403	
2301		2302		2303	
2201		2202		2203	
2101		2102		2103	
2001		2002		2003	
1901		1902		1903	
1801		1802		1803	
1701		1702		1703	
1601		1602		1603	
1501		1502		1503	
1401		1402		1403	
1301		1302		1303	
1201		1202		1203	
1101		1102		1103	
1001		1002		1003	
901		902		903	
801		802		803	
701		702		703	
601		602		603	
501		502		503	
401		402		403	
301		302		303	
201		202		203	
101		102		103	

163m²(164, 128) 주택형	164m²(188, 210) 주택형	163m²(164, 128) 주택형
27세대	29세대	29세대

121동	총 85세대
163m²(164, 128) 주택형	56세대
164m²(189, 210) 주택형	29세대

동별 총평가액	00,000,000,000

131동

2601		2602		2603		2604	
2501		2502		2503		2504	
2401		2402		2403		2404	
2301		2302		2303		2304	
2201		2202		2203		2204	
2101		2102		2103		2104	
2001		2002		2003		2004	
1901		1902		1903		1904	
1801		1802		1803		1804	
1701		1702		1703		1704	
1601		1602		1603		1604	
1501		1502		1503		1504	
1401		1402		1403		1404	
1301		1302		1303		1304	
1201		1202		1203		1204	
1101		1102		1103		1104	
1001		1002		1003		1004	
901		902		903		904	
801		802		803		804	
701		702		703		704	
601		602		603		604	
501		502		503		504	
401		402		403		404	
301		302		303		304	
201		202		203		204	
101		102		103		104	

59m²A(59, 189) 주택형	59m²A(59, 189) 주택형	59m²B(59, 241) 주택형	59m²B(59, 241) 주택형
26세대	25세대	26세대	26세대

131동	총 103세대
59m²A(59, 189) 주택형	51세대
59m²B(59, 241) 주택형	52세대
동별 총평가액	00,000,000,000

141동

		–		
2801		–	2802	
2701		–	2702	
2601		–	2602	
2501		–	2502	
2401		–	2402	
2301		–	2302	
2201		–	2202	
2101		–	2102	
2001		–	2002	
1901		–	1902	
1801		–	1802	
1701		–	1702	
1601		–	1602	
1501		–	1502	
1401		–	1402	
1301		–	1302	
1201		–	1202	
1101		–	1102	
1001		–	1002	
901		–	902	
801		–	802	
701		–	702	
601		–	602	
501		–	502	
401		–	402	
301		–	302	
201		–	202	
101		–	102	

84m²A 주택형	–	84m²A 주택형
28세대	–	28세대

141동	총 56세대
84m²A 주택형	56세대
–	–

동별 총평가액	00,000,000,000

❏ [참고자료]-3 : 관리처분계획(안)-재개발사업(시행사례)

- 목 차 -

관 리 처 분 계 획(안)

00구역 재개발사업의 경우 관리처분계획의 기준은 도시및주거환경정비법, 동법 시행령, 동법 시행규칙, 서울특별시 도시및주거환경정비조례, 동 조례시행규칙 및 조합정관에 따라 그 기준과 방법을 다음과 같이 정하여 조합원총회의 의결을 거쳐 시행하기로 한다.

제1조 사업의 명칭 및 위치

1. 사 업 의 명 칭 : 00구역 재개발사업
2. 대 지 위 치 : 서울특별시 서초구 반포0동 00-0 번지 외 0필지
3. 시 행 자 : 00구역 재개발정비사업조합
4. 사 무 소 소재지 : 서울특별시 서초구 반포0동 00-0번지 새마을회관 2층

제2조 토지이용계획 및 건축물 시설계획

1.토지이용계획

구 분		용 도		면적(㎡)	비율(%)
토지이용계획	구역면적(㎡)	합 계			
		도로용지	도로1		
			도로2		
			도로3		
		녹 지			
		공 원			
		소 계			
	존치시설(㎡)	교회부지			
	계획 대지면적(㎡)	주택용지			
		소 계			

2.건축계획

주용도	공동주택(아파트) 및 부대시설·복리시설				
규모 및 구조	지하2층~지상8~20층, 철근콘크리트구조				
건축개요	구 분	면 적(㎡)			합 계(㎡)	
		분양면적	임대면적	상가면적	㎡	평
	건축 면적(㎡)					
	지상연면적(㎡)					
	지하연면적(㎡)					
	전체연면적(㎡)					
	건 폐 율(%)					
	용적률 계 획					
	용적률 법 정					

제3조 종전 토지 및 건축물 등에 관한 기준

1. 종전 토지 및 건축물의 소유면적

1) 종전 토지의 소유면적은 정관 제0조의 규정에 따라 관리처분계획 기준일 현재 **지적법** 제2조제1호 규정에 의한 소유토지별 지적공부에 의한다. 다만, **사업시행구역의** 국·공유지의 점유자는 관계 법령과 정관이 정하는 바에 따라 점유연고권이 인정되어 그 경계를 실시한 지적측량성과를 기준으로 한다.

2) 종전 건축물의 소유면적은 관리처분계획 기준일 현재 소유 건축물별 건축물대장과 무허가건축물확인원을 기준으로 한다. 이 경우 위법하게 건축된 부분의 면적(무허가 건축물의 경우에는 기존 무허가 건축물에 추가된 면적을 말한다)은 제외한다.

2. 종전 토지 및 건축물의 소유권

1) 분양설계의 기준이 될 종전 토지 등의 소유권은 관리처분계획 기준일 현재 부동산 등기부에 의하며, 무허가 건축물일 경우에는 관할 구청장이 발행한 무허가건물확인원 또는 소유자임을 입증하는 자료를 기준으로 한다. 다만, 권리자의 변동이 있을 때에는 변동된 부동산등기부 및 무허가건물확인원에 의한다.

2) 국·공유지의 점유자는 정관 제00조 및 서울시 도시및주거환경조례 제55조 규정에 의한 점유연고권 인정면적을 기준으로 한다.

3. 종전 토지 및 건축물의 가격

1) 종전 토지 및 건축물의 가격은 도시 및 주거환경정비법 제74조**제4항**제1호 및 정관 제00조에 따라 00구청이 선정한 **감정평가법인등** 2인(00감정평가법인, □□감정평가법인)이 평가한 금액을 산술평균한 금액으로 한다. 국·공유지 점유연고권이 인정되어 조합원이 매입하는 국·공유지는 종전가격에 포함한다.

(단위 : 원)

구　분		00감정평가법인	□□감정평가법인	산 술 평 균	비　　고
합　계					
토　지	사유지				
	국유지				무상상도협의 및 조합매수비용 제외
건 축 물					

2) 분양대상에서 제외되는 조합원의 종전 토지 및 건축물은 종전 토지 등의 가격에서 제외하며 추정비례율 산정 시 제외한다.

구　분	토　지			건축물		비　　고
	필 지	면 적(㎡)	평가금액(원)	면 적(㎡)	평가액(원)	
분양 미신청						
청산 등						
계						

제4조 국·공유지의 처분방법 및 기준

1. 점유하고 있는 국·공유지의 처분기준

1) **사업시행구역의** 국·공유지를 점유사용하고 있는 건축물(기존의 무허가건축물 이외의 신 발생 무허가건축물은 제외한다)을 소유한 조합원은 정관 제00조에 따라 대한지적공사의 점유현황측량성과도서에 의한 국·공유지점유인정면적을 매입하여야 하며, 종전토지가격으로 인정한다. 다만, 점유인정면적은 200㎡를 초과할 수 없다.

2) 국·공유지 점유 사유토지소유자 : 서울시 도시정비 조례 제55조제1항 규정에 따라 국·공유지 점유 사용 건축물이 사유지와 국·공유지를 함께 점유사용하고 있는 경우에는 사유지를 포함한 국공유지의 점유면적이 200㎡를 초과하는 면적은 점유면적 으로 인정하지 아니한다.

3) 국·공유지 점유자 중 매입을 포기하는 조합원은 변상금을 납부하되, 해당 국·공유지 점유부분을 조합에서 매입한다.

2. 비점유지 처분기준

1) 비 점유 토지 : 구역 내 조합원이 점유하여 매입한 국·공유지 이외의 비 점유 국·공유지 금액은 종전가격에 포함하지 않고 정비사업비로 계상한다.

2) 국·공유지 중 도시정비법 제97조에 따라 국가 또는 지방자치단체로부터 무상 양도된 국·공유지는 종전재산가액에서 제외한다.

3. 국공유지 매입방법
정관 제00조에 따라 조합 또는 조합원이 매입하는 국·공유지 매입에 관한 사항은 도시 정비법 제98조제4항 및 관계 법령이 정하는 바에 따른다.

4. 국·공유지 처분면적 및 금액

	점유면적(조합원매입)	비 점유면적(조합매수)	계
면 적(㎡)			
금 액(원)			

※ 향후 국·공유지 점유 조합원의 매수의사 등 관련 업무 과정에서 변동될 수 있습니다.

제5조 대지 및 신축 건축물의 분양 및 추산액

1. 공동주택(아파트) 분양 세대수

1) 공동주택은 정관 제00조 및 제00조에 따라 조합원 및 일반분양하고 정관 제0조에 의한 보류지로 처분하며, 정관 제00조 제00항에 따라 공급하는 임대주택은 서울시 도시정비 조례 제42조에 따라 서울특별시장에게 처분한다.

2) 공동주택의 규모별(전용면적 기준) 분양세대수는 다음과 같이 정한다.

구 분	세대수	임대주택		59.98㎡	84.97㎡	114.98㎡	149.35㎡	155.95㎡
		35.81㎡	45.2㎡					
조합원								
일 반								
보류지								
서울시								
총 계								

※ 규모별 조합원분양, 보류지 및 일반분양세대수는 공람 및 관리처분계획인가 시 변경될 수 있음.

2. 공동주택(아파트) 분양면적(공급면적) 산정

1) 공동주택의 세대별 분양면적은 주거전용면적과 주거공용면적(해당 동의 지상층에 있는 벽체, 계단, 현관 등의 면적)을 합한 면적으로 한다.

2) 주거공용면적과 기타 공용면적(주거공용면적을 제외한 지하층, 노인정, 관리사무소 등) 및 지하주차장의 세대별 면적은 **전용면적 비율**로 나눈 면적으로 한다.

3) 공동주택의 세대별 대지면적은 건축물의 **분양면적 비율**에 의하여 대지소유권이 주어지며 토지의 소유관계는 공유로 한다.

4) 규모별 분양면적 및 대지지분은 다음과 같다.

구 분(평)		세대별 분양면적					공유면적			계약면적	대지지분
		세대비율(%)	세대수	전용면적	공용면적	분양면적	기타공용	지하주차장	소계		
59㎡(24.66)	C										
84㎡(32.27)	B3										
84㎡(32.56)	B2										
84㎡(32.56)	B1										
114㎡(42.51)	A										
149㎡(56.02)	P2										
155㎡(57.87)	P1										
소 계											
35㎡(15.76)	E										
45㎡(19.84)	D										
소 개											
합 계											

※ 최종설계안 및 사업시행인가 변경에 따라 변경될 수 있음.

3. 공동주택의 분양예정대지 및 건축시설의 추산액

1) 분양대상 조합원의 공동주택(아파트) 분양가격

　가. 분양대상 조합원별 분양예정 공동주택(대지지분을 포함한다)과 정관 제00조의 보류지의 분양가격은 정관 제00조 및 서울시 도시정비조례 제35조에 따라 00구청이 선정한 감정평가업자 2인(00감정평가법인, 　감정평가법인)이 평가한 금액을 산술평균한 금액으로 한다.

나. 분양예정 공동주택 세대별 감정평가금액은 다음과 같다.

(단위 : 원, ㎡)

주택형	분양면적	타 입	세대수	구 분	세대별 감정평가액		산술평균(분양가격)	
					00감정 평가법인	◇◇감정 평가법인	분양면적 기준단가	금 액
59.98㎡	81.53	59C		최고				
				최저				
				평균				
84.97㎡	107.64	84B1		최고				
				최저				
				평균				
84.98㎡	107.59	84B2		최고				
				최저				
				평균				
94.97㎡	106.68	84B3		최고				
				최저				
				평균				
114.98㎡	140.54	114A		최고				
				최저				
				평균				
149.35㎡	185.20	149P1		최고				
				최저				
				평균				
155.95㎡	191.33	149P2		최고				
				최저				
				평균				

※ 분양가격은 주택형별 향, 동, 호수 별 가격에 차등이 있다.

다. 정관 제00조에 따라 분양대상 조합원에게 분양예정인 공동주택의 분양가격 및 추산액은 다음과 같다.

(단위 : 원, ㎡)

주택형	분양면적	타 입	분양예정 세대수			세대별 평균분양가격		총추산액	비 고
			계	조합원	보류지	분양면적 기준단가	분양 가격		
59.98㎡	81.53	59C							
84.97㎡	107.64	84B1							
84.97㎡	107.59	84B2							
94.97㎡	106.68	84B3							
114.98㎡	140.54	114A							
149.35㎡	185.20	149P1							
155.95㎡	191.33	155P2							
총 계									

※ 규모별 분양세대수 및 분양가격 총 추산액은 관리처분계획 공람 및 동··호수 추첨결과에 따라 변경될 수 있으며, 공람 및 인가를 위한 분양가격은 규모별, 평균가격으로 한다.

2) 일반분양 공동주택가격

　　가. 조합원분양 및 보류지를 제외한 일반에게 분양예정인 공동주택의 분양가격은 정관 제00조에 따라 조합원에게 분양하는 공동주택의 분양가격을 참작하여 추산액으로 정하고 관계 법령에서 정한 기준에 따라 확정한다.

　　나. 일반분양 공동주택의 세대별 분양가격 및 총추산액은 다음과 같다.

(단위 : 원, ㎡)

규 모 (㎡)	공급 면적 (㎡)	타 입	세대수	감정평가 평균가격	세대별 평균분양가격		총추산액	비 고
					분양면적 기준단가	분양가격 (평균가격)		
59.98	81.53	59C						
84.97	107.64	84B1						
84.97	107.59	84B2						
94.97	106.68	84B3						
114.98	140.54	114A						
149.35	185.20	149P1						
155.95	191.33	155P2						
총　계								

※ 일반분양가격은 규모별 평균가격으로 동·호수별 가격의 차등이 있으며 일반분양승인 시 분양가 상한제가 적용되는 경우에는 추가 분담금이 발생할 수 있음.

※ 일반분양 규모별 세대수는 조합원분양 및 보류지의 증감에 따라 변경될 수 있음.

3) 임대주택가격

　　가. 조합에서 건립하여 서울시에 매각하는 임대주택 매매가격(대지지분을 포함한다)은 서울시 도시정비조례 제41조 및 정관 제00조00항에 의해 산출되는 금액으로 한다.

　　나. 임대주택의 매매가격 추산액은 다음과 같다.(택지비, 대지조성비, 표준건축비 적용)

규 모	세대수	건축비	택지비	택지조성비	총 추산액	세대당 가격
35㎡~45㎡						

※ 임대주택 매각가격은 서울시와 매매계약 시 변경될 수 있음.

4. 상가 등의 분양

1) 상가 등의 공급(분양)면적은 전용면적(바닥면적 기준)과 공용면적의 합계로 한다.
2) 상가 등의 공용면적과 지하주차장면적은 분양면적 비율로 나눈 면적으로 한다.

3) 상가 등의 대지면적은 건축물의 **분양면적의 비율**에 따라 대지소유권이 주어지며 토지의 소유관계는 공유로 한다.

4) 상가 등의 규모별 면적은 다음과 같다.

건축면적(㎡)	지상연면적(㎡)			대지지분(㎡)	비 고
	지상1층	지상2층	합 계		

※ 상가 등의 M/D 구성과 레리아웃에 따라 전용면적, 공유면적이 변경될 수 있음.

5. 상가 등의 분양예정 대지 및 건축시설의 추산액

1) 상가 등의 분양가격추산액
   가. 분양대상 조합원에게 분양하는 상가의 분양가격 및 보류지의 추산액은 정관 제00조 및 서울시 도시정비조례 제35조에 따라 00구청장이 선정한 **감정평가법인등 2인**(00 감정평가법인, ◇◇감정평가법인)이 평가한 금액을 산술평균한 금액으로 한다.

구 분	감정평가액(단위 : 원)		산술평균금액
	00감정평가법인	◇◇감정평가법인	
상 가			

※ 상가의 평가액은 총면적 기준가격으로 추후 상가분양을 위한 M/D 구성에 따라 동별 층별 위치에 따라 가격변동이 있음.

   나. 조합원분양 및 보류시설을 제외한 일반에게 분양하는 상가의 분양가격은 정관 제00조 제00호에 따라 조합원에게 분양하는 상가의 분양가격을 기준으로 주택공급에 관한 규칙 또는 관계 법령에서 정한 바에 따라 결정한다.

6. 기타 대지 및 건축시설의 분양

1) 종교부지는 구역 지정고시에 따라 환지로 정하고 환지에 따른 손실보상 방법 및 보상 액은 종전 토지 등의 평가액을 기준으로 이사회의 심의를 거쳐 대의원회에서 결정하고 총회에 보고한다.

2) 신설되는 정비기반 시설은 사업시행인가 조건 및 협의에 따라 관리청이 무상귀속하거나 매각처분하며 매각가격은 감정평가금액을 기준으로 관계 법규에서 정한 방법에 따른다.

제6조 분양기준가액(권리가액)의 산정

분양대상 조합원에 대한 대지 및 건축시설의 분양기준이 되는 분양기준가액의 산정방법은 다음과 같다.

1) 분양기준가액(권리가액) 산정식

　　분양기준가액 = (분양대상 조합원의 종전소유 토지 및 건축물 평가액) × 추정비례율

2) 추정비례율 산정식(계산식)

$$추정비례율 = \frac{(사업완료후의\ 대지\ 및\ 건축시설의)총수입금 - 공동부담소요비용*}{종전\ 토지\ 및\ 건축물의\ 총감정평가액} × 100$$

3) 사업완료 후의 대지 및 건축시설의 총 수입추산액은 제5조에 의한 분양가격 기준이며, 총사업비는 공사비 등 정비사업비 추산액으로 별지 제1호의 자금운용계획서에 의한 조합원이 공동으로 부담하는 소용비용 추산액으로 한다.

제7조 공동주택(아파트)의 조합원 분양기준

1. 공동주택(아파트)의 분양 대상자

1) 공동주택의 분양대상자는 도시정비법 제72조제3항에 의한 분양신청자 중 관리처분계획기준일(도시정비법 제72조제1항의 규정에 의한 분양신청기간이 만료되는 날) 현재 서울시 도시정비조례 제36조 및 정관 제00조에 따라 다음 각 호의 어느 하나에 해당하는 조합원으로 한다.
　　가. 종전의 건축물 중 주택(주거용으로 사용하고 있는 특정무허가건축물 중 조합의 정관 등에서 정한 건축물을 포함한다)을 소유한 자.
　　나. 분양신청자가 소유하고 있는 종전토지의 총면적이 **90제곱미터 이상**인 자.
　　다. 분양신청자가 소유하고 있는 권리가액이 분양용 최소규모 공동주택 1가구의 추산액 이상인 자. 다만, 분양신청자가 동일한 세대인 경우의 권리가액은 세대원 전원의 가액을 합산하여 산정할 수 있다.
　　라. 사업시행방식전환의 경우에는 전환되기 전의 사업방식에 따라 환지를 지정받은 자. 이 경우 가호부터 다호까지는 적용하지 아니할 수 있다.
　　마. 「도시재정비법」 제11조제4항에 따라 재정비촉진계획에 의하여 기반시설을 설치하게 되는 경우로서 종전의 주택(사실상 주거용으로 사용되고 있는 건축물을 포함한다)에 관한 보상을 받은 자

2) 다음 각 호의 어느 하나에 해당하는 경우에는 수인의 분양신청자를 1인의 분양대상자로 본다.
　　가. 단독주택 또는 다가구주택을 권리산정기준일 후 다세대주택으로 전환한 경우
　　나. 법 제39조제1항제2호에 따라 여러 명의 분양신청자가 1세대에 속하는 경우
　　다. 1주택 또는 1필지의 토지를 여러 명이 소유하고 있는 경우. 다만, 권리산정기준일 이전부터 공유로 소유한 토지의 지분이 제1항제2호 또는 권리가액이 제1항제3호에 해당

하는 경우는 예외로 한다.

라. 1필지의 토지를 권리산정기준일 후 여러 개의 필지로 분할한 경우

마. 하나의 대지범위에 속하는 동일인 소유의 토지와 주택을 건축물 준공 이후 토지와 건축물로 각각 분리하여 소유하는 경우. 다만, 권리산정기준일 이전부터 소유한 토지의 면적이 90제곱미터 이상인 자는 예외로 한다.

바. <u>권리산정기준일 후 나대지에 건축물을 새로 건축하거나 기존 건축물을 철거하고 다세대주택, 그 밖에 공동주택을 건축하여 토지등소유자가 증가되는 경우</u>

3) 상기 제1호 나목 규정의 종전 토지의 총면적 및 제1호 다목 규정의 권리가액을 산정함에 있어 다음 각 호의 어느 하나에 해당하는 토지는 포함하지 아니한다.

가. 「건축법」 제2조제1항제1호에 따른 하나의 대지범위 안에 속하는 토지가 여러 필지인 경우 권리산정기준일인 0000년 00월 00일 후에 그 토지의 일부를 취득하거나 공유지분으로 취득한 토지

나. 하나의 건축물이 하나의 대지범위 안에 속하는 토지를 점유하고 있는 경우로서 권리산정기준일인 0000년 00월 00일 후 그 건축물과 분리하여 취득한 토지

다. 1필지의 토지를 권리산정기준일인 0000년 00월 00일 후 분할 취득하거나 공유지분으로 취득한 토지

4) 상기 제1항부터 제3항까지의 규정에 불구하고 사업시행방식 전환의 경우에는 환지면적의 크기, 공동환지 여부에 관계없이 환지를 지정받은 자 전부를 각각 분양대상자로 할 수 있다.

2. 분양대상 조합원의 대지 및 건축시설의 분양공급에 관한 기준

1) 다음 각 목의 기준에 따라 주택을 분양할 수 있다.

가. 국민주택규모의 주택은 분양대상자의 권리가액이 많은 순으로 분양할 수 있다.

나. 국민주택규모를 초과하는 주택은 해당 주택의 총건설가구수의 50% 이하가 분양 대상자에게 분양될 경우에는 규모별 50%까지는 분양대상자에게 권리가액이 많은 순으로 분양할 수 있으며, 서울시 도시정비조례 제36조제1항에 따른 분양 대상자가 분양받을 국민주택 규모의 주택이 부족하여 현금청산 되어야 하는 경우 에는 그 부족분에 한하여 권리가액이 많은 순으로 추가 공급할 수 있다.

2) 동일규모의 주택분양에 경합이 있는 경우 권리가액이 많은 순으로 분양하고, 권리가액이 동일한 경우 전산추첨에 의한다. 주택의 동·호수 결정은 주택규모별 공개추첨에 의한 수기추첨을 원칙으로 하되 필요 시 **한국부동산원** 등의 전산추첨으로 할 수 있다. 추첨방법, 시기 및 장소 등 세부기준은 대의원회에서 확정하여 조합원에게 통지한다.

3) 조합원분양은 각 분양권리 별 권리가액의 다액순으로 하며, 분양대상 조합원의 신청에 의해 공급한다. 다만, 경합이 있는 경우 권리가액의 다액 순으로 공급한다.

4) 조합원 중 기존의 무허가건물에 관한 소유권이 입증되지 않거나 상속 등의 사유로 서울시 도시정비조례 제34조제4호에 의한 소유권이 확정되지 않은 분양대상 조합원에 대해서는 일반분양 승인 신청 이전까지 소유권을 입증하지 못하거나 확보하지 못하면 분양대상에서 제외하고 분양예정 공동 주택은 OO구청의 승인을 얻어 추가로 보류지로 지정하거나 일반에게 분양하고 해당 조합원에게는 감정평가금액으로 현금청산 한다.

제8조 상가등(판매시설)의 분양기준

1. 상가 등(판매시설)의 분양기준

1) 상가 등(판매시설) **복리시설**은 관리처분계획기준일 현재 서울시 도시정비조례 제38조 제2항에서 정한 다음 각 호의 순위를 기준으로 공급한다.
   가. 제1순위: 종전 건축물의 용도가 분양건축물 용도와 동일하거나 유사한 시설이며 사업자등록(인가·허가 또는 신고 등을 포함한다. 이하 이 항에서는 같다)을 필한 건축물의 소유자로서 권리가액(공동주택을 분양받은 경우에는 그 분양가격을 제외한 가액을 말한다. 이하 이 항에서는 같다)이 분양건축물의 최소분양단위 규모 추산액 이상인 자
   나. 제2순위: 종전 건축물의 용도가 분양건축물 용도와 동일하거나 유사한 시설인 건축물의 소유자로서 권리가액이 분양건축물의 최소분양단위 규모 추산액 이상인 자
   다. 제3순위: 종전 건축물의 용도가 분양건축물 용도와 동일하거나 유사한 시설이며 사업자등록을 필한 건축물의 소유자로서 권리가액이 분양건축물의 최소 분양단위 규모 추산액에 미달되거나 공동주택을 분양받지 아니한 자
   라. 제4순위: 종전 건축물의 용도가 분양건축물 용도와 동일하거나 유사한 시설인 건축물의 소유자로서 권리가액이 분양건축물의 최소분양단위 규모 추산액에 미달되거나 공동주택을 분양받지 아니한 자
   마. 제5순위: 공동주택을 분양받지 아니한 자로서 권리가액이 분양건축물의 최소분양 단위 규모 추산액 이상인 자
   바. 제6순위: 공동주택을 분양받은 자로서 권리가액이 분양건축물의 최소분양단위 규모 추산액 이상인 자

2) 상가 등(판매시설) 분양대상 **복리시설**은 제1항 가호 내지 바호의 순위별 분양대상자 에게 관리처분기준일 현재 권리가액(공동주택을 분양받은 경우에는 그 분양가격을 제외한 가액)의 범위 안에서 분양대상자에 분양하되, 분양시설의 분양단위 규모 구획상 불가피한 경우에 한하여 권리가액의 130%에 해당하는 가액의 범위 안에서 분양할 수 있으며, 제3순위 또는 제4순위에 해당하는 자로서 권리가액의 130%에 해당하는 가액이 분양건축시설물의 최소분양단위 규모 추산액에 달할 때에는 해당 건축시설의 최소분양단위 규모를 분양할 수 있다.

3) 분양대상자에게 분양하는 상가 등의 단위규모는 서울시 도시정비조례 제41조의 규정을 준용하여 관리처분기준일 현재 권리가액(공동주택을 분양받은 경우에는 그 분양가격을 제외한 가액)을 기준으로 다음 각 호에 의한다.

　　가. 상가 등의 분양단위 규모나 업종의 위치, 보류지의 결정 등은 관리처분계획인가 이후 상가 등의 분양대상자 의견을 참작하여 「상가분양계획수립위원회」를 이사회의 결의 또는 대의원회의 결의를 거쳐 상가를 일반분양하기 전에 별도로 구성한다.

　　나. 상가 등은 「상가분양계획수립위원회」의 계획에 따라 정해진 권리가액에 해당하는 상가를 분양한다. 조합원의 권리가액이 2개의 분양단위규모에 해당하는 경우에는 분양대상자의 신청에 따라 분양한다.

　　다. 상가 등의 분양에 경합이 있는 경우에는 권리가액이 많은 순으로 분양하고, 권리가액이 동일한 경우에는 공개추첨에 의한다.

제9조　분양신청하지 아니한 자 및 현금청산에 관한 조치

1. 정관 제00조의 소재불명자와 정관 제00조 및 도시정비법 제73조의 규정에 따라 조합원이 분양신청을 하지 아니하였거나 분양신청을 철회 또는 관리처분인가로 분양대상에서 제외한 경우에는 정관 제00조제00항에 따라 00구청이 추천한 **감정평가법인등 2인**이 평가한 금액을 산술평균한 가격으로 현금청산한다.

2. 현금청산방법은 해당 조합원과 협의하며 관계 법령이 정하는 바에 따른다. 청산금을 지급받을 자가 없거나 거부 시에는 도시정비법 제90조제2항의 규정에 따라 공탁한다.

제10조 일반분양(체비시설)의 처분기준

1. 대지 및 건축물 중 도시정비법 제72조의 조합원분양과 도시정비법 제79조제4항의 규정에 의한 보류지를 제외한 잔여대지 및 건축물은 이를 체비지(건축물을 포함한다)로 정하여 일반분양한다.

2. 체비시설 중 공동주택의 일반분양은 주택공급에 관한 규칙이 정하는 바에 따른다.

3. 체비시설 중 판매시설은 조합원에게 분양하는 판매시설의 분양가격을 기준으로 주택공급에 관한 규칙 또는 관계 법령이 정하는 바에 따라 분양한다.

4. 본 관리처분기준(안)의 공동주택 일반분양 가격은 일반분양 승인과정에서 변경될 수 있으며, 변경이 있은 경우에는 대의원회의 결의로 일반분양 가격을 변경한다.

제11조 보류시설의 규모 및 처분 등

1. 분양대상에서의 누락·착오 등의 사유로 인한 관리처분계획의 변경과 소송 등의 사유로 향후 추가분양이 예상되거나, 정관 제00조의 규정에 의한 우선 매수청구권자자가 있는

경우 분양대상자에게 분양하는 상가 등 복리시설의 총면적의 1% 이내의 상가 등 복리시설을 보류지 및 보류건축시설(이하 '보류시설'이라 한다)로 정할 수 있다.

2. 보류시설의 분양대상자가 정관 제00조의 우선매수권자와 정관 제0조의 분양대상자가 아닌 경우에는 총회의 의결을 거쳐야 한다.

3. 보류시설의 분양가격은 정관 제00조제00항의 규정을 준용한다.

4. 상기 제1항 내지 제3항의 규정에 따라 보류시설을 처분한 후 잔여 보류시설이 있는 경우에는 정관 제00조제00항에 따라 일반분양으로 처분한다.

제12조 소요비용 및 조합원 분담금의 납부방법 등

1. 정관 제00조의 정비사업비(첨부-2 정비사업비 추산액 및 자금운용계획서)는 조합원이 부담하는 제사업경비로서, 조합원은 분양받은 건축시설의 분양금액과 분양기준가액의 차액을 제사업경비의 분담금으로 납부하여야 하며, 이에 대한 방법 및 시기는 「주택공급에 관한 규칙」 제60조(입주금의 납부)의 규정에 의한 일반분양아파트의 납부 방법 및 시기를 준용하여 조합과 시공자가 체결하는 공사도급계약서에서 정한 기간 내에 분양계약을 체결하여야 하며 분양계약에서 정한 방법에 따라 분할 납부한다.

2. 조합원은 정관 제00조에 따라 관리처분계획인가 후 조합에서 정한 기간 내에 분양 계약을 체결해야 하며, 분양계약을 체결하지 않는 경우에는 정관 제00조제00항의 규정을 준용하여 현금청산한다.

3. 조합원이 상기 제1항의 규정에 의해 부담하는 정비사업비를 지정기일 내에 납부하지 않을 경우에는 정관 제00조제00항에 따라 금융기관의 연체금리을 적용하여 과태료(연체이자)를 납부하여야 한다.

4. 제6조 규정의 분양기준가액이 분양받은 건축시설의 분양금액보다 많을 경우 그 차액의 지급방법 등에 대하여는 제1항의 규정을 준용하며, 세부사항은 이사회의 및 대의원회의 의결로 정한다.

5. 청산금은 정관 제00조의 청산시기에 확정되며 제1항 및 제5항의 금액이 과부족이 있는 경우 분양기준가격을 기준으로 추가 지급 및 징수한다. 또한 정관 제00조에 의한 해산 이후 정관 제00조에 의한 청산종결 후 조합의 채무 및 잔여재산이 있을 때에는 정관 제00조에 의한 해산당시의 조합원에게 분양기준가액의 비율에 따라 지급 및 징수한다.

제13조 조합원의 권리와 의무 등

1. 조합원이 될 권리를 양수받았을 경우와 주소지나 인감을 변경하였을 경우에는 해당 사항이 발생한 날로부터 14일 이내에 조합에 신고하여야 하며, 신고불이행으로 발생되는 불이익에 대해서는 조합에 이의를 제기할 수 없다.

2. 아파트의 동·층·호수의 추첨 또는 분담금(징수금)의 납부통지 등 조합의 모든 공지사항에 대한 통지는 조합원이 조합에 최종 신고한 주소지로 통지하며, 해당 조합원이 주소지 변경 등의 절차를 이행하지 아니하므로 발생되는 일체의 불이익에 대해서는 조합에 대항할 수 없다. 주소변경 등 조합에 신고사항은 서면을 원칙으로 한다.

3. 관리처분계획인가의 고시가 있은 때에는 종전의 토지 또는 건축물의 소유자, 지상권자, 전세권자, 임차권자 등 권리자는 이전고시가 있는 날까지 종전의 토지 또는 건축물에 대하여 이를 사용하거나 수익할 수 없다. 다만, 조합의 동의를 얻은 경우에는 그러하지 아니하다.

4. 대지 및 건축물 등을 분양받은 자는 정관 제00조 규정에 의한 이전고시가 있는 날의 다음 날에 해당 대지 및 건축시설에 대한 소유권을 취득하고, 종전의 토지 및 건축시설에 관한 지상권, 전세권, 저당권 또는 등기된 임차권과 「주택임대차보호법」 제3조 제1항의 요건을 갖춘 임차권은 분양받은 대지 또는 건축시설에 설정된 것으로 본다.

제14조 관리처분계획(안)에 관한 기타사항

1. 본 관리처분계획에 규정되어있지 않은 사항에 대하여는 관계 법규 및 일반관례에 의한다.

2. 본 관리처분계획상의 분양대지면적은 추후 토지에 대한 확정측량결과에 따른 이전 고시를 시행할 때 그 면적이 다소 변경될 수 있으며 이 경우 별도로 정산하지 않는다.

3. 관리처분계획인가일 이후 행정처분 및 소송 등의 사유로 조합원 분양자격이 상실된 경우에는 분양을 취소하고 현금으로 청산하며, 그 시설물에 대해서는 일반분양으로 처리한다.

4. 본 관리처분계획(안)이 의결된 이후 공람 중에 관계 법규 등의 변경으로 정관 및 기준을 변경하여야 할 경우에는 조합원 총회의 재소집 없이 대의원회의 결의로 변경한다.

5. 관리처분계획서상의 대지 및 건축시설물의 분양면적은 추후 경미한 구역의 변경이나 경미한 사업변경으로 대지 지분 및 분양면적의 변경이 있는 경우와, 도시정비법 시행령 제61조에 의한 관리처분계획의 경미한 변경이 있는 경우에는 관리처분계획의 변경을 위한 조합원 총회소집 및 재 공람·공고 등은 실시하지 아니한다.

6. 관리처분계획(안)이 정한 조합원분양 및 일반분양에 대한 동·호수 배정방법은 공람기간 중에 제출된 의견 등에 따라 변경될 수 있으며, 이 경우 이사회나 대의원회의 결의로 배정방법을 확정한다.

7. 본 관리처분계획상의 조합원 분양예정 공동주택의 분양가격은 규모별 평균가액으로 관리처분계획의 공람 및 인가 후 규모별 동·호수 추첨 시 확정한다.

8. 본 관리처분 계획(안)은 총회의 결의 및 관리처분계획의 공람기간 중 제출된 의견 등에 따라 변경될 수 있으며 구청의 인가를 받아 확정되며, 관리처분계획의 공람 중 조합원 및 일반분양세대수 및 주택형별 조합원 배정세대수의 변동, 일반분양가격의 변동, 국·공유지 매매계약 체결 내용의 변경, 이의제기 등의 사유로 인하여 자금운용계획이나 권리가액, 비례율 등에 일부 변동이 있을 수 있으며, 이에 대한 변경비율이 10% 이내일 경우에는 조합원 총회의 소집 및 재 공람은 실시하지 아니하고, 대의원회의 결의를 거쳐 시행하며, 익년도 정기총회 시 조합원의 결의(추인)를 받도록 한다. 또한 인가받은 관리처분계획을 변경하는 경우에도 또한 같다.

사업시행 인가 내용

가. 사업개요

사 업 명	0000구역 재개발정비사업				
대지위치	서울시 000구 0000동 000번지 일대				
지역/지구	제2종 일반주거지역, 일반미관지구				
도로현황	폭25m, 폭15m, 폭14m 도로 접함				

	구 분		용 도	면 적(㎡)	비 율(%)	비 고
토지이용계획	구역면적(㎡)		합 계	32,900.59	100	
		도로용지	도로-1	1,112.00	3.55	
			도로-2	2,100.60	6.56	
			도로-3	232.00	0.70	
		녹 지		653.00	1.98	
		공 원		1,566.00	4.75	
		소 계		5,786.99	17.54	
	존치시설(㎡)	교회부지		646.00	1.96	
	계획대지면적(㎡)	주택용지		26,556.99	80.50	
		소 계		26,556.99	80.50	

주 용 도	공동주택(아파트) 및 부대시설·복리시설				
규모 및 구조	지하2층~지상8층~18층, 철근콘크리트구조				

	구 분	면 적(㎡)			합 계	
		분 양	임 대	상 가	면 적(㎡)	평
건축개요	건축 면적(㎡)	4,312.83	626.54	370.42	5,309.79	1,606.21
	지상연면적(㎡)	51,913.46	5,676.91	706.28	58,296.65	17,634.74
	지하연면적(㎡)	26,870.46	3,581.83	-	30,452.10	9,211.76
	전체연면적(㎡)	78,783.73	9,258.73	706.28	88,748.75	26,846.50
	건 폐 율(%)	19.99%				
	용적율 계획	219.52%				
	용적율 법정	기준용적률 : 190%, 상한용적률 : 220.56%				
		상한용적률 : 190×[(1+0.3α)/(1-α)], α= 0.110125				

나. 주택형별 면적

구 분	세대별 분양면적					기타 공유면적					계약 면적
	세대 비율 (%)	세대 수	전용 면적	공용 면적	분양 면적	경로당	기전실	주민공 동시설	지하 주차장	기타 공유면적	
59C	13.16	75	59.98	21.55	81.53 (24.66평)	0.91	0.63	1.28	36.62	39.45	120.95
84B3	5.25	30	84.97	21.71	106.68 (32.27평)	1.29	0.89	1.82	51.88	55.88	162.56
84B2	15.79	90	84.97	22.62	107.59 (32.54평)	1.29	0.89	1.82		55.88	163.47
84B1	34.74	198	84.97	22.67	107.64 (32.56평)	1.29	0.89	1.82	551.88 1.88	55.88	163.52
114A	12.98	74	114.98	25.26	140.54 (41.51평)	1.75	1.21	2.46	70.20	75.62	216.16
149P2	0.35	2	149.35	35.85	185.20 (56.02평)	2.27	1.57	3.19	91.19	98.22	283.42
155P1	0.70	4	155.05	35.38	191.33 (15.76평)	2.37	1.63	3.33	95.22	102.56	293.89
소 계	82.98	473	40,949. 98	10,696. 67	51,853. 46	622. 24	429. 32	875. 34	25,003. 37	26,930. 27	78,783. 73
35E	8.95	51	35.81	16.31	52.61 (19.84평)	0.54	1.98	1.85	28.47	32.84	84.95
45D	8.07	46	45.20	20.42	65.61 (19.84평)	0.69	2.50	2.33	35.93	42.45	107.06
소 계	17.02	97	3,905.51	1,770.8 9	5,676.91	59.35	216.16	201.72	3,104.60	3,581.83	9,256.73
합 계	100	570	44,855. 49	12,667. 56	57,530. 37	681. 59	645. 48	1,077. 06	1,077. 06	30,512. 10	88,042. 47

주) 1. 위 면적은 사업시행인가신청 시 기준이며 단위세대면적의 일부 변경에 의해 변동될 수 있음
2. 기타 공유면적은 세대별 공용면적을 제외한 지하층, 관리사무소, 기계실, 경비실 등의 부대시설·복리시설의 면적임
3. 건축비 분담금은 시공자와의 본 계약에 따라 변동될 수 있으며, 동·호수 추첨결과에 따라 세대별 분담금은 차이가 있음

다. 사업시행자의 성명 및 주소
 • 0000구역 재개발정비사업조합 조합장 0 0 0
 • 주 소 : 서울시 00구 0000동 000 - 00

라. 정비사업의 사업시행기간 : 사업착공일 ~ 36개월

마. 사업시행인가일 : 0000. 0. 00

정비사업비 추산액 및 자금운용 계획서

구분	항 목			금 액(원)	산 출 근 거
소요비용추산액	사업비 추산액 계			298,160,053.852	
	조사측량비			400,000,000	계약서에 의한 금액 및 확정측량금액 추정 (부가세 포함)
	설계비			2,248,500,100	계약서에 의함(부가세 포함). 설계변경비 포함
	감리비			3,854,571,600	추산액(추후 계약금액에 의함. 부가세 포함) m²당 18,150(평당 60,000원)
	행정용역비			1,477,585,780	계약서에 의함(부가세 제외)
	건축물 철거 및 잔재처리비			4,354,000,000	부가세 포함
	공사비	건축시설공사비		217,491,282,400	m²당 1,127천원 기준(부가세 제외)
		건축시설공사비 부가세		5,243,471,470	국민주택초과주택, 일반분양주택, 상가 및 분양가능 복리시설 매각분(추정액)
	기타 정비비	인입공사비		1,576,870,200	m²당 8.2천원(평당 27천원)
		이설비		876,039,000	전주, 상하수도, 통신선로, 도시가스 배관이설 등 m²당 4.54천원(평당 15천원)
	보상비	손실보상비	건축물 및 토지	26,809,620,344	청산대상 및 수용금액(추정액)
		이주비	주거 이전비	5,900,000,000	600가구대상(추정액)
			기타 이주보상비	4,100,000,000	영업보상 등 기타 이주비용(추정액)
	관리비	조합운영비		1,400,000,000	청산 시까지 60개월(추정액)
		등기비		495,900,000	분양세대(임대세대 제외) 세대 당 약450,000원 1,102세대 기준(추정액)
		변호사비 및 기타 수수료		300,000,000	법무 및 변호사비(추정액)
	부대경비	감정평가수수료(국·공유지)		38,298,700	청구서에 의함(부가세 포함)
		감정평가수수료(종전/종후평가)		500,000,000	계약서에 의한 금액 및 수용평가(추정액)포함 2개업체
		외주비용	회계감사비	100,000,000	별도 회계감사비 포함(추산액)
			정비기반시설 산출용역비	23,100,000	계약서에 의함(부가세 포함)
			임대부지건축 산출용역비	400,000,000	계약서에 의함(부가세 포함)(추산액)
			교통영향평가비	88,000,000	계약서에 의함(부가세 포함)
			문화재 지표조사	5,800,000	계약서에 의함(부가세 없음)
			경관성 계획	33,000,000	계약서에 의함(부가세 포함)
			지반조사비	60,000,000	계약서에 의함(부가세 포함), 철거 후 추가조사비 포함

(계속)

			대여금이자	9,000,000,000	(추산액)
		기타경비	면허세	1,300,000	고지서에 의함
			채권매입비	3,000,000	고지서에 의함
			하수도원인자부담금	400,000,000	재개발사업으로 인한 하수도원인자부담금 (추정액)
			광역교통시설부담금	100,000,000	고지서에 의함
			분양보증수수료	584,026,000	(추산액)
			납부부가세	390,104,367	매출부가세와 매입부가세의 차액분
			국공유지매입비	5,314,583,890	(추산액)
			발코니샤시공사비	1,800,000,000	※ 기본공사에 포함하는 것이 유리함 (추산액)
			예비비	2,800,000,000	기타 사업비용
수입금 추산액(총수입금)				416,785,368,151	
	주택	조합원분양수입금		247,646,400,000	
		일반분양수입금		112,557,220,000	
		보류시설분양수입금		2,811,000,000	
	학교	–		14,508,000,000	학교부지 : 7,440㎡
	상가(복리시설)			10,739,661,000	
	임대 Apt.	건축비		15,839,785,000	표준건축비 적용(추산액)
		토지비		9,972,176,151	(추신액)
		대지조성비		2,711,126,000	가산항목 포함

추정례율	(총수입금 − 공동부담소용비용)/ 분양대상토지 등의 종전평가액 = 99.28%	공동부담 소요비용	298,106, 053,852	분양대상 토지등의 총 총 평가액	119,478,361,404

제3장
임시총회

관리처분계획 변경 등을 위한

임 시 총 회
[회 의 자 료]

일 시 : 0000년 0월 00일(토요일) 오후 2시

장 소 : 흑석동 00교서울회관 대강당(5-6층)
(서울특별시 동작구 흑석동 1-3 번지)

반포주공0단지 재건축정비사업조합

서울특별시 서초구 반포0동 00-0(새마을회관 2층)
전화 : 02-000-0000, 02-0000-0000 / FAX : 02-0000-0000

관리처분계획 변경 등을 위한
임 시 총 회

일 시 : 0000년 0월 00일(토요일) 오후 2시

장 소 : 흑석동 00교서울회관 대강당(5-6층)

(서울특별시 동작구 흑석동 1-3 번지)

■ 총회 당일 총회책자를 재배부하지 않으니 필히 지참하여 주시기 바랍니다.

반포주공0단지 재건축정비사업조합

주 소: (우:173-909) 서울시 서초구 잠원동 00-0 00빌딩 705호
☎ 02)000-0000, 0000-0000 FAX: 02)0000-0000
홈페이지: www.banpo0.com

총 회 장 소 안 내

총회장 : 서울특별시 동작구 흑석1동 1-3 00교 서울회관 대강당

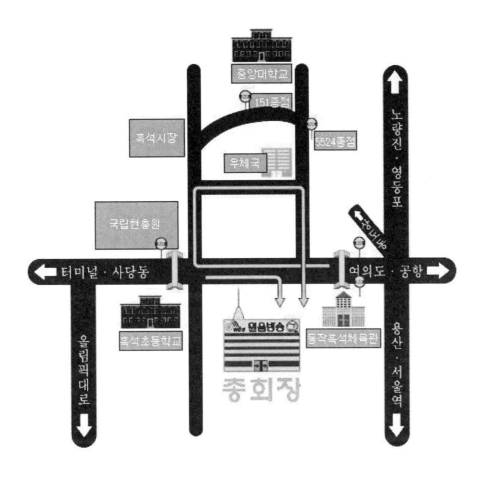

■ 일반버스 : 151, 360, 361, 362, 363, 640, 642, 4511,
5517, 5511, 5529, 5524, 6411

■ 좌석버스 : 9408, 9412

■ 지 하 철 : 9호선 흑석역 1번 출구

※ 총회장 내 주차공간이 협소하여 교통 혼잡이 예상되므로
대중교통을 이용하여 주시기 바랍니다.

목   차

1. 임시총회 소집 공고문

2. 총회참석 시 유의사항

3. 조합장 인사말

4. 회   순

5. 경과보고

6. 감사보고

7. 총회 상정의안

임시총회 소집 공고

조합정관 제20조에 의하여 조합원 정기총회를 아래와 같이 개최합니다.

- 아 래 -

1. 일   시 : 0000 년 0월 00일 (토요일) 오후 2시
2. 장   소 : 흑석동 00교 서울회관 대강당(5-6층)
3. 참석자격 : 반포주공0단지 재건축정비사업조합 조합설립에 동의한 조합원
4. 상정의안 :
   제1호 안건 : 조합정관, 운영규정 및 선거관리규정 개정의 건
   제2호 안건 : 단위세대평면 변경에 관한 건
   제3호 안건 : 이주관련기준 개정 추인의 건
   제4호 안건 : 정비사업비 조달방법에 관한 건
   제5호 안건 : 공사도급계약 체결의 건
   제6호 안건 : 관리처분계획 변경의 건
   제7호 안건 : 보선임원 인준 및 궐위된 임원의 보궐선임에 관한 건
   제8호 안건 : 총회의 결의사항 위임의 건
   제9호 안건 : 사업시행인가조건 이행에 관한 건

5. 총회 참석 시 지참물 및 유의사항
① 조합원 본인 참석할 시 : 본인주민등록증 또는 신분증, 인감도장 지참.
② 대리 참석할 시 : -위임장(조합원 인감증명서 첨부 : 위임용), 대리인 신분증, 대리인 도장,
                    조합원 인감도장, 조합원과의 관계 증빙서류
 * 대리인의 자격 (조합정관 제10조제2항에 의함) : 상속에 관한 규정에 준한 성년자
③ 공유자일 경우 대표자 1인만 참석할 수 있습니다.
④ 총회에 참석할 수 없을 경우 서면결의서 제출 - 총회전일까지 제출(도착)
⑤ 주차공간이 충분하지 못하니 대중교통을 이용하여 주시기 바랍니다.
⑥ 별도의 총회자료를 배포하지 않으므로, 발송된 총회책자를 반드시 지참하여 참석하여
  주시길 바랍니다.

▶ 기타 문의사항은 조합사무실 또는 조합홈페이지를 참고하여 주시기 바랍니다.

0000년 0월 00일

반 포 주 공 0 단 지 재 건 축 정 비 사 업 조 합
조   합   장   0   0   0

서울시 서초구 잠원동 00-0 00빌딩 000호
☎ (02) 000-0000, 0000-0000/ FAX :(02) 0000-0000
www. banpo0.com

총회참석 시 유의사항

1. 총회에 참석하기 전 본 '총회참석 시 유의사항'을 포함하여 '총회 회의자료'를 반드시 읽어보시기 바라며, 총회 당일에는 본 '총회 회의자료'를 필히 지참하시기 바랍니다.

2. 총회입장은 오후 1시부터이며 개회는 오후 2시입니다. 따라서 30분 이전에 미리 도착하여 접수절차를 마친 후 총회장에 입장하셔야 예정된 시간에 총회를 개회할 수 있습니다. 총회장입장은 오후 4시 이전까지만 가능하므로 늦지 않도록 하여 주시기 바랍니다.

3. 총회는 조합원 본인이 직접 참석하거나, 조합정관 제10조제2항에 따라 대리인이 참석할 수 있습니다. 이때의 대리인은 민법에서 정하는 '상속에 관한 규정에 준하는 성년자(배우자 및 직계존비속)에 한합니다.

4. 총회에서의 의결권행사는 '서면결의서'의 제출로 대행할 수 있습니다. 총회참석 시의 지참물 및 필요서류 등은 아래를 참고하시기 바랍니다.

- 아   래 -

구 분	지참물 및 필요서류
조합원이 참석 시	1. 신분증 및 도장 2. 2인 이상의 공동소유인 경우 - 조합에 대표자로 신고 된 조합원만 참석이 가능합니다. - 대표자가 아닐 경우 대표자의 위임장이 필요합니다.
대리인이 참석 시	1. 위임장(위임용 인감증명서 첨부) - 위임장에는 필히 조합원의 인감날인이 되어있어야 하며, - 2인 이상의 공동소유인 경우 조합에 대표자로 신고 된 조합원으로 부터 위임받은 자만 참석이 가능합니다. 2. 대리인의 신분증 및 도장 3. 조합원과의 관계 증빙서류(예 주민등록등본, 호적등본, 의료보험증) - 대리인의 범위는 민법의 상속에 관한 규정에 준하는 성년자입니다. - 조합원과의 관계가 확인되지 않을 경우 입장할 수 없으니 관계를 증명할 수 있는 서류를 반드시 지참하여 주시기 바랍니다.
서면결의서 제출 시	1. 총회의 의결권은 서면결의서로 할 수 있습니다. 서면결의서에 인감을 날인(조합에 등록된 인감)한 후 제출하여 주십시오. 2. 서면결의서는 총회책자의 각 안건을 검토한 후 표기하여 주십시오. 3. 서면결의서는 총회 전까지 도착될 수 있도록 제출하여야 합니다. 4. 서면결의로 의결권을 행사한 조합원은 총회당일 의결권을 행사할 수 없습니다.

※ 서면결의서에 첨부해야 하는 인감증명서는 조합에 기 제출한 인감증명서로 대체되며, 조합에 신고 된 인감이 변경된 경우에는 변경된 인감증명서를 첨부해야 합니다.

▥ 조 합 장 인 사 말 ▥

　존경하는 반포주공0단지아파트 재건축 조합원 여러분!　안녕하십니까?
조합장 0　0　0 입니다.

　그동안 관리처분총회를 마친지 얼마 지나지 않은 것 같은데 벌써 수확의 계절인 가을이 찾아
왔습니다. 사회생활로 바쁘신 중에도 불구하고 우리 조합의 이념인 「조합원이익의 극대화」,
「투명한 사업추진」 그리고 「쾌적한 주거환경조성」이라는 우리의 확고한 공동목표를 달성
하기 위하여 이 자리에 참석하여 주심으로써 이번 임시총회를 성공리에 개최할 수 있게 된
것에 대해 조합을 대표하여 조합원 여러분께 깊은 감사를 드립니다.

　우리 조합은 정부정책의 불확실성에도 불구하고 0000년 00월 허가관청으로부터 우리 모두의
염원인 사업시행계획의 인가를 득하였고, 0000년 0월에는 관리처분총회를 무사히 마칠 수
있게 되었습니다. 그러나 한편으로는 2017년 2월 8일부터 '도시및주거환경정비법'이 전부
개정되어 2018년 2월 9일 시행됨에 따라 재건축초과이익 환수에 관한 법률도 함께 시행되어
재건축정비사업의 시행계획을 수립하는데 많은 어려움이 예상됩니다.

　조합원 여러분! 이제 우리는 조속히 본공사를 착공하여 우리의 오랜 꿈을 이루어 내야 할
때가 되었으며, 이 꿈을 이루기 위해서는 이번 임시총회에 결의안건으로 상정되어 있는
모든 안건에 대해 조합원 여러분의 적극적인 협조가 꼭 필요합니다.
이해관계 등이 복잡한 재건축사업을 추진함에 있어 모든 조합원이 만족해하는 사업계획을
마련해야 할 것이나, 현실적으로는 관계 법규 등으로 정해진 여러 제약으로 인해 이를 시행
하기는 현실적으로 매우 어려운 것 또한 사실입니다. 그러나 우리가 서로 조금씩 양보하고
서로 이해하는 것만이 최선의 사업계획을 마련하는 유일한 방법이라고 생각합니다.
모든 세상일에서 자기의 주장만을 고집한다면 그 구성원 모두는 원하는 성과를 얻을 수
없다는 것을 조합원 여러분도 잘 아시리라 생각합니다. 그동안 우리 조합에서는 조합원의
공통된 요구사항을 파악하여 최대의 공동이익을 찾기 위해 '설문조사' 등 많은 일을 수행한
바가 있으며, 앞으로도 계속하여 조합원의 의견을 수렴하여 사업에 반영할 예정입니다.
만에 하나, 우리 조합원 중 일부라도 서로가 반목하여 분쟁이 또다시 발생된다면 그동안
노력을 아끼지 않았던 조합임원은 물론이거니와 언제나 적극적으로 협조해주시는 대부분의
조합원에게는 큰 고통과 실망이 될 것입니다.

　우리 반포주공0단지 아파트는 서울에서는 물론 우리나라에서 최고의 입지조건을 모두 갖추고
있기 때문에 재건축에 대한 우리의 노력이 더해진다면 향후 준공 후에는 국내 최고의 아파트
단지로 재탄생할 것을 확신하며 이를 위해 우리 모두 힘을 모읍시다.
조합원 여러분의 적극적인 성원을 계속하여 부탁드리며 조합원님의 가정에 행복이 충만
하시기를 기원합니다. 감사합니다.

0000년 0월 00일

반포주공0단지 재건축정비사업조합　조 합 장 0 0 0

회　순

1. 성 원 보 고

2. 개 회 선 언

3. 조 합 장 인 사 말

4. 경 과 보 고

5. 결 산 보 고

6. 감 사 보 고

7. 안 건 심 의

제1호 안건 : 조합정관, 운영규정 및 선거관리규정 개정의 건

제2호 안건 : 단위세대평면 변경에 관한 건

제3호 안건 : 이주관련기준 개정 추인의 건

제4호 안건 : 정비사업비 조달방법에 관한 건

제5호 안건 : 공사도급계약 체결의 건

제6호 안건 : 관리처분계획 변경의 건

제7호 안건 : 보선임원 인준 및 궐위된 임원의 보궐선임에
　　　　　　　관한 건

제8호 안건 : 총회의 결의사항 위임의 건

제9호 안건 : 사업시행인가조건 이행에 관한 건

8. 폐 회

경 과 보 고

[OOO년 O월 관리처분총회 이후 현재까지]

□ 사업추진 경과보고

일 자	내 용
	관리처분총회 개최 제1호 안건 : 사업승인내용 결의의 건 제2호 안건 : 조합수행업무 추인의 건 제5호 안건 : 관리처분계획(안) 승인의 건 　　　　　　　 각 안건 원안가결
	제82차 이사회 개최 - 이주 및 신탁등기업무 토의
	관리처분(안)공람실시(30일)
	총회결의 효력정지가처분소송 접수(18평협의회 제기)
	제83차 이사회 개최
	제84회 이사회 개최 - 이주에 관한 조합원의견 조사 - 조합원이주 후 아파트 기본관리비 부담주체 결의 - 금융지원기관과의 이주지원금 지급약정서 결의
	제85차 이사회 개최 - 18평협의회의 총회효력가처분 소송에 대한 대응방안 결의
	제86차 이사회 개최 - 이주 및 신탁등기 공고 ・ 신탁서류접수 : 0000. 4. 11 - 0000. 5. 11 ・ 이주기간 　 : 0000 .4. 25 - 0000. 8. 24
	'총회결의 효력정지가처분신청 이유없음'으로 법원 기각판결
	제87차 이사회 개최 - 문화재 지표조사 용역계약서 심의 및 결의
	관리처분계획 인가신청
	조합원이주 개시
	가처분기각에 대한 항고서 접수(18평협의회 제기)
	제88차 이사회 개최 - 신탁등기서류 제출기간연장 결의 　(서류접수마감일을 0000. 5. 31일에서 0000. 6. 14일로 연장) - 총회효력정지가처분에 대한 항고 관련 대응방안 결의
	제9차 조합원명의변경 신청
	임대주택 25%건립(안)이 가능한지의 건축심의 신청

(계속)

일 자	내 용
	제89차 이사회 개최 - 84m²형, 163m²형, 210m²형을 포함한 전 평형의 단위세대평면에 대한 　일부 수정의 건 상정 - 임대주택 25%에 관한 건축심의도서 보완제출
	임대주택 25%건립(안) 건축심의 결과 접수(심의결과 유보)
	소송 접수(18평협의회 제기) (소송의 주 내용) : - 동·호수 추첨금지 　　　　　　　　　 - 조합원분양계약 체결금지 　　　　　　　　　 - 일반분양 금지 　　　　　　　　　 - 아파트 본공사 착공금지
	제90차 이사회 개최 - 이주기간 마감 후 일반관리비의 조합납부여부 결의의 건
	본안소송에 대한 가처분신청 응소
	제91차 이사회 개최 - 본안소송 관련 변호사비용 지출결의 - 시공자에 대한 공사비 지급방식(기성불, 분양불)등을 포함한 　공사도급계약서 검토의 건 상정
	제92차 이사회 개최 - 본안소송에 이은 가처분신청에 대한 대응방안 결의 - 사업비 등 필요경비 조달방안 결의 - 시공자에 대한 공사비지불방법을 포함한 공사도급계약서 토의
	제10차 조합원명의변경 신청
	동·호수추첨금지 등에 관한 본안소송과 가처분신청을 병합처리하기로 결정(법원)(본 소송에 대한 가처분신청은 사실상 기각된 것임)
	제93차 이사회 개최 - 총회소집공고 결의 - 시공자와의 공사도급계약서 논의
	제94차 이사회 개최 - 총회상정안건에 대한 결의

※ 0000년 9월 10일 현재 조합원 신탁 및 이주현황

총세대수	전　　체				18평형(세대수 1,230)				25평형(세대수 490)			
	신탁등기		공가		신탁등기		공가		신탁등기		공가	
	세대수	%	세대수	%	세대수	%	세대수	%	세대수	%	세대수	%
1,720	1,637	95.17	1,383	80.41	1,148	93.33	952	77.40	489	99.80	431	87.96
미제출세대	83	4.83	337	19.59	82	6.67	278	22.60	1	0.20	59	12.04

□ 회 계 감 사 보 고

조합에서는 내부회계감사와 외부회계감사를 조합정관과 도시및주거환경정비법에서 정하는 바에 따라 기 완료되었고, 외부감사결과에 관해서도 0000년 00월 00일 전 조합원에게 우송한 내부감사보고에 포함하여 기보고 드린 바가 있으며 이번 총회를 통하여 아래와 같이 서면으로 재보고 드립니다.

□ 내부회계감사

　① 정관 제28조 제3항에 따라

　② 제4기(0000.1.1-0000.12.31)를 감사대상기간으로 감사를 실시(0000.1.28 종료)하고

　③ 제49차 대의원회의(0000.2.16)의 의결을 받아

　④ 전 조합원께 보고(0000.3.21 우송)하였습니다.

□ 외부회계감사보고

　① 도시및주거환경정비법 제112조에 따라

　② 제1기부터 제4기(0000.7.27-0000.12.31)를 감사대상기간으로 감사를 실시(제183호 공인회계사 감사반 공인회계사 김00)하여

　③ 공인회계감사보고서(0000.1.19 작성)를 보고하고

　④ 제40차 대의원회(0000.1.19)에 보고하고

　⑤ 그 감사보고서는 내부감사보고와 함께 조합에 비치하였습니다.

(첨　부)　1. 내부감사인의 감사보고서

　　　　　2. 외부감사인의 감사보고서

0000년 0월 00일

보고자 : 회계감사 000

감사인 감사보고서

반포주공0단지 재건축정비사업조합
조 합 장 및 대 의 원 제 위 귀 하

조합장 책임 하에 작성 제출된 반포주0단지 재건축정비사업조합의 제4기(00.1.1-12.31)결산
보고서에 대한 회계감사를 실시하고, 그 결과를 본 감사인의 의견과 함께 보고합니다.

가. 감사대상

반포주공0단지 재건축정비사업조합의 제4기(00.1.1-12.31)의 회계전표와 제 증빙서류,
현금출납부, 계정별원장 등의 제반회계기록과 대차대조표, 손익계산서 등의 결산
재무제표 및 동기간 중의 예산대집행 실적을 감사하였습니다.

나. 감사의 기준

조합정관 제6장(재정)과 조합운영규정 제7장(회계 및 결산)에 따라서 감사를 실시
하였으며 조합정관과 조합운영규정에 정함이 없는 사항은 일반회계 기준에 준거하고,
제반 경비집행은 대의원회의(00. 00. 00, 제00차 대의원회의)에서 승인된 예산에 준거하여
감사하였습니다.

다. 감사주안점

(1) 전표작성과 증빙서류, 장부기장내역 및 계정과목운용 등에서 명료성, 객관성,
일관성이 유지됨으로써 회계기록이 바르게 되어있으며 또한 그것을 근거로 한
재무제표가 적정하게 작성된 것이며, 제경비는 바른 절차와 승인예산에 근거
하여 집행되고 있는 것인지를 감사하였습니다.

(2) 아울러 도시 및 주거환경정비법 제112조의 규정에 따라 외부감사를 병행 실시하여
그 외부감사결과와 본인의 내부감사결과를 비교 점검하였습니다.

라. 감사실시기간

감사대상기간	감사실시기간
0000. 1. 1 ～ 4. 30	0000. 6. 7 ～ 6. 9
0000. 5. 1 ～ 6. 30	0000. 7. 6 ～ 7. 9
0000. 1. 1 ～ 12. 31	0000. 1. 18 ～ 1. 28

마. 감사인의 의견

본 감사인은 전기감사와 연계하여,

(1) 회계처리에 있어서 기본과 원칙을 중시하여 회계원칙에 따라 업무처리가 되었는지를 감사의 주안점으로 하여 창립총회 이후 매 회계연도 마다 감사를 반복실시하고 보고해 왔습니다.

(2) 당 조합은 일반기업과는 달리 장기간에 걸쳐 종료되는 재건축정비사업이라는 특이성이 있으므로 계정과목의 운용, 년도 별 결산서의 작성 등 회계처리방법에 있어서 부분적이지만 특수성, 현실성을 감안할 필요가 있다고 판단하고 그간의 내부감사보고서에서 판단·보고하였으며, 이점에 관하여는 제1기부터 제4기 (00. 7. 15 ~ 00. 12. 31)까지를 감사대상기간으로 하여 총괄적으로 금번 실시한 외부감사에서도 동일한 의견임을 확인할 수 있었으며,

(3) 그 내용은 일반기업회계기준상 재무제표에 속하는 "이익잉여금(결손금) 처분계산서"와 "자금흐름표"가 생략됨 점과 계정과목의 일관성, 목적성 분류 원칙이 다소 결여되었던 점을 제외하고는 해당 조합의 제4기 결산재무제표는 일반기업회계기준에 따른 중요성의 관점에서 대체적으로 적정하게 표시되었음을 확인하였는바 재무제표주석 및 계정대체내역을 참고하여주시기 바랍니다.

0000. 0. 0

감 사 인

회계감사   0 0 0

제000호 공인회계사 감사반

서울특별시 강남구 00동 00-00번지　　　　　　　　　　대표전화 : 000-000
00빌딩 000호　　　　　　　　　　　　　　　　　　　　FAX　　: 000-000

외부감사인의 감사보고서

반포주공0단지 재건축정비사업조합
조합원총회 및 이사회 귀중　　　　　　　　　　　　　0000년 0월 00일

　본 감사인은 도시및주거환경정비법 제112조의 규정에 따라 반포주공0단지 재건축정비사업조합의 0000년 12월 31일 현재의 대차대조표와 동일로 종료되는 회계연도의 손익계산서를 감사하였습니다. 이 재무제표를 적정하게 작성할 책임은 반포주공0단지 재건축정비조합의 관리자에게 있으며 본 감사인의 책임은 동 재무제표에 대하여 감사를 실시하고 이를 근거로 이 재무제표에 대하여 의견을 표명하는 데 있습니다.

　본 감사인은 회계감사기준에 따라 감사를 실시하였습니다. 이 기준은 본 감사인이 재무제표가 중대하게 외곡표시 되지 아니하였다는 것을 합리적으로 확신하도록 감사를 계획하고 실시할 것을 요구하였습니다. 감사는 재무제표상의 금액과 공시내용을 뒷받침하는 감사증거에 대하여 실사의 방법을 적용하여 검증하는 것을 포함하고 있습니다. 또한 감사는 재무제표의 전반적인 표시내용에 대한 평가뿐만 아니라 조합이 정한 회계원칙과 관리자에 의한 중요한 추정에 의해 평가하는 것을 포함하고 있습니다. 본 감사인이 실시한 감사가 감사의견 표명을 위한 합리적인 근거를 제공하고 있다고 본 감사인은 믿습니다.

　본 감사인의 의견으로는 위 재무제표가 반포주공0단지 재건축정비사업조합의 0000년 12월 31일 현재의 재무상태와 동일로 종료되는 회계연도의 경영성과를 기업회계기준에 따라 중요성의 관점에서 적정하게 표시하고 있습니다.

　　　　　　　　　　　　　　　　　　　　　　　제000호 공인회계사 감사반
　　　　　　　　　　　　　　　　　　　　　　　공인회계사　0　0　0　　(인)

총 회 상 정 의 안

제1호 안건 : 조합정관, 운영규정 및 선거관리규정 개정의 건

제2호 안건 : 단위세대평면 변경에 관한 건

제3호 안건 : 이주관련기준 개정 추인의 건

제4호 안건 : 정비사업비 조달방법에 관한 건

제5호 안건 : 공사도급계약 체결의 건

제6호 안건 : 관리처분계획 변경의 건

제7호 안건 : 보선임원 인준 및 궐위된 임원의 보궐선임에 관한 건

제8호 안건 : 총회의 결의사항 위임의 건

제9호 안건 : 사업시행인가조건 이행에 관한 건

　　　　　－ 구분지상권 설정에 관한 건
　　　　　－ 정비기반시설 관련 행정심판청구의 건

반포주공0단지 재건축정비사업조합

상 정 의 안

제1호 안건

조합정관, 운영규정 및

선거관리규정 개정의 건

반포주공0단지 재건축정비사업조합

■ 상정의안 : 제1호 안건

> # 조합정관, 운영규정 및 선거관리규정 개정의 건

1. 의안상정
: 제1호 안건 조합정관,「운영규정 및 선거관리규정 개정의 건」을 상정합니다.

2. 제안사유
: 도시및주거환경정비법 등 종전의 제반 재건축 관계 법규에 의해 제정된 조합정관에
따라 사업이 추진되고 조합운영도 하여왔으나, 전부 개정된「도시및주거환경정비법」,「동
시행령」,「동 시행규칙」및 국토교통부의 표준정관 등에 준하여 조합정관을 개정하고,
운영규정 및 선거관리규정 등 조합운영에 필요한 제반 규정을 개정하기 위함입니다.

3. 제안근거
• 도시및주거환경정비법 및 국토교통부 제정 표준정관
• 조합정관 제21조(총회의 의결사항)

4. 의결내용
: 회의자료에 첨부된「반포주공0단지 재건축정비사업조합정관」,「운영규정」및
「선거관리규정」의 개정(안)을 원안대로 결의한다.

[별 첨]
: 반포주공0단지 재건축정비사업조합정관, 운영규정 및 선거관리규정의 개정(안)

0000년 0월 00일

반포주공0단지 재건축정비사업조합

조합정관 개정(안)의 주요내용

1. 구 성

: 총 00개장(章), 00개조(條) 및 부칙으로 구성되어 있던 구 정관을 00개장(章), 00개조(條) 및 부칙으로 재편성하여 동질성, 유사성 및 관련성에 따라 개정안을 구성하였다.

2. 제1장(총 칙)

1) 조합명칭, 시행목적, 시행구역, 시행방법, 사업시행구간 및 조합원의 권리·의무에 관한 사항(제00조~제00조) 등을 표준정관과 도시및주거환경정비법(이하 '법'이라 한다)에 따라서 구정관을 수정 및 보완하였으며,

2) 정관변경에 관한 사항(법 제00조 및 동 시행령 제00조와 관련)은 신설되는 제00조(정관변경)에 명시하였다. 따라서 구 정관 제00조는 제00조로, 제0조는 제00조로 변경

3. 제2장(조합원)

1) 구정관 제00장(조합원)에 규정되어 있던 '시공사의 선정 및 사업시행계획'에 관한 사항(제00조)은 제00장(시공자, 설계자 및 정비사업관리업자 선정)으로 분리(제00조 내지 제00조)하여 신설하고 표준정관내용을 추가함

2) 구정관 제0조에서 '재건축결의에 동의하지 않은 자라도 관리처분계획수립 전까지 동의한 경우에는 조합원이 될 수 있다.'고 한 조합원의 자격조건 단서조항을 '분양신청시까지 조합의 소정양식의 동의서를 제출하면 조합원이 될 수 있다.'로 개정하고 동의서양식의 기재내용을 제00조 제00항에 추가함

3) 양도, 상속, 증여 및 판결 등으로 조합원의 권리가 이전될 때(시행령 제00조 제00항)는 법 제00조 제00항의 제한규정에 따라 조합원의 권리이전을 제한할 수 있도록 하기 위해 정관 제0조 제0항과 제0항에 각각 이 사항을 추가함

4. 제3장(시공자, 설계자 및 정비사업전문관리업자의 선정)

[위의 제00장(조합원)의 '가'항의 설명으로 대신함]

5. 제4장(임원 등)

1) 구정관 제00장(임원)을 제0장으로, 제00조(임원)를 제00조로 하되,

2) 제00항 00호와 제0항을 폐지하고, 00호(이사)를 00호로, 00호(감사)를 00호로 하며,

3) 제00항(조합장 선출)과 제00항(이사 및 감사의 선출)은 선거관리규정과 운영규정(인사)에 따르도록 함

4) 의사결정의 합리성, 객관성을 위해 전문분야별 자문위원(약간 명)을 위촉 및 운영할 수 있게 함

5) 구정관 제00조(임원의 결격사유 및 자격상실 등)의 규정을 아래와 같이 제00항에 규정함

　　가. 거짓, 부정한 방법으로 법을 위반하여 조합원자격을 취득(제00호)한 경우

　　나. 분양주택을 공급받는 목적으로 건축물, 토지의 양도·양수를 은폐(제00조)한 경우

　　다. 소유주택에 거주한 기간이(0년 미만), 이주 후에 선임 및 보선되는 경우의 소유기간 (0년 미만) 등 결격 및 자격상실조건을 추가하여 임원의 자격을 강화함 (제00호)

6) 임원의 당연퇴임(제00조 제00항) 외에도 업무의 과실, 태만, 부당행위, 이권개입, 뇌물 수수, 조합명예훼손, 조합원간의 갈등이나 분쟁조장 등으로 조합과 타 조합원에게 손실을 초래하게 하는 등의 행위를 할 경우, 임원의 자격이 상실되도록 하는 임원의 자격상실요건을 열거(제00조 제00항)하고 그 후속조치와 절차 등(제00조 제00항 내지 제00항)을 규정함

6. 제5장(기 관)

1) 조합원이 임시총회소집을 요구할 경우 소집요청정족수를 조합원의 3분의 1 이상에서 5분의 1 이상으로 완화함(제00조 제00항 00호 : 법 제00조 제00항 규정 적용)

2) 총회안건은 통지된 안건만 상정하여 의결할 수 있도록 함 (제00조 제00항 : 민법 제00조의 긴급안건 (의결)불가조항 적용)

3) 구정관 제00조(총회결의 및 인준사항)를 전문폐지하고 제00조 제00항에 총회의 의결 사항(제00호 내지 제00호)을 열거하여 규정(법 제00조 제00항, 시행령 제00조와 동일하여 변경이 불가능한 규정임)하고 제00항에 총회인준사항을 열거 및 규정하여 시행령 제00조 각호 사항을 제외하고 불가피한 경우에는 총회개최의 현실적인 어려움을 감안하여 대의원 회가 총회권한을 대행할 수 있게 규정함

4) 제00조(총회운영 등)에 의사진행일반원칙과 의장의 질서유지권에 관한 사항을 규정함

5) 법 제00조 제00항(대의원 수) 개정에 따라, 아래와 같이 대의원수를 100인으로 증원 (제00조 제0항)하고,

　　가. 구정관에 따라 기존 동별로 선출된 대의원

　　나. 새로이 분양받을 주택의 주택형별로 선출되는 대의원

　　다. 상가 동(00상가, ◇◇상가) 대표를 대의원으로 함

6) 제00조(대의원회 의결사항) 제0항을 신설하여 이사와 감사는 대의원회에 참석할 수 있으며, 의견진술권을 갖되 의결권은 행사할 수 없도록 규정하여, 필요 시 참석으로 인한 오해가 없도록 함 (민법 제00조 시행령 제00조 제00항)

7) 제00조(이사회의 사무)에 이사회가 집행할 수 있는 업무로서 총회 또는 대의원으로부터 위임받은 사항(제0호)과 대의원회의 개최가 불가능(물리적인 방해 등으로 정족수가 미달되거나 회의진행방해 등)하여 사업진행이 불가피하다고 인정되는 경우 이사회가 업무를 우선 집행하고(제0호) 즉시 총회의 의결을 받도록 함

7. 제6장(재 정)

제00조(조합의 회계) 중 외부감사를 받아야 하는 규정(제00항 내지 제00항)외에 회계감사를 받지 아니하여도 되는 경우(조합원의 5분의 4 이상 동의)를 삭제하였으며, 회계감사결과를 구청장에게 보고(법 제00조)하고, 조합사무소에 비치·열람토록 추가로 규정함

8. 제7장(사업시행)

1) 00조(이주비 대책) 제0항에 조합이 직접 금융기관과의 약정에 의해 이주비 지원을 할 수 있도록 추가로 규정하고,

2) 구정관 제00조(부동산의 신탁)를 개정(안)의 제00조에 삽입하고(조항, 순서, 결정과 구성상)하고 조합원의 신탁등기완료기한을 '사업시행계획 승인신청일'에서 '조합이 정한 기한'으로 수정(입법예고 시의 신탁의무규정)하여 조합의 자율규정으로 설정함

3) 제00조(지상권 등 계약의 해지)에 사업시행으로 인하여 지상권 등의 설정목적을 달성할 수 없는 권리자가 금전반환청구권을 행사할 시 해당 금전을 지급할 수 있고, 이 경우 해당 조합원에게 이를 구상하는 등의 법적조치를 할 수 있도록 법 제00조 규정을 인용하여 전세입자 등 권리자의 과도한 요구로 사업지연과 이주분쟁을 방지할 수 있도록 규정함

9. 제8장(관리처분계획)

1) 구정관 제00조(분양신청 등)를 개정(안)의 제00조(분양통지 및 공고 등)와 제00조(분양신청)로 분리 설정함

2) 제00조(관리처분계획의 기준) 중 복리시설의 소유자에게는 복리시설을 공급하는 것을 원칙(제00항)으로 하되, 주택조합원에게 공급하고 남은 잔여세대 중 1주택을 공급할 수 있는 조건을 규정함(이 경우 상가조합원이 소유하던 복리시설은 조합의 소유로 한다)

3) 종전의 주택 및 복리시설의 평가(종전평가)와 분양예정인 주택 및 복리시설의 평가(종후평가)는 감정평가법인등 2인 이상이 평가한 금액을 산술평가 한 금액으로 한다.

4) 구정관 제00조(관리처분계획의 통지 등) 중에서 관리처분계획을 작성한 때에는, 조합원에게 통지할 의무, 통지할 주요내용 등(제00조)과 관리처분계획 인가를 받기 전에 공람할 의무사항, 공람조합원의 의견서 접수 및 접수내용의 사후 처리에 관한 사항 등(제00조)을 별도(00개 조항)로 분리하여 조항을 신설함

10. 제9장(완료조치)

1) 조합은 공사가 완료되면 즉시 절차를 거쳐 조합원과 일반분양자에게 통지, 이전토록 하고, 이 경우 해당 지방자치단체의 공보에 고시, 구청장에 보고하는 등 이전고시에 관한 사항을 신설(제00조)함 [법 제00조(이전고시 등)]

2) 조합은 소유권이전이 있는 경우 분양대상 건축물에 대한 소유권을 취득하며, 이 경우 종전의 토지나 건축물에 관한 지상권, 임차권 등은 분양받은 토지나 건축물에 설정된 것으로 보도록 제00조에 신설하고,[법 제00조(대지 및 건축물에 관한 권리의 확정)] 조합은 소유권이전의 고시가 있은 때에는 관할 등기소에 통지하며, 법 제00조제00항에서 신축건물의 등기 시까지 일체의 다른 등기를 정지하여 혼란을 방지토록 한 규정을 제00조에 인용 규정함

3) 새로 분양받은 건축물과 종전의 건축물 등의 가격차가 있을 경우 그 차액에 상당한 금액을 징수 및 지급하는 청산금 등에 관한 사항을 신설된 규정[제00조(청산금 등)]에 반영하고, 청산금을 납부하지 않은 조합원이나 청산금을 받지 않는 조합원에 대한 처리방법 등에 관한 규정[제00조(청산금의 징수방법)]을 신설함

11. 제10장(보 직)

1) 조합은 사업시행에 관련된 자료를 인터넷 등에 공개하여야 하고 조합원의 요청이 있는 경우에는 공람시키되, 공람의 문건, 공람의 제한 범위에 관하여 신설 규정함 [제00조(관련 자료의 공개와 보존)]

2) 조합의 임원 및 대의원은 조합의 사업과 관련하여 이권개입이나 청탁을 할 수 없도록 하고, 임직원 및 대의원은 조합사업과 관련하여 금품이나 향응 등을 받을 수 없게 하는 명문규정을 신설함 [제00조(이권개입의 금지)]

3) 정관에 모든 사항을 정할 수는 없으므로 필요한 경우 세부규정을 만들어 시행할 수 있는 근거조항으로 제00조(시행세칙 등)를 신설함

12. 부 칙

구정관의 부칙을 부칙-1로 하고 개정되는 정관의 시행일과 경과규정 등에 관한 사항을 부칙-2로 신설함

조 합 정 관

(개정안)

[조합정관, 조합운영규 및 조합 선거관리규정은 미첨부 :
제4편-제1장(창립총회자료)을 참고하여주시기 바랍니다]

상 정 의 안

제2호 안건

단위세대평면 변경에 관한 건

반포주공0단지 재건축정비사업조합

■ 상정의안 : 제2호 안건

단위세대평면 변경에 관한 건

1. 의안상정
: 제1호 안건 「단위세대평면 변경에 관한 건」을 상정합니다.

2. 제안사유
: 사업시행 및 관리처분계획에 대해 인가관청으로부터 인가받을 당시의 단위세대평면을 평면계획에 대한 그동안의 조합원의견을 수렴하고, 발코니확장에 효율적이며, 새로운 주거패턴에 부응하여 더욱 편리한 주거환경을 조성하고자 단위세대 평면계획을 변경하고자 합니다.

3. 제안근거
: 조합정관 제21조(총회의 의결사항)

4. 의결내용
: 사업계획상의 건축계획 중 단위세대의 평면변경에 대하여 첨부된 도면과 같이 변경하는 것을 원안대로 결의한다.

[별　첨] : 단위세대 평면변경계획(안)

0000년 0월 0일

반포주공0단지 재건축정비사업조합

단위세대평면 변경계획(안)

(주택형별 발코니 비확장형 및 확장형)

[단위세대평면 변경계획은 미첨부
: 제Ⅱ부제1장제4항-2)의 '변경후의 단위평면계획'을 참고하여주시기 바랍니다]

상 정 의 안

제3호 안건

이주관련기준 개정 추인의 건

반포주공0단지 재건축정비사업조합

이주관련기준 개정 추인의 건

1. 의안상정
: 제3호 안건 「이주관련기준 개정 추인의 건」을 상정합니다.

2. 제안사유
: 이주기간을 단축하여 사업을 조속히 추진함에 따라 조합원의 금융비용 부담을 줄이고, 과거대비 현재의 임대주택시장의 여건변화를 감안하여 조합원 기본이주비를 현실화할 필요성이 발생되어 첨부 내용과 같이 기 시행한 내용을 추인받고자 합니다.

3. 제안근거
- 창립총회 시 조합의 입찰제안서 작성지침 및 시공자의 입찰계획서
- 조합정관 제37조(이주대책)
- 0000년 이주비결정에 관한 조합원 의견조사서

4. 의결내용
: 이주기간 및 이주비 지원금액 등을 첨부된 내용의 원안대로 추인한다.

[별 첨] : 이주관련기준 개정내용

0000년 0월 0일

반포주공0단지 재건축정비사업조합

이주관련기준 개정내용

구 분	변 경 전	변 경 후	변경사유
이주기간	이주개시일로부터 9개월	0000.0.00 ~ 0000.0.00 (4개월)	조합원 및 세입자의 미이주로 인하여 사업기간의 연장 및 사업비의 증가를 방지하기 위하여 조합정관 제32조에 따라 명도소송 등을 조기에 제기함으로써 조합이 계획한 기간 내에 이주를 완료하기 위함
이 주 비 지원금액	① 18평형 조합원 : 기본이주비-000백만원 : 추가이주비-000백만원 ② 25평형 조합원 : 기본이주비-000백만원 : 추가이주비-000백만원	① 18평형 조합원 : 기본이주비-000백만원 : 추가이주비-000백만원 ② 25평형 조합원 : 기본이주비-000백만원 : 추가이주비-000백만원	주택임대시장의 변화(전세보증금의 상승)로 인하여 이주비 지원금액을 현실에 맞게 증액시킴으로써 조합원의 이주를 촉진시키기 위함
이 주 비 차입방법	① 차입처 : 시공사 ② 이주비이자율 : 년 8%(변동금리) (당시 CD+2.4%)	① 차입처 : 금융기관 ② 이주비이자율 : CD+1.0%(변동금리)	조합이 금융지원기관을 공개경쟁입찰로 선정하도록 하여 시공사에서 대여 받는 경우보다 저렴한 이율로 차입함에 따라 금융비용을 대폭절감하기 위함 (예상 절감액 : 최소 약150억원)

상 정 의 안

제4호 안건

사업비 조달방법에 관한 건

반포주공0단지 재건축정비사업조합

■ 상정의안 : 제4호 안건

정비사업비 조달방법에 관한 건

1. 의안상정
  : 제4호 안건 「정비사업비 조달방법에 관한 건」을 상정합니다.

2. 제안사유
  : 조합은 현재까지 재건축사업을 추진하는데 필연적으로 소요되는 제반 사업비를 시공자로부터 대여 받아 왔으나, 조합원의 금융비용절감을 위해 금융기관 등으로부터 사업비를 조달하는 것이 이익이 되는 경우에는, 조합이 시공자 대신에 금융기관 등으로부터 사업비를 직접 차입할 수 있도록 하기 위함입니다.

3. 제안근거
  : 조합정관 제21조(총회의 의결사항)

4. 의결내용
  : 조합이 재건축정비사업을 추진하는 데 소요되는 제반 사업비를 조달함에 있어 조합이 시공자를 대신하여 금융기관 등으로부터 직접 차입할 수 있도록 하는 첨부 내용을 원안대로 결의 합니다.

[별　첨] : 정비사업비 조달방법 및 금액의 변경 등에 관한 내용

0000년 0월 0일

반포주공0단지 재건축정비사업조합

정비사업비 조달방법 및 금액의 변경 등에 관한 내용

구 분	변경 전	변경 후	변경사유
차입금액	사업비(관리처분 기준) (사업비총액) : 약670억원 · 토지매입비 : 420억원 · 설계,감리,측량비 : 82억원 · 각종 분담금 : 59억원 · 각종 등기비 : 49억원 · 기타 수수료등 : 60억원	사업비 및 일반분양 충당금 (관리처분 시 예상금액의 범위 내에서 변경) (사업비 총액) : 약1,550억원 · 토지매입비 : 762억원 · 설계,감리,측량비 : 126억원 · 각종 분담금 : 79억원 · 각종 등기비 : 33억원 · 기타 수수료등 : 245억원 · 인가용 제비용 : 309억원 · 분양충당금 : 450억원	공사비를 제외한 제반 사업비 (금융비용 별도)
차입기간	시공자 선정 시부터 청산 시까지	금융기관 선정 시부터 청산 시까지	
차 입 처	시공자(00건설)	시공자가 추천하는 금융기관	
금 리	년 8%(변동금리)(당시 CD+2.4%)	선정되는 금융기관의 일반금리 조건	
차 입 처 선정방법	시공자 선정 시 시공사로 결정	제반 사업비를 우선하여 상환함으로써 시공자가 차입처 추천 및 발생되는 이자납부	

상 정 의 안

제5호 안건

공사도급계약 체결의 건

반포주공0단지 재건축정비사업조합

공사도급계약 체결의 건

1. 의안상정
: 제5호 안건 「공사도급계약 체결의 건」을 상정합니다.

2. 제안사유
- 조합원이주가 완료된 이후 조속한 본공사의 진행을 위하여 조합(추진위원회)이 제시한 '**사업참여 제안서**'에 따라 시공자가 제출한 '**사업참여 계획서**'와 시공자 선정 시 시공자가 제시한 제반 자료와 국토교통부 제정 '표준계약서(도급제)'를 기준으로 조합과 시공자가 수십 차례 협의하였으며 그 결과 총 공사도급금액, 업무(공사)의 범위, 공사기간 및 시공상의 책임 등에 관한 사항을 확정하여 「공사도급계약」을 체결코자 합니다.
- 건축 관계 법령의 변경, 마감재 상향조정, 예상되는 일반분양대금의 증가 등을 감안하여 인상되는 공사비에 대해 총회의 승인을 받고자 합니다.

3. 제안근거
: 조합정관 제21조(총회의 의결사항)

4. 의결내용
: 시공자와의 계약에 따른 '공사도급계약서'와 이에 첨부되는 마감재 내역인 '자재선정 및 단위세대 마감목록'의 변경을 원안대로 승인한다.

[별 첨]
1. 제곱미터당 공사비 조정내역(요약)
2. 공사내역변경에 따른 공사비조정
   1) 법령의 변경에 따른 조정내역
   2) 설계의 변경에 따른 조정내역
3. 공사도급계약서(안) 및 자재선정 및 단위세대 마감목록(입찰 시 기준)

0000년 0월 0일

반포주공0단지 재건축정비사업조합

1. 제곱미터당 공사비 조정내역(요약)

구 분	내 용	금 액
제곱미터당 공사비	입찰당시의 제곱미터당 공사비	0,000,000
사업추진일정 변경에 의한 공사원가 변경	• 공사비 0,000,000원/m²은 0000년 00월 이내 착공 시 기준 이며, 000년 00월 이후 착공 시에는 전국소비자물가 상승률에 따라 공사비가 증가됨. - 0000년도 전국소비자물가상승률 : 3.6% - 0000년도 전국소비자물가상승률 : 4.0%(예상) ※ 0000년도 0월 착공기준이며, 착공시점에 따라 변동이 있을 수 있습니다.	000,000
관계 법령 및 설계(외관)변경	• 건축법 개정에 따른 경량충격음(층간소음)관리 강화에 따라 슬라브두께 증가(150mm→180mm) 및 소방법개정에 따른 15층 이하 전 세대 스프링클러 추가설치에 따라 층고증가 등 으로 공사비 증가. • 단지의 질을 향상시키고 단지외관을 고급화하기 위한 아파트 입면의 차별화(1~3층 화강석마감) 및 발코니샤시의 기능 향상(일반샤시→시스템샤시)으로 인한 공사비 변경 • 필로티세대를 증가하여 단지 내 통풍 등 쾌적한 단지조성 및 1~2층에 피로티를 추가함으로써 조합원이 기피하는 층을 배정받지 않게 하기 위하여 피로티를 증가하였고 이에 따른 공사비 변경 ※ 세부내역은 별지-1참조	000,000
마감재의 대체, 상향조정 및 추가에 의한 조정	• 시공사 선정당시 마감재는 기능저하 및 사양화 등으로 인하여 개선된 자재로 대체 및 추가에 의한 변경. • 마감재의 업그레이드(친환경자재 사용, 정보화특등급 등 일부의 마감재사양 상향조정) • 마감재 추가(실외기실, 가스차단시스템, 개별정수기, 일괄소등 스위치, 홈시어터시스템 및 에어컨 냉매배관 추가 등) ※ 세부내역은 별지-2참조	000,000
조정된 제곱미터당 공사비		0,000,000

2. 공사내역변경에 따른 공사비조정

1) 법령의 변경에 따른 조정내역

구 분	단 가(원)	내 역
경량충격음감소 강화	00,000	• 슬래브를 150mm에서 180mm로 증가 = 000,000m²×00,000원/m² = 0,000백만원
개정 소방법 적용	00,000	• 15층이하 전세대 스프링클러 설치 및 이에 따른 층고증가 • 스프링클러 설치(0,000세대×000천원/세대=000백만원 • 층고증가에 따른 금액(0,000세대×000천원/세대=0,000백만원
근로자 퇴직공재 분담금 반영	0,000	• 연면적(000,000m²)×m²당가격(0,000원/m²=0,000백만원 (건설근로자 고용개선 등에 관한 법률 제10조. 2003년 7월 시행)
계	00,000	

2) 설계의 변경에 따른 조정내역

- 옥상층/계단실 장식지붕 적용 : 28개동×00,000천원/동=0,000백만 원
- 계단실 연속창(통창) : 0,000㎡×00,000원=000백만 원
- 화강석붙이기(3층까지) : 00,000㎡×000,000원=0,000백만 원
- 화단형 발코니 제외 : 000,000m²×00,000원/=m² -0,000백만 원
- 필로티세대 증가 : 00세대(000) m²→ 00세대(0,000m²)
  - 0,000m²×0,000천원/m²(골조 및 마감포함)=0,000백만 원
- 외부샤시(112니 Type → 150LIFT UP-SLIDING Type) : 0,000백만 원

(공사물량 재산정에 따른 금액변동)

단위 : 백만원

신축 주택형	59m²	m²84	128m²	163m²	188m²	210m²	244m²	합 계
세대수								
일반샤시								
시스템샤시								
차 이								
차이금액								

- 합계 : 00,000백만원(000,000원/m²)
- 조합원세대기준 : 00,000백만원(00,000원/m². 일반분양 : 59m²형-000, 84m²형-000)

반포주공0단지 재건축정비사업

工 事 都 給 契 約 書

0000년 00월 00일

발주자 : 반포주공0단지 재건축정비사업조합

수급자 : ○ ○ 건 설 주 식 회 사

- 목 차 -

제48조(전기, 수도, 가스 등의 비용부담)

제 8 장   기타사항

공사도급계약서

반포주공0단지 재건축정비사업조합(이하 "갑"이라 한다)과 주식회사 00건설(이하 "을"이라 한다)은 반포주공0단지 재건축정비사업에 필요한 사항을 정하기 위하여 상호 아래 및 첨부 '공사도급계약조건'과 같이 약정하고, 이를 증명하기 위하여 본 계약서 2부를 작성하여 "갑"과 "을"이 날인한 후 각각 1부씩 보관하기로 한다.

- 아 래 -

1. 사업의 명칭 : 반포주공0단지 재건축정비사업

2. 사업장의 위치 : 서울시 서초구 반포0동 00-0번지 외 0필지

3. 사 업 개 요
   1) 지역 / 지구 : 일반주거지역 / 아파트지구
   2) 대 지 면 적 : 133,349.00㎡ (40,338.07평)
      (도로불하예정용지, 유치원매입토지 포함)
   3) 건 축 면 적 : 15,854.59㎡ (4,796.01평)
   4) 건축 연면적 : 535,231.72㎡ (161,907.58평)
      - 지상층 건축 연면적 : 359,970.21㎡ (108,890.98평)
      - 지하층 건축 연면적 : 175,261.51㎡ (53,016.60평)
   5) 건 폐 율 : 11.89%
   6) 용 적 율 : 269.95%
   7) 세 대 수 : 전용면적 60m² 이하   -   489세대
                전용면적 60m² ~ 85m² -   978세대
                전용면적 85m² 초과   -   977세대
                      계   2,444세대
   8) 구   조 : 철근콘크리트 벽식 구조, 내진구조(진도 8.0적용<MMI 기준>)
   9) 층   수 : 32층 이하
   10) 설   비 : 난방-지역난방, 급수 - 부스터 방식
   11) 기   타 : 부대시설 및 복리시설
      ※ 상기 사업개요는 사업시행변경인가에 따라 변경될 수 있다.

4. 사업추진방식 : 도 급 제

5. 공사도급금액 : 단위면적(m²)당 공사도급금액에 최종 건축연면적을 곱한 금액

6. 공 사 기 간 : 본공사 착공일로부터 35개월

7. "갑"과 "을"은 도시및주거환경정비법 및 동 시행령과 동시행규칙, 주택법 및 동 시행령과 동 시행규칙, 주택건설기준등에관한 규정과 규칙, 주택공급에관한규칙, 집합건물의 소유및관리에 관한법률, 건설산업기본법 기타, 관계 법령과 "갑"의 조합정관을 준수하며 첨부한 '공사도급계약조건' 및 별첨된 계약 관련 도서에 따라 해당 재건축사업이 성공적으로 완료될 수 있도록 상호 신의와 성실의 원칙에 따라 이 계약을 이행하기로 한다.

8. 본 계약체결 시에는 아래 도서를 "갑"과 "을"이 각각 작성하여 별첨하기로 한다.
   (1) 자재선정 및 단위세대마감목록 1부(별지 제1호)
   (2) "갑"의 **재건축사업 참여제안서** 작성지침(0000.0. 작성)1부(별지 제2호)
   (3) "을"의 **재건축사업 참여계획서**(별지 제3호)
   (4) 설계도서 1부(별책)
   (5) 공사비 산출내역서 1부
   (6) 공사예정 공정표 1부(PERT/ CPM 포함)
   (7) 공사계획서 및 공사시방서 1부
       (단, 제5호, 제6호 및 제7호는 착공신고 전까지 첨부한다)

                    0000. 00. 00

"갑" (도급자)
      주   소   : 서울시 서초구 반포0동 00-0 번지
      조 합 명   : 반포주공0단지 재건축정비사업조합
      성   명   : 조합장   이   0   0   (인)

"을" (수급자)
      주   소   : 서울시 00구 00동 000번지
      회 사 명   : 주식회사 00건설
      성   명   : 대표이사   0   0   0   (인)

공사도급계약조건

제1장 총 칙

제1조(목적)

이 계약은 서울시 서초구 반포0동 00-0 번지 외 0필지 소재, 반포주공0단지 재건축정비사업에 관하여 "갑"과 "을"의 지위, 권리 및 의무 등을 규정함으로써 상기 재건축정비사업의 성공적인 완성을 목적으로 한다.

제2조(공사의 범위)

"을"이 시공할 공사의 범위는 "갑"의 사업대상 부지위의 기존건축물 철거 및 관할 구청장이 최종 승인한 사업시행인가(변경인가를 포함한다. 이하 같다)상의 아파트, 부대시설 및 복리시설 등의 건축을 공사범위로 한다.

제3조(당사자 간의 지위 및 사업원칙)

① "갑"은 본 사업의 시행자겸 도급인이며 "을"은 수급인으로서 도시및주거환경정비법 및 주택법 등 관계 법령에 따라 그 책임과 의무를 지며, 본 사업이 성공적으로 완료되도록 상호 신의와 성실의 원칙에 따라 계약을 이행하도록 한다.

② 본 계약과 관련하여 "갑"은 조합원 전체를 대표하며, 본 계약조건에 따라 행한 "갑"의 행위는 조합 전체의 권한·의무행위가 성립되는 것으로 간주한다. 따라서 "갑"의 조합원은 "을"에게 일체의 권리행사를 직접 요구할 수 없으며, "갑"을 통해서만 할 수 있다.

제4조(사업시행의 방법)

① "갑"은 "을"에게 "갑"과 "갑"의 조합원이 소유하고 있는 서울시 서초구 반포0동 00-0 번지 외 0필지 일대의 사업대상 부지의 소유권 및 대지사용권을 확보하여 "을"의 공사착공 및 제반 사업일정에 지장이 없도록 하고, 공사도급금액을 지불하며, "을"은 "갑"의 사업대상 부지에 관할 구청장이 승인한 설계도서, 계약서 등의 내용에 따라 건축시설을 시공한다.

② "갑"의 조합원 이주비는 "갑"이 금융기관을 통하여 직접 조달하는 것을 원칙으로 한다. 이때, "을"은 "갑"의 대여요청에 따라 기본이주비이자를 "갑"에게 대여하고, "갑"은 "갑"의 조합원 분담금, 일반분양수입금, 복리시설 분양수입금, 기타 수입금 등(이하 "분양수입금 등"이라고 한다)의 입금 시에는 "을"로부터 차입한 기본이주비이자의 대여원금과 이자[이사 산출은 월별 미지급 잔고액에 "해당 대여일의 CD(91일물) 유통수익률'+0.0%"(3개월 변동금리)을 곱하여 매월 산출한다]를 "을"에게 우선 상환하여야 한다.

③ "을"은 "갑"이 본 재건축사업을 시행하는 데 소요되는 사업추진제경비를 본 계약조건

제15조에 따라 대여하여야 한다. 단, 필요 시 "갑"과 "을"의 합의에 따라 "갑"은 중도금 및 사업추진경비를 금융기관을 통하여 직접 조달할 수 있으며, 이 경우 "을"은 협약 등의 방법으로 협조하기로 한다.

④ "갑"은 조합의 정관, 사업계획 등의 변경이 "을"에게 직접적으로 관계되는 사안일 경우에는 이를 "을"에게 통지하기로 한다.

제5조(공사의 범위 및 공사비의 부담)

① "을"이 시공할 공사목적물은 제4조 제1항에 따라 "갑"의 사업대상 부지의 범위 내에서 관할 구청장 등이 최종사업인가 한 아파트, 상가 및 부대복리시설의 신축공사로 하고, 사업시행계획의 변경이 있는 경우에는 "을"과 협의하여 변경된 내용에 따른다.

② "을"은 제4조제1항의 건축시설을 시공함에 있어 다음 각 호를 수행하며 이에 따른 비용을 부담한다.
  1. 건축공사
  2. 토목공사(암반 및 연약지반공사, 흙막이공사 포함)
  3. 조경공사
  4. 전기공사
  5. 설비공사
  6. 기존건물의 철거공사(각종 이설공사 포함) 및 잔재(폐기물)처리
     단, 이주 시 발생한 생활쓰레기의 처리는 제외임
  7. 주택법에 의한 도로, 통신(광케이블 설치 포함), 상·하수도, 전기, 가스, 지역난방 등 인입공사(유치원등의 모든 부대시설 및 복리시설의 인입공사 포함)
  8. 예술장식품 설치공사
  9. 일반분양에 관련된 제반업무 및 제 경비(모든 분양대금수납 및 정리업무, 분양보증수수료, 분양광고, 선전비 등 일식), M/H건립 및 관리비(모형 및 디스플레이 제작설치, 부지임차 및 철거비 등 일식)
  10. 부지조성공사
     단, 매립된 폐기물, 쓰레기 등의 처리책임과 터파기에 따라 발생한 토사 (모래, 자갈 등)의 처리 권한은 "갑"에 있다.
  11. 사업부지 접속도로의 확장공사를 포함한 무상 귀속되는 도시계획도로 일체, 반포천교량 신설공사 (단, 반포유수지 상의 도시계획도로와 관련하여 교량 등으로 시공될 경우, 귀속관청으로부터의 공사비 환급금액에서 일반도로 시공금액을 차감한 금액을 "을"에게 지급한다), 기존 교량의 보행자전용통로로의 개량공사(관할 관청의 허가 시)
  12. 근린공원조성공사(기본 공사비를 포함하며, 인허가 과정에서 마감재의 상향 등 구청의 추가요구 등으로 증가되는 공사비는 "갑"이 "을"에게 별도 지급한다)
  13. 주민 커뮤니티시설 설치공사(기구, 비품, 집기 등의 설치비용으로 00억원의 한도 내에서 "을"이 "갑"의 의사에 따라 설치하거나, 설치예정일의 2개월 전까지 "갑"에게 지급한다)

14. 공사 관련 민원경비

15. 인터넷 사용료(2년간)

16. "갑"의 **재건축사업 참여제안서** 작성지침서에 따른 "을"의 **사업참여 계획서**에 기술된 모든 공사내역

17. 본 공사 입찰 시 "을"이 "갑"의 조합원에게 제시한 모든 참여조건(**사업참여 계획서**, 마감재 리스트, 홍보물, 비디오테이프, 전단지 등)

18. 상기 제1호 내지 제17호의 내용과 직접 관련이 없는 사업시행인가조건[학교시설 개선, 기존 수목의 이식, 북측하수유입박스의 확장이설, 사업부지내 구거부지의 하수암거의 이설(필요시), 도로확폭구간 가로등 개량, 지하철(도시철도)관련 조건 등]의 이행에 관련된 업무 및 그 이행 책임은 제외하나, "갑"의 관리처분계획에서 책정한 공사비의 공사범위 내의 공사비로 "을"이 공사를 수행한다.

③ 다음 각 호의 비용은 제7조의 '공사도급금액'에 포함되지 않으며, "갑" 및 "갑"의 조합원이 부담한다.

1. "갑"또는 "갑"의 조합원 명의로 부과되는 제세공과금
   : 사업승인, 면허세, 허가수수료, 채권매입비, 법인세, 등록세, 취득세 등

2. 부가가치세 : 국민주택 초과규모 아파트, 지하주차장, 그에 따른 부대복리시설, 상가, 택지조성공사에 대한 부가가치세

3. 각종 감정평가비 밀 등기비(보존등기, 이전등기, 말소등기 등)

4. 토지 및 건축물관련 조세

5. 단지 경계선 외부의 인입공사비 및 시설분담금: 전기, 가스, 수도, 난방, 등

6. 단지외부 지하·지상 지장물 이설 및 신설공사

7. 시공상 직접 원인이 되어 발생하는 민원이외의 민원처리비

8. 설계변경에 따른 추가공사비

9. 교통영향평가, 환경영향평가, 사업시행인가(인증관련 비용 포함) 등 조건사항 및 기부채납시설공사의 이행비용

10. 공동주택관리법 제11조(관리의 이관) 제1항에 따른 공동주택 관리를 위한 제반 비용. 단, 본 계약서 제46조에서 정한 경우에는 그에 따른다.

11. 제15조 제1항의 대여비

12. 유이자 사업경비의 대여이자

13. 이주지원금에 대한 이자

14. 기타 본조 제2항에 규정되어있지 않은 공사비

제6조(공사예정 공정표 등)

① "을"은 본공사 착공신고 시에는 아래의 제1호 및 제6호의 서류를 첨부한 착공신고서를 "갑"에게 제출하여야 하며, 본공사 착공 시에는 아래의 제2호, 제3호, 제4호 ,제5로 및 제6호의 서류를 "갑"에게 제출하여야 한다.

1. 현장대리인 지정서

2. 공사계획서 및 공사예정 공정표(PERT / CPM 포함)

3. 공사비 산출내역서 (수량산출서 등)

4. 공사시방서, 자재선정 리스트(주택형별 소요량 기재),

5. 품질·공정·안전·환경관리계획서

6. 기타 "갑"이 요구하는 사항

② "을"은 계약의 이행 중에 제1항의 규정에 의하여 제출한 서류의 변경이 필요한 경우에는 "갑"과 협의하여 변경 제출하여야 한다.

③ "갑"이 제1항 및 제2항의 규정에 의하여 제출된 서류의 내용을 조정할 필요가 객관적으로 인정되어 이를 요구할 경우 "을"은 이에 따라야 한다.

④ "갑"이 공사와 관련하여 업무상 필요로 하는 자료 및 현황 등을 요구할 경우, "을"은 이에 협조하여야 한다.

제7조(공사도급금액)

① "갑"이 "을"에게 지급해야 하는 공사도급금액은 관할 구청장이 최종 인가한 건축시설의 건축연면적에 제곱미터당 ₩0,000,000원을 곱한 금액으로 한다.

② 상기 제1항의 규정에 의한 공사도급금액은 부가가치세[국민주택규모(전용면적 85㎡) 초과 아파트 등에 대한 부가가치세]를 제외한 금액으로서 상기 공사도급금액 외에 "갑"이 별도 부담하기로 한다.

③ "갑"은 "을"로부터 사업추진제경비를 직접 차입하여 발생되는 금융비용(단, 제15조 제1항 제7호 및 제16호에 한함)에 대한 이율은 「'대여일 현재의 CD(91일물) 유통수익률'+0.0%」(3개월 변동금리)로 하기로 하며, 상기 공사도급금액 외에 "갑"이 별도 부담하기로 한다.

④ 상기 제곱미터당 공사금액에는 제5조에 명기된 공사비 등과 이를 수행하는데 소요되는 간접비 및 이윤을 포함한다.

제8조(공사 기간)

① 공사기간은 실제 공사착공일로부터 35개월로 한다.

② 공사착공일은 철거공사 완료일익일을 기준으로 한다. 단, "을"의 귀책사유로 이주 및 철거공사가 지체되는 경우의 공사착공일은 이주개시일로부터 11개월이 지난날을 기준으로 한다. 한편, "갑"이 이주기간을 단축하는 경우에는 "을"은 공사착공일정을 단축한다.

③ 공사완공일은 제44조에 따른 날로 한다.

제9조(물가변동으로 인한 도급금액의 조정)

① 상기 제7조제1항의 공사도급금액은 0000년 12월말 착공 기준이며, 그 이후 실 착공 시까지의 인상률은 재정경제부에서 매월 조사하여 발표하는 전국소비자물가지수를 기준하여 변경(상향 또는 하향) 조정하되, 연도별 인상상한액은 아래 금액을 초과하지 않는다.

연도별 제곱미터당 공사비 상한금액

(단위: 원/m²)

착 공 시 기	금 액	비 고
0000년 12월 이내 착공 시	0,000,000	
0000년 12월 이내 착공 시	0,000,000	
0000년 12월 이내 착공 시	0,000,000	V. A. T 별도
0000년 12월 이내 착공 시	0,000,000	
0000년 12월 이내 착공 시	0,000,000	
0000년 12월 이내 착공 시	0,000,000	

② "을"이 물가변동으로 인한 공사도급금액의 증액을 요구하는 경우에는 '도급금액 조정 내역서'를 "갑"에게 제출하여야 한다.

③ 이주개시 후 11개월 이후부터는 물가변동에 의한 공사도급금액을 조정하지 않는다. 다만, "갑"이 제13조제2항을 이행하지 못하였거나 제13조제4항 단서에 따라 지연될 경우에는 제외하며, 이 경우에도 상기 제1항의 연도별 상한액을 적용한다. 또한 "갑"이 이주기간을 단축하는 경우에는 단축기간부터 물가변동에 의한 도급 금액을 조정하지 않는다.

제10조(계약이행보증)

① "갑"은 본 계약 체결 시 조합장이 대표로 계약을 체결하기로 한다. "갑"의 전 조합원은 본 계약서에 대하여 "을"에게 연대하여 채무를 상환할 책임을 지며, 이를 보증하기 위하여 전 조합원이 연대책임을 진다는 내용을 "갑"의 조합정관에 명시하여야 한다.

② "을"은 도시및주거환경정비법 제82조에 따른 시공보증서(보증비율은 공공공사 공사 이행보증비율, 보증기간은 실 공사기간을 적용한다)를 "갑"에게 제출하여야 하며, "을"은 일반분양주택에 대하여는 주택도시기금법 시행령 제21조제1항제1호에 따른 주택분양보증 관계 서류를 제출하여야 한다.

제11조(인가 및 허가업무의 주관)

해당 사업과 관련한 인·허가 등 제반업무는 본 사업의 시행자인 "갑"의 명의로 "갑"이 주관하되 "을"은 이에 최대한의 협조를 다하여야 한다.

제12조(공부정리 등)

조합설립에 동의하지 아니한 구분소유자의 소유권정리, 측량에 의한 지적정리, 소유권 이외의 권리(저당권, 임차권, 지상권 등)정리, 건축시설의 준공 후 보존등기 및 기타 공부정리는 "갑"의 책임과 비용으로 처리한다.

제2장 이주 및 철거

제13조(거주자의 이주)

① 사업지구 내 거주자(세입자를 포함한다. 이하 같다)의 이주는 이주기간(9개월) 이내에 "갑"의 주관 하에 수행하여야 한다.

② "갑"은 조합설립에 미동의 한 거주자에 대하여는 매도청구소송 및 명도청구소송 (관련 가처분을 포함) 등의 절차에 착수하여 이주기간 만료일 3개월 이전에 승소 (가처분 및 본안소송의 제1심판결-가집행선고 포함)하여야 한다.

③ "갑"은 미이주가 객관적으로 예상되는 거주자(이주 및 신탁등기 서류, 철거동의서 등 미제출세대 등)에 대해서는 구비서류 접수기간 만료일로부터 1개월 이내에 제1차 명도청구소송(관련 가처분을 포함. 이하 같다)을 제기하여야 하며, 이주개시일로 부터 5개월 이내에 미이주자 전원에 대하여 제2차 명도청구소송 등을 제기하여야 한다.

④ "갑"은 이주를 위하여 최선을 다하여야 하며, "을"은 이주촉진을 위한 제반 조치에 최대한 협조하기로 한다. 그러함에도 불구하고 이주기간인 9개월 이내에 이주가 완료되지 못할 경우 "을"은 다음 각 호의 책임을 진다.
단, "갑"이 본조 제2항의 기한 내에 소송이 종료되지 못하거나 제3항의 소송제기 후 "갑"이 추진하는 업무와 관련한 다툼(조합설립, 관리처분 총회의 효력, 인허가절차)으로 이주기간 내 상기 소송이 종료되지 못하여 이주가 늦어지는 경우와 인·허가 절차의 미비 또는 지연에 따라 이주가 늦어져 착공이 늦어지는 경우에는 "갑"의 책임으로 한다.
  1. 제반 금융비용의 부담 증가
  2. 사업추진제경비의 추가발생
  3. 미이주자에 대한 법적, 행정적 조치 등에 필요한 제반 비용
  4. 착공지연으로 인한 공사도급금액의 증가

⑤ 거주자의 이주 시 전기, 수도, 전화, 기타 제세공과금 및 관리비 등의 미납금은 "갑" 및 "갑"의 조합원 책임으로 정리하여야 하며, "갑"은 해당 세대에 대한 상수도, 전기, 가스사용 등의 공급중지와 관련한 제반 조치를 취하여야 하고 "을"은 이에 적극 협조하여야 한다.

⑥ "을"은 "갑"의 조합원에게 이주계획에 따른 이사소요비용(제15조제1항 제16호)을 매 월단위로 하여 대여금조로 지급하고, 이 금액은 도급금액에서 정산하기로 한다.

제14조(지장물의 철거)

① "을"의 지장물 철거공사기간은 4개월로 하되, 철거공사 완료는 이주완료일 익일부터 2개월이 되는 날까지로 하고, 공사착공일은 철거공사 완료일익일을 기준으로 한다. 다만, "을"의 귀책사유로 이주 및 철거공사가 지체되더라도 공사착공일은 이주시작일로부터 11개월이 지난날을 기준으로 한다. 한편, "갑"이 이주기간을 단축하는 경우에는 "을"은 공사착공일정도 그에 따라 단축하여야 하고, 제13조제2항의 기간이 경과되거나 제13조제4항 단서의 경우에는 실제철거시작일로부터 4개월이 지난날을 공사착공일로 한다.

② "을"은 거주자 이주개시 즉시, 건축물의 불법점유 또는 무단출입 등으로 인하여 발생이 예상되는 제반사고 등을 미연에 방지하기 위한 필요조치를 취하여야 한다.

③ 공사 중(철거공사 포함)에 발생되는 폐자재 등 일체의 부산물은 "을"의 비용으로 처리하되, 이주 시 발생한 생활쓰레기는 "갑"이 처리하거나 처리비용을 부담하기로 한다.

④ 사업시행 인가조건에 따라 환경영향평가서에서 요구하는 기존 수목의 이식 및 재이식은 "갑"이 시행하여야 하나, "갑"의 요청 시 "을"은 기존 수목의 이식 및 재이식을 시행한다.

⑤ "갑"과 "을"은 본 사업부지내의 통신시설, 전기시설, 급수시설, 도시가스 시설 등의 공급시설에 대하여는 해당 시설물 관리권자와 협의하여 철거기간이나 방법 등을 따로 정할 수 있다.

제3장 사업경비 및 이주비

제15조(사업추진제경비)

① "을"은 "갑"의 자금소요계획에 따라 다음 각 호의 사업추진제경비를 대여하기로 한다.
1. 조합운영비(조합사무실 임차료 등 포함)
2. 설계비, 감리비, CM비(공사감독원 운용비)
3. 기존건축물의 안전진단비
4. 인·허가비(채권매입비 포함) 및 사용검사비 등
5. 각종 영향평가비
6. "갑"의 명의로 부과되는 광역교통시설 부담금, 학교용지부담금, 하수도원인자 부담금 등 각종 부담금 및 각종 인입시설분담금
7. 토지매입비[사유지(건물포함) 및 국·공유지] 및 관련 제 세금, 조합 부담의 부가가치세 등
8. 관리처분비용(감정평가 수수료 등 포함)
9. **조합설립에 동의**하지 아니한 자의 구분소유권, 대지사용권 및 기타 토지 등의 매도청구비용(공탁금 및 매입자금 등)

10. 각종 소송비용 및 수수료

11. 각종 등기비(신탁등기, 일반분양분의 보존등기, 법인등기 등)

12. 행정용역비(컨설팅비) 및 총회비용 등

13. 민원처리비 등

14. 각종 수수료 및 기타 공과금

15. 회계, 세무, 법무 및 기타 용역비

16. 이사비용(세대 당 0백만원)

17. 기본이주비로 인한 이자

18. 예비비(상기 제1호 내지 제17호에 규정한 비용 이외의 사업비용)

② 상기 제1항의 사업추진제경비 중 제0호와 제00호를 제외한 각 호에 대하여는 제7조 제3항에서 정하는 금융비용 적용대상에서 제외한다.

③ "갑" 또는 "갑"의 조합원은 "을"의 사업추진제경비등의 직·간접조달에 협조하여야 하며, 다음 내용이 포함된 차입결의를 조합원 총회 시 결의하고 이의 직·간접 조달 및 대여에 필요한 제반 서류의 구비 및 그에 따른 절차를 각각 이행하여야 한다. 다만, "갑"과 "을"이 합의하여 사업추진제경비를 "갑"이 직접 조달할 수 있다.
  1. 차입용도 및 금액 : 본조 제1항의 사업경비 및 제38조제3항에 따른 선분양대금의
                    자금충당금, 관리처분 시 예상금액
  2. 차입기간 : 차입일로부터 입주예정일까지
  3. 차입처 및 차입이율 : "을"이 선정하는 금융기관의 차입조건 적용
  4. 차입선결조건 : "을"의 협약서 체결(시공사와 금융기관이 체결)

④ "갑"은 "을"에서 대여 받은 상기 제1항의 사업추진제경비 중 제7호 항목에 대해서는 대여일로부터 조합원 분담금, 계약금(착공일로부터 1개월 이내) 입금일까지의 이자만을 지급하고, 제17호 항목에 대한 이자는 조합원분담금 계약금 및 각 중도금 입금전일 까지의 이자를 각 입금일에 지급한다. 이때 이자계산은 월별 대여원리금 누계×"대여일 현재 CD(91일물)유통수익률+0.0%(3개월 변동금리)"×대여일로부터 조합원 분담금의 계약금 및 각 중도금 입금일까지의 일수를 기준 한다.
  "갑"은 조합원분양금 중 계약금 입금일에 그 때까지 발생된 "갑"의 사업추진제경비의 원리금을 우선 상환하며, 세부시행방법은 "을"이 결정하되, 이후 어떠한 경우라도 사업 경비로 인한 "갑"의 이자발생이 없는 조건으로 한다.

⑤ 상기 제1항의 사업추진제경비 중 제0호와 제00호를 제외한 설계감리비 등 제 사업경비 (약 000억원)에 대하여는 무이자로 하기로 한다.

제16조(조합운영비)

제15조제1항제1호의 조합운영비는 준공인가 월까지 매월 00,000,000원(단, 기 집행금액에 대하여는 소급하지 않는다)과 조합사무실 임대보증금 및 월임대료 등을 포함한다.

제17조(이주비의 대여)

① 제4조제2항에 따라 "갑"의 조합원이주비는 "갑"이 직접 조달함을 원칙으로 한다.

② "을"을 통하여 이주비를 조달할 경우에는 아래에 준하여 시행한다.

  1. 이주비는 이주시점의 현실에 맞게 "갑"과 "을"이 협의하여 증액할 수 있다.

  2. 이주비 대여는 사업시행인가를 득하고 본계약 체결을 이행한 후 대여하는 것을 원칙으로 하며, 이주비의 대여방법은 "갑"의 이주계획서에 따라 "갑"과 "을"이 상호 협의하여 지급한다.

  3. "갑"의 조합원이 이주비를 대여 받고자 할 경우에는 소유 토지를 담보로 제공하고 이주비조달금융기관 등을 채권자로 하는 '금전소비대차계약'을 체결하며, 이주비 총액의 120%를 채권최고금액으로 하는 제1순위 근저당권을 설정하여야 한다. 이 경우 근저당권의 해지에 따른 비용은 "갑" 또는 "갑"의 조합원이 부담한다.

  4. 이주비를 대여하기 전에 "갑"은 조합원의 건축물 및 토지의 소유관계, 거주자의 이주계획, 소유권 이외의 권리설정 여부, 공과금 완납여부 등을 확인하여 이주비 조달 금융기관이 제1순위자로 하는 근저당권을 확보하는 데 지장이 없도록 하여야 하며, "을"은 이에 적극 협조하여야 한다.

  5. 근저당권 설정을 할 수 없거나 관계 법령에 의하여 근저당권을 해지하여야 할 경우에는 이주비에 상응하는 금액의 약속어음 발행 및 공증 등 이주비 조달 금융기관이 요구하는 여타의 채권확보방법에 "갑" 또는 "갑"의 조합원은 협조하여야 한다.

③ "갑"은 "갑"의 조합원에게 이주비를 대여하기 전에 이주비 대여 및 철거와 관련된 제반서류(이주비차용금증서, 근저당권설정 관계 서류, 지장물철거동의서 및 위임장 등)를 징구하여야 한다.

제18조(사업추진제경비의 대여중지 등)

"갑"이 제21조 및 제22조에 의한 분양일정을 정한 기한 내에 완료하지 못하여 공사 기성금액의 지급을 지연할 경우, "을"은 "갑"에게 2개월 이내에 그 이행을 최고하고 그 기간이 경과하여도 이행이 완료되지 않을 경우에는 사업추진제경비의 대여를 중지 할 수 있다. 단, 제22조의 일반분양이 저조하여 공사기성금액의 지급이 지연될 경우에는 예외로 한다.

제4장 건축시설의 분양

제19조(관리처분계획)

① "갑"은 공사비 및 사업추진제경비의 원리금등이 부족하지 않도록 관리처분계획을 수립 하여야 하며, 제14조에 따른 지장물의 철거 전에 관리처분절차를 완료하여야 한다. 단, "갑"과 "을"이 협의하여 관리처분시기를 조정할 수 있다.

② 관리처분계획의 수립은 "갑" 또는 "갑"이 지정한 컨설팅기관이 수행한다. 다만, "갑"의 요구가 있을 경우에는 "을"은 이에 협조하여야 한다.

제20조(분양업무)

① 아파트 및 분양대상 복리시설의 분양과 관련된 업무는 "갑"이 주관하는 것을 원칙으로 하되, 일반분양 업무는 "갑"의 요청으로 "을"이 대행하고, 조합원분양 및 분양대상 복리시설의 분양 업무는 "을"이 대행할 수 있다. 이때 분양에 따른 세부내용 등은 "갑"과 "을"이 협의하여 결정하기로 한다.

② "갑"이 일반분양을 위한 분양보증서 발급요청 시, "을"은 이에 협조하여야 한다.

제21조(조합원 분양)

① "갑"은 본공사 착공일로부터 1월 이내에 조합원과의 분양계약을 체결하여야 한다. 단, "갑"의 사정에 따라 "갑"과 "을"이 합의하여 일정을 조정할 수 있다.

② 도시및주거환경정비법 제89조에 따른 청산금(분담금) 분할납부 및 분할지급에 따른 납부시점, 납부방법과 지급시점 및 지급방법 등은 다음 각 호와 같다.

    1. "갑"의 조합원 분담금(중도금) 납부방법 등은 아래 내용을 기준으로 하며, 추후 "갑"이 "을"과 협의하여 조정할 수 있다.

구 분	계 약 금	중 도 금	잔 금	비 고
납부일자	분양계약일	공사기간 6회 균등분할 시점	입 주 일	
납부금액	20%	10% × 6회 = 60%	20%	

    2. 계획된 공사일정이 당초의 중도금 납부일정보다 현저히 늦어지는 경우에는 "갑"이 "을"과 협의하여 상기 제1호의 중도금 납부일정을 조정할 수 있다.

제22조(일반분양)

① "갑"의 조합원에게 우선분양하고 남은 건축시설물의 분양시기, 분양방법, 분양절차 등은 주택공급에관한규칙, 도시및주거환경정비법 등의 관계 법령에 따라 일반분양(공공주택분양 포함)한다. 단, "갑"은 관리처분계획에 따른 보류지분에 대하여 분양을 유보할 수 있으며, 분양대상 복리시설의 분양에 관하여는 "갑"이 "을"과 협의하여 결정할 수 있다.

② 일반분양자에 대한 분양대금 납부방법은 아래 내용을 기준으로 하며, 추후 관계 법령 및 "갑"과 "을"이 협의하여 조정할 수 있으며, 임대분양은 관계법에 따른다.

구 분	계 약 금	중 도 금	잔 금	비 고
납부일자	분양계약일	공사기간 6회 균등분할 시점	입 주 일	
납부금액	20%	10% × 6회 = 60%	20%	

③ 관할 구청의 준공인가일까지 일반분양 아파트 및 분양대상 복리시설 등의 미분양분이 있을 경우에는 "갑"과 "을"이 별도의 협의를 거쳐 결정하기로 한다.

④ 일반분양자(조합원분양자 포함)의 전매승인은 관계법이 정하는 범위 내에서 분양계약자의 편의를 위하여 "을"이 명의변경(전매) 절차를 대행하고 즉시, 그 내용을 조합에 제출하여야 한다.

⑤ "갑"의 조합원 분담금 및 일반분양자의 분양대금 납부지연으로 인한 연체료 및 해약에 따른 위약금 등은 "을"의 선투입공사비 및 금융비용에 대응하여 "을"에게 귀속된다.

제5장 공사의 기준 등

제23조(공사의 기준)

① "을"의 공사범위에 대한 기준은 제4조제1항에 명시된 대지에 관할 구청장으로 부터 승인된 사업계획설계도서 및 실시설계도서에 의한다.

② 조합원 분양분의 마감자재 및 시설기준은 별첨의 「자재선정 및 단위세대 마감목록」을 적용함을 원칙으로 하며, 아래 각 호의 사항도 동시에 적용한다.
1. "갑"이 0000년 0월 "을"에 제시한 '사업참 여제안서 작성지침'에 따른 "을"의 사업 참여 계획서에 명시된 마감재 및 시설기준 이상
2. "을"이 입찰참여 시 "갑"에게 제출한 '사업참여 계획서' 및 "갑"의 조합원에 배포한 홍보물에 명시된 마감재 및 시설기준 이상
3. "을"이 입찰참여 시 "갑"의 조합원에게 제시한 00동 소재, 00모델하우스의 마감재 및 시설기준 이상
4. "을"은 분양계약 시 모든 세대에게 가변평면맞춤기회를 부여한다.
5. "을"은 조합원분양계약 전까지 조합원분양을 위한 견본주택 3개 주택형을 건립하기로 한다. "을"은 견본주택 축조 후 "갑"의 조합원이 마감재 등의 사용계획을 확인하고 이에 대한 의견을 제시할 수 있는 일정한 기회를 부여하여야 한다.
6. "을"은 골조공사 후에 조합원용 및 일반분양용 샘플하우스를 전 주택형별로 "갑"의 조합원 및 일반분양자가 용이하게 볼 수 있는 곳에 설치, 운영하기로 한다.
   "을"은 샘플하우스를 건립하기 전에 상기 제1항 및 제2항에 부합되는 마감재와 시설기준에 적합한 자재 등의 사용방안에 대하여 "갑"과 사전협의(인테리어 설계 도면 및 자재 등)한 후 제반 공사내역을 확정한다. 이때, "을"은 "갑"의 조합원에게 트랜드맞춤기회 및 칼라맞춤기회를 부여하기로 한다.
7. "을"은 견본주택 및 샘플하우스를 축조한 한 이후에는 "을"의 부담으로 사진첩 및 비디오테이프를 각각 3부씩 "갑"에게 제출하여야 한다. 또한, "을"은 관계 법령이 허용하는 범위 내에서 "갑"과 "을"이 합의하여 상기 제6호의 샘플하우스를 일반분양을 위한 모델하우스로 대신하여 사용할 수 있다.

③ 일반분양분 마감재 및 시설기준은 시공자 선정 시 "갑" 및 "을"이 제시한 마감수준으로 하며, 일반분양 시의 트렌드를 감안하여 "갑"과 "을"이 협의하여 별도로 정하는 수준으로 한다.

④ 공공주택의 마감재 및 시설기준은 관계 법령의 범위 내에서 상기 제3항에 준하여

"갑"과 "을"이 합의하여 정하는 수준으로 하고, 공사금액은 "갑"과 "을"이 협의한다.

제24조(설계도서의 작성 및 검토)

① 본 사업과 관련된 제반 설계도서의 작성은 "갑"이 조관하되, "을"과 "갑"이 협의하여 확정한다.

② "을"은 아파트 및 상가의 분양성 등을 고려하여 필요한 경우 건축규모 또는 형태 등에 대하여 일부 변경을 요구할 수 있다.

③ 설계도서 및 설계상의 하자로 인하여 발생하는 제반 문제점 및 "갑"과 설계자가 1차적 책임을 진다.

④ 설계상의 하자로 인하여 시공상 제반 문제점이 발생하는 것을 사전에 예방하기 위하여 "을"은 "갑"이 제공한 설계도서에 착오의 유무 및 해당 설계도서가 현장여건에 부합하는지 등을 사전에 면밀히 검토하여 시공상 하자가 발생되지 않도록 최선을 다해야 한다.

⑤ "을"은 설계변경 시공내용(Shop Drawing)을 감리자 확인 후 서면으로 설계업체에게 제출하고, 준공도서(As Built Drawing) 작성에 적극 협조하여야 한다.

제25조(건축자재 및 공정의 검사 등)

① "을"이 사용하는 건축자재는 한국공업규격표시제품(KS)을 원칙으로 하며, 계약서에 별첨된 「자재선정 및 단위세대 마감목록」을 기준으로 한다. 목록에 규격의 표시가 지정되지 아니한 자재는 설계도서, 시방서 등 계약서에 별첨된 도서에 의한다. 단, 자재의 품절 등 부득이한 사유가 있는 경우에는 "갑"과 "을"이 합의하여 공사비의 변동 없이 동등 이상의 유사한 최신 타제품을 사용할 수 있다. 본 공사도급계약조건 이외 별첨 도서가 서로 상이한 경우에는 "갑"의 선택에 따른다.

② "을"은 사용자재를 선정하기 전에 가능한 모든 자재에 대하여 그 견본품(Sample)을 품질보증서와 함께 "갑"에게 제출하여야 한다. 이때, "갑"은 필요한 경우 "을"이 제출한 건축자재에 대하여 품질검사서를 요구하거나 검수 및 검사할 수 있고, 그 결과 상기 제1항 및 제23조와 상이한 자재인 경우에는 선정 자재의 교체를 요구할 수 있으며, "을"은 이에 즉각 조치를 취하여야 한다.

③ "을"은 "갑"의 검수 및 검사기간을 감안하여 충분한 시간 전에 견본품을 제출하여야 하며, "갑"의 검사에 이의가 있는 경우 "을"은 "갑"에게 재검사를 요구할 수 있다. 재검사가 필요하다고 인정되는 경우에는 "갑"은 지체없이 재검사 하도록 조치하여야 한다.

④ "을"은 자재의 검사에 소요되는 비용을 부담하여야 하며, 검사 또는 재검사 등을 이유로 공사기간의 연장을 요구할 수 없다. 다만, 제3항의 규정에 의하여 재검사한 결과 적합한 자재인 것으로 판명되고, "갑"의 재검사가 공사지연의 원인을 제공하였다고 객관적으로 인정될 시("을"이 제출한 PERT/ CPM을 기준)에는 재검사에 소요되는 기간에 대하여 공사기간을 연장하며 재검사비용은 "갑"이 부담한다. 이러한 사실이 발생되면 "을"은 즉시 "갑"에게 서면으로 통지하여 승인을 받아야 그 효력이 발생한다.

⑤ 공사에 사용하는 자재 중 조립 또는 시험을 요하는 것은 "갑"의 입회 하에 해당 자재에 대한 조립 또는 시험을 하여야 한다.

⑥ 수중 또는 지하에서 행하여지는 공사나 준공 후 외부에서 확인할 수 없는 공사는 "갑"의 참여없이 시행할 수 없다. 다만, 이에 대한 "을"의 참여요청에도 불구하고 "갑"이 불참하거나 사전에 "갑"의 서면승인을 받은 경우에는 시공과정이나 결과 등을 사진, 비디오 등으로 기록한 후 이를 시행할 수 있다.

⑦ "을"은 공사수행과 관련하여 건설기술진흥법에 의한 품질경영, 안전 및 환경에 관한 계획서를 사전에 "갑"에게 제출하고 "갑"의 의견을 수렴하여 공사를 수행하여야 한다.

제26조(공사의 감리 등)

① 본 공사의 감리는 **주택법 제43조제1항 및 제2항** 등 관계 법령과 국토교통부 제정 「주택건설공사 감리업무 세부기준」 등에 따른다.

② "을"은 공사진행실적 및 추진계획을 매 월 말일을 기준으로 하여 공사감리자의 확인을 받아 익월 10일까지 "갑"에게 보고하여야 한다.

제27조(공사감독원 등)

① "갑"은 계약의 적정한 이행확보 및 공사감독을 위하여 자신 또는 자신을 대리하여 다음 각 호의 사항을 수행하는 자(이하 "공사감독원"이라 한다)를 지명 파견하여 "을"의 수행공사에 대하여 감독업무를 수행하게 할 수 있다.
1. 시공일반에 대한 감독 및 입회
2. 공사의 자재 및 재료와 시공에 대한 검사 또는 시험에의 입회
3. 공사의 기성부분 검사, 입주자 사전점검 또는 공사목적물의 인도에 입회
4. 기타 공사감독에 관하여 "갑"이 위임하는 사항

② "갑"은 제1항의 규정에 의하여 공사감독원을 선임한 때에는 그 사실을 즉시 "을"에게 서면으로 통지하여야 한다.

③ "갑"은 "을"이 시공한 공사 중 설계도서 등에 표시된 사실과 부합하지 아니한 부분이 있을 때에는 이의 시정을 요구할 수 있으며, "을"은 이에 응하여야 한다. 다만, 설계도서 등에 적합하지 아니한 공사가 "갑"의 부당한 요구나 지시에 의한 경우에는 "갑"이 그에 대한 책임을 진다.

④ "을"의 임직원이나 협력업체의 임직원 등이 관계 법규와 사업계획 및 계약조건을 위반하여 공사의 원만한 수행에 악영향을 끼친 경우에, "갑"은 "을"에게 해당 인원의 교체 등 시정을 요구할 수 있으며, "을"은 정당한 사유없이 이를 거부할 수 없다.

⑤ "을"은 공사감독원의 지시사항이 공사수행에 현저히 부당하다고 인정될 때에는 "갑"에게 서면을 통한 시정 등의 필요한 조치를 요구할 수 있다.

제28조(현장대리인)

① "을"은 공사착수 전에 건설산업기본법에 부합되는 부장급 이상의 건설기술자를 현장대리인으로 지명하여 "갑"에게 통지하여야 한다.

② 현장대리인은 공사착수 이전부터 공사현장에 상주하여 현장의 관리와 공사에 관한 모든 법적인 사항에 대하여 "을"을 대리하여 처리한다.

③ "을"의 현장대리인 및 현장소장은 관계 법령과 승인된 설계도서 및 계약조건을 준수하여 공사를 수행하여야 한다. 단, 이를 적정하게 수행하지 못할 경우에는 "갑"은 "을"의 현장 대리인의 교체를 요구할 수 있다.

④ "을"의 모든 현장 종사자는 기술과 경험이 풍부하여야 하며 공사착수 전에 관련 설계도서 등의 제반 자료를 충분히 검토 및 숙지하여 공사의 간섭, 오류, 불분명, 누락 등의 여부를 확인하여야 하며, 이를 발견 즉시 "갑"에게 서면으로 통지하여야 한다. 또한 현장종사자가 행한 모든 행위에 대한 법적책임은 "을"이 진다.

제29조(공사의 하도급 등)

① "을"은 계약된 공사의 전부 또는 주요부의 대부분을 다른 **일반건설사업자**에게 하도급 할 수 없다. 또한, 건설산업기본법의 규정에 의하여 건설공사 중 전문공사에 해당하는 건설공사를 하도급 하고자 하는 경우 "을"은 해당 업종의 **전문건설사업자**에게 하도급하고 이를 "갑"에게 서면으로 통지하여야 한다.

② "을"이 상기 제1항에 의해 본공사를 제3자에게 하도급 하고자 하는 경우에는 건설산업기본법 및 하도급거래 공정화에 관한 법률에서 정한 바에 따라 하도급 하여야 하며, 하수급인의 선정, 하도급계약의 체결 및 이행, 하도급 대가의 지급에 관하여는 관계 법령의 제 규정을 준수하여야 한다.

③ "갑"은 본공사의 시공에 있어 현저히 부적당하다고 인정되는 하수급인이 있는 경우에는 하도급의 통보를 받은 날 또는, 그 사유가 있음을 인지한 날로부터 30일 이내에 서면으로 그 사유를 명시하여 하수급인의 변경을 요구할 수 있다. 이 경우, "을"은 정당한 사유가 없는 한 이에 응하여야 한다.

④ "갑"은 상기 제1항 내지 제3항에 해당하는지의 여부를 판단하기 위하여 "갑" 또는 "갑"이 지정한 제3자가 하수급인의 시공능력 및 자격기준에 대하여 심사할 수 있으며, "을"은 이에 적극 협조하여야 한다.

제30조(공사기간의 연장)

① 다음 각 호에 해당하는 경우에는 이에 상응하는 만큼 공사기간을 "갑"과 "을"이 협의하여 연장하기로 한다.
  1. 천재지변, 전쟁, 내란 등 불가항력의 상황 등으로 현저히 계약이행이 어려운 경우
  2. 15일 이상 계속된 우천이나 기상이변으로 인하여 공사수행이 불가능한 경우
     (주공정에 해당되는 골조공사가 완료되기 이전에 한함)

3. "갑"의 귀책사유 또는 계약의 불이행 및 "을"의 귀책사유가 아닌 민원발생 등으로 공사가 중단 또는 지연되는 경우
4. 제30조의 사유로 공사기간의 연장이 인정되는 경우

② 상기 제1항에 의한 공기연장의 사유라도 "을"은 입주개시일을 준수하기 위하여 최선의 노력을 다하여야 한다.

③ 제1항의 규정에 의해 공사기간이 연장되는 경우, 이에 따르는 현장관리비 등의 추가경비에 대해서는 "갑"과 "을"이 협의하여 결정한다.

제31조(공사규모의 변경 등)
① "갑"이 사업시행인가 후 관계 법령이 정하는 경미한 사항 이외의 공사규모 등을 변경하고자 할 때에는 사전에 "을"과 협의하여 변경하여야 한다.

② "을"은 다음 각 호에 해당되는 경우 관계 법령의 범위 내에서 "갑"에게 공사변경을 요구할 수 있으며, "갑"과 "을"은 상호 협의하여 공사를 변경한다.
1. "갑"과 "을"의 귀책사유와 관계없는 정부의 정책변경이나 행정명령 등 불가피한 상황이 발생할 경우
2. 설계도서의 내용이 공사현장의 상태와 일치하지 않거나, 누락, 오류가 있는 경우

제32조(공사도급금액의 조정)
① "을"은 다음 각 호에 해당되는 경우 그 사실을 "갑"에게 서면 통지하고, "갑"과 "을"은 상호 협의하여 제7조의 공사도급금액을 조정한다.
1. 제30조에 의한 공사규모의 변경이 있는 경우
2. 공사착공 후 "갑"이 설계변경을 요청하여 건축연면적이 증가되는 경우, 마감재의 물량이나 자재의 품질향상으로 인한 공사비의 상승이 발생되는 경우
3. 제28조제4항의 규정에 따라 설계도서 등의 내용이 공사현장상황과 일치하는지의 여부, 불투명, 누락, 오류 등이 있는지를 파악하는 작업을 성실히 수행하였음이 객관적으로 인정됨에도 재시공이 필요한 경우

② 상기 제1항에 의하여 공사물량이 증감되었을 때에는 다음 각 호의 기준에 의하여 공사도급금액을 조정하되, "을"은 제6조제1항에 따라 제출한 공사비산출내역서 등의 근거자료를 첨부하여 제출하여야 하다.
1. 증감된 공사비는 제6조제1항 및 제7조의 규정에 의한 공사도급단가를 기준으로 "갑"과 "을"이 상호 협의하여 결정한다.
2. 산출내역에 포함되어있지 아니한 비목의 단가는 최초단가 확정일을 기준하며, 실계 변경으로 신규비목이 추가되었을 경우에는 설계변경당시를 기준으로 산정한 단가로 조정한다.

제33조(공사의 시정명령)

"을"이 관계 법령과 승인된 설계도서 또는 공사도급 계약조건 등을 위반하여 건축시설을 시공하는 경우 "갑"은 이의 시정을 요구할 수 있으며, "을"은 이를 거부할 수 없다. "을"의 위반으로 발생한 추가비용 및 "갑"에 대한 손해는 "을"이 부담 및 배상한다.

제34조(계약의 해제 및 해지)

① "갑"은 다음 각 호에 해당하는 사유가 발생하여 "을"이 계약을 이행할 수 없다고 판단 된 경우에는 30일간의 계약이행 기한을 정하여 서면으로 통보하고 이 기한 내에 계약의 이행이 되지 아니할 때에는 본 계약의 전부 또는 일부를 해제 또는 해지할 수 있다. 이 경우, "을"은 해당 공사를 즉시 중지하고 모든 인원 및 공사기구 등을 공사현장으로 부터 철수하고 제10조(계약이행보증)에 의한 보증절차에 의해 처리하기로 한다. 이때, "갑"이 "을"로부터 차입한 대여금 및 미지급 기성공사비의 정산은 잔여공사의 승계시공자가 결정된 후, 60일 이내에 "갑"과 "을" 및 승계시공자(보증회사)가 상호 협의하여 대여금 및 미지급 기성공사비에 대한 정산금액을 확정하여 지급하기로 한다. 합의되지 않을 경우에는 예상정산금의 50%를 지급하고 나머지는 시공사 승계완료 시 지급하기로 한다.

1. "을"이 약정한 착공일을 경과하여도 정당한 사유없이 공사를 착수하지 아니한 경우
2. "을"이 계약조건을 위반하는 등의 책임 있는 사유로 인하여 공사기간 내에 공사를 완성할 수 없다고 객관적으로 판단되는 경우
3. "을"이 "갑"에게 제15조에서 정한 사업추진제경비를 3개월 이상 지급하지 않아 "갑"의 업무수행에 지장을 초래하는 경우
4. 제36조제1항의 규정에 의한 지체상금이 계약보증금 상당액에 도달한 경우로서 계약기간을 연장하여도 공사를 완공할 가능성이 없다고 객관적으로 판단되는 경우
5. "을"이 파산, 부도, 법정관리, 워크아웃, 금융거래정지 등으로 인하여 계약의 목적을 달성할 수 없다고 객관적으로 판단되는 경우에는 이행의 최고없이 즉시 해지할 수 있다.
6. 제29조에 규정된 사유를 제외하고는 "을"이 어떠한 경우라도 15일 이상 공사를 중단하거나 공사장에서 철수하는 경우

② "을"은 "갑"에게 다음 각 호에 해당하는 사유가 발생하여 공사의 계속수행이 불가능하다고 객관적으로 판명된 경우에는 30일의 계약이행기한을 정하여 서면으로 통보하여야 하며, 동 기한 내에도 이행되지 아니한 경우에는 본 계약의 전부 또는 일부를 해제 또는 해지할 수 있다. 이 경우, "갑"은 "을"로부터 차입한 제반 대여금 및 미지급 기성공사비 등을 상환하여야 한다.

1. "갑"의 귀책사유로 본 공사기간이 3개월 이상 지연되었을 경우
2. "갑"이 정당한 사유없이 본 계약을 이행하지 않거나, 계약사항에 정한 협의에 불응하여 공사의 계속적인 수행이 불가능하다고 객관적으로 판단되는 경우
3. 조합원분양 등을 계약에서 정한 기한 내에 완료하지 못하여 공사기성금액의 지급을 3개월 이상 지연할 경우
4. 기타, "갑"이 계약조건을 위반하여 계약의 목적을 달성할 수 없다고 판단되는 경우

③ 상기 제1항 및 제2항의 규정에 의한 계약의 해제 또는 해지로 인하여 손해가 발생한 경우에는 "갑"과 "을"은 각각 상대방에게 그 손해에 대한 배상을 청구할 수 있다.

제35조(재해방지 및 민원)

① "을"은 ISO 9001 및 ISO 1400의 통합매뉴얼에 따라 공사현장에 안전표시판을 설치하는 등 환경 및 안전업무에 필요한 조치를 취하여야 하며, 공사로 인한 모든 안전사고에 대하여는 "을"의 책임 및 비용으로 처리한다.

② 본 공사와 관련하여 "을"의 시공과정에서 발생한 소음, 진동, 분진, 인접 시설물의 하자발생 등의 민원과 제3자에게 끼친 손해 등은 "을"의 책임 및 비용으로 해결하고, 일조권, 조망권, 프라이버시침해, TV 난시청 등 공사와 무관한 간접피해 및 민원은 "갑"의 책임 및 비용으로 처리한다. 이 경우, "갑"과 "을"은 문제 해결에 적극적으로 협력하여야 한다.

③ 건축물 및 시설물을 인수인계하기 전에 "을" 및 "을"의 하청업체나 제품을 공급한 업체의 귀책사유로 발생한 공사전반에 관한 인적, 물적 손해에 관하여는 "을"이 보상, 배상 및 원상복구의 책임을 지며, 또한 건축물 및 각종 시설물 인수 및 인계 후에도 부실시공 및 제품의 하자로 인한 인적, 물적 손해가 있을 경우에는 "을"에게 이에 대한 보수, 배상 등의 모든 책임이 있다.

④ "을"은 재해방지를 위하여 특히 필요하다고 인정될 때에는 미리 긴급조치를 취하고 즉시 이를 "갑"에게 통지하여야 한다.

⑤ "갑"은 재해방지 기타, 공사의 시공상 부득이 하다고 인정될 때에는 "을"에게 긴급 조치를 요구할 수 있다. 이 경우 "을"은 즉시 이에 응하여야 하며, "을"이 "갑"의 요구에 응하지 않는 경우에는 "갑"은 제3자로 하여금 필요한 조치를 하게 할 수 있다.

⑥ 상기 제5항의 규정에 의한 응급조치에 소요된 경비는 실비를 기준으로 "을"이 부담한다.

⑦ "을"은 시공과정에서 발생할 수 있는 사고에 대비하여 공사보험 등에 가입하고 해당 증빙서류를 본공사 착공 시 "갑"에게 제출하여야 한다.

제36조(기성부분에 대한 관리 및 손해책임)

① "을"은 건축시설의 기성부분에 대하여 폭우에 의한 침수방지 등에 대하여 책임을 지고 주의와 의무를 다하여 관리하여야 한다.

② "을"은 세26조제1항에 따라 검사를 마친 기성부분에 대하여 천재지변(지하실 침수 등은 제외) 등 불가항력에 의한 손해가 발생한 때에는 즉시 그 사실을 "갑"에게 통지하여야 한다.

③ "갑"은 제2항의 통지를 받은 경우 즉시 그 사실을 조사·확인하고 그 손해의 부담에

있어서 검사를 필한 부분은 "갑"과 "을"이 협의하여 결정한다.

④ 제3항의 협의가 성립되지 않은 때에는 제47조의 규정에 의한다.

제37조(지체상금)

① "을"은 정당한 사유없이 제9조에 규정된 공사기간 내에 공사를 완공하지 못할 때는 지체기간동안의 지체상금을 부담하며, 지체상금총액이 공사비총액의 100분의 10을 초과하는 경우에는 "갑"과 "을"이 상호 협의하여 결정한다. 다만, 제29조에 의하여 공사가 지연될 경우에는 그러하지 아니하다.

② 상기 제1항의 지체상금은 매 지체일수에 공사도급금액의 1000분의 1을 곱하여 산출한 금액을 "갑"에게 납부하거나, "갑"이 "을"에게 지급할 공사비에서 공제한다.

③ 제1항 및 제2항을 적용함에 있어 제43조의 규정에 의한 준공인가 전 사용허가에 따라 "갑"이 공사목적물의 전부 또는 일부를 사용한 경우에는 그 부분에 상당하는 금액을 지체상금에서 감하기로 한다.

제6장　공사비 등의 충당 및 자금관리

제38조(공사비 등의 충당)

"갑"은 "갑"의 조합원 분담금, 일반분양수입금, 복리시설분양수입금, 기타 수입금 등 (이하 "분양수입금 등"이라 한다)으로 공사도급금액과 제15조에 따라 시공사로부터 대여한 사업추진제경비 원리금의 상환에 충당한다.

제39조(공사비 지급 및 사업추진제경비 등의 상환)

① "갑"이 "을"의 공사비를 지급하는 방법은 제21조 및 제22조에 따라 입금된 분양 수입금 등의 입금일자 및 금액을 기준으로 입금된 분양수입금을 상기 제37조에 따라 지불하되 입금된 분양수입금 등이 공사기성액을 초과할 경우에도 전체공사비에 달할 때 입금액 전액을 공사비 변제에 우선 충당하기로 한다.

② 상기 제1항의 단위기간의 분양수입금액이 기성률에 따른 공사기성금에 비해 부족하여 "을"이 부족한 공사비를 충당하는 경우에도 "갑"은 그 부족액을 지급하거나 그 이자 등을 지급하지 않기로 한다.

③ "갑"이 "을"로부터 대여 받은 사업추진제경비의 상환은 준공인가일까지 "을"에게 상환하여야 한다. 다만, 입주지정기간동안 상환을 유보할 수 있다.

④ "갑"과 "을"은 입금내역 및 지출내역에 대하여 매월 확인하는 절차를 갖기로 한다.

⑤ 총 공사기간(35개월)중 매 8개월마다 전체공정을 기준하여 정한 공정대비 "을"의

귀책사유로 30% 이상 공사가 지연(PERT/CPM기준)될 경우에는 공사비의 지급을 보류할 수 있다.

⑥ 조합원 분담금, 일반분양수입금 및 제반 연체료 등의 은행예치로 발생되는 이자는 "을"의 선투입공사비 및 금융비용에 대응하여 "을"의 귀속으로 한다. 또한 분양수입금 등의 미납으로 발생되는 부족자금 및 그 이자에 대한 모든 책임도 "을"이 지기로 한다.

제40조(이주비 원리금의 상환)

① "을"을 통하여 이주비를 조달할 경우 "갑"의 조합원이 대여 받은 이주비 원금의 상환은 입주일 또는 입주기간 만료일 중 이른 날로 한다. 다만, "갑"의 조합원이 원할 경우에는 이주비의 일부 또는 전부를 대출조건에 따라 조기 상환할 수 있다.

② "을"을 통하여 이주비를 조달한 경우 이주비를 대여 받은 "갑"의 조합원이 권리의 일부 또는 전부를 타인에게 양도할 때에는 기존 조합원의 대여조건에 따라 이주비를 승계하여 주어야 한다. 이 경우 "갑"은 조합원 명의변경절차 이행 전에 이주비 승계 사실을 확인하여 이주비 대출금융기관의 채권확보에 지장이 없도록 주의와 의무를 다하여야 한다.

③ "갑"의 조합원이 변제일까지 이주비의 원금 및 이자를 상환하지 못하는 경우에는 대출금융기관의 대출계약조건에 따른 연체율을 적용한 연체금을 납부하여야 한다.

제41조(자금관리)

① 조합원 분담금 및 일반분양수입금 등의 수납관리는 "을"의 공사비 지급 및 사업추진 제경비 등의 상환을 위하여 "갑"과 "을"의 공동명의로 계좌를 개설하며, "갑"은 통장을 보관하고 "을"은 자금관리업무를 담당한다. 이 때 상기 제38조제6항의 경우를 제외 하고는 대금입금일 익일을 기준으로 "을"의 당좌계좌에 자동이체하기로 한다.

② "갑"의 분양계약서에 분양대금 납부계좌는 "갑"과 "을"의 공동명의 계좌로 명기하고 「동 계좌로 입금되지 아니하는 어떠한 다른 형태의 입금도 이를 정당한 입금으로 인정하지 아니한다.」라는 내용을 명기하여야 한다.

제42조(연체료 및 지체상금의 징구)

① "갑"이 본 계약서에서 정한 기간 및 방법에 반하여 공사비 및 사업추진제경비 등의 지급 및 상환을 지연할 경우에는 제36조제2항의 이자계산방법에 따라 이자를 계산 하여 "을"에게 별도 지불하여야 한다.

② "갑"이 제반 일정(이주완료, 관리처분, 조합원분양계약, 일반분양계약)을 완료하지 못하여 공정이 지연될 경우, "갑" 또는 "갑"의 조합원은 지연시점까지 "을"이 "갑" 또는 "갑"의 조합원에게 직접 대여 및 간접 조달한 대여금(무이자대여금 포함) 및 투입공사비총액에 대하여 그 지체기간에 대한 지체상금을 "을"에게 별도 지불 하여야 한다. 이때 지체상금은 상기 제1항에 준하여 계산하고, 이주완료는 제13조제2항에서

정하는 것을 기준하여 판단한다.

제43조(채권확보)

"갑"의 조합원이 입주기간 만료일까지 대여 받은 이주비의 원리금을 상환하지 않을 경우("을"을 통하여 이주비를 조달한 경우)와 공사비의 지급이나 사업추진제경비를 미상환하였을 경우에는 "을"은 해당 세대에 대한 채권확보를 위하여 제반 법적조치를 취할 수 있으며, "갑"은 이에 협조하여야 하고 이에 따른 비용은 "갑"의 해당 조합원이 부담하게 하기로 한다.

제7장 준공인가 및 입주 등

제44조(준공인가)

① "을"은 관계 법령 및 관할 지방자치단체장이 승인한 설계도서, 계약서 등의 기준에 따라 공사를 완료하였을 경우에는 입주자 사전점검을 실시하고 "갑"의 준공검사 (공동시설, 부대시설 및 복리시설의 준공확인)를 받은 후, 공사감리자의 확인을 받아 준공인가 신청예정일로부터 15일 이전에 준공인가 신청에 필요한 구비서류를 "갑"에게 제출하여야 하며, "갑"과 "을"은 협의하여 관할 지방자치 단체장의 준공인가 ('준공인가전사용허가'를 포함한다. 이하 같다)를 받아야 한다.

② "갑"의 준공검사는 "을"이 요청한 날로부터 30일 이내에 검사를 완료하여야 하며, 경미한 보수사항은 "갑"의 조건부 준공 후 "을"이 지체없이 보수를 완료하여야 한다.

③ 관할 지방자치단체장의 준공인가 필증을 교부받음과 동시에 "을"은 건축 시설의 시공에 대한 의무를 다한 것으로 본다.

제45조(건축시설의 인도)

① "갑" 또는 "갑"의 조합원은 "갑"의 준공검사 및 관할구청의 준공인가(준공인가 전 사용허가 포함) 후, 입주지정기간 내에 순차적으로 공사목적물을 인수하기로 한다. 이때, 보수로 인하여 발생하는 입주지연 등의 손해는 "을"이 부담한다.

② "갑"이 공사비의 지급이나 사업추진제경비를 미상환하였을 경우에는 "을"은 미분양 세대나 분양대금을 미납한 세대에 한하여 완성된 건축시설에 대한 인도거부 및 유치권의 행사를 할 수 있으며, 건축시설에 대한 이전등기를 보류하게 할 수 있다.

③ "을"은 "갑"이 모든 건축시설물을 전량 인수할 때까지 또는 "갑"의 조합원과 일반 분양자의 입주기간 만료일까지는 관리자로서의 제반 의무와 모든 시설물의 유지관리 의무를(제반 비용 포함) 다해야 한다. 단, 입주기간 내에 입주한 세대에 한하여 입주일 이후의 단위세대에 관한 제 비용의 부담은 제외한다.

제46조(입 주)

① 입주기간은 구청의 사용검사일 이후 60일간을 원칙으로 하며, "갑"과 "을"이 사전협의 하여 조정할 수 있다.

② "갑"과 "을"은 미리 협의하여 입주개시예정의 30일 이전까지 입주예정일자를 계약자 등에게 통지하여야 하며, "을"은 "을"의 비용으로 입주계획의 수립, 입주 시 필요서류의 준비와 부대시설, 복리시설 및 세대별 아파트사용설명서를 제작 및 배포 등 제반 사항을 이행하여야 한다.

③ "갑"과 "을"은 건축시설을 분양받은 조합원이 입주하는 경우에는 분담금, 이주비, 연체료 등의 완납여부를 미리 확인하여야 하며, 이를 완납하지 아니한 자에게는 입주를 허용하지 아니할 수 있다.

제47조(건축시설의 하자보수 및 관리)

① "을"은 주택법 등 관계 법령에 따라 하자보수보증금을 예치하고 건축시설의 하자보수 업무를 수행하여야 한다.

② 입주 시 공동주택의 관리는 주택법 등에 따라 "갑"이 수행하되 "을"은 이에 최대한 협조하여야 한다. "갑"의 관리기간 중에는 "을"은 주요 부문별로 전문요원을 상주시켜 하자보수에 차질이 없도록 하여야 한다.

③ "을"은 입주일 이전 및 입주지정 기간 내에 발생한 각 세대별 제반 요금 및 공용시설에 대한 관리 및 유지 등에 필요한 전기, 수도, 가스, 지역난방 등의 요금을 부담하여야 하며, 각 세대 입주일 및 입주기간만료일 이후에 발생한 비용은 해당 세대 및 "갑"이 부담한다.

제48조(전기, 수도, 가스 등의 비용부담)

① 제45조의 규정에 의한 입주지정기간 개시일 이전에 발생한 전기 및 수도, 가스 등에 대한 요금(이하 "제반 관리비"라 한다)은 "을"이 부담한다.

② 입주개시일 이후에 발생하는 제반 관리비에 대한 부담기준은 다음 각 호의 규정에 따라 처리하기로 한다.
  1. "을"의 비용부담: 노인정, 관리실, 기계실 등 공용부분(주거공용 및 기타 공용부분)에 대하여 입주지정기간 만료일까지 발생한 제반 관리비 및 전용부분에 대하여 입주 지정기간 개시일부터 각 세대의 실 입주일 이전까지 발생하여 개별 계량기로 각 세대별로 부과되는 제반 관리비
  2. "갑"의 비용부담: 실 입주일 또는 입주지정기간 만료일 중 먼저 도래하는 날 이후로 발생하는 각 세대별로 부과되는 제반 관리비 일체(단, 상기 금액에 대하여 "갑"은 조합원 및 일반입주자에 대하여 별도 부과할 수 있음)

③ 본 조 제1항 및 제2항에도 불구하고, "갑"의 귀책사유로 인하여 입주기간의지정이

지연된 경우 그 지연사유의 발생을 기준일로 하여 그 이후에 발생한 공용부분 및 전용부분에 대한 제반 관리비는 "갑"이 부담한다.

제8장 기타사항

제49조(분쟁 및 소송)

① 본 계약에 대하여 분쟁이 발생할 경우 "갑"과 "을"이 협의하여 해결하되, 쌍방간에 원만히 해결되지 않을 경우에는 즉시, 법원에 소를 청구할 수 있으며 재판에 대한 관할법원은 본 사업부지 소재지를 관할하는 법원으로 한다.

② "을"은 법원에 소를 제기하는 상황을 포함한 어떠한 분쟁이 발생하여도 "갑"이 본 계약서 제38조에 명기된 공사대금지불방법에 따라 대금을 지불하지 않을 경우를 제외하고는 공사를 중단할 수 없으며 "갑"과 계약한 제9조의 공사기간을 준수하여야 한다.

제50조(계약이외의 사항)

본 계약서에 명시되어 있지 않은 사항은 건축법, 도시및주거환경정비법, 주택법, 건설산업기본법, 집합건물의소유및관리에관한법률, 주택공급에관한규칙과 민법 등의 관계 법령에 따라 처리하며, 기타 세부 실무내용에 대하여는 "갑"과 "을"이 협의하여 처리한다.

제51조(채권의 양도)

"을"은 본 공사의 이행을 위한 목적 이외의 목적을 위하여 본 계약에 의하여 발생한 모든 채권(공사대금청구권 등)을 제3자에게 양도하지 못한다.

제52조(이권개입의 금지)

① "갑"은 조합정관에 명시된 사항 이외의 사항을 이면계약이나 별도의 방법으로 "갑"의 조합원이나 "을"과 약속할 수 없다.

② "갑" 또는 "갑"의 조합원은 "을"이 시공하는 본 재건축정비사업과 관련하여 어떠한 이권의 개입이나 청탁을 할 수 없다. 이를 위반한 경우에는 조합원의 제명처분과 함께 그에 대한 민사 및 형사상의 책임을 진다.

③ "을"은 본 공사와 관련하여 "갑" 또는 "갑"의 조합원 및 임원에게 부당한 금품이나 향응 등을 제공할 수 없다.

④ "을"은 본 공사와 관련하여 "갑"의 협력회사(건축사 사무소, 행정용역회사, 법무사, 회계사, 감리회사 등)와 불공정행위나 이면협약 또는 약속 등으로 부당한 이권개입을 해서는 안 된다. 이를 위반한 경우에는 형사고발 및 이에 상응하는 손해를 배상하고 보상하여야 한다.

제53조(계약의 효력 및 변경)

① 본 계약의 효력은 계약체결일로부터 사업완료(조합해산)일까지 유효하다.

② 본 계약은 "갑"의 총회의 의결을 거쳐 계약을 체결하기로 한다.

③ 본 계약은 "갑"의 대표자(조합장) 및 임원 등의 변경과 "을"의 대표자변경에 영향을 받지 아니한다.

④ 본 계약서의 모든 계약 관련 도서 상호 간에 상이한 사항이 발견되었을 경우에는 "갑"의 선택에 따른다.

제54조(설계도서의 제공)

① "갑"은 국토교통부 고시 제2003-11호의 설계도서작성기준에 따른 설계도서를 계획 설계, 중간설계, 실시설계 등 각 단계별로 "을"에게 제공한 후 "을"과 협의한 결과를 설계에 반영하기로 한다.

② 본공사 착공 관련 실시설계도서는 이주개시 후 3개월 이내에 "을"에게 제공하여야 하며, "을"은 수령일로부터 3개월 이내에 검토를 완료하고 "갑"과 협의하여 그 결과를 설계에 반영하도록 하며, "갑"은 본공사 착공 1개월 전에 수정도서를 "을"에게 제공하여야 한다. "을"이 상기 일정을 초과하였을 경우에는 검토의견이 없는 것으로 간주하며, "갑"이 상기 일정을 지키지 못하여 주공정의 지연이 객관적으로 인정될 경우(PERT/ CPM에 따라 판단)에는 그 지연기간 만큼 본공사착공일을 연장한다.

③ 공종별 실시설계도서는 "을"이 제출한 공사예정공정표(PERT/ CPM)상의 해당 공사 착수 3개월 전에 "을"에게 제공하여야 하며, "을"은 수령일로부터 1개월 이내에 검토를 완료하고 "갑"과 협의하여 그 결과를 설계에 반영토록하고 "갑"은 해당 공사 착수 1개월 전에 수정도서를 "을"에게 제공하도록 한다. "을"이 상기 일정을 초과 하였을 경우에는 검토의견이 없는 것으로 간주하며, "갑"이 상기 일정을 지키지 못하여 PERT/CPM 공정표상의 주공정의 지연이 객관적으로 판명될 경우에는 그 지연기간 만큼 공사기간을 연장하기로 한다.

④ 설계도서의 제출은 청사 12부, A3 축소판반접 4부, A1 편철 4부, A1 반접 4부, 제2원도 1부, 축소(A3)제2원도 1부, 계산서 및 시방서 등 관계 서류 2부, CAD를 이용한 전체 설계도서에 대한 CD나 USB 1식을 "을"에게 제공하여야 한다.

제55조(준공도면 등의 제출)

① "을"은 공사를 시공하는 과정에서 발생한 주요내용과 문제점 등이 포함된 공사기록부 (사진첨부)를 3부 작성하여 준공인가 신청 전까지 "갑"에게 제출하여야 한다.

② "을"은 공사완료 후 실제 시공된 사항 등을 기록한 **준공도면**을 CD(USB) / ROM, 트레싱지 원도 각 1부 및 청사진 5부를 "갑"에게 제출하여야 한다.

③ "을"은 각종 장비 및 시스템의 운영 및 유지보수를 위한 매뉴얼 5부 및 각 세대별 아파트의 전기제품이나 설비 등의 사용설명서를 "갑"과 합의한 작성방법에 따라 작성하여 제출한다.

④ "을"은 제3항에 따라 제출된 매뉴얼에 따라 시스템별로 "갑"의 아파트관리요원들을 무상으로 교육시켜야 한다.

⑤ "을"은 주요공사 및 매립되는 공사는 사진촬영이나 비디오로 촬영하여 각 2부를 "갑"에게 제출하여야 한다.

제56조(특약사항)

① "을"은 "갑"과 협의하여 현장(사무실) 내에 공사감독원실 및 감리사무실 등을 제공하며, 이에 따른 집기, 비품 및 냉·난방시설 등 일체를 제공한다.

② 본 계약서에서 정하지 아니한 사항에 대하여는 "갑"과 "을"이 합의하여 특약 사항을 추가할 수 있다.

③ 분양대금의 잔금입금 시에는 준공검사 완료 후 지불하기로 하며, 모든 사업비를 공제하고 남은 잔액(조합의 이익분)에 대하여는 조합에서 사전 공제하여 보관하기로 한다. (이상)

자재선정 및 단위세대 마감목록

본 '자재선정 및 단위세대 마감목록'의 시설기준이나 마감수준은 상급 마감수준을 전제로 한 하나의 견본으로, 해당 정비사업에서는 관계 법령의 제정이나 개정내용 및 새롭게 개발된 자재나 기술의 반영, 정비사업의 규모나 사업장의 위치, 조합원의 의견, 일반소비자의 취향, 일반분양가격, 당시의 사회적 트렌드 그리고 주택형 등 여러 조건에 따라 특정한 설비를 추가하거나 제외, 공동시설의 규모나 마감자재 및 시설의 기준 등을 적절히 조정하여 해당 정비사업에 적용할 필요가 있다.

본 지침서의 보정판부터 새롭게 추가한 전기·기계·가스설비시설로는 현재까지 수십년동안 사용되고 있는 조명시설의 ON/OFF 스위치를 포함하여, 난방조절·엘리베이터 콜버튼·가스시설·환기시설 등을 거실, 주방 그리고 각 침실별로 설치되는 월-패드에서 터치 방식으로 각 시설을 조정하고 관리하는 새로운 운영설비가 개발되었고, 이 시설의 설치가 개시된 후 점차 증가됨에 따라 이 시설을 본 마감목록에 추가하였다.

1. 단지 내 시설공사
가. 토목공사

▪ 토질여건의 변동에 따른 공사비 변동은 없음

▪ 사업시행(사업시행계획 승인) 시 허가관청에서 부여되는 사항 중 아래 항목은 총공사비에 포함된다.

　가) 주변도로, 공개공지 및 기부채납(寄附採納) 관련 공사
　　(가로수 식재, 보·차도공사 일체를 포함한 도시계획도로/ 공개공지의 수목식재, 석재바닥타일, 석재벤치 및 석재의자 등 제반 시설)

　나) 기존도로 폐쇄로 인한 간선시설의 이설, 철거 및 복구 등에 대한 비용

　다) 철거공사(건축물 및 구조물, 도로, 수목 등)로 인한 폐기물처리에 대한 비용. 단, 이주 시 발생되는 생활쓰레기 및 기 매립되어 있는 폐기물, 쓰레기 등의 처리비용은 조합(시행자)이 별도로 부담한다.

　라) 허가 관청이 아파트단지 외곽에 방음벽의 설치를 요청하는 경우

　마) 기타 준공에 필요한 공사 일체

나. 조경공사

부위/ 아이템	마 감 수 준	비 고
수목이식	기존 수목은 환경영향평가서에 따라 조합 명의로 시공자가 이설 및 재이식 '기존 수목의 현황 및 활용계획' 작성 후 인·허가기관에 제출(해당되는 경우)	
주민휴게공간	테마공원, 화훼공원, 분수 및 수경공간, 파고라, 썬큰가든 등 다양한 주민휴게시설 설치	
자전거전용도로	바닥은 투수콘 시공(세사 위 에폭시수지 도포) 및 자전거보관소(투명지붕/ 스테인리스 기둥으로 구성) 설치	(동급자재 이상 대체 가능)
보행자전용도로	점토바닥벽돌 패턴시공(단, 보차혼용구간은 컬러콘크리트 블록포장)	(동급자재 이상 대체 가능)
어린이놀이터	서구식 어린이놀이터(안전매트 설치)(설치기준 준수)/비상벨, IP카메라 설치	
예술장식품	환경친화적 예술작품 설치(관계 법령에 적합한 장식품)	
산책로/식재	자연석, 통나무 등을 활용한 산책로 및 단지 내 조경의 특성화 벚꽃놀이 마당, 각종 유실수 공원 등의 설치 및 고급 수종 식재	
경 계 석	화강석 시공(보·차도경계석, 정원경계석 등 모든 경계석 포함)	
방 음 림	여러 수종의 상록수로 밀실 식재(건축허가조건 충족)	
조경설계 및 급수시설	그린빌딩 인증이 가능한 조경설계 및 시공 하절기 조경수용 급수시설(수전·스프링클러)(동파방지 시설) 설치 (설치개소: 각 동별 1개소 이상, 설계도면에 따라 확정)	
옥외 조명설비	옥외등은 고휘도 방전램프(HID Lamp)나 LED 램프를 사용하고 조명회로는 격등 점등과 자동점멸기에 의한 점멸이 가능하도록 한다.	(전등과 조명방식 : 법정 의무사항)

다. 부대시설공사

부위 / 아이템	마 감 수 준	비 고
주민운동시설	주민운동시설은 남·여사우나, 수영장, 헬스크럽, 에어로빅, 부속 락커룸, 골프연습장(스크린연습장 포함), GX룸·필라테스 등의 시설이 포함된 휘트니스센터와 옥외에 설치되는 운동시설을 포함한다. (수영장, 사우나, 헬스크럽, 에어로빅, 골프연습장 등 하중[荷重]으로 인해 지하층에 설치가 유리한 시설은 지하1층에 설치하고 썬큰가든을 설치하는 방법 등으로 가능한 외부의 정원과 접하도록 한다.)	(커뮤니티시설) :시공도면에 따라 시설규모 확정
주민회의시설	주민회의실 겸용 대형 연회장(취사시설 포함) 설치 (회의실 분리사용을 위한 접이식 행어도어 설치)	
단지내 식당	조식제공 등 맞벌이부부, 노령가구 및 1인가구 등을 위한 구내식당 설치 (주민회의시설과 겸용할 수 있도록 계획) (입주민카드 리더기/환기시설/가스시설을 포함한 주방시설 등 설치)	
문화시설	남·여독서실, 생활문화센터(Book Cafe) 등 설치	
유아 및 탁아시설	맞벌이 부부를 위한 유아놀이방 및 탁아시설 설치	
휘트니스센터 운영자 사무실	휘트니스센터 운영을 위한 사무실 설치(근무인원 3명 내외) (책상과 의자, 책장 등 사무기구 일체)	
자치회 사무실	각 동을 대표자로 하는 주민자치회의 사무실 설치(근무인원 1명 내외) (책상과 의자, 책장 등 사무기구 일체)	
공용 화장실	휘트니스센터 사용자를 위한 남·여 공용화장실 각각 2개소 설치 (각 실의 전용 화장실 설치는 시공도면에 따른다)	
아파트 관리시설 및 근로자 휴게시설	지하층에서 주차공간으로 사용이 불가능한 장소(각 동의 하부 피트 등)에 주민지원센터 설치(**주택건설 규정 제28조 제1항 규정사항**)	시공도면에 따라 규모 확정
	지하층에서 주차공간으로 사용이 불가능한 장소(각 동의 하부 피트 등)에 보안사무실(인원: 45~50인), 미화사무실(인원: 약 40인) 및 시설사무실(건축, 전기, 설비팀: 인원: 약 25인) 등 근로자 휴게시설 설치 (**주택건설 규정 제28조 제1항 규정사항**)	
	각 실별 가구 및 설비: 남·녀화장실, 샤워실, 옷장, 책상 등 사무기구 일체	
유치원/노인정	공사내역에 포함하여 시공사가 시공(남·여화장실 포함)	
냉난방시설	휘트니스센터, 아파트관리시설, 유치원, 노인정, 지상의 경비실 등에 냉방시설 및 난방시설 설치(각 시설별 별도의 계량기 설치)	
분리수거시설	음식물쓰레기 및 분리수거쓰레기 수거장 설치(2개동당 1개소 설치) 청소용 수전, 세면기, 소제용 씽크대 설치	지상에 설치
재활용품 수거시설	지하 최하층에서 주차공간으로 사용이 불가능한 장소인 경사로 하부 등에 재활용품 수거장 설치 (가연성물질 보관으로 인한 화재에 대비하여 천정에 화재감지기 및 스프링클러와 벽에 소화기를 소방법에 따라 설치)	약 300가구 (3 개동)당 1개소 설치
공중전화	단지 내 상가 부근에 설치	
무인택배함	각 동에 무인택배함 설치 (1층을 필로티로 하는 경우 1층의 엘리베이터 홀 출입구 부근에 설치) (각 세대의 **홈 네트워크 시스템[홈 패드]**과 연동을 통한 택배알림 기능)	
정화조	관계 규정에 따라 적합한 정화조 설치(부패탱크방식)	
기타 시설	상기 시설 외에 건축법 및 도시및주거환경정비법에서 정하고 있는 부대시설 및 복리시설 설치	

2. 건축공사 일반사항

가. 공용·공통부분

부위 / 아이템		마 감 수 준	비 고
외벽마감		제치장콘크리트 견출면 위 수성페인트 마감(전체 면에 견출시공) 지상 5층(최고층이 20층 내외: 3층)까지 화강석 붙이기(물갈기 마감)	
온돌마루 칼라 선택기회		온돌마루 공사 전 4가지(샤벨, 체리, 메이플, 화이트오크) 중 조합원의 취향에 따른 선택기회 제공	컬러맞춤기회 부여
최신자재 선택기회		입주 1년 전에 최신 마감자재 및 사양 선택기회 제공	ON TIME(트렌드 맞춤)기회 부여
가변평면 선택기회		일부 공간구조를 조합원이 원하는 구조로 선택할 수 있는 기회부여	평면 맞춤기회 부여
방 수	옥 상	평슬라브 : 아스팔트 복합 방수 경사지붕, 옥탑지붕 : 액체방수 2차	
	내 부	다용도실, 발코니, 화장실 등: 액체방수 2차(코너부위: 우레탄방수)	
	지 하 실	콘크리트구체방수 + 유도방수	
단 열	천장/ 바닥	가등급 단열재	'17.12.28. 개정고시 ('18.9.1. 시행)된 건축물의 에너지 절약설계기준에 적합한 단열공사
	측 벽	가등급 단열재 + 두께 9.5mm 석고보드	
	결로방지	주택건설기준 등에 관한 규정 제14조의 3에 따라 설계 및 시공 (거실·침실의 벽체와 천장의 접합부위, 최상층세대의 천장부위, 지하주차장·승강기홀의 벽체부위 등에 결로방지용 단열재 설치)	
판 넬 히 팅		경량기포콘크리트 + 코일 + 시멘트몰탈	
내부칸막이공사		시멘트벽돌, 시멘트블럭, 경량칸막이, 기타	
미장면 기본두께		외벽 : 두께 24mm 이상, 내벽 : 두께 18mm 이상	
목재면 도장		무광락카(천연무늬목의 창호·붙박이장 등)	
주 현 관	현관 라운지	동 전체나 한 세대의 1층을 기둥식으로 구조전환 하여 필로티로 설계 후, (일부에) **호텔식 라운지를 조성**하여 우편함, 쇼파와 탁자, 커튼 등 설치	화강석 사용 시 발암물질인 라듐의 방출여부 확인
	바 닥	화강석(두께 30mm) 패턴시공	
	벽 체	화강석(두께 20mm) 마감	
	천 정	경량천정틀 + 두께 9.5mm 석고보드 위 천연페인트 마감, 우물천정 설치(주현관 및 복도에 각각 설치)	
	조 명	주현관등(주출입구 부근·천정매입·사각형), 쇼파등(천정매입·사각형) 우편함등(원형 매입 센서등 3개), 복도등(원형 매입 센서등 2개) 설치	
	창 호	고급 알루미늄샤시(불소코팅 2회: 지정색)/ 16~24mm 페어글라스의 대형 고정창 설치	
	현 관 문	슬라이딩 자동문/ 스테인리스 프레임(칼라코팅) + 강화유리(12mm)	
	공동현관 로비폰	각 세대의 홈 네트워크 시스템과 화상연결 및 음성통화 기능, 비밀번호·RF카드(태그) 및 원패스카드(자동)로 열림 기능 포함	
	우편물 보관함	전체 스테인리스 우편함 설치/ 매립형(별도의 실 계획) 세대별로 다이얼식 잠금장치 부착	
	동 번호표시	공동현관 입구 외벽에 동 번호(황동제품)+야간용 조명시설(후광, LED전구)	

공용·공통부분(계속)

부위 / 아이템		마 감 수 준	비 고
엘리베이터홀 / 계단실	바 닥	EL.홀: 1층- 칼라화강석(두께: 30mm)/기준층- 포세린타일(혹은 칼라화강석) 계단실: 1층- 칼라화강석(두께: 30mm)/기준층- 계단 전용 타일	
	벽	EL.홀: 벽- 1층: 칼라화강석(혹은 천연대리석) 마감, - 기준층: 포세린타일)(혹은 본타일 마감) 계단실: 제치장 콘크리트면 정리 후 무늬코트 도장 마감	천연페인트
	천 장	EL.홀: 석고보드 위 수성페인트 마감/ 우물천정	천연페인트
	창 호	고급 알루미늄샤시 고정창(불소코팅 2회: 지정색)/ 16~24mm 페어글라스 (1층은 환기용으로 프로젝트 타입 창호와 롤-타입 방충망 설치)	
	핸드레일	스테인리스 포스트와 손잡이(PVC Cap)(계단측면 앙카 부착형)	
	조 명	계단실 조명, 유도등 및 각층별 홀의 등은 인체감지 점멸형(자동센서)등 설치 및 LED램프 사용, 홀에 설치하는 등은 사각형 천정매입등 설치	**LED램프 사용은 법정 설치의무사항**
	소화전함	본타일벽인 경우: 철재면 위 본타일 도장 마감/ 타일벽인 경우: 스테인리스스틸 카바, 황동재로 제작된 글자(소화전함) 부착 포함	
	피트카바	철재면 위 본타일 도장 마감	
엘리베이터	엘리베이터 사양(기능)	▪ 17~20인승, 인·화물겸용(운구형 포함), 속도: 120~150m/min 이상 ▪ 승강기 내부바닥: 미라톤(Miraton)이나 테라조 포세린 타일 패턴깔기 혹은 천연대리석 패턴깔기 ▪ 1층 외부도어 : 스테인리스 재질 에칭처리+하이그로시 코팅처리 ▪ 지하주차장 1,2,3층까지 연결 (지하1·2·3층에 방풍실 설치)(1층과 동일한 현관 도어폰 설치) ▪ 승강기 천정고 : 2.5m 이상(시공도면에서 정하는 층고에 따라 확정) ▪ 에너지절약적 제어방식 채택(전력회생형 엘리베이터)**(법정 의무사항)**	
	엘리베이터 추가기능	▪ Elev. 고장 시 외부와 전화연결 기능 (디지털방식의 비상통화기능) ▪ 운행 휴무 시 Elev. 조명·에어컨 및 팬 자동휴지 ▪ 이중 버튼기능(취소기능) ▪ Elev. 점자판버튼 ▪ Elev. 카도어 광전장치(전자빔이용 출입문 통제시스템) ▪ Elev. 에어컨+공기정화기	
엘리베이터 기계실 차음시설		Elev. 소음저감 공사 (Elev. 기계실의 바닥, 벽, 천장에 방진 및 흡음·단열공사)	
동 주출입구(외부)		동 주출입구 외부 화강석문주 특화공사	
필로티	바 닥	화강석(두께 30mm 버너구이)	
	벽	화강석(두께 20mm 물갈기)	
	천 장	알루미늄 스팬드럴/ 조명시설(원형 천정매입등)	
옥탑	바 닥	액체방수 2차 + 보호몰탈	ELEV. 기계실 포함
	벽	액체방수2차 + 보호몰탈 (옥탑 : H=450)	
	천 장	두께 50mm 단열재	
경 비 실		책상과 의자 + 소형탁자 + 우편물·택배물 보관대 + IP카메라 모니터 + 구내전화 + 에어컨 + 화장실(양변기 + 세면기 + 배기 휀) 등 설치 (차량 출입구 및 3~4개동에 1개소 설치), (외벽: 화강석 마감)	
문 주		단지 출입구에 대형 문주 설치(석재마감, 3개소 설치)	

나. 지하주차장 / 기계·전기실 / 지하저수조

부위 / 아이템	마 감 수 준	비 고
바 닥	구체방수+액체방수 2차+무근콘크리트+중보행용 에폭시 수지도장 (주차공간을 제외한 주행공간은 저소음타입으로 시공) **주) 바닥시멘트공사는 동절기공사 지양 및 물/시멘트비율 엄수**	(지정색)
벽	액체방수 2차 + 보호몰탈 + 4″치장블럭 쌓기 + 수성페인트(하부 약 1m는 오염에 대비하여 암갈색이나 진회색)	
천 장	제치장 콘크리트면 위 단열·흡음재(퍼라이트) 스프레이 마감	
슬라브 방수	지상의 흙과 면하는 슬라브는 아스팔트 복합방수로하고, **신축이음(Expansion Joint) 상부 카바는 스테인리스스틸 판재 사용** 최하층은 유도방수 채택(오픈형 수로설치 후 조약돌 채우기)	
저수조 / 내부마감	스테인리스스틸 지하저수조	
저수조 / 운전시스템	3단계 물넘침 자동차단시스템 및 무선호출시스템	
출입구 경사로	상부에 투시형 지붕 설치/ 벽체: 화강석 마감	
창 호	고급 알루미늄샤시(불소코팅 2회: 지정색)/ 5mm 그린칼라유리	
공동기계설비 및 탱크류	설계도서 및 시방서 준수	
중앙감시실(반)	단지 내 상하수도 시설, 공조설비 등 관리시설에 대처하기 위한 설비의 운전, 감시, 제어 기록 등과 원격제어설비 설치 시설·운용: 대형(60인치 이상) PDP Monitor 2대)/AV입력신호/PC신호입력	
지하주차장 시 설	■ 설비: 법령 규정설비, 주차장스토퍼(개소당 2개), 강제급배기+유인팬(저소음) 이동통신 중개시스템, 주차위치확인 설비, **IP카메라, 소화설비** 등	(스프링클러 설치)
	■ 조명: LED전등 설치/동체를 감지하여 On-Off되는 벤트(동체)감지 시스템 설치(LED조명 디밍시스템 채택) **(법정 의무사항)**	
	전기차 충전시설:「주택건설기준 등에 관한 규칙」제6조의 2 제4호에 따라 설계 및 시공/ TESLA용 충전시설 설치 **(전기자동차용 과금형 콘센트를 총 주차단위구획 수의 10% 이상 설치)**	(규칙 제16조의 2 에서는 콘센트를 4% 이상 설치하도록 규정)
	■ 천창(측창)설치: 지하1층 주차장에는 주차장 300㎡ 이내마다 1개소 이상의 외기와 직접 면하는 2㎡ 이상의 개폐가 가능한 천창 또는 측창을 설치(자연채광 계획)**(법정 의무사항)**	
지하주차장 출입구 전실 설치	지하주차장 1,2,3층에 Elev.홀의 전실(방풍실)을 별도 구획하여 설치 (전면 벽은 강화유리로 구획, 강화유리의 자동문 설치, 천정형 공기청정 시스템 에어컨 설치, 1층 주현관의 홀과 동일마감 및 현관 도어폰 설치)	

다. 친환경·에너지절감 공사

부위/ 아이템	마 감 수 준	비 고
세대 내 친환경자재	천연페인트 사용, 친환경 접착제 사용, 천연무늬목 건식 시공(목재창호)	
녹색건축인증	친환경자재를 사용(Basic Package)하여 친환경건축물 인증제도에 의한 **건축물의 에너지효율 1등급 및 녹색건축물 최우수등급(그린 1등급)**	(녹색건축물 조성 지원법)
에너지효율등급	1등급(주거시설)	(서울시 녹색건축물 설계기준)
신·재생에너지 공급율	연도별/규모별 설치비율(%)(민간건축물 주거시설) 준수	

3. 설비공사

가. 기계설비공사(기준)

부위 / 아이템		마 감 수 준	비 고
열원(난방, 급탕)		지역난방(저/중/고 3구역으로 Zoning)	
냉방설비		거실, 식당 및 침실(서재 등 포함)에 천정 매립형 시스템에어컨 설치	인버터 채용
난방설비	난방방식	세대별 적산열량계 설치, 각 실별 디지털 멀티온도조절기 설치	
	공급방식	인버터 채용 난방순환펌프 시스템 적용	
	배관재질	주관/입상관/횡주관 : STS관, 난방코일: 엑셀(XL)파이프(15A) PB관	
	설치기준	보온재: 고무발포단열재, 욕실난방방식: 바닥난방, 원격검침시스템	
급수/급탕설비	공급방식	고효율 부스터펌프(Booster Pump)+감압밸브(V/V)	
	배관방법	이중 매립배관	
	배관재질	세대 : PB관/ 기타(주관/입상관/횡주관 : STS관	
	보온시공	동파·동결방지시설(수도계량기/외부에 접한 배관 열선시공 및 보온시공)	
	기 타	조경수용 수전(각 동별 설치, 동파방지시설), 각동 지하층에 청소용 수전	
오배수시설(관)	욕실세대	발포중심 PVC관(R.F 접관)/ 저소음 층하배관	
	욕실입상관	PVC 나선관(스핀관)(R.F접합)/ 횡지관 Pipe는 저소음Pipe(R.F접합)	
	주방/세탁실	PE 편수관/ 섹스티아밴드(Sextia Band: 통기용 이음관) 있음	Sextia RF접합
	지하층횡주관	CIP(no-hub joint: 허브없이 가스켓과 밴드로 접합)(배수용 주철관)	
소화설비	설치기준	소방관련 설치기준 준수, 10층 이상의 경우 2~3구역으로 Zoning	(소방설비)
	배관재질	백강관	
환기설비	설치기준	아파트세대: 전열교환방식 + CO_2 감지 자동환기방식	
	설치방식	욕실/주방: 직배기방식, 지하주차장: 강제급기+유인팬(저소음)	
가스설비	열 원	도시가스(LNG)기준	
	설치기준	원격가스검침시스템 적용, 자동감지 및 차단밸브	
	배관재질	매립관 : PE관/ 입상, 세대관 : 백강관	
자동제어설비	운용방식	DDC방식	
	설치장소1	방재실 주요장비 상태감시, 경보기능	
	설치장소2	지하저수조 3단계 물넘침 경보, 차단시스템	
신재생에너지		지열냉·난방(주민공동시설), 우수재활용시스템적용	
지하저수조시설		SUS재질 저수조	
제습설비		안방 드레스룸에 천정 매립형 제습기 설치(40평형대 이상)	

나. 전기설비공사(기준)

부위 / 아이템	마감수준	비고
수변전설비공사	전자식 무효전력 보상장치, 세대 공용부 Duct Bank(전기관로) 적용, ACB간 Tie ACB 적용, 디지털 보호계전기 적용(최신모델)	
전력제어 및 조명제어 설비공사	지하주차장 조명제어(주행구간-도플러센서, 주차구간-PIR센서) 옥외조명제어(타이머)	
전력간선 설비공사	공용부 및 세대판넬공사, BUS DUCT 전기실내부 적용, 중요판넬 1차측 서지보호기 적용	
동력설비공사	일반동력공사 기준	
세대내 전등제어공사	안방리모컨, 거실리모컨, 거실네트워크스위치[2회로], 비상전원용 누전차단기(APU; Automatic Power switching Unit) 적용	
전등설비공사	세대 내 모든 전등 및 세대 내 우물천정간접등 LED 적용, 공용부[계단,세대창고, 지하주차장, 기계·전기실 등] 지하주차장 몰드바 2단적용[강전,약전 구분]	
전열설비공사	대기전력차단콘센트[30%] 적용, 전기쿡탑용 전용회로 구성	
주차관제설비공사	주차유도시스템(모든층 주차장), 차번호인식 적용	
CABLE TRAY공사	공용부 적용[지하층, 지상층 EPS/TPS실]	
전기차 충전설비공사	전기차 충전시설:「주택건설기준 등에 관한 규칙」제6조의 2 제4호에 따라 설계 및 시공/ TESLA용 충전시설 설치 **(전기자동차용 과금형 콘센트를 총 주차단위구획 수의 10% 이상 설치)**	(하권 제819쪽)
항공장애등 설비공사	'항공법'에 따라 설치(35층 이상 건축물)	
경관조명 설비공사	[서울시 좋은 빛 위원회] 심의규정 준수 대로변에 위치하는 00개동의 코어 옥탑에 설치	
태양광발전 설비공사	법적기준(000Kw 예상) 적용하여 설치	
피뢰 및 접지 설비공사	피뢰도선+보조피뢰침, 개별접지, 지하 Mesh접지	
케이블TV	케이블TV 수신용 배관 및 배선(2회선)(위성/공중파 방송)	
H/N(무인경비) 설비공사	음성인식 IoT Home Pad 12인치, 음성인식 Smart 주방TV 10인치, 음성인식 IoT Home Cube, 현관 스마트인포디스플레이, 세대현관 푸쉬풀디지털도어록(지문인식), 도어폰 방범녹화, 1,2,3,최상층 동체감지기, 모바일원격제어 [가스,조명,난방] 옥상출입구 출입통제 적용, 부부욕실 스피커폰 적용	
커뮤니티설비공사	커뮤니티 운영시스템, App 포함, 커뮤니티 내 A.V설비(피트니스, GX룸, 주민회의실)적용	
방송 설비공사	PC통합 방송 시스템 채택(TTS기능 포함)	
자동화재탐지 설비공사	소방법 적용기준	
무선통신보조 설비공사	소방법 적용기준(지하층 및 지상 30층 이상 아파트 16층부터 적용), FM중계설비 포함	
엘리베이터 설비공사	에어컨(카내부, 엘리베이터 기계실 중앙제어), LCD모니터, 지진감지스스템 속도 210m/min(30층 이상), 150m/min(20층~29층), 90m/min(셔틀용)	

다. 정보통신공사

부위 / 아이템	마 감 수 준	비 고
광케이블 설치	초고속광통신 설비(정부인증 정보화 특등급 기준) 설치 각 세대까지 광케이블 배선	
LAN시스템 구축	단지 전체를 하나의 네트워크로 연결하는 LAN설비 설치	LAN환경구축
초고속 인터넷 설치	초고속 인터넷서버 설치(통합배선 설비공사)	
홈페이지 제공	단지 내 홈페이지를 개설하여 단지 전체를 네트워크로 연결, 단지 내 상가 주문배달서비스 및 이웃 간의 대화공간, 사이버장터 등 정보제공	
CATV 설비공사	위성방송/공중파방송 수신설비 설치	
문자자막 안내	TV를 이용해 단지 내 생활정보를 문자자막으로 안내하는 시스템 제공	
무선 이동통신	주차장 무선이동통신 중계시스템 설치	

라. 첨단시스템공사

부위 / 아이템	마 감 수 준	비 고
홈 네트워크	네트워크형 월-패드(Wall Pad) 설치	
홈시어터 배관	거실에 홈시어터용 인써트 파이프 배관	(A.V설비 배관)
소화설비	최신형 CRT 감시반 (컴퓨터방재 시스템) 설치	
방송설비	PC(컴퓨터)통합방송시스템(TTS기능 포함) 최신형CRT Computer 조작반) 설치	
원격검침	중앙집중 통합관리로 관리비 절감 및 검침원의 방문이 필요 없는 시설, 아파트 중앙감시센터에서 원격 검침시스템(전기, 가스, 난방, 온수, 냉수)	원격검침 전자식 계량기 설치
BEMS 설비공사	세대 에너지관리시스템(BEMS: Building Energy Management System) 적용 5종(전기,수도,가스,난방,온수) 적용	
	세대의 전기·수도사용량을 각 세대에서 실시간으로 모니터링(확인), 공용부에너지 모니터링시스템 분리운용	
전력선 통신(PLC)	전력선만을 이용하여 초고속인터넷, 인터넷전화, 홈네트워킹, 홈뱅킹, 음성·문자·데이터·영상 등 전송, 원격검침, IOT시스템이용 등이 가능.	
원패스 시스템	원패스카드(자동·태그)로 공동현관, 세대현관(버튼) 및 지하층 출입(버튼), 공동현관 출입 시 엘리베이터 자동호출과 목적층 자동운행, 주차장에서는 주차차량 위치인식(수동) 및 경비실에 비상콜(수동) 기능	
IOT 시스템 (사물인터넷)	스마트폰을 활용한 세대 내부의 기기를 제어 및 모니터링 (조명, 전열, 난방 등) (스마트폰의 앱으로 제어)	
각 세대별 자동환기설비	거실 및 모든 침실에 환기시설(전열교환방식+CO_2 자동환기 시설) (각 실에 미세먼지 측정 센서를 설치하여 공기질을 측정한 후 자동환기) (초미세먼지(0.3㎛ 이하) 99.97% 이상 포집이 가능한 H13등급 필터 적용) (전기소모량 절약을 위해 열교환기능은 Off 상태로 소유자에게 인계)	(헤파필터 사용)
A/S설비	인터넷을 이용한 아파트 관리시스템, 입주 시 품질보증서 발급 아파트 A/S 접수 및 처리결과 조치 시스템 아파트시설 사용설명서 제작 배포 (CD 혹은 USB 제작 포함)	

마. 보안 / 안전시스템공사

부위/ 아이템	마 감 수 준	비 고
세대현관	디지털 도어록(고급형)(최신형)	
차량출입통제	정문 차량통제 : RF카드를 이용한 차량번호 인식(LPR) 시스템 채택 (감지거리 : 4-6m), LED 차단봉. (LPR : License Plate Recognition)	원거리감지 형
비상계단 출입통제	(지하주차장)비상계단의 지상 출입문 외벽에 R/F카드 리더기 설치	
단지 내 교통사고방지	야간 건널목 표시등, 과속방지턱, 야광도로중앙선, 대형교통반사경, 차량유도등, 야광표지판 등 설치	
(IPTV) 네트워크카메라	「주택건설 기준 등에 관한 규칙」 제9조에 따른 영상정보처리기기. 지하주차장, 어린이놀이터, 엘리베이터, 공동현관, 옥상출입구 등에 설치	규칙 개정에 따른 CCTV 대체설비
외곽감시	단지외곽(경계) 감시시스템 설치	
방범설비	저층부 가스배관 감지기 설치, 가스배관 방범시설 설치	
방재설비	컴퓨터 방재시스템 (R형수신반)	
내진 · 내풍설계	내진설계 1등급(진도 8.0)에서도 견딜 수 있는 내진 설계(MMI 기준) 내풍설계(초속 30~50m 이상 대비하여 설계)	
비상벨설비공사	지하주차장(30m간격), 어린이놀이터 등에 설치	
벤트(동체)감지기	지상 1층, 2층 및 최상층에 홈 네트워크와 연계된 벤트(동체)감지기 설치	
하향식 피난구	비학장 발코니인 안방 발코니나 대비공간[방화문으로 구획된 피난공간] 등의 바닥에 하향식 피난구를 설치하여 화재 등 비상상황 시 하부층으로 안전하고 신속하게 이동할 수 있는 설비(접이식 사다리) 설치	관련 법령에 따라 피난시설 확정

바. 환기설비공사

부위 / 아이템	마 감 수 준	비 고
아파트세대	전열교환방식+CO_2 자동환기	
욕실/주방	직배기방식	
지하주차장	강제급배기+유인팬	

사. 기타시설공사

부위 / 아이템	마 감 수 준	비 고
층간소음저감시설	층간소음 저감시설(인정바닥구조) 설치(경량-1등급, 중량-3등급 이상 확보)	방열판 설치
충진재/방화재	모든 충진재, 파이프 보온재 등은 불연재 또한 난연재, 비발암물질 사용	
빗물이용시설	빗물이용시설 설치(조경수용)(설치대상: 건축면적 1만m² 이상인 아파트) (법규: 물의 재이용 촉진 및 지원에 관한 법률 제8조, 동 시행령 제10조)	
통합택배시설	지상: 택배물 하치장, 지하: 택배물관리 사무실 설치	

4. 단위세대 내부 마감

가. 현관(Entrance) / 전실(Foyer) / 복도(Corridor)

면적 : 분양면적

부위 / 아이템	마감수준				비 고
	90m² 미만	90m² 이상-130m² 미만	130m² 이상-198m² 미만	198m² 이상	
바닥	현관·전실: 천연칼라화강석(현관은 Two Tone 칼라 패턴시공) 복도: 강마루 혹은 천연무늬목 온돌마루(UV도장)				
벽	현관·전실: 천연대리석 복도: 고급 실크벽지		현관·전실: 천연대리석 복도: 천연무늬목 판넬		복도1면 픽쳐레일
현관 디딤판	천연 칼라화강석 혹은 천연 대리석				
천 장	고급 실크벽지(우물천정 부분)/천연페인트 도장(천정 부분)				
우물천정	우물천정(깊이 약 12cm) 설치/ 크라운몰딩(2단 몰딩)/간접등				
몰 딩	크라운몰딩 위 천연페인트 도장				
걸레받이	판재(MDF) 위 천연무늬목 마감				
현관 공틀	집성목 위 천연무늬목 마감(건식)(바닥: 재료분리대)(현관 중문 미설치 시)				
현관 중문	행거 포켓도어(목재 격자문)+5T 맑은 유리) 혹은 3연동 미서기도어+5T 맑은 유리(포켓도어 불가능 시)				
현관방화문/ 전실 현관문	그래픽 도어/ 165㎡ 이상은 쌍여닫이문 설치, 도어크로스, 도어스토퍼(원터치식 말발굽)				
현관문 도어락	디지털 도어락(Push-Pull 방식(1Stap 방식)/ 스마트폰과 연동) (기능: 이상 움직임 감지·경보/가족귀가 알림/ 동작상태 알림/ 방범설정) (열림방식[4Way]: 지문인식·RF카드키 테그·비밀번호 입력·비상키)				(최신형/고급형)+ 안면인식 시스템
현관문 경첩	분리형 경첩 (4.5″× 4.0″× 3.0T, 스테인리스 제품) x 3개 혹은 스테인리스 피보트힌지 중 설계 시 확정				방화문 용 경첩
신발장/수납장	천연무늬목 신발장 및 수납장/ 빌트인 타입 회전식 신발장 +수납장우산꽂이 설치, 골프용품·스키장비 등의 수납이 가능한 크기				
대형거울/ 수 납 장	대형거울 설치 혹은 무늬목 마감 수납장 설치		양측 벽면에 수납장 설치		대형거울: 수납장 맞은편에 설치
현관 에어브러시	세대현관에 미세먼지 제거용 에어브러시(신발장내에 본체 설치)				
조명(전실포함)	자동센서 작동 현관조명등(LED램프-법정 의무사항)				현관 월-패드에서 통합하여 제어 (현관부근의 복도벽면에 설치)
ELEV. 콜버튼	세대별 Elev. 호출버튼(운행 층 표시기능) 설치				
전등·가스 통합제어시스템	외출 시 현관에서 전체의 조명 및 가스를 스위치로 한꺼번에 차단하는 일괄소등스위치(쎈서등 및 비상등 제외 가능)				
복도조명	▪ 천정매입 원형등(야간 안전유도등) 4개(복도구간 2개소+거실구간 2개소) 설치 : On-Off 스위치를 현관부근 및 안방부근에 각각 설치(3로 스위치) ▪ 복도 장방향 양측 벽면을 위한 천정매입형 장식등 각각 설치 (복도등과 장식등은 거실 월-패드와 링크 : 3로 스위치로 구성)				

※ NOTE : 현관바닥은 신발을 착용한 상태에서 사용하는 공간이므로 천연대리석은 다른 석재에 비해 유지 및 관리에
어려움이 있다. 따라서 강도가 비교적 강하며 색상도 풍부한 칼라화강석의 사용빈도가 증가하고 있다.
이때, 이화강석을 사용하는 경우에는 발암물질인 라듐의 방출여부를 필히 확인할 필요가 있다.

나. 거실(Living Room)

부위 / 아이템		마감수준				비 고
		90m² 미만	90m² 이상-130m² 미만	130m² 이상-198m² 미만	198m² 이상	
바 닥		강마루 혹은 천연무늬목 온돌마루(무늬는 선택기회 부여)(UV 도장)(선택사양: 포세린타일/원목마루)				국내산
벽/천장		고급 실크벽지 마감				
커텐박스		합판 위 천연페인트 마감				
우물천정		우물천정(깊이 약 16cm)설치, 크라운몰딩(2단 몰딩)				
아트월		천연대리석 아트월 설치(좌우 양측에 각형의 기둥(단) 설치)				
몰 딩		크라운몰딩 위 천연페인트 마감				1면 픽쳐레일
걸레받이		판재(MDF)위 천연무늬목 마감				
거 실 장		천연무늬목 거실장(수납장 타입)				
거실-발코니 분합문		내부일면 무늬목 래핑 PL창(16-24mm 페어글라스)				
조명	거실등	고품격 인테리어등(LED램프)				
	보조등	간접등(LED램프)/ 2단으로 설치(조도 조절기능 설치)				
	비상등	고품격 인테리어 비상등(LED램프)				
	안전유도등	안전유도등(센서등)(LED램프)(Step Light) 설치(복도 벽 하부에 2개소 설치)				
	Down Light	아트월 용 Down Light 2개소 설치		아트월 용 Down Light 3개 설치		LED할로겐램프
	시설기준	터치방식의 스위치: 거실등·보조등1·보조등2 On-Off 기능/(안방발코니와 거실발코니 전등 On-Off 추가)				거실 월-패드에서 통합하여 제어 (홈 네트워크 시스템 하부에 일체형으로 설치)
대기전력 차단장치		전기제품의 대기전력차단 설비(전등 On-Off와 일체형 스위치)(쎈서등 및 비상등 제외 가능)				
난방온도조절		디지털 멀티 온도조절기능(거실에서 각 침실 온도조절 기능 및 각 침실에서 온도조절 기능)				
세대 환기		세대의 각 실 환기시스템 컨트롤 기능(거실 혹은 주방[식당벽]에 설치)				
콘 센 트		안전형 콘센트(2구, 접지극부형) 3개소(전면벽: 2개소+후면벽: 1개소) 설치				
통합유니트 (통합콘센트)		[전화콘센트(1회선)+Data Unit(PC)(1회선)+쌍방향TV Unit]를 전·후면 2개 벽면에 각각 설치				(골조공사 후 거실 전면 결정)
냉방설비		천정 매립형 시스템에어컨 설치(설치 대수는 시공설계 시 확정) (리모컨)				
홈시어터용 배관		홈시어터 설치용 파이프를 전·후면 2개 벽면에 배관(AV 설비공사)				
화재감지설비		화재감지기 설치[광전식 열감지기 혹은 연기감지기]※ 연기감지기는 오작동의 단점이 있으나 예민하여 화재예방에는 효과적이다.				
홈 네트워크 시스템 [구성과 기능]		1. 홈 네트워크형 월패드(Wall Pad)(13인치)2. 세대현관 카메라와 화상연결로 영상 확인 및 음성통화 기능3. 공동현관(주현관)과 화상연결(공동현관 자동문 열림장치와 연결)로 영상 확인 및 음성통화 기능, 단지 내 영상통화 기능, IOT 시스템(사물인터넷) 기능4. 경비실, 지하1·2·3층 출입문 카메라, 무인경비시스템과 연결5. 기능: 1) 부재 중 전화확인 기능, 2) 비상콜버튼 기능, 3) 가스·전등제어 기능 4) 주방액정TV, 욕실비상콜버튼과 연결, 5) 기타 기능				

다. 안방/침실(Bed Room)/서재(Study)

부위 / 아이템		마 감 수 준				비 고
		90m² 미만	90m² 이상– 130m² 미만	130m² 이상– 198m² 미만	198m² 이상	
바 닥		강마루 혹은 천연무늬목 온돌마루(UV 도장)(무늬는 선택기회 부여)				고급제품
벽/천장		고급 실크벽지 마감				
커텐박스		합판 위 천연페인트 마감				
우물천정		우물천정(깊이 약 12cm) 위 고급 실크벽지 마감, 크라운몰딩				
아트월		–		Frame: 천연무늬목의 디자인월 Base: 쿠션 위 Fabric 마감		안방벽에 설치
몰 딩		크라운몰딩 위 천연페인트 마감				
걸레받이		판재(MDF) 위 천연무늬목 마감				
문	문 짝	천연무늬목 도어(두께 45mm)(건식)(도어스톱 포함) 구성: (집성목+판재) 위 천연무늬목(건식)				최신 디자인
	문 틀	집성목 위 천연무늬목(건식)/ 문지방 없는 구조(바닥: 재료분리대 설치), 문틀의 가로대(Transom) 상부는 천연무늬목 판재 마감				좌우문틀 몰딩재를 천정까지 연장설치
	안방차음	안방문은 자동차음장치 설치(Bottom Tightener + Door Gasket)				
	도어락/ 도어스토퍼	레버타입 모티스 도어락(락 분리형)(크롬 도금) 혹은 Push&Pull 타입 상부 문틀 안쪽의 하부에 부착하는 일자형 도어스토퍼(SUS) 설치				최상급
	경 첩	스테인리스 정첩(분리형/SUS304/유광/4.5인치/3.0T) x 3개				최상급(독일산)
분 합 문	안 방	외측창 : 외부-백색 / 내부-무늬목 래핑 PL창(16-24mm 페어글라스) 내측창 : PL창-완자창(두께 5~8mm 맑은 유리 위 불투명 필름부착)				발코니 비확장 시의 분합문
	침실/서재	내부일면 무늬목 래핑 PL창(16-24mm 페어글라스)				
드 레 스 룸	바 닥	–	강마루 혹은 천연무늬목 온돌마루(UV 도장)			
	벽/천장		고급 실크벽지(외기에 면하는 벽체는 결로방지공사)			
	출입문		행어 포켓도어(목재 격자문/5T 맑은 유리)			
	가 구		화장대(천연무늬목 하부장+칼라화강석상판+대형거울) +천연무늬목 붙박이장(천연무늬목 도어+시스템가구)			
조 명	침실/서재등	고품격 인테리어등 혹은 천정매입등(LED램프)				
	드레스룸등	천정 매입형등(LED램프)				
	시설기준	터치방식 스위치 : 전등 On-Off 기능/소등지연 기능/조도조절기능				각 실 월-패드에서 통합하여 제어
대기전력 차단장치		전기제품의 대기전력차단 설비(전등 On-Off와 일체형 스위치) (쎈서등 및 비상등 제외 가능)				
안방 전등스위치		시간표시기능+기상·취침·방범 알람기능+자동소등기능+디밍시스템 채택				
난방온도조절		디지털 멀티온도 조절기능(예약기능 포함)				
콘 센 트		각 침실별로 안전형 통합콘센트(2구, 접지극부형) 2개소 설치				
냉방설비		천정 매립형 시스템에어컨 설치(설치 대수는 시공설계 시 확정) (리모컨)				
통합유니트		전화콘센트(1회선)+Data Unit(1회선)+쌍방향TV Unit/각실 당 2개소 설치				
붙박이장		안방: 고품격 장롱형 붙박이장 설치(문짝 안쪽면에 전신거울 1개소 설치) 침실 2개소: 붙박이장 설치(장 측면-하부: 3단수납장/상부: 반신거울 설치)				

라. 주방(Kitchen) & 식당(Dining Room) -1(마감/가구)

부위 / 아이템		마감수준				비고
		90㎡ 미만	90㎡ 이상-130㎡ 미만	130㎡ 이상-198㎡ 미만	198㎡ 이상	
바 닥		강마루 혹은 천연무늬목 온돌마루바닥재(무늬는 선택기회 부여)(UV도장) (선택사양: 포세린타일/ 원목마루)				국내산
벽/천정		고급 실크벽지(벽: 천연무늬목 디자인 월+실크벽지)				식당벽과 천정
커텐박스		합판 위 천연페인트 마감				
우물천정		–	우물천정(깊이 약 12cm) 위 실크벽지 마감, 크라운몰딩			식당천정에 설치
몰 딩		크라운몰딩 위 천연페인트 마감				
걸레받이		판재(MDF)위 천연무늬목 마감 자재				
주 방 벽		천연 칼라화강석 혹은 엔지니어스톤				
주방-발코니 분합문		내부일면 무늬목 래핑 PL창(16-24mm 페어글라스)				
주방-거실 중문		–		행어 포켓도어 (목재 격자문/5T 맑은 유리)		(132㎡ 이상)
주방가구	상판/ 상·하부장	천연 칼라화강석 혹은 엔지니어스톤 상판 +천연무늬목 시스템가구(혹은 하이그로시+UV도장)				
	개 수 대	대형 스테인리스 개수대(언더형)				(싱크볼)
	레인지후드	침니형 레인지후드(저소음·고풍량·LED램프·터치식 스위치/ 동시급배기 기능 / 타이머 기능/ 풍량·소음 최적설정 기능/ 24시간 상시배기 기능)				(최신형)
	기타 설비	▪ 씽크대수전 :**원터치형**, 측면 싱글레버, 크롬도금 ▪ 세대별 정수기 ▪ 싱크대 원터치 세제 디스펜서 ▪ 음식물쓰레기 탈수기 ▪ 소형가전(전자렌지) 수납장 :전자파 차단용 자동문 설치		▪ 빌트인 다용도 양념통장 ▪ 행거선반 ▪ 코너회전수납장(코너에 설치) ▪ 개수대등 :싱크대 상부장 하부에 설치(내장형) ▪ 식기건조대 :AL.제품·2단 선반·물받이로 구성		(수전 절수패달은 원터치형 수전을 감안하여 제외) (식기건조대는 상판 코너에 거치)
보조주방	가 구	엔지니어스톤 상판 + 천연무늬목(혹은 하이그로시) 하부장 개수대(빨래판 부착형) + 가스쿡탑(2구) 혹은 전기쿡탑(인덕션)(2구)				
	바닥/벽/ 전장	바닥: 포세린타일(커팅타일), 벽과 천정: 천연페인트 마감				
조명	주방등	천정 매입형등-1, 천정 매입형등-2(132㎡ 이상: 2개소 설치)(LED램프)				주방 월-패드에서 통합하여 제어 (식당측 벽면에 설치)
	아일랜드등	천정매입형 원형 아일랜드등 1개소 설치(LED램프)				
	식탁등	고급 인테리어등(LED램프)				
대기전력 차단장치		전기제품의 대기전력차단 설비(전등 On-Off와 일체형)(냉장·내동고는 제외) (쎈서등 및 비상등 제외 가능)				
콘센트		주방벽면 양측에 가전제품용 전기콘센트(2구) 2개소 설치, 식당(식탁) 전용 전기콘센트(2구) 식당(식탁)측 벽면에 1개소 설치				
냉방설비		천정 매립형 시스템에어컨 설치(설치 대수는 시공설계 시 확정) (리모컨)				
주방 가스누출 감지·차단설비		가스누출을 감지하여 **자동으로 차단하는** 설비(가스경보기+제어판넬+차단기) - 주방 가스 콘트롤 스위치와 연동 / **정온식 열감지기 설치**				후드 아래면과 상부장하부에 설치
주방 가스 콘트롤 스위치		주방 가스의 열림과 닫침을 **자동/수동으로 작동**(가스누출 감지 기능 포함)				주방(식탁)측 벽에 설치

마. 주방(Kitchen) & 식당(Dining Room)-2 (가전)

아이템			주택형별 가전				비 고
			90m² 미만	90m² 이상–130m² 미만	130m² 이상–198m² 미만	198m² 이상	
주방	레인지/오븐	규격	빌트인 전기레인지(인덕션 3구)+기능성 전기오븐(50리터) 혹은 빌트인 가스오븐레인지(가스쿡탑 4구 포함) 중 택일				
		성능	기능성 전기오븐은 오븐+그릴+레인지기능 등 포함/ 광파오븐, 가스쿡탑 상판재질은 블랙·쎄라믹 글라스				
	식기세척기	규격	–	빌트인 12인용			
		성능	–	고온살균기능 등			
	양문형 냉장고	규격	빌트인 양문형 냉장고				
		용량	약 700리터				
	김치냉장고	규격	빌트인 김치냉장고	빌트인 스탠드형 김치냉장고			가구도어부착
		용량	약 100리터	약 220리터			
	콤비냉장고	규격	–	빌트인 스텐드형 냉장고			가구도어부착
		용량	–	약 250리터			
	냉동고	규격	–	빌트인 스탠드형 냉장고			가구도어부착
		용량	–	약 280리터			
보조주방	가스쿡탑	규격	가스쿡탑(2구) 혹은 전기쿡탑(인덕션)(2구)				직배기방식
		성능	가스쿡탑 재질은 블랙·쎄라믹 글라스				
주방용 액정TV		규격	주방용 칼라액정 TV (10인치)				
		성능	전화+시계+라디오+TV+방문자 확인+메세지녹음+공동현관문 열림기능				
기타 가전			1. 드럼세탁기(약 21kg 기준) : 건축설계에 따라 모든 세대에 세탁기 설치를 위한 설비(수전 등)를 세탁실 이나 주방발코니에 설치한다./ 바닥턱 시공 /세탁기 위에 건조기 추가설치 대비(콘센트 설치 등) 2. 전기건조기: 9kg 기준(세탁기 상부에 설치) 3. 스탠드형 대형 김치냉장고 : 국민주택규모 이상 세대는 주방발코니에 스탠드형 김치냉장고(약 350리터 이상)를 위한 장소와 콘센트 설치				

NOTE-1 : 설치되는 주방가전은 위에 열거된 여러 가전제품 중 아파트의 주택형이나 단위면적당 공사비 및 분양가격 등에 따라 품목이나 규격 등을 조정하여 설치한다.
NOTE-2 : 가전제품은 모델 및 기능의 잦은 변경을 감안하여, 실제 설치되는 가전제품의 선정은 상기 규격 및 성능에 준하여 제품설치 당시에 생산되는 최신제품 중 동일가격 내에서 갑과 을이 합의하여 결정하기로 한다.

주) 메인 주방의 조리기구를 전기쿡탑(인덕션/하이브리드)으로 설치하는 경우, 우리나라의 고유한 음식문화나 주거문화 등을 감안하면, **외기에 직접면한 보조주방에는 대형용기에 많은 양의 식재료 등을 장시간 동안 끓이거나 삶는데 편리한 가스쿡탑(2구)의 설치가 바람직하다는 것이 필자의 판단이다.** 또한, 보조주방의 배출개스에 의한 상층가구의 피해를 감안하여 보조주방 천정에 후드(혹은 팬)를 설치할 필요가 있다.

바. 욕실(Bath Room) - 1(기구 / 마감)

부위/ 아이템		마감수준				비고
		90m² 미만	90m² 이상-130m² 미만	130m² 이상-198m² 미만	198m² 이상	
방 수		액체방수 (욕조, 샤워 H = 1,800mm/ 기타 H = 1,200mm), 코너: 우레탄방수				
바닥	Dry Area	포세린타일(300×300)(미끄럼방지타일)				(건축법 제52조 제3항 참조)
	Wet Area	포세린타일(300×300)(미끄럼방지타일)				
벽	Dry Area	포세린타일(300×600)/ PVC 코너비드 설치				
	Wet Area	포세린타일(300×600)/ PVC 코너비드 설치				
천 정		SMC판넬				동등 이상 제품
문		두께 45㎜ 천연무늬목 도어(Frame : 안방/ 침실과 동일)(건식)				
도어락		레버타입 모티스 도어락(락 분리형)(크롬 도금)(침실용과 동일)				최상급(독일산)
경 첩		스테인리스 정첩(분리형/SUS304/유광/4.5인치/3.0T) x 3개(침실용과 동일)				최상급(독일산)
도어씰		천연 칼라화강석 혹은 엔지니어스톤				
조명	욕실등	세면기등(사각형 매입등), 양변기등(원형 매입등), 샤워룸등(원형 매입등)				
	전실등	화장대등(사각형 매입등), 전실등(원형 등), 드레스룸등(사각형 매입등)				
	센서등	욕실 센서등(야간 안전유도등)				
	시설기준	모든 등은 천정 매입형 /LED램프				
세면기		도기질 카운터 세면기[천연 칼라화강석(혹은 엔지니어스톤) + 세라믹볼]				
세면기수전		고급원터치 싱글레버타입(크롬 도금)				
양변기/ 비데		비데일체형 양변기(벽부 리모컨/자동 물내림·자동 탈취·시트온도조절기능 등),/ 오배수방음 Pipe(3중 파이프)				
욕실장		AL. 슬라이딩 욕실장 (AL. Frame + Mirror 뒤 가구식 수납장)				
욕조	공용욕실	세라믹욕조				월풀욕조는 건식(이동식)
	부부욕실	–		세라믹욕조	월풀 세라믹욕조 (165m² 이상)	
	욕조데크	천연 칼라화강석(측벽 포함)				
욕조수전		수도꼭지+냉온수조절기+ON/OFF조절기+샤워헤드(크롬 도금)				고급형
샤워기	부부욕실/ 전용욕실	해바라기샤워기(레인샤워기)(높이조절 가능)(자동 온도조절기능)(세면용 거울 부착)(최상급 품)				고급형
	공용욕실	해바라기샤워기(레인샤워기)(높이조절 가능)				
샤워부스		All Glass Type(8T 이상 강화유리)/ 독립형 샤워부스 /코너 유리선반/ 바닥: 포세린타일(300×300)(미끄럼방지타일), 벽: 300×600)				(건축법 제52조제3항 참조)
악세사리		▪ 고기능 저소음 배기팬(직배기 방식) ▪ 벽체 매입형 휴지걸이(트레이 부착) ▪ 호텔식 수건선반/2단 수건걸이 ▪ 양변기청소용 수전(샤워부스 설치개소) ▪ 벽걸이형 변기솔(스테인리스 제품)		▪ 방수형 콘센트(2구, 카바부착) ▪ 부부욕실폰: 방문자 통화, 문열림, 비상호출 기능 ▪ 공용욕실폰: 비상호출 기능 ▪ 김서림방지 욕실거울 ▪ 잡지꽂이(안방욕실)		

주) 욕실 특히 포인트월에 사용하는 타일은 세제나 화학제품에 반응하지 않는 타일을 사용하여야 한다.

사. 발코니(Balcony)

부위 / 아이템		마감 수준				비 고
		90m² 미만	90m² 이상– 130m² 미만	130m² 이상– 198m² 미만	198m² 이상	
마감 (1)	대상 발코니	비확장 발코니				
	바 닥	액체방수 위 300×300 포세린타일				
	벽/천장/파라펫	천연페인트 마감				
	창고(설치 시)	내부 외벽: 단열+마감재 설치 문: 환기가 가능한 구조로 설계 및 설치				결로방지공사
마감 (2)	대상발코니	확장 발코니				
	바 닥	난방코일 설치 후 접속실과 동일마감				
	벽/천정	접속실과 동일 마감				
벽체의 구성		내진옹벽(내력벽/ 외벽): 150-200콘크리트 + 견출(외부면 전체) 그 이외의 벽(내벽) : 벽돌 쌓기 + 미장				
시 설	전면발코니	▪ 청소용 수전(스프레이 건) 설치 ▪ 천연무늬목 수납장 설치– 천연무늬목문짝 및 내부에 선반 설치 – 내부벽면은 결로 방지용 단열공사				
	후면발코니	▪ 손빨래 전용수전(냉·온수/원홀/매입형) 설치 ▪ 김치냉장고 설치공간 확보: 전기콘센트(2구) 설치 ▪ 세탁시설: 전용공간(단 설치), 전기콘센트(방수형 2구) 전용배수구, 전용수전(투홀/매입형), 전용선반(2단) 설치 ▪ 빨래건조대: 천정형 전동빨래건조대(LED조명·송풍건조·리모컨 등)				세탁기 상부에 건조기 설치를 대비하여 설계
	보조주방발코니	보조주방가구 및 개수대 설치, 냉·온수전 설치				
창 호	전면발코니	AL.발코니 시스템 창호: 알루미늄(불소코팅 2회, 단열바) Frame+ 16~24mm 페어글라스(그린+그린)				▪난간용 강화유리 및 롤–방충망 설치.
		(확장 시) PL.발코니 창호: PVC Frame(내부 면은 무늬목 래핑)+ 16~24mm 로이 페어글라스(그린+그린) 추가설치				▪AL시스템 창호는 고효율·친환경인증 및 신기술인증일 것
	기타발코니	AL.발코니 창호: 알루미늄(불소코팅 2회, 단열바) Frame+ 16~24mm 페어글라스(그린+그린)				
		(확장 시) PL.발코니 창호: PVC Frame(내부 면은 무늬목 래핑)+ 16~24mm 로이 페어글라스(그린+그린) 추가설치				▪창호레일은 무소음 레일 설치
	기타 외부창	AL.발코니 창호: 알루미늄(불소코팅 2회, 단열바) Frame + 16~24mm 페어글라스(그린+그린)				1층·세대현관 홀, 계단실 등의 창, 롤–방충망 설치
선홈통		소음저감 나선형 선홈통				
발코니난간		강화유리난간(4T+0.76접합유리필름+4T)(H: 1800mm 이상) (중간의 수평 바가 없는 타입에서는 단판 강화유리) (발코니 창호의 형식 결정은 하권의 제Ⅲ부–제1장–7–4) 참조)				오픈발코니 설치 시에도 적용
방충망		롤–타입 방충망 설치(발코니 창 등 외기에 면한 창에 설치)				
조 명		인테리어등(천장 직부형)				LED램프
콘센트		전열용 콘센트(매립형) 설치				
에어컨실외기실/ 대피공간 설치		방화문, A/C실외기, A/C실외기용 분전반, 조명등, 급기시설, (A/C실외기 상부에 설치), 전기콘센트(2구형), 배수구 등 설치 (실외기실용 루버 : 실외기 작동감지 자동루버(AL.)				오픈발코니공간을 확대하여 대피소 겸용 /방화문에 대피공간 표지판 부착 (법정 의무사항)

5 커뮤니티 마감

구 분		마 감	구 분		마 감
북카페	천정	석고보드 위 도장	수영장	천정	SMC
	벽체	우드판넬, 패브릭		벽체	포쉐린타일, 대리석
	바닥	수입산 칼라화강석		바닥	화강석, 수영장 전용타일
주민회의실	천정	도장, 흡음판넬	사우나	천정	SMC
	벽체	우드판넬, 페인트 글라스		벽체	수입산 칼라화강석, 타일
	바닥	카펫타일		바닥	수입산 칼라화강석
연회장	천정	석고보드 위 도장	파우더룸, 락카룸	천정	석고보드 위 도장
	벽체	무늬목, 패브릭		벽체	무늬목, 패브릭판넬
	바닥	카펫타일		바닥	카펫타일
독서실	천정	도장, 우드루버	스카이 라운지	천정	석고보드 위 도장
	벽체	우드판넬, 도장		벽체	대리석, 무늬목
	바닥	PVC카펫		바닥	기능성 원목마루
유아 놀이시설	천정	석고보드 위 도장	생활지원 센터	천정	석고보드 위 도장
	벽체	무늬목, 패브릭		벽체	우드판넬, 도장
	바닥	PVC카펫 위 안전매트		바닥	PVC카펫
복도, 라운지	천정	석고보드 위 도장	근로자 휴게시설 (보안,미화 시설팀 등)	천정	석고보드 위 도장
	벽체	대리석		벽체	우드판넬, 도장
	바닥	수입산 칼라화강석		바닥	뜬 바닥구조 위 PVC카펫
체육관	천정	도장, SMC	화장실	천정	SMC
	벽체	무늬목		벽체	포쉐린타일
	바닥	기능성 원목마루		바닥	포쉐린타일

카페테리아	천정	석고보드 위 도장	(기계)		1. 열원: 지열시스템+지역난방
					2. 수영장/사우나:
					  수처리,냉난방,급배수,샤워시설,
					  환기 등 기계설비 일체
					3. 보육시설: 영유아법 기준
					4. 커뮤니티 전체 전열교환
					  환기시스템 적용
					5. 그 외 필요설비 일체

	벽체	대리석, 우드판넬			
	바닥	수입산 칼라화강석			
휘트닉스 GX 필라테스	천정	도장, 우드루버			
	벽체	무늬목판넬			
	바닥	기능성 원목마루			
골프연습장	천정	석고보드 위 도장	(전기)		1. 컴퓨터운영시스템 2. A.V설비적용: 피트니스, GX룸 주민회의실, 3. 그 외 필요설비 일체
	벽체	무늬목판넬, 패브릭판넬			
	바닥	카펫타일			

주) 생활지원센터(관리사무소) 및 근로자 휴게시설은 법정 설치의무시설임(주택건설 기준 등에 관한 규정 제28조제1항)

6 부대복리시설(상가) 마감

(계속)

공 종	위 치		마감재	비 고
건축공사	엘리베이터홀	천 정	친환경도장	
		벽 체	천연석재	
		바 닥	천연석재	
	복 도	천 정	친환경도장	
		벽 체	친환경도장	
		바 닥	테라조타일	
	판매시설	천 정	친환경도장	
		벽 체	친환경도장	
		바 닥	테라조타일	
	지하주차장	천 정	친환경도장	
		벽 체	친환경도장	
		바 닥	에폭시페인트	최하층 배수판 설치
	기계실	천 정	친환경도장	
		벽 체	친환경도장	
		바 닥	에폭시페인트	
	전기실	천 정	친환경도장	
		벽 체	친환경도장	
		바 닥	에폭시페인트	
	화장실	천 정	친환경도장	
		벽 체	포쉐린타일	
		바 닥	포쉐린타일	
	계단실	천 정	무늬코트	
		벽 체	무늬코트	
		바 닥	자기질타일	
	외부마감	옥 상	우레탄방수/일부 조경	
		기준층	커튼월, AL.쉬트, 화강석	
		저층부	커튼월, AL.쉬트, 화강석	
		창 호	커튼월 AL.창호	
		기 타	미디어파사드	(외벽에 설치)

공 종	위 치		마감재	비 고
전기공사	등기구	점 포	천정매입 개방등	
		복 도	LED 다운라이트	
		주차장	LED 몰드바	
		옥 외	LED보안등	
	공용부		각 매장별로 분전반설치, 단위전용면적당 150VA/m² 확보 매장별 전화/LAN 2포트 제공	
설비공사	화장실	세면기	도기	
		양변기	원피스/후레쉬벨브	
		수 전	싱글레버	
		액서서리	휴지걸이, 수건걸이, 거울, 청소용싱크	
	관제실	급탕, 급수관	STS관, / PB관	
		옥외매립 급탕급수관	STS관, / PB관	
		오수배관	PVC관	
		오수배관(지하)	고강성내 충격관/주철관	
		가스배관(옥외)	백강관(가스배관용)	
		가스배관(옥내)	PE관(가스배관용)	
		소방배관	백강관	
	가스메타		없음	
	환기시설		전열교환기	
	냉난방설비		지하: 중앙냉난방 지상: 개별냉난방	
	지하저수조		STS재질	
	엘리베이터		15인승, 60m/min, 2대 장애인겸용, 화물겸용, 지진감지설비	

7. 기타사항

1) 본 '자재선정 및 단위세대 마감목록'에 기술된 자재는 목록작성 당시의 자재, 설비 및 설계 경향에 따라 선정된 자재이므로 실시설계도서나, 실 시공을 위한 자재 등의 선정은 선정 당시의 경향에 따라 "갑"과 "을"이 협의하여 최신 마감사양으로 변경하여(트렌드 맞춤) 결정하기로 한다.
2) 전기분야 중 조명기구의 사양은 본 '자재선정 및 단위세대 마감목록'에 기술된 것을 원칙으로 하되, 조명기구나 조명방법 등은 시공당시의 경향이나 생산현황 등을 감안하여 "갑"과 "을"이 협의하여 조명기구를 선정하기로 한다.
3) 본 '자재선정 및 단위세대 마감목록'에 구체적인 자재사양이 명기되지 않은 품목에 대하여는 "갑"의 사업참여 제안서 작성지침, "을"의 사업참여 계획서, 설계도서, 시방서 등에서 정하는 바에 의하며, 설계도서 등에도 명기되지 아니한 품목에 대하여는 "갑"의 아파트가 위치하는 인근지역의 신축되는 아파트의 이용자재에 준하여 선정하기로 한다.
4) 본 '자재선정 및 단위세대 마감목록'에 누락된 시설 중, 주택건설기준 등에 관한 규정 및 규칙에 따라 설치의무가 있는 시설에 대하여는 시공자("을")의 부담으로 설치하기로 한다.
5) "을"은 "갑"이 특별히 지정한 비확장 발코니를 제외한 전 세대의 발코니를 확장하는 것을 전제로 m²당 공사비(총 공사비)를 산정하며, "을"은 "갑"의 조합원이 발코니 비확장을 선택하는 경우를 대비하여 모든 주택형별 발코니 비확장에 대한 '마이너스 옵션'에 대한 해당 금액을 산출하여 "갑"에게 제출하여야 한다. 이때 금액산출기준은 본 마감목록의 해당 항목에 준한다.
주) 본 '자재선정 및 단위세대 마감목록'은 일반분양 아파트와 조합원분양 아파트에 모두 적용되며, 조합("갑")과 협의하여 동등 이상의 자재로 변경할 수 있다.

◆ NOTE - 1 : 네트워크 카메라(IP 카메라)
: 유선 또는 무선으로 인터넷에 연결이 되어 있어 PC나 모바일, 스마트폰 등의 기기로 즉시 영상을 송출할 수 있는 카메라다. 카메라 본체, 카메라 모듈, CPU, 디코더(decoder), 영상 압축 칩, 네트워크 전송 칩 등으로 구성되어 있으며 'IP 카메라'라고도 불린다. 녹화를 먼저 한 이후에 필요한 부분을 찾아봐야 하는 CCTV와는 달리 실시간으로 영상을 확인할 수 있다.

◆ NOTE - 2 : 시스템 창호
: 시스템 창호란 새로운 기능의 창호 하드웨어나 신기술 등을 이용하여 생산된 창호가 기존의 창호에 비하여 편의성·기밀성·단열성능은 물론, 차음성능·보안기능·안전성·수밀성 등 사용자가 필요로 하는 제반 기능이 향상되었거나, 이러한 기능을 새롭게 갖추고 있는 창호인 경우 이를 통칭하는 일종의 창호재 제품분류 관련 용어이다.

주) 월풀욕조 설치방법
월풀욕조는 욕조 내에 설치된 특수 모터나 펌프로 강한 거품 등을 일으켜 마사지를 해주는 기능성 욕조이다. 이때, 모터나 펌프는 일정기간이 되면 교체해야 되는 경우가 발생되므로, 건식(이동식)으로 설치하는 것이 매우 바람직하다. 또한, 요즘에는 많은 아파트 단지에 공용 사우나시설이 설치되는 것 등을 감안하여 월풀욕조는 대형 주택형의 기본설치사양으로 계획하는 방식보다는 선택품목으로 처리하는 방안을 검토할 필요가 있다.
설치 시에는 모터 등의 교체가 용이하도록 마감설계 및 시공이 꼭 필요하고, 모터나 펌프 등으로 인한 층간소음 발생이나 급기파이프와 욕조의 연결부위에서 누수가 발생되지 않도록 세심한 주의가 요구된다.

주) 세대별 중앙집진식 진공청소시스템 및 지하실에 설치되는 중앙정수시스템은 무선진공청소기의 보급이 대중화되고, 각 세대 개별정수기의 설치 및 급수시설에서 철재 파이프의 사용을 제한함에 따라 해당 시설들의 설치를 생략하는 추세이다.

상 정 의 안

제6호 안건

보선임원 인준 및
궐위임원 선임에 관한 건

반포주공0단지 재건축정비사업조합

■ 상정의안 : 제6호 안건

보선임원 인준 및 궐위임원 선임에 관한 건

1. 의안상정
: 제6호 안건 「보선임원 인준 및 궐위임원 선임에 관한 건」을 상정합니다.

2. 제안사유
: 임기 중 일부의 조합임원이 주택이나 **복리시설**의 매도 및 개인적인 사유로 인하여 임원 (혹은 조합원)의 자격을 상실하게 되어 조합업무의 원활한 수행에 지장을 초래하게 됨에 따라, 업무의 원활한 수행을 위해 대의원회에서 기 보궐 선임된 임원에 대한 인준과, 궐위된 임원에 대한 선임을 하고자 합니다.

3. 제안근거
: 조합정관 제18조(임직원의 해임 등), 제21조(총회의 의결사항) 및 제28조(이사회의 사무)

4. 의결내용
: 보선임원에 대한 인준과 궐위된 임원에 대한 선임을 첨부 내용의 원안대로 결의한다.

[별 첨]
: 보선임원의 인준 및 궐위된 임원의 선임에 관한 결의내용(안)

0000년 0월 0일

반포주공0단지 재건축정비사업조합

보선임원 인준 및 궐위된 임원 선임에 관한 의결내용(안)

▶ **임원인준 대상자**

 0000년 0월, 제00차 대의원회의에서 이사로 선임되어 현재 상근 기술이사로 재직 중이며, 공사계약서 및 설계도서를 포함한 기술분야의 전반적인 업무를 수행하고 있습니다.

직책	성명	동·호수	주요약력
기술이사	0 0 0 (000000-1******)	000-000	- 00대학교 건축공학과 졸업 - 00건설(주) - 00건설(주)건축설계실 - 00중공업(주)건설본부 해외설계

▶ **임원선임 대상자**

직책	성명	동·호수	주요약력
이 사	0 0 0 (000000-1******)	000-000	- 00대학교 경제학과 졸업 - 00은행 00지점장 - 00은행 본점 부장

▶ **임원자격 상실자**

직책	성명	동·호수	자격상실근거
이 사	0 0 0	000-000	본인 사의로 자격상실 및 소유주택 매도

상 정 의 안

제7호 안건

총회 결의사항 위임의 건

반포주공0단지 재건축정비사업조합

■ 상정의안 : 제7호 안건

총회 결의사항 위임의 건

1. 의안상정
: 제7호 안건 「총회 결의사항 위임의 건」을 상정합니다.

2. 제안사유
: 조합의 중요한 업무에 대한 진행은 조합원 총회의 사전 결의를 받아 업무를 추진하는 것이
원칙이나, 사업추진의 기본계획인 관리처분계획에 대하여 이미 인가를 득한 상태이므로
사업의 신속하고 효율적인 추진 및 총회를 개최하는 데 따른 시간적, 경제적 손실을
감안하여 '도시 및 주거환경정비법'에 따라 구성된 대의원회에 총회의 결의사항인
① 조합해산 시의 회계보고, ② 사업완료로 인한 조합의 해산을 대의원회에서 위임받아
수행하고자 합니다.

3. 제안근거
: 조합정관 제21조(총회의 의결사항), 제25조(대의원회의 결의사항)

4. 의결내용
: 조합의 원활한 업무수행을 위하여 ① 조합해산 시의 회계보고, ② 사업완료로 인한 조합의
해산을 대의원회에서 위임받아 수행하는 것을 결의한다.

0000년 0월 00일

반포주공0단지 재건축정비사업조합

상 정 의 안

제8호 안건

사업시행 인가조건 이행에 관한 건

반포주공0단지 재건축정비사업조합

■ **상정의안 : 제8호 안건**

┌───┐
│   **사업시행 인가조건 이행에 관한 건**   │
└───┘

1. 의안상정

: 제8호 안건 「사업시행 인가조건 이행에 관한 건」을 상정합니다.

2. 제안사유

• 허가관청으로부터 사업시행계획에 대하여 인가를 받는데 따른 이행조건 중 하나인 '구분지상권 설정'과 '정비기반시설의 양도 및 귀속에 관련한 행정심판청구'를 이행하기 위하여 결의안건으로 상정합니다.

• OO구청은 서울시의 '반포아파트지구 개발기본계획(0000.00)'에 따라 우리의 사업부지로 새로이 편입되는 '사업부지 북측의 토지'에 이미 매설되어 있는 하수관로 및 지하철 9호선 구조물의 일부가 해당 사업시행구역의 일부와 저촉되는 토지에 대해, 당 조합에 기부채납 또는 구분지상권을 설정하여 줄 것을 요청하고 있습니다.

  기부채납의 경우 사업부지의 면적감소로 조합원의 경제적인 손실이 발생되는 문제점이 있어 기부채납 대신 구분지상권을 설정하는 조건으로 사업시행인가를 득하였기에 이 사항을 총회의 안건으로 상정하여 결의 받고자 합니다.

• **도정법 제97조제2항**에 '시장·군수등 또는 토지주택공사등이 아닌 사업시행자가 정비사업의 시행으로 새로 설치한 정비기반시설은 그 시설을 관리할 국가 또는 지방자치단체에 무상으로 귀속되고, 정비사업의 시행으로 용도가 폐지되는 국가 또는 지방자치단체 소유의 정비기반시설은 사업시행자가 새로 설치한 정비기반시설의 설치비용에 상당하는 범위 안에서 그 에게 무상으로 양도된다.'라고 명시되어 있으나, 우리 조합의 경우 새로이 설치되는 정비기반시설은 공원부지이고 용도가 폐지되는 정비기반시설은 도로로서 그 용도가 서로 상이하여 상계처리가 되지 않아 이를 행정심판을 통하여 상계처리가 가능하도록 함으로써 정비기반시설 매입에 따른 비용을 절감할 수 있도록 하기 위함입니다.

3. 제안근거

• 도시및주거환경정비법 제45조(총회의 결의) 제1항 및 제3항
• 사업시행인가조건
• 조합정관 제21조(총회의 의결사항)

4. 의결내용

: 위 상정된 안건을 첨부된 '사업시행인가조건 이행방안'의 원안대로 결의한다.

[**별 첨**] : 사업시행인가조건 이행방안(안)

0000년 0월 0일

반포주공0단지 재건축정비사업조합

사업시행인가조건 이행방안(안)

구분	내 용	비고
구분지상권 설　　정	◦ 00구청 치수방재과 인가조건 　: 남측 사업부지 내에 포함되는 하수암거는 이설(개량)후 　　준공검사 전까지 00구에 지상권(지하포함) 영구설정등기를 아래의 　　조건에 따라 시행토록 한다. － 지상권 영구설정등기 조건 　① 하수암거 시설물 좌·우 2m 및 암거하부에서 2m까지 설정 　② 상부지상에는 고정시설물 설치 불가 ◦ 서울시 지하철건설본부 　정화조부지는 재건축사업시행자 부담으로 도시철도에 　지하구분지상권을 설정한다.	
행정심판청구	용도폐지 및 신설되는 공공시설의 재산평가 및 설치비용 중 공원 설치비용의 차액인 약 00억에 대하여 조합이 부담하는 것은 부당함으로 이에 대한 행정청구심판을 제기함	

제4장
정기총회

반포주공0단지 주택재건축정비사업조합

정 기 총 회
[회의자료]

일 시 : 0000년 0월 0일(토요일) 오후 2시

장 소 : 흑석동 00교 서울회관 대강당(5-6층)

(서울특별시 동작구 흑석동 1-3 번지)

반포주공0단지 재건축정비사업조합

서울특별시 서초구 반포0동 00-0(새마을회관 2층)

전화 : 02-000-0000, 02-0000-0000 / FAX : 02-0000-

반포주공0단지 재건축정비사업조합

정 기 총 회

[회의자료]

■ 총회 당일 총회책자를 재배부하지 않으니 필히 지참하여 주시기 바랍니다.

반포주공0단지 재건축정비사업조합
주 소: (우:173-909) 서울시 서초구 잠원동 00-0 00빌딩 705호 ☎ 02)000-0000, 0000-0000 FAX: 02)0000-0000 홈페이지: www.banpo0.com

총 회 장 소 안 내

총회장 : 서울특별시 동작구 흑석1동 1-3 00교 서울회관 대강당

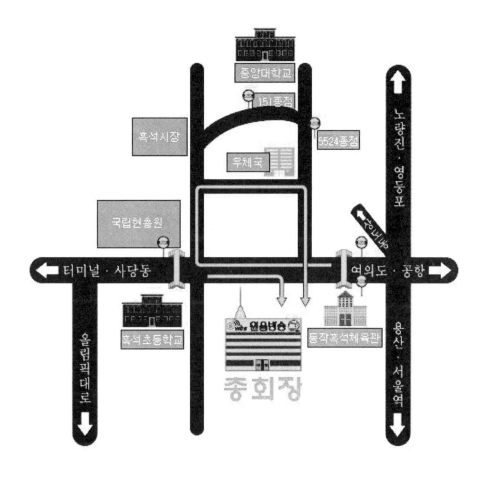

■ 일반버스 : 151, 360, 361, 362, 363, 640, 642, 4511,
5517, 5511, 5529, 5524, 6411

■ 좌석버스 : 9408, 9412

■ 지 하 철 : 9호선 흑석역 1번 출구

※ 총회장 내 주차공간이 협소하여 교통 혼잡이 예상되므로
대중교통을 이용하여 주시기 바랍니다.

목　차

1. 정기총회 소집 공고문

2. 총회참석 시 유의사항

3. 조합장 인사말

4. 회　순

5. 경과보고

6. 결산보고

7. 감사보고

8. 총회 상정의안

 - 제1호 안건 : 설계변경에 따른 사업시행계획 변경인가 신청의 건

 - 제2호 안건 : 0000년도 예산(안) 승인의 건

 - 제3호 안건 : 수행업무 추인의 건

 - 제4호 안건 : 제3차 주택형 배정방법 확정의 건

 - 제5호 안건 : 동·호수 배정방법 확정의 건

 - 제6호 안건 : 소득세 산출기준일 결정의 건

 - 제7호 안건 : 우수관로 이설에 따른 지상권설정의 건

 - 제8호 안건 : 미동의자 처리에 관한 건

정기총회 소집공고

조합정관 제20조에 의하여 조합원 정기총회를 아래와 같이 개최합니다.

- 아　래 -

1. 일　　시 : 0000 년 0월 0일 (토요일) 오후 2시
2. 장　　소 : 흑석동 00교 서울회관 대강당(5-6층)
3. 참석자격 : 반포주공0단지 재건축정비사업조합 조합설립에 동의한 조합원
4. 상정의안 :
　　제1호 안건 : 설계변경에 따른 사업시행계획변경인가 신청의 건
　　제2호 안건 : 0000년도 예산(안) 승인의 건
　　제3호 안건 : 수행업무 추인의 건
　　제4호 안건 : 제3차 주택형 배정방법 확정의 건
　　제5호 안건 : 동·호수 배정방법 확정의 건
　　제6호 안건 : 소득세 산출기준일 결정의 건
　　제7호 안건 : 우수관로 이설에 따른 지상권설정의 건
　　제8호 안건 : 미동의자 처리에 관한 건

5. 총회 참석 시 지참물 및 유의사항
① 조합원 본인 참석할 시 : 본인 주민등록증 또는 신분증, 인감도장 지참.
② 대리 참석할 시 : -위임장(조합원 인감증명서 첨부 : 위임용), 대리인 신분증, 대리인 도장,
　　　　　　　　　　조합원 인감도장, 조합원과의 관계 증빙서류
 * 대리인의 자격 (조합정관 제10조제2항에 의함) : 상속에 관한 규정에 준한 성년자
③ 공유자일 경우 대표자 1인만 참석할 수 있습니다.
④ 총회에 참석할 수 없을 경우, 서면결의서 제출- 총회 전일까지 제출(도착)
⑤ 주차공간이 충분하지 못하니 대중교통을 이용해 주시기 바랍니다.
⑥ 별도의 총회자료를 배포하지 않으므로, 발송된 총회책자를 반드시 지참하여 참석하여
　　주시기 바랍니다.

▶ 기타 문의사항은 조합사무실 또는 조합홈페이지를 참고하여 주시기 바랍니다.

0000년 0월 00일

반 포 주 공 0 단 지 재 건 축 정 비 사 업 조 합
조　　　합　　　장　　 0 　　 0 　　 0

서울시 서초구 잠원동 00-0 00빌딩 000호
☎(02) 000-0000, 0000-0000/ FAX :(02) 0000-0000
www. banpo0.com

총회참석 시 유의사항

1. 총회에 참석하기 전에는 본 '총회참석 시 유의사항'을 포함하여 '총회 회의자료'를 반드시 읽어보시기 바라며, 총회 당일에는 본 '총회 회의자료'를 필히 지참하시기 바랍니다.
2. 총회입장은 오후 1시부터이며 개회는 오후 2시입니다. 따라서 30분 이전에 미리 도착하여 접수절차를 마친 후 총회장에 입장하셔야 예정된 시간에 총회를 개회할 수 있습니다. 총회장 입장은 오후 4시 이전까지만 가능하므로 늦지 않도록 하여 주시기 바랍니다.
3. 총회는 조합원 본인이 직접 참석하거나, 조합정관 제10조제2항에 따라 대리인이 참석할 수 있습니다. 이때의 대리인은 민법에서 정하는 '상속에 관한 규정에 준하는 성년자(배우자 및 직계존비속)에 한합니다.
4. 총회에서의 의결권행사는 '서면결의서'의 제출로 대행할 수 있습니다. 총회참석 시의 지참물 및 필요서류 등은 아래를 참고하시기 바랍니다.

- 아   래 -

구 분	지참물 및 필요서류
조합원이 참석 시	1. 신분증 및 도장 2. 2인 이상의 공동소유인 경우 - 조합에 대표자로 신고 된 조합원만 참석이 가능합니다. - 대표자가 아닐 경우 대표자의 위임장이 필요합니다.
대리인이 참석 시	1. 위임장(위임용 인감증명서 첨부) - 위임장에는 필히 조합원의 인감날인이 되어있어야 하며, - 2인 이상의 공동소유인 경우 조합에 대표자로 신고 된 조합원으로부터 위임받은 자만 참석이 가능합니다. 2. 대리인의 신분증 및 도장 3. 조합원과의 관계 증빙서류(예 주민등록등본, 호적등본, 의료보험증) - 대리인의 범위는 민법의 상속에 관한 규정에 준하는 성년자입니다. - 조합원과의 관계가 확인되지 않을 경우 입장할 수 없으니 관계를 증명할 수 있는 서류를 반드시 지참하여 주시기 바랍니다.
서면결의서 제출 시	1. 총회의 의결권은 서면결의서로 할 수 있습니다. 서면결의서에 인감을 날인(조합에 등록된 인감)한 후 제출하여 주십시오. 2. 서면결의서는 총회책자의 각 안건을 검토한 후 표기하여 주십시오. 3. 서면결의서는 총회 전까지 도착될 수 있도록 제출하여야 합니다. 4. 서면결의로 의결권을 행사한 조합원은 총회당일 의결권을 행사할 수 없습니다.

❋ 서면결의서에 첨부해야 하는 인감증명서는 조합에 기 제출한 인감증명서로 대체되며, 조합에 신고 된 인감이 변경된 경우에는 변경된 인감증명서를 첨부해야 합니다.

▥ 조 합 장 인 사 말 ▥

　존경하는 반포주공0단지아파트 재건축 조합원 여러분!　안녕하십니까?
조합장 0　0　0 입니다.

　우리 조합의 오랜 숙원이며 재건축사업에서 사업의 성공여부를 가름해볼 수 있으며, 사업의 가장 중요한 단계라고 할 수 있는 관리처분계획을 수립하여 성실히 이행하고 있습니다.
그동안 여러 어려움이 있었음에도 불구하고 오늘 우리 모두가 이 자리에 함께한 목적은 우리들만의 원대한 목표가 있기 때문입니다. 그 목표의 첫째는 쾌적한 주거환경을 조속히 마련하여 좀 더 편안한 삶을 영유하고자 하는 것이요, 둘째는 우리가 소유하고 있는 자산에 대한 가치를 한층 더 증대시켜 보다 안정된 삶을 누리고자 하는 것이리라 생각합니다.
우리는 이러한 공동의 목표를 기필코 실현시키고자 지금까지 함께 노력해 왔으며, 앞으로도 그 목표달성을 향해 다함께 힘을 합쳐 희망의 내일을 힘차게 열어갑시다.

　우리의 재건축사업은 정부의 잦은 정책변경에도 불구하고 재건축사업계획의 근간이 되는 '반포아파트지구 개발기본계획'이 수년간의 노력과 기다림 속에 서울시에 의해 확정고시 되었으며, 정밀안전진단, 조합설립인가를 위해 사업부지 내 사유지인 유치원부지의 매입 등 어려운 일들을 슬기롭게 극복하고 드디어 지난 00월 사업시행인가를 득하게 되었습니다.
이는 조합원 여러분들의 적극적인 협조와 따뜻한 격려가 있어 가능한 일이었다고 사료됩니다.
여러 조합원님께서 보내주신 적극적인 협조와 격려는 앞으로도 예상되는 여러 어려운 일들을 슬기롭게 극복하고 우리들의 오랜 소망을 이룩하는 큰 원동력이 될 것입니다.

　조합원 여러분! 이제 우리는 조합원 여러분들의 적극적인 참여를 바탕으로 이번 총회를 성공적으로 마침으로써 우리 모두의 한결같은 꿈을 기필코 이룩해 내야 할 것입니다. 이를 통하여 우리 조합의 3대 사업목표인 「조합원이익의 극대화」, 「투명한 사업추진」, 「쾌적한 주거환경조성」을 목표로 추진하던 반포주공0단지 재건축사업의 풍성한 수확의 기쁨을 우리 다함께 즐기도록 합시다.

만에 하나라도 우리가 서로 협력하지 못하고 분열하게 된다면 우리의 이러한 원대한 희망은 한순간에 물거품이 될 것이며, 우리 조합원 모두에게는 분담금의 대폭적인 증가로 인하여 막대한 금전적인 손실과 차마 인내할 수 없는 크나큰 고통이 초래될 것입니다.
조합 집행부의 모든 임원들은 향후 어떠한 난관에도 불구하고 조합원님들의 단합된 힘을 바탕으로 일치단결하여 우리나라의 어떠한 재건축단지보다 살기 좋은 아파트가 탄생될 수 있도록 최선의 노력을 다할 것임을 약속드립니다.
끝으로 조합원 여러분들의 가정에 건강과 행복이 충만하시기를 기원 드리며, 질서정연한 가운데 이번 총회가 원만이 진행될 수 있도록 협조해 주시기를 부탁드립니다. 감사합니다.

반포주공0단지 재건축정비사업조합 조합장 0 00

회   순

1. 성 원 보 고

2. 개 회 선 언

3. 조합장 인사말

4. 경 과 보 고

5. 결 산 보 고

6. 감 사 보 고

7. 안 건 심 의

제1호 안건 : 설계변경에 따른 사업시행계획 변경인가 신청의 건

제2호 안건 : 0000년도 예산(안) 승인의 건

제3호 안건 : 수행업무 추인의 건

제4호 안건 : 제3차 주택형 배정방법 확정의 건

제5호 안건 : 동·호수 배정방법 확정의 건

제6호 안건 : 소득세 산출기준일 결정의 건

제7호 안건 : 우수관로 이설에 따른 지상권 설정의 건

제8호 안건 : 미동의자 처리에 관한 건

8. 폐 회

경 과 보 고

[임시총회(0000. 0. 00)이후 ~ 현재까지]

□ 사업추진 경과보고 □

일 자	내　　　　용
00. 09. 24	**임시총회 개최** 제1호 안건 : 조합정관, 운영규정 및 선거관리규정 개정의 건 제2호 안건 : 단위세대평면 변경의 건 제3호 안건 : 이주 관련 기준 추인의 건 제4호 안건 : 사업비 차입에 관한 건 제5호 안건 : 공사도급계약 체결의 건 제6호 안건 : 관리처분계획 변경의 건 제7호 안건 : 감정평가업체 추가선정에 관한 건 제8호 안건 : 보선임원의 인준 및 궐위된 임원의 보궐선임에 관한 건 제9호 안건 : 총회의 결의사항 위임의 건 제10호 안건 : 사업시행인가조건 이행에 관한 건 **제1호~제6호 안건, 제8호~제10호 안건 : 원안통과** **제7호 안건 : 부결**
00. 10. 18	**제96차 이사회** 신탁서류 미제출 및 미이주 세대에 대한 처리방안 결의
00. 10. 21	**관리처분계획 인가(조건부)-00구청** ① 00.9.24일 임시총회 시 의결된 84형 위치 및 4호에서 3호 주택으로의 　변경추진 ② 감정평가사 추가선정문제 총회 재상정 ③ 조합 홈페이지 게시판 조속한 재정비 개설 ④ 상가 조합원 주택공급문제는 상급기관의 유권해석에 따라 이행 ⑤ 법원 최종판결 시 판결내용에 따른 조속한 이행
00. 10. 31	**제97차 이사회** ① 상근 총무이사 선임 ② 주택형 추첨 참관인 선임
00. 11. 02	**분양계약 체결금지 등 가처분 기각결정** ① 서울지방법원 0000 카합0000 　**(원고)** 000 외 226명, **(피고)** 조합, 00건설
00. 11. 14	**제98차 이사회** 시공자 공사도급계약 체결
00. 11. 24	**분양계약체결 금지 등 가처분 항고** 서울지방법원 0000라927 **(원고)** 000 외 2명, **(피고)** 조합,00건설
	문화유적 지표조사 보고서 제출 (조합→00구청)
	34평형 동별 배치계획 변경에 대한 조합원 설문조사 실시 기간 : 0000.11.24-0000.12.05(12일간)

일 자	내　　　　용
00. 11. 29	조합원 주택형 배정 전산추첨 (<u>한국부동산원</u>)
00. 12. 01	주택형 배정결과 조합원 통보
00. 12. 02	198형과 222형 잔여세대 추가신청 안내장 발송
00. 12. 09	건축심의도서 제출 (00구청 경유 서울시)
00. 12. 14	198형과 222형 잔여세대 분양신청 마감
00. 12. 15	198형과 222형 잔여세대 제2차 분양신청 마감결과 발표 제99차 이사회 0000년 예산(안) 결의
00. 12. 23	제100차 이사회 조합원 동·호수 배정방안 최종심의 결의 사후환경영향평가 조사업체 선정(00 엔지리어링)
00. 12. 28	조합 사무실 이전 (00빌딩 7층)
00. 01. 03	건축심의 결과 접수 (서울시/원안통과)
00. 01. 17	관리처분계획인가 취소 소송 접수 - 서울행정법원(사건번호:0000구합0000) 　(원고) 000, 000　(피고) 00구청장, 조합(보조참가)
00. 01. 20	관리처분계획 취소 소송 접수 - 서울행정법원 (사건번호 : 0000 구합 0000) 　(원고) 000　(피고) 00구청장, 조합장
00. 01. 24	제101차 이사회
00. 01. 26	관리사무소 업무 인수인계
00 01. 17	철거작업에 대한 설명회 개최 00초등학교(3회)
00. 01.~	철거공사 착수 단지외곽 펜스공사 석면 제거작업 (0000.2.20~3.12) 본건물 철거작업 개시 (0000.2.22~
00. 02. 22	관리사무소 청산공고(재무제표) 00일보 (00년 02월 22일)

□ 결 산 보 고

제5기 (0000.1.1-0000.12.31)

대 차 대 조 표

제5기 0000년 12월 31일 현재
제4기 0000년 12월 31일 현재

공사명 : 반포주공0단지 재건축정비사업조합   (단위:원)

과　　목	제5(당)기		제4(전)기	
	금액		금액	
자　산				
Ⅰ. 유동자산		256,471,801,289		241,971,470,928
(1) 당좌자산		467,164,400		30,593,617
현　　　　　금		1,165,127		34,027
보　통　예　금		432,455,193		24,301,080
정　기　예　적　금		0		6,100,000
가　지　급　금		33,179,910		0
선　납　법　인　세		364,170		158,510
(2) 제고자산		256,004,636,889		241,940,877,311
건　설　용　지		240,499,077,750		240,499,077,750
미완성공사(분양)		15,505,559,139		1,441,799,561
Ⅱ. 고정자산		0		0
(1) 투　자　자　산		0		0
(2) 유　형　자　산		0		0
(3) 무　형　자　산		0		0
자산총계		256,471,801,289		241,971,470,928
부　채				
Ⅰ. 유동부채		300,981,820		94,601,820
외　상　매　입　금		300,000,000		0
미　지　급　금		0		94,064,900
예　　수　　금		981,820		536,920
Ⅱ. 고정부채		32,005,926,376		17,419,979,392
사　업　비　차　입　금		24,041,274,887		16,933,879,392
예　수　보　증　금		300,000,000		300,000,000
퇴　직　급　여　충　당　금		14,034,000		6,100,000
운　영　비　차　입　금		480,000,000		180,000,000
이　사　비　용　차　입　금		1,720,000,000		0
이　주　비　이　자　차　입　금		4,792,388,039		0
관　리　비　차　입　금		434,503,850		0
신　탁　비　용　차　입　금		223,725,600		0
부채총계		32,306,908,196		17,514,581,212
자　본				
Ⅰ. 자본금		224,953,080,000		224,953,080,000
출　　자　　금		224,953,080,000		224,953,080,000
Ⅱ. 자본잉여금		0		0

(계속)   (단위:원)

과 목	제5(당)기		제4(전)기	
	금액		금액	
Ⅲ. 결손금				
처 리 전 결 손 금		788,186,907		496,190,284
(당 기 순 손 실)		788,186,907		496,190,284
당기 : 291,996,623원				
전기 : 180,372,606원				
Ⅳ. 자본조정		0		0
자본총계		224,164,893,093		224,456,889,716
부채와 자본총계		256,471,801,289		241,971,470,928

손 익 계 산 서

제5기 0000년 12월 31일 현재 - 제4기 0000년 12월 31일 현재

공사명 : 반포주공0단지 재건축정비사업조합   (단위:원)

과 목	제5(당)기		제4(전)기	
	금 액		금 액	
Ⅰ. 매출액		0		0
Ⅱ. 매출원가		0		0
Ⅲ. 매출총이익		0		0
Ⅳ. 판매비와관리비		292,485,165		180,405,140
급 여	131,217,000		70,500,000	
상 여 금	36,990,000		0	
퇴직급여충당금전입	14,034,000		6,100,000	
복 리 후 생 비	21,197,410		6,993,820	
여 비 교 통 비	746,260		304,050	
통 신 비	2,722,850		3,030,220	
수 도 광 열 비	2,767,340		1,020,380	
세 금 과 공 과 금	3,954,400		2,097,100	
지 급 임 차 료	6,433,285		3,240,000	
수 선 비	665,000		205,000	
보 험 료	699,890		226,480	
운 반 비	1,210,000		0	
도 서 인 쇄 비	393,300		3,703,100	
회 의 비	16,480,390		27,878,950	
사 무 용 품 비	10,310,880		2,007,520	
소 모 품 비	1,581,880		300,400	
지 급 수 수 료	2,565,300		1,852,740	
잡 비	85,700		115,900	
행 사 비	0		16,129,480	
협 회 비	600,000		700,000	
재건축업무추진비	36,900,000		34,000,000	
홍 보 비	930,280		0	
Ⅴ. 영업손실		292,485,165		180,405,140
Ⅵ. 영업외수익		1,488,542		32,534
이 자 수 익	1,488,542			
Ⅶ. 영업외비용		1,000,000		0
기 부 금	1,000,000			
Ⅷ. 경상손실		291,996,623		180,372,606
Ⅸ. 특별이익		0		0
Ⅹ. 특별손실		0		0
Ⅺ. 법인세차감전손실		291,996,623		180,372,606
Ⅻ. 법인세등		0		0
ⅩⅢ. 당기순손실		291,996,623		180,372,606

운영비예산집행실적

기간 : 0000.01.01-12.31

(단위: 원)

과목	계정과목	①예산총액	②집행총액	집행잔액 ①-②	집행율 (%)	집행내역서		비고
인건비	조합장 및 임원	94,800,000	89,900,000	4,900,000	95%	조 합 장: 임 원:	32,100,000 57,800,000	
	직 원	36,000,000	41,317,000	△5,317,000	115%	직 원:	41,317,000	
	상 여 금	37,600,000	36,990,000	610,000	98%	조 합 장: 임 원: 직 원:	10,700,000 17,470,000 8,820,000	
	퇴직급여 충당금	14,034,000			0%			
	소 계	182,434,000	168,207,000	14,227,000	92%		168,207,000	
사 업 추진비	감 사 비	2,400,000	0	2,400,000	0%			
	회 의 비	41,163,600	16,480,390	24,683,210	40%	식대및음료: 이사회의비: 대의원회의비:	1,530,390 8,110,000 6,840,000	
	업무추진비	32,400,000	36,900,000	△4,500,000	114%	조 합 장: 임 원:	6,900,000 30,000,000	
	소 계	75,963,600	53,380,390	22,583,210	70%		53,380,390	
운영비	보 험 료	661,260	699,890	△38,630	106%	산재보험료:	699,890	
	복리후생비	4,233,600	3,402,760	830,840	80%	고용보험료: 건강보험료:	393,800 3,008,960	
		11,100,000	17,794,650	△6,694,650	160%	직 원 식 대: 기 타:	16,061,500 1,733,150	
	여비교통비	300,000	746,260	△446,260	249%	총 회 준 비: 시 내 (야 근):	174,080 572,180	
	통 신 비	2,143,200	2,722,850	△579,650	127%	전 화 료 (5대): 두 루 넷: 기 타:	2,031,040 449,480 242,330	
	도서인쇄비	1,124,000	393,300	730,700	35%	신문구독료: 명 함 2통: 기 타:	144,000 114,500 134,800	
	소 모 품 비	240,000	1,581,880	△1,341,880	659%	프린터용액: 기 타:	431,100 1,150,780	
	사무용품비	2,182,800	5,483,180	△3,300,380	251%	전화설치비용: 사무실서류함: 기 타:	682,000 2,494,200 2,306,980	
	지급수수료	2,052,000	2,565,300	△513,300	125%	시스템사용료: 컴퓨터호스팅: 기 타:	1,838,000 695,800 31,500	
	잡 비	108,000	85,700	22,300	79%	잡 비:	85,700	
	수 선 비	204,000	665,000	△461,000	326%	에어컨보수비용: 기 타:	100,000 565,000	
	임 차 료	2,200,000	6,433,285	△4,233,285	292%	노인정임차료: 복사기임차료:	2,400,000 4,033,285	
	수도광열비	3,600,000	2,767,340	832,660	77%	전 기 료: 난 방 비: 잠원유치원전기료外:	881,240 951,170 934,930	
	세 금 과 공 과 금	4,482,000	3,954,400	527,600	88%	국 민 연 금: 적십자회비外:	3,861,900 92,500	
	협 회 비	600,000	600,000	0	100%	재건련협회비:	600,000	
	홍 보 비	5,654,600	930,280	4,724,320	16%	식대(우편발송): 소 식 지 봉 투: 우 편 물 발 송:	67,000 251,020 612,260	
	소 계	40,885,460	50,826,075	△9,940,615	124%		50,826,075	
영업外 비용	기 부 금		1,000,000	△1,000,000		쓰나미이재민성금:	1,000,000	
	소 계		1,000,000	△1,000,000			1,000,000	
예 비 비		9,000,000	6,037,700	2,962,300	67%	CCTV 설치비: 사무실이전비용:	1,902,800 4,134,900	
총 계		308,283,060	279,451,165	28,831,895	91%		279,451,165	

□ 회 계 감 사 보 고

제5기 (0000.1.1-0000.12.31)

- 00.0.0. 감사보고서(00.0. 조합원에 우송) 참조 -

감사인 감사보고서

조합장 책임 하에 작성 제출된 반포주공0단지 재건축정비사업조합의 제5기 (00.1.1-12.31)말 현재 대차대조표 및 동 회계기간의 손익계산서와 예산집행 실적에 대한 회계감사를 실시하고, 그 결과를 본 감사인의 의견과 함께 보고 합니다.

가. 감사대상

당 조합의 제5기(00.1.1-12.31) 결산에 대한 회기 중의 중간감사(00.00.00 감사보고서 참조)에 이어서, 동 회계연도 말 기준의 년간 결산보고서와 관련하여 회계전표와 제 증빙서류, 현금출납, 제 예금통장 등의 제반 회계 기록과 대차대조표, 손익계산서등 결산 재무제표 및 동기간 중의 예산대집행 실적을 감사하였습니다.

나. 감사의 기준

조합정관 제6장(재정)과 조합 운영규정 제7장(회계 및 결산)에 따라서 감사를 실시하였으며, 조합정관과 조합운영규정에 정함이 없는 사항은 일반회계기준에 준거하고, 제 경비집행은 대의원회의(00.00.00 제00차 대의원회의)에서 승인된 00년도 조합운영비 예산에 준거하여 감사하였습니다.

다. 감사 주안점

전표작성과 증빙서류, 장부기장 내역 및 계정과목 운용 등에서 명료성, 객관성, 일관성이 유지됨으로써 회계기록이 바르게 되고 있는가를, 매일의 경리일보와 회계전표의 검토를 통하여 일일감사 하였으며 또한, 그것을 근거로 한 결산재무제표가 적정하게 작성된 것이며, 제 경비는 바른 절차와 승인예산에 근거하여 집행되고 있는 것인지를 수시적, 정기적으로 감사하였습니다.

라. 감사인의 의견

본 감사인은 전기 감사와 연계하여

(1) 회계처리에 있어서 기본과 원칙을 중시하여 회계원칙에 따라 업무처리가 되었는지를 감사의 주안점으로 하여 창립총회 이후 매 회계연도 중의 가결산과 회계년도 말의 본결산에 대한 감사를 반복실시하고 보고해 왔습니다.

(2) 당 조합은 일반기업과는 달리 장기간에 걸쳐 종료되는 재건축사업이라는 특이성이 있으므로 계정과목의 운용, 년도별 결산서 작성 등 회계처리 방법에 있어서 부분적이지만 특수성을 감안할 필요가 있다고 판단하고, 이러한 관점에서 감사를 실시하였는바,

(3) 일반기업회 계기준상 재무제표에 속하는 "이익잉여금(결손금)처분계산서"와 "자금흐름표"가 생략됨 점과 본 감사인의 권고사항 및 예산운영상의 시정 사항을 제외하고는 해당 조합의 제00기 결산 재무제표는 일반기업회계기준에 따른 중요성의 관점에서 대체적으로 적정하게 표시되었음을 확인하였습니다.

0000. 00. 00

감   사   인
회계감사   0   0 0

총 회 상 정 의 안

제1호 안건 : 설계변경에 따른 사업시행계획 변경인가
　　　　　　　신청의 건

제2호 안건 : 0000년도 예산(안) 승인의 건

제3호 안건 : 수행업무 추인의 건

제4호 안건 : 제3차 주택형 배정방법 확정의 건

제5호 안건 : 동·호수 배정방법 확정의 건

제6호 안건 : 소득세 산출기준일 결정의 건

제7호 안건 : 우수관로 이설에 따른 지상권 설정의 건

제8호 안건 : 미동의자 처리에 관한 건

반포주공0단지 재건축정비사업조합

상 정 의 안

제1호 안건
설계변경에 따른 사업시행계획
변경인가 신청의 건

반포주공0단지 재건축정비사업조합

■ 상정의안 : 제1호 안건

설계변경에 따른 사업시행계획 변경인가 신청의 건

1. 의안상정

: 제1호 안건 「설계변경에 따른 사업시행계획 변경인가 신청의 건」을 상정합니다.

2. 제안사유

- 사업시행인가, 관리처분계획인가 및 임시총회 시 결의 받은 건축계획 중 84m²형 5개동 중 4개동을 4호 주택에서 3호 주택으로 변경하고 판상형을 추가하며 일부 동의 위치도 첨부와 같이 변경하는 (안)은 조합원 설문조사, 0000년 00월 00일 임시총회의 결의사항 및 관리처분계획에 대한 허가관청의 인가조건으로 이를 이행하기 위함입니다.

- 발코니 확장에 대한 관계법이 시행됨에 따라 모든 주택형의 단위평면계획의 수정이 필요하고 0000년 00월 00일 임시총회 시 결의된 단위세대 평면계획보다 더욱 향상된 평면의 구성을 하기 위함입니다.

- 일부 동의 설계변경으로 각 동의 위치에 따른 환경변화, 1개 층의 세대수 구성(4호 주택 →3호 주택)의 변경 등에 따라 일부 세대에 대한 감정평가액의 조정이 불가피하여 기존에 평가하였던 감정평가금액을 변경하고자 합니다.

3. 제안근거

- 0000년 00월 00일 임시총회 결의안건 제6호(관리처분계획 변경의건)제13조 제8항
- 발코니 확장에 대한 관계 법규 : 건축법 시행령 제2조제14호, 제46조 및 제119조
- 조합공문 : 반포0재건축 제0000-000호(0000, 00, 00)(조합원 설문조사)

4. 의결내용

- 설계변경에 따른 사업시행계획을 첨부된 '주택형별 설계변경 주요사항'및 '단위세대 평면계획에 관한 도면'과 같이 변경하는 것을 원안대로 결의한다.
- 84m²형 5개동 중 4개동이 4호 주택에서 3호 주택으로 변경됨에 따라 변경된 세대를 포함한 일부 세대의 감정평가금액을 변경하기로 결의하며, 변경되는 감정평가금액의 확정은 사업시행 변경인가 후 산출예정인 감정평가금액이 기 평가된 금액의 10% 이내인 경우에 한하여 동·호수추첨 전 조합원에게 서면통지 한 후, 별도의 총회의 결의 없이 이번 총회의 결의로 대신한다.

[별 첨]

: 주택형별 설계변경 주요사항 및 단위세대평면 변경계획에 관한 도면(안)

0000년 00월 00일

반포주공0단지 재건축정비사업조합

주택형별 설계변경 주요사항

1. 공통사항

1) 모든 주택형을 발코니확장에 대비하여 평면을 재조정

   즉, 가능한 모든 실의 폭을 넓게 하고 깊이는 발코니 확장을 통하여 증가시킬 수 있도록 함

2) 평면설계의 기본방향은 59m²형 및 84m²형은 발코니의 전면적인 확장을 고려하여 계획하였으며, 115m²형 이상은 조합원의 선택에 의해 부분적인 발코니 확장을 할 수 있도록 하는 것임

3) 침실, 주방 및 거실의 크기배분을 새로운 생활방식에 부합되는 크기로 조정

   핵가족화의 촉진 및 외식문화의 변화 등 사회 전반의 제반 환경변화에 따라 기존의 트렌드(경향)인 주방의 대형화 추세를 지양하고, 자녀들만의 공간인 침실의 충분한 너비의 확보에 유의하였으며 TV의 대형화 추세에도 대비함

4) 기타, 현관로비의 추가, 아파트 외관, 조경의 차별화 및 입주 후 아파트 운영의 전자화 추세를 감안하여 설계를 보완함

2. 59m²형

1) 59m²형 대부분의 세대는 일반분양에 해당되고, 일반분양을 통하여 조합이 필요한 사업비의 약 45% 이상을 조달하게 되어있어, 적정한 판매가격 및 분양성 제고에 중점을 두고 설계변경을 추진함

2) 59m²형의 대부분은 T형의 4호 주택으로 구성되어 있고 관리처분 시의 평면계획에 비하여 대폭적인 설계변경이 이루어졌으며, 전면적인 발코니 확장을 고려하여 평면을 재구성함

3) 타 지역 대부분의 단지는 재건축으로 인하여 약 25층 이상의 고층화가 추진됨에도 불구하고 판상형(P-1타입)에서는 엘리베이터가 1대로 계획되어 있어 이사 및 고장 등의 비상 시 많은 문제점이 예상됨에 따라, 우리 아파트 단지는 판상형에서도 최소 2대를 계획함

4) 59m²형 P1타입의 침실-2와 T2타입의 침실-2를 식당 등 타 용도로도 사용이 가능하도록 하기 위해 출입문 타입을 여닫이 타입에서 미서기 타입으로 수정

3. 84m²형

1) 모든 타입은 전면적인 발코니 확장을 고려하여 평면을 재구성함

2) 판상형(P-1타입) 2호 주택에서도 고장 등을 대비하여 엘리베이터를 2대로 계획함

3) 각 타입의 공용화장실의 크기를 합리적으로 확대 조정함

4) 4호주택인 T타입은 관리처분 시의 단위평면계획에 대비하여 전면적이고 획기적인 수정이 이루어짐

5) 발코니 확장 시 직사각형의 양호한 실의 구성이 가능하도록 재 계획함

4. 115m²형

1) 부부욕실의 너비를 2.6m에서 2.5m로 축소하고 침실2의 너비를 2.7m에서 3.0m로 확대하여 침실2의 이용이 편리하도록 함

2) 침실1 앞 발코니에 계획되어 있던 실외기를 부부욕실 후면의 발코니로 이동함으로써 침실1의 확장에 대비하였으며 실외기에 의한 소음원도 이동함

3) 주방/식당의 수납장은 다른 주택형에 비해 양호하여 변경하지 않음

5. 135m²형

1) 주방/식당의 싱크대 및 상부 수납장을 확장함
2) 침실1 앞 발코니에 계획되어 있던 실외기를 부부욕실 후면의 발코니로 이동함으로써 침실1의 확장에 대비하였으며 실외기의 효율도 높이고 소음원도 이동함

6. 168m²형

1) 주방/식당의 싱크대 및 상부 수납장을 확장함
2) 서재의 너비를 3.6m에서 3.3m로 축소하고 거실의 너비를 5.4m에서 5.7m로 확대하여 대형 TV시대에 대비함
3) 침실1의 드레스룸 및 전용화장실의 위치를 교환 변경하여 이용이 편리하도록 하였으며, 입주 후 입주자의 취향에 따라 드레스룸을 발코니 쪽으로 대폭 확장할 수 있도록 재 계획함
4) 침실1 앞 발코니에 계획되어 있던 실외기를 부부욕실 후면의 발코니로 이동함으로써 침실1의 확장에 대비하였으며, 실외기의 효율도 증대시키고 소음원도 이동함

7. 198m²형

1) 주방/식당의 싱크대 및 상부 수납장을 확장
2) 부부욕실의 너비를 3.3m에서 3.0m로 축소하고 거실의 너비를 6.0m에서 6.3m로 확대하여 대형TV시대에 대비
3) 침실1의 드레스 룸 및 전용화장실의 위치를 교환하여 이용이 편리하도록 하였으며, 입주 후 취향에 따라 드레스 룸을 대폭 확장할 수 있도록 계획함
4) 침실1 앞 발코니에 계획되어 있던 실외기를 부부욕실 후면의 발코니로 이동함으로써 침실1의 확장에 대비하였으며, 실외기에 의한 소음원도 이동함

8. 222m²형

1) 설계변경 전의 222m²형은 침실이 6개로 구성됨에 따라 침실의 폭이 2.7m, 3.0m 혹은 3.3m로 계획되어 220m²형대의 침실의 너비로는 좁게 설계되어 있고, 거실의 확장 시에는 기둥이 돌출되는 등의 문제가 있어 222m²형을 신청한 많은 조합원의 변경요청이 있었음
2) 조합은 5개의 침실로 구성되는 단위평면계획(안)을 222m²형에 배정된 조합원에게 제시하여 22m²2형에 배정된 조합원의 의견을 조사한 결과 조사에 응한 조합원의 약 90% 이상이 침실 5개 안을 선호하는 것으로 파악되어 전면적인 수정이 이루어짐
3) 수정된 222m²형 단위평면계획의 특징
   (1) 5개의 침실로 구성되어 있어 설계변경 전 대비 모든 침실의 너비가 확대됨
   (2) 핵가족화의 촉진 및 외식문화의 발달을 고려하여 주방/식당의 폭은 미확장
   (3) 거실 너비를 6.9m로 확대하여 50인치 이상의 대형 TV설치에 대비
   (4) 입주 후 침실1의 드레스룸 설치위치를 침대설치장소로 변경하고 맞은편 벽에 옷장을 설치하는 등 입주자의 취향에 따라 개성이 있는 인테리어를 연출할 수 있도록 계획함
   (5) 현관입구의 맞은편 벽을 넓게 계획하여 입주자의 취향에 따라 인테리어를 계획할 수 있도록 준비함

변경 후의 배치도 및 단위세대 평면계획(안)

(변경 후의 단위평면계획은 제Ⅱ부(기술부문) - 제1장
4. 단위평면계획의 예 - 2) 변경 후의 단위평면계획 참조)

상 정 의 안

제2호 안건

0000년도 예산(안) 승인의 건

반포주공0단지 재건축정비사업조합

■ **상정의안 : 제2호 안건**

0000년도 예산(안) 승인의 건

---

1. 의안상정
: 제2호 안건 「0000년도 예산(안) 승인의 건」을 상정합니다.

2. 제안사유
: 도시및주거환경정비법 및 조합정관에 따라 0000년도 예산집행 실적과 0000년도 사업추진
계획을 기준으로 하여 합리적이며 최소한의 비용으로 최대의 성과를 올릴 수 있도록
0000년도 사업비예산을 수립하였으며, 금년은 철거공사를 완료하고 본공사가 본격적으로
시작되는 단계에 이름에 따라, 건설공사가 원활히 추진될 수 있도록 하기 위한 예산을
계획하였습니다.

3. 제안근거
- 도시및주거환경정비법 제45조(총회의 의결)
- 조합정관 제21조(총회의 의결사항)

4. 의결내용
: 반포주공0단지 재건축정비사업조합의 0000년도 사업비 예산(안)을 첨부된 내용과
같이 승인할 것을 결의한다.

[첨　부]
: 0000년도 예산(안)

0000년 0월 00일

반포주공0단지 재건축정비사업조합

0000년도 사업비 예산(안)

(단위 : 천원)

사업추진내역	총사업비	00이전집행누계	0000년집행	0000예산
분양 대금 입금계획				131,913,000
1) 조합원 분양대금 : 0000.06월, 11월				131,913,000
2) 일반/임대 분양대금 입금계획				
1. 후분양으로 인한 차입자금에 대한 금융비용				2,597,030
※ 일반/임대 후분양으로 인한 차입자금 :				
0000.06월,11월(00,000,000)				
1) 차입금에 대한 금융비용				2,597,030
2. 공사비			250,000	19,075,160
1) 본공사비 : 조합원 분양대금에 포함 지급				
2) 인허가 이행 공사비				10,480,000
3) 정비기반시설 공사비				4,280,000
4) 기타 공사비(지하철, 학교지원금)			250,000	550,000
5) 공사비 부과세				3,765,160
3. 설계 공사비		730,422	1,383,120	971,675
1) 설계용역비		730,422	1,193,040	961,731
2) 조사 측량비			190,080	9,944
4. 감리비				1,851,526
1) 감 리 비				1,495,330
2) 공사 감독비				356,196
5. 국공유지 매입비		15,522,286		63,603,714
1) 국공유지 매입비 : 유치원 및 국공유지		15,522,286		63,603,714
2) 손실 보상비				
6. 기타경비		1,741,068	6,319,787	3,670,975
1) 조합운영비		502,720	290,224	480,000
2) 총회경비(년2회) 및 기타 관리비 등		17,483	602,090	210,775
3) 세무회계비			28,160	13,200
4) 감정평가비		333,320	2,747,772	300,000
5) 행정용역비		417,464	350,601	67,000
6) 문화재조사 용역비			12,000	3,000
7) 기반시설 용역비		211,602	504,800	260,000
8) 인입시설 부담금				
9) 학교용지 부담금				
10) 교통시설 부담금			775,910	
11) 신탁 등기비			223,690	4,000
12) 멸실 등기비				183,000
13) 보존 등기비				
14) 매도/명도 소송비(변호사수임료,제세공과금)		204,743	684,570	100,000
15) 안전진단비		37,000		
16) 관리처분 및 분양경비, 동·호수 추첨 경비				50,000
17) 민원처리비		4,540		1,000,000
18) 예비비		12,196	99,970	1,000,000
7. 이주비 금융비			4,763,948	13,070,000
8. 사업비에 대한 금융비용				3,203,480
총　　　계		17,993,774	12,716,855	107,428,570

0000년도 사업비 예산편성 지침

1. 아파트 분양대금 입금계획

(단위: 천원)

항 목	사업비	입 금 계 획		비 고
		계약금 (6월)	1차중도금(11월)	
조합원 분양대금	439,710,000	87,942,000	43,971,000	
일반 분양대금	249.020,000	49,804,000	24,902,000	후분양 미입금
임대 분양대금	71,270,000	14,254,000	7,127,000	후분양 미입금
합 계	760,000.000	152,000,000	76,000000	

조합원 분양대금(0,000억원)은 기 투입 및 0000년에 투입될 사업경비, 용역비, 토지매입비, 이주비 금융비용, 시공사 공사비 등으로 지출 예정임.

2. 건설 공사비 투입 계획

(단위: 천원)

항 목	사업비	0000년 이전	0000년 예산	비 고
건 설 공 사 비	491,684,973	0	(54,085,347)	공정11%
인허가 이행 공사비	13,100,000	0	10,480,000	80%추진예정
정비기반시설 공사비	10,700,000	0	4,280,000	40%추진예정
기 타 공 사 비	7,100,000	250,000	550,000	7.7%추진예정
공사비 매입부가세	28,610,641	0	3,147,170	공정11%
합 계	551,195,614	250,000	19,075,160	

1) 철거공사 : 0000년 0월 00일 착공 ~ 0000년 0월 00일 완료 예정

2) 본공사 : 0000년 0월 0일 착공하여 0000년도에 공정진도 11% 추진예정
    (0000년 0월 00일 완공 예정)

3) 인허가이행 공사비 남측/북측 우수암거 이설, 우수관로 이설, 가로등 이설 등

4) 정비기반시설 공사비 : 유수지 인접 폭25m도로 개설, 공원공사

5) 기타 공사비 : 지하철진동 저감공사, 지하철 부대시설 이전공사, 학교시설 지원금

6) 공사비 매입부가세 : 공사에 투입되는 모든 자재, 용역 등의 매입부가세

3. 설계 용역비 및 조사 측량비

(단위: 천원)

항 목	사업비	0000년 이전	0000년 예산	비 고
설계용역비	3,205,770	1,923,462	961,731	시공도면 제출
조사측량비	200,024	190,080	9,944	
합 계	3,405,794	2,113,532	971,675	

1) 건축심의/사업시행 인가 도면 작성제출

2) 정비기반시설설계 사전조사 측량비

4. 공사 감리비

(단위: 천원)

항 목	사업비	0000년 이전	0000년 예산	비 고
감 리 비	7,476,649	0	1,495,330	20%(계약,1차)
공사 감독비	1,780,983	0	356,196	20%
합 계	9,257,632	0	1,851,526	

1) 감   리 : 토목, 건축공사 일체 및 전기, 정보통신, 소방

2) 공사감독 : 조합이 자체 시행하는 공사감독

5. 유치원 및 국공유지 매입비

(단위: 천원)

항 목	사업비	0000년 이전	0000년 예산	비 고
유치원 매입비				부대비용 포함
국공유지 매입비				100%
손실보상비				00상가 외
합 계				

1) 유치원 매입 : 토지 1,515.7m² 매입

2) 국공유지 매입 : 21,074.3m² 매입

3) 손실보상 : 재건축 미동의자 매도청구 (동남상가, 주공상가 1인, 18평형 아파트 1세대)에 대한 손실보상비 계상

6. 기타 경비

(단위 : 천원)

항 목	사업비	0000년 이전	0000년 예산	비 고
조합운영비	1,700,000	792,944	480,000	
총회경비/기타	1,050,000	619,573	210,775	
세무회계비	170,000	28,160	13,200	
감정평가비	3,120,000	3,081,092	300,000	
행정용역비	1,282,308	768,065	67,000	
문화재조사용역	100,000	12,000	3,000	
기반시설용역비	750,000	716,402	260,000	△226,402
인입시설부담금	5,100,089	0	0	
학교용지부담금	1,281,120	0	0	
교통시설부담금	1,551,838	775,910	0	
신탁등기비	192,150	223,690	4,000	△31,540
멸실등기비	183,000	0	183,000	
보존등기비	2,955,645	0	0	
매도/명도소송비	500,000	889,313	100,000	△489,313
안전진단비	37,000	37,000	0	완료
분양경비	200,000	0	50,000	동·호수 추첨
민원처리비	3,000,000	4,540	1,000,000	
예 비 비	10,000,000	112,166	1,000,000	도서인쇄비 외
합 계	33,173,150	8,060,855	3,670,975	

7. 이주비 및 사업비 금융비용

(단위: 천원)

항 목	사업비	0000년 이전	0000년 예산	비 고
이주비금융비용	48,396,400	4,763,948	13,070,000	년리 5%
사업비금융비용	27,462,090	0	3,203,480	토지매입비이자
합 계	75,858,490	4,763,948	16,273,480	

1) 이주비 금융비용 : 기본 이주비 대출금 총액(0월말 현재) 2,575억원
   적용이율 CD+0.6% (현재 약5%)
2) 사업비 금융비용 : 유치원 매입비, 토지 매입비, 이주비이자 등에 대한 금융비용

조합운영비 예산편성 지침

가. 인원편성

당 조합정관 제15조에 의하면 조합장 및 감사 포함 4인 이내의 상근임원, 2인의 사무직원을 둘 수 있으며, 보수를 지급할 수 있도록 되어있으며 조합업무를 원활하게 추진할 수 있는 최소한의 인원으로 편성하였음.(편성인원 : 조합장, 상근임원 2명, 사무장 1명, 직원 1명, 총 5명으로 편성)

나. 급료지급방식은 월급제

다. 인건비(급료, 상여금, 연월차수당, 시간외 수당, 퇴직적립금)

① 월 급료는 조합운영규정 제87조제1항제1호 및 제88조제1항에 근거하고 동 규정 임직원 월정급여액 지급기준에 정한 금액으로 편성함

② 상여금은 조합운영규정 제87조제1항제2호 및 제88조제3항에 근거하여 편성함

③ 기타 수당은 근로기준법 및 조합운영규정에 근거하여 편성함

라. 업무추진비(섭외활동비, 감사비, 회의비)

① 섭외활동비는 조합운영규정 제90조제1항에 근거하고 동 규정 직책별 섭외활동비 기준에 정한 금액으로 편성함

② 감사비는 조합정관 제19조제1항에 근거하여 비상근 감사만 반기별 60만원으로 전년도 예산편성에 준하여 편성함

③ 회의비는 조합운영규정에 제90조 제2항에 근거하여 편성함

마. 기타 운영비

0000년 1월 1일~0000년 12월 31까지 집행한 운영비를 항목별로 검토하여 0000년도 재건축업무를 추진하는데 필요한 최소한의 비용을 긴축예산으로 편성하였음

조합운영비 예산(안)

(0000.1.1-0000.12.31)   (단위 : 원)

항 목	예 산	비 고
총 액	480,000,000	월평균 금액 : 40,000,000
1. 인건비	000,000,000	
급 료	000,000,000	임원 : 00,000,000×12개월 = 000,000,000
		직원 : 0,000,000×12개월 = 00,000,000
상 여 금	00,000,000	상여금(000%) : 00,000,000
		특별상여금(000%) : 37,300,000
제 수 당	00,000,000	년·월차 수당 : 0,000,000
		시간외 수당 : 0,000,000
퇴 직 적 립 급	00,000,000	1년기준 30일분 평균임금(월급, 상여금, 제 수당포함)
2. 업무추진비	91,840,000	
섭 외 활 동 비	67,200,000	조합장 : 0,000,000
		임원(12명) : 00,000,000
감 사 수 당	1,200,000	감사 1인(비상근)
회 의 비	23,440,000	이사회 : 7,200,000
		대의원회 : 16,240,000(회의비 및 음료대 포함)
3. 운영비	64,355,624	
복 리 후 생 비	7,469,080	건강보험, 고용보험
	23,640,000	임원 및 직원식대, 생수, 커피 등
여 비·교 통 비	1,200,000	조합업무상 소요되는 교통비
통 신 비	3,448,800	인터넷, 전화료(5대)
광 고 선 정 비	2,360,000	소식지 등 발송비
도 서 인 쇄 비	224,000	신문구독료, 도서구입비 등
소 모 품 비	2,400,000	휴지, 쓰레기봉투 등
사 무 용 품 비	2,400,000	복사지, 토너, 프린터잉크 등
지 급 수 수 료	600,000	제 증명 발급수수료 등
잡 비	600,000	
접 대 비	4,800,000	각종 경조사 등 접대비
수 선 비	600,000	
수 도 광 열 비	1,200,000	
임 차 료	4,800,000	복사기 임차료, 세콤비용 등
보 험 료	1,460,844	산재보험료
세 금 과 공 과 금	6,552,900	국민연금
협 회 비	600,000	재건련협회비
4. 예 비 비	0,000,000	

상 정 의 안

제3호 안건

수행업무 추인의 건

반포주공0단지 재건축정비사업조합

■ 상정의안 : 제3호 안건

수행업무 추인의 건

1. 의안상정
: 제3호 안건인 「수행업무 추인의 건」에 대한 결의의 건을 상정합니다.

2. 제안사유
: 0000년 0월 00일 임시총회 이후 조합에서 수행하였던 업무 중 경과보고로 보고하였던 주요업무 및 각종 계약체결 등 조합이 기 집행한 업무에 대하여 총회의 추인을 받고자 합니다.

1) 감리업체 용역계약체결
   - 0000년 00월 : 건축 및 토목분야 감리계약(0000년 00월 00일 00구청 선정)
   - 0000년 00월 : 소방, 전기, 정보통신등 분야 감리계약(00년 00년 00일 대의원회 선정)
2) 사후환경영향평가 조사용역사 선정(0000년 00월 00일 이사회 선정) 및 계약체결
   : 0000년 00월 00일

3. 제안근거
• 도시및주거환경정비법 제45조(총회의 의결)
• 조합정관 제21조(총회의 의결사항)

4. 의결내용
: 조합에서 기 수행한 업무에 대하여 원안대로 추인한다.

[첨 부]
: 각 선정업체 계약 주요내용

0000년 00월 00일

반포주공0단지 재건축정비사업조합

공사감리 용역계약 주요사항

1. 토목·건축 공사 감리용역계약

가. 감리업체 선정 근거: 주택법 제43조 규정

나. 선정기관 및 일자: 00구청에서 공개경쟁 입찰로 선정(0000년 00월 00일)

다. 선정업체 : 주식회사 00 건축 (대표 0 0 0 외 1인)

라. 계약 기간 : 착공 시부터 공사 완료일 까지

마. 계약금액 : 1. 토목·건축 공사감리비 : 0,000,000,000원정
　　　　　　　2. 00상가/00상가 공사감리비 : 금액미정
　　　　　　　3. 기타 공사 감리비 : 추후협의 결정

바. 공사개요 : 1. 위치: 서울시 00구 반포0동 00-0외 00필지
　　　　　　　2. 규모: 아파트 28개동(지상22~32층/2,444세대)및 상가 2개동

구　　분	아　파　트	00 상가	00 상가
대지면적	133,349.0 ㎡ (40,338.1 평)	4,799.5 ㎡ (1,451.8 평)	1,000.0 ㎡ (302.5 평)
건축면적	15,631.2 ㎡ (4,728.4 평)	2,398.1 ㎡ (725.4 평)	499.8 ㎡ (151.2 평)
연 면 적	535,277.6 ㎡ (161,921.5 평)	18,910.4 ㎡ (5,720.4 평)	3,698.6 ㎡ (1,118.8 평)

사. 감리업무 내역 :

1. 시공계획·공정표 및 설계도서의 적정성 검토

2. 시공자가 설계도서에 따라 적합하게 시공하는지 검토·확인

3. 구조물의 위치·규격 등에 관한 사항의 검토·확인

4. 사용자재의 적합성 검토·확인

5. 품질관리시험의 계획·실시지도 및 시험성과에 대한 검토·확인

6. 누수·방음 및 단열에 대한 성능 및 시공성 검토·확인

7. 재해예방 및 시공상의 안전관리

8. 설계도서의 해당 지형에 대한 적합성 및 설계변경에 대한 적정성 확인

9. 공사착공계, 임시사용 및 사용검사 신청서 적정성 검토

10. 착공신고 시 제출한 "건설폐자재 재활용 및 처리계획서"의 이행여부

11. 기타 관계 법령에서 감리업무로 규정한 각종 신고·검사·시험·품질의
    확인 및 그에 따른 보고 등의 업무

아. 기성대가의 지급

: 기성대가는 본공사 착공 후 조합원 분양대금 입금일정기준에 따른다.

구분	차수	금 액	지급예정일
선급금	제1차	계약금액의 10%	분양계약금 입금일 후 15일 이내
용역비	제2차	계약금액의 10%	중도금 입금일 후 15일 이내
	제3차	계약금액의 10%	
	제4차	계약금액의 10%	
	제5차	계약금액의 15%	
	제6차	계약금액의 15%	
	제7차	계약금액의 15%	
잔 금	제8차	계약금액의 15%	임시사용필증 교부일 또는 사용검사필증 교부일 후 15일 이내
계	–	100%	

자. 특약사항 :

사업주체는 다음의 부대공사에 대해서 감리자에게 공사감리용역을 추가 요청할 수 있다. 이때, 사업주체와 감리자는 감리용역비에 대해서 착공 전 해당 공사의 공사비에 대해서 본공사 감리비 낙찰률을 적용하여 정산토록 상호 협의하여 결정한다.

1. 북측유입박스 암거 425m, 남측암거 390m, 우수관로 560m 등 이설공사

2. 25m 도시계획 도로공사

3. 기타 사업주체가 감리가 필요하다고 요청한 공사

2. 전기·정보통신·소방공사 감리용역계약

가. 감리업체 선정근거 : 주택법 제43조 규정

나. 선정기관 및 일자 : 시행자가 공개경쟁 입찰로 선정 (0000.0.00)

다. 선정 업체 : (주)00 이엔씨 (대표; 0 0 0)
　　　　　　　　000엔지니어링 주식회사 (대표; 0 0 0)

구 분	주식회사 00 000	000엔지니어링 주식회사
설 립 일	0000년 0월 00일	0000년 0월 00일
임직원수	기술인력 00명	기술인력 00명
자 본 금	0억원	0억0천만원
회사위치	서초 반포동	성남시 분당구 구미동

라. 계약 기간 : 착공 시부터 공사 완료일까지

마. 계약 금액 : 전기·정보통신·소방감리 : 0,000,000,000원정

바. 공사 개요 :

    1. 위치 : 서울시 서초구 반포0동 00-0외 00필지

    2. 규모 : 아파트 28개동(지상22~32층/2,444세대)및 상가 2개동

구 분	아 파 트	00 상가	00 상가
대지면적	133,349.0 ㎡ (40,338.1 평)	4,799.5 ㎡ (1,451.8 평)	1,000.0 ㎡ (302.5 평)
건축면적	15,631.2 ㎡ (4,728.4 평)	2,398.1 ㎡ (725.4 평)	499.8 ㎡ (151.2 평)
연 면 적	535,277.6 ㎡ (161,921.5 평)	18,910.4 ㎡ (5,720.4 평)	3,698.6 ㎡ (1,118.8 평)

사. 감리업무 내역 :

    1. 전기감리(전력기술관리법 시행령 제23조)

    – 공사계획의 검토

    – 공정표의 검토

    – 발주자·공사업자 및 제조자가 작성한 시공 설계도서의 적정성 검토·확인

    – 공사가 설계도서의 내용에 적합하게 행하여지고 있는지에 대한 확인

    – 전력시설물의 규격에 관한 검토·확인

    – 사용자재의 규격 및 적합성에 관한 검토·확인

    – 전력시설물의 자재 등에 대한 시험성과에 대한 검토·확인

    – 재해예방대책 및 안전관리의 확인

    – 설계변경에 관한 사항의 검토·확인

    – 공사진척부분에 대한 조사 및 검사

    – 준공도서의 검토 및 준공검사

    – 하도급에 대한 타당성 검토

    – 설계도서와 시공도면의 내용이 현장조건에 적합한지 여부와 시공가능성 등에
      관한 사전검토

    – 기타 공사의 질적 향상을 위하여 "갑"이 요청한 사항으로써 산업자원부령 이정하는 사항

2. 정보통신감리(정보통신공사업법 시행령 제10조)
 - 공사계획 및 공정표의 검토
 - 공사업자가 작성한 시공 상세도면의 검토·확인
 - 설계도서와 시공도면의 내용이 현장조건에 적합한지 여부와 시공가능성 등에
   관한 사전검토
 - 공사가 설계도서 및 관계 규정에 적합하게 행하여지고 있는지에 대한 확인
 - 공사 진척 부분에 대한 조사 및 검사
 - 사용자재의 규격 및 적합성에 관한 검토·확인
 - 재해예방대책 및 안전관리의 확인
 - 설계변경에 관한 사항의 검토·확인
 - 하도급에 대한 타당성 검토
 - 준공도서의 검토 및 준공확인
 - 기타 "갑"이 요청한 사항

3. 소방감리(소방시설공사업법 제16조)(소방청 제정)
 - 공정표 검토, 설계도면 검토
 - 소방용 기계·기구 등의 위치, 규격 및 사용자재에 대한 적합성 검토
 - 소방설비의 위치와 규격 및 허가된 설계도서와의 합치여부
 - 공사 시공자가 제시하는 시험성과표의 검토 및 확인
 - 설계변경 사항의 검토 및 지시
 - 공사감리 완료보고
 - 기타 "갑"이 요청한 사항

아. 기성대가의 지급 :
 기성대가는 본공사 착공 후 조합원 분양대금 입금 일정기준에 따른다.

구분	차수	금　　액	지급예정일
선급금	제1차	계약금액의 10%	분양계약금 입금일 후 15일 이내
용역비	제2차	계약금액의 10%	중도금 입금일 후 15일 이내
	제3차	계약금액의 10%	
	제4차	계약금액의 10%	
	제5차	계약금액의 15%	
	제6차	계약금액의 15%	
	71차	계약금액의 15%	
잔　금	제8차	계약금액의 15%	임시사용필증 교부일 또는 사용검사필증 교부일 후 15일 이내
계	-	100%	

상 정 의 안

제4호 안건

제3차 주택형 배정방법 확정의 건

반포주공0단지 재건축정비사업조합

■ 상정의안 : 제4호 안건

제3차 주택형 배정방법 확정의 건

1. 의안상정
 : 제4호 안건인 「제3차 주택형 배정방법 확정의 건」에 대한 결의를 상정합니다.

2. 제안사유
 제1차 및 제2차 주택형 배정의 완료 이후, 잔여세대에 한해 기 배정받은 주택형을 변경 하고 자하는 조합원이 있을 경우 총회의 결의 후 변경 신청할 수 있도록 하는 것을 결의 하고자 합니다.

3. 제안근거
 : 0000년 00월 00일 임시총회의 결의안건 제6호(관리처분계획 변경의 건)제7조제1항 제4호

4. 의결내용
 별첨된 제3차 주택형 배정방법 확정에 대하여 원안대로 결의한다.

 [첨　부]
　 : 제3차 주택형 배정방법(안)

0000년 00월 00일

반포주공0단지 재건축정비사업조합

제3차 주택형 배정 방법(안)

1. 제3차 주택형 배정대상의 주택형별 세대수

신축 주택형	59형	84형	169형	198형	222형
잔여세대수	509	135	1	28	49

2. 제3차 주택형 배정방법의 주요내용

 1) 조합에서 제1차 및 제2차에 걸쳐 실시한 주택형 배정에도 불구하고 일부 주택형(198m²형, 222m²형 등)의 세대가 남아 있고, 일부 조합원들이 현재 배정받은 주택형을 포기하고 대형 주택형으로 변경하여 분양받기를 희망하는 경우에는 타 주택형으로의 변경신청기회를 부여하기로 한다.

 2) 모든 주택형의 제1차 및 제2차로 배정된 조합원 중에서 기 배정된 주택형에 대하여 변경을 원하는 조합원은, 기 배정된 주택형을 포기하고 모든 주택형의 잔여 세대에 대해 1회에 한하여 변경 신청을 할 수 있다.

3. 제3차 주택형 변경 신청자 및 세대에 대한 처리

 1) 기 배정받은 주택형의 변경을 원하여 변경 신청한 조합원은 이미 배정받은 주택형에 대한 기득권을 포기한 것으로 간주한다.

 2) 주택형 변경신청 접수결과 경합이 있을 시에는 추첨에 의해 주택형을 배정하며, 경합에서 탈락하는 경우에는 84m²형이나 59m²형의 잔여세대에 대하여 제3차로 배정한다.

 3) 주택형 변경신청에 따라 기득권이 포기되어 조합원 분양에서 미분양된 세대는 조합원 추가분양 대상 세대(제3차 주택형 배정세대)에서 제외 후 일반분양하기로 한다.

4. 제3차 주택형 배정 확정자에 대한 동·호수 배정방법

 1) 제1차 및 제2차 동·호수 배정이 완료된 후 잔여 동·호수에 대하여 배정한다.

 2) 제3차 분양신청 결과 경합이 있을 경우에는 공개추첨에 의하며, 제3차 배정자간의 우선권은 인정하지 않는다.

상 정 의 안

제5호 안건

동·호수 배정방법 확정의 건

반포주공0단지 재건축정비사업조합

■ 상정의안 : 제5호 안건

동·호수 배정방법 확정의 건

1. 의안상정
: 제5호 안건인 「동·호수 배정방법 확정의 건」에 대한 결의를 상정합니다.

1. 제안근거
0000년 00월 00일 임시총회의 결의안건 제6호(관리처분계획 변경의 건)제7조제1항 제4호

2. 제안사유
0000년 00월 분양신청 및 0000년 00월 주택형 배정결과 및 0000년 00월 00일 개최된
임시총회의 결의사항에 따라 동·호수 배정 및 추첨방법을 정하여 조합원 동·호수를 배정
하고자 합니다.

3. 의결내용
별첨된 조합원 동·호수 배정 및 추첨방법에 따라 동·호수 추첨을 실시하는 것을 원안
대로 결의한다.

[첨 부] : 동·호수 배정방안

0000년 00월 00일

반포주공0단지 재건축정비사업조합

동·호수 배정방법(안)

1. 동·호수 제1차 배정

1-1. 59m²형 제1차 배정자에 대한 동·호수 배정

1) 59m²형 제1차 배정자(3명)는 동·호수를 지망해서 선택할 수 있다.

　가) 희망 동·호수에 대해서 1~3지망까지 신청을 받는다.(추첨당일)

　나) 경합이 될 경우 추첨으로 결정한다.

　다) 경합이 없을 경우 동·호수를 지망한 대로 배정한다.

1-2. 84m²형 제1차 배정자에 대한 동·호수 배정

종전 주택형	18평형	25평형	계
지원세대수	813	7	820

■ 1단계 : 타입 결정

1) 84m²형 제1차 배정자는 0000년 9월 24일자 임시총회의 관리처분계획 변경(안) 제7조 제4항 제5호의 규정에 따라 희망 타입(L1, L2, T1, T2, P형)을 1~5지망까지 먼저 지망한다. (별도 신청양식에 5개 타입을 지망순위를 정해 신청)

타 입	L1	L2	T1	T2	P	계
건립예정 세대수	532	265	50	52	56	955

2) 각 타입별로 지망현황을 집계하여 발표한다.

3) 1지망에서 경합이 되는 타입은 아래와 같이 추첨하여 결정한다.

　가) 추첨당일 선착순으로 접수하여 접수일연번호를 부여한다.

　나) 접수일연번호에 따라 추첨순위 번호표를 추첨한다.

　　(차후 모든 추첨은 이 추첨순위 번호순으로 시행한다)

　다) 추첨순위 번호순에 따라 추첨하여 타입을 결정한다.

4) 1지망에서 경합이 없는 타입은 1순위로 지망한 조합원에게 우선 타입을 배정하고 잔여세대에 대해서 차 순위로 지망한 조합원이 경합이 될 경우에는 기 부여된 추첨순위 번호순에 따라 추첨하여 타입을 결정하고 경합이 없을 경우에는 지망순위대로 배정한다.

5) 추첨이 완료되면 각 타입에 대해서 지망순위별로 배정된 결과를 집계하여 발표한다.

■ 제2단계 : 타입 결정

1) 각 타입 별로 배정자 수가 결정되면 지망순위에 상관없이 기 부여된 추첨순위 번호순에 따라 동·호수를 본인이 추첨하여 배정한다.

2) 각 타입별 배정자 수가 신축세대수와 동일한 경우에는 동의 구분없이 저층을 포함하여 전체 동과 전체 층에 대해서 동·호수를 추첨하여 배정한다.

3) 각 타입별 배정자 수가 신축세대 수에 미달될 경우에는 미달된 수만큼 동의 구분 없이 저층을 제외하고 나머지 동·호수를 기 부여된 추첨순위 번호순에 따라 층·동·호수를 추첨하여 배정한다.

1-3. 115m²형/135m²형/169m²형 제1차배정자에 대한 동·호수 배정

신축 주택형	115m²	m²135	169m²	계
건립예정 세대수	130	210	231	571
18평형	72	0	73	145
25평형	58	210	157	425
신청 계	130	210	230	570

제1차 배정자에 대해서 층별, 타입별, 동별 위치에 관계없이 아래와 같이 동·호수를 추첨하여 배정한다.

가) 선착순으로 접수하여 접수일연번호를 부여한다.

나) 접수일연번호에 따라 추첨순위를 추첨한다.

다) 추첨순위에 따라 동·호수를 추첨한다.

1-4. 198m²형/222m²형 제1차배정자에 대한 동·호수 배정

신축 주택형	198m²	222m²	계
건립예정 세대수	224	182	406
18평형	130	29	159
25평형	34	23	57
신청 계	164	52	216

■ 제1단계 : 층 결정

1) 198m²형/222m²형 제1차 배정자는 0000년 0월 00일자 임시총회의 관리처분계획 변경(안) 제7조제3항제4호의 규정에 따라 각 주택형별로 희망 층을 먼저 지망한다. (별도 신청양식에 층별로 지망순위를 정해 신청)

198m²형: 1개층에서 25개층(혹은 26개층) 중에서 제1지망부터 제19지망까지 신청

222m²형: 1개층에서 26개층(혹은 28개층) 중에서 제1지망부터 제8지망까지 신청

2) 각 층별로 지망현황을 집계하여 발표한다.

3) 각 층별 1지망에서 경합이 되는 층은 아래와 같이 추첨하여 배정한다.

　가) 선착순으로 접수하여 접수일연번호를 부여한다.

　나) 접수일연번호에 따라 추첨순위를 추첨한다.

　　(차후 모든 추첨은 이 추첨순위로 시행한다)

　다) 추첨순위에 따라 층을 추첨하여 배정한다.

4) 각 층별 제1지망에서 경합이 없는 층은 1순위로 지망한 조합원에게 우선 층을 배정하고 그 층의 잔여세대에 대해서 차 순위로 지망한 조합원에게 지망 순위에 따라 기 부여된 추첨순위로 층을 추첨하여 배정한다.

5) 추첨이 완료되면 각 층에 대해서 지망순위별로 배정된 결과를 집계하여 발표.

■ 2단계 : 동·호수 배정

1) 층이 결정되면 지망순위에 관계없이 각 층별로 동·호수를 배정하되 기 부여된 추첨순위에 따라 동·호수를 추첨하여 배정한다.

　(198m²형은 각 층별로 9세대, 222m²형은 각 층별로 7세대로 구성됨)

2) 각 층별 지망자 수가 신축세대수와 동일한 경우나 미달되는 경우에도 각 층별 전체 동·호수를 대상으로 추첨한다.

2. 동·호수 제2차 배정

2-1. 59m²형 제2차배정자에 대한 동·호수 배정

상가 조합원으로서 59m²형을 지망한 조합원은 아파트 조합원의 제1차 배정된 층·동·호수를 제외하고 남은 잔여세대에 한하여 동·호수를 지망해서 선택할 수 있다.

가) 희망 동·호수에 대해서 1~5지망까지 신청한다.(추첨당일)

나) 경합이 될 경우 추첨으로 결정한다.

다) 경합이 없을 경우 지망한 동·호수를 그대로 배정한다.

2-2. 59m²형 제2차 배정자에 대한 동·호수 배정

59m²형을 신청한 상가 조합원(4명)으로서, 아파트 조합원의 제1차 배정된 층·동·호수를 제외하고 남은 잔여세대에 한하여 동·호수를 지망해서 선택할 수 있다.

가) 희망 동·호수에 대해서 1~3지망까지 신청한다.(추첨당일)

나) 경합이 될 경우 추첨으로 결정한다.

다) 경합이 없을 경우 지망한 동·호수를 그대로 배정한다.

2-3. 198m²형/222m²형 제2차배정자(추가신청자)에 대한 동·호수 배정

신축 주택형	198형	222형	계
잔여세대	60	130	190
18평형	31	79	110
상 가	1	2	3
신 청 계	32	81	113

제1차 배정 완료된 층·동·호수와 남은 잔여세대 중에서 198m²형은 저층으로부터 28세대 분, 222m²형은 저층으로부터 49세대 분을 제외하고 남은 세대에 대해서 층·동·호수를 아래와 같이 추첨하여 배정한다.

가) 선착순으로 접수일연번호를 부여한다.

나) 접수일연번호에 따라 추첨순위를 추첨한다.

다) 추첨순위에 따라 층·동·호수를 추첨하여 배정한다.

3. 기타 안내사항

1. 제1차, 제2차 및 제3차 주택형 배정이 완료된 후 각 주택형별로 잔여세대가 발생할 경우 그 잔여세대에 대한 추가배정은 없으며 잔여세대 전부를 일반분양하는 것을 원칙으로 한다.

2. 동·호수 배정이 완료된 이후에 주택형 및 동·호수에 대해서 조합원 상호 합의에 따라 맞교환을 원할 경우 세금 및 법적 책임에 대하여 상호 책임지겠다는 각서를 조합에 제출하고 본인들 책임 하에 이행한다.

3. 배정이 최종적으로 완료된 이후에 남은 잔여세대에 대해서 0000년 0월 00일 임시 총회의 관리처분변경(안)에 따라 승인된 상가조합원(28명)에게 추가하여 배정할 수 있다.

상 정 의 안

제6호 안건

소득세 산출기준일 결정의 건

반포주공0단지 재건축정비사업조합

■ 상정의안 : 제6호 안건

소득세 산출기준일 결정의 건

1. 의안상정
: 제6호 안건인 「제3차 주택형 배정방법 결정의 건」에 대한 결의를 상정합니다.

2. 제안사유
- 소득세 산출의 기준이 되는 종전자산의 평가는 조합설립인가일 또는 신탁등기일 중 조합이 선택하여 할 수 있으며, 우리 조합의 경우 조합설립 인가일과 신탁등기일이 2년여의 기간차이 및 그동안의 부동산가격변동 폭이 커서 **조합원소득세 산출 시 유리하다고 판단**되는 '**조합원 신탁등기일**'을 기준으로 하여 평가를 실시하고자 합니다.
- 평가기준일은 조합원의 신탁이행기간 중 50%의 조합원이 신탁을 만료한 시점으로 합니다.

3. 제안근거
- 소득세법 제27조 제1항, 제39조 제2항
- 소득세법 시행령 제55조 제1항, 제89조 제1항

4. 의결내용
: 소득세 산출을 위한 종전자산의 평가기준일을 신탁조합원의 수가 50%를 넘는 시점으로 하는 것에 대하여 원안대로 결의한다.

0000년 00월 00일

반포주공0단지 재건축정비사업조합

상 정 의 안

제7호 안건

우수관로 이설에 따른 지상권 설정의 건

반포주공0단지 재건축정비사업조합

■ **상정의안 : 제7호 안건**

우수관로 이설에 따른 지상권 설정의 건

---

1. 의안상정
: 제7호 안건 「우수관로 이설에 따른 지상권 설정에 관한 건」을 상정합니다.

2. 제안사유
: 사업시행인가 조건 중 하나가 단지를 관통하는 우수관로를 조합의 부담으로 단지 동측 반포로 상에 확장 이설하도록 되어 있으며, 이설되는 우수관로의 일부가 지하철 시설물로 인해 당 사업시행구역과 일부 저촉됨에 따라 구청은 시설물 유지관리를 위하여 저촉되는 토지에 대해 기부채납 또는 구분지상권을 설정하여 줄 것을 요구하였으나, 기부채납의 경우 대지지분의 감소로 조합원의 경제적인 손실이 발생하게 됩니다. 따라서 조합원의 재산을 보호하고자 기부채납이 아닌 구분지상권을 설정하여 처리코자 합니다.

3. 제안근거
- 사업시행 인가조건(0000.00.00)
- 도시및주거환경정비법 제45조(총회의 의결)
- 조합정관 제21조(총회의 의결사항)

4. 의결내용
: 위 상정된 안건을 원안대로 결의한다.

[첨 부] : 구분지상권 설정지역 위치도
        (본 지침서에서는 위치도의 첨부를 생략 함)

0000년 0월 00일

반포주공0단지 재건축정비사업조합

상 정 의 안

제8호 안건

미동의자 처리에 관한 건

반포주공0단지 재건축정비사업조합

■ 상정의안 : 제8호 안건

미동의자 처리에 관한 건

1. 의안상정
: 제8호 안건인 「미동의자 처리에 관한 건」을 상정합니다.ㅌ

2. 제안사유
: 조합설립 미동의자 처리에 관한 사항(매도청구 소송 중)

 1) 조합정관상 조합원이 될 수 있는 자격요건 (제9조 제1항)은
 「조합원은 도시정비법 제2조제9호나목의 규정에 의한 토지등소유자로서 조합설립에 동의한 자로 한다. 다만, 조합설립에 동의하지 아니한 자는 정관 제45조의 규정에 의한 분양신청기한까지 다음 각 호의 사항이 기재된 조합소정양식의 동의서를 조합에 제출하여 관계 기관에 조합원으로 등록된 이후 조합원이 될 수 있다.」라고 규정됨

 2) 현재 조합설립에 미동의 한 조합원
 - 아파트소유자 : 1명
 - 00상가소유자 : 1명
 - ◇◇상가소유자 : 2명(공유지분자 23명)

 3) 조합설립 미동의 조합원은 사업시행인가일을 기준으로 매도청구소송이 진행 중으로 소송으로 계속 진행될 경우 긴 시간이 소요되어 사업에 지장을 초래할 수 있습니다.

 4) 따라서 미동의 조합원이 이제라도 동의서를 제출할 경우 정관상으로는 조합원의 자격을 부여할 수 없으나, 관계법 및 인허가과정에서 허용될 경우는 별도의 정관변경 없이 조합원으로 인정하여 줌으로써 재건축사업을 더욱 원활히 추진하고자 합니다.

3. 제안근거
- 도시및주거환경정비법 제45조(총회의 의결)
- 조합정관 제21조(총회의 의결사항)

4. 의결내용
: 위 상정한 안건을 제안사유의 원안대로 결의한다.

0000년 00월 00일

반포주공0단지 재건축정비사업조합

제5장
임시총회

사업시행계획 및 관리처분계획 변경을 위한

임 시 총 회
[회의자료]

일 시 : 0000년 7월 7일 (화요일) 오후 3시

장 소 : 흑석동 00교 서울회관 대강당(5,6층)

반포주공0단지 재건축정비사업조합

서울특별시 서초구 반포2동 00-0(새마을회관 2층)
전화 : 02-000-0000, 02-0000-0000 / FAX : 02-0000-0000

사업시행계획 및 관리처분계획 변경을 위한

임 시 총 회

■ 총회 당일 총회책자를 재배부하지 않으니 필히 지참하여 주시기 바랍니다.

■ 총회에 직접 참석하실 경우 조합원 확인을 위하여 신분증과 도장을 필히
지참하셔야 합니다.

■ 대리참석하실 경우 위임장(인감증명서 1통 첨부)이 있어야 참석이 가능합니다.

반포주공0단지 재건축정비사업조합

주 소: 서울시 서초구 잠원동 00-0 00빌딩 000호
☎ 02)000-0000, 0000-0000 FAX: 02)0000-0000
홈페이지 : www.banpo0.com

총 회 장 소 안 내

총회장 : 서울특별시 동작구 흑석1동 1-3 00교 서울회관 대강당

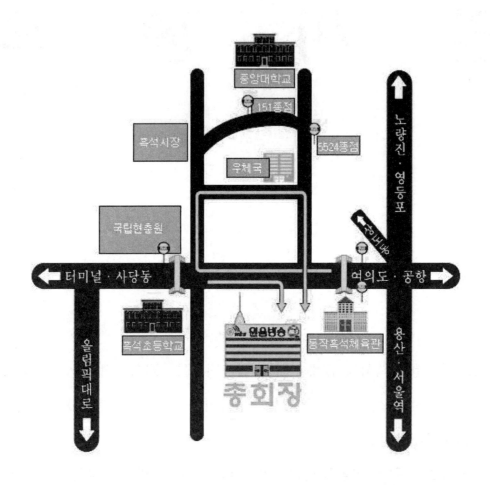

■ 일반버스 : 151, 360, 361, 362, 363, 640, 642, 4511,
　　　　　　5517, 5511, 5529, 5524, 6411

■ 좌석버스 : 9408, 9412

■ 지 하 철 : 9호선 흑석역 1번출구

　　※ 총회장 내 주차공간이 협소하여 교통 혼잡이 예상되므로
　　　대중교통을 이용하여 주시기 바랍니다.

목 차

1. 임시총회 소집 공고문

2. 총회참석 시 유의사항

3. 조합장 인사말

4. 회 순

5. 경과보고

6. 업무보고

7. 총회 상정의안

   제1호 안건 : 수행업무 추인의 건

   제2호 안건 : 사업시행계획 변경 추인의 건

   제3호 안건 : 예산(안) 추인 및 결의의 건

   ① 0000년도 결산

   ② 0000년도 ~ 2008년도 예산 및 결산

   ③ 0000년도 예산

   제4호 안건 : 관리처분계획 변경(안) 결의의 건

   제5호 안건 : 기타 사항

8. 기타 참고사항

임시총회 소집 공고

반포주공0단지 재건축정비사업조합 임시총회를 아래와 같이 개최하고자 하오니 참석하여주시기 바랍니다.

- 아 래 -

1. 일   시 : 0000년 7월 7일(화요일) 오후 2시

2. 장   소 : 서울시 동작구 흑석동 1-3, 00교 서울회관 대강당(5,6층)

3. 참석대상 : 반포주공0단지아파트 구분소유권자 중 조합설립에 동의한 조합원

4. 상정의안 :

   1) 수행업무 추인의 건

   2) 사업시행계획 변경 추인의 건

   3) 예산(안) 추인 및 결의의 건

     ① 0000년도 결산, ② 0000년도~0000년도 예산 및 결산, ③ 0000년도 예산

   4) 관리처분계획 변경(안) 결의의 건

   5) 기타 안건

5. 지 참 물 : 1) 조합원(본인) 참석 시 : 참석권, 본인신분증(주민증 혹은 운전면허증), 도장

              2) 대리인참석 시 : 위임장(조합원 인감증명서 첨부), 대리인 신분증, 대리인 도장

6. 공유자의 경우 대표자 1인만 참석할 수 있습니다.

7. 부득이한 사정으로 총회에 참석할 수 없는 경우에는 '서면결의서(인감증명서 첨부)'를 총회개최일 전일까지 추진위원회사무실에 도착할 수 있도록 제출하여주시기 바랍니다.

8. 기타 사항 : 동의서를 제출하지 않은 경우 총회에 참석할 수 없으며, 총회당일까지 동의서를 제출하면 입장이 가능합니다.

   (※ 총회는 동의서를 제출한 조합원만이 참석할 수 있습니다)

9. 연락처 : 서울시 서초구 반포0동 00-0번지 반포주공0단지 재건축정비사업조합

   ☎ 02) 000- 0000, 0000-0000, FAX. : 02) 0000-0000

   홈페이지 : www. banpo0.com

0000년 00월 00일

반포주공0단지 재건축정비사업조합

조 합 장   0   0   0   (인)

총회참석 시 유의사항

1. 총회에 참석하기 전에는 본 '총회참석 시 유의사항'을 포함하여 '총회 회의자료'를 반드시 읽어보시기 바라며, 총회 당일에는 본 '총회 회의자료'를 필히 지참하시기 바랍니다.

2. 총회입장은 오후 1시부터이며 개회는 오후 2시입니다. 따라서 30분 이전에 미리 도착하여 접수절차를 마친 후 총회장에 입장하셔야 예정된 시간에 총회를 개회할 수 있습니다. 총회장 입장은 오후 4시 이전까지만 가능하므로 늦지 않도록 하여 주시기 바랍니다.

3. 총회는 조합원 본인이 직접 참석하거나, 조합정관 제10조제2항에 따라 대리인이 참석할 수 있습니다. 이때의 대리인은 민법에서 정하는 '상속에 관한 규정에 준하는 성년자(배우자 및 직계존비속)에 한합니다.

4. 총회에서의 의결권행사는 '서면결의서'의 제출로 대행할 수 있습니다. 총회참석 시의 지참물 및 필요서류 등은 아래를 참고하시기 바랍니다.

- 아　래 -

구 분	지참물 및 필요서류
조합원이 참석 시	1. **신분증 및 도장** 2. **2인 이상의 공동소유인 경우** 　- 조합에 대표자로 신고 된 조합원만 참석이 가능합니다. 　- 대표자가 아닐 경우 대표자의 위임장이 필요합니다.
대리인이 참석 시	1. **위임장(위임용 인감증명서 첨부)** 　- 위임장에는 필히 조합원의 인감날인이 되어있어야 하며, 　- 2인 이상의 공동소유인 경우 조합에 대표자로 신고 된 조합원으로부터 위임받은 자만 참석이 가능합니다. 2. **대리인의 신분증 및 도장** 3. **조합원과의 관계 증빙서류(예 주민등록등본, 호적등본, 의료보험증)** 　- 대리인의 범위는 민법의 상속에 관한 규정에 준하는 성년자입니다. 　- 조합원과의 관계가 확인되지 않을 경우 입장할 수 없으니 관계를 증명할 수 있는 서류를 반드시 지참하여 주시기 바랍니다.
서면결의서 제출 시	1. 총회의결권은 서면결의서로 할 수 있습니다. **서면결의서에 인감을 날인(조합에 등록된 인감)한 후 제출**하여 주십시오. 2. 서면결의서는 총회책자의 각 안건을 검토한 후 표기하여 주십시오. 3. 서면결의서는 총회 전까지 도착될 수 있도록 제출하여야 합니다. 4. 서면결의로 의결권을 행사한 조합원은 총회당일 의결권을 행사할 수 없습니다.

※ 서면결의서에 첨부해야 하는 인감증명서는 조합에 기 제출한 인감증명서로 대체되며, 조합에 신고 된 인감이 변경된 경우에는 변경된 인감증명서를 첨부해야 합니다.

▥ 조 합 장 인 사 말 ▥

　존경하는 반포주공0단지 조합원 여러분 안녕하십니까? 조합장 0 0 0입니다.

사업을 시작한 지가 엊그제 같은데 벌써 준공과 입주를 앞두게 되었습니다.
0000년 00월에 정기총회를 개최한 이후 약 3년여 만에 조합원 여러분을 다시 뵙게 되어
기쁘게 생각합니다. 0000년도 및 0000년도 정기총회는 주변 아파트의 일조권소송에 의한
공사금지 가처분소송, 00상가소송, 변상금소송, 우선권 관련 소송 등 여러 어려운 문제로
인하여 총회를 개최하지 못하고 금번 입주를 앞두고 이렇게 조합원 여러분을 모시게
된 것에 대해 이 자리를 빌어서 양해의 말씀을 올립니다.

우리 아파트는 0000년 창립총회 이후 많은 난관이 있었지만 0000년 00월 조합설립인가,
0000년 00월 사업시행인가를 득하였고, 0000년 00월에는 본공사를 착공함에 따라 모든
조합원이 염원하시는 준공 및 입주를 앞두게 되었습니다.
조합에서는 일반분양 수입금의 극대화, 단지의 고급화 및 차별화를 위한 적절한 투자
(천년나무식재, 단지 내 호수조성, 국내 유수의 명산을 형상화한 석산, 경관조명 등)를
통하여 최고의 아파트를 건립하였으나, 우리 아파트의 일반분양시점에 전 세계적으로
불어 닥친 경기불황의 여파로 일반분양이 원활히 추진되지 않아 많은 걱정도 있었
습니다. 그러나 현 시점에서는 우리 아파트의 단지의 고급화와 차별화가 분양시장에서
그 가치를 인정받아 일반분양이 순조롭게 진행되었고, 주민커뮤니티시설을 국내
최고의 수준으로 건축함에 따라 우리 아파트가 **모든 사람이 가장 살고 싶어 하는
명품 아파트로 재탄생하게 되었습니다.**

현재 부동산 시장에서 거래되는 우리아파트 가격은 **타단지에 비해 많은 프리미엄이
형성**되는 등 우리 아파트의 가치가 시중에서 높이 평가 받고 있음을 조합원님들과 함께
기쁘게 생각합니다. 물론, 모든 사항이 100% 완전하지는 못하지만 우리 아파트는
**최근에 건립된 인근 아파트의 설계나 마감 수준을 뛰어넘는 신개념의 미래지향적인 명품
아파트로 재탄생**하는 것에 대해 의심치 않고 있으며, 입주자 사전 점검 시 지적하신 일부
미비한 사항에 대하여는 시공자와 협의하여 최선을 다하여 보완하고 있는 중입니다.
또한, **현재의 상황으로 판단하면 조합원의 추가분담금 발생은 없을 것으로 판단되며,**
오히려 분담금이 감소할 수 있을 것으로 예상됩니다. 정확한 금액은 진행 중인 소송의
종결 및 시공자와의 정산 후 산출이 가능할 것입니다.

그동안 조합업무를 추진할 때마다 어려운 상황도 많이 있었지만, 여러 험난한 파고를 넘어 현재는 모든 조합원의 염원인 준공 및 입주를 며칠 앞두게 되었습니다. 이것은 조합원 여러분의 뜨거운 성원과 아낌없는 협조가 있어 가능한 일이었으며, 조합의 임직원 및 협력회사 모두 열심히 노력한 결과라고 생각합니다.

입주를 며칠 앞두고 있는 현재도 일부 조합원들이 조합을 상대로 제기한 소송이 여러 건 진행 중에 있습니다. 물론 조합원 개개인의 견해 차이로 조합 집행부에서 진행하는 부분에 소소한 불만이 있을 수도 있을 것입니다. 그러나 일반분양계약까지 거의 완료되었고, 입주가 며칠밖에 남지 않은 현 상황에서 여러 소송을 계속 진행해야 하는 현실이 매우 안타까울 뿐만 아니라, **이는 누구에게도 도움이 안되는 일이라 생각합니다.**

우리의 한결같은 꿈인 입주행사를 성공적으로 완료하여 유종의 미를 거두기 위해서는 이번 총회가 매우 중요합니다. 따라서 이번 총회에 상정된 안건 모두가 준공과 관련되는 중요한 안건들로, 조합원 여러분의 적극적인 협조가 있어야만 성공적인 준공 및 입주도 가능합니다. 따라서 조합원 여러분의 아낌없는 협조가 절실히 요구됩니다.
끝으로 우리 아파트를 주거환경이 쾌적한 최고의 명품 아파트단지로 만들고, 타 단지와의 차별화를 통하여 조합원의 재산가치가 극대화될 수 있도록 적극적으로 도움을 주신 모든 조합원님과 시공자 및 협력회사에 이 자리를 빌어서 깊은 감사를 드립니다.

또한, 저는 적절한 추가투자를 함으로써 아파트의 경제적인 가치를 높이고, 성공적인 일반분양을 통하여 수익을 극대화함에 따라 조합원 여러분께 일부 금액이나마 분담금을 줄여 드릴 수 있게 된 것을 매우 기쁘게 생각합니다.

아무쪼록 이번 총회가 원만히 진행될 수 있도록 이 자리에 참석하신 여러분의 많은 협조를 부탁드리며, 조합원님 가정에 건강과 행복이 충만하시기를 진심으로 기원합니다. 감사합니다.

0000년 00월 00일

반포주공0단지 재건축정비사업조합 조합장 0 0 0

회   순

1. 성 원 보 고

2. 개 회 선 언

3. 조합장 인사말

4. 경 과 보 고

5. 업무보고

   1) 소송 관련 진행현황

   2) 기타 보고사항

6. 안 건 심 의

   제1호 안건 : 수행업무 추인의 건

   제2호 안건 : 사업계획 변경 추인의 건

   제3호 안건 : 예산(안) 추인 및 결의의 건

         ① 0000년도 결산

         ② 0000년~0000년도 예산 및 결산

         ③ 0000년도 예산

   제4호 안건 : 관리처분계획 변경(안) 결의의 건

   제5호 안건 : 기타 안건

7. 폐 회

경 과 보 고

[정기총회(0000.00.00)이후 ~ 현재까지]

반포주공0단지 재건축정비사업조합

■ 사업추진 경과보고

일 자	내 용
00.02.28	북측 우수유입암거 이설공사 감리계약 체결
00.04.19	조합설립(정관)변경인가 신청(OO구청)
00.05.25	제104차 이사회의 - 설계변경에 따른 추가 설계용역비 지급 결의 - 북측 우수유입암거 이설공사 약정체결결의 및 감리용역계약 추인 -사업비대출협약 체결 결의
00.05.29	재건축정비사업약정서(조합-시공사) 체결 00.05.29 자금조달협약서(조합-시공사) 체결 00.06.13 자금조달협약서(조합-은행-시공사) 체결
00.05.30	철거공사 완료(00.02.22~00.05.30) 및 멸실등기 신청
00.06.07	조합원 분담금에 대한 중도금대출 제안서 접수(국민은행)
00.06.08	북측 우수유입암거 이설공사 계약체결 및 착공
06.06.08	설계변경에 대한 종후자산 감정평가보고서(수정) 접수
06.06.09	제105차 이사회의 - 직원채용 결의 (1명) - 중도금 대출은행(국민은행) 선정 결의
00.06.16	설계변경에 대한 설계용역 추가계약체결
00.06.20	설계변경에 대한 주택재건축사업시행 변경인가
00.06.29	조합설립(정관)변경인가(OO구청)
00.06.29	제106차 이사회의 - 중도금 대출업무 협약서 및 조합원 중도금 대출협약서 결의 - 기술직 직원채용(1명) 결의 - 조합원 동·호수 추첨 관련 경비예산(안) 결의
00.07.10	제107차 이사회의 - 34평형 동·호수 추첨방안 변경 결의

일 자	내 용
00.07.28	조합원 동·호수 추첨실시
00.07.11	중도금 대출 업무협약 체결(조합-00은행)
00.07.20	공동주택/부대복리시설 건설공사 감리용역계약 체결(00건축)
00.07.20	남측하수 유입암거(4련) 이설공사 감리용역 계약체결
00.07.20	전기 및 정보통신 감리(000엔지니어링), 소방 감리(00이엔씨) 감리용역 계약체결
00.08.16	본공사 착공 (공기: 35개월, 00.08.16.~00.07.15.)
00.08.25	제108차 이사회의 - 분양계약서(안) 결의 - 남측하수 유입암거(4련) 이설공사 계약체결 및 감리용역계약 추인 - 00상가 철거지연에 대한 공사착공관련 협약 체결 결의
00.09.04	공사 착공관련 협약서 체결
00.09.08	제109차 이사회의 - 아파트분양 신청한 상가 조합원과 상가소유 지분인수 및 상가분양권 포기에 대한 각서 징구 결의 - 선택사양 공사비내역 결의 - 설계변경에 따른 종후감정평가 수수료 지급결의
00.09.25	조합원 분양계약 체결 및 선택사양(발코니 확장, 에어컨) 계약체결
00.11.06	조합원 사업소득세 납부를 위한 종전자산 감정평가서 접수
00.11.10	제110차 이사회의 - 00상가 철거 관련 약정서 체결 결의 - 00지분에 대한 상가대의원 선임(조합임원 2명) 결의 - 아파트 분양받은 상가조합원 지분에 대한 신탁등기수수료 지급 결의 - 조합장에 대한 철거관련 검찰공소에 대한 변호사 선임의 건 결의

일 자	내 용
00.11.30	제111차 이사회의 - 남측하수 유입암거(4련) 이설공사계약 체결 결의 - 남측 하수유입암거(4련) 이설공사구간 수목이식공사 계약체결 결의 - 설계변경에 따른 종후자산 감정평가 수수료 지급 결의
00.12.04	남측하수 유입암거(4련) 이설공사구간 수목이식공사 계약체결
00.12.12	제112차 이사회의 - 0000년도 예산(안) 결의
00.12.28	제113차 이사회의 - 00고 옆 신축 아파트 동 번호 변경에 대한 결의
00.01.15	감리업무(건축, 전기/통신, 소방) 연장 및 휴일근무에 대한 약정체결
00.01.30	지역난방수급 계약체결
00.02.01	소송위임계약 체결(0000고단 5204, 0000고단 29 재물손괴 항소심)
00.02.08	제6기(00.1.1. ~ 00.12.31.) 회계 및 보고서 조합원에게 발송
00.02.08	00상가 소송 관련 및 정기총회개최 예정 통지
00.02.09	제114차 이사회의 - 조합장 소송 관련(재물손괴) 항소심 변호사 선임 결의 - 0000년도 정기총회 행사비 예산(안) 결의 - 법원 화해조정에 따른 00상가지분매입에 대한 합의서 추인 - 00상가 설계용역 계약체결 결의
00.02.12	00상가 설계용역 계약 체결
00.02.15	소송위임계약 체결 (0000 나 14249 토지무상양도확인 항소심)
00.02.28	조합원 설문조사 실시(인테리어 업그레이드 관련)
00.03.16	일조권 소송 변호사 위임계약 체결 (0000 카합 733 공사금지가처분, 00에쉐르 000외18명)
00.03.16	일조권 소송 변호사 위임계약 체결 (0000 카합 777 공사금지가처분, 00푸르지오 000외 245명)
00.03.20	아파트 강제철거에 대한 손해배상소송 변호사 위임계약 체결 0000 가합 00000 손해배상청구사건, 000외 14명

일 자	내　　용
00.03.21	제115차 이사회의 - 일조권 소송 관련 변호사 선임 추인 - 손해배상 소송 관련 변호사 선임 추인 - 00상가 소송 관련 법원 조정에 갈음하는 결정에 대한 수용여부 결의
00.03.23	00상가 화해조정에 관한 안내문 발송
00.03.30	00상가 철거공사 계약 체결
00.04.	일조권 소송 관련 감정평가용역 계약 체결 (일조권, 조망권 등에 대한 재산가치 하락 감정평가)
00.04.04	정비기반시설 설계용역 계약 체결 (지하철 및 지하상가 연결통로 및 환기구 이설공사 설계용역)
00.04.16	제116차 이사회의 - 지하철입구, 지하도출입구, 상가연결통로 및 환기구 이설공사 　설계용역계약 체결 추인 - 일조권소송 관련 감정평가계약체결 추인 - 일반분양 및 임대분양 관련 동·호수 추첨결의
00.04.25	제117차 이사회의 - 엘리베이터 공급업체 선정검토 - 시공사 부대공사에 대한 추가비용정산 약정서 검토
00.04.30	- 일조권 추가 소송 2건 및 기타 1건 변호사 위임 계약 체결 　00푸르지오 추가 (0000 카합 1308 공사금지가처분, 000외 7명) 　00에쉐르 추가 (0000 카합 1313 공사금지가처분, 000외 18명) - (0000 두 7321 관리처분계획 취소 등, 00아파트 상가 소유자; 000)
00.05.15	지하철#9호선 인접건물의 소음/진동 저감공사 약정 체결
00.05.08	임대주택분양분 동·호수 추첨(국민은행 전산원, 서초구청입회)
00.05.31	제118차 이사회의 - 0000년도 예산(안) 결의

일 자	내 용
00.06.12	제119차 이사회의 - 00상가 철거계약서 체결 추인(철거업체) - 00상가 철거비용 약정 체결 결의(조합-시공사) - 00상가 철거 관련 공사금지 가처분 소송 변호사 선임 결의 - 시공사 부대공사에 대한 추가비용 정산 관련 약정 체결 결의 　　1) 남측, 북측 하수암거 이설에 따른 부대공사 추가비용 　　2) 에어콘 전원설비 설치 추가비용 　　3) 지장물이설 및 인근학교 민원처리 추가비용 - 반포로 확장 관련 시설물 이설공사 약정체결 결의(시공사) - 일반 및 임대주택 세대에 대한 옵션추가에 따른 약정 체결 결의 - 재건축 정비사업비 변동내역 및 추가공사 예상항목에 대한 토의 - 재건축결의 및 사업계획 동의서(변경안) 징구 토의
00.06.21	소송위임 약정 체결 (사건번호 0000노450 조합장 재물손괴 상고심)
00.07.02	제120차 이사회의 - 재건축결의 및 사업계획 동의서(변경안) 징구 결의 - 변호사 약정 체결 추인(조합장 재물손괴 상고심)
0-.07.06	재건축결의 및 사업계획 동의서[보완] 제출의 건 공문 발송
00.07.23	0000.0.00.일자 재건축결의 및 정관변경 무효확인 소송 1심 판결에 대한 안내문 발송
00.07.26	제121차 이사회의 - 00상가 종후평가 실시에 따른 비용차입 결의 - 정관변경 무효확인 및 재건축결의 무효 확인 등 병합 소송 관련 항소에 　따른 변호사 선임위임 결의 - 재건축결의 및 사업계획 동의서 징구 관련 홍보도우미 사용 결의
00.07.31	소송위임 약정 체결 (사건번호 0000 나 14857 손해배상, 원고 : 000)
00.07.31	소송위임 약정 체결 (사건번호 0000 가합 31226 정관변경 무효 확인, 0000 가합 104277 재건축결의 무효 확인)
00.08.29	제122차 이사회의 - 재건축결의 및 사업계획 동의서 징구 관련 홍보용역계약 추인 - 재건축결의 및 사업계획 동의서 반환요청에 대한 결의 - 일조권 관련 법원의 화해권고 결정문에 대한 결의 - 00상가 지분매입 관련 비용 지급 결의

일 자	내 용
00.09.03	소송위임 약정 체결 (사건번호 0000 나 73262 정관변경 무효 확인,0000 나 73279 재건축 결의 무효확인 병합심리건 법무법인 바른)
00.09.05	일조권 및 조망권 침해에 따른 소송 관련 안내문 발송
00.09.12	반포로 확장 관련 구조물 이설공사 약정체결(제119차 이사회)
00.09.25	일반분양/ 임대분양 옵션추가 약정 체결(제119차 이사회)
00.09.18	시공사 부대공사 추가비용 정산 관련 약정 체결(제119차 이사회)
00.09.10	재건축결의 동의서 징구 관련 홍보요원용역 계약
00.10.26	00상가 철거비용 관련 약정 체결(제119차 이사회)
00.10.05	소송위임 약정 체결 (사건번호 0000 가합 18893 손해배상 백성기외 14명)
00.10.24	소송위임 약정 체결 (사건번호 0000 라 1655 공사중지가처분, 000)

00.10.29	제123차 이사회의
	– 일조권 등 소송 관련 변호사 추가 선임 계약 체결 추인
	– 손해배상소송 관련 변호사 추가선임 계약체결 추인
	– 00상가 지분소유자(신○○)가 항고한 공사중지 가처분 소송 관련
	 변호사 선임 계약체결 추인
	– 시공사 추가비용 정관 관련 약정 체결 추인
	– 반포로 확장 관련 구조물 이설공사 약정 체결 추인
	– 일반분양, 임대주택세대에 대한 옵션추가공사에 따른 약정 체결 추인
	– 일조권 관련 추가손해배상 소송 관련 협상체결 결의
	– 추가공사에 대한 결의
	  1) 단위세대 층간소음 저감공사 결의
	  2) 건물외벽석재공사 추가공사 결의(3층→5층)
	  3) 방열판 추가공사 결의

00.11.09	샘플하우스 개관 안내문 발송
00.11.15	샘플하우스 개관행사 실시(00.11.15. ~ 00.11.18.)

일 자	내 용
0.11.13	재건축 무효 확인 및 정관변경 무효 확인 소송 관련 약정 체결
00.11.28	감리용역계약 체결(지하철 및 지하상가 연결통로 및 환기구 이설공사)
00.11.12	소송위임 약정 체결 (사건번호 0000 나 73262 정관변경 무효 확인, 000 나 73279 재건축 결의 무효확인 병합심리건 법무법인 00)
07.11.28	제124차 이사회의 - 변호사 선임계약 추인 - 홍보요원 약정체결 추인 및 결의 - 샘플하우스 행사 관련 조합업무 협력요원 사용 추인 및 결의 - 일조권 등 소송 관련 손해배상금액 확정 건에 대한 추인
00.11.30	제125차 이사회의 - 공사감리계약(지하철 및 지하상가 연결통로 및 환기구 이설공사)체결 - 추가공사계약 체결 결의 　1) 엘리베이터 케이지 인테리어 고급화 　2) 현관중문 설치(222m²형) - 00상가 돌관 공사비 추가에 대한 검토
00.12.04	추가 무상업그레이드행사 안내문 발송
07.12.06	추가 무상업그레이드 행사실시(00.12.6. ~ 12.9.)
00.12.27	제126차 이사회의 - 000년도 예산(안) 결의 - 25m신설도로(사평로 ~ 신반포로)에 따른 전력선 지중화공사에 관한 00조합과 합의서 체결 결의
00.12.27	25m신설도로 수목이식공사 계약 체결(반포천 및 반포체육공원)
00.12.12	바닥난방용 방열판 설치공사 약정 체결
0.12.28	00상가 건축공사 도급계약 체결

일 자	내 용
00.01.26	엘리베이터 내부 인테리어 고급화 공사 약정 체결
00.01.11	제127차 이사회의 - 재건축사업비 및 0000년도 사업비 예산(안) 변경 검토 - 추가공사 약정 체결 추인 (난방용 방열판, 엘리베이터 내부 고급화, 현관중문 설치) - 25m 신설도로 부대공사 (수목이식) 계약 체결 추인
00.01.11	무상, 유상 옵션 동의서 마감
00.01.14	25m 신설도로공사(사평로↔신반포로) 관련 부대공사 - 지하매설물 시험굴착 조사 용역 계약 체결 - 상수도 이설공사 약정 체결 - 가로등, 보안등 철거 및 설치공사 약정 체결 - 제방안정성 평가 및 보강공법 설계용역 계약 체결
00.01.24	제128차 이사회의 - TV 난시청 민원 관련 시공업체 선정 결의 - 00상가 사업운영주체 결정 건에 대한 결의 - 00공상가 사업시행(건축계획) 변경동의서 제출 결의 - 손해배상소송(사건번호: 0000 가합 18893) 1심 선고결과 검토 - 00상가 재건축공사 공사도급약정서 체결 결의 - 00상가 컨설팅비용 대여 결의
00.01.30	교통영향평가 재실시 용역 계약 체결(상가 주차장 면적 증가 관련)
00.02.13	제129차 이사회의 - TV 난시청 민원 관련 시공업체 계약체결 결의 - 변호사 약정 체결 추인 - 00상가 철거 관련 벌금 납부 결의 - 교통영향평가(재협의 또는 변경신고) 계약 체결 추인 - 도로신설(사평로 ~ 신반포로, 폭 25m)에 따른 계약 체결 추인 - 아파트 명칭 용역계약 체결 결의 - 구유지 매입 및 변상금 부과 관련 토의 - 우선권 소송 관련(재건축무효 및 정관변경 무효 확인 병합 건)하여 재판부의 화해권고에 대한 토의
00.02.15	TV 난시청 해소처리공사 계약 체결

일 자	내 용
00.02.28	제130 차 이사회의 - 00상가 지분소유자(000) 소유권이전등기절차 이행청구소(항소심) 관련 변호사 선임 결의 - 구유지(도로, 공원) 매입 및 변상금 부과 관련 소송여부에 대한 검토 - 정비기반시설설치공사 약정 체결 결의 - 25m 신설도로(사평로 ~ 신반포로)공사에 따른 감리용역계약 체결 결의
00.02.28	정비기반시설 설치공사 약정 체결(시공사) - 신반포로 확장(폭5m)공사 - 반포로 확장(폭3m)공사 - 25m 신설도로(사평로 ~ 신반포로) 공사 - 근린공원조성공사
00.02.28	25m 신설도로 감리용역계약 체결(사평로 ~ 신반포로)

00.03.06	제131차 이사회의
	- 00상가 지분소유자(000) 소유권이전등기 절차이행청구 소(항소심)
	  관련 변호사 선임 추인
	- 구유지변상금 부과 및 구청자체감정평가의 위법산정에 대한 소송과
	  관련한
	  변호사 선임 결의
	- 0000년, 000년 결산 결의
	- 0000년도 사업비 예산(안) 변경 결의
	- 아파트 명칭 제작업체 선정 결의

00.03.19	제132차 이사회의 - 재건축 결의무효확인의 소송(항소심) 관련 변호사 선임 추인 - 아파트단지 명칭 개발 계약 체결 추인 - 단지의 고급화 관련 토의 - 정비기반시설 설치공사 약정 체결 변경 결의

00.04.15	제133차 이사회의
	- 아파트 명칭 개발업체의 우리 아파트단지 아파트 명칭(안)발표 및 토의
	- 25m 도로신설공사 관련 빗물펌프장 관사 철거공사 및 테니스장 이설에
	  따른 공사(전기이설공사, 전주보강 가 시설공사, 조명탑 기초공사, 휴게실
	  설치 등 민원처리공사)계약체결 결의
	- 아파트 골조공사 완료에 따른 상량식 시 찬조금 지급 결의
	- 대한주택공사 소유부지(구새마을회관위치) 관련 소송여부 토의
	- 구유지 매입(도로 · 공원) 관련 변상금 납부 여부 토의
	- 0000년도 정기총회 행사 예산(안) 결의

일 자	내 용
00.05.28	제134차 이사회의 - 반포천 사면성토 및 녹화공사 약정체결 결의 - 단지 고급화 관련 추가공사 약정 체결 추인 - 구유지(구거부지) 매입 관련 부당이익 반환 청구소송 여부 토의

00.06.27	제135차 이사회의
	- 구유지(구거부지) 매입대금 부당이익 반환 청구 소송에 대한 변호사
	  약정 체결 추인
	- 00구청 반포수변친수공간 조성공사 관련 우선협상 대상업체 선정 결의
	- 단지 전기공사 관련 한전전기 수전 전에 전기안전관리대행 우선협상
	  대상업체 결의

00.07.16	제136차 이사회의 - 변호사 약정 체결 추인 - 00상가 분양 관련 결의 - 아파트 일반분양 전 확정측량 관련 우선협상 대상업체 선정 결의 - 아파트 명칭 설문조사 관련 토의
00.07.25	아파트 명칭 설문조사 - 조사기간 : 0000.07.25.~0000.08.22.
00.07.31	제137차 이사회의 - 변호사 약정 체결 결의 - 25m 도로신설공사 관련 반포빗물펌프장 관사 신축, 가설사무실 철거외 2건, 살충기 이설, 비상급수시설 이설 공사계약 체결 결의
00.09.05	친환경아파트 예비 인증서 취득
00.09.09	제138차 이사회의 - 정관변경무효확인 및 재건축결의 무효확인 등(병합) 소송 관련 변호사 약정체결 추인 - 00구청 반포 수변 친수 공간 조성공사 관련 계약 체결 추인 - 00상가 재건축사업추진에 관한 업무책임 범위 관련 약정 체결 결의 - 00여중 환경개선공사 비용 제공 결의 - 지하주차장 바닥 마감공사 추가 약정 체결 결의 - 아파트 일반 및 임대 분양분 세대에 대한 마감재 추가공사 토의
00.09.17	아파트명칭확정 조합원 설문조사 결과에 따라 '퍼스티지'로 결정
00.09.29	제139차 이사회의 - 신축아파트 일반분양(분양가, 분양시기, 분양대금납부조건, 홍보비 등) 관련 토의 및 결의
01.10.06	제140차 이사회의 - 아파트 일반분양(분양가, 분양대금납부조건)토의 및 결의 - 아파트 일반분양대금 거래은행 선정 결의

일 자	내 용
00.10.09	일반분양모집공고 － 0000.10.100000.10.05. : M/H 오픈 － 특별공급 : 0000.10.14. － 청약기간 : 000.10.15.(1순위), 0000.10.16.(2순위), 0000.10.17.(3순위) － 당첨자발표 : 0000.10.24. － 분양계약 : 000.10.29.~000.10.31.

00.11.20	제 141차 이사회의
	－ 아파트 일반분양 관련 분양가 책정 추인
	－ 일조권 등 손해배상소송 관련 법원조정금액 지급 결의
	－ 지적확정측량용역 변경 계약 체결 결의
	－ 25m 신설도로 공사 관련 도로점용료 납부 추인 및 교통관리계획 용역,
	   사평로 문형식 표지판 이설공사 계약체결 결의
	－ 사후 환경영향조사평가업체 변경 계약 체결 결의
	－ 신축아파트 설계변경에 따른 감정평가 및 일반분양가 산정을 위한
	   감정평가 계약체결 결의
	－ 변호사 계약체결 추인
	－ 지하주차장 바닥 마감재 업그레이드 추가공사 계약 체결 결의
	－ 반포0단지 지하상가 연결통로 설계용역 추가계약 체결 결의
	－ 신축아파트 설계변경에 따른 추가용역비 지급 결의
	－ 신축아파트 명칭(퍼스트지) 명판도안 및 아파트 측면 부탁여부 결의

00.12.18	제 142차 이사회의 － 0000년도 조합운영비 예산(안) 결의 － 00상가 분양신청 내용 결의 － 정비기반시설공사 변경 도급계약 체결 결의
0.12.22	임대아파트매매계약 － 서울시와 매매계약 체결
00.12.31	제 143차 이사회의 － 0000년도 사업비 예산(안) 결의 － 임대주택 계약 체결 추인
00.01.23	제 144차 이사회의 － 변호사 약정체결 추인 － 00상가 조합지분 분양신청 및 책임분양대행업체 선정 관련 토의
00.02.04	제 145차 이사회의 － 00상가 조합지분 분양 관련 토의

일 자	내　　　　　용
00.02.13	제 146차 이사회의 － 00상가 조합지분 분양신청 관련 토의 － 00초등학교 민원사항 토의
00.02.24	제 147차 이사회의 － 0000년도 결산 결의 － 이동통신중계기 임대차 계약 체결 토의
00.03.31	제 148차 이사회의 － 변호사 약정 체결 추인 － 00상가 조합지분 분양점포 및 일반분양점포에 대한 책임분양대행 관련 　우선협상대상업체 선정 결의 － 00상가 조합지분 분양점포에 대한 책임분양대행 관련 우선협상대상업체 　선정 결의 － 아파트 일반분양 및 임대분양분에 대한 추가 약정 체결 결의 － 컨설팅 업체(000) 행정용역비 기성금 지급 결의
00.04.14	제 149차 이사회의 － 00상가 조합지분 분양점포 및 일반분양점포에 대한 책임분양대행계약 　체결 결의 － 00상가 조합지분 분양점포에 대한 책임분양대행 관련 결의
00.05.18	제 150차 이사회의 － 변호사 약정 체결 추인 － 단지 지번 선정 추인 － 교통영향평가(4차 변경신고)추가 계약 체결 추인 － 신반포로 및 반포로 포장공사 변경 관련 약정 체결 결의 － 설계변경 관련 추가 설계용역비 지급 결의 － 신축아파트 추가공사에 대한 건축감리비 지급 결의 － 케이블 TV 사업자 선정 결의
00.05.25	정비사업전문관리업체(주 000) 계약해지
00.06.01	정비사업전문관리업체 선정 (주)0000
00.06.01	제 151차 이사회의 － 입주 시 금융지원 관련 우선협상대상은행 선정 결의 － 신축아파트 단지 관리업체 선정 관련 우선협상대상업체 선정 결의
00.06.03	제152차 이사회의 － 행정업무대행용역 계약 체결 결의 － 변호사 약정 체결 추인
00.06.10	입주자 사전점검 기간 :00.06.10.~00.06.14.

업 무 보 고

1) 소송 관련 진행현황

2) 기타 보고사항

: (내용 미첨부)

반포주공0단지 재건축정비사업조합

1) 소송 관련 진행현황

□ 현재 진행 중인 소송사건

사건번호	소송내용	원고	피고	결과	비고
0000 나 8876	소유권이전등기 절차이행청구등	조 합	000	3심 계류 중	00상가 일부 지분 소유자에 대한 매도청구소송
0000 구합 48216	관리처분 계획 무효소송	000외 28	조 합	1심 계류 중	
0000 다 45637 0000 다 45644	정관변경무효확인 재건축결의 무효확인	000외 17	조 합	3심 계류 중	병 합
0000 누 7068	변상금부과처분소송	조 합	00구청장	2심 계류 중	도로, 공원부지 사용에 대한 변상금 부과
0000 가합 62699	부당이익금 반환(구거)	조 합	00구청장	1심 계류 중	구거부지 감정평가차액에 대한 부당이득금 반환청구
0000 가합 102689	소유권 이전등기	조 합	토지주택공사	1심 계류 중	새마을 회관 부지 소유권 이전
0000카합1766	현금청산중지가처분	000	조 합, 00상가	1심 계류 중	
0000가합51184	현금청산중지가처분 본안소송	000	조 합, 00상가	1심 계류 중	
000가합66469	소유권이전등기	조 합	00상가조합원 중 분양미계약 조합원	1심 계류 중	

□ 종결된 소송사건

사건번호	소송내용	원고	피고	결과	비고
0000나63602	총회결의 효력정지가처분	일부조합원	조 합	2심 : 소 취하	
0000가합68856	재건축결의 부존재확인	일부조합원	조 합	1심 : 소 취하	
0000라927	분양계약체결 금지등 가처분	일부조합원	조 합	2심 : 소 취하	
0000두7321	관리처분계획 취소등 청구의소	0 0 아 파 트 상 가 조 합 원	조 합	3심 : 심리불속행기각 (조합승소)	
0000구합1920	관리처분계획취소등	일부조합원	조 합 0 0 구 청 장	1심 : 조합승소	
0000두10907	주택재건축정비사업 시행인가처분취소	조 합	0 0 구 청 장	3심 : 심리불속행기각 (조합승소)	
0000다467	토지무상양도확인	조 합	0 0 구 청 장	3심 : 심리불속행기각 (조합승소)	
0000가합18893	손해배상	조 합 원 일 부	조 합	1심 : 원고일부승소	합의종결
0000라1655	공사중지가처분	0 0 0	조 합 , 시 공 사	2심 : 기각	
0000카합733 외 8건	공사금지가처분	인 근 아 파 트 주 민	조 합 , 시 공 사	1심 : 화해권고	일조권
0000가합84421	건축물 명도소송	조 합	0 0 0 외 2 명	1심 : 소 취하	
0000가합84438	소유권이전등기	조 합	0 0 0	1심 : 소 취하	
0000카합3317	부동산처분금지가처분	조 합	0 0 0 외 6 8 명		
0000라807	명도단행가처분	조 합	0 0 0 외 5 1 6 명	2심 : 신청취하	
0000카합3318	부동산점유이전금지 가처분	조 합	0 0 0 외 3 2 1 명		
0000다67019	재건축결의 무효 확인 등	0 0 상 가	조 합	3심 : 심리불이행기각	
0000가단 295016	손해배상	0 0 0	조 합 0 0 건 설	1심 : 조합승소	
0000 도 5207	재물손괴	검 찰	조 합 장	3심 : 심리불속행기각	

총 회 상 정 의 안

제1호 안건 : 수행업무 추인의 건

제2호 안건 : 사업시행계획 변경 추인의 건

제3호 안건 : 예산(안) 추인 및 결의의 건

      ① 0000년도 결산

      ② 0000년도 ~ 0000년도 예산 및 결산

      ③ 000년도 예산

제4호 안건 : 관리처분 계획(안) 변경 결의의 건

제5호 안건 : 기타 안건

반포주공0단지 재건축정비사업조합

상 정 의 안

- 제1호 안건 -

수행업무 추인의 건

반포주공0단지 재건축정비사업조합

■ 상정의안 : 제1호 안건

수행업무 추인의 건

---

1. 의안상정
: 제3호 안건 「수행업무 추인의 건」을 상정합니다.

2. 제안사유
: 0000년 00월 00일 정기총회 이후 조합에서 수행하였던 주요업무 및 각종 계약체결 등 조합에서 기 수행하였던 업무에 대하여 금번 총회에서 추인 받고자 합니다.

3. 제안근거
- 도시및주거환경정비법 제45조(총회의 의결)
- 조합정관 제21조 (총회의 의결사항)

4. 의결내용
: 조합에서 기 수행한 업무 추인의 건을 의결한다.

[첨 부]
: 0000년 0월 00일 이후 조합에서 수행하였던 주요업무

0000년 0월 00일

반포주공0단지 재건축정비사업조합

□ 0000년 00월 00일 이후 조합에서 수행한 주요업무

공사명	내용	계약일자	금액(천원)	업체	비고
지하철 소음진동 저감공사	부대 토목, 가시설, 필요한 부대공사	0000년 5월	1,500,000	시공사	VAT포함
일반, 임대세대 옵션추가공사	천정형에어컨, 발코니확장, AL샤시	0000년 9월	14,054,964	시공사	VAT별도
옵션인프라 공사비	천정형 에어컨 관련 3상 전기 인입 및 드레인 배관 설치	0000년 9월	1,998,000	시공사	VAT별도
엘리베이터 내부 인테리어 고급화 공사	28개동에 설치되는 56대 엘리베이터 내부 인테리어 공사	0000년 4월	1,380,000	시공사	VAT별도
바닥 난방용 방열판 설치공사	2,444세대의 아파트 관리사무소, 주민공통시설	0000년 4월	900,000	시공사	VAT별도
전동 빨래건조대 설치공사	조합및일반분양은 전동식 임대는 수동식 건조대 설치	0000년 4월	967,000	시공사	VAT별도
84m²형 현관중문 및 안방장 악세 사리 설치공사	84m²형 조합원 및 일반분양분 설치	0000년 4월	1,497,000	시공사	VAT별도
106동 돌관공사	106동 및 주변 지하층 공사 일체	0000년 4월	4,600,000	시공사	VAT별도
		0000년 4월	4,500,000	시공사	VAT별도
층간소음 저감 시스템 설치공사	2,444세대 전부	0000년 4월	3,990,000	시공사	VAT별도
아파트(동) 외벽 석재마감추가 공사	28개동 1층~5층 석재마감 및 경비실 및 관리실(2) 석재마감	0000년 4월	10,550,000	시공사	VAT별도
커뮤니티시설 고급화공사	주민커뮤니티시설 내부 일체의 인테리어 고급화공사	0000년 4월	3,600,000	시공사	VAT별도
엘리베이터홀 공용부 특화공사	28개동의 지하3층부터 최상층까지 엘리베이터홀 바닥 및 벽체 (PS커버, 창호 등 제외)	0000년 4월	14,214,000	시공사	VAT별도
친환경건축물 인증 및 취득 공사	친환경건축물 중 "우수친환경건축물" 기준	0000년 5월	1,184,000	시공사	VAT별도
옥상조명 및 구조물특화공사	28개동 옥상조명 및 구조물 설치	0000년 5월	3,543,000 (시공사부담)	시공사	VAT별도
조경시설 특화공사	수목식재공사 및 시설물 설치공사	0000년 5월	8,457,000 (시공사부담)	시공사	VAT별도
아파트외벽도장 고급화 공사	아파트 28개동의 외벽면을 수성페인트에서 실리콘페인트로 변경	0000년 5월	1,558,000	시공사	VAT별도
반포천 사면성토 녹화공사	반포천과 당 조합 경계부분의 사륜박스구간 성토 및 녹화	0000년 6월		시공사	VAT별도

공사명	내용	계약일자	금액(천원)	업체	비고
원패스 시스템 설치공사	차량과 사람의 진출입 및 보완을 위한 시스템	0000년 6월	1,882,896	시공사	VAT별도
반포지역 주변 친수공간 조성공사	폭포 및 연못설치 수반 설치공사 등	0000년 9월	1,182,000	시공사	VAT별도
일반분양가 책정 관련 삼성부담 공문	분양가 인하금액에 대한 시공사 도급액 감액 처리	0000년 10월	1,975,000	시공사	(시공사부담)
지하주차장 바닥 마감 업그레이드 공사	28개동의 지하주차장 에폭시페인트에서 에폭시 엠보페인트로 변경	0000년 11월	1,640,000	시공사	VAT별도
일반/임대세대 마감재 변경	온돌(강화)마루, 천정형에어컨설치 등	0000년 12월	7,800,000	시공사	VAT별도
지하보도 출입구 이설공사에 따른 E / C 공사	에스컬레이터 설치 공사	0000년 2월	277,000	시공사	VAT별도
임대/일반분양 세대 마감재 추가 공사	일반 전자제품 추가 임대아파트 거실 아트월 및 주방TV등 업그레이드	0000년 4월	1,100,000	시공사	VAT별도
PD점검구 등 및 우편물 수취함 변경	지하3층~지상1층 엘리베이터홀내 PS커버	0000년 4월	638,479	시공사	VAT별도
정비기반시설 공사	25m 도시계획도로(교량포함)공사 (신)반포로확장, 반포로 확장, 근린공원조성	0000년 12월	30,488,773	시공사	VAT포함
25m 도로 공사	공사감리	0000년 2월	905,784	00건축	VAT별도
	반포체육공원 및 반포천 구간 수목이식공사	0000년 12월	184,000	00도시	VAT별도
	유수지내 상수도이설공사	0000년 1월	11,000	00건설	VAT포함
	반포천 1교,2교 가로등 보안등 철거 및 설치공사	0000년 1월	22,000	000이엘씨	VAT포함
	지하매설물 굴착시험	0000년 1월	38,500	00	VAT포함
	빗물펌프장 관사철거 및 테니스장추가공사	0000년 6월	95,600	00	VAT별도
	빗물펌프장 관사신축 및 가설사무실 철거공사 외 2건	0000년 8월	789,410	00	VAT포함
	서초구청 민방위 비상급수시설 이설공사	0000년 8월	45,300	00지질	VAT별도
	전격살충기 이설공사	0000년 9월	10,000	00 이엘씨	VAT포함
	반포천 제방안전성 평가 및 보강공법 설계	0000년 1월	50,000	00 엔지니어링	VAT별도
	반포빗물펌프장 관사 신축설계용역	0000년 3월	15,000	00건축 사사무소	VAT별도
	문형식 표지판 이설공사	0000년 8월	145,000	00	VAT별도
	25m 도로관련 교통 관리계획 용역	0000년 11월	12,000	00그룹	VAT별도

공사명	내용	계약일자	금액(천원)	업체	비고
반포로 확장공사	지하상가출입구 지하철이설물이전 지하상가통신환기구 이전공사 등	0000년 9월	4,983,105	시공사	VAT포함
	지하철 및 지하상가 연결통로 및 환기구 이설공사 감리계약	0000년 11월	110,000	00건축	VAT별도
	지하철 및 지하상가 연결통로 및 환기구 이설공사 설계계약	0000년 4월	165,000	00	VAT포함
	지하상가 출입구 신설공사에 따른 원가계산	0000년 8월	7,700	한국경제 조사연구원	VAT포함
신반포로 확장공사	KT, LG파워콤, 드림라인, SK브로드밴드,SK네트웍스 통신시설 이설	0000년 12월	671,000	시공사	VAT별도
	투수블럭, 투수콘포장 → 화강석 판석포장	0000년 5월	787,000	시공사	VAT별도
북측유입암거이설공사	토목,가시설, 구조물, 부대공사	0000년 6월	4,550,000	시공사	VAT포함
	상수도이설 통신관로이설 버스정차대이설 지장수목 이설	0000년 9월	920,000	시공사	VAT별도
	북측유입암거 이설 관련 감리계약	0000년 2월	220,910	00건축	VAT별도
남측하수암거	이설공사비(390m)	0000년 9월	6,011,000	00	VAT포함
	이설공사비(390m)	0000년 9월	2,500,000 (00 부담)	00	VAT포함
	추가공사비(90m) 남측암거 이설공사 감리용역계약	2006년 7월	2,856,000	00건축	VAT별도
			262,700	00건축	VAT별도
	남측암거 이설공사 구간 수목이식공사	0000년 12월	310,000	00도시	VAT별도
수 목 이 식	단지내 수목이식	0000년 9월	439,000 (00부담)	시공사	VAT별도
	가로수 이식, 공원 수목이식	0000년 9월	511,000	시공사	VAT별도
민 원 처 리 비	잠원초교, 세화여중 사업 관련 민원처리공사	0000년 9월	375,000	시공사	VAT별도
	잠원초교, 세화여중 민원 및 석면처리 비용	0000년 9월	1,725,000 (00부담)	시공사	VAT별도
	아파트공사로 인한 TV방송수신장애 해소처리공사	0000.12.24	3,300,000	00전자㈜	VAT별도
기 타 공 사	25m 도로 하수관로 및 상수도 이설 구유지대부료 변상금	0000년 9월	320,000 (00부담)	시공사	VAT별도

공사명	내용	계약일자	금액(천원)	업체	비고
동남상가 철거 관련 비용	철거공사 폐기물 운반처리 석면 폐기물 운반 처리	0000년 10월	161,805 (00부담)	시공사	VAT별도
설계	설계변경 등에 따른 추가계약	0000년 6월	850,000	000	VAT별도
감리	공사내용 변경에 따른 감리업무 추가계약	0000년 6월	609,377	00건축	
감정평가	설계변경에 따른 종후감정평가	0000년 5월	155,588,400	00,00	
	설계변경에 따른 종후감정평가	0000년 5월	155,920,600	00감정	
	일조권분쟁에 필요한 감정	000년 4월	121,000,000	00,00	
	신축아파트 일반분양분양가 산정용	0000년 10월	64,611,600	00,00	
	신축아파트 일반분양분양가 산정용	0000년 10월	64,079,400	00감정	
행정용역계약	정비사업전문관리	0000년 6월	25,000	㈜000	VAT별도
직원채용	공사관리 및 행정서무요원	0000년 5월		직원채용 (1명)	
자금조달협약	중도금대출협약	0000년 7월		국민은행	
구유지매입	반포동 117-2 대지 6,355.60㎡	0000년 7월	31,459,725	00구청	
동남상가매입	법원조정에 따른 동남상가 지분매입	0000년 11월	15,379,014	00상가 소유자	
기타	지역난방열 수급 계약서	0000년 1월	공급계약	한국지역 난방공사	
	전기사용계약서	0000년 10월	공급계약	한국전력 공사 강남지점	
	교통영향평가 재협의 계약	0000년 1월	55,000	00	VAT별도
	교통영향분석, 개선대책(제4차변경)	0000년 4월	25,000	00	VAT별도
단지명칭개발	반포주공0단지단지 명칭개발 계약	0000년 3월	32,000	000	VAT별도
	퍼스티지 출원인명의변경 및 신규에 대한 상표등록출원 및 등록 약정	0000년 11월	1,982	00국제 특허법률 사무소	VAT포함
분양대행	00상가 조합 분 일반분양 (책임분양) 대행계약	0000년 4월	17,500,000	㈜000	
	00상가 조합 분 일반분양 (책임분양) 대행계약	0000년 4월	27,300,000	㈜000	

상정의안

제2호 안건

사업시행계획 변경 추인의 건

반포주공0단지 재건축정비사업조합

■ 상정안건 : 제2호 안건

사업시행계획 변경 추인의 건

1. 의안상정
: 제2호 안건 「사업시행계획 변경 추인의 건」을 상정합니다.

2. 제안사유
• 서울특별시 00구 고시 제0000-00호(0000.0.00)에 따라 서울특별시 반포아파트지구 개발기본계획변경(정비계획의 경미한 변경) 및 법원판례에 따라 아파트대지 및 주구중심의 면적변경으로 인한 사업계획의 변경내용을 추인 받고자 합니다.
• 최초 사업시행인가 후 단위세대 평면도, 조경계획 등 조합원의 편의를 위하여 수정 및 보완하여 사업시행 계획을 변경하였는바 그에 따른 변경내용을 추인 받고자 합니다.

3. 제안근거
• 도시및주거환경정비법 제45조(총회의 의결)
• 조합정관 제21조 (총회의 의결사항)

4. 의결내용
: 사업시행계획 변경 추인의 건을 원안대로 결의한다.

[첨 부]
가. 서울특별시 반포아파트지구(반포지구2)개발기본계획 변경(정비계획의 경미한 변경)
나. 사업시행 변경인가서 사본
다. 변경 및 추가되는 마감자재 등에 대한 추인내용
라. 단지 내 배치도 변경 및 단위세대 변경내용

0000년 00월 00일

반포주공0단지 재건축정비사업조합

서울특별시 반포아파트지구(반포지구2)개발기본계획 변경(정비계획의 경미한 변경)

건설부고시 제000호(`00.0.00)로 아파트지구 지정되고, 서울특별시고시 제0000-000호(`00.00.00)등으로 아파트지구개발기본계획 변경 결정된 반포아파트지구(반포지구0)에 대하여 도시및주거환경정비법 제8조제2항, 동시행령 제14조제4항, 도시및주거환경정비법 제8조제5항 및 서울특별시 도시및주거환경정비 조례 제62조제1항제9호의 규정에 의하여 다음과 같이 아파트지구개발기본계획의 경미한 사항을 변경하고 이를 고시합니다.

0000년 0월 00일

0 0 구 청 장

1. 아파트지구 개발계획의 명칭·위치 및 면적

　가. 명칭 : 서울특별시 반포아파트지구개발기본계획

　나. 위치 : 서초구 반포동·잠원동·서초동 일대

　다. 면적 : 2,714,011.2㎡

　　　1) 반포지구(영동아파트1지구) : 1,591,192.5㎡

　　　2) 반포지구2(저밀도변경부분) : 1,122,818.7㎡

　　　3) 서초지구(영동아파트3지구) : 1,187,270.5㎡

2. 지구개발 기본계획의 개요

　가. 지구의 구분(변경없음)

　나. 주구의 구분(변경없음)

3. 토지이용계획

가. 주구별 면적(변경없음)

나. 지구별 토지이용계획

1) 반포지구(변경없음)

2) 반포지구2

구 분		변 경 전		변 경 후		비 고
		면적(㎡)	비율(%)	면적(㎡)	비율(%)	
계		1,122,818.7	100.00	1,122,818.7	100.00	변경없음
주거용지	주택용지	806,137.0	71.8	805,848.0	71.77	289㎡감소(5주구)
중심시설	지구중심	-	-	-	-	-변경없음
	주구중심	38,151.5	3.40	38,440.5	3.43	289㎡증가(5주구,1주구중심)
	분구중심	-	-	-	-	-변경없음
도시계획시설	도로용지	87,915.8	7.83	87,915.8	7.83	-변경없음
	도로 및 공공공지	3,532.2	0.31	3,532.2	0.31	-변경없음
	공원용지	53,935.1	4.80	53,935.1	4.80	-변경없음
	학교용지	104,563.1	9.31	104,563.1	9.31	-변경없음
	공공청사	5,861.0	0.52	5,861.0	0.52	-변경없음
	녹 지	19,163.0	1.71	19,163.0	1.71	-변경없음
	시 장	3,560.0	0.32	3,560.0	0.32	-변경없음

3) 서초지구(변경없음)

4. 건축물 규제사항(변경없음)

5. 토지 등의 권리관계 : (변경없음)

6. 영향평가 관련 사항

가) 교통영향평가 심의결과 이행

나) 환경영향평가 협의결과 이행

다) 인구영형평가 협의결과 이행

7. 기타

가) 개발사업단위별 사업계획승인 전 「아파트지구 시기조정심의위원회」의 심의를 득한 후 개발사업 시행

나) 심의대상 : 금회 변경되는 지역의 기존 세대(9,020세대) 중 2,500세대를 초과하여 사업계획승인 할 경우

다) 기존건축물의 처리 : 관계 규정 및 소유자간 협의에 의함

8. 금회(세부) 변경내용(정비계획의 경미한 변경)

가. 제5주구 토지이용계획

구 분	변 경 전(㎡)	변 경 후(㎡)	비 고
주택용지	154,186.5	153,896.6	289㎡ 감소
주구중심	5,799.5	6,088.5	289㎡ 증가(#1 주구중심)
도로용지	20,674.7	20,674.7	변경없음
공원용지	13,606.8	13,606.8	변경없음
학교용지	37,713.1	37,713.1	변경없음
공공청사	150.0	150.0	변경없음
계	231,979.7	231,979.7	

9. 관련 도서의 비치 및 열람방법

　　가) 관련 도서 : 생략(열람 장소에 비치된 도서와 같음)

　　나) 열람 장소 : 서초구청 건축과(☎000-0000)에 비치.

사업시행 변경 인가서

◎ 사업시행 변경 인가 주요내용

구 분			변 경 내 용	비 고
건 축	배 치 도	보 도 및 차 도	- 패턴 및 lay-out 변경	교평협의 완료
		차 량 회 차 구 간	- 위치변경 : (117동 인근 → 118동 인근)	교평협의 완료
		차 량 출 입 구	- 2개소 차선변경 (2차선 → 3차선)	교평협의 완료
		문 주	- 단지 출입구에 3개소 설치	
		휴 게 공 간	- 단지 내 정자 설치	
		쓰 레 기 처 리 장	- 쓰레기처리장 : 28개소 → 17개소 - 쓰레기처리장 : lay-out 변경 - 분리수거함 :1개조 5개함(28set) → 2개조10개함(22set),1개조5개함(6set)	
	동평면도	동 명 칭	- 동명칭 변경 : (201동~204동) → (125동~128동)	
		우 편 물 수 취 함	- 형태, 위치변경 및 우편물수취함 37개소 추가	
		로 비 / 홀	- 내부마감 및 lay-out변경 - 지정페인트 → 지정석재 - slze 변경 (101동, 102동, 111동, 128동, 116동, 126동, 127동)	
		장 애 인 램 프	- 1층 장애인램프 형태변경 (108동, 109동, 116동)	
		동 출 입 구	- 116동 1층 동출입 계단 위치변경 (116동, 124동)	
		옥 탑 층	- 옥탑층 휀룸 및 홀 창호, 출입문 변경	
		헬 리 포 트	- 계단형태 및 위치변경	
		주 민 공 동 시 설	- 내부 P.D → 내부 D.A	
	입 면 도	외 부 마 감	- 저층부 석재마감 변경 : (3개층 → 5개층)	
		조 형 물	- 디자인 개선에 따른 조형물 변경 : (캐노피 → 더블스킨)	
	지 하 주 차 장		- 121동 ~ 124동 인근 지하1층 주차장 램프 변경 : (양방향 → 일방향)	교평완료

구 분			변 경 내 용	비 고
건 축	부대시설	경 비 실	– 위치변경	
		M D F 실	– 창호변경 : (단창 → 이중창)	
		커 뮤 니 티	– 런닝트랙 외부창호 위치변경 – 평면 lay-out 변경	
		수 영 장	– 크기변경 : (9.87 × 21.12) → (8.5 × 21.5)	
		3 1 3 동	– 단열 시스템변경 : (외단열 → 내단열) – 출입구 장애인 경사로 및 지하PIT 점검구 설치	
		3 0 4 동	– 평면 lay-out 변경	
	관리사무소 및 중앙감시실	114동 지하	– 주민공동시설 → 보안사무실(118동으로 이동예정)	추가변경 예 정
		115동 지하	– 중앙감시실 및 관리사무소 lay-out 변경	
		118동 지하	– 주민공동시설 → 시설사무실, 미화사무실,	
토 목	우 수 계 획 평 면 도		– 배치도 변경에 따른 관로 변경 – 배치도 변경에 따른 집수정, 우수홈통받이, 빗물받이 위치 이동 및 맨홀추가 – 우수저수조로 유입되던 우수관 line401~408구간 삭제	
	우 수 관 로 종 단 면		– 배치도 변경에 따른 관로의 라인번호 및 일부 길이 변경	
	우 수 계 획 평 면 도		– 배치도 변경에 따른 관로 변경 – line501~506, line604~609라인 추가로 인한 평면수정 – 정화조 유입구 line309~310인입라인 변경으로 인한 종단 및 평면수정 – 쓰레기 처리장 오수통과를 위한 DC200㎜연결관 추가	
	오 수 관 로 종 단 면 도		– 배치도 변경에 따른 관로의 라인번호 및 일부 길이 변경	
조 경	조 경 계 획 도		– 만물석산, 대형, 생태호수 등 조경고급화 시설물 추가 – 특수목, 문주, 소나무 등 식재 배치 및 수량 증가	
	조 경 구 적 도		– 일부 시설지를 녹지로 전환하여 조경면적 증가 – 어린이 놀이터, 휴게소, 주민운동시설 위치, 면적변경	
	시 설 물 배 치 도		– 배치도 변경에 따른 시설물 위치 및 형태 변화	

	어 린 이 놀 이 터 1 , 2 /
	주 민 운 동 시 설 1 평 면 도
			– 어린이놀이터1 : 전체적인 배치도 변경에 따른 변경
			                배치도에 맞춘 형대변경(위치 유지)
			– 어린이놀이터2 : 기존 위치가 운동시설 확장(멀티코트)
			                면적에 포함되어 위치 이동
			– 주민운동시설1 : 운동시설 변경안에 따라 기존 운동
			                시설 중 일부가 통합되어 위치이동	

구 분		변 경 내 용	비 고
조경	어린이놀이터3,4,5 평 면 도	– 어린이놀이터3 : 형태변경 – 어린이놀이터4 : 기존 놀이터 고급화 계획에 의해 테마 　　　　　　　　 놀이터로 변경(형태 변경) – 어린이놀이터5 : 단지 주진입로에 위치하여 차량 진입 　가능한 도로가 인접한 등의 안전, 위치 적정성에서 위해 　요소 발생으로 위치 및 형태 변경	
	어린이놀이터6,7/ 주민운동시설2평면도	– 어린이놀이터6 : 설계변경으로　인근에 대형호수, 보·차도 　　　　　　　　 발생으로 위치가 부적절하여 이동 – 어린이놀이터7 : 설계변경으로 암석원 면적에 포함되어 　　　　　　　　 위치 및 형태 변경 – 주민운동시설2 : 운동시설 변경 안에 따라 기존 운동 　　　　　　　　 시설 중 일부가 통합되면서 위치 변경	
	주민운동시설 3,4,5	– 주민운동시설3,4,5 : 운동시설　변경 안에 따라 기존 운동 　　　　　　　　　 시설 중 일부가 통합되면서 위치 변경 ※ 운동시설 변경 안 게이트볼장 1개, 배드민턴장 1개를 다용도 복합시설인 멀티코트로 전환하고 포겟형 운동시설을 산책로와 연계 하여 산책과 운동의 동적 행동요소를 통합함으로서 향상된 공간연계성 및 주민 접근성을 추구함	
	휴게소1,2,3,4,5	– 휴게소1 : 단지 모서리에 위치해　있고 단지 외부와의 　보안성 문제도 발생할 우려가 있기 때문에 단지 내부 　수경공간(워터스크린)으로 위치 형태변경 – 휴게소2 : 단지　발코니 후면으로 대형 포장면적(광장형)을 　줄 경우 민원등의 문제가 발생할 수 있기 때문에 녹지와 　연계된 휴게공간으로 위치 및 형태변경 – 휴게소3 : 고급화　공사의 일환으로 단지 내부 대형 　　　　　 생태호수로 특화하여 형태변경 – 휴게소4 : 고급화　공사의 일환으로 원형 포장면과 중앙에 　　　　　 수경시설, 미술장식품 등으로 특화하여 형태변경 – 휴게소5 : 단지 출입구에서 정면으로 보이는 공간적 특성과 　세대 전면 발코니에 인접한 이유로 민원이 예상되는바 　석가산 조성 등 경관 시설 보강하여 위치 및 형태 변경	
	어린이놀이터1,2 부 분 평 면 도	– 어린이 놀이터1,2 : 서초구청　협의를 통해 내부 형태변경	
	주 민 운 동 시 설	– 용도 및 형태변경 : (테니스장 → 　농구, 테니스장 겸용)	

구 분		변 경 내 용	비 고
기 계	도 면 목 록 표	- 도면목록표 조정	
	장 비 일 람 표	- 급수펌프 수량 및 규격조정 - 열교환기열량 지역난방에서 조정 - FAN 및 배수펌프 수량 및 규격 조정	
	단위세대 난방배관 평 면 도	- 난방배관 평면도 조정 : 안방장, 반침, 드레스룸 하부 　　　　　　　　　　　　　코일배관 조정	
	우 수 배 관 평 면 도	- 지하1층(121동 ~ 124동) 우수배관 평면도 추가	
	3 0 3 동 난 방 배 관 평 면 도	- 온수분배기 및 코일배관 조정 - 수영장 난방배관 : 사우나 기계실 인입배관 변경	303동: 커뮤니티
	3 0 3 동 위 생 배 관	- 지하2층 위생배관 : 사우나 기계실 인입배관 변경 - 화장실배관 및 상가 배관 평면도 추가	
	3 0 3 동 환 기 덕 트	- 지하3층 : 외조기실 덕트 루트 조정 　　　　　수영장 하부 정화조 배기덕트배관 추가 - 지하2층 : 덕트 루트 및 디퓨져 위치 조정 　　　　　골프장 설계풍량으로 전열교환기 수량조정 　　　　　사우나 덕트루트 및 디퓨져 조정	
	1 1 5 동 환 기 덕 트	- 휀 위치조정	
	외 조 기 실	- 덕트 루트 조정	
	경 비 동 화 장 실	- 난방배관 변경 → 전기방열기 - 급탕, 환탕배관 변경 → 순간온수기	
	3 0 3 동 지 하 2 층 제 연 덕 트 평 면 도	- 덕트 루트 및 GRILL 위치 조정 - 제연 휀룸 위치 조정	
	지 동 제 어 기 기 일 람 표	- DT(덕트온도)9EA → 11EA로 조정 - LC 63EA → 68EA 조정	
	자 동 제 어 시 스 템 구 성 도	- 중앙관제장치 1EA → 2EA(커뮤니티 추가)로 조정 - GRAPHIC PANEL 1EA → PDP 2EA 조정	

구 분		변 경 내 용	비 고
기 계	P D P 상 세 도	- GRAPHIC PANEL 1EA → PDP 2EA 조정	
	자동제어 계통도-6	- 배수 63EA → 68EA조정(간이정화조 오수용은 제외)	
	자동제어 계통도-7	- 커뮤니티 팬36EA →11EA 조정(전열교환기로 조정)	
	자동제어 계통도-8	- 전열교환기 15EA → 13EA 조정 - 정화조 2SET - 3SET로 조정 - 사우나 히팅코일 2SET 추가	
	자동제어 계통도-9	- 바박난방 자동제어 6SET - 1SET로 조정	
	자 동 제 어 평 면 도	- 내관위치 변경	
	자 동 제 어 시 스 템 구 성 도	- GRAPHIC PANEL 1EA → PDP로 조정	
	P D P 상 세 도	- GRAPHIC PANEL 1EA → PDP로 조정	
	자 동 제 어 평 면 도	- 배관위치 조정	

◎ 변경 및 추가되는 마감자재 등에 대한 추인내용

구 분		00동모델하우스	현장샘플하우스	비 고
현관	우 물 천 정	없음	있음	추가설치
	현 관 청 소 기	없음	있음	추가설치
거실	세 대 비 상 등	없음	있음	추가설치
	아 트 월 D / L	없음	있음	추가설치
	분 합 문	플라스틱창호(3짝)	플라스틱창호(4짝)	사용성 고려
주방	레 인 지 후 드	있음	있음	최신형 상향조정
	청 소 기 흡 입 구	없음	있음	추가설치
안방	분 합 문 / 유 리	플라스틱이중창 /싱글유리(5mm)	플라스틱이중창 /페어유리(16mm)	디자인개선/ 단열효과 증대
	아 트 월	천연무늬목+벽지	천연무늬목+패브릭	디자인 고급화
드레스실	급 기 설 비	없음	있음	추가설치
부부욕실	유 리 D O O R	투명유리	에칭필름유리	프라이버시 확보
	비 데	있음	있음	디자인/성능개선
	몰 딩	클래식형	모던형	디자인개선
공용욕실	라 디 에 이 터	미설치	설치	미관/성능개선
	비 데	있음	있음	디자인/성능개선
	스 피 커 폰	없음	있음	추가설치
	몰 딩	클래식형	모던형	디자인개선
발코니	시 스 템 창 호	거실FIX창 세로BAR 설치	거실FIX창 세로BAR 삭제	조합원요구사항/ 조망성 증진
	방 충 망	슬라이딩타입	롤(ROLL)타입	미관/편리성 증진
	내부AL.창호유리	페어유리(16mm)	페어유리(22mm)	단열성능 증진 (확장 시 적용)
	전 동 빨 래 건 조 대	없음	있음	조합부담
	세 탁 기 선 반	없음	2단선반 설치	추가설치
온도조절기		노출형	슬립형	디자인개선
자동식소화기		일반식	타이머형 자동식	편리성 증진
현관중문(84m²형)		없음	있음	조합원선택/ 조합부담

변경 전(0000년 00월 총회)

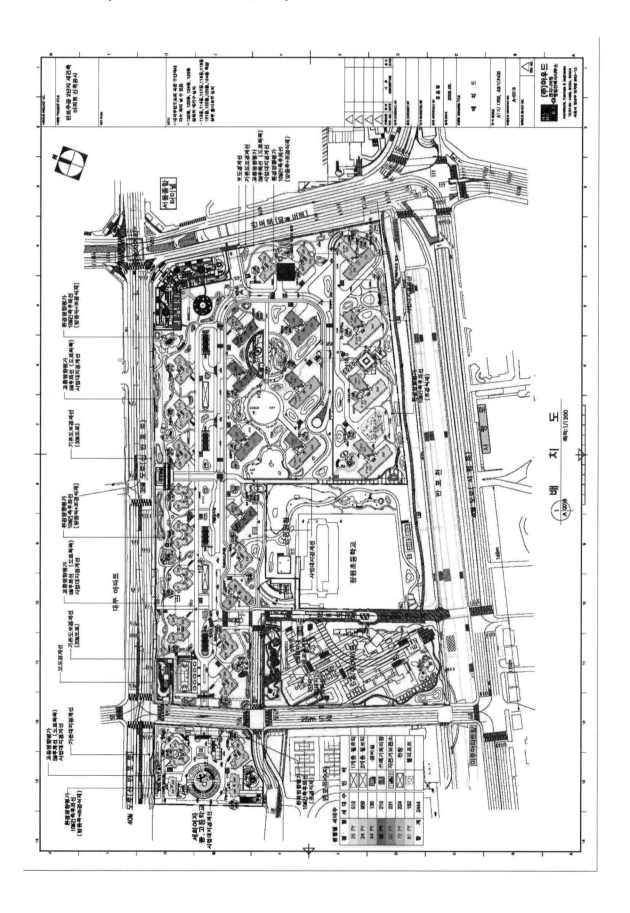

변경 후(0000년 00월 총회)

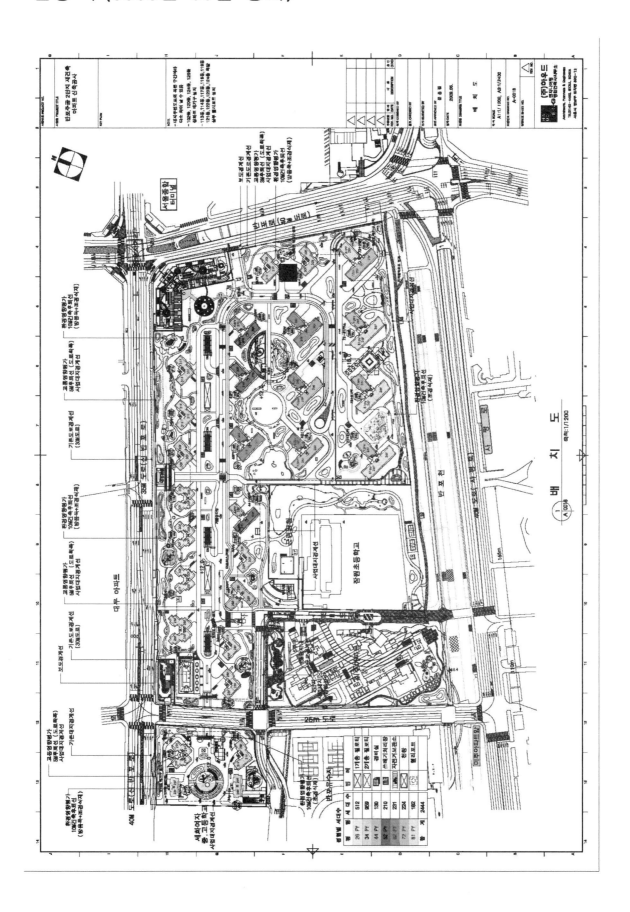

상 정 의 안

제3호 안건

예산(안) 추인 및 결의의 건

① 0000년도`~0000년도 예산안 및 집행실적

② 0000년도 결산보고서 및 감사보고서

③ 0000년도 예산

반포주공0단지 재건축정비사업조합

■ **상정의안 : 제3호 안건**

예산(안) 추인 및 결의의 건

1. 의안상정
: 제3호 안건 「예산(안) 추인 및 결의의 건」을 상정합니다.

2. 제안사유
- 0000년도~0000년도 예산에 대하여 전년도 결산내용 및 해당 연도 사업추진계획을 기초로 하여 최소의 비용으로 최대의 성과를 올릴 수 있도록 예산을 수립하여 이사회의 결의를 통하여 사업을 진행하였으며, 0000년도 예산은 당 조합의 모든 사업이 완료되는 해로 성공적인 사업완료를 위하여 합리적인 예산을 책정하였는바 조합원 여러분은 이점을 감안하시어 검토하여 주시기 바랍니다.
- 0000년~0000년도 결산서에 대하여 매년 조합원여러분께 감사보고서 및 결산서를 통지하여 드렸는바, 각 년도 예산안 대비 결산서를 검토하여 주시기 바랍니다.

3. 제안근거
- 도시및주거환경정비법 제45조(총회의 의결)
- 조합정관 제21조(총회의 의결사항)

4. 의결내용
: 예산(안) 추인 및 결의의 건

① 0000년도~0000년도 사업비 예산 및 집행실적, ② 0000년~0000년도 결산보고서 및 감사보고서,

③ 0000년도 예산)을 의결한다.

[첨 부]

가. 0000년도~0000년도 사업비 예산 및 집행실적

나. 0000년도~0000년도 결산보고서 및 감사보고서

다. 0000년도 예산(안)

0000년 00월 00일

반포주공0단지 재건축정비사업조합

0000년~0000년 사업비 예산안 및 집행실적

(단위 : 천 원)

사업추진경비	사업계획	06년		07년		08년		누계	비고
		예산	집행	예산	집행	예산	집행		
1. 공사비	551,195,614	19,075,160	29,777,129	147,262,658	62,984,541	148,224,616	75,056,001	167,817,671	
1) 본 공사비	491,684,973	-54,085,347	19,754,857	127,750,000	52,031,264	128,160,000	71,223,236	143,009,357	
2) 인입가 이행 공사비	13,100,000	10,480,000	8,622,342	4,477,658	6,233,644	2,850,000	0	14,855,986	
3) 정비기반시설 공사비	10,700,000	4,280,000	0	0	0	1,200,000	0	0	
4) 기타 공사비	7,100,000	550,000	250,000	7,600,000	1,863,087	8,556,000	-162,112	1,950,975	
5) 공사손비	28,610,641	3,765,160	1,149,930	7,435,000	2,856,546	7,458,616	3,994,877	8,001,353	
2. 설계용역비	3,405,794	971,675	543,722	1,255,577	372,742	1,005,000	417,747	1,334,261	
1) 설계용역비	3,205,770	961,731	543,722	1,255,577	372,742	1,005,000	379,121	1,295,585	
2) 도서 인쇄비	200,024	9,944	0	0	0	0	38,676	38,676	
3. 관리비	9,257,632	1,851,526	1,227,980	2,317,266	2,301,608	2,410,000	2,247,383	5,776,971	
1) 법정관리비	7,476,649	1,495,330	1,201,288	2,209,266	2,293,528	2,210,000	2,247,383	5,742,199	
2) 공사 관리비	1,780,983	356,196	26,692	108,000	8,080	200,000	34,772	34,772	
4. 국공유지 매입비	81,720,220	63,603,714	37,090,878		0	300,000	-1,922,285	52,549,557	
1) 유지원 매입비	15,480,000			0	0	0	0	0	
2) 국공유지 매입비	63,646,000	63,603,714	37,090,878	0	17,380,964	300,000	-1,922,285	52,549,557	
3) 손실 보상비	2,594,220			0	0			0	

사업추진경비	사업계획	06년 예산	06년 집행	07년 예산	07년 집행	08년 예산	08년 집행	누계	비고
5. 기타 경비	33,173,150	3,670,975	1,690,174	4,796,528	9,828,009	14,623,200	8,213,861	19,731,044	
1) 조합 운영비	1,700,000	480,000	380,133	616,262	501,988	660,000	566,063	1,448,184	
2) 중의경비 및 기타 관리비 등	1,050,000	210,775	331,621	230,000	27,425	233,000	28,400	387,446	
3) 세무대행비 등	170,000	13,200	13,200	13,200	13,101	13,200	31,120	57,421	
4) 감정평가비	3,120,000	300,000	315,785	150,000	0	150,000	308,980	624,765	
5) 행정 용역비	1,282,308	67,000	0	128,230	0	260,000	0	0	
6) 문화재조사 용역비	100,000	3,000	3,000	0	0	0	0	3,000	
7) 기반시설 용역비	750,000	260,000	25,988	58,836	31,170	32,000	0	57,158	
8) 인입시설 부담금	5,100,089	0	0	3,000,000	2,319,671	4,680,000	1,676,078	3,995,749	
9) 학교용지 부담금	1,281,120	0	0	0	0	0	0	0	
10) 교통유발 부담금	1,551,838	0	0	0	0	0	0	0	
11) 전력 등 부담금	192,150	4,000	15,564	0	0	0	0	15,564	
12) 열 등 부담금	183,000	183,000	68,880	0	0	0	0	68,880	
13) 보존 등 부담금	2,955,645	0	0	0	0	0	0	0	
14) 매도/명도 소송비용	500,000	100,000	370,766	200,000	252,378	500,000	702,151	1,325,295	
15) 안전 진단비	37,000	0	0	0	0	0	0	0	
16) 기타경비	200,000	50,000	104,783	0	0	95,000	0	104,783	
17) 민원처리비	3,000,000	1,000,000	0	100,000	472,397	2,000,000	2,964,414	3,436,811	
18) 예비비	10,000,000	1,000,000	60,454	300,000	6,209,879	6,000,000	1,935,655	8,205,988	
6. 이주비금융비	48,396,400	13,070,000	12,897,415	14,104,800	14,682,015	16,000,000	16,036,126	43,615,556	
7. 후분양이주용금융비	24,389,100	-2,597,030	-1,144,312	-8,575,760	-8,771,322	16,520,000		-9,915,634	
8. 사업비금융비	27,462,090	3,203,480	3,822,519	184,846	210,507	220,000	182,685	4,215,711	
사 업 비 지 출 합 계	779,000,000	108,043,560	87,049,817	169,921,675	107,760,385	182,782,816	100,231,568	285,125,137	

결 산 보 고

(0000.1.1−0000.12.31) 결산

[제6기, 제7기 및 제8기 결산서인 대차대조표, 손익계산서를
본 난에는 미첨부]

반포주공0단지 재건축정비사업조합

감 사 보 고

(0000.1.1-12.31)

[제6기, 제7기 및 제8기 감사인보고서를 본 난에는 미첨부]

반포주공0단지 재건축정비사업조합

0000년도 예산

반포주공0단지 재건축정비사업조합

Ⅰ. 재건축 목표 및 0000년도 사업추진계획

1. 재건축 추진 목표
가. 투명한 사업 추진
나. 조합원 이익 극대화
다. 쾌적한 주건환경 조성

2. 0000년도 재건축 추진 방향
가. 계획된 공정을 차질없이 수행하도록 독려
나. 계획된 사업추진업무 철저 수행
다. 재건축 사업 종료에 따른 업무 철저 수행

3. 0000년도 사업추진계획
가. 준공 및 입주 관련 업무
나. 정비기반시설 정산 업무
다. 관리처분계획 변경 인가 업무
라. 이전고시 및 보존등기 업무
마. 사업비 정산 및 조합원 분담금 정산 업무
바. 조합해산 총회 업무
사. 입주자 대표회의 구성 및 각종 규정 제정 업무
아. 각종 소송업무
자. 서류 이관(구청) 등 재건축 사업 종료에 따른 업무

0000년도 재건축정비사업비 예산

0000.07.07

단위; 천원

분 양 대 금 항 목		수정사업계획	00년말 누계실적	0000년도 예산
분 양 대 금	아파트 조합원 분담금	2,073,078,350	306,917,593	96,458,406
	일 반 분 양 대 금	2,079,959,890	5,091,980	399,623,020
	임 대 분 양 대 금	415,488,610	16,169,011	64,676,044
	조합지분상가 분양대금	204,492,787	0	39,790,000
	분 양 대 금 총 계	4,773,019,637	328,178,584	600,547,470

사 업 비 항 목		수정사업계획	00년말 누계실적	0000년 예산
설 계 감리비	조 사 측 량 비	385,524	252,468	133,056
	설 계 비	4,011,440	3,219,046	792,394
	법 정 감 리 비	8,034,534	5,742,199	2,292,335
	공 사 감 독 비	780,000	34,772	745,228
	소 계	13,211,498	9,248,485	3,963,013
공사비	건 축 공 사 비	588,670,117	143,009,358	445,660,759
	인 허 가 이 행 공 사 비	16,271,879	14,855,986	1,415,893
	정비기반시설 공사비	10,700,000	0	10,700,000
	기 타 공 사 비	9,474,224	2,200,975	7,273,249
	부가세(건축공사비만 해당)	34,255,177	8,001,353	26,253,824
	소 계	659,371,397	168,067,672	491,303,725
보상비	국공유지 및 매도청구 매입비	98,400,000	52,549,557	45,850,443
	유 치 원 매 입 비	15,523,000	15,522,286	714
	손 실 보 상 비	2,594,220	0	2,594,220
	이 주 비 이 자	59,100,000	48,379,505	10,720,495
	소 계	175,617,220	116,451,348	59,165,872
관리비	조 합 운 영 비	3,570,000	2,244,389	1,325,611
	세 무 / 회 계 용 역 비	170,000	86,581	83,419
	총회경비/기타관리비	1,800,000	1,000,457	799,543
	소 계	5,540,000	3,331,427	2,208,573
각종 부담금 및 부대경비	감 정 평 가 수 수 료	3,720,000	3,585,857	134,143
	매도/명도/기타소송비	3,000,000	2,047,093	952,907
	신 탁 등 기 비	239,289	239,289	0
	멸 실 등 기 비	83,000	68,880	14,120
	일반분양보존등기비	2,955,645	0	2,955,645
	교 통 시 설 부 담 금	1,551,838	775,919	775,919
	학 교 용 지 부 담 금	1,618,860	0	1,618,860
	인 입 시 설 부 담 금	6,000,000	3,995,749	2,004,251
	문 화 재 조 사 용 역 비	15,000	15,000	0
	민 원 처 리 비	4,600,000	3,441,347	1,158,653
	행 정 용 역 비	1,082,307	584,335	497,972
	기 반 시 설 용 역 비	931,000	667,760	263,240
	사 업 비 금 융 비 용	4,952,000	4,218,659	733,341
	안 전 진 단 비	37,000	37,000	0
	기타 경비(관리처분,분양 등)	200,000	104,783	95,217
	소 계	64,985,939	19,781,671	45,204,268
예비비	예 비 비 등	10,000,000	8,357,484	1,642,516
사 업 비 총 계		2,080,346,360	325,238,087	603,487,967

III. 0000년도 조합운영비 예산(안)

(단위 : 천원)

내 역	예 산	비 고
1. 인건비	448,771	• 급료, 상여금, 제 수당, 퇴직금
2. 업무추진비	124,800	• 섭외활동비, 회의비
3. 운 영 비	79,100	• 복리후생비, 4대보험, 통신비 사무용품비, 임차료 등
4. 위로금 및 공로 포상금	600,000	• 시공사, 감리회사 및 협력회사 조합 임직원
5. 예 비 비	10,000	
합 계	1,262,671	

00상가 결산서

반포주공0단지 재건축정비사업조합

대 차 대 조 표

제3기 0000년 12월 31일 현재, 제2기 0000년 12월 31일 현재
회사명 : 반포주공0단지상가 재건축위원회   (단위 : 원)

과 목	제3(당)기		제2(전)기	
	금액		금액	
자 산				
Ⅰ. 유 동 자 산		1,868,880,550		757,882,178
(1) 당 좌 자 산		88,893,433		23,957,558
현금및현금등가물	57,525,353		23,708,442	
미 수 금	31,205,170		89,666	
선 수 금	159,450		159,450	
선 납 세 금	3,460		0	
(2) 재 고 자 산		1,779,987,117		733,924,620
건 설 용 지	163,481,600		159,500,000	
미완성공사(분양)	1616,505,517		57,4424,620	
Ⅱ. 비 유 동 자 산		9,340,000		9,340,000
(1)투 자 자 산		0		0
(2)유 형 자 산		3,340,000		3,340,000
비 품	3,340,000		3,340,000	
(3)무 형 자 산		0		0
(4)기타비유동자산		6,000,000		6,000,000
임 차 보 증 금	6,000,000		6,000,000	
자 산 총 계		1,878,220,550		767,222,178
부 채				
Ⅰ. 유 동 부 채		195,688,564		747,216,230
미 지 급 금	157,885,684		0	
예 수 금	330,850		244,200	
가 수 금	37,472,030		37,472,030	
단 기 차 입 금	0		709,500,000	
Ⅱ. 비 유 동 부 채		1,662,495,400		0
사 업 비 차 입 금	1,602,495,400		0	
운 영 비 차 입 금	60,000,000		0	
부 채 총 계		1,858,183,964		747,216,230
자 본				
Ⅰ. 자 본 금		20,000,000		20,000,000
출 자 금	20,000,000		20,000,000	
Ⅱ. 자 본 잉 여 금		0		0
Ⅲ. 자 본 조 정		0		0
Ⅳ. 기타포괄손익누계		0		0
Ⅴ. 이 익 잉 여 금		36,586		5,948
미 처 분 이 익 잉 여 금	36,586		5,948	
(당 기 순 이 익)				
당기 : 30,638원				
전기 : 893원				
자 본 총 계		20,036,586		20,005,948
부 채 와 자 본 총 계		1,878,220,550		767,222,178

손 익 계 산 서

제3기 0000년 12월 31일 현재
제2기 0000년 12월 31일 현재

회사명 : 반포주공0단지상가 재건축위원회 (단위 : 원)

과 목	제3(당)기		제2(전)기	
	금액		금액	
Ⅰ. 매 출 액		0		0
Ⅱ. 매 출 원 가		0		0
Ⅲ. 매 출 총 이 익		0		0
Ⅳ. 판 매 비 와 관 리 비		0		0
Ⅴ. 영 업 이 익		0		0
Ⅵ. 영 업 외 수 익		30,649		6,145
이 자 수 익	30,639		6,134	
잡 이 익	10		11	
Ⅶ. 영 업 외 비 용		11		5,252
잡 손 실	11		5,252	
Ⅷ. 법 인 세 차 감 전 이 익		30,638		893
Ⅸ. 법 인 세 등		0		0
Ⅹ. 당 기 순 손 실		30,638		893

상 정 의 안

제4호 안건 :

관리처분계획 변경(안) 결의의 건

반포주공0단지 재건축정비사업조합

■ 상정의안 : 제4호 안건

관리처분계획 변경(안) 결의의 건

1. 의안상정

: 제4호 안건 「관리처분계획 변경(안) 결의의 건」을 상정합니다.

2. 제안사유

: 당초 인가받은 관리처분계획(0000.00.00.) 사업시행인가 내용의 변경 및 추가공사로 인한 정비사업비의 변경과 아파트 일반분양가 및 임대분양 매각 대금 변경으로 조합원의 분담금(환급금)이 변경되어 기 인가받은 관리처분 내용을 변경하기 위하여 조합원의 결의를 받고자 합니다.

3. 제안근거

• 도시및주거환경정비법 제45조(총회의 의결)
• 조합정관 제21조(총회의 의결사항)

4. 의결내용

: 관리처분계획 변경(안) 결의의 건을 결의한다.

[첨 부]

: 관리처분계획 변경(안)

0000년 00월 00일

반포주공0단지 재건축정비사업조합

관리처분계획 변경(안)

서울특별시 서초구 반포0동 반포주공0단지 재건축정비사업의 관리처분계획의 기준과 방법을 도시및주거환경정비법, 동법 시행령, 동법 시행규칙 및 조합정관과 관계 법령에 따라 다음과 같이 정하여 조합원 총회의 의결을 거쳐 시행하기로 한다.

제1조 사업의 명칭 및 시행자

1. 사 업 의 종 류 : 재건축정비사업
2. 시 업 시 행 자 : 반포주공0단지 재건축정비사업조합(조합장 0 00)
3. 사 업 자 주 소 : 서울특별시 서초구 반포0동 00-0번지 새마을회관 2층

제2조 관리처분계획의 대상

1. 사업의 명칭 : 반포주공0단지 재건축정비사업
2. 사업장 위치 : 서울특별시 서초구 반포0동 00-0번지 외 0필지
3. 사업시행인가 고시일 : 000년 0월 ○일
4. 사업시행기간 : 사업시행인가일로부터 60개월

제3조 종전의 토지 및 건축물 처분계획

1. 택지(획지) 및 정비기반시설 처분계획

구분	명칭	면적(m²)		비율(%)	비고
		변경 전	변경 후		
택지 (획지)	주 택 용 지	133,661.3	133,349.0	63.70	
	주구중심-1	4,767.3	4,767.3	2.28	
	주구중심-2	1,032.2	1,032.2	0.49	
	유치원용지	1,515.7	0.0	0.00	사유지
	소 계	139,944.3	139,148.5	66.47	
정비 기반 시설	도 로	15,156.7	20,674.7	9.88	
	공원용지	13,606.8	11,803.8	5.63	
	학교용지	38,313.1	37,713.1	18.02	
	소 계	67,076.6	70,191.6	33.53	
합 계		208,053.1	209,340.1	100	

2. 건축시설계획(공동주택: 28개동, 부대복리시설 : 2개동)

구분	건폐율	용적률	건축면적	연건축면적	비고
공동주택	11.89%	269.95%	15,854.59m²	359,970.21m²	
부대복리시설-1	49.97%	245.99%	2,398.12m²	11,806.36m²	
부대복리시설-2	49.98%	248.07%	499.84m²	2,480.73m²	

가. 공동주택

구분	동수	세대수	주택규모별 세대수		
			60m² 이하	60m²~85m²	85m² 초과
분양아파트	28	2,178	313	888	977
장기임대아파트	-	266	199	67	-
계	28	2,444	512	955	977

나. 부대복리시설 :

구분	동수	층별	주구중심-1		주구중심-2	
			호수	건축면적	호수	건축면적
부대복리시설	2	지상5층	20	2,326.81	17	641.40
		지상4층	22	2,326.81	17	641.40
		지상3층	39	2,326.81	17	641.40
		지상2층	31	2,326.81	17	641.40
		지상1층	46	2,255.16	16	640.75
		지하1층	16/주차장	3,493.81	03	996.78
		지하2층	주차장	3,269.61	주차장	1,161.50
		지하3층	주차장	3,495.25	주차장	1,016.41
		계	174	21,965.07	87	6,381.04

제4조 소유권 이외의 권리내역

근저당	가압류	압류	전세권	기타	계
1,019	2	0	8	1	11

제5조 종전의 토지 및 건축물 권리가액 산정기준

1. 종전의 토지 및 건축물 면적의 권리산정기준

사업시행구역 내 종전의 토지 및 건축물 권리산정은 관리처분기준일 현재 '공간정보의 구축 및 관리등에 관한 법률'(약칭: '측량수로지적법' 혹은 '지적법'이라한다) 제2제19호에 따른 소유자별 "**지적공부**(주1)" 및 건축물관리대장상의 면적을 기준으로 하되, 각 소유자별 대지면적은 **등기사항전부증명서**상의 대지지분으로 한다. 다만, 1필지의 토지를 수인이 공유하고 있는 경우에는 **등기사항전부증명서** 상의 지분비율을 기준으로 한다.

이때, 단순한 착오 등에 따라 종전토지의 소유면적에 오류가 발견된 경우에는 동일한 주택형의 동일세대의 면적과 동일한 면적으로 한다.

＊주1: 지적공부에는 토지대장, 임야대장, 공유지연명부, 대지권등록부, 지적도, 임야도 등이 있다.
(공간정보의 구축 및 관리에 관한 법률 제2조제19호 참조)

2. 종전의 토지 및 건축물의 소유권

종전의 토지 및 건축물 소유권은 관리처분계획기준일 현재(분양신청기간 만료일 현재)를 기준으로 소유건축물별 **등기사항전부증명서**상의 소유자로 한다. 다만, 권리자의 변경이 있을 경우에는 변경된 **등기사항전부증명서**에 따른다.

건축물관리대장에 등재되어 있지 아니한 종전건축물에 대하여는 재산세 과세대장을 기준으로 하고, 재산세과세대장에도 없는 경우에는 '현황측량 성과도'를 기준으로 할 수 있다. 다만, 단순한 착오 등에 따라 종전건축물의 소유면적이 잘못 기재되어있는 경우에는 동일한 주택형 동일세대의 면적으로 본다. 이때. 위법하게 건축된 부분의 면적은 제외한다.

3. 종전의 토지 및 건축물의 소유권이전 기준

종전토지등의 소유권은 관리처분계획 기준일 현재의 **등기사항전부증명서**에 따르고 소유권 취득일은 **등기사항전부증명서**의 접수일자를 기준으로 한다. 다만, 권리자의 변경이 있을 경우에는 변경된 **등기사항전부증명서**에 따른다.

4. 종전의 토지 및 건축물 소유자의 분양대상 기준

종전의 토지 및 건축물 소유자의 분양대상 기준은 분양신청기간 만료일 현재를 기준으로 **등기사항전부증명서**상의 반포주공0단지 내 아파트 및 복리시설(근린생활시설)의 소유자로서 관리처분계획(안)과 관계 규정에 의한 분양신청에 하자가 없는 조합원으로 한다.

제6조 종전의 토지 및 건축물 권리가액

1. 종전의 토지 및 건축물의 가격평가는 도시및주거환경정비법 제74조(관리처분계획의 인가 등) 제4항, '조합정관 제48조제12호' 및 '감정평가및감정평가사에관한 법률'에 따른 **감정평가법인등 2인** 이상이 평가한 금액을 산술평균한 금액으로 한다.

1) 종전의 토지 및 건축물의 감정평가액 총액

00감정평가법인	◇◇감정평가법인	산술평균금액
2,500,732,000	2,561,843,000	**2,555,433,500**

2) 종전의 토지 및 건축물의 항목별 감정평가액

가. 아파트

(천 단위 이하는 절사) (단위 : 천원)

구 분	평 형	00감정평가법인	00감정평가법인	산술평균금액
세대평균	18평형	1,306,644	1,322,314	1,314,489
소 계	(1,230세대)	1,607,172,000	1,626,446,000	1,616,821,000
세대평균	25평형	1,823,591	1,811,403	1,817,497
소 계	(490세대)	893,560,000	887,587,000	890,574,000
합 계		2,548,999,000	2,514,033,000	**2,507,395,000**

※ 상기 금액은 세대별 평균가액으로 조합원별 종전가액은 층, 위치, 면적 등에 따라 차등 적용하여 산출한 금액의 평균가액임

나. 부대복리시설(상가)

(단위 : 천원)

구 분	00감정평가법인	◇◇감정평가법인	산술평균금액
00상가	41,384,900	40,758,000	41,053,000
□□상가	6,919,000	7,052,000	6,985,500
합 계	48,267,000	47,810,000	**48,038,500**

3) 조합원 분양대상에서 제외된 자(현금청산 대상자)에 대한 감정평가

구 분	00감정평가법인	◇◇감정평가법인	산술평균금액	비고
00상가	0	0	0	
□□상가	0	0	0	
합 계	0	0	0	

제7조 사업운영수익 및 정비사업비 추산액

1. 사업운영수익 및 정비사업비 추산액(첨부된 내역서 참조)

조합원에 대한 대지 및 건축시설의 분양기준이 되는 분양대상자별 권리가액의 산정은 다음 산식에 의한다.

1) 사업비운영계획서의 소요비용 추산액(총사업비)은 증감이 있을 수 있으며, 증감이 있는 경우에는 청산 시 정산하기로 한다.

2) 사업시행인가조건 중 상가조합원이 부담해야 되는 상가토지매입비용 등 주구중심 (00상가 및 00상가)에 관련되는 제반 비용은 추후 정산하기로 한다.

3) 도시및주거환경정비법 제54조에 따라 **국민주택규모 주택**을 건설하는 경우에는 사업시행 인가신청 전에 인수예정자와 협의 후 사업계획을 최종 확정한다.

2. 조합원 아파트 평균분양가

도시및주거환경정비법 제74조제1항제3호에 따라 분양예정인 **대지 또는 건축물의 추산액**을 산정할 경우에는 '감정평가 및 감정평가사에 관한법률'에 따른 **감정평가법인등 2인**에게 평가·의뢰하여 제출받은 평가액(층별, 위치별, 효용지수를 반영)을 산술평균한 금액에 따라 분양가격을 산정한다.(인근지역의 시세, 분양성 등을 고려하여 조합원분양분과 일반분양분의 가격이 다를 수 있음)

(단위: m², 천원)

주택형	분양면적	m²당 평균분양가	세대당 평균분양가	비 고
59.9m²	87	11,000	957,000	
84.9m²	113	11,500	1,299,500	
116.5m²	148	12,000	1,776,000	
136.5m²	173	12,500	2,162,500	
169.5m²	205	13,000	2,665,000	
198.0m²	238	13,500	3,213,500	
222.5m²	268	14,000	3,752,000	

※ 조합원평균분양가는 감정평가액(평균)에서 매출부가세를 제외한 금액이며, 부가세 정산방법에 따라 조합원 분담금이 변경될 수 있으며, 그에 따른 정산은 청산 시에 한다.

3. 일반분양아파트 분양가의 책정

아파트 일반분양가는 향후 분양시장의 여건, 주변시세 등을 감안하여 최종 확정되며, 본 관리처분계획(안)의 분양수익 중 일반분양분은 조합원 제곱미터당 평균분양가에 제곱미터당 000만원을 가산하여 산정하였으며, 아파트의 일반분양가 확정 시 조합원 분담금이 변경될 수 있으며 정산은 청산 시에 한다.

4. 신축상가의 층별 예상분양가

(단위 : 천원)

구 분		평가금액			비 고
		00감정평가법인	◇◇감정평가법인	산술평균	
00상가	5층	9,459,000	9,351,000	9,400,500	
	4층	9,472,000	9,351,000	9,411,500	
	3층	10,883,000	11,079,000	10,981,000	
	2층	15,299,000	15,193,000	15,246,000	
	지상1층	31,278,000	30,784,000	31,031,000	
	지하1층	7,093,000	6,944,000	7,018,500	

	5층	1,233,000	1,158,000	1,195,500	
	4층	1,233,000	1,158,000	1,195,500	
	3층	1,446,000	1,351,000	1,401,000	
□ □상가	2층	2,031,000	1,969,000	2,000,000	
	지상1층	3,763,000	3,991,000	3,877,000	
	지하1층	1,875,000	1,827,000	1,851,000	

※ 층별 평가금액은 지하주차장을 포함한 금액임.

5. 토지주택공사등 인수자에게 공급하는 소형(임대)아파트의 평균분양가

임대아파트의 분양가격은 공공건설임대주택의 표준건축비 및 공시지가(해당 년도)를 기준으로 하여 산정함(분양가는 임대아파트 매각 시 협의내용에 따라 변동이 있을 수 있으며 가격산정은 0000년도 매각을 기준으로 매년 3% 인상을 전제로 산정하였음)

주택형	m²당 평균분양가	세대 평균분양가	비 고
59m²형	00,000	000.000	국민주택규모 주택
84m²형	00,000	000.000	

제8조 분양대상 조합원별 권리가액(분양기준가액)의 산정기준

조합원에 대한 대지 및 건축시설의 분양기준이 되는 분양대상자별 권리가액의 산정은 감정평가금액을 기준 한다.

조합원에 대한 대지 및 건축시설의 분양기준이 되는 분양대상자별 권리가액의 산정은 다음 산식에 의한다.

1. 추정비례율 산정식(계산식)

$$\frac{(사업완료\ 후의\ 대지\ 및\ 건축시설의)총수입금 - 공동부담소요비용*}{종전토지\ 및\ 건축물의\ 총\ 감정평가액} \times 100 = 추정비례율(\%)$$

* 공동부담소요비용 : 공사비, 설계비, 감리비, 금융비용, 제 사업비, 각종보상비용 등
조합원이 공동으로 부담하여야 하는 총사업경비
* 총수입금 = 총 분양수입금 등,   * 공동부담소요비용 =정비사업 총비용
* 총수입금 : 신축아파트에 대한 조합원 총분양수입금(분담금) + 일반분양수입금(예상분양가)
(일반분양수입금은 59m²형 및 84m²형을 분양하는 것으로 가정)

2. 아파트 추정비례율 산정내역(계산식)   (단위 : 천원)

$$\frac{4,773,019,637* - 2,080,346,360}{2,507,395,000} \times 100 = 107.389273608$$

3. 상가 추정비례율 산정내역(계산식)(상가평균값)　　　(단위 : 천원)

$$\frac{94,608,500 - 29,874,567}{48,038,500} \times 100 = 134.9041706$$

4. 권리가액 산정식,330

종전의 토지 및 건축물가액 × 추정비례율 = 권리가액

5. 권리가액 산정내역

구 분	종전 평균평가액	추정비례율	권리가액
18평형	1,314,489천원	107.39%	1,411,630천원
25평형	1,817,497천원	107.39%	1,951,810천원
상 가	각 조합원별 소유지분 × 추정비례율		

제9조　처분의 일반기준

1. 신축되는 아파트 및 분양가능 복리시설은 조합원분양을 실시하고 잔여세대는 일반분양한다.

2. 정비기반기설(도로, 공원 등)은 관계 법규(도시및주거환경정비법 제97조) 및 서울시 반포아파트지구 개발기본계획(변경)과 사업시행인가조건에 따라 새로이 설치되는 정비기반시설은 그 시설을 관리할 국가 또는 지방자치단체에 무상으로 귀속되고, 용도가 폐지되는 국가 또는 지방자치단체 소유의 정비기반시설은 그가 새로이 설치한 정비기반시설의 설치비용에 상당하는 범위 안에서 사업시행자에게 무상으로 양도된다.

3. 신축되는 아파트 및 상가의 대지는 **분양면적의 비율**에 따라 토지지분이 나누어지며 공유지분으로 그 소유권이 주어진다.

제10조　공동주택(아파트)의 분양기준

1. 분양면적(공급면적)

1) 아파트의 세대별 **분양면적은 주거전용면적과 주거공용면적을 합한 면적**으로 하고, 계약면적은 **분양면적**에 기타공용면적(계단실, 각층의 홀, 관리사무소, 노인정, 경비실 등)과 지하주차장면적을 포함하며, 세대별 대지면적은 도시정비법 시행령 제63조제1항제6호에 따라 건축시설의 「**분양면적의 비율**」에 의하여 나눈 면적에 따라 공유지분으로 분양한다. 다만, 법령 개정 등으로 인하여 대지면적의 산출기준이 변경될 경우에는 세대별 대지 지분면적이 변경될 수 있다.

2) 분양대상자가 공동으로 취득하게 되는 건축물의 공용부분은 각 권리자의 공유로 하되, 공용부분에 대한 각 권리자의 배분비율은 그가 취득하게 되는 부분의 위치 및 바닥면적 등의 사항을 고려하여 산출하며, '주택공급에 관한 규칙'에 따라 분양한다.

2. 분양가격

도시및주거환경정비법 제74조제1항제3호에 따라 분양예정 대지 및 건축물의 **추산액**을 산정하는 경우에는 '감정평가및감정평가사에관한법률'에 따른 **감정평가법인등 2인**에게 의뢰하여 제출받은 감정평가액(층별, 위치별 효용지수를 반영하여 산출한 금액)을 산술 평균한 금액에 따라 분양가격을 산정한다. 다만, 인근지역의 시장가격이나 분양성 등을 감안하여 조합원 가격이나 일반분양가격이 변경될 수 있다.

3. 건축물의 분양기준

1) 조합원분양 기준

조합원에게 분양하는 공동주택은 다음 각 호의 기준에 의한다.

가. 조합원분양 대상자는 분양신청서 등 조합이 요구하는 서류를 분양신청기간 내에 제출한 자로 한다.

나. 조합원분양은 조합원이 희망하여 분양신청 한 주택형에 따라 새로이 건설되는 주택을 분양함을 원칙으로 하며, 1조합원에게 1주택을 공급하되 2주택 이상을 소유한 경우에는 2 이상의 주택을 공급한다. 단, 조합원 분양신청 시 우리 단지가 투기우려가 있는 지역 등 국토교통부령이 정하여 고시하는 지역에 해당하는 경우에는 2주택 이하로 공급한다. 다만, 국가나 지방자치단체 소유의 관사, 법인소유의 근로자숙소에 대하여는 종전의 주택 수만큼 공급할 수 있다. (※ 「민간임대주택에 관한 특별법」에 따른 임대사업자의 임대주택은 관계 법령인 법 제76조제1항제7호에 주택공급에 대한 명문 규정이 없다)

다. 종전의 주택을 2인 이상이 공유지분으로 공동 소유하는 경우에는 그 중 조합에 신고된 대표자 1인만 조합원으로 보며 1주택만을 공급한다.

라. 상속의 진행 등 불가피한 사유로 인하여 분양신청기간 내에 분양신청을 하지 못한 조합원이 조합원으로서의 제반 자격이 완성되는 때를 대비하여 조합원 분양 후 잔여 세대 중 일부를 보류지분으로 남겨둘 수 있다.

마. 수인의 분양신청자가 하나의 세대(세대주가 동일한 세대별 주민등록상에 등재되어 있지 아니한 세대주의 배우자 및 배우자와 동일한 세대를 이루고 있는 세대원을 포함)인 경우 1인의 분양대상자로 보며 2주택 이하로 분양한다.

바. 아파트와 상가를 동시에 소유하고 있는 조합원의 경우에는 아파트와 상가를 각각 분양받을 수 있다. 단, 상가를 포기하고 아파트를 분양받고자 하는 자는 기존에 소유하는 아파트를 포함하여 2주택 이하로 분양받을 수 있다.

사. 기타 사항의 기준은 조합정관 제48조(관리처분계획의 기준)에 의하며, 위의 기준 등에 관한 법령의 개정이나 추가되는 경우 해당 법령을 기준으로 한다.

2) 일반분양 기준

조합원분양 후 잔여세대에 대하여 일반분양한다.

4. 분양신청을 한 조합원에 대한 주택형 결정방법

1) 기존 아파트의 동일 주택형간 토지면적차이는 없는 것으로 간주하여 18평형 및 25평형의 2가지로 구분하여 주택형 결정방법을 정한다.

2) 건립예정 세대수(총 2,444세대)를 기준으로 조합원이 분양신청 한 내용에 따라 주택형을 배정하며, 주택형별로 경합이 발생할 경우 「재건축사업 시행계획」에 따르고, 주택형 배정방법은 동·호수 추첨과 구분하여 **한국부동산원**의 전산추첨을 원칙으로 하나 필요한 경우 수기추첨을 할 수 있다.

3) 선순위에서 탈락한 조합원은 차순위로 신청한 주택형에 잔여세대가 있을 경우에 배정하며, 상세한 규칙은 상기 제2호의 주택형 결정방법에 따른다.

4) 주택형 배정결과 미달되는 주택형(59m²형, 198m²형, 222m²형에 한한다)이 발생되는 경우 이미 신청한 조합원에게 해당 조합원이 희망한 층의 범위를 대상으로 추첨하여 배정한다.

5) 주택형 배정 후 미달되는 세대에 대한 추가분양신청의 접수 및 배정방법

   가. 주택형 배정 후 기 배정받은 주택형을 변경하고자 하는 조합원은 기 배정받은 주택형에 대한 기득권을 포기한 것으로 간주한다.

   나. 주택형 변경신청 접수결과 경합이 있는 경우에는 주택형별 추첨에 의해 주택형을 배정하며 경합에서 탈락하는 경우에는 59m²형이나 84m²형의 잔여세대에 배정한다.

   다. 주택형 변경신청에 따라 기득권이 포기되어 미분양된 세대는 조합원 추가분양 신청대상 세대에서 제외한다.

6) 분양될 공동주택에 대한 추첨의 투명성을 확보하기 위하여 주택형 배정과 동·호수 배정에 관한 전산추첨이 실시되는 경우에는 조합임원, 대의원, 조합원이 구성한 대표단의 추첨에 대한 참관 및 제반 추첨행위에 대한 보조적인 행위를 진행하도록 할 수 있으며, 필요 시에는 경찰관의 입회를 요청할 수 있다. 또한 추첨행사에 참석여부를 불문하고 추첨결과에 대해서는 일체 이의를 제기할 수 없다.

5. 동·호수의 추첨방법

1) 제1차 분양신청내용을 기준으로 하여 주택형을 배정받은 조합원에게 동·호수 추첨을 우선한다.

2) **동·호수 추첨은 조합원의 종전재산 및 종후재산(신축예정 아파트)의 감정평가액을 각각 3그룹으로 분류한 후 각 조합원의 동·호수 배정신청은 동일한 그룹에 한하여 신청한다.**

3) 조합원 추가분양신청절차에 의해 아파트를 배정받은 세대는 제1차 동·호수 배정작업이 완료된 이후 잔여세대에 한하여 동·호수를 추첨한다.

4) 84m²형에 한하여 4개의 타입(L1, L2, T1 및 T2) 중에서 1개 타입을 우선하여 신청할 수 있다. 단, 동일한 타입에서 경합이 있을 경우에는 추첨으로 배정한다.

5) 동·호수의 배정은 관리처분총회 후 수기추첨을 원칙으로 하되 필요한 경우 **한국부동산원**(또는 시중은행)의 전산추첨으로 배정한다.

6) 추첨의 투명성을 확보하기 위하여 동·호수 추첨 시에는 조합임원, 대의원 및 조합원으로 15인 이하의 참관단을 구성하여 제반 사항을 참관토록 할 수 있으며, 추첨행사의 참석 여부에 관계없이 추첨결과에 대해서는 소의 제기 등 일체의 이의를 제기할 수 없다.

제11조 부대복리시설(상가)의 분양기준

1. 사업추진방식
　상가(주구중심 #1 및 #2)의 재건축사업 추진방식은 주공0단지 재건축조합의 행정단위 안에서 상가 조합원이 법적으로나 실질적으로 책임과 권한을 가지는 '독립정산제방식'으로 한다.

2. 건축시설의 분양면적
　상가의 호별 분양면적은 전용면적과 공용면적을 합한 분양면적으로 하고, 계약면적은 분양면적에 기타 공용면적 및 지하주차장면적을 포함한 면적으로 한다.

3. 대지의 분양면적
　상가의 호별 대지면적은 건축시설의 **분양면적 비율**에 의하여 나눈 면적에 따라 공유지분으로 분양한다. 다만, 법령 개정 등으로 인하여 대지면적의 산출기준이 변경될 경우에는 호별 대지지분면적이 변경될 수 있다.

4. 분양가격
　도시및주거환경정비법 제74조제1항제3호에 따라 **분양예정 대지 및 건축물의 추산액**을 산정하는 경우에는 '감정평가및감정평가사에관한법률'에 따른 **감정평가법인등 2인**에게 의뢰하여 제출받은 감정평가액(층별, 위치별 효용지수를 반영하여 산출한 금액)을 산술평균한 금액에 따라 분양가격을 산정한다. 다만, 인근지역의 시장가격이나 분양성 등을 감안하여 조합원 가격이나 일반분양가격이 변경될 수 있다.

5. 상가건축물의 분양기준
1) 종전 건축물의 소유면적 및 층별 위치를 기준하여 분양함을 원칙으로 하며, 분양받는 상가의 분양가격과 종전가액과의 차액은 '감정평가및감정평가사에관한법률'에 따른 **감정평가법인등 2인**에게 의뢰하여 제출받은 각각의 감정평가액을 산술평균한 금액으로 정산한다.
2) 층·호수의 배정은 조합원이 희망하여 분양신청 한 층·호수를 우선 배정하며, 경합이 있는 경우에는 기존의 층과 위치가 동일하거나 유사한 위치를 분양신청 한 조합원을 우선하고, 그 이외의 호수 선택은 종전상가의 건축물 및 토지의 감정평가액을 기준으로 제곱미터당 감정평가금액이 높은 조합원에게 우선권을 부여한다.
3) 제곱미터당 감정평가금액이 동일한 경우에는 종전상가와 동일한 층을 분양함을 원칙으로 하며 제반 조건 등이 유사하여 층과 호수의 배정이 어려운 경우에는 경합자만의 추첨을 통하여 우선선택권을 부여한다.
4) 신축상가의 분양은 첨부된 신축상가(주구중심#1)의 층별 평면도상의 1개의 호수에 한하여 분양한다. 주구중심#2는 평면도 및 호수별 감정평가 작업이 현재 진행되는 중이므로 추후 조합 혹은 「주구중심#2 재건축추진위원회」에서 확정하여 상가조합원에게 통지하는 기준에 따른다.
5) 신축상가를 1개 호수 분양받고 남은 종전가액이 추가로 분양받고자 하는 호수의 분양가격의 50% 이상인 경우에는 또 다른 1개 호수의 상가를 분양신청 할 수 있다.

6) 조합원이 원할 경우 종전상가의 위치와 관계없이 신축상가에 대한 분양을 신청할 수 있다. 단, 경합이 있을 경우 신청대상 상가의 위치와 종전상가의 위치가 동일(유사)한 조합원에게 우선권을 부여하며, 그 이외의 경우에는 추첨에 의하여 분양한다.

6. 00상가의 사업추진

주공0단지 재건축정비사업의 원활한 추진을 위해 ◇◇상가의 재건축사업에 동의하지 않는 부동산등소유자에 대하여는 조합이 제기한 매도청구소송의 결과에 따라 법원에서 정한 금액으로 부동산 등에 대한 지분소유권을 매입하기로 하며, 00상가 재건축사업에 동의하는 조합원과 조합이 매입한 상가지분에 대하여는 0000년 00월 00일 서울시에 의해 수립된 「반포아파트지구 개발기본계획[변경]」을 00상가 재건축사업계획의 기본으로 하고, 사업추진방식은 00상가와 동일한 「독립정산제방식」으로 사업을 추진하는 것을 원칙으로 한다.

7. 상가조합원에 대한 주택공급

1) 상가소유 조합원에게는 상가를 공급하는 것을 원칙으로 한다. 다만, 상가 조합원이 신축상가의 분양신청을 포기하고 신축주택(아파트)으로 분양을 희망하는 조합원에 한하여 1주택을 공급할 수 있다.
2) 주택의 공급방법은 도시및주거환경정비법 시행령 제63조제2항에 따라 상가조합원의 주택분양 신청자격의 범위를 정함에 있어 분양주택 중 최소분양단위 규모(59m²형)의 추산액에 조합정관에서 정한 비율인 100분의 00을 곱한 가액 이상의 상가권리지분을 가진 조합원에게 아파트조합원 분양 후 잔여세대 중에서 1주택을 분양할 수 있다.
3) 주택공급을 위한 아파트와 상가의 자산평가는 상가의 제곱미터당 권리지분과 아파트의 제곱미터당 권리지분을 대등한 금액으로 평가하기로 하며, 이주비나 영업손실비 등은 지급하지 아니 한다.
4) 상가조합원이 주택의 분양을 신청하는 경우 종전에 소유하고 있던 토지 및 건축물의 규모나 개수에 관계없이 1주택만을 공급하며, 상가소유자 간에는 우선권이 없으며 동등한 자격을 가진다.
5) 상가조합원이 상가를 포기하고 주택을 신청하는 경우 재건축사업이 진행됨에 따라 발생되는 아파트와 상가 각각의 조합원 분담금 증감에 대하여는 서로 그 영향을 받지 아니하는 것으로 한다. 다만, 상가조합원이 해당 권리를 조합에 양도하거나 청산절차 등에 의해 소유권이 조합으로 이전된 경우 상가의 분담금 증감에 대한 권한과 의무를 진다.
6) 상가조합원이 상가분양을 포기하고 주택분양을 원하는 경우 상가권리지분의 액수나 개수에 관계없이 1주택만을 분양받을 수 있다. 그러나 상가조합원이 아파트 조합원의 자격으로 2주택을 분양받았을 경우 상가를 포기하고 아파트를 분양받을 수 없다.

제12조 공동주택(아파트) 및 부대복리시설(상가)의 일반분양

1. 조합원분양을 실시하고 남은 일반분양대상 공동주택은 「주택공급에 관한 규칙」이 정하는 바에 따라 관계 기관의 분양승인을 받아 일반에게 분양한다.

2. 상가조합원 분양 후 잔여상가 및 상가조합원이 아파트를 분양받아 조합이 취득하게 되는 상가 등은 공개경쟁입찰의 방법으로 일반분양하는 것을 원칙으로 한다. 다만, '상가재건축 추진위원회'에서 별도의 방법을 정하는 경우에는 그에 따른다.

제13조 토지주택공사 등에 공급하는 <u>국민주택규모 주택</u>

1. 용적률을 법정 상한용적률까지 적용하여 재건축 **국민주택규모 주택**을 공급하여야 할 경우에는 관계 법령(도시정비법 제54조)에 적합한 범위 내에서 **국민주택규모 주택**을 공급한다.

2. **국민주택규모 주택** 주택가격
 1) 조합에서 건립하여 서울시에 매각하는 **국민주택규모 주택** 매매가격(대지지분을 포함한다)은 서울시 조례 제41조에 의해 산출되는 금액으로 한다.
 2) **국민주택규모 주택**의 매매가격 추산액은 택지비, 대지조성비 및 **「공공건설 임대주택 표준건축비」**를 적용하여 산정한다.

제14조 조합원 분담금 산출기준 및 분양계약

1. 종전자산의 감정평가금액을 기준한 권리가액을 분양가격에서 공제한 금액을 조합원 분담금(환급금)으로 한다.

2. 조합원별 종전자산의 감정평가금액과 신축세대에 대해 효용지수가 반영된 동·호수의 분양가격 차이에 따라 조합원 분담금은 감소하거나 증가한다.

3. 환급대상자에 대한 처리는 권리가액이 분양가격보다 많아서 환급대상이 되는 조합원의 금전청산은 본 관리처분계획에서 정하는 기준에 따라 현금청산한다. 다만, 환급금은 조합원 분담금 납부기일 종료 후 30일 이내에 지급하기로 한다.

제15조 분양예정 공동주택(아파트) 및 부대복리시설(상가)의 면적표

분양예정 아파트 및 부대복리시설의 분양예정 토지 및 건축물의 면적(전용면적, 주거 공용면적, 분양(공급)면적, 기타공용면적 및 계약면적)은 아래와 같다.
 1. 공동주택(아파트)의 주택형별(미첨부)
 2. 부대복리시설(상가)의 분양면적 및 계약면적과 대지면적
  가. 00상가(미첨부)
  나. 00상가(미첨부)

제16조 분양신청을 하지 아니한 자에 대한 현금청산

1. 다음 각 호의 1에 해당하는 경우에는 관리처분인가를 받은 날의 다음 날로부터 90일 이내에 조합과 금전청산대상자가 합의하여 현금청산 하는 것을 원칙으로 하며, 합의가 이루어지지 아니할 경우에는 '감정평가및감정평가사에관한법률'에 따른 **감정평가법인등**

2인 이상이 평가한 금액을 산술평균하여 산정한 금액으로 현금 청산한다.

1) 분양신청하지 아니한 자

2) 분양신청기간 종료 이전에 분양신청을 철회한 자

3) 법 제39조제2항 본문에 해당하여 조합원이 될 수 없는 자

4) 법 제72조제6항 본문에 해당하여 조합원 분양신청을 할 수 없는 자

5) 관리처분계획에 의하여 분양대상자에서 제외된 자

7) 조합이 정한 날까지 분양계약을 체결하지 아니한 자

2. 청산금의 지급은 이주대여금과 연체이자 등 채무와 청산에 따른 비용 등을 공제한 잔액으로 금전청산하고 해당 물건은 일반분양으로 처리하며, 청산금을 지급받을 자가 없거나 지급받기를 거부한 경우에는 해당 청산금은 관할 법원에 공탁한다.

제17조 분담금의 납부방법 및 연체율의 적용 등

1. 분담금의 납부방법

조합원이 분양신청 한 건축시설물의 분양가격이 조합원별 권리가액을 초과하는 경우 그 초과금액의 납부방법은 아래의 방법에 의하며, 도시및주거환경정비법 제89조(청산금 등), 조합정관 제34조(경비의 부과 및 징수), 주택공급에 관한 규칙 제60조(입주금의 납부) 등 관계 법령과 일반관례에 따른다.

구 분	계약금	중도금	잔 금
납부일자	계 약 시 (착 공 전)	공사기간을 6회 균등분할 한 시점	실 입주일 또는 입주지정만료일 중 선도래일
납부금액	분담금×20%	분담금×10%×6회	분담금×20%

2. 분담금 연체료

분담금을 포함한 모든 청산금을 지정기일 내에 미납 시에는 연체이자를 가산하여 납부하여야 한다. 이때, 이자율은 시중은행 주택자금대출 연체이자율로 하며 상환 시까지 가산하여 납부한다. (시중은행 주택자금대출 연체이자율을 상환 시까지 가산함)

3. 이주지원금의 상환

조합원은 이주지원금[기본이주비, 추가이주비(이자포함)]을 실입주일, 입주지정만료일 또는, 보존등기일 중 빠른 날까지 상환하여야 하며, 연체하는 경우에는 조합에서 정한 연체이자를 이주비 상환 시까지 가산하여 납부한다.

4. 기본이주비 미수령자에 대한 환급

1) 조합원 전원에게 주택형별로 동일한 금액을 지급하고 있는 기본이주비는 조합원별 기본이주비 전액을 수령하지 않은 조합원에 한하여 기본이주비의 미 수령에 따른 금융비용(변동금리)을 해당 조합원의 개별부담(환급)금에서 잔금납부 시 정산한다.

2) 지급이자율의 계산방법은 이자계산 해당 연도의 연도별 이자율을 산술평균한 단일 요율을 적용한다.

제18조 조합원의 권리와 의무

1. 조합원이 될 권리를 양수받았을 경우와 주소지나 인감을 변경하였을 경우에는 해당 사항이 발생한 날로부터 14일 이내에 조합에 신고하여야 하며, 신고불이행으로 발생되는 불이익에 대해서는 조합에 이의를 제기할 수 없다.

2. 아파트의 동·층·호수의 추첨 또는 분담금의 납부통지 등 조합의 모든 공지사항에 대한 통지는 조합원이 조합에 최종 신고한 주소지로 통지하며, 해당 조합원이 주소지 변경 등의 절차를 이행하지 아니하므로 발생되는 일체의 불이익에 대해서는 조합에 대항할 수 없다. 주소변경 등 조합에 신고사항은 서면을 원칙으로 한다.

3. 관리처분계획인가의 고시가 있은 때에는 종전의 토지 또는 건축물의 소유자, 지상권자, 전세권자, 임차권자 등 권리자는 이전고시가 있는 날까지 종전의 토지 또는 건축물에 대하여 이를 사용하거나 수익할 수 없다. 다만, 조합의 동의를 얻은 경우에는 그러하지 아니하다.

4. 대지 및 건축물 등을 분양받은 자는 이전고시가 있는 날의 다음 날에 해당 대지 및 건축시설에 대한 소유권을 취득하고, 종전의 대지 및 건축시설에 관한 지상권, 전세권, 저당권 등은 새로이 분양받는 대지 및 건축시설에 설정된다.

제19조 관리처분계획(안)에 관한 기타사항

1. 보류시설의 준비
보류시설은 관리처분인가의 고시 후 발생이 예상되는 민원 등을 대비하여 조합원분양 후 조합원분양분의 1% 이내로 정하며, 임의분양(또는 공개분양)하여 조합사업경비로 충당한다. 처분 시기는 대의원회 또는 이사회의 결의에 따른다.

2. 관리처분계획의 경미한 변경
관리처분계획(안)의 확정 후 사업비의 10% 이내의 변경이나 총사업비를 초과하지 않는 범위 내에서 항목간의 전용 등 경미한 변경에 대해서는 별도의 총회결의 대신 대의원회 에서 의결한 후 사업을 시행하며, 추후 조합원에게 서면으로 보고한다. 단, 조합원 정산에 관한 변경이 있을 경우 조합 청산 시 지급하거나 징수한다.

3. 자금운용계획
관리처분계획(안)의 자금운영계획안(예산안)을 집행하는 과정에서 기 확정된 항목별 예산액 대비 집행할 금액이 초과되는 경우에는 총사업비를 초과하지 않는 범위 내에서 이사회의 결의 후 집행하고 추후 대의원회의 추인으로 예산의 항목간 전용이 가능한 것으로 한다.

4. 대표 동의 선정신고
동일인이 2주택 이상을 소유한 경우에는 분양받고자 하는 「대표 동·호수」를 선정하여 지정신청을 하여야 한다.

5. 공동대표자의 선정신고

공동소유자의 경우에는 조합에 대표자를 선정하여 신고하여야 한다. 이때, 신고한 대표자가 조합원의 권리와 의무를 가진다. 대표자 선정신고를 하지 않아 발생되는 모든 불이익에 대하여는 조합에 일체의 이의를 제기할 수 없다.

6. 설계변경 등

관리처분계획상의 분양예정 대지면적은 토지확정측량 시 면적이 다소 변경될 수 있고, 건축시설물 및 분양예정면적은 추후 사업시행(변경)인가 과정이나 사업추진과정에서 설계변경 등으로 인해 변경될 수 있으며, 이 경우 대의원회의 결의로 확정한다.

7. 기타 변경사항

본 관리처분계획이 정하지 아니한 사항은 관계 법령 및 조합정관에 의하며, 그 외의 관리처분에 관한 사항들을 시행함에 있어 발생되는 경미한 변경사항 등은 관계 규정 등에 따라 대의원회의 결의를 거쳐 시행한다.

8. 조합원의 하자치유

조합원 자격상실 및 소송관련 등 기타 사유로 조합원분양대상자에서 원천적으로 제외되었으나 「분양신청기간 만료 기준일」 이후 관계 규정의 변경 및 법원 등의 판결 등에 의한 하자 치유로 인하여 분양권이 회복되었을 경우에는 관리처분계획에 큰 차질을 주지 않는 범위 내에서 대의원회의 결의로 처리한다.

9. 조합원 분양신청서의 제출

조합원 분양신청서는 조합사무실에 직접 제출하거나 우편으로 제출할 수 있으며, 우편으로 제출하는 경우에는 조합이 통지한 분양신청기간 내에 발송된 것임을 증명할 수 있도록 등기우편발송을 원칙으로 한다.

10. 일반분양분에 대한 분양보증

조합원분양 완료 후 잔여세대에 대한 일반분양 시에는 대한주택보증(주)에서 발행하는 '일반분양 분양보증서'를 발급받아 처리한다.

11. 신탁등기 및 이주

조합원(세입자 포함)은 0000년 0월 00일부터 이주를 개시하며, 이주개시일로부터 0월 이내에 이주를 완료하여야 한다. 신탁등기는 0000년 0월 00일부터 0000년 0월 00일까지 사업시행구역 안의 조합원 소유로 되어있는 토지 및 주택 등에 대하여 조합이 신탁등기를 완료할 수 있도록 하여야 한다. 조합은 이를 이행치 않는 조합원에 대하여는 조합정관 등 관계 규정에 따라 처리할 수 있다.

12. 기타 준용사항

기타 조합원 분양 관련사항, 입주절차 등 세부적인 사항은 분양신청통지문이나 입주통지문 등의 내용을 관리처분계획의 일부로 준용하여 해당 업무를 처리한다.

주택재건축 정비사업 변동내역

0000.07.07   단위: 천원

분 양 대 금 항 목		0000.09.24	0000.07.07	증 감
분 양 수 입 금	아 파 트 조 합 원 분 양	3,709,180,336	3,596,235,514	-112,944,822
	일 반 분 양	577,152,221	906,561,600	329,409,379
	임 대 분 양	165,185,443	181,092,923	16,907,480
	조 합 지 분 상 가 분 양	0	89,129,600	89,129,600
	분 양 대 금 총 계	4,451,518,000	4,773,019,637	322,501,637

사 업 비 항 목		2005.09.24	2009.07.07	증 감
설 계 감 리 비	조 사 측 량 비	200,024	385,524	185,500
	설 계 비	3,205,770	4,011,440	805,670
	법 정 감 리 비	7,476,649	8,034,534	557,885
	공 사 감 독 비	1,780,983	780,000	-1,000,983
	소 계	12,663,426	13,211,498	548,072
공 사 비	건 축 공 사 비	491,684,973	588,670,117	96,985,144
	인 허 가 이 행 공 사 비	13,100,000	16,271,879	3,171,879
	정 비 기 반 시 설 공 사 비	10,700,000	10,700,000	0
	기 타 공 사 비	7,100,000	9,474,224	2,374,224
	부가세(건축공사비만 해당)	28,610,642	34,255,177	5,644,535
	소 계	551,195,615	659,371,397	108,175,782
보 상 비	국공유지 및 매도청구 매입비	63,646,000	98,400,000	34,754,000
	유 치 원 매 입 비	15,480,000	15,523,000	43,000
	손 실 보 상 비	2,594,220	2,594,220	0
	이 주 비 이 자	48,396,400	59,100,000	10,703,600
	소 계	130,116,620	175,617,220	45,500,600
관 리 비	조 합 운 영 비	1,700,000	3,570,000	1,870,000
	세 무 / 회 계 용 역 비	170,000	170,000	0
	총 회 경 비 / 기 타 관 리 비	1,050,000	1,800,000	750,000
	소 계	2,920,000	5,540,000	2,620,000
각종부담금 및 부대경비	감 정 평 가 수 수 료	3,120,000	3,720,000	600,000
	매 도 / 명 도 / 기 타 소 송 비	500,000	3,000,000	2,500,000
	신 탁 등 기 비	192,150	239,289	47,139
	멸 실 등 기 비	183,000	83,000	-100,000
	일 반 분 양 보 존 등 기 비	2,955,645	2,955,645	0
	교 통 시 설 부 담 금	1,551,838	1,551,838	0
	학 교 용 지 부 담 금	1,281,120	1,618,860	337,740
	인 입 시 설 부 담 금	5,100,089	6,000,000	899,911
	문 화 재 조 사 용 역 비	100,000	15,000	-85,000
	민 원 처 리 비	3,000,000	4,600,000	1,600,000
	행 정 용 역 비	1,282,307	1,082,307	-200,000
	기 반 시 설 용 역 비	750,000	931,000	181,000
	사 업 비 금 융 비 용	27,462,090	4,952,000	-22,510,090
	후 분 양 금 융 비 용	24,389,100	34,000,000	9,610,900
	안 전 진 단 비	37,000	37,000	0
	기 타 경 비	200,000	200,000	0
	소 계	72,104,339	64,985,939	-7,118,400
예 비 비	예 비 비 등	10,000,000	10,000,000	0
사 업 비 총 계		1,841,300,000	2,080,346,360	239,046,360

주택재건축 정비사업비 변동내역 명세표

0000.07.07　　단위; 천원

분 양 대 금 항 목		변 동 내 역	금 액
분 양 수입금	아파트 조합원 분양	조합원 분양 동·호수 결정에 따른 분양수입금 변동	5,144,883
	일 반 분 양	일반분양가 감정평가에 의한 조정	155,703,990
	임 대 분 양	임대분양가 산출기준 변경(표준건축비 상향조정)	9,576,172
	조합지분 상가 분양	아파트분양 주공상가조합원 지분 및 동남상가 조합지분 분양대금	39,790,000
	분 양 대 금 총 계		4,773,019,637

사 업 비 항 목		변 동 내 역	금 액
설 계 감리비	조사측량비	준공확정측량비및추가비용	185,500
	설 계 비	설계변경2회, 면적증가 4,864m²	805,670
	법정감리비	공사비추가에 따른 법정감리비추가비용	557,885
	공사감독비	예산절감	-1,000,983
	소 계		548,072
공 사 비	건 축 공 사 비	1. 물가상승분 조정: 04년 3.6%, 05년 2.77%, 06년 2.2% : 90,777원/m² 　공사비증가;건축연면적 535,232m² x 8,307/m=4,445,993,680	4,446,000
		2. 건축연면적증가;535,232m²→535,232m² 4,869m² x 10,129,852m²	4,514,000
		3. 동남상가 철거지연으로 인한 106동 돌관공사비	4,600,000
		4. 일반분양아파트 시스템에어콘 및 발코니확장	14,054,964
		5. 엘리베이터홀 바닥 및 벽체 석재마감	14,214,000
		6. 엘리베이터 내부 벽체 고급화	1,380,000
		7. 아파트 외부벽체 입면고급화; 5층까지 석재마감	10,550,000
		8. 아파트 외벽 페인트 사양변경	1,558,000
		9. 일반/임대아파트 내부 마감재변경	7,800,000
		10.컴뮤니티시설 내부 마감재및설비고급화	3,600,000
		11. 층간소음 방지 시스템	3,990,000
		12. 세대내 바닥 방열판설치	900,000
		13. 84형 현관 중문 설치 및 안방붙박이장 악세사리 설치	1,497,000
		14. 전동식 빨래건조대	967,000
		15. 주차장바닥 페인트사양 변경	1,640,000
		16. 시스템에어콘전원설비	1,998,000
		17. 아파트 친환경인증을 위한 자재사양변경	1,184,000
		18. 차량 출입 및 아파트 출입 보안을 위한 원카드시스템 도입	1,882,896
		19. 반포천 구거부지 부분 성토작업	503,000
		20. 00상가철거공사비 50%조합부담	161,805
		21. 일반분양 아파트 가전제품추가 및 임대아파트 마감재 업그레이드	1,100,000
		22. PD점검구, PS 및 PD 커버, 우편물수취함	638,479
		23. 콤뮤니티 시설 고급화(스크린골프, 외부SGP, 외부파라펫, 방풍실 등)	600,000
		24. 304동 어린이 유아원 석재마감 및 개조공사	228,000
		25. 주차장램프/덱크벽체석재마감,개구부알루미늄창호마감	593,000
		26. 관리사무소 설치	499,000
		27. 일반분양 촉진을 위한 대형 주택형 업그레이드 및 소형 주택형 촬동비용	7,860,000
		28. 엘리베이터홀PS카버도장사양변경	793,000
		29. 엘리베이터홀 환기창 추가설치	493,000
		30. 방범필름 코팅	240,000
		31.기타공사(단지주변담장설치,1층로비비품/가구,경비실추가 등)	2,500,000
	소 계		000,000,000

조합원 분담금 변경내역

| 18평 조합원 | | | | | 0000. 07. 07 현재 | | | 단위; 천원 | |

| 주택형 | 조합원 분양금액 | | | | 18평 조합원 분담금/환급금 | | | | |
| | m²당가 | | 분양금액 | | 권리가액 | | | 분담금 | |
	종전	변경	종전	변경	종전	변경	차액	종전	변경
59.9m² (87m²)	9,330	11,000	811,710	957,000	1,368,383	1,411,630	43,247	-556,673	-443,630
84.9m² (113m²)	9,700	11,500	1,096,100	1,299,500	1,368,383	1,411,630	43,247	-272,283	-101,130
116.5m² (148m²)	10,120	12,000	1,497,760	1,776,000	1,368,383	1,411,630	43,247	129,377	375,370
136.5m² (173m²)	10,440	12,500	1,805,120	2,162,500	1,368,383	1,411,630	43,247	441,737	761,870
169.5m² (205m²)	10,620	13,000	2,177,100	2,665,000	1,368,383	1,411,630	43,247	808,717	1,264,370
198.0m² (238m²)	10,750	13,500	2,558,500	3,213,500	1,368,383	1,411,630	43,247	1,190,117	1,801,870
222.5m² (268m²)	10,890	14,000	2,918,520	3,752,000	1,368,383	1,411,630	43,247	1,550,137	2,351,370

| 25평 조합원 | | | | | 0000. 07. 07 현재 | | | 단위; 천원 | |

| 주택형 | 조합원 분양금액 | | | | 25평 조합원 분담금/환급금 | | | | |
| | m²당가 | | 분양금액 | | 권리가액 | | | 분담금 | |
	종전	변경	종전	변경	종전	변경	차액	종전	변경
59.9m² (87m²)	9,330	11,000	811,234	957,000	1,892,014	1,951,810	59,796	-1,080,304	-994,810
84.9m² (113m²)	9,700	11,500	1,096,664	1,299,500	1,892,014	1,951,810	59,796	-795,914	-652,310
116.5m² (148m²)	10,120	12,000	1,498,315	1,776,000	1,892,014	1,951,810	59,796	-394,254	-175,810
136.5m² (173m²)	10,440	12,500	1,805,676	2,162,500	1,892,014	1,951,810	59,796	-86,894	210,690
169.5m² (205m²)	10,750	110,890	2,176,878	2,665,000	1,892,014	1,951,810	59,796	225,086	713,190
198.0m² (238m²)	10,750	13,500	2,558,539	3,213,500	1,892,014	1,951,810	59,796	666,486	1,261,690
222.5m² (268m²)	10,890	14,000	2,918,589	3,752,000	1,892,014	1,951,810	59,796	1,026,506	1,800,190

주) -1. 조합원 권리가액, 부담금 또는 환급금은 사업비 변동에 따라 다소 변동될 수 있다.

-2. 상가 조합원으로서 아파트를 분양받은 조합원의 분담금 변경은 없다.

-3. 주택형의 면적은 전용면적이며 괄호 안은 분양면적임. m²당 단가는 분양면적당 가격임.

-4. 위의 조합원 분담금은 예상분양수입금: 4,773,019,637천원, 총사업비: 2,080,346,360천원, 평형별 조합원 권리가액은 18평형: 1,417,464천원, 25평형: 1,959,876천원 기준임.

기 타 안 건

5-1. 조합정관 개정의 건

5-2. 청산위원회 예산 결의의 건

반포주공0단지 재건축정비사업조합

■ **상정의안 : 제5-1호 안건**

조합정관 개정의 건

---

1. 의안상정

: 제5-1호 안건 「조합정관 개정의 건」을 상정합니다.

2. 제안사유

: 조합해산 후 청산위원회의 구성 및 운영에 관한 명확한 규정이 없어 이번 총회에서 관계 조항을 개정하고자 합니다.

3. 제안근거

- 조합정관 제8조(정관의 개정)
- 조합정관 제21조(총회의 의결사항)

4. 의결내용

: 조합정관 개정의 건을 원안대로 결의한다.

[첨 부]

: 조합정관 개정내용(안)

0000년 00월 00일

반포주공0단지 재건축정비사업조합

조합정관 개정내용

구분	변경 전	변경 후	비고
제57조 (조합의 해산)		③ 조합장은 청산인 대표가 되며 청산위원회 결의로 기한을 정하여 소수의 임직원을 상근하게 할 수 있다. 그 외 조항은 정관과 운영규정을 준용한다.	③항 신설
	③ 조합이 해산하는 경우에 청산에 관한 업무와 채권의 추심 및 채무의 변제 등에 관하여 필요한 사항은 민법의 관계 규정에 따른다.	④ 조합이 해산하는 경우에 청산에 관한 업무와 채권의 추심 및 채무 변제 등에 관하여 필요한 사항은 민법의 관계 규정에 따른다.	종전의 ③항 및 ④항은 ④항과 ⑤항 으로 조항변경
	④ 조합이 해산하는 경우, 다음 각 호의 서류를 첨부하여 관할 행정관청의 해산인가를 받아야 한다. 1. 주택조합 해산인가 신청서 2. 조합원의 동의를 얻은 정산서 3. 기타 해산인가에 필요한 서류	⑤ 조합이 해산하는 경우, 다음 각 호의 서류를 첨부하여 관할 행정관청의 해산인가를 받아야 한다. 1. 주택조합 해산인가 신청서 2. 조합원의 동의를 얻은 정산서 3. 기타 해산인가에 필요한 서류	

■ **상정의안 : 제5-2호 안건**

청산위원회 예산(안) 결의의 건

1. 의안상정

: 제5-2호 안건 「청산위원회 예산(안) 결의의 건」을 상정합니다.

2. 제안사유

• 조합정관 제58조(조합의 해산)에 따라 해산 당시의 임원을 청산인으로 하여 조합 업무의 종결과 잔여재산의 처분 등을 수행하도록 한다.

• 앞으로 시공자와 공사비 정산, 00구청과의 정비기반시설 설치비용 정산, 국세청과의 세금 환급 문제, 각종 소송의 미종결 등으로 인하여 조합해산 후 청산위원회의 업무가 많을 것으로 예상되어 사무실 운영이 불가피하게 됨에 따라 향후 업무의 과중을 고려하여 예산을 책정하였는바 조합원 여러분께서 검토하여 주시기 바랍니다.

3. 제안근거

• 조합정관 제21조(총회의 의결사항)

• 조합정관 제58조(조합의 해산)

• 조합정관 제59조(청산인의 임무)

• 조합정관 제60조(채무변제 및 잔여재산의 처분)

4. 의결내용

: 청산위원회 예산을 원안과 같이 결의한다.

[별 첨] : 청산위원회 예산(안) 1부

0000년 00월 00일

반포주공0단지 재건축정비사업조합

청 산 위 원 회 예 산 (안)

(0010.1.1.~0000.12.31.)

(단위 : 천원)

항 목	금 액	비 고
1. 인건비	825,000	임직원 : 2년간 5명 이내, 3년간 3명 이내
2. 회의비	234,000	회의비 : 2년간 주2회, 3년간 주1회
3. 운영비	465,000	사무실 임차료, 사무실관리비, 사무용품비 도서인쇄비, 여비교통비, 통신비, 소모품비, 기타
4. 소송비	2,500,000	현재 계류 중인 소송과 차후 예상되는 소송에 대하여 변호사 수임료 및 성공보수 등을 감한하여 책정함
5. 예비비	500,000	
합 계	4,524,000	

제6장
조합 해산총회(임시총회)

반포주공0단지 재건축정비사업조합

조합 해산총회
(임시총회)

일 시 : 0000년 0월 00일(화요일) 오후 4시
장 소 : 흑석동 00교 서울회관 대강당

반포주공0단지 재건축정비사업조합

서울특별시 서초구 반포0동 00-0(새마을회관 2층)
전화 : 02-000-0000, 02-0000-0000 / FAX : 02-0000-0000

반포주공단지 재건축정비사업조합

조합 해산총회
(임 시 총 회)

일 시 : 0000년 0월 00일(금요일) 오후 4시

장 소 : 흑석동 00교 서울회관 대강당

■ 총회 당일에는 총회책자를 재배부하지 않으니 필히 지참하여 주시기 바랍니다.

반포주공0단지 재건축정비사업조합

주 소: 서울시 서초구 잠원동 00- 00빌딩 000호

☎ 02)000-0000, 0000-0000 FAX: 0000-0000

홈페이지 : www.banpo0.com

총 회 장 소 안 내

총회장 : 서울특별시 동작구 흑석1동 1-3. 00교 서울회관 대강당

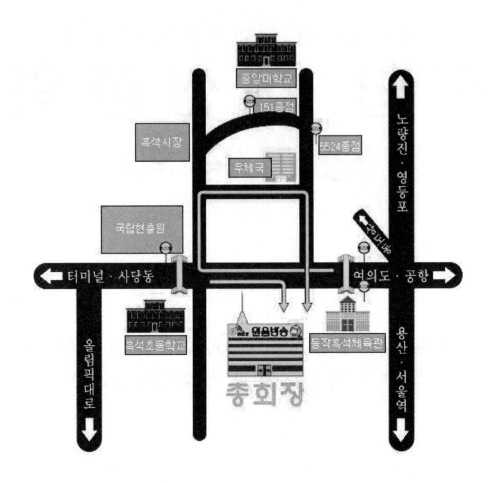

■ 일반버스 : 151, 360, 361, 362, 363, 640, 642, 4511,
              5517, 5511, 5529, 5524, 6411

■ 좌석버스 : 9408, 9412

■ 지 하 철 : 9호선 흑석역 1번출구

※ 총회장 내 주차공간이 협소하여 교통 혼잡이 예상되므로 대중교통을
이용하주시기 바랍니다.

목 차

1. 조합 해산총회 소집 공고문

2. 총회참석 시 유의사항

3. 조합장 인사말

4. 회   순

5. 경과보고

6. 업무보고

7. 결산 및 감사보고

8. 총회 상정의안
- 제1호 안건: 조합 해산(청산이행)의 건에 관한 결의
　　　　　　　　및 이익잉여금 처분(안) 승인의 건

반포주공0단지 재건축정비사업조합 해산총회 소집 공고

반포주공0단지 재건축정비사업조합 해산총회를 아래와 같이 개최하고자 하오니 참석하여 주시기 바랍니다.

- 아   래 -

1. 일   시 : 0000년 5월 25일(금요일) 오후 2시

2. 장   소 : 서울시 동작구 흑석1동 103번지. 00교 서울회관 대강당

3. 참석대상 : 반포주공0단지아파트 구분소유권자 중 재건축결의에 동의한 조합원

4. 상정의안 : 1) 조합해산(청산이행)의 건에 관한 결의 및
             이익잉여금 처분(안) 승인의 건

5. 지 참 물 : 1) 조합원(본인) 참석 시 : 참석권, 본인신분증(주민증 혹은 운전면허증), 도장
             2) 대리인참석 시 : 위임장(조합원인감증명서 첨부), 대리인신분증, 대리인도장

6. 공유자의 경우 대표자 1인만 참석할 수 있습니다.

7. 부득이한 사정으로 총회에 참석할 수 없는 경우에는 '서면결의서(인감증명서 첨부)'를 총회개최일 전일까지 추진위원회사무실에 도착할 수 있도록 제출하여 주시기 바랍니다.

8. 기타사항 : 동의서를 제출하지 않은 경우 총회에 참석할 수 없으며, 총회당일까지 동의서를 제출하면 입장이 가능합니다.

(※ 총회는 동의서를 제출한 조합원만이 참석할 수 있습니다)

9. 연락처 : 서울시 서초구 반포0동 00-0번지 반포주공0단지 재건축정비사업조합

   ☎ 02) 000- 0000, 0000-0000, FAX. : 02) 0000-0000

0000년 00월 00일

반포주공0단지 재건축정비사업조합
조 합 장   0 0 0   (인)

총회참석 시 유의사항

1. 총회에 참석하기 전에는 본 '총회참석 시 유의사항'을 포함하여 '총회 회의자료'를 반드시 읽어보시기 바라며, 총회 당일에는 본 '총회 회의자료'를 필히 지참하여 주시기 바랍니다.

2. 총회입장은 오후 1시부터이며 개회는 오후 2시입니다. 따라서 30분 이전에 미리 도착하시어 접수절차를 마친 후 총회장에 입장하셔야 예정된 시간에 총회를 개회할 수 있습니다. 총회장입장은 오후 4시 이전까지만 가능하므로 늦지 않도록 하여 주시기 바랍니다.

3. 총회는 조합원 본인이 직접 참석하거나, 조합정관 제10조제2항에 따라 대리인이 참석할 수 있습니다. 이때의 대리인은 민법에서 정하는 '상속에 관한 규정에 준하는 성년자(배우자 및 직계존비속)에 한합니다.

4. 총회에서의 의결권행사는 '서면결의서'의 제출로 대행할 수 있습니다. 총회참석 시의 지참물 및 필요서류 등은 아래를 참고하시기 바랍니다.

- 아　래 -

구 분	지참물 및 필요서류
조합원이 참석 시	1. 신분증 및 도장 2. 2인 이상의 공동소유인 경우 　- 조합에 대표자로 신고 된 조합원만 참석이 가능합니다. 　- 대표자가 아닐 경우 대표자의 위임장이 필요합니다.
대리인이 참석 시	1. 위임장(위임용 인감증명서 첨부) 　- 위임장에는 필히 조합원의 인감날인이 되어있어야 하며, 　- 2인 이상의 공동소유인 경우 조합에 대표자로 신고 된 조합원으로부터 위임받은 자만 참석이 가능합니다. 2. 대리인의 신분증 및 도장 3. 조합원과의 관계 증빙서류(예 주민등록등본, 호적등본, 의료보험증) 　- 대리인의 범위는 민법의 상속에 관한 규정에 준하는 성년자입니다. 　- 조합원과의 관계가 확인되지 않을 경우 입장할 수 없으니 관계를 증명할 수 있는 서류를 반드시 지참하여 주시기 바랍니다.
서면결의서 제출 시	1. 총회의 의결권은 서면결의서로 할 수 있습니다. 서면결의서에 인감을 날인(조합에 등록된 인감)한 후 제출하여 주십시오. 2. 서면결의서는 총회책자의 각 안건을 검토한 후 표기하여 주십시오. 3. 서면결의서는 총회 전까지 도착될 수 있도록 제출하여야 합니다. 4. 서면결의로 의결권을 행사한 조합원은 총회당일 의결권을 행사할 수 없습니다.

※ 서면결의서에 첨부해야 하는 인감증명서는 조합에 기 제출한 인감증명서로 대체되며, 조합에 신고 된 인감이 변경된 경우에는 변경된 인감증명서를 첨부해야 합니다.

▥ 조 합 장 인 사 말 ▥

존경하는 조합원 여러분! 안녕하십니까? 조합장 ○ ○ ○입니다.
경인년 새봄을 맞이하여 조합원님 가정에 항상 행복이 가득하고 만사형통 하시기를
기원합니다.

우리 반포주공0단지 재건축정비사업조합은 **투명한 사업추진, 조합원이익 극대화, 쾌적한
주거환경조성**이라는 사업목표를 두고 0000년 00월 00일 개최된 창립총회를 시작으로
현재에 이르기까지 10여년의 세월이 흘렀습니다. 그동안 많은 우여곡절도 있었지만
조합원님들의 도움으로 어려움을 지혜롭게 헤쳐 나와 지금 이 자리에 오게 된 것에 대하여
조합원님들께 깊이 감사드립니다.

어느 재건축조합도 유사한 경우이나 대다수의 조합원이 참여하여 현재 추진하고 있는
사업을 무산시키려는 일부 사람들로부터 우리들의 사업을 굳건히 지켜내고, 조합원
여러분들에게 더 많은 경제적 이익을 드리기 위해서는 많은 고민도 있었고 때로는
어려운 결단이 필요한 순간도 있었습니다. 지금까지 가장 힘들었던 일은 인·허가권을
볼모로 하여 조합에 무리한 요구를 하는 행정관청으로부터 조합원의 권리와 재산을
지키는 일이었으며, 지금도 부당하다고 생각되는 부분에 대하여 우리 조합원들의
권리를 찾기 위한 소송이 진행 중이며 어느 정도 희망을 가져도 될 것 같습니다.

또한, 본인의 생각과는 다르다고 하여 조합에서 추진하고 있는 사업내용의 하나하나에
트집을 잡고 이를 법적 쟁점으로 만들어 조합을 괴롭히는 사람들로 인하여 많은
비용과 시간을 낭비하였던 일 또한 매우 안타깝게 생각하며, 현재 우리 재건축조합
에서는 이전고시가 이행되고 재건축과 관련된 모든 업무가 완료되었음에도 불구하고
아직까지도 소송이 진행 중인 것이 있는바, 이러한 소송을 조속히 마무리하여 이로
인한 비용과 시간의 낭비는 더 이상 발생되지 않기를 간절히 바라는 바입니다.

사업을 진행하면서 어느 정도의 이익이 발생할 것으로 예상됨에 따라 그 수익금을
조합원에게 그대로 돌려줄 것인지 아니면 재투자를 하여 나중에 프리미엄으로 돌려받을
것인지에 대하여 많은 검토를 하였고, 면밀한 검토 후에 추가투자를 결행하여 단지를
업그레이드함으로써 현재 우리 아파트가 국내 최고의 아파트 단지임을 자타가 인정하고
있는 것에 대해 조합원님들과 함께 매우 기쁘게 생각합니다.

우리 아파트단지는 명실 공히 대한민국 최고의 명품 주거단지로 평가받고 있으며,
그 평가에 걸맞게 최고의 재산 가치를 유지하고 있습니다. 이렇게 우리 단지가 성공적으로

재건축사업을 마무리함에 따라 각종 언론에서도 우리 단지를 재건축사업의 표준모델로 주목하고 있으며, 앞으로 재건축·재개발 사업을 추진하고자 하는 많은 조합 관계자들이 우리 아파트를 재건축사업의 성공사례로 인식하고 우리 아파트단지를 계속하여 방문하고 있습니다. 또한, 시공사에서도 우리 아파트단지를 강남의 랜드마크로 부각시켜 집중적인 홍보를 하고 있습니다.

저는 이러한 명품 주거단지를 건축하는 데 함께 참여하였다는 것에 대해 큰 자부심을 느끼고 있습니다. 이는 조합원 여러분들도 같은 심정일 것이라고 생각하며, 이러한 결과는 조합원 여러분의 적극적인 성원과 협조가 있었기에 가능했던 일이라고 믿고 있습니다. 물론, 일부 의견이 다른 조합원들도 있었지만 그분들도 우리 아파트단지가 조금이라도 더 좋은 보금자리가 되기를 바라는 마음에서 의견을 제시한 것이라 생각하며, 지난일은 서로가 이해하고 이제는 한 단지 내에서 서로 화목하게 지낼 수 있기를 간절히 바라는 바입니다.

매우 어려운 사업인 주택재건축사업을 큰 과오없이 이렇게 유종의 미를 거둘 수 있게 된 것에 대해 조합원님들과 더불어 기쁘게 생각하며, 현재 진행 중인 소송업무를 포함한 앞으로의 청산업무도 무사히 끝마칠 수 있도록 노력하여 조합원님께서 경제적으로 더욱더 이익이 될 수 있도록 모든 노력을 다 하겠습니다.

끝으로 이 자리를 빌어서 그동안 우리 반포주공0단지의 성공적인 재건축사업을 위하여 최선을 다해 협조해 주신 조합원님들께 다시 한 번 깊은 감사를 드리며, 조합 임직원, 시공사인 00건설의 임직원 및 협력사 여러분들의 노력을 오래도록 기억하겠습니다.

조합원 여러분의 가정에 건강과 행운만이 늘 함께 하시기를 기원합니다. 감사합니다.

0000년 0월 00일

반포주공0단지 재건축정비사업조합 조합장 0 0 0

회　　순

1. 성 원 보 고

2. 개 회 선 언

3. 조 합 장 인 사 말

4. 경 과 보 고

5. 업 무 보 고

6. 결산 및 감사보고

7. 안 건 심 의

■ 상 정 안 건
　　제1호 안건 : 조합 해산(청산이행)의 건에 관한 결의 및
　　　　　　　　　이익잉여금 처분(안) 승인의 건

8. 폐 회

경 과 보 고

1. 사업총괄 업무보고
(창립총회 ~ 해산총회 시까지)

2. 일반 및 소송업무보고
(0000. 0.0 총회 후 수행업무)

3. 기타 보고사항

반포주공0단지 재건축정비사업조합

1. 사업총괄 경과보고(창립총회~조합해산)

일 자	내　　　　　용
	조합 창립총회 개최
	구조안전진단 통과: 재건축판정"D급" 획득
	조합설립 인가
	조합법인 등기
	조합사업자등록
	건축심의 통과
	교통영향평가 통과
	사업시행인가
	조합원 아파트 분양신청 공고
	조합원 아파트 분양신청 마감
	임시총회(관리처분계획 수립)
	조합원 이주개시
	임시총회(관리처분계획 변경)
	관리처분계획 인가
	철거공사 착수
	정기총회
	철거공사 완료 및 멸실 등기 접수
	본 공사 착공
	조합원 분양계약 체결
	조합원용 아파트 샘플하우스 개관(00동)
	친환경아파트 예비인증서 취득
	아파트 명칭 확정 '퍼스티지'
	아파트 일반분양 실시
	임대아파트 매매계약 체결
	입주자 사전점검 실시
	조합원 임시총회(관리처분 변경)
	준공인가
	입주
	관리처분변경인가
	이전고시
	소유권 보존등기 접수(신청)
	해산총회

2. 일반업무 및 소송업무 보고
(0000. 0.0. 총회 후 수행업무)

1) 일반 업무

구분	업체명	내 용
방법필름부착공사	00에스엔아이	198㎡T1형 전 세대 및 전동 1,2층 세대
1층 로비층 디스플레이	00디자인	전체 28개동 1층 로비 디스플레이 공사
단지외곽 울타리공사	00개발	단지외곽 울타리 설치공사
관 리 사 무 소	00물산	제반 관리사무소 마감공사 및 이동경비실 추가
교 통 영 향 평 가	00교통이엔씨	준공인가 조건에 따른 준공 시 교통개선대책 보고서 작성
정 비 기 반 시 설	00컨설팅, 00	정비기반시설비용 정산을 위한 공사비 산출 검증서 작성
감 리 변 경 계 약	00건축	공사비 변경에 따른 감리변경 계약
외 부 회 계 감 사	00회계법인	취득세 산출을 위한 관청협의용 자료 작성 및 재건축 사업기간 전반에 대한 외부회계감사 자료준비
건 축 물 대 장	00페이퍼	준공 및 이전고시용 건축물 대장 작성
서 류 이 관 작 업 준 비	00	조합해산 후 관청에 이관하여야 할 서류 준비작업
토 지 매 입	토 지 주 택 공 사 서 울 지 부	새마을회관 부지 매매계약을 위한 감정평가 및 새마을 회관 부지 매매계약
아 파 트 관 리	0 0 개 발	입주자대표회의 구성 전까지의 아파트관리업무 위탁관리업체 선정
	0 0 0 스 포 츠	입주자대표회의 구성 전까지의 퍼스티지쎈타 위탁관리업체 선정

2) 소송관련 업무

① 종결된 소송

사건번호	소송내용	원고	피고	결과	비고
0000다45637	정관변경 무효확인 재건축결 의무효확인	000 외17	조 합	3심:기각 (조합승소)	병합
0000나8876	소유권이전등기절차 이행청구 등	조 합	000	3심:기각 (조합승소)	00상가일부지분소유자에 매도청구소송
0000라60	계약체결중지 가처분	000 외 5	조합	2심종결 (1심 조합승)	보육시설 선정 관련 계약중지가처분 원고 소 취하
0000가합	소유권이전등기	조 합	토지주택공사	1심:화해권고	새마을회관부지소유권이전

② 진행 중인 소송

사건번호	소송내용	원고	피고	결과	비고
0000구합48216	관리처분계획 무효확인	000외 28	조 합	1심계류 중	0000.9.24자 관리처분계획 무효확인
0000가단429636	미지급이자지급	000외 12	조 합	1심계류 중	기본 이주비 대출 지연 수령에 따른 이자 환급
0000구합10426	관리처분계획 무효확인	000외 14	조 합	1심계류 중	0000.7.7자 관리처분계획 무효확인
0000누8913	사용료부과 처분취소	조 합	00구청장	2심계류 중 (1심 조합승)	공원부지 사용에 대한 사용료(171억) 부과
0000나89285	부당이득금 반환	조 합	00구청장	2심계류 중 (1심 조합승)	구거부지 감정평가차액에 대한 부당이득(98억)반환
0000가합19094	부당이득금 반환	조 합	00구청장	1심계류 중	정비기반시설(25M신설 도로)공사비 부당이득 반환
0000가합15313	부당이득금 반환	조 합	00구청장	1심계류 중	도로, 원부지 감정평가 차액에 대한 부당이득 반환
0000라1784	현금청산중지 가처분	000	조 합, 00상가	2심계류 중 (1심 조합승)	00상가
0000가합66469	소유권이전등기	조 합, 00상가	000	2심계류 중 (1심 조합승)	00상가

3. 기타 보고사항

1) 주공0단지 재건축아파트의 특징

※ 국내 최고의 교육환경, 교통시설 및 주민편의시설이 갖추어진 아파트

우리 퍼스티지 아파트는 한강변에 위치하고 있어 아파트 입주민들이 편리하게 접근할 수 있으며, 단지주위에는 반포천, 대형 근린공원 및 반포유수지 체육공원이 설치되어 있고, 아파트 주위에는 국내 최고의 **계성사립초등학교, 세화중·고등학교** 및 영국계 외국인 학교인 **덜위치카리지 서울영국학교(Dulwich College Seoul)**의 분교가 자리하고 있는 등 우수한 교육시설을 갖추고 있어 주거환경면에서 강남지역 최고의 명당입니다.

교통편의시설로는 지하철 3호선, 7호선 및 9호선이 단지에 연접되어 있어 대중교통수단이 매우 편리하게 구축되어 있을 뿐만 아니라, 서울도심이나 경부고속도로 및 인천공항 등을 신속하고 편리하게 이용할 수 있는 대중교통시설도 완비되어 있습니다.

이와 더불어, **신세계백화점, 킴스크럽, JW 메리어트호텔** 등 최상급의 상업시설과 문화시설인 국립중앙도서관 등 제반 문화시설도 모두 갖추어져 있어, 아파트 입주민의 일상생활이 매우 편리할 뿐만 아니라, 대형 종합병원인 **서울성모병원**이 근접해 있어 응급사항이 발생할 시에는 우수한 의료시설을 빠르고 편리하게 이용할 수 있는 등 잘 갖추어진 사회기반시설로 인해 현재는 국내 최고 아파트로서의 자리를 확실히 인정받고 있습니다.

※ 단위세대가 판상형으로 구성됨

신축아파트가 30층 이상의 고층아파트로 구성되어 있으나, 각 단위세대는 일반적인 주상복합 아파트와는 달리 판상형으로 계획되어 있어, 단위세대의 자연환기성능이 한층 증진되기 때문에 실내주거환경이 우수할 뿐만 아니라, 에어컨의 가동기간이 대폭 단축되어 하절기 전기요금 등을 포함한 관리비가 대폭 절감되는 효과가 있습니다.

※ 주상복합아파트형으로 외관 구성

일반 아파트의 통상적인 외관과는 다르게 외부발코니 난간용 스틸파이프를 강화유리로 대체하고, 에어컨 실외기실을 설치함으로써 아파트의 외관을 주상복합아파트와 같이 미려한 외관으로 구성하였습니다.

※ 발코니창의 열림방식을 슬라이딩 타입으로 채택

알루미늄 발코니시스템창의 열림방식을 슬라이딩(미서기) 타입으로 설치하여 실내자연환기의 성능이 우수하며, 방충망은 주로 주상복합아파트에서만 설치되는 ROLL타입의 방충망을 설치함으로서 동절기에는 방충망이 외부에 노출되지 않도록 할 수 있게 함에 따라 아파트의 외관을 고급화하는데 많은 도움이 되고 있습니다. 또한 발코니창의 구성 재료를 암갈색의 불소코팅 알루미늄을 채택하여 창 후래임의 색깔(주로 흰색)로 인해 나타날 수 있는 단점(창의 후레임이 혼잡하게 느껴질 수 있다는 점)을 사전에 예방하였습니다.

❋ 호텔식 로비의 설치

각 동의 1층에 주상복합아파트에서만 주로 설치되던 호텔식 로비를 설치함으로서 외부 방문자의 대기장소나 입주민간의 만남의장소를 마련함은 물론, 아파트를 한 차원 고급화할 수가 있었으며, 현재는 우리 아파트의 호텔식 로비는 다른 신축아파에서도 기본적으로 설치되는 시설이 되고 있습니다.

❋ 발코니확장 시 발코니확장형 시스템창 설치

조합원분양 및 일반분양아파트의 대부분의 아파트에서는 발코니를 확장하여 시공되었기 때문에 실질적인 전용공간이 증가되었으며, 확장된 거실이나 침실의 외부발코니창에는 4중 유리로 구성되어 있는 소위 '발코니확장 전용 알루미늄시스템 창'이 설치됨으로써 우수한 방음성능 및 단열효과에 의한 쾌적한 주거환경이 조성되어 있습니다.

❋ 시스템에어컨의 설치

주상복합 아파트에서만 주로 설치되던 천정매입형 시스템에어컨을 국내 최초로 일반분양 아파트는 물론 조합원분양 아파트 전체 세대(미 신청세대 제외)에 설치함에 따라, 아파트의 실내인테리어를 아름답게 구성하는데 에어컨 실내기로 인한 지장이 없도록 하였고, 아파트단지 전체를 고급화하는데도 큰 도움이 되고 있습니다.

❋ 전 층에 스프링클러 설치

소방법이 개정됨에 따라 15층 이하를 포함한 아파트 전 층에 스프링클러를 설치함으로써, 교통난이 심각한 도심의 고층 아파트 화재로부터 입주민의 안전을 최대한 확보할 수 있도록 하였습니다.

❋ 층간소음저감설비 설치

세대 간 심각한 민원발생이 예상되는 층간소음발생문제에 대비하여, 표준층간소음재의 사용을 대신하여, 방진성능이 한층 강화되고 인증된 층간소음저감시스템을 채택함으로서, 예상되는 민원을 사전에 예방할 수 있도록 준비하여 입주민의 주거환경을 한층 향상시켰습니다.
층간소음재로는 **인증구조**인 층간소음저감시스템을 채택함으로써 우리 아파트의 층간소음 저감성능은 경량충격음은 1등급, 중량충격음은 3등급입니다. 참고사항으로 정부가 고시한 **표준바닥구조**는 경량충격음 및 중량충격음이 모두 4등급입니다.

❋ 각 동에 엘리베이터를 2대 이상 설치

아파트가 고층화됨에 따라, 엘리베이터의 고장발생 및 정기점검 등에 대비하여 소형평형을 포함한 모든 동에 2대의 엘리베이터를 설치함으로써 고장 등 비상 시에 대비하고 이용상의 편리성도 향상시켰습니다.

❋ 단위세대 마감사양의 고급화

입주 전에 조합원분양세대 및 일반분양세대의 단위세대 내부마감재의 질을 향상시킴으로써 입주 후의 추가적인 마감공사로 인한 입주민의 불편이 가능한 최소화되도록 하였으며, 신축아파트의 마감수준을 국내 최고 수준의 아파트단지가 될 수 있도록 하였습니다.

※ 편의시설(커뮤니티시설)의 고급화

지하층에는 수영장, 남·여 사우나, 제반 운동시설 등 주민편의시설이 대규모로 설치되어 있으며, 시설을 고급화함으로서 입주민의 편의를 도모하고 단지의 고급화가 이루어졌습니다.

※ 근로자를 위한 휴게시설 설치

지하층에 관리실 이외에 시설보수 근로자용 '**시설사무실**'. 경비·안전인력을 위한 '**보안사무실**', 미화원을 위한 '**미화사무실**'을 설치하여 각 실별로 근로자별 옷장이나 사무용 가구는 물론, 근로자들이 휴식, 식사 및 세면이나 샤워를 할 수 있는 부속시설을 함께 설치하여 근로자들의 근무환경이 향상되도록 하였다. <u>이후 근로자용 휴게시설은 설치를 법령으로 의무화되었다</u>.

※ 기타 사항

(1) 엘리베이터 내부를 고급화하고 각층의 엘리베이터 홀 등 공용부분의 <u>바닥은 수입산 컬러화강석</u>, 벽체는 석재나 커팅타일로 마감하여 주상복합아파트의 마감수준으로 상향조정함에 따라 아파트 단지를 고급화하였습니다.
또한 조경시설의 고급화, 옥상의 LED조명시설의 설치, 통신시설의 정보화 특등급 구현, 친환경자재의 사용을 통하여 아파트를 친환경아파트·최첨단아파트로 건설하였습니다.

(2) 구청의 역점사업 중 하나인 한강물취수계획을 이용하여 아파트단지의 남측에 연접해 있는 반포천의 재정비사업이 완료되었고, 우리 아파트 단지에는 실개천의 조성 등 한강수변지역의 이점을 최대한 활용하여 우리 아파트 단지의 주거환경 개선사업이 적극적으로 추진되고 있으며, 단지에 연접하여 대규모의 자연생태공원이 건설되었으며, 이 공원에는 한강물을 이용한 대형 연못이 설치되어 있으며, 이 연못은 아파트 단지 내에 설치된 대형 연못과 더불어 아파트 입주민의 정서함양 및 쾌적한 주변 자연환경 조성에 매우 큰 역할을 하고 있습니다.

(3) 그 이외에 안전시설, 편의시설 등 제반 시설을 주상복합 아파트 수준 이상으로 설치한 반면, 주상복합아파트의 단점인 단지 내의 조경시설은 일반 아파트의 넓고 쾌적한 자연친화적인 조경시설을 조성함으로 준공 후 현재는 강남의 대표적인 아파트로 지리매김 하고 있습니다.

2) 아파트 주요 추가공사 내역

NO	공사명	변경 전 내역	변경 후 내역	비 고 (효 과)
1	아파트외벽하부 고급화(석재)공사	1층부터 3층까지 일반 화강석 마감	1층부터 5층까지 수입화강석(아즐스카이) 마감	현재는 30층 이상의 일반 아파트는 대부분 5층까지 화강석마감
2	아파트외벽페인트 고급화공사	일반 수성페인트 마감	자동세정기능의 수입(독일) 고급페인트 마감	
3	엘리베이터홀 마감사양 고급화	일반아파트수준 마감	1) 바닥 : 수입화강석(전층) 2) 벽체 : 인조대리석(기준층)	1층벽체는 천연대리석 마감
4	엘리베이터내부 고급화공사	엘리베이터 일반마감 수준	1) 벽 : 주문제작 동판 2) 바닥 : 천연대리석	
5	커뮤니티시설 고급화공사	일반수준 마감재 공사	최상급의 마감재 시설로 고급화공사	아파트의 이미지 제고 및 고급화 목적
6	층간소음저감공사	표준바닥구조	인증바닥구조 층간소음저감 시스템 설치	인증바닥구조- 경량: 1등급, 중량: 3등급 (표준바닥구조- 경량: 4등급, 중량: 4등급)
7	바닥방열판 설치공사	미설치	난방용 바닥방열판 설치	난방효율의 극대화 목적
8	1층로비 설치공사	미설치	1층에 호텔식 로비설치 우 가구, 커텐 등 설치	아파트의 고급화를 위해 주상복합아파트에만 설치되던 호텔식로비를 아파트에서는 최초로 설치
9	원패스카드시설 설치공사	미설치	원패스카드 시설 설치	주차위치 확인, 비상콜버튼, 엘리베이터 콜기능 등의 편익 및 보안시설 설치공사
10	데크주차장외벽 고급화공사 등	1) 데크주차장 외부창 미설치 2) 주차장용 램프벽체 페인트	1) 데크주차장 외부창 설치 2) 주차장용 램프벽체 석재마감	소음발생방지 민원해결 및 외부미관을 고려하여 외부창 설치 및 석재마감
11	관리용 사무소 추가설치공사	일반 관리사무소 계획	관리사무소 규모 확대 설치, 경비요원, 설비요원 및 청소요원 용 근로자 휴게시설 설치	관리사무소 등의 실내마감공사 및 가구설치공사. (이후 근로자 휴게시설 설치는 법정 의무사항)
12	방범필름 설치공사	1,2층 및 198m² 형T1세대의 발코니창에 방범필름 미부착	1,2층 및 198m² 형T1세대의 발코니창에 방범필름 부착	아파트미관을 해치는 방범창을 미설치하는 조건으로 방범필름 설치
13	주차장바닥페인트 고급화공사	일반마감	에폭시페인트를 소음저감형으로 마감공사	주차면 및 주행로를 소음저감형 방식으로 에폭시페인트 마감
14	단지울타리 설치공사	미설치	단지울타리 설치	아파트의 보안 강화 및 조경시설의 보호 목적으로 단지울타리 설치
15	옥상조명공사	일반 옥상조명	LED를 이용한 특수조명	전기료 절감효과, 조명색깔의 변경가능, 조명의 움직임가능 등의 효과발생
16	조경 특화공사	일반조경공사	특수목의 식재, 대형 연못조성, 투수포장 등 특화사업	친환경건축물우수등급 인증 획득, 취득세 감면혜택 발생
17	정보통신 특등급공사	정보통신 1등급	정보통신 특등급 공사	정보통신 특등급 인증 획득

결산 및 감사보고

1. 결 산 보 고

2. 감 사 보 고

반포주공0단지 재건축정비사업조합

결 산 보 고

(0000.7.27~0000.12.31)

반포주공0단지 재건축정비사업조합

결산보고서

반포주공0단지 재건축정비사업조합

조합원 귀하

조합의 해산 및 청산을 위하여 일반적으로 인정되는 기업회계 기준에 따라
반포주공0단지 재건축정비사업조합의 0000 00월 00일 현재의 대차대조표와
0000년 0월00일부터 0000년 00월 00일 까지의 손익계산서 및 공사원가명세서 등에
의한 결산보고서를 작성하였습니다.

상기 재무제표와 결산 관련 내용은 외부회계감사자료와 그 내역이 동일하므로
총회책자 편집상 중복을 피하기 위해 생략하였으니 세부내용은 외부회계감사
보고서에 첨부된 재무제표 등 결산자료를 참고하여 주시기 바랍니다.
감사합니다.

0000년 0월 00일

반포주공0단지 재건축정비사업조합
조 합 장   0   0   0

감 사 보 고

(0000.7.27~0000.12.31)

반포주공0단지 재건축정비사업조합

회계감사보고서

(00.01.01.~12.31.)

반포주공0단지 재건축정비사업조합

조합원 귀하

1. 본 감사인은 조합정관(제6장 재정)과 조합운영규정(제7장 회계 및 예산결산) 및 일반회계 기준에 따라

   제1기(0000.7.14.~12.31.)부터 제8기(0000.01.01~12.31.)까지 매 회계연도의 결산과 함께 각 회계연도중의 가 결산에 대한 감사를 실시하고 감사보고서를 작성 이사회를 거쳐 전 조합원에게 서면보고 드린바 있습니다.

2. 당 조합의 최종 사업년도인 제9기 감사는 도시및주거환경정비법 제112조와 정관 제32조 제4항(주식회사의 외부회계감사에 관한 법률 제3조 규정에 의한 외부감사)에 따라 외부감사를 받아 감사보고서를 접수하였으므로 각 조합원에게 서면보고와 함께 조합원 총회(0000.00.00)에서 보고할 예정입니다.

3. 따라서 내부감사보고는, 정관상의 외부감사 규정에 따라 객관성과 신뢰성을 보장받기 위하여 실시한 외부회계감사(화인 경영회계법인)보고로써 가름하고자 하는 바이며,

4. 본 감사인의 내부감사 의견으로서도 당 조합의 결산 재무제표는 일반적인 회계처리 기준에 따라 중요성의 관점에서 적정하게 표시하고 있습니다.

0000년 0월 00일

감 사 인
반포주공0단지 재건축정비사업조합
회 계 감 사   O   O   O   (인)

반포주공0단지 재건축정비사업조합

재 무 제 표 에 대 한

감 사 보 고 서

0000년 01월 01일부터

0000년 12월 31일까지

[감사보고서 내용은 본 난에는 미첨부]

00경영회계법인

총 회 상 정 의 안

제1호 안건 : 조합 해산(청산이행)에 관한 결의 및
이익 잉여금 처분(안) 승인의 건

반포주공0단지 재건축정비사업조합

■ 상정의안 : 제1호 안건

> # 조합 해산(청산이행)에 관한 결의 및
> # 이익잉여금 처분(안) 승인의 건

1. 안건상정
: 제1호 안건 「조합 해산(청산이행)에 관한 결의 및 이익잉여금 처분(안) 승인의건」을 상정합니다.

2. 제안사유
• 우리의 재건축정비사업조합은 도시 및 주거환경 정비법과 조합정관에 따라 성공리에 재건축 정비사업이 완료됨에 따라 재건축조합을 해산(청산이행) 하고자 합니다.

• 재건축사업초기부터 완료된 시점까지의 최종결산 및 회계감사 보고서내용에 따라 이익잉여금을 처분(안)과 같이 조합원의 종전자산평가금액에 비례하여 이익금을 배분하고자 합니다.

3. 제안근거
• 도시정비법 제45조 **(총회의 의결)**
• 조합정관 제21조 (총회의 의결사항)
• 조합정관 제58조 (조합의 해산)
• 조합정관 제60조 (채무변재 및 잔여재산의 처분)

4. 의결내용
: 조합해산(청산이행)에 관한 결의 및 이익잉여금 처분(안) 승인의 건은 최종 결산·회계감사 보고서 내용에 따라 원안대로 결의한다.

[첨 부] : 이익잉여금 처분(안) 1부

0000년 0월 00일

반포주공0단지 재건축정비사업조합

이익잉여금 처분(안)

사업 착수시점에서 완료 시까지의 최종결산 및 회계감사 보고서 내용에 따라 이익잉여금에 대하여 조합원의 종전자산평가액에 비례하여 지급하기로 한다.

1. 총이익잉여금 : 18,608,326,326원

2. 잉여금 배분 산정 방법

 1) 비례율 산출 방법 = 총이익잉여금 / 조합원종전자산평가총액
 2) 조합원별 정산금 = 조합원별종전자산평가금액 X 비례율

3. 조합원 개인별 정산금 내역(평균)

구분		조합원 배분액 평균금액	비고
종전 주택형	세대수		
18평형	1,229 명	9,760,440	
25평형	490 명	13,495,399	
계	1,719 명		
조합원 정산 환급총액		18,608,326,326	

※ 상기 금액은 평균금액으로 조합원의 종전평가금액에 따라 차이가 있습니다.

■ 「주택건설 기준 등에 관한 규정」에 따른 부대시설·복리시설(하권 부록-4에 전문 수록)
  (부대시설 : 규정 제25조 내지 제44조, 복리시설: 규정 제50조 내지 제55조의2)

 (부대시설): ① 진입도로, ② 주택단지 안의 도로, ③ 주차장, ④ 관리사무소 및 **경비원 등 근로자를 위한 휴게시설**, ⑤ 수해방지시설, ⑥ 안내표지판, ⑦ 통신설비, ⑧ 보안등, ⑨ 홈네트워크 설비, ⑩가스공급시설, ⑪ 비상급수시설(지하양수시설, 지하저수조), ⑫ 난방시설, ⑬ 폐기물 보관시설, ⑭ 영상정보처리기기(IPTV), ⑮ 전기시설, ⑯ 방송수신을 위한 공동수신설비, ⑰ 급배수시설, ⑱ 배기시설 등

 (복리시설): ① 근린생활시설,
          ② 유치원,
          ③ 주민공동시설(경로당, 어린이 놀이터, 어린이집, 주민운동시설, 작은 도서관)

[주] 2020년 1월 7일 「주택건설기준 등에 관한 규정」 제28조제1항의 개정을 통하여 공동주택에는 관리사무소 외에 '경비원 등 공동주택 관리업무에 종사하는 근로자를 위한 휴게시설'을 설치하도록 규정하고 있다.

제Ⅲ부 : 기술부문

제1장
아파트의 건축계획

1 배치계획

1) 배치도

2) 배치계획의 주안점

가. 남북과 동서방향에 통경축(通逕軸)을 구성하여 조망이나 통풍에 유리하도록 하였으며, **모든 세대의 정면조망거리가 2개 라인 앞의 동까지 확보되도록 지그재그로 배치하였다.**

나. 남측도로와 북측도로 간에 레벨의 차이가 있어, 남측의 대지경계선에 접하는 4개동(121동~124동)의 그라운드레벨을 대지경계선과 접하고 있는 남측도로와 동일한 레벨로 하고 하층부(주된 그라운드레벨과 동일한 레벨)에 주차장을 설치하였다.

다. 모든 세대를 남측향(남동향 혹은 남서향)으로 배치되도록 단위 동을 구성하고 배치하였다.

라. 주차장은 모두 지하에 설치하여 지상에는 주차장이 없도록 하였다.

마. 지상에는 차량용 도로와 보행자동선을 분리하여 보행에 편안한 환경을 조성하였다.

바. 모든 동의 구성형식을 3가구 내지 4가구로 구성되는 타워형으로 계획하였다.

사. 단지 중앙의 지하1층에 커뮤니티센터(스포츠센터, 생활문화공간)와 관리사무소를 배치하여 모든 입주민이 편리하게 이용할 수 있도록 하였다.

3) 배치계획 시 유의사항

가. 가능한 각 세대 간의 프라이버시가 잘 유지될 수 있도록 계획한다.

나. 가능한 모든 세대가 남측향을 향하도록 한다. 즉, 타워형의 경우 모든 세대가 남동향 혹은 남서향으로 향하도록 배치한다.

다. 지하주차장 환기구 등의 설치위치는 팬의 소음, 분진 등의 발생을 고려하여 각 세대의 전면을 피하여 창이 설치되어 있지 않은 장소인 동의 측면 등에 설치하며, 추후 설치 예정인 단지 내 도로의 진행방향과 환기구의 설치방향을 일치시켜 도로와 구조물이 서로 조화를 이룰 수 있도록 구조물을 배치하였다.

라. 단지 내의 소방도로 및 산보길 등 모든 도로의 설치위치는 각 동의 저층세대에 대한 프라이버시 확보를 고려하여 각 세대와의 거리를 가능한 충분히 이격시켜 배치한다.

마. **음식물류폐기물 수거장**은 악취발생 등을 감안하여 2개동에 한 개소씩 계획하여 총 설치 개소를 적게 하며, 설치위치는 가능한 각 세대 내에서 직접 보이지 않도록 배치한다.

바. 주민운동시설, 벤치, 어린이놀이터 등은 운동시설 등과 **인접한 세대의 프라이버시 유지, 이용자에 의한 소음발생** 등을 고려하여 위치를 선정한다.

4) 아파트 차량 진·출입구 위치결정(아파트 동선계획) 절차

가 <u>아파트 단지의 차량 진·출입구 위치 결정은 아파트 배치계획의 가장 중요한 요소 중</u>

하나가 된다. 차량의 진·출입구는 지상층과 지하층 전체의 동선계획의 출발점이 되는 것으로, 이 동선계획은 주민 입주 후 차량을 이용한 아파트 단지의 진·출입을 포함한 입주민의 주거환경에 지대한 영향을 미치게 된다.

나. 만일, 아파트 단지의 차량 진·출입구 위치가 불합리하게 결정되는 경우 아파트 부지와 접해있는 도로의 교통정체상황에 따라 진출입에 소요되는 시간이 크게 증가하게 되고, 출근시간에는 차량진출의 지연으로 인하여 아파트 단지 내 도로에 차량의 정체로 인해 입주민의 주거환경에 막대한 악영향을 끼치게 된다.

다. 아파트 차량 진·출입구를 포함한 아파트 전체의 동선 기본계획은 1차적으로 아파트의 건축계획을 담당하고 있는 건축사가 기본계획을 수립하게 되며, 이 기본계획에 대하여 「도시교통정비촉진법」 제15조 및 제18조에서 정하는 방법 및 절차에 따라 정비조합이 기 선정한 **「교통기술사」** 가 작성한 **「교통영향 평가」** 에 따라 해당 건축사가 수립한 동선 기본계획을 재조정하는 등의 절차가 진행된다.

이때, 「교통영향 평가」 의 대상은 지하 주차장의 동선계획을 포함한 지상의 차량 동선 계획 및 아파트 단지의 차량 진·출입구의 위치 결정 등 아파트 단지 안에서의 동선계획은 물론 아파트 부지에 접속된 모든 도로에 미치는 교통영향을 파악하여 그 해결방안을 사업 시행자에게 제시하게 된다. 이 제시 내용에는 재건축사업으로 인하여 부지에 접속 되어있는 도로의 교통상황에 미치는 악영향 등을 파악하여 이를 해소하기 위한 방안을 정비사업 시행자에게 제시하는 절차가 진행된다. 그 방법의 하나로 단지 접속도로에 아파트의 부지를 이용하여 폭 3m / 길이 100m의 차량정체 완화차선의 설치를 제시 하기도 한다. 이 제안을 「완화차선의 설치를 위한 셋백(Set back)」 이라고 칭한다.

도로의 셋백이 결정되면 사업시행자인 정비조합은 완화차선의 개설용으로 사업부지의 일부를 제공하게 된다. 이 <u>완화차선의 개설에 이용되는 아파트 부지의 면적은 용적률 계산에 포함할 수 있도록 하고 있어, 기 수립된 건축계획에서 아파트의 연면적에는 영향을 미치지 않는다.</u> 다만, 실제 조경면적 등이 축소되는 등의 영향을 주게 된다.

라. 이와 같은 이유로 「교통영향 평가」 를 실시하는 경우에는 필히 아파트 부지가 위치하는 현장을 방문하여 현재의 교통상황을 세밀하게 파악한 후 교통영향평가가 이루어져야 한다. 그러므로 이 교통영향평가를 시행할 경우에는 해당 아파트에 오랜 기간 거주하여 접속도로의 교통현황을 상세히 알고 있는 조합의 임원이 참여하는 것이 꼭 필요하다. 그러하지 못할 경우 실제 존재하는 교통상황을 반영하지 않은 부실한 교통 영향평가가 생산되고 입주 후 입주민이 격어야 하는 불편은 아주 심각한 수준에 까지 이르게 된다.

마. 필자가 참여한 정비사업에서 경험한 동선계획 확정절차를 기술하면 다음과 같다.

가) 담당 건축설계자가 계획한 차량 진·출입구의 위치를 포함한 동선의 기본계획에 대해 정비조합이 선정한 「교통기술사」 의 「교통영향 평가」 를 반영하여 당 조합에 제출된 「교통영향 평가서」 를 확인 한 결과, 사업현장을 방문하여 확인 한 흔적을 전혀 발견할 수 없음에 따라 조합의 강력한 지적에 따라 차량 동선의 재조정이 이루어 졌으며, 이 재조정에 따라 도로 폭이 40m인 사업부지 전면도로인 '신반포로'에 계획하였던 **차량의 진출입구와 완화차선의 설치 계획이 취소되고, 진출입구를 다른 접속도로로 변경 설치하였다.**

다) 조합의 요청에 따라 확정된 현재의 동선은 전면도로인 폭 40m의 신반포로에 계획한 차량의 진출입구는 이 도로가 항시 정체구간이며, 교통이 극히 혼잡한 잠수사거리에 근접하여 있음을 감안하여, 이 차량 주 진출입구를 폐쇄하고 다른 접속도로인 동측에 위치한 폭 40m의 반포로로 변경하고 완화차선은 이곳에 위치한 공공용지를 이용하여 설치하였다. 제2의 차량 진출입구는 신설되는 왕복 4차선도로에 면하는 남측 출입구에 설치함으로서 입주민의 이용이 한층 편리하게 되었다. 따라서 북측의 신반포로 방향에는 보행자 전용 주출입구로 변경한 후 진입광장을 설치하고 출입구용 대형 조형물을 설치하였으며, 도로 폭이 25m인 서측 도로에는 소방차량을 위한 비상용 출입구 및 출입구용 조형물을 설치한 후, 평상 시에는 보행자 전용 출입구로 이용되고 있다. (배치도 참조)

② 실별 계획

단위평면을 계획할 때에는 각 실의 특성을 고려하여 계획을 수립하여야 한다.
즉, 각 실별로 필요한 요소 등을 반영하여 단위평면계획을 수립토록 하여야 한다.

1) 안방

가. 전용면적이 85㎡ 이하의 단위세대에서 안방의 최소 폭(너비)은 **10자(약 3m)** 길이의 장이 설치 가능한 3,300(**안목치수**) 이상으로 계획하는 것이 실의 실제 이용상으로 바람직하다.

나. 안방의 위치는 세탁물건조장을 위한 안방발코니를 제외한 실 전체의 발코니를 확장하는 경우를 대비하고, 가능한 거실과 인접하여 배치함으로써 거실에서 직접 안방발코니를 출입할 수 있도록 계획하여야 할 것이다. 그렇지 않을 경우 안방의 출입문을 통하여 세탁물을 반입 및 반출하여야 하는 불편함이 발생되기 때문이다.

2) 거실

가. 단위평면을 계획할 경우에는 우선 가족생활의 중심을 주방으로 할 것인가 거실로 할 것인가를 결정할 필요가 있다. 주방공간은 주택에 거주하는 시간이 가장 많은 주부의 주된 생활공간이며, 거실은 온 가족의 여가를 즐기는 생활공간이기 때문에 단위평면계획 시에는 제한된 실내공간을 감안하여 하나의 방향을 설정할 필요가 있다.

나. 퍼스티지 아파트의 경우에는 거실을 생활의 중심으로 정하였다.
거실을 가족생활의 중심으로 정한 이유는 현대사회는 핵가족화가 심화되고 있고, 외식 문화가 점차 확산되어 대가족이 아파트의 주방에서 식사를 하는 경우는 점차 감소하는 반면, 거실에 설치되는 TV는 고급화된 대형 TV가 점차 저렴한 가격으로 공급됨에 따라 각 가정에 설치되는 TV는 50인치 내지 70인치 이상으로 점차 대형화되고 각종 음향기기 등이 거실에 도입되는 추세에 대비하여 거실을 가족생활의 중심으로 정하였다.

다. 거실에서 요구되는 가장 필요한 요소는 양호한 외부조망이라 할 것이다. 따라서 동의 배치나 단위평면을 계획할 경우에는 거실에서의 조망여건을 사전에 확인하여야 한다. 그러나 골조공사가 완료되기 전까지는 거실에서의 외부 조망을 정확하게 확인할 수는 없다. 이러한 문제점을 해결하는 방안으로 **'TV, 통합유니트 및 콘센트'는 거실의 양면에 설치하고 골조가 완성된 후에 거실에서의 조망여건을 각 동별로 직접 확인한 다음, 마감재인 거실아트월과 아트월의 부분조명을 위해 아트월 상부의 천정에 매입/설치되는 다운라이트(down light)의 설치 위치 즉, 거실의 전면을 확정하는 방안을 제안한다.** 물론 이 방법에는 공사가 다소 불편해지는 면도 있겠으나 조망이라는 중요한 주거환경을 결정하는 일이기 때문에 공사의 불편을 감수할 충분한 가치가 있다고 할 것이다.

또한, 거실에 설치하는 홈패드(홈오토메이션)의 설치위치는 안방 쪽의 거실벽면에 설치함으로써 안방에 있는 부부가 사용하는데 편리하도록 하는 방안이 있을 것이나, 거실의 소파 설치위치의 반대편에 설치하여 앉은 자리에서 홈패드의 화면을 손쉽게 눈으로 확인할 수 있도록 하는 방법도 하나의 선택이 될 수 있는 방안이라 할 것이다. **필자가 위와 같이 거실전면의 결정을 상세히 거론하는 이유는 동일한 주택형 및 동일한 타입에서도 해당 세대가 어디에 배치(위치)되느냐에 따라 해당 세대의 외부 조망여건이 완전히 달라지기 때문이다.**

3) 주방/식당

가. 주방은 주택에 거주하는 시간이 가장 많은 주부의 주된 생활공간으로서 수납장이 최대한 설치되도록 계획하여야 한다.

나. 우리나라의 음식문화를 감안할 때, 전용면적이 약 160㎡ 이상인 대형 아파트에서는 주방/식당은 벽이나 문을 설치하여 다른 실과는 분리 계획하는 것이 원칙이라고 판단된다. 요즘에는 한 층에 여러 세대가 배치되는 주상복합형 아파트가 많이 건축되고 있다. 이 경우 거실과 주방(식당)이 한 공간에 배치되는 소위 Living Kitchen Type이 필연적으로 채택되고 있으며, 이 타입은 조리나 식사 때의 악취발생에 효과적으로 대응하기 어려운 단점이 있다. 이러한 문제점을 해소하는 특별한 방법으로는 거실과 주방 사이에 투명한 강화유리의 벽과 문을 설치하는 방법이 일부 현장에서 이용되기도 한다.

그러나 강화유리를 이용한 칸막이 설치는 매우 큰 문제점을 내포하고 있는데 그것은 어린이의 안전문제이다. 집안에서 어린이가 보행기를 타거나 뛰놀 때 어린이들은 유리칸막이에 대한 인식이 부족하여 잦은 충돌사고가 예상되며, 이로 인한 칸막이 유리의 파손 등 대형사고가 발생될 것이 우려되므로 특별한 경우를 제외하고는 실내의 개방감 확보를 위한 강화유리 칸막이의 설치는 가급적 피해야 할 것이다. 한편, 강화유리를 이용한 칸막이 설치 후 사고가 발생하는 경우 제조물책임법(PL법)에 따라 제조자인 시공자에게도 해당 사고에 대한 책임에서 무관 할 수 없음을 감안하여 시공자는 소비자의 설치요청이 있는 경우라도 설치여부에 대한 많은 검토가 필요하다.

4) 침실

가. 전용면적이 85㎡ 이하인 주택형에서 침실의 최소폭은 침실에 설치되는 기본가구인

1인용 침대, 책상, 옷장 등을 고려하고, 본공사 중에 발코니 확장이 가능하도록 한 관계 법규가 제정된 점을 감안하면, **2.7m가 최소의 폭이며 가능한 3.0m 이상의 폭을 확보해야 할 것이다**. 따라서 침실의 가로 및 세로의 비는 국민주택 규모 이하의 경우 발코니를 확장한 이후 이상적인 비례가 이루어지도록 계획할 필요가 있다.

나. 전용면적이 60㎡ 이하인 소형 주택형의 경우, 자녀용 침실 중 하나가 주방/식당에 연접하여 배치되는 경우 입주민의 취향이나 가족구성원수를 고려하여 식당에 면하는 벽체를 4짝의 미서기 타입 문으로 계획하여 입주 후에는 입주민의 취향에 따라 식당 혹은 침실로 각각 그 용도를 달리하여 사용할 수 있도록 계획할 수도 있다.

5) 욕실

가. 전용면적이 60㎡ 이하의 경우 안방에 설치되는 부부욕실의 세면기용 수전은 **샤워헤드가 부착된 수전**을 설치하여 샤워나 청소 등 다용도로 사용이 가능하도록 한다.

나. 전용면적이 약 160㎡ 이상의 **대형 주택형에서 자녀용 침실에 전용욕실이 설치되는 경우 샤워브스 보다는 욕조가 설치되는 것이 여러 경우의 가족간 프라이버시 유지에 더욱 유리하다**는 것이 필자의 판단이다. 유리벽 없는 욕조를 설치하는 경우 목재로 제작된 욕실문이 물튀김으로 인한 하자가 발생되기 쉬우므로 이에 대한 대비가 필요하다.
샤워기 사용 시 물튀김으로 인한 목재문의 손상을 최소화하기 위해서는 **샤워헤드의 설치 위치를 문과 동일한 벽면에 설치**하는 것이 바람직하며, 샤워브스나 물튀김 방지용으로 샤워커튼(재질 : 방수 천)의 설치는 필수사항이다.

다. 전용욕실과 같이 침실에 욕실과 붙박이장이 함께 설치되는 경우에는 동절기의 보온과 침실발코니를 확장하는 경우를 대비하여 욕실을 실내 측에 설치하고 붙박이장은 발코니 측에 설치하여 침실발코니 확장 시 붙박이장도 동시에 확장이 가능하도록 욕실을 배치한다.

6) 대피 공간

발코니를 확장하는 경우 「발코니 등의 구조변경절차 및 설치기준」(국토교통부 고시)에 따라 설치해야 하는 대피공간은 가능한 해당 세대의 출입문과는 먼 장소에 설치하도록 하며, 화재가 발생할 경우 안전한 대피의 유지를 위해서 **대피공간에는 동 규정 제3조 (대피공간의 구조)제4항**에서 설치를 의무화하고 있는 비상전원이 연결된 조명설비 외에 **스프링클러 헤드와 「청소용 수전」을 별도로 설치하도록 법령으로 의무화하여 화재로 인한 유독가스 및 높은 화염에 대비하도록 하는 방안을 제안한다.** 이때, 배관은 동절기 동파를 방지하기 위해 **내벽에 설치**하며, 배수는 이미 계획되어 있는 옥상 배수용 우수관을 겸용한다.

7) A/C 실외기실

필자가 참여한 재건축사업 현장에서는 A/C 실외기실의 설치위치는 북측에 설치하는 것을 원칙으로 하였다. A/C 실외기실의 설치위치는 지금까지 습관적으로 '남향의 안방

발코니'에 설치하던 방식을 지양하고, 가능한 주변기온이 낮아 냉동효율이 상대적으로 높은 자연조건을 갖춘 북측에 설치하도록 하였으며, 그 중에서도 A/C 가동 시 소음이나 진동을 최소화할 수 있는 장소인 부부욕실의 후면발코니에 설치한다. 그러나 60㎡ 및 85㎡의 국민주택규모 이하에서는 설치가 허용되는 공간을 감안하여 부득이 안방의 발코니에 설치하였으며, 이 발코니를 대피공간, 세탁물 건조장소로 겸용토록하고 A/C 실외기에 의한 소음도 최소화할 목적으로 안방발코니의 확장이 불가능 하도록 계획하였다. 한편, **85㎡의 국민주택규모 주택형에는 안방의 드레스실과 대피공간을 전면인 남측 발코니에 콘크리트벽으로 분리 설치하고, 드레스실에는 창을 설치하는 방법으로 안방을 계획하는 안이 채택되기도 한다. 60㎡ 주택형에서는 실외기는 북에, 대피공간은 남측에 각각 분리하여 설치하는 방법을 통하여 다양한 평면계획을 구상하기도 한다. 이때, 남측의 나머지 비확장 발코니 부분은 건조대 설치 장소로 이용된다.**

[제조물책임법]

PL법이라고도 하며, 2000년1월12일 제정되어 2002년7월1일부터 시행되고 있는 민법의 특별법으로, 제조물의 결함으로 인해 그 제조물의 이용자 또는 제3자의 생명·신체 또는, 재산의 손해를 입혔을 때 제조물의 제조자 또는 판매자에게 그 손해를 배상하도록 책임을 부과하는 법률이다.

③ 단위평면계획 수립의 기본방향

가. 주택형 결정의 기본방향

단지 전체의 주택형 결정은 분양면적(공급면적)이 20평형대 및 30평형대는 관계법이 정하는 규모로 하였다. 즉, 관계법이 정하는 전용면적을 기준으로 주택형을 정한 후에 분양면적 26평형 및 34평형으로 확정하였으며, 40평형대에서는 실제 여유로운 생활에 필요한 면적의 확보를 위해 44평형으로 정하였고, 50평형대 이상에서는 주택시장에서 각 세대의 심리적인 만족감과 경제적 가치를 동시에 극대화시키기 위해 52평형, 62평형, 72평형 및 81평형으로 결정함으로써 시장에서 아파트의 주택형 호칭 시 심리적으로 한 단계 큰 주택형으로 인식되도록 하였다.

나. 20평형대 내지 30평형대 아파트는 모든 발코니를 확장하는 것을 가정하여 계획하였다.

20평형 및 30평형대에서는 세탁물 건조실을 제외한 거실, 주방 및 침실 등 모든 실의 발코니를 확장하는 것을 가정하여 실의 폭과 깊이 및 기구 등의 배치를 계획하였다. 즉, 모든 실의 크기는 해당 실의 발코니를 확장 한 후에 이상적인 형태의 공간으로 이루어질 수 있도록 계획하였다.

다. 40평형대 내지 50평형대는 세탁물 건조대의 설치를 위한 안방 발코니를 제외하고 모든 침실을 확장하는 것을 가정하여 계획하였다.

즉, 40평형대 및 50평형대는 모든 침실의 가로와 세로의 비율을 해당 발코니를 확장하는 것을 전제로 계획하였으며, 거실과 주방은 각 입주자의 취향에 따라 발코니를 확장하지 않아도 거실 및 주방의 실 형태 및 사용하는 데 큰 무리가 없도록 계획하였다.

라. 60평형 내지 80평형대는 발코니를 확장하지 않는 경우를 가정하여 계획하였다.

즉, 60평형대, 70평형대 및 80평형대는 각 실의 해당 발코니를 확장하지 않은 경우에도 실의 형태나 사용에 불편이 없도록 계획하였다. 다만, 세탁물건조장으로 이용이 예상되는 안방을 제외한 침실 중 남향에 위치하는 침실의 발코니는 확장을 하는 것을 조합원에게 권장하였고, 거실은 각 세대의 취향에 따라 확장여부를 결정하도록 하였다.

마. 거실 중심의 공간배치를 하였다.

실의 크기를 계획하는 요소에서 가사노동을 중시하여 주방/식당에 면적을 더 많이 할애하는 경우와, 가족의 여가시간을 중시하여 거실에 면적을 할애하는 두 가지 방안 중에서 퍼스티지아파트는 거실에 중점을 두어 계획하였다.

바. 전체의 실에 대한 발코니의 확장이 법적으로 허용됨에 따라 구조계획에서 **내력벽은 외벽이 담당하도록 계획하여 발코니 확장 시 지장이 없도록 하였다.**

즉, 발코니창이 설치되는 외부벽체를 내력벽으로 계획하였고, 근래까지 내력벽으로 계획하였던 각 실의 외벽(분합문이 설치되는 벽체)은 발코니확장 시 철거나 미설치가 가능하도록 비내력벽(조적조 등)으로 계획하였다. (일부의 내벽은 내력벽으로 계획)

사. 모든 단위평면계획의 기본구성은 자연환기를 고려하여 가능한 판상형으로 구성하였다.

즉, 모든 세대의 기본 형태는 하절기 자연환기성능을 최대화하여 에너지절약형 아파트가 될 수 있도록 하기 위해 판상형으로 구성하는 것을 평면계획의 기본으로 하였다. 특히, 대형 주택형에서는 각 실의 출입문과 외부 발코니창의 개구부 위치를 가능한 일직선 상에 설치하여 환기에 유리하도록 계획하였다.

아. **엘리베이터는 모든 주택형에서 1동에 2대 이상을 필히 설치하도록 하였다.**

모든 동의 엘리베이터를 2대 이상 설치하여 엘리베이터의 고장이나 정기점검에 따른 불편이 최소화되도록 하였다. 즉, 20평형 내지 30평형대의 판상형으로 구성된 동에서는 1개 층의 가구 수가 대개 2가구로 구성되어 건축법에 의한 엘리베이터의 설치대수 계산에서 1대로 계산되는 경우에도 최소한 소형(7~8인용) 엘리베이터를 1대 추가함 으로써 이사나 고장 시 및 정기점검 시에 불편이 없도록 대비하였다.

자. 실의 배치를 계획할 때에는 세탁물건조장의 출입을 고려하여 계획하였다. 세대 내의 실에 대한 배치를 계획할 경우, 특히 20평형 내지 30평형대의 주택형에서 실의 배치는 세탁물건조장의 출입을 고려하여 계획할 필요가 있다. 즉, 국민주택규모 이하 주택형 에서는 대부분의 발코니가 확장되며 이 경우 A/C실외기의 설치는 통상적으로 남측에 배치되는 안방 발코니에 설치되며 세탁물건조장으로 겸용되기도 한다. 따라서 세탁물 건조장에 출입하는 경로는 안방의 출입문을 통하여 출입하는 것은 가능한 피하도록 하여야 하며, 발코니가 확장된 거실에서 출입이 가능하도록 하기 위해서는 거실과 안방의 배치를 함께 고려해야 한다. 한편, 거실에서 안방 발코니로 출입이 가능하도록 계획하는 경우에는 안방의 프라이버시가 침해될 수 있고, 가전제품인 세탁물 건조기의 보급 및 설치가 점차 일반화됨에 따라 세탁물 건조장의 설치 필요성 여부가 논의의 대상이 될 수도 있으나, '고온다습'이라는 하절기의 우리나라의 기후 특성을 감안 할 때 '**남측의 세탁물 건조장 설치**'는 꼭 필요하다는 것이 필자의 판단이다.

차. 욕실은 가능한 외벽에 직접 접하지 않는 위치에 배치하였다.

욕실을 배치할 경우에 고려하여야 할 사항은 환기(배기), 단열 등이 있다고 하겠다. 이러한 여러 사항 중에서 우선하여 고려하여야 할 사항은 우수한 단열성능의 확보라고 판단되며, 이를 해결하기 위해서는 가능한 외벽에 면하지 않도록 욕실의 위치를 계획할 필요가 있다. 이 경우 우수한 성능의 배기용 팬(Fan)의 설치가 요구된다.

또한, 근래 건축되는 아파트는 대부분 고층화가 추진되고 있어 동절기에는 각 세대의 실내습도가 매우 낮아 건강에 이롭지 못한 경우가 있어 이 문제를 해결하는 방법의 하나로 욕실을 가습기를 대신하여 이용하면 매우 경제적인 방법이 될 수 있을 것이다.

퍼스티지의 단위평면을 확정할 때 일부 조합원으로부터 욕실에서의 조망 및 욕실에 부속되는 붙박이장의 결로 등을 고려하여 욕실의 외부 창을 설치해달라는 요구가 있었으나, 창을 설치할 경우에는 인접 동간의 프라이버시 유지의 어려움, 창에 의한 열손실, 창으로부터 유입되는 외부공기에 의한 욕실악취의 침실 내 유입 등의 문제점 등을 감안하여 욕실의 외부창을 설치하지 않았으며, 우려되는 붙박이장의 습기유입을 방지하기 위해 욕실붙박이장의 내부에 중앙집중식 급기설비의 급기구(口)를 추가하였고 붙박이장의 문을 바닥면에서 약 1cm 공간을 두고 설치하였으며 문의 상부에는 환기용 그릴을 설치함으로써 예상되는 결로 발생에 대비하였다.

요즘에 재건축되는 아파트에서는 욕실붙박이장의 결로 발생 및 하절기의 다습한 공기에 대비하여 드레스실에 **천정매립형 제습기**를 설치하는 사례가 점차 증가하는 추세이다. 고층화되고 있는 근래의 신축 아파트에서는 실내의 공기관리 특히, 동절기에는 건조한 실내공기를 가습기를 이용하여 조절할 필요성과 함께 욕실 드레스실 등 특정한 공간에서는 동절기 결로와 하절기 다습한 공기로 인한 곰팡이의 발생방지 등 여러 가지 실내 환경을 동시에 해결해야 하는 난처한 경우가 발생되기도 한다.

설계나 공사단계에서 이러한 문제의 발생여부를 예단하여 이를 해결하기 위한 적정한 공사나 설비를 미리 설치한다는 것은 매우 어려운 과제이나, 이를 해결하기 위한 방안을 필자의 경험을 바탕으로 기술하면, 1) 외부에 면하는 욕실붙박이장의 벽체는 A급의 단열재를 이용하여 철저한 내단열공사가 필요하며, 2) 드레스실문을 이용한 옷장 내의 자연환기에 대비하고, 3) 욕실의 드레스실 내의 결로나 하절기의 다습한 공기로 인한 곰팡이의 발생에 대비하여 드레스실 내 환기나 제습을 위해 천정매립형 제습기 설치를 위한 기본설비(전기배선 및 배관설비)는 기본설비로 설치하고, 입주자의 선택이나 입주 후의 상태에 따라 제습설비를 설치하는 방안을 검토할 필요가 있다.

❏ **분양면적과 공급면적**

분양면적과 공급면적은 모두 「주거전용면적+주거공용면적」을 의미한다.

다만, 분양면적은 '도시및주거환경정비법(영, 규칙)', '건축물분양에 관한 법률'과 정비사업에서 '시공자와의 공사 표준계약서' 등에서 사용되고 있으며, 공급면적은 '주택법 시행령', '주택공급에 관한 규칙'과 '주택의 분양현장(주택 분양계약서)'에서 사용되고 있다.

4 단위평면계획의 예

변경 전/후의 단위평면계획

[첨부된 도면에 표기된 호칭면적은 분양면적(공급면적)임]

1. 26평형 P-1타입 평면계획(층당 2세대 배치)(신설 주택형)

(기본형)

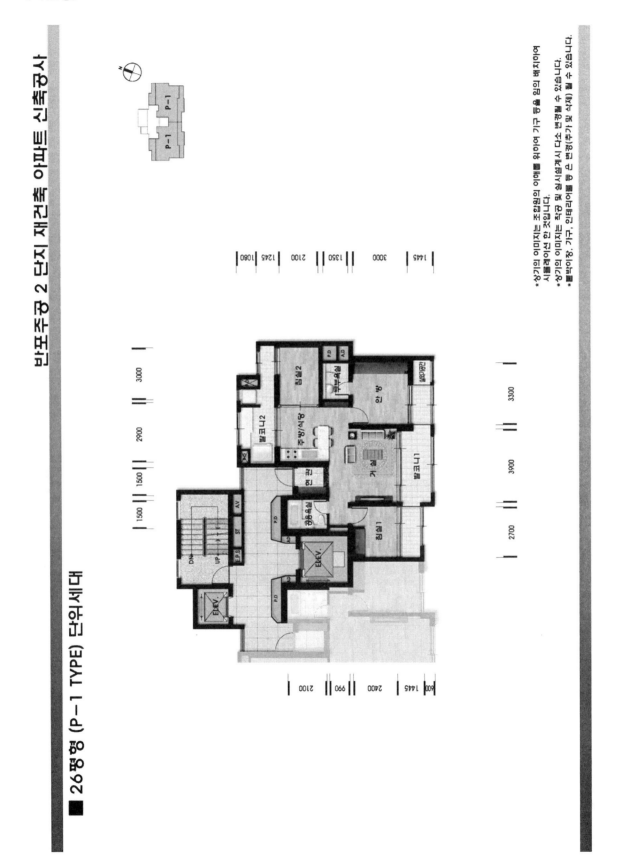

(발코니 확장형)

■ 26평형 (P-1 TYPE) 확장형 단위세대

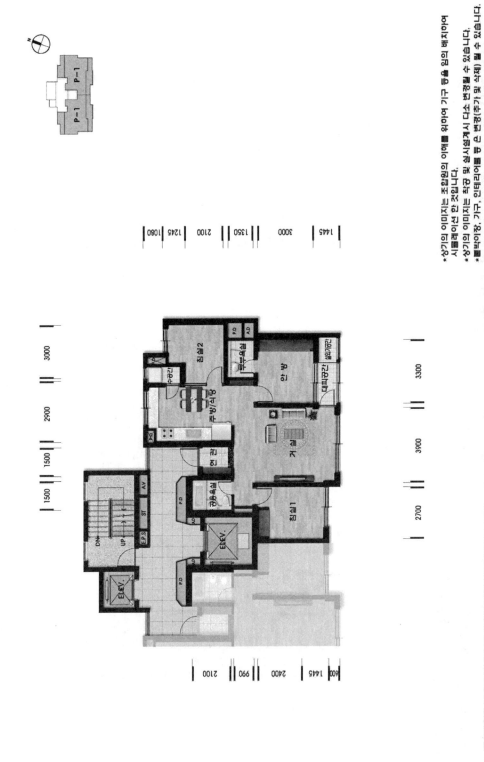

*상기의 이미지는 조합원의 이해를 위하여 가구 등을 임의 배치하여 시뮬레이션 한 것입니다.
*상기의 이미지는 착공 및 실시설계시 다소 변경될 수 있습니다.
*상기의 이미지는 착공, 가구, 인테리어를 등 은 변경(추가 및 삭제) 될 수 있습니다.

단위평면계획의 이해

(기본형)

1. 거실
  거실의 너비가 3,900으로서 TV의 대형화추세에 대비하였다.
2. 주방
  주방의 너비를 2,900으로 계획하여 사용이나 주방가구의 배치에 불편이 없도록 하였다.
3. 침실-1
  소형의 주택형에서도 침실의 최소 너비를 2,700으로 계획하였다.
4. 침실-2
  침실-2의 발코니를 비확장하는 경우 침실의 길이가 지나치게 부족하다.
5. 코어의 계획
  법에서 요구하는 엘리베이터 설치대수 이외에 이사나 비상용으로 사용할 수 있도록 하기 위하여
  소형(7~8인용)의 엘리베이터 1대를 추가로 설치하였다.

(발코니 확장형)

1. 거실
  1) 거실의 발코니를 확장하여 충분한 크기의 거실공간을 확보하였다.
  2) 거실에서, 대피공간이며 에어컨 실외기실 및 세탁물 건조장으로 사용되는 안방의
    발코니에 직접 출입할 수 있도록 거실과 안방을 배치하였다.
2. 주방
  1) 주방의 발코니(보조주방)를 확장하여 주방을 대폭 확장하였다.
  2) 보조주방이 없어지는 것에 대비하여 수(水)공간(세탁실)을 별도로 구성하였다.
3. 침실-1
  침실-1의 발코니를 확장하여 충분한 크기의 침실을 확보하였다
4. 침실-2
  1) 침실-2의 발코니를 확장하여 충분한 크기의 침실을 확보하였다
  2) 침실-2를 입주자의 형편에 따라 식당 등으로 다양하게 사용할 수 있도록 하기 위하여
    식당과 접하는 벽체를 미서기 타입의 문으로 처리하였다.
    이때, 문의 레일높이를 침실의 바닥높이와 동일하게 설치함으로 침실-1의 사용 시에
    불편이 없도록 하였다.(침실1을 식당으로 개방할 경우를 대비하여 레일커버 준비)

(종합평가)

  거실, 침실-1, 침실-2, 주방 등 각 실의 너비를 충분히 확보하였으며, 부족한 각 실의
  길이는 각각의 발코니를 확장함으로써 부족한 실의 면적을 보완하도록 하였고, 이사나
  비상용 엘리베이터를 추가로 설치함으로써 편리성이 증대되었고 주택형(면적)에 비하여
  비교적 만족스러운 주택형의 구성이 이루어졌다고 판단된다. 다만, 확장형의 침실-2
  에서는 세탁실의 설치로 인해 완전한 형태의 공간구성이 되지 못한 것은 개선할 필요가
  있다.

2. 26평형 T-1타입 평면계획(층당 4세대 배치/ 탑상형)

(변경 전)

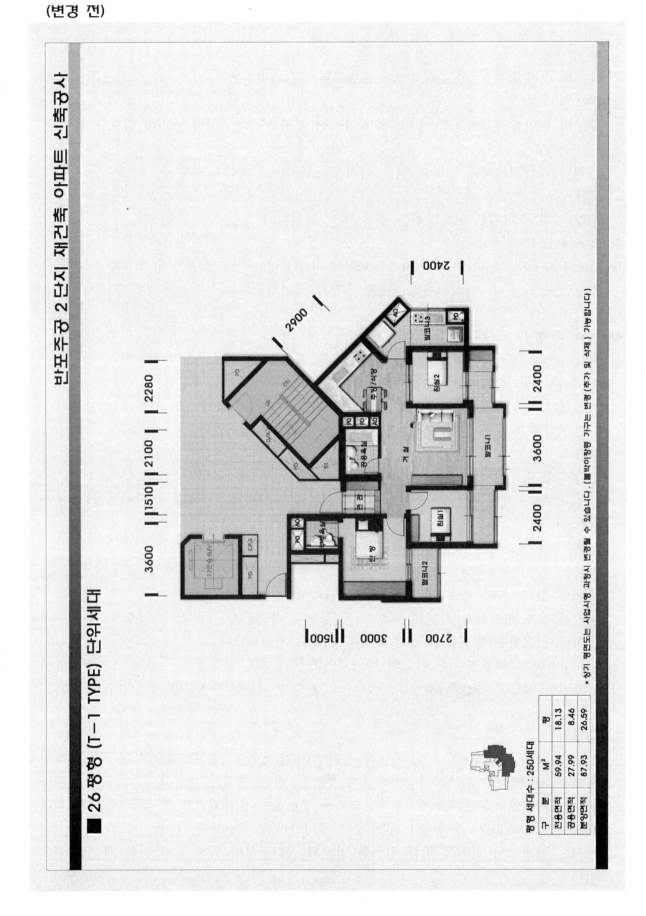

■ 26 평형 (T-1 TYPE) 단위세대

반포주공 2 단지 재건축 아파트 신축공사

평형 세대수 : 250세대

구 분	M²	평
전용면적	59.94	18.13
공용면적	27.99	8.46
분양면적	87.93	26.59

* 상기 평면도는 사업시행 과정시 변경될 수 있습니다. (불박이창등 가구는 변경 (추가 및 삭제) 가능합니다)

(변경 후)

반포주공 2 단지 재건축 아파트 신축공사

■ 26평형 (T-1 TYPE) 단위세대

* 상기의 이미지는 조합원의 이해를 위하여 이해를 위하여 가구 등을 임의 배치하여
  시뮬레이션 한 것입니다.
* 상기의 이미지는 착공 및 실시설계시 다소 변경될 수 있습니다.
* 붙박이장, 가구, 인테리어틀 등은 변경(추가) 및 삭제 될 수 있습니다.

반포주공 2 단지 재건축 아파트 신축공사

■ 26평형 (T-1 TYPE) 확장형 단위세대

* 상기의 이미지는 조합원의 이해를 위하여 가구 등을 임의 배치하여 시뮬레이션 한 것입니다.
* 상기의 이미지는 착공 및 실시설계시 다소 변경될 수 있습니다.
* 붙박이장, 가구, 인테리어품 등 은 변경(추가 및 삭제) 될 수 있습니다.

단위평면계획의 이해

(변경 전)

1. 거실
   소형의 주택형에서 거실과 주방의 위치가 분리되어 있어 각각의 공간이 좁게 느껴진다.
2. 주방
   1) 주방의 형태가 정형화되지 못하여 이용성과 시공성이 낮다.
   2) 식탁의 배치에 문제가 있다.
3. 주방발코니
   발코니의 형태가 비정형으로 구성되어 효용성이 낮고 발코니확장이 사실상 불가능하다.
4. 침실-1, 침실-2
   소형의 주택형으로서도 침실의 너비 2,400은 너무 협소하다.
   현 시대 학생들의 기본 가구라 할 수 있는 책상, 책꽂이, 컴퓨터기기, 침대 및 옷장 등의
   가구를 배치하기 위해서는 너비가 최소 2,600 이상, 가능하면 2,700 이상이 필요하다.
5. 코어 계획
   계단실의 모양 등 코어의 구성이 부정형으로 구성되는 등 평면계획이 정리되지 못했다.

(변경 후)

1. 거실
   거실의 위치를 주방 앞으로 이동시켜 주방과 하나의 공간으로 통합(L/K Type)함으로써
   거실과 주방의 개방감을 향상시키고 공간이용도를 증대시켰다.
2. 주방
   1) 주방을 정형화하여 주방가구의 제작 및 설치를 편리하게 하였고, 주방발코니의 확장을
      용이하게 하는 등 주방공간의 이용상 편리성을 대폭 증대시켰다.
   2) 식탁배치에 편리한 별도의 장소가 확보되었다.
3. 침실-1, 침실-2
   1) 소형의 주택형임에도 불구하고 침실의 너비를 2,700으로 계획하였다.
   2) 침실과 거실의 위치를 이동시켜 침실의 독립성(프라이버시)확보에 유리하도록 하였다.
4. 코어 계획
   계단실의 재구성 등을 통하여 코어공간이 대폭 정리되었다.

(발코니 확장형)

1. 거실
   발코니를 확장함으로써 거실의 길이가 증대되어 실의 이용상 편리성이 대폭 개선되었다.
2. 주방
   1) 주방발코니를 확장함으로써 주방가구의 배치 및 이용에 불편이 없도록 하였다.
   2) 주방의 발코니가 확장됨에 따라 보조주방을 대신하는 수(水) 공간을 설치하여 세탁기
      및 입주자가 입주 후 원하는 기구를 설치할 수 있도록 하였다.
   3) 화재발생 시 대피공간이며, 빨래건조장인 주방발코니를 주방이나 거실에서 직접 출입
      할 수 있도록 계획하여 사용상 불편이 없도록 거실과 안방을 배치하였다.

3. 26평형 T-2타입 평면계획

(변경 전)

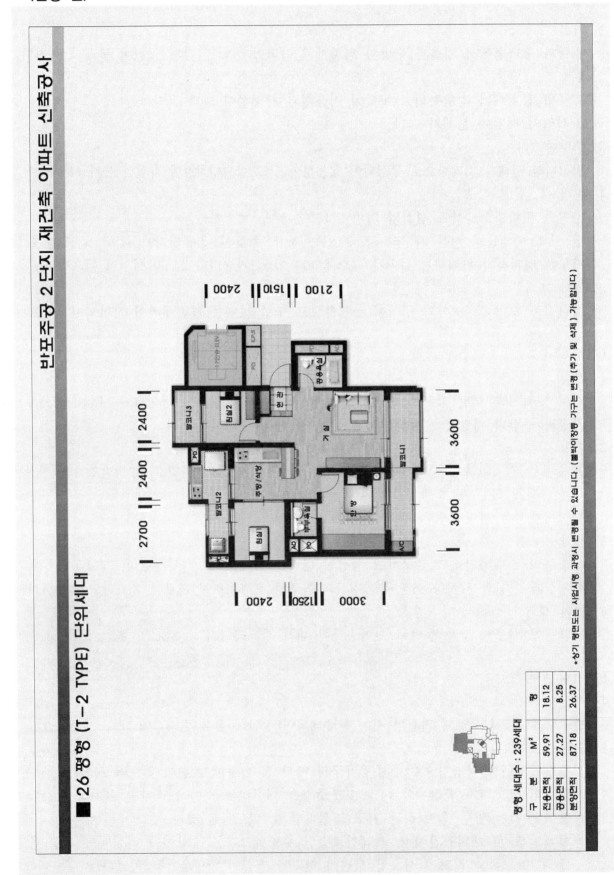

반포주공 2단지 재건축 아파트 신축공사

■ 26평형 (T-2 TYPE) 단위세대

평형 세대수 : 239세대

구 분	M²	평
전용면적	59.91	18.12
공용면적	27.27	8.25
분양면적	87.18	26.37

* 상기 평면도는 시공시행 과정시 변경될 수 있습니다. (붙박이장등 가구도 변경 (추가 및 삭제) 가능합니다)

(변경 후)

반포주공 2 단지 재건축 아파트 신축공사

■ 26평형 (T-2 TYPE) 단위세대

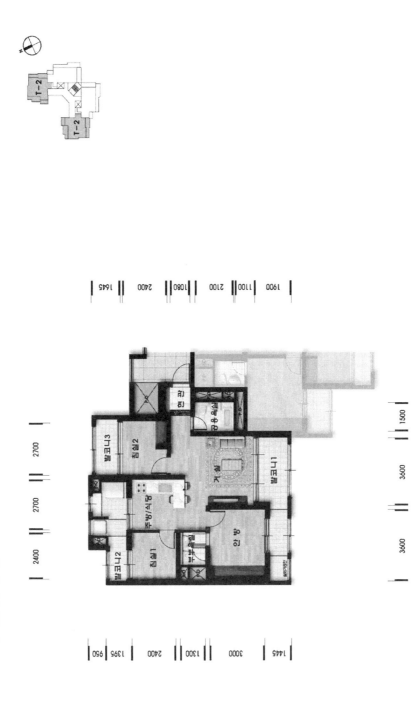

* 상기의 이미지는 조합원의 이해를 위하여 가구 등을 임의 배치하여
시뮬레이션 한 것입니다.
* 상기의 이미지는 착공 및 실시설계시 다소 변경될 수 있습니다.
* 붙박이장, 가구, 인테리어품 등은 변경(추가 및 삭제)될 수 있습니다.

(발코니 확장형)

반포주공 2단지 재건축 아파트 신축공사

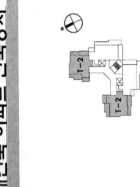

26평형 (T-2 TYPE) 확장형 단위세대

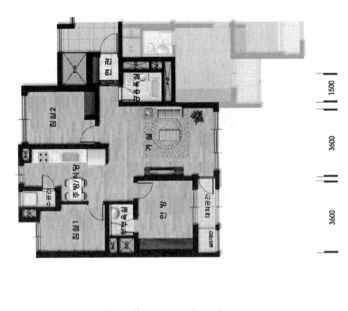

* 상기의 이미지는 조합원의 이해를 위하여 가구 등을 임의 배치하여 시뮬레이션 한 것입니다.
* 상기의 이미지는 착공 및 실시설계시 다소 변경될 수 있습니다.
* 불박이장, 가구, 인테리어물 등은 변경(추가 및 삭제) 될 수 있습니다.

단위평면계획의 이해

(변경 전)

1. 거실

   거실의 발코니를 확장하기 전에도 거실의 길이를 3,600으로 계획함으로써 적정한 길이를 확보하였다.

2. 주방

   주방의 너비를 2,400으로 계획함에 따라 주방가구의 배치나 이용에 불편이 예상된다.

3. 침실-2

   1) 소형의 주택형에서도 침실의 너비 2,400으로 계획하는 경우에는 공간이 협소하다.
      학생들의 기본가구 및 시설이라 할 수 있는 책상, 책꽂이, 컴퓨터, 침대 및 옷장 등을 원활하게 배치하기 위해서는 너비가 2,600 이상, 가능하면 2,700 이상이 필요하다.

   2) 침실이 북측으로 후퇴하여 배치되어 있어 거실복도에 불필요한 공간(Dead Space)이 발생되고, 건물외관이 복잡해지는 문제점이 있다.

4. 공용욕실

   공용욕실의 출입문이 거실 쪽으로 향하고 있어 사용상의 측면에서나 인테리어측면에서도 개선할 필요성이 있다.

(변경 후)

1. 거실

   거실의 발코니를 확장하기 전에는 변경 전의 평면계획 대비 거실의 길이가 2,545로 축소되어 거실공간의 활용도가 낮다.

2. 주방

   1) 주방의 너비를 2,700으로 확장하여 주방가구의 배치 및 주방의 이용에 큰 불편이 없도록 하였다.

   2) 보조식탁을 배치하여 간단한 식탁으로 사용할 수 있도록 하였다.

3. 침실-1

   1) 침실-1의 너비가 2,700에서 2,400으로 축소되어 불편이 예상되는 측면이 있다.

   2) 침실-1의 주방 쪽 벽체와 출입문의 실제 시공은 **2짝의 미서기 타입의 문**으로 설치 (도면상으로는 침실-1의 출입문 타입이 여닫이 타입으로 표시됨)함으로써 입주자의 형편에 따라서 침실-1을 식당 등 다른 용도로도 전용할 수 있도록 개선하였다. 문의 레일높이는 침실의 바닥높이와 동일하게 설치하여 침실1의 사용에 불편이 없도록 하였다. 침실-1을 개방할 경우에 대비하여 레일커버를 준비 하였다.

4. 침실-2

   1) 침실-2의 너비를 2,400에서 2,700으로 확대하여 실의 이용성을 증대시켰다.

   2) 침실-2의 위치를 거실 방향으로 이동시켜 거실의 공간이용성을 증대시켰다.

5. 공용화장실

   공용화장실의 출입구방향을 현관 쪽으로 이동시켜 거실의 벽면이용도를 증대시켰으며, 인테리어 측면에서도 많은 개선이 있었다.

6. (단점)
 1) 침실-2의 너비가 2,400으로 계획되어 침실에 필요한 최소한의 너비인 2,600(2,700)을
    확보하지 못한 것이 아쉬운 면이다.
 2) 통로가 복잡하게 구성되어 프라이버시의 유지에는 유리하나, 공간의 활용도가 불리하다.

(발코니 확장형)

1. 거실
 1) 거실의 발코니를 확장함으로써 거실의 길이가 증대되어 거실의 이용도가 상당히 개선
    되었다.
 2) 화재 시 대피공간이며, 빨래건조장인 안방발코니를 거실에서 직접 출입할 수 있도록
    함으로서 세탁물건조 시 불편이 없도록 거실과 안방을 배치하였다.
2. 주방
 1) 주방의 발코니를 확장하여 주방가구의 배치 및 주방의 이용에 불편이 없도록 하였다.
 2) 보조식탁을 추가로 배치하여 간단한 식사 시 편리하도록 하였다.
 3) 주방의 발코니가 확장됨에 따라 보조주방을 대신하는 수(水) 공간을 설치하여 세탁기
    및 입주자가 원하는 세대에게는 싱크대를 설치하였다.
3. 침실-1
    충분한 침실의 길이가 확보되어 침실의 이용이 더욱 편리하게 되었다.
4. 침실-2
    침실의 길이가 충분히 확보되어 침실의 이용이 편리하게 되었다.

4. 34평형 P-1타입 평면계획(층당 2세대 배치/판상형)(신설 주택형)

(기본형)

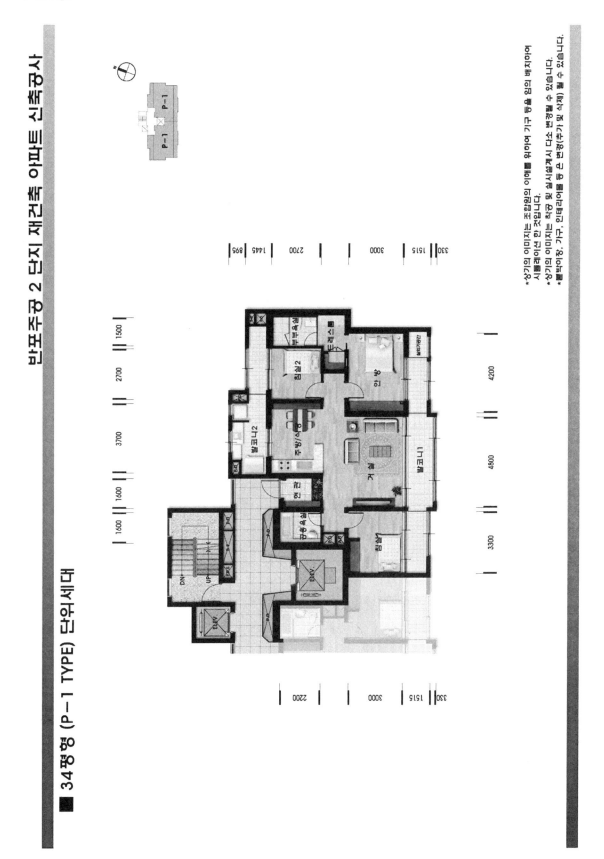

반포주공 2단지 재건축 아파트 신축공사

■ 34평형 (P-1 TYPE) 확장형 단위세대

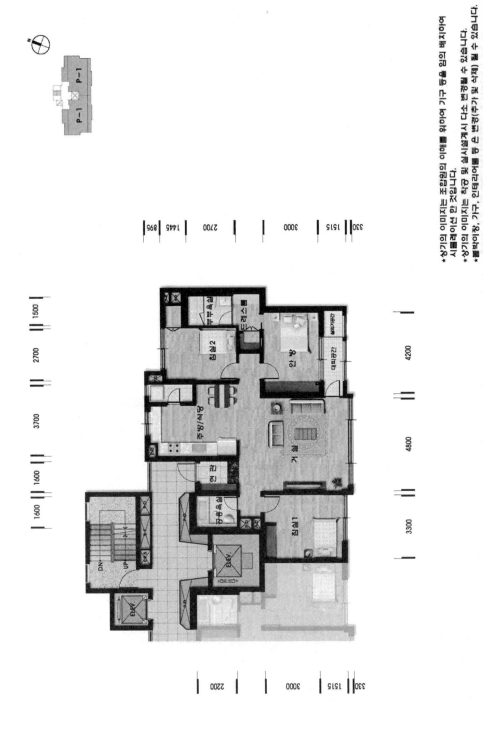

* 상기의 이미지는 조합원의 이해를 위하여 가구 등을 임의 배치하여 시뮬레이션 한 것입니다.
* 상기의 이미지는 치수 및 실시설계시 다소 변경될 수 있습니다.
* 불박이장, 가구, 인테리어를 등은 변경(추가 및 삭제) 될 수 있습니다.

단위평면계획의 이해

(기본형)

1. 거실

   거실의 너비가 4,800으로서 TV의 대형화추세에 대비하였다.

2. 주방

   주방의 너비를 3,700으로 계획하여 주방가구의 배치나 사용에 불편이 없도록 하였다.

3. 침실-1

   침실의 너비를 3,300으로 계획하여 침실에 필요한 충분한 공간을 확보하였다.

4. 침실-2

   침실-2의 발코니를 비확장하는 경우에는 침실의 길이가 부족하다.

5. 코어 계획

   법에서 요구하는 엘리베이터 설치대수(17인승/화물겸용 1대) 이외에 이사나 비상용으로 사용할 수 있도록 소형(7~8인용) 엘리베이터 1대를 추가로 설치하였다.

(발코니 확장형)

1. 거실

   1) 거실의 발코니를 확장하여 충분한 크기의 거실공간을 확보하였다.

   2) 거실에서 대피공간이며, 에어컨 실외기실 및 세탁물 건조장소인 안방의 발코니에 직접 출입할 수 있도록 거실과 안방을 배치하였다.

2. 주방

   1) 주방의 발코니(보조주방)를 확장하여 주방을 대폭 확장하였다.

   2) 보조주방이 없어지는 것에 대비하여 세탁실을 별도로 구성하였다.

3. 침실-1

   침실-1의 발코니를 확장하여 충분한 크기의 침실을 확보하였다

4. 침실-2

   1) 침실-2의 발코니를 확장하여 충분한 크기의 침실을 확보하였다

   2) 침실-2의 너비가 2,700임을 감안하여 부부욕실 후면에 소규모 옷장을 설치하였다.

(종합평가)

거실, 침실-1, 침실-2, 주방 등 각 실의 너비를 충분히 확보하였으며, 부족한 각 실의 길이는 각각의 발코니를 확장함으로써 길이를 보완하였고 이사나 용비상용 엘리베이터를 추가로 설치함으로써 편리성도 증대되어 주택형(전용면적)에 비하여 전반적으로 매우 만족스러운 평면구성이 이루어졌다.

이 34평형 P-1타입은 전반적인 단위세대 변경 시 처음 계획된 주택형(타입)이다.

5. 34평형 L-1타입 평면계획

(변경 전)

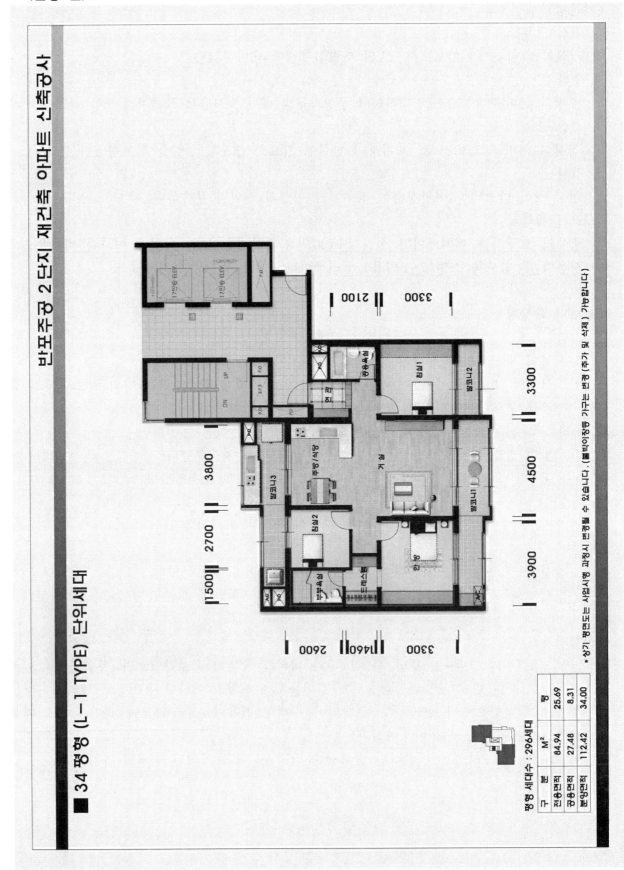

(변경 후)

반포주공 2단지 재건축 아파트 신축공사

■ 34평형 (L-1 TYPE) 단위세대

*상기의 이미지는 조합원의 이해를 위하여 기구 등을 임의 배치하여 시뮬레이션 한 것입니다.
*상기의 이미지는 척공 및 실시설계시 다소 변경될 수 있습니다.
*붙박이창, 가구, 인테리어물 등은 변경(추가 및 삭제) 될 수 있습니다.

(발코니 확장형)

반포주공 2 단지 재건축 아파트 신축공사

■ 34평형 (L-1 TYPE) 확장형 단위세대

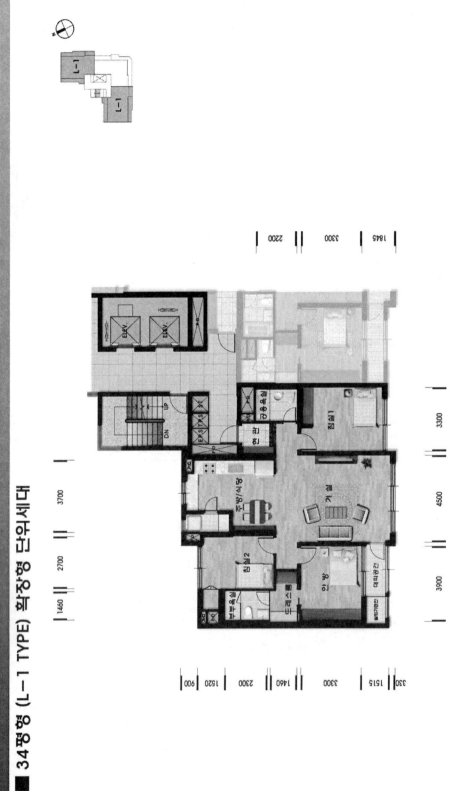

*상기의 이미지는 조합원의 이해를 위하여 이에를 임의 배치하여
시뮬레이션 한 것입니다.

*상기의 이미지는 착공 및 실시설계시 다소 변경될 수 있습니다.

*붙박이장, 가구, 인테리어품 등 은 변경(추가 및 삭제) 될 수 있습니다.

단위평면계획의 이해

(변경 전)

1. 거실

   거실의 너비가 4,500으로 대형 TV설치 등을 위한 충분한 거리가 확보되었다.

2. 주방

   주방의 너비가 3,800으로 계획되어 주방가구 배치나 이용에 불편이 없을 것으로 예상된다.

3. 안방

   안방의 너비가 3,900이고 길이가 3,300으로 이상적으로 구성되었다.

4. 침실-1

   침실의 너비를 3,300, 길이를 3,300으로 계획하여 침실의 발코니를 확장하는 경우에는 해당 침실을 한층 더 이상적으로 구성할 수 있도록 하였다.

5. 침실-2

   침실의 너비를 2,700, 길이를 2,300으로 계획함으로써 침실의 발코니를 확장하는 경우에는 침실을 이상적으로 구성할 수 있도록 하였다.

(변경 후)

   주방의 너비를 100 축소하였으나 대체적으로 원안을 유지하였다.

(발코니 확장형)

   1) 보조주방을 대신하여 소음이 발생하는 세탁실을 별도의 공간으로 준비하였다.
   2) 안방의 발코니는 A/C실외기실, 대피공간 및 빨래건조실로 사용할 수 있도록 하였다.

(종합평가)

   이 L-1타입의 평면구성은 결국 '판상형 평면'으로 이루어졌기 때문에 자연환기에 매우 유리하며, 거실, 주방 및 침실 등 모든 실의 구성형태나 면적 및 전면부의 향 등에서는 아쉬운 점을 전혀 발견할 수 없는 우수한 주택형이라는 판단이다.

   또한, 다음에 기술되는 L-2타입은 조합원분양이나 일반분양을 위한 견본주택의 건립 시 채택된 4가지 주택형에 포함된 타입으로, 견본주택 건립 후 이 L-2타입에 대해 필자가 느낀 바로는 '매우 아름다운 공간으로 구성된 주택형'이라는 인상을 받았으며, L-1타입 2개호와 L-2타입 1개호 총 3개의 호로 구성된 동(棟)의 외형 또한 무난하여, 약 34평형대의 주택형을 계획하는 경우 참고할 가치가 많은 타입이라는 판단이다.

6. 34평형 L-2타입 평면계획

(변경 전)

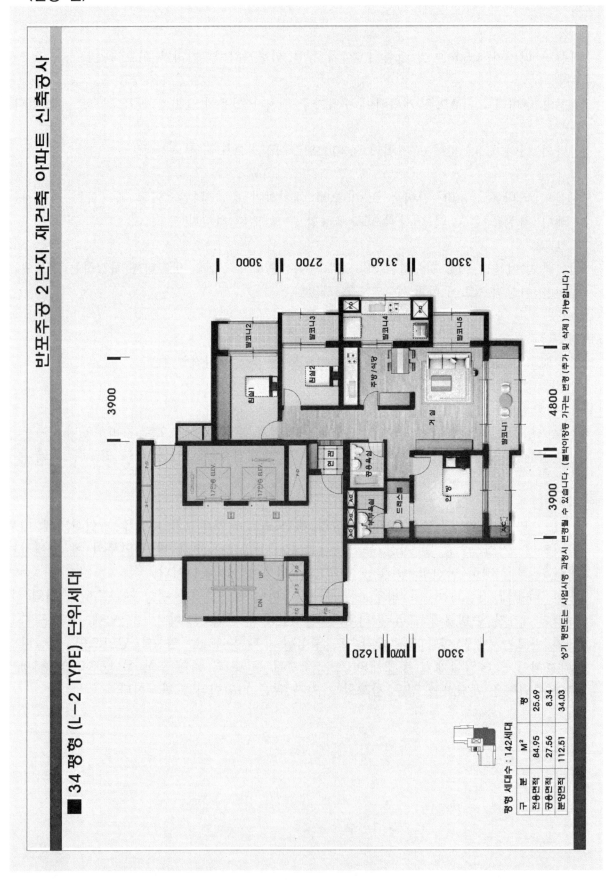

(변경 후)

L-2

■ 34평형 (L-2 TYPE) 단위세대

침실1　침실2　주방/식당　거실　안방

발코니2　발코니3　발코니4　발코니5　발코니1

공용욕실　부부욕실　드레스룸　현관　실외기공간

ELEV.　ELEV.　UP　DN

2700　1645

700　1655　4800　3900

3000　2700　3160　3300　1845

1395　1600　1180　3300　1395

*상기의 이미지는 조합원의 이해를 위하여 이미지 기구 등을 임의 배치하여 시뮬레이션 한 것입니다.
*상기의 이미지는 착공 및 실시설계시 다소 변경될 수 있습니다.
*붙박이창, 가구, 인테리어물 등 근 변경(추가 및 삭제) 될 수 있습니다.

반포주공 2 단지 재건축 아파트 신축공사

■ 34평형 (L-2 TYPE) 확장형 단위세대

* 상기의 이미지는 조합원의 이해를 위하여 가구 등을 임의 배치하여 시뮬레이션 한 것입니다.
* 상기의 이미지는 착공 및 실시설계시 다소 변경될 수 있습니다.
* 붙박이장, 가구, 인테리어를 등은 변경(추가) 및 삭제) 될 수 있습니다.

단위평면계획의 이해

(변경 전)

1. 거실

   거실의 너비가 4,800으로 충분한 거리가 확보되었록.

2. 주방

   1) 주방의 너비가 3.160으로 계획되어 주방가구 배치나 이용에 불편이 없을 것으로 예상된다.

   2) 식당의 복도측이 콘크리트 벽면으로 계획되어 있어 추후 식당의 다양한 인테리어계획에 제약이 예상된다.

3. 안방

   안방의 너비가 3,900이고 길이가 3,300으로 이상적인 공간으로 구성되었다.

4. 침실-1

   1) 침실-1이 엘리베이터 피트와 접해있어 엘리베이터 운행으로 인한 피해가 예상된다.

   2) 침실-1의 외부발코니 라인이 침실-2와 일치하지 않아 건물외관이 복잡해질 수 있다.

5. 침실-2

   침실의 너비가 2,700이고 길이가 2,700으로 발코니 확장이 필요하다.

(변경 후)

1. 거실

   거실의 너비가 4,800으로 충분한 거리가 확보되었다.

2. 주방

   1) 주방의 너비가 3,160으로 주방가구 배치나 이용에 불편이 없을 것으로 예상된다.

   2) 식당의 복도 측 콘크리트 벽면을 제거하여 다양한 인테리어계획이 가능하도록 하였다.

3. 안방

   안방의 너비가 3,900이고 길이가 3,300으로 실의 면적이나 가로와 세로의 구성비가 이상적으로 계획되었다.

4. 침실-1

   1) 침실-1과 엘리베이터피트 사이에 공간을 두어 예상되는 진동 및 소음에 대비하였다.

   2) 프라이버시를 고려하여 침실-1의 출입문이 복도에 직접 접하지 않도록 하였으며, 복도에 벽면을 확보하여 인테리어에 도움이 되도록 하였다. 또한, 출입문의 폭을 1,000 (일반문의 폭은 900)으로 하여 침대 등 대형가구의 인입 시 지장이 없도록 하였다.

   3) 침실-1의 외부발코니 라인을 침실-2와 일치시켜 건물외관을 개선하였다.

(종합평가)

   실의 배치, 엘리베이터에 의한 소음과 진동의 차단, 외관을 고려한 계획 등 전반적으로 수정 전에 비하여 많이 개선되었다. 단, 부부욕실 내의 피트(AD/PD)로 인하여 욕실의 크기가 충분하지 못해 실제 시공은 욕실문을 미서기 타입으로 변경 시공하였다.

   발코니 확장의 경우에는,

   1) 보조주방을 대신하여 세탁실을 준비하였다.

   2) 안방발코니는 A/C 실외기실, 대피공간 및 빨래건조실로 사용할 수 있도록 하였다.

7. 34평형 T-1타입 평면계획

(변경 전)

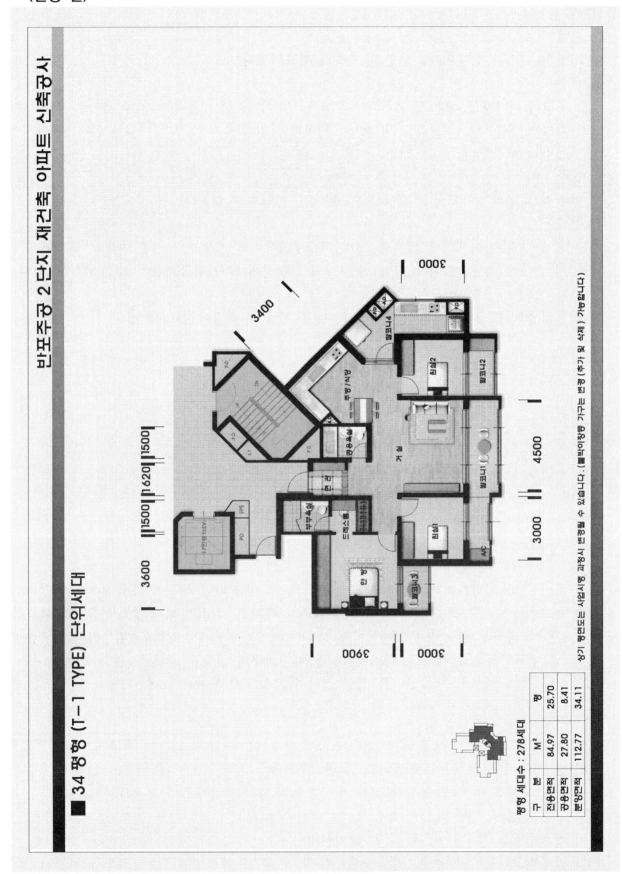

반포주공 2단지 재건축 아파트 신축공사

■ 34 평형 (T-1 TYPE) 단위세대

평형 세대수 : 278세대

구 분	M²	평
전용면적	84.97	25.70
공용면적	27.80	8.41
분양면적	112.77	34.11

상기 평면도는 사업시행 과정시 변경될 수 있습니다. (불박이장 등 가구는 변경 (추가 및 삭제) 가능합니다)

반포주공 2 단지 재건축 아파트 신축공사

■ 34평형 (T-1 TYPE) 단위세대

*상기의 이미지는 조합원의 이해를 위하여 이에 위의 기구 등을 임의 배치하여 시뮬레이션 한 것입니다.
*상기의 이미지는 착공 및 실시설계시 다소 변경될 수 있습니다.
*별도의 창, 가구, 인테리어품 등 은 변경(추가 및 삭제) 될 수 있습니다.

(발코니 확장형)

반포주공 2 단지 재건축 아파트 신축공사

■ 34평형 (T-1 TYPE) 확장형 단위세대

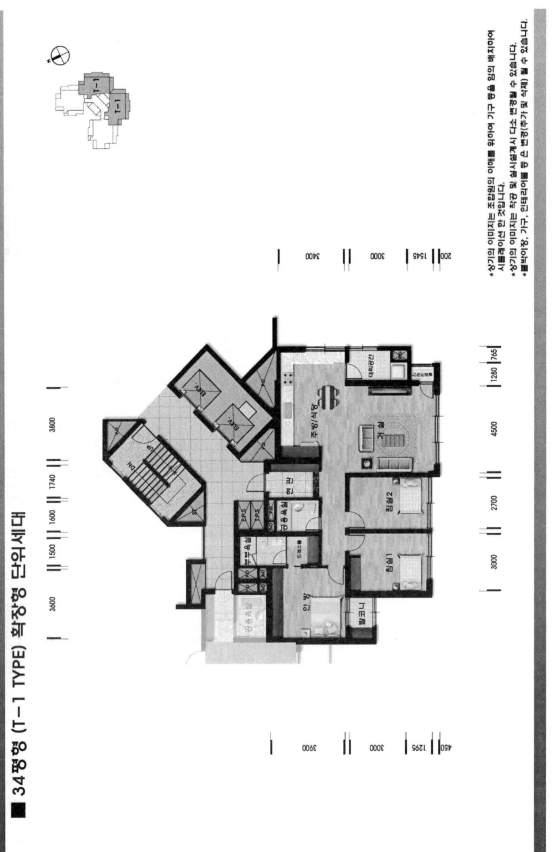

＊상기의 이미지는 조합원의 이해를 위하여 기구 등을 임의 배치하여
시뮬레이션 한 것입니다.
＊상기의 이미지는 착공 및 실시설계시 다소 변경될 수 있습니다.
＊붙박이장, 가구, 인테리어들 등은 변경(추가) 및 삭제) 될 수 있습니다.

단위평면계획의 이해

(변경 전)

1. 거실

거실의 너비가 4,500으로 대형 TV설치 등에 필요한 충분한 거리가 확보되었다.

2. 주방

1) 주방이 비정방형으로 구성되어 있어 주방가구의 제작 및 설치에 문제가 예상된다.

2) 거실과 주방을 분리하여 배치함으로서 공간이용의 효용성 저하가 예상된다.

3. 주방발코니

주방발코니가 비정방형으로 구성되어 있어 주방가구의 제작, 주방을 확장하는 경우 및 실제 이용 시 불편이 예상된다.

4. 안방

안방의 너비가 3,900이고 길이가 3,000으로 이상적으로 구성되어 있으나 전면발코니의 길이가 짧아 채광 면에서 다소 불리한 측면이 있다.

5. 침실-1

실의 크기(3,000×3,000)나 남측향에 위치하는 등 비교적 만족스럽게 계획되었다.

6. 침실-2

침실-2가 식당의 전면에 배치되어 있어 침실 출입 시 프라이버시 유지 등 불편이 예상되며, 주간이용공간인 식당이나 거실 등이 야간이용공간인 침실과 서로 혼재하여 계획되어 있어 입주 후 이용상의 불편이 예상된다.

필자는 이 주택형(타입)이 평면계획의 전반적인 수정작업 전의 전체 주택형 중 평면계획의 전면적인 개선이 가장 크게 요구되는 주택형(타입)으로 판단하였다. 또한, 당시 이 타입은 이미 타 현장에서 설계 및 시공 후 입주가 완료된 타입으로 파악되고 있었으며, 필자가 참여한 재건축사업을 통하여 이 타입의 획기적인 개선이 이루어지고, 이 개선된 평면계획이 타 아파트 현장에서 하나의 기준평면이 될 수 있기를 기대한다.

(변경 후)

1. 거실

1) 거실의 너비가 4,800으로 계획되어 대형 TV 설치 등 거실이용에 충분한 공간이 확보됨

2) 거실의 위치를 식당의 전면으로 이동시킴으로써 공간이용의 효용성이 제고되었으며 거실과 식당이 위치한 공간의 개방감이 증대되었다.

2. 주방

주방의 구성을 정형화하여 다른 실과의 조화를 이루도록 하였으며, 식탁 등의 가구배치가 용이하도록 계획하였다.

3. 주방발코니

주방의 발코니 형태를 정형화하여 주방의 확장 및 이용에 유리하도록 하였다.

4. 안방

안방의 너비가 3,900이고 길이가 3,300으로 실이 이상적으로 구성되었다.

5. 침실-1

　침실의 너비를 3,000, 길이를 3,000으로 계획하여 침실 발코니를 확장한 후에는 이상적인
형태의 침실이 될 수 있도록 하였다.

6. 침실-2

　1) 침실-2를 침실-1 옆으로 이동하여 주간이용공간과 야간이용공간을 분리하였다.

　2) 침실-2의 출입문을 현관위치를 고려하여 침실-1쪽에 계획함으로써 프라이버시의
유지에 다소 불리함이 예상된다.

(발코니 확장형)

　1) 각 실은 확장을 통하여 각각 이상적인 실의 형태와 면적의 확보가 가능하다.

　2) 대피공간을 세탁실 및 건조실로 겸용할 수 있도록 하였다.

(종합평가)

　실의 위치조정으로 공간이용의 효용성과 개방감이 증대되었으며, 주방과 주방발코니의
공간형태를 정형화하여 공간의 이용성이 대폭 증대되었다.

　<u>필자는 이 주택형이 「약 34평형의 4세대로 구성되는 동의 평면계획」 이 필요한 경우에는
동의 외형, 각 실의 적정한 면적이나 배치 및 각실 발코니 설치의 효율성 등을 감안하여
파악해 보면, 많은 장점이 있는 타입으로 판단하고 있다.</u>

8. 34평형 T-2타입 평면계획

(변경 전)

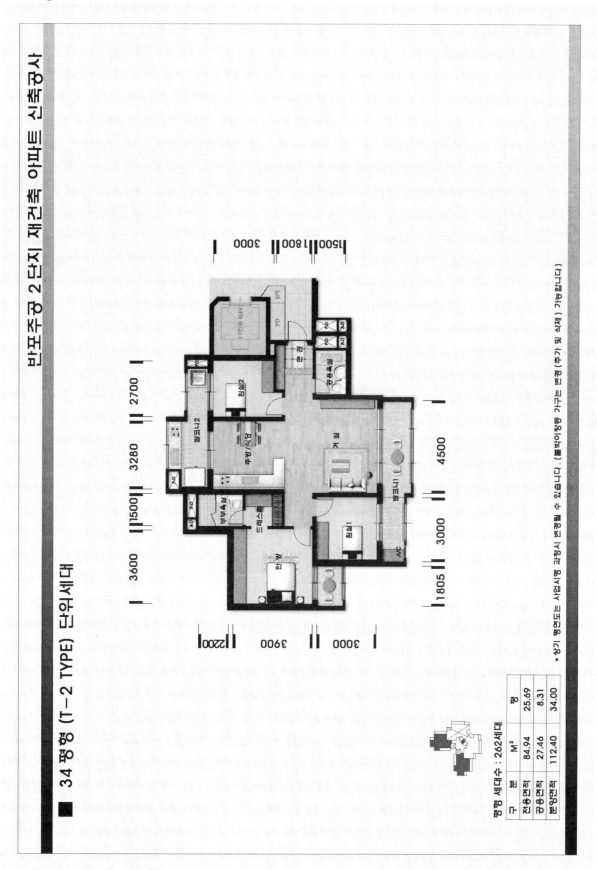

■ 34평형 (T-2 TYPE) 단위세대

*상기의 이미지는 조합원의 이해를 위하여 가구 등을 임의 배치하여 시뮬레이션 한 것입니다.
*상기의 이미지는 치수 및 실시설계시 다소 변경될 수 있습니다.
*붙박이장, 가구, 인테리어를 등은 변경(추가 및 삭제) 될 수 있습니다.

(발코니 확장형)

반포주공 2 단지 재건축 아파트 신축공사

■ 34평형 (T-2 TYPE) 확장형 단위세대

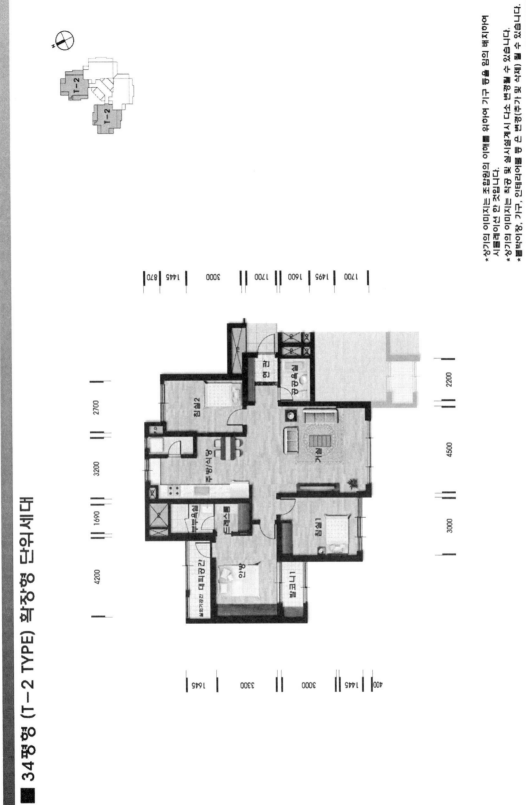

*상기의 이미지는 조합원의 이해를 돕기 위하여 위와여 가구 등을 임의 배치하여 시뮬레이션 한 것입니다.
*상기의 이미지는 착공 및 공사실계시 다소 변경될 수 있습니다.
*붙박이장, 가구, 인테리어들 등 변경(추가 및 삭제) 될 수 있습니다.

단위평면계획의 이해

(변경 전)

1. 거실

   거실의 너비를 4,500으로 계획하여 대형 TV설치 등의 이용에 불편이 없도록 하였다.

2. 주방

   주방의 너비를 3,280으로 계획하여 주방가구의 배치와 이용에 편리하도록 하였다.

4. 안방

   안방의 전면발코니가 협소하여 채광이나 환기에 다소의 불편함이 예상된다.

5. 침실-1

   크기(3,000×3,000)나 남측향 배치 등 만족스러운 계획이다.

6. 침실-2

   침실-2의 발코니에 세탁기가 계획되어 있어 세탁기 이용 시 소음발생이 예상된다.

(변경 후)

1. 거실

   거실의 너비가 4,500으로 계획되어 대형 TV 등의 가전제품의 설치를 위한 충분한 거리가 확보되었다.

2. 주방

   주방의 너비를 3,200으로 유지하여 주방가구의 배치와 이용에 불편함이 없도록 하였다.

3. 안방

   1) 안방의 너비가 4,200이고 길이가 3,300으로 침실의 공간이 이상적으로 구성되었다.

   2) 안방의 전면발코니 길이를 증가시키고, A/C실외기의 설치, 창고 및 대피공간의 마련을 위해 안방의 후면에 발코니를 추가하였다.(수정 전의 계획에는 후면발코니가 없음)

5. 침실-1

   침실의 너비를 3,000, 길이를 3,000로 계획하여 발코니 확장 후에는 이상적인 침실크기가 확보될 수 있도록 하였다.

6. 침실-2

   침실-2 발코니에 계획된 세탁기를 침실의 확장에 대비하여 주방의 발코니로 이동하였다.

(발코니 확장형)

   각 실이 확장을 통하여 각각 이상적인 실의 형태와 면적이 확보되었다.

(종합평가)

   안방의 후면에 발코니를 추가함으로써 A/C 실외기공간, 창고 및 피난시설 등 다양한 용도의 공간이 마련되었으며, 동시에 동의 후면 및 측면의 외관도 많이 개선되었다.

9. 44평형 T-1타입 평면계획

(변경 전)

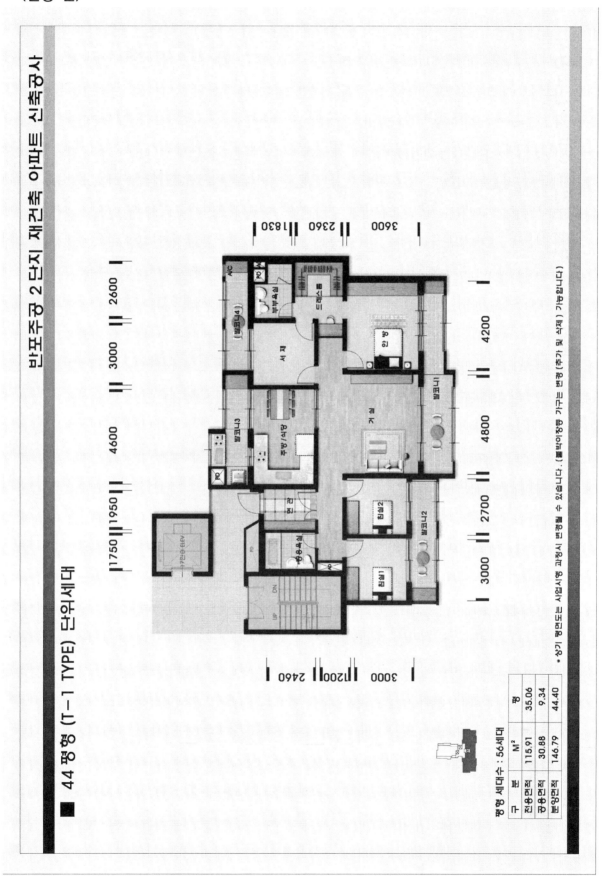

반포주공 2단지 재건축 아파트 신축공사

■ 44평형 (T-1 TYPE) 단위세대

구 분	M²	평
전용면적	115.91	35.06
공용면적	30.88	9.34
분양면적	146.79	44.40

평형 세대수 : 56세대

* 상기 평면도는 시공사의 시공 과정시 변경될 수 있습니다. (붙박이창장 가구는 변경 (추가 및 삭제) 가능합니다.)

(변경 후)

반포주공 2 단지 재건축 아파트 신축공사

■ 44평형 (T-1 TYPE) 단위세대

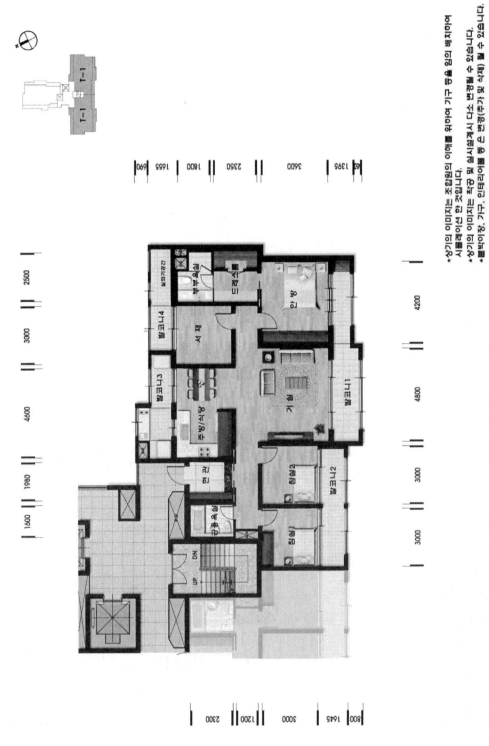

*상기의 이미지는 조합원의 이해를 위하여 이해를 위하여 가구 등을 임의 배치하여
 시뮬레이션 한 것입니다.
*상기의 이미지는 착공 및 실시설계시 다소 변경활 수 있습니다.
*볼박이창, 가구, 인테리어품 등은 변경(추가 및 삭제) 될 수 있습니다.

(발코니확장형)

반포주공 2 단지 재건축 아파트 신축공사

■ 44평형 (T-1 TYPE) 확장형 단위세대

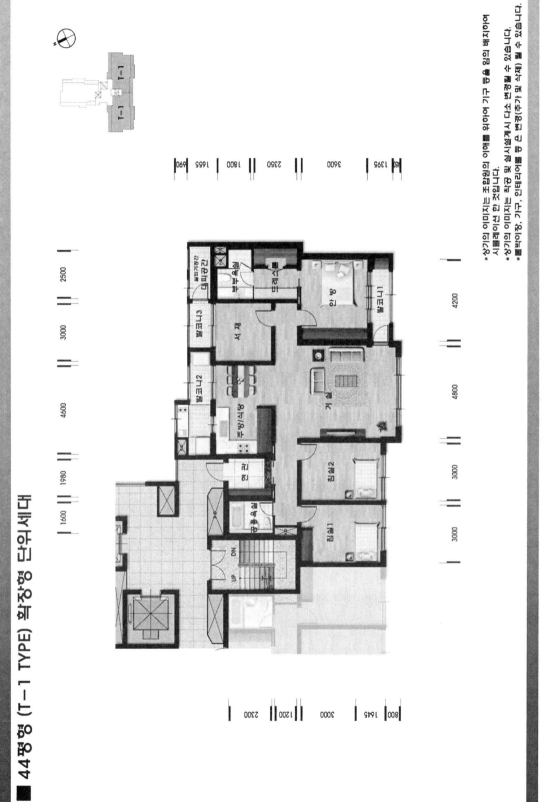

* 상기의 이미지는 조합원의 이해를 위하여 가구 등을 임의 배치하여
  시뮬레이션 한 것입니다.
* 상기의 이미지는 착공 및 실시설계시 다소 변경될 수 있습니다.
* 붙박이장, 가구, 인테리어를 등 은 변경(추가 및 삭제) 될 수 있습니다.

단위평면계획의 이해

(변경 전)

1. 거실

   거실의 너비가 4,800으로 계획되어 대형 TV설치 등을 위한 충분한 거리가 확보되었다.

2. 주방

   주방의 너비를 4,600으로 계획하여 가구배치와 이용에 편리하도록 하였다.

3. 안방

   안방의 크기를 너비 4,200, 길이 3,600으로 계획하여 이용에 불편이 없도록 하였다.

4. 침실-1

   실의 크기(3,000×3,000)나 남측향으로의 배치 등 비교적 만족스러운 계획이다.

5. 침실-2

   남향에 배치되어 이상적이나 너비 2,700은 44평형에서는 다소 협소한 측면이 있다.

6. 서재

   서재 출입문을 2개소 설치하여 책장의 설치위치 등으로 이용 시 효용성에 문제가 있다.

(변경 후)

1. 거실

   거실 너비가 4,800으로 대형 TV 등 가구를 설치하기 위한 충분한 거리가 확보되었다.

2. 주방

   주방 너비를 4,600으로 계획하여 주방가구의 배치와 이용에 충분한 공간이 확보되었다.

3. 안방

   안방의 너비가 4,200이고 길이가 3,600으로 이상적으로 구성된 공간이다.

4. 침실-1

   크기(3,000×3,000)는 최소한의 공간계획으로 판단된다.

5. 침실-2

   침실의 너비를 3,000으로 확대하여 침실사용 시 편리성이 한층 증대되었다.

6. 서재

   서재의 출입문을 1개소로 축소하고, 하절기의 통풍 및 책장 등 가구 배치를 고려하여 출입문의 위치도 조정함으로써 실의 계획이 전반적으로 많이 개선되었다.

(발코니 확장형)

동의 구성이 T자형으로 되어있어 T-1타입(제2호 및 제3호)의 후면발코니는 확장을 하지 않고 존치시켜 시각적인 완충구간을 확보함으로서 T-2타입(제1호)의 프라이버시 확보에 지장이 최소화되도록 계획하였다. 그러나 주민 입주 직전에 일부 세대가 와인셀러 등 주방기기의 설치장소를 확보하기 위해 주방발코니의 확상을 요청해와 원하는 세대는 주방발코니를 확장할 수 있도록 하였다. 이때, 확인해야할 사항은 난방코일의 설치면적이 증가함에 따른 단지 전체를 위한 열교환기의 설치용량이 충분한지를 확인 할 필요가 있다. **따라서 열교환기의 총용량은 전체 가구의 모든 발코니가 확장된 상태를 상정하여 열교환기의 용량설계가 이루어져야 할 것이다.**

10. 44평형 T-2 타입 평면계획

(변경 전)

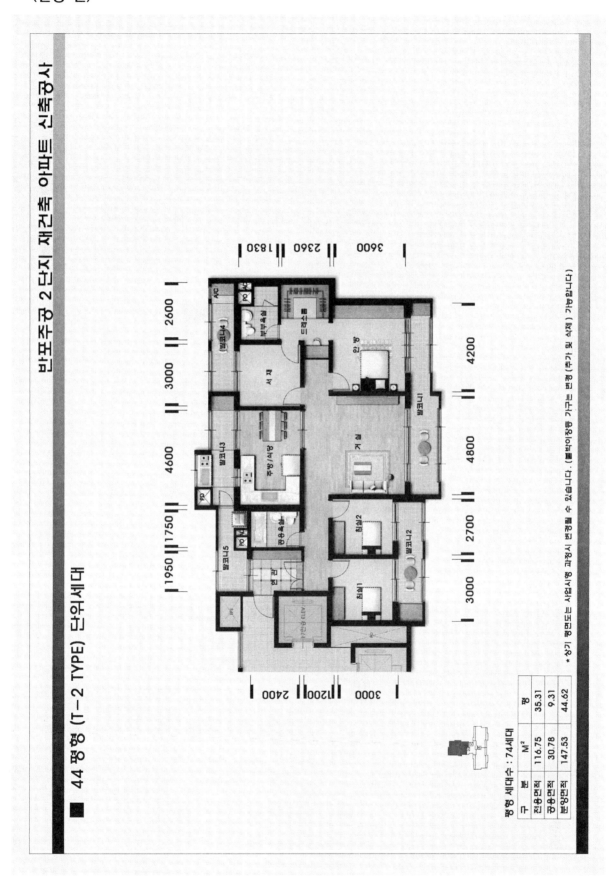

■ 44 평형 (T-2 TYPE) 단위세대

반포주공 2단지 재건축 아파트 신축공사

평형 세대수 : 74세대

구 분	M²	평
전용면적	116.75	35.31
공용면적	30.78	9.31
분양면적	147.53	44.62

* 상기 평면도는 시공시공 과정시 변경될 수 있습니다. (불박이)장롱 가구등 변경 (추가 및 삭제) 가능합니다

(변경 후)

반포주공 2 단지 재건축 아파트 신축공사

■ 44평형 (T-2 TYPE) 단위세대

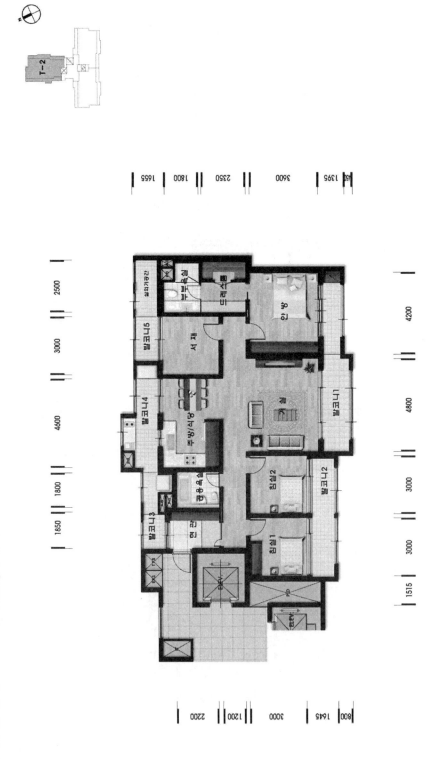

* 상기의 이미지는 조합원님의 이해를 위하여 가구 등을 임의 배치하여 시뮬레이션 한 것입니다.
* 상기의 이미지는 착공 및 실시설계시 다소 변경될 수 있습니다.
* 몰딩, 마루, 가구, 인테리어 등은 변경(추가 및 삭제) 될 수 있습니다.

(발코니 확장형)

반포주공 2 단지 재건축 아파트 신축공사

■ 44평형 (T-2 TYPE) 확장형 단위세대

*상기의 이미지는 조합원의 이해를 위하여 가구 등을 임의 배치하여 시뮬레이션 한 것입니다.
*상기의 이미지는 치수 및 실시설계시 다소 변경될 수 있습니다.
*붙박이장, 가구, 인테리어를 등 은 변경(추가 및 삭제) 될 수 있습니다.

단위평면계획의 이해

(변경 전)

1. 거실

   거실의 너비가 4,800으로 계획되어 대형 TV 등의 설치에 충분한 거리가 확보되었다.

2. 주방

   주방의 너비를 4,600으로 하여 주방가구의 배치와 이용에 편리하도록 하였다.

3. 안방

   안방의 크기를 너비 4,200, 길이 3,600으로 계획하여 이용에 불편이 없도록 하였다

4. 침실-1

   실의 크기(3,000×3,000)나 남향 배치 등 비교적 만족스러운 계획이다.

5. 침실-2

   남측향에 배치되어 이상적이나 너비 2,700은 44평형에서는 다소 협소한 계획이다.

6. 서재

   서재의 출입문을 2개소 설치하여 책장의 설치위치 등으로 인한 가구배치에 문제가 예상된다.

7. 현관 및 공용욕실 발코니

   세대의 현관 및 공용욕실 후면에 발코니가 설치되어 있어 현관의 자연채광은 물론이거니와 하절기 자연환기에 유리하며, 주방물품 반·출입이 편리하고, 세탁장과 건조대의 설치장소를 충분히 마련할 수 있다. **따라서 이 44평형 T-2타입의 가장 큰 장점 중 하나가 세대현관 및 공용욕실에 각각 발코니가 설치되어 있다는 것이다.**

(변경 후)

1. 거실

   거실의 너비가 4,800으로 계획되어 대형 TV 등의 설치에 충분한 거리가 확보되었다.

2. 주방

   주방의 너비를 4,600으로 하여 가구의 배치와 이용에 충분한 공간이 확보되었다.

3. 안방

   1) 안방의 너비가 4,200이고 길이가 3,600으로 이상적인 공간으로 구성되었다.

   2) 부부침대와 안방붙박이장의 위치를 이동시켜 안방의 프라이버시 유지가 향상되었다.

4. 침실-1

   크기(3,000×3,000)는 최소한의 공간계획으로 판단된다.

5. 침실-2

   침실의 너비를 3,000으로 확대하여 사용상의 편리성이 증대되었다.

6. 서재

   서재의 출입문을 1개소로 하고, 하절기의 통풍 및 책장 등 가구의 배치를 고려하여 문의 위치도 변경함에 따라 초기계획 대비 많은 개선이 있었다.

7. 현관 및 공용욕실 발코니

   현관과 공용욕실 후면에 발코니가 설치되어 있어 현관의 자연채광과 하절기 자연환기에 유리한 구조이며, 주방물품의 반·출입이 편리하고, 세탁장 및 건조대 설치 장소가 충분히 확보되었다.

11. 52평형 T-1타입 평면계획

(변경 전)

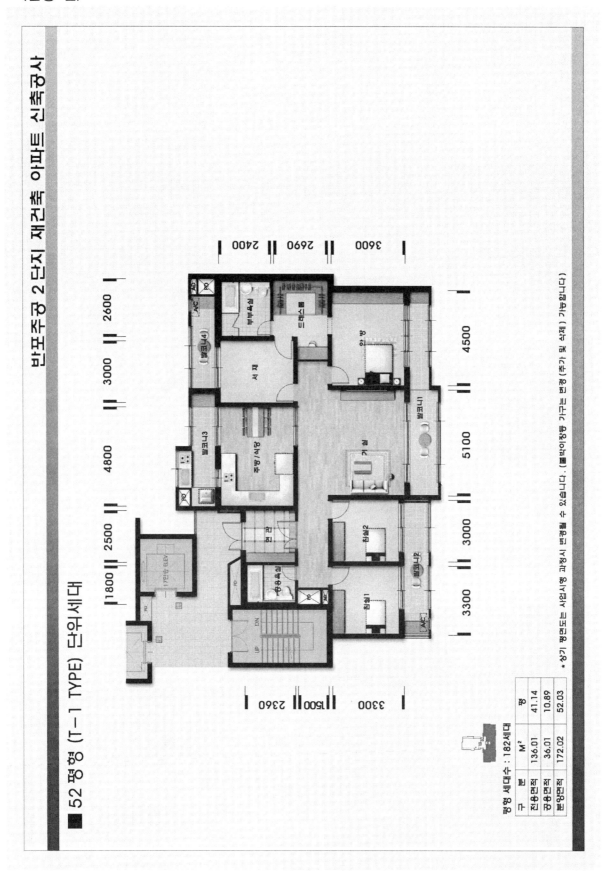

반포주공 2 단지 재건축 아파트 신축공사

■ 52평형 (T-1 TYPE) 단위세대

* 상기의 이미지는 조합원의 이해를 돕기 위해 위하여 기구 등을 임의 배치하여
  시뮬레이션 한 것입니다.
* 상기의 이미지는 치장 및 실시설계시 다소 변경될 수 있습니다.
* 붙박이창, 기구, 인테리어를 등은 변경(추가 및 삭제) 될 수 있습니다.

(발코니 확장형)

반포주공 2 단지 재건축 아파트 신축공사

■ 52평형 (T-1 TYPE) 확장형 단위세대

단위평면계획의 이해

(변경 전)

1. 거실

   거실의 너비가 5,100으로 계획되어 TV 등 가전제품 설치에 충분한 공간이 확보되었다.

2. 주방

   주방의 너비를 4,800으로 계획하여 주방가구의 배치와 이용에 충분한 공간이 마련되었다.

3. 안방

   안방의 크기를 너비 4,500, 길이 3,600으로 계획하여 이용에 불편이 없도록 하였다

4. 침실-1

   크기(3,300×3,300)나 남측향 배치 등 만족스러운 공간으로 계획되었다.

5. 침실-2

   남측향에 배치되어 이상적이며 너비 3,000은 52평형에서는 최소한의 너비라고 판단된다.

6. 서재

   서재의 출입문을 2개소 설치하여 책장의 설치위치 등 효용성에 문제가 있다.

(변경 후)

1. 거실

   거실의 너비가 5,100으로 계획되어 TV 설치 등을 위한 충분한 공간이 확보되었다.

2. 주방

   주방의 너비를 4,800으로 하여 가구배치와 이용에 불편이 없도록 계획되었다.

3. 안방

   1) 안방의 너비가 4,500이고 길이가 3,600으로 이상적인 공간으로 구성되었다.

   2) 부부침대와 안방붙박이장의 위치를 이동시켜 안방 프라이버시 문제가 개선되었다.

4. 침실-1

   1) 크기(3,300×3,300)나 남측향 배치 등 만족스러운 공간계획이다.

   2) 시스템 에어컨을 설치하여 A/C 실외기실을 부부욕실 후면의 1개소로 통합함에 따라
      공간의 이용측면에서 효율성이 한층 높아졌다.

5. 침실-2

   크기(3,000×3,000)는 최소한의 공간계획으로 판단된다.

6. 서재

   서재의 출입문을 1개소로 하고, 하절기의 통풍 및 책장 등 가구의 배치를 고려하여 문의
   위치도 변경되어 한층 향상된 공간구성이 이루어졌다.

(발코니 확장형)

   동의 구성이 T자형으로 되어있어 T-1타입(제2호 및 제3호)의 후면발코니는 확장을 하지
   않고 존치시켜 시각적인 완충구간을 확보함으로서 T-2타입(제1호)의 프라이버시 확보에
   지장이 최소화되도록 계획하였다.

12. 52평형 T-2타입 평면계획

(변경 전)

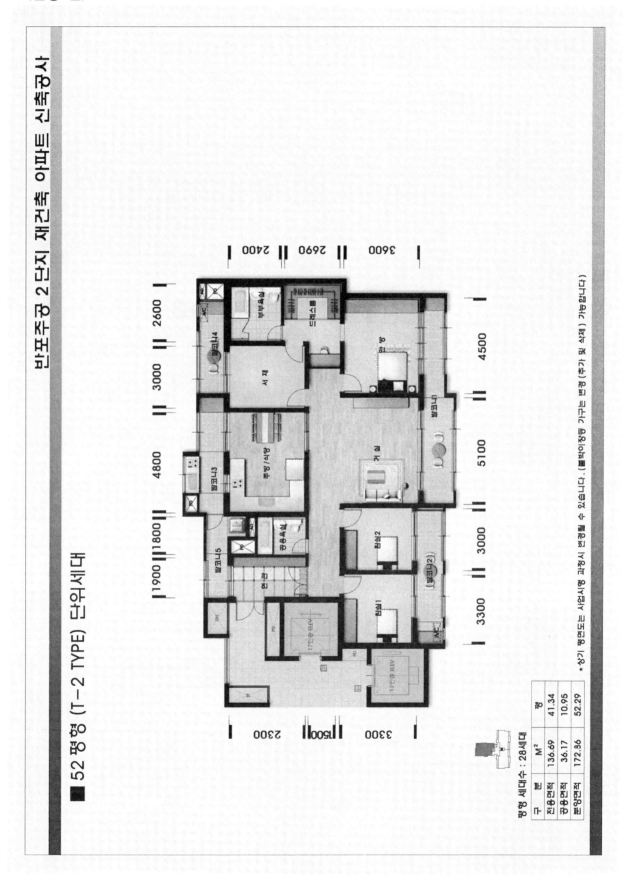

(변경 후)

반포주공 2 단지 재건축 아파트 신축공사

■ 52평형 (T-2 TYPE) 단위세대

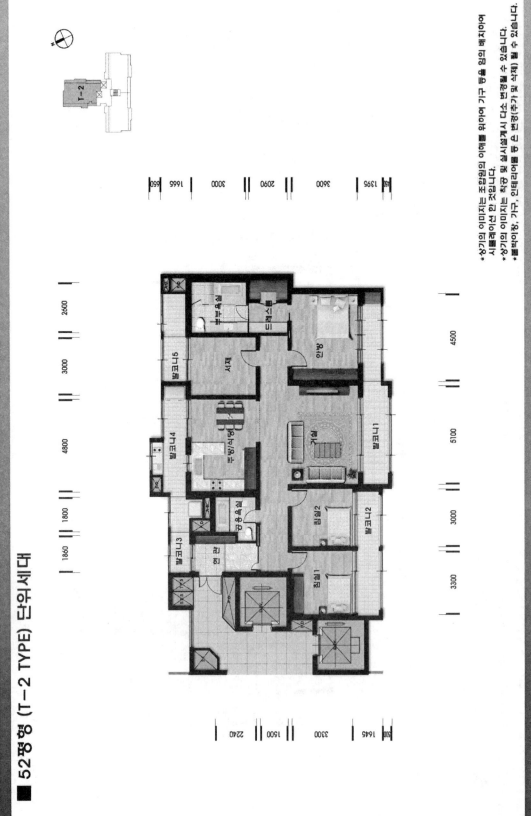

*상기의 이미지는 조합원의 이해를 위하여 이에를 위하여 가구 등을 임의 배치이어 시뮬레이션 한 것입니다.
*상기의 이미지는 착공 및 실시설계시 다소 변경될 수 있습니다.
*붙박이장, 가구, 인테리어들 등은 변경(추가) 및 삭제) 할 수 있습니다.

(발코니 확장형)

반포주공 2 단지 재건축 아파트 신축공사

■ 52평형 (T-2 TYPE) 확장형 단위세대

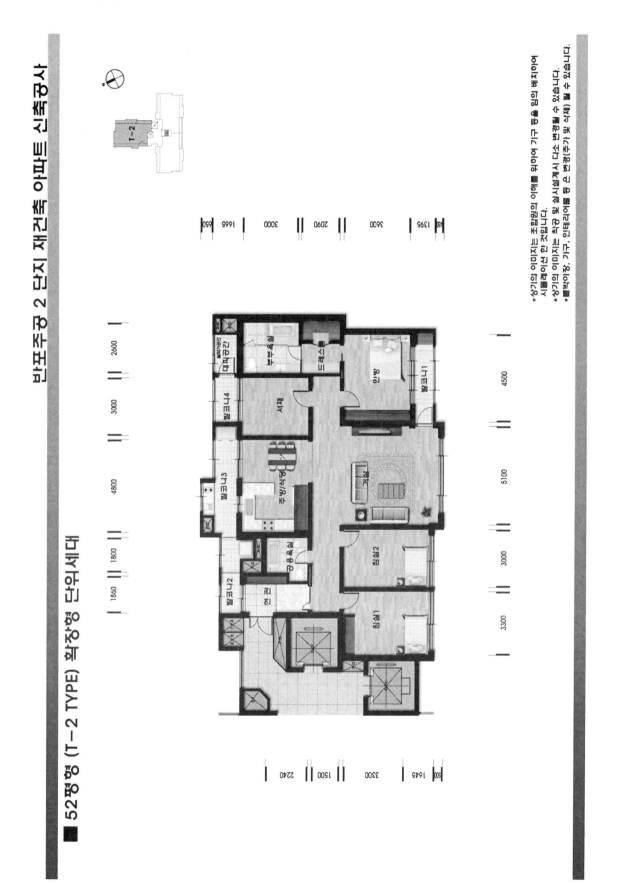

*상기의 이미지는 조합원의 이해를 위하여 세대내 가구 등을 임의 배치하여
시뮬레이션 한 것입니다.
*상기의 이미지는 착공 및 실시설계시 다소 변경될 수 있습니다.
*불박이장, 가구, 인테리어틀 등은 변경(추가 및 삭제) 될 수 있습니다.

단위평면계획의 이해

(변경 전)

1. 거실

  거실의 너비가 5,100으로 계획되어 TV 등 가전제품 설치에 충분한 공간이 확보되었다

2. 주방

  주방의 너비를 4,800으로 계획하여 주방가구의 배치와 이용에 충분한 공간이 마련되었다.

3. 안방

  안방의 크기를 너비 4,500, 길이 3,600으로 구성하여 이용에 불편이 없도록 하였다

4. 침실-1

  크기(3,300×3,300)나 남측향 배치 등 비교적 만족스러운 공간으로 계획되었다.

5. 침실-2

  남측향에 배치되어 이상적이나 너비 3,000은 52평형에서는 최소한의 계획으로 판단된다.

6. 서재

  서재의 출입문을 2개소 설치하여 책장의 설치 등 이용성에 문제가 예상된다.

(변경 후)

1. 거실

  거실의 너비가 5,100으로 계획되어 TV 등 가전제품 설치에 충분한 공간이 확보되었다

2. 주방

  주방의 너비를 4,800으로 계획하여 주방가구의 배치와 이용에 충분한 공간이 마련되었다.

3. 안방

  1) 안방의 너비가 4,500이고 길이가 3,600으로 이상적으로 구성되었다.

  2) 부부침대와 안방붙박이장의 위치를 이동시켜 안방의 프라이버시를 향상시켰다.

4. 침실-1

  1) 크기(3,300×3,300)나 남측향 배치 등 비교적 만족스러운 공간으로 계획되었다.

  2) 시스템 에어컨을 설치하여 발코니의 A/C 실외기실을 부부욕실 후면의 1개소로 통합함에
    따라 공간의 이용성이 향상되었다.

5. 침실-2

  크기(3,000×3,000)는 최소한의 공간계획으로 판단된다.

6. 서재

  서재의 출입문을 1개소로 하고, 하절기의 통풍 및 책장 등 가구의 배치를 고려하여 문의
  위치도 변경함으로 한층 향상된 공간이 구성되었다.

□ 52평형 T-2타입 평면계획의 특·장점

  **세대현관 및 공용욕실 후면에 발코니가 설치되어 현관의 자연채광 및 하절기 자연환기에
  매우 유리하며, 주방물품의 반·출입이 편리하고, 세탁장 및 건조대설치장소가 충분히 확보
  되었다.**

13. 62평형 T-1타입 평면계획

(변경 전)

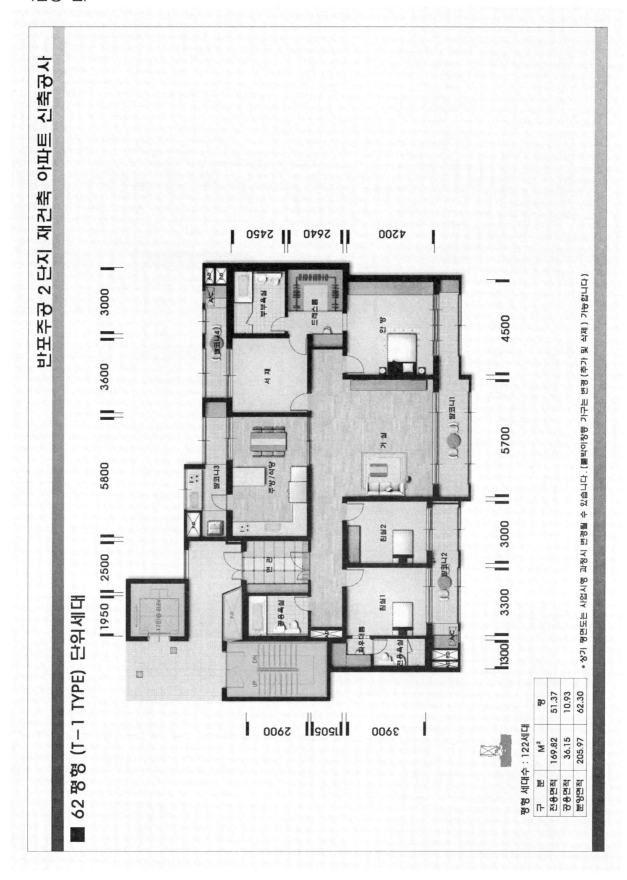

■ 62평형 (T-1 TYPE) 단위세대

반포주공 2단지 재건축 아파트 신축공사

구 분	M²	평
전용면적	169.82	51.37
공용면적	36.15	10.93
분양면적	205.97	62.30

평형 세대수 : 122세대

* 상기 평면도는 사업시행 과정시 변경될 수 있습니다. (붙박이장등 가구는 변경 (추가 및 삭제) 가능합니다)

반포주공 2 단지 재건축 아파트 신축공사

■ 62평형 (T−1 TYPE) 단위세대

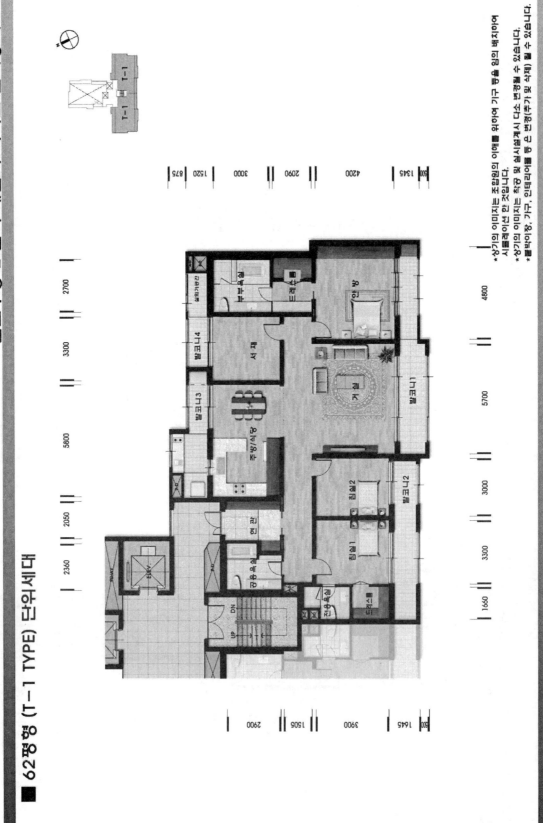

*상기의 이미지는 조합원의 이해를 위하여 가구 등을 임의 배치하여 시뮬레이션 한 것입니다.
*상기의 이미지는 착공 및 실시설계시 다소 변경될 수 있습니다.
*붙박이창, 가구, 인테리어를 등은 변경(추가 및 삭제) 될 수 있습니다.

(발코니 확장형)

반포주공 2 단지 재건축 아파트 신축공사

■ 62평형 (T−1 TYPE) 확장형 단위세대

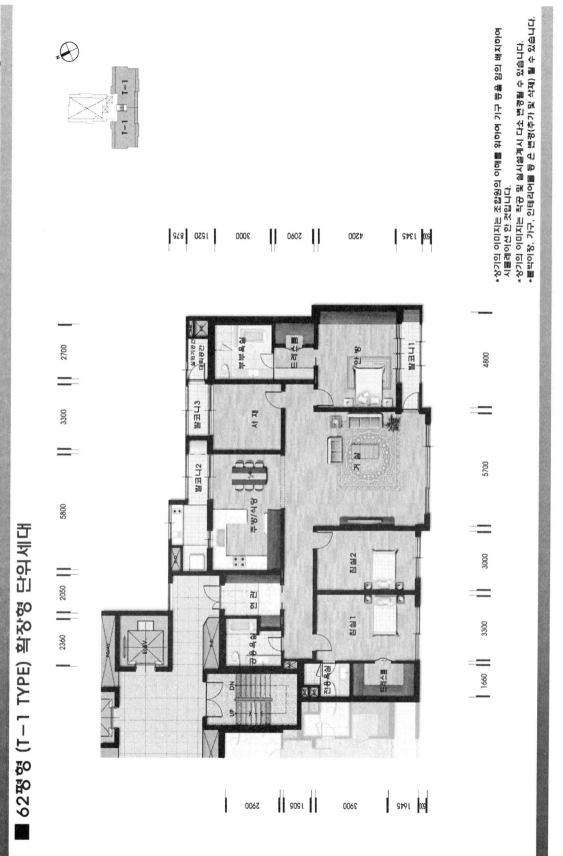

*상기의 이미지는 조합원의 이해를 위하여 가구 등 물품이 배치되어 있으나 실제 분양시 가구 등은 포함되지 않습니다.
*상기의 이미지는 작은 및 실시설계시 다소 변경될 수 있습니다.
*붙박이장, 가구, 인테리어틀 등은 변경(추가 및 삭제) 될 수 있습니다.

단위평면계획의 이해

(변경 전)

1. 거실
거실의 너비가 5,700으로 계획되어 TV 등 가전제품 설치에 충분한 공간이 확보되었다.

2. 주방
주방의 너비를 5,800으로 계획하여 주방가구의 배치와 이용에 충분한 공간이 마련되었다.

3. 안방
1) 안방의 크기를 너비 4,500, 길이 4,200으로 계획하여 이용에 불편이 없도록 하였다
2) 안방의 침대위치로 인해 프라이버시 확보에 문제가 예상되는 구조이다.

4. 부부욕실
욕실의 너비가 3,000으로 비교적 넓으나 효율적인 욕실기구의 배치가 요구되는 계획이다.

5. 침실-1
1) 크기(4,600×3,900)나 남측향 배치 등 만족스러운 계획이다.
2) 결혼한 자녀부부나 성인이 된 자녀를 고려하여 독립된 전용욕실을 설치하였다.
3) 전용욕실이 외측벽에 면해있어 발코니를 확장할 경우 불리하며, 하절기에는 화장실의 열손실이 우려되는 구조이다.

6. 침실-2
크기(3,000×3,000)는 60평형대로는 최소한의 공간계획으로 판단된다.

7. 서재
서재의 출입문을 2개소 설치하여 책장 등 가구의 설치위치 등에 문제가 예상된다.

(변경 후)

1. 거실
거실의 너비가 5,700으로 계획되어 TV 등 가전제품 설치에 충분한 공간이 확보되었다

2. 주방
1) 주방의 너비를 5,800으로 계획하여 주방가구배치와 이용에 불편이 없도록 계획하였다. **필자의 견해는 부부욕실 너비를 2,700에서 2,500으로 축소하고 대신에 주방/식당의 너비를 5,800에서 6,100으로 확장하고 이 위치에 장식장을 설치하는 것이 더욱 이상적인 계획이라는 판단이다.**
2) 보조주방으로 향하는 문을 삭제하여 수납장 등의 가구설치장소를 확보하였다.

3. 안방
1) 안방의 구성을 너비 4,800, 길이 4,200으로 조정하여 한층 향상된 공간이 되었다.
2) 부부침대의 설치위치가 침실의 프라이버시 유지에 불리함. 따라서 일부의 입주자는 안방의 장롱형 옷장의 깊이를 확대하고 양측에만 문이 설치되는 붙박이형 옷장으로 변경한 후 침대를 이곳으로 이동하는 방법으로 인테리어공사를 변경 시행하였다. 다만, 이 인테리어 변경계획은 안방의 면적이 작아져 다소 협소한 느낌을 가지게 한다.

4. 침실-1

  1) 침실의 크기나 남측향 배치 등 만족스러운 계획이다.

  2) 결혼한 자녀 부부나 성인이 된 자녀를 고려하여 독립된 전용욕실을 설치하였다.

  3) 전용욕실과 파우더룸의 위치를 상호 변경하여 발코니확장 시 대형의 파우더룸의 확보가 가능하도록 하였으며, 동절기 전용욕실의 보온에 유리하도록 하였다.

  4) 시스템에어컨을 설치함에 따라 변경 전에 2개소로 계획된 발코니의 A/C실외기실을 부부욕실 후면의 1개소로 통합함에 따라 발코니의 이용면에서 한층 효율적이 되었다.

  5) 침실-1의 출입문을 우측으로 이동시켜 침실의 프라이버시 유지에 유리하도록 하였다. 이에, 복도의 현관 전면에 연속된 벽체가 마련되어 추후 이 벽체를 이용하여 인테리어 장식을 추가할 수 있는 훌륭한 공간이 확보되었다.

5. 침실-2

  크기(3,000×3,000)는 최소한의 공간계획으로 판단된다.

6. 서재

  서재 출입문을 1개소로 하고, 하절기의 통풍 및 책장 등 가구의 배치를 고려하여 문의 위치도 변경함에 따라 한층 향상된 공간이 마련되었다.

7. 공용화장실

  공용화장실의 폭을 증가시키고 기구배치를 조정하였다.

(발코니 확장형)

  동의 구성이 T자형으로 되어있어 T-1타입(제2호 및 3제호)의 후면발코니는 확장을 하지 않고 존치시켜 시각적인 완충구간을 확보함으로서 T-2타입(제1호)의 프라이버시 확보에 지장이 없도록 계획하였다.

14. 62평형 T-2타입 평면계획

(변경 전)

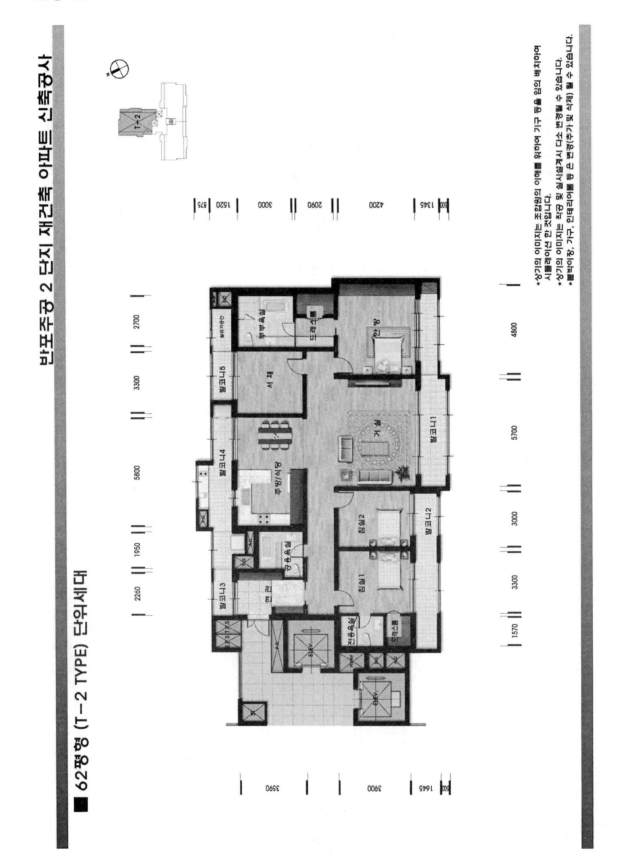

(변경 후)

반포주공 2 단지 재건축 아파트 신축공사

■ 62평형 (T-2 TYPE) 단위세대

*상기의 이미지는 조합원의 이해를 위하여 가구 등을 임의 배치한 것이며 실제공사시 다소 변경될 수 있습니다.
*상기의 이미지는 착공 및 실시설계시 단순 변경될 수 있습니다.
*붙박이장, 가구, 인테리어 품 등은 변경(추가 및 삭제) 될 수 있습니다.

반포주공 2 단지 재건축 아파트 신축공사

■ 62평형 (T-2 TYPE) 확장형 단위세대

*상기의 이미지는 조합원의 이해를 위하여 실내에 가구 등을 임의 배치하여 시뮬레이션 한 것입니다.
*상기의 이미지는 착공 및 실시설계시 다소 변경될 수 있습니다.
*붙박이장, 가구, 인테리어톤 등은 변경(추가 및 삭제) 될 수 있습니다.

단위평면계획의 이해

(변경 전)

1. 거실
   거실의 너비가 5,700으로 계획되어 TV 등 가전제품 설치에 충분한 공간이 확보되었다.
2. 주방
   1) 주방의 너비를 5,800으로 계획하여 가구배치와 이용에 불편이 없도록 계획되었다.
   2) 보조주방으로 향하는 문을 설치하여 주방가구설치에 매우 불리하다.
3. 안방
   안방의 크기를 너비 4,500, 길이 4,200으로 계획하여 이용에 불편이 없도록 하였다
4. 부부욕실
   욕실의 너비가 3,000으로 비교적 넓게 계획하였으나 효율적인 기구배치가 요구된다.
5. 침실-1
   1) 실의 크기나 남측향 배치 등 만족스러운 계획이다.
   2) 결혼한 자녀 부부나 성인이 된 자녀를 고려하여 독립된 전용욕실을 설치하였다.
   3) 전용욕실이 외측벽에 면해있어 발코니를 확장할 경우 불리하며, 하절기에는 화장실의 열손실이 우려되는 구조이다.
6. 침실-2
   남측향에 배치되어 이상적이며 너비 3,000은 최소한의 너비로 판단된다.
7. 서재
   서재의 출입문을 2개소 설치하여 책장의 설치위치 등에 불리한 구조이다.

(변경 후)

1. 거실
   거실의 너비가 5,700으로 계획되어 TV 등 가전제품 설치에 충분한 공간이 확보되었다.
2. 주방
   1) 주방의 너비를 5,800으로 계획하여 주방가구배치와 이용에 불편이 없도록 하였다.
   2) 보조주방으로 향하는 문을 삭제하여 수납장 등 주방설비의 설치장소를 확대하였다.
3. 안방
   1) 안방의 너비를 4,800로 확대하고 길이는 4,200으로 계획한 이상적인 구성이다.
   2) 부부침대의 설치위치가 침실의 프라이버시 유지에 불리함. 따라서 일부의 입주자는 안방의 장롱형 옷장의 깊이를 확대하고 양측에만 문이 설치되는 붙박이형 옷장으로 변경 후 침대를 이동 배치하였다. 이경우의 단점은 안방이 다소 협소해지는 것이다.
4. 침실-1
   1) 크기(4,600×3,900)나 남측향 배치 등 비교적 만족스러운 계획이다.
   2) 결혼한 자녀부부나 성인이 된 자녀를 고려하여 독립된 전용욕실을 설치하였다.
   3) 전용욕실과 파우더룸의 위치를 상호 변경하여 발코니 확장 시 대형 파우더 룸의 설치가 가능하도록 하였으며, 동절기 전용욕실의 보온에 유리하도록 평면을 개선하였다.
   4) 시스템에어컨을 설치함에 따라 종전에 2개소로 계획된 발코니의 A/C실외기실을 부부욕실

후면의 1개소로 통합하였다.

  5) 침실-1의 출입문을 우측으로 이동시켜 침실의 프라이버시 유지에 유리하도록 하였으며, 복도의 현관 전면에 연속된 벽체를 설치하여 인테리어공사를 위한 공간을 확보하였다.

5. 침실-2

크기(3,000×3,000)는 최소한의 공간계획으로 판단된다.

6. 서재

서재의 출입문을 1개소로 하고, 하절기의 통풍이나 책장 등 가구의 배치를 고려하여 출입문의 위치도 변경하였다.

□ 62평형 T-2타입 평면계획의 특·장점

세대현관과 공용욕실 후면에 발코니가 설치되어 현관의 자연채광 및 하절기 자연환기에 유리하며, 주방물품의 반·출입이 편리하고, 세탁장 및 건조대의 설치장소가 안방발코니의 건조대에 추가하여 충분히 확보되었다.

15. 72평형 T-1타입 평면계획

(변경 전)

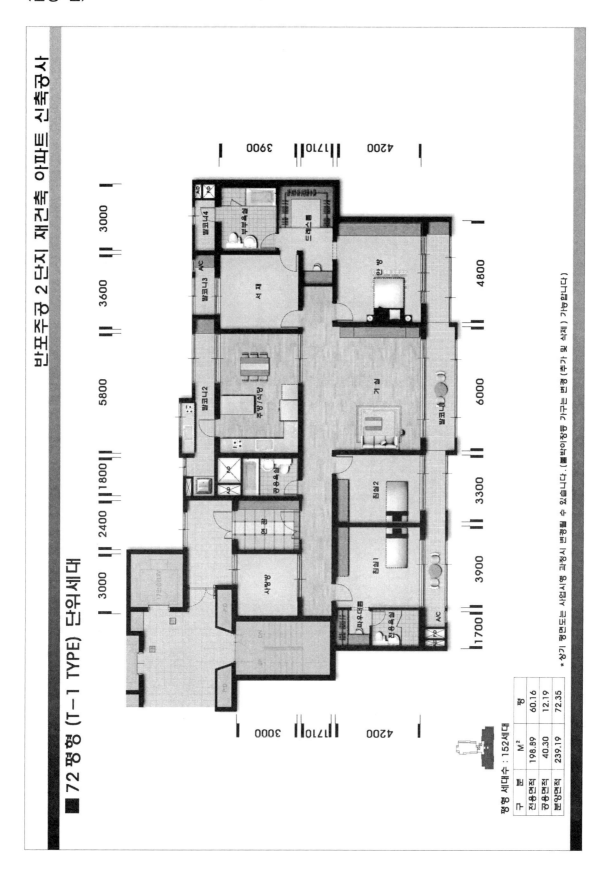

(변경 후)

■ 72평형 (T－1 TYPE) 단위세대

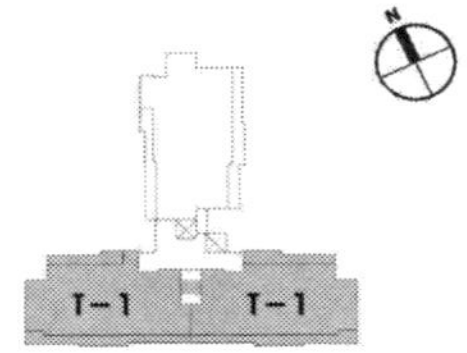

*상기의 이미지는 조합원의 이해를 위하여 가구 등을 임의 배치하여 시뮬레이션 한 것입니다.
*상기의 이미지는 착공 및 실시설계시 다소 변경될 수 있습니다.
*붙박이장, 가구, 인테리어물 등 은 변경(추가 및 삭제) 될 수 있습니다.

(발코니 확장형)

반포주공 2 단지 재건축 아파트 신축공사

■ 72평형 (T-1 TYPE) 확장형 단위세대

T-1 T-1

* 상기의 이미지는 조합원의 이해를 돕기 위하여 가구 등을 임의 배치하여 시뮬레이션 한 것입니다.
* 상기의 이미지는 착공 및 실계과정에서 다소 변경될 수 있습니다.
* 붙박이장, 가구, 인테리어 등 물품(추가 및 삭제)은 변경될 수 있습니다.

드레스룸
부부욕실
침실1
서재
발코니3
발코니2
주방/식당
거실
공용욕실
현관
침실2
사랑방
다용도실
알파룸
드레스룸
침실1

3000 3300 5800 2300 2000 3000

630 1395 3900 1500 4200 1545 300

4800 6300 3300 3900 1650

3000 4200 1395 450

제1장 조합 아파트의 건축계획 **813**

단위평면계획의 이해

(변경 전)

1. 거실
거실의 너비가 6,000으로 계획되어 TV 등 가전제품 설치에 충분한 공간이 확보되었다.

2. 주방
1) 주방의 너비를 5,800으로 계획하여 주방가구의 배치에 큰 불편이 없도록 하였다.
2) 보조주방으로 향하는 문을 설치하여 가구설치에 불리한 평면구성이다.

3. 안방
안방의 크기를 너비 4,800, 길이 4,200으로 계획하여 이용에 불편이 없도록 하였다.

4. 부부욕실
1) 욕실의 폭이 3,000으로 비교적 넓게 계획하였으나 효율적인 기구배치가 필요하다.
2) 부부욕실 발코니가 서재용 발코니와 분리되어있어 이용에 불편이 예상된다.

5. 침실-1
1) 크기(5,600×4,200)나 남측향 배치 등 만족스러운 계획이다.
2) 결혼한 자녀 부부나 성인이 된 자녀를 고려하여 독립된 전용욕실을 설치하였다.
3) 전용욕실이 외측벽에 면해있어 발코니를 확장할 경우 불리하며, 하절기에는 화장실의 열손실이 우려되는 구조이다.

6. 침실-2
남측향에 배치되어 이상적이고 너비 3,300은 70평대에서는 최소한의 폭으로 판단한다.

7. 서재
1) 서재의 출입문을 2개소 설치하여 책장 등 가구의 설치에 문제가 예상된다.
2) 서재의 발코니에 A/C 실외기가 설치되어있어 소음이 우려된다.

8. 사랑방
1) 음악실 등 특별한 용도로 사용할 수 있도록 침실을 완전히 분리하여 배치하였다.
2) 사랑방의 외부창이 현관문 밖에 면하고 있어 방범에 취약한 단점이 있다.
3) 사랑방 출입문을 미서기로 계획하여 실내의 인테리어를 한식으로 하거나 드레스실 혹은 취미실 등의 특별한 용도로 사용할 수 있도록 하였으나, 일부 입주자는 프라이버시 확보의 미흡, 방음에 취약한 면을 지적하기도 하였다.

(변경 후)

1. 거실
거실의 너비가 6,300으로 확장하여 대형 TV설치에 지장이 없도록 하였다.

2. 주방
1) 주방의 너비를 5,800으로 계획하여 주방가구의 배치와 이용에 불편이 없도록 하였으나, 일부 입주자의 취향이나 입주 후 주방가구를 추가로 설치하는 경우에는 다소 부족하다고 느낄 수 있을 것이며, 계획단계에서 일부 조합원은 부부욕실의 너비를 30㎝ 축소하여 2,700으로 하고, 주방의 너비를 6,100으로 하는 안을 제시한 바가 있으며, 이 요구는 많은 장점이 있는 의견으로 판단된다.
2) 보조주방으로 향하는 문을 삭제하여 싱크대나 수납장의 설치장소를 확대하였다.

3. 안방

  1) 안방의 너비를 4,800으로 하고 길이를 4,200으로 계획한 이상적인 구성이다.

  2) 부부침대와 안방붙박이장의 위치를 이동시켜 안방의 프라이버시 문제를 개선하였다.

4. 침실-1

  1) 크기(5,550×4,200)나 남측향 배치 등 비교적 만족스러운 계획이다.

  2) 결혼한 자녀부부나 성인이 된 자녀를 고려하여 독립된 전용욕실을 설치하였다.

  3) 전용욕실과 파우더 룸의 위치를 상호 변경하여 발코니확장 시 대형 파우더룸이 가능토록
     계획하였으며, 동절기 전용욕실의 보온에 유리하도록 평면을 개선하였다.

  4) 시스템에어컨을 설치함에 따라 2개소로 계획되어 있던 발코니의 A/C실외기실을 부부
     욕실의 후면 1개소로 통합하여 발코니의 효율적인 이용이 가능토록 하였다.

  5) 침실-1의 출입문을 우측에 설치함으로써 복도의 현관전면에 연속된 벽체를 설치하여
     추후 인테리어공사를 위한 충분한 공간을 확보하였다.

5. 침실-2

  크기(3,300×4,200)나 남측향 배치 등 만족스러운 계획이다.

6. 서재

  서재 출입문을 1개소로 하고, 하절기의 통풍 및 책장 등 가구의 배치를 고려하여 문의
  위치도 변경하였다.

7. 공용화장실

  공용화장실의 폭을 증가시키고 기구배치를 조정하였다.

8. 사랑방

  1) 의상실 등의 특별한 용도로 사용할 수 있도록 침실을 완전히 분리하여 배치하였다.

  2) 사랑방의 외부창이 현관문 밖에 설치되어 있어 방범에 취약한 면이 나타나, 입주 후
     모든 세대의 사랑방 창 내부에 방범필름을 부착하였다.

(발코니 확장형)

  동의 구성이 T자형으로 되어 있어 T-1타입(제2호 및 제3호)의 후면발코니는 확장을
  하지 않고 존치시켜 시각적인 완충구간을 확보함으로서 T-2타입(제1호)의 프라이버시
  확보에 지장이 없도록 계획하였다.

(종합평가)

  이 주택형에서 가장 아쉬운 문제는 사랑방이 세대의 현관 밖에 위치하여, 방범 및 방화에
  법적인 문제가 발생되는 것이다. 따라서 방화구획의 설치를 위해 세대현관(사랑방) 밖의
  위치에 방화문을 추가로 설치하게 되었다.
  이때, 문제가 되는 것은 추가 설치되는 방화문과 세대 현관문 사이의 공간은 이웃 세대와
  소유권을 공유하는 '주거공용면적'에 해당되나, 입주 후에는 해당 세대에서 시건장치 등을
  설치함으로써 실질적으로 전용면적(전용발코니)으로 사용됨에 따라 이웃 세대와의 법적인
  문제가 야기될 수 있다는 것이다. 그러나 이 공간을 해당 세대 내 사랑방의 확장이 불가능한
  발코니로 이해하면 큰 문제는 없을 것으로 판단한다.

16. 72평형 T-2타입 평면계획

(변경 전)

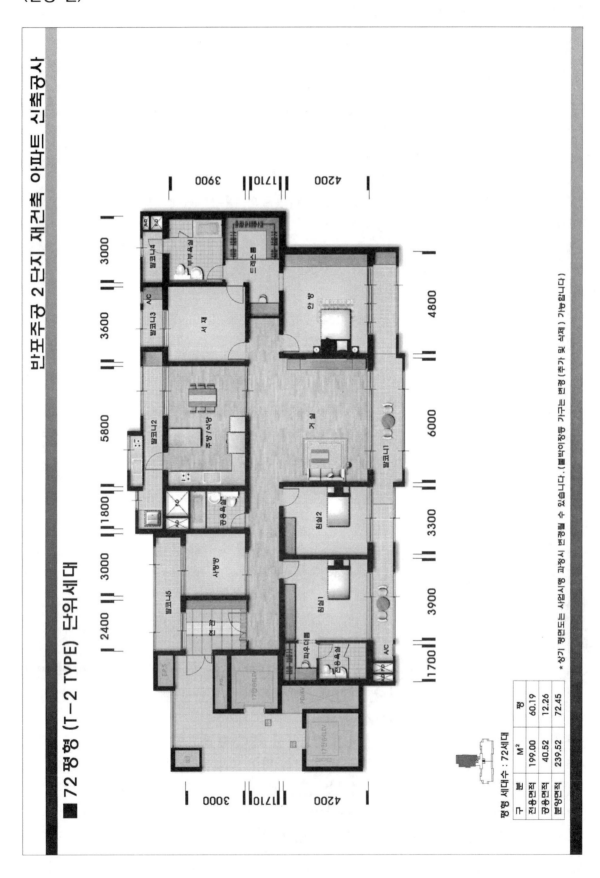

(변경 후)

반포주공 2 단지 재건축 아파트 신축공사

■ 72평형 (T－2 TYPE) 단위세대

*상기의 이미지는 조합원의 이해를 위하여 가구 등을 임의 배치하여 시뮬레이션 한 것입니다.
*상기의 이미지는 착공 및 실시설계시 다소 변경될 수 있습니다.
*붙박이장, 가구, 인테리어물 등 은 변경(추가 및 삭제) 될 수 있습니다.

(발코니 확장형)

반포주공 2 단지 재건축 아파트 신축공사

■ 72평형 (T-2 TYPE) 확장형 단위세대

*상기의 이미지는 조합원의 이해를 위하여 가구 등을 임의 배치하여 시뮬레이션 한 것입니다.
*상기의 이미지는 창호 및 실시설계시 다소 변경될 수 있습니다.
*붙박이장, 가구, 인테리어물 등은 변경(추가 및 삭제) 될 수 있습니다.

단위평면계획의 이해

(변경 전)

1. 거실

   거실의 너비가 6,000으로 계획되어 TV 등 가전제품 설치에 충분한 공간이 확보되었다.

2. 주방

   1) 주방의 너비를 5,800으로 계획하여 주방가구의 배치에 큰 불편이 없도록 계획하였다.

   2) 보조주방으로 향하는 문을 설치하여 가구설치에 불리한 구조이다.

3. 안방

   안방의 크기를 너비 4,800, 길이 4,200으로 구성하여 이용에 불편이 없도록 하였다.

4. 부부욕실

   1) 욕실의 너비가 3,000으로 비교적 넓게 계획하였으나 효율적인 기구배치가 필요하다.

   2) 부부욕실 발코니가 서재용 발코니와 분리되어있어 이용에 불편이 예상된다.

5. 침실-1

   1) 실의 크기(5,600×4,200)나 남측향 배치 등 비교적 만족스러운 계획이다.

   2) 결혼한 자녀 부부나 성인이 된 자녀를 고려하여 독립된 전용욕실을 설치하였다.

   3) 전용욕실이 외측벽에 면해있어 발코니를 확장할 경우 불리하며, 하절기에는 화장실의
      열손실이 우려되는 구조이다.

6. 침실-2

   남측향에 배치되어 이상적이고 너비 3,300은 비교적 만족스러운 계획이다.

7. 서재

   1) 서재의 출입문을 2개소 설치하여 책장 등 가구의 설치 등에 문제가 예상된다.

   2) 서재발코니에 A/C실외기가 설치되어있어 소음발생이 우려된다.

8. 사랑방

   의상실 등 특별한 용도로 사용할 수 있도록 다른 침실과 완전히 분리하여 배치하였다.

(변경 후)

1. 거실

   거실의 너비를 6,300으로 확장하여 TV등 가전제품의 설치에 지장이 없도록 계획하였다.

2. 주방

   1) 주방의 너비를 5,800으로 계획하여 주방가구의 배치와 이용에 불편이 없도록 하였으나,
      일부 입주자의 취향이나 입주 후 주방가구를 추가로 설치하는 경우에는 너비가 다소
      부족하다고 판단되며, 계획단계에서 일부 조합원은 부부욕실의 너비를 30㎝ 축소하여
      2,700으로 하고, 주방의 너비를 30cm 증가하여 6,100으로 하는 안을 제시한 바가 있다.
      현재, 이 제안을 다시 검토해보면 매우 합리적인 제안으로 판단된다.

   2) 보조주방으로 향하는 문을 삭제하여 싱크대나 수납장의 설치공간을 확대하였다.

3. 안방

   1) 안방의 너비를 4,800으로 하고 길이를 4,200으로 계획하여 이상적으로 구성되었다.

   2) 부부침대와 안방붙박이장의 위치를 이동시켜 안방의 프라이버시를 향상시켰다.

4. 침실-1
  1) 크기(5,550×4,200)나 남측향 배치 등 비교적 만족스러운 계획이다.
  2) 결혼한 자녀 부부나 성인이 된 자녀를 고려하여 독립된 전용욕실을 설치하였다.
  3) 전용욕실과 파우더룸의 위치를 상호 변경하여 발코니확장 시 대형의 파우더 룸 설치가
     가능하도록 하였으며, 동절기 전용욕실의 보온에 유리하도록 계획하였다.
  4) 시스템에어컨을 설치하게 됨에 따라 기존에 2개소로 계획되어 있던 발코니의 A/C
     실외기실을 부부욕실후면의 1개소로 통합하였다.
  5) 침실-1의 출입문을 우측으로 이동시켜 현관의 전면에 연속된 벽체를 설치할 수 있도록
     함으로써 추후 인테리어공사를 위한 충분한 공간을 확보하였다.
5. 침실-2
  크기(3,300×4,200)나 남측향 배치 등 비교적 만족스러운 계획이다.
6. 서재
  1) 서재의 너비를 3,300으로 축소하고 거실 너비를 확대하였다.
  2) 서재의 출입문을 1개소로 하고 하절기의 통풍과 책장 등 가구의 배치를 고려하여 문의
     위치도 변경하였다.
7. 사랑방
  의상실 등의 특별한 용도로 사용할 수 있도록 침실을 다른 침실과 완전히 분리하여 배치
  하였다.
8. 현관
  현관발코니를 설치하여 자연채광 확보 및 하절기의 자연환기가 가능하도록 하였으며,
  벽체를 추가하여 사랑방 발코니를 분리함으로서 사랑방의 이용가치를 향상시켰다.

□ 72평형 T-2타입 평면계획의 특·장점
  세대현관과 사랑방 후면에 발코니가 설치되어 현관의 자연채광 및 하절기 자연환기에
  유리하며, 북측에 위치한 사랑방의 하절기 보온에 도움이 될 것이며, 사랑방의 확장이 가능
  하며 확장하지 않을 경우 일종의 독립된 창고로 사용할 수 있는 장점이 있다.

17. 81평형 T-1타입 평면계획

(변경 전)

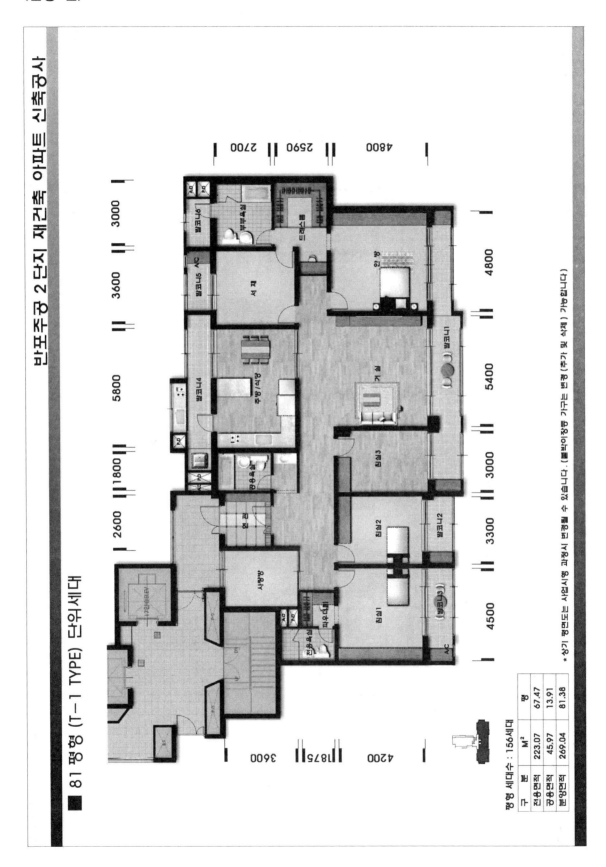

반포주공 2단지 재건축 아파트 신축공사

■ 81 평형 (T-1 TYPE) 단위세대

평형 세대수 : 156세대

구 분	M²	평
전용면적	223.07	67.47
공용면적	45.97	13.91
분양면적	269.04	81.38

* 상기 평면도는 사업시행 과정시 변경될 수 있습니다. (붙박이장등 가구는 변경 (추가 및 삭제) 가능합니다)

반포주공 2 단지 재건축 아파트 신축공사

■ 81평형 (T-1 TYPE) 단위세대

*상기의 이미지는 조합원의 이해를 위하여 이해를 위하여 가구 등을 임의 배치하여 시뮬레이션 한 것입니다.
*상기의 이미지는 착공 및 실시설계시 다소 변경될 수 있습니다.
*붙박이장, 가구, 인테리어 등 은 변경(추가 및 삭제) 될 수 있습니다.

(발코니 확장형)

반포주공 2 단지 재건축 아파트 신축공사

■ 81평형 (T-1 TYPE) 확장형 단위세대

단위평면계획의 이해

(변경 전)

1. 거실

거실의 너비를 5,400으로 하고, 너비가 3,000인 침실-3을 확장하여 거실로 이용할 수 있도록 계획하였다. 이 계획은 침실-3을 확장하지 않은 경우나 확장한 경우 모두 문제가 예상된다. 즉, 확장하지 않은 경우에는 80평형대로서 거실의 너비가 너무 좁고, 침실-3을 거실로 확장하는 경우에는 복도 측 중간위치에 기둥이 노출되는 등의 문제가 발생된다.

2. 주방

1) 주방의 너비를 5,800으로 하여 가구배치에 큰 불편이 없도록 하였다.

2) 보조주방으로 향하는 별도의 출입문을 설치하여 주방가구설치에 불리한 구조이다.

3. 안방

안방의 크기를 너비 4,800, 길이 4,800으로 계획하여 이용에 불편이 없도록 하였다.

4. 부부욕실

1) 욕실의 너비가 3,000으로 비교적 넓게 계획하였으나 효율적인 기구배치가 요구된다.

2) 부부욕실 발코니가 설치되어있으나 이용에 불편이 예상된다.

5. 침실-1

1) 크기(4,500×4,200)나 남측향 배치 등 비교적 만족스러운 계획이다.

2) 결혼한 자녀 부부나 성인이 된 자녀를 고려하여 독립된 전용욕실을 설치하였다.

3) 발코니에 A/C 실외기가 설치되어있어 소음이 우려된다.

6. 침실-2

남측향에 배치되어 이상적이고 너비 3,300은 비교적 만족스러운 계획이다.

7. 침실-3

1) 남측향에 배치되어있어 이상적인 계획이나 계속 침실로 사용하는 경우 80평형대의 아파트로서는 너비가 다소 좁은 편으로 결국 침실의 숫자가 많은 편이다.

2) 거실로 전용하는 경우 거실이 지나치게 넓어지게 되며, 중간의 기둥이 걸림돌이 된다.

3) 따라서 이 계획은 근본적으로 문제가 있는 계획이라는 것이 필자의 견해이다.

8. 서재

1) 서재의 출입문을 2개소 설치하여 책장의 설치위치 및 이용에 문제가 예상된다.

2) 발코니에 A/C실외기 실이 있고 북향이기 때문에 발코니 확장을 금지하였다.

(변경 후)

1. 거실

거실의 너비를 6,900으로 확장하여 80평형대에서 요구되는 거실 너비를 확보하였다.

2. 주방

1) 주방의 너비를 5,800으로 계획하여 주방가구의 배치와 이용에 불편이 없도록 하였으니, 일부 입주자의 취향이나 입주 후 주방가구를 추가로 설치하는 경우에는 너비가 다소 부족 하다고 판단된다. 계획단계에서 일부 조합원은 부부욕실의 너비를 30㎝ 축소하여 2,700으로 하고, 주방 너비를 6,100으로 하는 안을 제시한 바가 있다. 따라서

골조가 확정된 이후, 조합원 별로 마감재 상향을 위한 'UP GRADE' 행사에서는 당초의 발코니 확장대상에서 제외되었던 식당용 발코니인 발코니-2의 일부를 확장하여 식당으로 사용할 수 있도록 발코니확장을 허용하였다. 이 경우 세탁기가 설치되고 빨래 건조대가 설치되는 보조주방 앞의 발코니가 매우 협소해지는 단점이 발생된다.

2) 보조주방으로 향하는 문을 삭제하여 싱크대 및 수납장의 설치장소를 확대하였다.

3. 안방

1) 안방의 너비를 5,100으로 확대하고 길이는 4,500으로 조정하여 편리성을 증가하였다.

2) 부부침대위치로 인해 프라이버시에 문제가 예상됨에 따라 이 문제를 보완하기 위해 원하는 입주자에 한하여 안방의 장롱형장의 깊이를 증가시키고 옷장의 출입문을 양쪽에 설치하고, 옷장 중앙부분은 벽체로 구성한 후 부부침대를 옷장에 접하여 이동 설치하는 소위 워크인 타입(Walk In Type) 옷장을 설치하여 이 문제를 해결하였다. 이 경우의 단점은 침실크기가 다소 좁아지는 면이 있다는 것이다.

4. 침실-1

1) 크기(5,900×4,200)나 남측향 배치 등 만족스러운 계획이다.

2) 결혼한 자녀 부부나 성인이 된 자녀를 고려하여 독립된 전용욕실을 설치하였다.

3) 시스템에어컨을 설치함에 따라 종전에 2개소로 계획되어 있던 발코니의 A/C실외기실을 부부욕실후면의 1개소로 통합하였다.

4) 침실-1의 출입문을 전용화장실측에 설치하여 복도의 현관 전면에 연속된 벽체를 구성함으로써 추후 이 벽체에 인테리어장식을 추가할 수 있도록 준비하였다.

5. 침실-2

크기(3,600×4,200)나 남측향 배치 등 만족스러운 계획이다.

6. 공용화장실

1) 공용화장실 전면에 전실을 설치하여 공용욕실과 분리함으로써 공용욕실의 이용성을 증대시켰다. 전실에는 세면기 및 대형 거울과 수납장을 설치하여 간단한 손 씻기나 세안을 편리하게 할 수 있도록 하였다, 이때 화장실문 내부에도 세면기를 추가하여 설치하는 것이 공용화장실 이용의 편리성면에서 더욱 유리하다.

2) 공용욕실의 위치를 변경함으로서 공간의 이용도를 더욱 향상시켰다.

7. 침실-3

공용욕실과 침실-3(사랑방)의 위치를 상호 이동시켜 사랑방(침실-3)의 취약했던 방법문제를 해결하였고, 침실-3(사랑방)에는 발코니를 설치할 수 있도록 하였다.

8. 서재

1) 서재의 너비를 3,300으로 축소하고 거실 너비를 확대하였다.

2) 서재 출입문을 1개소로 하고, 하절기의 통풍 및 책장 등 가구의 배치를 고려하여 문의 위치도 변경하였다.

(발코니 확장형)

동의 구성이 T자형으로 되어있어 T-1타입(제2호 및 제3호)의 후면발코니는 확장을 하지 않고 존치시켜 시각적인 완충구간을 확보함으로써 T-2타입(제1호)의 프라이버시 확보에 지장이 없도록 계획하였다.

18. 81평형 T-2타입 평면계획

(변경 전)

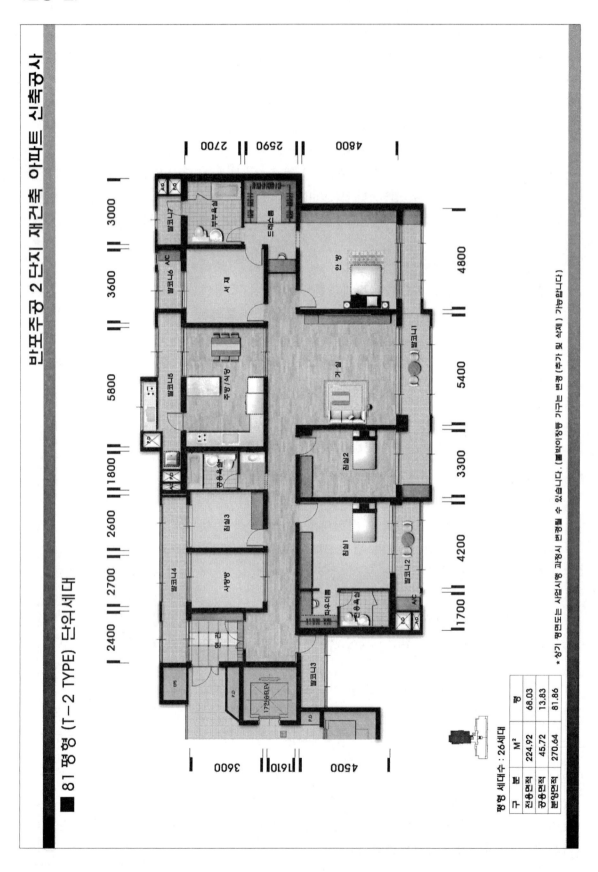

■ 81평형 (T-2 TYPE) 단위세대

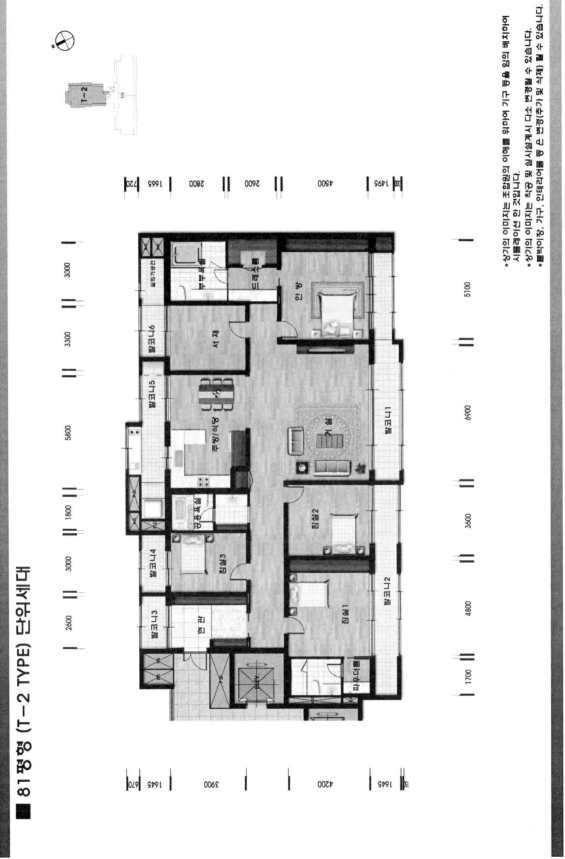

* 상기의 이미지는 조합원의 이해를 돕기위하여 실제와 다소 변경될 수 있습니다.
* 상기의 이미지는 착공 및 실시설계시 다소 변경될 수 있습니다.
* 발코니창, 가구, 인테리어물 등은 변경(추가 및 삭제)될 수 있습니다.

(변경 후)

반포주공 2 단지 재건축 아파트 신축공사

■ 81평형 (T-2 TYPE) 확장형 단위세대

T-2

침실1
침실2
거실
주방/식당
서재
침실3
침실4
침실5
안방
욕실
드레스룸
현관
복도
파우더룸

발코니2
발코니3
발코니4
발코니5

3000 3300 5800 1800 3000 2600

1720 1665 2800 2600 4500 1495

1700 4800 3600 6900 5100

150 1645 4200 3900 1645 670

* 상기의 이미지는 조합원의 이해를 위하여 가구 등을 임의 배치하여 시뮬레이션 한 것입니다.
* 상기의 이미지는 착공 및 실시설계시 다소 변경될 수 있습니다.
* 붙박이장, 가구, 인테리어 품목 등 은 변경(추가 및 삭제) 될 수 있습니다.

단위평면계획의 이해

(변경 전)

1. 거실

　거실의 너비를 5,400으로 하고, 너비가 3,000인 침실-2의 거실 측 벽면을 철거하여 거실로 함께 이용할 수 있도록 하였다. 이 계획은 침실-3을 확장하지 않는 경우나 확장한 경우 모두 문제가 예상된다.

　즉, 확장하지 않은 경우에는 80평형대로서의 거실 너비가 너무 좁고, 침실-2를 거실로 함께 사용하는 경우에는 거실의 너비가 너무 넓으며, 복도 쪽 중간위치에 기둥이 노출되는 문제가 발생된다.

2. 주방

　1) 주방의 너비를 5,800으로 하여 주방가구의 배치에는 큰 불편이 없도록 하였다.

　2) 보조주방으로 향하는 문을 설치하여 주방가구설치에 불리한 구조이다.

3. 안방

　안방의 크기를 너비 4,800, 길이 4,800으로 계획하여 비교적 이용에 불편이 없도록 하였다.

4. 부부욕실

　1) 욕실의 너비가 3,000으로 비교적 넓게 계획하였으나 효율적인 기구배치가 필요하다.

　2) 부부욕실발코니가 설치되어 있으나 이용상의 불편이 예상된다.

5. 침실-1

　1) 크기(5,900×4,500)나 남측향 배치 등 비교적 만족스러운 계획이다.

　2) 결혼한 자녀 부부나 성인이 된 자녀를 고려하여 독립된 전용욕실을 설치하였다.

6. 침실-2

　남측향에 배치되어 이상적이고 너비 3,300은 비교적 만족스러운 계획이다.

7. 사랑방

　너비가 2,700으로 80평형대에서는 실의 너비가 좁게 느껴질 수 있다.

8. 침실-3

　너비가 2,700으로 계획되어 80평형대로서는 실의 너비가 좁으며, 위치가 T-1타입에 대비하여 북측에 배치되어 있어 형평성에 문제가 예상된다.

9. 서재

　1) 서재의 출입문을 2개소 설치하여 책장 설치를 위한 위치 등 이용에 문제가 예상된다.

　2) 서재발코니에 A/C 실외기가 설치되어 있어 소음이 우려된다.

(변경 후)

1. 거실

　거실의 너비를 6,900으로 확장하여 80평형대에서 요구되는 거실 너비를 확보하였다.

2. 주방

　1) 주방의 너비를 5,800으로 계획하여 주방가구의 배치와 이용에 불편이 없도록 하였으나, 일부 입주자의 취향이나, 입주 후 주방가구를 추가로 설치하는 경우에는 80평형대의 주방으로서는 너비가 부족하다고 느낄 수 있을 것이며, 계획단계에서 일부 조합원은

부부욕실의 너비를 30cm 축소하여 2,700로하고, 주방 너비를 30cm 증가시켜 6,100 으로 하는 안을 수차 제시한 바가 있으며, 이 제안은 합리적인 안이라고 생각한다.

2) 보조주방으로 향하는 문을 삭제하여 싱크대나 수납장의 설치장소를 확대하였다.

3. 안방

1) 안방의 너비를 5,100로 확대하고 길이는 4,500으로 조정하여 편리성을 증대시켰다.

2) 부부침대의 위치로 인해 프라이버시에 문제가 예상되며, 이 문제를 보완하기 위하여 원하는 입주자에 한하여 안방의 장롱형장의 깊이를 증대시키고 옷장의 출입문을 양쪽에 설치하고 옷장 중앙부분은 경량벽체로 구성한 후 부부침대를 옷장에 접하여 이동 설치함으로써 이 문제를 해결하였다. 이 경우의 단점은 침실의 사용가능 면적이 다소 작아진다는 것이다.

4. 침실-1

1) 크기(6,500×4,200)나 남측향 배치 등 전체적으로 만족스러운 계획이다.

2) 결혼한 자녀 부부나 성인이 된 자녀를 고려하여 독립된 전용욕실을 설치하였다.

3) 시스템에어컨이 설치됨에 따라서 2개소로 계획되어 있던 발코니의 A/C실외기실을 부부욕실후면의 1개소로 통합하였다.

4) 침실-1의 출입문을 우측으로 이동시킴에 따라 복도의 현관전면에 연속된 벽체가 형성되고, 추후 이 벽면에 인테리어공사를 할 수 있는 좋은 공간이 확보되었다.

5. 침실-2

침실의 크기(3,600×4,200)나 남측향배치 등 전체적으로 만족스러운 계획이다.

6. 침실-3

침실의 너비를 3,000으로 확대하여 미흡하나마 80평형대의 침실 폭이 되도록 하였다.

7. 공용화장실

1) 공용화장실 전면에 전실을 설치하여 공용욕실과 분리함으로써, 공용욕실의 이용이 편리하도록 하였다. 전실에는 세면기 및 대형 거울과 수납장을 설치하여 간단한 손 씻기나 세안을 편리하게 할 수 있도록 하였다. 이때, 화장실문 내부에도 세면기를 추가로 설치하는 것이 공용화장실 이용의 편리성면에서 꼭 필요하다.

2) 공용욕실의 위치와 사랑방의 위치를 상호 변경함으로써 공간의 이용도를 높였다.

8. 서재

1) 서재의 너비를 3,300으로 축소하고 거실 너비를 6,900으로 확대하였다.

2) 서재 출입문을 1개소로 하고, 하절기의 통풍 및 책장 등 가구의 배치를 고려하여 문의 위치도 변경하였다.

□ 81평형 T-2타입 평면계획의 특·장점

현관과 침실-3의 후면에 발코니가 설치되어 현관의 자연채광 및 하절기 자연환기에 유리하며, 북측에 위치한 침실-3의 하절기 보온에 도움이 될 것이며, 사랑방의 확장이 가능하며 확장하지 않을 경우 일종의 독립된 창고로 사용할 수 있는 장점이 있다.

▣ 아파트 단위평면 계획 시 주택의 중심공간 이동과정에 대한 소고(小考)

퍼스티지아파트의 단위평면에 대한 기본계획의 수립은 주로 거실에 설치되는 가전제품인 TV가 대형화되는 추세이며, 가족의 구성도 핵가족화가 가속화되는 시기이고, 외식문화가 점차 그 비중을 크게 확장해가는 당시의 시대상황에 맞추어 주방중심의 공간구성을 지양하고 거실중심의 공간 구성을 기본으로 단위평면계획이 수립되고 시행되었다. 그러나 우리가 살고 있는 현대는 사회변화와 기술발전이 우리의 생활을 부지불식간에 바꾸어 나가는 시대임을 감안하여 앞으로의 사회변화 중에서 주거생활에서 나타날 수 있는 변화를 아래와 같이 예상해 본다.

몇 년 전의 거실 풍경을 떠올리면 언제나 아버지와 함께 TV를 시청하던 모습을 기억합니다. TV 앞에서 리모컨으로 화면을 조정할 수 있는 사람은 오직 가장인 아버지뿐이었습니다. 어찌 되었든 그 시절 TV는 집안의 중심이었습니다. 가족들이 모이는 장소는 늘 거실의 TV 앞이었으며, 그런 풍경은 대부분 가족의 일상적인 모습이었습니다. TV가 가족생활의 중심이 되어버린 현대사회의 단면을 보여주는 것이겠지요.
그런데 어느덧 가족은 더 이상 TV 앞에 모이지 않습니다. 가족은 저마다 각자의 취향에 맞는 콘텐츠를 각자의 방에서 노트북과 태블릿 PC, 스마트폰을 통해 즐길 수 있습니다. 따라서 거실은 가족이 모이는 장소의 지위를 상실하고 점차 그 역할이 자연스럽게 줄어들기 시작합니다. 그렇다면 가족은 이제 어디에서 대화를 나눌까? 주방의 식탁입니다. 집에서 우리 삶의 중심은 이제 부엌으로 이동하고 있습니다. 일하는 여성이 늘어나면서 요리와 부엌일은 더 이상 주부만의 몫이 아닙니다. 주방은 주부만의 노동공간이 아니라 가족의 교류공간으로 진화하고 있습니다. 부엌에서 엄마나 아빠가 요리를 하고 아이들은 자신들의 방이나 거실의 테이블이 아닌 식탁에서 엄마의 도움으로 숙제를 합니다. 식사를 마친 후에도 주방을 떠나지 않고 식탁에 앉아 이야기를 나눕니다. 일상의 소중한 추억들이 주방에서 만들어지는 것이지요.

그러나 이러한 소중한 추억 만들기는 아쉽게도 자녀들이 초등학교 고학년이 되거나 중학생이 되면 더 이상 지속되지 못하는 상황에 처하게 됩니다. 청소년이 된 자녀들은 학교수업을 끝마친 후 학원에 다녀와 늦은 저녁식사 후에는 자신들의 방에서 숙제나 복습을 하게 되며, 잠깐이나마 가질 수 있는 여가시간에는 자신들만의 공간에서 노트북과 태블릿 PC, 스마트폰을 통해 자신이 좋아하는 만화나 게임 등을 자기 혼자나 친구들끼리 즐기고 있습니다. 이와 함께, 주방에 대한 사회적 환경변화는 '반조리 음식의 배달', '미니멀 라이프(간소한 삶)', 그리고 자녀교육에 올인하려는 부모들에 의해 주방의 역할이 점차 축소되는 것이 우리나라는 물론 온 지구가족에서 나타나는 현상입니다.

필자는 이러한 사회환경의 변화나 가족의 성장 사이클에 부응하기 위한 공동주택 단위평면계획의 기본방향은 거실, 주방, 안방 및 자녀침실 등에서 중심이 되는 장소는 더 이상 존재하지 못하고, 각각의 공간들이 균등한 지위를 가지게 될 것으로 예상합니다. 이러한 환경변화의 결과로 지금까지 공간 중심의 대상에서 비교적 멀어져 있던 자녀들의 침실에 대한 관심이 한층 더 커지게 될 것입니다. 따라서 자녀들의 침실은 침대, 책상, 책장, 옷장 및 그 외에 컴퓨터기기 등의 설치가 가능한 현재보다는 조금 더 쾌적한 공간으로의 계획이 필요한 사회가 찾아올 것이라는 생각을 해봅니다. 각 실의 발코니확장이 이러한 요구를 실현할 수 있는 유효한 수단 중의 하나가 되겠지요.

5 입면계획 등

(1) 각 동의 입면은 주상복합형으로 구성하였다.

아파트의 일반적인 입면구성방법인 발코니의 파이프난간 설치는 외관상 문제가 있어 파이프난간을 대신하여 주상복합아파트에서 채택하고 있는 강화유리로 대체하였고, 현재는 법으로 의무화되었으나 A/C 실외기실을 설치하여 외관을 미려하게 구성하도록 하였다.

(2) 발코니창의 열림방식을 슬라이딩타입으로 하였다

외부 발코니창의 열림방식은 각 실의 자연환기 효율성이 최대가 되도록 하기 위하여 슬라이딩(미서기)타입을 채택하였으며, 방충망은 외관의 미려함을 위해 미사용 시는 방충망이 위로 감겨 올라가는 롤-타입(Roll Type)으로 설치하였다.

(3) 발코니 창은 '발코니 확장용 시스템 창'을 설치하였다.

공사 중 발코니 확장이 법적으로 허용되어 입주 전에 발코니의 확장이 가능해짐에 따라, 발코니 확장에 의한 열손실의 최소화 및 유리창 결로에 의한 하자발생 등을 방지하기 위하여 발코니 확장 시 페어유리(이중의 공간유리)창이 이중으로 설치되는 소위 '발코니 확장형 시스템창호'를 설치함으로써 창에 결로가 최대한 발생되지 않도록 하였다. 이때, **발코니창호의 외측 샤시(창틀)색깔을 흰색으로 하는 것은 가능한 피하는 것이 좋다**.

(4) 1층에 현관 로비를 설치하였다.

주상복합아파트에서는 기본적으로 설치되고 있는 1층의 현관 로비를 국내의 순수한 대단지 아파트에서는 최초로 설치함으로써 입주민간의 대화의 장소를 제공하고, 이제까지 일반아파트의 동 입구에서 느낄 수 없었던 개방감을 갖도록 함으로써 아파트의 경제가치 향상에 크게 기여했다고 판단된다.

(5) **발코니창의 설치높이는 침실의 침대설치높이와 동일하게 계획하였다.**

발코니창 설치높이(콘크리트 타설 높이)는 <u>침실바닥 마감재에서 창틀 하부까지의 높이가 480mm내지 500mm</u>가 되도록 하여 침대를 배치한 후의 침대 매트리스 높이인 480mm내지 500mm와 동일한 높이가 되도록 함으로써 거주자가 안정감을 가질 수 있도록 하였다.

즉, **콘크리트바닥면에서 창의 설치높이를 640mm로 계획하였다**. 이 높이는 아파트의 층고를 천정매립형 에어컨의 설치를 감안하여 2,800mm로 계획한 퍼스티지아파트의 경우, 아파트의 층고와 창 높이의 비례가 공동주택에서는 안정적인 느낌을 줄 수 있는 비율과 높이라고 판단된다. 또한, 거실발코니를 확장하지 않고 대형 화분을 배치하는 경우에도 유리하며, 이 콘크리트 타설 높이인 640mm의 확보는 거실 발코니를 확장한 경우의 안정감 확보 등 여러 이점이 있다는 판단이다.

다만, 거실발코니를 비확장하여 그대로 사용하는 경우에는 창 높이가 다소 높은 느낌이 있을 수도 있어, 공동주택에서 **양호한 조망의 필요성이 가장 많이 강조되는 거실의 발코니창 설치높이 만을 별도로 낮게 계획할 수도 있을 것이다**. 이 경우 해당하는 동의 전체적인 외부입면계획과 조화를 이룰 수 있는지의 여부를 필히 확인할 필요가 있다.

6 단위세대 설비계획

(1) 전 세대에 「**바닥충격음 차단 인정설비**」를 설치하였다.

요즘 많은 민원이 발생되고 주거환경에 큰 장애요인으로 대두되고 있는 층간소음 문제를 최소화하기 위하여 「**바닥충격음 차단 인정구조**」를 채택/설치함으로써 예상되는 입주민의 민원을 대부분 예방할 수 있었다.

(2) 천정 매립형 시스템에어컨을 설치하였다.

세대의 자연환기가 구조적으로 어려운 주상복합형 아파트에서는 이미 기본설비로 설치되고 있는 천정 매립형 시스템에어컨을 대단위 일반 아파트에서는 최초로 설치하였다.

시스템에어컨의 설치여부는 각 세대의 선택 및 비용부담으로 하였고, 일반분양세대에는 기본품목으로 설치함으로써 아파트 품격을 향상시키는 데 크게 기여한 것으로 판단된다. 근래에는 대부분의 공동주택에서 천정 매립형 에어컨을 기본품목으로 설치하고 있다.

(3) 모든 실의 콘센트는 2개소씩 설치하도록 하였다.

모든 주택형의 모든 실에는 입주자의 취향에 따라 가구배치를 달리할 수 있도록 하기 위하여 전기, 통신 등의 모든 콘센트를 2개면에 설치하도록 하였다. 다만, 바닥에서 약 1m 상부에 설치되는 벽걸이 TV 연결 Box는 한 면에만 설치하였다.

필자의 견해로는 아파트단지의 전체의 골조가 완성되고 인테리어공사를 착수하기 전에 각 가구별 조망여건을 직접 확인 한 후 거실의 전면에 설치되는 아트월(Art Wall)의 설치위치 확정 등 거실의 전면을 확정하는 방안을 제안한다. 이때는 아트월의 상부 천정에 매립하여 설치되는 다운라이트(down light)등 골조공사 때 이미 그 위치가 정해지는 전기설비를 이동설치 하는 등의 일부 추가적인 공사가 예상된다.

(4) 환기설비

법적으로 설치가 의무화되어 있는 세대 환기설비는 대부분 「열교환설비와 공기정화설비」가 함께 설치된다. 열교환설비는 외부의 공기를 흡입하여 실내공기에 알맞은 온도로 조정하는 기능을 하며, 공기정화설비는 외부에서 인입되는 공기를 필터 등을 통하여 정화하는 기능을 한다. 이때, 열교환설비를 가동시키는 경우에는 아주 많은 양의 전기가 소모되기 때문에 기 설치된 아파트 단지에서는 이 설비의 가동 시 소모되는 전기료로 인하여 이 설비의 이용에 대해 일부 주민들이 불편해하기도 한다.

이에, 퍼스티지아파트에서는 아파트의 모든 세대에 지역난방시설과 천정 매립형 에어컨이 설치되고, 대부분의 단위세대가 전·후면으로 자연환기가 양호한 판상형으로 평면이 구성되어 있어 환기설비를 이용한 강제(기계)적인 환기방식보다는 자연환기가 양호하다는 점을 감안하여 열교환설비는 작동을 정지한 상태(THERMOSTAT를 0°C로 쎄팅)로 환기 시설을 설치함으로써 많은 에너지를 절감할 수 있도록 하였다.

7 기타계획

1) 단위 동 계획 시 고려사항

(1) 각 동별 양호한 조망권의 확보

(2) 각 동 일조권의 최대한 확보, 각 동 상호간의 프라이버시 유지 등
약 30층 이상의 고층아파트에서 양호한 조망권이나 일조권의 확보를 위해서는 동의 계획이나 배치방법을 기존의 판상형을 배치하는 형식과 같이 일자형으로 배치하여 동의 전면이 앞에 위치하는 동의 후면을 정면으로 향하는 배치방식을 지양하고, 각 동의 정면이 단지 내의 도로나, 전면의 두 번째 열에 위치한 동의 방향으로 향하도록 동을 계획하여 배치하면, 충분한 조망거리 확보와 가구별 프라이버시 유지에 유리하다. 동 상호간의 프라이버시를 유지하기 위한 또 다른 방안으로는 각 동의 후면발코니 특히 큰 주택형의 세대는 가능한 발코니 확장이 불가능하도록 계획할 필요가 있다.

2) 단위 동 계획에서의 타입별 장·단점

(1) L-Type

가. 모든 세대를 남측향으로 고르게 배치할 수 있으며, 총 3세대를 배치하는 경우에는 양측의 2세대는 결국 판상형이 되어 자연환기가 양호하게 되며, 중앙에 위치하는 세대는 후면이 벽으로 구성되어 이론적으로는 통풍에 일부 지장이 있을 수 있다고 예상되나, 발코니창의 개폐형식이나 단위세대의 깊이가 깊지 않아 자연환기에 큰 지장은 없는 것으로 파악하고 있다.
나. 주로 30평형대 내지는 40평형대의 주택형에 적합하다.
다. 다만, 동의 외형이 수려하지 않고 대형 주택형에는 잘 어울리지 않을 수도 있으며, 필요한 경우 양측에 각각 동일한 주택형 여러 세대를 연장하여 계획하기도 한다.

(2) 바지저고리 타입

가. 주로 30평형대 이하의 중소형 주택형의 4가구로 이루어지는 경우에 많이 이용된다. 퍼스티지아파트에서는 26평형 전체와 34평형 1개동이 이 타입으로 구성되었다.
나. L-Type과 같이 4세대 전체가 고르게 남측향을 유지할 수 있는 장점이 있다.
다. 다만, 동의 외형이 수려하지 않고 대형 주택형에는 잘 어울리지 않을 수도 있다.

(3) Y-Type

가. 주로 3세대로 구성되며 퍼스티지아파트에서는 Y-Type의 문제점 등을 감안하여 전혀 선택하지 않았고, 이 타입을 대신하여 T-Type을 채택하였다.
나. 3세대 모두가 판상형으로 구성되고 각 세대의 배치가 정형화되어 있어 외형은 매우 수려하나, 한 세대는 필연적으로 북서향에 배치되기 때문에 이 타입에 대한 필자의

개인적인 견해로는 순수 아파트 단지에서는 인동거리 및 사생활 침해와 일조상의 문제로 잘 어울리지 않는 타입으로 인식하고 있다.

다. 이 타입도 각 3방향으로 여러 세대를 복도를 이용하여 연결할 수 있다.

(4) T-Type

가. 주로 3세대로 구성되며 퍼스티지아파트에서는 44평형 이상의 대형 주택형은 모두 이 타입을 채택하였다.

나. 3세대 모두가 판상형으로 구성되기 때문에 모든 세대의 자연환기는 매우 우수하나, 외형이 수려하지는 않다.

다. 해당 동의 모든 세대를 남측향(남동향, 남서향)으로 배치가 가능한 장점이 있다.

(5) Box-Type

가. 주로 한 동이 4가구 이상으로 구성되는 고층의 주상복합아파트에서 채택되며, 한 단지에 3개동 내외의 동을 계획하는 경우에 바람직한 타입이다.

나. 필연적로 약 2세대 이상은 북서향에 위치하게 되고, 각 세대의 후면이 막혀있어 특히 대형 주택형에서는 자연환기에 문제가 있으며, 외벽을 유리로 마감할 경우에서는 온실효과로 인한 난방비용의 상승 등, 현재 이미 건축되어 있는 건축물에서는 여러 문제점이 나타나고 있다. 그러나 **북서향이 강이나 공원 등 조망이 매우 양호한 주변 환경인 경우에는 오히려 Box-Type(박스타입)의 채택이 이상적인 선택이 된다.**

다. 외형이 수려하여 도심에서 많이 아용되는 타입이며 도시미관의 측면에서 많은 장점이 있는 타입이다.

(6) + Type

가. 위의 박스타입의 단점을 일부 보완하기 위하여 이용되는 타입으로 주로 대형 주택형의 4세대로 구성된다. 그러나 한 축에 중복도를 설치하여 2가구로 나누어 여러 세대를 계획할 수도 있다. 이 경우 단위세대는 결국 2면이나 3면이 벽체로 구성되기 때문에 조망이나 채광 및 자연환기에서는 큰 단점을 내포하게 된다.

나. 4가구 모두를 판상형으로 구성할 수 있으며, 외형도 양호하여 근래에는 이용 빈도가 증가하는 추세이나 이웃 세대 간의 프라이버시 확보 측면에서는 단점이 있는 형식 이라는 지적이다. 이 타입도 4개의 라인 중 1개의 라인에 위치하는 세대의 향은 북서향이 될 수밖에 없는 단점이 있으나, <u>북서향이 강이나 공원 등 조망이 양호한 주변환경인 경우에는 오히려 + Type의 채택이 가장 이상적인 선택이 된다</u>.

(7) 판상형(일자형)

가. 오래 전부터 저층아파트에 많이 이용되던 타입으로 전 세대를 남향으로 배치할 수 있으며 자연환기가 양호하여, 향의 영향을 많이 받는 위도에 위치하는 우리나라에서 여러 해 동안 많이 이용되어 왔다.

나. 외관이 단조롭고 조망이나 고층화에는 단점이 있어 현재 고층화추세인 재건축아파트나 고층의 신축아파트 건설현장에서는 이용 빈도가 대폭 감소하고 있다. 그러나 이 타입의 장점을 살리면서 문제점들을 보완하기 위하여 <u>1개동을 3가구 내지 4가구로 구성하고, 동의 배치를 사선으로 하는 등, 변형된 배치방법을 통하여 조망거리를 확대하고 단위 동의 외형을 변형하는 방법을 통해 판상형의 동 계획을 적지 않게 이용하기도 한다.</u>

3) 발코니 창호 계획 시 고려사항

(1) 발코니 창호의 샤시(창틀) 구성계획

단위세대에서의 자연환기성능을 향상시키기 위한 요소로는 단위 평면계획 이외에 발코니 창호의 샤시(창틀) 구성계획이라 할 것이다. 주상복합아파트는 대부분 고층으로 건축되기 때문에 고층화에 따른 강한 바람의 유입방지나, 건축물 외관을 미려하게 구성하기 위하여 창호의 개폐 가능 면적을 가능한 최소화하고, 창호의 개폐방식도 프로젝트 타입으로 계획하고 있다. 주상복합아파트는 창호의 개폐방식과 단위세대의 후면에 위치한 벽면(통상 2개면)이 밀폐 되도록 설계되어 있어, 단위세대의 자연환기성능에 부정적인 요인으로 작용하기도 한다. 주상복합아파트에서도 이러한 문제점을 개선하기 위해 창의 개폐방식을 자연환기성능이 비교적 양호한 미서기 타입을 채택하기도 한다.

(2) 발코니 창호 샤시(창틀)의 외부 색깔에 대한 검토

발코니 창호 샤시(창틀)를 원재료를 기준으로 분류하면 PVC와 AL. 제품의 2종류로 대별할 수 있다. PVC 제품은 밀폐성이나 가격 면에서 유리하며 통상 흰색이 이용된다. 반면, 알루미늄 제품은 주로 진한 회색이나 암갈색의 '불소코팅 알루미늄 샤시'를 사용한다. 이 2종류 제품에 대한 필자의 견해는, 발코니 창호에 사용되는 유리는 발코니가 확장되지 않는 경우 그린색의 페어그라스가 설치되고, 확장을 하는 경우에는 퍼스티지아파트의 경우에서와 같이 페어그라스가 이중으로 설치(4장의 유리로 구성)되고 있어 외부에서 보이는 유리의 채도나 명도는 아주 어두운 암녹색으로 인식된다.

따라서 발코니 창호 샤시(창틀)의 외부는 어두운 색깔을 채택하는 것이 이상적이라는 생각이다. 흰색의 창호 샤시(창틀)를 사용하는 경우 창호의 프레임이 진한 유리색깔에 대비되어 강하게 부각됨으로써 특히 소형 아파트의 외형이 창호의 복잡한 구성으로 인하여 지나치게 혼란스럽게 느껴질 수 있게 되어, 도시미관에 해로운 영향을 미치게 된다.

<u>요즘에는 위와 같은 문제점을 개선하기 위한 방안으로 흰색의 PVC 창호 샤시(창틀)의 외부 면에 원하는 색깔의 칼라 알루미늄 금속판(AL. Cover)을 부착하거나 코팅을 한 샤시를 사용하는 사례가 점차 증가하는 추세다. 다만, 칼라 알루미늄 금속판을 부착한 샤시를 사용하는 경우 진한 색깔의 외부 면과 흰색의 내부 면(레일면 포함)의 상호 부조화는 앞으로 개선해야할 과제이며, AL Cover의 절단면을 날카롭지 않게 처리하는 데 주의가 요구된다. 한편, 정비사업조합이 정비사업을 추진함에 있어서는 시공자를 선정하기 전 사업계획서의 '자재마감표'에 조합이 계획한 창호의 자재에 대한 명확한 언급이 있어야 할 것이다.</u>

(3) 발코니 창호 프레임 계획 시 입주 후 작업공간의 확보 계획이 필요하다.

근래에는 발코니에 철재난간을 설치하는 방식 대신에 주상복합 아파트에서 많이 이용되는 안전유리를 난간 대용으로 사용한다. **아래 그림의 미서기 타입-2의 경우에는 발코니 창호의 약 1.2m 이하까지를 강화유리로 처리하고**, 일반 아파트에는 주상복합아파트와 같은 대형의 화물용 엘리베이터를 별도로 설치하지 않기 때문에 14층 이상의 고층아파트에서는 입주 후의 인테리어공사나 이사를 하는 경우 건축자재나 대형가구의 반입이 불가능 한 경우가 발생되면 강화유리를 제거한 후 이 공간을 이용한다. 이러한 상황에 대비하여 **발코니 창호의 프레임을 계획할 때에는 너비가 약 2미터 이상의 작업구를 확보한 발코니 창을 가구당 1 개소는 설치할 필요가 있다.**

입주 후 인테리어공사 등에 이용되는 대형 자재나 가구 등은 발코니 창호에 설치된 창을 통하여 필요한 자재 등을 윈치(Winch)가 설치된 차량과 옥상에 도르래를 설치하여 실내에 반입하기도 한다. 따라서 창호에 이러한 **작업공간**을 준비하지 않은 공동주택에서는 입주 후에는 인테리어공사나 이사를 할 경우 화물의 크기로 인해 필요한 자재나 가구의 반입에 어려움이 발생되는 경우가 있다.

소형 주택형의 경우에는 창의 일부가 개폐되는 상부에 이러한 공간을 확보하기가 어려운 상황이 있을 수 있으므로, 강화유리가 설치된 **하부 창의 중앙부에는 세로의 중간 바(샤시)를 설치하지 않고 창호를 계획(너비를 넓게 계획)하여 이 공간에 부착된 유리를 탈착한 후 이곳을 작업공간으로 활용할 수 있도록 하는 것이 바람직하다.**

4) 발코니 확장형 창호의 개폐방식에 따른 타입별 특징

(1) 발코니창의 개폐방식에 따른 타입(거실창의 예)(방충망은 롤 타입[Roll Type]설치)

주) 주택건설 기준 등에 관한 규정 제18조(난간)제1항의 발코니 난간 관련 조항 전문

① 주택단지 안의 건축물 또는 옥외에 설치하는 난간의 재료는 철근콘크리트, 파손되는 경우에도 **날려 흩어지지 않는 안전유리** 또는 강도 및 내구성 있는 재료(금속제인 경우에는 부식되지 아니하거나 도금 또는 녹막이 등으로 부식방지처리를 한 것만 해당한다)를 사용하여 난간이 안전한 구조로 설치될 수 있게 하여야 한다. 다만, 실내에 설치하는 난간의 재료는 목재로 할 수 있다. <개정 2021.1.5.>

(2) 타입별 특징(장점 및 단점)

가. 미서기 타입-1

[구조]:

창호의 좌·우 양 측면에 창호 전체 높이로 환기용 개구부를 설치하고 **미서기창을 기존의 창 설치위치와는 다르게 맨 외측에 설치한 후 고정창은 미서기창의 내측에 설치한다. 방충망과 발코니용 난간인 강화유리는 미서기창 내측인 고정창 위치에 설치한다.**

난간용 강화유리의 설치높이는 바닥 마감재로부터 120cm 높이 이상으로 하며, 완벽한 방충 성능을 위해 유리의 양 측면을 방충망 설치용 채널 속에 고정시키고, 유리의 상하부에 「스테인리스 채널」을 부착한 후 이 채널을 양 측면의 창호 샤시 내부까지 뚫어 넣어 강하게 고정시킨다. 이때, 난간용 강화유리의 설치로 인해 창 레일바닥면의 우수처리에 문제가 없는지 확인할 필요가 있다. 방충망 설치범위는 난간용 강화유리의 상부 「스테인리스채널」 까지로 하며, 방충망 설치용 채널은 안전을 위해 나사와 실리콘으로 샤시에 강하게 부착한다. 발코니 확장 시 창호의 재질을 기준으로 설치방식을 분류해보면, 외측에는 복층유리의 AL.창호를 설치하고 내측은 복층유리의 PVC 시스템 창호를 설치하는 방식과, 외측은 외부 면을 어두운 칼라로 코팅하거나 칼라 알루미늄 금속판(AL. Cover)을 부착한 PVC 창호를 설치하고 내측은 PVC 시스템 창호를 설치하는 방식으로 대별할 수도 있다.

[특징]:

자연환기와 조망에 가장 유리한 타입이며, 방충망과 난간용 강화유리는 가장 외측의 발코니 창보다 실의 내측에 위치하게 되므로 건축물의 미려한 외관을 연출하는데 많은 장점이 있다. 반면에 외측의 발코니 창은 방충망을 올린 상태에서만 여닫이가 가능하여 사용상 불편함이 있으며, **외측 창의 잠금장치는 방충망과의 충돌(간섭)로 설치가 어렵게 된다.**

나. 미서기 타입-2

[구조]:

창호의 좌·우 양측면의 상부에 환기용 개구부를 설치하고 미서기창을 설치한다. 따라서 창의 중간높이에 레일용 샤시가 필연적으로 설치된다. 발코니난간 설치는 레일용 샤시의 하부에 강화복층유리를 사용하는 것으로 대신한다. 이때, 하부 강화복층유리 부분은 양호한 조망을 위해 중앙에 세로방향의 샤시(봐 Bar) 설치는 가능한 피하는 것이 좋다. 또한 바닥 마감재로부터 120cm 높이에 위치하는 중간 바는 소파에 앉은 눈높이와 동일한 높이로 조망에 장애가 되므로 이를 서있는 눈높이인 150cm 이상의 위치로 상향 조정하는 안과 상호 비교하여 결정할 필요가 있다.

[특징]:

창호의 중간위치에 레일용 샤시가 설치됨에 따라, 실내에서의 조망에 장애요인이 된다. 그러나 하부 창만을 강화복층유리를 사용함에 따라 다른 타입과 대비하여 경제적이며, 안전성 면에서도 유리하여 현재는 가장 많이 이용되는 타입이다.

다. 미서기 타입-3

[구조]:

현대식 아파트가 보급된 후 약 50년이 경과한 근래까지 가장 보편적이고 많이 사용되고 있는 창호의 구성방법으로 낙하방지시설로 철재난간을 설치한다.

이 방식은 자연환기에는 우수하나 철재난간으로 인해 건축물의 외관에는 부족함이 있다.

[특징]:

난간은 철재를 이용하고 강화유리는 전혀 사용하지 않음으로써 공사비 측면에서 유리한 점을 많이 갖고 있기 때문에 오랫동안 이용되고 있는 방식으로 근래에 와서는 철재난간이나 외벽 등에 에어컨 실외기를 노출시켜 설치하는 행위가 법으로 금지되면서 철재난간을 설치하는 이 방식이 급격히 쇠퇴하는 추세이다.

라. 프로젝트 타입

[구조]:

창호의 좌·우 양측면의 상부에 환기용 개구부를 설치하고 프로젝트 타입의 창을 설치한다. 개구부는 비교적 작은 폭으로 설치한다. 따라서 이 타입은 조망과 미려한 외관이 필요한 고층의 주상복합 아파트에 주로 사용되고 일반 아파트에서는 사용 빈도가 낮다. 고층의 주상복합 아파트에 많이 사용되는 또 다른 이유는 고층으로 건축됨에 따라 발생되는 강풍을 대비하여 개구부를 작게 계획하는 이 타입이 주로 이용된다.

[특징]:

창의 개구부 폭을 비교적 좁게 설치하며, 창의 개폐방식은 유리청소를 위한 Turn 방식과 환기만을 위한 Tilt 방식 등을 동시에 채택할 수 있다.

이 타입에서는 샤시의 이중 설치가 어렵기 때문에 로이(Low E) 유리를 이용한 복층강화유리를 사용하게 되며, 복층유리의 창호를 이중으로 설치하는 방식에 비해 결로나 단열성능에서 부족한 면이 있다는 주장이 제기된다. 고정창의 **중간높이 샤시 계획**은 주상복합 아파트에서는 외관 및 조망 등을 고려하여 샤시를 설치하지 않고 강화복합유리를 사용하나 일반 아파트에서는 공사비와 안전성 등을 감안하여 중간샤시를 설치하고 샤시의 하부 유리만을 강화복합유리를 사용하는 경향이다.

<로이(Low E)유리-Low emissivity[에머시버티] glass : 저방사유리>

(3) 기타 확장형 발코니창호 결정 시 유의사항

가. 발코니 확장형 창호의 선택을 자재를 기준으로 분석해 보면, 외부에는 AL창호를 설치하고, 확장 시 추가되는 내측 창호는 복층유리의 PVC(내부 면은 목무늬 래핑) 시스템 창을 사용하는 것이 건축물의 외관, 공사비, 인테리어 및 단열성능 측면에서 가장 이상적이라는 판단이다.

나. 방충망 고정용 레일과 난간용 강화유리의 고정철물은 외측의 AL. 발코니 창호의 자재인 AL.으로 하고 동일한 칼라를 사용함으로써 실 외부에서의 창호와 방충망 고정철물 간의 색채 조화에 도움이 되도록 유의해야 한다.

다. 계단창이나 보조주방 발코니창 등 특별한 용도의 창을 제외한 발코니창의 개구부는 가능한 각 동별로 동일한 크기로 계획하고 창(개구부)의 위치는 이웃하는 창과 서로 좌·우 대칭의 위치에 계획하는 등, 단지 내의 발코니 창을 일정한 규칙에 따라 계획함으로써 아파트 단지의 건축물이 전체적으로 안정된 분위기의 외관이 될 수 있도록 계획할 필요가 있다.

미서기 타입 -1	미서기 타입 -2
미서기 타입 -3	프로젝트 타입

발코니창 타입별 설치 예

8 커뮤니티시설의 계획

1) 커뮤니티시설의 실(室) 구성

(1) 생활문화센터(Book Cafe)
 : 카페카운터, Book Cafe

(2) 유아놀이시설
 : 전실, 신발장, 게임룸, 놀이시설, 카운터, 화장실(남), 화장실(여), 유아휴게실, 블록방, 파티방, 부모대기실(석)

(3) 남성용 사우나시설
 : 전실, 신발장, 락커룸(Locker Room), 화장대(Powder Room), 마사지실(Scrub), 건식사우나, 습식사우나, 온탕(2개소), 냉탕, 좌식샤워(Seat Shower), 입식샤워(Standing Shower), 화장실(사우나 및 락커룸 겸용), 카운터(남·여공용)

(4) 여성용 사우나시설
 : 전실, 신발장, 락커룸(Locker Room), 화장대(Powder Room), 마사지실(Scrub), 건식사우나, 습식사우나, 온탕(2개소), 냉탕, 좌식샤워(Seat Shower), 입식샤워(Standing Shower), 화장실(사우나 및 락커룸 겸용)

(5) 수영시설
 : 전실, 화장실(남·여공용), 수영장, 유아풀, 코치실, 창고, 휴게공간(벤치설치 공간)

(6) 헬스크럽
 : 전실, 신발장, 헬스크럽, 헬스케어실, 코치실, 창고

(7) GX룸   [GX: group exercise, 단체운동]
 : 전실, GX룸, 남성용 탈의실, 여성용 탈의실, 창고

(8) 골프연습장
 : 카운터 겸 코치실, 락카룸, 골프연습장(대), 스크린골프장(2~3면), 퍼팅연습장

(9) 남·여독서실
 : 카운터, 남자용독서실, 여자용 독서실, 휴게실(인터넷코너 포함)

(10) 연회장(주민회의실, 입주민 급식시설 겸용)
 : 전실, 대형 및 중형연회장(가변형 설계), 준비실(주방설비 일식), 창고

(11) 생활지원센터
 : 아파트 관리사무소, 커뮤니티시설 운영 사무소, 자치회(운영자)사무소

(12) 기타시설
: **주출입구와 방풍실 3개소(방향), 남성공용화장실(2개소), 여성공용화장실(2개소),
각 실별 전용 화장실, 커뮤니티 시설 전용 옥외 엘리베이터 및 계단**

위에서 기술한 내용은 약 2,400세대의 대규모 아파트 단지에 설치되는 시설이므로 각
아파트 단지의 규모에 따라 시설의 종류나 면적을 필요에 따라 선택 및 조정한다.

2) 커뮤니티시설 평면계획 시 유의사항

(1) 설치위치

커뮤니티시설을 설치하는 장소는 충분한 조경면적을 확보하고 건폐율에도 포함되지
않으면서 입주민이 이용하기 편리한 장소인 지하1층에 설치하는 것이 통상적이다.
지하층에 설치되는 경우에는 환기나 채광을 고려하여 썬큰가든(Sunken Garden)을
설치하게 된다. 또한, 지하층에 위치하는 시설을 편리하게 이용하기 위해서는 **커뮤니티
시설 전용의 옥외 엘리베이터와 이에 부속되는 계단이 필수적으로 설치되어야 한다.**
반면에, 주상복합아파트에서는 대지의 협소함이나, 지하주차장의 확보, 지상의 조경
면적확보 및 지상층의 상업시설 확보 등 경제성을 고려하여 지상의 3층 내지 4층이나
옥상에 설치한다. 이 경우 공간의 한계 및 건축물 자체중량의 감소 등을 위해 대개의
경우 수영장은 설치되지 않는다. 수영장의 설치가 꼭 필요한 경우에는 지하층에 설치
하는데 이때는 배수시설 등의 추가설치와 이에 따른 운영비의 증가가 뒤따르게 된다.
요즘에는 **강변아파트 등 조망이 우량한 경우 동의 최상층을 연결하여 브리지를 만든 후
이 곳에 커뮤니티시설의 일부로 이용하기도 한다.** 이때 비상계단은 각 동의 계단을 이용
하도록 하고 **커뮤니티시설 전용 엘리베이터는 외부에 별도로 설치하는 것이 바람직하다.**

(2) 출입통제설비

커뮤니티시설에 대한 출입통제는 주민 누구나가 각 동에서 편리하게 출입할 수 있는
R/F Card로 커뮤니티의 출입이 가능토록 하여야 한다. 또한 **남·여독서실은 다른 시설**
과는 이용시간대가 다르므로 필히 **별도의 출입구 및 통제시스템을 설치**해야 한다.
커뮤니티시설 중에서 별도의 요금이 징수되는 시설은 사우나, 골프연습장 등이 있으며,
추가되는 요금의 징수를 위해 각 동의 현관 출입카드(R/F Card)를 이용한 요금의
징수시설(운영시스템)의 설치가 필요하다.

(3) 운영방식의 사전 확정

입주 후 커뮤니티시설의 운영형태는 자치회의 직영방식과 위탁운영의 방식이 있다.
자치회가 직접 운영하는 경우는 재건축 당시에 커뮤니티의 모든 시설을 조합이 설치
하며 입주 후에는 운영요원을 채용하여 자치위원회가 직접 운영하는 방식이다.
위탁운영방식은 건축당시 조합은 건축물만을 준비하고 내부의 모든 시설 및 기구는
입찰을 통하여 선정된 운영자가 설치하고 일정한 이용료를 징수하는 방식이다.
따라서 재건축조합 등 사업시행자는 사업계획의 수립 시부터 커뮤니티의 운영방식을
확정한 후 시공자의 선정 및 시공자와의 공사도급계약 체결 시 이를 반영할 필요가 있다.

(4) 전기시설 및 위생설비의 분리설치

커뮤니티시설은 많은 전기 및 수돗물 등이 소요되고 시설의 운영방식이 자주 변경될 수 있어 가능한 한 **전기, 수도, 도시가스, 환기설비 등 모든 설비는 아파트와 구분하여 설치하고 각각의 계량기를 별도로 설치**하는 것이 운영상 편리하며 꼭 필요하다. 설비의 분리설치는 커뮤니티시설의 운영방식에 관계없이 아파트와는 필히 분리할 필요가 있다.

(5) 마감수준

커뮤니티시설은 그 아파트의 품위나 가치를 대외적으로 알려주는 중요한 요소 중 하나이며, 공동시설 중 아파트 입주민이 가장 많이 이용하고 많은 관심을 가지는 시설이다. 따라서 입주민이 필요한 시설과 수준 높은 마감공사가 이루어져야할 것이다.

(6) 적정규모

커뮤니티시설의 적정규모 파악은 커뮤니티시설계획의 기본이며 가장 중요한 요소이다. 입주세대 대비 커뮤니티의 시설규모가 작은 경우에는 특정한 시간대 특히, 공휴일 등 특정한 날에 시설의 이용자가 장시간 줄을 서야하는 큰 불편이 초래되며, 이러한 불편 사항은 입주민의 가장 큰 불만으로 나타난다. 반면에 커뮤니티시설의 규모가 지나치게 큰 경우에는 공사비의 추가지출, 운영비의 과다로 인한 주민의 불만 등이 나타난다. 필자가 참여한 퍼스티지아파트의 커뮤니티시설은 「운동시설＋관리사무실＋회의실＋중앙감시실＋커뮤니티시설 및 그 부속 기계실」등 이며, 총면적은 약 5,700m²이고 이를 가구(2,444세대)당 면적으로 계산하면 약 2.33m²(약 0.77평)로, 입주 후 실제 사용한 결과로는 규모로 인한 불편사항은 없는 것으로 파악된다.

9 1층 로비 계획

1) 1층 로비 계획 시 유의사항

(1) 1층 로비의 필요성

퍼스티지아파트가 재건축되기 이전에는 1층의 현관 로비는 주로 주상복합아파트에 설치되고 일반아파트에서는 설치되지 않는 것이 일반화되어 있었으며, 필자가 당시 신축되어 있는 일반아파트 및 주상복합아파트에 대한 조사결과로도 일반아파트에는 1층 로비가 거의 대부분 설치되어있지 않음을 확인할 수 있었다.

가. 동 입구의 개방감을 확보할 수 있다.

근래까지 신축이나 재건축되는 일반아파트의 동 입구는 피난계단, 소규모 경비실 혹은 각 세대의 현관이 바로 배치되어 있어 동 입구가 협소한 느낌을 가지게 한다. 그러나 한 동의 층당 가구가 3~4가구로 구성되는 타워형의 아파트에서는 일반적으로 비선호층에 해당되는 1층의 한 세대를 동의 출입구와 로비로 사용하는 방법을 이용하여 적정한 면적의 로비를 확보할 수 있으며, 이 면적은 각 세대 당 약 0.8m² 내지 1.0m²의 **주거공용면적**에 해당된다.

나. **입주민간의 대화의 장소 및 타 동주민의 이동통로로 이용된다.**

현관로비의 일부는 세대 방문자나 입주민의 만남의 장소로 이용되며, 로비의 인테리어는 소파, 커튼, 그림 등을 설치하여 호텔의 로비와 같은 분위기를 연출함으로써 아파트의 품격을 향상시키는데 일조할 수 있다, **나머지 공간은 외부에 배치하여 타동주민의 통행로와 자전거 거치장소로 이용된다**.

다. 단점으로는 1층의 벽식구조를 기둥식으로 전환하는 작업을 진행할 때 필요한 두께 약 1m 이상의 슬래브로 인하여 <u>로비의 직상층에는 주거시설의 설치가 불가능하다</u>는 점이다. 한편, <u>로비의 직하 2 내지 3개 지하층은 기둥식 구조로 되어있어 청소나 경비업무 등 아파트 근로자들의 휴게공간이나 사무공간, 창고 등으로 사용하는 데에는 오히려 유리한 면이 있어 이들의 공간으로 이용하는 데는 벽식구조에 대비하여 많은 이점이 있다</u>.

(2) 골조계획 시 준비사항

1층의 1세대 공간을 로비로 계획하는 경우 내부의 벽체로 인하여 로비의 설치공간을 확보하기가 거의 불가능하게 된다. 따라서 로비가 설치되는 세대의 1층과 2층은 벽식구조를 기둥식으로 전환하는 작업(Transformation)이 필요하게 되며, 이에 따른 추가공사비가 소요된다. 이러한 구조의 변경으로 인해 바람이나 지진 등의 횡력에 저항하는 측면에서는 불리한 면도 있어 구조안전에 대한 확인이 꼭 필요하다.

(3) 로비용 화장실의 설치여부

1층에 설치되는 로비에 화장실을 설치하는 문제는 편리한 면과 불편한 면이 각각 있을 수 있다고 하겠다. 화장실을 설치함으로써 미화원 등의 작업자가 이용하거나 청소용으로 이용하는 데에는 편리함을 제공할 수 있으나, 화장실의 관리가 철저하지 못할 경우에는 많은 민원발생의 원인이 될 수 있다.

퍼스티지아파트는 남녀공용 화장실을 설치하는 것으로 계획하였으나, 이사회의 결의로 설치계획이 취소되었으며, 입주 후 확인한 바로는 화장실을 설치한 주상복합아파트의 경우 입주민들의 사용상 부주위로 주상복합아파트에 설치된 대부분의 로비용 화장실이 폐쇄되어 있는 경우를 확인할 수 있었다.

따라서 준공 후의 입주기간에는 이동식 가설 화장실을 실 외부의 여러 곳에 설치하여 공용화장실 미설치로 인한 문제점을 보완하여야 한다.

(4) 우편함의 설치

각 동별로 설치되는 1층 로비의 면적은 해당 동을 구성하는 단위평면의 크기에 제약을 받게 된다. 통상적으로 로비가 설치되는 위치는 해당 동의 한세대가 차지하는 공간에 설치되기 때문에 각 동별로 활용 가능한 면적이 서로 차이가 나는 것이다.

퍼스티지아파트에서는 이점을 해결하는 방법으로 우편물수취실을 활용하였다. 즉, 동이 소형 주택형으로 구성된 동은 우편물수취실을 로비의 외부에 설치하여 로비의 면적을 최대한 크게 사용할 수 있도록 하였으며, 큰 주택형으로 구성된 동에서는 로비 내에 설치하여 우편함 사용이 편리하도록 하였다. 또한, 각 우편함에는 각각 시건장치 (다이얼)를 설치하여 우편물의 관리에 도움이 되도록 하였다.

2) 모든 동 1층에 피로티 설치방안 검토

(1) 모든 동의 피로티화 필요성

2019년 전후에 입주하는 많은 아파트 단지에서는 모든 동의 1층에 피로티를 설치하고 이곳에 자전거 거치대를 설치하거나 휴게용 탁자와 의자를 설치하기도 한다. 이는 1층에 아파트를 계획하는 경우 단지 내의 보행자용 도로로부터 프라이버시의 침해나 방범상의 이유로 1층에 입주하는 것을 기피하는 현상이 증대되고 있기 때문이다.

현재 1층에 입주하고 있는 세대는 하루 24시간을 창의 커튼을 닫고 생활하거나, 창을 닫은 상태로 생활하고 있는 것이 현실이다. 따라서 조합 등 사업시행자가 조합원분양을 하거나 일반분양을 하는 경우 1층에 배정된 조합원의 반발과 1층의 미분양에 따른 조합 자금계획의 차질 등 여러 가지 어려운 난관에 처하게 되는 것이다. 이에 근래에 신축되거나 재건축되는 아파트 건설현장에서는 모든 동의 1층을 피로티화하는 현상이 뚜렷하게 나타나고 있다.

(2) 피로티의 구성방식

가. 구조 전환방식

위의 제1)항 제2(2)호에서 언급한 바와 같이 1층을 상부의 벽식구조와는 다른 구조인 기둥식으로 전환(Transformation)한 후 동 주민의 휴게공간으로 사용하는 방식이다.

이 방식은 구조의 전환에 따라 추가로 설치되는 두께 약 1m의 슬래브로 인하여 해당되는 위치의 직상층에는 2층을 주거시설로 사용할 수 없게 된다. 다만, 각 동의 1층 전체 세대에 피로티가 설치되는 경우 해당 동의 높이가 약 1m 증가될 뿐, 실질적으로는 2층의 설치가 가능하다. 따라서 이 방식은 구조의 전환에 따른 공사비가 추가되는 문제가 발생되지만 1층인 필로티 층을 장애자용 주차공간이나 관리사무실 혹은 휴게공간으로 이용하는데 유리하고, 지하 1층 내지 3층도 주차공간이나 관리사무소 등으로의 이용이 유리하며, **지하층에 설치되는 관리사무소나 입주민의 편의시설 등의 면적은 용적률 계산에서 제외되므로 정비사업의 재무적인 측면에서도 많은 장점이 있는 방식이다.** 그러나 이 방식은 1층에 입주민 편의시설 등이 설치되는 경우 해당 면적이 전체 용적율에 포함될 수 있다.

나. 구조 비전환방식

1층을 상부의 벽식구조를 전환하지 않은 상태에서 단순히 주거시설(아파트)을 설치하지 않는 방식이다. 다만, 계단실, 엘리베이터, 피트 등의 코어시설 만이 설치된다. 이 방식은 구조의 전환에 따른 추가 공사비가 투입되지 않는 장점이 있으나, 1층을 엘리베이터홀이나 휴게공간으로 사용하는 데는 불리하며 노출되어있는 복잡한 벽 등으로 인하여 외관상 불리한 면이 있다. 반면에 이 방식은 해당 위치의 직상층을 아파트 2층으로 사용할 수 있어 해당 동(棟) 최고높이가 제한(층수제한이 아님)을 받는 경우에는 이 방식이 유리하다.

위의 2가지 방식을 종합해보면, 모든 동의 1층에 피로티를 설치하는 경우 법정 인동간격 유지 등에 의한 용적률의 적용에 제한을 받지 않는 경우라면, 많은 장점이 있는 모든 동의 피로티화를 검토해 볼 충분한 가치가 있다. 또한, 피로티 층의 석재마감 공사비를 포함한 피로티화로 추가되는 총공사비, 그리고 조합원이 납부할 재건축부담금의 증감에 미치는 영향 등 여러 부문에 대한 손익을 종합하여 확인할 필요가 있다.

(3) 1층을 피로티화한 경우 층수 산정

1층을 피로티화한 경우의 층수 산정에 관한 규정은 「건축법 시행령 [별표 1]<개정 2021.5.4.> 용도별 건축물의 종류(제3조의 5 관련) 제2호에서 규정하고 있는바 그 요해는 '아파트에서 층수를 산정할 때 1층 전부를 피로티구조로 하여 주차장으로 사용하는 경우에는 피로티 부분을 층수에서 제외한다.' 이다.

※ 1층 로비설치계획의 예

10 에너지절약 계획

지구의 온난화가 점차 촉진되고 화석에너지가 점차로 고갈되어감에 따라 모든 산업에서 에너지의 절감방안이 더욱더 중요한 요소로 대두되고 있다. 건축분야에서도 효율적인 에너지 절감방안이 절실히 요구되고 있으며, 에너지 절감방안의 강구를 위해서 현재 실험용으로 이용되고 있는 에너지절감방안과 각각의 특징을 간략하게 기술하기로 한다.

1) 태양열에너지의 이용방법

요즘의 아파트공사현장에서는 태양열집열판 설치를 통한 에너지 절감방안이 많이 시도되고 있다. 그러나 현실적으로는 많은 어려움이 나타나고 있다. 집열판 설치장소를 확보하기가 어려우며, 태양에너지를 최대한으로 흡수할 수 있는 방향을 찾는 데에도 한계가 있어 주로 보조에너지원으로 이용되고 있으며, 현재로서는 태양열 집열판을 이용한 대체에너지의 확보방안은 더 많은 연구가 필요하다고 판단된다.

2) 외부유리창의 이용방법

각 단위세대의 외부 창을 이용한 대체에너지의 확보방안도 현재로서는 초보적인 단계이며, 설치비용이 많이 소요되는 것이 문제점이다. 또한 우리나라의 위도상 위치의 특성으로 인해 각 세대의 전면방향이나 층의 위치 등에 따라 일조시간이 크게 차이가 있어 각 세대의 외부채광창을 이용한 에너지 습득방법도 실질적으로 이용하기에는 많은 문제점이 있다.

3) 단열공사 설치위치에 의한 구분

현재 실현 가능한 에너지 절감방안은 기존의 전기에너지, 열병합에너지나 도시가스 등의 화석에너지를 효과적으로 이용하는 것이 효율적인 방안이라 할 수 있을 것이며, 이러한 에너지절감 방안을 실현하기 위해서는 아파트의 외벽에 대한 효율적인 단열공사가 유일한 방안이라 할 것이다.

(1) 외단열공사

이론적으로는 아파트에서의 외단열방법은 가장 이상적인 단열방법이라고 할 수 있을 것이다. 그러나 아파트의 고층화, 우수한 성능의 단열재와 단열재 설치 후의 최종 마감재 등으로 인해 외단열방법을 이용하기에는 많은 공사비의 증가 등 아직도 해결하여야 할 여러 문제점들이 존재하고 있다고 판단된다.

(2) 내단열공사

필자의 판단으로는 현재 에너지를 가장 효율적으로 절약할 수 있는 현실적인 방안으로는 **내단열공사**라고 판단되며, 단위세대의 내단열공사는 일부구간에 한해 이미 설치가 법적으로 의무화되어 있다. 그러나 법에서 규정하는 단열공사규정은 효과적인 단열을 위해서나 아파트 입주 후 아직도 자주 문제가 제기되고 있는 결로의 발생을 방지하기 위해서는 많은 면에서 법의 보완이 필요한 것으로 생각한다.

이에 외단열의 구체적인 방법에 대해 아래와 같이 제안하며, 이 방법을 관계법에 의무사항으로 규정하는 방안을 함께 제안하는 바이다.

가. **외부에 면하는 모든 창은 복층유리의 이중창을 설치한다.**

외부에 면하는 창은 각 세대의 열손실에서 가장 큰 요인으로 파악되고 있다. 따라서 창의 단열을 위하여 단열필름의 부착 등 여러 가지 방법이 이용되고 있으나 필자가 현장에서 경험한 바로는 복층유리의 시스템이중창의 설치가 가장 효율적인 방법이 될 수 있는 것으로 파악하고 있다. 특히, 입주 전에 발코니의 확장이 법적으로 가능해짐에 따라 대부분의 세대가 빌코니를 확장하고 내측에 이중창을 추가로 설치하고 있는 현실을 감안하면, 정부에서는 복층유리의 이중창설치 의무화를 적극 검토할 필요가 있다는 판단이다.

나. **외부에 면하는 모든 벽체는 내부에 단열재를 설치한다.**

외부에 면하는 모든 벽체는 발코니를 확장하지 않는 경우에도 벽체의 내부 면에 단열재를 설치하고 마감공사를 함으로써 발코니 벽체의 내부 면이나 외벽에 면한 붙박이장 등의 내부벽면에 자주 발생되는 결로현상을 사전에 방지할 수 있을 것이며, 보다 효율적인 단열효과를 얻을 수 있을 것이고, 이로 인한 에너지의 절감효과는 매우 클 것으로 판단된다. 현재는 이 방법이 공사비나 기술적인 측면에서도 단열방법 중에서 가장 경제적이며 현실적인 방법이라고 판단된다.

외부에 면하는 벽체의 내면에 대한 단열공사 시 참고하여야할 사항은 입주 후에 발코니를 확장하지 않고 원래의 발코니로 사용할 경우에는 발코니의 청소 등으로 인한 물의 사용에 대비하여 콘크리트 슬래브 바닥높이에서 걸레받이 설치 예정인 높이까지의 벽체마감 재료는 물에 의해 손상이 발생되지 않는 내수성 자재로 마감해야 할 것이다.

11 주차시설 계획

요즘의 주차장시설은 지상에 최대한의 조경시설을 설치하기 위하여 지하층에 설치하는 것이 대세이다. 따라서 지하주차장에는 주차시설 이외에 많은 부대설비가 필요하게 되었다. 지하주차장을 계획하기 위해서는 적정한 주차공간, **네트워크(IP) 카메라,** 환기설비, 자연채광창, 주차 안전시설, 주차위치 확인설비, 비상콜버튼 등 많은 설비의 설치가 필요하다.

1) 주차장 시설

(1) 주차장의 최소 주차단위구획

① 주차장법 시행규칙 제3조제1항(주차장의 주차구획)에서 규정하는 최소 주차단위구획은 평행주차 이외의 경우 아래와 같다.[개정 2018.3.21.,시행일 2019.3.1.]

구 분	너 비	길 이	비 고
경 형	2.0m 이상	3.6m 이상	
일 반 형	**2.5m 이상**	5.0m 이상	
확 장 형	**2.6m 이상**	**5.2m 이상**	총 주차대수의 30% 이상 설치 (시행규칙 제11조제4항), (신설 2012.7.2.)
장애인 전용	3.3m 이상	5.0m 이상	
이륜자동차 전용	1.0m 이상	2.3m 이상	

위의 주차단위구획은 **흰색 실선**(경형자동차 주차단위구획은 **파란색 실선**)으로 표시하여야 한다(**시행규칙 제3조제2항**). 이러한 시행규칙에도 불구하고 정비사업 현장에서는 시공 및 이용상의 편의를 위해 경형을 일반형과 동일한 크기로 설치하는 경우가 일반적이다.

우리나라는 위의 주차단위구획에 관한 규칙과는 무관하게 그동안의 경제발전 및 국민정서상 많은 가구에서 중대형 차량을 보유하는 비율이 점차 확대되고 있는 추세이다. 따라서 너비 2.3m를 기준으로 하여 기둥간격 7.5m에 3대를 주차할 수 있도록 설계된 기존의 아파트에서는 주차 시 많은 어려움이 발생하고 있다.

② 주차단위구획의 확대조정을 지하주차장의 설계 측면에서 검토하면, 일반형의 너비를 2.5m로 확대하는 하는 경우에는 3대의 평행주차에서 기둥의 중심 간격은 기둥크기를 50cm×50cm로 가정하면 약 8.0m가 필요하게 되는 것이다. 즉, 규칙에서 정하는 규정을 준수하고 더욱 안전하고 편리한 주차를 위해서는 확장형과 장애인용의 주차구획은 별도로 계획하고 기본이 되는 주차단위구획은 일반형 너비를 기준으로 정하여 기둥간격을 8.0m 이상으로 계획할 필요가 있다.

따라서 너비를 2.6m 이상으로 정하고 있는 확장형 주차단위구획의 설치장소를 특정한 위치에 별도 설치하는 경우에는 주민의 편리성 측면에서는 많은 불편함이 예상된다. 이를 해소하는 방안으로 기둥간격 8m를 기본간격으로 동과 동사이의 기둥간격을 계획한 후 각 동의 좌우 양측의 벽면 측에 기둥 간격 약 8.5m 내외나 약 6.0m(2대 주차계획 시)의 확장형 구획을 계획하는 등의 방법으로 총 주차대수의 30% 이상 설치하도록 규정되어있는 확장형 주차단위구획을 설치하는 방안을 제안한다.

앞으로의 승용차에 대한 선호도 변화 및 주차 시의 문제점을 감안하면 지하주차장의 최소 주차단위구획에 관한 시행규칙의 개정은 현실에 비해 많이 늦은 것으로 판단된다. 또한, 관계 규정은 출입구 부근에 여성전용 주차구획을 설정하는 것을 권장하고 있다. 여성전용 주차구획의 표시는 구획선을 밝은 분홍색으로 표시한 후 "여성전용'이라는 표식을 각 주차구획에 표시한다.

(2) 총 주차대수의 산정

아파트의 총 주차대수는 단위세대 당 1.5대 내지 2.0대로 하는 것이 이상적이며, 퍼스티지아파트의 경우 세대 당 1.78대로 설계·시공되었으며, 입주 후에는 총 주차면수의 약 80% 만이 이용되고 있어 주차면수는 충분한 것으로 확인되고 있다. 따라서 입주 후 현재는 대형차량은 지하 3층의 3대 주차구획에서 2대씩 주차하고 있는 실정이다.

(3) 주차장내 필요설비

① 조명설비

지하주차장의 조명시설은 전기가 많이 소모되는 설비로서 천창의 설치 등을 통해 자연채광을 최대한 이용할 수 있도록 계획할 필요가 있다. 또한, 조명은 출·퇴근 시, 낮과 밤, 취침시간대 등 하루 24기간 중 조도를 시간대별로 자동으로 조절하여 에너지를 절약할 수 있도록 하는 LED조명 디밍시스템(법정 의무사항)을 설치해야 한다.

② 환기설비 및 자연채광시설

지하주차장은 차량으로 인해 발생되는 유해가스를 충분히 배출할 수 있는 설비가 필요하나. 따라서 무소음의 대형 팬(Fan)의 설치가 필요하며, 에너지의 절감을 위해 지하주차장에는 300㎡ 마다 2㎡ 이상의 자연채광용 천창(측창)을 설치(법정 의무사항)해야 한다.

③ 기타설비

지하주차장은 범죄의 발생, 차량사고의 발생 및 주차 시의 편의를 위해 많은 설비의 설치가 필요하다.

- 범죄예방 설비 : 비상콜버튼설비, 원패스카드설비(비상콜 기능), **IP 카메라**(CC-TV의 기능을 대신하며, 입주민 등이 자신의 PC나 휴대폰으로 확인가능) 등
- 주차안전 설비 : 스토퍼(Stopper), 기둥보호시설, 반사경, 차량진출입 알람설비, 과속방지설비, 소화설비(스프링클러), 배수설비 등
- 주차편의 설비 : 원패스카드설비(주차위치확인 기능), 이동통신설비, 방송설비 등
- 환경친화적 자동차용 충전시설 및 전용주차구획 :
  앞으로 사용의 증가가 예상되는 전기자동차의 편리한 충전을 위해, 일반주차구획과는 별도로 충전만을 위해 특별히 구획된 주차구획을 이용하는 현재의 불편이 해소될 수 있는 기술의 개발과 제도의 도입이 조속히 마련되어야 할 것이다.

＊ <u>위의 규정에 대한 필자의 견해는, 친환경자동차 특히 전기자동차의 보급이 확대 및 일반화 되는 추세를 감안하여, 위에서 언급한 특별구획이 아니라 지하 주차장의 전 구획을 전기자동차가 주차할 수 있도록 대비한다는 측면에서 판단하여 보면, 신축되는 아파트 지하주차장의 모든 기둥에 전기차동차 충전을 위한 콘센트 설치를 검토해볼 필요가 있다고 할 것이다.</u>

주) '환경친화적자동차용 충전시설 및 전용주차구획' 관계 법령
- <u>환경친화적 자동차의 개발 및 보급 촉진에 관한 법률시행령 일부 개정안 제18조의5(충전시설 설치대상 시설 등)</u> (2021.08.27. 입법예고)
  ② 법 제11조의2제1항에 따라 설치하는 환경친화적 자동차 전용주차구역(이하 "전용주차구역"이라 한다)은 **총주차대수의 100분의 5 이상의 범위에서 시·도의 조례로 정한다.** 다만, 법률 제18323호 「환경친화적 자동차의 개발 및 보급 촉진에 관한 법률 일부개정법률」 부칙 제2조에 따라 전용주차구역을 설치하는 시설은 다음 각 호의 구분에 따른 범위에서 시·도의 조례로 정한다.
  1. 국가, 지방자치단체, 공공기관, 지방공기업 및 제18조의8제1항 각 호의 자가 소유 및 관리하는 시설: 대상시설의 총주차대수의 100분의 5 이상
  2. **제1호 이외의 시설: 대상시설의 총주차대수의 100분의 2 이상**

- <u>주택건설기준 등에 관한 규정 제27조(주차장)제2항</u>
  ② 제1항제1호 및 제2호에 따른 주차장은 지역의 특성, 전기자동차(「환경친화적 자동차의 개발 및 보급 촉진에 관한 법률」제2조제3호에 따른 전기자동차를 말한다) 보급정도 및 주택의 규모 등을 고려하여 그 일부를 **전기자동차의 전용 주차구획**으로 구분 설치하도록 특별시·광역시·특별자치시·특별자치도·시 또는 군의 조례로 정할 수 있다. <신설 2016.6.8.>
- <u>주택건설기준 등에 관한 규칙 제6조의2(주차장의 구조 및 설비)제4호</u>
  4. 「환경친화적 자동차의 개발 및 보급 촉진에 관한 법률」 제2조제3호에 따른 전기자동차의 이동형 충전기(이하 "이동형 충전기"라 한다)를 이용할 수 있는 콘센트 (**각 콘센트별 이동형 충전기의 동시 이용이 가능하도록 설치된 것을 말한다. 이하 같다**)를 「주차장법」 제2조제7호의 주차단위구획 **총 수에 4퍼센트를 곱한 수**(소수점 이하는 반올림한다) 이상 설치할 것. 다만, 「환경친화적 자동차의 개발 및 보급 촉진에 관한

법률 시행령 제18조의5제1항제1호 또는 제2호에 따른 급속 충전시설 또는 완속 충전 시설이 설치된 경우 동일한 개수의 콘센트가 설치된 것으로 본다. (개정 2021.1.12.)

- **건축물 및 정비사업의 환경영향평가 항목 및 심의기준**
- **서울특별시 환경영향평가조례**

■ **환경친화적 자동차용 충전시설에 대한 새로운 방식의 도입 :**
전기자동차가 「일반 220V 콘센트를 승인된 특정 콘센트(전기자동차 충전용 과금형 콘센트)」로 교체하는 경우에는 이 콘센트 이용하여 아파트 주차장 어디서나 전기자동차를 손쉽게 충전할 수 있도록 하는 방안을 2019년 3월 07일 과학기술정보통신부에서 마련하였고 <u>2021.1.12. 「주택 건설기준 등에 관한 규칙」 제6조의2(주차장의 구조 및 설비) 제4호을 제3차 개정을 통하여 위와 관련된 규정을 개정/공포하였다. 규정 제6조의 2 제4호 전문은 아래와 같다.</u>

(건설기준 등에 관한 규칙 제6조의2제4호) <개정 2021.1.12.> **전문**
: 환경친화적 자동차의 개발 및 보급 촉진에 관한 법률」제2조제3호에 따른 전기자동차의 이동형 충전기(이하 "이동형 충전기"라 한다)를 이용할 수 있는 콘센트(**각 콘센트별 이동형 충전기의 동시 이용이 가능하며 사용자에게 요금을 부과하도록 설치된 것을 말한다. 이하 같다**)를 「**주차장법**」제2조제7호의 주차단위구획 총 수에 4퍼센트를 곱한 수(소수점 **이하는 반올림한다**) 이상 설치할 것. 다만,「환경친화적 자동차의 개발 및 보급 촉진에 관한 법률 시행령 제18조의5제1항제1호 또는 제2호에 따른 급속 충전시설 또는 완속충전시설이 설치된 경우 동일한 개수의 콘센트가 설치된 것으로 본다.

(4) 기타 사항

① 지하주차장 계획 시 유의사항

현재까지도 지하주차장은 차량을 주차하는 곳으로만 인식하고 있어 주차장의 분위기가 어두울 뿐만 아니라, 범죄의 발생장소로 이용되기도 한다. 이러한 문제들을 개선하기 위해서는 주차장에 이용되는 색채는 가능한 밝고 화려한 색채계획이 필요하다. 또한, 지하주차장의 천정에는 급수파이프, 배수파이프, 난방파이프 등 기계설비를 위한 시설과 전기선(케이블 트레이), 통신선, 소화설비, **IP 카메라**(CC-TV), 주차확인 설비 등 많은 통신 및 전기설비가 설치되기 때문에 충분한 높이(층고)가 필요하며, 층고가 높은 지하주차장을 설치하기 위해서는 굴토비용 등 많은 비용이 추가된다. 즉, 지하주차장은 아파트 대지의 전체에 설치되는 것이 일반적이므로, 지하주차장의 층고가 높아지면 터파기공사 등 공사물량의 증가로 인한 공사비도 대폭 증가하게 된다. 따라서 시공자는 지하주차장의 층고를 가능한 낮게 하는 것을 선호하게 되므로, **주차장의 충분한 층고의 확보를 위해서는 발주자(조합)가 시공자의 선정을 위한 계획도면에서부터 층고를 확인하여 명시할 필요가 있다.**
퍼스티지아파트의 경우 지하주차장 각각의 층고는, 지하 1층은 3.9m, 지하 2층과 단지의 일부 동에 설치된 필로티 주차장의 층고는 3.6m로 설계 및 시공되었다.

② 지하주차장 차로높이(천정높이)의 규칙 변경에 관한 사항

현재의 지하주차장 차로높이(지하주차장 바닥마감재로부터 천정에 설치되는 각종 설비설치 공간을 제외한 실제 사용이 가능한 높이)는 「주차장법 시행규칙」 제6조제1항 6호가목에 2.3m 이상으로 하도록 규정되어 있으며, 지상에 소방자동차 등의 비상용 차량이나 음식물 폐기물 수거차량 등 극히 일부의 차량을 제외한 차량 특히, 택배차량의 지상운행을 금지하는 아파트가 증가하는 추세이다. 이에, 건설교통부에서는 지상에는 차량출입을 금하고 조경시설 등으로 대치하는 아파트의 경우 지하주차장 차로높이를 2.7m 이상으로 건축하도록 하는 내용을 주요 개정사항으로 하는 「주택건설 기준 등에 관한 규칙」의 일부개정을 2019년 1월 16일 시행·공포하였다.

이 일부개정 규정에 따라 **지하주차장의 차로높이를 2.7m 이상 유지하기 위해서는 기둥간격 약 8m, 보의 높이를 약 700mm로 가정하면, 각 지하층의 층고는 지하1층은 4.3m 이상, 그 외의 지하 2층 및 3층은 4.0m 이상의 층고(층간높이)를 확보하여야 한다.**

차량의 높이가 약 2.5m 이상인 택배차량 등의 지하주차장 출입을 원활하게 하기 위해 지하주차장의 차로높이를 2.7m 이상으로 계획하는 경우에는, 지하층의 각층을 연결하는 램프의 폭 특히, 곡선으로 설계되는 램프의 내경 및 외경은 관계 법령(**주차장법 시행규칙 제6조제1항제5호 가목내지 다목**)에서 요구하는 수치 이상으로 특별히 확대하여 계획할 필요가 있다. **또한, 지하주차장의 교차로나 코너 등 수많은 장소에서 택배차량 등 중·대형 차량의 원활한 운행을 위해 기둥배치의 조정 등 세심한 설계 및 확인이 꼭 필요하다.**

※ 지하주차장 차로높이 관련규칙의 변경에 대한 필자의 견해

위에서 언급한 바와 같이 소위「지상에 차 없는 아파트-지상공원형 아파트」를 구현할 목적으로 차량높이가 약 2.5m인 택배차량이 바로 지하층 출입이 가능하도록 지하층의 차로높이(천정높이)를 2.7m 이상으로 하는 방안은 또 다른 문제를 야기할 가능성이 크다.

많은 대수의 택배차량 등이 지하층을 진출입하는 경우 해당 지하주차장에서는 입주민 차량과의 접촉사고나 인명사고의 발생 가능성이 증가될 것으로 예상할 수 있다. 또한, 지하주차장 중 1층 높이만을 2.7m로 하는 경우, 이 내용을 잘 알지 못하는 택배차량 등 외부차량이 지하 2층에 진입을 시도할 가능성이 있으며, 이 경우 지하 2층 천정에 설치된 가스파이프 등 주요 설비와의 충돌 등 대형사고가 발생할 것이 매우 우려된다.

택배배송방법에 관해 필자가 판단하는 최선의 방법은 「단지출입구 부근, 지상의 일정한 장소에 「**택배물 하치장**」을 확보하여 모든 택배물을 이곳에 하치한 후, 차량높이가 낮은 해당 아파트의 전용 운반차량을 준비하여 택배물을 지하주차장 일정한 장소에 마련된 소위 「**공동택배 집하장**」에 보관한 다음, 이곳에서 택배물의 분류작업을 마친 모든 택배물을 일정한 시간에 각 세대로 배송하는 방법이다. 이 택배 운용방법의 장점은 첫째, 지하주차장을 출입하는 차량의 총 대수를 대폭 줄임으로써 예상되는 지하주차장에서의 차량사고 발생을 감소시키고, 둘째, 각 세대로의 배송은 1일에 1회 정도로 제한함으로써 엘리베이터 사용횟수 감소와 택배물 수령인이 편리한 시간(오후 5시경 주부가 식사를 준비하는 시간/출·퇴근 시간을 제외한 시간)에 배달할 수 있는 편리함이 있다. 또한, 공동택배운영에 소요되는 제반경비는 택배회사들이 통합택배업무를 담당하는 회사를 별도로 선정한 후 해당 아파트와 계약을 체결하는 방법으로 택배회사들이 공동으로 부담하게 하는 방법이 이용되기도 한다.

다만, 비교적 운행회수가 적은 우편물차량, 신선식품을 배달하는 백화점 배송차량 및 퀵(속달)배송차량 등의 지상운행은 예외로 하는 것이 입주민의 편의를 위해 필요하다.

필자가 특별히 강조하고자 하는 사항은 신축이나 재건축·재개발하는 공동주택의 경우에는 지상의 편리한 장소에 「택배차량의 택배물 하치장」설치를 아파트 기본계획에서부터 반영할 필요가 있다는 것이다.

2) 지하주차장 진·출입시설(Ramp 시설)

지하주차장 진·출입을 위한 램프시설은 주차단위구획 못지않게 충분한 검토가 필요하다. 램프의 형태는 가능하면 직선화하는 것이 바람직하며, 그 폭 또한 **법에서 정하는 폭 이상의 충분한 차로폭을 필히 확보**해야 한다. 부득이 라운드 형태의 램프를 설치할 경우에도 **램프의 내경 및 외경을 법규 이상으로 충분히 확보해야 한다. 또한, 램프의 진출입 부근에서는 차량이 원활하게 진출입할 수 있는지를 확인하여 기둥 간격을 필히 재조정하여야 한다.**

12 엘리베이터 계획

엘리베이터 설치기준은 '주택건설기준 등에 의한 규칙(제4조)' 및 '주택건설기준 등에 의한 규정(제15조)'이다. 건축예정인 공동주택이 계단실형의 10층 이상임을 가정하여 '엘리베이터 설치기준'을 정리하면, 6인승 이상인 승강기를 1대 이상 설치해야 한다. 이때, 승강기의 구조는 승용승강기와 비상용승강기 및 이삿짐을 운반할 수 있는 화물용승강기의 기준을 동시에 만족하여야하며, **한 층에 3세대 이상이 조합된 계단실형 공동주택이 22층 이상인 경우는 2대 이상을 설치하도록 규정하고 있다.** 탑승인원수의 산정은 동일한 계단실을 사용하는 4층 이상인 층의 세대당 0.3명의 비율로 산정한다.

한편, **필자의 경험으로는 15층 이상의 공동주택에서는 비상상황, 정기점검, 이삿짐 운반 및 사용자의 편리성을 감안하여 최소의 설치기준을 정하고 있는 관계 법령과는 관계없이 모든 동에 화물겸용 구조의 17~20인승 2대 이상을 설치해야 하며, 최소한의 설치대수는 17~20인승 1대와 8~15인승 1대 이상이고, 최고층이 25층 내지 35층인 공동주택에서 엘리베이터의 가장 이상적인 속도는 초고층용을 제외하면 약 105~120m/min이다.**

13 부대시설 계획

음식물류폐기물과 종량제 분리배출물 수거장, 정화조시설, 옥외시설인 운동시설이나 벤치 등은 일부 입주민들 에게는 일종의 기피시설로 인식되고 있어 설치위치가 처음 확정된 이후(조합원의 동·호수가 확정된 이후)에 여러 시설들의 위치를 변경하는 것은 매우 어려운 작업이 된다. 따라서 이러한 시설들은 동·호수의 확정 전에 총회의 의결로 확정(배치도에 위치를 표기한 후 총회에 상정)을 해두는 것이 꼭 필요하다.

1) 음식물류폐기물과 종량제 분리배출물 <u>수거장</u>

(1) <u>음식물류폐기물과 종량제 분리배출물</u>에 대한 입주민의 배출규정은 매일 배출할 수 있도록 규정되어있다. 또한 음식물류폐기물과 분리수거대상물은 악취가 발생되고 그 부피가 비교적 작은 반면, <u>재활용품</u>은 악취는 없으나 부피가 비교적 큰 편임을 감안하여 이 2종류 각각의 수거장 설치위치 선정에 참고할 필요가 있다.

(2) **음식물류폐기물과 종량제 분리배출물의** <u>수거장소</u>는 상기와 같은 이유로 가까운 지상층에 설치하고, 이용에 불편이 없는 범위에서 가능한 설치 개소를 적게 하는 것이 이상적이다. 따라서 퍼스티지아파트에서는 2개동에 1개소를 원칙으로 한 후 주위 환경에 따라 1개동에 1개소를 설치하였으며, 설치위치는 각 동의 측면 등 민원발생이 적을 것으로 예상되는 동의 측면 등에 설치하였고, **수거차량의 접근이 용이한 위치에 설치하고 시설의 전면도로 경계석은 수거용기 운반을 위해 높이를 낮추었다.**

(3) 이 <u>수거장</u>에 설치하는 설비로는 조명시설, 청소를 위한 수전과 파리·모기 등의 해충을 퇴치할 수 있는 전기설비를 설치한다. 또한, 하절기에 정원의 수목에 대한 살수용으로 사용할 수 있는 **조경용 살수설비**를 연결·설치하는데 편리한 장소에 설치하도록 한다.

2) **재활용품** <u>분리수거장</u>

(1) 재활용품은 각 지자체의 규정에 따라 일주일에 약 2회 배출토록 규정되어 있다. 또한, 재활용품은 부피가 크고 규정상 7가지 내지 8가지의 종류로 <u>분리하여</u> 배출해야 하기 때문에 큰 면적의 수집 장소가 필요하게 된다. 따라서 거의 대부분의 아파트에서는 지상층에 **재활용품** 분리수거장을 설치한 후, 정해진 날짜 및 시간에 전 입주민이 재활용품을 배출하도록 정하고 있어 일부 입주민에게 큰 불편을 주고 있는 실정이다. 이러한 문제점을 개선하기 위해 <u>퍼스티지아파트에서는 최하층인 지하3층 램프의 하부등 주차가 불가능한 장소를 활용하여</u> **재활용품** 분리수거장을 설치하였고 입주민은 매일 원하는 시간에 언제든지 자유롭게 재활용품을 배출할 수 있도록 하였다.

(2) **재활용품** 분리수거장은 엘리베이터를 이용하여 언제나 쉽게 배출할 수 있도록 지하3층에 설치하였으며, <u>종이류나 PVC 등의 가연성 물질을 수거하는 장소이므로 화재발생에 대비하여</u> **화재탐지기 및 스프링클러**를 설치하였다. 또한, 수거장에는 음식물용 캔이나 유리병 등이 배출되므로 여름철 파리·모기 등의 서식에 대비하여 **해충퇴치용 전기설비**를 설치할 필요가 있다. 설치개소는 약 300가구(3.5개동)당 1개소를 설치하였으며, 개소당 설치바닥 면적은 가로 × 세로 약 6.0m × 15m 정도이다. 이때 고려해야할 사항은 **수거장의 폭은 약 1.5톤 정도의 재활용품 수거차량이 수거장 안까지 진입하여 재활용품의 상차가 편리하도록 충분한 너비를 확보하는 것이 필요하다.**

3) 경비실

(1) 경비실의 설치 위치

경비실은 차량용 출입구, 보행자용 출입구 및 3개동 내지 4개동을 관리하기에 편리한 장소와 아파트단지의 안전유지에 필요한 장소에 설치된다. 경비실의 크기와 타입은 각 설치장소에 따라 달라지는데 통상의 경우 아파트단지의 차량출입통제용 경비실은 물론 각 동의 관리를 목적으로 하는 경비실에는 근무자용 화장실이 설치되며, 안전상 필요한 곳 등에 설치되는 경비실은 소규모의 이동형 철재박스가 주로 사용된다.

(2) 경비실에 설치되는 시설물

이동형 철재경비실을 제외한 경비실에는 ① 경비자용 책상과 의자, ② 담당구역의 **IP카메라용 모니터**, ③ 택배물(수화물)이나 우편물 보관대와 기록장, ④ 경비근무자용 화장실, ⑤ 냉·난방시설 등이 있다.

(3) 경비실용 화장실의 계획

경비실에 설치되는 화장실은 대부분 경비근무자가 이용하나 그 외에 입주민이나 작업자 등이 이용하는 화장실로도 제공될 필요가 있으므로, 준공 후에는 화장실의 운용을 폐쇄형으로 할 것인지 개방형으로 할 것인지를 검토할 필요가 있다. 퍼스티지 아파트에서는 단지 내 상가(2개소)와 단지 중앙에 위치한 휴게시설 내의 화장실 등을 감안하여 폐쇄형으로 운용하고 있다. 화장실 내에 설치되는 설비는 양변기, 세면기, 거울, 비누걸이, 휴지걸이, 조명등, 전기콘센트, 조경수 급수 및 청소용 다용도 수전, 배기시설(팬) 등이 있다.

4) 통합택배시설

컴퓨터와 정보통신기술의 융합은 정보의 입수, 저장, 조회, 공유방식에 혁명적인 변화를 가져왔다. 소비자들은 컴퓨터 네트워크를 주기적으로 이용하여, 매도자를 찾아내고 상품 및 서비스를 평가하고 가격을 비교하고 시장에 영향력을 행사한다. 급속도로 성장하고 있는 전자상거래는 기존의 오프라인 상거래에서 온라인 상거래로 옮기는 과정을 말한다. 전자상거래의 급속한 발달은 필연적으로 택배와 관련한 물량이나 업체의 대폭적인 증가로 이어지게 되고, 이는 택배의 잦은 수령에 피로를 느끼는 주민은 물론, 많은 업체의 잦은 엘리베이터 운행으로 인하여 공동주택의 관리측면에서도 적지 않은 문제점이 나타나고 있다. 이러한 문제점을 해결하는 방안으로 택배의 배달횟수 감소 및 배달시간을 오후 늦은 시간대로 통합·조정할 필요성이 나타났다. 따라서 택배회사들은 각 공동주택 단지별로 택배회사간의 협의체를 구성하여 해당 공동주택에서 마련해준 작업실과 사무실에 근무요원, 전화기 등의 비품을 준비한 후 통합하여 택배 업무를 수행함으로써 주민들로부터 좋은 반응을 얻고 있다. 이러한 업무를 수행하는 통합택배을 위한 시설은 아래와 같다.

1) 택배물 집화처리장(集貨處理場)
(1) 지상에 설치하는 경우
여러 회사의 택배물을 집화하여 아파트 단지의 통합택배회사에 택배물을 인계인수하기 위한 집화처리장을 지상에 설치하는 경우에는 약 2,400세대 아파트단지의 경우 최소 대형 카고트럭 2대 및 1.5톤 카고트럭 2대가 동시에 작업할 수 있는 넓이의 처리장이 필요하다. 위치는 가능한 아파트단지 출입구 및 아파트 지하주차장용 램프에 가까운 장소에 설치하여 아파트 단지 내의 지상 및 지하주차장에서의 동선을 짧게 함으로써 택배작업의 능률을 높이고 주민교통안전 유지에도 도움이 되도록 한다.

(2) 지하층에 설치하는 경우

지하층에 택배물 집화처리장을 설치하는 경우에는 지하층 진출입용 램프와 가까운 지하층에 설치하며, 천정고는 안전성 확보를 위하여 3m 이상으로 한다. 이 방법의 경우 필요 천정고의 확보 및 대형 택배차량의 잦은 지하층출입에 따른 어려움이 예상된다.

2) 택배물 분류작업장(分類作業場) 및 사무실

(1) 택배물 분류작업장

가. 위치 : 아파트단지 출입구 및 아파트 지하주차장에 가까운 최하층의 입주민 주차가 불편한 장소에 설치함으로써 아파트 지하주차장에서의 동선을 짧게 하고 택배작업의 능률을 높이며 가능한 입주민들 차량의 동선과 교차를 적게 하여 예상되는 차량사고 발생을 최소화 하도록 한다. 또한 각 세대 배송 시 엘리베이터 이용성 등을 감안하면 지하 최하층에 설치하는 것이 유리하다.

나. 면적 : 세대수가 약 2,400세대로 28개동으로 구성된 아파트단지의 경우 지하층의 택배물 분류작업장 넓이는 약 1,500m²가 소요된다.

다. 필요설비 및 시설 : PVC 팔렛트-동별 1개+20개, 상차용 물류컨베이어, 택배물 보관용 4문형 대형 냉동고 및 냉장고 각 1대, 배송용 1.5톤 택배차량 4대 내지 5대, 대형 케리어 10대.

(2) 부속 사무실

가. 근무인원 : 7명~8명

나. 면   적 : 약 100m²

다. 설   비 : 유선전화 1대, 구내전화 2회선, 기타 책걸상 등의 사무기기

라. 건축설비 : 탈의실, 화장실- 대변기 및 소변기 각 1대, 샤워장-샤워헤드 2대
   특히 작업자를 위한 샤워시설 및 화장실은 필히 설치해야 한다.

5) 근로자를 위한 휴게시설

공동주택을 관리하기 위해서는 ① 건축·전기설비·위생설비·소방설비 등의 보수·유지를 위한 근로자용 「시설사무실」 ② 경비·안전인력을 위한 「보안사무실」 및 ③ 아파트 단지의 미화를 담당하는 미화원을 위한 「미화사무실」 이 필요하다. 필자가 참여한 정비조합에서는 이러한 인력의 사무업무 및 편의를 위해 대형 주택형(62평형 1호와 72평형 2호로 구성)으로 구성된 1개동의 지하1층 부분(주차장으로 이용이 불가능한 구조)에 위의 3개의 실을 설치하였다. <u>이때 가장 중요한 사항은 위 3개의 시설이 지하층에 설치된다는 점을 감안하여, 외부에서 신선한 공기의 공급을 위한 급기시설과 흡입구를 1층의 외벽 하부에 설치하여야 하며, 배기 시설을 설치할 경우 주차장의 오염된 공기가 실내로 유입되지 않도록 유의하여야 한다.</u>
또한, **모든 사무실의 바닥은** 지하층임을 감안하여 바닥으로 부터의 습기유입을 방지하기 위한 <u>**뜬 바닥구조로 구성**</u>하고 각 실의 바닥에 20cm＊20cm 크기의 환기구를 2개소씩 설치한다.

마감재로는 바닥은 디럭스타일 아스타일 바닥재나 비닐장판을 사용하고 벽은 석고보드 위 벽지마감, 그리고 천정은 흡음텍스 천정재를 주로 사용한다.

위의 각 실에는 화재의 발생 등에 대비하여 주출입구 이외에 주 출입구의 반대편에 있는 비내력벽에 비상구(비상용 출입문)를 필히 설치해야 한다.

근로자를 위한 휴게시설의 각 실별 계획은 아래와 같다.

1) **보안사무실**(근무인원 : 약 45인∼50인/ 3교대 근무), (72평형 지하층에 설치)

 (1) 필요한 실(室) 및 가구
  : ① 회의실(약 20인용 탁자와 의자, 대형칠판)
   ② 탈의실(약 60개의 개인용 옷장<신발장 겸용> 및 전신용 거울 2개)
   ③ 근무자용 피복 보관실
   ④ 실장 및 팀장(4팀)용 사무실(책상 3개와 의자, 대형 책장과 서류 보관용 캐비넷
     3개, 기타 컴퓨터·전화기 등 사무용 가구 일식)
   ⑤ 탕비실(싱크대, 냉·온수전, 전기콘센트, 배기용 팬, 전자레인지, 정수기, 대형냉장고 2대,
     기타 필요설비 일식)
   ⑥ 화장실(세면기 2개, 양변기 2개, 소변기 2개, 샤워실(2개실), 기타 필요설비 일식),
   ⑦ 현관(전신용 대형거울)
   ⑧ 여성근무자용 화장실 및 탈의실(필요 시)
   ⑨ 창고 및 기타 필요설비
 (2) 필요한 가구 및 생활가전 : ① 대형 신발장, ② 대형 냉장고 2대, 정수기 1대
 (3) 필요한 시설 : ① 천정 매립형 냉난방 에어컨, ② 공기정화 급기설비 ③ 천정 매입형
        배기용 팬, ④ 기타 필요설비

2) **시설사무실**(건축팀, 전기팀, 설비팀/ 근무인원 : 약 25인), (72평형 지하층에 설치)

 (1) 필요한 실(室) : ① 건축팀(토목 및 조경 포함), 전기팀, 설비팀으로 구분하여 실 설치
        ② 각 팀별 팀장용 사무실(책상 및 의자, 책장 및 서류보관 용 캐비넷
         2개, 칠판, 컴퓨터·전화가등 사무용 기기 일식)
        ③ 탈의실(모든 근무자를 위한 약 30개의 개인용 옷장)
        ④ 근무자용 피복 보관실
        ⑤ 탕비실(싱크대, 냉·온수전, 배기용 팬, 전자레인지, 정수기, 대형
         냉장고 2대, 기타 필요설비 일식)
        ⑥ 화장실(세면기 2개, 양변기 2개, 소변기 2개, 기타 필요설비 일식),
        ⑦ 샤워실(2개실)
        ⑧ 창고,
        ⑨ 기타 필요설비
 (2) 필요한 가구 및 생활가전 : ① 대형 신발장, ② 대형 냉장고 2대, 정수기 1대
 (3) 필요한 시설 : ① 천정 매립형 냉난방 에어컨, ② 공기정화 급기설비 ③ 천정 매입형
        배기용 팬, ④ 기타 필요설비

3) **미화사무실**(근무인원 : **약 40인**), (62평형 지하층에 설치)

   (1) 필요한 실(室) 및 가구
    : ① 여성용 휴게실(탈의실 겸용, 옷장 30개 설치, 바닥은 난방용 코일 설치)
      ② 남성용 휴게실(탈의실 겸용, 옷장 30개 설치, 바닥은 난방용 코일 설치)
      ③ 팀장용 사무실(책상 및 의자, 대형 책꽂이, 서류보관용 케비넷 4개, 컴퓨터, 전화기)
      ④ 탕비실(싱크대, 냉·온수전, 배기용 팬, 기타 필요설비 일식),
      ⑤ 여성용 화장실(세면기 2개, 양변기 1개, 샤워실 1실, 기타 필요설비 일식)
      ⑥ 남성용 화장실(세면기 2개, 양변기 1개, 샤워실 1개, 기타 필요설비 일식)
      ⑦ 지하층의 편리한 장소에 별도의 청소기구용 창고 설치
   (2) 필요한 가구 및 생활가전 : ① 대형 신발장, ② 대형 냉장고 3대, ③ 정수기 1대

   (3) 필요한 시설 : ① 천정 매립형 냉난방 에어컨, ② 공기정화 급기설비 ③ 천정 매입형
             배기용 팬, ④ 기타 필요설비

4) 위 3개의 휴게시설은 총 가구수 2,444세대를 기준으로 설치한 것이며, 이미 아파트의 건축을 위한 골조(벽체)가 완성된 상태에서 마감작업만 시행되는 것이다. 위에서 언급한 바와 같이 보안사무실 및 시설사무실은 사무공간의 개념으로 보아 신발을 착용하고 근무하는 입식의 개념으로 설계 및 마감작업을 하였고, 미화사무실은 작업자의 휴게공간의 개념으로 보아 신발을 탈착하고 사용하는 좌식의 공간으로 간주하여 설계 및 공사를 진행하였다. 따라서 미화사무실은 바닥에 난방용 코일을 설치하고 모노륨으로 마감하였다. 위 휴게시설은 근로자의 근로환경을 개선하기 위해 필자가 국내최초로 계획하고 시행한 복지시설로 인식하고 있으며, 이외에 외주업체인 조경 팀을 위한 자재창고 등, 다른 분야의 용역팀을 위한 별도의 실(창고)을 추가하여 설치하였다.

5) 위 3개의 휴게시설이 설치되는 공간은 공사면적에 포함하지 않고 피트의 외곽을 조적으로 벽체를 설치하여 완전히 폐쇄하는 방법과, 내부에 조명시설, 소방시설 등 건축법에서 정하고 있는 기본시설 등을 설치하고 출입문을 설치하여 시공면적으로 산입한 후 자전거 보관소, 창고 등의 용도나, 관리사무소와 같이 사무용 공간이나 작업자의 편의시설 등으로 사용하는 방법이 있다. 일부 공간은 입주민들의 의견을 수렴하여 탁구대를 설치하는 등 특별한 용도로 이용할 수도 있다.
통상, 시공자는 조합에는 지하층의 공사비를 별도로 제시하지 않고, 해당 금액을 산출한 후 지상층에 포함하여 <u>단위면적당</u> 공사비를 조합 등의 발주자에게 제시한다.
필자의 판단으로는 이 공간을 시공자와의 공사계약 체결 전에 지상의 <u>단위면적당</u> 공사비와는 별도로 <u>단위면적당</u> 공사비를 정한 후 여러 용도로 사용하는 방법을 제안한다.
건축법에서는 지하주차장 등 지하층의 건축물은 용적률 산출 시 포함되지 않는 것으로 규정하고 있다.

주) **국토교통부는 2020.1.7. '주택건설기준 등에 관한 규정' 제28조제1항의 개정을 통하여 위의 '근로자를 위한 휴게시설'의 설치 의무화하였다.**(주택건설기준 등에 관한 규정 : 하권-부록-4).

6) 옥외 편의시설 등

옥외시설에는 운동시설, 벤치 등의 휴게시설 및 어린이 놀이시설 등이 있다. 옥외시설을 설치하는 데 고려하여야할 가장 중요한 요소는 설치장소라 할 것이다. 운동시설이나 휴게시설 및 어린이 놀이시설 등은 해당 시설물을 이용하는 주민들에 의해 시설물 부근에 있는 각 세대에 소음의 발생, 프라이버시의 침해 등 적지 않은 불편을 초래하게 된다. 따라서 이러한 시설을 설치할 경우에는 이점을 고려하여 설치장소를 신중히 결정 해야 할 것이다.

(1) 운동시설

운동시설은 여러 동에서 공히 이용이 편리한 장소를 선택해야 할 것이며, 특정한 세대에 근접하여 설치하는 것은 절대 금해야 한다. 따라서 설치위치는 동과 동사이의 중간 위치가 유리하며, 단위세대의 창이 설치되지 않는 측면방향, 단위세대와 충분히 격리시킬 수 있는 대지경계선 부근이 이상적이며, 산보 길에 접한 위치가 설치에 적절한 위치가 된다.

(2) 벤치 등 휴게시설

벤치는 주민의 휴게공간인 동시에 주민간의 대화의 장소로도 이용되는 시설로서 가능한 주민이 이용하는 주된 통로에 설치하는 것 보다는 주된 통로가 아닌 산보길 에서 약 2m 정도 후면에 설치하는 것이 바람직하다. 다만, 청소년들에 의한 사고발생을 예방하고 이용자에 의한 소음의 발생 특히, 야간소음의 발생으로 인한 이웃주민의 민원발생이 없도록 위치선정에 세심한 주의를 기울여야 한다.

(3) 어린이 놀이시설

어린이놀이시설은 특히 소음이 발생되는 시설임을 감안하여 설치위치를 신중하게 결정해야 한다. 또한, 단지 내에 설치되는 유아원이나 유치원의 설치위치도 여러 가지 사항을 고려하여 설치하여야 한다. 어린이 놀이시설에는 어린이를 대동하고 온 보호자가 기다리거나 휴식을 취할 수 있는 시설인 벤치를 필히 설치하여야 한다.

(4) 옥외 엘리베이터 시설

옥외 엘리베이터는 지상에서 지하1층에 설치된 커뮤니티 시설 등을 이용하거나 아파트 부지에 레벨 차에 의한 단이 있는 경우에 설치된다. 이 옥외 엘리베이터의 유리 케이스 내부 온도는 하절기에 온실효과에 의해 40도 이상으로 상승하여 이용이 불가능해짐은 물론 엘리베이터 오작동의 원인이 된다. 이러한 문제를 사전에 예방하기 위해서는 유리 케이스를 **자외선 차단용 유리를 사용하거나 자외선 차단용 필름**(Film)을 창 내부에 부착하며, 유리 케이스 상부에 환기용 「**알루미늄 루버**」를 면의 양측에 설치하여야 한다. 강제환기를 위해 엘리베이터실 상부에 설치하는 루버에 배기팬(Fan)를 추가하여 함께 설치하기도 한다.

(5) 조경수(造景樹)용 살수(撒水)설비

주거시설로서 아파트의 역할이 점차 증대되고 아파트단지 내에서 더 나은 조경시설의 설치요구가 확대되는 것과 함께, 입주자들이 소유하는 차량의 대수가 점차 증가됨에 따라 신축되거나 재건축되는 대부분의 아파트 단지에서는 종전의 지상주차시설이 점차

지하주차시설로 대치되고 있다. 이에 대부분의 조경시설은 지하주차장 상부 슬래브(slab) 위에 깊이 약 1.4m 이상의 화단객토작업(토핑작업)을 한 후 조경수를 식재하게 되었으며, 식재된 조경수를 위한 살수설비의 설치가 필요하게 되었다. 이때, 살수용 수전의 설치 위치는 조경수 식재에 지장이 없도록 하기 위해 지상에 설치되는 음식물류폐기물 보관 시설에 청소용 수전 이외에 조경수 급수용 수전을 별도로 설치하거나 건물 외벽에 설치 하는 것이 바람직하며 이 수전에는 동절기 동파방지시설의 설치가 꼭 필요하다.

살수방식으로는 설치된 수전에 조경용 스프링클러(sprinkler)를 연결하여 살수하는 것이 가장 이상적인 방식이다. 현재 대부분의 아파트 단지에서 이용되는 조경수 살수방식은 음식물류 폐기물 보관시설이나 각 동의 외벽에 설치된 조경수용 수전에 작은 구멍(hole)이 난 비닐 파이프를 연결하여 살수하는 방식이 이용되고 있으나, 이 방식은 스프링클러가 미설치 되었거나 설치가 부적합한 좁은 조경시설 등에 이용되는 보조적인 방식이다.

7) 1층 캐노피(Canopy)의 높이

각 동 1층의 한 가구에 해당하는 곳에는 1층 바닥레벨과 도로의 높이(GL) 차이를 해소하기 위한 계단과 경사로 및 입주민들의 통행로를 설치하기 위한 공간인 필로티를 구성하게 되는데, 이 필로티는 이사용 차량의 표준인 5톤의 탑차량이 후진하여 1층 바닥레벨에 가까이 접근할 수 있도록 계획할 필요가 있다.

이를 위해서는 **필로티의 천정고와 필로티용으로 설치되는 캐노피의 마감재 높이는 최소한 3.7m 이상이 확보되도록 계획하는 것이 바람직하다.**

제2장
건축공종별 시공상 유의사항

1 철근콘크리트공사

 대부분의 철근콘크리트 구조물에서는 콘크리트의 시공줄눈(Construction Joint)은 매 층의 바닥레벨에서 이루어진다. 특히, 벽식구조로 설계된 아파트 골조공사에서 철근콘크리트공사의 주요 시공관리대상 중의 하나가 시공줄눈의 관리이다.

아파트 준공 이후 발생되는 하자 중 콘크리트공사에서 발생되는 하자는 거의 대부분이 시공줄눈에 의한 균열이라고 해도 과언이 아니라 할 것이다. 이 장에서는 여러 균열의 원인 중 시공줄눈에 의해 발생되는 균열의 원인과 이에 대한 예방대책을 기술하기로 한다.

1. 시공줄눈의 부실관리에 의한 하자현상

아파트 골조공사에서 시공줄눈의 부실관리로 인하여 발생되는 하자현상을 누구나 쉽게 발견할 수 있는 곳은 아파트외벽에서 각 층의 콘크리트 이어치기를 한 위치이며, 이곳에 균열이 발생되고 이로 인한 백화현상(균열 속으로 수분이 침투하여 생성된 흰색의 석회석이 콘크리트면 밖으로 새어나오는 현상)이 대부분의 아파트에서 계속하여 발생되고 이를 보수하기 위해 많은 인력과 비용이 습관적으로 투입되고 있다.

2. 시공줄눈 부분의 관리방법

시공줄눈의 부실관리로 인하여 발생되는 하자현상을 예방하기 위한 여러 방법은 모든 건축기사들도 잘 알고 있는 사항이며, 시공 관련 기술서적에도 상세히 수록되어 있다. 이 내용을 옮겨서 소개하면 다음과 같다.

① 이어치기할 때는 Laitance를 제거하고, 표면은 거친면으로 하며, 물씻기 등으로 불순물을 제거한다.

② 특히 높은 강도를 요하는 장소에서는 부배합의 Mortar, 시멘트 분말을 살포한 뒤에 콘크리트를 타설한다.

③ 이음자리의 거푸집은 밀실하게 막아 콘크리트가 흘러내리거나 시멘트풀이 새지 않게 한다.

3. 개선안의 제안

사실 위의 방법은 일손이 많이 필요한 방법이며 기둥식 구조로 된 건축물에서는 비교적 쉽게 이행될 수 있다. 그러나 벽식구조로 설계된 아파트의 건설현장에서는, 모든 수직구조물이 좁고도 긴 벽체로 연결되어 있어 위에서 언급한 일들을 모두 시행한다는 것은 매우 어려운 일이다. 특히, 수직구조물(벽체)용 거푸집을 설치한 후에 수평구조물인 슬래브용 거푸집을 설치하는 과정에서 이미 설치된 좁고 깊은 벽체의 구조물용 거푸집 속으로 작업 중에 발생되는 톱밥, 나무부스러기, 작업용 장갑 등 여러 분순물이 떨어지게 되며, 좁고 긴 거푸집 속에 이미 설치된 철근 등으로 인하여 이 불순물을 제거한다는 것은 매우 어려운 일임에는 틀림이 없다. 따라서 철저한 예방이 최선이라 할 것이다.

다른 아파트 건설현장에서는 시공줄눈에 의한 하자를 손쉽게 처리하는 방법 중의 하나로 균열발생이 예상되는 시공줄눈위치에 미리 줄눈을 설치하고 이 줄눈에 실리콘 실란트를 줄눈에 주입하여 물의 침투를 방지함으로써 백화현상을 예방하기도 하는데 이상적인 방법 중 하나라고 생각한다. 필자가 참여한 공사현장에서는 아파트의 외벽줄눈계획이 시공줄눈 위치와는 서로 맞지 않아 이 방법을 적용하지 못하였다.

그러나 필자의 생각으로는 이러한 큰 문제점을 계속하여 반복할 수는 없다고 생각한다. 따라서 제안하고자 하는 방법은 매 동마다 거푸집 속의 불순물을 제거하기 위한 흡입 펌프시설을 설치하도록 하는 작업규정을 마련하면 일부 개선효과가 있을 것으로 생각한다.

시공줄눈 부분에서 가장 큰 문제가 되는 불순물은 철근조각과 같은 고강도의 물체가 아니라 대부분 공기흡입기로 충분히 흡입할 수 있는 톱밥, 먼지, 나무 조각, 작업용 면장갑 등이기 때문에 기 설치된 철근으로 인해 거푸집 청소에 많은 어려움이 예상되기는 하나 결국에는 청소용 흡입기의 사용이 어느 정도의 역할은 할 수 있을 것으로 판단된다.

2 석공사

아파트공사에서 사용되는 석재의 종류 및 위치는 비교적 단순하다 할 것이다. 그러나 필자의 경험으로는 현재까지 통상적으로 사용되고 있는 석재는 사용되는 위치에 따라 일부 재검토할 사항이 있다고 판단되어 이를 기술하고자 한다.

1. 아파트공사에서 석재가 사용되는 부분

1) 공용부분
외벽(지상3층 내지 5층까지), 각층 주거공용부분(엘리베이터 홀), 1층 계단 및 현관, 기타 주민 커뮤니티시설 등이 있다.

2) 단위세대
(1) 바닥 : 현관, 복도, 거실, 주방 및 화장실 등의 바닥
(2) 벽체 : 현관, 복도, 거실, 주방 및 화장실 등의 벽체

2. 주로 사용되고 있는 석재의 종류

1) **화강석** : 외벽, 공용부분의 바닥 및 벽체 등
2) **대리석** : 단위세대의 현관 바닥, 거실 바닥 및 벽체, 주방 싱크대 상판, 화장실 세면대 상판과 벽체 및 바닥 등

3. 문제점

1) 세대 현관바닥의 대리석 사용

대부분의 아파트 건축현장에서 각 세대 현관의 바닥재로는 타일 혹은 천연대리석을 사용하고 있다. 그 이유는 천연대리석의 아름다운 색채와 문양 때문이다. 그러나 신발을 착용하는 장소인 현관의 바닥은 모래나 이물질로 인하여 경도가 약한 대리석의 표면이 쉽게 손상되는 단점이 있다.

아파트에는 대리석 전문관리업자가 관리를 하고는 있으나 아파트 등 일반가정에서는 호텔 등의 상업시설과는 다르게 바닥재로 사용된 대리석을 일정한 기간 마다 광택을 내거나 코팅작업 등의 관리가 현실적으로는 불편한 일이 된다. 따라서 천연대리석을 대체하여 색채가 다양한 수입화강석의 사용은 하나의 대안이 될 수 있다고 생각한다. **이때, 사용예정인 화강석에서 발암물질인 라돈의 방출여부를 필히 확인할 필요가 있다.**

2) 화장실에서의 대리석 사용

현재도 화장실의 샤워브스 등 물을 많이 사용하는 장소인 소위 웨트 에리어(Wet Area)에서는 대리석이 가지고 있는 특성인 투수성에 의한 백화현상(대리석을 통해 바닥이나 벽체의 콘크리트에 물 등이 침투하여 시멘트와 결합하여 생성된 백색의 액체가 대리석을 통과하여 외부로 나타나는 현상)의 방지를 위해 바닥 및 벽체에는 대리석의 사용을 지양하고 불투수성 자재인 커팅타일을 사용하고 있다.

그러나 양변기나 세면기가 설치되는 장소로서 물을 직접 사용하지 않는 장소인 소위 드라이 에리어(Dry Area)에서는 대리석이 많이 사용된다.

그러나 바닥재로는 미끄럼에 대한 우려가 있어 사용에 신중을 기해야 한다. 부득이 드라이 에리어(Dry Area)에 대리석을 사용할 경우에는 백화현상에 대비하여 검정색 계열의 대리석 사용은 지양하고, 흰색이나 베이지색 계열의 밝은 색의 대리석을 사용하는 것이 유리하다.

❏ 참고사항(화장실 타일선택 시 유의사항)

화장실에 사용되는 마감재는 석재 이외에 전통적으로 자기질 타일이 사용되었다. 그러나 근래 와서는 화장실의 주된 벽(주로 샤워헤드가 설치되는 벽)에는 소위 '포인트 월'을 설치하는 사례가 점차 증가하고 있는데, 이 포인트 월에 사용되는 특수한 재질의 타일 중 일부가 금속재로 문양을 넣고 PVC 계통의 재료로 마감하는 사례가 많이 있는 바, 이러한 타일은 "락스 등 화학제품"에 반응하므로 이러한 타일의 사용은 철저히 금해야 한다.

3) 주방가구 상판의 대리석사용

아파트의 실내 마감재가 고급화됨에 따라서 주방가구의 싱크대 상판을 스테인리스(Stainless Steel)나 인조대리석을 대신하여 화강석이나 천연대리석의 사용빈도가 점차 늘어나고 있다. 특히 천연대리석은 색채가 매우 아름다워 많이 사용되고 있으나 강도가 비교적 약하고 김치 등 산성이나 알카리성 물질에 취약하며, 이물질의 침투에 의한 오염의 정도가 화강석 등 다른 석재에 비해 다소 불리하므로 대리석을 사용하는 경우에는 이에 대한 대책이 요구된다. 따라서 근래 들어서는 강도가 높고 색채나 문양 등이 화려한 수입산 화강석의 주방상판 사용이 점차 증가하고 있다.

3 | 화장실 방수공사

아파트공사에서의 방수공사는 옥상방수, 지하실(주차장)방수 및 각 세대의 화장실방수가 있다. 이 중에서 화장실 방수문제는 해당 세대의 아래 세대와도 관련이 되고 그 보수비용이 많이 소요되기 때문에 시공자도 많은 노력과 주의를 기울이고 있다. 모든 건설현장에서는 화장실에 대한 방수공사를 마친 후 방수테스트를 실시하는 것이 기본이다. 따라서 근래의 신축아파트에서는 방수문제로 인한 하자는 거의 발생되지 않는 것으로 알고 있다. 그러나 가끔 발생되는 문제는 **화장실의 바닥타일이나 대리석의 줄눈 등으로 물이 스며들어 이 물이 바닥의 구배(slop)용으로 시공된 빈배합의 바닥모르타르를 거쳐 인접한 시멘트벽돌로 구성된 벽체까지 침투하여 화장실과 인접한 드레스룸의 벽체하부나 온돌마루바닥을 변색시키는 하자가 발생된다. 이러한 하자발생을 방지하기 위해서는 화장실 바닥재의 줄눈공사 시 줄눈의 너비를 충분히 확보(최소 2mm 이상)한 후 줄눈을 방수모르타르로 완전히 충진 시켜야 한다. 특히, 미끄럼방지를 위한 대형의 자재(타일)를 사용하는 경우 특별한 주의(충진)가 필요하다.**

4 | 월풀욕조 설치 시 유의사항

월풀욕조는 욕조 하부바닥에 설치된 **에어모터**에 의한 바람으로 강한 물결을 일으켜 마사지 기능을 발휘하는 기능성 욕조이다. 월풀욕조에는 에어분사구를 욕조의 양 측면에 설치하거나, 측면과 힘께 욕조바닥에도 설치하기도 한다. 따라서 에어모터가 1대 내지 2대가 설치된다. 에어를 분사해 주는 모터는 일정한 기간이 경과되면 그 기능이 저하되거나 상실되어 해당 모터를 수리하거나 교체해야하는 시기가 필연적으로 도래하게 된다. 특히, 욕조 하부 콘크리트 바닥면에 누수가 발생되는 경우에는 갑작스러운 고장이 발생되기도 한다.

이와 같이 월풀욕조에 설치된 모터나 설비들은 일정한 기간이 경과되면 수리나 교체를 해야 한다는 점을 감안하면, **월풀욕조는 가능하면 욕조의 한쪽 면을 기존의 PVC 재질의 덮게 위에 건축자재로 추가하여 마감공사를 하지 않는 소위 노출형(건식/이동식)으로 설치하는 것이 매우 바람직하며**, 불가피하게 대리석 등으로 마감공사를 할 경우에는 건축마감재를 손쉽게 탈거할 수 있도록 하는 방법으로 마감공사를 하거나, **모터를 손쉽게 수리 및 교체할 수 있는 위치에 작업구를 미리 설치하여 미래의 고장·수리에 대비해야 한다.**

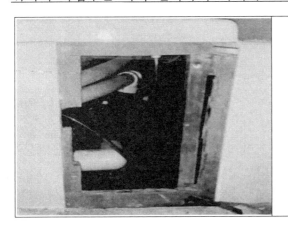

월풀욕조를 폐쇄형(습식)으로 설치하고, 작업(점검)구를 설치하지 않은 상태에서 욕조 내부의 에어모터에 고장이 발생되면, 이 모터를 교체하기 위해 욕조 외부의 측면에 부착된 PVC재질의 측벽과 마감재인 대리석을 절단한 후에 에어모터의 교체작업을 진행해야 하므로 많은 시간과 비용이 소요된다.

5 바닥 마루공사

1. 바닥 마루의 선택기회 부여

필자가 참여한 재건축조합에서는 바닥마루, 벽지 등 여러 마감재의 색깔이나 타입에 대하여 조합원의 의견을 조사한 후 그에 맞는 자재로 인테리어공사를 시행한 바가 있으며, 이때 조합원에 따라 합판마루(온돌마루) 대신에 강마루를 선호하는 조합원이 있어 이를 선택할 수 있는 기회를 부여하였다. 다만, 바닥마감자재에 대한 전문지식이 부족할 수도 있는 조합원들을 위하여 합판마루와 강마루의 장단점, 가격 등을 표시한 안내판을 '마감자재선택을 위한 전시회장'에 설치하여 입주 후에 입주민의 이의 제기 등 부작용이 없도록 사전에 대비하였다.

2. 입주 후 마루의 관리방법

바닥의 온돌마루는 공장에서 제작 시 ①1급 내수합판 사용, ②오염방지 매직크린코팅, ③긁힘(스크래치)을 방지하기 위한 U.V. Cera코팅 등 특수처리를 한 우수한 제품이 생산되기 때문에 입주 후에는 추가적인 코팅은 전혀 도움이 되지 못하며, 오히려 부작용이 발생된다. 따라서 이에 대해 통신문을 통하여 조합원에게 상세히 설명해줄 필요가 있다.
온돌마루의 관리법은 온돌마루의 쪽 사이로 스며든 수분에 의해, 마루가 변색되거나 부풀어 오르는 현상을 방지하고 오래 동안 양호한 표면 상태를 유지시키기 위하여 수분의 접촉을 가능한 피하도록 한다.

3. 바닥 마루의 종류별 특징

바닥 마감재를 대별하면 합판마루(천연무늬목 온돌마루), 강마루, 원목마루 및 타일이 있다.

1) 합판마루(천연무늬목 온돌마루)

합판마루는 중심재를 두께 7.5mm의 내수합판으로 하고 마감을 두께 2mm 이하의 천연무늬목을 접착시켜 제작한다. 이때, 천연무늬목의 종류는 오크(참나무), 메이플(단풍나무), 버찌, 티크, 월넛, 화이트오크, 아프로모시아, 체리가 있다. 마감면 위에는 긁힘(스크래치)이나 찍힘 등을 방지하기 위하여 UV도장을 한다.
바닥에는 친환경 본드로 접착시공을 한다. 따라서 열전도율이 높고 강화마루에 비하여 소음 발생이 적고 친환경적이다. 여러 가지의 아름다운 무늬나 색깔을 선택할 수 있는 장점이 있는 반면, 찍힘이나 긁힘에 약하고 햇볕이나 습기에 의해 변색된다.

2) 강마루

강마루는 중심재를 두께 7.5T의 내수합판으로 하고 마감을 나무문양으로 인쇄된 장식재(종이나 비닐)를 접착시킨 후 내마모성 시트지 부착 혹은 UV코팅한다.
바닥에 친환경 본드로 접착시공 한다. 따라서 열전도율이 높고 강화마루에 비해 소음발생이 적고 친환경적이다. 또한 변색이 없고 패턴과 색상이 다양하다. 강마루는 강화마루의 장점을 유지하면서 단점을 보완하여 개발한 제품으로 근래 사용빈도가 점차 증가하는 추세이다.

3) 원목마루

원목마루는 중심재를 내수합판으로 하고 원목을 부착한 후 UV코팅한다. 마루의 총 두께는 15.0mm, 20mm, 22mm 및 24mm가 주로 생산되며, 이용하는 원목은 메이플(단풍나무), 오크(참나무) 및 너도밤나무가 생산 및 수입된다. 가격은 합판마루나 강마루의 약 1.5배 내지 2.5배 정도로 고가이므로 조합원분양이나 일반분양 시 유상옵션 품목으로 처리하는 경우가 많다. 바닥에 친환경 본드로 접착시공을 한다. 따라서 열전도율이 높고 강화마루에 비하여 소음 발생이 적고 친환경적이다. 수분에 장기 노출되는 경우 변형의 위험이 있다. 표면에 손상이 발생되는 경우에는 샌딩작업 후 코팅하여 사용할 수 있다.

4) 바닥타일

요즘에는 침실을 제외한 공간인 거실과 복도 및 주방의 바닥에 그동안 주로 사용되던 바닥재인 위의 목재마루를 대신하여 세라믹 타일을 사용하는 추세이다. 타일을 사용하는 이유를 나름대로 분석해보면, 목재바닥재는 낙하물에 의한 찍힘과 긁힘(스크레치) 그리고 수분에 의한 변형 등이 주된 이유라고 판단된다. 요즘 분양을 위해 건립된 모델하우스를 방문해보면 바닥을 타일로 마감하는 것을 유상옵션 품목으로 처리하고, 모델하우스의 거실과 주방의 바닥을 화이트칼라의 포세린타일인 비앙코카라라 인조대리석으로 마감하는 것이 하나의 대세가 된 듯하다. 이러한 현상에 대한 필자의 견해는 타일은 무광처리를 한다고 해도 미끄럼에 유의해야하는 자재이므로 특히, 어린이가 있는 경우 카페트를 이용하는 등의 방법으로 사고에 대한 예방조치를 하는 것이 좋다. 또한, 필자는 **포세린 바닥타일은 강도가 매우 강한 자재임에도 불구하고 물성 자체가 낙하물에 의한 충격에 매우 취약하며, 파손되는 경우 보수작업 시 타일의 레벨링(평탄) 작업 등이 매우 어려운 자재임을 감안하여 바닥자재의 선정 전에 자재의 장단점에 대한 세밀한 확인이 필요하다는 생각이다.**

6 층간소음 저감공사

요즘에도 아파트 등의 공동주택에서는 층간소음에 의한 이웃 간의 분쟁이 자주발생 되어 사회적인 문제가 되고 있다. 그 이유로는 사회가 점차 자기중심적인 사회로 변모하고 있기 때문이며, 건축기술의 측면에서 보면 바닥충격음의 차단기술이 부족하기 때문일 것이다. 이러한 여러 사회현상을 감안하여 필자가 참여한 재건축사업에서는 층간소음을 저감하기 위한 설비(바닥충격음 차단인정구조)를 전 세대(2,444세대)에 설치하였다.

현행 바닥충격음 차단구조에 관한 법규는 1)주택법 제35조(주택건설기준)제1항제2호에 '바닥충격음 차단구조'를 채택하도록 의무화하고 있으며, 2)주택건설기준등에관한규정 제14조 의2(바닥구조)에는 공동주택의 바닥슬래브 두께를 ①벽식 및 혼합구조는 210mm 이상, ②라멘구조는 150mm 이상, ③무량판구조는 180mm 이상으로 하도록 규정하고 있으며 이때의 바닥충격음은 경량충격음 58데시벨 이하, 중량충격음 50데시벨 이하가 되도록 규정하고 있다. 다만, 라멘구조의 공동주택과 그 외의 공동주택 중 발코니, 현관 등 국토교통부령으로 정하는 부분의 바닥은 그러하지 아니하다. 또한, 주택건설기준등에관한규정 제60조의3에는 「바닥충격음 성능등급 및 기준 등」을 정하고 있으며, 이 주택건설기준등에 관한규정 제14조의2가

정하고 있는 충격음은 「바닥 충격음 차단구조 인정 및 관리기준」에서 정하고 있는 1등급에서 4등급 중 최하 등급인 4등급이며 하한 데시벨인 경량 58데시벨 이하 및 중량 50데시벨 이하임을 감안하면, 앞으로 신축되는 공동주택도 층간소음에 의한 민원이 계속 발생될 가능성이 크다는 것을 의미한다. 3)충격음 차단관련 규정으로는 위의 2가지 규정 이외에 국토 교통부 고시 제2013-611호로 고시한 **「공동주택 바닥충격음 차단구조인정 및 관리기준」**이 있다.

필자가 참여한 아파트는 당시 바닥슬래브 두께에 대한 규정에 따라 바닥슬라브 두께를 190mm로 시공하고 공인기관에서 인정하는 **'바닥충격음 차단인정구조'** 설비를 설치하였으며, 이 설비를 설치한 후 층간소음을 측정한 결과는 경량충격음은 1등급(43dB 이하), 중량충격음은 3등급(43dB~47dB)으로 측정되어 조합과의 계약조건에 충족되었다.
현재까지는 층간소음을 해결할 수 있는 완벽한 시설이 개발되지 못하였지만 필자의 정비사업 현장에서 채택한 **「바닥충격음 차단인정구조」**는 공사 후 측정한 결과나 층간소음에 대한 입주민의 민원제기의 빈도수 등으로 미루어 보면 비교적 성공적이었다는 판단이다.

⑦ 단지경계를 위한 울타리 설치공사

아파트 입주민의 안전을 위한 단지경계의 울타리 설치공사는 인·허가관청인 00구청의 지침(울타리로 인한 이웃주민과 아파트주민간의 위화감 조성방지 및 도시미관을 해치지 않기 위해 아파트 울타리 설치 금지)에 따라 공사 중에는 정식으로 울타리를 설치 할 수가 없었다. 따라서 울타리설치공사는 시공자의 공사비에 정식으로 포함할 수 없기 때문에 조합에서는 별도의 공사비를 준비하여 준공 이후에 입주민의 민원청구를 통한 방법으로 결국 울타리를 설치할 수 있었으며, 소재는 부식에 대한 내구성을 감안하여 주물제품을 이용하였다.
이때, 인·허가관청에서 요구하는 도시미관과 이웃주민과의 위화감 조성방지목적에 충족되기 위한 방법으로 **「대지경계의 맨 외부에 사철나무를 2열로 식재하고 그 안쪽에 주물로 된 울타리를 설치하였으며, 울타리의 내부에는 넝쿨장미를 식재」**함으로써 외부에서는 철재 울타리가 전혀 보이지 않아 인·허가관청에서 의도하는 2가지 사항인 '도시미관' 및 '이웃주민과의 위화감조성 방지'는 충실히 이행되었다고 판단되며 울타리 미설치 시의 방범에 대한 문제점이 해소되고 대지경계선을 무단으로 출입하던 주민들도 통제가 가능하게 되었다.

[단지 내부에 철재울타리를 설치한 예]

철재울타리를 단지의 외부에 설치하고 관목인 사철나무를 아파트 단지 내부에 식재하는 기존의 울타리 조성방식으로, 도시미관의 유지 및 이웃주민과의 위화감 조성방지에는 부족함이 있어 일부 개선이 필요하다는 판단이다.

[단지 외부에 철재울타리를 설치한 예]

[난쟁이 맥문동 식재의 예]

[난쟁이 조릿대 식재의 예]

[각 동 1층에 설치된 현관 로비]

제3장
전기설비 및 위생설비

1 전기설비공사

1) 안전유도등(Step Light)의 설치

복도에는 취침 중 화장실을 이용할 때 안전 유지 및 눈부심 방지 등을 위한 안전유도등을 설치하는 것이 바람직하다. 화장실과 복도에는 천정에 매입형으로 센서등이 설치되나 복도에는 천정의 센서등 이외에 벽의 걸레받이 위치에 명도가 낮은 사각형의 매입형 안전유도등 설치가 필요한 이유는 복도는 심야에 외부의 모든 빛이 완전히 차단되기 때문에 어린이나 노약자가 심야에 화장실 등을 이용할 경우 사고발생 예방에 매우 유용하게 사용되기 때문이다. 그러나, 주변의 밝기가 조금만 낮아져도 안전유도등이 작동되는 것이 문제점으로 지적된다.

2) 전기콘센트 설치개수 산정 시 주거환경 변화에 대한 검토

(1) 약 2000년대까지 소형 주택형 아파트의 건설에서 침실의 전기 콘센트 설치에 있어서는 침실의 한쪽 벽면에만 설치하기도 하였으나, 입주민들의 사용상 편리성을 위해서는 소형 주택형 아파트에도 2개의 벽면에 콘센트(통신 등을 위한 약전용 포함)를 설치하는 것이 정설(定設)이었다. 그럼에도 불구하고 2020년대인 요즘, 기존 아파트에 적정한 개수의 콘센트가 설치되었는지의 여부를 판단하기 위한 주거환경을 파악해보면, 필요한 콘센트의 부족에 따른 결과물로 많은 수의 4구 멀티탭(플러그를 여러 개 꽂을 수 있는 이동식 콘센트)의 사용이 일반화 된 상태를 확인할 수 있으며, 이는 인테리어 측면에서 아쉬움을 느끼게 되고 화재발생의 위험성도 증대되는 등의 부작용을 일으키고 있다.

또한, **필자는 거실 콘센트 설치계획의 경우 양호한 조망권 확보를 위해서는 통합유니트(전화+DATA UNIT+쌍방향 TV UNIT)를 거실 전·후면의 2개 벽면에 설치하는 안을 제안한다. 요즘에는 거실에 TV의 설치를 지양하고 각 침실에 설치하는 등의 다양한 인테리어를 추구하는 경향에 부응하는 콘센트의 설치 계획을 수립할 필요가 있다.**
전기설비 설계자가 여러 주택형을 설계할 때에는 각 주택형별로 동일하게 설계를 하게 된다. 다시 말하면, 동일 주택형의 동일 타입에서는 거실의 전면이 동일하게 결정되고 이에 맞게 거실전면의 아트월을 포함한 모든 기구의 위치가 설계상으로 확정되는 것이다.
비록 「조망권 분석을 위한 시뮬레이션」을 시행하였다고 해도 동일한 주택형 동일타입의 단위 아파트도 그 위치(동 배치계획) 등에 따라 외부 조망여건이 다를 수 있으므로 이 조건에 맞게 거실의 전면을 선택하고 소파의 설치위치 또한 결정할 수 있도록 준비하는 것이 매우 바람직하다. 한편 각 단위세대의 거실전면을 정확하게 파악할 수 있는 때는 골조공사가 약 10개층 이상은 완료되어야 조망권 확인이 가능하다. 따라서 이 시기에 각 세대의 조망여건을 동별로 직접 확인 한 후 각 세대별로 거실 전면을 최종 결정하는 것이 이상적이다. 이를 위해서는 앞에서 언급한 바와 같이 거실의 통합유니트는 2개소에 설치해야 한다. 이러한 이유 이외에도 각 입주민의 취향이나 다양한 가구배치에 부응하기 위해서는 2개소의 통합유니트 설치가 꼭 필요하며 현재 많은 현장에서는 2개면에 통합유니트를 설치하는 것이 일반화 되는 경향이다.

(2) 국민의 생활수준이 향상되고 생활가전의 종류가 점차 증가됨에 따라 더 많은 전기콘센트의 설치 필요성이 커지는 추세이다. 요즘 사용되는 가전제품을 원룸형 아파트를 기준으로 설치위치별로 열거해보면, 거실천정에는 사물인터넷(IoT) 카메라용, 베란다에는 무선 청소기 충전용, 부엌 장 안과 화장실 서랍장 안에는 소형 가전용 매립식 콘센트, 침대부근에는 휴대폰 충전기, 무선충전기, 에어컨용 콘센트, 책상 주위에는 스탠드, 선풍기, 노트북용 콘센트, **화장대 주위에는 전동칫솔, 헤어드라이어, 와이파이 공유기 등을 위한 콘센트가 있어 콘센트 삽입구 25개 내외가 필요함을 알 수 있다.**

아파트에서 사용되는 가전기구를 파악해 보면, 공기청정기, 정수기, 시스템에어컨, 전기밥솥, 오븐, 전기포트, 에어 프라이어, 믹서, 냉장고, 인덕션, 식기세척기, 세탁기, 건조기, 물걸레 청소기, 무선청소기, TV, 비데, 스타일러, 스마트폰 3대, 태블릿 PC 3대, 노트북 2대, 주서기, 착즙기 등 45개 이상이 사용되며, 최근에는 대형냉장고를 대신하여 와인 냉장고, 쌀 냉장고, 침실용 미니냉장고를 선호하는 등 가전제품이 점차 세분화되는 추세이며, 미세먼지로 인해 공기청정기를 방마다 설치하는 경향에 대비하여 콘센트의 설치 위치나 개소를 초기 전기설계에서부터 충분히 검토하고 확인할 필요가 있다. 충분한 매입형의 콘센트를 확보하지 못할 경우 수많은 멀티탭이 각 실마다 필요하게 되는 것이다.

(2) 필요한 콘센트 수를 분양면적 112㎡(약 34평형) 아파트에서 파악해보면 통합유니트 등 특수 목적용이나 빌트인(가전)용 콘센트를 제외하고도 2구짜리 콘센트가 거실에는 5개, 안방 3개, 주방 3개, 침실·부부욕실·공용욕실에 각각 2개, 베란다·세탁실·드레스룸·파우더룸에 각각 1개 등 최소 총 25개(50구) 이상이 설치되어야 한다. 이를 각 실(室)별로 설치되는 콘센트 개소로 파악해 보면 총 6실에 실별로 최소 4개 이상이 설치되어야 한다.

2 위생설비(급수 및 배수설비)

1) 화장실의 샤워헤드 설치위치

소형 주택형의 아파트에서 샤워헤드만 설치되는 소형 화장실(유리로 된 별도의 샤워브스가 설치되지 않은 화장실)은 샤워헤드의 설치위치를 가능하면 화장실문이 설치된 동일한 벽면에 설치하는 것이 유리하다. 화장실문의 위치와 동일한 방향의 벽체에 샤워기를 설치하면 화장실문에 샤워기의 사용으로 인한 물 튀김의 확률이 적어지기 때문이다.

2) 화장실 내부에서 Dry Area에서의 바닥배수구(FD : Floor Drain)에 관한 사항

대형 주택형의 부부침실용 화장실에는 대개 Dry Area와 Wet Area로 구분되어 설치된다. Dry Area에는 주로 세면기와 양변기가 설치되고 바닥에는 난방용 코일이 설치된다. 한편, Wet Area에는 샤워기, 욕조 등이 설치되며, 열손실을 방지하기 위해 바닥에는 난방용 코일을 설치하지 않는다. 한편, 작은 규모의 화장실에서는 대개 모든 바닥이 Wet Area이기 때문에 난방방법은 세면대하부장의 내부에 라디에이터를 설치한다.

Dry Area의 바닥배수구(FD : Floor Drain)의 설치위치는 대개 세면기 하부장의 밑에 설치하게 되는데, 이 바닥배수구가 막히는 경우에는 수리에 많은 어려움이 따르게 된다. 따라서 필자가 제안하고자 하는 방안은 세면기의 하부장 바닥의 배수구가 설치된 위치에 약12cm × 12cm(지름 12cm 원형) 크기의 '배수구 수리용 작업구'를 의무적으로 설치하고 이곳에 악취의 유입을 방지하기 위한 밀폐된 스테인리스커버를 필히 설치한다.

3) 공사 중 화장실 배수구에 대한 관리

아파트에 입주하여 생활하다 보면 많은 공용바닥배수구가 방수액이나 시멘트모르타르로 일부가 막혀있는 것을 자주 목격하게 된다. 그리고 약 3년여를 생활하다 보면 이 배수 파이프 표면에 부착된 모르타르에 머리카락 등의 물질이 부착되어 하수구가 막히는 사건이 발생된다. 이러한 현상이 발생되는 이유는 바닥방수 및 타일공사를 비롯하여 미장공사 등 시멘트를 사용하는 공정에서 사용 후의 잔여 시멘트모르타르를 자의나 타의로 하수구에 투입하기 때문이다. 필자가 입주한 직후 경험한 일은 지하층에 위치하는 하수도의 횡주관이 시멘트모르타르로 막혀 여러 개를 잘라내고 새로이 교체한 바가 있다.
이러한 하수구 막힘 현상은 아파트 입주 후 화장실 누수에 대한 보수공사 후에도 발생되는 일로써 오래 전부터 이어져 내려오는 악습이며 필히 개선되어야할 과제라는 생각이다.

4) 세대내 화장실 환기설비의 보완설계

아파트 준공 후 대부분의 아파트 단지에서 입주민들로부터 제기되는 민원 중 그 빈도가 많은 사항 중 하나는, 아래층의 화장실 내 흡연으로 인한 냄새가 위층의 화장실 배기 팬을 통하여 상층 세대의 화장실로 역류되는 문제이다.
이러한 현상이 발생되는 원인에 대하여 필자가 파악하고 있는 바로는,
(1) 각 세대의 화장실 천정 배기 팬(Fan)에 부착되어 있는 「공기 역류방지용 댐퍼(Damper)」가 각 세대의 마감공사 중 발생된 분진이 화장실의 습한 공기와 결합하여 댐퍼에 응착(凝着)되거나 배기관에 싸이는 현상이 발생되는데, 이러한 현상이 수년간 계속되면 누적된 분진으로 인하여 해당 댐퍼의 기능이 저하되고, 배기 팬을 미작동할 경우에도 댐퍼가 배기관을 완전히 차단할 수 없게 됨에 따라 이 틈 사이로 아래 세대의 악취가 상층 세대의 화장실 내로 역류되는 것으로 파악하고 있다.
(2) 이러한 분진의 응착현상과 더불어 악취의 역류현상이 발생되는 원인으로는 위의 각 세대 욕실의 배기 팬에 댐퍼를 설치하는 것을 이유로, 옥상의 배기주관에 동력으로 작동되는 배기용 팬(Fan)을 설치하지 않는 배기설비 계획 자체에 문제가 있다는 판단이다.

위와 같은 각 세대 화장실에 역류되는 악취의 유입 문제를 해결하는 방법 중 한 가지로, 각 세대 욕실의 배기 팬을 일정기간마다 청소하거나 교체하는 방법이 있을 수 있겠으나 이 방법은 많은 시간과 비용이 소요된다는 문제점이 있을 수 있다.
따라서 필자는 **각 세대 화장실에 댐퍼가 부착된 배기 팬이 설치되는 경우라 해도 옥상의 배기주관에는 전력으로 24시간 작동하는 강한 배기 팬의 설치를 제안하는 바이다.**
다만, 이 방식은 동절기 욕실의 난방에 불리한 경우가 발생되는 문제점을 예상할 수 있다.

제4장
공동주택관리법 등에 대한 보완입법 제안

1 공동주택관리법 등의 보완 필요성

1) 공동주택관리법과 공동주택 관리규정 준칙 등의 규정내역

현행의 공동주택관리법, 동 시행령 및 동 시행규칙과 각 지방자치단체에서 마련하고 있는 공동주택 관리규약 준칙(표준관리규약 역할)은 주로 공동주택의 관리행정이 규약의 주된 구성 요소가 되어있다. 이에 반하여, 공동주택의 건축적인 관리에 관한 규정은 층간소음의 방지, 간접흡연 방지, 안전진단 그리고 하자보수 등으로 구성되어 있다.

2) 현재 공동주택에서 발생되고 있는 문제점

재건축 아파트가 준공되고 입주한 이후 10년 이상이 경과됨에 따라 많은 세대의 아파트가 새롭게 입주자를 맞게 되고, 이에 따른 전면적인 인테리어 교체작업이 많이 진행된다. 이때, 아주 특별한 경우에는 기존의 외부 창호의 구성형식이나 창호재 소재에서 구성형식과 색상과는 완전히 다른 형식과 소재로 교체 작업이 이루어지는 경우가 발생되기도 한다.

창호의 구성형태나 방충망의 교체 시, 기존의 암갈색이며 롤타입 방충망을 백색의 고정형 방충망으로 교체 설치하거나, 창의 중간 높이에 바가 설치되고 하부에는 파이프 난간을 대체하여 강화유리를 사용하는 건축방식이 요즘에는 거의 일반화가 되어가는 추세이다.

그러나, 극히 특별한 세대는 창호의 상부를 미서기 창으로 구성한 기존의 창호구성 형식과는 다른 형식을 설치하는 경우가 발생된다. 이러한 현실에 대해 필자가 파악한 바로는, 현재의 공동주택관리법령이나 지방자치단체의 공동주택관리규약 준칙에는 이를 통제 및 관리할 법적인 규제가 전혀 마련되어있지 않은 것에 대해 필자는 매우 심각한 문제로 인식하고 있다.

3) 공동주택관리법과 공동주택 관리규정 준칙의 보완 필요성

각각의 단위세대 공동주택에 대한 소유권은 외부의 창호를 포함하여 모든 시설의 소유권을 해당 세대의 소유권자 가진다고 해도, 공동주택의 건축 구성형식이나 외부색상 계획에 대한 해당 관청의 인가를 득한 후 시공되고, 수천가구가 함께 살아가는 공동주택 단지에서 극히 일부의 세대가 이러한 사회적인 공공질서를 파괴하고, 구성형식이나 색상을 자신의 취향이나 형편에 따라 해당 시설을 임의로 변경하여 설치하는 행위에 대한 규제제도가 법으로 전혀 마련되어있지 않은 것에 대해, 도시의 전체적인 미관은 해치는 것은 물론, 해당 공동주택 커뮤니티 내의 입주민간 조화로운 공생을 위한 목표에 심각한 문제가 발생될 수 있으므로 이를 규제할 수 있는 관계법령의 제정이 조속히 추진되어야 할 것이다.

위와 같은 사례와 함께, 일부 세대에서는 유아들의 추락 방지를 위한 철재난간을 기존의 창호 색상과는 전혀 다른 색상으로, 창호의 외부 면에 설치함으로써 미관을 심각하게 해치는 경우가 발생되는 바, 철재 안전난간을 설치하는 경우, 창호의 색상과 동일한 색상으로 설치하도록 하는 내용 등도 새롭게 제정되는 관련 법령에 포함되기를 바란다.

② 입주 10년차 이후 주로 발생되는 하자

1) 화장실 바닥타일에 의한 누수

화장실 공사에서 가장 주의해야할 공사는 모든 건설인이 인정하는 바와 같이 바닥에서 발생되는 누수이다. 따라서 모든 아파트 건설현장에서는 거실의 바닥레벨 대비 화장실 바닥을 다운시킨 후 방수액을 통한 방수공사를 시행하게 된다. 이때, 모든 코너부분은 콘크리트의 갈라짐(크랙 crack) 현상에 따른 누수를 방지하기 위해 에폭시 방수공사를 추가하여 실시한다. 이러한 방수공사가 완료된 후에는 매 화장실 바닥에 물을 담아, 방수 공사에 하자가 없는지 누수테스트를 실시하게 되고 이 테스트가 통과된 장소에 한하여 바닥타일공사가 시행되는 것이다.

2) 화장실 바닥 누수발생의 원인과 대책

화장실 방수공사는 하자가 발생되면 아래층에 피해를 주는 것은 물론 해당 세대의 화장실 문들이 누수에 따른 물과의 접촉으로 검게 색깔이 변하고 화장실 입구 바닥의 온돌마루 또한 검게 부패되어 이를 보수하는 데 많은 시간과 비용이 소요되게 된다.

그러면, 이 화장실 바닥의 누수 원인이 무었인가를 확인해보면, 대부분 타일과 타일사이의 줄눈(메지)에 채워진 방수몰탈이 떨어지고 떨어진 이 줄눈의 틈새 사이로 물이 침투하게 되고 결국 위와 같은 하자가 발생되는 것이다.

특히, 화장실 바닥의 미끄럼방지를 위해 시공되는 '대형 미끄럼방지 바닥재'가 누수현상의 주범이 되는 경우가 많다. 이에 더하여, '대형 미끄럼방지 바닥재'를 여러 장 시공하는 경우 에는 줄눈용 방수몰탈의 박리와 함께 대형 타일의 바닥면과 화장실바닥 몰탈면과의 사이에 필연적으로 공간이 발생되고 이 공간을 통해서 누수가 촉진되는 것이다.

이러한 형태의 누수는 화장실 바닥의 방수층에 의해, 아래 층에는 피해를 주지 않으나, 해당 세대의 화장실 주변에 설치된 목재 마감재를 검게 부식하게 되는 현상이 발생된다. 부득이하게, 대형의 미끄럼방지바닥재를 설치하고자 하는 경우에는 한장만을 설치하는 것을 제안한다.

3) 화장실 바닥 누수발생 방지대책 및 하자보수 방법

가. 화장실 바닥타일 시공 시 줄눈간격을 충분히 확보하고 이 줄눈에 충분한양의 방수시멘트 몰탈을 충분히 충진시켜 이 줄눈 시멘트몰탈이 오래 유지되도록 하는 것이 가장 중요한 요소라 할 것이다.

나. 화장실 바닥타일 시공 시 대형의 미끄럼방지 판재의 사용을 지양해야 한다.

다. 이미 화장실 바닥에 대형 바닥판재를 사용하여 누수가 발생된 경우, 누수의 원인을 파악한 후 특별한 원인이 발견되지 않을 경우에는 이 대형 바닥재를 확인할 필요가 있다. 만일, 이 대형 바닥재에 문제가 있다고 판단되면, 이 태형판재를 제거하는 공사 대신에 전동 카타기로 대형 타일의 줄눈을 넓게 한 후 이 공간을 이용하여 액체방수액과 시멘트를 혼합한 방수액을 충분히 충진시키는 방법으로 누수현상을 치유할 수 있다. 다만, 이 하자 처리 방식은 특별한 경우의 누수현상에만 적용됩니다.

(방충망의 형식이나 색상을 준공당시와 다르게 변경 설치한 경우의 예)

(거실창의 후레임 형식을 다른 세대와 다르게 변경 설치한 경우의 예)

(화장실 바닥에 미끄럼방지용 대형판재 사용이 누수 원인이 되는 예)

♣ 참고자료 – 준공에 대비한 사전점검 사항(예)

: 많은 사항을 준비해야 되는 준공 및 입주에 대비하여 조속한 준공 및 입주를 위해 조합이 사전에 확인해야할 사항은 다음과 같다.

❑ 준공에 대비한 준비 및 사전점검 사항(제1차)

A. 일반 행정 준비사항

1. 일반분양 촉진방안

1) 대형 주택형에 대한 방안
2) 중소형 주택형에 대한 방안
3) 입주기한까지 미분양세대에 대한 처리방안
4) 기타 조합과의 협의 필요사항

2. 입주민에 대한 입주촉진방안

1) 세무, 등기, 은행잔금대출 등 입주자를 위한 예비정보의 사전제공시기 등의 상세한 계획의 수립이 필요하다.
 ● 조합이 수행해야할 사항
 : 조합에서는 입주 4내지 5개월 전에 입주에 필요한 사항에 대한 제1차 안내서 발송
2) 입주자 사전점검의 효율적인 추진방안 강구
 : 단위세대 내 청소의 단체(전체단지)실시여부, 입주자 사전점검시기, 일반분양자와는 별도로 전체 조합원을 분리하여 사전점검에 초청하는 방법, 운영사무실의 위치 등 상세계획의 수립 후 조합에 송부할 것을 시공사에 요청한다.

3) 기타 필요사항 준비

3. 사업계획 변경신청(구청) 사전준비 철저

1) 설계자와 협의하여 사업계획변경 신청업무 조속 착수를 요청한다.
2) 이를 위해서는 '구름카페' 등 면적이 변경될 수 있는 제반사항을 조기에 확정하고, 음식물 처리장이나 자전거보관대의 위치 등 각종 시설물의 위치도 조속한 확정이 필요함을 설계자에 요청한다.

4. 옥상 조명시설 보완공사 시기 확인

현 상태로 Good Design Fair 행사에 응한 후 보완공사를 할 수 있는 시간적 여유가 있는지를 시공사 조명설치 담당자와 협의한다.

5. 퍼스티지 로고 부착위치 확정

차량출입구(2개소)의 한편에 크게 부착하고, 동 측벽의 시공사 로고의 하부에 동일 글씨체로 '퍼스티지'의 부착을 요청한다.

6. 조합원과의 계약내용 사전확인

유상옵션(B-패키지), 무상옵션, 발코니확장세대, 에어컨 설치 신청세대 등 시공사와의 모든 옵션상의 계약내용과 실제 시공내역이 일치하는지의 여부를 시공사가 사전에 확인할 것을 요청한다.

7. 구청과의 제반 정산업무 추진에 관한 사항

시공사의 영업부서와 협의하여 구청과의 정산업무를 조기에 추진할 것을 요청한다.
(시공사 회신) : 조합과 영업부서가 현재 협의 중

8. 각 세대별 및 공동시설에 관한 매뉴얼 제작준비

납품회사에게 주요 사용자재나 설비에 대한 카탈로그의 제작을 요청할 것을 시공사에 전달한다.

B. 건축사항

1. 데크(Deck)주차장(지하1층 주차장) 외벽 일부마감재 재시공에 관한 건

샌드코팅(Sand Coating)으로 시공된 부분을 약정서에 따라 석재마감으로 수정할 것을 시공사에 요청한다.

2. 데크(Deck)주차장 외벽 환기용 개구부의 마감처리방안

1) 개구부의 마감 : 알루미늄프레임(AL. Frame) 설치나 석재로 마감요청
2) 117동, 118동 및 119동의 저층 입주민의 예상되는 민원에 대비한 방안이 필요함
 : 개구부 외부의 하부에 환기용 루버를 설치하거나 수목식재의 필요성을 시공사에 전달(시공사 조경팀이 수목식재는 불가하다함)

3. 지하주차장 용 램프입구 내부마감 확인

1) 단지 마감수준을 고려하여 석재로 마감 요망(2가지 이상의 칼라석재 이용할 것)
2) 조명시설은 미관을 고려하여 매립형으로 설계 요망
3) 램프 상부의 가로 빔(Beam)은 차량충돌 시 충격을 흡수하는 고무제품으로 빔(Beam) 전 길이를 마감할 것을 시공자에 요청

4. 주방가구 구조 문제

62평형 모든 세대의 주방가구 코너장의 개선이 필요함
특히, T2는 조합원 계약 시의 도면에는 복도측에서 사용가능한 붙박이장으로 설계되어 있었으나 실시공은 미설치

5. 모든 동의 1층 로비용 데스크 설치

1) 공사도급계약서에 따라 1층 로비에 경비자용 데스크 설치
2) 기타 필요가구인 소파, 안내판, 커튼, 기타 장식물 등에 대하여는 설계도서 및 견적금액을 공문으로 조합에 제시할 것을 요청

6. 이사차량에 의한 각 동 현관의 마감석재 파손방지방안

1) 특히, 116동의 파손방지대책은 필히 강구바람
   : 마지막계단의 이동 설치, 램프 측 도로에 경계석 추가설치 등
2) 모든 동에 스토퍼 설치필요성 여부 확인할 것

7. 쓰레기처리장 및 자전거보관대 설치계획

1) 재활용품의 지하실수집 안 시행여부 확정 필요
2) 이에 따른 자전거보관대 설치 위치 변경여부 확정
   : 필로티 설치가능 동은 필로티에, 기타 동은 외부에 별도 설치하는 방안(시공사안) 으로 하는 것이 최선으로 판단됨, 음식물 보관대의 겸용설치 시에는 악취 발생이 문제로 예상됨, 자전거 보관대와의 겸용은 법적인 문제도 확인 필요

8. 116동 인근 주차장용 램프 지붕설치 계획

현관 출입구의 위치, 지하주차장 출입차량에 의한 통행인의 사고예방, 매연, 출입차량의 전조등, 소음. 외형의 미적 감각 등을 고려한 지붕계획 필요를 시공사에 전달

9. 방충망 설치계획

1) 설치 가능한 창 중 어느 창에 설치할 예정인지를 사전에 조합에 통지바람
   (환기에 유리한 창에 설치바람)
2) PVC로 제작된 고리(걸개)는 내구성이 있는 타입을 사용할 것

10. 관리사무소의 내부마감 계획

1) 단지의 마감 수준을 고려하여 1층 현관 내부 벽체는 인조대리석, 주계단은 석재로 마감할 것
2) 유치원을 유아원으로 용도변경 하는데 따른 공사 착수 요청

11. 모든 석재공사의 마감상태 확인

코킹상태, 파손에 따른 보수공사, 추가공사필요여부 등 모든 석재공사에 대한 일제 섬검 필요

12. 지하층의 관리사무소 및 휴게소 공사

1) 설계자에 확인하여 설계완료시기 확인할 것
   (건축, 전기, 설비 등의 도서 조속한 확정 필요)
2) 설계완료 후 시공일정을 조합에 송부하여 줄 것을 시공사에 요청

13. 기타 확인할 사항

1) 동 필로티 계단용 난간 끝부분의 마무리 방법

   가. 직선으로 마감되어 유아가 사용 시에는 사고가 예상되니 U-자형으로 보완 필요

   나. 스틸파이프에 오일페인트 마감의 현 상태가 시공 후 하자가 없을 것인지 확인요망

   다. 일부는 엥카가 불충분하여 흔들림 현상이 발생하고 있음

2) 1층 필로티 중 외부의 그라운드 레벨(GL.)과 약1m 정도 고저차가 있는 경우

   이곳에는 피난계단의 1층과 같은 재료의 난간(칼라유리)을 설치할 것을 요청

   (3~4개소 설치가 필요함)

3) 121동 북서측 지하주차장의 계단 이용자용 계단 추가 설치

   가. 상기 계단 이용자가 잠원초등학교 등교 시 필요한 추가 계단을 데크(Deck)층
      (지하1층)의 서북쪽 코너(계단실 동측)에 설치 할 것

   나. 외부(조경시설구역)에는 기초 콘크리트 없이 디딤돌(화강석의 판석) 설치할 것

   다. 제반 공정 등을 감안하여 즉시 설치바람

4) 발코니 샤시(Sash) 래핑

   가. 입찰제안서, 도급계약서에 불소코팅 위 래핑시공이 명시됨

   나. 기본, 확장, 유상 등 제반사항에 따라 처리 필요.

   다. 시공 후 하자를 고려하여 금액 정산방안 검토바람

5) 상가공사

   현장에 기 송부된 금번 구청 미관심의 내역을 검토 후 시공에 반영

6) 빨래건조대

   가. 모델하우스 오픈 시 조합원 전 세대를 A사제품으로 하기로 공지 하였고, 조합과
      시공사간에 전 세대(임대주택 제외)를 A사제품으로 약정 체결함

   나. 유상옵션세대에서는 B사제품으로 모델하우스에 설치하고 계약함

   다. 모델하우스 오픈 시 제품의 품질을 A사제품이 우수하다고 공지하였기 때문에
      B사제품으로 설치 시에는 민원 발생이 예상됨

   라. 해결방안

      유상옵션세대에 빨래건조대 변경내용을 우편으로 발송하고 조합원이 서면으로
      이의 신청이 없는 경우 변경예정이라는 내용을 서신내용에 포함하면 될 것임
      또한, A사제품은 기능상 비매립형이라는 내용도 포함하는 것이 좋을 것임

7) 지하주차장의 제반 표시방법

   가. 현재의 허가도서에는 건축법에 따른 층으로 표시

   나. 그러나 입주 후 입주민은 실질적인 지하1층의 표식이 없어 많은 혼란이 예상됨
      특히, 유아, 노년층 및 방문자에게는 많은 혼란이 예상됨

   다. 따라서 표시물 제작이나 층의 표시작업 시 이를 고려하여 공사하는 방안 검토
      바랍니다.

8) 세대별 국기게양대 설치

   조합에서 설계자에 문서로 확인 예정

C. 전기 및 설비사항

1. 설비공사의 성능 사전확인
1) 단위세대 내 설비(주방설비, 에어컨설비 등)의 사전 시운전 점검
   (닥트를 통한 소음 발생여부 등)
2) 지하주차장 환기를 위한 지상의 환기설비에 의한 인접세대의 민원 발생여부를 사전에
   확인 바람(악취, 소음, 미관 등을 확인)
3) 환기구덮개 등의 시공 시 이를 감안하여 시공하고, 잘못 시공된 곳은 수정바람

2. 공동시설물에 대한 조명기구
사용연한이 긴 전구를 사용바랍니다.

D. 토목 및 조경 사항

1. 114동 앞 소나무 이식
이식용 장비에 의한 산보길의 파손, 타 공정 및 이식적기, 민원의 발생 등을 감안하여
조속히 실시 바람

2. 돌다리 난간 설치(3개소에 석교난간 설치 필요)
석교난간 미설치 후에 2~3세의 유아에 의한 추락사고 발생 시에는 법적인 문제발생이
예상되니 석재난간 설치 바람

3. 세화여고 부근 비상도로 개설
차량통행제한을 위한 시설 2개소 설치 및 디자인팀이 계획한 현관조형물 설치할 것

4. set-back도로의 도로표지판 설치 위치
1) 반포로 및 신반포로의 set-back공사에 의해 새로이 설치되는 도로표지판은 우리
   아파트의 출입구 위치 등을 감안하여 위치를 조정한 후 확정 할 것
2) 도로표지판에 대한 설계확정 전 조합과 사전 협의 요망

5. 산보길 토사유입 방지방안
1) 산보길 양측에 토사의 유입을 방지하기 위해 통상 설치하는 벽돌쌓기를 생략하는
   경우에는, 토사유입을 방지하기 위한 별도의 조치가 필요
2) 추천하는 안은 단지내 자동차용 도로나 산봇길의 양측은 다른 조경수나 아파트로
   인하여 태양빛이 잘 비추이지 않기 때문에 잔디의 식재는 지양하고, 키가 작은 '**난쟁이
   맥문동**'이나 '**난쟁이 조릿대**' 그리고 **회양목**과 같은 상록의 관목(灌木)을 식재하는 방안
   등이 있습니다.

□ 준공에 대비한 사전점검 사항(제2차)

A. 건축사항

1. 세대별 국기게양대 설치 여부
1) 현행법에는 세대별 국기게양대를 설치할 의무가 없습니다.
2) 그러나 우리 재건축단지의 사업신청서에는 세대별 국기게양대가 설치되도록 설계되어 있습니다.
3) 입주 후 아주 특별한 조합원이 세대별 국기게양대의 설치를 요구 할 수도 있겠으나, 미관을 고려하여 게양대는 설치하지 않을 계획입니다.
4) 입주 후 특별히 설치를 요구하는 세대는 그 세대만 설치하면 될 것입니다.
(평상시에는 실내에 고정되어있고, 사용 시에는 외부로 이동하여 이용이 가능한 타입 설치 가능)
5) 설계자와 협의, 확정 후 그 결과를 문서로 시공사에 송부할 예정입니다.

2. 방충망 설치계획
1) 열리는 창에는 모두 방충망을 설치바랍니다.
2) 단, 대형 주택형의 대피공간에 있는 비상구(창)는 그곳이 방화문으로 격리되어있으니 비상구(창)의 설치여부는 판단하여 처리바랍니다.
3) 시스템창이 설치되지 않는 임대주택에도 입면(외관)을 고려하여 Roll-Type의 방충망을 필히 설치해야 합니다.

3. 지하층의 관리사무소 및 휴게소 공사의 재촉구
1) 공정상으로 조속한 설계확정 및 시공이 요구됩니다.
2) 휴게소는 1)작은 단지 1개소, 2) 큰 단지 2개소 총 3개소가 필요합니다.
3) 그 이유는, 1)입주 후 청소부 약30명, 2)경비원 약30명 3)기타 작업자 등 많은 작업자가 일을 할 것이며, 이 인원을 위한 휴게실은 최소 3개소가 필요합니다.

4. 지하주차장 용 환기구의 보완
1) 117동 전면, 113동 후면, 103동 전면 등 일부 세대는 환기구가 세대에 지나치게 근접하여 설치되어 있습니다.
2) 한편 환기구에서는 팬(Fan)에 의한 소음, 분진 등으로 인해 입주 후에는 민원의 발생이 불가피 합니다.
3) 따라서 1)환기구 커버의 방향 조정(세대의 반대방향), 2)세대 측에 접하는 면의 밀폐 등 적절한 조치가 꼭 필요합니다.
4) 또한, 설비에서는'소음저감장치'를 설치해야 할 것입니다(설비사항)

5. 구름카페의 바닥(Deck) 설치면적(위치)
1) 호수카페의 바닥(Deck) 설치위치는 가능한 사업부지내에 설치되도록 하는 안이 좋을 것 입니다.

2) 공원부지 등 타 부지에 연속하여 설치할 경우 공공용지의 무단 사용 등의 문제가 있을 수 있을 것 입니다. (디자인팀 검토 요망)

B. 전기 및 설비사항

1. 지하주차장 용 환기구의 보완
1) 117동 전면, 113동 후면, 103동 전면 등 일부 세대는 환기구가 세대에 지나치게 근접하여 설치되어 있습니다.
2) 한편 환기구에서는 팬에 의한 소음, 분진 등으로 인한 민원발생이 거의 확실합니다.
3) 따라서 특별한 위치에 있는 환기구에 '소음 저감설비'를 설치할 필요성이 있는지 검토 바랍니다.

2. 저층부 완강기 설치
2층에서 10층까지 설치되어야 하는 완강기의 설치시기도 확인할 것

3. 세대별 소화기의 설치
현행법에 따른 세대별 소화기의 설치시기(지급시기)도 확인할 것

4. 단지외부 CC-TV 설치계획
단지외부의 CC-TV 설치계획을 한 도면에 정리하여 조합에 제출바람

C. 토목 및 조경사항

1. 보행자 전용도로의 마감재
1) 보행자 전용도로에 시공되어 있는 적벽돌의 파손이 자주 발생됩니다.
2) 따라서 현재 시공된 적벽돌(NO. 080908)에 대한 강도 테스트를 공인기관에 의뢰하여 검사 실시 후 조합에 제출바랍니다.

2. 볼라드 설치
잠원 초등학교의 주차장 출입도로와 접해있는 즉, 304동으로 진출입하는 도로에는 볼라드 (1개소)의 설치가 필요합니다. 미설치 시에는 초등학교 관계인의 주차장으로 이용될 것이 예상됩니다.

3. 석가산(금강산) 및 설악산의 보완
1) 석가산(금강산)의 후면(북측) 및 설악산의 측면(동측)에는 가능한 한 넓은 면적으로 밀식하여 식재가 필요합니다.
2) 유아의 안전, 조경시설(잔디)의 관리를 위해 석가산의 실개천에는 입주민의 접근이 불가능하도록 현재의 잔디를 관목(회양목 등)으로 교체하여 밀식바랍니다.

❑ 준공에 대비한 사전점검 사항(제3차)

A. 건축사항

1. 지하주차장용 환기구 보완
  1) 110동 환기구 : 방향을 동입구 쪽으로 변경 후 세대 측 2면은 폐쇄
  2) 112동 환기구 : 방향을 연못방향으로 수정 후 세대 측 2면은 폐쇄
  3) 113동 환기구 : 세대반대방향으로 수정 후 세대 측 2면은 폐쇄
  4) 117동 환기구 : 현 상태에서 세대 측 2면은 폐쇄

2. 울타리 통석공사
  1) 125동 후면(가판대후면) 등 울타리선형이 변경되는 곳의 경계석 후면의 시공상태
     확인 후 수정할 것
  2) 기타 후면의 코킹상태 확인 후 보완

3. 커뮤니티시설(디자인팀)
  1) 남녀사우나실의 스팀실(?)(4개소) 도어손잡이 교체 및 도어크로서 부착
   가. 손잡이 형태 필히 수정 : 사용자 손이 손상됨
   나. 도어크로서 부착
   다. 도어 가스켓 부착필요성 여부 확인
  2) 남성용 사우나실
     입구우측의 샤워부스 바닥의 타일 부착(작은 일)
  3) 옥외분수용 펌프장 커버
     점검구문의 수평상태 조정 필요
  4) 커뮤니티시설의 도면 준비
     건축, 설비, 전기 등 입주 후 A/S를 위한 정리된 도면 준비 필요

4. 121동 전면 난간 설치
     121동 2호 및 3호 앞에 난간 설치 필요

5. 신반포로 방향 주출입구 디자인
     현재의 주출입로 계획안 특히, 장애자용 램프의 재검토 요망
     (핸드레일의 제작 발주는 설계 재검토 확정 후 시행 요망)

B. 토목 및 조경사항

1. 암석원
1) 암석원에 식재되는 초목류를 위한 급수시설 필요
2) 설비팀과 협의하여 급수방안(스프링클러) 강구 바람

2. 구름카페 연결도로 선형 변경
1) 구름카페의 데크(Deck)와 112동에서 구름카페 방향으로 이어지는 산책로가 구름카페의 데크(Deck)와 만나는 장소는 사업부지 외의 공원부지이므로, 카페의 데크면적을 축소하여 산책로가 공공부지를 침범하지 아니하도록 산책로의 선형을 수정바랍니다.
2) 산책로를 가능한 호수방향으로 도로선형을 수정하여 데크(Deck)을 사용하는 사람(옥외에 설치된 의자)과의 교차를 방지하도록 조치 바람

3. 117동 및 118동사이의 원형도로
현재 시공되어 있는 안전지대의 경계석 2개소를 외부 경계석을 연결하는 방법으로 수정 바랍니다.

4. 121동 앞(2호 및 3호 앞) 느티나무(조경팀)
1) 상기 느티나무가 식재된 GL이 다른 GL보다 높아 갈수기에 수목의 활착이 어려우니 특별한 급수대책 필요
2) 현재 식재된 느티나무 3그루 중 2그루가 고사상태이니 확인 후 바로 교체 바람

5. 남측에 신설되는 산책로와 단지의 남측경계선과의 경계용 수목(조경팀)
1) 사철나무를 직선으로 식재할 것인가? 혹은,
2) 가시가 있는 매자를 색깔별로 혼용하고, 식재폭을 넓거나 좁게 변화시켜 식재함으로서 자연스럽게 무단출입을 통제하는 방법을 당 조합과 협의, 확정 후 식재바랍니다.

6. 울타리 용 수목(사철나무)에 보호목 설치
울타리용으로 식재되어있는 사철나무의 활착(고정)과 단지 내로의 무단침입방지를 위해 사철나무에 가로로 대나무보호목 설치

7. 112동의 잠원초등학교 방향 출입로(조경팀)
출입로 양측의 경사지에 자연석 등으로 보완 필요

8. 잠원초등학교 앞 도로
00구청의 요구조건에 따라 우리 사업부지에 있는 보도와 차도사이에 스테인리스 난간 설치

9. 주공상가와의 연결통로(조경팀)

1) 주공상가 관계 회의에서 협의되어 추가되는 디딤석(2개소)은 이를 적정한 위치에 설치하기 위해, 상가의 조경용 플랜트 등이 완성된 후 설치하는 것이 타당할 것임

2) 단차로 인해 설치해야 하는 목조계단은 상가와 아파트의 대지 경계석의 절단을 피하기 위해 상가부지 내의 플랜트박스 사이에 설치 바람

10. 122동 및123동 앞 운동기구(2대-2세트)(조경팀)

시공사 분양팀의 강력한 요청이니 상기 운동기구 2세트를 민원이 예상되지 않는 장소로 필히 이동시킬 것(이동장소 : 조경담당 기사와는 이미 협의함)

11. 암석원(조경팀)

1) 중앙의 암석이 북서방향으로 기운듯하니 확인 후 수정 요망

2) 암석원 이동식 스프링클러의 설치를 위해 최소 4개소의 수전 설치 바람 (이상)

❑ 2022년 **종합부동산세율(주택)**(종부세법 제9조<개정 2020.8.18.>)('21년 귀속분부터 적용)

과세표준	1주택 & 비조정대상지역 2주택		조정대상지역 2주택 & 비조정대상지역 3주택 이상		비　고
	세 율	누진공제액	세 율	누진공제액	
3억원 이하	0.6%	0원	1.2%	0원	
3억원 초과 6억원 이하	0.8%	60만원	1.6%	120만원	
6억원 초과 12억원 이하	1.2%	300만원	2.2%	480만원	
12억원 초과 50억원 이하	1.6%	780만원	3.6%	2,160만원	
50억원 초과 94억원 이하	2.2%	3,780만원	5.0%	9,160만원	
94억원 초과	3.0%	1억1,300만원	6.0%	1억8,560만원	
세부담상한율 (종부세법 제10조)	150%	－	300%	－	법인은 미적용

※ 1. 종합부동산세는 6월을 기준(6월 기준 재산세 납세자)하여 12월에 과세되며, **인별로 부과된다**.
 2. **법인은 과세표준에 관계없이 2주택 이하(조정대상지역 내 2주택 제외)는 3%, 3주택 이상(조정대상지역 2주택)은 6%가 적용된다.**(종부세법 제9조제2항)
 3. 중과세율이 적용되는 법인은 종합부동산세 과세 시 기본공제(6억원) 폐지(종부세법 제8조제1항)

❑ **종합부동산세(주택) 고령자 및 장기보유 감면내역**(종부세법 제9조)('21년부터 적용)

개정 전				개정 후('20.7·10. 대책) <개정 2020.8.18.>			
고령자 감면		장기보유 감면		고령자 감면		장기보유 감면	
연 령	공제율	보유기간	공제율	연 령	공제율	보유기간	공제율
60세~65세	10%	5년~10년	20%	60세~65세	20%	5년~10년	20%
65세~70세	20%	10년~15년	40%	65세~70세	30%	10년~15년	40%
70세 이상	30%	15년 이상	50%	70세 이상	40%	15년 이상	50%
◦ 공제한도: 고령자＋장기보유 합계 70%				◦ 공제한도: 고령자＋장기보유 합계 80%			

※ 주택분 종합부동산세는 인별로 과세하며, **납세의무자가 1세대 1주택자로서 과세기준일 현재 만60세 이상, 5년 이상 보유한 자의 고령자 및 장기보유 감면내역이다**(종부세법 제9조제7항).
※ 1주택과 다른 주택의 부속토지(주택의 건물과 부속토지의 소유자가 다른 경우의 그 부속토지를 말한다)를 함께 소유하고 있는 경우에는 1세대 1주택으로 본다(종부세법 제8조제4항).
※ 종합부동산세법 제9조제1항에 따라 종합부동산세액을 계산할 때 적용해야 하는 주택 수는 종합부동산세법 시행령 제4조의2제3항에 따른다(주택을 공유한 경우 각자 1주택소유자로 본다. 등)
 (종부세법 시행령 제4조의2제3항(신설 2019.2.12.>).
※ 위의 감면혜택은 1세대 1주택인 경우에 한하여 혜택을 받을 수 있다.(종부세법 제9조제6항 및 제7항)
 즉, 종합부동산세는 인별로 과세하나, 감면혜택은 1가구1주택에 한하여 적용된다.
주) 이 규정은 종부세의 세대별 부과가 불합리한 차별이므로 개인별로 산정하라는 헌법재판소의 헌법불합치 결정(헌법재판소 2008.11.13. 자 2006헌바112 결정)에 정면으로 위배되는 규정으로 판단된다.

❑ 2022년 종합부동산세(주택) 세액 산출식(종부세법 제9조제1항(개정 2020.8.18.)

1. 납세의무자가 2주택 이하를 소유한 경우(조정대상지역 내 2주택을 소유한 경우는 제외)

과세표준	세율	비고
3억원 이하	1천분의 6	
3억원 초과 ~ 6억원 이하	180만원+(3억원을 초과하는 금액의 1천분의 8)	
6어원 초과 ~ 12억원 이하	420만원+(6억원을 초과하는 금액의 1천분의 12)	
12억원 초과 ~ 50억원 이하	1천140만원+(12억원을 초과하는 금액의 1천분의 16)	
50억원 초과 ~ 94억원 이하	7천220만원+(50억원을 초과하는 금액의 1천분의 22)	
94억원 초과	1억6천900만원+(94억원을 초과하는 금액의 1천분의 30)	

2. 납세의무자가 3주택 이상을 소유하거나 조정대상지역 내 2주택을 소유한 경우

과세표준	세율	비고
3억원 이하	1천분의 12	
3억원 초과 ~ 6억원 이하	360만원+(3억원을 초과하는 금액의 1천분의 16)	
6어원 초과 ~ 12억원 이하	840만원+(6억원을 초과하는 금액의 1천분의 22)	
12억원 초과 ~ 50억원 이하	2천160만원+(12억원을 초과하는 금액의 1천분의 36)	
50억원 초과 ~ 94억원 이하	1억5천840만원+(50억원을 초과하는 금액의 1천분의 50)	
94억원 초과	3억7천840만원+(94억원을 초과하는 금액의 1천분의 60)	

※ [종부세=과표×세율]<과표(과세표준)>=(공시가격−공제금액)×공정시장가액비율

❑ 2022년 종합부동산세 공제급액

구분	대상물건	공제금액	비고
주택	아파트, 단독주택, 다세대, 다가구 등	6억원 (1세대 1주택자 11억원)	
종합부동산토지	나대지, 잡종지 등	5억원	
별도합산토지	상가, 사무실의 부속토지 등	80억원	

주-1) 종부세의 납부할 세액은 납부고지서상에 기재되어있는 종합부동산세와 농어촌특별세 (종부세의 20%)의 합계액이다.

□ 1주택 종합부동산세액 산출 시 부부(夫婦) 단독명의/공동명의 비교(2021년부터 적용)

구 분	단독명의 1주택	부부 공동명의 1주택	비 고
주택 수 산정	1주택	2주택으로 간주	
기본소득 공제	11억원	12억원	
고령자/장기보유 세액공제	최대 80%까지 공제 적용	미적용	

주-1) 부부 공동명의 1주택 소유자의 경우, 매년 9월16일부터 9월 30일까지 관할 세무서에 고령자·장기 보유공제가 적용되는 단독명의 방식으로 과세방식 변경을 신청하면 해당 공제를 받을 수 있다. (종부세법 제10조의2[본조신설 2020.12.29.]. 9월에 미신청한 경우에는 종부세 고지서가 나가는 12월 1~15일에 과세특례 신청을 할 수 있다.

주-2) 국세청 시뮬레이션 결과(예)
· 공동명의자가 모두 60세 미만이고 주택 보유 기간이 5년 미만인 경우 :
주택 공시가격과 상관없이 부부 공동명의 납부가 유리하다.
· 공동명의 소유주 가운데 1명이 65세인 경우 :
주택을 5년간 보유했다면 공시가격이 13억8000만원 이상일 경우와 10년을 보유했다면 공시가격이 12억7000만원 이상인 경우 단독명의 납부방식이 유리하다.
15년 이상 보유했을 경우라면 공시가격이 12억4000만원 이상부터 단독명의가 유리하다.

주-3) 1가구 1주택 부부 공동 명의자들이 단독명의 납부방식을 신청하면 부부 중 지분율이 높은 사람이 납세의무자가 된다.

주-4) 1가구 1주택 부부 공동 명의자들이 단독명의 납부방식을 신청하려면 국세청 홈 택스(hometax.go.kr)나 주소지 관할 세무서에 단독명의 납부 변경 신청을 할 수 있다.

▶ 부부의 연령·보유기간별 단독명의가 유리한 집값의 기준금액(공시가격)

(공시가격 기준, 부부 50%씩 지분소유일 때 아래 기준금액 이상인 경우에는 공동명의보다 단독명의가 종부세액이 적음을 나타내는 도표이다)

연령 보유기간	60세 미만	60세 이상~65세미만	65세 이상~70세미만	70세 이상
5년 미만	공동명의 유리	54억3000만원	41억8000만원	30억6000만원
5년 이상~10년 미만	54억3000만원	30억6000만원	13억8000만원	13억1000만원
10년 이상~15년 미만	30억6000만원	13억1000만원	12억7000만원	12억4000만원
15년 이상	13억8000만원	12억7000만원	12억4000만원	12억4000만원

60세 남편, 58세 아내가 공시가격 16억원 주택을 50%씩 보유한 경우
· 공동명의 납부 : 68만7182원 총 137만4364원
· **단독명의 납부 :** 　　　　　　　 98만8800원

※ 위 도표는 조선일보 2021년 9월 7일자 A8면에서 인용한 것임

❑ 2022년 부동산 양도소득세율('20.7·10 대책 반영)('21.6.1. 이후 양도분부터 적용)

구 분	주택, 입주권	분양권	토지, 상가, 공장, 등	조정지역의 1세대 2주택, 비사업용 토지	조정지역의 1세대 3주택, 조정지역의 비사업용 토지	누진공제
· 미등기양도	70%	-	70%	70%	70%	-
· 보유기간이 1년 미만	70%	70%	50%	50%	50%	-
· 보유기간이 2년 미만	60%	60%	40%	40%	40%	-
· 보유기간이 2년 이상	기본세율 (6%~45%)					
양도차익 (과세표준)	(기본)세율					
· 1,200만원 이하	6%	6%	6%	26%	36%	-
· 1,200만원 초과 ~4,600만원 이하	15%	15%	15%	35%	45%	-108만원
· 4,600만원 초과 ~8,800만원 이하	24%	24%	24%	44%	54%	-522만원
· 8,800만원 초과 ~1억5천만원 이하	35%	35%	35%	55%	65%	-1,490만원
· 1억5천만원 초과 ~3억원 이하	38%	38%	38%	58%	68%	-1,940만원
· 3억원 초과 ~5억원 이하	40%	40%	40%	60%	70%	-2,540만원
· 5억원 초과 ~10억원 이하	42%	42%	42%	62%	72%	-3,540만원
· 10억원 초과	45%	45%	45%	65%	75%	-6,540만원
관계 법령	소득세법 제104조제1항 및 제7항, 소득세법 제55조제1항(개정 20`.12.29.)			소득세법 제104조제1항 및 제7항, 소득세법 제89조제2항		

※ 다주택자(분양권 포함)의 중과세율(규제지역 내) **최고세율**('20.7·10 대책 반영)
 : **· 2주택 이상 : 기본세율(6~45%)+20%=65%, · 3주택 이상 : 기본세율(6~45%)+30%=75%**
※ 법인의 경우 주택양도소득세율(법인세법 제55조의2)('20.7·10 대책 반영)
 : 법인세율(10~25%)에 더해 추가 과세되는 세율을 현행 10%에서 20%로 상향
※ 주택수에 분양권을 포함하는 것은 2020.1.1. 이후 새로 취득하는 분양권부터 적용한다.
  분양권 취득(분양권 당첨일) 후 3년 이내에 기존주택을 처분하거나, 새집 완공(입주일) 후 2년
  이내에 기존주택을 처분하고 새집 완공 후 2년 이내에 세대원 전원이 이사해 1년 이상 실 거주하면
  1주택 1분양권 비과세 요건(일시적 2주택)에 해당된다.(2021.1.8. 조선일보 B2면)
※ 분양권에 대한 중과는 지역 및 보유기간을 불문하고 중과세율을 적용한다.
 : · 1년 미만: 70%, · 1년 이상: 60% 적용(소득세법 제104조제1항제2호·제3호)
※ <u>주택 양도소득세 면제조건은 1세대 1주택으로, 실거래가 12억원(소득세법 제89조제1항제3호 <2021.12.8.</u>
  <u>일부개정 및 시행>) 이하로, 주택보유기간이 2년 이상인 경우(대통령령으로 정하는 요건)이다.</u>
  <u>이때, 조정대상지역의 경에는 보유기간 2년 이상 외에 거주기간 2년 이상이 추가된다.</u>

❑ 2022년 양도소득세 장기보유 특별공제율('21.1.1. 이후 양도분부터 적용)

보유/거주 기간	1세대 1주택			다주택자,토지, 건물, 원조합원의 조합원입주권	장기임대주택	장기일반민간 임대주택	조정지역 내 다주택자 혹은 임대주택
	보유 기간	거주 기간	계				
2년 이상	12%	8% (주1)	20%	6%	6%	-	**특별공제율 없음** (1세대 1주택 또는 준공공임대주택만 혜택 적용)
3년 이상		12%	24%			-	
4년 이상	16%	16%	32%	8%	8%	-	
5년 이상	20%	20%	40%	10%	10%	-	
6년 이상	24%	24%	48%	12%	14(12+2)%		
7년 이상	28%	28%	56%	14%	18(14+4)%		주) **장기임대주택** =(민간건설임대주택+ 민간매입임대주택+ 공공건설임대주택+ 공공매입임대주택)
8년 이상	32%	32%	64%	16%	22(16+6)%	50%	
9년 이상	36%	36%	72%	18%	26(18+8)%	50%	
10년 이상	40%	40%	80%	20%	30(20+10)%	70%	
11년 이상				22%			주) **장기일반민간 임대주택** =(공공지원민간 임대주택+ 장기일반민간 임대주택)
12년 이상				24%			
13년 이상		-		26%	-	-	
14년 이상				28%			
15년 이상				30%			
관계 법령	소득세법 제95조 (표-2)			소득세법 제95조 (표-1)	조세특례제한법 제97조의4	조세특례제한법 제97조의3	

주1: 거주기간이 2년 이상 3년 미만에 해당한다. 단, 보유기간이 3년 이상에 한정한다.
　　즉, 보유기간 4%(2년 이상 거주하는 경우에 한한다)+거주기간 4%로 분할하여 적용한다.
주2: 1세대가 2주택 이상을 보유한 경우에는 1주택 외의 주택을 모두 처분한 후 1주택을 보유하게 된 날부터 1주택의 보유기간을 기산한다.(소득세법 시행령 제154조제5항<개정 2021.2.17.>
주3: 양도소득세법 개정 후 신규로 구입하는 주택의 경우, 위의 보유기간에 따른 감면혜택을 대신하여 양도차액이 5억 미만: 40%, 10억 미만: 30%, 20억 미만: 20%, 20억 이상: 10%로 개정·발의됨)
＊ 소득세법 시행령 제154조제5항 전문
⑤ 제1항에 따른 보유기간의 계산은 법 제95조제4항에 따른다. 다만, 2주택 이상(제155조, 제155조의2 및 제156조의2 및 제156조의3에 따라 일시적으로 2주택에 해당하는 경우 해당 2주택은 제외하되, 2주택 이상을 보유한 1세대가 1주택 외의 주택을 모두 처분[양도, 증여 및 용도변경 (「건축법」 제19조에 따른 용도변경을 말하며, 주거용으로 사용하던 오피스텔을 업무용 건물로 사실상 용도변경하는 경우를 포함한다)하는 경우를 말한다. 이하 이 항에서 같다)한 후 신규주택을 취득하여 일시적 2주택이 된 경우는 제외하지 않는다)을 보유한 1세대가 1주택 외의 주택을 모두 처분한 경우에는 처분 후 1주택을 보유하게 된 날부터 보유기간을 기산한다. <개정 2019.2.12., 2021.2.17.>
▶ 위 제⑤항의 2019.2.12. 개정 부칙 제1조(시행일)제3호 전문
: 3. 제154조제5항의 개정규정 : 2021년 1월 1일
▶ 위 제⑤항의 2021.2.17. 개정 부칙 제9조(1세대 1주택의 범위에 관한 적용례) 전문
: 제154조제5항 단서의 개정규정은 이 영 시행(2021.1.1.) 이후 2주택 이상을 보유한 1세대가 증여 또는 용도변경하는 경우부터 적용한다. (위헌소지를 감안하여 보완/개정한 것으로 판단됨)

❏ 고가주택 기준금액

	구 분	고가주택 기준금액	비 고
1	재산세 감면기준	9억원(공시가격)	
2	LTV(주택담보대출비율) 규제강화기준	9억원(시세)	
3	1주택자 종부세 과세기준	11억원(공시가격)	
4	1주택자 양도세 과세기준	12억원(시세)	
5	주택담보대출 한도기준	15억원(시세)	
	부동산중개수수료 최고세율		

❏ 2022년 주택 취득세율(지방세법)('20.7·10 대책 반영)('20.8.11.부터 적용)

구 분		'20.7·10 대책 이전	개 정		비 고
			조정지역	그 외지역	
개 인	1주택	주택가격에 따라1~3%	주택가격에 따라1~3%		일시적 2주택은 1주택 세율 적용
	2주택		8%	1~3%	
	3주택		12%	8%	
	4주택 이상	4%	12%	12%	
법 인		주택가격에 따라1~3%	12%		

❏ 주택시장 규제별 해당지역(시행일)('21.8·30 기준)

해당지역	(청약)조정대상지역 총112개 지역	투기과열지구 총49개 지역	투기지역 총15개 지역
서울	전지역 25개구('16.11.3)	전지역 25개구('17.8.3)	강남(서울'03.4.30), 서초, 송파, 강동,용산, 성동, 노원, 마포, 양천, 영등포, 강서, 종로, 중, 동대문, 동작
경기	• 과천, 성남, 하남 ('16.11.3), • 광명('17.6.19) • 구리, 안양 ('18.8.28) • 수원, 안양, 의왕('20.2.21) • 고양, 남양주(주1), 화성, 군포, 부천, 용인(주2), 오산, 안성(주3), 평택, 광주(주4), 양주(주5), 의정부 ('20.6.19) • 김포(주6)('20.11.20), • 파주(주7)('20.12.18) • 동두천(주8)('21.8.30)	• 과천('17.8.3) • 성남분당('17.9.6) • 광명, 하남 ('18.8.28) • 수원, 성남수정, 안양, 안산단원, 구리, 군포, 의왕, 용인수지·기흥, 동탄2(주2)('20.6.19)	-
인천	• 중(주9), 동, 미추홀, 연수, 남동, 부평, 계양, 서('20.6.19)	• 연수, 남동, 서('20.6.19)	-

부산	• 해운대, 수영, 동래, 남, 연제 ('20.11.20), • 서구, 동구, 영도구, 부산진구, 금정구, 북구, 강서구, 사상구, 사하구('20.12.18)	-	-
대구	• 수성('20.11.20), • 중구, 동구, 서구, 남구, 북구, 달서구, 달성군(주10) ('20.12.18)	• 수성('17.9.6)	-
광주	• 동구, 서구, 남구, 북구, 광산구, ('20.12.18)	-	-
대전	• 동, 중, 서, 유성, 대덕 ('20.6.19)	• 동, 중, 서, 유성('20.6.19)	-
울산	• 중구, 남구('20.12.18)	-	-
세종	• 세종(주11)('16.11.3)	• 세종('17.8.3)(주1)	• 세종 (행복도시 건설 예정지역)
충북	• 청주(주12)('20.6.19)	-	-
충남	• 천안동남(주13), 서북(주14), 논산(주15), 공주(주16) ('20.12.18)	-	-
전북	• 전주완산·덕진('20.12.18)	-	-
전남	• 여수(주17), 순천(주18), 광양(주19)('20.12.18)	-	-
경북	• 포항남(주20), 경산(주21), ('20.12.18)	-	-
경남	• 창원성산('20.12.18)	• 창원성산('20.12.18) ► 창원시 의창구 동읍, 북면 지정해제(주3)('21.8.30)	-

[조정대상지역 주석]

주1) 화도읍, 수동면 및 조안면 제외

주2) 처인구 포곡읍, 모현읍, 백암면, 양지면 및 원삼면 가재월리·사암리·미평리·좌항리·맹리· 두창리 제외

주3) 일죽면, 죽산면, 삼죽면, 미양면, 대덕면, 양성면, 고삼면, 보개면, 서운면 및 금광면 제외

주4) 초월읍, 곤지암읍, 도척면, 퇴촌면, 남종면 및 남한상성면 제외

주5) 백석읍, 남면, 광적면 및 은현면 제외

주6) 통진읍, 대곶면, 월곶면 및 하성면 제외

주7) 문산읍, 파주읍, 법원읍, 조리읍, 월롱면, 탄현면, 광탄면, 파평면, 적성면, 군내면, 장단면, 진동면 및 진서면 제외

주8) 광암동, 걸산동, 안흥동, 상봉암동, 하봉맘동, 탑동동 제외

주9) 을왕동, 남북동, 덕교동 및 무의동 제외

주10) 가창면, 구지면, 하빈면, 논공읍, 옥포읍, 유가읍 및 현풍읍 제외

주11) 건설교통부고시 제2006-418호에 따라 지정된 행정중심복합도시 건설 예정지역으로, 「신행정수도 후속대책을 위한 연기·공주지역 행정중심복합도시 건설을 위한 특별법」 제15조제1호에 따라 해제된 지역을 포함

주12) 낭성면, 미원면, 가덕면, 남일면, 문의면, 남이면, 현도면, 강내면, 옥산면, 내수읍 및 북이면 제외

주13) 목천읍, 풍세면, 광덕면, 북면, 성남면, 수신면, 병천면 및 동면 제외

주14) 성환읍, 성거읍, 직산읍 및 입장면 제외

주15) 강경읍, 연무읍, 성동면, 광석면, 노성면, 상월면, 부적면, 연산면, 벌곡면, 양촌면, 가야곡면, 은진면 및 채운면 제외

주16) 유구읍, 이인면, 탄천면, 계룡면, 반포면, 의당면, 정안면, 우성면, 사곡면 및 신풍면 제외

주17) 돌산읍, 율촌면, 화양면, 남면, 화정면 및 삼산면 제외

주18) 승주읍, 황전면, 월등면, 주암면, 송광면, 외서면, 낙안면, 별량면 및 상사면 제외

주19) 봉강면, 옥룡면, 옥곡면, 진상면, 진월면 및 다압면 제외

주20) 구룡포읍, 연일읍, 오천읍, 대송면, 동해면, 장기면 및 호미곶면 제외

주21) 하양읍, 진량읍, 압량읍, 와촌면, 자인면, 용성면, 남산면 및 남천면 제외

[투기과열지구 주석]

주1) 건설교통부고시 제2006-418호(2006.10.13.)에 따라 지정된 행정중심복합도시 건설 예정지역으로, 「신행정수도 후속대책을 위한 연기·공주지역 행정중심복합도시 건설을 위한 특별법」제15조제1호에 따라 해제된 지역을 포함

주2) 화성시 반송동·석우동, 동탄면 금곡리·목리·방교리·산척리·송리·신리·영천리·오산리·장지리·중리·청계리 일원에 지정된 동탄2택지개발지구에 한함

주3) 대산면, 동읍 및 북면제외(북면 감계리 일원 감계지구*, 무동리 일원 무동지구**는 투기과열지구 지정을 유지)

　* 「창원도시관리계획(감계지구 지구단위계획)결정(변경) 및 지형도면 고시(창원시 고시 제2020-379호, 2020.12.31.), 「창원도시관리계획(감계지구 지구단위계획)결정(변경) 및 지형도면 고시에 대한 정정고시(창원시 고시 제2021-11호(2021.1.29.)」에 따른 구역

　** 「창원도시관리계획(무동지구 지구단위계획) 결정(변경) 및 지형도면 고시(창원시 고시 제2020-110호, 2020.5.29.)」에 따른 구역

❑ 주택시장 규제지역별 규제내용

('17.8·2/'18.9·13/'19.12·16/'20.6·17/'20.7·10/'20.11·19/'20.12·17 대책 및
2021년 2월 6일 주택법 시행령 개정내용 반영)

1. (청약)조정대상지역

구분	조정대상지역 규제내용
금융	• **가계대출에서 LTV는 9억원이하 50%, 9억원초과 30%, DTI는 50%** 　-(서민·실수요자)는 LTV, DTI에서 10% 우대
	• **중도금대출발급요건 강화**(분양가격 10% 계약금 납부, 세대당 보증건수 1건으로 제한)
	• **2주택이상 보유세대는 주택신규 구입을 위한 주택담보대출 금지(LTV 0%)** • **주택 구입 시 실거주목적을 제외한 주택담보대출 금지**(전 규제지역) 　- 전 규제지역 내 주택 구입을 위한 주택담보대출 시 주택구입가격과 관계없이 　구입 후 6개월 내 전입 의무. 　(예외) 1주택세대가 6개월 내에 기존주택 처분 및 신규주택 전입 시는 예외(전입 의무)
세제	• **다주택자 양도세 중과·장기특별공제 배제**(2주택은 +20%P, 3주택은 +30%P)
	• **분양권 전매 시에는 양도세율 50% 적용, 분양권도 주택수에 포함**(신규 구입분부터)
	• **2주택이상 보유자는 종부세 추가과세**(+0.6%P~2.8%P 추가과세)
	• **일시적 2주택자의 종전주택 양도기간**(1년 이내 신규주택 전입 및 1년 이내 양도 의무)
	• **1주택이상자 신규 취·등록 및 임대주택의 세제혜택 축소** 　(양도세 중과, 종부세 합산과세)
전매 제한	• **주택 분양권 전매제한**(1지역: 소유권이전등기 시, 2지역: 1년6개월, 3지역: 6개월)
	• **오피스텔 분양권 전매제한**(소유권이전등기 혹은 사용승인일로부터 1년 중 짧은 기간)
청약	• **1순위 자격요건 강화/일정분리** 　-청약통장 가입 후 2년 경과+납입횟수 24회 이상 　-5년 이내 당첨자가 세대에 속하지 않을 것, 세대주 일 것 　-(국민, 민영 가점제) 무주택자, (민영 추첨제) 1주택 소유자 　※추첨제의 75%는 무주택자, 25%는 기존주택 처분 조건의 1주택자에게 공급
	• **가점제 적용 확대**(85m²이하 75%, 85m²이상 30%)
	• **가점제 적용 배제**(가점제 당첨된 자 및 가점제 당첨된 세대에 속하는 자는 2년간 　가점제 적용을 배제한다)
기타	• **주택 거래(취득) 시 자금조달계획서 제출(신고) 의무화**(조정대상지역, 투기과열지구) 　(거래가액과 무관, 기존주택 보유현황, 현금증여 등, 계약 후 60일 이내에 제출[신고])

1. **조정대상지역(위 규제내용 외에 조정대상지역에서의 규제내용)**
   - 1주택자 양도소득세 비과세 요건강화(2년 이상 보유 + 실거주 + 9억원 이하)
   - 주택 수 산정시 분양권 포함(소득세법 제89조제2항)('21.1.1. 이후 취득분부터 적용)
   - 주택매매·임대사업자의 규제지역·비규제지역의 모든 지역에서 신규 주택담보대출 금지.
   - 법인보유 주택에 대한 종부세율 인상(개인 최고세율: 3~4%)과 법인세율(양도차익에 부과 하는 법인세율)을 30~45%로 인상 및 6억 공제한도 폐지('20.6·17 대책)
   - 보금자리론 대상 실거주요건 부과('20.6·17 대책)('20.7.1부터 시행)
     -3개월 내 전입 및 1년 이상 실거주 유지 의무
   - HUG 전세대출 보증한도 축소(1주택자 대상 2억원으로 인하)('20.6·17 대책)(내규 개정 이후)
   - 분양가 상한제 민간주택 입주자에게 5년간 거주의무 부과(건축법 관련)

2. **투기과열 지구**
   - **(조정대상지역 규제내용 포함-투기과열지구에서 별도로 규정하는 사항은 제외)**
   - **가계대출에서 LTV는 9억원이하 40%, 9억원초과 20%, 15억원초과 0%, DTI는 40%** (서민/실수요자는 !00% 우대), 주택구입비가 15억원을 초과하면 주택담보대출 불가
   - 정비사업분양 재당첨 제한
   - 소유권 보전등기 및 소유권이전등기일로부터 3개월간 해당 대출, 주택구입목적의 담보 대출, 임차보증금반환을 위한 대출금지
   - 재건축 조합원의 지위는 조합설립인가부터 소유권이전등기 시까지 양도 금지
   - 재개발 조합원의 지위는 관리처분계획인가부터 소유권이전등기 시까지 양도 금지
   - 주택 거래(취득) 시 거래가액과 무관하게 자금조달계획서 15종 제출(신고) 및 계약체결일로 부터 60일 이내에 시장·군수 또는 구청장에게 공동으로 부동산거래 신고
   - 전세자금대출보증 이용 제한 강화(내규 개정 이후 시행)('20.6·17 대책)
     -투기과열지구 및 투기지역 시세 3억원 초과 구입 시 적용
   - 주택·분양권 전매제한
     -소유권이전등기는 최대 5년간 전매제한
     -분양가상한제 적용주택 전매기간 강화/ 의무거주 최대 5년
   - 2주택 이상 보유세대는 주택신규구입을 위한 주택담보대출 금지. 주택구입 시 실거주목적 외의 주택담보대출 금지.(예외: 무주택세대가 주택구입 후 6개월 이내 전입, 1주택세대가 기존주택을 6개월내 처분 및 전입 시)

3. **투기지역**
   - **(조정대상지역 및 투기과열지구 규제내용 포함-투기지역에서 별도로 정하는 사항은 제외)**
   - 주택 담보대출 건수는 세대당 1건 제한(기존주택 2년 이내 처분약정 시 예외)
   - 2건 이상 아파트 주택담보대출이 있는 경우 만기연장 제한
   - 임대업자의 임대용 주택 취득 외 주택구입 목적의 기업자금 신규대출 금지
   - 전세자금대출보증 이용 제한 강화(기존 전세자금대출 회수)('20.6·17 대책)
     -투기과열지구 및 투기지역 시세 3억원 초과 주택 구입 시 적용
   - 가계대출에서 LTV와 DTI를 40%로 제한
     -주택담보대출에서 LTV와 DTI를 주택담보대출 1건 이상 세대는 30%, 실소유자는 50% 적용
   - 시가 9억원 초과 주택의 주택담보대축 차주에 대해서는 은행권에서 40%의 DSR 규제 적용
   - 주택분양에 대한 중도금 및 잔금 대출 금지
   - 재건축·재개발 주택에 대한 이주비 대출, 추가분담금에 대한 중도금대출 및 잔금대출금지. 단, 재건축·재개발 조합원이 1주택 1세대로서 조합설립인가 전까지 일정기간(1년 이상) 실 거주 시 제외)

❑ 민간주택 분양가상한제 적용지역('19.12·16 대책 반영)

(서울시)

1) 구의 전역이 지정된 경우(13개구: 총 445개동)

: 강남구, 서초구, 송파구, 강동구, 영등포구, 마포구, 성동구, 동작구, 양천구, 용산구, 중구, 광진구, 서대문구(13개구)

2) 구의 일부 동만 지정된 경우(5개구 37개동)

(1) 강서구: 방화동, 공항동, 마곡동, 등촌동, 화곡동(5개동)

(2) 노원구: 상계동, 월계동, 중계동, 하계동(4개동)

(3) 동대문구: 이문동, 휘경동, 제기동, 용두동, 청량리, 답십리, 회기동, 전농동(8개동)

(4) 성북구: 성북동, 정릉동, 장위동, 돈암동, 길음동, 동소문동2·3가, 보문동1가, 안암동3가, 동선동4가, 삼선동1·2·3가(13개동)

(5) 은평구: 불광동, 갈현동, 수색동, 신사동, 증산동, 대조동, 역촌동(7개동)

(경기도)

(1) 광명시: 광명동, 소하동, 철산동, 하안동(4개동)

(2) 하남시: 창우동, 신장동, 덕풍동, 풍산동(4개동)

(3) 과천시: 별양동, 부림동, 원문동, 주암동, 중앙동(5개동)

❑ 증여세율과 증여세 공제한도(주택)(2022.1. 현재)

증여세율			증여세 공제한도	
과세표준	적용세율	누진공제액	증여자	공제한도액
1억원 이하	10%	-	배우자	6억원
1억원 초과~ 5억원 이하	20%	1,000만원	직계존속	5,000만원 (미성년자 2천만원)
5억원 초과~10억웜 이하	30%	6,000만원	직계비속	5,000만원
10억원 초과~30억원 이하	40%	16,000만원	기타친족 (6촌 이내 혈족, 4촌 이내 인척)	1,000만원
30억원 초과	50%	46,000만원	기타	없음

주-1 과세표준은 시가(시가 파악이 불가능한 경우 공시지가)을 원칙으로 한다.

주-2 증여세 계산법 ; 과세표준(증여재산-증여재산공제액) × 세율= 납부세액

주-3 증여세 공제한도는 증여자나 수증자를 기준으로 **10년간 수승/증여한 재산**을 합산한 금액에서 위의 증여세 공제한도 금액이 공제된다.

❑ **재건축부담금 예정액 산출의 예**(가상의 자료에 의한 참고사항)(개정·시행: 2021.2.19.)

구 분		A-아파트	B-아파트	C-아파트
① 조정한 개시시점 주택가액	추진위 설립일 기준 공시가격×α	370억원	2700억원	1조3000억원
② 정상주택가격 상승분	①×해당지역 집값 상승률	110억원	1800억원	3400억원
③ 개발비용	공사비, 조합운영비, 제세공과금 등	400억원	2700억원	1조4000억원
④ 종료시점 주택가액	준공일 기준 조합원 주택 공시가격+일반 분양분 분양가	970억원	7700억원	3조8000억원
⑤ 초과이익	④-(①+②+③)	90억원	500억원	7600억원
⑥ 조합원당 평균초과이익	⑤÷조합원수	1억1300만원	1억4000만원	5억1000만원
조합원당 평균부담금	⑥×부과율 (10~50%)	2100만원	3400만원	2억2000만원
용적률	－	기존용적률: 230% 신축용적률: 300%	기존용적률: 176% 신축용적률: 300%	기존적용률: 110% 신축용적률: 300%

※ 재건축부담금 산출식 ※

재건축 부담금 = 재건축 초과이익 × 부과율(전체 재건축 초과이익÷조합원 수)

[재건축 초과이익] : 「**종료시점주택가액**」에서 아래 항목을 제외한 금액

　　　　① 「**조정한 개시시점주택가액**」(종료시점에 적용한 공시율[α]을 동일하게 적용하여 조정한 금액), **(공시율**: 공시가격의 시세 반영률<현실화율>)

　　　　② 정상주택가격상승분 총액(정기예금 이자율 또는 평균 집값 상승률로 계산)

　　　　③ 공사비, 설계비, 조합운영비 등 개발비용

[부과율]　　　 : 조합원 1인당 평균이익에 따라 0~50%가 적용된다.

[부과 대상] : 재건축사업으로 얻게 되는 이익이 조합원 1인당 평균 3000만원을 넘으면, 초과하는 금액에 대해 10~50%의 부담금을 부과한다.

2018년 1월 1일 이후에 관리처분계획 인가를 신청하는 재건축단지.

주1. <u>조정한 개시시점주택가액</u> : 재건축추진위원회 승인일(단, 재건축추진위원회 승인일이 종료시점으로부터 10년 초과 시에는 종료시점으로부터 역산하여 10년이 되는 날) (종료시점에 적용한 공시율[α]을 개시시점에 동일하게 적용하여 조정한 금액)
　2. <u>종료시점주택가액</u>　　　 : 준공인가일 혹은 건축물의 사용개시일의 가액
　3. 정상 주택가격 상승분: 정기예금 이자율과 시·군·구 평균주택 가격상승률 중 높은 비율을 곱하여 산정한 금액
　4. 개발비용: 공사비, 설계·감리비, 조합운영비, 부대비용, 제세공과금 등
　5. 조합원 1인당 평균이익별 부과율

조합원 1인당 평균이익	부과율 및 부담금 산식
3천만원 초과~5천만원 이하	3천만원 초과금액의 10% × 조합원수
5천만원 초과~7천만원 이하	(200만원+3천만원 초과금액의 20%) × 조합원수
7천만원 초과~9천만원 이하	(600만원+7천만원 초과금액의 30%) × 조합원수
9천만원 초과~1억1천천만원 이하	(1,200만원+9천만원 초과금액의 40%) × 조합원수
1억1천만원 초과	(2,000만원+1억1천만원 초과금액의 50%) × 조합원수

아파트단지 내 정원 – 암석원(巖石園)

구름카페(겨울)

서울특별시 정비사업 조합등 표준 행정업무규정

제 1 장 총 칙

제1조(명칭)

이 규정의 명칭은 00구역 (재개발/재건축/주거환경개선)정비사업(조합설립추진위원회(이하 "추진위원회"라 한다)/조합)의 행정업무규정(이하 '규정'이라 한다)이라 한다.

제2조(목적)

이 규정은 「도시 및 주거환경정비법」(이하 "도정법"이라 한다), 「정비사업조합설립추진위원회 운영규정」(이하 "운영규정"이라 한다), 「정비사업조합 표준정관」(이하 "정관"이라 한다) 등을 기준으로 법에 따라 승인을 받은 추진위원회와 설립 인가받은 정비사업 조합에 대하여 **운영규정 및 정관으로 정한 사항 이외** 조합등의 내부 운영 및 통제 기능 강화에 **필요한 인사관리, 문서관리 등 행정처리 절차 등을 규정하는 데 목적이 있다.**

제3조(용어의 정의)

이 규정에서 사용하는 용어 외에는 도정법, 같은 법 시행령 및 시행규칙(이하 "도정법령"이라 한다) 및 정관, 운영규정에서 정하는 용어와 같다.

1. "상근임원(위원)"이라 함은 다음 각 목의 자를 말한다.

   가. 조합정관이 정한 조합장, 이사 중 조합에 상근하는 자

   나. 추진위원회 운영규정이 정한 추진위원장, 부위원장, 추진위원 중 추진위원회 사무국("사무국"이라 함은 추진위원회의 운영을 위하여 추진위원장, 상근위원 등으로 구성된 운영조직을 말한다)에 상근하는 자

2. "조합등"이라 함은 추진위원회와 조합을 말한다.
3. "조합장등"이라 함은 추진위원장과 조합장을 말한다.
4. "대의원회등"이라 함은 추진위원회와 대의원회를 말한다.
5. "대의원등"이라 함은 추진위원과 대의원을 말한다.
6. "문서"라 함은 업무상 공문서, 결의서, 계약서, 회계서류, 인·허가서 및 공고문, 각종 회의록, 보고서, 일지, 관계 서류 및 자료 등 내부 또는 대외적으로 작성 또는 시행되는 일체의 서류 등을 말한다.
7. "기타기록물"이라 함은 도면, 카드, 대장 및 책자 등 계속 비치·활용하여야 하는 기록물을 말한다.
8. "공문서"라 함은 조합장등과 관공서 인장이 날인된 수·발신 문서를 말한다.
9. "물품"이라 함은 일반적으로 1년 이상 지속적으로 사용할 수 있는 것으로서 관리가 필요한 것을 말한다. 다만 일회용품과 같이 계속사용이 불가능한 다음 각 호에 해당하는 것을 제외한다.

가. 한 번 사용하면 원래의 목적에 다시 사용할 수 없는 물품

나. 단기간에 쉽게 소모되거나 파손되기 쉬운 사무용 소모품 등

다. 다른 물품의 수리·조립·제작에 사용되는 물품

10. "휴면조합(추진위원회)"이라 함은 조합등이 일상적인 운영비 집행에 관한 업무 외에 6개월 동안 정비사업 추진에 관한 업무활동(문서, 정보 생산 등)이 없어 사실상 사업추진이 정체·중지되어 있는 조합등을 말한다. 다만, 정비계획변경 등 사업 관련 인·허가의 진행 또는 지연 등으로 인한 경우에는 제외한다.

제4조(적용원칙)

① 이 규정은 조합등이 해당업무를 보다 명확하고 체계적으로 관리하기 위하여 인사, 보수, 업무, 복무, 문서관리 등에 필요한 규정에 적용하며 총회 의결로 제정 또는 개정할 수 있다. 다만, 제정 또는 최초 개정 이후에는 정관 및 운영규정에서 정하는 바에 따라 대의원회 등의 의결로 개정할 수 있다.

② 도시 및 주거환경정비법 제34조제3항에 따라 추진위원회가 행한 업무와 관련된 권리와 의무는 조합이 포괄승계 한다.

③ 조합원수 100인 미만의 조합으로서 대의원회가 구성되지 않은 경우에는 이 규정에서 정한 대의원회는 이사회 또는 총회로 할 수 있다.

제5조(적용범위)

조합등의 행정업무처리에 필요한 사항은 관계 법령, 정관 및 운영규정에서 별도로 정한 경우를 제외하고는 이 규정이 정하는 바에 따른다.

제 2 장 인사규정

제6조(목적)

이 규정은 조합등의 상근임원(위원)·직원의 인사관리에 필요한 사항을 규정함으로써 인사업무 처리의 공정성과 능률을 제고함을 목적으로 한다.

제7조(상근직원의 정의)

직원이라 함은 조합등에 근무하기 위해 채용한 자를 말한다.

제8조(상근임원(위원)·직원의 수)

조합등의 상근임원(위원)·직원의 수는 다음 각 호와 같다.

1. 조합장(또는 추진위원장) 1인

2. 상근임원(위원) ( )인 이내

3. 직원 ( )인 이내

제9조(채용원칙)

상근임원(위원) 임명 및 직원 채용은 소정의 자격을 구비한 자 중에서 다음 각 호와 같은 방법을 원칙으로 하되 별도 선거관리규정으로 따로 정할 수 있다.

1. 상근임원은 총회에서 상근이사를 선출하거나, 선출된 이사 중에서 조합장이 추천하여 이사회 또는 대의원회 의결을 통하여 임명한다.
2. 상근위원은 추진위원 중에서 추진위원장이 추천하여 추진위원회의 의결을 통하여 임명한다.
3. 직원은 조합장등이 추천하여 이사회 또는 추진위원회의 결의에 의해 채용할 수 있다. 다만, 채용결과에 대한 사후 인준절차 등을 정관 등에서 따로 정한 경우에는 그에 따른다.

제10조(결격사유 등)

① 상근임원(위원)의 결격사유는 정관 및 운영규정에서 정한 결격사유 및 자격상실사유 등을 준용한다.
② 다음 각 호에 해당하는 자는 직원으로 채용 할 수 없다.
  1. 금치산자(피성년후견인)와 한정치산자(피한정후견인) 및 파산자로서 복권이 되지 아니한 자
  2. 금고 이상의 형을 받고 그 집행이 종료되거나 집행을 받지 아니하기로 확정된 후 <u>2년</u>을 경과하지 아니한 자 또는 집행유예의 기간 중에 있는 자
  3. 조합등의 직무와 관련한 업무로 인하여 파면, 면직, 해임의 처분을 받고 <u>2년(?)</u> 이상 경과하지 아니한 자
  4. 조합등의 정비사업과 관련한 시공자 등 협력 업체의 임직원
  5. 기타 채용이 부적절하다고 객관적으로 인정될 수 있는 자

제11조(구비서류)

상근임원(위원) 임명 및 직원을 채용할 때에는 다음 각 호의 서류를 제출하여야 한다. 다만, 상근임원(위원)일 경우 제1호 및 제2호의 서류를 생략할 수 있다.
1. 이력서1통
2. 주민등록등본 1통
3. 경력증명서 1통(경력자에 한함)
4. 자격증 사본 1통(자격증이 있는 자에 한함)
5. 기타 필요하다고 인정되는 서류

제12조(계약직)

① 조합등은 필요에 따라 직위, 급여, 직무, 근무시간 및 기타 근무조건을 개별 계약으로 정하는 계약직 임원·위원·직원을 둘 수 있으나, 예산범위를 초과하지 않은 범위 내에서 6개월 이내로 계약한다.

② 제1항의 계약직 임원·위원·직원은 조합장등이 추천하여 이사회 또는 추진위원회의 결의에 의해 채용할 수 있다.

제13조(보직 및 관리)

① 상근임원(위원)·직원의 보직은 제27조에 따라 조합장등이 별도로 정할 수 있다.

② 직원의 결원이 생겼을 경우 결원된 직무의 중요성 여부를 감안하여 제12조 규정에 의한 계약직으로 대체할 수 있다.

③ 상근임원(위원)·직원은 별지 제1호 서식의 근로자 명부를 작성하되 서식은 조합등이 변경하여 사용할 수 있다.

제14조(휴직 및 복직)

상근임원(위원)·직원이 휴직 또는 복직하고자 할 때에는 해당사유가 발생한 날부터 1주일 이내에 다음 각 호의 사항을 포함한 휴직(복직)원을 조합장등에게 제출하여야 한다.

1. 성명
2. 해직(복직) 사유
3. 해직(복직) 희망일

제15조(퇴직 등)

① 상근임원(위원)·직원의 퇴직은 의원면직, 당연퇴직, 직권면직으로 구분한다.

   1. 의원면직은 본인의 형편에 의하여 사직을 청원하였을 경우를 말한다.
   2. 당연퇴직은 다음 각 목의 경우를 말한다.
      가. 임원(위원)의 경우 정관 및 운영규정에 따른 자격의 결격사유가 발생된 때
      나. 직원의 경우 제9조에 따른 결격사유가 발생된 때
      다. 법원판결에 의해 자격상실 또는 정지된 자
   3. 직권면직 : 상근임원(위원) 및 직원이 다음 각 목에 해당할 때는 대의원회등 결의에 따라 면직 시킬 수 있다.
      가. 신체 등의 이상으로 직무를 감당하지 못할 만한 지장이 있을 때
      나. 직제개편, 예산의 감소 등에 의하여 폐직 또는 과원이 되었을 때
      다. 부정한 방법으로 임명된 것이 발견 되거나 관련업무로 인하여 조합 등에 손해를 발생시켰을 때
      라. 3일 이상 무단결근 하거나 동일사안으로 3회 이상 조합장등으로부터 주의를 받았음에도 불구하고 같은 비위행위 등을 다시 저질렀을 때
      마. 휴직의 명을 받은 자가 허가없이 해당 사업과 관련된 업무에 종사 하였을 때

② 조합장등은 상근임원(위원)·직원이 직무를 수행하는 것이 적합하지 않다고 판단될 경우 이사회 또는 대의원회등의 의결에 따라 그 직무를 정지하고 제1항에 따른 퇴직 등을 시킬 수 있다

제16조(퇴직절차)

상근임원(위원) 및 직원이 퇴직하고자 할 때에는 사직원을 조합장등에게 제출하여야 한다. 단, 직권면직의 경우 그러하지 아니하다.

제3장 보수규정

제17조(목적)

이 규정은 조합등 업무와 관련하여 지급하는 임금과 기타 수당 등의 지급 기준을 규정하는 데 목적이 있다.

제18조(적용범위)

이 규정은 상근임원(위원)·직원, 대의원등 보수지급 및 각종 회의비 지급에 대하여 적용한다.

제19조(보수지급 기준 등)

① 상근임원(위원)·직원의 임금은 매년 총회의 예산(안) 의결을 거쳐 확정한 금액을 지급한다.

② 임금은 당월 1일부터 말일까지로 계산하고 매월 00일 지급한다. 단, 지급일이 공휴일인 경우 그 전일에 지급한다.

③ 상여금은 월정급여액을 기준으로 지급하고 현재 근무 중인 자에 한하여 다음 각 호에 따라 지급한다.

　1. 3개월 이하 근무한자는 지급하지 아니한다.

　2. 3개월 초과 1년 미만 근무한자는 반액을 지급한다.

　3. 1년 이상 근무한자는 전액을 지급한다.

④ 근무기간이 1개월 미만인 자의 보수는 일할 계산한다.

⑤ 임금은 제1항에 정한 금액에서 각종공과금을 원천징수하고 무통장입금 또는 계좌이체로 지급한다.

⑥ 임금은 지급할 때마다 별지 제2호 서식의 임금대장을 작성하고 서식은 조합등 이 변경하여 사용할 수 있다.

⑦ 상근임원(위원)·직원의 임금은 구역 여건 및 필요에 따라 연 1회에 한하여 인상할 수 있다.

⑧ **조합등은 조합 임원 또는 추진위원회 위원에게 임금 및 상여금 외에 별도의 성과급을 지급하지 않는 것을 원칙으로 한다.**

제19조의1(휴면조합(추진위원회)의 보수지급 제한 등)

① 조합등은 제3조 10호의 휴면조합(추진위원회)에 해당하는 경우 조합장등은 이사회 또는 추진위원회에 보고 또는 서면 통지하고 클린업시스템(조합등 홈페이지)에 휴면조합(추진위원회)임을 공지(사유, 개시일, 임원보수 제한 내용 등)하여야 한다.

② 정당한 사유없이 제1항에 의한 휴면조합(추진위원회)의 개시가 되지 않는 경우에는 정관 또는 운영규정이 정하는 절차에 따라 대의원등 3분의 1 이상 또는 조합원(추진위원회는 토지등소유자를 말한다) 10분의 1 이상이 청구로 소집한 대의원회등에서 대의원등 과반수 출석, 출석 대의원등의 과반수 찬성의결로 개시된다.

③ 제1항 또는 제2항의 휴면개시일이 속한 달의 다음달부터 3개월간은 상근임원(위원)에게 보수의 2분의1을 지급하고, 그 다음 달부터 제5항의 휴면조합종료의결이 있는 날까지 보수를 지급하지 아니한다.

④ 휴면조합(추진위원회) 기간 중 지급 제한된 상근임원(위원)보수는 소급하여 지급할 수 없다.

⑤ 휴면조합(추진위원회)의 종료는 조합장등이 필요하다고 인정하는 때에 대의원회 등을 소집하여 의결하고 클린업시스템(조합등 홈페이지)에 휴면조합(추진위원회) 종료를 공지(사유 및 사업추진계획 등)하여야 한다. 이때 조합장등은 사업정상화 또는 재개가 되었다는 객관적 증빙 자료 및 계획서 등을 사전에 대의원등에게 통지하여야 한다.

제20조(회의 수당 등)

① 조합등의 운영을 위한 제반회의(이사회의, 대의원회의, 추진위원회의 등) 참석수당은 매년 총회에서 예산(안)의 의결을 거쳐 지급한다. 다만, 상근임원(위원)은 지급하지 아니한다.

② 회의 참석수당의 지급요건은 회의개시 때부터 회의종료 때까지의 참석인원에 한하며 회의 수당은 무통장입금 또는 계좌이체를 통해 지급하는 것을 원칙으로 한다.

③ 감사의 감사업무 수당은 감사가 조합등 업무와 관련하여 감사를 시행 할 때 매년 총회에서 예산(안)의 의결을 거쳐 확정된 감사수당을 무통장입금 및 계좌이체를 통해 지급한다.

④ 조합등의 요청에 따라 정비사업 관련 자문, 회의 등에 참석하는 외부 전문가(변호사 등)는 회의수당에 준하여 수당을 지급할 수 있다. 다만 회의참석이 용역 계약 등에 따른 업무에 해당하는 경우는 지급하지 아니한다.

⑤ 선거관리위원회 위원 등 수당은 선거관리규정 등 별도 규정이 있는 경우 그에 따른다.

⑥ 총회 개최 시 현장에 직접 참석한 조합원 또는 토지등소유자에게 총회 예산범위 내에서 참석수당을 지급할 수도 있다. 단 상근임원(위원)은 지급하지 아니한다.

제21조(실비변상 등)

① 상근임원(위원)·직원 외의 자가 조합등의 업무처리와 관련하여 사전에 조합장등의 결재를 득한 내용의 회의참석, 자료수집 및 조사분석, 기타 조합 관련 업무 수행에서 발생한 비용에 대하여서는 이사회(사무국)의 결정에 따라 일정한 금액의 실비 또는 업무 추진비를 지급할 수 있고, 이 경우 추후 대의원회등에 보고하여야 한다.

② 실비변상은 적격증빙영수증을 첨부하여 지급 및 정산하는 것을 원칙으로 한다.

제22조(퇴직금의 지급)

① 상근임원(위원)·직원이 1년 이상 계속 근무하고 퇴직하는 경우에 퇴직금을 지급한다.

② 퇴직금은 계속 근무 연수 1년에 대하여 30일분 이상의 평균임금을 퇴직금으로 하며, 기타 지급방법 등은 근로자퇴직급여 보장법 등 관계 법령을 준용할 수 있다.

제23조(유예조치)

조합설립 창립총회에서 수립·의결된 조합예산은 조합설립인가 후부터 적용한다.

제24조(업무상 재해보상)

상근임원(위원)·직원이 업무와 관련한 사망 또는 부상으로 치료를 요청하는 경우에는 근로기준법 등 관계 법령의 보상 기준에 준하여 보상할 수 있다.

제25조(손해배상)

상근임원(위원)·직원이 업무상 고의 또는 중대한 과실로 인하여 조합등에 손해를 끼쳤을 때에는 손해배상 청구 및 구상권 행사를 할 수 있다.

제 4 장 업무관리 규정

제26조(목적)

이 규정은 조합등의 사무를 합리적으로 관리하게 함으로써 효율적인 업무수행을 규정하는데 목적이 있다.

제27조(상근임원(위원)·직원의 업무분장)

① 조합장등은 조합등을 대표하고 관련 업무 전반에 관한 사항을 총괄한다. 또한 상근임원(위원)·직원에 대한 업무를 적절하게 분담시켜 업무를 수행토록 하고 별지 제3호 서식의 업무분장을 작성한다.

② 조합장등, 상근임원(위원)·직원의 업무 분장 시 업무대행자를 지정해야 한다.

③ 상근임원(위원)은 조합장 등을 보필하고 직무에 따라 직원을 관장하고 업무를 수행하되 세부 업무 내용은 다음 각 호와 같다.

    1. 조합장 등의 지시 전달

    2. 사업전반의 관리 및 추진의 행정업무

    3. 물품관리 및 사무실 임대와 자산관리 업무

    4. 문서작성 및 보존·관리에 관한 업무

    5. 각종회의 시 회의록 기록관리 업무

    6. 조합장 등 인장 관리업무

    7. 업무일지 작성, 복무 관리 업무

    8. 회계, 재정, 계약 등 관리 업무

    9. 정보공개, 클린업시스템 관리 업무

10. 조합 등의 민·형사사건 등 소송, 민원문제

11. 기타 정비사업 추진에 관련된 모든 업무 등

④ 직원의 직무는 다음 각 호와 같다.

1. 서무 및 경리업무

2. 문서 및 비품대장 정리 업무

3. 정보공개 및 보존문서 기록물 대장 정리 업무

4. 조합장 등 상근임원(위원)의 지시 업무 수행

5. 기타 부여된 업무

제28조(업무일지 작성 및 공개)

① 조합등은 상근임원(위원)·직원이 매주 추진한 업무 등에 대해 별지 제4호 서식의 업무일지를 작성하여야 한다.

② 매분기 업무추진 실적을 작성하여 도시 및 주거환경정비법 제124조제2항에 따라 조합원 또는 토지등소유자에게 서면으로 통지하여야 한다.

제29조(물품관리 등)

① 사무실 운영에 필요한 물품을 구입한 경우 취득일자, 규격, 가액 등의 내용을 별지 제5호 서식의 물품관리대장에 기록하여야 한다.

② 물품의 망실 및 훼손 등으로 인해 불용처리를 하는 경우 내부 결재를 받아 처리하고 별지 제6호 서식의 손망실처리기록부에 기록하여야 한다. 다만 취득금액 100만원 이상의 사용 가능한 물품에 대하여 불용결정을 하는 경우에는 이사회 또는 추진위원회에 보고하여야 한다.

③ 모든 물품의 검사·검수 시 감사 1인과 상근임원(위원) 1인이 별지 제7호 서식의 검수조서를 작성한다.

제 5 장 문서관리 규정

제30조(목적)

이 규정은 문서의 작성, 처리, 통제, 시행, 보관 및 보존에 관한 사항을 정하여 문서처리 업무의 정확성과 능률성을 확보함을 목적으로 한다.

제31조(문서처리의 원칙)

① 조합등은 업무와 관련한 사항의 지시, 문의, 전달, 보고, 회답 등에 대하여 문서로 하여야 한다.

② 긴급한 사항으로써 구두 또는 전화 등으로 처리한 사항도 문서로서 기록하여야 한다.

제32조(문서담당)

문서의 접수, 배포, 발송 및 관리는 직무가 정하는 바에 의하여 처리한다.

제33조(문서의 효력발생)

① 문서의 효력은 조합장등의 결재로서 효력이 발생한다.

② 대외문서는 상대방에 도달함으로써 효력이 발생하는 것을 원칙으로 하되, 조합원 또는 토지등소유자 총회소집통보, 대의원회의 소집통보 등 민법의 규정이 발신주의를 원칙으로 하는 경우는 그러하지 아니한다.

제34조(사유금지)

원본이 되는 문서 및 기타기록물은 어떠한 경우에도 개인이 소유·사용해서는 안된다.

제35조(문서의 서식 등)

① 문서는 작성 년, 월, 일, 발신 장소를 표시하는 기호, 문서 발신번호, 발신자 및 수신자를 명기하고 관계자 날인을 한다.

② **문서는 발송 또는 접수 순서에 따라 발송과 수신에 관한 문서를 별지 제8호 서식에 의한** 문서등록대장에 등록하여야 한다.

③ 공문서는 클린업시스템에 모두 공개하여야 한다.

제36조(기명날인)

① 문서는 반드시 결재권자가 날인하며 결재권자 부재 시에는 직무 권한 규정이 정하는 바에 따라 대리자가 날인하고 기 결재권자의 복귀 즉시 후결을 받아야 한다.

② 대외문서의 경우 즉, 계약서, 위임장, 각종 인·허가신청서, 신고서, 공고 기타 중요한 문서는 조합등의 명의로 한다. 다만, 조합등으로부터 위임된 사항은 수임자(위임받은 사람) 명의로 할 수 있다.

제37조(문서의 처리)

① 상근임원(위원)은 소관문서를 심사하여 조회, 회답, 기타 필요한 처리를 한다.

② 중요한 또는 이례적인 사항은 조합장 등에게 신속히 회람, 문의 하여 지시 또는 결재를 받는다.

제38조(문서의 발송)

우편발송을 필요로 하는 문서는 별지 제9호 서식의 문서발송대장에 등재하고 우편을 이용하여 발송함을 원칙으로 한다. 다만, 업무의 성격 기타 특별한 사정이 있는 경우에는 인편·모사전송·전신통신·전화 등의 방법으로 발신할 수 있다.

제39조(보존·관리 등)

① 각 문서는 매 건마다 그 발생 및 완결에 관계된 일체의 문서를 합철하고 소정의 보관철을 사용하여 연도별로 보존·관리한다.

② 제1항의 문서철은 완결일자 순으로 최근 문서가 상부에 오도록 철하고 다음과 같이 색인목록을 붙인다.

페이지	완결일자	건 명	비고

③ 제2항의 보존문서철과 기타기록물은 별지 서식 제10호에 의한 보유기록물대장에 기재하여야 한다.

④ 도정법에 따라 사업시행과 관련된 문서의 보존기간은 사업완료 후 해당 구청장에게 이관 전까지로 한다.

⑤ 모든 문서는 금고 또는 잠금장치가 되어있는 장소에 보관하여야 한다. 컴퓨터에 내장되는 경우에는 그 보안이 유지되도록 조치하여야 한다. 단, 금고의 열쇠는 상근임원(위원)이 관리한다.

제40조(인계·인수)

① 추진위원회가 조합에 관련 문서 및 기타기록물을 인계하거나 조합장등 임원(위원) 변경이 있는 경우에는 별지 제11호 서식의 문서 인계·인수서를 작성하고 조합장등과 임원(위원) 중 1명이 입회인으로 날인하여야 한다.

② 문서 인계·인수서는 3부(해당조합 보관용 1부, 인계자용 1부, 인수자용 1부)를 작성한다.

③ 조합장등은 제1항에 따라 인계·인수를 받는 경우에 서면 또는 총회에 보고하여야 한다.

④ 조합장등은 관련문서 및 기타기록물을 인계하지 않는 임원(위원) 등이 있는 경우에는 관련 문서의 인계를 촉구하여야 하며, 관련 문서를 인계하지 않은 사실을 총회에 보고하고 고발 등의 필요한 조치를 하여야 한다.

제41조(관련 자료의 공개 방법 등)

① 정비사업 시행 관계 서류, 자료 및 기타기록물 등을 조합원, 토지등소유자 또는 세입자가 공개 및 열람·복사 등을 요청하는 경우 별지 제12호 서식의 정보공개처리대장을 작성하고 도시 및 주거환경정비법 제124조 제4항에서 정한 기한 내에 공개하여야 한다.

② 관련 자료 복사에 필요한 비용은 실비의 범위에서 청구인이 부담한다. 다만 실비의 범위는 「공공기관의 정보공개에 관한 법률 시행규칙」 제7조 별표에서 정한 수수료금액 기준을 준용할 수 있다.

③ 개인정보 유출시 그 유출 해당자가 민·형사상의 책임을 진다.

제 6 장 복무규정

제42조(목적)

이 규정은 조합등 상근임원(위원)·직원의 복무에 관한 기준을 정하여 근무기강을 확립하고 성실히 직무를 수행함을 목적으로 한다.

제43조(준수의무)

① 상근임원(위원)·직원은 업무규정의 기본이 되는 법령, 정관 또는 운영규정 및 관련 규정을 준수하고 조합장등의 정당한 직무상 명령에 따르며, 담당한 직무를 신속, 정확, 공정하게 처리한다.

② 임원(위원)·직원 및 대의원등은 조합등 업무추진 과정상 취득한 사항을 이용하여 사익을 추구할 수 없으며 이에 반하는 행위를 하였을 경우에는 대의원회 등의 의결에 따른 징계를 받는다.

제44조(겸업금지)

① 상근임원(위원)·직원은 같은 목적의 사업을 시행하는 다른 조합등 또는 해당 사업과 관련한 시공자, 설계자, 정비사업전문관리업자 등 관련 업체 및 단체의 임원, 위원 또는 직원을 겸할 수 없다.

② 제1항의 경우는 휴직기간에도 해당한다.

제45조(보증행위 등 금지)

임원(위원)·직원은 다음 각 호의 어느 하나에 해당하는 행위를 하여서는 아니 된다. 다만, 총회 또는 대의원회등에서 결의된 사항 및 계약은 그러지 아니한다.

1. 조합등으로부터 금전·부동산, 그 밖의 재산의 보관·예탁·신탁을 받는 행위
2. 조합등 또는 정비사업과 관련된 업체로부터 금전·부동산, 그 밖의 재산을 대차하는 행위
3. 조합등의 채무에 관하여 보증하는 행위. 단, 조합장등은 제외

제46조(금품 등을 받는 행위의 제한)

상근임원(위원)·직원은 직무와 관련하여 금전, 선물 또는 향응(이하 "금품등"이라 한다)을 받아서는 아니 된다.

제47조(보안)

상근임원(위원)·직원은 부재중 및 업무종료 후 퇴근 시에는 금고, 책상, 캐비닛, 화기 등의 안전 및 보안여부를 확인하여야 하며, 보안근무 의무를 진다.

제48조(근무시간 등)

① 상근임원(위원)·직원의 근무시간은 조합등이 정하여 운영한다.

② 상근임원(위원)·직원의 출근 기록을 위해 별지 제13호 서식의 출근부를 작성하되 조합 등은 서식을 변경하여 사용할 수 있으며, 출근부에 상근임원(위원)의 날인을 받는다.

③ 조합장등은 업무의 특수성을 감안하여 필요하다고 인정할 때 근무시간의 변경 또는 연장을 명할 수 있다.

제49조(조퇴 및 외출 등)

상근임원(위원)·직원이 결근, 지참, 조퇴, 외출, 휴일근무, 휴가 및 출장을 하고자 할 때에는 별지 제14호 서식의 근무상황부를 작성하여 조합장등에게 보고하고 사전에 결재를 얻어야 하며, 불가피한 경우는 유선으로 신고하여야 한다.

제50조(휴일 및 휴가)

① 다음 각 호의 1에 해당하는 날은 휴일로 한다. 단, 특별휴가, 경조사 및 업무수행 중 발생한 질병 등으로 인한 병가는 휴가로 한다.

1. 토요일, 일요일

2. 근로기준법 등 관계 법령에서 정한 법정 공휴일

② 상근임원(위원)·직원의 휴가일수는 다음 각 호와 같다.

1. 본인 결혼 : 0일

2. 자녀 또는 형제·자매의 결혼 : 0일

3. 부모 또는 배우자의 사망 : 0일

③ 조합등의 업무 수행 상 휴가를 사용하지 못한 상근임원(위원)·직원에 대하여는 이사회의 결의를 받아 대의원회등 의결을 거쳐 통상의 임금을 별도의 수당으로 지급할 수 있다.

제51조(출장 및 출장비의 지급)

① 출장은 시내 및 시외출장으로 구분하여 사전승인을 얻어야 한다.

② 승인된 출장의 경우 출장비를 지급하며, 출장비는 실비정산을 원칙으로 한다.

③ 대중교통 요금을 제외한 모든 비용은 영수증을 첨부하여야 지급이 가능하며, 교통비 외 추가 비용이 발생 할 경우 영수증을 제출하여 지급 받을 수 있다.

제52조(비상근무)

상근임원(위원)·직원은 퇴근 후 또는 휴일일지라도 조합등에 긴급을 요하는 업무, 재해, 천재지변, 기타 사고가 있을 때에는 비상근무를 하여야 한다.

제53조(4대 사회보험 가입 등)

상근임원(위원)·직원은 사회보장 관계 법령 등이 정하는 4대 사회보험의 혜택을 받도록 한다.

[첨 부]

[별지 제1호 서식] 근로기준법 시행규칙 [별지 제16호 서식] – (예시) 근로자 명부

[별지 제2호 서식] 근로기준법 시행규칙 [별지 제17호 서식] – (예시) 임 금 대 장

[별지 제3호 서식] 00구역 조합(추진위)업무분장

[별지 제4호 서식] 주간업무일지

[별지 제5호 서식] 물 품 관 리 대 장

[별지 제6호 서식] 손망실처리기록부

[별지 제7호 서식] 검수(검사) 조서

[별지 제8호 서식] 문서등록대장

[별지 제9호 서식] 문서발송부

[별지 제10호 서식] 보유기록물대장

[별지 제11호 서식] 문서 인계·인수서

[별지 제12호 서식] 정보공개처리대장

[별지 제13호 서식] 0000년도 00월 출근부

[별지 제14호 서식] 근무상황부

❏ 공공기관의 정보공개에 관한 법률 시행규칙 [별표]: 수수료(제7조 관련)

서울특별시 도시 및 주거환경정비 조례

[시행 2021.9.30.][서울특별시조례 제8184호, 2021.9.30., 일부개정]

서울특별시(주거정비과), 02-2133-7207

제1장 총 칙

제1조(목적)

이 조례는 「도시 및 주거환경정비법」, 같은 법 시행령 및 같은 법 시행규칙에서 위임된 사항과 그 시행에 필요한 사항을 규정함을 목적으로 한다.

제2조(정의)

이 조례에서 사용하는 용어의 뜻은 다음과 같다. <개정 2021.9.30>

1. "특정무허가건축물"이란 건설교통부령 제344호 공익사업을 위한 토지등의 취득 및 보상에 관한 법률 시행규칙 부칙 제5조에서 "1989년 1월 24일 당시의 무허가건축물등"을 말한다.

2. "신발생무허가건축물"이란 제1호에 따른 특정무허가건축물 이외의 무허가건축물을 말한다.

3. "관리처분계획기준일"이란 「도시 및 주거환경정비법」(이하 "법"이라 한다) 제72조 제1항제3호에 따른 분양신청기간의 종료일을 말한다.

4. "권리가액"이란 관리처분계획기준일 현재 제36조제3항에 따라 산정된 종전 토지 등의 총 가액을 말한다.

5. "호수밀도"란 건축물이 밀집되어 있는 정도를 나타내는 지표로서 정비구역 면적 1헥타르당 건축되어 있는 건축물의 동수를 말하고 다음 각 목의 기준에 따라 산정한다.

    가. 공동주택 및 다가구주택은 독립된 주거생활을 할 수 있는 구조로서 건축물대장 기준으로 세대(다가구주택은 가구, 이하 이목에서는 같다)수가 가장 많은 층의 1세대를 1동으로 보며, 나머지 층의 세대수는 계상하지 않는다.

    나. 신발생무허가건축물은 건축물 동수 산정에서 제외한다.

    다. 정비구역의 면적 중 존치되는 공원 또는 사업이 완료된 공원 및 존치되는 학교면적을 제외한다.

    라. 단독 또는 다가구주택을 건축물 준공 후 다세대주택으로 전환한 경우에는 구분소유 등기에도 불구하고 전환 전의 건축물 동수에 따라 산정한다.

    마. 준공업지역에서 정비사업으로 기존 공장의 재배치가 필요한 경우에는 정비구역 면적 중 공장용지 및 공장 건축물은 제외하고 산정한다.

    바. 비주거용건축물은 건축면적당 90제곱미터를 1동으로 보며, 소수점 이하는 절사하여 산정한다.

6. "사업시행방식전환"이란 법 제123조제1항 또는 법률 제6852호 「도시 및 주거환경정비법」 부칙 제14조에 따라 재개발사업의 시행방식이 전환되는 것을 말한다.

7. "무주택세대주"란 세대주를 포함한 세대원(세대주와 동일한 세대별 주민등록표상에 등재되어 있지 않은 세대주의 배우자 및 배우자와 동일한 세대를 이루고 있는 세대원을 포함

한다) 전원이 주택을 소유하고 있지 않은 세대의 세대주를 말한다.

8. "미사용승인건축물"이란 관계 법령에 따라 건축허가 등을 받았으나 사용승인·준공인가 등을 받지 못한 건축물로서 사실상 준공된 건축물을 말한다.

9. "과소필지"란 토지면적이 90제곱미터 미만인 토지를 말한다.

10. "주택접도율"이란 「도시 및 주거환경정비법 시행령」(이하 "영"이라 한다) 제7조제1항 관련 별표 1 제1호마목에 따른 정비기반시설의 부족여부를 판단하기 위한 지표로서 폭 4미터 이상 도로에 길이 4미터 이상 접한 대지의 건축물의 총수를 정비구역 내 건축물 총수로 나눈 비율을 말한다. 다만, 연장 35미터 이상의 막다른 도로의 경우에는 폭 6미터로 한다.

11. "권리산정기준일"은 법 제77조에 따른 건축물의 분양받을 권리를 산정하기 위한 기준일 로서 법 제16조제2항에 따른 고시가 있은 날 또는 시장이 투기를 억제하기 위하여 기본 계획수립 후 정비구역지정·고시 전에 따로 정하는 날을 말한다.

12. "주거지보전사업"이란 재개발구역(재개발사업을 시행하는 정비구역을 말한다. 이하 같다) 에서 기존 마을의 지형, 터, 골목길 및 생활상 등 해당 주거지의 특성 보전 및 마을 공동체 활성화를 위하여 건축물의 개량 및 건설 등의 사항을 포함하여 임대주택을 건설하는 사업을 말한다.

제3조(재개발사업의 구분)

법 제2조제2호나목에 따른 재개발사업은 다음 각 호에 따라 구분한다.

1. 주택정비형 재개발사업: 정비기반시설이 열악하고 노후·불량건축물이 밀집한 지역에서 주거환경을 개선하기 위하여 시행하는 재개발사업

2. 도시정비형 재개발사업: 상업지역·공업지역 등에서 도시 기능의 회복 및 상권 활성화 등 도시환경을 개선하기 위하여 시행하는 재개발사업

제4조(노후·불량건축물)

① 영 제2조제3항제1호에 따라 노후·불량건축물로 보는 기준은 다음 각 호와 같다.

1. 공동주택

   가. 철근콘크리트·철골콘크리트·철골철근콘크리트 및 강구조인 공동주택: 별표 1에 따른 기간

   나. 가목 이외의 공동주택: <u>20년</u>

2. 공동주택 이외의 건축물

   가. 철근콘크리트·철골콘크리트·철골철근콘크리트 및 강구조 건축물(「건축법 시행령」 별표 1 제1호에 따른 단독주택을 제외한다): <u>30년</u>

   나. 가목 이외의 건축물: <u>20년</u>

② 영 제2조제2항제1호에 따른 노후·불량건축물은 건축대지로서 효용을 다할 수 없는 과소 필지 안의 건축물로서 2009년 8월 11일 전에 건축된 건축물을 말한다.

③ 미사용승인건축물의 용도별 분류 및 구조는 건축허가 내용에 따르며, 준공년도는 재산세 및 수도요금·전기요금 등의 부과가 개시된 날이 속하는 연도로 한다.

제5조(공동이용시설)

영 제4조제3호에 따라 시·도조례로 정하는 공동이용시설은 다음 각 호의 시설을 말한다.

1. 관리사무소, 경비실, 보안·방범시설 등 마을의 안전 및 공동이용관리를 위해 필요한 시설
2. 주민운동시설, 도서관 등 주민공동체 활동을 위한 복리시설
3. 마을공동구판장, 마을공동작업소 등 주민 소득원 개발 및 지역 활성화를 위해 필요한 시설
4. 쓰레기수거 및 처리시설 등 마을의 환경개선을 위해 필요한 시설
5. 「노인복지법」 제38조제1항제2호에 따른 주·야간보호서비스를 제공하는 재가노인복지시설과 장애인복지시설(「장애인복지법」 제58조제1항제2호에 해당하는 장애인 지역사회 재활시설 중 장애인 주간보호시설을 말한다)

제2장 정비구역의 지정

제6조(정비계획 입안대상지역 요건)

① 영 제7조제1항 별표 1 제4호에 따른 정비계획 입안대상지역 요건은 다음 각 호와 같다. <개정 2021.7.20.>

1. 주거환경개선구역(주거환경개선사업을 시행하는 정비구역을 말한다. 이하 같다)은 호수밀도가 80 이상인 지역으로서 다음 각 목의 어느 하나에 해당하는 지역을 말한다. 다만, 법 제23조제1항제1호에 따른 방법(이하 "관리형 주거환경개선사업"이라 한다)으로 시행하는 경우에는 제외한다.
   가. 노후·불량건축물의 수가 대상구역 안의 건축물 총수의 60퍼센트 이상인 지역
   나. 주택접도율이 20퍼센트 이하인 지역
   다. 구역의 전체 필지 중 과소필지가 50퍼센트 이상인 지역
2. 주택정비형 재개발구역(주택정비형 재개발사업을 시행하는 구역을 말한다. 이하 같다)은 면적이 1만제곱미터[법 제16조1항에 따라 서울특별시 도시계획위원회 또는 「도시재정비 촉진을 위한 특별법」(이하 "도시재정비법"이라 한다) 제5조에 따른 재정비촉진지구에서는 같은 법 제34조에 따른 도시재정비위원회가 심의하여 인정하는 경우에는 **5천제곱미터**] 이상으로서 다음 각 목의 어느 하나에 해당하는 지역
   가. 구역의 전체 필지 중 과소필지가 40퍼센트 이상인 지역
   나. 주택접도율이 40퍼센트 이하인 지역
   다. 호수밀도가 60 이상인 지역
3. 영 [별표 1] 제2호바목에 따른 역세권에 대하여 입안하는 도시정비형 재개발구역(도시정비형 재개발사업을 시행하는 구역을 말한다. 이하 같다)은 다음 각 목에 해당하는 지역에 수립한다.
   가. 역세권은 철도역의 승강장 경계로부터 반경 500미터 이내의 지역을 말한다.
   나. 가목에도 불구하고 다음 각 목의 어느 하나에 해당하는 지역은 역세권에서 제외한다. 다만, 서울특별시 도시계획위원회 심의를 거쳐 부득이하다고 인정하는 경우에는 예외로 한다.
      1) 전용주거지역·도시자연공원·근린공원·자연경관지구 및 최고고도지구(김포공항주변 최고고도지구는 제외한다)와 접한 지역

2) 「경관법」 제7조에 따른 경관계획상 중점경관관리구역, 구릉지 및 한강축 경관형성
　　　기준 적용구역
　다. 노후·불량건축물의 수가 대상지역 건축물 총수의 60퍼센트 이상인 지역
② 정비구역 지정은 제1항에서 정한 정비계획 입안대상지역 요건 이외에 법 제4조에 따른
　도시·주거환경정비기본계획에 따른다.
③ **영 [별표 1] 제4호 따라 부지의 정형화, 효율적인 기반시설의 확보 등을 위하여 필요**
　하다고 인정되는 경우에는 서울특별시 도시계획위원회의 심의를 거쳐 정비구역 입안
　대상지역 면적의 100분의 110 이하까지 정비계획을 입안할 수 있다. <개정 2021.7.20.>
④ 영 제7조제1항 별표 1 제3호라목에서 "시·도조례로 정하는 면적"이란 1만제곱미터
　이상을 말한다. 다만, 기존의 개별 주택단지가 1만제곱미터 이상인 경우에는 서울특별시
　도시계획위원회 심의를 거쳐 부지의 정형화, 효율적인 기반시설 확보 등을 위하여 필요
　하다고 인정하는 경우로 한정한다.
⑤ 삭제 <2021.7.20.>

제7조(정비계획 입안 시 조사·확인 내용)

　영 제7조제2항제7호에서 "그 밖에 시·도조례로 정하는 사항"이란 다음 각 호의 사항을 말한다.
　1. 거주가구 및 세입자 현황
　2. 도시관리계획상 토지이용계획 현황
　3. 토지의 용도·소유자·규모별 현황
　4. 건축물의 허가유무 및 노후·불량 현황
　5. 건축물의 용도, 구조, 규모 및 건축경과(준공) 연도별 현황
　6. 정비구역 내 유·무형의 문화유적, 보호수목 현황 및 지역유래
　7. 법 제2조제9호에 따른 토지등소유자(이하 "토지등소유자"라 한다)의 정비구역 지정에 관한
　　동의현황(주민제안의 경우에만 해당한다)
　8. 기존 수목의 현황
　9. 구역 지정에 대한 주민(토지등소유자 및 세입자)의 의견
　10. 토지등소유자의 분양희망 주택규모 및 자금부담 의사
　11. 세입자의 임대주택 입주 여부와 입주희망 임대주택 규모
　12. 법 제31조제4항에 따른 조합설립추진위원회(이하 "추진위원회"라 한다) 구성 단계
　　생략에 대한 토지등소유자의 의견

제8조(정비계획의 내용 등)

① 영 제8조제3항제11호에서 "그 밖에 정비사업의 원활한 추진을 위하여 시·도조례로 정하는
　사항"이란 다음 각 호의 사항을 말한다.
　1. 가구 또는 획지에 관한 계획
　2. 임대주택의 건설에 관한 계획[자치구청장(이하 "구청장"이라 한다)은 대학 주변지역 및
　　역세권에 위치한 정비구역에 대해서는 대학생 및 청년에게 공급할 수 있는 임대주택
　　건설계획을 입안할 수 있다)
　3. 주민의 소득원 개발에 관한 사항(주거환경개선사업으로 한정한다)

4. 환경성 검토결과(「국토의 계획 및 이용에 관한 법률」 제27조제2항을 준용한다)
5. 기존 수목의 현황 및 활용계획
6. 인구 및 주택의 수용계획
7. 주거환경관리를 위한 주민공동체 활성화 방안(관리형 주거환경개선사업**으로** 한정한다)
8. 구역 내 옛길, 옛물길, 「한옥 등 건축자산의 진흥에 관한 법률」 제2조의 건축자산 및 한옥 등 역사·문화자원의 보전 및 활용계획

② 그 밖에 필요한 정비계획 세부내용은 다음 각 호와 같다.

1. 정비구역에는 원칙적으로 기존 공원이나 녹지를 포함하지 않도록 한다. 다만, 공원 또는 녹지의 기능을 회복하거나 그 안의 건축물을 정비하기 위하여 필요한 경우와 토지이용의 증진을 위하여 필요한 경우에는 예외로 한다.

2. 영 제8조제3항제5호에 따른 기존건축물의 정비·개량에 관한 계획은 건축물의 경과연수, 용도, 구조, 규모, 입지, 허가유무 및 노후·불량 정도를 고려하여 존치, 개수, 철거 후 신축, 철거이주 등으로 구분하여 계획하도록 한다.

3. 종교부지, 분양대상 복리시설 부지는 필요한 경우 획지로 분할하고 적정한 진입로를 확보하도록 하여야 한다.

4. 법 제9조제1항제9호에 따른 정비사업시행 예정시기는 사업시행자별 사업시행계획인가 신청 준비기간을 고려하여 정비구역 지정고시가 있은 날부터 4년 이내의 범위에서 정하여야 한다.

5. 도시정비형 재개발사업의 경우 정비구역의 특성과 도심부 기능회복을 위하여 복합용도 건축계획을 원칙으로 하고 주변의 건축물, 문화재 또는 자연 지형물이 있는 경우에는 **주변 경관**에 미치는 영향을 최소화할 수 있도록 계획한다.

제9조(안전진단 절차 및 비용부담 등)

① 영 제10조제7항에 따른 "안전진단의 요청절차 및 그 처리에 관하여 필요한 세부사항"은 다음 각 호와 같다.

1. 영 제10조제1항 후단 규정에 따라 구청장은 재건축사업의 시기를 조정할 필요가 있다고 인정하는 경우 안전진단 실시시기를 조정할 수 있다.

2. 안전진단 시기조정사유, 조정대상구역, 시기조정자료, 시기조정 절차 및 방법 등에 대해서는 **제49조부터 제51조까지를 준용한다.** 이 경우 "정비구역"은 "정비예정구역(정비예정구역이 아닌 경우 **사업예정구역**을 말한다)"으로, "사업시행계획인가 또는 관리처분계획인가"는 "안전진단"으로 본다.

3. 서울특별시장(이하 "시장"이라 한다)은 관계 법령 및 이 조례에서 정하지 아니한 시기 조정에 필요한 세부기준을 별도로 정할 수 있다.

② 법 제12조제2항 각 호에 해당하는 자가 안전진단의 실시를 요청하는 경우 「도시 및 주거 환경정비법 시행규칙」 (이하 "시행규칙"이라 한다) 제3조에서 정한 안전진단 요청서와 규칙에서 정한 서식을 첨부하여 구청장에게 제출하여야 하고, 이 경우 안전진단의 실시를 요청하는 자가 안전진단에 드는 비용의 전부를 부담해야 한다.

③ 안전진단의 실시를 요청한 자는 영 제10조제1항에 따라 구청장이 안전진단의 실시여부를 결정하여 통보한 경우 안전진단에 필요한 비용을 예치하여야 한다.

④ 구청장은 법 제13조제1항에 따라 안전진단 결과보고서가 제출된 경우 예치된 금액에서 비용을 직접 지급한 후 나머지 비용은 안전진단의 실시를 요청한 자와 정산하여야 한다.

⑤ 제2항에 따른 비용 산정에 관한 사항은 「시설물의 안전 및 유지관리에 관한 특별법」 제37조를 준용한다.

제10조(정비계획의 입안 제안)

① 법 제14조제1항제1호부터 제5호까지에 해당하여 영 제12조제1항에 따라 구청장에게 정비계획의 입안을 제안하는 경우에는 해당 지역 토지등소유자의 60퍼센트 이상 및 토지면적의 2분의 1 이상의 동의를 받아야 한다.

② 관리형 주거환경개선사업의 경우에는 제1항에도 불구하고 해당 지역 토지등소유자의 과반수 동의를 받아 구청장에게 정비계획의 입안을 제안할 수 있다.

③ 토지등소유자가 법 제14조제1항에 따라 정비계획의 입안을 제안하려는 때에는 규칙에서 정한 입안 제안 신청서에 영 제12조제1항에 따른 정비계획도서, 계획설명서, 제7조 각호에 따른 정비계획 입안 시 조사내용 및 그 밖의 필요한 서류를 첨부하여 구청장에게 제출한다.

④ 법 제14조제1항제6호에 따라 정비계획의 변경을 요청하는 경우 직접 동의서를 받는 방법 외에 총회(주민총회를 포함한다)에서 토지등소유자(조합이 설립된 경우에는 조합원을 말한다)의 3분의 2 이상 찬성으로 의결될 경우에도 토지등소유자의 3분의 2 이상 동의를 받은 것으로 본다.

⑤ 정비계획의 입안에 따른 토지등소유자의 동의자수의 산정방법 등은 영 제33조 규정에 따른다.

제11조(정비계획의 경미한 변경)

① 영 제13조제4항제12호에서 "시·도조례로 정하는 사항을 변경하는 경우"란 **다음 각 호의 어느 하나에 해당하는 경우를 말한다.**

1. 정비구역 명칭의 변경

2. 「도시·군계획시설의 결정·구조 및 설치기준에 관한 규칙」 제14조에 따라 도로모퉁이를 잘라내기 위한 정비구역 결정사항의 변경

3. 영 제8조제3항제5호에 따른 기존건축물의 정비·개량에 관한 계획의 변경

4. 정비구역이 접하여 있는 경우(동일 도시정비형 재개발구역 안에서 시행지구를 분할하여 시행하는 경우의 지구를 포함한다) 상호 경계조정을 위한 정비구역 또는 지구 범위의 변경

5. 정비구역 또는 지구 범위의 변경이 없는 단순한 착오에 따른 면적 등의 정정을 위한 변경

6. 법 제9조제1항제5호에 따른 건축물의 주용도·건폐율·용적률 및 높이에 관한 계획의 변경을 수반하지 않는 획지의 변경 또는 도시정비형 재개발구역 안에서 사업시행지구 분할계획

7. 법 제10조에 따라 국토교통부장관이 고시하는 임대주택 건설비율 범위에서의 세대수 변경

8. 정비계획에서 정한 건축계획의 범위에서 주택건립 세대수를 30퍼센트 이내로 증가하는 변경 또는 10퍼센트 이내로 축소하는 변경

9. 「건축법」 등 관계 법령의 개정으로 인한 정비계획 변경 또는 「건축법」 제4조에 따라 구성된 건축위원회 심의결과에 따른 건축계획의 변경

② 구청장이 처리할 수 있는 정비계획의 경미한 변경사항은 **다음 각 호의 어느 하나에 해당**

하는 경우를 말한다.

1. 영 제13조제4항제1호의 경우 중 정비구역 면적 5퍼센트 미만의 변경
2. 영 제13조제4항제2호의 경우 중 정비기반시설 규모 5퍼센트 미만의 변경
3. 영 제13조제4항제3호부터 제6호까지, 제10호 및 제11호의 경우
4. 영 제13조제4항제7호의 경우 중 건축물의 건폐율 또는 용적률을 축소하거나 5퍼센트 미만의 범위에서 확대하는 변경
5. 영 제13조제4항제8호의 경우 중 건축물의 최고 높이를 낮게 변경하는 경우
6. 제1항 각 호에 해당하는 경우

제12조(현금납부액 산정기준 및 납부 방법 등)

① 시장은 법 제17조제4항에 따라 사업시행자가 공공시설 또는 기반시설(이하 "공공시설등"이라 한다)의 부지 일부를 현금으로 납부를 요청하는 경우 관련 법령에 따른 설치요건과 공공시설 건축물에 대한 수요 여부 등을 종합적으로 고려하여 그 범위를 정한다.

② 영 제14조제3항에 따라 현금으로 납부하는 해당 기부토지에 대하여 사업시행계획인가(현금납부에 관한 정비계획이 반영된 최초의 사업시행계획인가를 말한다)된 사업시행계획을 고려하여 평가한다.

③ 사업시행자는 제1항에 따른 현금납부액 산정을 위해 구청장에게 **감정평가법인등의** 선정·계약을 요청하고 감정평가에 필요한 비용을 미리 예치하여야 한다. 구청장은 감정평가가 끝난 경우 예치된 금액에서 감정평가 비용을 직접 지급한 후 나머지 비용은 사업시행자와 정산하여야 한다.

④ 시장은 제1항에 따라 산정된 현금납부액을 착공일부터 준공검사일까지 분할납부 하게 할 수 있다.

⑤ 사업시행자는 관리처분계획인가 전까지 제1항에 따라 산정된 현금납부액, 납부방법 및 기한 등을 포함하여 시장과 협약을 체결하여야 한다.

⑥ 시장은 그 밖에 현금납부에 필요한 사항을 정할 수 있다.

제13조(정비구역 통합·분할 및 결합 시행방법 등)

① 법 제18조제1항에 따라 시장은 정비사업의 효율적인 추진 또는 도시의 경관보호 등을 위하여 필요한 경우 구역의 분할·통합 및 결합을 추진할 수 있다. 이 경우 법 제8조, 제15조 및 제16조에 따라 정비구역을 지정(변경지정을 포함한다)하여야 한다.

② 법 제18조제2항에 따라 서로 떨어진 구역을 하나의 정비구역(이하 "결합정비구역"이라 한다)으로 결합하여 시행하는 정비사업(이하 "결합정비사업"이라 한다)은 다음 각 호의 기본방향에 적합하여야 한다.

1. 도시경관 또는 문화재 등의 보호가 필요한 낙후한 지역을 토지의 고도이용이 가능한 역세권 지역과 결합하여 정비사업을 시행할 수 있다.
2. 도시경관 또는 문화새 등을 보호하기 위하여 토지의 이용이 제한된 지역(이하 "저밀관리구역"이라 한다)의 용적률을 토지의 고도이용이 가능한 역세권 지역(이하 "고밀개발구역"이라 한다)에 이전하여 개발하여야 한다.
3. 토지이용계획, 건축물의 밀도 및 높이 계획, 정비기반시설계획 등 정비계획은 지역 특성을

고려하여 수립하여야 한다.

③ 결합정비구역으로 지정하여 결합정비사업을 시행하고자 하는 경우 별표 2에서 정한 시행 방법과 절차에 따라야 한다.

④ 도시재정비법에 따른 재정비촉진사업에 대하여도 제1항부터 제3항까지를 준용한다.

제14조(정비구역등의 직권해제 등)

① 시장은 법 제21조제1항제1호 및 제2호에 따라 정비구역 또는 정비예정구역(이하 "정비 구역등"이라 한다)의 지정을 해제하려는 경우에는 사업추진에 대한 주민 의사, 사업성, 추진상황, 주민갈등 및 정체 정도, 지역의 역사·문화적 가치의 보전 필요성 등을 종합적 으로 고려하여야 한다.

② 법 제21조제1항제1호의 "정비사업의 시행으로 토지등소유자에게 과도한 부담이 발생할 것으로 예상되는 경우"란 제80조에 따라 추진위원회 위원장(이하 **"추진위원장"이라 한다**) 이나 조합임원 또는 신탁업자가 입력한 정비계획 등으로 산정된 추정비례율(표준값을 말한다)이 80% 미만인 경우로서 제6항에 따라 의견을 조사하여 사업찬성자가 100분의 50 미만인 경우를 말한다.

③ 법 제21조제1항제2호에서 "정비구역등의 추진 상황으로 보아 지정 목적을 달성할 수 없다고 인정되는 경우"란 다음 각 호의 어느 하나에 해당하는 경우를 말한다.

1. 정비예정구역으로서 다음 각 목의 어느 하나에 해당하는 경우

  가. 정비구역 지정요건이 충족되지 않은 경우

  나. 관계 법령에 따른 행위제한이 해제되거나 기한이 만료되어 사실상 정비구역 지정이 어려운 경우

2. 추진위원장 또는 조합장이 장기간 부득이한 사유로 직무를 수행할 수 없거나 주민 갈등 또는 정비사업비 부족으로 추진위원회 또는 조합 운영이 사실상 중단되는 등 정비사업 추진이 어렵다고 인정되는 경우

3. 자연경관지구, 최고고도지구, 문화재 보호구역, 역사문화환경 보존지역 등이 포함된 구역으로서 다음 각 목의 어느 하나에 해당되는 경우

  가. 추진위원회가 법 제31조에 따른 추진위원회 승인일(최초 승인일을 말한다)부터 3년이 되는 날까지 법 제35조, 영 제30조, 시행규칙 제8조를 모두 준수한 조합 설립인가를 신청(첨부 서류를 모두 갖춘 신청**으로** 한정한다)하지 않는 경우

  나. 사업시행자가 법 제35조에 따른 조합 설립인가(최초 설립인가를 말한다)를 받은 날 또는 법 제26조제2항, 제27조제2항에 따른 사업시행자 지정을 받은 날이나 법 제25조에 따라 공동으로 정비사업을 시행하기로 한 날부터 4년이 되는 날까지 법 제50조, 시행규칙 제10조를 모두 준수한 사업시행계획인가를 신청(첨부 서류를 모두 갖춘 신청으로 한정한다)하지 않는 경우

  다. 사업시행자가 법 제50조에 따른 사업시행계획인가(최초 인가를 말한다)를 받은 날부터 4년이 되는 날까지 법 제74조, 시행규칙 제12조를 모두 준수한 관리처분 계획인가를 신청(첨부 서류를 모두 갖춘 신청으로 한정한다)하지 않는 경우

  라. 추진위원회 또는 조합이 총회를 2년 이상 개최(법 또는 「정비사업 조합설립추진 위원회 운영규정」에 따른 의사정족수를 갖춘 경우로 한정한다)하지 않는 경우

4. 법 제20조제2항에 따라 구청장이 정비구역등의 해제를 요청하지 않는 경우

5. 삭제 <2019.9.26.>

④ 구청장은 제2항 또는 제3항 각 호의 어느 하나에 해당하는 경우에는 시장에게 정비구역 등의 해제를 요청할 수 있다.

⑤ 시장은 정비구역등을 해제하려는 경우 대상 구역의 명칭, 위치, 해제 이유 및 근거 등을 구청장에게 통보하여야 한다. 이 경우 구청장은 법 제21조제2항에 따라 30일 이상 주민에게 공람하여 의견을 듣고, 구의회의 의견을 들은 후 이를 첨부하여 시장에게 제출하여야 한다.

⑥ 구청장은 시장으로부터 정비구역등이 제2항에 해당한다고 통보받은 경우 해당 정비구역 등의 **토지등소유자의** 의견을 조사하여 그 결과를 시장에게 통보하여야 한다. 다만, 제2항에 해당하여 주민의견조사를 실시한 구역의 추정비례율이 주민의견조사 당시 대비 10퍼센트 이상 하락하는 경우에는 재조사할 수 있다.

⑦ 제6항에 따른 토지등소유자의 사업찬성자수 산정방법, 해제 동의의 철회방법 등에 대하여는 영 제33조를 준용한다.

⑧ 시장은 구청장이 토지등소유자 의견조사를 할 때 소요되는 비용의 일부 또는 전부를 지원할 수 있다.

⑨ 그 밖에 토지등소유자 의견조사의 절차와 방법 등에 관하여는 시장이 따로 정할 수 있다.

⑩ 시장은 정비구역등의 직권해제를 하려는 경우 도시계획위원회 심의를 하기 전에 서울 특별시의회 소관 상임위원회의 의견을 들을 수 있다.

제15조(추진위원회 및 조합 비용의 보조비율 및 보조방법 등)

① 영 제17조제1항제4호에서 "시·도조례로 정하는 비용"이란 추진위원회 승인 및 조합설립 인가 이후 다음 각 호의 업무를 수행하기 위하여 사용한 비용으로서 총회(주민총회를 포함한다)의 의결을 거쳐 결정한 예산의 **범위에서** 추진위원회 및 조합이 사용한 비용을 말한다.

1. 법 제32조제1항 각호 및 제45조제1항 각호의 업무

2. 영 제26조 각호 및 제42조제1항 각호의 업무

3. 법원의 판결, 결정으로 인하여 주민총회를 개최하지 못한 경우로서 법 제31조에 따라 승인 받은 추진위원회의 의결을 거쳐 결정한 예산의 범위 이내에서 사용한 비용

4. 총회의 의결사항 중 대의원회가 총회의 권한을 대행하여 정한업무(영 제43조의 대의 원회가 대행할 수 없는 사항을 제외한다)

② 추진위원회 및 조합의 사용비용에 대한 보조 금액(이하 "보조금"이라 한다)은 제16조에 따른 검증위원회의 검증을 거쳐 결정하며, 시장은 검증위원회의 사용비용 검증에 필요한 기준을 정할 수 있다.

③ 시장 또는 구청장은 제16조에 따른 검증위원회 또는 제17조에 따른 재검증위원회의 검증을 거쳐 결성한 금액을 기준으로 다음 각 호에서 정하는 비율에 따라 보조금을 지급할 수 있다.

1. 제14조제2항, 같은 조 제3항제1호부터 제3호까지에 해당되어 법 제21조제1항에 따라 정비구역등을 해제하여 추진위원회의 승인 또는 조합설립인가가 취소되는 경우 :

70퍼센트 이내

2. 제14조제3항제5호에 해당되어 법 제21조제1항에 따라 정비구역등을 해제하여 추진위원회의 승인 또는 조합설립인가가 취소되는 경우 : 검증된 금액 범위

④ 추진위원회의 보조금은 승인 취소된 추진위원회의 대표자가 추진위원회 승인 취소 고시가 있는 날부터 6개월 이내에 별지 제1호서식의 추진위원회 사용비용 보조금 신청서에 다음 각 호의 서류를 첨부하여 구청장에게 신청하여야 한다.

1. 추진위원회 사용비용 업무항목별 세부내역서와 증명 자료

2. 추진위원회 사용비용 이해관계자(채권자의 성명과 연락처 등은 반드시 포함) 현황과 증명 자료

3. 추진위원회 사용비용 보조금 지원신청 관련 의결 및 의사록(대표자, 지급통장계좌번호, 채권자 현황 등)

⑤ 조합의 보조금은 설립인가 취소된 조합의 대표자가 조합설립인가 취소 고시가 있는 날부터 6개월 이내에 별지 제2호서식의 조합 사용비용 보조금 신청서에 제4항 각 호 및 다음 각 호의 서류를 첨부하여 구청장에게 신청하여야 한다.

1. 조합 사용비용 업무항목별 세부내역서와 증명 자료

2. 조합 사용비용 이해관계자(채권자의 성명과 연락처 등은 반드시 포함) 현황과 증명 자료

3. 조합 사용비용 보조금 지원신청 관련 의결 및 의사록(대표자, 지급통장계좌번호, 채권자 현황 등)

⑥ 구청장은 제4항 또는 제5항에 따른 신청이 있는 경우 신청내용(제4항제3호 및 제5항제3호를 제외한다)을 제69조제1항제1호에 따른 클린업시스템(이하 "클린업시스템"이라 한다) 및 구보에 공고하고, 추진위원회 또는 조합 사용비용 이해관계자(이하 "이해관계자"라 한다)에게 서면으로 통보하여야 한다.

⑦ 구청장은 제6항에 따른 공고 및 서면통보를 완료한 후 검증위원회의 검증을 거쳐 보조금을 결정하고 대표자, 해산된 추진위원회 위원 또는 조합 임원과 이해관계자에게 서면으로 통보하여야 한다. 이 경우 대표자는 보조금결정을 통보받은 날부터 20일 이내에 이의신청을 할 수 있고, 구청장은 정당한 사유가 있는 경우에는 제17조에 따른 재검증위원회의 검증을 거쳐 그 결과를 통보하여야 한다.

⑧ 대표자는 제7항에 따라 보조금 결정을 통보받은 날부터 20일 이내에 제4항제3호 또는 제5항제3호의 통장사본을 첨부하여 구청장에게 보조금 지급을 신청하여야 한다. 이 경우 구청장은 신청 내용을 시장에게 통보하여야 한다.

⑨ 구청장은 제8항에 따른 보조금 지급 신청이 있는 경우에는 지급일자 등 지급계획을 클린업시스템 및 구보에 공고하고, 공고 완료일로부터 10일 이후에 신청된 통장계좌번호로 보조금을 입금한다.

⑩ 구청장이 영 제17조에 따른 추진위원회 또는 조합의 사용비용을 보조하는 경우에는 시장은 「서울특별시 지방보조금 관리조례」 제8조에도 불구하고 구청장에게 보조금의 일부 또는 전부를 지원할 수 있다.

제16조(사용비용검증위원회 구성 및 운영 등)

① 구청장은 추진위원회 및 조합의 사용비용을 검증하기 위해 사용비용검증위원회(이하 "검증위원회"라 한다)를 구성·운영할 수 있다.

② 검증위원회는 부구청장을 위원장으로 한 15명 이내의 위원으로 구성하며, 위원은 다음 각 호의 사람 중에서 구청장이 임명 또는 위촉한다. 다만, 제1호에 해당하는 **사람은** 각각 1명 이상 **위촉하며** 제2호에 해당하는 **사람은** 전체 위원의 3분의 2 이상으로 **한다.**

   1. 정비사업에 관하여 학식과 경험이 풍부한 변호사, 공인회계사

   2. 도시계획기술사, 건축사, 감정평가사, 세무사 등 정비사업에 관한 학식과 경험이 풍부한 전문가 및 정비사업 관련 업무에 종사하는 5급 이상 공무원

③ 제2항에 따른 검증위원회 구성 시 성별을 고려하되,「양성평등기본법」제21조제2항에 따라 특정 성별이 위촉직 위원 수의 10분의 6을 초과하지 아니하도록 하여야 한다. 다만, 해당 분야 특정 성별의 전문인력 부족 등 부득이한 사유가 있다고 인정되어 양성평등 실무위원회의 의결을 거친 경우에는 그러하지 아니하다.

④ 위원장은 효율적이고 공정한 검증을 위하여 사용비용 보조를 받고자 하는 자와 그 밖의 이해관계자에게 검증위원회에 출석하여 해당 추진위원회 및 조합 운영 실태와 자금 조달 및 지출 등에 대하여 설명하거나 관련 자료를 제출하도록 할 수 있으며, 위원에게 현장 조사를 하게 하거나 검증위원회에서 관련 전문가의 의견을 들을 수 있다.

⑤ 검증위원회에 제출하는 증명 자료는 계약서, 국세청에서 인정하는 영수증과 해당 업체에서 국세청에 소득 신고한 자료 등으로 한다.

⑥ 검증위원회 위원에 대해서는 예산의 범위에서 수당과 여비 등을 지급하되, 조사 및 현황 확인을 위한 출장비용 등은 실제 비용으로 지급할 수 있다.

제17조(사용비용재검증위원회 구성 및 운영 등)

① 구청장은 제15조제7항 후단에 따른 이의신청이 있는 경우 이를 재검증하기 위해 사용비용 재검증위원회(이하 "재검증위원회"라 한다)를 구성·운영할 수 있다.

② 재검증위원회는 부구청장을 위원장으로 한 10명 이내의 위원으로 구성하며, 위원은 검증 위원회 위원이 아닌 사람(공무원은 제외한다)으로서 다음 각 호의 사람 중에서 구청장이 임명 또는 위촉한다. 다만, 제1호에 해당하는 자는 각각 1명 이상 위촉하며 제2호에 해당 하는 사람은 전체 위원의 3분의 2 이상으로 하며 제16조제3항은 재검증위원회 구성 시 준용한다. 이 경우 "검증위원회"는 "재검증위원회"로 본다.

   1. 정비사업에 관한 학식과 경험이 풍부한 변호사 및 공인회계사

   2. 도시계획기술사, 건축사, 감정평가사, 세무사 등 정비사업에 관한 학식과 경험이 풍부한 전문가 및 정비사업 관련 업무에 종사하는 5급 이상 공무원

③ 그 밖에 재검증위원회 운영에 관한 사항은 검증위원회의 운영 규정을 준용한다.

제18조(위원의 제척·기피·회피)

① **검증위원회** 및 재검증위원회 위원은 다음 각 호의 어느 하나에 해당하는 경우 해당 안건의 심의·의결에서 제척된다.

   1. 위원 또는 그 배우자나 배우자이었던 사람이 해당 안건의 당사자이거나 그 안건의 당사자와 공동권리자 또는 공동의무자인 경우

2. 위원이 해당 안건 당사자의 친족이거나 친족이었던 경우

3. 위원이 해당 안건 당사자의 대리인이거나 대리인이었던 경우

4. 위원이 해당 안건에 대하여 감정, 용역(하도급을 포함한다), 자문 또는 조사 등을 한 경우

② 위원은 제1항 각 호에 따른 제척 사유에 해당하는 경우 스스로 해당 안건의 심의·의결에서 회피하여야 한다.

③ 해당 안건의 당사자는 위원에게 공정한 검증을 기대하기 어려운 사정이 있는 경우 위원회에 기피 신청을 할 수 있으며, 위원회는 의결로 기피 여부를 결정한다. 이 경우 기피 신청의 대상인 위원은 그 의결에 참여할 수 없다.

제3장 정비사업의 시행

제19조(조합의 설립인가 신청서류)

시행규칙 제8조제1항 별지 제5호서식의 신청인 제출서류란 중 제1호아목에서 "그 밖에 시·도조례로 정하는 서류"란 다음 각 호의 서류를 말한다.

1. 정비구역의 위치도 및 현황사진

2. 정비구역의 토지 및 건축물의 지형이 표시된 지적현황도

3. 법 제64조제1항제1호에 해당하는 매도청구대상자명부 및 매도청구계획서(재건축사업으로 한정한다)

제20조(조합의 설립인가 신청서류 등의 작성 방법)

① 시행규칙 별지 제5호서식에 따른 조합설립(변경) 인가신청서 및 제출서류의 작성방법은 다음 각 호와 같다.

1. 주된 사무소의 소재지는 사업시행구역이 소재하는 자치구의 관할구역 안에 두는 것을 원칙으로 한다.

2. 사업시행예정구역의 명칭 및 면적은 법 제9조에 따른 정비계획과 동일하게 작성한다.

3. 조합원수는 신청서에 첨부된 조합원 명부의 인원을 기준으로 한다.

4. **정관은** 법 제40조제2항**에 따른 표준정관을 준용하여 작성함을 원칙으로 한다.**

5. 조합원명부에는 조합원 번호, 동의자의 주소, 성명 및 권리내역을 기재하여야 하며 동의율을 확인할 수 있는 동의 총괄표를 첨부한다.

6. 토지등소유자의 조합설립동의서는 시행규칙 제8조제3항 별지 제6호서식의 조합설립 동의서를 말한다.

7. 임원선출에 관한 증명 서류로 토지등소유자의 대표자 추천서 또는 총회(창립총회를 포함한다) 회의록 등을 제출하여야 한다.

② 제1항제1호부터 제3호까지와 제5호 및 제7호는 시행규칙 제7조에 따른 추진위원회 승인 신청서 작성에 준용한다. 이 경우 제7호의 "임원"은 "위원"으로 본다.

제21조(조합설립인가내용의 경미한 변경)

영 제31조제9호에서 "그 밖에 시·도조례로 정하는 사항"이란 다음 각 호의 사항을 말한다.

1. 법령 또는 조례 등의 개정에 따라 단순한 정리를 요하는 사항
2. 사업시행계획인가 또는 관리처분계획인가의 변경에 따라 변경되어야 하는 사항
3. 매도청구대상자가 추가로 조합에 가입함에 따라 변경되어야 하는 사항
4. 그 밖에 규칙으로 정하는 사항

제22조(조합정관에 정할 사항)

영 제38조제17호에서 "그 밖에 시·도조례로 정하는 사항"이란 다음 각 호의 사항을 말한다. <개정 2019.9.26.>
1. 이사회의 설치 및 소집, 사무, 의결방법 등 이사회 운영에 관한 사항
2. 특정무허가건축물 소유자의 조합원 자격에 관한 사항
3. 공유지분 소유권자의 대표자 선정에 관한 사항
4. 단독 또는 다가구주택을 건축물 준공이후 다세대주택으로 전환한 주택을 취득한 자에 대한 분양권 부여에 관한 사항
5. 재정비촉진지구의 도시계획사업으로 철거되는 주택을 소유한 자 중 구청장이 선정한 자에 대한 주택의 특별공급에 관한 사항
6. 융자금액 상환에 관한 사항
7. 융자 신청 당시 담보 등을 제공한 조합장 등이 변경될 경우 채무 승계에 관한 사항
8. 정비구역 내 공가 발생 시 안전조치 및 보고 사항
9. 법 제87조에 따른 권리의 확정, 법 제88조에 따른 등기 절차, 법 제89조에 따른 청산금 등의 징수 및 지급이 완료된 후 조합 해산을 위한 총회 또는 대의원회의 소집 일정에 관한 사항

제23조(정관의 경미한 변경사항)

영 제39조제14호에서 "그 밖에 시·도조례로 정하는 사항"이란 제22조제1호의 사항으로서 예산의 집행 또는 조합원의 부담이 **되지 않는** 사항을 말한다. <개정 2020.12.31.>

제24조(전문조합관리인의 선정 및 절차 등)

① 구청장은 영 제41조제2항에 따라 전문조합관리인을 공개모집하는 경우 응시자격, 심사 절차 등 응시자가 알아야 할 사항을 해당 지역에서 발간되는 일간신문에 공고하고, 자치구 인터넷 홈페이지, 클린업시스템 등에 10일 이상 공고하여야 한다.<개정 2021.9.30>
② 구청장은 다음 각 호의 어느 하나에 해당하는 경우에는 7일의 범위에서 제1항에 따른 공고를 다시 할 수 있다.
   1. 제1항에 따른 공고의 결과 응시자가 없는 경우
   2. 제3항의 선정위원회가 응시자 중 적격자가 없다고 결정한 경우
③ 구청장은 전문조합관리인 선정을 위해 필요한 경우 선정위원회를 구성·운영할 수 있다.
④ 선정위원회는 다음 각 호에 해당하는 **사람** 중 위원장을 포함하여 **5명** 이상으로 구성하고, 위원장은 제2호의 전문가 중 1명을 호선하며, **제16조제3항은 선정위원회 구성 시 준용한다. 이 경우 "검증위원회"는 "선정위원회"로 본다.**
   1. 해당 자치구에서 정비사업 업무에 종사하는 6급 이상 공무원
   2. 영 제41조제1항 각 호에 해당되는 정비사업 분야 전문가
⑤ 선정위원회 위원의 제척·기피·회피에 관한 사항은 제18조를 준용한다. 이 경우 "검증

위원회 및 재검증위원회"는 "선정위원회"로 본다.

⑥ 구청장은 전문조합관리인을 선정한 경우 15일 이내에 해당 조합 또는 추진위원회와 조합원, 토지등소유자에게 통보하여야 한다.

⑦ 시장은 전문조합관리인 선정에 필요한 기준을 **정하여 고시할** 수 있다.

제24조의2(전문조합관리인의 선정의 권고 등) [본조신설 2019.9.26.]

① 시장은 이전고시로부터 1년이 경과한 조합으로, 법 제41조제5항 단서의 사유로 청산 및 해산의 진행이 곤란하다고 인정되는 조합의 청산 및 해산을 위하여 전문조합관리인을 선정하도록 구청장에게 권고할 수 있다.

② 시장은 매년 이전고시를 받은 날로부터 1년이 경과한 조합을 대상으로 법 제111조제2항에 따라 그 청산 및 해산과 관련한 자료의 제출을 명할 수 있다.

제25조(사업시행계획인가의 경미한 변경사항) (상권 제404쪽 조례 제25조에 대한 주석 참조)

영 제46조제12호에서 "그 밖에 시·도조례로 정하는 사항"이란 다음 각 호의 어느 하나에 해당하는 사항을 말한다.

1. 법 제53조에 따른 시행규정 중 영 제31조제1호 및 이 조례 제21조제1호에 해당하는 사항(?)

2. 영 제47조제2항제3호에 따른 사업시행자의 대표자

3. 영 제47조제2항제8호에 따른 토지 또는 건축물 등에 관한 권리자 및 그 권리의 명세

제26조(사업시행계획서의 작성)

① 영 제47조제2항에 따라 법 제52조제1항제13호에서 "시·도조례로 정하는 사항"이란 영 제47조제2항 각 호의 사항을 말한다. 이 경우 기존주택의 철거계획서에는 주택 및 상가 등 빈집관리에 관한 사항, 비산먼지·소음·진동 등 방지대책 및 공사장 주변 안전관리 대책에 관한 사항을 포함하여 작성하여야 한다.

② 제1항에 따른 사업시행계획의 작성과 관련하여 필요한 서식 등은 규칙으로 정할 수 있다.

제27조(임대주택의 건설계획)

① 사업시행자는 법 제52조제1항제6호에 따른 임대주택의 건설계획(**재건축사업의 경우는 제외한다**)에 임대주택의 부지확보 및 대지조성계획을 포함하고, 임대주택 입주대상자 명부를 첨부하여 사업시행계획인가를 신청하여야 한다.

② 도시정비형 재개발사업의 시행 시 세입자대책이 필요한 경우 세입자대책은 다음 각 호의 기준에 따라 작성한다.

1. 해당 정비사업으로 신축되는 건축물의 상가 또는 공동주택의 분양을 원하는 세입자가 있는 정비구역 또는 지구에 대하여 구청장이 사업시행계획인가를 하는 때에는 제44조에 따른 보류지를 제3자에 우선하여 제46조제1항제1호에 해당하는 세입자 (이하 "적격세입자"라 한다)에게 분양하도록 할 수 있다.

2. 제1호에 따른 적격세입자가 있는 경우 세입자의 자격요건은 제46조를 준용한다.

3. 사업시행자는 사업시행계획인가내용에 제44조에 따른 보류지를 제3자에 우선하여 적격세입자에게 분양하도록 한 경우에는 법 제72조제1항에 따른 분양공고 내용에 이를

포함하여야 한다.

제28조(임대주택의 건설 등)
① 사업시행자는 임대주택을 건설하여 시장에게 처분하거나 서울주택도시공사(이하 "공사"라 한다)를 시행자로 지정하여 건설할 수 있다.

② 구청장은 제1항에 따라 사업시행자가 건설하는 임대주택 건설계획에 관하여 다음 각 호의 사항을 공사와 협의하여야 한다.
  1. 정비구역에 건설되는 임대주택 건축계획
  2. 임대주택 입주대상자 명부
  3. 임대주택 건립비용 및 편입된 토지 조서

③ 제1항에 따라 공사가 임대주택을 건설하는 경우에는 다음 각 호의 사항을 시장에게 보고하여야 한다.
  1. 정비구역의 임대주택 건립규모 및 건축계획
  2. 임대주택 건립비용 및 편입된 토지 조서
  3. 주변지역의 임대주택 입주 현황

제29조(시행규정에 정할 사항)
법 제53조제12호에서 "그 밖에 시·도조례로 정하는 사항"이란 다음 각 호의 사항을 말한다.
1. 건축물의 철거에 관한 사항
2. 주민 이주에 관한 사항
3. 토지 및 건축물의 보상에 관한 사항
4. 주택의 공급에 관한 사항

제30조(국민주택규모 주택 건설비율 등)
① 법 제54조제4항제1호 및 제2호에서 "시·도조례로 정하는 비율"은 법적상한용적률에서 정비계획으로 정해진 용적률을 뺀 용적률의 100분의 50을 말한다.

② 법 제55조제4항에 따라 인수한 장기공공임대주택의 임차인 자격 및 입주자 선정에 관한 사항은 「서울특별시 공공주택 건설 및 공급 등에 관한 조례 시행규칙」 에서 정할 수 있다.

③ 법 제101조의5 제2항에 따른 "시·도조례로 정하는 비율"은 법적상한초과용적률에서 정비계획용적률을 뺀 용적률의 100분의 50을 말한다. 다만, 지역여건 등을 고려하여 사업을 추진하기 어렵다고 인정된 경우 도시계획위원회 또는 도시재정비위원회 심의를 거쳐 100분의 40까지 완화할 수 있다. <신설 2021.9.30.>

④ 법 제101조의6 제2항에 따른 "시·도조례로 정하는 비율"은 법적상한초과용적률에서 정비계획용적률을 뺀 용적률의 100분의 50을 말한다. 다만, 지역여건 등을 고려하여 사업을 추진하기 어렵다고 인정된 경우 도시계획위원회 또는 도시재정비위원회 심의를 거쳐 100분의 40까지 완화할 수 있다. <신설 2021.9.30.>

제31조(지정개발자의 정비사업비의 예치 등)
① 법 제60조제1항에 따라 재개발사업의 지정개발자(지정개발자가 토지등소유자인 경우로 한정한다. 이하 이 조에서 같다)가 예치하여야 할 금액은 사업시행계획인가서의 정비사업비 100분의 10으로 한다.

② 구청장은 제1항에 따른 예치금을 납부하도록 지정개발자에게 통지하여야 한다.

③ 제2항에 따른 예치금의 납부통지를 받은 지정개발자는 예치금을 해당 자치구의 금고에 현금으로 예치하거나 다음 각 호의 보증서 등으로 제출할 수 있다.

1. 「보험업법」에 따른 보험회사가 발행한 보증보험증권

2. 국가 또는 지방자치단체가 발행한 국채 또는 지방채

3. 「주택도시기금법」 제16조에 따른 주택도시보증공사가 발행한 보증서

4. 「건설산업기본법」 제54조에 따른 공제조합이 발행한 보증서

제32조(분양신청의 절차 등)

① 영 제59조제1항제9호에서 "그 밖에 시·도조례로 정하는 사항"이란 다음 각 호의 사항을 말한다.

1. 법 제72조제4항에 따른 재분양공고 안내

2. 제44조제2항에 따른 보류지 분양 처분 내용

② 영 제59조제2항제3호에서 "그 밖에 시·도조례로 정하는 사항"이란 다음 각 호의 사항을 말한다.

1. 분양신청 안내문

2. 철거 및 이주 예정일

③ 법 제72조제3항에 따라 분양신청을 하고자 하는 자는 영 제59조제2항제2호에 따른 분양신청서에 다음 각 호의 서류를 첨부하여야 한다.

1. 종전의 토지 또는 건축물에 관한 소유권의 내역

2. 분양신청권리를 증명할 수 있는 서류

3. 법 제2조제11호 또는 이 조례에 따른 정관등에서 분양신청자격을 특별히 정한 경우 그 자격을 증명할 수 있는 서류

4. 분양예정 대지 또는 건축물 중 관리처분계획 기준의 범위에서 희망하는 대상·규모에 관한 의견서

제33조(관리처분계획의 내용)

영 제62조제6호에 따른 "그 밖에 시·도조례로 정하는 사항"이란 다음 각 호의 사항을 말한다.

1. 법 제74조제1항제1호의 분양설계에는 다음 각 목의 사항을 포함한다.

가. 관리처분계획 대상물건 조서 및 도면

나. 임대주택의 부지명세와 부지가액·처분방법 및 임대주택 입주대상 세입자명부(임대주택을 건설하는 정비구역으로 한정한다)

다. 환지예정지 도면

라. 종전 토지의 지적 또는 임야도면

2. 법 제45조제1항제10호에 따른 관리처분계획의 총회의결서 사본 및 법 제72조제1항에 따른 분양신청서(권리신고사항 포함) 사본

3. 법 제74조제1항제8호에 따른 세입자별 손실보상을 위한 권리명세 및 그 평가액과 영 제62조제1호에 따른 현금으로 청산하여야 하는 토지등소유자별 권리명세 및 이에 대한 청산방법 작성 시 제65조에 따른 협의체 운영 결과 또는 법 제116조 및 제117조에 따른 도시분쟁조정위원회 조정 결과 등 토지등소유자 및 세입자와 진행된 협의 경과

4. 영 제14조제3항 및 이 조례 제12조제3항에 따른 현금납부액 산정을 위한 감정평가서, 납부방법 및 납부기한 등을 포함한 협약 관련 서류

5. 그 밖의 관리처분계획 내용을 증명하는 서류

제34조(관리처분계획의 수립기준)

법 제74조제1항에 따른 [정비사업의]관리처분계획(의 내용)은 (법 제76조제1항에 따라) 다음 각 호의 기준에 적합하게 수립하여야 한다. (각호와 같이 보완이 필요하다는 딴단이다)

1. 종전 토지의 소유면적은 관리처분계획기준일 현재 「공간정보의 구축 및 관리 등에 관한 법률」 제2조제19호에 따른 소유토지별 지적공부(사업시행방식전환의 경우에는 환지예정지증명원)에 따른다. 다만, 1필지의 토지를 여러 명이 공유로 소유하고 있는 경우에는 부동산등기부(사업시행방식전환의 경우에는 환지예정지증명원)의 지분비율을 기준으로 한다.

2. 국·공유지의 점유연고권은 그 경계를 기준으로 실시한 지적측량성과에 따라 관계 법령과 정관 등이 정하는 바에 따라 인정한다.

3. 종전 건축물의 소유면적은 관리처분계획기준일 현재 소유건축물별 건축물 대장을 기준으로 하되, 법령에 위반하여 건축된 부분의 면적은 제외한다. 다만, 정관 등이 따로 정하는 경우에는 재산세과세대장 또는 측량성과를 기준으로 할 수 있다.

4. 종전 토지 등의 소유권은 관리처분계획기준일 현재 부동산등기부(사업시행방식전환의 경우에는 환지예정지증명원)에 따르며, 소유권 취득일은 부동산등기부상의 접수일자를 기준으로 한다. 다만, 특정무허가건축물(미사용승인건축물을 포함한다)인 경우에는 구청장 또는 동장이 발행한 기존무허가건축물확인원이나 그 밖에 소유자임을 증명하는 자료를 기준으로 한다.

5. 국·공유지의 점유연고권자는 제2호에 따라 인정된 점유연고권을 기준으로 한다.

6. 「건축법」 제2조제1항제1호에 따른 대지부분 중 국·공유재산의 감정평가는 법 제74조제2항제1호를 준용하며, 법 제98조제5항 및 제6항에 따라 평가한다.

제35조(감정평가법인등의 선정기준 등)

법 제74조제4항제2호에 따라 구청장이 감정평가법인등을 선정하는 기준·절차 및 방법은 다음 각 호와 같다.

1. 구청장은 「감정평가 및 감정평가사에 관한 법률」(이하 "감정평가법"이라 한다) 제2조제4호의 '감정평가법인등' 중 같은 법 제29조에 따라 인가를 받은 감정평가법인으로부터 신청을 받아 다음 각 목의 평가항목을 평가하여 감정평가법인등을 선정하며, 세부 평가 기준은 별표 3과 같다.
   가. 감정평가법인등의 업무수행실적
   나. 소속 감정평가사의 수
   다. 기존평가참여도
   라. 법규준수 여부
   마. 감정평가수수료 적정성
   바. 감정평가계획의 적정성

2. 감정평가법인등이 다음 각 목의 어느 하나에 해당하는 경우에는 선정에서 제외한다.
   가. 감정평가법 제32조에 따른 업무정지처분 기간이 만료된 날부터 6개월이 경과되지

아니한 자

    나. 감정평가법 제41조제1항에 따른 과징금 또는 같은 법 제52조에 따른 과태료 부과 처분을 받은 날부터 6개월이 경과되지 아니한 자

    다. 「공익사업을 위한 토지 등의 취득 및 보상에 관한 법률」 제95조, 감정평가법 제49조 또는 제50조에 따른 벌금형 이상의 선고를 받고 1년이 경과되지 아니한 자

제36조(재개발사업의 분양대상 등)

① 영 제63조제1항제3호에 따라 재개발사업으로 건립되는 공동주택의 분양대상자는 관리처분계획기준일 현재 다음 각 호의 어느 하나에 해당하는 토지등소유자로 한다.

    1. 종전의 건축물 중 주택(주거용으로 사용하고 있는 특정무허가건축물 중 조합의 정관등에서 정한 건축물을 포함한다)을 소유한 자

    2. 분양신청자가 소유하고 있는 종전토지의 총면적이 90제곱미터 이상인 자

    3. 분양신청자가 소유하고 있는 권리가액이 분양용 최소규모 공동주택 1가구의 추산액 이상인 자. 다만, 분양신청자가 동일한 세대인 경우의 권리가액은 세대원 전원의 가액을 합하여 산정할 수 있다.

    4. 사업시행방식전환의 경우에는 전환되기 전의 사업방식에 따라 환지를 지정받은 자. 이 경우 제1호부터 제3호까지는 적용하지 아니할 수 있다.

    5. 도시재정비법 제11조제4항에 따라 재정비촉진계획에 따른 기반시설을 설치하게 되는 경우로서 종전의 주택(사실상 주거용으로 사용되고 있는 건축물을 포함한다)에 관한 보상을 받은 자

② 제1항에도 불구하고 다음 각 호의 어느 하나에 해당하는 경우에는 여러 명의 분양신청자를 1명의 분양대상자로 본다.

    1. 단독주택 또는 다가구주택을 권리산정기준일 후 다세대주택으로 전환한 경우

    2. 법 제39조제1항제2호에 따라 여러 명의 분양신청자가 1세대에 속하는 경우

    3. 1주택 또는 1필지의 토지를 여러 명이 소유하고 있는 경우. 다만, 권리산정기준일 이전부터 공유로 소유한 토지의 지분이 제1항제2호 또는 권리가액이 제1항제3호에 해당하는 경우는 예외로 한다.

    4. 1필지의 토지를 권리산정기준일 후 여러 개의 필지로 분할한 경우

    5. 하나의 대지범위에 속하는 동일인 소유의 토지와 주택을 건축물 준공 이후 토지와 건축물로 각각 분리하여 소유하는 경우. 다만, 권리산정기준일 이전부터 소유한 토지의 면적이 90제곱미터 이상인 자는 예외로 한다.

    6. 권리산정기준일 후 나대지에 건축물을 새로 건축하거나 기존 건축물을 철거하고 다세대주택, 그 밖에 공동주택을 건축하여 토지등소유자가 증가되는 경우

③ 제1항제2호의 종전 토지의 총면적 및 제1항제3호의 권리가액을 산정함에 있어 다음 각 호의 어느 하나에 해당하는 토지는 포함하지 않는다.

    1. 「건축법」 제2조제1항제1호에 따른 하나의 대지범위 안에 속하는 토지가 여러 필지인 경우 권리산정기준일 후에 그 토지의 일부를 취득하였거나 공유지분으로 취득한 토지

    2. 하나의 건축물이 하나의 대지범위 안에 속하는 토지를 점유하고 있는 경우로서 권리산정기준일 후 그 건축물과 분리하여 취득한 토지

3. 1필지의 토지를 권리산정기준일 후 분할하여 취득하거나 공유로 취득한 토지

④ 제1항부터 제3항까지 규정에 불구하고 사업시행방식전환의 경우에는 환지면적의 크기, 공동환지 여부에 관계없이 환지를 지정받은 자 전부를 각각 분양대상자로 할 수 있다.

제37조(단독주택재건축사업의 분양대상 등)

① **단독주택재건축사업(대통령령 제24007호「도시 및 주거환경정비법 시행령」일부개정령 부칙 제6조에 따른 사업을 말한다.** 이하 같다)으로 건립되는 공동주택의 분양대상자는 관리처분계획기준일 현재 다음 각 호의 어느 하나에 해당하는 토지등소유자로 한다.

1. 종전의 건축물 중 주택 및 그 부속토지를 소유한 자

2. 분양신청자가 소유하고 있는 권리가액이 분양용 최소규모 공동주택 1가구의 추산액 이상인 자. 다만, 분양신청자가 동일한 세대인 경우의 권리가액은 세대원 전원의 가액을 합하여 산정할 수 있다.

② 제1항에도 불구하고 다음 각 호의 어느 하나에 해당하는 경우에는 여러 명의 분양신청자를 1명의 분양대상자로 본다.

1. 단독주택 또는 다가구주택을 권리산정기준일 후 다세대주택으로 전환한 경우

2. 법 제39조제1항제2호에 따라 여러 명의 분양신청자가 1세대에 속하는 경우

3. 1주택과 그 부속토지를 여러 명이 소유하고 있는 경우

4. 권리산정기준일 후 나대지에 건축물을 새로 건축하거나 기존 건축물을 철거하고 다세대주택, 그 밖에 공동주택을 건축하여 토지등소유자가 증가되는 경우

제38조(주택 및 부대·복리시설 공급 기준 등)

① 영 제63조제1항제7호에 따라 법 제23조제1항제4호의 방법으로 시행하는 주거환경개선사업, 재개발사업 및 단독주택재건축사업의 주택공급에 관한 기준은 다음 각 호와 같다.

1. 권리가액에 해당하는 분양주택가액의 주택을 분양한다. 이 경우 권리가액이 2개의 분양주택가액의 사이에 해당하는 경우에는 분양대상자의 신청에 따른다.

2. 제1호에 불구하고 정관등으로 정하는 경우 권리가액이 많은 순서로 분양할 수 있다.

3. 법 제76조제1항제7호다목에 따라 2주택을 공급하는 경우에는 권리가액에서 1주택 분양신청에 따른 분양주택가액을 제외하고 나머지 권리가액이 많은 순서로 60제곱미터 이하의 주택을 공급할 수 있다.

4. 동일규모의 주택분양에 경합이 있는 경우에는 권리가액이 많은 순서로 분양하고, 권리가액이 동일한 경우에는 공개추첨에 따르며, 주택의 동·층 및 호의 결정은 주택규모별 공개추첨에 따른다.

② 영 제63조제1항제7호에 따라 법 제23조제1항제4호의 방법으로 시행하는 **주거환경개선사업과 재개발사업으로 조성되는 상가 등 부대·복리시설은** 관리처분계획기준일 현재 다음 각 호의 순위를 기준으로 공급한다. 이 경우 동일 순위의 상가 등 부대·복리시설에 경합이 있는 경우에는 제1항제4호에 따라 정한다.

1. 제1순위: 종전 건축물의 용도가 분양건축물 용도와 동일하거나 비슷한 시설이며 사업자등록(인가·허가 또는 신고 등을 포함한다. 이하 이 항에서 같다)을 하고 영업을 하는 건축물의 소유자로서 권리가액(공동주택을 분양받은 경우에는 그 분양가격을 제외한 가액을 말한다. 이하 이 항에서 같다)이 분양건축물의 최소분양단위규모 추산액 이상인 자

2. 제2순위: 종전 건축물의 용도가 분양건축물 용도와 동일하거나 비슷한 시설인 건축물의 소유자로서 권리가액이 분양건축물의 최소분양단위규모 추산액 이상인 자
3. 제3순위: 종전 건축물의 용도가 분양건축물 용도와 동일하거나 비슷한 시설이며 사업자등록을 필한 건축물의 소유자로서 권리가액이 분양건축물의 최소분양단위규모 추산액에 미달되나 공동주택을 분양받지 않은 자
4. 제4순위: 종전 건축물의 용도가 분양건축물 용도와 동일하거나 비슷한 시설인 건축물의 소유자로서 권리가액이 분양건축물의 최소분양단위규모 추산액에 미달되나 공동주택을 분양받지 않은 자
5. 제5순위: 공동주택을 분양받지 아니한 자로서 권리가액이 분양건축물의 최소분양단위규모 추산액 이상인 자
6. 제6순위: 공동주택을 분양받은 자로서 권리가액이 분양건축물의 최소분양단위규모 추산액 이상인 자

제39조(관리처분계획의 타당성 검증 비용 예치 등)

① 구청장은 법 제78조제3항에 따라 관리처분계획의 타당성 검증을 공공기관에 요청하기 전에 사업시행자에게 타당성 검증에 필요한 비용을 미리 예치하도록 통지한다.

② 구청장은 타당성 검증이 끝난 경우 예치된 금액에서 타당성 검증 비용을 직접 지급한 후 나머지 비용을 사업시행자와 정산하여야 한다.

③ 법 제78조제3항제3호에 따라 관리처분계획의 타당성 검증을 요청할 때에는 별지 제3호 서식의 관리처분계획 타당성 검증요청서에 **별지 제4호서식**의 검증요청 동의서를 첨부하여 구청장에게 제출하여야 한다.

제40조(일반분양)

법 제79조제2항에 따라 토지등소유자에게 공급하는 주택과 제44조에 따른 처분 보류지를 제외한 대지 및 건축물(이하 "체비시설"이라 한다)은 법 제79조제4항에 따라 조합원 또는 토지등소유자 이외의 자에게 분양할 수 있으며 분양기준은 다음 각 호에 따른다.

1. 체비시설 중 공동주택은 법 제74조제1항제4호가목에 따라 산정된 가격을 기준으로 「주택법」 및 「주택공급에 관한 규칙」에서 정하는 바에 따라 일반에게 분양한다.
2. 체비시설 중 부대·복리시설은 법 제74조제1항제4호라목에 따라 산정된 가격을 기준으로 「주택법」 및 「주택공급에 관한 규칙」에서 정하는 바에 따라 분양한다. 다만, 세입자(정비구역의 지정을 위한 공람공고일 **3개월 전**부터 사업시행계획인가로 인하여 이주하는 날까지 계속하여 영업하고 있는 세입자를 말한다)가 분양을 희망하는 경우에는 다음 각 목의 순위에 따라 우선 분양한다.
  가. 제1순위 : 종전 건축물의 용도가 분양건축물 용도와 동일하거나 비슷한 시설인 건축물의 세입자로서 사업자등록을 필하고 영업한 자
  나. 제2순위: 종전 건축물의 용도가 분양건축물 용도와 동일하거나 비슷한 시설인 건축물의 세입자로서 영업한 자
3. 제1호 및 제2호에 불구하고 구청장은 **재정비촉진지구에서** 도시계획사업으로 철거되는 주택을 소유한 자(철거되는 주택 이외의 다른 주택을 소유하지 않은 자로 한정한다)가 인근 정비구역의 주택분양을 희망하는 경우에는 「주택공급에 관한 규칙」제36조에 따라

특별공급하도록 한다.

제41조(재개발임대주택 인수가격 및 가산항목 등)

① 영 제68조에 따른 재개발임대주택(이하 "임대주택"이라 한다)의 인수가격은 건축비와 부속토지의 가격을 합한 금액으로 한다. 이 경우 건축비는 조합이 최초 일반분양 입주자 모집공고 당시의 「공공건설임대주택 표준건축비」에 따른다.

② 영 제68조제2항에 따른 임대주택 건축비 및 부속토지의 가격에 가산할 항목은 「공동주택 분양가격의 산정 등에 관한 규칙」 제9조의2 및 「공공주택 특별법 시행규칙」 별표 7에 따라 협의하여 정한다.

③ **제1항에도 불구하고 사업시행자가 장기전세주택 등 임대주택의 건립을 선택하여 용적률을 완화 받은 경우에는 인수자에게 부속토지를 무상으로 제공하여야 한다.**

④ 영 제68조제2항에 따른 재개발임대주택의 부속토지는 임대주택의 대지권(「집합건물의 소유 및 관리에 관한 법률」 제2조제6호의 대지사용권으로서 건물과 분리하여 처분할 수 없는 것을 말한다)의 대상이 되는 토지를 말한다. 이 경우 정비구역 지정 시 별도 획지로 구획하여 재개발임대주택을 건설하는 경우에는 그 획지를 말한다.

제42조(임대주택 인수방법 및 절차 등)

① 시장은 법 제79조제5항에 따라 조합이 재개발사업의 시행으로 건설된 임대주택(대지 및 부대·복리시설을 포함한다. 이하 같다)의 인수를 요청하는 경우 제41조제1항 및 제2항에 따라 산정된 인수가격으로 조합과 매매계약(이하 "매매계약"이라 한다)을 체결하여야 한다.

② 조합은 사업시행계획인가 이후 임대주택 건설계획 및 매매가격 산출내역(변경을 포함한다) 등 관련서류를 구청장에게 제출하고 구청장은 이를 시장과 협의하여야 한다.

③ 조합은 제2항에 따라 협의된 매매가격을 관리처분계획에 반영하여야 한다.

④ 시장과 조합은 최초 일반분양 입주자 모집공고를 하는 때에 임대주택 매매계약을 체결하여야 한다.

⑤ 제4항에도 불구하고 시장은 정비사업 활성화 등 필요 시 예산의 범위에서 매매계약 시점을 조정할 수 있다.

⑥ 시장은 매매계약에 따른 임대주택의 인수대금을 다음 각 호와 같이 지급한다.
  1. 계약금은 매매계약을 체결하는 경우 총액의 5퍼센트 지급
  2. 중도금은 건축공정에 따라 5회에 걸쳐 분할 지급하되, 건축공정의 20퍼센트, 35퍼센트, 50퍼센트, 65퍼센트, 80퍼센트 이상인 때에 각각 총액의 15퍼센트를 지급
  3. 잔금은 법 제83조에 따른 준공인가 후에 총액의 15퍼센트를 지급하고, 나머지는 법 제86조에 따른 이전고시일 이 후에 지급

⑦ 시장은 임대주택 인수에 필요한 사항은 별도로 정할 수 있다.

⑧ 제28조제1항에 따라 공사를 사업시행자로 지정하여 건설하고자 하는 임대주택부지의 매매계약 및 대금의 지급방법은 다음 각 호와 같다. <개정 2020. 12. 31.>
  1. 임대주택부지의 매매계약은 정비구역의 대지조성을 완료한 후에 해당 사업시행자와 시장이 체결한다.
  2. 매매가격은 영 제68조제2항에 따른 산정가격으로 한다.

3. 매매대금은 계약금·중도금 및 잔금으로 구분하여 다음과 같이 지급한다.

    가. 계약금은 부지의 매매계약을 체결하는 때에 총액의 20퍼센트를 지급

    나. 중도금은 총액의 75퍼센트로 하되, 사업시행자가 임대부지의 현황측량을 하여 인계·인수한 이후에 지급

    다. 잔금은 법 제86조에 따른 이전고시일 이후에 지급

⑨ 사업시행자가 주거지보전사업으로 임대주택을 건설하는 경우 임대주택의 매매계약 체결 및 시기, 매매가격 및 대금 지급방법은 다음 각 호와 같다.

  1. 매매계약은 임대주택의 착공신고를 한 때에 시장과 해당 사업시행자가 체결한다.

  2. 매매가격은 영 제68조제2항에 따라 정하되, 건축비의 가격에 가산할 항목은 시장과 사업시행자가 협의하여 따로 정할 수 있고, 관리처분계획인가로 확정한다. 이 경우 해당 사업시행계획인가 고시가 있는 날을 기준으로 **감정평가법인등** 둘 이상이 평가한 금액을 산술평균한 금액을 초과하지 못한다.

  3. 매매대금은 계약금·중도금 및 잔금으로 구분하여 다음과 같이 지급한다.

    가. 계약금은 매매계약 체결하는 때에 총액의 20퍼센트를 지급

    나. 중도금은 사업시행자가 임대주택 부지의 대지조성을 완료하고, 현황측량 실시 결과를 시장에게 인계한 이후에 총액의 60퍼센트를 지급

    다. 잔금은 법 제83조에 따른 준공인가 이후에 총액의 15퍼센트를 지급하고, 나머지는 법 제86조에 따른 이전고시일 이후에 지급

제43조(주거환경개선사업의 주택공급대상에서 제외되는 자)

영 제66조 별표 2 제2호 단서에 따라 **주택공급에서 제외하는 자는 토지면적이 90제곱미터에 미달하는 토지소유자로 한다.**

제44조(보류지 등)

① 사업시행자는 제38조에 따라 주택 등을 공급하는 경우 분양대상자의 누락·착오 및 소송 등에 대비하기 위하여 법 제79조제4항에 따른 보류지(건축물을 포함한다. 이하 같다)를 다음 각 호의 기준에 따라 확보하여야 한다.

  1. 법 제74조 및 (법)제79조에 따른 토지등소유자에게 분양하는 공동주택 총 건립세대수의 1퍼센트 범위의 공동주택과 상가 등 부대·복리시설의 일부를 보류지로 정할 수 있다.

  2. 사업시행자가 제1호에 따른 1퍼센트의 범위를 초과하여 보류지를 정하려면 구청장에게 그 사유 및 증명 서류를 제출하여 인가를 받아야 한다.

② 제1항에 따른 보류지는 다음의 기준에 따라 처분하여야 한다.

  1. 분양대상의 누락·착오 및 소송 등에 따른 대상자 또는 제27조제2항제3호에 따른 적격 세입자에게 우선 처분한다.

  2. 보류지의 분양가격은 법 제74조제1항제3호를 준용한다.

  3. 제1호에 따라 보류지를 처분한 후 잔여분이 있는 경우에는 제40조에 따라 분양하여야 한다.

제45조(주거환경개선사업의 임대보증금·임대료)

영 제69조제1항 별표 3 제1호다목2)에 따른 주거환경개선구역의 임대주택의 임대보증금

및 임대료에 관하여는 임대주택법령의 관련규정에 따른다.

제46조(재개발사업의 임대주택 공급대상자 등)

① 영 제69조제1항 별표 3 제2호가목4)에서 "시·도조례로 정하는 자"란 다음 각 호의 어느 하나에 해당하는 자를 말한다.

1. 해당 정비구역에 거주하는 세입자로서 세대별 주민등록표에 등재된 날을 기준으로 영 제13조에 따른 정비구역의 지정을 위한 공람공고일(사업시행방식전환의 경우에는 전환을 위한 공람공고일을 말한다) 3개월 전(「국민기초생활 보장법」 제2조제2호에 따른 수급자는 사업시행계획인가 신청일 전)부터 사업시행계획인가로 인하여 이주하는 날(법 제81조제3항에 따라 건축물을 철거하는 경우 구청장의 허가를 받아 이주하는 날)까지 계속하여 거주하고 있는 무주택세대주(다만, 신발생무허가건축물에 거주하는 세입자는 제외한다) 및 해당 정비구역에 거주하는 토지등소유자로서 **최소분양주택가액의 4분의 1**보다 권리가액이 적은 자 중 해당 정비사업으로 인해 무주택자가 되는 세대주

2. 해당 정비구역의 주택을 공급받을 자격을 가진 분양대상 토지등소유자로서 분양신청을 포기한 자(철거되는 주택 이외의 다른 주택을 소유하지 않은 자에 한정한다)

3. 소속 대학의 장(총장 또는 학장)의 추천에 따라 선정된 저소득가구의 대학생(제8조제1항제2호에 따라 임대주택을 계획한 해당구역으로 한정한다)

4. 해당 정비구역 이외의 재개발구역 안의 세입자로서 제1호 또는 토지등소유자로서 제2호에 해당하는 입주자격을 가진 자

5. 해당 정비구역에 인접하여 시행하는 도시계획사업(법·영·시행규칙 및 이 조례에 따른 정비사업을 제외한다)으로 철거되는 주택의 소유자 또는 무주택세대주로서 구청장이 추천하여 시장이 선정한 자

6. 그 밖에 규칙으로 정하는 자

② 제1항제1호에 따른 공급대상자 세대의 판단기준은 다음 각 호와 같다.

1. **정비구역 지정을** 위한 공람공고일 3개월 이전부터 임대주택 입주 시까지 세대별 주민등록표에 부부 또는 직계 존·비속으로 이루어진 세대. 이 경우 이혼모가 직계 존·비속이었던 사람과 동거하고 있는 세대를 포함한다.

2. 관할 구청장이 소년·소녀 가장세대로 정한 세대로서 가족 2명 이상이 세대별 주민등록표에 등재된 세대

3. 형제자매 등으로만 이루어진 세대로서 가족 2명 이상이 세대별 주민등록표에 등재된 세대. 이 경우 세대주가 30세 이상이거나 「소득세법」 제4조에 따른 소득이 있는 사람이어야 한다.

4. 재개발구역 지정을 위한 공람공고일(1996년 6월 30일 이전 지정된 정비구역은 사업계획결정고시일을 말하며, 사업시행방식전환의 경우에는 사업시행방식전환을 위한 공람공고일을 말한다) 3개월 이전부터 이주 시까지 세대별 주민등록표상에 배우자 및 직계 존·비속인 세대원이 없는 세대인 경우에는 세대주가 30세 이상이거나 「소득세법」 제4조에 따른 소득이 있는 자 이어야 한다. 다만, 가옥주와 동일 가옥 거주자로서 주민등록표상 분리세대는 제외하며, 동일 가옥에 주민등록표상 여러 세대인 경우 하나의 임대주택만 공급한다.

③ 영 제69조제1항 별표 3 제2호나목에 따라 재개발사업의 임대주택은 다음 각 호의 순위에 따라 공급한다.
   1. 제1순위: 제1항제1호에 해당하는 자
   2. 제2순위: 제1항제2호에 해당하는 자
   3. 제3순위: 제1항제3호에 해당하는 자
   4. 제4순위: 제1항제4호에 해당하는 자
   5. 제5순위: 제1항제5호에 해당하는 자
   6. 제6순위: 제1항제6호에 해당하는 자
④ 제1항제3호 및 제3항제3호에 따라 공급하는 임대주택은 소속 대학의 장(총장 또는 학장)이 추천하는 학생으로서 다음 각 호의 순위에 따라 재학기간으로 한정하여 공급한다.
   1. 제1순위: 아동복지시설에서 퇴거한 대학생
   2. 제2순위: 기초생활수급자 자녀의 대학생
   3. 제3순위: 차상위계층 자녀의 대학생
⑤ 제3항에 따른 같은 순위에서 경쟁이 있는 때에는 해당 정비구역에서 거주한 기간이 오래된 순으로 공급한다.

제47조(공사완료의 고시)

구청장은 영 제74조제1항 단서에 따라 사업시행자(공동시행자인 경우를 포함한다)가 토지주택공사인 경우로서 「한국토지주택공사법」 제19조제3항 및 같은 법 시행령 제41조제2항에 따라 준공인가 처리결과를 구청장에게 통보한 경우에는 영 제74조제2항 각 호의 사항을 해당 자치구의 공보에 고시하여야 한다.

제4장 사업시행계획인가 및 관리처분계획인가 시기조정

제48조(정의)

이 장에서 사용하는 용어의 뜻은 다음과 같다.
1. "주변지역"이란 사업시행구역이 위치한 자치구와 행정경계를 접하는 자치구를 말한다.
2. "주택재고량"이란 시장이 통계청 인구주택총조사를 기준으로 매 분기까지 주택공급과 주택멸실을 고려하여 작성한 주택의 재고량을 말한다.
3. "조정대상구역"이란 서울특별시 주거정책심의위원회(이하 "주거정책심의회"라 한다)의 심의를 거쳐 사업시행계획인가 또는 관리처분계획인가 시기조정 대상으로 확정된 정비구역을 말한다.
4. "시기조정자료"란 해당 구역의 현황 및 추진상황, 예상 이주시기 및 이주가구, 주택의 멸실 및 공급량을 말한다.

제49조(시기조정사유 등)

① 법 제75조제1항에서 "특별시·광역시 또는 도의 조례로 정하는 사유"란 다음 각 호의 어느 하나에 해당하는 경우(이하 "심의대상구역"이라 한다)를 말한다.
   1. 정비구역의 기존 주택수가 자치구 주택 **재고 수**의 1퍼센트를 초과하는 경우

2. 정비구역의 기존 **주택 수가** 2,000호를 초과하는 경우

3. 정비구역의 **기존 주택 수가** 500호를 초과하고, 같은 **법정 동**에 있는 1개 이상의 다른 정비구역(해당구역의 인가 신청일을 기준으로 최근 6개월 이내 관리처분계획인가를 신청하였거나, 완료된 구역으로 한정한다)의 기존 **주택 수**를 더한 합계가 2,000호를 초과하는 경우

② 심의대상구역 중 다음 각 호의 어느 하나에 해당하는 경우 조정대상구역으로 정할 수 있다.

1. 주변지역의 주택 멸실량이 공급량을 30퍼센트를 초과하는 경우

2. 주변지역의 주택 멸실량이 공급량을 2,000호를 초과하는 경우

3. 그 밖에 주택시장 불안정 등을 고려하여 주거정책심의회에서 인가 시기의 조정이 필요하다고 인정하는 경우

제50조(시기조정자료)

① 구청장은 해당 자치구의 주택공급, 멸실 현황 및 예측, 정비사업 추진현황 및 계획(제49조 제1항제3호에 따른 심의대상구역 해당여부를 포함한다), 전세가격 동향 등을 매월 말일까지 작성하여 시장에게 제출하여야 한다.

② 시장은 구청장이 제출한 시기조정자료 등을 기초로 자치구별 주택재고량을 매 분기별 공고하여야 한다.

③ 구청장은 정비구역의 사업시행계획인가 또는 관리처분계획인가 신청 이전이라도 시기조정자료를 사업시행자에게 요청할 수 있다.

④ 시장은 시기조정에 필요한 세부기준을 별도로 정하여 운영할 수 있다.

제51조(시기조정 절차 및 방법)

① 구청장은 심의대상구역의 사업시행자가 사업시행계획인가 또는 관리처분계획인가를 신청하는 경우에는 시기조정자료와 검토의견을 작성하여 시장에게 심의를 신청하여야 한다.

② 시장은 심의대상구역의 사업시행계획인가 또는 관리처분계획인가 시기에 대하여 주거정책심의회의 심의를 거쳐 조정여부 및 조정기간 등을 결정한다.

③ 시장은 제2항에 따른 결정사항을 심의신청일로부터 60일 이내 구청장에게 서면으로 통보하며, 구청장은 특별한 사유가 없으면 결정사항에 따라야 한다.

④ 구청장은 제2항에 따라 결정된 조정기간이 경과되면 인가를 할 수 있다.

⑤ 조정대상구역의 사업시행자는 사업시행계획인가 조정기간 중이라도 공공지원자와 협의하여 시공자를 선정할 수 있다.

제5장 비용의 부담 등

제52조(정비기반시설 등의 비용 보조 등)

① 시장은 법 제92조제2항 및 영 제77조에 따라 다음 각 호의 어느 하나에 해당하는 정비기반시설의 설치비용의 전부 또는 일부를 구청장에게 지원할 수 있다.

1. 주택정비형 재개발구역 안의 「도로법」 제48조에 따른 자동차전용도로, 「도로의 구조·시설기준에 관한 규칙」 제3조에 따른 주간선도로, 보조간선도로 및 「도시공원 및 녹지 등에 관한 법률」 제15조에 따른 도시공원(소공원·어린이공원은 제외한다)

2. 다음 각 목의 어느 하나에 해당하는 사유로 시행하는 도시정비형 재개발구역 안에 설치하는 주요 정비기반시설
   가. 천재지변 등의 사유로 긴급히 사업을 시행할 필요가 있는 경우
   나. 시장이 시행하는 도시계획사업과 연계하여 사업을 시행할 필요가 있는 경우
   다. 문화유산 보존을 위하여 문화재 등의 주변지역에 정비사업을 시행함으로써 건축규모가 제한되는 경우
   라. 공공건축물의 건축 및 그 밖의 지역경제 활성화를 위하여 구청장이 시장과 사전협의하여 사업을 시행하는 경우
   마. 수복형(2025 서울특별시 도시·주거환경정비기본계획(도시환경정비사업부문)에 따른 소단위 정비형을 말한다)정비방식(지역의 특성과 장소성을 유지·보전하면서 노후한 건축물과 취약한 도시환경을 점진적으로 정비하는 방식)으로 시행하는 경우
② 시장은 법 제95조에 따라 다음 각 호의 어느 하나에 해당하는 경우 정비기반시설의 설치비용의 일부를 사업시행자에게 보조할 수 있다.
   1. 주거환경개선구역에 설치하는 주요 정비기반시설과 공동이용시설 건설(관리형 주거환경개선구역에 한한다)에 드는 비용
   2. 주택정비형 재개발구역 안에서 다음 각 호의 어느 하나에 해당하는 정비기반시설 설치비용(이하 "설치비용"이라 한다)
   가. 너비 8미터 이상의 도시계획시설도로
   나. 소공원, 어린이공원 및 녹지
   다. 시장이 인정하는 다음 각 목의 지역에서 지형 등에 어울리는 중저층 등 다양한 주거지조성을 목적으로 재개발사업을 시행할 경우에는 8미터 미만의 도시계획시설도로
      1) 해발 40미터 이상의 구릉지로서 정비사업이 추진되는 지역
      2) 경관보존이 필요한 지역
      3) 최고 7층 이하의 저밀도개발지역
③ 사업시행자가 제2항제2호에 따라 정비기반시설 설치비용을 보조받기 위해서는 규칙으로 정하는 서류를 작성하여 구청장에게 신청하고 구청장은 이를 시장과 협의하여야 하며, 구청장은 법 제56조에 따른 사업시행계획인가 공람 전에 그 결과를 사업시행자에게 통보하여야 한다. 이 경우 설치비용 보조 대상은 「건축법」 제21조에 따른 착공신고 이전에 사업시행계획인가(변경인가를 포함한다)를 받은 구역으로 한정한다.
④ 설치비용 보조금은 제3항에 따라 통보한 금액의 범위에서 준공 후 교부한다.
⑤ 제3항 및 제4항에 따른 설치비용 보조금의 산정기준과 신청·통보·교부의 세부절차 및 방법 등에 대하여 필요한 사항은 시장이 규칙으로 정할 수 있다.
⑥ 구청장은 법 제96조에 따라 사업시행자가 설치하여야 하는 정비기반시설의 설치부지가 일부만 확보되어 사업시행자가 정비기반시설을 설치하여도 해당 시설이 제 기능을 발휘할 수 없거나 시설이용의 효율성이 미흡할 것으로 판단되는 경우에 사업시행자에게 해당 정비기반시설의 설치비용을 해당 자치구의 구금고에 예치하게 할 수 있다.
⑦ 시장은 법 제8조제5항에 따라 구청장이 정비계획을 입안하는 경우 규칙에서 정하는 범위에서 필요한 비용을 지원할 수 있다.

⑧ 시장은 주거환경 보전을 위해 정비구역(재건축구역은 제외한다) 내에 다음 각 호의 어느 하나에 해당하는 지역에 일부 주택을 존치하는 경우 토지등소유자에게 예산의 범위에서 공사비용의 2분의 1까지 주택개량비용을 보조할 수 있다. 이 경우 시장은 그 보조 대상 및 방법 등을 정할 수 있다.

  1. 역사·문화적 특성 보전이 필요한 지역

  2. 경관지구·고도지구와 같은 규제지역

⑨ 시장은 주택정비형 재개발구역 중 제8조제8호에 따라 역사·문화자원의 보전 및 활용계획을 정비계획에 반영한 정비구역 중 시장이 필요하다고 인정하는 경우 옛길, 옛물길 및 한옥 보전에 따른 사업비용을 예산의 범위에서 지원할 수 있다.

제53조(사업비의 융자 등)

① 시장은 도시의 기능회복 등을 위하여 도시정비형 재개발사업을 시행하는 자에게 다음 각 호의 범위에서 정비사업에 소요되는 비용의 일부를 융자할 수 있다.

  1. 구청장이 시행하는 사업은 건축공사비의 80퍼센트 이내

  2. 구청장 이외의 자가 시행하는 사업은 건축공사비의 40퍼센트 이내

② 영 제79조제5항제5호에 따라 "그 밖에 시·도조례로 정하는 사항"이란 추진위원회·조합의 운영자금 및 설계비 등 용역비를 말한다.

③ 융자는 영 제79조제5항에서 정하는 범위에서 다음 각 호의 기준에 따라 할 수 있다.

  1. 융자금에 대한 대출 이율은 한국은행의 기준금리를 고려하여 정책자금으로서의 기능을 유지하는 수준에서 시장이 정하되, 추진위원회 및 조합의 운영자금 및 용역비 등 융자 비목에 따라 대출이율을 차등 적용할 수 있다.

  2. 사업시행자는 정비사업의 준공인가 신청 전에 융자금을 상환하여야 한다.

④ 추진위원회 또는 조합은 총회의 의결을 거쳐 시장에게 융자를 신청할 수 있으며, 다음 각 호의 내용이 포함된 운영규정 또는 정관을 제출하여야 한다.

  1. 융자금액 상환에 관한 사항

  2. 융자 신청 당시 담보 등을 제공한 추진위원회위원장 또는 조합장 등이 변경될 경우 채무 승계에 관한 사항

⑤ 시장은 관리형 주거환경개선사업구역의 주택개량 및 신축공사비를 80퍼센트 이내에서 융자할 수 있다.

⑥ 제2항부터 제4항까지에서 정한 것 이외에 융자에 관하여 필요한 사항은 규칙으로 정한다.

제54조(정비기반시설 및 토지 등의 귀속)

① 법 제97조제3항제4호에 따른 공유재산 중 사업시행자에게 무상으로 양도되는 도로는 일반인의 통행에 제공되어 실제 도로로 이용하고 있는 부지를 말한다. 이 경우 같은 법 제97조제1항에 따라 구청장 또는 토지주택공사등에게 무상으로 귀속되는 경우도 포함한다.

② 시장은 무상양도(귀속)에 필요한 도로의 기준 등을 정할 수 있다.

제55조(국·공유지의 점유·사용 연고권 인정기준 등)

① 법 제98조제4항에 따라 정비구역의 국·공유지를 점유·사용하고 있는 건축물소유자

(조합 정관에 따라 조합원 자격이 인정되지 않은 경우와 신발생무허가건축물을 제외한다)에게 우선 매각하는 기준은 다음 각 호와 같다. 이 경우 매각면적은 200제곱미터를 초과할 수 없다.

  1. 점유·사용인정 면적은 건축물이 담장 등으로 경계가 구분되어 실제사용하고 있는 면적으로 하고, 경계의 구분이 어려운 경우에는 처마 끝 수직선을 경계로 한다.

  2. 건축물이 사유지와 국·공유지를 점유·사용하고 있는 경우에 매각면적은 구역 내 사유지 면적과 국·공유지 면적을 포함하여야 한다.

② 제1항에 따른 점유·사용 면적의 산정은 「공간정보의 구축 및 관리 등에 관한 법률」에 따른 지적측량성과에 따른다.

③ **국·공유지를 점유·사용하고 있는 자로서 제1항에 따라 우선 매수하고자 하는 자는 관리 처분계획인가신청을 하는 때까지 해당 국·공유지의 관리청과 매매계약을 체결하여야 한다.**

제56조(공동이용시설 사용료 면제를 위한 공익 목적 기준 등)

① 법 제100조에 따라 관리형 주거환경개선구역 내 공동이용시설의 사용료를 면제하기 위한 "공익 목적의 기준"이란 다음 각 호의 어느 하나에 해당하는 기준을 말한다.

  1. 주거환경을 보호 및 정비하고 주민의 건강, 안전, 이익을 보장하며, 지역사회가 당면한 문제를 해결하는 활동일 것

  2. 복지, 의료, 환경 등의 분야에서 사회서비스 또는 일자리 제공을 통해 지역경제를 활성화하여 지역주민의 삶의 질을 높이는 활동일 것

② 법 제100조에 따라 공동이용시설의 사용료를 면제할 수 있는 대상은 다음 각 호와 같다.

  1. 구청장

  2. 주민공동체운영회

  3. 제1항의 공익 목적의 달성을 위해 주민공동체운영회와 연계되어 지역주민 주도로 구성된 조직

③ 제1항 및 제2항에 따라 공동이용시설의 사용료를 면제받는 대상은 기존상권을 침해하지 않는 범위에서 지역에서 요구되는 수익시설을 운영할 수 있으며, 수익금 창출 시 이를 마을기금으로 적립하고 제1항의 공익목적의 달성을 위하여 투명하게 활용하여야 한다.

④ 시장은 제3항에 따른 마을기금의 적립, 사용 등에 관해서는 제61조를 준용하여 지도·감독할 수 있다.

제57조(주거환경개선구역 안의 국·공유지의 관리처분)

① 법 제101조제5항에 따라 사업시행자에게 양여된 주거환경개선구역 안의 국·공유지의 관리처분에 관하여는 「서울특별시 공유재산 및 물품 관리조례」 제26조제3항 및 제36조와 「공유재산 및 물품관리법 시행령」 제80조를 준용한다.

② 관리청은 양여된 토지를 처분하는 경우 해당 주거환경개선사업이 취소되는 때에는 해당 토지의 처분계약을 해제하는 특약을 등기하여야 한다.

제6장 관리형 주거환경개선사업의 주민협의체 및 주민공동체운영회

제58조(정의)

이 장에서 사용하는 용어의 뜻은 다음과 같다.

1. "주민"이란 관리형 주거환경개선사업이 예정된 구역 또는 관리형 주거환경개선구역의 토지등소유자 및 세입자를 말한다.

2. "주민협의체"란 정비계획을 수립하기 위해 주민, 관련전문가 및 이해관계자 등으로 구성된 조직을 말한다.

3. "주민공동체운영회"란 관리형 주거환경개선사업의 정비구역 지정 후 물리적·사회적·경제적 측면의 도시재생 추진을 위해 주민, 관련전문가 및 이해관계자 등으로 구성된 조직을 말 한다.

제59조(주민공동체운영회의 구성과 운영 등)

① 주민공동체운영회를 구성하려면 구역 내 거주하는 주민의 10분의 1 이상의 동의를 받아 구청장의 승인을 받아야 한다. 다만, 주민공동체운영회 구성에 필요한 동의를 받지 못한 경우 구청장이 주민공동체운영회를 구성할 수 있다.

② 주민공동체운영회를 구성하는 때에는 운영규약을 작성하여야 하며, 운영규약을 변경하는 경우 구청장의 승인을 받아야 한다.

③ 시장은 주민공동체운영회의 운영, 위원 선임방법 및 절차 등 운영규약 작성에 필요한 사항을 포함한 주민공동체운영회 표준운영규약을 정할 수 있다.

제60조(주민공동체운영회 등의 지원)

시장 및 구청장은 관리형 주거환경개선구역 또는 예정된 구역에서 주민역량 강화 및 주민공동체 활성화를 위해 주민공동체운영회 및 주민협의체의 구성 및 운영 등에 필요한 비용의 일부를 예산의 범위에서 지원할 수 있다

제61조(주민공동체운영회의 지도·감독)

① 시장은 주민공동체운영회에 대하여 지원 경비 및 주민공동이용시설 운영 사무와 관련하여 필요한 사항을 보고하게 하거나 업무 지도·감독에 필요한 서류, 시설 등을 검사할 수 있다.

② 시장은 제1항의 보고·검사결과 사무 처리가 위법 또는 부당하다고 인정될 때에는 시정명령을 할 수 있다.

③ 시장은 제2항에 따라 시정명령을 할 경우 문서로 주민공동체운영회에 통보하고 사전에 의견진술의 기회를 주어야 한다.

④ 시장은 주민공동체운영회가 제2항에 따른 시정명령을 이행하지 않을 경우 지원 경비 환수 또는 공동이용시설 관리주체 변경 등의 조치를 할 수 있다.

제7장 감독 등

제62조(정비사업 추진실적 보고)

① 법 제111조제1항에 따라 구청장은 다음 각 호의 추진실적을 해당 처분이 있는 날부터 10일 이내 시장에게 보고하여야 한다.

1. 법 제24조·제25조·제26조·제27조에 따른 사업시행자 지정 및 고시
2. 법 제28조에 따른 사업대행개시결정 및 고시

3. 법 제31조에 따른 추진위원회의 승인

4. 법 제35조에 따른 조합의 설립(변경)인가(신고수리)

5. 법 제50조에 따른 사업시행계획(변경·중지·폐지)인가(신고수리) 및 고시

6. 법 제74조·제78조에 따른 관리처분계획(변경)인가(신고수리) 및 고시

7. 법 제79조제4항 및 「주택공급에 관한 규칙」 제20조에 따른 일반분양을 위한 입주자 모집승인

8. 법 제83조에 따른 준공인가(준공인가 전 사용허가 포함) 및 공사완료 고시

9. 제11조제2항에 따른 정비계획의 경미한 변경 지정 및 고시

② 법 제111조제1항에 따라 구청장은 다음 각 호의 사항을 매 분기가 끝나는 날부터 7일 이내 시장에게 보고하여야 한다.

1. 법 제111조제2항에 따른 자료제출의 명령 또는 업무 조사의 내용

2. 법 제112조에 따라 사업시행자로부터 보고된 회계감사 결과의 내용

3. 법 제113조제1항에 따른 감독처분 현황

4. 법 제113조제2항에 따른 점검반 구성 및 현장조사 결과 내용

③ 구청장은 「주택공급에 관한 규칙」 제57조에 따라 같은 규칙 제2조제7호나목에 따른 관리처분계획인가일 당시 입주대상자로 확정된 조합원명단을 전산관리지정기관에 통보하여야 한다.

제63조(교육의 실시 및 이수 등)

① 법 제115조 및 영 제90조에 따라 시장 또는 구청장이 교육을 실시하는 경우 추진위원장 및 감사, 조합임원, 전문조합관리인 등은 교육을 이수하여야 하며, 정비사업전문 관리업자의 대표자 및 기술인력, 토지등소유자 등에 대하여도 교육을 실시할 수 있고 필요한 경우에는 교육 의무이수 대상자를 지정할 수 있다.

② 시장 또는 구청장은 제1항에 따라 교육을 실시하는 경우 다음 각 호의 내용을 포함한 기준을 정하여 공고할 수 있다.

1. 영 제90조에 따른 교육의 세부내용

2. 교육 이수 시기

3. 제1항에 따른 교육 의무이수 대상자

4. 그 밖에 필요한 사항

제64조(도시분쟁조정위원회 위원 자격)

법 제116조제3항제5호에서 "그 밖에 정비사업에 전문적 지식을 갖춘 사람으로서 시·도 조례로 정하는 자"란 다음 각 호의 어느 하나에 해당하는 자를 말한다.

1. 해당 자치구의회 의원

2. 해당 자치구 도시계획위원회 또는 건축위원회 위원

제65조(도시분쟁조정위원회 운영 등)

① 도시분쟁조정위원회(이하 "조정위원회"라 한다)의 위원 중 법 제116조제3항제1호에 해당하는 공무원 및 위원장의 임기는 해당 직에 재직하는 기간으로 하고, 위촉직 위원의 임기는 2년으로 하되, 연임할 수 있다.

② 조정위원회에는 다음 각 호와 같이 분과위원회를 둔다.

　1. 제1분과위원회: 조합 또는 추진위원회와 조합원 또는 토지등소유자간의 분쟁 조정

　2. 제2분과위원회: 제1분과위원회에 해당하지 않는 그 밖에 분쟁에 관한 사항 조정

③ 위원장은 조정위원회의 회의를 소집하여 그 의장이 되며 위원장의 직무는 다음 각 호와 같다. 다만, 위원장이 부득이한 사유로 직무를 수행할 수 없는 때에는 해당 위원 중 호선된 위원이 그 직무를 대행한다.

　1. 위원장이 조정위원회의 회의를 소집하고자 하는 때에는 회의개최 5일전까지 회의 일시·장소 및 분쟁조정안건 등을 위원에게 통지한다.

　2. 위원장은 조정위원회의 심사에 앞서 분과위원회에서 사전심사를 담당하게 할 수 있다.

　3. 위원장은 효율적인 심사조정을 위하여 필요하다고 인정하는 경우에는 현장조사를 하거나 조정당사자, 관련전문가 및 관계공무원을 회의에 참석하게 하여 의견을 진술하게 할 수 있다.

④ 조정위원회의 회의는 재적위원 과반수의 출석으로 개회하고, 출석위원 과반수의 찬성으로 의결한다. 다만, 분과위원회는 위원 전원의 찬성으로 의결한다.

⑤ 조정위원회의 사무를 처리하기 위하여 간사 1명과 서기 1명을 두되, 간사는 조정위원회를 주관하는 업무담당주사가 되고, 서기는 업무담당자로 한다.

⑥ 조정위원회의 위원이 다음 각 호의 어느 하나에 해당하는 경우에는 해당 분쟁조정사건의 심사의결에서 제척한다.

　1. 해당 분쟁조정사건과 관련하여 용역·감정·수용·자문 및 연구 등을 수행하였거나 수행 중에 있는 경우

　2. 해당 분쟁조정사건의 당사자와 친족관계에 있거나 있었던 경우

　3. 해당 분쟁조정사건과 직접적인 이해관계가 있는 경우

⑦ 당사자는 위원에게 심사의결의 공정성을 기대하기 어려운 사정이 있는 경우에는 기피 신청을 할 수 있다. 이 경우에 조정위원회의 위원장은 기피신청에 대하여 조정위원회의 의결을 거치지 아니하고 결정한다.

⑧ 위원이 제척사유에 해당하는 경우에는 스스로 해당 분쟁조정 사건의 심사·의결에서 회피할 수 있다.

⑨ 조정위원회에 출석한 위원에게는 예산의 범위에서 수당과 여비 등을 지급하되, 조사 및 현장 확인을 위한 출장비용 등은 실제 비용으로 지급할 수 있다.

제66조(조정위원회 조정신청 및 절차)

① 조정신청자는 조정신청서 2부를 제출하여야 하며, 조정위원회는 조정상대방에게 1부를 송부한다.

② 조정신청서를 송부 받은 자는 20일 이내 답변서를 제출하여야 한다. 다만, 같은 **기간 이내** 조정위원회에 출석하여 진술하는 것으로 서면 통보한 경우에는 답변서를 제출하지 않을 수 있다.

③ 그 밖에 조정위원회 운영 등에 필요한 사항은 규칙으로 정한다.

제67조(협의체 구성 및 운영)

① 구청장은 영 제91조제4호에 따라 법 제73조제1항 각 호에서 정한 손실보상 협의대상자

또는 법 제52조제1항제4호에 따른 세입자와 사업시행자 간의 이주대책 및 손실보상 협의 등으로 인한 분쟁을 조정하기 위하여 협의체를 구성·운영할 수 있다.

② 협의체는 법 제72조에 따른 분양신청기간 종료일의 다음 날부터 구성하며, 관리처분계획 수립을 위한 총회 전까지 3회 이상 운영한다. 다만, 구청장이 필요하다고 인정하는 경우에는 관리처분계획인가 이후에도 운영할 수 있다.

③ 협의체는 다음 각 호에 해당하는 사람 중 위원장을 포함하여 5명 이상 15명 이하의 위원으로 구성하고 위원장은 제2호의 전문가 중 1명을 호선하며 제16조제3항은 협의체 구성 시 준용한다. 이 경우 "검증위원회"는 "협의체"로 본다.

1. 해당 자치구에서 정비사업 업무에 종사하는 6급 이상 공무원
2. 법률, 감정평가, 정비사업전문관리업 등 분야별 전문가

④ 협의체 회의에는 다음 각 호에 해당하는 자 전부 또는 일부가 참석한다.

1. 사업시행자
2. 법 제52조제1항에 따른 주거 및 이주대책 수립 대상 세입자
3. 법 제73조에 따라 손실보상에 관한 협의 대상자
4. 법 제74조제4항, 영 제60조에 따라 재산 또는 권리 등을 평가한 **감정평가법인등**
5. 그 밖에 구청장이 협의가 필요하다고 인정하는 자

⑤ 협의체는 다음 각 호의 사항을 협의 조정한다.

1. 주거세입자에 대한 손실보상액 등
2. 상가세입자에 대한 영업손실보상액 등
3. 법 제73조제1항 및 영 제60조에 따라 분양신청을 하지 않은 자 등에 대한 손실보상 협의 금액(토지·건축물 또는 그 밖의 권리에 대한 금액) 등
4. 그 밖에 구청장이 필요하다고 인정하는 사항

⑥ 제2항에 따라 협의체가 3회 이상 운영되었음에도 불구하고 합의가 이루어지지 않은 경우 구청장은 법 제117조제2항제2호 및 영 제91조제4호에 따라 조정위원회를 개최하여 심사·조정할 수 있다.

⑦ 구청장은 협의체 운영 결과 또는 조정위원회 조정 결과 등을 사업시행자에게 통보하여야 한다.

⑧ 시장은 협의체 구성 방법 및 운영 등에 필요한 세부기준을 정하여 고시할 수 있으며, 협의체 운영에 소요되는 비용의 전부 또는 일부를 지원할 수 있다.

제68조(이주관리 등)

① 사업시행자는 정비구역 내 토지 또는 건축물의 소유권과 그 밖의 권리에 대하여 법 제64조에 따른 매도청구, 법 제65조에 따른 수용 또는 사용에 대한 재결의 결과, 명도소송의 청구가 있는 경우 그 결과 및 집행법원에 인도집행을 신청하거나 집행일시 지정을 통보받은 경우 그 내용을 구청장에게 지체 없이 보고하여야 한다.

② 구청장은 법 제111조제2항에 따라 소속 공무원에게 인도집행 과정을 조사하게 할 수 있다.

③ 법 제81조제4항제4호에 따라 "시장·군수가 인정하는 시기"란 동절기(12월 1일부터 다음 해 2월 말일까지를 말한다)를 말하며, 이 경우 건축물의 철거는 기존 점유자에 대한 퇴거행위를 포함한다. 다만, 제67조에 따른 협의체 운영 결과 또는 조정위원회 조정

결과에 따라 합의된 경우의 이주 시에는 예외로 한다.

제69조(정비사업관리시스템의 구축 및 운영 등)

① 시장은 법119조에 따라 정비사업의 효율적이고 투명한 관리를 위하여 다음 **각 호의 다음 각 호의 서비스를 제공하는 종합정보관리시스템을 구축·운영한다.** <개정 2021.9.30>

　1. 클린업시스템: 정비사업 시행과 관련한 자료 구축 및 정보 제공

　2. 조합업무지원 : 추진위원회·조합의 예산·회계와 정보공개 등록 및 행정업무 등 처리

　3. 분담금 추정 프로그램: 제80조에 따른 토지등소유자별 분담금 추산액 등 정보 제공

② 시장은 제1항에 따라 구축된 종합정보관리시스템의 기능을 지속적으로 개선하고 이용자의 활용을 촉진하는 계획을 수립하고 시행하여야 한다. <개정 2021.9.30>

③ 구청장은 시스템에 구축된 정비구역 홈페이지가 정상적으로 운영되도록 관리·감독·지원하여야 한다.

④ 법 제124조에 따라 추진위원회 및 사업시행자(조합의 경우 청산인을 포함한 조합임원을 말한다)는 인터넷을 통하여 정보를 공개하는 경우 종합정보관리시스템을 이용하여야 한다. 다만 토지등소유자가 단독으로 시행하는 재개발사업의 경우에는 제외할 수 있다. <개정 2021.9.30>

⑤ 추진위원장 또는 조합임원(조합의 청산인을 포함한다)은 정비사업 종합정보관리시스템을 이용하여 예산·회계와 정보공개 등의 작성된 자료를 등록하여야 한다. <개정 2021.9.30>

⑥ 시장은 제1항 각 호에 따른 종합정보관리시스템의 운영 및 관리에 관한 세부기준을 정할 수 있다. <개정 2020.12.31, 2021.9.30>

제70조(정보공개의 방법 및 시기 등)

① 구청장은 법 제120조에 따라 다음 각 호의 사항을 회계연도 종료일부터 90일 이내 종합정보관리시스템에 공개하여야 한다. <개정 2021.9.30>

　1. 관리처분계획의 인가(변경인가를 포함한다. 이하 이 조에서 같다)를 받은 사항 중 법 제29조에 따른 계약금액

　2. 관리처분계획의 인가를 받은 사항 중 정비사업에서 발생한 이자

② 제1항의 공개는 별지 제5호서식에 따른다.

제71조(정보제공 및 의견청취)

시장 및 구청장은 필요한 경우에 토지등소유자에게 의사결정에 필요한 정보를 제공하고 의견을 청취할 수 있다.

제8장 정비사업의 공공지원

제72조(정의)

이 장에서 사용하는 용어의 정의는 다음과 같다. <개정 2019. 12. 31.>

1. "공공지원자"란 법 제118조제2항 각 호의 업무를 수행하는 자로서의 구청장을 말한다.

2. "위탁지원자"란 법 제118조제1항에 따라 공공지원을 위탁받은 자를 말한다.

3. "설계도서"란 당해 목적물의 설계서, 물량내역서 등 공사의 입찰에 필요한 서류를 말한다.

제73조(공공지원의 대상사업)

법 제118조제1항에서 "시·도조례로 정하는 정비사업"이란 법 제25조에 따른 조합이 시행하는 정비사업(조합이 **건설사업자** 또는 등록사업자와 공동으로 시행하는 사업을 포함한다)을 말한다. 다만, 법 제16조에 따라 정비구역지정·고시가 있은 날의 토지등소유자의 수가 100명 미만으로서 주거용 건축물의 건설비율이 50퍼센트 미만인 도시정비형 재개발사업은 제외한다.

제74조(공공지원을 위한 비용부담 등)

① 구청장은 공공지원 업무를 수행하는데 필요한 다음 각 호의 비용을 부담한다.

　　1. 추진위원회 구성 또는 조합설립(법 제31조제4항에 따라 추진위원회를 구성하지 아니하는 경우로 한정한다)을 위한 구청장의 용역 및 선거관리위원회 위탁비용

　　2. 위탁지원 수수료

② 법 제118조제2항 각 호 외의 업무를 지원받고자 하는 경우에는 총회의 의결을 거쳐 구청장에게 신청할 수 있다.

③ 구청장은 제2항에 따라 조합의 신청이 있는 경우 법 제118조제1항의 기관 중에서 지정하여 조합에 통보하여야 하며, 조합은 해당 기관과 지원 범위 및 수수료 등에 대한 계약을 체결하고 비용을 부담하여야 한다.

제75조(공공지원자의 업무범위)

법 제118조제2항제6호에 따라 "그 밖에 시·도조례로 정하는 사항"이란 다음 각 호에 해당하는 업무를 말한다. <개정 2019. 9. 26.>

1. 추진위원회 구성을 위한 위원 선출업무의 선거관리위원회 위탁

2. 건설사업관리자 등 그 밖의 용역업체 선정방법 등에 관한 업무의 지원

3. 조합설립 준비업무에 관한 지원

4. 추진위원회 또는 조합의 운영 및 정보공개 업무의 지원

5. 법 제52조제1항제4호에 따른 세입자의 주거 및 이주 대책 수립에 관한 지원

6. 관리처분계획 수립에 관한 지원

7. 법 제31조제4항에 따라 추진위원회 구성 단계를 생략하는 정비사업의 조합설립에 필요한 토지등소유자의 대표자 선출 등 지원

8. 법 제118제7항제1호에 따른 **건설사업자**의 선정방법 등에 관한 업무 지원

9. 법 제87조에 **따른 권리의 확정**, 법 제88조에 **따른 등기 절차**, 법 제89조에 **따른 청산금 등의 징수 및 지급, 조합 해산 준비업무에 관한 지원**

제76조(선거관리의 방법 등)

시장은 추진위원회 위원, 조합임원 또는 제75조제7호에 따른 토지등소유자의 대표자 선출을 위하여 다음 각 호의 내용을 포함한 선거관리기준을 정할 수 있다.

1. 선거관리위원회의 업무위탁에 관한 사항

2. 주민설명회 개최에 관한 사항

3. 입후보자 등록공고 및 등록에 관한 사항
4. 합동연설회 개최에 관한 사항
5. 주민선거 실시에 관한 사항
6. 그 밖에 선거관리를 위하여 필요한 사항

제77조(시공자등의 선정기준)(서울시 공공지원제도에 의해 시행되는 재개발사업에 한함)

① 법 제118조제6항에 따라 조합은 사업시행계획인가를 받은 후 총회에서 시공자를 선정하여야 한다. 다만, 법 제118조제7항제1호에 따라 조합과 **건설사업자** 사이에 협약을 체결하는 경우에는 시공자 선정 시기를 조정할 수 있다.

② 제1항에 따라 조합은 사업시행계획인가 된 사업시행계획서를 반영한 설계도서를 작성하여 법 제29조제1항에 따른 경쟁입찰 또는 수의계약(2회 이상 경쟁입찰이 유찰된 경우로 한정한다. 이하 이 조에서 같다)의 방법으로 시공자를 선정하여야 한다.

③ 추진위원회 또는 조합은 총회에서 법 제29조제1항에 따른 경쟁입찰 또는 수의계약의 방법으로 「건축사법」 제23조에 따라 **건축사사무소 개설신고 한 자를 설계자로 선정하여야 한다.**

④ 추진위원회 또는 조합은 총회에서 법 제29조제1항에 따른 경쟁입찰 또는 수의계약의 방법으로 법 제102조에 따라 등록한 정비사업전문관리업자를 선정하여야 한다. 이 경우 법 제118조제5항에 따라 구청장이 정비사업전문관리업자를 선정하는 경우에는 제외한다.

⑤ 시장은 정비사업전문관리업자·설계자·시공자 및 법 제118조제7항제1호에 따른 **건설사업자**의 선정방법 등에 대하여 다음 각 호의 내용을 포함하는 기준을 정할 수 있다.
1. 업체 선정에 관한 세부절차
2. 업체 선정 단계별 공공지원자 등의 기능 및 역할
3. 그 밖에 업체 선정 방법 등 지원을 위하여 필요한 사항

⑥ 시장은 제75조제2호에 따른 용역업체의 선정기준 등에 대하여 제5항을 준용하여 정할 수 있다.

제78조(공동사업시행의 협약 등)

① 법 제118조제8항에 따른 협약사항에 관한 구체적인 내용은 다음 각 호와 같다.
1. 협약의 목적
2. 당사자 간의 지위, 권리 및 의무
3. 협약의 범위 및 기간
4. 협약의 체결, 변경, 해지, 연장, 이행 보증 등에 관한 사항
5. 사업의 시행, 변경에 관한 사항
6. 사업경비의 부담, 이익의 분배, 손실의 부담에 관한 사항
7. 채권 및 채무에 관한 사항
8. 의사결정 방법 및 절차 등에 관한 사항
9. 공사의 시행 및 관리에 관한 사항
10. 공사목적물의 처분 및 인수 등에 관한 사항
11. 입주 및 하자관리 등에 관한 사항

12. 분쟁 및 소송 등에 관한 사항

13. 인·허가 업무에 관한 사항

14. 그 밖에 공동사업시행에 필요한 사항

② 시장은 제1항 각 호의 내용이 포함된 표준공동사업시행협약서를 작성하여 보급할 수 있다.

제79조(위탁지원자의 지정 등)

① 공공지원자가 법 제118조제1항에 따라 정비사업에 대한 사업시행 과정 지원을 위탁하고자 하는 경우 「행정권한의 위임 및 위탁에 관한 규정」을 준용하여 위탁지원자를 지정하여야 한다.

② 시장은 다음 각 호의 내용이 포함된 표준협약서를 작성하여 보급할 수 있다.

1. 위탁의 목적

2. 상호 간의 권리와 의무

3. 구역의 위치 및 면적

4. 위탁업무의 범위

5. 위탁기간

6. 계약체결 및 수수료 지급 방법

7. 감독에 관한 사항

8. 협약 해지 등 위탁관리에 필요한 사항

제80조(조합설립 등의 업무지원)

① 추진위원장 또는 조합임원은 조합설립 동의 시부터 최초로 관리처분계획을 수립하는 때까지 사업비에 관한 주민 동의를 받고자 하는 경우에는 분담금 추정프로그램에 정비계획 등 필요한 사항을 입력하고, 토지등소유자가 개략적인 분담금 등을 확인할 수 있도록 하여야 하며, 토지등소유자에게 개별 통보하여야 한다.

② 추진위원장 또는 조합임원은 토지등소유자에게 동의를 받고자 하는 사업비의 내용과 부합하게 자료를 입력하여야 한다.

③ 법 제27조제3항제2호에서 "그 밖에 추정 분담금의 산출 등과 관련하여 시·도조례로 정하는 사항"과 영 제32조제2호에서 "그 밖에 추정 분담금의 산출 등과 관련하여 시·도조례로 정하는 정보"란 제2항에 따라 산출된 정보를 말한다.

제81조(관리처분계획 수립 지원 등)

시장은 제75조제5호 및 제6호의 업무지원에 필요한 방법과 절차 및 기준을 정할 수 있다.

제82조(공공지원에 의한 조합설립 방법 및 절차 등)

① 시장은 법 제31조제4항 및 영 제27조제6항에 따라 추진위원회를 구성하지 아니하는 경우에 조합설립 방법 및 절차 등에 필요한 사항을 다음 각 호의 내용을 포함하여 고시하여야 한다.

1. 토지등소유자의 대표자 등 주민협의체 구성을 위한 선출방법

2. 참여주체별 역할

3. 조합설립 단계별 업무처리 기준

4. 그 밖에 조합설립 업무지원을 위하여 필요한 사항

② 구청장은 제7조제12호에 따라 토지등소유자의 과반수가 추진위원회 구성 단계 생략을 원하는 경우 제1항에 따른 방법과 절차 등에 따라 조합을 설립하여야 한다.

제83조(정비사업의 예산회계기준 작성 등)

① 추진위원회 또는 조합은 예산회계처리 및 행정업무에 대하여 **정관등**이 정한 방법과 절차에 따라 다음 각 호의 내용이 포함된 관련 규정을 정하여 운영하여야 한다.

　　1. 예산회계처리규정
　　　　가. 예산의 편성과 집행
　　　　나. 세입·세출예산서 및 결산보고서 작성
　　　　다. 수입의 관리·징수방법 및 수납 기관 등
　　　　라. 지출의 관리 및 지급 등
　　　　마. 계약 및 채무관리
　　　　바. 그 밖에 회계문서와 장부에 관한 사항
　　2. 행정업무처리규정
　　　　가. 상근임(위)·직원의 내부인사
　　　　나. 보수 및 회의수당 등 지급기준
　　　　다. 내무업무 및 물품처리 등
　　　　라. 문서의 보존 및 관리 등
　　　　마. 상근임(위)·직원의 복무기준
　　　　바. 그 밖에 행정업무 처리에 필요한 사항

② 시장은 제1항 각 호의 내용이 포함된 표준규정을 작성하여 고시할 수 있다.

제84조(비용지원 등)

법 제118조제4항에 따라 시장은 다음 각 호의 업무에 소요되는 비용의 70퍼센트 **범위에서** 「서울특별시 지방보조금 관리 조례」 제8조에 따라 자치구 재정력을 감안하여 구청장에게 지원할 수 있다. 다만, 법 제44조제3항에 따라 구청장이 직접 총회를 소집하는 경우 소요 비용의 일부 또는 전부를 지원할 수 있다.

1. 법 제118조제2항제1호에 따른 추진위원회 구성을 위한 소요비용
2. 법 제118조제1항에 따른 공공지원의 위탁수수료
3. 제82조에 따른 조합설립 지원을 위한 소요비용

제85조(공공지원의 정보공개)

공공지원자 및 위탁지원자는 다음 각 호의 관련 자료를 종합정보관리시스템과 그 밖의 방법을 병행하여 토지등소유자, 조합원 및 세입자에게 공개하여야 한다. <개정 2021.9.30>

1. 법 제118조제1항에 따른 위탁지원자의 지정 및 계약에 관한 사항
2. 법 제118조제2항제2호에 따른 정비사업전문관리업자 선정 및 계약에 관한 사항
3. 제75조제1호 및 제7호에 따른 추진위원회 구성을 위한 위원 선출 및 조합설립(추진위원회 구성 단계를 생략하는 경우로 한정한다)에 필요한 토지등소유자의 대표자 선출에 관한 사항
4, 조합임원의 선거관리에 관한 사항

제86조(자료의 제출)

추진위원장 또는 조합장은 구청장의 효율적인 공공지원 업무 추진을 위하여 공공지원자(위탁지원자를 포함한다)에게 다음 각 호의 자료를 제출하여야 한다. <개정 2019. 9. 26.>

1. 추진위원회·주민총회·조합총회 및 조합의 이사회·대의원회의 개최에 관한 사항
2. 시공자·설계자 및 정비사업전문관리업자 등 업체 선정계획과 계약에 관한 사항
3. 법 제87조에 따른 권리의 확정, 법 제88조에 따른 등기 절차, 법 제89조에 따른 청산금 등의 징수 및 지급에 관한 계획 및 추진사항
4. 조합 해산 계획 및 추진사항
5. 그 밖에 규칙으로 정하는 사항

제9장 보 칙

제87조(자료공개의 방법 및 비용부담 등)

① 조합원 및 토지등소유자는 추진위원장이나 사업시행자가 법 제124조제4항에 따른 서류 및 관련 자료 공개 요청에 대하여 통지한 날부터 10일 이내에 수수료를 현금으로 납부해야 한다.

② 제2항에 따른 수수료 금액은 **별표 4**와 같다.

제88조(관련자료의 인계)

① 법 제125조제2항에 따라 토지주택공사등이 아닌 사업시행자는 다음 각 호의 서류를 구청장에게 인계하여야 한다.

1. 이전고시 관계서류
2. 확정측량 관계서류
3. 청산관계 서류
4. 등기신청 관계서류
5. 감정평가 관계서류
6. 손실보상 및 수용 관계서류
7. 공동구설치 비용부담 관계서류
8. 회계 및 계약 관계서류
9. 회계감사 관계서류
10. 총회, 대의원회, 이사회 및 감사의 감사 관계서류
11. 보류지 및 체비시설의 처분에 대한 분양 관계서류

② 제1항에 따른 서류의 인계는 법 제86조에 따른 이전고시일부터 3개월 또는 정비사업이 폐지되는 경우 폐지일부터 2개월 이내에 하여야 한다. 다만, 구청장이 부득이한 사정이 있다고 인정하는 때에는 사업시행자의 신청에 따라 연기할 수 있다.

제89조(도시·주거환경정비기금의 운용 및 비율 등)

① 법 제126조제1항 및 제4항에 따른 도시·주거환경정비기금(이하 "정비기금"이라 한다)은 **서울특별시** 주택사업특별회계에 포함하여 운용·관리한다.

② 법 제126조와 영 제95조에 따른 기금의 재원 중 정비기금으로 적립되는 비율은 다음 각

호와 같다.

1. 정비구역 **내** 공유지 매각대금의 100분의 30
2. 개발부담금 중 지방자치단체 귀속분의 100분의 50
3. 「지방세법」 제112조(같은 조 제1항제1호는 제외한다)에 따른 재산세 징수 총액의 100분의 10

③ 법 제126조제3항제1호라목에서 "시·도조례로 정하는 사항"이란 다음 각 호와 같다.

1. 추진위원회·조합의 운영경비, 설계비 등 용역비, 세입자 대책비, 조합원 이주비
2. 관리형 주거환경개선구역의 신축비용, 주민공동체 활성화를 위한 조직 운영비 및 사업비
3. 제52조제8항에 따라 지원하는 주택개량비용
4. 도시정비형 재개발사업의 건축비용
5. 추진위원회 및 조합 사용비용 보조금
6. 정비구역(전면철거방식이 아닌 정비사업으로 한정한다)내 범죄예방 등 안전한 주거환경 조성비
7. 주택정비형 재개발구역 중 옛길, 옛물길 및 한옥 보전에 따른 사업비용

제90조(권한의 위임)

시장은 다음 각 호의 권한을 구청장에게 위임한다.

1. 정비사업의 임대주택 매매계약 체결 및 단계별(계약금·중도금·잔금) 매매대금의 지급에 관한 사항
2. 법 시행 전 종전의 「도시저소득주민의 주거환경개선을 위한 임시조치법」 에 따라 주거 환경개선지구로 지정된 정비구역의 **정비계획 수립**
3. 법 제21조제1항에 따라 해제되는 정비구역등의 추진위원회 또는 조합이 사용한 비용의 보조에 관한 업무

제91조(금품·향응 수수행위 등에 대한 신고 및 신고포상금 지급기준 등)

① 시장은 법 제142조에 따라 금품·향응 수수행위 등의 사실을 신고한 자에 대하여 신고 포상금(이하 "포상금"이라 한다)을 지급할 수 있다. 이 경우 지급한도액은 2억원 이하로 한다.

② 시장은 법 제132조 각 호의 행위 사실을 시장 또는 수사기관에게 신고 또는 고발한 자에게 그 신고 또는 고발사건에 대해 기소유예, 선고유예·집행유예 또는 형의 선고 등이 확정되는 경우 신고포상금 심사위원회(이하 "심사위원회"라 한다)의 의결을 거쳐 포상금을 지급할 수 있다.

③ 법 제132조 각 호의 행위를 하는 자를 신고하려는 자는 별지 제6호 서식에 따른 금품·향응 수수행위 등에 관한 신고서에 신고내용을 증명할 수 있는 자료를 첨부하여 시장에게 제출하여야 한다. 다만, 동일한 사항에 대하여 이미 신고 되어 진행 중이거나 종료된 경우에는 신고내용을 조사하지 않는다.

④ 포상금은 제2항에 따라 포상금 지급이 결정된 그 해 예산의 범위 안에서 지급한다.

⑤ 포상금 지급에 따른 심사위원회 구성 및 지급기준 등에 관한 세부적인 사항은 규칙으로 정할 수 있다.

부　칙<제6899호, 2018.7.19.>

제1조(시행일)

이 조례는 공포한 날부터 시행한다. 다만, 제69조제5항의 개정규정은 2019년 1월 1일부터 시행한다.

제2조(유효기간)

제3조 및 제6조제1항제1호 단서에 따라 정비사업을 주택정비형 재개발사업, 도시정비형 재개발사업, 주거환경개선사업 및 관리형 주거환경개선사업으로 구분하여 운영하는 사항은 「2030 서울특별시 도시·주거환경정비기본계획」을 수립하여 고시하는 때까지 그 효력을 가진다.

제3조(공공지원에 의한 조합설립 방법 등에 관한 적용례)

제7조제12호 및 제82조의 개정규정은 서울특별시조례 제5417호 서울특별시 도시 및 주거환경 정비조례 일부개정조례 시행 후 구청장이 최초로 정비계획 수립을 위해 조사하는 정비구역부터 적용한다.

제4조(안전진단 시기조정 및 비용부담 등에 관한 적용례)

① 제9조제1항의 개정규정은 서울특별시조례 제6188호 서울특별시 도시 및 주거환경 정비조례 일부개정조례 시행 후 안전진단 실시시기가 도래하거나 안전진단 실시를 요청하는 분부터 적용한다.

② 제9조제3항의 개정규정은 이 조례 시행 이후 안전진단의 실시를 신청하는 분부터 적용한다.

제5조(추진위원회 및 조합 비용의 보조비율 및 보조방법 등에 관한 적용례)

제15조의 개정규정은 조합(조합이 법 제25조에 따라 공동으로 정비사업을 시행하는 경우는 제외한다)이 시행하는 정비사업으로 한정한다.

제6조(사용비용 보조비율 및 보조에 관한 적용례)

제15조부터 제17조까지의 개정규정은 「서울특별시 도시 및 주거환경 정비조례」(서울특별시 조례 제6407호를 말한다) 제4조의3제3항제4호에 따라 2017년 12월 31일까지 토지등소유자가 해제를 요청하여 해제한 정비구역등에 대해서도 적용한다.

제7조(특정무허가건축물의 정의 및 재개발사업의 분양대상 등에 관한 적용례)

제2조제1호 및 제36조제1항제1호의 개정규정은 서울특별시조례 제5102호 서울특별시 도시 및 주거환경 정비조례 일부개정 조례 시행 후 최초로 정비구역의 지정을 위한 주민공람을 하는 분부터 적용한다.

제8조(세대의 기준변경에 따른 적용례)

제36조제1항·제2항 및 제37조제2항제2호의 개정규정에 따른 세대 기준은 2009년 8월 7일 이후 최초로 조합설립인가를 받은 분부터 적용한다.

제9조(단독주택재건축사업의 분양대상 등에 관한 적용례)

① 제37조제2항제1호의 개정규정은 서울특별시조례 제4768호 서울특별시 도시 및 주거환경 정비조례 일부개정조례 시행 후 다세대주택으로 전환한 분부터 적용한다.

② 제37조제2항제4호의 개정규정은 서울특별시조례 제4768호 서울특별시 도시 및 주거환경 정비조례 일부개정조례 시행 후 최초로 건축허가를 신청하는 분부터 적용한다.

제10조(상가세입자 우선 분양권에 관한 적용례)

제40조제2호 단서의 개정규정은 서울특별시조례 제4824호 서울특별시 도시 및 주거환경 정비조례 일부개정조례 시행 이후 최초로 정비구역이 지정되는 분부터 적용한다.

제11조(기초생활수급자 임대주택 적용례)

제46조의 개정규정은 서울특별시조례 제5348호 서울특별시 도시 및 주거환경 정비조례 일부개정조례 시행 후 최초로 사업시행인가를 신청하는 분부터 적용한다.

제12조(임대주택의 매매계약에 관한 적용례)

제42조제9항의 개정규정은 서울특별시조례 제6843호 서울특별시 도시 및 주거환경 정비조례 일부개정조례 시행 후 최초로 사업시행계획인가를 신청하는 정비구역부터 적용한다.

제13조(자료공개의 방법 및 수수료에 관한 적용례)

제87조제1항의 개정규정은 이 조례 시행 이후 최초로 정비사업 시행에 관한 서류와 관련된 자료에 대하여 복사를 요청한 경우부터 적용한다.

제14조(신고포상금 지급기준에 관한 적용례)

제91조의 개정규정은 이 조례 시행 이후 최초로 시장 또는 수사기관에 신고 또는 고발한 사건부터 적용한다.

제15조(정비구역 입안대상지역 요건에 관한 특례)

제6조제1항제2호나목의 개정규정에도 불구하고 서울특별시조례 제4824호 서울특별시 도시 및 주거환경 정비조례 일부개정조례 시행 전에 고시된 「2010 도시·주거환경정비 기본계획」상 주택재개발예정구역인 경우에는 주택접도율이 50퍼센트 이하인 지역을 주택 정비형 재개발구역의 정비계획 입안대상지역으로 한다.

제16조(일반적 경과조치)

이 조례 시행 당시 종전의 「서울특별시 도시 및 주거환경정비조례」에 따른 결정·처분·절차 및 그 밖의 행위는 이 조례의 규정에 따라 행하여진 것으로 본다.

제17조(주거환경관리사업의 시행을 위한 정비구역 등에 관한 경과조치)

① 이 조례 시행 당시 종전의 「도시 및 주거환경정비법」(법률 제14567호로 개정되기 전의 것을 말한다)에 따라 주거환경관리사업을 시행하기 위하여 지정·고시된 정비구역은 이 조례에 따라 지정·고시된 관리형 주거환경개선구역으로 본다.

② 이 조례 시행 당시 종전의 「도시 및 주거환경정비법」(법률 제14567호로 개정되기 전의 것을 말한다)에 따라 주택재개발사업·도시환경정비사업을 시행하기 위하여 지정·고시된 정비구역은 각각 이 조례에 따라 지정·고시된 주택정비형 재개발구역·도시정비형 재개발구역으로 본다.

제18조(주거환경관리사업 등에 관한 경과조치)

이 조례 시행 당시 종전의 「도시 및 주거환경정비법」(법률 제14567호로 개정되기 전의 것을 말한다)에 따라 시행 중인 주거환경관리사업·주택재개발사업·도시환경정비사업은 각각 이 조례에 따른 관리형 주거환경개선사업·주택정비형 재개발사업·도시정비형 재개발사업으로 본다.

제19조(승인된 추진위원회에 관한 경과조치)

서울특별시조례 제4167호 서울특별시도시및주거환경정비조례 시행 당시 법률 제6852호 도시및주거환경정비법 부칙 제9조에 따라 승인을 받아 추진위원회가 설립된 경우는 제4조

제1항제1호의 개정규정에도 불구하고 노후·불량 건축물의 기준년도를 5층 이상의 건축물은 22년으로, 4층 이하 건축물은 21년으로 한다.

제20조(정비계획 수립대상 정비구역 지정 요건에 대한 경과조치)

제6조제1항제2호다목의 개정규정에도 불구하고 「1998년 서울특별시 주택재개발 기본계획」상 정비예정구역으로 선정되고 「2010 서울특별시 도시·주거환경정비기본계획」에 반영된 자연녹지지역 내 정비예정구역은 주택재개발구역 지정 시 도시계획위원회의 심의를 받아 호수밀도 규정을 적용하지 아니할 수 있다.

제21조(도시환경정비사업 임대주택 및 공동주택 건설기준에 관한 경과조치)

① 제8조의 개정규정에도 불구하고 「서울특별시 도시 및 주거환경 정비조례」(서울특별시조례 제4359호를 말한다) 제9조제5호 및 「서울특별시 도시 및 주거환경 정비조례」(서울특별시 조례 제4824호를 말한다) 제9조제2호에 따라 상업지역 내 도시환경정비사업에 임대주택을 계획하여 사업시행인가를 신청한 경우에는 종전의 「서울특별시 도시 및 주거환경정비조례」(서울특별시조례 제4359호를 말한다) 제9조제5호 및 「서울특별시 도시 및 주거환경 정비조례」(서울특별시조례 제4824호를 말한다) 제9조제2호에 따른다.

② 제8조의 개정규정에도 불구하고 「서울특별시 도시 및 주거환경 정비조례」(서울특별시조례 제4824호를 말한다) 제9조제2호에 따라 상업지역 내 도시환경정비사업의 공동주택 건설기준을 적용하여 사업시행인가를 신청한 경우에는 종전의 서울특별시 도시 및 주거환경 정비조례(서울특별시조례 제4824호를 말한다)를 따른다.

제22조(정비계획의 입안 제안에 따른 동의자 수 산정방법에 관한 경과조치)

이 조례 시행 전에 정비계획의 입안 제안 신청을 한 경우에 동의자 수 산정방법에 대해서는 제10조의 개정규정에도 불구하고 종전의 「서울특별시 도시 및 주거환경 정비조례」(서울특별시조례 제6843호를 말한다) 제6조제3항에 따른다.

제23조(직권해제 등에 관한 적용례 및 경과조치)

① 제14조의 개정규정은 「도시 및 주거환경정비법」 제25조부터 제27조까지에 따른 사업시행자가 시행하는 정비사업에 적용한다.

② 제1항에도 불구하고 상업지역(상업지역 면적이 과반인 경우를 포함한다)의 도시정비형 재개발사업과 「도시 및 주거환경정비법」 제25조제1항제2호 및 「도시 및 주거환경정비법」(법률 제14567호로 개정되기 전의 것을 말한다) 제8조제3항에 따른 토지등소유자가 시행하거나 토지등소유자가 공동으로 시행하는 경우에는 제외한다.

③ 제14조의 개정규정은 「도시 및 주거환경정비법」 제74조에 따라 관리처분계획인가된 구역은 제외한다.

제24조(조합정관에 정할 사항 등에 관한 경과조치)

제22조제8호의 개정규정에도 불구하고 이 조례 시행 전에 사업시행계획인가를 받은 구역은 종전의 「서울특별시 도시 및 주거환경 정비조례」(서울특별시조례 제6843호를 말한다)에 따른다.

제25조(사실상 주거용으로 사용되고 있는 건축물에 관한 경과조치)

서울특별시조례 제4657호 서울특별시 도시 및 주거환경 정비조례 일부개정조례 시행 전에 종전의 「서울특별시 도시 및 주거환경 정비조례」(서울특별시조례 제4657호로 개정되기 전의 것을 말한다) 제24조제1항제1호에 따른 "사실상 주거용으로 사용되고 있는 건축물"

로서 서울특별시조례 제4657호 서울특별시 도시 및 주거환경 정비조례 일부개정조례 시행 전에 「도시 및 주거환경정비법」(법률 제9047호로 개정되기 전의 것을 말한다. 이하 이 조에서 같다) 제4조제1항에 따른 정비계획을 주민에게 공람한 지역의 분양신청자와 그 외 지역에서 「도시 및 주거환경정비법」 제4조제3항에 따른 정비구역 지정 고시일부터 「도시 및 주거환경정비법」 제46조제1항에 따른 분양신청 기간이 만료되는 날까지 세대원 전원이 주택을 소유하고 있지 아니한 분양신청자는 제36조제1항제1호의 개정규정에도 불구하고 종전의 「서울특별시 도시 및 주거환경 정비조례」(서울특별시조례 제4657호로 개정되기 전의 것을 말한다)에 따른다.

제26조(분양대상 기준의 적용례 및 경과조치)

① 제36조제1항제2호의 개정규정에도 불구하고 서울특별시조례 제4167호 서울특별시 도시 및 주거환경정비조례 시행 당시 종전의 「도시재개발법」 제4조에 따라 재개발구역 으로 지정된 정비구역(정비계획이 수립되지 않은 정비구역은 제외한다)의 경우 구역 지정고시일을 서울특별시조례 제4167호 서울특별시도시및주거환경정비조례 시행일로 보며 서울특별시조례 제4167호 서울특별시도시및주거환경정비조례 제24조제1항제2호 단서의 30제곱미터를 20제곱미터로 본다.

② 서울특별시조례 제4167호 서울특별시도시및주거환경정비조례 시행 전에 단독 또는 다가구주택을 다세대주택으로 전환하여 구분등기를 완료한 주택에 대하여는 제36조 제2항제1호의 개정규정에도 불구하고 전용면적 60제곱미터 이하의 주택을 공급하거나 정비구역 내 임대주택을 공급할 수 있으며, 다세대주택의 주거전용 총면적이 60제곱 미터를 초과하는 경우에는 종전 관련 조례의 규정에 따른다. 다만, 하나의 다세대전환 주택을 공유지분으로 소유하고 있는 경우에는 주거전용 총면적에 포함시키지 아니하며 전용면적 85제곱미터 이하 주택을 분양신청 조합원에게 배정하고 잔여분이 있는 경우, 전용면적 60제곱미터 이하 주택 배정조합원의 상향요청이 있을 시에는 권리가액 다액 순으로 추가 배정할 수 있다.

③ 제36조제2항제6호의 개정규정에도 불구하고 서울특별시조례 제4657호 서울특별시 도시 및 주거환경 정비조례 일부개정조례 시행 후 최초로 건축허가를 신청하는 경우 분부터 적용한다.

제27조(다세대주택으로 전환된 주택의 분양기준에 관한 경과조치)

제36조제2항제1호와 제37조제2항제1호의 개정규정에도 불구하고 서울특별시조례 제4824호 서울특별시 도시 및 주거환경 정비조례 일부개정조례 시행 당시 최초로 사업시행인가를 신청하는 분부터 1997년 1월 15일 전에 가구별로 지분 또는 구분소유등기를 필한 다가구 주택이 건축허가 받은 가구 수의 증가 없이 다세대주택으로 전환된 경우에는 가구별 각 각 1명을 분양대상자로 하여 적용한다.

제28조(다가구주택의 분양기준에 관한 경과조치)

① 1997년 1월 15일 전에 가구별로 지분 또는 구분소유등기를 필한 다가구주택(1990년 4월 21일 다가구주택 제도 도입 이전에 단독주택으로 건축허가를 받아 지분 또는 구분등기를 필한 사실상의 다가구주택을 포함한다)은 제36조제2항제3호의 개정규정 에도 불구하고 다가구주택으로 건축허가 받은 가구 수로 한정하여 가구별 각각 1명을 분양대상자로 한다.

② 1997년 1월 15일 전에 가구별로 지분 또는 구분소유등기를 필한 다가구주택(1990년 4월 21일 다가구주택 제도 도입 이전에 단독주택으로 건축허가를 받아 지분 또는 구분등기를 필한 사실상의 다가구주택을 포함한다)은 제37조제2항제3호의 개정규정에도 불구하고 서울특별시조례 제4768호 서울특별시 도시 및 주거환경 정비조례 일부개정조례 시행 당시 최초로 사업시행인가를 신청하는 분부터 적용하며, 이미 사업시행인가를 받은 조합으로서 사업시행인가를 변경하고자 하는 경우에는 토지등소유자 전원의 동의를 받아야 한다.

제29조(권리산정기준일에 관한 적용례 및 경과조치)

① 제36조 및 제37조 개정규정은 서울특별시조례 제5007호 서울특별시 도시 및 주거환경 정비조례 일부개정조례 시행 이후 최초로 기본계획(정비예정구역에 신규로 편입지역 포함)을 수립하는 분부터 적용한다.

② 서울특별시조례 제5007호 서울특별시 도시 및 주거환경 정비조례 일부개정조례 시행 전에 기본계획이 수립되어 있는 지역 및 지구단위계획이 결정·고시된 지역은 종전의 「서울특별시 도시 및 주거환경 정비조례」(서울특별시조례 제5007호로 개정되기 전의 것을 말한다) 제27조 및 제28조에 따른다.

③ 분양대상 적용 시 제2항을 따르는 경우 2003년 12월 30일 전부터 공유지분으로 소유한 토지의 권리가액이 분양용 최소규모 공동주택 1가구의 추산액 이상인 자는 종전의 「서울특별시 도시 및 주거환경 정비조례」(서울특별시조례 제5007호로 개정되기 전의 것을 말한다) 제27조제2항제3호에 따른 분양대상자로 본다.

제30조(재개발임대주택 부속토지 가격 산정 및 매매계약에 관한 경과조치)

제41조 및 제42조의 개정규정에도 불구하고 이 조례 시행 전에 시장과 재개발임대주택 매매계약을 체결한 구역은 종전의 「서울특별시 도시 및 주거환경 정비조례」(서울특별시조례 제6843호를 말한다)에 따른다.

제31조(협동주택의 분양기준에 관한 경과조치 등)

제36조제2항제3호와 제37조제2항제3호의 개정규정에도 불구하고 서울특별시조례 제4768호 서울특별시 도시 및 주거환경 정비조례 일부개정조례 시행 당시 최초로 조합설립인가를 신청하는 분부터 종전의 서울특별시주택개량재개발사업시행조례 제4조제2항에 따라 건축된 협동주택으로서 지분 또는 구분소유등기를 필한 세대는 사실상 구분된 가구 수로 한정하여 각각 1명을 분양대상자로 하여 적용한다.

제32조(임대주택 공급대상 기준에 관한 경과조치)

서울특별시조례 제4167호 서울특별시 도시 및 주거환경 정비조례 시행 당시 종전의 「도시재개발법」 제4조에 따라 재개발구역으로 지정된 정비구역의 임대주택 공급대상기준은 제46조의 개정규정에도 불구하고 「서울특별시 도시재개발사업 조례시행규칙」에 따른다. 이 경우 구역지정 고시일을 대통령령 제18044호 도시및주거환경정비법 시행령 제11조에 따른 정비구역 지정을 위한 공람공고일로 본다.

제33조(협의체 구성 및 운영에 관한 적용례 및 경과조치)

① 제67조의 개정규정은 서울특별시조례 제6408호 서울특별시 도시 및 주거환경 정비조례 일부개정조례 시행 당시 착공신고를 완료한 구역은 제외한다.

② 서울특별시조례 제6408호 서울특별시 도시 및 주거환경 정비조례 일부개정조례 시행

전에 사전협의체를 구성·운영한 경우에는 제67조의 개정규정에 따라 협의체를 구성·운영한 것으로 본다.

③ 서울특별시조례 제6408호 서울특별시 도시 및 주거환경 정비조례 일부개정조례 시행 전에 관리처분계획 인가된 구역 중 사업시행계획 및 관리처분계획에 사전협의체 운영과 관련된 사항이 있는 경우 이에 따른다.

제34조(다른 조례의 개정)

(기록 생략)

제35조(다른 법규와의 관계)

이 조례 시행 당시 다른 조례에서 종전의 「서울특별시 도시 및 주거환경 정비조례」 또는 그 규정을 인용하는 경우에 이 조례 가운데 그에 해당하는 규정이 있는 경우에는 종전의 「서울특별시 도시 및 주거환경 정비조례」 또는 그 규정을 갈음하여 이 조례 또는 이 조례의 해당 규정을 인용한 것으로 본다.

부칙 < 제7862호, 2021. 1. 7.>

이 조례는 공포한 날부터 시행한다.

[별표 1] 철근콘크리트·철골콘크리트·철골철근콘크리트 및
강구조 공동주택의노후·불량건축물 기준 (제4조제1항제1호 관련)

[별표 2] 결합정비사업의 시행방법 및 절차 (제13조제3항 관련)

[별표 3] 감정평가업자 선정 평가기준 (제35조제1호 관련)

[별표 4] 자료공개에 따른 수수료 금액 (제87조제2항 관련)

[별지 제1호 서식] 추진위원회 사용비용 보조금 신청서

[별지 제2호 서식] 조합 사용비용 보조금 신청서

[별지 제3호 서식] 관리처분계획 타당성 검증 요청서

[별지 제4호 서식] 관리처분계획 타당성 검증 요청 동의서

[별지 제5호 서식] 정비사업 정보공개서

[별지 제6호 서식] 금품·향응 수수행위 등에 관한 신고서

(내용은 법제처 국가법령정보센터 홈페이지(www.moleg.go.kr) 참조)

철근콘크리트·철골콘크리트·철골철근콘크리트 및 강구조
공동주택의 노후·불량건축물 기준 (제4조제1항제1호 관련)

준공년도 \ 구분	5층 이상 건축물	4층 이하 건축물
1981.12.31이전	20년	20년
1982	22년	21년
1983	24년	22년
1984	26년	23년
1985	28년	24년
1986	30년	25년
1987		26년
1988		27년
1989		28년
1990		29년
1991.1.1이후		30년

[별표 2]
결합정비사업의 시행방법 및 절차(제13조제3항 관련)

1. 구청장은 다음 각 목의 절차에 따라 결합정비사업을 위한 정비계획을 입안할 수 있다.
   가. 도시 및 주거환경정비기본계획(이하 "기본계획"이라 한다)의 정비예정 구역을 대상으로 영 제13조제1항에 따른 주민공람 전에 서울특별시 도시계획위원회(이하 "도시계획위원회"한다) 자문을 거쳐 신청할 수 있다.
   나. 저밀관리구역과 고밀개발구역을 결합하여 정비계획을 입안하고자 하는 경우에는 가목의 절차에 따라야 한다.
2. 제1호 나목에 따른 저밀관리구역과 고밀개발구역은 다음 각 목에 적합하여야 한다.
   가. 저밀관리구역은 다음의 어느 하나에 해당하여야 한다.
     1) 자연경관지구 또는 최고고도지구로 지정되어 있는 낙후한 지역
     2) 문화재보호구역 주변
     3) 제1종일반주거지역
     4) 제2종일반주거지역으로서 7층 이하인 지역
     5) 한옥밀집지역
     6) 1)부터 5)까지와 유사하거나 도시경관 또는 문화재 등을 보호하기 위하여 도시계획위원회 자문을 거쳐 시장이 인정하는 지역
   나. 고밀개발구역은 다음의 어느 하나에 해당하여야 한다.
     1) 지하철, 국철 및 경전철역의 승강장 경계로부터 반경 500미터 이내의 역세권
     2) 제2종일반주거지역, 제3종일반주거지역, 준주거지역, 상업지역으로서 폭 20미터 이상의 도로에 인접하여 토지의 고도이용이 가능한 지역
     3) 1)·2)와 유사하거나 기반시설, 주변여건 등을 고려하여 토지의 고밀개발이 가능하다고 도시계획위원회 자문을 거쳐 시장이 인정하는 지역
3. 결합정비구역의 정비계획은 다음 각 목에 적합하여야 한다.
   가. 이 표에서 사용하는 용어의 정의는 다음과 같다.
     1) 기본계획용적률이란 저밀관리구역을 단독의 정비사업으로 정비하는데 필요한 용적률을 말하며, 정비기반시설 등을 제공하기 전 구역면적을 기준으로 산정한다. 다만, 도시관리계획 등을 기초로 도시계획위원회에서 정한 용적률을 기본계획용적률로 정할 수 있다.
     2) 관리목표용적률이란 도시경관 또는 문화재 등을 보호하기 위하여 저밀관리구역에 새로이 정한 용적률을 말하며, 정비기반시설 등을 제공한 후 대지면적을 기준으로 산정한다.
     3) 이전대상연면적이란 기본계획용적률과 관리목표용적률의 차에 해당하는 지상층 건축물 총면적(즉, 기본계획용적률을 적용한 지상층 건축물 총면적과 목표용적률을 적용한 지상층 건축물 총면적의 차)을 말한다.
     4) 이전대상용적률이란 이전대상연면적을 고밀개발구역의 택지면적(정비기반시설을 제외한 정비구역 면적으로서 주택과 부대시설을 건축하기 위한 대지면적을 말한다)으로 나눈 용적률을 말한다.

5) 인센티브용적률이란 결합정비사업을 시행하면서 도시경관 또는 문화재 보호 등의 공공기여를 인정하여 완화하는 용적률을 말한다.

나. 관리목표용적률은 저밀관리구역 입지특성에 따라 다음 표의 범위 안에서 도시계획위원회 자문을 거쳐 정한다.

입 지 특 성			관리목표용적률
전용주거지역에 준하는 밀도관리가 필요한 지역··자연경관 또는 문화재 등 보호가 필요하여 자연경관지구에 준하는 밀도관리가 필요한 지역	자연경관지구	1종, 2종	90퍼센트 이하
그 밖에 저밀주택지로 관리할 필요가 있는 지역	최고고도지구	1종, 2종	120퍼센트 이하

다. 인센티브용적률은 다음과 같이 산정한다.

인센티브 용적률 = 이전대상용적률 × 0.5의 산정 값과 용적률 5% 중 큰 값. 다만, 인센티브용적률은 최대 20% 이하로 한다.

라. 고밀개발구역은 「국토의 계획 및 이용에 관한 법률 시행령」 별표 5 제1호 및 제2호에 따른 층수제한 규정에도 불구하고 용적률 완화에 반영되지 않은 정비기반시설 등 제공 면적에 비례하여 「국토의 계획 및 이용에 관한 법률 시행령」 제46조의 범위 내에서 도시계획위원회의 심의를 거쳐 완화할 수 있다.

마. 저밀관리구역과 고밀개발구역의 결합정비사업은 같은 종류의 정비사업간 결합하는 것을 원칙으로 한다. 다만, 도시계획위원회의 자문을 통해 인정하는 경우에는 서로 다른 종류의 정비사업간에도 결합할 수 있다.

4. 결합정비구역의 추진위원회 및 조합 설립 절차 등

가. 하나의 추진위원회 및 조합을 구성하여야 한다. 다만, 저밀관리구역과 고밀개발구역으로 분할시행이 필요한 경우 저밀관리구역 및 고밀개발구역별로 추진위원회·조합으로 구성할 수 있으며, 다수의 정비구역으로 구성된 경우에는 구역별로 추진위원회··조합을 설립할 수 있다.

나. 「정비사업 조합설립추진위원회 운영규정」에 따라 운영하되, 결합정비구역의 추진위원회는 다음의 사항에 따라 추진할 수 있다.

 1) 구역별 토지등소유자의 과반수의 동의를 얻어 조합설립을 위한 하나의 추진위원회를 구성하며, 국토교통부령으로 정하는 방법과 절차에 따라 구청장의 승인을 얻어야 한다.

 2) 저밀관리구역과 고밀개발구역을 대표하는 위원장을 선임하고, 위원장이 선임되지 않은 구역에서 부위원장을 선임한다.

 3) 저밀관리구역과 고밀개발구역의 토지등소유자 수에 비례하여 추진위원회 위원을 선임하며, 각 구역에 같은 수의 감사를 선임한다.

다. 재개발 및 재건축사업 표준정관에 지역여건을 고려한 정관을 작성 및 운영하되, 결합정비구역의 조합은 다음 사항을 따라 추진할 수 있다.

1) 조합을 설립하고자 하는 경우에는 구역별로 토지등소유자의 4분의 3이상 및 토지 면적의 2분의 1 이상 소유자의 동의를 받아 정관 및 국토교통부령이 정하는 서류를 첨부하여 구청장의 인가를 받아야 한다.

2) 저밀관리구역과 고밀개발구역을 대표하는 조합장을 선임하고, 조합장이 선임되지 않은 구역에서 부조합장을 선임한다.

3) 저밀관리구역과 고밀개발구역의 조합원수에 비례하여 조합 이사를 선임하며, 각 구역에 같은 수의 감사를 선임한다.

라. 가목 단서에 따라 저밀관리구역과 고밀개발구역으로 분할시행이 필요하여 저밀 관리구역 및 고밀개발구역별로 각각 추진위원회·조합으로 구성하는 경우는 다음 사항을 따라 추진할 수 있다.

1) 추진위원회는 각 정비구역별 「정비사업 조합설립추진위원회 운영규정」에 따라 운영한다.

2) 조합은 각 정비구역별 조합정관을 작성하여 운영하되, 결합개발정비사업 시행에 필요한 연면적의 분배, 비용분담 등을 포함한다.

5. 결합정비사업 시행 및 관리처분 등

가. 저밀관리구역의 조합원은 저밀관리구역에 건립되는 건축물에 대하여 우선 분양신청을 하거나 고밀개발구역에 건립되는 건축물의 분양을 신청할 수 있다. 고밀개발구역의 조합원도 또한 같다.

나. 관리처분계획은 해당 사업에 따른 개발이익을 저밀관리구역의 조합원과 고밀개발 구역의 조합원 간에 공정하고 합리적으로 배분할 수 있도록 수립되어야 한다.

다. 관리처분계획인가 후 저밀관리구역과 고밀개발구역을 분리하여 각각 착공할 수 있다.

라. 제4호 라목에 따라 저밀관리구역과 고밀개발구역으로 분할 시행하는 경우 구역별로 관리처분계획을 수립할 수 있다.

감정평가법인등의 선정 평가기준(제35조제1호 관련)

① 평가항목 : **감정평가법인등**의 업무수행실적(배점 : 20점)
 − 최근 3년간 서울시내 정비사업(재개발·재건축(단독주택재건축사업을 포함한다))의 감정평가 계약 및 평가금액을 기준으로 실적을 평가함
 − 평가건수(10점)

구 분	상위20%이내	20%초과~40%	40%초과~60%	60%초과~80%	80%초과~100%
평 점	10	8	6	4	2

 − 평가금액(10점)

구 분	상위20%이내	20%초과~40%	40%초과~60%	60%초과~80%	80%초과~100%
평 점	10	8	6	4	2

② 평가항목 : 감정평가사 수(배점 : 15점)
 ○ **감정평가법인등**의 소속 감정평가사 수 평가기준
  −「감정평가 및 감정평가사에 관한 법률」제29조에 따라 인가를 받은 감정평가법인의 서울시소재 사무소에 소속된 감정평가사 수를 평가함
 ○ 평가배점(15%) − 서울시소재 사무소 소속 감정평가사의 수

구 분	20명 초과	16~20명	11~15명	6~10명	5명 이하
평 점	15	14	13	12	11

③ 평가항목 : 기존 평가참여 규모(배점 : 30점)
 − 서울시 **감정평가법인등**의 선정 평가기준 시행일 이후 서울시 자치구청장이 선정하여 평가한 정비사업 관리처분(종전, 종후) 평가금액 및 횟수(한국감정평가사협회의 실적자료를 기준으로 하되, 실적이 등록되지 않은 경우에는 선정 시점을 기준으로 하며 이 경우 평가금액은 추정 금액으로 한다)를 기준으로 평가함
 − 기 참여 평가총액(15점)

구 분	하위 20%이내	하위 20%초과~40%	하위 40%초과~60%	하위 60%초과~80%	하위 80%초과~100%
평 점	15	12	9	6	3

- 기 참여 평가횟수(15점)

구 분	하위 20%이내	하위 20%초과~40%	하위 40%초과~60%	하위 60%초과~80%	하위 80%초과~100%
평 점	15	12	9	6	3

④ 평가항목 : 행정처분 횟수(배점 : 15점)
- 최근 3년간 **감정평가법인등** 및 서울시소재 사무소 소속 감정평가사의 행정처분 횟수를 기준으로 평가함(한국감정평가사협회 확인)
- **감정평가법인등**은 업무정지, 과징금 및 과태료부과 횟수를 기준으로, 소속 감정평가사는 자격취소, 등록취소, 업무정지 및 견책 횟수를 기준으로 하되, 업무정지, 자격취소 및 등록취소는 횟수를 2배로 환산하여 산정한다.

구 분	없음	3회 이하	4~6회	7~9회	10회 이상
평 점	15	12	9	6	3

⑤ 평가항목 : 감정평가수수료 적정성(배점 : 10점)
- 국토교통부장관이 공고한 **감정평가법인등**의 보수기준의 기준요율을 기준으로 평가에 참여한 업자의 제안가격을 평가함

구분	기준요율 평가수수료의 80%금액	**감정평가법인등**이 제안한 수수료(금액) (국토부고시 기준요율금액의 80%초과 ~ 100%미만)	국토부고시 기준요율 적용 수수료(금액) (100%~120%)
평점	10점	평가점수 = {(국토부고시 기준요율금액 -제안금액)/국토부고시 기준요율금액} × 50	0점

⑥ 평가항목(비계량) : 감정평가계획의 적정성(배점 : 10점)
- 구청장이 감정평가법인등의 선정위원회를 구성하여 심사한다. 이 경우 평가구역
조합의 임원이나 조합이 추천한 전문가 1인을 포함할 수 있다.

평가대상	평가항목														
	업무추진계획(25%)					인력투입계획(25%)					사후서비스 제안정도(50%)				
평 점	10	8	6	4	2	10	8	6	4	2	10	8	6	4	2

※ 시장은 구청장의 정비사업 **감정평가법인등**의 선정 평가에 필요한 세부 기준을 정하여 운용할 수 있다.

자료공개에 따른 수수료 금액(제87조제2항 관련)

자료공개		단 위	금 액
원본의 사본(종이출력물)			
	문서 등 사본(1장 기준)	A3 이상 1장	300원
		1장 초과마다	100원
		B4 이하 1장	250원
		1장 초과마다	50원
	도면·사진 등 사본(1장기준)	A3 이상 1장	300원
		1장 초과마다	100원
		B4 이하 1장	250원
		1장 초과마다	50원
전자파일의 사본(종이출력물)·복제물			
문서 등 (매체비용 별도)	문서 등의 사본 (종이출력물)	A3 이상 1장	300원
		1장 초과마다	100원
		B4 이하 1장	250원
		1장 초과마다	50원
	문서 등의 복제	1건 1MB 이내	무료
		1MB 초과 시 1MB마다 (단, 10장마다 100원을 초과할 수 없음)	100원
		■ 전자파일로 변환 작업 필요 시 사본(종이 출력물) 수수료의 1/2로 산정 ■ 부분공개처리를 위한 지움 및 전자파일로 변환 작업 필요 시 사본(종이출력물) 수수료와 동일	
도면·사진 등 (매체비용 별도)	도면·사진 등의 사본 (종이출력물)	A3 이상 1장	300원
		1장 초과마다	100원
		B4 이하 1장	250원
		1장 초과마다	50원
	도면·사진 등의 복제	1건 1MB 이내	무료
		1MB 초과 시 1MB마다 (단, 10장마다 100원을 초과할 수 없음)	100원
		■ 전자파일로 변환 작업 필요 시 사본(종이출력물) 수수료의 1/2로 산정 ■ 부분공개처리를 위한 지움 및 전자파일로 변환 작업 필요 시 사본(종이출력물) 수수료와 동일	

추진위원회 사용비용 보조금 신청서

※ 색상이 어두운 란은 신청인이 적지 않습니다.

접수번호		접수일		처리기간 60일	
승인 취소 추진위원회 (명칭)			취소일자		
취소사유 및 근거					
신청인 (추진위원 중 대표 선정자)	성 명		생년월일		
	주 소			(전화:)	
	신청금액		(백만원)		

1. 추진위원회 일반 현황

구역 위치				
구역 면적		㎡	구역 지정일자	
추진위원회 승인일자			토지등소유자 수	

2. 사용비용 신청내역

업무명	사용비용 금액	업무명	사용비용 금액

「서울특별시 도시 및 주거환경정비조례」 제15조제4항에 따라 추진위원회 사용비용 보조금 신청서를 제출합니다. 년   월   일

신청인   (서명 또는 인)

서울특별시장 귀하

제출서류	1. 추진위원회 사용비용 업무항목별 세부내역서와 증빙자료 2. 추진위원회 사용비용 이해관계자(채권자의 성명과 연락처 등은 반드시 포함) 현황과 증빙자료 3. 추진위원회 사용비용 보조금 지원 신청 관련 의결 및 의사록(대표자, 지급통장계좌번호, 채권자 현황 등) ※ 처리기한은 구역상황에 따라 연장될 수 있습니다.	수수료 없음

210㎜×297㎜[백상지(80g/㎡) 또는 중질지(80g/㎡)]

조합 사용비용 보조금 신청서

※ 색상이 어두운 란은 신청인이 적지 않습니다.

접수번호	접수일	처리기간
인가 취소 조합(명칭)		취소일자	
취소사유 및 근거			

신청인 (조합임원 중 대표 선정자)	성 명		생년월일	
	주 소	(전화:)		
	신청금액	(백만원)		

1. 추진위원회 일반 현황

구역 위치			
구역 면적		㎡ 구역 지정일자	
조합설립 인가일자		토지등소유자 수	

2. 사용비용 신청내역

업무명	사용비용 금액	업무명	사용비용 금액

「서울특별시 도시 및 주거환경정비조례」 제15조제5항에 따라 조합 사용비용 보조금 신청서를 제출합니다.

년   월   일

신청인   (서명 또는 인)

서울특별시장 귀하

제출서류	1. 조합 사용비용 업무항목별 세부내역서와 증빙자료 2. 조합 사용비용 이해관계자(채권자의 성명과 연락처 등은 반드시 포함) 현황과 증빙자료 3. 조합 사용비용 보조금 지원 신청 관련 의결 및 의사록(대표자, 지급통장계좌번호, 채권자 현황 등) ※ 처리기한은 구역상황에 따라 연장될 수 있습니다.	수수료 없음

210㎜×297㎜[백상지(80g/㎡) 또는 중질지(80g/㎡)]

관리처분계획 타당성 검증 요청서

사업구분		□주거환경개선사업	□재개발사업	□재건축사업
신청인	성 명		생년월일	
	주 소		(전화:)	
정비 구역 개요	구 역 명			
	구역위치		(면적 ㎡)	
사업 시행자 내역	사업시행자 명 칭			
	주된 사무소의 소재지		(전화:)	
검증요청 동의사항	조합원수	인	동의율	% (동의자수/조합원수)

「도시 및 주거환경정비법」 제78조제3항 및 「서울특별시 도시 및 주거환경정비조례」 제39조제3항 따라 위와 같이 관리처분계획 타당성 검증을 요청합니다.

년   월   일

신청인 대표   (서명 또는 인)

구청장 귀하

제출서류	1. 조합설립 명부 2. 별지 제4호서식에 따른 검증 요청 동의서	수수료 없음

210㎜×297㎜[백상지(80g/㎡) 또는 중질지(80g/㎡)]

관리처분계획 타당성 검증 요청 동의서

정비구역 개요	구 역 명	
	구역위치	

1. 동의자 현황

인적사항	성명		생년월일	
	주민등록상 주소		(전화번호 :)	

소유권 현황	※ 재건축사업인 경우					
	소유권 위치					
	등기상 건축물지분(면적)		㎡	등기상 대지지분(면적)		㎡
	※ 재개발사업의 경우					
	권리 내역	토지	소 재 지(공유여부)		면 적(㎡)	
			(계 필지)			
			( )			
			( )			
		건축물	소 재 지(허가유무)		동 수	
			( )			
			( )			
			( )			
		지상권 (건축물외 수목 또는 공작물의 소유목적	설 정 토 지		지상권의 내용	

2. 동의내용

「도시 및 주거환경정비법」 제78조제3항 및 「서울특별시 도시 및 주거환경정비조례」 제39조제3항에 따라 위와 같이 관리처분계획 타당성 검증 요청에 동의합니다.

년 월 일

위 동의자 : (자필로 이름을 써넣음) 지장날인

서울특별시장 귀하

제출서류	주민등록증, 여권 등 신분증명서의 사본 1부.	수수료 없음

210㎜×297㎜[백상지(80g/㎡) 또는 중질지(80g/㎡)]

정비사업 정보공개서

1. 구역 및 사업시행자 개요

위 치				
구역 면적		㎡	구역 지정일자	
조합설립인가일자			조합원수	
사업시행인가일자			사업시행변경일자	
사업 시행자	명 칭	(대표자)		
	사무소소재지		(전화:)	

2. 사업계획 개요

대지면적		㎡	연면적		㎡
건 폐 율		%	용적률		%
세대수	세대(분양 임대 기타)				

3. 정비사업 관련 계약(공사, 용역, 물품구매 및 제조 등)   (단위 : 백만원)

계약내용	업체명	발주금액 (예정가격)	선정일자	계약일자	계약 금액	변경 계약	변경 계약금액	기간
								~
								~
								~

4. 정비사업에서 발생한 이자   (단위 : 백만원)

관리처분 계획인가	구 분	인가일자	구 분	인가일자
	최 초		3차변경	
	1차변경		4차변경	
	2차변경		5차변경	
정비사업 발생이자	정비사업비 내용	발생이자	이자발생 사유	

「도시 및 주거환경정비법」 제120조 및 「서울특별시 도시 및 주거환경정비조례」
제70조에 따라 정비사업의 정보를 공개합니다.

년   월   일

００구 청 장

210㎜×297㎜ [일반용지 60g/㎡(재활용품)]

금품·향응 수수행위 등에 관한 신고서

신고인	성명		생년월일	
	주소		전화번호	

신고일자	년 월 일

신고내용	행위자(업체명) (주소)
	유형
	행위내용 등 구체적 사실

포상금액 수령 시 계좌번호	[입금은행 및 계좌번호]

「도시 및 주거환경정비법」 제114조 및 「서울특별시 도시 및 주거환경정비조례」 제91조제3항에 따라 위와 같이 신고합니다.

년   월   일

신청인 대표   (서명 또는 인)

서울특별시장 귀하

제출서류	1. 신고내용을 증명할 수 있는 자료 2. 수사기관의 고발확인서(수사긴과에 고발한 경우에 한정함) 1부.	수수료 없음

210㎜×297㎜[백상지(80g/㎡) 또는 중질지(80g/㎡)]

부록-3 : 서울특별시 도시 및 주거환경정비 조례 시행규칙
[시행 2019.12.31.] [서울특별시규칙 제7423호, 2019.12.23., 타법개정]

서울특별시(재생협력과), 02-2133-7207

제1조(목적)

이 규칙은 「서울특별시 도시 및 주거환경정비 조례」에서 위임한 사항과 그 시행에 필요한 사항을 규정함을 목적으로 한다.

제2조(정비계획 입안 제안 및 구역지정 신청서류)

① 자치구청장(이하 "구청장"이라 한다)은 「도시 및 주거환경정비법」(이하 "법"이라 한다) 제9조에 따른 정비계획을 입안하여 **법 제8조제5항**에 따라 서울특별시장(이하 "시장"이라 한다)에게 정비구역 지정(변경지정을 포함한다)을 신청하는 경우 다음 각 호의 서류를 제출하여야 한다.

1. **별지 제1호서식**에 따른 정비계획 및 구역지정(변경)신청서
2. 정비계획 입안과 관련한 다음 각 목의 서류 각 1부
   가. 주민 서면 통보 및 주민설명회 개최 공문 사본
   나. 주민공람 공고문 사본 및 **별지 제2호서식**에 따른 이해관계인 제출의견 심사내역서
   다. **별지 제3호서식**에 따른 구의회 의견청취 결과
   라. **별지 제4호서식**에 따른 토지 및 건축물 조서
   마. **별지 제5호서식**에 따른 기초 조사·확인 내역서
3. 서울특별시도시계획위원회 심의 및 관련 부서와의 협의에 필요한 서류(전자문서 포함)
   가. 도시관리계획 현황 및 토지이용계획
   나. 정비구역 및 주변의 교통처리계획도서
   다. 개략적인 건축계획 및 건축시설의 배치도
   라. 정비기반시설 및 도시계획시설의 설치·정비계획도서

제3조(안전진단 동의 등)

「서울특별시 도시 및 주거환경정비 조례」(이하 "조례"라 한다) 제9조제2항에서 "규칙에서 정한 서식"이란 다음 각 호의 사항을 말한다.
1. 별지 제6호서식에 따른 안전진단 요청을 위한 동의서
2. 별지 제8호서식에 따른 동의총괄표

제4조(정비계획의 입안 제안에 관한 동의 등)

법 제14조제1항에 따라 토지등소유자가 정비계획의 입안을 제안하는 경우에는 다음 각 호의 서류를 첨부하여 제출하여야 한다.
1. **별지 제1호서식**에 따른 정비계획 및 구역지정(변경) 신청서
2. **별지 제4호서식**에 따른 토지 및 건축물 조서

3. **별지 제5호서식**에 따른 기초 조사·확인 내역서
4. **별지 제7호서식**에 따른 정비계획(변경)의 입안제안에 관한 동의서
5. **별지 제8호서식**에 따른 동의총괄표

제5조(신탁업자 사업시행자 지정 신청서류)

법 제27조제1항제3호 및 **같은 법 시행령(이하 "영"이라 한다)** 제21조제3호에 따라 동의율을 확인할 수 있는 **동의총괄표는 별지 제8호서식**에 따른다.

제6조(추진위원회의 구성·승인 신청 등)

「도시 및 주거환경정비법 시행규칙」 **(이하 "법 시행규칙"이라 한다)** 제7조제1항제1호에 따른 토지등소유자의 명부는 **별지 제9호서식**에 따른다.

제7조(조합설립추진위원회승인서)

구청장은 법 제31조제1항에 따라 조합설립추진위원회(이하 "추진위원회"라 한다)를 승인하는 때에는 **별지 제10호서식**의 조합설립추진위원회승인서를 신청인에게 교부하여야 한다.

제8조(조합의 설립인가 신청 등)

조례 제20조제1항제5호에 따른 조합원 명부는 **별지 제11호서식**에 따르고, 동의율을 확인할 수 있는 **동의총괄표는 별지 제8호서식**에 따른다.

제9조(조합설립인가서)

구청장은 법 제35조에 따라 조합의 설립(변경)을 인가하는 때에는 **별지 제12호서식**의 조합설립(변경)인가서를 신청인에게 교부하여야 한다.

제10조(조합설립인가 내용의 경미한 변경)

조례 제21조제4호에서 "그 밖에 규칙으로 정하는 사항"이란 사업시행계획인가 신청예정시기의 변경을 말한다.

제11조(사업시행계획서의 작성)

① 법 제52조제1항제3호에 따른 임시거주시설 등을 포함한 주민이주대책은 **별지 제13호서식**에 따른다.
② 영 제47조제2항제5호에 따른 자금계획은 **별지 제14호서식**에 따른다.
③ 영 제47조제2항제7호에 따른 정비사업의 시행에 지장이 있다고 인정되는 정비구역안의 건축물 또는 공작물 등의 명세는 별지 **제15호서식**에 따른다
④ 영 제47조제2항제8호에 따른 토지 또는 건축물 등에 관한 권리자 및 그 권리의 명세는 **별지 제16호서식**에 따른다.

⑤ 영 제47조제2항제10호부터 제12호까지에 따라 정비사업의 시행으로 용도가 폐지되는 정비기반시설의 조서와 사업시행자에게 무상으로 양도(귀속) 또는 양여되는 국·공유지의 조서는 **별지 제17호서식**에 따르고 새로 설치할 정비기반시설의 조서는 **별지 제18호서식**에 따른다.

⑥ 영 제47조제2항제14호 및 조례 제26조제1항 후단에 따른 기존주택의 **철거계획서는 별지 제19호서식**에 따른다.

제12조(사업시행계획인가의 신청)

① 법 시행규칙 제10조제2항제1호가목 단서에 따른 사업시행계획서에 대한 토지등소유자의 동의서는 **별지 제20호서식**에 따르고, 토지등소유자의 명부는 **별지 제9호서식**을 따른다.

② 법 시행규칙 제10조제2항제1호라목에 따른 수용 또는 사용할 토지 또는 건축물의 명세 및 소유권 외의 권리의 명세서는 **별지 제21호서식**에 따른다.

③ 조례 제27조제1항에 따른 임대주택 입주대상자 명부는 **별지 제22호서식**에 따른다.

④ 사업시행자가 「국토의 계획 및 이용에 관한 법률」 제56조제1항에 따른 개발행위의 허가 및 같은 법 제130조제2항에 따른 타인 토지의 출입허가를 사업시행계획인가와 함께 받고자 하는 때에는 법 시행규칙 제10조제1항에 따른 사업시행계획 인가신청서에 이를 명기하고 관계 법령에 의한 구비서류를 첨부하여 구청장에게 제출하여야 한다.

제13조(사업시행계획인가 등)

① 구청장은 법 제50조에 따라 사업시행계획인가를 하는 때에는 사업시행자에게 **별지 제23호서식**의 사업시행계획 (변경·중지·폐지)인가서를 교부하고, 서울주택도시공사사장(이하 "공사사장"이라 한다)에게 임대주택건설 및 공급계획과 관계도면 등을 통보하여야 한다.

② 구청장은 영 제49조에 따라 토지등소유자에게 공고내용을 통지하는 때에는 임대주택 공급대상자에게도 이를 통지하여야 한다.

제14조(분양신청)

영 제59조제2항제2호에 따른 분양신청서는 **별지 제24호서식**에 따른다.

제15조(재개발사업의 임대주택 공급대상자 등) .

① 사업시행자는 조례 제28조제2항제2호에 따른 임대주택 입주대상자 명부 작성을 위하여 사업시행구역 안의 세입자에게 임대주택 입주신청서 및 영 제54조제4항에 따른 주거 이전비 지급에 관한 안내문을 서면으로 통지하여야 한다.

② 제1항에 따라 서면으로 통지를 받은 후 임대주택의 입주를 희망하는 세입자는 **별지 제25호서식의 임대주택 입주신청서**를 사업시행자에게 제출하여야 한다.

③ 사업시행자는 임대주택 입주신청서가 제출된 때에는 조례 제46조제1항**에 따른 공급대상 자격요건 및 거주실태를 조사**하여 구청장에게 제출하고, 신청인 및 세대원 전원의 주택 소유 여부에 관하여 구청장에게 전산검색을 의뢰하여야 한다.

④ 사업시행자는 제3항에 따른 전산검색 등을 거쳐 주택소유자로 판명되거나 그 밖의 자격요건에 미달하여 임대주택 입주대상에서 제외되는 신청자에게 소명기회를 부여하여야 한다.

⑤ 조례 제46조제1항제6호에서 "그 밖에 규칙으로 정하는 자"란 서울특별시조례 제4167호 서울특별시도시및주거환경정비조례 부칙 제5조에 따라 임대주택 공급대상자에 해당된 자(철거되는 주택 외의 다른 주택을 소유하지 아니한 자로 한정한다)를 말한다.

⑥ 조례 제46조제1항에 따른 무주택세대주에 해당되는지 여부는 「주택공급에 관한 규칙」 제53조를 준용한다.

⑦ 임대주택의 공급대상자는 법 제50조에 따른 사업시행계획인가로 확정된다.

제16조(관리처분계획서의 작성)

① 법 제74조제1항제3호 및 제5호에 따른 분양대상자별 분양예정인 대지 또는 건축물의 추산액과 분양대상자별 종전의 토지 또는 건축물의 명세 및 사업시행계획인가 고시가 있는 날을 기준으로 한 가격은 **별지 제26호서식**에 따른다.

② 법 제74조제1항제4호 및 영 제62조제2호에 따른 보류지 등의 명세와 추산액 및 처분방법은 **별지 제27호서식**에 따른다.

③ 법 제74조제1항제6호에 따른 정비사업비의 추산액 및 그에 따른 조합원 분담규모 및 분담시기는 **별지 제28호서식**에 따른다.

④ 법 제74조제1항제7호에 따른 분양대상자의 종전 토지 또는 건축물에 관한 소유권 외의 권리명세는 **별지 제29호서식**에 따른다.

⑤ 법 제74조제1항제8호에 따른 세입자별 손실보상을 위한 권리명세 및 평가액은 **별지 제30호서식**에 따른다.

⑥ 영 제62조제1호에 따른 현금으로 청산하여야 하는 토지등소유자별 기존의 토지·건축물 또는 그 밖의 권리의 명세와 이에 대한 청산방법은 **별지 제31호서식**에 따른다.

⑦ **영 제62조제4호**에 따른 정비사업의 시행으로 인하여 새롭게 설치되는 정비기반시설의 명세와 용도가 폐지되는 정비기반시설의 명세는 **별지 제17호서식 및 별지 제18호서식**에 따른다.

⑧ 조례 제33조제1호가목에 따른 관리처분계획 대상물건 조서는 **별지 제32호서식**에 따른다.

⑨ **조례 제33조제1호나목**에 따른 임대주택의 부지명세와 부지가액·처분방법 및 임대주택 입주대상 세입자명부는 **별지 제33호서식 및 별지 제34호서식**에 따른다.

제17조(관리처분계획의 인가 등)

① 구청장은 사업시행자가 관리처분계획의 인가를 신청한 경우 제15조에 따른 임대주택 공급대상자가 있거나 서울특별시조례 제5007호, 서울특별시 도시 및 주거환경 정비조례 부칙 제3조제2항에 따른 서울특별시조례 제4949호 서울특별시 도시 및 주거환경 정비조례 제27조제1항제2호 단서에 해당하는 분양대상자가 있는 경우에 법 제78조제1항 본문에 따른 관계 서류의 공람 전에 주택소유 여부에 관한 전산검색을 실시하여야 한다.

② 구청장이 법 제78조제2항에 따라 관리처분계획의 인가를 결정하는 경우 사업시행자에게 **별지 제35호서식**의 관리처분계획인가서를 교부하여야 하며, 공사사장에게는 정비사업구역

내 임대주택의 부지명세와 부지가액·처분방법(**별지 제33호서식**) 및 임대주택 입주대상 세입자명부(**별지 제34호서식**)를 통보하여야 한다.

③ 사업시행자는 법 제78조제5항에 따라 분양신청자에게 관리처분계획인가 내용 등을 통지하는 경우 **제15조제7항**에 따라 임대주택 입주대상자로 확정된 자에게도 **별지 제36호서식**의 임대주택 입주안내서를 통지하여야 한다.

제18조(임대주택의 관리 등)

① 시장은 임대주택 및 입주자 관리에 관한 사무를 공사사장에게 위탁할 수 있다.

② 공사사장은 제17조제2항에 따라 구청장으로부터 임대주택의 처분명세서와 임대주택 입주대상 세입자명부를 통보받은 때에는 주택소유 여부에 관한 전산검색을 실시하여, 조례 제46조에 따른 임대주택 입주대상 자격 여부를 심사한 후, 동·호의 추첨 등 입주에 필요한 절차를 이행한 후 그 결과를 시장 및 관할구청장에게 통보하여야 한다.

③ 임대주택의 임대차계약의 체결, 임대보증금의 결정·수납, 임대주택의 동·호 결정 등 임대주택의 입주자관리에 관하여는 법·영·조례 및 이 규칙에서 특별히 정한 것을 제외하고는 서울주택도시공사의 임대 및 주택관리에 관한 규정과 내규 등을 적용한다.

④ 구청장은 시장과 사업시행자가 임대주택 매매계약을 체결하는 때와 임대주택 사용승인(또는 임시사용승인)을 하는 때에는 공사사장으로 하여금 해당 임대주택을 확인·점검토록 조치하여야 한다.

⑤ 공사사장은 제2항에 따라 임대주택을 공급한 후 잔여주택이 있거나 입주포기·이주 등으로 공가가 발생된 경우에는 다음 각 호의 방법에 따라 조치하여야 한다.

1. 공사사장은 잔여주택에 대한 우선배정 계획을 수립하여 각 구청장에게 통보하여야 한다.

2. 구청장은 공사사장으로부터 우선배정 계획을 통보받은 때에는 이를 관할 구역 내 재개발사업 사업시행자에게 통보하고, 구청 홈페이지 및 게시판에 10일 이상 공고하여 대상 세입자로부터 우선배정 신청을 받아 그 명단을 공사사장에게 통보하여야 한다.

3. 공사사장은 우선배정 신청자가 조례 제46조에 따른 임대주택 공급대상자에 해당하는지 여부를 심사한 후, 적합한 세입자를 대상으로 공급하되, 사업시행계획인가일이 오래 경과한 정비구역 순으로 우선 배정한다.

4. 우선배정의 순위는 제3호에 따라 공사사장이 결정하되, 공급 물량이 부족한 경우 동일한 조건인 때에는 추첨에 의하여 결정할 수 있으며, 공사사장은 우선배정을 결정하는 때에는 지체 없이 해당 구청장에게 그 결과를 통보하여야 한다.

5. 잔여주택을 우선배정한 후에도 잔여주택이 있는 경우 그 처분방법은 시장이 정하되, 중앙행정기관에서 특별공급요청이 있는 경우 「주택공급에 관한 규칙」 제35조부터 제47조까지에서 정한 대상자에게 특별공급할 수 있다.

⑥ 공사사장은 불법 전대행위가 발생되지 아니하도록 정기적인 확인을 실시하여야 하며, 종합적인 입주 및 퇴거관리로 공가가 발생되지 아니하도록 조치하여야 한다.

제19조(시기조정자료의 작성)

조례 제48조제4호에 따른 시기조정자료 중 예상 이주시기 및 이주가구는 **별지 제37호서식**에 따른다.

제20조(정비기반시설 설치비용 보조)

① 조례 제52조제3항에 따라 주택정비형 재개발사업의 정비기반시설 설치비용 보조를 신청하고자 하는 사업시행자는 사업시행계획인가 신청 시 **별지 제38호서식**의 정비기반시설 설치비용 보조 신청서에 다음 각 호의 서류를 첨부하여 구청장에게 제출하여야 한다.
　　1. 설치비용 보조 대상이 되는 정비기반시설의 종류, 규모 및 설치비용
　　2. 정비기반시설의 조서·도면 및 설치비용 계산서
② 시장은 제1항에 따른 설치비용 보조대상 금액에서 다음 각 호의 비용을 제외하고 보조할 수 있다.
　　1. 새로 설치하는 정비기반시설 내 기존 정비기반시설 중 국·공유지에 해당하는 면적의 토지비
　　2. 법 제17조제3항에 따라 정비구역지정 시 용적률 완화를 적용받은 부지 면적(조성비를 포함한다)의 환산비용
　　3. 법 제97조제2항에 따라 무상양도 받은 국·공유지 비용

제21조(구청장에 대한 정비계획 수립 비용 보조)

시장은 조례 제52조제7항에 따라 구청장이 정비계획을 입안하는 경우에 정비계획 수립을 위한 총 용역비의 50퍼센트(관리형 주거환경개선사업의 경우에는 100퍼센트) 범위에서 지원할 수 있다.

제22조(융자계획 수립)

시장은 조례 제53조제6항에 따라 정비사업에 소요되는 비용을 융자하고자 하는 때에는 사업비 융자계획을 매년 수립하여야 하며, 다음 각 호의 사항을 포함하여 시보에 공고하여야 한다.
1. 융자신청 대상자
2. 우선 융자대상 정비구역
3. 융자금액
4. 상환기간 및 방법
5. 이율
6. 신청기간
7. 신청서류

제23조(융자신청대상자)

융자신청대상자는 정비사업 융자계획 공고 이전에 법 제16조에 따라 정비구역으로 지정·고시된 구역의 추진위원회와 조합(법 제25조에 따라 조합과 공동으로 시행하는 경우는 제외한다)으로 한다.

제24조(우선융자대상 정비구역)

시장은 제26조에도 불구하고 공공목적의 조기수행을 위하여 필요한 경우에는 우선융자대상 정비구역을 선정하여 다른 정비구역보다 우선하여 융자할 수 있다.

제25조(융자신청)

① 융자신청대상자가 조례 제53조제1항제2호 및 제2항에 따른 비용을 융자받고자 하는 경우 제22조제6호의 신청기간 내에 **별지 제39호서식**의 정비사업 융자금신청서를 자금 사용 계획서 및 세부집행계획과 함께 시장에게 제출하여야 한다.

② 시장은 제1항에 따른 제출서류의 접수 및 적정여부 검토에 관한 사항을 구청장에게 협조 요청할 수 있다.

제26조(융자대상 및 금액 결정 방법 등)

① 시장은 제25조에 따라 융자신청대상자가 제출한 자금 사용계획서 및 세부집행계획 등의 적정성 및 별표 1에서 정한 평가항목 점수 등을 종합적으로 검토하여 융자대상자의 순위를 결정할 수 있다.

② 시장은 제1항에 따라 결정된 융자대상자 순위 등을 고려하여 융자금액 등을 결정할 수 있으며, 이 경우 융자금액 결정에 필요한 세부적인 절차 및 기준 등을 별도로 정할 수 있다.

③ 조례 제53조에 따른 융자금액을 산정하기 위한 건축공사비는 도시정비형 재개발구역의 건축물 등의 철거비와 건축시설공사비 및 그 밖의 부대비(설계비, 감리비 등)로 한다.

제27조(융자사무의 위탁)

① 시장은 「서울특별시 주택사업특별회계 조례」 제14조제2항에 따라 융자사무를 위탁 받는 금융기관 등을 선정 시 위탁수수료율 등을 고려하여 시장이 정한다.

② 시장은 제1항에 따라 선정된 금융기관 등(이하 "수탁기관"이라 한다)과 정비사업 융자금 운용·위탁에 관한 협약(이하 "협약"이라 한다)을 체결하여야 한다.

제28조(융자대상자 통보)

① 시장은 제24조 및 제26조에 따라 융자대상자 및 금액을 결정한 때에는 지체 없이 이를 수탁기관 및 융자대상자에게 통보하여야 한다.

② 융자대상자는 제1항에 따른 융자결정 통보일부터 90일 이내 수탁기관에 융자금 대출을 신청하여야 한다.

③ 제2항에도 불구하고 매년 마지막 융자계획에 관한 공고에 따라 선정된 융자대상자는 해당 공고에서 정한 날까지 수탁기관에 융자금 대출을 신청하여야 한다.

④ 제3항에 따라 융자금 대출 신청을 한 융자대상자는 해당 연도 내에 수탁기관에서 융자금을 대출 받아야 한다.

⑤ 제2항 및 제3항에 따른 기한 내에 융자대상자가 수탁기관에 융자금 대출을 신청하지 않을

경우 융자결정은 취소된다. 다만, 부득이한 사유로 제2항 및 제3항에 따른 신청기간이 끝나기 전에 시장의 사전승인을 받은 경우에는 그러하지 아니하다.

⑥ 시장은 제5항에 따라 융자결정이 취소되거나 사전승인을 한 경우에는 지체 없이 융자대상자와 수탁기관에 그 사실을 통지하여야 한다.

제29조(융자의 취소 및 융자신청 제한 등)

① 시장은 융자대상자로 결정된 자가 다음 각 호의 어느 하나에 해당되는 경우에는 융자결정을 취소할 수 있다.

1. 거짓 또는 부정한 수단으로 융자를 받은 경우
2. 정비구역 해제 또는 추진위원회 승인·조합설립인가가 취소된 경우
3. 사업시행계획인가 또는 관리처분계획인가가 취소된 경우

② 시장은 제1항에 따라 융자결정을 취소한 경우에 이를 수탁기관에 통보하여야 하며, 수탁기관은 융자대상자에게 대출한 융자금(이자 포함)을 일시에 회수하여야 한다.

③ 융자대상자는 제1항에 따라 융자결정이 취소된 날부터 5년 이내에 융자 신청을 할 수 없다. 다만, 추진위원회 또는 조합설립이 취소되어 법령에 따라 새로 승인 또는 인가를 얻는 구역으로서 시장이 공공의 지원이 필요하다고 인정하는 경우에는 예외로 할 수 있다.

제30조(융자금 상환방법 등)

① 융자대상자는 수탁기관에서 대출받은 융자금(이자 포함)을 정비사업의 준공인가 신청 전에 상환하고 시장에게 융자금 상환 증빙서류를 준공인가 신청 시 제출하여야 한다. 다만, 시장이 제22조에 따라 융자대상자별 융자 기간 및 상환방법 등을 별도로 정한 융자계획을 수립하여 공고하는 경우 그에 따른다.

② 시장은 제1항에 따른 서류의 접수에 관한 사항에 대하여 구청장에게 협조를 요청할 수 있다.

제31조(융자금의 대여조건 및 상환)

① 융자금 운용과 수탁기관의 융자대상자에 대한 융자금 대출금리 및 상환조건 등에 대하여 이 규칙에서 정하지 아니한 사항은 제27조제2항에 따라 체결된 협약에 따른다.

② 수탁기관은 융자금 대여 시 시장에게 별지 제40호서식의 정비사업 융자금 대여차용증서를 제출하여야 한다.

③ 수탁기관은 융자대상자가 대출받은 융자금의 상환여부에도 불구하고 해당 대여원리금 상환일(공휴일인 경우 그 다음 영업일)에 상환하여야 한다.

④ 대여이자 계산 시 대여일, 상환일, 상환일 전일은 이자계산일수에 포함하지 않으며, 1년은 365일로 한다.

⑤ 융자대상자가 대출받은 융자금을 상환기일 전에 수탁기관에 조기상환하는 경우 수탁기관은 제3항에도 불구하고 대출금을 회수한 날부터 14 영업일 이내에 시장에게 대여원리금을 상환하여야 한다.

⑥ 수탁기관은 대여원리금을 상환하는 때에는 시장이 지정한 계좌에 납입하여야 한다.

⑦ 시장은 별지 제41호서식의 정비사업 융자금관리카드를 작성하여 융자상환내역을 관리하여야 한다.

제32조(추진실적의 보고)

조례 제62조제1항에 따른 추진실적 보고에 필요한 사항은 다음 각 호와 같다.

1. 조례 제62제1항제1호 및 제2호에 따른 서류: 고시문 사본
2. **조례 제62조제1항제3호에 따른 서류 : 별지 제10호서식**의 조합설립추진위원회 승인서 사본
3. 조례 제62조제1항제4호에 따른 서류 : **별지 제12호서식**의 조합설립(변경)인가서 사본
4. 조례 제62조제1항제5호에 따른 다음 각 목의 서류
   가. 사업시행계획인가신청서(**법 시행규칙 별지 제8호서식**, 제출서류 제외)사본
   나. 새로 설치할 정비기반시설의 조서(**별지 제18호서식**, 제출서류 제외) 사본
   다. 사업시행계획인가서(**별지 제23호서식**, 제출서류 제외) 및 고시문 사본
   라. 임대주택 입주대상자 명부(**별지 제22호서식**, 제출서류 제외) 사본
5. 조례 제62조제1항제6호에 따른 다음 각 목의 서류
   가. 관리처분계획인가신청서(법 시행규칙 별지 제9호서식, 제출서류 제외) 사본
   나. 관리처분계획인가 시 정비사업비 추산액 및 그에 따른 조합원 분담규모 및 분담시기 (**별지 제28호서식**) 사본
   다. 임대주택의 부지명세와 부지가액·처분방법(**별지 제33호서식**)
   라. 임대주택 입주대상 세입자명부(**별지 제34호서식**, 제출서류 제외) 사본
   마. 관리처분계획인가서(**별지 제35호서식**, 제출서류 제외) 및 고시문 사본
6. 조례 제62조제1항제7호에 따른 서류 : 「주택공급에 관한 규칙」 제20조에 따라 승인한 입주자모집공고안 사본 1부
7. 조례 제62조제1항제8호에 따른 서류 : 공사완료 고시문 사본 1부

제33조(조정위원회 운영 등)

조례 제66조제3항에서 "그 밖에 조정위원회 운영 등에 필요한 사항"이란 다음 각 호의 사항을 말한다.

1. **별지 제42호서식**에 따른 조정위원회 조정신청서
2. **별지 제43호서식에** 따른 조정위원회 위원기피 신청서
3. **별지 제44호서식**에 따른 조정서

제34조(신고포상금 신청절차 및 지급기준 등)

① 시장은 조례 제91조제3항에 따라 금품·향응 수수행위 등에 관한 신고내용을 확인하고 수사기관에 수사를 의뢰하여야 한다.

② 조례 제91조제2항에 따라 수사기관에 고발한 자가 포상금을 지급받으려는 경우에 신고한 사건의 종국처분 통지를 받은 날부터 2개월 이내에 **별지 제45호서식**의 포상금 지급신청서에 신고한 사건의 수사결과통지서 사본 등 신고 또는 고발에 대한 처리 결과를 확인할 수 있는 서류를 첨부하여 시장에게 제출하여야 한다.

③ 시장은 제1항에 따른 수사의뢰에 대한 수사기관의 처분내용을 통보 받거나 제2항에 따라 신고포상금 지급신청을 요청받은 경우 신고포상금 심사위원회(이하 "심사위원회"라 한다) 심의를 통해 신고포상금(이하 "포상금"이라 한다) 지급여부 및 지급금액을 결정하고,

포상금 지급결정이 있는 경우에는 포상금 지급대상자에게 지체 없이 통보하여야 한다.

④ 조례 제91조제5항에 따른 포상금의 지급기준은 **별표 2**와 같다.

제35조(심사위원회 구성 및 운영 등)

① 제34조제3항에 따라 포상금 지급여부 및 지급금액 등을 심의하기 위하여 심사위원회를 둔다. 이 경우 심사위원회는 심의가 필요할 때마다 구성·운영하고, 회의 종료와 함께 자동 해산된다.

② 심사위원회는 위원장을 포함하여 10명 이내의 위원으로 구성한다.

③ 심사위원회의 위원장은 주거사업기획관이 되고, 위원은 다음 각 호에 해당하는 사람 중에서 시장이 위촉 또는 임명하되, 제2호, 제4호, 제5호에 해당하는 사람이 각 2명 이상 포함되어야 하며, 위촉직 위원의 경우 「양성평등기본법」 제21조제2항 본문에 따라 특정 성별이 위촉직 위원 수의 10분의 6을 초과하지 아니하도록 하여야 한다. 다만, 같은 항 단서에 따라 해당 분야 특정 성별의 전문인력 부족 등 부득이한 사유가 있다고 인정되어 양성평등실무위원회의 의결을 거친 경우에는 그러하지 아니하다.

 1. 서울특별시의회 의장이 추천하는 서울특별시의원
 2. 정비사업에 관한 학식과 경험이 풍부한 판사, 검사, 변호사
 3. 대학이나 연구기관에서 부교수 이상 또는 이에 상당하는 직에 재직하고 있는 사람
 4. 도시계획기술사, 건축사, 감정평가사, 공인회계사 등 정비사업에 관한 학식과 경험이 풍부한 전문가
 5. 정비사업 관련 업무에 종사하는 5급 이상 공무원

④ 위원의 임기는 제1항에 따른 심사위원회 구성·운영 기간으로 한다.

⑤ 심사위원회 위원의 제척·기피·회피에 관한 사항은 조례 제18조를 준용한다. 이 경우 "검증위원회 및 재검증위원회"는 "심사위원회"로 본다.

⑥ 위원장이 회의를 소집하려는 때에는 회의의 일시·장소 및 심의 안건을 회의개최일 3일 전까지 각 위원에게 통지하여야 한다. 다만, 긴급한 경우 그러하지 아니하다.

⑦ 심사위원회는 위원장을 포함한 재적위원 과반수의 출석으로 개의하고 출석위원 과반수의 찬성으로 의결한다.

제36조(비밀유지)

포상금의 지급과 관련된 업무를 한 자는 조례 제91조제3항에 따라 금품·향응 수수행위 등에 관하여 신고한 자의 관련 정보 등을 타인에게 제공하거나 누설하여서는 안 된다.

부 칙

제1조(시행일)

이 규칙은 공포한 날부터 시행한다.

제2조(일반적 경과조치)

이 규칙 시행 당시 종전의 규칙에 의하여 행하여진 처분, 협약, 절차 및 그 밖의 행위는 이 규칙의 규정에 의하여 행하여진 것으로 본다.

제3조(다른 규칙의 개정)

(기록 생약)

제4조(다른 법규와의 관계)

이 규칙 시행 당시 다른 법규에서 종전의 「서울특별시 도시 및 주거환경 정비조례 시행규칙」 또는 그 규정을 인용하고 있는 경우 이 규칙 중 그에 해당하는 규정이 있으면 종전의 「서울특별시 도시 및 주거환경 정비조례 시행규칙」 또는 그 규정을 갈음하여 이 규칙 또는 이 규칙의 해당 규정을 인용한 것으로 본다.

[첨 부] 도시및주거환경정비사업을 위한 서식 등

[별지 1] 융자순위 결정을 위한 점수표(제26조 관련)

[별지 2] 신고포상금 지급기준 및 지급기준액(제34조 관련)

[별지 제1호서식] 정비계획 및 구역지정(변경) 신청서

[별지 제2호서식] 이해관계인 제출이견 심사내역서

[별지 제3호서식] 구의회 의견청취 결과

[별지 제4호서식] **토지 및 건축물 조서**

[별지 제5호서식] 기초 조사·확인 내역서

[별지 제6호서식] **안전진단 요청을 위한 동의서**

[별지 제7호서식] 정비계획(변경)의 입안제안에 관한 동의서

[별지 제8호서식] **동의 총괄표**

[별지 제9호서식] **토지등소유자명부**

[별지 제10호서식] 조합설립추진위원회승인서

[별지 제11호서식] **조합원명부**

[별지 제12호서식] 조합설립(변경)인가서

[별지 제13호서식] **주민이주대책**

[별지 제14호서식] **자금계획(추정액)**

[별지 제15호서식] 정비사업의 시행에 지장이 있다고 인정되는 **정비구역 안의** 건축물 또는 공작물 등의 명세

[별지 제16호서식] **토지 또는 건축물 등에 관한 권리자 및 그 권리의 명세**

[별지 제17호서식] **용도가 폐지되는 정비기반시설 등의 조서**

[별지 제18호서식] **새로 설치할 정비기반시설의 조서**

[별지 제19호서식] **기존주택의 철거계획서**

[별지 제20호서식] **사업시행계획인가 동의서**

[별지 제21호서식] **수용 또는 사용할 토지·건축물의 명세 및 소유권 외의 권리명세서**

[별지 제22호서식] **임대주택 입주대상자 명부**

[별지 제23호서식] 사업시행계획(변경·중지·폐지) 인가서

[별지 제24호서식] **분양신청서**

(위 서식 등에 대한 상세자료는 「서울시청 홈페이지(www.seoul.go.kr/)」
→「시민」[법령정보(조례·규칙)] →「조례·규칙·훈령·예규」를 클릭한 후에
나타난 화면의 최상단 좌측의 "조례·규칙·훈령·예규"를 클릭한 후 이 화면
중간의 「조례·규칙 검색 ▶」난을 클릭하여 나타난 <u>훈령·예규 검색</u>」이나
<u>입법예고</u>」를 클릭하면 원하는 자료를 각각 검색할 수 있습니다.

주택건설 기준 등에 관한 규정

[시행 2021.1.12.] [대통령령 제31839호, 2021.1.12., 일부개정]

국토교통부(주택건설공급과)

제1장 총칙

제1조(목적)

이 영은 「주택법」 제2조, 제35조, 제38조부터 제42조까지 및 제51조부터 제53조까지의 규정에 따라 주택의 건설기준, 부대시설·복리시설의 설치기준, 대지조성의 기준, 공동주택 성능등급의 표시, 공동주택 바닥충격음 차단구조의 성능등급 인정, 공업화주택의 인정절차, 에너지절약형 친환경주택과 건강친화형 주택의 건설기준 및 **장수명 주택** 등에 관하여 위임된 사항과 그 시행에 관하여 필요한 사항을 규정함을 목적으로 한다. <개정 2017.10.17.>

제2조(정의)

이 영에서 사용하는 용어의 정의는 다음과 같다. <개정 2021.1.12.>

1. 삭제 <2003.11.29.> 2. 삭제 <1999.9.29.>

3. "주민공동시설"이란 해당 공동주택의 거주자가 공동으로 사용하거나 거주자의 생활을 지원하는 시설로서 다음 각 목의 시설을 말한다.

　가. 경로당

　나. 어린이놀이터

　다. 어린이집

　라. 주민운동시설

　마. 도서실(정보문화시설과 「도서관법」 제2조제4호가목에 따른 작은도서관을 포함한다)

　바. 주민교육시설(영리를 목적으로 하지 아니하고 공동주택의 거주자를 위한 교육장소를 말한다)

　사. 청소년 수련시설

　아. 주민휴게시설

　자. 독서실

　차. 입주자집회소

　카. 공용취사장

　타. 공용세탁실

　파. 「공공주택 특별법」 제2조에 따른 공공주택의 단지 내에 설치하는 사회복지시설

　하. **「아동복지법」 제44조의2의 다함께돌봄센터(이하 "다함께돌봄센터"라 한다)**

　거. **「아이돌봄 지원법」 제19조의 공동육아나눔터**

　너. 그 밖에 가목부터 거목까지의 시설에 준하는 시설로서 **「주택법」 (이하 "법"이라 한다)** 제15조제1항에 따른 사업계획의 승인권자(이하 "사업계획승인권자"라 한다)가 인정하는 시설

4. "의료시설"이라 함은 의원·치과의원·한의원·조산소·보건소지소·병원(전염병원등 격리

병원을 제외한다)·한방병원 및 약국을 말한다.

5. "주민운동시설"이라 함은 거주자의 체육활동을 위하여 설치하는 옥외·옥내운동시설(「체육시설의 설치·이용에 관한 법률」에 의한 신고체육시설업에 해당하는 시설을 포함한다)·생활체육시설 기타 이와 유사한 시설을 말한다.

6. "독신자용 주택"이라 함은 다음 각목의 1에 해당하는 주택을 말한다.

    가. 근로자를 고용하는 자가 그 고용한 근로자중 독신생활(근로여건상 가족과 임시 별거하거나 기숙하는 생활을 포함한다. 이하 같다)을 영위하는 자의 거주를 위하여 건설하는 주택

    나. 국가·지방자치단체 또는 공공법인이 독신생활을 영위하는 근로자의 거주를 위하여 건설하는 주택

7. "기간도로"라 함은 「주택법 시행령」 제5조에 따른 도로를 말한다.

8. "진입도로"라 함은 보행자 및 자동차의 통행이 가능한 도로로서 기간도로로부터 주택단지의 출입구에 이르는 도로를 말한다.

9. "시·군지역"이라 함은 「수도권정비계획법」에 의한 수도권외의 지역 중 인구 20만 미만의 시지역과 군 지역을 말한다.

제3조(적용범위)

이 영은 법 제2조제10호에 따른 사업주체가 법 제15조제1항에 따라 주택건설사업계획의 승인을 얻어 건설하는 주택, 부대시설 및 복리시설과 대지조성사업계획의 승인을 얻어 조성하는 대지에 관하여 이를 적용한다. <개정 2016.8.11.>

제4조(기타 부대시설) 삭제 <2017.10.17.>

제5조(기타 복리시설) 삭제 <2017.10.17.>

제6조(단지안의 시설)

① 주택단지에는 관계 법령에 따른 지역 또는 지구에도 불구하고 다음 각 호의 시설만 건설하거나 설치할 수 있다. <개정 2021.1.12.>

  1. 부대시설

  2. 복리시설. 이 경우 「주택법 시행령」 제7조제9호부터 제11호까지의 규정에 따른 시설은 해당 주택단지에 세대당 전용면적(주거의 용도로만 쓰이는 면적으로서 국토교통부령으로 정하는 바에 따라 산정한 면적을 말한다. 이하 같다)이 50제곱미터 이하인 공동주택을 다음 각 목의 어느 하나에 해당하는 규모로 건설하는 경우만 해당한다.

    가. 300세대 이상

    나. 해당 주택단지 총 세대수의 2분의 1 이상

  3. 간선시설

  4. 「국토의 계획 및 이용에 관한 법률」 제2조제7호의 도시·군계획시설

② 다음 각 호의 어느 하나에 해당하는 경우에는 제1항에 따른 시설 외에 관계 법령에 따라 해당 건축물이 속하는 지역 또는 지구에서 제한되지 아니하는 시설을 건설하거나 설치할 수 있다. <개정 2013.12.4.>

1. 「국토의 계획 및 이용에 관한 법률」 제36조제1항제1호나목에 따른 상업지역(이하 "상업지역"이라 한다)에 주택을 건설하는 경우

2. 폭 12미터 이상인 일반도로**주택단지 안의** 도로는 제외한다)에 연접하여 주택을 주택 외의 시설과 복합건축물로 건설하는 경우

3. 「국토의 계획 및 이용에 관한 법률 시행령」 제30조제1호다목에 따른 준주거지역(이하 "준주거지역"이라 한다) 또는 같은 조 제3호다목에 따른 준공업지역(이하 "준공업지역"이라 한다)에 주택과 「관광숙박시설 확충을 위한 특별법」 제2조제4호에 따른 호텔시설[같은 법 시행령 제3조제3호가목(단란주점영업·유흥주점영업만 해당한다)·라목·바목 및 사목에 따른 부대시설은 제외하며, 이하 "호텔시설"이라 한다]을 복합건축물로 건설하는 경우 ③ 삭제 <2003.11.29.>.

제7조(적용의 특례)

① 법 제51조에 따른 공업화주택 또는 새로운 건설기술을 적용하여 건설하는 공업화주택의 경우에는 제13조 및 제37조제1항의 규정을 적용하지 아니한다. <개정 2016.8.11.>

② 주택법 시행령 제7조제13호에 따른 시장과 주택을 복합건축물로 건설하는 경우에는 제9조, 제9조의2, 제10조, 제13조, 제26조, 제35조, 제37조, 제38조, 제50조, 제52조 및 제55조의2를 적용하지 아니한다. <개정 2017.10.17.>

③ 상업지역에 주택을 건설하는 경우에는 제9조, 제9조의2, 제10조, 제13조, 제50조 및 제52조를 적용하지 아니한다. <개정 2013.6.17.>

④ 다음 각 호의 어느 하나에 해당하는 경우에는 제9조, 제9조의2, 제10조, 제13조 및 제50조를 적용하지 아니한다. <개정 2013.12.4.>

1. 폭 12미터 이상인 일반도로(**주택단지 안의** 도로는 제외한다)에 연접하여 주택을 주택 외의 시설과 복합건축물로 건설하는 경우로서 다음 각 목의 어느 하나에 해당하는 경우

가. 준주거지역에 건설하는 경우로서 주택 외의 시설의 바닥면적의 합계가 해당 건축물 연면적의 10분의 1 이상인 경우

나. 준주거지역 외의 지역에 건설하는 경우로서 주택 외의 시설의 바닥면적의 합계가 해당 건축물 연면적의 5분의 1 이상인 경우

2. 준주거지역 또는 준공업지역에 주택과 호텔시설을 복합건축물로 건설하는 경우

⑤ 독신자용 주택(분양하는 주택은 제외한다)을 건설하는 경우에는 제13조·제27조·제32조제1항·제52조 및 제55조의2를 적용하지 아니한다. <개정 2013.6.17.>

⑥ 저소득근로자를 위하여 건설·공급되는 주택 또는 「민간임대주택에 관한 특별법」과 「공공주택 특별법」에 의한 임대주택 기타 공동주택의 성격·기능으로 보아 특히 필요하다고 인정되는 경우에는 이 영의 규정에 불구하고 주택의 건설기준과 부대시설·복리시설의 설치기준을 따로 국토교통부령으로 정할 수 있다. <개정 2015.12.28.>

⑦ 「도시 및 주거환경정비법」 제2조제2호다목에 따른 재건축사업의 경우로서 사업사업시행인가권자가 주거환경에 위험하거나 해롭지 아니하다고 인정하는 경우에는 제9조의2제1항을 적용하지 아니한다. <개정 2018.2.9.>

⑧ 「노인복지법」에 따라 노인복지주택을 건설하는 경우에는 제28조·제34조·제52조 및 제55조의2를 적용하지 아니한다. <신설 2013.6.17.>

⑨ 「신행정수도 후속대책을 위한 연기·공주지역 행정중심복합도시 건설을 위한 특별법」 호에 따른 **재정비촉진지구 안에서** 주택단지 인근에 주민공동시설 설치를 갈음하여 사업계획승인권자(재정비촉진지구의 경우에는 사업시행인가권자 또는 실시계획인가권자를 말한다)가 다음 각 호의 요건을 충족하는 것으로 인정하는 시설을 설치하는 경우에는 제55조의2를 적용하지 아니한다. <신설 2013.6.17., 2021.1.5.>
  1. 주민공동시설에 상응하거나 그 수준을 상회하는 규모와 기능을 갖출 것
  2. 접근의 용이성과 이용효율성 등의 측면에서 단지 안에 설치하는 주민공동시설과 큰 차이가 없을 것
⑩ 도시형 생활주택을 건설하는 경우에는 제9조·제9조의2·제10조·제13조·제28조·제31조·제35조 및 제55조의2를 적용하지 아니한다. 다만, 150세대 이상으로서 「주택법 시행령」 제10조제1항제2호·제3호에 따른 도시형 생활주택을 건설하는 경우에는 제55조의2를 적용한다. <신설 2016.8.11.>
⑪ 다음 각 호의 요건을 모두 충족하는 도시형 생활주택의 경우에는 제10항에 따라 적용을 제외하는 규정 외에 그 주택을 임대주택으로 사용하는 기간 동안 제9조의2, 제10조제3항·제4항, 제12조제2항, 제15조, 제16조제1항·제2항, 제37조제5항, 제50조 및 제64조도 적용하지 않는다. <신설 2021. 1. 12.>
  1. 「건축법 시행령」 별표 1 제3호·제4호·제11호·제12호·제14호 또는 제15호의 제1종 근린생활시설·제2종 근린생활시설·노유자시설·수련시설·업무시설 또는 숙박시설을 「주택법 시행령」 제10조제1항제1호에 따른 원룸형 주택(이하 "원룸형 주택"이라 한다)으로 용도변경할 것
  2. 다음 각 목의 어느 하나에 해당하는 임대주택으로 사용할 것
    가. 「장기공공임대주택 입주자 삶의 질 향상 지원법」 제2조제1호의 장기공공임대주택(이하 "장기공공임대주택"이라 한다)
    나. 「민간임대주택에 관한 특별법」 제2조제4호의 공공지원민간임대주택
⑫ 법 제2조제25호다목에 따른 리모델링을 하는 경우에는 다음 각 호에 따른다. <신설 2021.1.12.>
  1. 제9조, 제9조의2, 제14조, 제14조의2, 제15조 및 제64조를 적용하지 아니한다. 다만, 수직으로 증축하거나 별도의 동으로 증축하는 부분에 대해서는 제9조, 제14조, 제14조의2 및 제15조(별도의 동으로 증축하는 경우만 해당한다)를 적용한다.
  2. 사업계획승인권자가 리모델링 후의 주민공동시설이 리모델링의 대상이 되는 주택의 사용검사 당시의 주민공동시설에 상응하거나 그 수준을 상회하는 규모와 기능을 갖추었다고 인정하는 경우에는 제55조의2를 적용하지 아니한다.

제8조(다른 법령과의 관계)

① 주택단지는 「건축법 시행령」 제3조제1항제4호의 규정에 의하여 이를 하나의 대지로 본다. 다만, 복리시설의 설치를 위하여 따로 구획·양여하는 토지는 이를 별개의 대지로 본다. <개정 2005.6.30.>
② 제1항의 경우에 주택단지에서 도시·군계획시설로 결정된 도로·광장 및 공원용지의 면적은 건폐율 또는 용적률의 산정을 위한 대지면적에 이를 산입하지 아니한다. <개정 2012.4.10.>
③ 주택의 건설기준, 부대시설·복리시설의 설치기준에 관하여 이 영에서 규정한 사항 외에는

「건축법」, 「수도법」,「하수도법」, 「장애인·노인·임산부 등의 편의증진보장에 관한 법률」, 「화재예방, 소방시설 설치·유지 및 안전관리에 관한 법률」 및 그 밖의 관계 법령이 정하는 바에 따른다. <신설 2014.10.28., 2017.1.26.>

제2장 시설의 배치 등

제9조(소음방지대책의 수립) [제목개정 2013. 6. 17.]

① 사업주체는 공동주택을 건설하는 지점의 소음도(이하 "실외소음도"라 한다)가 65데시벨 미만이 되도록 하되, 65데시벨 이상인 경우에는 방음벽·방음림(소음막이숲) 등의 방음시설을 설치하여 해당 공동주택의 건설지점의 소음도가 65데시벨 미만이 되도록 법 제42조제1항에 따른 소음방지대책을 수립하여야 한다. 다만, 공동주택이 「국토의 계획 및 이용에 관한 법률」 제36조에 따른 도시지역(주택단지 면적이 30만제곱미터 미만인 경우로 한정한다) 또는 「소음·진동관리법」 제27조에 따라 지정된 지역에 건축되는 경우로서 다음 각 호의 기준을 모두 충족하는 경우에는 그 공동주택의 6층 이상인 부분에 대하여 본문을 적용하지 않는다. <개정 2021.1.5.>

1. 세대 안에 설치된 모든 창호(窓戶)를 닫은 상태에서 거실에서 측정한 소음도(이하 "실내소음도"라 한다)가 45데시벨 이하일 것

2. 공동주택의 세대 안에 「건축법 시행령」 제87조제2항에 따라 정하는 기준에 적합한 환기설비를 갖출 것

② 제1항에 따른 실외소음도와 실내소음도의 소음측정기준은 국토교통부장관이 환경부장관과 협의하여 고시한다. <개정 2013.3.23.>

③ 삭제 <2013.6.17.>   ④ 삭제 <2013.6.17.>

⑤ 법 제42조제2항 전단에서 "대통령령으로 정하는 주택건설지역이 도로와 인접한 경우"란 다음 각 호의 어느 하나에 해당하는 경우를 말한다. 다만, 주택건설지역이 「환경영향평가법 시행령」 별표 3 제1호의 사업구역에 포함된 경우로서 환경영향평가를 통하여 소음저감대책을 수립한 후 해당 도로의 관리청과 협의를 완료하고 개발사업의 실시계획을 수립한 경우는 제외한다. <개정 2016.8.11.>

1. 「도로법」 제11조에 따른 고속국도로부터 300미터 이내에 주택건설지역이 있는 경우

2. 「도로법」 제12조에 따른 일반국도(자동차 전용도로 또는 왕복 6차로 이상인 도로만 해당한다)와 같은 법 제14조에 따른 특별시도·광역시도(자동차 전용도로만 해당한다)로부터 150미터 이내에 주택건설지역이 있는 경우

⑥ 제5항 각 호의 거리를 계산할 때에는 도로의 경계선(보도가 설치된 경우에는 도로와 보도와의 경계선을 말한다)부터 가장 가까운 공동주택의 외벽면까지의 거리를 기준으로 한다. <신설 2013.6.17.>

제9조의2(소음 등으로부터의 보호) [본조신설 2013.6.17.]

① 공동주택·어린이놀이터·의료시설(약국은 제외한다)·유치원·어린이집 및 경로당(이하 이 조에서 "공동주택등"이라 한다)은 다음 각 호의 시설로부터 수평거리 50미터 이상 떨어진 곳에 배치하여야 한다. 다만, 위험물 저장 및 처리 시설 중 주유소(석유판매취급소를 포함한다) 또는 시내버스 차고지에 설치된 자동차용 천연가스 충전소(가스

저장 압력용기 내용적의 총합이 20세제곱미터 이하인 경우만 해당한다)의 경우에는 해당 주유소 또는 충전소로부터 수평거리 25미터 이상 떨어진 곳에 공동주택등(유치원 및 어린이집은 제외한다)을 배치할 수 있다. <개정 2021.1.5.>

1. 다음 각 목의 어느 하나에 해당하는 공장[「산업집적활성화 및 공장설립에 관한 법률」에 따라 이전이 확정되어 인근에 공동주택등을 건설하여도 지장이 없다고 사업계획승인권자가 인정하여 고시한 공장은 제외하며, 「국토의 계획 및 이용에 관한 법률」제36조제1항제1호가목에 따른 주거지역 또는 같은 법 제51조제3항에 따른 지구단위계획구역(주거형만 해당한다) 안의 경우에는 사업계획승인권자가 주거환경에 위해하다고 인정하여 고시한 공장만 해당한다]

   가. 「대기환경보전법」제2조제9호에 따른 특정대기유해물질을 배출하는 공장
   나. 「대기환경보전법」제2조제11호에 따른 대기오염물질배출시설이 설치되어 있는 공장으로서 같은 법 시행령 별표 1에 따른 제1종사업장부터 제3종사업장까지의 규모에 해당하는 공장
   다. 「대기환경보전법 시행령」별표 1의3에 따른 제4종사업장 및 제5종사업장 규모에 해당하는 공장으로서 국토교통부장관이 산업통상자원부장관 및 환경부장관과 협의하여 고시한 업종의 공장. 다만, 「도시 및 주거환경정비법」제2조제2호다목에 따른 재건축사업(1982년 6월 5일 전에 법률 제6916호 주택법 중 개정법률로 개정되기 전의 「주택건설촉진법」에 따라 사업계획 승인을 신청하여 건설된 주택에 대한 재건축사업으로 한정한다)에 따라 공동 주택 등을 건설하는 경우로서 제5종사업장 규모에 해당하는 공장 중에서 해당 공동주택 등의 주거환경에 위험하거나 해롭지 아니하다고 사업계획승인권자가 인정하여 고시한 공장은 제외한다.
   라. 「소음·진동관리법」제2조제3호에 따른 소음배출시설이 설치되어 있는 공장. 다만, 공동주택등을 배치하려는 지점에서 소음·진동관리 법령으로 정하는 바에 따라 측정한 해당 공장의 소음도가 50데시벨 이하로서 공동주택등에 영향을 미치지 않거나 방음벽·방음림 등의 방음시설을 설치하여 50데시벨 이하가 될 수 있는 경우는 제외한다.

2. 「건축법 시행령」별표 1에 따른 위험물 저장 및 처리 시설
3. 그 밖에 사업계획승인권자가 주거환경에 특히 위해하다고 인정하는 시설(설치 계획이 확정된 시설을 포함한다)

② 제1항에 따라 공동주택등을 배치하는 경우 공동주택등과 제1항 각 호의 시설 사이의 주택단지 부분에는 **방음림을** 설치하여야 한다. 다만, 다른 시설물이 있는 경우에는 **그렇지 않다**. <개정 2021. 1. 5.>

제10조(공동주택의 배치) [제목개정 1996.6.8.]

① 삭제 <1996.6.8.>
② 도로(**주택단지 안의** 도로를 포함하되, 필로티에 설치되어 보도로만 사용되는 도로는 제외한다) 및 주차장(지하, 필로티, 그 밖에 이와 비슷한 구조에 설치하는 주차장 및 그 진출입로는 제외한다)의 경계선으로부터 공동주택의 외벽(발코니나 그 밖에 이와

비슷한 것을 포함한다. 이하 같다)까지의 거리는 2미터 이상 떼어야 하며, 그 떼운 부분에는 식재 등 조경에 필요한 조치를 하여야 한다. 다만, 다음 각 호의 어느 하나에 해당하는 도로로서 보도와 차도로 구분되어 있는 경우에는 그러하지 아니하다. <개정 2012.6.29.>

1. 공동주택의 1층이 필로티 구조인 경우 필로티에 설치하는 도로(사업계획승인권자가 인정하는 보행자 안전시설이 설치된 것에 한정한다)

2. 주택과 주택 외의 시설을 동일 건축물로 건축하고, 1층이 주택 외의 시설인 경우 해당 주택 외의 시설에 접하여 설치하는 도로(사업계획승인권자가 인정하는 보행자 안전시설이 설치된 것에 한정한다)

3. 공동주택의 외벽이 개구부(開口部)가 없는 측벽인 경우 해당 측벽에 접하여 설치하는 도로

③ 주택단지는 화재 등 재난발생 시 소방활동에 지장이 없도록 다음 각 호의 요건을 갖추어 배치하여야 한다. <개정 2021.1.5.>

1. 공동주택의 각 세대로 소방자동차의 접근이 가능하도록 통로를 설치할 것

2. 주택단지 출입구의 **문주(문기둥)** 또는 차단기는 소방자동차의 통행이 가능하도록 설치할 것

④ 주택단지의 각 동의 높이와 형태 등은 주변의 경관과 어우러지고 해당 지역의 미관을 증진시킬 수 있도록 배치되어야 하며, 국토교통부장관은 공동주택의 디자인 향상을 위하여 주택단지의 배치 등에 필요한 사항을 정하여 고시할 수 있다. <신설 2013.6.17.>

제11조(지하층의 활용)

공동주택을 건설하는 주택단지에 설치하는 지하층은 「주택법 시행령」 제7조제1호 및 제2호에 따른 근린생활시설(이하 "근린생활시설"이라 한다. 다만, 이 조에서는 변전소·정수장 및 양수장을 제외하되, 변전소의 경우 「전기사업법」 제2조제2호에 따른 전기사업자가 자신의 소유토지에 「전원개발촉진법 시행령」 제3조제1호에 따른 시설의 설치·운영에 종사하는 자를 위하여 건설하는 공동주택 및 주택과 주택 외의 건축물을 동일건축물에 복합하여 건설하는 경우로서 사업계획승인권자가 주거안정에 지장이 없다고 인정하는 건축물의 변전소는 포함한다)·주차장·주민공동시설 및 주택(사업계획승인권자가 해당 주택의 주거환경에 지장이 없다고 인정하는 경우로서 1층 세대의 주거전용부분으로 사용되는 구조만 해당한다) 그 밖에 관계 법령에 따라 허용되는 용도로 사용할 수 있으며, 그 구조 및 설비는 「건축법」 제53조에 따른 기준에 적합하여야 한다. <개정 2017.10.17.>

제12조(주택과의 복합건축)

① 숙박시설(상업지역, 준주거지역 또는 준공업지역에 건설하는 호텔시설은 제외한다)·위락시설·공연장·공장이나 위험물저장 및 처리시설 그 밖에 사업계획승인권자가 주거환경에 지장이 있다고 인정하는 시설은 주택과 복합건축물로 건설하여서는 아니 된다. 다만, 다만, 다음 각 호의 어느 하나에 해당하는 경우는 예외로 한다. <개정 2018.2.9.>

1. 「도시 및 주거환경정비법」 제2조제2호나목에 **따른 재개발사업**에 따라 복합건축물을 건설하는 경우

2. 위락시설·숙박시설 또는 공연장을 주택과 복합건축물로 건설하는 경우로서 다음 각 목의 요건을 모두 갖춘 경우

가. 해당 복합건축물은 층수가 50층 이상이거나 높이가 150미터 이상일 것

나. 위락시설을 주택과 복합건축물로 건설하는 경우에는 다음의 요건을 모두 갖출 것

　　　　1) 위락시설과 주택은 구조가 분리될 것

　　　　2) 사업계획승인권자가 주거환경 보호에 지장이 없다고 인정할 것

　3.「물류시설의 개발 및 운영에 관한 법률」 제2조제6호의2에 따른 도시첨단물류단지 내에 공장을 주택과 복합건축물로 건설하는 경우로서 다음 각 목의 요건을 모두 갖춘 경우

　　가. 해당 공장은 제9조의2제1항제1호 각 목의 어느 하나에 해당하는 공장이 아닐 것

　　나. 해당 복합건축물이 건설되는 주택단지 내의 물류시설은 지하층에 설치될 것

　　다. 사업계획승인권자가 주거환경 보호에 지장이 없다고 인정할 것

② 주택과 주택외의 시설(주민공동시설을 제외한다)을 동일건축물에 복합하여 건설하는 경우에는 주택의 출입구·계단 및 승강기 등을 주택외의 시설과 분리된 구조로 하여 사생활보호·방범 및 방화등 주거의 안전과 소음·악취등으로부터 주거환경이 보호될 수 있도록 하여야 한다. 다만, 층수가 50층 이상이거나 높이가 150미터 이상인 복합건축물을 건축하는 경우로서 사업계획승인권자가 사생활보호·방범 및 방화 등 주거의 안전과 소음·악취 등으로부터 주거환경이 보호될 수 있다고 인정하는 숙박시설과 공연장의 경우에는 그러하지 아니하다. <개정 2014.10.28.>

제3장 주택의 구조·설비 등

제13조(기준척도)

주택의 평면 및 각 부위의 치수는 국토교통부령으로 정하는 치수 및 기준척도에 적합하여야 한다. 다만, 사업계획승인권자가 인정하는 특수한 설계·구조 또는 자재로 건설하는 주택의 경우에는 그러하지 아니하다. <개정 2013.6.17.>

제14조(세대간의 경계벽등)

① 공동주택 각 세대 간의 경계벽 및 공동주택과 주택 외의 시설 간의 경계벽은 내화구조로서 다음 각 호의 <u>어느 하나에</u> 해당하는 구조로 <u>해야</u> 한다. <개정 2021.1.5.>

　1. 철근콘크리트조 또는 철골·철근콘크리트조로서 그 두께(시멘트모르타르·회반죽· 석고프라스터, 그밖에 이와 유사한 재료를 바른 후의 두께를 포함한다)가 15센티미터 이상인 것

　2. 무근콘크리트조·콘크리트블록조·벽돌조 또는 석조로서 그 두께(시멘트모르타르·회반죽· 석고프라스터, 그밖에 이와 유사한 재료를 바른 후의 두께를 포함한다)가 20센티미터 이상인 것

　3. 조립식주택부재인 콘크리트판으로서 그 두께가 12센티미터 이상인 것

　4. 제1호 내지 제3호의 것 외에 국토교통부장관이 정하여 고시하는 기준에 따라 한국 건설기술연구원장이 차음성능을 인정하여 지정하는 구조인 것

② 제1항에 따른 경계벽은 이를 지붕밑 또는 바로 윗층바닥판까지 닿게 하여야 하며, 소리를 차단하는데 장애가 되는 부분이 없도록 설치하여야 한다. 이 경우 경계벽의 구조가 벽돌조인 경우에는 줄눈 부위에 빈틈이 생기지 아니하도록 시공하여야 한다. <개정 2017.10.17.>

③ 삭제 <2013.5.6.>, ④ 삭제 <2013.5.6.>

⑤ 공동주택의 3층 이상인 층의 발코니에 세대간 경계벽을 설치하는 경우에는 제1항 및 제2항의 규정에 불구하고 화재 등의 경우에 피난용도로 사용할 수 있는 피난구를 경계벽에 설치하거나 경계벽의 구조를 파괴하기 쉬운 경량구조 등으로 할 수 있다. 다만, 경계벽에 창고 기타 이와 유사한 시설을 설치하는 경우에는 그러하지 아니하다. <신설 1992.7.25.>

⑥ 제5항에 따라 피난구를 설치하거나 경계벽의 구조를 경량구조 등으로 하는 경우에는 그에 대한 정보를 포함한 표지 등을 식별하기 쉬운 위치에 부착 또는 설치하여야 한다.

제14조의2(바닥구조) [본조신설 2013.5.6.]

공동주택의 세대 내의 층간바닥(화장실의 바닥은 제외한다)은 다음 각 호의 기준을 모두 충족하여야 한다. <개정 2017.1.17. – 단서조항 추가>

1. **콘크리트 슬래브 두께는 210밀리미터[라멘구조(보와 기둥을 통해서 내력이 전달되는 구조를 말한다. 이하 이 조에서 같다)의 공동주택은 150밀리미터] 이상으로 할 것.** 다만, 법 제51조제1항에 따라 인정받은 공업화주택의 층간바닥은 예외로 한다.

2. 각 층간 바닥충격음이 경량충격음(비교적 가볍고 딱딱한 충격에 의한 바닥충격음을 말한다)은 58데시벨 이하, 중량충격음(무겁고 부드러운 충격에 의한 바닥충격음을 말한다)은 50데시벨 이하의 구조가 되도록 할 것. 다만, 다음 각 목의 어느 하나에 해당하는 층간바닥은 예외로 한다.

   가. 라멘구조의 공동주택(법 제51조제1항에 따라 인정받은 공업화주택은 제외한다)의 층간바닥

   나. 가목의 공동주택 외의 공동주택 중 발코니, 현관 등 국토교통부령으로 정하는 부분의 층간바닥

제14조의3(벽체 및 창호 등) [본조신설 2013.5.6.]

① 500세대 이상의 공동주택을 건설하는 경우 벽체의 접합부위나 난방설비가 설치되는 공간의 창호는 국토교통부장관이 정하여 고시하는 기준에 적합한 결로(結露)방지성능을 갖추어야 한다.

② 제1항에 해당하는 공동주택을 건설하려는 자는 세대 내의 거실·침실의 벽체와 천장의 접합부위(침실에 옷방 또는 붙박이 가구를 설치하는 경우에는 옷방 또는 붙박이 가구의 벽체와 천장의 접합부위를 포함한다), 최상층 세대의 천장부위, 지하주차장·승강기홀의 벽체부위 등 결로 취약부위에 대한 결로방지 상세도를 법 제33조제2항에 따른 설계도서에 포함하여야 한다. <개정 2016.10.25.>

③ 국토교통부장관은 제2항에 따른 결로방지 상세도의 작성내용 등에 관한 구체적인 사항을 정하여 고시할 수 있다.

제15조(승강기 등)

① 6층 이상인 공동주택에는 국토교통부령이 정하는 기준에 따라 대당 6인승 이상인 승용승강기를 설치하여야 한다. 다만, 「건축법 시행령」 제89조의 규정에 해당하는 공동주택의 경우에는 그러하지 아니하다. <개정 2013.3.23.>

② 10층 이상인 공동주택의 경우에는 제1항의 승용승강기를 비상용승강기의 구조로 하여야 한다.

③ 10층 이상인 공동주택에는 이사짐 등을 운반할 수 있는 다음 각 호의 기준에 적합한 화물용승강기를 설치하여야 한다. <개정 2016.12.30.>

1. 적재하중이 0.9톤 이상일 것

2. 승강기의 폭 또는 너비 중 한 변은 1.35미터 이상, 다른 한 변은 1.6미터 이상일 것

3. 계단실형인 공동주택의 경우에는 계단실마다 설치할 것

4. 복도형인 공동주택의 경우에는 100세대까지 1대를 설치하되, 100세대를 넘는 경우에는 100세대마다 1대를 추가로 설치할 것

④ 제1항 또는 제2항의 규정에 의한 승용승강기 또는 비상용승강기로서 제3항 각호의 기준에 적합한 것은 화물용승강기로 겸용할 수 있다.

⑤ 「건축법」 제64조는 제1항 내지 제3항의 규정에 의한 승용승강기·비상용승강기 및 화물용승강기의 구조 및 그 승강장의 구조에 관하여 이를 준용한다. <개정 2008.10.29.>

제16조(계단) [제목개정 2013.6.17.]

① 주택단지 안의 건축물 또는 옥외에 설치하는 계단의 각 부위의 치수는 다음 표의 기준에 적합하여야 한다. <개정 2014.10.28.>

(단위: 센티미터)

계단의 종류	유효폭	단높이	단너비
공동으로 사용하는 계단	120 이상	18 이하	26 이상
건축물의 옥외계단	90 이상	20 이하	24 이상

② 제1항에 따른 계단은 다음 각 호에 정하는 바에 따라 적합하게 설치하여야 한다. <개정 2014.10.28.>

1. 높이 2미터를 넘는 계단(세대 내 계단을 제외한다)에는 2미터(기계실 또는 물탱크실의 계단의 경우에는 3미터) 이내마다 해당 계단의 유효폭 이상의 폭으로 너비 120센티미터 이상인 계단참을 설치할 것 다만, 각 동 출입구에 설치하는 계단은 1층에 한정하여 높이 2.5미터 이내마다 계단참을 설치할 수 있다.

2. 삭제 <2014.10.28.>]

3. 계단의 바닥은 미끄럼을 방지할 수 있는 구조로 할 것

③ 계단실형인 공동주택의 계단실은 다음 각 호의 기준에 적합하여야 한다.

1. 계단실에 면하는 각 세대의 현관문은 계단의 통행에 지장이 되지 아니하도록 할 것

2. 계단실 최상부에는 배연등에 유효한 개구부를 설치할 것

3. 계단실의 각 층별로 층수를 표시할 것

4. 계단실의 벽 및 반자의 마감(마감을 위한 바탕을 포함한다)은 불연재료 또는 준불연재료로 할 것

④ 제1항부터 제3항까지에서 규정한 사항 외에 계단의 설치 및 구조에 관한 기준에 관하여는 「건축법 시행령」 제34조, 제35조 및 제48조를 준용한다. <개정 2014.10.28.>

⑤ 삭제 <2013.6.17.>

제16조의2(출입문) [본조신설 2013.6.17.

① 주택단지 안의 각 동 출입문에 설치하는 유리는 안전유리(45킬로그램의 추가 75센티미터 높이에서 낙하하는 충격량에 관통되지 아니하는 유리를 말한다. 이하 같다)를 사용하여야 한다.

② 주택단지 안의 각 동 지상 출입문, 지하주차장과 각 동의 지하 출입구를 연결하는 출입문에는 전자출입시스템(비밀번호나 출입카드 등으로 출입문을 여닫을 수 있는 시스템 등을 말한다)을 갖추어야 한다.

③ 주택단지 안의 각 동 옥상 출입문에는 「화재예방, 소방시설 설치·유지 및 안전관리에 관한 법률」 제39조제1항에 따른 성능인증 및 같은 조 제2항에 따른 제품검사를 받은 비상문자동개폐장치를 설치하여야 한다. 다만, 대피공간이 없는 옥상의 출입문은 제외한다. <신설 2016.2.29.>

④ 제2항에 따라 설치되는 전자출입시스템 및 제3항에 따라 설치되는 비상문자동개폐장치는 화재 등 비상시에 소방시스템과 연동(連動)되어 잠김 상태가 자동으로 풀려야 한다. <개정 2016.2.29.>

제17조(복도)

① 삭제 <2014.10.28.>

② 복도형인 공동주택의 복도는 다음 각 호의 기준에 적합하여야 한다.

1. 외기에 개방된 복도에는 배수구를 설치하고, 바닥의 배수에 지장이 없도록 할 것

2. 중복도에는 채광 및 통풍이 원활하도록 40미터 이내마다 1개소 이상 외기에 면하는 개구부를 설치할 것

3. 복도의 벽 및 반자의 마감(마감을 위한 바탕을 포함한다)은 불연재료 또는 준 불연재료로 할 것

제18조(난간)

① 주택단지 안의 건축물 또는 옥외에 설치하는 난간의 재료는 철근콘크리트, 파손되는 경우에도 **날려 흩어지지 않는** 안전유리 또는 강도 및 내구성이 있는 재료(금속제인 경우에는 부식되지 아니하거나 도금 또는 녹막이 등으로 부식방지처리를 한 것만 해당한다)를 사용하여 난간이 안전한 구조로 설치될 수 있게 하여야 한다. 다만, 실내에 설치하는 난간의 재료는 목재로 할 수 있다. <개정 2021.1.5.>

② 난간의 각 부위의 치수는 다음 각 호의 기준에 적합하여야 한다. <개정 2003.4.22.>

1. 난간의 높이 : 바닥의 마감면으로부터 120센티미터 이상. 다만, 건축물내부계단에 설치하는 난간, 계단중간에 설치하는 난간 기타 이와 유사한 것으로 위험이 적은 장소에 설치하는 난간의 경우에는 90센티미터 이상으로 할 수 있다.

2. 난간의 간살의 간격 : 안목치수 10센티미터 이하

③ 3층 이상인 주택의 창(바닥의 마감면으로부터 창대 윗면까지의 높이가 110센티미터 이상이거나 창의 바로 아래에 발코니 기타 이와 유사한 것이 있는 경우를 제외한다)에는 제1항 및 제2항의 규정에 적합한 난간을 설치하여야 한다.

④ 난간을 외부 공기가 직접 닿는 곳에 설치하는 주택의 경우에는 각 세대마다 국기봉을 꽂을 수 있는 장치를 해당 간에 하나 이상 설치하여야 한다. 다만, 사업계획승인권자가

난간의 재료 등을 고려할 때 해당 장치를 설치하기 어렵다고 인정하는 경우에는 국토교통부령으로 정하는 바에 따라 각 동 지상 출입구에 설치할 수 있다. <개정 2021.1.12.>

제19조 삭제 <1996.6.8.>

제20조 삭제 <1996.6.8.>

제21조 삭제 <2014.10.28.>

제22조(장애인등의 편의시설)

주택단지 안의 부대시설 및 복리시설에 설치하여야 하는 장애인관련 편의시설은 「장애인·노인·임산부 등의 편의증진보장에 관한 법률」이 정하는 바에 의한다. <개정 2005.6.30.>

제23조 삭제 <2014.10.28.>

제24조 삭제 <2014.10.28.>

제4장 부대시설

제25조(진입도로)

① 공동주택을 건설하는 주택단지는 기간도로와 접하거나 기간도로로부터 해당 단지에 이르는 진입도로가 있어야 한다. 이 경우 기간도로와 접하는 폭 및 진입도로의 폭은 다음 표와 같다.

주택단지의 총세대수	기간도로와 접하는 폭 또는 진입도로의 폭
300세대 미만	6미터 이상
300세대 이상 500세대 미만	8미터 이상
500세대 이상 1천세대 미만	12미터 이상
1천세대 이상 2천세대 미만	15미터 이상
2천세대 이상	20미터 이상

② 주택단지가 2 이상이면서 해당 주택단지의 진입도로가 하나인 경우 그 진입도로의 폭은 해당 진입도로를 이용하는 모든 주택단지의 세대수를 합한 총 세대수를 기준으로 하여 산정한다. <신설 1999.9.29.>

③ 공동주택을 건설하는 주택단지의 진입도로가 2 이상으로서 다음 표의 기준에 적합한 경우에는 제1항의 규정을 적용하지 아니할 수 있다. 이 경우 폭 4미터 이상 6미터 미만인 도로는 기간도로와 통행거리 200미터 이내인 때에 한하여 이를 진입도로로 본다. <개정 2016.6.8.>

주택단지의 총세대수	폭 4미터 이상의 진입도로 중 2개의 진입도로 폭의 합계
300세대 미만	10미터 이상
300세대 이상 500세대 미만	12미터 이상
500세대 이상 1천세대 미만	16미터 이상
1천세대 이상 2천세대 미만	20미터 이상
2천세대 이상	25미터 이상

④ 도시지역 외에서 공동주택을 건설하는 경우 그 주택단지와 접하는 기간도로의 폭 또는 그 주택단지의 진입도로와 연결되는 기간도로의 폭은 제1항의 규정에 의한 기간도로와 접하는 폭 또는 진입도로의 폭의 기준 이상이어야 하며, 주택단지의 진입도로가 2 이상이 있는 경우에는 그 기간도로의 폭은 제3항의 기준에 의한 각각의 진입도로의 폭의 기준 이상이어야 한다. <신설 2002.12.26.>

⑤ 삭제 <2016.6.8.>

제26조(주택단지 안의 도로)

① 공동주택을 건설하는 주택단지에는 폭 1.5미터 이상의 보도를 포함한 폭 7미터 이상의 도로(보행자전용도로, 자전거도로는 제외한다)를 설치하여야 한다. <개정 2013.6.17.>

② 제1항에도 불구하고 다음 각 호에 어느 하나에 해당하는 경우에는 도로의 폭을 4미터 이상으로 할 수 있다. 이 경우 해당 도로에는 보도를 설치하지 아니할 수 있다.
<개정 2013.6.17.>

   1. 해당 도로를 이용하는 공동주택의 세대수가 100세대 미만이고 해당 도로가 막다른 도로로서 그 길이가 35미터 미만인 경우

   2. 그 밖에 주택단지 내의 막다른 도로 등 사업계획승인권자가 부득이하다고 인정하는 경우

③ 주택단지 안의 도로는 유선형(流線型) 도로로 설계하거나 도로 노면의 요철(凹凸) 포장 또는 과속방지턱의 설치 등을 통하여 도로의 설계속도(도로설계의 기초가 되는 속도를 말한다)가 시속 20킬로미터 이하가 되도록 하여야 한다. <신설 2013.6.17.>

④ 500세대 이상의 공동주택을 건설하는 주택단지 안의 도로에는 어린이 통학버스의 정차가 가능하도록 국토교통부령으로 정하는 기준에 적합한 어린이 안전보호구역을 1 개소 이상 설치하여야 한다. <신설 2013.6.17.>

⑤ 제1항부터 제4항까지에서 규정한 사항 외에 주택단지에 설치하는 도로 및 교통안전시설의 설치기준 등에 관하여 필요한 사항은 국토교통부령으로 정한다. <개정 2013.6.17.>

제27조(주차장)

① 주택단지에는 다음 각 호의 기준(소수점 이하의 끝수는 이를 한 대로 본다)에 따라 주차장을 설치하여야 한다. <개정 2021.1.12.>

   1. 주택단지에는 주택의 전용면적의 합계를 기준으로 하여 다음 표에서 정하는 면적당 대수의 비율로 산정한 주차대수 이상의 주차장을 설치하되, 세대당 주차대수가 1대 (세대당 전용면적이 60제곱미터 이하인 경우에는 0.7대) 이상이 되도록 하여야 한다. 다만, 지역별 차량보유율 등을 고려하여 설치기준의 5분의 1(세대당 전용면적이 60

제곱미터 이하인 경우에는 2분의 1)의 범위에서 특별시·광역시·특별자치시·특별자치도·시·군 또는 자치구의 <u>조례</u>로 강화하여 정할 수 있다.

주택규모별 (전용면적:제곱미터)	주차장 설치기준(대/제곱미터)			
	가. 특별시	나. 광역시·특별자치시 및 수도권내의 시 지역	다. 가목 및 나목 외의 시 지역과 수도권 내의 군 지역	라. 그 밖의 지역
85 이하	1/75	1/85	1/95	1/110
85 초과	1/65	1/70	1/75	1/85

2. 원룸형 주택은 제1호에도 불구하고 세대당 주차대수가 0.6대(세대당 전용면적이 30제곱미터 미만인 경우에는 0.5대) 이상이 되도록 주차장을 설치하여야 한다. 다만, 지역별 차량보유율 등을 고려하여 다음 각 목의 구분에 따라 특별시·광역시·특별자치시·특별자치도·시·군 또는 자치구의 <u>조례</u>로 강화하거나 완화하여 정할 수 있다.

가. 「민간임대주택에 관한 특별법」 제2조제13호가목 및 나목에 해당하는 시설로부터 통행거리 500미터 이내에 건설하는 원룸형 주택으로서 다음의 요건을 모두 갖춘 경우: 설치기준의 10분의 7 범위에서 완화

1) 「공공주택 특별법」 제2조제1호가목의 공공임대주택일 것

2) 임대기간 동안 자동차를 소유하지 않을 것을 임차인 자격요건으로 하여 임대할 것. 다만, 「장애인복지법」 제2조제2항에 따른 장애인 등에 대해서는 특별시·광역시·특별자치시·도·특별자치도의 조례로 자동차 소유 요건을 달리 정할 수 있다.

나. 그 밖의 경우: 설치기준의 2분의 1 범위에서 강화 또는 완화

3. 삭제 <2013.5.31.>

② 제1항제1호 및 제2호에 따른 주차장은 지역의 특성, 전기자동차(「환경친화적 자동차의 개발 및 보급 촉진에 관한 법률」 제2조제3호에 따른 전기자동차를 말한다) 보급정도 및 주택의 규모 등을 고려하여 그 일부를 전기자동차의 전용주차구획으로 구분 설치하도록 특별시·광역시·특별자치시·특별자치도·시 또는 군의 조례로 정할 수 있다. <신설 2016.6.8.>

③ 주택단지에 건설하는 주택(부대시설 및 주민공동시설을 포함한다)외의 시설에 대하여는 「주차장법」이 정하는 바에 따라 산정한 부설주차장을 설치하여야 한다. <개정 2005.6.30.>

④ 원룸형 주택이 다음 각 호의 요건을 모두 갖춘 경우에는 제1항제2호에도 불구하고 임대주택으로 사용하는 기간 동안 용도변경하기 전의 용도를 기준으로 「주차장법」 제19조의 부설주차장 설치기준을 적용할 수 있다. <신설 2021.1.12.>

1. 제7조제11항 각 호의 요건을 갖출 것

2. 제1항제2호에 따라 주차장을 추가로 설치해야 할 것

3. 세대별 전용면적이 30제곱미터 미만일 것

4. 임대기간 동안 자동차(「장애인복지법」 제39조제2항에 따른 장애인사용자동차등표지를

발급받은 자동차는 제외한다)를 소유하지 않을 것을 임차인 자격요건으로 하여 임대할 것

⑤ 「노인복지법」에 의하여 노인복지주택을 건설하는 경우 당해 주택단지에는 제1항의 규정에 불구하고 세대당 주차대수가 0.3대(세대당 전용면적이 60제곱미터 이하인 경우에는 0.2대) 이상이 되도록 하여야 한다. <신설 2021.1.12.>

⑥ 「철도산업발전기본법」 제3조제2호의 철도시설 중 역시설로부터 반경 500미터 이내에서 건설하는 「공공주택 특별법」 제2조에 따른 공공주택(이하 "철도부지 활용 공공주택"이라 한다)의 경우 해당 주택단지에는 제1항에 따른 주차장 설치기준의 2분의 1의 범위에서 완화하여 적용할 수 있다. <신설 2021.1.12.>

⑦ 제1항부터 제6항까지에서 규정한 사항 외에 주차장의 구조 및 설비의 기준에 관하여 필요한 사항은 국토교통부령으로 정한다. <신설 2021.1.12.>

제28조(관리사무소 등) [제목개정 2020.1.7.]

① 50세대 이상의 공동주택을 건설하는 주택단지에는 다음 각 호의 시설을 모두 설치하되, 그 면적의 합계가 10제곱미터에 50세대를 넘는 매 세대마다 500제곱센티미터를 더한 면적 이상이 되도록 설치해야 한다. 다만, 그 면적의 합계가 100제곱미터를 초과하는 경우에는 설치면적을 100제곱미터로 할 수 있다. <개정 2020.1.7.>

　1. 관리사무소

　2. 경비원 등 공동주택 관리 업무에 종사하는 근로자를 위한 휴게시설

② 제1항제1호에 따른 관리사무소는 관리업무의 효율성과 입주민의 접근성 등을 고려하여 배치하여야 한다. <개정 2020.1.7.>

③ 제1항제2호에 따른 휴게시설은 「산업안전보건법」에 따라 설치해야 한다. <신설 2020.1.7.>

제29조 삭제 <2014.10.28.>

제30조(수해방지 등) [제목개정 2021.1.5.]

① 주택단지(단지경계선의 주변 외곽부분을 포함한다)에 높이 2미터 이상의 옹벽 또는 축대(이하 "옹벽등"이라 한다)가 있거나 이를 설치하는 경우에는 그 옹벽등으로부터 건축물의 외곽부분까지를 해당 옹벽등의 높이만큼 띄워야 한다. 다만, 다음 각 호의 1에 해당하는 경우에는 그러하지 아니하다. <개정 1993.2.20.>

　1. 옹벽등의 기초보다 그 기초가 낮은 건축물. 이 경우 옹벽등으로부터 건축물 외곽 부분까지를 5미터(3층 이하인 건축물은 3미터) 이상 띄워야 한다.

　2. 옹벽등보다 낮은 쪽에 위치한 건축물의 지하부분 및 땅으로부터 높이 1미터 이하인 건축물부분

② 주택단지에는 배수구·집수구 및 집수정(**물저장고**) 등 우수의 배수에 필요한 시설을 설치하여야 한다. <개정 2021. 1. 5.>

③ 주택단지가 저지대등 침수의 우려가 있는 지역인 경우에는 주택단지 안에 설치하는 수전실·전화국선용단자함 기타 이와 유사한 전기 및 통신설비는 가능한 한 침수가 되지 아니하는 곳에 이를 설치하여야 한다. <신설 1992.7.25.>

④ 제1항 내지 제3항에서 규정한 사항 외에 수해방지 등에 관하여 필요한 사항은 국토교통부령으로 정한다. <개정 2013.3.23.>

제31조(안내표지판 등)

① 300세대 이상의 주택을 건설하는 주택단지와 그 주변에는 다음 각 호의 기준에 따라 안내표지판을 설치하여야 한다. 다만, 제2호에 따른 표지판은 해당 사항이 표시된 도로표지판 등이 있는 경우에는 설치하지 아니할 수 있다. <개정 2014.10.28.>

　　1. 삭제 <2014.10.28.>

　　2. 단지의 진입도로변에 단지의 명칭을 표시한 단지입구표지판을 설치할 것

　　3. 단지의 주요출입구마다 단지 안의 건축물·도로 기타 주요시설의 배치를 표시한 단지 종합안내판을 설치할 것

　　4. 삭제 <2014.10.28.>

② 주택단지에 2동 이상의 공동주택이 있는 경우에는 각동 외벽의 보기쉬운 곳에 동번호를 표시하여야 한다.

③ 관리사무소 또는 그 부근에는 거주자에게 공지사항을 알리기 위한 게시판을 설치하여야 한다.

④ 삭제 <2014.10.28.>

제32조(통신시설) <개정 2008.2.29.>

① 주택에는 세대마다 전화설치장소(거실 또는 침실을 말한다)까지 구내통신선로설비를 설치하여야 하되, 구내통신선로설비의 설치에 필요한 사항은 따로 대통령령으로 정한다.

② 경비실을 설치하는 공동주택의 각 세대에는 경비실과 통화가 가능한 구내전화를 설치하여야 한다.

③ 주택에는 세대마다 초고속 정보통신을 할 수 있는 구내통신선로설비를 설치하여야 한다. <신설 2001.4.30.>

제32조의2(지능형 홈네트워크 설비) [본조신설 2008.11.11.]

주택에 지능형 홈네트워크 설비(주택의 성능과 주거의 질 향상을 위하여 세대 또는 주택단지 내 지능형 정보통신 및 가전기기 등의 상호 연계를 통하여 통합된 주거서비스를 제공하는 설비를 말한다)를 설치하는 경우에는 국토교통부장관, 산업통상자원부장관 및 과학기술정보통신부장관이 협의하여 공동으로 고시하는 지능형 홈네트워크 설비 설치 및 기술기준에 적합하여야 한다. <개정 2017.7.26.>

제33조(보안 등)

① 주택단지 안의 어린이놀이터 및 도로(폭 15미터 이상인 도로의 경우에는 도로의 양측)에는 보안등을 설치하여야 한다. 이 경우 해당 로에 설치하는 보안등의 간격은 50 미터 이내로 하여야 한다.

② 제1항의 규정에 의한 보안등에는 외부의 밝기에 따라 자동으로 켜지고 꺼지는 장치 또는 시간을 조절하는 장치를 부착하여야 한다.

제34조(가스공급시설)

① 도시가스의 공급이 가능한 지역에 주택을 건설하거나 액화석유가스를 배관에 의하여 공급하는 주택을 건설하는 경우에는 각 세대까지 가스공급설비를 하여야 하며, 그 밖의 지역에서는 안전이 확보될 수 있도록 외기에 면한 곳에 액화석유가스용기를 보관할

수 있는 시설을 하여야 한다.

② 제1항에도 불구하고 **다음 각 호의 요건을 모두 갖춘 경우**에는 각 세대까지 가스공급설비를 설치하지 않을 수 있다. <신설 2021.1.12.>

1. 장기공공임대주택일 것
2. 세대별 용도주거전용면적이 50제곱미터 이하일 것
3. 세대 내 가스사용시설이 설치되어 있지 않고 전기를 사용하는 취사시설이 설치되어 있을 것
4. 「건축법 시행령」 제87조제2항에 따른 난방을 위한 건축설비를 개별난방방식으로 설치하지 않을 것

③ 특별시장·광역시장·특별자치시장·특별자치도지사 또는 도지사(이하 "시·도지사"라 한다)는 500세대 이상의 주택을 건설하는 주택단지에 대하여는 당해 지역의 가스공급계획에 따라 가스저장시설을 설치하게 할 수 있다. <개정 2018.12.31.>

제35조(비상급수시설)

① 공동주택을 건설하는 주택단지에는 「먹는물관리법」 제5조의 규정에 의한 먹는 물의 수질기준에 적합한 비상용수를 공급할 수 있는 지하양수시설 또는 지하저수조시설을 설치하여야 한다.

② 제1항에 따른 지하양수시설 및 지하저수조는 다음 각 호에 따른 설치기준을 갖추어야 한다. 다만, 철도부지 활용 공공주택을 건설하는 주택단지의 경우에는 시·군지역의 기준을 적용한다. <개정 2014.10.23.>

1. 지하양수시설
   가. 1일에 해당 택단지의 매 세대당 0.2톤(시·군지역은 0.1톤) 이상의 수량을 양수할 수 있을 것
   나. 양수에 필요한 비상전원과 이에 의하여 가동될 수 있는 펌프를 설치할 것
   다. 해당 수시설에는 매 세대당 0.3톤 이상을 저수할 수 있는 지하저수조(제43조 제6항의 규정에 의한 기준에 적합하여야 한다)를 함께 설치할 것
2. 지하저수조
   가. 고가수조저수량(매 세대당 0.25톤까지 산입한다)을 포함하여 매 세대당 0.5톤(독신자용 주택은 0.25톤) 이상의 수량을 저수할 수 있을 것. 다만, 지역별 상수도 시설용량 및 세대당 수돗물 사용량 등을 고려하여 설치기준의 2분의 1의 범위에서 특별시·광역시·특별자치시·특별자치도·시 또는 군의 조례로 완화 또는 강화하여 정할 수 있다.
   나. 50세대(독신자용 주택은 100세대)당 1대 이상의 수동식펌프를 설치하거나 양수에 필요한 비상전원과 이에 의하여 가동될 수 있는 펌프를 설치할 것
   다. 제43조제6항의 규정에 의한 기준에 적합하게 설치할 것
   라. 먹는물을 해당 저수조를 거쳐 각 세대에 공급할 수 있도록 설치할 것.

제36조 삭제 <1999.9.29.>

제37조(난방설비 등) [제목개정 2006.1.6.]

① 6층 이상인 공동주택의 난방설비는 중앙집중난방방식(「집단에너지사업법」에 의한 지역난방공급방식을 포함한다. 이하 같다)으로 하여야 한다. 다만, 「건축법 시행령」 제87조제2항의 규정에 의한 난방설비를 하는 경우에는 그러하지 아니하다.

② 공동주택의 난방설비를 중앙집중난방방식으로 하는 경우에는 난방열이 각 세대에 균등하게 공급될 수 있도록 4층 이상 10층 이하의 건축물인 경우에는 2개소 이상, 10층을 넘는 건축물인 경우에는 10층을 넘는 5개층마다 1개소를 더한 수 이상의 난방구획으로 구분하여 각 난방구획마다 따로 난방용배관을 하여야 한다. 다만, 다음 각 호의 1에 해당하는 경우에는 그러하지 아니하다. <개정 2013.3.23.>

  1. 연구기관 또는 학술단체의 조사 또는 시험에 의하여 난방열을 각 세대에 균등하게 공급할 수 있다고 인정되는 시설 또는 설비를 설치한 경우
  2. 난방설비를 「집단에너지사업법」에 의한 지역난방공급방식으로 하는 경우로서 산업통상자원부장관이 정하는 바에 따라 각 세대별로 유량조절장치를 설치한 경우

③ 난방설비를 중앙집중난방방식으로 하는 공동주택의 각 세대에는 산업통상자원부장관이 정하는 바에 따라 난방열량을 계량하는 계량기와 난방온도를 조절하는 장치를 각각 설치하여야 한다. <개정 2013.3.23.>

④ 공동주택 각 세대에 「건축법 시행령」 제87조제2항에 따라 온돌 방식의 난방설비를 하는 경우에는 침실에 포함되는 옷방 또는 붙박이 가구 설치 공간에도 난방설비를 하여야 한다. <신설 2016.10.25.>

⑤ 공동주택의 각 세대에는 발코니 등 세대 안에 냉방설비의 배기장치를 설치할 수 있는 공간을 마련하여야 한다. 다만, 중앙집중냉방방식의 경우에는 그러하지 아니하다. <신설 2006. 1. 6., 2016.10.25.>

⑥ 제5항 본문에 따른 배기장치 설치공간은 냉방설비의 배기장치가 원활하게 작동할 수 있도록 국토교통부령으로 정하는 기준에 따라 설치해야 한다. <개정 2020.1.7.>

제38조(폐기물보관시설)

주택단지에는 생활폐기물보관시설 또는 용기를 설치하여야 하며, 그 설치장소는 차량의 출입이 가능하고 주민의 이용에 편리한 곳이어야 한다.

제39조(영상정보처리기기의 설치) [본조신설 2011.1.4.], [제목개정 2018.12.31.]

「공동주택관리법 시행령」 제2조 각 호의 공동주택을 건설하는 주택단지에는 국토교통부령으로 정하는 기준에 따라 보안 및 방범 목적을 위한 「개인정보 보호법 시행령」 제3조제1호 또는 제2호에 따른 영상정보처리기기를 설치하여야 한다. <개정 2018.12.31.>

제40조(전기시설)

① 주택에 설치하는 전기시설의 용량은 각 세대별로 3킬로와트(세대당 전용면적이 60제곱미터 이상인 경우에는 3킬로와트에 60제곱미터를 초과하는 10제곱미터마다 0.5킬로와트를 더한 값)이상이어야 한다.

② 주택에는 세대별 전기사용량을 측정하는 전력량계를 각 세대 전용부분 밖의 검침이 용이한 곳에 설치하여야 한다. 다만, 전기사용량을 자동으로 검침하는 원격검침방식을

적용하는 경우에는 전력량계를 각 세대 전용부분 안에 설치할 수 있다.

③ 주택단지 안의 옥외에 설치하는 전선은 지하에 매설하여야 한다. 다만, 세대당 전용면적이 60제곱미터 이하인 주택을 전체세대수의 2분의 1 이상 건설하는 단지에서 폭 8미터 이상의 도로에 가설하는 전선은 가공선으로 할 수 있다.

④ 삭제 <1999.9.29.>

⑤ 제1항 내지 제3항에 규정한 사항 외에 전기설비의 설치 및 기술기준에 관하여는 「전기사업법」 제67조를 준용한다. <개정 2005.6.30.>

제41조 삭제 <2014.10.28.>

제42조(방송수신을 위한 공동수신설비의 설치 등) [제목개정 2006.1.6.]

① 삭제 <2017.10.17.>

② 공동주택의 각 세대에는 제1항의 규정에 의한 텔레비전방송 및 에프엠(FM)라디오방송 공동수신안테나와 연결된 단자를 2개소 이상 설치하여야 한다. 다만, 세대당 전용면적이 60제곱미터 이하인 주택의 경우에는 1개소로 할 수 있다. <개정 2017.10.17.>

제43조(급·배수시설)

① 주택에 설치하는 급수·배수용 배관은 콘크리트구조체안에 매설하여서는 아니된다. 다만, 다음 각 호의 어느 하나에 해당하는 경우에는 그러하지 아니하다. <개정 2017.1.17.>

1. 급수·배수용 배관이 주택의 바닥면 또는 벽면 등을 직각으로 관통하는 경우

2. 주택의 구조안전에 지장이 없는 범위에서 콘크리트구조체 안에 덧관을 미리 매설하여 배관을 설치하는 경우

3. 콘크리트구조체의 형태 등에 따라 배관의 매설이 부득이하다고 사업계획승인권자가 인정하는 경우로서 배관의 부식을 방지하고 그 수선 및 교체가 쉽도록 하여 배관을 설치하는 경우

② 주택의 화장실에 설치하는 급수·배수용 배관은 다음 각 호의 기준에 적합하여야 한다. <신설 2021.1.12.>

1. 급수용 배관에는 감압밸브 등 수압을 조절하는 장치를 설치하여 각 세대별 수압이 일정하게 유지되도록 할 것

2. 배수용 배관은 층상배관공법(배관을 해당 층의 바닥 슬래브 위에 설치하는 공법을 말한다) 또는 층하배관공법(배관을 바닥 슬래브 아래에 설치하여 아래층 세대 천장으로 노출시키는 공법을 말한다)으로 설치할 수 있으며, 층하배관공법으로 설치하는 경우에는 일반용 경질(단단한 재질) 염화비닐관을 설치하는 경우보다 같은 측정조건에서 5데시벨 이상 소음 차단성능이 있는 저소음형 배관을 사용할 것

③ 공동주택에는 세대별 수도계량기 및 세대마다 2개소 이상의 급수전을 설치하여야 한다.

④ 주택의 부엌, 욕실, 화장실 및 다용도실 등 물을 사용하는 곳과 발코니의 바닥에는 배수설비를 하여야 한다. 다만, 급수설비를 설치하지 아니하는 발코니인 경우에는 그러하지 아니하다. <개정 2014.10.28.>

⑤ 제4항의 규정에 의한 배수설비에는 악취 및 배수의 역류를 막을 수 있는 시설을 하여야 한다.

⑥ 주택에 설치하는 <u>먹는물의</u> 급수조 및 저수조는 다음 각 호의 기준에 적합하여야 한다. <신설 2014.10.28.>

   1. 급수조 및 저수조의 재료는 수질을 오염시키지 아니하는 재료나 위생에 지장이 없는 것으로서 내구성이 있는 도금·녹막이 처리 또는 피막처리를 한 재료를 사용할 것

   2. 급수조 및 저수조의 구조는 청소 등 관리가 쉬워야 하고, 먹는물 외의 다른 물질이 들어갈 수 없도록 할 것

⑦ 제1항부터 제6항까지에서 규정한 사항 외에 급수·배수·가스공급 기타의 배관설비의 설치와 구조에 관한 기준은 국토교통부령으로 정한다. <개정 2017.1.17.>

제44조(배기설비 등) [전문개정 2006.1.6.]

① 주택의 부엌·욕실 및 화장실에는 바깥의 공기에 면하는 창을 설치하거나 국토교통부령이 정하는 바에 따라 배기설비를 하여야 한다. <개정 2013.3.23.>

② 공동주택 각 세대의 침실에 밀폐된 옷방 또는 붙박이 가구를 설치하는 경우에는 그 옷방 또는 붙박이 가구에 제1항에 따른 배기설비 또는 통풍구를 설치하여야 한다. 다만, 외벽 및 욕실에서 <u>떨어트려</u> 설치하는 옷방 또는 붙박이 가구에는 배기설비 또는 통풍구를 설치하지 아니할 수 있다. <신설 2021.1.5.>

③ 법 제40조에 따라 공동주택의 각 세대에 설치하는 환기시설의 설치기준 등은 건축법령이 정하는 바에 의한다. <개정 2016.10.25.>

제45조 삭제 <1998.8.27.>

제5장 복리시설

제46조 삭제 <2013.6.17.>
제47조 삭제 <2013.6.17.>
제48조 삭제 <1998.8.27.>
제49조 삭제 <1994.12.30.>

제50조(근린생활시설 등) [제목개정 1999.9.29.]

① 삭제 <2014.10.28.>

② 삭제 <1993.9.27.>

③ 삭제 <1993.9.27.>

④ 하나의 건축물에 설치하는 근린생활시설 및 소매시장·상점을 합한 면적(전용으로 사용되는 면적을 말하며, 같은 용도의 시설이 2개소 이상 있는 경우에는 각 시설의 바닥면적을 합한 면적으로 한다)이 1천제곱미터를 넘는 경우에는 주차 또는 물품의 하역 등에 필요한 공터를 설치하여야 하고, 그 주변에는 소음·악취의 차단과 조경을 위한 식재 그 밖에 필요한 조치를 취하여야 한다. <개정 2014.10.28.>

제51조 삭제 <1993.9.27.>

제52조(유치원)

① 2천세대 이상의 주택을 건설하는 주택단지에는 유치원을 설치할 수 있는 대지를 확보하여 그 시설의 설치희망자에게 분양하여 건축하게 하거나 유치원을 건축하여 이를 운영하고자 하는 자에게 공급하여야 한다. 다만, 다음 각 호의 어느 하나에 해당하는 경우에는 그러하지 아니하다. <개정 2017.2.3.>

1. 해당 주택단지로부터 통행거리 300미터 이내에 유치원이 있는 경우
2. 해당 주택단지로부터 통행거리 200미터 이내에 「학교보건법」 제6조제1항 각호의 시설이 있는 경우
3. 삭제 <2013.6.17.>
4. 당해 주택단지가 노인주택단지·외국인주택단지 등으로서 유치원의 설치가 불필요하다고 사업계획 승인권자가 인정하는 경우

② 유치원을 유치원외의 용도의 시설과 복합으로 건축하는 경우에는 의료시설·주민운동시설·어린이집·종교집회장 및 근린생활시설(교육환경 보호에 관한 법률」 제8조에 따른 교육환경보호구역에 설치할 수 있는 시설에 한한다)에 한하여 이를 함께 설치할 수 있다. 이 경우 유치원 용도의 바닥면적의 합계는 해당 축물 연면적의 2분의 1 이상이어야 한다. <개정 2017.2.3.>

③ 제2항의 규정에 의한 복합건축물은 유아교육·보육의 환경이 보호될 수 있도록 유치원의 출입구·계단·복도 및 화장실 등을 다른 용도의 시설(어린이집 및 사회복지관을 제외한다)과 분리된 구조로 하여야 한다. <개정 2011.12.8.>

제53조 삭제 <2013.6.17.>
제54조 삭제 <1999.9.29.>
제55조 삭제 <2013.6.17.>

제55조의2(주민공동시설) [본조신설 2013.6.17.]

① 100세대 이상의 주택을 건설하는 주택단지에는 다음 각 호에 따라 산정한 면적 이상의 주민공동시설을 설치하여야 한다. 다만, 지역 특성, 주택 유형 등을 고려하여 특별시·광역시·특별자치시·특별자치도·시 또는 군의 조례로 주민공동시설의 설치면적을 그 기준의 4분의 1 범위에서 강화하거나 완화하여 정할 수 있다. <개정 2014.10.28.>

1. 100세대 이상 1,000세대 미만: 세대당 2.5제곱미터를 더한 면적
2. 1,000세대 이상: 500제곱미터에 세대당 2제곱미터를 더한 면적

② 제1항에 따른 면적은 각 시설별로 전용으로 사용되는 면적을 합한 면적으로 산정한다. 다만, 실외에 설치되는 시설의 경우에는 그 시설이 설치되는 부지 면적으로 한다.

③ 제1항에 따른 주민공동시설을 설치하는 경우 해당 주택단지에는 다음 각 호의 구분에 따른 시설이 포함되어야 한다. 다만, 해당 주택단지의 특성, 인근 지역의 시설설치 현황 등을 고려할 때 사업계획승인권자가 설치할 필요가 없다고 인정하는 시설이거나 입주예정자의 과반수가 서면으로 반대하는 다함께돌봄센터는 설치하지 않을 수 있다. <개정 2021. 1. 12.>

1. 150세대 이상: 경로당, 어린이놀이터
2. 300세대 이상: 경로당, 어린이놀이터, 어린이집

3. 500세대 이상: 경로당, 어린이놀이터, 어린이집, 주민운동시설, 작은도서관, **다함께 돌봄센터**

④ 제3항에서 규정한 시설 외에 필수적으로 설치해야 하는 세대수별 주민공동시설의 종류에 대해서는 특별시·광역시·특별자치시·특별자치도·시 또는 군의 지역별 여건 등을 고려하여 조례로 따로 정할 수 있다. <개정 2014.10.28.>

⑤ 국토교통부장관은 문화체육관광부장관, 보건복지부장관과 협의하여 제3항 각 호에 따른 주민공동시설별 세부 면적에 대한 사항을 정하여 특별시·광역시·특별자치시·특별자치도·시 또는 군에 이를 활용하도록 제공할 수 있다. <개정 2014.10.28.>

⑥ 제3항 및 제4항에 따라 필수적으로 설치해야 하는 주민공동시설별 세부 면적 기준은 특별시·광역시·특별자치시·특별자치도·시 또는 군의 지역별 여건 등을 고려하여 조례로 정할 수 있다. <개정 2014.10.28.>

⑦ 제3항 각 호에 따른 주민공동시설은 다음 각 호의 기준에 적합하게 설치하여야 한다. <개정 2021.1.12.>

1. 경로당
   가. 일조 및 채광이 양호한 위치에 설치할 것
   나. 오락·취미활동·작업 등을 위한 공용의 다목적실과 남녀가 따로 사용할 수 있는 공간을 확보할 것
   다. 급수시설·취사시설·화장실 및 부속정원을 설치할 것
2. 어린이놀이터
   가. 놀이기구 및 그 밖에 필요한 기구를 일조 및 채광이 양호한 곳에 설치하거나 주택단지의 녹지 안에 어우러지도록 설치할 것
   나. 실내에 설치하는 경우 놀이기구 등에 사용되는 마감재 및 접착제, 그 밖의 내장재는 「환경기술 및 환경산업 지원법」 제17조에 따른 환경표지의 인증을 받거나 그에 준하는 기준에 적합한 친환경 자재를 사용할 것
   다. 실외에 설치하는 경우 인접대지경계선(도로·광장·시설녹지, 그 밖에 건축이 허용되지 아니하는 공지에 접한 경우에는 그 반대편의 경계선을 말한다)과 **주택단지 안의** 도로 및 주차장으로부터 3미터 이상의 거리를 두고 설치할 것
3. 어린이집
   가. 「영유아보육법」의 기준에 적합하게 설치할 것
   나. 해당 주택의 사용검사 시까지 설치할 것
4. 주민운동시설
   가. 시설물은 안전사고를 방지할 수 있도록 설치할 것
   나. 「체육시설의 설치·이용에 관한 법률 시행령」 별표 1에서 정한 체육시설을 설치 하는 경우 해당 종목별 경기규칙의 시설기준에 적합할 것
5. 작은 도서관은 「도서관법 시행령」 별표 1 제1호 및 제2호가목3)의 기준에 적합하게 설치할 것
6. 다함께돌봄센터는 「아동복지법」 제44조의2제5항의 기준에 적합하게 설치할 것

제6장 대지의 조성

제56조(대지의 안전)

① 대지를 조성할 때에는 지반의 붕괴·토사의 유실등의 방지를 위하여 필요한 조치를 하여야 한다.

② 제1항의 규정에 의한 대지의 조성에 관하여 이 영에서 정하는 사항을 제외하고는 「건축법」 제40조 및 같은 법 제41조제1항을 준용한다.

제57조(간선시설)

법 제15조에 따른 사업계획의 승인을 얻어 조성하는 일단의 대지에는 국토교통부령이 정하는 기준 이상인 진입도로(해당 지에 접하는 기간도로를 포함한다)·상하수도시설 및 전기시설이 설치되어야 한다. <개정 2016.8.11.>

제7장 공동주택 바닥충격음 차단구조의 성능등급 인정 등 <개정 2014.6.27.>

제58조(공동주택성능등급의 표시) [본조신설 2014.6.27.],

법 제39조 각호 외의 부분에서 "대통령령으로 정하는 호수"란 **500세대**를 말한다. <u>\<개정 2018.12.31.></u>, [시행일 : 2020.1.1.]

제59조 삭제 <2013.2.20.>
제59조의2 삭제 <2013.2.20.>
제60조 삭제 <2013.2.20.>

제60조의2(바닥충격음 성능등급 인정기관) [본조신설 2008.9.25.]

① 법 제41조제1항에 따른 바닥충격음 성능등급 인정기관(이하 "바닥충격음 성능등급 인정기관"이라 한다)으로 지정받으려는 자는 국토교통부령으로 정하는 신청서에 다음 각 호의 서류를 첨부하여 국토교통부장관에게 제출하여야 한다. 이 경우 국토교통부장관은 「전자정부법」 제36조제1항에 따른 행정정보의 공동이용을 통하여 법인 등기 사항증명서를 확인하여야 한다. <개정 2016.8.11.>

　1. 임원 명부
　2. 삭제 <2010.11.2.>
　3. 제2항에 따른 인력 및 장비기준을 증명할 수 있는 서류
　4. 바닥충격음 성능등급 인정업무의 추진 계획서

② 바닥충격음 성능등급 인정기관의 인력 및 장비기준은 별표 6과 같다.

③ 제1항 및 제2항에서 규정한 사항 외에 바닥충격음 성능등급 인정기관의 지정에 관하여 필요한 사항은 국토교통부장관이 정하여 고시한다.

　[제60조의3에서 이동, 종전 제60조의2는 제60조의3으로 이동 <2013.5.6.>]

제60조의3(바닥충격음 성능등급 및 기준 등) [전문개정 2013.5.6.]

① 법 제41조제1항에 따라 바닥충격음 성능등급 인정기관이 인정하는 바닥충격음 성능 등급 및 기준에 관하여는 국토교통부장관이 정하여 고시한다. <개정 2016.8.11.>

② 제14조의2제2호 본문에 따른 바닥충격음 차단성능 인정을 받으려는 자는 국토교통부

장관이 정하여 고시하는 방법 및 절차 등에 따라 바닥충격음 성능등급 인정기관으로 부터 바닥충격음 차단성능 인정을 받아야 한다.

③ 바닥충격음 차단성능 인정기관은 제2항에 따라 고시하는 방법 및 절차 등에 따라 바닥충격음을 측정하는 경우 측정 장소와 충격원 등에 따른 바닥충격음 측정값의 차이에 대해서는 국토교통부장관이 정하여 고시하는 바에 따라 바닥충격음 차단성능을 보정하여 적용할 수 있다.

[제60조의2에서 이동, 종전 제60조의3은 제60조의2로 이동 <2013.5.6.>]

제60조의4(신제품에 대한 성능등급 인정)

바닥충격음 성능등급 인정기관은 제60조의3제1항에 따라 고시된 기준을 적용하기 어려운 신 개발품이나 인정 규격 외의 제품(이하 "신제품"이라 한다)에 대한 성능등급 인정의 신청이 있을 때에는 제60조의3제1항에도 불구하고 제60조의5에 따라 신제품에 대한 별도의 인정기준을 마련하여 성능등급을 인정할 수 있다. <개정 2013.5.6.>

1. 삭제 <2013.5.6.>
2. 삭제 <2013.5.6.>

제60조의5(신제품에 대한 성능등급 인정 절차)

① 성능등급 인정기관은 제60조의4에 따른 별도의 성능등급 인정기준을 마련하기 위해서는 제60조의6에 따른 전문위원회(이하 "전문위원회"라 한다)의 심의를 거쳐야 한다.

② 성능등급 인정기관은 신제품에 대한 성능등급 인정의 신청을 받은 날부터 15일 이내에 전문위원회에 심의를 요청하여야 한다.

③ 성능등급 인정기관의 장은 제1항에 따른 인정기준을 지체없이 신청인에게 통보하고, 인터넷 홈페이지 등을 통하여 일반인에게 알려야 한다.

④ 성능등급 인정기관의 장은 제1항에 따른 별도의 성능등급 인정기준을 국토교통부장관에게 제출하여야 하며, 국토교통부장관은 이를 관보에 고시하여야 한다. <개정 2013.3.23.>

제60조의6(전문위원회)

① 신제품에 대한 인정기준 등에 관한 사항을 심의하기 위하여 성능등급 인정기관에 전문위원회를 둔다.

② 전문위원회의 구성, 위원의 선임기준 및 임기 등 위원회의 운영에 필요한 구체적인 사항은 해당 성능등급 인정기관의 장이 정한다.

제60조의7(공동주택 바닥충격음 차단구조의 성능등급 인정의 유효기간 등)

① 법 제41조제3항에 따른 공동주택 바닥충격음 차단구조의 성능등급 인정의 유효기간은 그 성능등급 인정을 받은 날부터 5년으로 한다. <개정 2016.8.11.>

② 공동주택 바닥충격음 차단구조의 성능등급 인정을 받은 자는 제1항에 따른 유효기간이 끝나기 전에 유효기간을 연장할 수 있다. 이 경우 연장되는 유효기간은 연장될 때마다 3년을 초과할 수 없다.

③ 법 제41조제3항에 따른 공동주택 바닥충격음 차단구조의 성능등급 인정에 드는 수수료는 인정업무와 시험에 사용되는 비용으로 하되, 인정 업무와 시험에 필수적으로 수반되는

비용을 추가할 수 있다. <개정 2016.8.11.>

④ 제1항부터 제3항까지에서 규정한 사항 외에 공동주택 바닥충격음 차단구조의 성능등급 인정의 유효기간 연장, 성능등급 인정에 드는 수수료 등에 관하여 필요한 세부적인 사항은 국토교통부장관이 정하여 고시한다.

제61조(인정기준의 제정·개정 신청 등)

① 바닥충격음 성능등급 인정기관에 성능등급 인정을 신청한 자는 국토교통부장관에게 성능등급 인정기준의 제정 또는 개정을 신청할 수 있다. <개정 2013.5.6.>

② 국토교통부장관은 제1항에 따른 신청을 받은 경우에는 신청내용을 검토하여 신청일부터 30일 이내에 제정 또는 개정 추진 여부를 신청인에게 통보하여야 한다. 이 경우 제정 또는 개정을 추진하지 아니하기로 결정한 경우에는 그 사유를 함께 알려야 한다.

③ 제2항에 따른 통보에 이의가 있는 신청인은 국토교통부장관에게 다시 검토하여 줄 것을 요청할 수 있다. <제2항 및 제3항 개정 2013.3.23.>

제8장 공업화주택

제61조의2(공업화주택의 인정 등)

① 법 제51조제1항에 따른 공업화주택의 인정을 받고자 하는 자는 국토교통부령이 정하는 공업화주택인정신청서에 다음 각 호의 서류를 첨부하여 국토교통부장관에게 제출하여야 한다. <개정 2016.8.11.>
  1. 설계 및 제품설명서
  2. 설계도면·제작도면 및 시방서
  3. 구조 및 성능에 관한 시험성적서 또는 구조안전확인서(건축구조 분야의 기술사가 구조안전성능 평가가 가능하다고 확인하여 작성한 것만 해당한다)
  4. 생산공정·건설공정·생산능력 및 품질관리계획을 기재한 서류

② 국토교통부장관은 제1항에 따라 공업화주택의 인정 신청을 받은 경우에는 그 신청을 받은 날부터 60일 이내에 인정 여부를 통보하여야 한다. 다만, 서류보완 등 부득이한 사유로 처리기간의 연장이 필요한 경우에는 10일 이내의 범위에서 한 번만 연장할 수 있다. <신설 2014.10.28.>

③ 국토교통부장관은 법 제51조제1항에 따라 공업화주택을 인정하는 경우에는 국토교통부령으로 정하는 공업화주택인정서를 신청인에게 발급하고 이를 공고하여야 한다. <개정 2016.8.11.>

④ 제3항의 규정에 의한 공업화주택인정서를 교부받은 자는 국토교통부령이 정하는 바에 따라 공업화주택의 생산 및 건설실적을 국토교통부장관에게 제출하여야 한다.

⑤ 공업화주택 인정의 유효기간은 제3항의 규정에 의한 공고일부터 5년으로 한다.

⑥ 법 제51조제2항에 따라 공업화주택 또는 국토교통부장관이 고시한 새로운 건설기술을 적용하여 건설하는 주택을 건설하는 자는 「건설산업기본법」 제40조의 규정에 따라 건설공사의 현장에 건설기술자를 배치하여야 한다. <개정 2018.12.11.>

제62조 삭제 <1999.9.29.>

제62조의2 삭제 <1999.9.29.>

제63조(인정취소의 공고)

국토교통부장관은 법 제52조에 따라 공업화주택의 인정을 취소한 때에는 이를 관보에 공고하여야 한다. <개정 2016.8.11.>

제9장 에너지절약형 친환경 주택 등

제64조(에너지절약형 친환경 주택의 건설기준 등)

① 「주택법」 제15조에 따른 사업계획승인을 받은 공동주택을 건설하는 경우에는 다음 각 호의 어느 하나 이상의 기술을 이용하여 주택의 총 에너지사용량 또는 총 이산화탄소 배출량을 절감할 수 있는 에너지절약형 친환경 주택(이하 이 장에서 "친환경 주택" 이라 한다)으로 건설하여야 한다. <개정 2016.8.11.>

1. 고단열·고기능 외피구조, 기밀설계, 일조확보 및 친환경자재 사용 등 저에너지 건물 조성기술

2. 고효율 열원설비, 제어설비 및 고효율 환기설비 등 에너지 고효율 설비기술

3. 태양열, 태양광, 지열 및 풍력 등 신·재생에너지 이용기술

4. 자연지반의 보존, 생태면적율의 확보 및 빗물의 순환 등 생태적 순환기능 확보를 위한 외부환경 조성기술

5. 건물에너지 정보화 기술, 자동제어장치 및 「지능형전력망의 구축 및 이용촉진에 관한 법률」 제2조제2호에 따른 지능형전력망 등 에너지 이용효율을 극대화하는 기술

② 제1항에 해당하는 주택을 건설하려는 자가 법 제15조에 따른 사업계획승인을 신청하는 경우에는 친환경 주택 에너지 절약계획을 제출하여야 한다. <개정 2016.8.11.>

③ 친환경 주택의 건설기준 및 에너지 절약계획에 관하여 필요한 세부적인 사항은 국토교통부장관이 정하여 고시한다. <개정 2014.12.23.>

제64조의2 삭제 <2014.6.27.>

제65조(건강친화형 주택의 건설기준) [본조신설 2013.5.6.], [제목개정 2013.12.4.]

① 500세대 이상의 공동주택을 건설하는 경우에는 다음 각 호의 사항을 고려하여 세대내의 실내공기 오염물질 등을 최소화할 수 있는 건강친화형 주택으로 건설하여야 한다.

1. 오염물질을 적게 방출하거나 오염물질의 발생을 억제 또는 저감시키는 건축자재 (붙박이 가구 및 붙박이 가전제품을 포함한다)의 사용에 관한 사항

2. 청정한 실내환경 확보를 위한 마감공사의 시공관리에 관한 사항

3. **실내공기의 원활한 환기를 위한 환기설비의 설치**, 성능검증 및 유지관리에 관한 사항

4. 환기설비 등을 이용하여 신선한 바깥의 공기를 실내에 공급하는 환기의 시행에 관한 사항

② 건강친화형 주택의 건설기준 등에 관하여 필요한 세부적인 사항은 국토교통부장관이 정하여 고시한다. <개정 2013.12.4.>

제65조의2(장수명 주택의 인증대상 및 인증등급 등) [본조신설 2014.12.23.]

① **법 제38조제2항에 따른 인증제도로 같은 조 제1항에 따른 장수명 주택**(이하 "장수명

주택"이라 한다)에 대하여 부여하는 등급은 다음 각 호와 같이 구분한다. <개정 2016.8.11.>

1. 최우수 등급
2. 우수 등급
3. 양호 등급
4. 일반 등급

② 법 제38조제3항에서 "대통령령으로 정하는 호수"란 1,000세대를 말한다. <개정 2016.8.11.>

③ 법 제38조제3항에서 "대통령령으로 정하는 기준 이상의 등급"이란 제1항제4호에 따른 일반 등급 이상의 등급을 말한다. <개정 2016.8.11.>

④ 법 제38조제5항에 따른 인증기관은 「녹색건축물 조성 지원법」 제16조제2항에 따라 지정된 인증기관으로 한다. <개정 2016.8.11.>

⑤ 법 제38조제7항에 따라 장수명 주택의 건폐율·용적률은 다음 각 호의 구분에 따라 조례로 그 제한을 완화할 수 있다. <개정 2017.1.17.>

1. 건폐율 : 「국토의 계획 및 이용에 관한 법률」 제77조 및 같은 법 시행령 제84조 제1항에 따라 조례로 정한 건폐율의 **100분의 115**를 초과하지 아니하는 범위에서 완화. 다만, 「국토의 계획 및 이용에 관한 법률」 제77조에 따른 건폐율의 최대한도를 초과할 수 없다.

2. 용적률 : 「국토의 계획 및 이용에 관한 법률」 제78조 및 같은 법 시행령 제85조 제1항에 따라 조례로 정한 용적률의 **100분의 115**를 초과하지 아니하는 범위에서 완화. 다만, 「국토의 계획 및 이용에 관한 법률」 제78조에 따른 용적률의 최대한도를 초과할 수 없다.

제66조(규제의 재검토)

국토교통부장관은 다음 각 호의 사항에 대하여 다음 각 호의 기준일을 기준으로 3년마다 (매 3년이 되는 해의 기준일과 같은 날 전까지를 말한다) 그 타당성을 검토하여 개선 등의 조치를 하여야 한다. <개정 2014.12.23.>

1. 제6조에 따른 단지 안의 시설 : 2014년 1월 1일
2. 제9조 및 제9조의2에 따른 소음방지대책의 수립 및 소음 등으로부터의 보호: 2014년 1월 1일
3. 제10조제2항에 따른 도로 및 주차장과의 이격거리 : 2014년 1월 1
4. 제14조에 따른 세대간의 경계벽 등 : 2014년 1월 1일
5. 제15조에 따른 승강기 등 : 2014년 1월 1일
6. 제25조에 따른 진입도로 : 2014년 1월 1일
7. 제58조에 따른 공동주택성능등급의 표시 : 2014년 6월 25일
8. 제65조의2제1항에 따른 장수명 주택 인증제도 적용 대상 주택 : 2014년 12월 25일

부 칙 <대통령령 제30336호, 2020.1.7.>(최종부칙)
제1조(시행일)
　이 영은 공포한 날부터 시행한다.
제2조(근로자를 위한 휴게시설의 설치에 관한 적용례)
　제28조제1항 및 제3항의 개정규정은 이 영 시행 이후 법 제15조제1항 또는 제3항에 따른
사업계획 승인을 신청하는 경우부터 적용한다.
제3조(냉방설비의 배기장치 설치공간에 관한 적용례)
　제37조제6항의 개정규정은 이 영 시행 이후 법 제15조제1항 또는 제3항에 따른 사업계획
승인을 신청하는 경우부터 적용한다.

부 칙 <대통령령 제31380호, 2021. 1. 5.>
　이 영은 공포한 날부터 시행한다. <단서 생략>

부 칙 <대통령령 제31389호, 2021. 1. 12.>
　제1조(시행일) 이 영은 공포한 날부터 시행한다

주택건설 기준 등에 관한 규칙

[시행 2021.8.27.] [국토교통부령 제882호, 2021.8.27., 타법개정]

제1조(목적)

이 규칙은 「주택법」 제38조, 제39조, 제51조제1항과 「주택건설기준 등에 관한 규정」 에서 위임된 사항과 그 시행에 관하여 필요한 사항을 규정함을 목적으로 한다. <개정 2016.8.12.>

제2조(적용의 특례) <개정 2020. 10. 19.>

「주택건설기준 등에 관한 규정」 (이하 "영"이라 한다) 제7조제6항에 따라 다음 각 호에 해당하는 주택의 건설기준과 부대시설 및 복리시설의 설치기준은 별표 1에 따른다.

1. 저소득근로자를 위하여 건설되는 주택으로서 세대당 전용면적 60제곱미터 이하인 주택 (이하 "근로자주택"이라 한다)
2. 다음 각 목의 어느 하나에 해당하는 주택
   가. 「공공주택 특별법 시행령」 제2조제1항제1호에 따른 영구임대주택으로서 세대당 전용면적 50제곱미터 이하인 주택(이하 "영구임대주택"이라 한다)
   나. 「공공주택 특별법 시행령」 제2조제1항제3호에 따른 행복주택(이하 "행복주택" 이라 한다)
   다. 「공공주택 특별법」 제43조제1항에 따른 공공매입임대주택으로서 같은 법 시행령 제37조제2항에 따라 기존주택을 매입하여 개량한 주택(이하 "기존주택매입후개량 주택"이라 한다)

제3조(치수 및 기준척도)

영 제13조에 따른 주택의 평면과 각 부위의 치수 및 기준척도는 다음 각 호와 같다. <개정 2013.7.15.>

1. **치수 및 기준척도는 안목치수를 원칙으로 할 것**. 다만, 한국산업규격이 정하는 모듈 정합의 원칙에 의한 모듈격자 및 기준면의 설정방법 등에 따라 필요한 경우에는 중심선 치수로 할 수 있다.
2. **거실 및 침실의 평면 각변의 길이는 5센티미터를 단위로 한 것을 기준척도로 할 것**
3. **부엌·식당·욕실·화장실·복도·계단 및 계단참등의 평면 각 변의 길이 또는 너비는 5센티 미터를 단위로 한 것을 기준척도로 할 것**. 다만, 한국산업규격에서 정하는 주택용 조립식 욕실을 사용하는 경우에는 한국산업규격에서 정하는 표준모듈호칭치수에 따른다.
4. **거실 및 침실의 반자높이(반자를 설치하는 경우만 해당한다)는 2.2미터 이상으로 하고 층높이는 2.4미터 이상으로 하되, 각각 5센티미터를 단위로 한 것을 기준척도로 할 것**
5. 창호설치용 개구부의 치수는 한국산업규격이 정하는 창호개구부 및 창호부품의 표준 모듈호칭치수에 의할 것. 다만, 한국산업규격이 정하지 아니한 사항에 대하여는 국토 교통부장관이 정하여 공고하는 건축표준상세도에 의한다.

6. 제1호 내지 제5호에서 규정한 사항외의 구체적인 사항은 국토교통부장관이 정하여 고시하는 기준에 적합할 것

제3조의2(바닥충격음 성능기준 적용 제외)

영 제14조의2제2호 단서에서 "발코니, 현관 등 국토교통부령으로 정하는 부분"이란 다음 각 호의 어느 하나에 해당하는 부분을 말한다. <개정 2016.8.12.>

1. 발코니
2. 현관
3. 세탁실
4. 대피공간
5. 벽으로 구획된 창고
6. 제1호부터 제5호까지에서 규정한 사항 외에 「주택법」(이하 "법"이라 한다) 제15조에 따른 사업계획의 승인권자(이하 "사업계획승인권자"라 한다)가 층간소음으로 인한 피해가능성이 적어 바닥충격음 성능기준 적용이 불필요하다고 인정하는 공간

제4조(승강기)

영 제15조제1항 본문에 따라 6층 이상인 공동주택에 설치하는 승용승강기의 설치기준은 다음 각 호와 같다. <개정 2013.7.15.>

1. 계단실형인 공동주택에는 계단실마다 1대(한 층에 3세대 이상이 조합된 계단실형 공동주택이 22층 이상인 경우에는 2대) 이상을 설치하되, 그 탑승인원수는 동일한 계단실을 사용하는 4층 이상인 층의 세대당 0.3명(독신자용주택의 경우에는 0.15명)의 비율로 산정한 인원수(1명 이하의 단수는 1명으로 본다. 이하 이 조에서 같다) 이상 일 것
2. 복도형인 공동주택에는 1대에 100세대를 넘는 80세대마다 1대를 더한 대수 이상을 설치하되, 그 탑승인원수는 4층 이상인 층의 세대당 0.2명(독신자용주택의 경우에는 0.1명)의 비율로 산정한 인원수 이상일 것

제5조(국기봉 꽂이의 설치기준) [본조신설 2021. 1. 12.]

영 제18조제4항 단서에 따라 각 동 지상 출입구에 국기봉을 꽂을 수 있는 장치를 설치하는 경우에는 해당 출입구 위쪽 벽면의 중앙 또는 왼쪽(출입구 앞쪽에서 건물을 바라볼 때의 왼쪽을 말한다)에 설치해야 한다.

제6조(주택단지 안의 도로)

① 영 제26조제4항에 따른 어린이 안전보호구역(이하 "어린이 안전보호구역"이라 한다)은 차량의 진출입이 쉬운 곳에 승합자동차의 주차가 가능한 면적 이상의 공간으로 설치하여야 하며, 그 주변의 도로면 또는 교통안전표지판 등에 차량속도 제한 표시를 하는 등 어린이 안전 확보에 필요한 조치를 하여야 한다. <개정 2017.12.26.>
② 제1항에서 규정한 사항 외에 어린이 안전보호구역의 구체적 설치기준에 관하여 필요한 사항은 특별시·광역시·특별자치시·특별자치도·시 또는 군의 조례로 정할 수 있다. <신설 2017.12.26.>

③ 영 제26조제5항에 따라 주택단지 안에 설치하는 도로의 설치기준은 다음 각 호와 같다. <개정 2017.12.26.>

1. 주택단지 안의 도로 중 차도는 아스팔트·콘크리트·석재, 그 밖에 이와 유사한 재료로 포장하고, 빗물 등의 배수에 지장이 없도록 설치할 것

2. 주택단지 안의 도로 중 보도는 다음 각 목의 기준에 적합할 것

   가. 보도블록·석재, 그 밖에 이와 유사한 재료로 포장하고, 빗물 등의 배수에 지장이 없도록 설치할 것

   나. 보도는 보행자의 안전을 위하여 차도면보다 10센티미터 이상 높게 하거나 도로에 화단, 짧은 기둥, 그 밖에 이와 유사한 시설을 설치하여 차도와 구분되도록 설치할 것

   다. 보도에 가로수 등 노상시설(路上施設)을 설치하는 경우 보행자의 통행을 방해하지 않도록 설치할 것

3. 주택단지 안의 보도와 횡단보도의 경계부분, 건축물의 출입구 앞에 있는 보도와 차도의 경계부분은 지체장애인의 통행에 편리한 구조로 설치할 것

④ 영 제26조제5항에 따라 주택단지 안에 설치하는 교통안전시설의 설치기준은 다음 각 호와 같다. <개정 2017.12.26.>

1. 진입도로, 주택단지 안의 교차로, 근린생활시설 및 어린이놀이터 주변의 도로 등 보행자의 안전 확보가 필요한 차도에는 횡단보도를 설치할 것

2. 지하주차장의 출입구, 경사형·유선형 차도 등 차량의 속도를 제한할 필요가 있는 곳에는 높이 7.5센티미터 이상 10센티미터 이하, 너비 1미터 이상인 과속방지턱을 설치하고, 운전자에게 그 시설의 위치를 알릴 수 있도록 반사성 도료(塗料)로 도색한 노면표지를 설치할 것

3. 도로통행의 안전을 위하여 필요하다고 인정되는 곳에는 도로반사경, 교통안전표지판, 방호울타리, 속도측정표시판, 조명시설, 그 밖에 필요한 교통안전시설을 설치할 것. 이 경우 교통안전표지판의 설치기준은 「도로교통법 시행규칙」 제8조제2항 및 별표 6을 준용한다.

4. 보도와 횡단보도의 경계부분, 건축물의 출입구 앞에 있는 보도 및 주택단지의 출입구 부근의 보도와 차도의 경계부분 등 차량의 불법 주청차를 방지할 필요가 있는 곳에는 설치 또는 해체가 쉬운 짧은 기둥 등을 보도에 설치할 것. 이 경우 지체장애인의 통행에 지장이 없도록 하여야 한다.

제6조의2(주차장의 구조 및 설비)

영 제27조제5항에 따른 주차장의 구조 및 설비의 기준은 다음 각 호와 같다. <개정 2019.1.16., 2020.1.7., 2021.1.12.>

1. 주차장의 주차단위구획은 「주차장법 시행규칙」 제3조에 따른 기준에 적합할 것

2. 「주차장법 시행규칙」 제6조제1항제1호부터 제9호까지 및 제11호를 준용할 것. 다만, 공동주택의 각 동으로 차량 접근이 가능한 지상주차장의 차로 또는 영 제26조에 따른 주택단지 안의 도로가 설치되지 않은 경우에는 다음 각 목의 어느 하나에 해당하는 경우를 제외하고 「주차장법 시행규칙」 제6조제1항제5호가목에도 불구하고 주차장 차로(주차장이 2개층 이상인 경우로서 지상에서 바로 진입하는 층에서 각

동의 출입구로 접근이 가능한 경우 해당 층의 차로로 한정한다)의 높이를 주차 바닥면으로부터 2.7미터 이상으로 해야 한다.

　　가. 주택건설사업계획과 관련된 법 제18조제1항 각 호에 따른 심의 등의 결과 주택단지의 배치 및 주택단지 내·외의 도로 여건 등을 고려하여 모든 동에 지상으로 차량 접근이 가능하다고 인정된 경우

　　나. 법 제2조제25호다목에 따른 리모델링 또는 「도시 및 주거환경정비법」 제2조 제2호나목 및 다목에 따른 정비사업으로서 해당 조합이 주차장 차로 높이를 「주차장법 시행규칙」 제6조제1항제5호가목에 따른 높이로 결정한 경우

　3. 「주차장법」 제2조제2호의 기계식주차장치를 설치하는 경우 「주차장법 시행규칙」 제16조의2(「국토의 계획 및 이용에 관한 법률 시행령」 제30조에 따른 상업지역 또는 준주거지역에서 「주택법 시행령」 제10조제1항에 따른 원룸형 주택과 주택 외의 시설을 동일 건축물로 건축하는 경우에 한정한다)에 따른 기준에 적합할 것

　4. 「환경친화적 자동차의 개발 및 보급 촉진에 관한 법률」 제2조제3호에 따른 전기자동차의 이동형 충전기(이하 "이동형 충전기"라 한다)를 이용할 수 있는 콘센트(**각 콘센트별 이동형 충전기의 동시 이용이 가능하며 사용자에게 요금을 부과하도록 설치된 것을 말한다. 이하 같다**)를 「주차장법」 제2조제7호의 주차단위구획 **총 수에 4퍼센트를 곱한 수** (소수점 이하는 반올림한다) 이상 설치할 것. 다만, 「환경친화적 자동차의 개발 및 보급 촉진에 관한 법률 시행령」 제18조의5제1항제1호 또는 제2호에 따른 급속 충전시설 또는 완속충전시설이 설치된 경우 동일한 개수의 콘센트가 설치된 것으로 본다.

제7조(수해방지)

　① 주택단지(단지경계선 주변외곽부분을 포함한다)에 비탈면이 있는 경우에는 다음 각 호 에서 정하는 바에 따라 수해방지등을 위한 조치를 하여야 한다. <개정 2013.7.15.>

　1. 석재·합성수지재 또는 콘크리트를 사용한 배수로를 설치하여 토양의 유실을 막을 수 있게 할 것

　2. 비탈면의 높이가 3미터를 넘는 경우에는 높이 3미터이내마다 그 비탈면의 면적의 5분의 1이상에 해당하는 면적의 단을 만들 것. 다만, 사업계획승인권자가 그 비탈 면의 토질·경사도 등으로 보아 건축물의 안전상 지장이 없다고 인정하는 경우에는 그러하지 아니하다.

　3. 비탈면에는 나무심기와 잔디붙이기를 할 것. 다만, 비탈면의 안전을 위하여 필요한 경우에는 돌붙이기를 하거나 콘크리트격자블록 기타 비탈면보호용구조물을 설치 하여야 한다.

　② 비탈면과 건축물등과의 위치관계는 다음 각 호에 적합하여야 한다. <개정 2001.3.26.>

　1. 건축물은 그 외곽부분을 비탈면의 윗가장자리 또는 아랫가장자리로부터 해당 탈 면의 높이만큼 띄울 것. 다만, 사업계획승인권자가 그 비탈면의 토질·경사도등으로 보아 건축물의 안전상 지장이 없다고 인정하는 경우에는 그러하지 아니하다.

　2. 비탈면 아랫부분에 옹벽 또는 축대(이하 "옹벽등"이라 한다)가 있는 경우에는 그 옹벽등과 비탈면 사이에 너비 1미터 이상의 단을 만들 것

　3. 비탈면 윗부분에 옹벽등이 있는 경우에는 그 옹벽등과 비탈면 사이에 너비 1.5미터 이상으로서 해당 벽등의 높이의 2분의 1 이상에 해당하는 너비 이상의 단을 만들 것

제8조(냉방설비 배기장치 설치공간의 기준) [본조신설: 2020.1.7.]

① 영 제37조제5항에서 "국토교통부령으로 정하는 기준"이란 다음 각 호의 요건을 모두 갖춘 것을 말한다.

1. 냉방설비가 작동할 때 주거환경이 악화되지 않도록 거주자가 일상적으로 생활하는 공간과 구분하여 구획할 것. 다만, 배기장치 설치공간을 외부 공기에 직접 닿는 곳에 마련하는 경우에는 그렇지 않다.

2. 세대별 주거전용면적에 적정한 용량인 냉방설비의 배기장치 규격에 배기장치의 설치·유지 및 관리에 필요한 여유 공간을 더한 크기로 할 것

3. 세대별 주거전용면적이 50제곱미터를 초과하는 경우로서 세대 내 거실 또는 침실이 2개 이상인 경우에는 거실을 포함한 최소 2개의 공간에 냉방설비 배기장치 연결 배관을 설치할 것

4. 냉방설비 배기장치 설치공간을 외부 공기에 직접 닿는 곳에 마련하는 경우에는 배기장치 설치공간 주변에 영 제18조제1항 및 제2항에 적합한 난간을 설치할 것

② 제1항제2호에 따른 배기장치의 설치·유지 및 관리에 필요한 여유 공간은 다음 각 호의 구분에 따른다.

1. 배기장치 설치공간을 외부 공기에 직접 닿는 곳에 마련하는 경우로서 냉방설비 배기장치 설치공간에 출입문을 설치하고, 출입문을 연 상태에서 배기장치를 설치할 수 있는 경우: 가로 0.5미터 이상

2. 그 밖의 경우: 가로 0.5미터 이상 및 세로 0.7미터 이상

제9조(영상정보처리기기의 설치 기준) [전문개정: 2019.1.16.]

영 제39조에서 "국토교통부령으로 정하는 기준"이란 다음 각 호의 기준을 말한다.

1. 승강기, 어린이놀이터 및 각 동의 출입구마다 개인정보보호법 시행령」 제3조제1호 또는 제2호에 따른 영상정보처리기기(이하 "영상정보처리기기"라 한다)의 카메라를 설치할 것.

2. 영상정보처리기기의 카메라는 전체 또는 주요 부분이 조망되고 잘 식별될 수 있도록 설치하되, 카메라의 해상도는 130만 화소 이상일 것

3. 영상정보처리기기의 카메라 수와 녹화장치의 모니터 수가 같도록 설치할 것. 다만, 모니터 화면이 다채널로 분할 가능하고 다음 각 목의 요건을 모두 충족하는 경우에는 그러하지 아니하다.

　가. 다채널의 카메라 신호를 1대의 녹화장치에 연결하여 감시할 경우에 연결된 카메라 신호가 전부 모니터 화면에 표시되어야 하며 1채널의 감시화면의 대각선 방향 크기는 최소한 4인치 이상일 것

　나. 다채널 신호를 표시한 모니터 화면은 채널별로 확대감시기능이 있을 것

　다. 녹화된 화면의 재생이 가능하며 재생할 경우에 화면의 크기조절기능이 있을 것

4. 「개인정보보호법 시행령」 제3조제2호에 따른 **네트워크 카메라(주)**를 설치하는 경우에는 다음 각 목의 요건을 충족할 것

　가. 인터넷 장애가 발생하더라도 영상정보가 끊어지지 않고 지속적으로 저장될 수 있도록 필요한 기술적 조치를 할 것

　나. 서버 및 저장장치 등 주요 설비는 국내에 설치할 것

다. 「공동주택관리법 시행규칙」별표 1의 장기수선계획의 수립기준에 따른 수선주기 이상으로 운영될 수 있도록 설치할 것

제10조(배수설비등)

① 영 제43조제4항의 규정에 의한 배수설비는 오수관로에 연결하여야 한다.

② 영 제43조제7항의 규정에 의한 배관설비의 설치 및 구조의 기준에 관하여는 건축물의 설비기준등에관한규칙 제17조 및 동규칙 제18조의 규정을 준용한다.

제11조(배기설비)

영 제44조에 따라 주택의 **부엌·욕실 및 화장실**에 설치하는 배기설비는 다음 각 호에 적합 하여야 한다. <개정 2021.1.12.>

1. 배기구는 반자 또는 반자아래 80센티미터 이내의 높이에 설치하고, 항상 개방될 수 있는 구조로 할 것
2. 배기통 및 배기구는 외기의 기류에 의하여 배기에 지장이 생기지 아니하는 구조로 할 것
3. 배기통에는 그 최상부 및 배기구를 제외하고는 개구부를 두지 아니할 것
4. 배기통의 최상부는 직접 외기에 개방되게 하되, 빗물등을 막을 수 있는 설비를 할 것
5. 부엌에 설치하는 배기구에는 전동환기설비를 설치할 것
6. 배기통은 연기나 냄새 등이 실내로 역류하는 것을 방지할 수 있도록 다음 각 목의 어느 하나에 해당하는 구조로 할 것

   가. 세대 안의 배기통에 자동역류방지댐퍼(세대 안의 배기구가 열리거나 전동환기설비가 가동하는 경우 전기 또는 기계적인 힘에 의하여 자동으로 개폐되는 구조로 된 설비를 말하며, 「산업표준화법」제27조에 따른 단체표준에 적합한 성능을 가진 제품 이어야 한다) 또는 이와 동일한 기능의 배기설비 장치를 설치할 것

   나. 세대간 배기통이 서로 연결되지 아니하고 직접 외기에 개방되도록 설치할 것

제12조(간선시설)

① 영 제57조의 규정에 의한 간선시설인 진입도로(해당 지에 접하는 기간도로를 포함한다. 이하 이 조에서 같다), 상하수도시설 및 전기시설의 설치기준은 다음 각 호와 같다.

1. 진입도로

   가. 진입도로는 다음 표에서 정하는 기준 이상의 도로 너비가 확보되어야 한다.

(단위 : 미터)

대지면적	기간도로와 접하는 너비 또는 진입도로의 너비
• 2만제곱미터 미만	8 이상
• 2만제곱미터 이상 4만제곱미터 미만	12 이상
• 4만제곱미터 이상 8만제곱미터 미만	15 이상
• 8만제곱미터 이상	20 이상

나. 진입도로가 2 이상으로서 다음 표에서 정하는 기준에 적합한 경우에는 가.의 규정을 적용하지 아니할 수 있다. 이 경우 너비 6미터미만인 도로는 기간도로와 통행거리 200미터이내인 때에 한하여 이를 진입도로로 본다.

(단위 : 미터)

대지면적	너비 4미터 이상의 진입도로중 2개의 진입도로 너비의 합계
• 2만제곱미터 미만	12 이상
• 2만제곱미터 이상 　4만제곱미터 미만	16 이상
• 4만제곱미터 이상 　8만제곱미터 미만	20 이상
• 8만제곱미터 이상	25 이상

2. 상수도시설

상수도시설은 대지면적 1제곱미터당 1일 급수량 0.1톤 이상을 해당 지에 공급할 수 있는 시설이어야 한다.

3. 하수도시설

하수도시설은 대지면적 1제곱미터당 1일 0.1톤 이상의 오수를 처리할 수 있는 시설이어야 한다.

4. 전기시설

전기시설은 대지면적 1제곱미터당 35와트 이상의 전력을 해당 지에 공급할 수 있는 송전시설이어야 한다.

② 법 제15조에 따른 대지조성사업계획에 주택의 예정세대수등에 관한 계획이 포함된 경우에는 제1항의 규정에 불구하고 진입도로등의 기준은 다음 각 호에 의할 수 있다.

1. 진입도로 : 영 제25조의 규정에 의한다.

2. 상수도시설 및 하수도시설 : 공급·처리 용량이 각각 매세대당 1일 1톤 이상인 시설이어야 한다.

3. 전기시설 : 매 세대당 3킬로와트(세대당 전용면적이 60제곱미터 이상인 경우에는 3킬로와트에 60제곱미터를 초과하는 10제곱미터마다 0.5킬로와트를 더한 값) 이상의 전력을 해당 지에 공급할 수 있는 송전시설이어야 한다.

㊜ 네트워크 카메라[IP 카메라] : 일정한 공간에 지속적으로 설치된 기기로 촬영한 영상정보를 그 기기를 설치·관리하는 자가 유무선 인터넷을 통하여 어느 곳에서나 수집·저장 등의 처리를 할 수 있도록 하는 장치. (「개인정보보호법 시행령」제3조제2호)

제12조의2(공동주택성능등급의 표시)

법 제39조 각 호 외의 부분에서 "국토교통부령으로 정하는 방법"이란 별지 제1호서식의 공동주택성능등급 인증서를 발급받아 「주택공급에 관한 규칙」 제19조부터 제21조까지의 규정에 따른 입주자 모집공고에 표시하는 방법을 말한다. 이 경우 공동주택성능등급 인증서는 쉽게 알아볼 수 있는 위치에 쉽게 읽을 수 있는 글자 크기로 표시해야 한다. <개정: 2019.1.16.>

제12조의3(바닥충격음 성능등급 인정기관 지정신청서)

① 삭제 <2013.2.22.>

② 영 제60조의2제1항에 따른 바닥충격음 성능등급 인정기관 지정신청서는 별지 제1호의2서식에 따른다. <개정 2013.7.15.>

제12조의4(바닥충격음 성능등급 인정제품의 품질관리기준)

법 제41조제2항제3호에서 "국토교통부령으로 정한 품질관리기준"이란 법 제21조의4제2항에 따른 바닥충격음 성능등급을 인정받은 제품(이하 "인정제품"이라 한다)과 관련한 다음 각 호에 해당하는 사항에 대한 품질관리를 위한 기준을 말한다. 이 경우 국토교통부장관은 그 품질관리기준에 관한 세부적인 사항을 정하여 고시할 수 있다. <개정 2016.8.12.>

1. 인정제품을 구성하는 원재료의 품질관리
2. 인정제품에 대한 제조공정의 품질관리
3. 인정제품의 제조·검사설비의 유지관리
4. 완성된 인정제품의 품질관리

제13조(공업화주택의 성능 및 생산기준)

법 제51조제1항에 따른 공업화주택의 성능 및 생산기준은 별표 6과 같다. <개정 2016.8.12.>

제14조(건축사의 설계 · 감리를 받지 아니하는 공업화주택의 건설자)

법 제53조제2항에서 "국토교통부령이 정하는 기술능력을 갖추고 있는 자"라 함은 건축사법에 의한 건축사 1인 이상과 국가기술자격법에 의한 건축구조기술사 또는 건축시공기술사 1인 이상을 보유한 자를 말한다. <개정 2016.8.12.>

제15조(공업화주택인정신청서등)

① 영 제61조의2에 따른 공업화주택인정신청서는 별지 제1호의3서식에 따른다.

② 영 제61조의2제3항의 규정에 의한 공업화주택 인정서는 별지 제2호서식에 의한다.

③ 제2항의 규정에 의한 공업화주택인정서를 분실 또는 훼손한 자로서 그의 재교부를 받고자 하는 자는 별지 제3호서식에 의한 재교부신청서를 국토교통부장관에게 제출하여야 한다.

④ 제2항의 규정에 의한 공업화주택인정서를 교부받은 자는 영 제61조의2제4항의 규정에 의하여 별지 제4호서식의 공업화주택의 생산 및 건설실적보고서를 매년 1월 15일까지 국토교통부장관에게 제출하여야 한다.

제16조(장수명 주택 인증 신청 등)

① 법 제2조제10호에 따른 사업주체(이하 "사업주체"라 한다)가 1,000세대 이상의 공동주택을 건설하는 경우에는 법 제15조제1항에 따른 주택건설사업계획 승인을 신청하기 전에 장수명 주택 인증을 신청하여야 한다. <개정 2016.8.12.>

② 사업주체가 장수명 주택 인증을 받으려면 별지 제5호서식의 장수명 주택 인증신청서(전자문서로 된 신청서를 포함한다)에 다음 각 호의 서류(전자문서를 포함한다)를 첨부하여 영 제65조의2제4항에 따른 인증기관의 장(이하 "인증기관의 장" 이라 한다)

에게 제출하여야 한다.

    1. 국토교통부장관이 정하여 고시하는 장수명 주택 자체평가서

    2. 제1호에 따른 장수명 주택 자체평가서에 포함된 내용이 사실임을 증명할 수 있는 서류

③ 인증기관의 장은 제2항에 따른 신청서가 접수된 날부터 10일 이내에 인증처리를 하여야 한다.

④ 인증기관의 장은 제3항에 따른 기간 이내에 인증을 처리할 수 없는 부득이한 사유가 있는 경우에는 사업주체에게 그 사유를 통보하고 5일의 범위에서 인증처리 기간을 한 차례 연장할 수 있다.

⑤ 인증기관의 장은 제2항에 따라 사업주체가 제출한 서류의 내용이 불충분하거나 사실과 다른 경우에는 서류가 접수된 날부터 5일 이내에 사업주체에게 보완을 요청할 수 있다. 이 경우 사업주체가 제출서류를 보완하는 기간은 제3항의 기간에 포함하지 아니한다.

제17조(장수명 주택 인증 심사 등)

① 인증기관의 장은 제16조제2항에 따른 인증 신청을 받으면 인증심사단을 구성하여 제18조의 인증기준에 따라 서류심사를 하고, 심사내용과 점수 등을 고려하여 인증 여부와 인증 등급을 결정하여야 한다.

② 제1항에도 불구하고 인증기관의 장이 필요하다고 인정하는 경우에는 인증심의위원회의 심의를 거쳐 인증 여부와 인증 등급을 결정할 수 있다. 이 경우 인증심의위원회의 위원은 해당 인증기관에 소속된 사람이 아니어야 한다.

③ 제1항에 따른 인증심사단은 해당 전문분야별 1명 이상의 심사전문인력으로 구성한다.

④ 제1항에 따른 인증심사단과 제2항에 따른 인증심의위원회의 구성·운영 등에 필요한 사항은 국토교통부장관이 정하여 고시한다.

제18조(장수명 주택 인증기준)

① 장수명 주택 인증은 다음 각 호의 성능을 평가한 종합점수를 기준으로 심사하여야 한다.

    1. 콘크리트 품질 및 철근의 피복두께 등 내구성

    2. 벽체재료 및 배관·기둥의 배치 등 가변성

    3. 개수·보수 및 점검의 용이성 등 수리 용이성

② 제1항에 따른 장수명 주택의 인증기준에 관한 세부적인 사항은 국토교통부장관이 정하여 고시한다.

제19조(장수명 주택 인증서 발급 등)

① 인증기관의 장은 장수명 주택 인증을 할 때에는 별지 제6호서식의 장수명 주택 인증서를 사업주체에게 발급하여야 한다.

② 사업주체는 제1항에 따라 장수명 주택 인증서를 발급받은 이후에 인증등급이 달라지는 주택건설사업계획 변경을 하는 경우에는 장수명 주택 인증을 다시 받아야 한다.

③ 인증기관의 장은 제1항에 따라 인증서를 발급하였을 때에는 인증 대상, 인증 날짜, 인증 등급 및 인증심사단과 인증심사위원회 구성원명단(인증심사위원회의 경우는 해당 위원회를 구성한 경우만 해당한다)을 포함한 인증 심사 결과를 작성하여 보관하여야 한다.

제20조(재심사 요청 등)

① 제19조제1항에 따라 발급받은 장수명 주택 인증서의 인증등급에 이의가 있는 사업주체는 인증기관의 장에게 재심사를 요청할 수 있다.

② 재심사 요청 절차, 재심사 결과 통보, 인증서 재발급 등 재심사에 관한 세부적인 사항은 국토교통부장관이 정하여 고시한다.

제21조(인증 수수료)

① 사업주체는 제16조제2항에 따라 장수명 주택 인증신청서를 제출하는 때에 해당 인증기관의 장에게 국토교통부장관이 정하여 고시하는 인증 수수료를 내야 한다.

② 제20조제1항에 따라 재심사를 신청하는 사업주체는 국토교통부장관이 정하여 고시하는 인증 수수료를 추가로 내야 한다.

③ 제1항 및 제2항에 따른 인증 수수료는 현금이나 정보통신망을 이용한 전자화폐·전자결제 등의 방법으로 납부하여야 한다.

④ 제1항부터 제3항까지에 따른 인증 수수료의 환불 사유, 반환 범위, 납부 기간과 그 밖에 인증 수수료의 납부에 필요한 사항은 국토교통부장관이 정하여 고시한다.

제22조(장수명 주택에 대한 건폐율 등의 완화)

법 제38조제7항의 "국토교통부령으로 정하는 기준 이상의 등급" 이란 영 제65조의2제1항의 인증등급 중 우수 등급 이상의 등급을 말한다. <개정 2016.8.12.>

제22조의2 [종전 제22조의2는 제13조로 이동 <1999.9.29.>]
제22조의3 [종전 제22조의3은 제14조로 이동 <1999.9.29.>]
제22조의4 [종전 제22조의4는 제15조로 이동 <1999.9.29.>]
제23조 ~ 제27조 삭제 <1999.9.29.>

부   칙 <국토교통부령 제584호, 2019.1.16.>

제1조(시행일)

이 규칙은 공포한 날부터 시행한다.

제2조(주차장의 구조 및 설비에 관한 적용례)

제6조의2제2호 단서의 개정규정은 이 규칙 시행 이후 법 제15조제1항 또는 제3항에 따른 사업계획승인을 신청하는 경우부터 적용한다.

제3조(공동주택성능등급의 표시에 관한 적용례)

제12조의2 후단의 개정규정은 이 규칙 시행 이후 입주자 모집승인을 신청(법 제2조제10호 가목 및 나목에 해당하는 사업주체의 경우에는 입주자 모집공고를 말한다)하는 경우부터 적용한다.

부　　　　칙 <국토교통부령 제686호, 2020.1.7.>

제1조(시행일)

이 규칙은 공포한 날부터 시행한다.

제2조(이동형 충전기의 이용을 위한 콘센트 설치에 관한 적용례)

제6조의2제4호 본문의 개정규정은 이 규칙 시행 이후 법 제15조제1항 또는 제3항에 따른 사업계획 승인을 신청하는 경우부터 적용한다.

부　　　　칙 <국토교통부령 제771호, 2020.10.19.> （공공주택 특별법 시행규칙）

제1조(시행일)

이 규칙은 2020년 10월 19일부터 시행한다.

제2조(다른 법령의 개정)

주택건설기준 등에 관한 규칙 일부를 다음과 같이 개정한다.

제2조제2호다목 중 "기존주택을"을 "기존주택등을"로, "기존주택매입후개량주택"을 "기존주택등매입후개량주택"으로 한다.

별표 1의 제목 및 같은 표 제3호 표 외의 부분 중 "기존주택매입후개량주택"을 각각 "기존주택등매입후개량주택"으로 한다.

부　　　　칙 <국토교통부령 제882호, 2021 8.27.>

（어려운 법령용어 정비를 위한 80개 국토교통부령 일부개정령）

(첨 부)

관련 각종 서식 등 기준 등에 관한 규칙 관련 각종 서식 등
: (내용은 법제처 국가법령정보센터 홈페이지(www.moleg.go.kr) 참조)

[별표 1] 근로자주택, 영구임대주택, 행복주택 및 기존주택매입 후 개량주택의 건설기준과 부대시설 및 복리시설의 설치기준(제2조 관련)

[별표 2]부터 [별표 6]까지 삭제

[별표 6] 공업화주택의 성능 및 생산기준(제13조 관련)

[별표 2의2]부터 [별표 8]까지 삭제

[별지 제1호서식] 공동주택성능등급 인증서

[별지 제1호의2서식] 바닥충격음 성능등급 인정기관 지정신청서

[별지 제1호의3서식] 공업화주택 인정 신청서

[별지 제2호서식] 공업화주택 인정서

[별지 제3호서식] 공업화주택 인정서 재발급 신청서

[별지 제4호서식] 공업화주택의 생산 및 건설실적

[별지 제5호서식] 장수명 주택 인증신청서

[별지 제6호서식] 장수명 주택 인증서

공동주택 바닥충격음 차단구조인정 및 관리기준(행정규칙)

[시행 2020.2.20.] [국토교통부고시 제2020-212호 2020.2.20., 일부개정]

국토교통부(주택건설공급과), 044-201-3367

(국토교통부고시 제2019-622호 일부개정고시(안) 반영)(2019년 11월 8일)

제1장 총칙

제1조(목적)

이 기준은 「주택법」 제35조, 「주택건설기준 등에 관한 규정」 제14조의2, 제60조의2 및 제60조의3에 따른 공동주택의 바닥충격음 차단성능 측정 및 평가방법, 바닥충격음 성능 등급의 기준과 바닥충격음 성능등급 인정기관의 지정 등을 정함을 목적으로 한다.

제2조(용어의 정의)

이 기준에서 사용하는 용어의 정의는 다음과 같다.

1. "**바닥충격음 차단구조**"란 이 기준에 따라 실시된 바닥충격음 성능시험의 결과로부터 바닥충격음 성능등급 인정기관(이하 "인정기관"이라 한다)의 장이 차단구조의 성능을 확인하여 인정한 바닥구조를 말한다.

2. "인정기관"이란 공동주택 바닥충격음 차단구조의 성능확인을 위하여 신청된 바닥구조가 「주택건설기준 등에 관한 규정」 (이하 "주택건설기준"이라 한다) 제14조의2제2호, 제60조의3에 따른 바닥충격음 차단성능기준에 적합한지 여부와 별표 1의 바닥충격음 차단성능의 등급기준에 의한 등급을 시험하여 인정하는 기관을 말한다.

3. "경량충격음레벨"이라 함은 KS F 2863-1에서 규정하고 있는 평가방법 중 역A특성 곡선에 의한 방법으로 평가한 단일수치 평가량 중 "역A특성가중규준화바닥충격음레벨"을 말한다

4. "중량충격음레벨"이라 함은 KS F 2863-2에서 규정하고 있는 평가방법 중 역A특성 곡선에 의한 방법으로 평가한 "역A특성 가중바닥충격음레벨"을 말한다.

5. "가중 바닥충격음레벨 감쇠량"이라 함은 KS F 2865에서 규정하고 있는 방법으로 측정한 바닥마감재 및 바닥 완충구조의 바닥충격음 감쇠량을 KS F 2863-1의 '6. 바닥충격음 감쇠량 평가방법'에 따라 평가한 값을 말한다.

6. "역A특성곡선에 의한 평가"라 함은 KS F 2863-1 및 KS F 2863-2에서 규정하고 있는 평가방법 중 역A특성곡선에 의한 방법으로 평가하는 것을 말한다.

7. "바닥마감재"라 함은 온돌층 상부표면에 최종 마감되는 재료(발포비닐계 장판지·목재 마루 등)를 말한다.

8. "완충재"라 함은 충격음을 흡수하기 위하여 바닥구조체 위에 설치하는 재료를 말한다.

9. "음원실"이라 함은 경량 및 중량충격원을 바닥에 타격하여 충격음이 발생하는 공간을 말한다.

10. "수음실"이라 함은 음원실에서 발생한 충격음을 마이크로폰을 이용하여 측정하는 음원실 바로 아래의 공간을 말한다.
11. "신청자"라 함은 이 기준에 의하여 공동주택 바닥충격음 차단구조의 성능확인을 위한 인정을 받고자 신청하는 자를 말한다.
12. "벽식 구조"라 함은 수직하중과 횡력을 전단벽이 부담하는 구조를 말한다.
13. "무량판구조"라 함은 보가 없이 기둥과 슬래브만으로 중력하중을 저항하는 구조방식을 말한다.
14. "혼합구조"라 함은 "벽식구조"에서 벽체의 일부분을 기둥으로 바꾸거나 부분적으로 보를 활용하는 구조를 말한다
15. "라멘구조"는 이중골조방식과 모멘트골조방식으로 구분할 수 있으며, "이중골조방식"이란 횡력의 25% 이상을 부담하는 모멘트 연성골조가 전단벽이나 가새골조와 조합되어 있는 골조방식을 말하고, "모멘트골조방식"이란 보와 기둥으로 구성한 라멘골조가 수직하중과 횡력을 부담하는 방식을 말한다. 이 경우 라멘구조는 제5호의 "가중 바닥충격음레벨 감쇠량"이 13데시벨 이상인 바닥마감재나 제33조제1항 각 호의 성능을 만족하는 20밀리미터 이상의 완충재를 포함하여야 한다.
16. "공인시험기관"라 함은 「건설기술진흥법」 제26조에 따라 품질검사를 대행하는 건설기술용역업자로 등록한 기관 또는 「국가표준기본법」 제23조에 따라 한국인정기구로부터 해당 시험항목에 대하여 공인시험기관으로 인정받은 기관을 말한다.(개정안)

제2장 바닥구조의 충격음 차단성능 인정기준 및 절차

제3조(적용범위)

「주택법(이하 "법"이라 한다)」 제15조에 따라 주택건설사업계획승인신청 대상인 공동주택(주택과 주택외의 시설을 동일건축물로 건축하는 건축물 중 주택을 포함하되, 부대시설 및 복리시설을 제외한다)과 법 제42조제2항제2호의 리모델링(추가로 증가하는 세대만 적용)에 대하여 적용한다.

제4조(성능인정기준)

① 바닥충격음 차단성능의 등급별 성능기준은 별표 1에 의한다. 라멘구조의 경우에는 4등급(라멘구조)으로 표기하고, 제2항에 따른 성능인정을 받은 경우에는 그에 따른 등급을 표기한다.
② 이 기준에 따라 주택에 적용되는 바닥구조중 벽식구조, 무량판구조, 혼합구조는 인정기관으로부터 성능확인을 위한 인정(이하 "성능인정"이라 한다)을 받아야 한다. 라멘구조는 슬래브 두께가 160밀리미터 이상인 경우에는 성능인정을 거쳐 별표 1에 따른 성능등급을 받을 수 있다.
③ 제2항에 따라 성능인정을 받은 바닥충격음 차단구조는 평형(**주택형**)에 관계없이 동일구조형식의 바닥구조에 적용할 수 있으며, 벽식구조로 성능인정을 받은 경우에는 무량판구조 및 혼합구조 형식에도 적용할 수 있다. 이 경우 슬래브 두께와 형상, 슬래브 상부에 구성되는 온돌층의 단면구성은 인정구조와 동일하여야 한다.

④ 바닥충격음 차단구조는 슬래브를 포함한 상부 구성체를 말하며, 바닥마감재는 제외한다. 다만, 신청자가 바닥마감재를 포함하여 바닥충격음 차단구조를 신청한 경우에는 바닥마감재를 포함한다.

⑤ 성능인정을 받은 바닥충격음 차단구조 중 인정받은 당시의 바닥마감재와 다른 재료를 사용하고자 하는 경우에는 그 마감재가 성능인정을 받은 당시의 마감재 보다 가중바닥충격음레벨 감쇠량이 동등 이상의 재료임을 인정기관으로부터 확인을 받아야 한다.

제5조(인정기관의 지정기준)

주택건설기준 제60조의2에 따라 인정기관으로 지정을 받고자 하는 자는 주택건설기준에서 정한 기준과 다음 각 호의 요건을 갖추어야 한다.

1. 법인으로서 바닥충격음 차단구조 성능등급 인정업무를 수행할 조직을 갖출 것
2. 공정하고 신속하게 인정업무를 수행할 수 있는 체계를 갖출 것
3. 설계·공사감리·건설·부동산업, 건축자재의 제조·공급업 및 유통업 등을 영위하는 업체에 해당하지 아니할 것. 다만, 국토교통부장관이 인정하는 경우에는 그러하지 아니하다.
4. 바닥충격음 차단구조 성능인정과 관련한 연구실적 및 유사업무 수행실적 등 인정업무를 수행할 능력을 갖추고 있을 것

제6조(인정기관의 지정 등)

① 국토교통부장관은 인정기관 신청을 받은 경우 주택건설기준 및 이 기준에 따라 적정성을 검토한 후 인정기관으로 지정하거나 신청서를 반려하여야 한다.

② 인정기관의 장은 기관의 명칭 및 주소 등이 변경된 때에는 변경된 날로부터 14일 이내에 이를 증명할 수 있는 서류를 첨부하여 국토교통부장관에게 신고하여야 한다.

③ 국토교통부장관이 제1항 및 제2항에 따라 인정기관을 지정하거나 인정기관의 명칭 또는 주소변경 신고를 받으면 인정기관의 명칭 및 주소를 관보에 게재하여야 한다.

제7조(인정기관의 업무범위)

① 인정기관의 장은 다음 각 호에서 정한 업무를 수행한다.
    1. 신청서의 접수·등록·인정서 발급 등 성능인정을 위한 절차이행
    2. 인정을 받고자 하는 바닥구조의 확인
    3. 인정 또는 인정 취소를 위한 자문위원회의 구성 및 운영
    4. 인정결과(인정취소 포함)의 관계기관 통보 및 공고
    5. 인정을 한 구조의 취소 및 시공실적 등 관리
    6. 인정업무에 대한 세부운영지침의 작성
    7. 국토교통부장관에게 분기별 인정현황 보고

② 국토교통부장관은 소속공무원으로 하여금 제1항에서 정한 인정기관의 업무와 관계되는 서류 등을 검사하게 할 수 있다. (개정안)

제8조(인정신청)

① 신청자가 바닥충격음 차단구조에 대한 성능인정을 받으려면 별지 제1호서식의 "바닥

충격음 차단구조 인정신청서"에 별표 2에서 정한 도서를 첨부하여 인정기관의 장에게 신청하여야 한다. 이 경우 신청자는 신청구조의 주요구성 제품을 생산하는 시설을 갖추고 직접 생산할 수 있거나 다른 생산업체를 통한 품질관리를 할 수 있어야 한다. 또한, 신청자는 직접 생산하지 않는 구성제품에 대해서는 제20조제1항제1호부터 제3호까지에서 규정한 사항에 대한 품질관리가 가능하여야 한다.

② 인정기관이 자체 또는 공동개발한 바닥충격음 차단구조에 대해서는 해당 인정기관에 성능인정을 신청할 수 없다.

③ 제21조제2항제2호 및 제4호에 따라 인정신청이 반려되거나 제24조에 따라 취소된 경우, 반려되거나 취소된 날부터 90일 이내에는 동일공장에서 생산된 제품(콘크리트 제품은 제외)으로 바닥충격음 차단구조의 인정신청을 할 수 없다.

④ 인정 및 취소된 바닥충격음 차단구조와 동일한 구조명으로 성능인정 신청을 할 수 없다.

제9조(인정절차 및 처리기간)

① 인정기관의 장은 제8조에 따라 신청된 바닥충격음 차단구조에 대해서는 별표 3의 인정절차에 따라 별표 4에서 정한 기간 내에 처리하여야 한다.

② 인정기관의 장은 바닥충격음 차단구조 인정업무를 수행함에 있어 재시험의 실시 등의 사유로 처리기간의 연장이 불가피한 때에는 1회에 한하여 15일 이내의 범위를 정하여 연장할 수 있으며, 이 경우 신청자에게 그 사유를 통보하여야 한다. 다만, 시료의 제작 등 시험에 추가로 소요되는 기간은 동 기간에 포함하지 아니한다.

제10조(시료채취 및 인정대상구조 제작)

① 인정기관의 장은 제8조에 따라 신청된 구조의 바닥충격음 차단성능 시험에 필요한 시료 또는 시험편을 「산업표준화법」에 따른 **한국산업표준**이 정하는 바에 따라 채취하거나, 인정기관의 장이 정하는 기준에 따라 채취하고 인정신청 시 첨부된 도서 및 다음 각호의 사항을 확인하여야 한다.

1. 원재료 품질규격 및 시료의 구성방법 등
2. 제조공정 및 제품의 품질규격 등
3. 구조의 상세도면과의 동일여부 등

② 인정기관의 장은 신청 당시에 제출한 구조 및 시공방법과 동일하게 시료를 제작하게 하고, 구성재료에 대한 시료를 채취하여 직접 시험하거나 공인시험기관을 통해 품질시험을 실시하여야 한다. (개정안)

제11조(시료의 관리)

인정기관의 장은 신청된 바닥구조에 대한 시험체를 제작하기 전에 제작방법을 검토하여 시험체 제작 및 시험에 관한 일정과 제작과정을 기록하고 이를 유지·관리하여야 한다.

제12조(인정을 위한 시험조건 및 규모)

① 인정대상 바닥충격음 차단구조에 대한 바닥충격음 차단성능 시험은 공동주택 시공현장 또는 표준시험실에서 실시할 수 있다. 표준시험실의 형태 등 세부사항은 제25조의 세부

운영지침에 따라 인정기관의 장이 정한다.

② 제1항에 따른 바닥충격음 차단성능은 다음 각 호의 조건을 갖춘 곳에서 실시하여야 한다.

   1. 측정대상 음원실(音源室)과 수음실(受音室)의 바닥면적은 20제곱미터 미만과 20제곱미터 이상 각각 2곳으로 한다.

   2. 측정대상공간의 장단변비는 1:1.5 이하의 범위로 한다.

   3. 측정대상공간의 반자높이는 2.1미터 이상으로 한다.

   4. 수음실 상부 천장은 슬래브 하단부터 150밀리미터 이상 200밀리미터 이내의 공기층을 두고 반자는 석고보드 9.5밀리미터를 설치한다.

③ 제1항에 따른 바닥충격음 차단구조의 인정을 위한 성능시험은 바닥면적이나 평면형태가 다른 2개 세대를 대상으로 다음 각 호의 어느 하나에 따라 실시하여야 한다.

   1. 현장에서 시험을 실시할 경우에는 2개동에서 각각 1개 세대 전체에 신청한 구조를 시공하고 시공된 시료를 대상으로 각 세대 1개 이상의 공간에서 시험을 실시하여야 한다.

   2. 표준시험실에서 실시할 경우에는 2개 세대 전체에 신청된 바닥충격음 차단구조를 시공하고 시공된 시료를 대상으로 각 세대 1개 이상의 공간에서 시험을 실시하여야 한다.

   3. 제1호 및 제2호의 방법으로 성능인정이 불가능한 새로운 구조형식이나 슬래브형상에 대해서는 제2항 및 제3항제2호에 적합한 시험실을 구축하여 성능인정을 할 수 있으며, 시험실 구축방법 등은 인정기관의 장과 협의하여야 한다.

④ 인정기관의 장은 제1항의 규정에 적합한 외부기관의 시험실을 인정평가에 활용할 수 있다.

⑤ 인정기관의 장은 제8조에 따라 신청된 바닥충격음 차단 성능시험을 기술표준원이 KS F 2810-1 및 KS F 2810-2의 시험항목에 대한 공인시험기관으로 인정한 시험기관(신청자와 동일한 계열에 속한 시험기관은 제외한다)에 의뢰할 수 있다.

⑥ 제5항에 따라 시험을 의뢰받은 시험기관의 장은 시험을 위하여 운반된 시료 또는 시험편이 제10조에 따른 것임을 확인하고 제8조에 따른 신청자로 하여금 신청 시 제출한 구조 및 시공방법과 동일하게 시험체를 제작하게 하여 신청자와 함께 시험체를 확인한 후 이 고시에서 정한 시험방법에 따라 시험을 실시하여야 한다. 이 경우 인정기관의 직원이 시험에 입회하여야 한다.

⑦ 제6항에 따라 시험을 실시하는 시험기관의 장은 시료확인 및 시험체를 제작하는 과정을 감독하여야 한다. 이 경우 신청내용과 상이하게 생산 또는 제작되거나 부정한 행위를 확인하는 즉시 인정기관의 장에게 보고하여야 하며, 시험체 제작 및 시험에 관한 일정과 제작과정을 기록하고 제작된 시험체를 유지·관리한 후에 품질시험 결과를 인정기관의 장에게 제출하여야 한다.

⑧ 시료채취 후에는 신청구조를 변경할 수 없다.

⑨ 신청자는 시험체와 신청된 구조와의 동일여부 확인을 위해 바닥충격음 차단성능 측정 후 시험체를 해체하여야 하며, 이 경우 인정기관의 장은 마감모르타르의 두께 등 시험체와 인정신청 구조의 일치여부를 확인하여야 한다. (신설), (개정안)

제13조(인정심사 및 자문위원회의 구성)

① 인정기관의 장은 제8조에 따라 신청된 바닥구조에 대해서는 다음 각 호의 사항을 심사한 후 인정 여부를 결정하여야 한다.
1. 신청 구조의 시험조건 및 결과의 적정성(현장과 동일조건의 시험여부 등)
2. 신청 구조의 품질관리상태 등
3. 신청구조의 구조설명서, 시방서, 재료의 품질규격 및 현장 품질관리의 적정성 등
② 인정기관의 장은 건축음향·건축재료 및 시공 등에 대한 관계 전문가, 시민단체, 공무원 등 15인 이상으로 구성된 자문위원회를 둘 수 있다.

제14조(인정의 통보 등)

① 인정기관의 장은 제8조에 따라 신청된 바닥충격음 차단구조의 성능을 인정할 경우에는 신청자에게 별지 제2호서식의 바닥충격음 차단구조 성능인정서를 발급하여야 한다.
② 인정기관의 장은 성능이 인정된 바닥충격음 차단구조에 대한 성능인정서 및 인정내용 (바닥구조의 구조방식, 단면상세도, 시공방법 등)을 국토교통부 또는 인정기관의 정보통신망을 이용하여 1회 이상 게재하는 방법으로 공고하여야 하며, 시·도지사 및 대한건축사협회·한국주택협회·대한주택건설협회 등 관련단체의 장에게 인정공고한 내용을 통보하여야 한다.
③ 인정기관의 장은 바닥충격음 차단구조의 성능을 인정한 경우에는 인정내용을 기록·관리하여야 한다.

제15조(인정의 표시)

① 제14조에 따라 바닥충격음 차단구조로 인정을 받은 자는 완충재나 주요 구성품에 제품 또는 그 포장에 바닥충격음 차단구조명 및 구성품을 나타내는 [별표 5]의 표시를 하여야 한다.
② 제1항에 따른 인정표시는 인정받지 않은 제품 또는 포장에 동일하거나 유사한 표시를 하여서는 아니 된다.

제16조(바닥충격음 차단구조의 인정 유효기간 및 유효기간의 연장)

① 바닥충격음 차단구조의 성능인정 유효기간은 제14조제2항에 따른 성능인정 공고일부터 5년으로 한다.
② 제14조에 따라 바닥충격음 차단구조의 성능을 인정받은 자(이하 "인정을 받은 자"라 한다)가 유효기간을 연장하려면 인정유효기간이 만료되기 전(개정안) 6개월 이내에 인정받은 인정기관의 장에게 신청하여야 한다. 다만, 공장 이전 등의 경우에는 6개월 이전이라도 변동사항과 함께 유효기간 연장을 신청할 수 있다.
③ 인정기관의 장은 제2항에 따라 유효기간 연장 신청을 받은 경우 제19조제4항에 따라 실시한 공장품질관리 확인점검 시 확인한 시험결과가 인정받은 내용대로(개정안)성능이 유지되고 있다고 확인한 때에는 유효기간을 3년간 연장할 수 있다.
④ 제3항에 따라 공장품질상태를 확인한 결과 성능인정이 유지되지 아니하는 경우에는 인정기관의 장이 제14조에 따른 인정의 효력을 공장품질관리 확인점검을 통해 성능이

유지된다고 확인될 때까지 정지(개정안)할 수 있다.

⑤ 제3항에 따라 유효기간이 연장되거나 제4항에 따라 인정의 효력이 정지된 경우에는 인정기관의 장이 그 사실을 제14조제2항과 같은 방법으로 공고 및 통보하여야 한다.

제17조(인정내용변경)

인정을 받은 자는 다음 각 호에 해당하는 변경사유가 발생 시에는 변경내용을 상세히 작성한 도서를 첨부하여 인정기관의 장에게 인정변경 신청을 하고 확인을 받아야 한다. 다만, 인정변경신청은 변경사유가 발생한 날로부터 **30일 이내**에 하여야 하며, 인정 바닥구조의 변경 등 바닥충격음 차단성능에 영향을 미치는 사항은 변경할 수 없다.(수정)

1. 상호 또는 대표자의 변경
2. 공장의 이전 또는 주요시설의 변경
3. 바닥충격음 차단성능에 영향을 미치지 않는 경미한 세부인정 내용의 변경
4. 제19조에 따른 품질관리 상태 확인점검 결과 인정기관의 장이 인정내용 변경을 요청한 경우(신설 : 고시 제2019-179호)

제18조(인정 바닥구조의 시공실적 요구)

① 인정기관의 장은 제14조에 따라 인정을 받은 자에게 인정 바닥구조의 시공실적을 요구할 수 있으며, 요구받은 자는 요구된 실적을 즉시 제출하여야 한다.

② 인정을 받은 자는 인정 바닥구조의 시공실적을 매년 1월말까지 인정기관의 장에게 제출하여야 한다.

제19조(품질관리 상태 확인점검)

① 인정기관의 장은 제14조에 따라 인정된 바닥충격음 차단구조의 품질관리 상태를 점검할 수 있다.

② 인정기관의 장은 다음 각 호의 어느 하나에 해당하는 경우 공사현장에 대한 품질관리 상태를 점검하여야 한다. 이 경우 국토교통부장관은 인정기관의 장에게 소속공무원이 점검에 참여할 수 있도록 요청할 수 있다. (개정안)

1. 바닥충격음 차단성능에 영향을 미칠 수 있는 재료의 품질변화가 우려되는 경우
2. 인정받은 내용과 동일한 구조로 시공되었는지 여부에 대한 확인이 필요한 경우
3. 국토교통부장관 또는 시·도지사로부터 점검요청이 있는 경우

③ 인정기관의 장은 제2항에 따라 공사현장을 점검한 경우에는 그 결과를 사업계획 승인권자 및 감리자에게 통보하여야 한다.

④ 인정기관의 장은 매년 **2회** 이상 인정제품에 대한 공장품질관리 확인점검을 실시(공장품질관리 실시 전 1년 이내에 인정기관으로부터 공장품질관리상태 확인결과 지적이 없는(개정안)경우에는 이를 면제할 수 있다) 하여야 한다. 다만, 현장시공실적이 없는 경우에는 공장품질관리 점검에서 제외하되 제외기간은 3년으로 한다.

⑤ 매년 실시하는 공장품질관리는 인정기관들이 합동으로 수행할 수 있다.

⑥ 인정기관의 장은 공장품질관리 확인점검 실시에 대한 **세부절차 및 「주택건설기준 등에 관한 규칙」 제12조의4에 따른 바닥충격음 성능등급 인정제품의 품질관리기준에 대한** 확인점검 항목 등을 정하여 제25조의 세부운영지침에 포함하여야 하며, 확인내용을

기록·유지하여야 한다.

제20조(바닥충격음 차단구조의 인정을 받은 자의 자체품질관리)

① 인정을 받은 자는 다음 각 호에 따라 바닥충격음 차단구조의 생산·제조를 위한 자체 품질관리를 실시하고, 그 결과를 기록·보존하여야 한다.

1. 구성재료·원재료 등의 검사
2. 제조공정에 있어서의 중간검사 및 공정관리
3. 제품검사 및 제조설비의 유지관리
4. 제품생산, 판매실적 및 제품을 판매한 시공현장 등에 대한 상세내역 등

② 인정을 받은 자는 시공자 및 감리자에게 인정받은 바닥충격음 차단구조의 내용과 현장시공방법 및 검사방법 등을 제출하여 적정한 시공과 현장품질관리가 이루어질 수 있도록 하여야 하며, 이를 기록·보존하여야 한다.

③ 인정기관의 장은 제1항·제2항의 기록·보존내용의 제출을 인정을 받은 자에게 요구할 수 있으며, 요구 받은 자는 이를 즉시 제출하여야 한다.

제21조(신청의 보완 또는 반려)

① 인정기관의 장은 다음 각 호의 어느 하나에 해당되는 경우에는 신청자에게 보완을 요청하여야 한다.

1. 제8조에 따라 신청자가 첨부하여야 할 도서의 내용이 미흡하거나, 사실과 상이한 문서를 제출한 경우
2. 제13조제1항에 따라 신청자의 품질관리확인 결과 신청내용과 상이한 품질관리를 하고 있는 것을 확인한 경우

② 인정기관의 장은 다음 각 호에 해당되는 경우에는 신청을 반려하여야 하며, 이를 신청 자에게 통보하여야 한다.

1. 신청자가 바닥충격음 차단구조의 인정신청을 반려 요청하는 경우
2. 신청자가 제1항의 보완요청을 30일 이내에 이행하지 않은 경우
3. 제25조에 따른 수수료를 통보일로부터 30일 이내에 납부하지 않은 경우
4. 제12조의 시험결과 바닥충격음 차단성능이 확보되지 않은 경우
5. 제10조제2항에 따라 품질 시험한 결과가 신청 시 제출된 시험결과와 다른 경우
6. 제12조제9항에 따른 바닥구조 철거 상태 확인 결과 마감모르타르 두께 등이 인정 신청내용과 다른 경우 (개정안)

③ **제2항에도 불구하고 인정기관의 장은 제6호의 동일성 여부에 대한 판단이 어려운 경우 제13조에 따른 자문위원회에 심사를 요청할 수 있다.**

제22조(개선요청)

인정기관의 장은 다음 각 호의 어느 하나에 해당되는 경우에는 제14조에 따라 인정을 받은 자에게 개선요청을 할 수 있으며, 개선요청을 받은 자는 30일 이내에 개선요청 사항을 이행하고 그 사실을 인정기관의 장에게 보고하여야 한다.

1. 제17조에 따른 인정변경 등에 대한 확인신청을 하지 않은 경우
2. 제18조에 따른 바닥충격음 차단구조의 시공실적을 제출하지 않는 경우

3. 제19조에 따른 품질관리상태 확인결과, 품질개선이 필요하다고 인정되는 경우

제23조 <삭 제>

제24조(인정의 취소)

① 인정기관의 장은 법 제41조제2항에 따라 인정을 취소한 경우에는 제14조제2항에 따른 공고 및 통보를 하여야 하며, 인정이 취소된 바닥충격음 차단구조는 취소된 날로부터 바닥충격음 차단구조로의 판매 및 시공을 할 수 없다.

② <삭 제>

제25조(세부운영지침)

① 인정기관의 장은 바닥충격음 차단구조의 인정업무와 관련한 처리기간·절차·기준·구비 서류·수수료 등에 대한 세부운영지침을 작성하여야 한다.

② 제1항에 따른 세부운영지침을 작성하거나 변경하는 경우에는 국토교통부장관의 승인을 얻어야 한다.

제3장 바닥충격음 차단성능 측정 및 평가방법

제26조(측정방법)

① 바닥충격음 차단성능의 측정은 KS F 2810-1 및 KS F 2810-2에서 규정하고 있는 방법에 따라 실시하되, 경량충격음레벨 및 중량충격음레벨을 측정한다. 다만, 중량 충격원은 표준중량충격력 특성 1을 사용한다.

② 수음실에 설치하는 마이크로폰의 높이는 바닥으로부터 1.2미터로 하며, 거리는 벽면등 으로부터의 0.75미터(수음실의 바닥면적이 14제곱미터 미만인 경우에는 0.5미터)떨어진 지점으로 한다.

제27조(측정결과의 평가방법)

① 바닥충격음 측정결과는 KS F 2863-1 및 KS F 2863-2에서 규정하고 있는 평가방법 중 역A특성곡선에 따른 평가방법을 이용하여 평가한다.

② 인정기관의 장은 제12조제3항에 따라 바닥면적이나 평면형태가 다른 2개 세대를 대상으로 한 성능시험 결과 각각 성능이 다르게 평가된 경우에는 충격음레벨이 높게 평가된 측정결과로 평가하여야 한다.

③ 인정기관의 장은 바닥충격음 차단구조의 성능인정을 시험실에서 실시한 경우에는 현장 에서 측정한 결과와 차이를 두어서 성능등급을 확인할 수 있다. 이 경우 인정기관의 장은 시험실에서 실시한 결과에 차이를 두어 성능등급을 확인하고자 할 경우에는 제25조의 세부운영지침에 포함하여야 한다.

④ <삭 제>

제4장 바닥충격음 차단성능의 확인방법

제28조(측정대상세대의 선정방법 등)

기술표준원이 인정한 시험기관 또는 인정기관이 사용검사 후 바닥충격음에 대한 차단성능을 평가하거나, 성능확인 요청 등에 의하여 성능평가를 하고자 하는 때에는 다음 각 호의 1에 의한 시료에 대하여 시험을 실시하여야 한다.

1. 하나의 동인 경우에는 중간층과 최상층의 측벽에 면한 각 1세대 이상과 중간층의 중간에 위치한 1세대 이상으로 한다. 다만, 하나의 동에 서로 다른 평형(**주택형**)이 있을 경우에는 평형(**주택형**)별로 3개 세대를 선정하여 측정을 실시한다.
2. 2동 이상인 경우에는 평형(**주택형**)별 1개동 이상을 대상으로 중간층과 최상층의 측벽에 면한 각 1세대 이상과 중간층의 중간에 위치한 1세대 이상

제29조(측정대상공간 선정방법)

바닥충격음 차단성능의 확인이 필요한 단위세대 내에서의 측정대상공간은 거실(living room)로 한다. 단, 거실(living room)과 침실의 구분이 명확하지 않은 소형**평형**(**주택형**)의 공동주택의 경우에는 가장 넓은 공간을 측정대상공간으로 한다.

제30조(측정위치)

바닥충격음 시험을 위한 음원실의 충격원 충격위치는 다음 그림과 같이 중앙점을 포함한 4개소 이상으로 하고, 수음실의 마이크로폰 설치위치는 4개소 이상으로 하여야 한다. 이 경우 수음실에서의 실내 흡음력 산출시 적용되는 측정대상공간의 용적은 실제측정이 이루어지고 있는 공간으로 하되 개구부(문 또는 창 등)가 있는 경우에는 닫은 상태에서 측정하거나 용적을 산출하여야 한다.

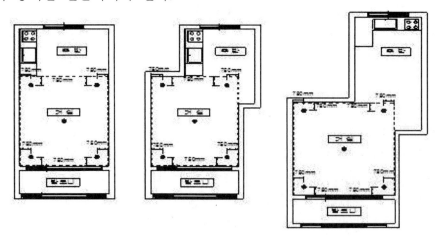

● 측정위치(충격원 충격위치 및 마이크로폰 위치)

제31조(측정결과의 평가)

① 측정결과는 산술평균값으로 하며 측정결과의 판단기준은 등급이 제시되지 않은 경우에는 바닥충격음에 대한 최소 성능기준(경량충격음 58dB, 중량충격음 50dB)이 되며, 등급이 제시된 경우에는 제4조제1항의 규정에 의한 등급별 성능기준이 된다.
② 바닥충격음 차단성능을 확인하기 위하여 동일한 공간에서 실시한 2 이상의 시험기관 또는 인정기관의 평가결과의 차이가 3dB 이하일 경우에는 동일한 값으로 보되, 평가 결과에 대한 최종 평가치는 산술평균한 값으로 한다.

제5장 완충재의 성능기준

제32조(품질 및 시공방법)

① 콘크리트 바닥판의 품질 및 시공방법은 건축공사표준시방서의 콘크리트공사 시방에 따른다. 다만, 콘크리트 상부면에 직접 단열재 또는 완충재가 설치되는 경우에는 콘크리트공사 시방 표 05010. 13에서 규정한 3미터당 7밀리미터 이하의 평탄을 유지할 수 있도록 마무리하여야 한다.

② 완충재는 건축물의 에너지절약 설계기준 제2조에 따른 단열기준에 적합하여야 한다.

③ 바닥에 설치하는 완충재는 완충재 사이에 틈새가 발생하지 않도록 밀착시공하고, 접합부위는 접합테이프 등으로 마감하여야 하며, 벽에 설치하는 측면 완충재는 마감모르터가 벽에 직접 닿지 아니하도록 하여야 한다.

④ 경량기포콘크리트는 KS F 4039(현장 타설용 기포콘크리트) 규정에 따른다.

⑤ 인정을 받은 자는 현장에 반입되는 완충재 등 바닥충격음을 줄이기 위해 사용한 주요 구성품에 대해서는 감리자 입회하에 샘플을 채취한 후 인정기관이나 <u>공인시험기관</u>에서 시험을 실시하고 그 결과를 시공 전까지 감리자에게 제출하여야 하며, 감리자는 성능 기준과 인정서에서 인정범위로 정한 기본 물성의 적합함을 확인한 후 시공하여야 한다.(개정안)

⑥ 감리자는 바닥구조의 시공 완료 후 [별지 제4호서식]에 따른 바닥구조 시공확인서를 사업주체에게 제출하여야 하며, 사업주체는 감리자가 제출한 바닥구조 시공확인서를 사용검사 신청 시 제출하여야 한다.(신설)(개정안)

제33조(완충재 등의 성능평가기준 및 시험방법)

① 바닥충격음 차단구조에 사용하는 완충재는 다음 각 호에서 정하는 기준에 적합하여한다.

1. 밀도는 KS M ISO 845에서 정하고 있는 시험방법에 따라 측정하여야 하며, 시험 결과에는 완충재의 구성상태나 형상에 대한 설명이 포함되어야 한다.

2. 동탄성계수와 손실계수는 KS F 2868에서 정하고 있는 시험방법에 따라 측정하며, 하중판을 거치한 상태에서 48시간 이후에 측정한 값이 동탄성계수는 40MN/㎥ 이하, 손실계수는 0.1부터 0.3까지의 범위이어야 한다.

3. 흡수량은 KS M ISO 4898에서 정하고 있는 시험방법에 따라 측정한 값이 4%v/v 이하이거나 현장 적용 시 물이 침투되지 않는다는 것이 보장(시공방법의 제시를 포함한다)되어야 한다.

4. 가열 후 치수안정성은 KS M ISO 4898에서 정하고 있는 시험방법(70℃, 48시간 동안 KS F 2868에서 사용하는 하중판을 완충재 상부에 거치한 상태에서 가열)에 따라 측정한 값이 5퍼센트 이하이어야 한다.

5. KS M ISO 4898에서 정하고 있는 치수안정성 시험방법(70℃, 48시간 동안 KS F 2868에서 사용하는 하중판을 완충재 상부에 거치한 상태에서 가열)에 따라 가열하고 난 후 완충재의 동탄성계수는 가열하기 전 완충재의 동탄성계수보다 20퍼센트를 초과하여서는 아니 되며, 손실계수는 0.1부터 0.3까지의 범위이어야 한다.

6. 잔류변형량은 KS F 2873에서 정하고 있는 시험방법에 따라 측정한 값이 시료초기 두께(dL)가 30밀리미터 미만은 2밀리미터 이하, 30밀리미터 이상은 3밀리미터 이하가 되어야 한다.

② 바닥충격음 차단구조로 사용하는 제1항의 완충재나 완충재 이외의 구성제품의 품질 관리를 위해 필요한 성능에 대해서는 제25조의 세부운영지침에서 따로 정한다. 다만, 인정기관의 장이 이 기준에 적합하다고 인정한 경우에는 시험을 생략할 수 있다.

제6장 행정사항

제34조(규제의 재검토)

국토교통부장관은 이 고시에 대하여 「훈령·예규 등의 발령 및 관리에 관한 규정」에 따라 2020년 1월 1일 기준으로 매 3년이 되는 시점(매 3년째의 12월 31일까지를 말한다)마다 그 타당성을 검토하여 개선 등의 조치를 하여야 한다. (개정안)

부 칙 <제2020-212호,2020.2.20.>

제1조(시행일)

이 고시는 발령한 날부터 시행한다.

[별표 1] **바닥충격음 차단성능의 등급기준**(제4조 관련) <주>: 개정의 필요성이 있다>
가. 경량충격음
(단위: dB)

등급	역A특성 가중 규준화 바닥충격음레벨
1급	$L'_{n,AW} \leq 43$
2급	$43 < L'_{n,AW} \leq 48$
3급	$48 < L'_{n,AW} \leq 53$
4급	$53 < L'_{n,AW} \leq 58$

나. 중량충격음
(단위: dB)

등급	역A특성 가중 바닥충격음레벨
1급	$L'_{i,Fmax,AW} \leq 40$
2급	$40 < L'_{i,Fmax,AW} \leq 43$
3급	$43 < L'_{i,Fmax,AW} \leq 47$
4급	$47 < L'_{i,Fmax,AW} \leq 50$

[별표 2] **인정신청 시 첨부도서**(제8조 관련)

신 청 도 서	기 재 사 항
1. 공동주택 바닥충격음 차단구조 설계도서	○ 구조설명도(구조방식, 슬래브두께, 온돌층의 구성재료 및 두께, 천장의 구조재료 및 두께, 바닥마감 재료명등) ○ 제품 및 재료설명서(제품 및 구성 재료의 품질관리항목 및 품질기준) ○ 제품의 원재료 및 제품의 구성 ○ 공정 및 제품관리에 관한 사항 ○ 시방서(시공방법 등 ○ 시공관리 및 기타 필요한 사항
2. 신청자의 사업개요	○ 신청자 연혁 ○ **법인등기사항전부증명서**, 사업자등록증, 공장등록증 등 ○ 신청자 생산 및 판매실적 ○ 품질관리 조직(인력포함) ○ 제조·검사설비 리스트 및 관리기준
3. 품질관리 설명서	□ 제품 및 재료의 품질기준 ○ 물리적 성능 및 화학적 성능 시험방법 ○ <u>공인시험기관에서 시험한 제품 및 시험성적서</u>(개정안) ○ 시공 및 현장품질관리에 관한 사항(검사기준 포함) ○ 자체시험설비 □ 사내 규격 ○ 작업표준 및 공정관리 관련 사내규격
4. 기타자료	○ 제품의 특성을 검토한 설명서(필요시) ○ 기타 필요한 사항
5. 시공건축물 개요(신청자가 시공자인 경우에 한함)	○ 소재지, 층수 및 연면적, 구조 등 해당 시공 건축물 일반사항

[별표 3] 바닥충격음 차단구조 인정절차(제9조 관련)

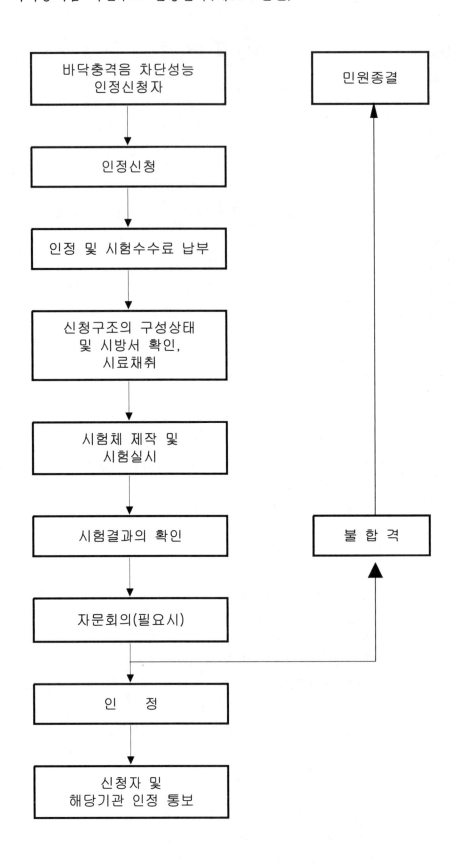

[별표 4] 바닥충격음 차단구조 인정업무 처리기간(제9조 관련)

순번	업 무 명	처리 기간	처 리 내 용	비 고
1.	신청자격검토	1일	o 신청자격 및 제한조건 검토	
2	수수료통보	3일	o 수수료납부요청	
3	신청서류 검토	3일	o 바닥충격음 차단구조인정신청 시 　첨부도서 내용 확인 및 검토 　1. 설계도서 　－ 구조설명서, 재료설명서 　－ 시방서(시공방법 등) 시공관리 　2. 신청자의 영업개요 　3. 품질관리 설명서 o 자문회의 실시여부 결정	
4	시료채취	10일	∘ 시료채취 계획수립 　－ 시험체 및 시료의 제조 및 품질관리에 　관한 사항 ∘ 시험에 필요한 시료채취	
5	시료제작 및 시험실시	－	∘ 시료제작 및 시험실시	처리기간에 산입되지 않음.
6	인정통보 및 수수료 정산	8일	∘ 수수료 정산 ∘ 인정공고 　－ 인정(안) 및 인정세부 내용 작성 　－ 인정 공고안 작성 　－ 관련기관 통보 　－ 인정서 교부	
	계	25일	※ 1개 구조가 추가될 경우 처리기간은 7일씩 증가	자문회의를 실시한 경우 민원기간 10일 추가

※ 자문회의를 개최하는 경우 처리기간은 10일 이내로 하며 자문회의의 보완기간은 처리기간에 산입하지 아니한다.

[별표 5] 바닥충격음 차단구조 주요 구성품 표시 (제15조 관련)

인정기관명
인정구조명
인정번호
주요구성품명
회사명, 전화번호
공장주소

※ 비고 1. 위 표시는 바닥충격음 차단구조의 주요구성품의 제품 또는 포장에 부착 날인 등의 방법으로 한다.

바닥충격음 차단구조 (재)인정신청서				처리 기간	
				일	

신청인	① 기 관 명		② 사업자등록번호		
	③ 대 표 자		④ 생년월일		
	⑤ 법인주소		전화번호		
			FAX번호		

바닥구조개요	⑥ 구조방식					
	⑦ 바닥슬래브	종류		두께		
	⑧ 온돌층 구조					
	⑨ 천장 구조					
	⑩ 바닥마감재의 종류 및 두께					
	⑪ 완충재	적용여부		적용재료 및 두께		
	⑫ 인정신청구조명					

「공동주택 바닥충격음 차단구조 인정 및 관리기준」 제8조 또는 제16조에 따라 위와 같이 바닥충격음 차단구조의 성능 (재)인정을 받고자 신청합니다.

년 월 일

신청인 　　　　 (서명 또는 인)

인정(시험)기관의 장　귀하

구비서류: 별표 2의 구비서류	수 수 료
	원

제　　　호

바닥충격음 차단구조 성능인정서

1. 인정구조명 :

2. 인정업체 주소 :

　　　　　상호 :　　　　　　대표자 :

3. 차단성능등급 :

　- 경량충격음 :

　- 중량충격음 :

4. 유효기간 :　　　년　　월　　일 까지

5. 바닥충격음 차단구조 내용 :

「공동주택 바닥충격음 차단구조 인정 및 관리기준」 제14조에 따라 위와 같이 바닥충격음 차단구조의 성능을 인정합니다.

　　　　　　　　　　　　　　　　　　　　　　　　년　　월　　일

　　　　　　　　　인정기관의 장

직인

제품생산량, 판매량 및 시험성적서 제출 양식								
구분				제품 생산량	제품판매량			완충재 시험 성적서 (첨부)
인정 구조명	인정번호	인정일	충격음별		시공현장	구조형식	판매량	

바닥구조 시공 확인서

• 바닥구조 시공 확인서는 사용검사신청서와 함께 제출하며, [ ]에는 해당하는 곳에 √ 표시를 합니다.

사업승인번호		승인일자	
대지위치		지번	

인정번호	인정제품명	바닥구조 공사기간	~
		감 리 자	(서명 또는 인)

구분	조사내용	조사결과
준비단계	슬래브 두께확인(210mm)	[ ]적합 [ ]부적합 [ ]라멘구조(150mm)
	바탕정리 상태 확인	[ ]적합 [ ]부적합
	슬래브 평탄도(3m당 7mm이하)	[ ]적합 [ ]부적합
	인정서 시공방법 숙지여부	[ ]적합 [ ]부적합
	마감기준선 먹줄놓기 높이 확인	[ ]적합 [ ]부적합
시공단계	공인품질시험기관 완충재 성능시험 여부	[ ]적합 [ ]부적합
	감리자의 본 시공 전 완충재 시험 성적서·인정서 성능 값 비교확인 여부	[ ]적합 [ ]부적합
	바닥완충재 시공 상태	[ ]적합 [ ]부적합
	측면완충재 시공 상태	[ ]적합 [ ]부적합
	기포콘크리트 압축강도 적정성	[ ]적합 [ ]부적합
	기포콘크리트 타설 상태	[ ]적합 [ ]부적합
	마감모르타르 압축강도, 물시멘트비 적정성	[ ]적합 [ ]부적합
	마감모르타르 타설상태	[ ]적합 [ ]부적합
	기타 확인사항	

「공동주택 바닥충격음 차단구조 인정 및 관리기준」 제32조에 따라 위와 같이 바닥구조 시공확인서를 제출합니다.

년   월   일

보고인(사업주제)

(서명 또는 인)

특별시장·광역시장·특별자치시장·특별자치도지사, 시장·군수·구청장 귀하

부록-7 : 공동주택 층간소음의 범위와 기준에 관한 규칙

(약칭: 공동주택층간소음규칙)

[시행 2014. 6. 3.] [국토교통부령 제97호, 2014. 6. 3., 제정]

[시행 2014. 6. 3.] [환경부령 제559호, 2014. 6. 3., 제정]

국토교통부(주택건설공급과), 044-201-3375, 환경부(생활환경과),044-201-6793

제1조(목적)

이 규칙은 「소음·진동관리법」 제21조의2제3항 및 「주택법」 제44조의2제5항에 따라 공동주택 층간소음의 범위와 기준을 규정함을 목적으로 한다.

제2조(층간소음의 범위)

공동주택 층간소음의 범위는 입주자 또는 사용자의 활동으로 인하여 발생하는 소음으로서 다른 입주자 또는 사용자에게 피해를 주는 다음 각 호의 소음으로 한다. 다만, 욕실, 화장실 및 다용도실 등에서 급수·배수로 인하여 발생하는 소음은 제외한다.

1. 직접충격 소음: 뛰거나 걷는 동작 등으로 인하여 발생하는 소음
2. 공기전달 소음: 텔레비전, 음향기기 등의 사용으로 인하여 발생하는 소음

제3조(층간소음의 기준)

공동주택의 입주자 및 사용자는 공동주택에서 발생하는 층간소음을 별표에 따른 기준 이하가 되도록 노력하여야 한다.

부 칙 <국토교통부령 제97호, 환경부령 제559호, 2014.6.3.>

이 규칙은 공포한 날부터 시행한다.

충간소음의 기준(제3조 관련)

충간소음의 구분		충간소음의 기준[단위: dB(A)]	
		주간 (06:00 ~ 22:00)	야간 (22:00 ~ 06:00)
1. 제2조제1호에 따른 직접충격 소음	1분간 등가소음도 (Leq)	43	38
	최고소음도 (Lmax)	57	52
2. 제2조제2호에 따른 공기전달 소음	5분간 등가소음도 (Leq)	45	40

비 고

1. 직접충격 소음은 1분간 등가소음도(Leq) 및 최고소음도(Lmax)로 평가하고, 공기전달 소음은 5분간 등가소음도(Leq)로 평가한다.

2. 위 표의 기준에도 불구하고 「주택법」 제2조제2호에 따른 공동주택으로서 「건축법」 제11조 따라 건축허가를 받은 공동주택과 2005년 6월 30일 이전에 「주택법」 제16조에 따라 사업승인을 받은 공동주택의 직접충격 소음 기준에 대해서는 위 표 제1호에 따른 기준에 5dB(A)을 더한 값을 적용한다.

3. 충간소음의 측정방법은 「환경분야 시험·검사 등에 관한 법률」 제6조제1항제2호에 따라 환경부장관이 정하여 고시하는 소음·진동 관련 공정시험기준 중 동일 건물 내에서 사업장 소음을 측정하는 방법을 따르되, 1개 지점 이상에서 1시간 이상 측정하여야 한다.

4. 1분간 등가소음도(Leq) 및 5분간 등가소음도(Leq)는 비고 제3호에 따라 측정한 값 중 가장 높은 값으로 한다.

5. 최고소음도(Lmax)는 1시간에 3회 이상 초과할 경우 그 기준을 초과한 것으로 본다.

부록-8 : 발코니 등의 구조변경절차 및 설치기준(국토교통부)

발코니 등의 구조변경절차 및 설치기준(행정규칙)

[시행 2018.12.7.][국토교통부 고시 제2018-775호 ; 2018.12.7. 일부개정]

국토교통부(건축정책과)044-201-3763

제1조(목적)

이 기준은 건축법 시행령 제2조제14호 및 제46조제4항제4호의 규정에 따라 주택의 발코니 및 대피공간의 구조변경절차 및 설치기준을 정함을 목적으로 한다.

제2조(단독주택의 발코니 구조변경 범위)

단독주택(다가구주택 및 다중주택은 제외한다)의 발코니는 외벽 중 2면 이내의 발코니에 대하여 변경할 수 있다.

제3조(대피공간의 구조)

① 건축법 시행령 제46조제4항의 규정에 따라 설치되는 대피공간은 채광방향과 관계없이 거실 각 부분에서 접근이 용이하고 외부에서 신속하고 원활한 구조활동을 할 수 있는 장소에 설치하여야 하며, 출입구에 설치하는 **갑종방화문은 거실 쪽에서만 열 수 있는 구조(대피공간임을 알 수 있는 표지판을 설치할 것)로서 대피공간을 향해 열리는 밖여닫이로 하여야 한다.**

② 대피공간은 1시간 이상의 내화성능을 갖는 내화구조의 벽으로 구획되어야 하며, 벽·천장 및 바닥의 내부 마감재료는 준불연재료 또는 불연재료를 사용하여야 한다.

③ **대피공간은 외기에 개방되어야 한다.** 다만, 창호를 설치하는 경우에는 폭 0.7미터 이상, 높이 1.0미터 이상(구조체에 고정되는 창틀 부분은 제외한다)은 반드시 외기에 개방될 수 있어야 하며, 비상 시 외부의 도움을 받는 경우 피난에 장애가 없는 구조로 설치하여야 한다.

④ **대피공간에는 정전에 대비해 휴대용 손전등을 비치하거나 비상전원이 연결된 조명설비가 설치되어야 한다.** (필자는 이곳의 내벽에 방화용 「청소용 수전」의 설치를 제안한다)

⑤ 대피공간은 대피에 지장이 없도록 시공·유지관리되어야 하며, 대피공간을 보일러실 또는 창고 등 대피에 장애가 되는 공간으로 사용하여서는 아니 된다. 다만, 에어컨 실외기 등 냉방설비의 배기장치를 대피공간에 설치하는 경우에는 다음 각 호의 기준에 적합 하여야 한다.
  1. 냉방설비의 배기장치를 불연재료로 구획할 것
  2. 제1호에 따라 구획된 면적은 건축법 시행령 제46조제4항제3호에 따른 대피 공간 바닥 면적 산정 시 제외할 것

제4조(방화판 또는 방화유리창의 구조)

① 아파트 2층 이상의 층에서 스프링클러의 살수범위에 포함되지 않는 발코니를 구조 변경하는 경우에는 발코니 끝부분에 바닥판 두께를 포함하여 높이가 90센티미터 이상의 방화판 또는 방화유리창을 설치하여야 한다.

② 제1항의 규정에 의하여 설치하는 방화판과 방화유리창은 창호와 일체 또는 분리하여 설치할 수 있다. 다만, 난간은 별도로 설치하여야 한다.

③ 방화판은 「건축물의 피난·방화구조 등의 기준에 관한 규칙」제6조의 규정에서 규정하고 있는 불연재료를 사용할 수 있다. 다만, 방화판으로 유리를 사용하는 경우에는 제5항의 규정에 따른 방화유리를 사용하여야 한다.

④ 제1항부터 제3항까지에 따라 설치하는 방화판은 화재 시 아래층에서 발생한 화염을 차단할 수 있도록 발코니 바닥과의 사이에 틈새가 없이 고정되어야 하며, 틈새가 있는 경우에는 「건축물의 피난·방화구조 등의 기준에 관한 규칙」 제14조제2항제2호에서 정한 재료로 틈새를 메워야 한다.

⑤ 방화유리창에서 방화유리(창호 등을 포함한다)는 한국산업 표준 KS F 2845(유리구획부분의 내화시험방법)에서 규정하고 있는 시험방법에 따라 시험한 결과 비차 열 30분 이상의 성능을 가져야 한다.

⑥ 입주자 및 사용자는 관리규약을 통해 방화판 또는 방화유리창 중 하나를 선택할 수 있다.

제5조(발코니 창호 및 난간 등의 구조)

① 발코니를 거실 등으로 사용하는 경우 난간의 높이는 1.2미터 이상이어야 하며 난간에 난간살이 있는 경우에는 난간살 사이의 간격을 10센티미터 이하의 간격으로 설치하는 등 안전에 필요한 조치를 하여야 한다.

② 발코니를 거실 등으로 사용하는 경우 발코니에 설치하는 창호 등은 「녹색건축물 조성 지원법」 제14조 등(건축법 시행령 제91조제3항)에 따른 「건축물의 에너지절약 설계기준」 및 「건축물의 구조기준 등에 관한 규칙」제3조에 따른 「건축구조기준」에 적합하여야 한다.

③ 제4조에 따라 방화유리창을 설치하는 경우에는 추락 등의 방지를 위하여 필요한 조치를 하여야 한다. 다만, 방화유리창의 방화유리가 난간높이 이상으로 설치되는 경우는 그러하지 아니하다.

제6조(발코니 내부마감재료 등)

스프링클러의 살수범위에 포함되지 않는 발코니를 구조 변경하여 거실 등으로 사용하는 경우 발코니에 자동화재 탐지기를 설치(단독주택은 제외한다)하고 내부 마감재료는 「건축물의 피난·방화구조 등의 기준에 관한 규칙」제24조의 규정에 적합하여야 한다.

제7조(발코니 구조변경에 따른 소요비용)

① 주택법 제2조제(7호)10호의 규정에 따른 사업주체(이하 "사업주체"라 한다)는 발코니를 거실 등으로 사용하고자 하는 경우에는 다음 각 호에 해당하는 일체의 비용을 주택법 제(38조)54조에 따른 주택공급 승인을 신청하는 때에 분양가와 별도로 제출하여야 한다.

1. 단열창 설치 및 발코니 구조변경에 소요되는 부위별 개조비용
2. 구조변경을 하지 않는 경우 발코니 창호공사 및 마감공사비용으로서 분양가에 이미 포함된 비용

② 사업주체는 주택의 공급을 위한 모집공고를 하는 때에 제1항의 규정에 따라 신청 및 승인된 비용 일체를 공개하여야 한다.

제8조(건축허가 시 도면)

건축주(주택법 제2조제(7호)10호에 따른 사업주체를 포함한다. 이하 같다)는 건축법 제11조에

따른 건축허가(~~주택법 제(16조)~~제15조의 규정에 의한 사업계획승인신청을 포함한다)시 제출하는 평면도에 발코니 부분을 명시하여야 하며, 동법 제22조의 건축물의 사용승인(~~주택법 제49)조~~에 따른 사용검사를 포함한다. 이하 "사용승인"이라 한다)시 제출하는 도면에도 발코니를 명시하여 제출하여야 한다.

제9조(건축물대장 작성방법)

시장·군수 또는 구청장은 건축허가(설계가 변경된 경우 변경허가를 포함한다)시 제출되는 허가도서(발코니 부분이 명시된 도서를 말한다)대로 건축물대장을 작성하여야 한다. 이 경우 도면상 발코니는 거실과 구분되도록 표시하고 구조변경여부를 별도로 표시한다. 이 경우 **발코니 구조변경으로 인한 주거전용면적은 주택법령에 따라 당초 외벽의 내부선을 기준으로 산정한 면적으로 한다.**

제10조(준공 전 변경)

건축주는 사용승인을 하기 전에 발코니를 거실 등으로 변경하고자 하는 경우 주택의 소유자(~~주택법 제(38조)~~54조의 규정에 의한 세대별 입주예정자를 포함한다)의 동의를 얻어야 한다.

제11조(사용승인)

사용승인권자는 사용승인을 하는 때에 제2조부터 제8조까지의 규정에 위반여부를 확인하여야 한다.

제12조(준공 후 변경)

① 건축주는 발코니를 구조변경 하고자 하는 경우 제2조부터 제6조까지 및 제8조의 규정에 대하여 건축사의 확인을 받아 허가권자에게 신고하여야 한다.

② 제1항의 규정에 의하여 건축사의 확인을 받아 신고하는 경우의 신고서 양식은 건축법 시행규칙 제12조의 규정에 의한 별지 제6호 서식에 의하되, 동조 각호의 규정에 의한 첨부 서류의 제출은 생략한다.

③ 제1항 및 제2항의 규정에 불구하고 주택법 적용대상인 주택의 발코니를 구조 변경하고자 하는 경우 ~~주택법 제(42조)~~66조의 규정에 따라야 한다.

제13조(재검토 기한)

국토교통부장관은 「훈령·예규 등의 발령 및 관리에 관한 규정」(**대통령 훈령 334호**)에 따라 이 **고시**에 대하여 2019년 1월 1일을 기준으로 매 3년이 되는 시점(매 3년째의 12월 31일까지를 말한다)마다 그 타당성을 검토하여 개선 등의 조치를 **하여야 한다.**

부칙 <제2018.12.7.> 이 고시는 발령한 날부터 시행한다.

㈜: 본 설치기준에 인용된 '주택법의 조항'은 *2016.8.12.* 주택법, 동 시행령 및 동 시행규칙이 전부 개정되기 이전에 제정된 것으로, 전부 개정된 주택법에 따라 본 설치기준에서 인용된 주택법의 조항도 개정되어야 하나 *2022.1.* 현재까지 법제처 홈페이지 기준 미 개정되어, 편자의 판단에 따라 주택법령 조항 등을 수정하여 수록한 것이다.

감정평가 및 감정평가사에 관한 법률

[시행 2022.7.21.] [법률 제18309호, 2021.7.20., 일부개정]

국토교통부(부동산평가과), 044-201-3425

제1장 총칙

제1조(목적)

이 법은 감정평가 및 감정평가사에 관한 제도를 확립하여 공정한 감정평가를 도모함으로써 국민의 재산권을 보호하고 국가경제 발전에 기여함을 목적으로 한다.

제2조(정의)[시행일 : 2022.1.21.] 제2조

이 법에서 사용하는 용어의 뜻은 다음과 같다. <개정 2020.4.7., 2021.7.20.>

1. "토지등"이란 토지 및 그 정착물, 동산, 그 밖에 대통령령으로 정하는 재산과 이들에 관한 소유권 외의 권리를 말한다.
2. "감정평가"란 토지등의 경제적 가치를 판정하여 그 결과를 가액(價額)으로 표시하는 것을 말한다.
3. "감정평가업"이란 타인의 의뢰에 따라 일정한 보수를 받고 토지등의 감정평가를 업(業)으로 행하는 것을 말한다.
4. **"감정평가법인등"**이란 제21조에 따라 **사무소를 개설한 감정평가사**와 제29조에 따라 **인가를 받은 감정평가법인**을 말한다.

제2장 감정평가

제3조(기준)[시행일 : 2022.1.21.] 제3조

① **감정평가법인등**이 토지를 감정평가하는 경우에는 그 토지와 이용가치가 비슷하다고 인정되는 「부동산 가격공시에 관한 법률」에 따른 표준지공시지가를 기준으로 하여야 한다. 다만, 적정한 실거래가가 있는 경우에는 이를 기준으로 할 수 있다. <개정 2020.4.7.>

② 제1항에도 불구하고 **감정평가법인등**이 **「주식회사 등의 외부감사에 관한 법률」**에 따른 재무제표 작성 등 기업의 재무제표 작성에 필요한 감정평가와 담보권의 설정·경매 등 대통령령으로 정하는 감정평가를 할 때에는 해당 토지의 임대료, 조성비용 등을 고려하여 감정평가를 할 수 있다. <개정 2018.3.20., 2020.4.7>

③ 감정평가의 공정성과 합리성을 보장하기 위하여 **감정평가법인등(소속 감정평가사를 포함한다. 이하 이 조에서 같다)**이 준수하여야 할 원칙과 기준은 국토교통부령으로 정한다. <개정 2020.4.7.,2021.7.20.>

④ 국토교통부장관은 감정평가법인등이 감정평가를 할 때 필요한 세부적인 기준(이하 "실무기준"이라 한다)의 제정 등에 관한 업무를 수행하기 위하여 대통령령으로 정하는 바에 따라 전문성을 갖춘 민간법인 또는 단체(이하 "기준제정기관"이라 한다)를 지정할 수 있다. <신설 2021.7.20.>

⑤ 국토교통부장관은 필요하다고 인정되는 경우 제40조에 따른 감정평가관리·징계위원회의 심의를 거쳐 기준제정기관에 실무기준의 내용을 변경하도록 요구할 수 있다. 이 경우 기준제정기관은 정당한 사유가 없으면 이에 따라야 한다. <신설 2021.7.20.>

⑥ 국가는 기준제정기관의 설립 및 운영에 필요한 비용의 일부 또는 전부를 지원할 수 있다. <신설 2021.7.20.>

제4조(직무) [시행일 : 2022.1.21.] 제4조

① 감정평가사는 타인의 의뢰를 받아 토지등을 감정평가하는 것을 그 직무로 한다. <개정 2021.7.20.>

② 감정평가사는 공공성을 지닌 가치평가 전문직으로서 공정하고 객관적으로 그 직무를 수행한다. <신설 2021.7.20.>

제5조(감정평가의 의뢰) [시행일 : 2020.7.8.] 제5조

① 국가, 지방자치단체, 「공공기관의 운영에 관한 법률」에 따른 공공기관 또는 그 밖에 대통령령으로 정하는 공공단체(이하 "국가등"이라 한다)가 토지등의 관리·매입·매각·경매·재평가 등을 위하여 토지등을 감정평가하려는 경우에는 감정평가법인등에게 의뢰하여야 한다. <개정 2020.4.7.>

② 금융기관·보험회사·신탁회사 또는 그 밖에 대통령령으로 정하는 기관이 대출, 자산의 매입·매각·관리 또는 「주식회사 등의 외부감사에 관한 법률」에 따른 재무제표 작성을 포함한 기업의 재무제표 작성 등과 관련하여 토지등의 감정평가를 하려는 경우에는 감정평가법인등에게 의뢰하여야 한다. <개정 2018.3.20., 2020.4.7.>

③ 제1항 또는 제2항에 따라 감정평가를 의뢰하려는 자는 제33조에 따른 한국감정평가사협회에 요청하여 추천받은 감정평가법인등에게 감정평가를 의뢰할 수 있다. <개정 2020.4.7.>

④ 제1항 및 제2항에 따른 의뢰의 절차와 방법 및 제3항에 따른 추천의 기준 등에 필요한 사항은 대통령령으로 정한다.

제6조(감정평가서) [시행일 : 2022.1.21.] 제6조

① 감정평가법인등은 감정평가를 의뢰받은 때에는 지체 없이 감정평가를 실시한 후 국토교통부령으로 정하는 바에 따라 감정평가 의뢰인에게 감정평가서(「전자문서 및 전자거래기본법」 제2조에 따른 전자문서로 된 감정평가서를 포함한다)를 발급하여야 한다. <개정 2020.4.7., 2021.7.20.>

② 감정평가서에는 감정평가법인등의 사무소 또는 법인의 명칭을 적고, 감정평가를 한 감정평가사가 그 자격을 표시한 후 서명과 날인을 하여야 한다. 이 경우 감정평가법인의 경우에는 그 대표사원 또는 대표이사도 서명이나 날인을 하여야 한다. <개정 2020.4.7.>

③ 감정평가법인은 감정평가서의 원본과 그 관련 서류를 국토교통부령으로 정하는 기간 이상 보존하여야 하며, 해산하거나 폐업하는 경우에도 대통령령으로 정하는 바에 따라 보존하여야 한다. 이 경우 감정평가법인등은 감정평가서의 원본과 그 관련 서류를 이동식 저장장치 등 전자적 기록매체에 수록하여 보존할 수 있다. <개정 2020.4.7., 2021.7.20.>

제7조(감정평가서의 심사 등) [제목개정 2021.7.20.] [시행일 : 2022.1.21.] 제7조

① 감정평가법인은 제6조에 따라 감정평가서를 의뢰인에게 발급하기 전에 감정평가를 한 소속 감정평가사가 작성한 감정평가서의 적정성을 같은 법인 소속의 다른 감정평가사에게 심사하게 하고, 그 적정성을 심사한 감정평가사로 하여금 감정평가서에 그 심사사실을 표시하고 서명과 날인을 하게 하여야 한다.

② 제1항에 따라 감정평가서의 적정성을 심사하는 감정평가사는 감정평가서가 제3조에 따른 원칙과 기준을 준수하여 작성되었는지 여부를 신의와 성실로써 공정하게 심사하여야 한다. <개정 2021.7.20.>

③ 감정평가 의뢰인 및 관계 기관 등 대통령령으로 정하는 자는 발급된 감정평가서의 적정성에 대한 검토를 대통령령으로 정하는 기준을 충족하는 감정평가법인등(해당 감정평가서를 발급한 감정평가법인등은 제외한다)에게 의뢰할 수 있다. <신설 2021.7.20.>

④ 제1항에 따른 심사대상·절차·기준 및 제3항에 따른 검토절차·기준 등에 관하여 필요한 사항은 대통령령으로 정한다. <신설 2021.7.20.>

제8조(감정평가 타당성 조사 등) [제목개정 2021.7.20.][시행일 : 2022.1.21.] 제8조

① 국토교통부장관은 제6조에 따라 감정평가서가 발급된 후 해당 감정평가가 이 법 또는 다른 법률에서 정하는 절차와 방법 등에 따라 타당하게 이루어졌는지를 직권으로 또는 관계 기관 등의 요청에 따라 조사할 수 있다.

② 제1항에 따른 타당성조사를 할 경우에는 해당 **감정평가법인등** 및 대통령령으로 정하는 이해관계인에게 의견진술기회를 주어야 한다. <개정 2020.4.7.>

③ 제1항 및 제2항에 따른 타당성조사의 절차 등에 필요한 사항은 대통령령으로 정한다.

④ **국토교통부장관은 감정평가 제도를 개선하기 위하여 대통령령으로 정하는 바에 따라 제6조제1항에 따라 발급된 감정평가서에 대한 표본조사를 실시할 수 있다.** <신설 2021.7.20.>

제9조(감정평가 정보체계의 구축·운용 등) [시행일 : 2022.1.21.] 제9조

① 국토교통부장관은 국가등이 의뢰하는 감정평가와 관련된 정보 및 자료를 효율적이고 체계적으로 관리하기 위하여 감정평가 정보체계(이하 "감정평가 정보체계"라 한다)를 구축·운영할 수 있다.

② 「공익사업을 위한 토지 등의 취득 및 보상에 관한 법률」에 따른 감정평가 등 국토교통부령으로 정하는 감정평가를 의뢰받은 **감정평가법인등**은 감정평가 결과를 감정평가 정보체계에 등록하여야 한다. 다만, 개인정보 보호 등 국토교통부장관이 정하는 정당한 사유가 있는 경우에는 그러하지 아니하다. <개정 2020.4.7.>

③ **감정평가법인등은 제2항에 따른 감정평가 정보체계 등록 대상인 감정평가에 대해서는 제6조제1항에 따른 감정평가서를 발급할 때 해당 의뢰인에게 그 등록에 대한 사실을 알려야 한다.** <신설 2021.7.20.>

④ 국토교통부장관은 감정평가 정보체계의 운용을 위하여 필요한 경우 관계 기관에 자료 제공을 요청할 수 있다. 이 경우 이를 요청받은 기관은 정당한 사유가 없으면 그 요청을 따라야 한다. <개정 2020.6.9., 2021.7.20.>

⑤ 제1항 및 제2항에 따른 정보 및 자료의 종류, 감정평가 정보체계의 구축·운영방법 등에

필요한 사항은 국토교통부령으로 정한다. <개정 2021.7.20.>

제3장 감정평가

제1절 업무와 자격

제10조(감정평가법인등의 업무) [제목개정 2020.4.7.], [시행일 : 2020.7.8.] 제10조
감정평가법인등은 다음 각 호의 업무를 행한다. <개정 2020.4.7.>
1. 「부동산 가격공시에 관한 법률」 에 따라 **감정평가법인등**이 수행하는 업무
2. 「부동산 가격공시에 관한 법률」 제8조제2호에 따른 목적을 위한 토지등의 감정평가
3. 「자산재평가법」 에 따른 토지등의 감정평가
4. 법원에 계속 중인 소송 또는 경매를 위한 토지등의 감정평가
5. 금융기관·보험회사·신탁회사 등 타인의 의뢰에 따른 토지등의 감정평가
6. 감정평가와 관련된 상담 및 자문
7. 토지등의 이용 및 개발 등에 대한 조언이나 정보 등의 제공
8. 다른 법령에 따라 **감정평가법인등**이 할 수 있는 토지등의 감정평가
9. 제1호부터 제8호까지의 업무에 부수되는 업무

제11조(자격)
제14조에 따른 감정평가사시험에 합격한 사람은 감정평가사의 자격이 있다.

제12조(결격사유) [시행일 : 2022.1.21.] 제12조
① 다음 각 호의 어느 하나에 해당하는 사람은 감정평가사가 될 수 없다. <개정 2020.
  6.9., 2021.7.20.>
  1. **삭제** <2021.7.20.>
  2. 파산선고를 받은 사람으로서 복권되지 아니한 사람
  3. 금고 이상의 실형을 선고받고 그 집행이 종료(집행이 종료된 것으로 보는 경우를
    포함한다)되거나 그 집행이 면제된 날부터 3년이 지나지 아니한 사람
  4. 금고 이상의 형의 집행유예를 받고 그 유예기간이 만료된 날부터 1년이 지나지 아니한
    사람
  5. 금고 이상의 형의 선고유예를 받고 그 선고유예기간 중에 있는 사람
  6. 제13조에 따라 감정평가사 자격이 취소된 후 3년이 <u>지나지</u> 아니한 사람
  7. 제39조제1항제11호 및 제12호에 따라 자격이 취소된 후 5년이 <u>지나지</u> 아니한 사람
② 국토교통부장관은 감정평가사가 제1항제2호부터 제5호까지의 어느 하나에 해당하는지
  여부를 확인하기 위하여 관계 기관에 자료를 요청할 수 있다. 이 경우 관계 기관은
  특별한 사정이 없으면 그 자료를 제공하여야 한다. <신설 2021.7.20.>

제13조(자격의 취소) [시행일 : 2022.1.21.] 제13조
① 국토교통부장관은 감정평가사가 다음 각 호의 어느 하나에 해당하는 경우에는 그 자격을

취소하여야 한다. <개정 2021.7.20.>

   1. 부정한 방법으로 감정평가사의 자격을 받은 경우

   2. 제39조제2항제1호에 해당하는 징계를 받은 경우

② 국토교통부장관은 제1항에 따라 감정평가사의 자격을 취소한 경우에는 국토교통부령으로 정하는 바에 따라 그 사실을 공고하여야 한다.

③ 제1항에 따라 감정평가사의 자격이 취소된 사람은 자격증(제17조에 따라 등록한 경우에는 등록증을 포함한다)을 국토교통부장관에게 반납하여야 한다.

제2절 시 험

제14조(감정평가사시험)

① 감정평가사시험(이하 "시험"이라 한다)은 국토교통부장관이 실시하며, 제1차 시험과 제2차 시험으로 이루어진다.

② 시험의 최종 합격 발표일을 기준으로 제12조에 따른 결격사유에 해당하는 사람은 시험에 응시할 수 없다.

③ 국토교통부장관은 제2항에 따라 시험에 응시할 수 없음에도 불구하고 시험에 응시하여 최종 합격한 사람에 대해서는 합격결정을 취소하여야 한다.

④ 시험과목, 시험공고 등 시험의 절차·방법 등에 필요한 사항은 대통령령으로 정한다.

⑤ 시험에 응시하려는 사람은 실비의 범위에서 대통령령으로 정하는 수수료를 내야 한다. 이 경우 수수료의 납부방법, 반환 등에 필요한 사항은 대통령령으로 정한다.

제15조(시험의 일부면제)

① 감정평가법인 등 대통령령으로 정하는 기관에서 5년 이상 감정평가와 관련된 업무에 종사한 사람에 대해서는 시험 중 제1차 시험을 면제한다.

② 제1차 시험에 합격한 사람에 대해서는 다음 회의 시험에 한정하여 제1차 시험을 면제한다.

제16조(부정행위자에 대한 제재)

① 국토교통부장관은 다음 각 호의 어느 하나에 해당하는 사람에 대해서는 해당 시험을 정지시키거나 무효로 한다.

   1. 부정한 방법으로 시험에 응시한 사람

   2. 시험에서 부정한 행위를 한 사람

   3. 제15조제1항에 따른 시험의 일부 면제를 위한 관련 서류를 거짓 또는 부정한 방법으로 제출한 사람

② 제1항에 따라 처분을 받은 사람은 그 처분을 받은 날부터 5년간 시험에 응시할 수 없다.

제3절 등 록

제17조(등록 및 갱신등록) [시행일 : 2022.1.21.] 제17조

① 제11조에 따른 감정평가사 자격이 있는 사람이 제10조에 따른 업무를 하려는 경우에는

대통령령으로 정하는 **바에 따라 실무수습 또는 교육연수를 마치고 국토교통부장관에게 등록하여야 한다.** <개정 2021.7.20.>

② 제1항에 따라 등록한 감정평가사는 대통령령으로 정하는 바에 따라 등록을 갱신하여야 한다. 이 경우 갱신기간은 3년 이상으로 한다.

③ 제1항에 따른 실무수습 **또는 교육연수는** 제33조에 따른 한국감정평가사협회가 국토교통부장관의 승인을 받아 실시·관리한다. <개정 2021.7.20.>

④ **제1항에 따른 실무수습·교육연수의 대상·방법·기간 등과 제1항에 따른 등록 및 제2항에 따른 갱신등록을 위하여 필요한 신청절차, 구비서류 및 그 밖에 필요한 사항은 대통령령으로 정한다.** <개정 2021.7.20.>

제18조(등록 및 갱신등록의 거부) [시행일 : 2022.1.1.] 제18조

① 국토교통부장관은 제17조에 따른 등록 또는 갱신등록을 신청한 사람이 다음 각 호의 어느 하나에 해당하는 경우에는 그 등록을 거부하여야 한다. <개정 2021.7.20.>

　　1. 제12조 각 호의 어느 하나에 해당하는 경우

　　2. 제17조제1항에 따른 실무수습 **또는 교육연수를** 받지 아니한 경우

　　3. 제39조에 따라 **등록이 취소된 후** 3년이 지나지 아니한 경우

　　4. 제39조에 따라 업무가 정지된 감정평가사로서 그 업무정지 기간이 지나지 아니한 경우

　　5. 미성년자 또는 피성년후견인·피한정후견인

② 국토교통부장관은 제1항에 따라 등록 또는 갱신등록을 거부한 경우에는 그 사실을 관보에 공고하고, 정보통신망 등을 이용하여 일반인에게 알려야 한다.

③ 제2항에 따른 공고의 방법, 내용 및 그 밖에 필요한 사항은 국토교통부령으로 정한다.

④ **국토교통부장관은 감정평가사가 제1항제1호 및 제5호에 해당하는지 여부를 확인하기 위하여 관계 기관에 관련 자료를 요청할 수 있다. 이 경우 관계 기관은 특별한 사정이 없으면 그 자료를 제공하여야 한다.** <신설 2021.7.20.>

제19조(등록의 취소) [시행일 : 2022.1.21.] 제19조

① 국토교통부장관은 제17조에 따라 등록한 감정평가사가 다음 각 호의 어느 하나에 해당하는 경우에는 그 등록을 취소하여야 한다. <개정 2021.7.20.>

　　1. 제12조 각 호의 어느 하나에 해당하는 경우

　　2. 사망한 경우

　　3. 등록취소를 신청한 경우

　　4. 제39조제2항제2호에 해당하는 징계를 받은 경우

② 국토교통부장관은 제1항에 따라 등록을 취소한 경우에는 그 사실을 관보에 공고하고, 정보통신망 등을 이용하여 일반인에게 알려야 한다.

③ 제1항에 따라 등록이 취소된 사람은 등록증을 국토교통부장관에게 반납하여야 한다.

④ 제2항에 따른 공고의 방법, 내용 및 그 밖에 필요한 사항은 국토교통부령으로 정한다.

⑤ **국토교통부장관은 감정평가사가 제1항제1호에 해당하는지 여부를 확인하기 위하여 관계 기관에 관련 자료를 요청할 수 있다. 이 경우 관계 기관은 특별한 사정이 없으면 그 자료를 제공하여야 한다.** <신설 2021.7.20.>

제20조(외국감정평가사)

① 외국의 감정평가사 자격을 가진 사람으로서 제12조에 따른 결격사유에 해당하지 아니하는 사람은 그 본국에서 대한민국정부가 부여한 감정평가사 자격을 인정하는 경우에 한정하여 국토교통부장관의 인가를 받아 제10조 각 호의 업무를 수행할 수 있다.

② 국토교통부장관은 제1항에 따른 인가를 하는 경우 필요하다고 인정하는 때에는 그 업무의 일부를 제한할 수 있다.

③ 제1항 및 제2항에 규정된 것 외에 외국감정평가사에 필요한 사항은 대통령령으로 정한다.

제4절 권리와 의무

제21조(사무소 개설 등) [제목개정 2021.7.20.][시행일 : 2022.1.21.] 제21조

① 제17조에 따라 등록을 한 감정평가사가 감정평가업을 하려는 경우에는 감정평가사사무소를 개설할 수 있다. <개정 2021.7.20.>

② 다음 각 호의 어느 하나에 해당하는 사람은 제1항에 따른 개설을 할 수 없다. <개정 2021.7.20.>

 1. 제18조제1항 각 호의 어느 하나에 해당하는 사람

 2. 제32조제1항(제1호, 제7호 및 제15호는 제외한다)에 따라 설립인가가 취소되거나 업무가 정지된 감정평가법인의 설립인가가 취소된 후 1년이 지나지 아니하였거나 업무정지 기간이 지나지 아니한 경우 그 감정평가법인의 사원 또는 이사였던 사람

 3. 제32조제1항(제1호 및 제7호는 제외한다)에 따라 업무가 정지된 감정평가사로서 업무정지 기간이 지나지 아니한 사람

③ 감정평가사는 그 업무를 효율적으로 수행하고 공신력을 높이기 위하여 합동사무소를 대통령령으로 정하는 바에 따라 설치할 수 있다. 이 경우 합동사무소는 대통령령으로 정하는 수 이상의 감정평가사를 두어야 한다. <개정 2021.7.20.>

④ 감정평가사는 감정평가업을 하기 위하여 1개의 사무소만을 설치할 수 있다.

⑤ 감정평가사사무소에는 소속 감정평가사를 둘 수 있다. 이 경우 소속 감정평가사는 제18조제1항 각 호의 어느 하나에 해당하는 사람이 아니어야 하며, 감정평가사사무소를 개설한 감정평가사는 소속 감정평가사가 아닌 사람에게 제10조에 따른 업무를 하게 하여서는 아니 된다. <개정 2021.7.20.>

⑥ 삭제 <2021.7.20.>

제21조의2(고용인의 신고) [시행일 : 2020.7.8.] 제21조의2

감정평가법인등이 소속 감정평가사 또는 제24조에 따른 사무직원을 고용하거나 고용관계가 종료된 때에는 국토교통부령으로 정하는 바에 따라 국토교통부장관에게 신고하여야 한다. [본조신설 2019.8.20.] <개정 2020.4.7.>

제22조(사무소의 명칭 등) [시행일 : 2022.1.21.] 제22조

① 제21조에 따라 사무소를 개설한 감정평가법인등은 그 사무소의 명칭에 "감정평가사사무소"라는 용어를 사용하여야 하며, 제29조에 따른 법인은 그 명칭에 "감정평가법인"

이라는 용어를 사용하여야 한다. <개정 2020.4.7., 2021.7.20.>

② 이 법에 따른 감정평가사가 아닌 사람은 "감정평가사" 또는 이와 비슷한 명칭을 사용할 수 없으며, 이 법에 따른 **감정평가법인등**이 아닌 자는 "감정평가사사무소", "감정평가법인" 또는 이와 비슷한 명칭을 사용할 수 없다. <개정 2020.4.7.>

제23조(수수료 등) [시행일 : 2022.1.21.] 제23조

① **감정평가법인등**은 의뢰인으로부터 업무수행에 따른 수수료와 그에 필요한 실비를 받을 수 있다. <개정 2020.4.7.>

② 제1항에 따른 수수료의 요율 및 실비의 범위는 국토교통부장관이 제40조에 따른 감정평가관리·징계위원회의 심의를 거쳐 결정한다.

③ **감정평가법인등과 의뢰인은** 제2항에 따른 수수료의 요율 및 실비에 관한 기준을 준수하여야 한다. <개정 2020.4.7., 2021.7.20.>

제24조(사무직원) [시행일 : 2022.1.21.] 제24조

① **감정평가법인등**은 그 직무의 수행을 보조하기 위하여 사무직원을 둘 수 있다. 다만, 다음 각 호의 어느 하나에 해당하는 사람은 사무직원이 될 수 없다. <개정 2020.4.7.>

1. 미성년자 또는 피성년후견인·피한정후견인
2. 이 법 또는 「형법」 제129조부터 제132조까지, 「특정범죄 가중처벌 등에 관한 법률」 제2조 또는 제3조, 그 밖에 대통령령으로 정하는 법률에 따라 유죄 판결을 받은 사람으로서 다음 각 목의 어느 하나에 해당하는 사람
   가. 징역 이상의 형을 선고받고 그 집행이 끝나거나 그 집행을 받지 아니하기로 확정된 후 3년이 지나지 아니한 사람
   나. 징역형의 집행유예를 선고받고 그 유예기간이 지난 후 1년이 지나지 아니한 사람
   다. 징역형의 선고유예를 받고 그 유예기간 중에 있는 사람
3. 제13조에 따라 감정평가사 자격이 취소된 후 1년이 경과되지 아니한 사람
4. 제39조제1항제11호 및 제12호에 따라 자격이 취소된 후 3년이 경과되지 아니한 사람

② **감정평가법인등**은 사무직원을 지도·감독할 책임이 있다. <개정 2020.4.7.>

③ **국토교통부장관은 사무직원이 제1항제1호부터 제4호까지의 어느 하나에 해당하는지 여부를 확인하기 위하여 관계 기관에 관련 자료를 요청할 수 있다. 이 경우 관계 기관은 특별한 사정이 없으면 그 자료를 제공하여야 한다.** <신설 2021.7.20.>

제25조(성실의무 등)

① **감정평가법인등**(감정평가법인 또는 감정평가사사무소의 소속 감정평가사를 포함한다. 이하 이 조에서 같다)은 제10조에 따른 업무를 하는 경우 품위를 유지하여야 하고, 신의와 성실로써 공정하게 감정평가를 하여야 하며, 고의 또는 중대한 **과실로 업무를 잘못하여서는** 아니 된다. <개정 2020.4.7., 2021.7.20.>

② **감정평가법인등**은 자기 또는 친족 소유, 그 밖에 **불공정하게 제10조에 따른** 업무를 수행할 우려가 있다고 인정되는 토지등에 대해서는 그 업무를 수행하여서는 아니 된다. <개정 2020.4.7., 2021.7.20.>

③ 감정평가법인등은 토지등의 매매업을 직접 하여서는 아니 된다. <개정 2020.4.7.>

④ 감정평가법인등이나 그 사무지원은 제23조에 따른 수수료와 실비 외에는 어떠한 명목으로도 그 업무와 관련된 대가를 받아서는 아니 되며, 감정평가 수주의 대가로 금품 또는 재산상의 이익을 제공하거나 제공하기로 약속하여서는 아니 된다. <개정 2020.4.7.>

⑤ 감정평가사, 감정평가사가 아닌 사원 또는 이사 및 사무직원은 둘 이상의 감정평가법인(같은 법인의 주·분사무소를 포함한다) 또는 감정평가사사무소에 소속될 수 없으며, 소속된 감정평가법인 이외의 다른 감정평가법인의 주식을 소유할 수 없다.
<개정 2021.7.20.>[시행일: 2022. 7. 21.] 제25조제5항

⑥ 감정평가법인등이나 사무직원은 제28조의2에서 정하는 유도 또는 요구에 따라서는 아니 된다. <신설 2021.7.20.>

제26조(비밀엄수) [시행일 : 2020.7.8.] 제26조
감정평가법인등(감정평가법인 또는 감정평가사사무소의 소속 감정평가사를 포함한다. 이하 이 조에서 같다)이나 그 사무직원 또는 감정평가법인등이었거나 그 사무직원이었던 사람은 업무상 알게 된 비밀을 누설하여서는 아니 된다. 다만, 다른 법령에 특별한 규정이 있는 경우에는 그러하지 아니하다. <개정 2020.4.7.>

제27조(명의대여 등의 금지) [시행일 : 2020.7.8.] 제27조
감정평가사 또는 감정평가법인등은 다른 사람에게 자기의 성명 또는 상호를 사용하여 제10조에 따른 업무를 수행하게 하거나 자격증·등록증 또는 인가증을 양도·대여하거나 이를 부당하게 행사하여서는 아니 된다. <개정 2020.4.7.>

제28조(손해배상책임) [시행일 : 2022.1.21.] 제28조
① 감정평가법인등이 감정평가를 하면서 고의 또는 과실로 감정평가 당시의 적정가격과 현저한 차이가 있게 감정평가를 하거나 감정평가 서류에 거짓을 기록함으로써 감정평가 의뢰인이나 선의의 제3자에게 손해를 발생하게 하였을 때에는 감정평가법인등은 그 손해를 배상할 책임이 있다. <개정 2020.4.7.>

② 감정평가법인등은 제1항에 따른 손해배상책임을 보장하기 위하여 대통령령으로 정하는 바에 따라 보험에 가입하거나 제33조에 따른 한국감정평가사협회가 운영하는 공제사업에 가입하는 등 필요한 조치를 하여야 한다. <개정 2020.4.7.>

③ 감정평가법인등은 제1항에 따라 감정평가 의뢰인이나 선의의 제3자에게 법원의 확정판결을 통한 손해배상이 결정된 경우에는 국토교통부령으로 정하는 바에 따라 그 사실을 국토교통부장관에게 알려야 한다. <신설 2021.7.20.>

④ 국토교통부장관은 감정평가 의뢰인이나 선의의 제3자를 보호하기 위하여 감정평가법인등이 갖추어야 하는 손해배상능력 등에 대한 기준을 국토교통부령으로 정할 수 있다.<신설 2021.7.20.>

제28조의2(감정평가 유도·요구 금지) [본조신설 2021.7.20.][시행일 : 2022.1.21.] 제28조의2
누구든지 감정평가법인등(감정평가법인 또는 감정평가사사무소의 소속 감정평가사를 포함한다)과 그 사무직원에게 토지등에 대하여 특정한 가액으로 감정평가를 유도 또는 요구하는 행위를 하여서는 아니 된다.

제5절 감정평가법인

제29조(설립 등)

① 감정평가사는 제10조에 따른 업무를 조직적으로 수행하기 위하여 감정평가법인을 설립할 수 있다.

② 감정평가법인은 전체 사원 또는 이사의 100분의 70이 넘는 범위에서 대통령령으로 정하는 비율 이상을 감정평가사로 두어야 한다. 이 경우 감정평가사가 아닌 사원 또는 이사는 토지등에 대한 전문성 등 대통령령으로 정하는 자격을 갖춘 자로서 제18조제1항 제1호 또는 제5호에 해당하는 사람이 아니어야 한다. <개정 2021.7.20.>

③ 감정평가법인의 대표사원 또는 대표이사는 감정평가사여야 한다. <신설 2021.7.20.>

④ 감정평가법인과 그 주사무소(主事務所) 및 분사무소(分事務所)에는 대통령령으로 정하는 수 이상의 감정평가사를 두어야 한다. 이 경우 감정평가법인의 소속 감정평가사는 제18조제1항 각 호의 어느 하나 및 제21조제2항제2호에 해당하는 사람이 아니어야 한다. <개정 2021.7.20.>

⑤ 감정평가법인을 설립하려는 경우에는 사원이 될 사람 또는 감정평가사인 발기인이 공동으로 다음 각 호의 사항을 포함한 정관을 작성하여 대통령령으로 정하는 바에 따라 국토교통부장관의 인가를 받아야 하며, 정관을 변경할 때에도 또한 같다. 다만, 대통령령으로 정하는 경미한 사항의 변경은 신고할 수 있다. <개정 2021.7.20.>

1. 목적
2. 명칭
3. 주사무소 및 분사무소의 소재지
4. 사원(주식회사의 경우에는 발기인)의 성명, 주민등록번호 및 주소
5. 사원의 출자(주식회사의 경우에는 주식의 발행)에 관한 사항
6. 업무에 관한 사항

⑥ 국토교통부장관은 제5항에 따른 인가의 신청을 받은 날부터 20일 이내에 인가 여부를 신청인에게 통지하여야 한다. <신설 2018.3.20., 2021.7.20.>

⑦ 국토교통부장관이 제6항에 따른 기간 내에 인가 여부를 통지할 수 없을 때에는 그 기간이 끝나는 날의 다음 날부터 기산(起算)하여 20일의 범위에서 기간을 연장할 수 있다. 이 경우 국토교통부장관은 연장된 사실과 연장 사유를 신청인에게 지체 없이 문서(전자문서를 포함한다)로 통지하여야 한다. <신설 2018.3.20., 2021.7.20.>

⑧ 감정평가법인은 사원 전원의 동의 또는 주주총회의 의결이 있는 때에는 국토교통부장관의 인가를 받아 다른 감정평가법인과 합병할 수 있다.
<개정 2018.3.20., 2021.7.20.>

⑨ 감정평가법인은 해당 법인의 소속 감정평가사 외의 사람에게 제10조에 따른 업무를 하게 하여서는 아니 된다. <개정 2018.3.20., 2021.7.20.>

⑩ 감정평가법인은 「주식회사 등의 외부감사에 관한 법률」 제5조에 따른 회계처리 기준에 따라 회계처리를 하여야 한다. <개정 2018.3.20., 2021.7.20.>

⑪ 감정평가법인은 「주식회사 등의 외부감사에 관한 법률」 제2조제2호에 따른 재무제표를 작성하여 매 사업연도가 끝난 후 3개월 이내에 국토교통부장관이 정하는 바에 따라

국토교통부장관에게 제출하여야 한다. <개정 2018.3.20., 2021.7. 20.>

⑫ 국토교통부장관은 필요한 경우 제11항에 따른 재무제표가 적정하게 작성되었는지를 검사할 수 있다. <개정 2018.3.20., 2021.7.20.>

⑬ 감정평가법인에 관하여 이 법에서 정한 사항을 제외하고는 「상법」 중 회사에 관한 규정을 준용한다. <개정 2020.6.9., 2021.7.20.>

제30조(해산)

① 감정평가법인은 다음 각 호의 어느 하나에 해당하는 경우에는 해산한다.
1. 정관으로 정한 해산 사유의 발생
2. 사원총회 또는 주주총회의 결의
3. 합병
4. 설립인가의 취소
5. 파산
6. 법원의 명령 또는 판결

② 감정평가법인이 해산한 때에는 국토교통부령으로 정하는 바에 따라 이를 국토교통부장관에게 신고하여야 한다.

제31조(자본금 등) [시행일 : 2022.1.21.] 제31조

① 감정평가법인의 자본금은 2억원 이상이어야 한다.

② 감정평가법인은 직전 사업연도 말 재무상태표의 자산총액에서 부채총액을 차감한 금액이 2억원에 미달하면 미달한 금액을 매 사업연도가 끝난 후 6개월 이내에 사원의 증여로 보전(補塡)하거나 증자(增資)하여야 한다.

③ 제2항에 따라 증여받은 금액은 특별이익으로 계상(計上)한다.

④ 삭제 <2021.7.21.>

제32조(인가취소 등) [본조신설 2021.7.20.] [시행일 : 2022.1.21.] 제32조

① 국토교통부장관은 **감정평가법인등**이 다음 각 호의 어느 하나에 해당하는 경우에는 그 설립인가를 취소(제29조에 따른 감정평가법인에 한정한다)하거나 2년 이내의 범위에서 기간을 정하여 업무의 정지를 명할 수 있다. 다만, 제2호 또는 제7호에 해당하는 경우에는 그 설립인가를 취소하여야 한다.<개정 2020.4.7., 2021.7.20., 2021.7.20.>
1. 감정평가법인이 설립인가의 취소를 신청한 경우
2. **감정평가법인등**이 업무정지처분 기간 중에 제10조에 따른 업무를 한 경우
3. **감정평가법인등**이 업무정지처분을 받은 소속 감정평가사에게 업무정지처분 기간 중에 제10조에 따른 업무를 하게 한 경우
4. 제3조제1항을 위반하여 감정평가를 한 경우
5. **제3조제3항에 따른 원칙과 기준을 위반하여 감정평가를 한 경우**
6. 제6조에 따른 감정평가서의 작성·발급 등에 관한 사항을 위반한 경우
7. **감정평가법인등**이 제21조제3항이나 **제29조제4항**에 따른 감정평가사의 수에 미달한 날부터 3개월 이내에 감정평가사를 보충하지 아니한 경우
8. 제21조제4항을 위반하여 둘 이상의 감정평가사사무소를 설치한 경우

9. 제21조제5항이나 **제29조제9항**을 위반하여 해당 감정평가사 외의 사람에게 제10조에 따른 업무를 하게 한 경우

10. 제23조제3항을 위반하여 수수료의 요율 및 실비에 관한 기준을 지키지 아니한 경우

11. 제25조, 제26조 또는 제27조를 위반한 경우. 다만, 소속 감정평가사가 제25조제4항을 위반한 경우로서 그 위반행위를 방지하기 위하여 해당 업무에 관하여 상당한 주의와 감독을 게을리하지 아니한 경우는 제외한다.

12. 제28조제2항을 위반하여 보험 또는 한국감정평가사협회가 운영하는 공제사업에 가입하지 아니한 경우

13. 정관을 거짓으로 작성하는 등 부정한 방법으로 제29조에 따른 인가를 받은 경우

14. **제29조제10항**에 따른 회계처리를 하지 아니하거나 **같은 조 제11항**에 따른 재무제표를 작성하여 제출하지 아니한 경우

15. **제31조제2항**에 따라 기간 내에 미달한 금액을 보전하거나 증자하지 아니한 경우

16. 제47조에 따른 지도와 감독 등에 관하여 다음 각 목의 어느 하나에 해당하는 경우
    가. 업무에 관한 사항의 보고 또는 자료의 제출을 하지 아니하거나 거짓으로 보고 또는 제출한 경우
    나. 장부나 서류 등의 검사를 거부·방해 또는 기피한 경우

17. **제29조제5항 각 호의 사항을 인가받은 정관에 따라 운영하지 아니하는 경우**

② 제33조에 따른 한국감정평가사협회는 **감정평가법인등**에게 제1항 각 호의 어느 하나에 해당하는 사유가 있다고 인정하는 경우에는 그 증거서류를 첨부하여 국토교통부장관에게 그 설립인가를 취소하거나 업무정지처분을 하여 줄 것을 요청할 수 있다.
<개정 2020.4.7.>

③ 국토교통부장관은 제1항에 따라 설립인가를 취소하거나 업무정지를 한 경우에는 그 사실을 관보에 공고하고, 정보통신망 등을 이용하여 일반인에게 알려야 한다.

④ 제1항에 따른 설립인가의 취소 및 업무정지처분은 위반 사유가 발생한 날부터 5년이 지나면 할 수 없다.

⑤ 제1항에 따른 설립인가의 취소와 업무정지에 관한 기준은 대통령령으로 정하고, 제3항에 따른 공고의 방법, 내용 및 그 밖에 필요한 사항은 국토교통부령으로 정한다.

제4장 한국감정평가사협회

제33조(목적 및 설립)

① 감정평가사의 품위 유지와 직무의 개선·발전을 도모하고, 회원의 관리 및 지도에 관한 사무를 하도록 하기 위하여 한국감정평가사협회(이하 "협회"라 한다)를 둔다.

② 협회는 법인으로 한다.

③ 협회는 국토교통부장관의 인가를 받아 주된 사무소의 소재지에서 설립등기를 함으로써 성립한다.

④ 협회는 회칙으로 정하는 바에 따라 공제사업을 운영할 수 있다.

⑤ 협회의 조직 및 그 밖에 필요한 사항은 대통령령으로 정한다.

⑥ 협회에 관하여 이 법에 규정된 것 외에는 「민법」 중 사단법인에 관한 규정을 준용한다.

제34조(회칙)

① 협회는 회칙을 정하여 국토교통부장관의 인가를 받아야 한다. 회칙을 변경할 때에도 또한 같다.

② 제1항에 따른 회칙에는 다음 각 호의 사항이 포함되어야 한다.

    1. 명칭과 사무소 소재지

    2. 회원가입 및 탈퇴에 관한 사항

    3. 임원 구성에 관한 사항

    4. 회원의 권리 및 의무에 관한 사항

    5. 회원의 지도 및 관리에 관한 사항

    6. 자산과 회계에 관한 사항

    7. 그 밖에 필요한 사항

제35조(회원가입 의무 등) [시행일 : 2020.7.8.] 제35조

① **감정평가법인등**과 그 소속 감정평가사는 협회에 회원으로 가입하여야 하며, 그 밖의 감정평가사는 협회의 회원으로 가입할 수 있다. <개정 2020.4.7.>

② 협회에 회원으로 가입한 **감정평가법인등**과 감정평가사는 제34조에 따른 회칙을 준수하여야 한다. <개정 2020.4.7.>

제36조(윤리규정)

① 협회는 회원이 직무를 수행할 때 지켜야 할 직업윤리에 관한 규정을 제정하여야 한다.

② 회원은 제1항에 따른 직업윤리에 관한 규정을 준수하여야 한다.

제37조(자문 등) [시행일 : 2022.1.21.] 제37조

① 국가등은 제4조에 따른 감정평가사의 직무에 관한 사항에 대하여 협회에 업무의 자문을 요청하거나 **협회의 임원·회원 또는 직원을 전문분야에 위촉하기 위하여 추천을 요청할 수 있다.** <개정 2021.7.20.>

② 협회는 제1항에 따라 자문 또는 **추천을** 요청받은 경우 그 회원으로 하여금 요청받은 업무를 수행하게 할 수 있다. <개정 2021.7.20.>

③ 협회는 국가등에 대하여 필요한 경우 감정평가의 관리·감독·의뢰 등과 관련한 업무의 개선을 건의할 수 있다.

제38조(회원에 대한 교육·연수 등)

① 협회는 다음 각 호의 사람에 대하여 교육·연수를 실시하고 회원의 자체적인 교육·연수 활동을 지도·관리한다. <개정 2019.8.20.>

    1. 회원

    2. 제17조에 따라 등록을 하려는 감정평가사

    3. 제24조에 따른 사무직원

② 제1항에 따른 교육·연수를 실시하기 위하여 협회에 연수원을 둘 수 있다.

③ 제1항에 따른 교육·연수 및 지도·관리에 필요한 사항은 협회가 국토교통부장관의 승인을 얻어 정한다.

제5장 징 계

제39조(징계) [본조신설 2021.7.20.] [시행일 : 2022.1.21.] 제39조

① 국토교통부장관은 감정평가사가 다음 각 호의 어느 하나에 해당하는 경우에는 제40조에 따른 감정평가관리·징계위원회의 의결에 따라 제2항 각 호의 어느 하나에 해당하는 징계를 할 수 있다. 다만, 제2항제1호에 따른 징계는 제11호, 제12호를 위반한 경우 및 제27조를 위반하여 다른 사람에게 자격증·등록증 또는 인가증을 양도 또는 대여한 경우에만 할 수 있다. <개정 2021.7.20.>

1. 제3조제1항을 위반하여 감정평가를 한 경우
2. 제3조제3항에 따른 **원칙과 기준을** 위반하여 감정평가를 한 경우
3. 제6조에 따른 감정평가서의 작성·발급 등에 관한 사항을 위반한 경우
3의2. 제7조제2항을 위반하여 고의 또는 중대한 과실로 잘못 심사한 경우
4. 업무정지처분 기간에 제10조에 따른 업무를 하거나 업무정지처분을 받은 소속 감정평가사에게 업무정지처분 기간에 제10조에 따른 업무를 하게 한 경우
5. 제17조제1항 또는 제2항에 따른 등록이나 갱신등록을 하지 아니하고 제10조에 따른 업무를 수행한 경우
6. 구비서류를 거짓으로 작성하는 등 부정한 방법으로 제17조제1항 또는 제2항에 따른 등록이나 갱신등록을 한 경우
7. 제21조를 위반하여 감정평가업을 한 경우
8. **제23조제3항을 위반하여 수수료의 요율 및 실비에 관한 기준을 지키지 아니한 경우**
9. 제25조, 제26조 또는 제27조를 위반한 경우
10. 제47조에 따른 지도와 감독 등에 관하여 다음 각 목의 어느 하나에 해당하는 경우
    가. 업무에 관한 사항의 보고 또는 자료의 제출을 하지 아니하거나 거짓으로 보고 또는 제출한 경우
    나. 장부나 서류 등의 검사를 거부 또는 방해하거나 기피한 경우
11. 감정평가사의 직무와 관련하여 금고 이상의 형을 2회 이상 선고받아(집행유예를 선고받은 경우를 포함한다) 그 형이 확정된 경우. 다만, 과실범의 경우는 제외한다.
12. 이 법에 따라 업무정지 1년 이상의 징계처분을 2회 이상 받은 후 다시 제1항에 따른 징계사유가 있는 사람으로서 감정평가사의 직무를 수행하는 것이 현저히 부적당하다고 인정되는 경우

② 감정평가사에 대한 징계의 종류는 다음과 같다.
1. 자격의 취소
2. 등록의 취소
3. 2년 이하의 업무정지
4. 견책

③ 협회는 감정평가사에게 제1항 각 호의 어느 하나에 해당하는 징계사유가 있다고 인정하는 경우에는 그 증거서류를 첨부하여 국토교통부장관에게 징계를 요청할 수 있다.

④ 제1항과 제2항에 따라 자격이 취소된 사람은 자격증과 등록증을 국토교통부장관에게 반납하여야 하며, 등록이 취소되거나 업무가 정지된 사람은 등록증을 국토교통부장관에게 반납하여야 한다.

⑤ 제1항 및 제2항에 따라 업무가 정지된 자로서 등록증을 국토교통부장관에게 반납한 자 중 제17조에 따른 교육연수 대상에 해당하는 자가 등록갱신기간이 도래하기 전에 업무정지기간이 도과하여 등록증을 다시 교부받으려는 경우 제17조제1항에 따른 교육연수를 이수하여야 한다. <신설 2021.7.20>

⑥ 제19조제2항·제4항은 제1항과 제2항에 따라 자격 취소 또는 등록 취소를 하는 경우에 준용한다. <개정 2021.7.20.>

⑦ 제1항에 따른 징계의결은 국토교통부장관의 요구에 따라 하며, 징계의결의 요구는 위반사유가 발생한 날부터 5년이 지나면 할 수 없다. <개정 2021.7.20.>

제39조의2(징계의 공고) [본조신설 2021.7.20.][시행일 : 2022.1.21.] 제39조의2

① 국토교통부장관은 제39조제1항 및 제2항에 따라 징계를 한 때에는 지체 없이 그 구체적인 사유를 해당 감정평가사, 감정평가법인등 및 협회에 각각 알리고, 그 내용을 대통령령으로 정하는 바에 따라 관보 또는 인터넷 홈페이지 등에 게시 또는 공고하여야 한다.

② 협회는 제1항에 따라 통보받은 내용을 협회가 운영하는 인터넷홈페이지에 3개월 이상 게재하는 방법으로 공개하여야 한다.

③ 협회는 감정평가를 의뢰하려는 자가 해당 감정평가사에 대한 징계 사실을 확인하기 위하여 징계 정보의 열람을 신청하는 경우에는 그 정보를 제공하여야 한다.

④ 제1항부터 제3항까지에 따른 조치 또는 징계 정보의 공개 범위, 시행·열람의 방법 및 절차 등에 관하여 필요한 사항은 대통령령으로 정한다.

제40조(감정평가관리·징계위원회)[본조신설 2021.7.20.] [시행일 : 2022.1.21.] 제40조

① 다음 각 호의 사항을 심의 또는 의결하기 위하여 국토교통부에 감정평가관리·징계위원회(이하 "위원회"라 한다)를 둔다. <개정 2020.6.9., 2021.7.20.>

1. 감정평가 관계 법령의 제정·개정에 관한 사항 중 국토교통부장관이 <u>회의에 부치는</u> 사항

1의2. 제3조제5항에 따른 실무기준의 변경에 관한 사항

2. 제14조에 따른 감정평가사시험에 관한 사항

3. 제23조에 따른 수수료의 요율 및 실비의 범위에 관한 사항

4. 제39조에 따른 징계에 관한 사항

5. 그 밖에 감정평가와 관련하여 국토교통부장관이 <u>회의에 부치는</u> 사항

② 그 밖에 위원회의 구성과 운영 등에 필요한 사항은 대통령령으로 정한다.

제6장 과징금

제41조(과징금의 부과) [시행일 : 2020.7.8.] 제41조

① 국토교통부장관은 <u>감정평가법인등</u>이 제32조제1항 각 호의 어느 하나에 해당하게 되어 업무정지처분을 하여야 하는 경우로서 그 업무정지처분이 「부동산 가격공시에 관한 법률」 제3조에 따른 표준지공시지가의 공시 등의 업무를 정상적으로 수행하는 데에 지장을 초래하는 등 공익을 해칠 우려가 있는 경우에는 업무정지처분을 갈음하여 5천만원(감정평가법인인 경우는 5억원) 이하의 과징금을 부과할 수 있다. <개정 2020.4.7.>

② 국토교통부장관은 제1항에 따른 과징금을 부과하는 경우에는 다음 각 호의 사항을 고려하여야 한다.
   1. 위반행위의 내용과 정도
   2. 위반행위의 기간과 위반횟수
   3. 위반행위로 취득한 이익의 규모
③ 국토교통부장관은 이 법을 위반한 감정평가법인이 합병을 하는 경우 그 감정평가법인이 행한 위반행위는 합병 후 존속하거나 합병으로 신설된 감정평가법인이 행한 행위로 보아 과징금을 부과·징수할 수 있다.
④ 제1항부터 제3항까지에 따른 과징금의 부과기준 등에 필요한 사항은 대통령령으로 정한다.

제42조(이의신청)
① 제41조에 따른 과징금의 부과에 이의가 있는 자는 이를 통보받은 날부터 30일 이내에 사유서를 갖추어 국토교통부장관에게 이의를 신청할 수 있다.
② 국토교통부장관은 제1항에 따른 이의신청에 대하여 30일 이내에 결정을 하여야 한다. 다만, 부득이한 사정으로 그 기간에 결정을 할 수 없을 때에는 30일의 범위에서 기간을 연장할 수 있다.
③ 제2항에 따른 결정에 이의가 있는 자는 「행정심판법」에 따라 행정심판을 청구할 수 있다.

제43조(과징금 납부기한의 연장과 분할납부)
① 국토교통부장관은 과징금을 부과 받은 자(이하 "과징금납부의무자"라 한다)가 다음 각 호의 어느 하나에 해당하는 사유로 과징금의 전액을 일시에 납부하기 어렵다고 인정될 때에는 그 납부기한을 연장하거나 분할 납부하게 할 수 있다. 이 경우 필요하다고 인정할 때에는 담보를 제공하게 할 수 있다.
   1. 재해 등으로 재산에 큰 손실을 입은 경우
   2. 과징금을 일시에 납부할 경우 자금사정에 큰 어려움이 예상되는 경우
   3. 그 밖에 제1호나 제2호에 준하는 사유가 있는 경우
② 과징금납부의무자가 제1항에 따라 과징금 납부기한을 연장 받거나 분할 납부를 하려면 납부기한 10일 전까지 국토교통부장관에게 신청하여야 한다.
③ 국토교통부장관은 제1항에 따라 납부기한이 연장되거나 분할납부가 허용된 과징금 납부의무자가 다음 각 호의 어느 하나에 해당할 때에는 납부기한 연장이나 분할납부 결정을 취소하고 과징금을 일시에 징수할 수 있다. <개정 2020.6.9.>
   1. 분할납부가 결정된 과징금을 그 <u>납부기한까지</u> 납부하지 아니하였을 때
   2. 담보의 변경이나 담보 보전에 필요한 국토교통부장관의 명령을 이행하지 아니하였을 때
   3. 강제집행, 경매의 개시, 파산선고, 법인의 해산, 국세나 지방세의 체납처분을 받는 등 과징금의 전부나 나머지를 징수할 수 없다고 인정될 때
   4. 그 밖에 제1호부터 제3호까지에 준하는 사유가 있을 때
④ 제1항부터 제3항까지에 따른 과징금 납부기한의 연장, 분할납부, 담보의 제공 등에

필요한 사항은 대통령령으로 정한다.

제44조(과징금의 징수와 체납처분)

① 국토교통부장관은 과징금납부의무자가 <u>납부기한까지</u> 과징금을 납부하지 아니한 경우에는 납부기한의 다음 날부터 과징금을 납부한 날의 전날까지의 기간에 대하여 대통령령으로 정하는 가산금을 징수할 수 있다. <개정 2020.6.9.>

② 국토교통부장관은 과징금납부의무자가 <u>납부기한까지</u> 과징금을 납부하지 아니하였을 때에는 기간을 정하여 독촉을 하고, 그 지정한 기간 내에 과징금이나 제1항에 따른 가산금을 납부하지 아니하였을 때에는 국세 체납처분의 예에 따라 징수할 수 있다. <개정 2020.6.9.>

③ 제1항 및 제2항에 따른 과징금의 징수와 체납처분 절차 등에 필요한 사항은 대통령령으로 정한다.

제7장 보 칙

제45조(청문)[본조신설 2021.7.20.] [시행일 : 2022.1.21.] 제45조

국토교통부장관은 다음 각 호의 어느 하나에 해당하는 처분을 하려는 경우에는 청문을 실시하여야 한다. <개정 2021.7.20.>

1. <u>제13조제1항제1호</u>에 따른 감정평가사 자격의 취소
2. 제32조제1항에 따른 감정평가법인의 설립인가 취소

제46조(업무의 위탁)[본조신설 2021.7.20.] [시행일 : 2022.1.21.] 제46조

① 이 법에 따른 국토교통부장관의 업무 중 다음 각 호의 업무는 「<u>한국부동산원법</u>」에 따른 <u>한국부동산원</u>, 「한국산업인력공단법」에 따른 한국산업인력공단 또는 협회에 위탁할 수 있다. 다만, 제3호에 따른 업무는 협회에만 위탁할 수 있다. <개정 2020.6.9., 2021.7.20.>

 1. <u>제8조제1항에 따른 감정평가 타당성조사 및 같은 조 제4항에 따른 감정평가서에 대한 표본조사와 관련하여 대통령령으로 정하는 업무</u>
 2. 제14조에 따른 감정평가사시험의 관리
 3. 제17조에 따른 감정평가사 등록 및 등록 갱신
 4. 제21조의2에 따른 소속 감정평가사 또는 사무직원의 신고
 5. 그 밖에 대통령령으로 정하는 업무

② 제1항에 따라 그 업무를 위탁할 때에는 예산의 범위에서 필요한 경비를 보조할 수 있다.

제47조(지도·감독)

① 국토교통부장관은 <u>감정평가법인등</u> 및 협회를 감독하기 위하여 필요할 때에는 그 업무에 관한 보고 또는 자료의 제출, 그 밖에 필요한 명령을 할 수 있으며, 소속 공무원으로 하여금 그 사무소에 출입하여 장부·서류 등을 검사하게 할 수 있다. <개정 2020.6.9.>

② 제1항에 따라 출입·검사를 하는 공무원은 그 권한을 표시하는 증표를 지니고 이를 관계인에게 내보여야 한다.

제48조(벌칙 적용에서 공무원 의제)

다음 각 호의 어느 하나에 해당하는 사람은 「형법」 제129조부터 제132조까지의 규정을 적용할 때에는 공무원으로 본다.

1. 제10조제1호 및 제2호의 업무를 수행하는 감정평가사
2. 제40조에 따른 위원회의 위원 중 공무원이 아닌 위원
3. 제46조에 따른 위탁업무에 종사하는 협회의 임직원

제8장 벌 칙

제49조(벌칙) [본조신설 2021.7.20.], [시행일 : 2022.1.21.] 제49조

다음 각 호의 어느 하나에 해당하는 자는 **3년** 이하의 징역 또는 3천만원 이하의 벌금에 처한다. <개정 2017.11.28., 2020.4.7., 2021.7.20.>

1. 부정한 방법으로 감정평가사의 자격을 취득한 사람
2. **감정평가법인등**이 아닌 자로서 감정평가업을 한 자
3. 구비서류를 거짓으로 작성하는 등 부정한 방법으로 제17조에 따른 등록이나 갱신등록을 한 사람
4. 제18조에 따라 등록 또는 갱신등록이 거부되거나 제13조, 제19조 또는 제39조에 따라 자격 또는 등록이 취소된 사람으로서 제10조의 업무를 한 사람
5. 제25조제1항을 위반하여 고의로 **업무를 잘못하거나 같은 조 제6항을 위반하여 제28조의2에서 정하는 유도 또는 요구에 따른 자**
6. 제25조제4항을 위반하여 업무와 관련된 대가를 받거나 감정평가 수주의 대가로 금품 또는, 재산상의 이익을 제공하거나 제공하기로 약속한 자
6의2. **제28조의2를 위반하여 특정한 가액으로 감정평가를 유도 또는 요구하는 행위를 한 자**
7. 정관을 거짓으로 작성하는 등 부정한 방법으로 제29조에 따른 인가를 받은 자

제50조(벌칙) [본조신설 2021.7.20.][시행일 : 2022.1.21.] 제50조

다음 각 호의 어느 하나에 해당하는 자는 1년 이하의 징역 또는 1천만원 이하의 벌금에 처한다. <개정 2018.3.20., 2020.4.7., 2021.7.20.>

1. 제21조제4항을 위반하여 둘 이상의 사무소를 설치한 사람
2. 제21조제5항 또는 **제29조제9항**을 위반하여 소속 감정평가사 외의 사람에게 제10조의 업무를 하게 한 자
3. 제25조제3항, 제5항 또는 제26조를 위반한 자
4. **제27조제1항**을 위반하여 감정평가사의 자격증·등록증 또는 감정평가법인의 인가증을 다른 사람에게 양도 또는 대여한 자와 이를 양수 또는 대여받은 자
5. **제27조제2항을 위반하여 같은 조 제1항의 행위를 알선한 자**

제50조의2(몰수·추징) [본조신설 2018.3.20.]

제49조 제6호 및 제50조 제4호의 죄를 지은 자가 받은 금품이나 그 밖의 이익은 몰수한다. 이를 몰수할 수 없을 때에는 그 가액을 추징한다.

제51조(양벌규정)

법인의 대표자나 법인 또는 개인의 대리인, 사용인, 그 밖의 종업원이 그 법인 또는 개인의 업무에 관하여 제49조 또는 제50조의 위반행위를 하면 그 행위자를 벌하는 외에 그 법인 또는, 개인에게도 해당 조문의 벌금형을 부과한다. 다만, 법인 또는 개인이 그 위반행위를 방지하기 위하여 해당 업무에 상당한 주의와 감독을 게을리하지 아니한 경우에는 그러하지 아니하다.

제52조(과태료) [시행일 : 2022.1.21.] 제52조

① 제24조제1항을 위반하여 사무직원을 둔 자에게는 500만원 이하의 과태료를 부과한다. <신설 2021.7.20.>

② 다음 각 호의 어느 하나에 해당하는 자에게는 500만원 이하의 과태료를 부과한다. <개정 2019.8.20., 2021.7.20.>

1. 삭제 <2021.7.20.>

2. 삭제 <2021.7.20.>

3. 삭제 <2021.7.20.>

4. 삭제 <2021.7.20.>

5. 제28조제2항을 위반하여 보험 또는 협회가 운영하는 공제사업에의 가입 등 필요한 조치를 하지 아니한 사람

6. 삭제 <2021.7.20.>

6의2. 삭제 <2021.7.20.>

7. 제47조에 따른 업무에 관한 보고, 자료 제출, 명령 또는 검사를 거부·방해 또는 기피하거나 국토교통부장관에게 거짓으로 보고한 자

③ 다음 각 호의 어느 하나에 해당하는 자에게는 300만원 이하의 과태료를 부과한다. <신설 2021.7.20.>

1. 제6조제3항을 위반하여 감정평가서의 원본과 그 관련 서류를 보존하지 아니한 자

2. 제22조제1항을 위반하여 "감정평가사사무소" 또는 "감정평가법인"이라는 용어를 사용하지 아니하거나 같은 조 제2항을 위반하여 "감정평가사", "감정평가사사무소", "감정평가법인" 또는 이와 유사한 명칭을 사용한 자

④ 다음 각 호의 어느 하나에 해당하는 자에게는 150만원 이하의 과태료를 부과한다. <신설 2021.7.20.>

1. 제9조제2항을 위반하여 감정평가 결과를 감정평가 정보체계에 등록하지 아니한 자

2. 제13조제3항, 제19조제3항 및 제39조제4항을 위반하여 자격증 또는 등록증을 반납하지 아니한 사람

3. 제28조제3항을 위반하여 같은 조 제1항에 따른 손해배상사실을 국토교통부장관에게 알리지 아니한 자

⑤ 제1항부터 제4항까지에 따른 과태료는 대통령령으로 정하는 바에 따라 국토교통부장관이 부과·징수한다. <개정 2021.7.20.>

부   칙 <법률 제17453호, 2020.6.9.>
(법률용어 정비를 위한 국토교통위원회 소관 78개 법률 일부개정을 위한 법률)
이 법은 공포한 날부터 시행한다. <단서 생략>

부   칙 <법률 제17459호, 2020.6.9.> (한국부동산원법)
제1조(시행일)
이 법은 공포 후 6개월이 경과한 날부터 시행한다.
제2조 및 제3조 생략
제4조(다른 법률의 개정)
① 감정평가 및 감정평가사에 관한 법률 일부를 다음과 같이 개정한다.
제46조제1항 각 호 외의 부분 본문 중 "「한국감정원법」에 따른 한국감정원(이하 "한국감정원"이라 한다)"을 "「한국부동산원법」에 따른 한국부동산원"으로 한다.
②부터 ④까지 생략
제5조 생략

부   칙 <법률 제18309호, 2021.7.20.>
제1조(시행일)
이 법은 공포 후 6개월이 경과한 날부터 시행한다. 다만, 제25조제5항의 개정규정은 이 법 공포 후 1년이 경과한 날부터 시행한다.
제2조(감정평가법인의 대표이사에 관한 적용례)
제29조제3항의 개정규정은 이 법 시행 이후 대표사원 또는 대표이사를 정하거나 변경하는 경우부터 적용한다.

부   칙 <법률 제18309호, 2021.7 20.>
제1조(시행일)
이 법은 공포 후 6개월이 경과한 날부터 시행한다. 다만, 제25조제5항의 개정규정은 이 법 공포 후 1년이 경과한 날부터 시행한다.
제2조(감정평가법인의 대표이사에 관한 적용례)
제29조제3항의 개정규정은 이 법 시행 이후 대표사원 또는 대표이사를 정하거나 변경하는 경우부터 적용한다.

감정평가 및 감정평가사에 관한 법률 시행령

[시행 2021.1.5.] [대통령령 제31380호, 2021.1.5., 타법개정]

국토교통부(부동산평가과) 044-201-3423

제1조(목적)

이 영은 「감정평가 및 감정평가사에 관한 법률」에서 위임된 사항과 그 시행에 필요한 사항을 규정함을 목적으로 한다.

제2조(기타 재산)

「감정평가 및 감정평가사에 관한 법률」(이하 "법"이라 한다) 제2조제1호에서 "대통령령으로 정하는 재산"이란 다음 각 호의 재산을 말한다. <개정 2020.8.26.>
1. 저작권·산업재산권·어업권·광업권 및 그 밖의 물권에 준하는 권리
2. 「공장 및 광업재단 저당법」에 따른 공장재단과 광업재단
3. 「입목에 관한 법률」에 따른 입목
4. 자동차·건설기계·선박·항공기 등 관계 법령에 따라 등기하거나 등록하는 재산
5. 유가증권

제3조(토지의 감정평가)

법 제3조제2항에서 "「주식회사 등의 외부감사에 관한 법률」에 따른 재무제표 작성 등 기업의 재무제표 작성에 필요한 감정평가와 담보권의 설정·경매 등 대통령령으로 정하는 감정평가"란 법 제10조제3호·제4호(법원에 계속 중인 소송을 위한 감정평가 중 보상과 관련된 감정평가는 제외한다) 및 제5호에 따른 감정평가를 말한다. <개정 2018.10.30.>

제4조(기타 평가의뢰기관의 범위)

① 법 제5조제1항에서 "대통령령으로 정하는 공공단체"란 「지방공기업법」제49조에 따라 설립한 지방공사를 말한다.
② 법 제5조제2항에서 "대통령령으로 정하는 기관"이란 다음 각 호의 기관을 말한다.
  1. 「신용협동조합법」에 따른 신용협동조합
  2. 「새마을금고법」에 따른 새마을금고

제5조(감정평가업자<감정평가법인등>의 추천)

① 법 제33조제1항에 따른 한국감정평가사협회(이하 "협회"라 한다)는 법 제5조제3항에 따라 감정평가업자<감정평가법인등>의 추천을 요청받은 경우에는 요청을 받은 날부터 7일 이내에 감정평가업자<감정평가법인등>를 추천하여야 한다.

② 협회는 법 제5조제3항에 따라 <u>감정평가업자<감정평가법인등></u>을 추천할 때에는 다음 각 호의 기준을 고려하여야 한다.

  1. 감정평가 대상물건에 대한 전문성 및 업무실적
  2. 감정평가 대상물건의 규모 등을 고려한 <u>감정평가업자<감정평가법인등></u>의 조직규모 및 손해배상능력
  3. 법 제39조에 따른 징계건수
  4. 그 밖에 협회가 추천에 필요하다고 인정하는 사항

제6조(감정평가서 등의 보존)

① <u>감정평가업자<감정평가법인등></u>은 해산하거나 폐업하는 경우 법 제6조제3항에 따른 보존을 위하여 감정평가서의 원본과 그 관련 서류를 국토교통부장관에게 제출하여야 한다.

② 국토교통부장관은 제1항에 따라 제출받은 감정평가서의 원본과 관련 서류를 다음 각 호의 구분에 따른 기간 동안 보관하여야 한다.

  1. 감정평가서 원본: 발급일부터 5년
  2. 감정평가서 관련 서류: 발급일부터 2년

제7조(감정평가서의 심사대상 및 절차)

① 법 제7조제1항에 따른 감정평가서의 적정성 심사는 법 제3조제3항에 따른 원칙과 기준의 준수 여부를 그 내용으로 한다.

② 법 제7조제1항에 따라 감정평가서를 심사하는 감정평가사는 작성된 감정평가서의 수정·보완이 필요하다고 판단하는 경우에는 해당 감정평가서를 작성한 감정평가사에게 수정·보완 의견을 제시하고, 해당 감정평가서의 수정·보완을 확인한 후 감정평가서에 심사사실을 표시하고 서명과 날인을 하여야 한다.

제8조(타당성조사의 절차 등)

① 국토교통부장관은 다음 각 호의 어느 하나에 해당하는 경우 법 제8조제1항에 따른 타당성조사를 할 수 있다.

  1. 국토교통부장관이 법 제47조에 따른 지도·감독을 위한 <u>감정평가업자<감정평가법인등></u>의 사무소 출입·검사 또는 제49조에 따른 표본조사의 결과, 그 밖의 사유에 따라 조사가 필요하다고 인정하는 경우
  2. 관계 기관 또는 제3항에 따른 이해관계인이 조사를 요청하는 경우

② 국토교통부장관은 법 제8조제1항에 따른 타당성조사의 대상이 되는 감정평가가 다음 각 호의 어느 하나에 해당하는 경우에는 타당성조사를 하지 <u>않거나</u> 중지할 수 있다.
  <개정 2021. 1. 5.>
  1. 법원의 판결에 따라 확정된 경우
  2. <u>재판이 계속</u> 중이거나 수사기관에서 수사 중인 경우
  3. 「공익사업을 위한 토지 등의 취득 및 보상에 관한 법률」 등 관계 법령에 감정평가와 관련하여 권리구제 절차가 규정되어 있는 경우로서 권리구제 절차가 진행 중이거나 권리구제 절차를 이행할 수 있는 경우(권리구제 절차를 이행하여 완료된 경우를 포함한다)

4. 징계처분, 제재처분, 형사처벌 등을 할 수 없어 타당성조사의 실익이 없는 경우

③ 법 제8조제2항에서 "대통령령으로 정하는 이해관계인"이란 해당 감정평가를 의뢰한 자를 말한다.

④ 국토교통부장관은 법 제8조제1항에 따른 타당성조사에 착수한 경우에는 착수일부터 10일 이내에 해당 <u>감정평가업자</u><감정평가법인등>와 제3항에 따른 이해관계인에게 다음 각 호의 사항을 알려야 한다.

1. 타당성조사의 사유

2. 타당성조사에 대하여 의견을 제출할 수 있다는 것과 의견을 제출하지 아니하는 경우의 처리방법

3. 법 제46조제1항제1호에 따라 업무를 수탁한 기관의 명칭 및 주소

4. 그 밖에 국토교통부장관이 공정하고 효율적인 타당성조사를 위하여 필요하다고 인정하는 사항

⑤ 제4항에 따른 통지를 받은 <u>감정평가업자</u><감정평가법인등> 또는 이해관계인은 통지를 받은 날부터 10일 이내에 국토교통부장관에게 의견을 제출할 수 있다.

⑥ 국토교통부장관은 법 제8조제1항에 따른 타당성조사를 완료한 경우에는 해당 <u>감정평가업자</u><감정평가법인등>, 제3항에 따른 이해관계인 및 법 제8조제1항에 따라 타당성조사를 요청한 관계 기관에 지체 없이 그 결과를 통지하여야 한다.

제9조(시험과목 및 방법)

① 법 제14조에 따른 감정평가사시험(이하 "시험"이라 한다)의 시험과목은 별표 1과 같다.

② 제1차 시험은 선택형으로 한다.

③ 제2차 시험은 논문형으로 하되, 기입형을 병행할 수 있다.

④ 제1항에 따른 제1차 시험의 과목 중 영어 과목은 제1차 시험 응시원서 접수마감일부터 역산(逆算)하여 2년이 되는 날 이후에 실시된 다른 시험기관의 시험(이하 "영어시험"이라 한다)에서 취득한 성적으로 시험을 대체한다.

⑤ 제4항에 따른 영어시험의 종류 및 합격에 필요한 점수는 별표 2와 같다.

⑥ 시험에 응시하려는 사람은 응시원서를 제출할 때에 국토교통부장관이 별표 2에서 정한 영어시험의 합격에 필요한 기준점수를 확인할 수 있도록 하여야 한다.

제10조(합격기준)

① 제1차 시험 과목 중 영어과목을 제외한 나머지 시험과목의 합격기준은 과목당 100점을 만점으로 하여 모든 과목 40점 이상, 전 과목 평균 60점 이상의 득점으로 한다.

② 국토교통부장관은 감정평가사의 수급 상황 등을 고려하여 제2차 시험의 최소합격인원을 정할 수 있다. 이 경우 법 제40조에 따른 감정평가관리·징계위원회의 심의를 거쳐야 한다.

③ 제2차 시험과목의 합격기준은 과목당 100점을 만점으로 하여 모든 과목 40점 이상, 전 과목 평균 60점 이상의 득점으로 한다. 다만, 모든 과목 40점 이상, 전 과목 평균 60점 이상을 득점한 사람의 수가 제2항에 따른 최소합격인원에 미달하는 경우에는 모든 과목 40점 이상을 득점한 사람 중에서 전 과목 평균점수가 높은 순으로 최소합격인원의 범위에서 합격자를 결정한다.

④ 제3항 단서에 따라 합격자를 결정하는 경우 동점자로 인하여 최소합격인원을 초과하는

경우에는 그 동점자 모두를 합격자로 결정한다. 이 경우 동점자의 점수는 소수점 이하 둘째자리까지만 계산하며, 반올림은 하지 아니한다.

제11조(시험시행공고)

국토교통부장관은 시험을 시행하려는 경우에는 시험의 일시, 장소, 방법, 과목, 응시자격, 별표 2에서 정한 영어시험의 합격에 필요한 기준점수의 확인방법, 제2차 시험의 최소합격인원, 응시절차 및 그 밖에 필요한 사항을 시험일 90일 전까지 일간신문 등에 공고하여야 한다.

제12조(합격자의 공고 등)

① 국토교통부장관은 시험합격자가 결정된 경우에는 모든 응시자가 알 수 있는 방법으로 합격자 결정에 관한 사항과 실무수습신청기간 및 실무수습기간 등 실무수습에 필요한 사항을 관보에 공고하고, 합격자에게는 최종 합격 확인서를 발급하여야 한다.

② 국토교통부장관은 법 제11조에 해당하는 사람이 감정평가사 자격증의 발급을 신청하는 경우 법 제12조에 따른 결격사유에 해당하는 경우를 제외하고는 감정평가사 자격증을 발급하여야 한다.

제13조(응시수수료)

① 법 제14조제5항 전단에 따른 수수료(이하 "응시수수료"라 한다)는 4만원으로 하며, 현금 또는 정보통신망을 이용한 전자화폐·전자결제 등의 방법으로 납부할 수 있다.

② 국토교통부장관은 응시수수료를 납부한 사람이 다음 각 호의 어느 하나에 해당하는 경우에는 국토교통부령으로 정하는 바에 따라 응시수수료의 전부 또는 일부를 반환하여야 한다.
  1. 응시수수료를 과오납(過誤納)한 경우
  2. 국토교통부장관의 귀책사유로 시험에 응시하지 못한 경우
  3. 시험시행일 10일 전까지 응시원서 접수를 취소한 경우

제14조(제1차 시험의 면제)

① 법 제15조제1항에서 "감정평가법인 등 대통령령으로 정하는 기관"이란 다음 각 호의 기관을 말한다. <개정 2020.12.8.>
  1. 감정평가법인
  2. 감정평가사사무소
  3. 협회
  4. 「한국부동산원법」에 따른 한국부동산원(이하 "한국부동산원"이라 한다)
  5. 감정평가업무를 지도하거나 감독하는 기관
  6. 「부동산 가격공시에 관한 법률」에 따른 개별공시지가·개별주택가격·공동주택가격 또는 비주거용 부동산가격을 결정·공시하는 업무를 수행하거나 그 업무를 지도·감독하는 기관
  7. 「부동산 가격공시에 관한 법률」에 따른 토지가격비준표, 주택가격비준표 및 비주거용 부동산가격비준표를 작성하는 업무를 수행하는 기관
  8. 국유재산을 관리하는 기관

9. 과세시가표준액을 조사·결정하는 업무를 수행하거나 그 업무를 지도·감독하는 기관

② 법 제15조제1항에 따른 업무종사기간을 산정할 때 기준일은 제2차 시험 시행일로 하며, 둘 이상의 기관에서 해당 업무에 종사한 사람에 대해서는 각 기관에서 종사한 기간을 합산한다.

제15조(실무수습기간)

법 제17조제1항에서 "대통령령으로 정하는 기간"이란 1년(법 제15조제1항에 따라 제1차 시험을 면제받고 감정평가사 자격을 취득한 사람인 경우에는 1주일)을 말한다.

제16조(실무수습사항)

① 법 제17조제1항에 따른 실무수습(이하 "실무수습"이라 한다)을 받는 사람은 실무수습기간 중에 감정평가에 관한 이론·실무 및 그 밖에 감정평가사의 업무수행에 필요한 사항을 습득하여야 한다.

② 국토교통부장관은 실무수습에 필요한 지시를 협회에 할 수 있다.

③ 협회는 실무수습계획을 수립하여 국토교통부장관의 승인을 받아야 하며, 실무수습이 종료되면 실무수습 종료일부터 10일 이내에 그 결과를 국토교통부장관에게 보고하여야 한다.

④ 실무수습의 내용·방법·절차 및 그 밖에 필요한 사항은 국토교통부령으로 정한다.

제17조(등록)

① 법 제17조제1항에 따라 등록을 하려는 사람은 등록신청서에 감정평가사 자격을 증명하는 서류 및 실무수습 종료를 증명하는 서류를 첨부하여 국토교통부장관에게 제출하여야 한다.

② 국토교통부장관은 제1항에 따른 등록신청을 받았을 때에는 신청인이 법 제18조제1항 각 호의 어느 하나에 해당하는 경우를 제외하고는 감정평가사 등록부에 등재하고, 신청인에게 등록증을 발급하여야 한다.

제18조(갱신등록)

① 법 제17조제1항에 따라 등록한 감정평가사는 같은 조 제2항에 따라 5년마다 그 등록을 갱신하여야 한다.

② 제1항에 따라 등록을 갱신하려는 감정평가사는 등록일부터 5년이 되는 날의 60일 전까지 갱신등록 신청서를 국토교통부장관에게 제출하여야 한다.

③ 국토교통부장관은 감정평가사 등록을 한 사람에게 감정평가사 등록을 갱신하려면 갱신등록 신청을 하여야 한다는 사실과 갱신등록신청절차를 등록일부터 5년이 되는 날의 120일 전까지 통지하여야 한다.

④ 제3항에 따른 통지는 문서, 팩스, 전자우편, 휴대전화에 의한 문자메시지 등의 방법으로 할 수 있다.

⑤ 국토교통부장관은 제2항에 따른 갱신등록 신청을 받은 경우 신청인이 법 제18조제1항 각 호의 어느 하나에 해당하는 경우를 제외하고는 감정평가사 등록부에 등재하고, 신청인에게 등록증을 갱신하여 발급하여야 한다.

제19조(외국감정평가사의 인가 등)

① 법 제20조제1항에 따른 본국은 외국감정평가사가 그 자격을 취득한 국가로 한다.

② 외국감정평가사는 법 제20조제1항에 따라 인가를 받으려는 경우에는 인가 신청서에 그 자격을 취득한 본국이 대한민국정부가 부여하는 감정평가사 자격을 인정함을 증명하는 서류를 첨부하여 국토교통부장관에게 제출하여야 한다. 이 경우 협회를 거쳐야 한다.

③ 법 제20조제1항에 따라 국토교통부장관이 외국감정평가사의 업무에 대하여 인가를 하는 경우 같은 조 제2항에 따라 제한할 수 있는 업무는 법 제10조제1호부터 제5호까지 및 제8호의 업무로 한다.

제20조(사무소 개설신고 등)

① 법 제21조제1항에 따라 감정평가사사무소의 개설신고를 하려는 감정평가사는 신고서에 사무실 보유를 증명하는 서류를 첨부하여 국토교통부장관에게 제출하여야 한다.

② 법 제21조제1항에 따른 감정평가사사무소의 개설신고를 한 감정평가사는 신고사항이 변경(소속 감정평가사 및 합동사무소 규약의 변경을 포함한다)되었을 때에는 변경이 된 날부터 14일 이내에 국토교통부장관에게 신고서를 제출하여야 한다.

③ 감정평가사사무소를 휴업하거나 폐업한 감정평가사는 지체 없이 국토교통부장관에게 신고서를 제출하여야 한다.

제21조(합동사무소의 개설 절차 등)

① 법 제21조제3항에 따라 감정평가사합동사무소를 개설하려는 감정평가사는 신고서에 규약을 첨부하여 국토교통부장관에게 제출하여야 한다.

② 감정평가사합동사무소에 두는 감정평가사의 수는 2명 이상으로 한다.

③ 제1항에 따른 규약에 정하여야 할 사항과 그 밖에 감정평가사합동사무소 관리 등에 필요한 사항은 국토교통부령으로 정한다.

제22조(수수료 등의 공고)

국토교통부장관은 법 제23조제2항에 따라 <u>감정평가업자</u><감정평가법인등>의 업무수행에 관한 수수료의 요율 및 실비의 범위를 결정하거나 변경하였을 때에는 <u>일간신문, 관보, 인터넷 홈페이지나 그 밖의 효과적인 방법으로 공고해야 한다</u>. <개정 2020.11.24.>

제23조(손해배상을 위한 보험 가입 등)

① <u>감정평가업자</u><감정평가법인등>는 법 제28조제1항에 따른 손해배상책임을 보장하기 위하여 보증보험에 가입하거나 법 제33조제4항에 따라 협회가 운영하는 공제사업에 가입하여야 한다.

② <u>감정평가업자</u><감정평가법인등>는 제1항에 따라 보증보험에 가입한 경우에는 국토교통부령으로 정하는 바에 따라 국토교통부장관에게 통보하여야 한다.

③ <u>감정평가업자</u><감정평가법인등>가 제1항에 따라 보증보험에 가입하는 경우 해당 보험의 보험 가입 금액은 감정평가사 1인당 1억원 이상으로 한다.

④ 감정평가업자<감정평가법인등>는 제1항에 따른 보증보험금으로 손해배상을 하였을 때에는 10일 이내에 보험계약을 다시 체결하여야 한다.

제24조(감정평가법인의 구성)

① 법 제29조제3항 전단에서 "대통령령으로 정하는 수"란 5명을 말한다.
② 법 제29조제3항에 따른 감정평가법인의 주사무소 및 분사무소에 주재하는 최소 감정평가사의 수는 다음 각 호와 같다.
  1. 주사무소: 2명
  2. 분사무소: 2명

제25조(감정평가법인의 설립인가)

① 법 제29조제4항 본문에 따라 감정평가법인 설립인가를 받으려는 자는 사원(社員)이 될 사람 또는 감정평가사인 발기인 전원이 서명날인한 인가 신청서에 다음 각 호의 서류를 첨부하여 국토교통부장관에게 제출하여야 한다.
  1. 정관
  2. 사원 및 소속 감정평가사의 제17조제2항 또는 제18조제5항에 따른 등록증 사본(법 제20조에 따라 인가를 받은 외국감정평가사의 경우에는 인가서 사본을 말한다)
  3. 사무실 보유를 증명하는 서류
  4. 그 밖에 국토교통부령으로 정하는 서류
② 국토교통부장관은 법 제29조제4항 본문에 따라 감정평가법인의 설립인가를 할 때에는 다음 각 호의 사항을 심사·확인하여야 한다.
  1. 법 제29조제2항 및 제3항에 따른 요건에의 적합 여부
  2. 정관 내용의 법령에의 적합 여부

제26조(감정평가법인의 등기사실 통보)

법 제29조에 따라 감정평가법인 설립인가를 받은 자는 설립일부터 1개월 이내에 등기사실을 국토교통부장관에게 통보하여야 한다. 이 경우 국토교통부장관은 「전자정부법」 제36조제1항에 따른 행정정보의 공동이용을 통하여 해당 법인의 등기사항증명서를 확인하여야 한다.

제27조(합병 등의 인가신청)

법 제29조제4항 각 호 외의 부분 본문 또는 같은 조 제5항에 따라 정관변경 또는 합병에 대한 인가를 받으려는 자는 사원 또는 이사 전원이 기명날인한 인가 신청서에 다음 각 호의 서류를 첨부하여 국토교통부장관에게 제출하여야 한다.
1. 이유서
2. 정관변경 또는 합병에 관한 사원총회 또는 주주총회의 의사록 사본
3. 신·구 정관

제28조(정관변경 등의 신고)

법 제29조제4항 각 호 외의 부분 단서에서 "대통령령으로 정하는 경미한 사항의 변경"이란 법 제29조제4항제3호부터 제5호까지의 사항의 변경을 말한다.

제29조(인가취소 등의 기준)

법 제32조제1항에 따른 감정평가업자<**감정평가법인등**>의 설립인가 취소와 업무정지의 기준은 별표 3과 같다.

제30조(한국감정평가사협회의 설립인가)

① 법 제33조제3항에 따라 협회를 설립하려는 경우에는 감정평가업자, 감정평가법인의 소속 감정평가사 또는 감정평가사사무소의 소속 감정평가사(이하 "<u>감정평가업자등</u><감정평가법인등>"이라 한다) 30인 이상이 발기인이 되어 창립총회를 소집하고, <u>감정평가업자등</u><감정평가법인등> 300인 이상이 출석한 창립총회에서 출석한 <u>감정평가업자등</u><감정평가법인등>의 과반수의 동의를 받아 회칙을 작성한 후 인가 신청서를 국토교통부장관에게 제출하여야 한다.

② 제1항에 따른 인가 신청서에는 다음 각 호의 사항이 포함되어야 한다.

1. 명칭
2. 목적
3. 사무소의 소재지
4. 임원과 이사회에 관한 사항
5. 사무국의 설치에 관한 사항
6. 회원의 가입 및 탈퇴에 관한 사항
7. 회원의 권리 및 의무에 관한 사항
8. 회원의 교육·훈련, 평가기법 개발에 관한 사항
9. 회원의 직무상 분쟁의 조정에 관한 사항
10. 공제사업의 운영에 관한 사항
11. 회의에 관한 사항
12. 회비에 관한 사항
13. 회계 및 재산에 관한 사항

제31조(공제사업 등)

① <u>감정평가업자</u><감정평가법인등>는 법 제33조제4항에 따른 협회의 공제사업에 가입한 경우에는 협회 회칙으로 정하는 바에 따라 그가 받은 수수료의 100분의 1 이상을 공제사업에 출자하여야 한다.

② 제1항에도 불구하고 협회는 공제사고율, 공제금 지급실적 등을 고려하여 협회 회칙으로 출자금의 비율을 수수료의 100분의 1 미만으로 정할 수 있다.

제32조(부설기관)

협회는 부동산공시제도 및 감정평가에 관한 각종 연구사업을 추진하기 위하여 정관으로 정하는 바에 따라 부설기관을 둘 수 있다.

제33조(회원의 경력관리)

① 협회는 법 제35조에 따라 회원으로 가입한 감정평가사의 경력을 관리할 수 있다.

② 국토교통부장관은 제1항에 따른 경력관리의 기준에 대하여 협회에 의견을 제시할 수 있다.

제34조(징계의결의 요구 등)

① 국토교통부장관은 감정평가사에게 법 제39조제1항 각 호의 어느 하나에 따른 징계사유가 있다고 인정하는 경우에는 증명서류를 갖추어 법 제40조에 따른 감정평가관리·징계위원회 (이하 "위원회"라 한다)에 징계의결을 요구하여야 한다.

② 위원회는 제1항에 따른 징계의결의 요구를 받으면 지체 없이 징계요구 내용과 징계심의 기일을 해당 감정평가사(이하 "당사자"라 한다)에게 통지하여야 한다.

제35조(징계의결기한)

위원회는 징계의결을 요구받은 날부터 60일 이내에 징계에 관한 의결을 하여야 한다. 다만, 부득이한 사유가 있을 때에는 위원회의 의결로 30일의 범위에서 그 기간을 한 차례만 연장할 수 있다.

제36조(징계사실의 통보)

국토교통부장관은 위원회의 의결에 따라 징계를 하였을 때에는 지체 없이 징계사실을 당사자와 협회에 각각 서면으로 통보하여야 한다. 이 경우 통보 서면에는 징계사유를 명시하여야 한다.

제37조(감정평가관리·징계위원회의 구성)

① 위원회는 위원장 1명과 부위원장 1명을 포함하여 13명의 위원으로 구성하며, 성별을 고려하여야 한다.

② 위원회의 위원장은 제3항제2호 또는 제3호의 위원 중에서, 부위원장은 같은 항 제1호의 위원 중에서 국토교통부장관이 위촉하거나 지명하는 사람이 된다.

③ 위원회의 위원은 다음 각 호의 사람이 된다. <개정 2020.12.8.>

1. 국토교통부의 4급 이상 공무원 중에서 국토교통부장관이 지명하는 사람 3명

2. 변호사 중에서 국토교통부장관이 위촉하는 사람 2명

3. 「고등교육법」에 따른 대학에서 토지·주택 등에 관한 이론을 가르치는 조교수 이상으로 재직하고 있거나 재직하였던 사람 중에서 국토교통부장관이 위촉하는 사람 4명

4. 협회의 장이 소속 상임임원 중에서 추천하여 국토교통부장관이 위촉하는 사람 1명

5. 한국부동산원장이 소속 상임이사 중에서 추천하여 국토교통부장관이 위촉하는 사람 1명

6. 감정평가사 자격을 취득한 날부터 10년 이상 지난 감정평가사 중에서 국토교통부장관이 위촉하는 사람 2명

④ 제3항제2호부터 제6호까지의 위원의 임기는 2년으로 하며, 한 차례만 연임할 수 있다.

제38조(위원의 제척·기피·회피)

① 위원회 위원(이하 이 조에서 "위원"이라 한다)이 다음 각 호의 어느 하나에 해당하는 경우에는 위원회의 심의·의결에서 제척(除斥)된다.
1. 위원 또는 그 배우자나 배우자였던 사람이 해당 안건의 당사자가 되거나 그 안건의 당사자와 공동권리자 또는 공동의무자인 경우
2. 위원이 해당 안건의 당사자와 친족이거나 친족이었던 경우
3. 위원이 해당 안건에 대하여 증언, 진술, 자문, 연구, 용역 또는 감정을 한 경우
4. 위원이나 위원이 속한 법인·단체 등이 해당 안건의 당사자의 대리인이거나 대리인이었던 경우
5. 위원이 해당 안건의 당사자와 같은 감정평가법인 또는 감정평가사사무소에 소속된 경우
② 해당 안건의 당사자는 위원에게 공정한 심의·의결을 기대하기 어려운 사정이 있는 경우에는 위원회에 기피 신청을 할 수 있고, 위원회는 의결로 기피 여부를 결정한다. 이 경우 기피 신청의 대상인 위원은 그 의결에 참여할 수 없다.
③ 위원이 제1항 각 호의 제척 사유에 해당하는 경우에는 스스로 해당 안건의 심의·의결에서 회피(回避)하여야 한다.

제39조(위원의 지명철회·해촉)

국토교통부장관은 제37조 각 호의 위원이 다음 각 호의 어느 하나에 해당하는 경우에는 해당 위원에 대한 지명을 철회하거나 해당 위원을 해촉(解囑)할 수 있다.
1. 심신장애로 인하여 직무를 수행할 수 없게 된 경우
2. 직무와 관련된 비위사실이 있는 경우
3. 직무태만, 품위손상이나 그 밖의 사유로 인하여 위원으로 적합하지 아니하다고 인정되는 경우
4. 제38조제1항 각 호의 어느 하나에 해당하는 데에도 불구하고 회피하지 아니한 경우
5. 위원 스스로 직무를 수행하는 것이 곤란하다고 의사를 밝히는 경우

제40조(위원장의 직무)

① 위원회의 위원장(이하 이 조에서 "위원장"이라 한다)은 위원회를 대표하고, 위원회의 업무를 총괄한다.
② 위원장은 위원회의 회의를 소집하고 그 의장이 된다.
③ 위원장이 부득이한 사유로 직무를 수행할 수 없을 때에는 부위원장이 그 직무를 대행하며, 위원장 및 부위원장이 모두 부득이한 사유로 직무를 수행할 수 없는 때에는 위원장이 지명하는 위원이 그 직무를 대행한다. 다만, 불가피한 사유로 위원장이 직무를 대행할 위원을 지명하지 못할 경우에는 국토교통부장관이 지명하는 위원이 그 직무를 대행한다.

제40조의2(소위원회) [본조신설 2020.2.18.]

① 제34조제1항에 따른 징계의결 요구 내용을 검토하기 위해 위원회에 소위원회를 둘 수 있다.
② 소위원회의 설치·운영에 필요한 사항은 위원회의 의결을 거쳐 위원회의 위원장이 정한다.

제41조(당사자의 출석)

당사자는 위원회에 출석하여 구술 또는 서면으로 자기에게 유리한 사실을 진술하거나 필요한 증거를 제출할 수 있다.

제42조(위원회의 의결)

위원회의 회의는 재적위원 과반수의 출석으로 개의(開議)하고, 출석위원 과반수의 찬성으로 의결한다.

제43조(과징금의 부과기준 등)

① 법 제41조에 따른 과징금의 부과기준은 다음 각 호와 같다.
　　1. 위반행위로 인한 별표 3 제2호의 개별기준에 따른 업무정지 기간이 1년 이상인 경우: 법 제41조제1항에 따른 과징금최고액(이하 이 조에서 "과징금최고액"이라 한다)의 100분의 70 이상을 과징금으로 부과
　　2. 위반행위로 인한 별표 3 제2호의 개별기준에 따른 업무정지 기간이 6개월 이상 1년 미만인 경우: 과징금최고액의 100분의 50 이상 100분의 70 미만을 과징금으로 부과
　　3. 위반행위로 인한 별표 3 제2호의 개별기준에 따른 업무정지 기간이 6개월 미만인 경우: 과징금최고액의 100분의 20 이상 100분의 50 미만을 과징금으로 부과
② 제1항에 따라 산정한 과징금의 금액은 법 제41조제2항 각 호의 사항을 고려하여 그 금액의 2분의 1 범위에서 늘리거나 줄일 수 있다. 다만, 늘리는 경우에도 과징금의 총액은 과징금최고액을 초과할 수 없다.
③ 국토교통부장관은 법 제41조에 따라 과징금을 부과하는 경우에는 위반행위의 종류와 과징금의 금액을 명시하여 서면으로 통지하여야 한다.
④ 제3항에 따라 통지를 받은 자는 통지가 있은 날부터 60일 이내에 국토교통부장관이 정하는 수납기관에 과징금을 납부하여야 한다.

제44조(납부기한 연장 등)

① 법 제43조제1항에 따른 납부기한 연장은 납부기한의 다음 날부터 1년을 초과할 수 없다.
② 법 제43조제1항에 따라 분할납부를 하게 하는 경우 각 분할된 납부기한 간의 간격은 6개월 이내로 하며, 분할 횟수는 3회 이내로 한다.

제45조(가산금)

법 제44조제1항에서 "대통령령으로 정하는 가산금"이란 체납된 과징금액에 연 100분의 6을 곱하여 계산한 금액을 말한다. 이 경우 가산금을 징수하는 기간은 60개월을 초과할 수 없다.

제46조(독촉)

① 법 제44조제2항에 따른 독촉은 납부기한이 지난 후 15일 이내에 서면으로 하여야 한다.
② 제1항에 따라 독촉장을 발부하는 경우 체납된 과징금의 납부기한은 독촉장 발부일 부터 10일 이내로 한다.

제47조(업무의 위탁)

① 국토교통부장관은 법 제46조제1항에 따라 다음 각 호의 업무를 <u>한국부동산원</u>에 위탁한다.
1. 법 제9조에 따른 감정평가 정보체계의 구축·운영
2. 제8조제1항에 따른 타당성조사를 위한 기초자료 수집 및 감정평가 내용 분석
3. 제49조에 따른 표본조사

② 국토교통부장관은 법 제46조제1항에 따라 다음 각 호의 업무를 협회에 위탁한다. <개정 2020.2.18.>
1. 법 제6조제3항 및 이 영 제6조에 따른 감정평가서의 원본과 관련 서류의 접수 및 보관
2. 법 제17조에 따른 감정평가사의 등록 신청과 갱신등록 신청의 접수 및 이 영 제18조에 따른 갱신등록의 사전통지
3. 법 제21조 및 이 영 제20조에 따른 감정평가사사무소의 개설신고, 변경신고, 휴업신고 또는 폐업신고의 접수
3의2. <u>법 제21조의2에 따른 소속 감정평가사 또는 사무직원의 고용 및 고용관계 종료 신고의 접수</u>
4. 제23조제2항에 따른 보증보험 가입 통보의 접수

③ 국토교통부장관은 법 제46조제1항에 따라 법 제14조에 따른 감정평가사시험의 관리 업무를 「한국산업인력공단법」에 따른 한국산업인력공단에 위탁한다.

제48조(민감정보 및 고유식별정보의 처리)

국토교통부장관(법 제46조에 따라 국토교통부장관의 업무를 위탁받은 자를 포함한다)은 다음 각 호의 사무를 수행하기 위하여 불가피한 경우 「개인정보 보호법 시행령」 제18조제2호의 범죄경력자료에 해당하는 정보나 같은 영 제19조제1호 또는 제4호의 주민등록번호 또는 외국인등록번호가 포함된 자료를 처리할 수 있다. <개정 2020.2.18.>
1. 법 제13조에 따른 감정평가사의 자격 취소에 관한 사무
2. 법 제14조에 따른 감정평가사시험에 관한 사무
3. 법 제17조 및 제18조에 따른 실무수습, 등록·갱신등록 및 그 거부에 관한 사무
4. 법 제19조에 따른 감정평가사의 등록 취소에 관한 사무
5. 법 제20조에 따른 외국감정평가사의 인가에 관한 사무
<u>5의2.</u> <u>법 제21조의2에 따른 소속 감정평가사 또는 사무직원의 고용 및 고용관계 종료 신고에 관한 사무</u>
6. 법 제29조 및 제30조에 따른 감정평가법인의 설립, 정관인가, 합병 및 해산에 관한 사무
7. 법 제33조에 따른 협회의 설립인가에 관한 사무
8. 법 제38조에 따른 감정평가사 교육·연수에 관한 사무
9. 법 제39조에 따른 징계에 관한 사무
10. 제12조제2항에 따른 감정평가사 자격증 발급에 관한 사무

제49조(감정평가 제도개선을 위한 표본조사) [전문개정 2020.2.18.]

① 국토교통부장관은 법 또는 다른 법률에 따른 감정평가의 방법·절차 등과 실제 감정평가서의 작성 간에 차이가 있는지 여부를 확인하여 감정평가제도를 개선하기 위해 다음 각 호의 어느 하나에 해당하는 표본조사를 할 수 있다.

    1. 무작위추출방식의 표본조사

    2. 우선추출방식의 표본조사

② 제1항제2호에 따른 표본조사는 다음 각 호의 어느 하나에 해당하는 분야에 대해 국토교통부장관이 정하는 바에 따라 실시한다.

    1. 최근 3년 이내에 실시한 법 제8조제1항에 따른 타당성조사 결과 감정평가의 부실이 발생한 분야

    2. 제1항제1호에 따른 표본조사를 실시한 결과 법 또는 다른 법률에서 정하는 방법이나 절차 등을 위반한 사례가 다수 발생한 분야

    3. 그 밖에 감정평가의 부실을 방지하기 위해 협회의 요청을 받아 국토교통부장관이 필요하다고 인정하는 분야

제50조(과태료의 부과·징수)

법 제52조제1항에 따른 과태료의 부과기준은 별표 4와 같다.

제51조(규제의 재검토)

국토교통부장관은 제24조에 따른 감정평가법인의 사무소에 두는 최소 감정평가사의 수에 대하여 2017년 1월 1일을 기준으로 3년마다(매 3년이 되는 해의 1월 1일 전까지를 말한다) 그 타당성을 검토하여 개선 등의 조치를 하여야 한다.

부 칙 <대통령령 제31380호, 2021.1.5.>

이 영은 공포한 날부터 시행한다. <기타사항 생략>

[별표 1] 시험과목(제9조제1항 관련)
[별표 2] 영어 과목을 대체하는 영어능력 검정시험의 종류 및 기준 점수(제9조제5항 관련)
[별표 3] 감정평가업자의 설립인가 취소와 업무정지의 기준(제29조 관련)
[별표 4] 과태료의 부과기준(제50조 관련)
별표 서식은 법제처 국가법령정보센터 홈페이지 http://www.law.go.kr/ 참조

감정평가 및 감정평가사에 관한 법률 시행규칙

[시행 2021.8.27.] [국토교통부령 제882호, 2021.8.27., 타법개정]

국토교통부(부동산평가과) 044-201-3423

제1조(목적)

이 규칙은 「감정평가 및 감정평가사에 관한 법률」 및 같은 법 시행령에서 위임된 사항과 그 시행에 필요한 사항을 규정함을 목적으로 한다.

제2조(감정평가서의 발급)

① 「감정평가 및 감정평가사에 관한 법률」(이하 "법"이라 한다) 제6조제1항에 따른 감정평가서는 해당 감정평가에 대한 수수료 등이 완납되는 즉시 감정평가 의뢰인에게 발급하여야 한다. 다만, 감정평가 의뢰인이 국가·지방자치단체 또는 「공공기관의 운영에 관한 법률」에 따른 공공기관이거나 <u>감정평가업자</u><감정평가법인등>와 감정평가 의뢰인 간에 특약이 있는 경우에는 수수료 등을 완납하기 전에 감정평가서를 발급할 수 있다.

② 법 제6조제1항에 따른 감정평가가 금융기관·보험회사·신탁회사 또는 「감정평가 및 감정평가사에 관한 법률 시행령」(이하 "영"이라 한다) 제4조제2항 각 호의 기관으로부터 대출을 받기 위하여 의뢰된 때에는 대출기관에 직접 감정평가서를 송부할 수 있다. 이 경우 감정평가 의뢰인에게는 그 사본을 송부하여야 한다.

③ 감정평가 의뢰인이 감정평가서를 분실하거나 훼손하여 감정평가서 재발급을 신청한 경우 <u>감정평가업자</u><감정평가법인등>는 정당한 사유가 있을 때를 제외하고는 감정평가서를 재발급하여야 한다. 이 경우 <u>감정평가업자</u><감정평가법인등>는 재발급에 필요한 실비를 받을 수 있다.

제3조(감정평가서 등의 보존)

법 제6조제3항에서 "국토교통부령으로 정하는 기간"이란 다음 각 호의 구분에 따른 기간을 말한다.

1. 감정평가서의 원본: 발급일부터 5년
2. 감정평가서의 관련 서류: 발급일부터 2년

제4조(감정평가 정보체계의 구축·운영)

법 제9조제1항에 따라 구축·운영하는 감정평가 정보체계(이하 "감정평가 정보체계"라 한다)에 관리하는 정보 및 자료는 다음 각 호와 같다.

1. 제5조제1항에 따른 감정평가의 선례정보(평가기관·평가목적·기준시점·평가가액 및 대상 토지·건물의 소재지·지번·지목·용도지역 또는 용도 등을 말한다)
2. 토지 및 건물의 가격에 관한 정보(공시지가·지가변동률·임대정보·수익률·실거래가 등을 말한다) 및 자료
3. 그 밖에 감정평가에 필요한 정보 및 자료

제5조(감정평가 정보체계의 정보 등록)

① 법 제9조제2항 본문에서 "「공익사업을 위한 토지 등의 취득 및 보상에 관한 법률」에 따른 감정평가 등 국토교통부령으로 정하는 감정평가"란 국가, 지방자치단체, 「공공기관의 운영에 관한 법률」에 따른 공공기관 또는 「지방공기업법」 제49조에 따라 설립한 지방공사가 다음 각 호의 어느 하나에 해당하는 목적을 위하여 의뢰한 감정평가를 말한다. <개정 2018.2.9.>

1. 「공익사업을 위한 토지 등의 취득 및 보상에 관한 법률」에 따른 토지·물건 및 권리의 취득 또는 사용

2. 「국유재산법」, 「공유재산 및 물품 관리법」 또는 그 밖의 법령에 따른 국유·공유재산(토지와 건물만 해당한다)의 취득·처분 또는 사용·수익

3. 「국토의 계획 및 이용에 관한 법률」에 따른 도시·군계획시설부지 및 토지의 매수, 「개발제한구역의 지정 및 관리에 관한 특별조치법」에 따른 토지의 매수

4. 「도시개발법」, 「도시 및 주거환경정비법」, 「산업입지 및 개발에 관한 법률」 또는 그 밖의 법령에 따른 조성토지 등의 공급 또는 분양

5. 「도시개발법」, 「산업입지 및 개발에 관한 법률」 또는 그 밖의 법령에 따른 환지 및 체비지의 처분

6. 「민사소송법」, 「형사소송법」 등에 따른 소송

7. 「국세징수법」, 「지방세기본법」에 따른 공매

8. **「도시 및 주거환경정비법」 제24조 및 제26조에 따라 시장·군수등이 직접 시행하는 정비사업의 관리처분계획** <개정 2018.2.9.>

9. 「공공주택 특별법」에 따른 토지 또는 건물의 매입 및 임대료 평가

② 법 제9조제2항에 따라 <u>감정평가업자</u><감정평가법인등>가 감정평가 정보체계에 등록하여야 하는 감정평가결과는 제4조제1호의 감정평가 선례정보로 한다.

③ 법 제9조제2항에 따라 <u>감정평가업자</u><감정평가법인등>는 감정평가서 발급일부터 40일 이내에 감정평가 결과를 감정평가 정보체계에 등록하여야 한다.

④ 국토교통부장관은 필요한 경우에는 <u>감정평가업자</u><감정평가법인등>에게 감정평가 정보체계에 등록된 감정평가 결과의 수정·보완을 요청할 수 있다. 이 경우 요청을 받은 <u>감정평가업자</u><감정평가법인등>는 요청일부터 10일 이내에 수정·보완된 감정평가 결과를 감정평가 정보체계에 등록하여야 한다.

⑤ 법 제9조제2항 단서에 따라 감정평가 결과를 감정평가 정보체계에 등록하지 아니하여도 되는 경우는 「개인정보 보호법」 제3조에 따라 개인정보 보호가 필요한 경우로 한다. 이 경우 보호가 필요한 개인정보를 제외한 감정평가 결과는 등록하여야 한다.

⑥ 감정평가 정보체계에 정보를 등록하고 확인하는 세부적인 절차 및 그 밖의 사항은 국토교통부장관이 정한다.

제6조(감정평가 정보체계의 이용)

① 「한국부동산원법」에 따른 한국부동산원(이하 "한국부동산원"이라 한다)은 감정평가 정보체계에 구축되어 있는 제4조 각 호의 정보 및 자료를 다음 각 호의 수요자에게 제공할 수 있다. <개정 2020. 12. 11.>

1. 감정평가법인등 (소속 감정평가사 및 사무직원을 포함한다)
2. 한국부동산원 소속 직원
3. 법 제33조제1항에 따른 한국감정평가사협회(이하 "협회"라 한다)

② 감정평가 정보체계에 등록된 정보 또는 자료를 영리 목적으로 활용할 수 없다. 다만, 감정평가법인등이 범위 내에서 활용하는 경우는 예외로 한다.

제7조(자격취소의 공고 등)

① 법 제13조제2항에 따른 감정평가사 자격취소 사실의 공고는 다음 각 호의 사항을 관보에 공고하고, 국토교통부의 인터넷 홈페이지에 게시하는 방법으로 한다.
1. 감정평가사의 성명 및 생년월일
2. 자격취소 사실
3. 자격취소 사유

② 법 제13조제3항에 따라 감정평가사의 자격이 취소된 사람은 자격취소 처분일부터 7일 이내에 감정평가사 자격증을 반납하여야 한다.

제8조(응시원서 및 수수료 등)

① 법 제14조에 따른 감정평가사시험(이하 "시험"이라 한다)에 응시하려는 사람은 별지 제1호 서식의 감정평가사시험 응시원서를 「한국산업인력공단법」에 따른 한국산업인력공단(이하 "한국산업인력공단"이라 한다)에 제출(정보통신망에 의한 제출을 포함한다)하여야 한다.

② 한국산업인력공단은 제1항에 따른 응시원서를 받았을 때에는 별지 제2호서식의 감정평가사 시험 응시원서 접수부에 그 사실을 기재하고, 응시자에게 별지 제1호서식 중 수험표를 분리하여 발급하여야 한다.

③ 영 제13조제2항에 따른 응시수수료의 반환 사유 및 기준은 다음 각 호와 같다.
1. 응시수수료를 과오납(過誤納)한 경우: 과오납한 금액 전부
2. 국토교통부장관의 귀책사유로 시험에 응시하지 못한 경우: 납부한 수수료 전부
3. 원서 접수기간에 응시원서 접수를 취소한 경우: 납부한 수수료 전부
4. 원서접수 마감일 다음 날부터 제1차 시험 시행일 20일 전까지 응시원서 접수를 취소한 경우: 납부한 수수료의 100분의 60
5. 제1차 시험 시행일 19일 전부터 10일 전까지 응시원서 접수를 취소한 경우: 납부한 수수료의 100분의 50

제9조(최종 합격 확인서의 발급)

영 제12조제1항에 따른 최종 합격 확인서는 별지 제3호서식과 같다.

제10조(감정평가사 자격증의 발급)

① 영 제12조제2항에 따라 감정평가사 자격증의 발급을 신청하려는 사람은 별지 제4호서식의 감정평가사 자격증 발급 신청서에 다음 각 호의 서류를 첨부하여 국토교통부장관에게 제출하여야 한다.

1. 사진(3.5cm × 4.5cm) 2장
2. 최종 합격 확인서 사본
3. 기본증명서

② 국토교통부장관은 제1항에 따른 신청서를 받았을 때에는 그 사실을 별지 제5호서식의 감정평가사 등록부에 기재하고, 별지 제6호서식의 감정평가사 자격증을 신청인에게 발급하여야 한다.

③ 감정평가사는 자격증의 기재사항이 변경되었을 때에는 14일 이내에 별지 제7호서식의 감정평가사 자격증 기재사항 변경 신고서에 다음 각 호의 서류를 첨부하여 국토교통부장관에게 제출하여야 한다.
1. 감정평가사 자격증
2. 사진(3.5cm × 4.5cm) 2장
3. 기재사항의 변경을 증명하는 서류

④ 감정평가사 자격증이 멸실되거나 훼손된 사유 등으로 인하여 재발급받으려는 사람은 별지 제8호서식의 감정평가사 자격증 재발급 신청서에 다음 각 호의 서류를 첨부하여 국토교통부장관에게 제출하여야 한다.
1. 사진(3.5cm × 4.5cm) 2장
2. 감정평가사 자격증(훼손된 경우만 해당한다)

⑤ 제2항의 감정평가사 등록부는 전자적 처리가 불가능한 특별한 사유가 없으면 전자적 처리가 가능한 방법으로 작성·관리하여야 한다.

제11조(실무수습 신청 등)

① 감정평가사 자격을 취득하고 실무수습을 받으려는 사람(이하 "실무수습자"라 한다)은 협회에서 정하는 바에 따라 실무수습 신청을 하여야 한다.

② 협회는 실무수습자가 성실히 실무수습을 받을 수 있도록 필요한 조치를 하여야 한다.

제12조(실무수습의 시행)

① 실무수습은 감정평가에 관한 이론을 습득하는 이론교육과정과 감정평가에 관한 실무를 습득하는 실무훈련과정으로 나누어 시행한다.

② 이론교육과정과 실무훈련과정은 각각 6개월간 시행하며, 실무훈련과정은 이론교육과정의 이수 후 시행한다. 다만, 이론교육과정과 실무훈련과정의 기간을 조정할 필요가 있을 때에는 협회에서 그 기간을 따로 정할 수 있다.

③ 이론교육과정은 강의·논문제출 등의 방법으로 시행하며, 실무훈련과정은 현장실습근무의 방법으로 시행한다.

④ 제3항에 따른 현장실습근무지는 한국부동산원, 협회 및 감정평가법인등의 사무소로 한다. 〈개정 2020.12.11.〉

⑤ 제1항부터 제4항까지의 규정에도 불구하고 법 제15조제1항에 따라 제1차 시험을 면제받고 감정평가사 자격을 취득한 사람에 대해서는 1주일간의 이론교육과정을 시행한다.

⑥ 제1항부터 제5항까지에서 규정한 사항 외에 실무수습의 방법·절차 및 그 밖에 필요한 사항은 협회가 국토교통부장관의 승인을 받아 정한다.

제13조(등록 등)

① 영 제17조 및 제18조에 따른 감정평가사 등록·갱신등록 신청서 및 등록증의 서식은 다음 각 호와 같다.

1. 감정평가사 등록·갱신등록 신청서: 별지 제9호서식

2. 감정평가사 등록증: 별지 제10호서식

② 제1항제1호에 따른 신청서에는 다음 각 호의 구분에 따른 서류를 첨부하여야 한다.

1. 감정평가사 등록 신청의 경우

가. 감정평가사 자격증 사본

나. 실무수습의 종료를 증명하는 서류

다. 사진(3.5cm × 4.5cm) 2장

2. 감정평가사 갱신등록 신청의 경우: 사진(3.5cm × 4.5cm)

제14조(등록 및 갱신등록 거부의 공고)

법 제18조에 따른 등록 또는 갱신등록 거부사실의 공고는 다음 각 호의 사항을 관보에 공고하고, 국토교통부의 인터넷 홈페이지에 게시하는 방법으로 한다.

1. 감정평가사의 소속, 성명 및 생년월일

2. 등록 또는 갱신등록의 거부사유

제15조(등록 취소의 공고)

법 제19조에 따른 등록 취소사실의 공고는 다음 각 호의 사항을 관보에 공고하고, 국토교통부의 인터넷 홈페이지에 게시하는 방법으로 한다.

1. 감정평가사의 소속, 성명 및 생년월일

2. 등록의 취소사유

제16조(외국감정평가사 업무인가 신청 등)

① 영 제19조에 따라 외국감정평가사 업무인가를 받으려는 사람은 별지 제11호서식의 외국감정평가사 업무인가 신청서에 다음 각 호의 서류를 첨부하여 국토교통부장관에게 제출하여야 한다.

1. 한글 이력서

2. 입국사증 사본

3. 본국의 감정평가사 관계 법령 사본

4. 본국의 감정평가사 인가서류 사본

5. 사진(3.5cm × 4.5cm) 2장

② 국토교통부장관은 법 제20조제1항에 따라 외국감정평가사에 대한 업무인가를 하였을 때에는 별지 제12호서식의 외국감정평가사 업무인가서를 신청인에게 발급하여야 한다.

제17조(사무소 개설신고 등)

① 영 제20조제1항에 따른 개설신고서는 별지 제13호서식과 같다.

② 영 제20조제2항에 따른 신고사항 변경 신고서는 별지 제14호서식과 같다. 이 경우 신고서 에는 다음 각 호의 서류를 첨부하여야 한다.

1. 대표자 선임 관계서류 및 취임승낙서(합동사무소의 대표자가 변경되는 경우만 해당한다)
2. 그 밖의 변경사항을 증명하는 서류

③ 영 제20조제3항에 따른 휴업(폐업) 신고서는 별지 제15호서식과 같다.

제18조(합동사무소의 규약)

영 제21조제1항에 따른 감정평가사합동사무소의 규약에는 다음 각 호의 사항이 포함되어야 한다.
1. 사무소의 명칭 및 소재지
2. 조직 및 운영에 관한 사항
3. 구성원의 가입 및 탈퇴에 관한 사항

제18조의2(감정평가업자<감정평가법인등>의 고용인 신고) [본조신설 2020.2.21.]

① 법 제21조의2에 따라 소속 감정평가사 또는 사무직원의 고용 신고를 하려는 감정평가업자 <감정평가법인등>는 그 소속 감정평가사 또는 사무직원이 업무를 시작하기 전에 별지 제 15호의2 서식의 고용 신고서를 국토교통부장관에게 제출해야 한다.

② 국토교통부장관은 제1항에 따라 신고서를 제출받은 경우 그 사무직원이 법 제24조제1항에 따른 결격사유에 해당하는지 여부를 확인해야 한다.

③ 법 제21조의2에 따라 소속 감정평가사 또는 사무직원의 고용관계 종료 신고를 하려는 감정평가업자<감정평가법인등>는 별지 제15호의2서식의 고용관계 종료 신고서를 고용관계가 종료된 날부터 10일 이내에 국토교통부장관에게 제출해야 한다.

제19조(보증보험 가입의 통보)

① 감정평가업자<감정평가법인등>는 영 제23조제2항에 따라 법 제21조에 따른 개설신고 또는 법 제29조에 따른 설립 등기를 한 날부터 10일 이내에 보증보험 가입을 증명하는 서류를 협회에 제출하여야 한다.

② 감정평가업자<감정평가법인등>는 보증기간의 만료 또는 보증보험금에 의한 손해배상 등 으로 보증보험계약을 다시 체결한 경우에는 그 사실을 증명하는 서류를 지체 없이 협회에 제출하여야 한다.

제20조(감정평가법인 설립인가 신청 등)

① 영 제25조에 따라 감정평가법인의 설립인가를 받으려는 자는 별지 제16호서식의 감정 평가법인 설립인가 신청서에 다음 각 호의 서류를 첨부하여 국토교통부장관에게 제출 하여야 한다.
1. 영 제25조제1항제1호부터 제3호까지의 서류
2. 사원이 될 사람 또는 이사 취임 예정자의 가입동의서 또는 취임승낙서

② 국토교통부장관은 법 제29조제4항에 따라 감정평가법인의 설립인가를 하였을 때에는 별지 제17호서식의 감정평가법인 설립인가부에 그 사실을 기재한 후 별지 제18호서식의 감정평가법인 설립인가서를 발급하여야 한다.

③ 제2항의 설립인가부는 전자적 처리가 불가능한 특별한 사유가 없으면 전자적 처리가 가능한 방법으로 작성·관리하여야 한다.

제21조(합병 등의 인가신청)

영 제27조에 따라 정관변경 또는 합병의 인가를 받으려는 자는 별지 제19호서식의 감정평가법인 정관변경(합병)인가 신청서에 영 제27조 각 호의 서류를 첨부하여 국토교통부장관에게 제출하여야 한다.

제22조(정관변경 등의 신고)

법 제29조제4항 각 호 외의 부분 단서 또는 같은 법 제30조제2항에 따라 정관의 신고나 해산의 신고를 하려는 자는 정관변경일 또는 해산일부터 14일 이내에 별지 제20호서식의 감정평가법인 정관변경(해산) 신고서에 다음 각 호의 서류를 첨부하여 국토교통부장관에게 제출하여야 한다.
1. 이유서
2. 정관변경 또는 해산에 관한 사원총회 또는 주주총회 의사록 사본
3. 신·구 정관(정관변경의 경우만 해당한다)

제23조(인가취소 등의 공고)

법 제32조제1항에 따른 설립인가 취소 또는 업무정지 사실의 공고는 다음 각 호의 사항을 관보에 공고하고, 국토교통부의 인터넷 홈페이지에 게시하는 방법으로 한다.
1. 감정평갑의 명칭
2. 처분내용
3. 처분사유

제24조(한국감정평가사협회의 설립인가 신청 등)

① 영 제30조에 따라 협회의 설립인가를 받으려는 자는 별지 제21호서식의 한국감정평가사협회 설립인가 신청서에 다음 각 호의 서류를 첨부하여 국토교통부장관에게 제출하여야 한다. 이 경우 국토교통부장관은 「전자정부법」 제36조제1항에 따른 행정정보의 공동이용을 통하여 토지(임야)대장 및 토지(건물)등기사항증명서(재산목록 중 부동산에 대한 증명 서류만을 말한다)를 확인하여야 한다.
1. 설립취지서 및 회칙 각 2부
2. 창립총회 회의록 사본 2부
3. 임원 취임 예정자의 취임승낙서 2부
4. 재산목록 및 이를 증명하는 서류(예금의 경우에는 금융기관의 증명서를 말한다) 각 2부
② 국토교통부장관은 제1항의 신청이 적합하다고 인정하면 별지 제22호서식의 인가서를 발급하여야 한다.

제25조(징계의결의 요구 등)

① 영 제34조 및 제36조에 따른 징계의결의 요구 및 징계사실의 통보는 각각 별지 제23호

서식 및 별지 제24호서식에 따른다.

② 제1항에 따른 징계의결 요구서에는 증거서류를 첨부하여야 한다.

제26조(과징금의 납부기한 연장 등)

법 제43조제2항에 따라 과징금 납부기한의 연장 또는 분할납부를 신청하려는 자는 별지 제25호서식의 과징금 납부기한연장(분할납부) 신청서에 과징금 납부기한 연장 또는 분할납부를 신청하는 사유를 입증하는 서류를 첨부하여 국토교통부장관에게 제출하여야 한다.

제27조(규제의 재검토)

국토교통부장관은 제12조에 따른 실무수습의 방법, 절차 등에 대하여 2017년 1월 1일을 기준으로 3년마다(매 3년이 되는 해의 기준일과 같은 날 전까지를 말한다) 그 타당성을 검토하여 개선 등의 조치를 하여야 한다. <개정 2016.12.30.>

부   칙 <국토교통부령 제787호, 2020.12.11.>
이 규칙은 공포한 날부터 시행한다.

부   칙 <국토교통부령 제882호, 2021.8.27.>
(어려운 법령용어 정비를 위한 80개 국토교통부령 일부개정령)

주) 별지 제1호서식 ~ 별지 제25호서식 기록생략.
  <u>별표 및 별지서식은 법제처 국가법령정보센터 홈페이지 http://www.law.go.kr/ 참조</u>

※ 본 '감정평가 및 감정평가사에 관한 법률 시행규칙'에서 사용되고 있는 '감정평가업자'는 '감정평가법' 제2조 (정의)제4호의 개정 (2020.4.7.)에 따라 <u>'감정평가업자'가 '감정평가법인등'으로 수정되어야 할 것</u>으로 판단된다.

주택공급에 관한 규칙(법령)

[시행 2021.11.16.] [국토교통부령 제914호, 2021.11.16., 일부개정]

국토교통부(주택기금과) 044-201-3343, 3351

제1장 총 칙

제1조(목적)

이 규칙은 「주택법」 제54조(제1항제2호나목은 제외한다), 제54조의2, 제60조, 제56조, 제56조의2, 제56조의3, 제63조, 제63조의2 제64조 및 제65조에 따라 주택 및 복리시설을 공급하는 조건·방법 및 절차 등에 관한 사항을 규정함을 목적으로 한다. <개정 2019.12.6., 2021.2.2.>

제2조(정의)

이 규칙에서 사용하는 용어의 뜻은 다음과 같다. <개정 2021.5.28., 2021.11.16.>

1. "공급"이란 「주택법」 (이하 "법"이라 한다) 제54조의 적용대상이 되는 주택 및 복리시설을 분양 또는 임대하는 것을 말한다.

2. "주택건설지역"이란 주택을 건설하는 특별시·광역시·특별자치시·특별자치도 또는 시·군의 행정구역을 말한다. 이 경우 주택건설용지를 공급하기 위한 사업지구 등이 둘 이상의 특별시·광역시·특별자치시 또는 시·군의 행정구역에 걸치는 경우에는 해당 행정구역 모두를 같은 주택건설지역으로 본다.

2의2. "성년자"란 「민법」 에 따른 성년자와 다음 각 목의 어느 하나에 해당하는 세대주인 미성년자를 말한다. 이 경우 다음 각 목의 자녀 및 형제자매는 미성년자와 같은 세대별 주민등록표(「주민등록법」 제7조에 따른 세대별 주민등록표를 말한다. 이하 같다)에 등재되어 있어야 한다.
   가. 자녀를 양육하는 경우
   나. 직계존속의 사망, 실종선고 및 행방불명 등으로 형제자매를 부양하는 경우

2의3. "세대"란 다음 각 목의 사람(이하 "세대원"이라 한다)으로 구성된 집단(주택공급 신청자가 세대별 주민등록표에 등재되어 있지 않은 경우는 제외한다)을 말한다.
   가. 주택공급신청자
   나. 주택공급신청자의 배우자
   다. 주택공급신청자의 직계존속(주택공급신청자의 배우자의 직계존속을 포함한다. 이하 같다)으로서 주택공급신청자 또는 주택공급신청자의 배우자와 같은 세대별 주민등록표에 등재되어 있는 사람
   라. 주택공급신청자의 직계비속(직계비속의 배우자를 포함한다. 이하 같다)으로서 주택공급신청자 또는 주택공급신청자의 배우자와 세대별 주민등록표에 함께 등재되어 있는 사람
   마. 주택공급신청자의 배우자의 직계비속으로서 주택공급신청자와 세대별 주민등록표에

함께 등재되어 있는 사람

3. "세대주"란 세대별 주민등록표에서 성년자인 세대주를 말한다.

3의2. "단독세대주"란 세대별 주민등록표에 배우자 및 직계존비속이 없는 세대주를 말한다.

4. "무주택세대구성원"이란 세대원 전원이 주택을 소유하고 있지 않은 세대의 구성원을 말한다.

5. **주택공급면적**이란 사업주체가 공급하는 주택의 바닥면적(「건축법 시행령」 제119조 제1항제3호에 따른 바닥면적을 말한다)을 말한다.

6. "등록사업자"란 법 제4조에 따라 등록한 주택건설사업자를 말한다.

7. "당첨자"란 다음 각 목의 어느 하나에 해당하는 사람을 말한다. 다만, 분양전환되지 않는 공공임대주택(「공공주택 특별법」 제2조제1호가목에 따른 공공임대주택을 말한다. 이하 같다)의 입주자로 선정된 자는 제외하며, 법 제65조제2항에 따라 당첨 또는 공급계약이 취소되거나 그 공급신청이 무효로 된 자는 당첨자로 본다.

　가. 제3조제2항제1호 및 제5호에 따른 주택에 대하여 해당 사업계획승인일 당시 입주 대상자로 확정된 자

　나. 제3조제2항제7호가목에 따른 주택에 대하여 해당 관리처분계획인가일 당시 입주대상 자로 확정된 자

　다. 제3조제2항제7호나목 및 제8호에 따른 주택을 공급받은 자

　라. 다음의 지역에서 제19조제5항에 따라 입주자로 선정된 사람

　　1) 법 제63조제1항에 따른 투기과열지구(이하 "투기과열지구"라 한다)

　　2) 법 제63조의2제1항제1호에 따라 지정되는 조정대상지역(이하 "청약과열지역" 이라 한다)

　마. 제27조부터 제32조까지, 제35조에서 제49조까지, 「공공주택 특별법 시행규칙」 제19조에 따라 입주자로 선정된 자(제27조제5항 및 제28조제10항제1호에 따라 선착순의 방법으로 주택을 공급받는 자는 제외한다)

　바. 제26조 **또는 제26조의2**에 따라 예비입주자로 선정된 자로서 사업주체와 공급계약을 체결한 자(제26조제5항 본문 **또는 제26조의2제4항**에 따라 최초로 예비입주자를 입주자로 선정하는 경우로서 동·호수 배정의 추첨에 참가하여 동·호수를 배정받고 공급계약을 체결하지 아니한 자를 포함한다)

　사. 제47조의3에 따라 입주자로 선정된 사람

　아. 법 제80조에 따라 주택상환사채를 매입한 자(상환 전에 중도 해약하거나 주택분양 전에 현금으로 상환받은 자는 제외한다)

　자. 법 제64조제2항 단서 및 제3항에 따라 한국토지주택공사(「한국토지주택공사법」에 따른 한국토지주택공사를 말한다. 이하 같다) 또는 사업주체가 취득한 지위를 양도 받은 자

　차. 「공공주택 특별법 시행령」 제2조제1항제5호에 따른 분양전환공공임대주택(이하 "분양전환공공임대주택"이라 한다)을 공급받은 자

　카. 분양전환공공임대주택의 입주자가 퇴거하여 사업주체에게 명도된 주택을 공급받은 자

7의2. "분양권등"이란 「부동산 거래신고 등에 관한 법률」 제3조제1항제2호 및 제3호에 해당하는 주택에 관한 다음 각 목의 어느 하나에 해당하는 지위를 말한다.

가. 주택을 공급받는 사람으로 선정된 지위

　　나. 주택의 입주자로 선정된 지위

　　다. 매매를 통해 취득하고 있는 가목 또는 나목의 지위

7의3. "소형·저가주택등"이란 전용면적 60제곱미터 이하로서 별표 1 제1호가목2)에 따른 가격이 8천만원(수도권은 1억3천만원) 이하인 주택 또는 분양권등을 말한다.

8. "가점제"란 다음 각 목의 가점항목에 대하여 별표 1의 기준을 적용하여 산정한 점수(이하 "가점제 점수"라 한다)가 높은 순으로 입주자를 선정하는 것을 말한다.

　　가. 무주택기간

　　나. 부양가족수

　　다. 법제56조제2항에 따른 주택청약종합저축(이하 "주택청약종합저축"이라 한다)가입 기간

9. "사전청약"이란 사업주체(제18조 각 호의 사업주체는 제외한다)가 제24조의2에 따라 사전당첨자를 모집하는 것에 응모하는 것을 말한다.

10. "사전당첨자"란 사전청약에 따라 모집된 입주자를 말한다.

제3조(적용대상)

① 이 규칙은 사업주체(「건축법」 제11조에 따른 건축허가를 받아 주택 외의 시설과 주택을 동일 건축물로 하여 법 제15조제1항에 따른 호수 이상으로 건설·공급하는 건축주와 법 제49조에 따라 사용검사를 받은 주택을 사업주체로부터 일괄하여 양수한 자를 포함한다. 이하 제15조부터 제26조까지, 제28조부터 제32조까지, 제50조부터 제53조까지, 제56조, 제57조, 제59조부터 제61조까지에서 같다)가 법 제15조에 따라 사업계획 승인(「건축법」 제11조에 따른 건축허가를 포함한다)을 받아 건설하는 주택 및 복리시설의 공급에 대하여 적용한다. <개정 2016.8.12.>

② 제1항에도 불구하고 다음 각 호의 주택을 공급하는 경우에는 해당 호에서 정하는 규정만을 적용한다. 다만, 다음 각 호의 주택을 해당자에게 공급하고 남은 주택(제4호, 제6호 및 제6호의2는 제외한다)이 법 제15조제1항에 따른 호수 이상인 경우 그 남은 주택을 공급하는 경우에는 그렇지 않다. <개정 2018.12.11., 2019.11.1.>

1. 다음 각 목의 주택: 제4조제1항부터 제3항까지(나목에 따라 법인이 군인에게 공급하기 위하여 건설하는 주택의 경우에는 제4조제1항에 따른 거주요건을 적용하지 아니한다), 제22조, 제52조, 제54조 및 제57조

　　가. 법 제5조제3항에 따른 고용자인 사업주체가 그 소속근로자에게 공급하기 위하여 건설하는 주택

　　나. 국가기관, 지방자치단체 또는 법인이 공무원(공무원연금수급권자를 포함한다), 군인(군인연금수급권자를 포함한다) 또는 그 소속 근로자에게 공급할 주택을 다른 사업주체에게 위탁하여 건설하는 경우 그 위탁에 의하여 건설되는 주택 「공공주택 특별법」 제2조제1호에 따른 공공주택(이하 "공공주택"이라 한다)은 제외한다.

2. 법 제80조에 따라 발행되는 주택상환사채를 매입한 자에게 공급하기 위하여 건설하는 주택: 제4조, 제22조, 제54조, 제57조

3. 보험회사가 해당 보험회사의 보험계약자에게 공급하기 위하여 보험자산으로 건설

하는 임대주택: 제4조, 제22조, 제52조

4. 공공임대주택의 입주자가 퇴거함으로써 사업주체에게 명도된 주택: 제4조, 제22조, 제52조, 제57조

5. 법 제5조제2항에 따른 주택조합이 그 조합원에게 공급하기 위하여 건설하는 주택: 제22조, 제52조, 제57조

6. 법 제64조제2항 단서에 따라 한국토지주택공사 또는 지방공사가 취득한 지위에 근거하여 공급하는 주택: 제19조, 제22조, 제54조, 제57조 및 제59조

6의2. 법 제64조제3항 및 제65조제3항에 따라 사업주체가 취득한 지위에 근거하여 공급하는 주택: 제19조부터 제23조까지, 제32조, 제47조의3, 제50조, 제52조부터 제59조까지

7. 다음 각 목의 주택: 제22조, 제57조

　가. 「도시 및 주거환경정비법」에 따른 정비사업(주거환경개선사업은 제외한다) 또는 「빈집 및 소규모주택 정비에 관한 특례법」에 따른 가로주택정비사업, 소규모재건축사업으로 건설되는 주택으로서 「도시 및 주거환경정비법」제74조에 따른 관리처분계획 또는 「빈집 및 소규모주택 정비에 관한 특례법」제29조에 따른 사업시행계획에 따라 토지등소유자 또는 조합원에게 공급하는 주택

　나. 「도시 및 주거환경정비법」에 따른 재개발사업으로 건설되는 주택으로서 지방자치단체, 한국토지주택공사 또는 지방공사가 해당 정비구역 안의 세입자에게 공급하기 위하여 해당 조합으로부터 매입하거나 해당 정비구역 안에 건설하는 주택

8. 다음 각 목의 주택: 제22조, 제54조, 제57조

　가. 공공사업의 시행에 따른 이주대책용으로 공급하는 다음의 주택
　　1) 공공사업의 시행자가 직접 건설하는 주택
　　2) 공공사업의 시행자가 다른 사업주체에게 위탁하여 건설하는 주택
　　3) 공공사업의 시행자가 조성한 택지를 공급받은 사업주체가 건설하는 주택
　　4) 공공사업의 시행자로부터 택지를 제공받은 이주대책대상자가 그 택지에 건설하는 주택

　나. 「국가균형발전 특별법」제18조에 따라 수도권에 소재하는 이전대상 공공기관이 수도권 외의 지역으로 이전하는 경우 해당 공공기관의 종사자에게 공급하기 위하여 건설하는 주택으로서 주무부장관이나 특별시장·광역시장·특별자치시장·도지사 또는 특별자치도지사(이하 "시·도지사"라 한다)의 요청에 따라 국토교통부장관이 확인하는 주택

　다. 「산업입지 및 개발에 관한 법률」제6조에 따라 개발된 오송생명과학단지로 이전하는 공공기관의 종사자를 위하여 충청북도 청주시 및 이에 연접한 주택건설지역에 건설하는 주택으로서 주무부장관의 요청에 따라 국토교통부장관이 확인하는 주택

　라. 외국인(「외국인투자 촉진법」제2조제1항제1호에 따른 외국인 중 외국의 국적을 보유하고 있는 개인 또는 같은 법 제2조제2항에 따른 대한민국의 국적을 가지고 외국에 영주하고 있는 개인을 말한다)의 주거를 목적으로 조성하는 주택단지에

　　　　건설하는 주택

　　마. 「경제자유구역의 지정 및 운영에 관한 특별법」 제9조의3에 따라 체육시설과 연계하여 건설하는 주택으로서 산업통상자원부장관이 정하는 기준에 따라 경제 자유구역의 투자유치를 위하여 입주가 필요하다고 인정되는 자에게 공급하는 단독주택

　9. 법 제2조제20호에 따른 도시형 생활주택으로 건설하는 주택「주택법 시행령」(이하 "영"이라 한다) 제10조제2항 단서에 따라 도시형 생활주택과 도시형 생활주택 외의 주택을 하나의 건축물로 함께 건축하는 경우로서 도시형 생활주택 외의 주택이 법 제15조제1항에 따른 호수 미만에 해당하는 경우에는 도시형 생활주택 외의 주택을 포함한다]: 제15조, 제16조, 제18조, 제19조제1항, 제20조부터 제22조까지, 제32조 제1항 및 제59조

③ 제1항에도 불구하고 다음 각 호의 주택을 공급하는 경우에는 이 규칙을 적용하지 아니 한다. 다만, 제2호에 따른 주택을 건설하여 관사나 숙소로 사용하지 아니하는 경우에는 그러하지 아니하다.

　1. 정부시책의 일환으로 국가, 지방자치단체 또는 지방공사가 건설하는 농촌주택

　2. 국가기관, 지방자치단체 또는 법인이 공무원, 군인 또는 그 소속 근로자의 관사나 숙소로 사용하기 위하여 건설하는 주택[특별시·광역시 및 경기도 안의 시(市) 지역 에서 대지의 소유권을 확보하지 아니하고 다른 사업주체에게 위탁하여 그 사업주체의 명의로 건설하는 주택은 제외한다]

　3. 사단법인 한국사랑의집짓기운동연합회가 무주택자에게 공급하기 위하여 건설하는 주택

　4. 외국정부와의 협약에 따라 우리나라로 영주귀국하는 동포를 위하여 건설하는 주택

④ 삭제 <2018.12.11.>

제4조(주택의 공급대상)

① 주택의 공급대상은 다음 각 호의 기준에 따른다. <개정 2018.12.11., 2021.5.28>

　1. 국민주택과 제3조제2항제1호에 따른 주택은 입주자모집공고일 현재 해당 주택건설 지역에 거주하는 성년자인 무주택세대구성원에게 1세대 1주택(공급을 신청하는 경우 에는 1세대 1명을 말한다. 이하 같다)의 기준으로 공급한다.

　2. 민영주택(제3조제2항제1호에 따른 주택은 제외한다)은 입주자모집공고일 현재 해당 주택건설지역에 거주하는 성년자에게 1인 1주택의 기준으로 공급한다. 다만, 「주택법」 제2조제9호에 따른 토지임대부 분양주택(이하 "토지임대주택"이라 한다)은 1세대 1주택의 기준으로 공급한다.

　3. 제1호 및 제2호에도 불구하고 다음 각 목의 지역에서 공급하는 주택은 해당 주택 건설지역에 거주하지 않는 성년자도 공급대상에 포함하며, 특별시장·광역시장·특별 자치시장·시장(「제주특별자치도 설치 및 국제자유도시 조성을 위한 특별법」 제15조 제2항에 따른 행정시의 시장을 포함한다. 이하 같다) 또는 군수는 행정구역의 변경 으로 주택건설지역이 변경되는 경우에는 변경 전의 주택건설지역 또는 그 중 일정한 구역에 거주하는 성년자를 공급대상에 포함하게 할 수 있다.

가. 「신행정수도 후속대책을 위한 연기·공주지역 행정중심복합도시 건설을 위한 특별법」 제2조제2호에 따른 예정지역(같은 법 제15조제1호에 따라 지정이 해제된 지역을 포함한다. 이하 "행정중심복합도시 예정지역"이라 한다)

나. 「도청이전을 위한 도시건설 및 지원에 관한 특별법」 제6조에 따라 지정된 도청이전 신도시 개발예정지구

다. 「혁신도시 조성 및 발전에 관한 특별법」 제6조에 따라 지정된 혁신도시개발예정 지구

라. 「기업도시개발 특별법」 제5조에 따라 지정된 기업도시개발구역

마. 「주한미군기지 이전에 따른 평택시 등의 지원 등에 관한 특별법」 제2조제5호에 따른 평택시 등

바. 「산업입지 및 개발에 관한 법률」 제2조제8호에 따른 산업단지

사. 법 제63조의2제1항제2호에 따라 지정된 조정대상지역(이하 "위축지역"이라 한다)

② 국민주택 또는 제3조제2항제1호에 따른 주택의 공급대상은 다음 각 호의 어느 하나에 해당하는 날부터 입주할 때까지 무주택세대구성원이어야 한다. 다만, 입주자로 선정되거나 사업계획상의 입주대상자로 확정된 후 결혼 또는 상속으로 무주택세대구성원의 자격을 상실하게 되는 자와 공급계약 후 입주할 수 있는 지위를 양수한 자는 그러하지 아니하다. <개정 2016.8.12.>

1. 제27조에 따라 일반공급하는 주택은 입주자모집공고일

2. 제3조제2항제1호에 따라 고용자인 사업주체가 그 소속 근로자에게 공급하는 주택은 해당 주택의 사업계획 승인일(사업계획 승인일까지 입주대상자가 결정되지 아니한 경우에는 제52조제5항에 따라 사업주체가 입주대상자 명단을 확정하여 시·도지사에게 통보한 날)

③ 다음 각 호에 해당하는 지역에 거주하는 성년자가 해당 지역 안에 있는 다른 주택건설지역의 주택을 공급받으려는 경우에는 공급대상으로 본다. <개정 2018.12.11.>

1. 서울특별시, 인천광역시 및 경기도지역(이하 "수도권"이라 한다)

2. 대전광역시, 세종특별자치시 및 충청남도

3. 충청북도

4. 광주광역시 및 전라남도

5. 전라북도

6. 대구광역시 및 경상북도

7. 부산광역시, 울산광역시 및 경상남도

8. 강원도

④ 10년 이상 장기복무 중인 군인은 해당 주택건설지역에 거주하지 아니하여도 제1항 제1호 및 제2호를 적용할 때에 해당 주택건설지역에 거주하는 것으로 본다. 다만, 수도권에서 건설되는 주택을 공급받으려는 경우에는 해당 주택건설지역이 아닌 수도권 거주자로 본다. <개정 2017.11.24.>

⑤ 특별시장·광역시장·특별자치시장·시장 또는 군수는 투기를 방지하기 위해 필요한 경우에는 입주자모집공고일 현재 해당 주택건설지역에서 거주기간이 일정 기간 이상인 자에게 주택을 우선공급하게 할 수 있다. 이 경우 해당 주택건설지역이 수도권의 투기과열지구인 경우에는 2년 이상의 거주기간을 정해 같은 순위에서는 그 거주기간 이상 거주

하고 있는 사람에게 우선공급하게 해야 한다. <개정 2020.4.17., 2021.5.28.>

⑥ 특별시장·광역시장·특별자치시장·시장 또는 군수는 사전청약 신청자에게 제5항에 따라 주택을 우선공급하게 하는 경우 사전청약 신청자가 해당 주택건설지역에서 거주한 기간은 입주자모집공고일을 기준으로 산정한다. 다만, 사전청약 신청자는 사전당첨자 모집공고일 현재 해당 주택건설지역에 거주하고 있어야 한다. <신설 2021.11.16.>

⑦ 제5항에 따른 거주기간은 입주자모집공고일을 기준으로 역산했을 때 계속하여 국내에 거주하고 있는 기간을 말하며, 다음 각 호의 어느 하나에 해당하는 기간은 국내에 거주하지 않은 것으로 본다. 이 경우 다음 각 호에 따른 기간을 산정할 때 입국일부터 7일 이내에 같은 국가로 출국한 경우에는 국외에 계속 거주하는 것으로 본다.
<신설 2019.11.1., 2020.4.17.>
1. 국외에 계속하여 90일을 초과하여 거주한 기간
2. 국외에 거주한 전체기간이 183일을 초과하는 기간

⑧ 제6항에도 불구하고 세대원 중 주택공급신청자만 생업에 직접 종사하기 위하여 국외에 체류하고 있는 경우에는 국내에 거주하고 있는 것으로 본다. <신설 2020. 9. 29.>

⑨ 제5항부터 제7항까지의 규정에도 불구하고 25년 이상 장기복무 중인 군인으로서 국방부 장관이 정하는 요건에 해당하여 국방부장관이 추천하는 군인은 수도권(투기과열지구는 제외한다)에서 건설되는 주택을 공급받으려는 경우 해당 주택건설지역에 거주하지 않아도 해당 주택건설지역의 우선공급 대상자로 본다. <신설 2021.2.2.>

⑩ 제24조의2에 따라 사전당첨자를 모집하는 경우 다음 각 호의 사항은 사전당첨자모집 공고일부터 입주자모집공고일까지 계속하여 유지되어야 한다. <신설 2021.11.16.>
1. 제4조제1항제1호, 제28조제8항, 제35조부터 제46조까지 및 별표 1 제1호가목1)에 따른 무주택세대구성원 요건
2. 제28조에 따라 주택을 소유하고 사전당첨자로 선정된 경우에는 사전당첨자모집공 고일 당시 소유하고 있는 주택 수

제2장 입주자저축

제1절 입주자저축의 가입 및 사용

제5조(입주자저축취급기관)

① 법 제56조제3항에 따른 입주자저축취급기관(이하 "입주자저축취급기관"이라 한다)으로 지정을 받으려는 「은행법」에 따른 은행(이하 "은행"이라 한다)은 별지 제1호서식의 신청서를 국토부 장관에게 제출해야 한다. 이 경우 국토교통부장관은 이 지정한다. 이 경우 국토부장관은 「전자정부법」 제36조제1항에 따른 행정정보의 공동이용을 통하여 사업자등록증을 확인 해야 하며, 신청인이 확인에 동의하지 않는 경우에는 사업자등록증 사본을 첨부하도록 해야 한다. <개정 2021.2.2.>

③ 국토교통부장관은 입주자저축취급기관을 지정하는 때에는 별지 제2호서식의 지정서를 발급 하여야 한다. <개정 2021.2.2.>

제6조(입주자저축 가입)

① 법 제56조제2항에 따른 입주자저축(이하 "입주자저축"이라 한다)에 가입하려는 사람은 별지 제3호서식의 신청서를 입주자저축취급기관에 제출해야 한다. <개정 2021.2.2.>

② 입주자저축취급기관은 입주자저축 가입신청을 받으면 법 제56조의2에 따라 지정·고시된 주택청약업무수행기관(이하 "주택청약업무수행기관"이라 한다)에 의뢰하여 신청인이 다른 입주자저축에 가입되어 있는지를 확인해야 한다. <개정 2021.2.2.>

제7조(입주자저축의 통장 사용) [전문개정 2017.11.24.]

입주자저축에 가입한 사람은 해당 입주자저축의 통장을 사용하여 분양주택 또는 분양전환 공공임대주택의 입주자(사전당첨자를 포함한다)로 선정된 경우(제58조제1항 및 제58조의2제1항에 따라 당첨이 취소된 경우는 제외한다)에는 동일한 통장으로 다른 주택의 공급을 신청할 수 없다. <개정 2021.11.16.>

제7조의2(주택청약업무수행기관의 업무) [본조신설 2021.2.2.]

① 법 제56조의2에서 "국토교통부령으로 정하는 업무"란 다음 각 호의 업무를 말한다. <개정 2021.11.16.>

1. 제6조제3항에 따른 입주자저축 가입 여부 확인

2. 입주자저축 현황·실적 관리

3. 주택청약종합저축 가입(순위)증명서 발행

4. 제19조제5항에 따른 입주자모집 및 선정 대행

4의2. 사전당첨자 모집 및 선정 대행

5. 제24조제2항에 따른 청약접수 정보의 보관

5의2. 제24조의6제2항에 따른 사전청약접수 정보의 보관

6. 제50조제1항에 따른 청약접수, 입주자 선정 및 동·호수 배정 업무의 대행

7. 제52조(제52조의3에서 준용하는 경우를 포함한다)에 따른 입주대상자 자격 확인

8. 제52조의2(제52조의3에서 준용하는 경우를 포함한다)에 따른 입주자격 및 공급 순위 등 정보의 사전제공

9. 제56조제3항에 따른 입주자격 제한자 명단의 관리

10. 제57조 및 제57조의2에 따른 당첨자 및 사전당첨자 명단의 관리

11. 제58조 및 제58조의2에 따른 부적격 당첨자 및 사전당첨자 명단의 관리

12. 그 밖에 청약업무 수행을 위하여 국토교통부장관이 필요하다고 인정하여 고시하는 업무

② 국토교통부장관은 필요하다고 인정할 때에는 주택청약업무수행기관의 장에게 제1항 각 호의 사항을 보고하게 하거나 소속 공무원으로 하여금 그 사무소에 출입하여 필요한 검사를 하게 할 수 있다.

제8조(입주자저축실적 등의 보고)

주택청약업무수행기관은 매월 말일 현재의 특별시·광역시·특별자치시·도 또는 특별자치도 (이하 "시·도"라 한다)별 다음 각 호의 사항에 대한 입주자저축취급기관의 자료를 취합하여 다음달 15일까지 국토교통부장관에게 보고하여야 한다. <개정 2021.2.2.>

1. 입주자저축 가입현황과 저축실적
2. 그 밖에 국토교통부장관이 요구하는 사항

제2절 주택청약종합저축

제9조(가입 및 납입조건)

① 주택청약종합저축은 누구든지 가입할 수 있다.

② 주택청약종합저축의 납입기간은 가입한 날부터 주택(분양전환되지 아니하는 공공임대 주택은 제외한다)의 입주자로 선정된 날까지로 한다.

③ 주택청약종합저축의 가입자는 매월 약정된 날에 약정된 금액(이하 "월납입금"이라 한다)을 납입하되, 월납입금은 2만원 이상 50만원 이하로 한다. <개정 2017.11.24.>

제10조(월납입금을 연체하여 납입한 경우 등의 처리) [전문개정 2017.11.24.]

① 주택청약종합저축의 가입자는 제9조제3항에도 불구하고 저축 총액이 별표 2에 따른 민영 주택 청약 예치기준금액의 최고한도를 초과하지 아니하는 범위에서 월납입금을 초과하는 금액을 선납할 수 있다.

② 제1항에 따라 선납한 금액은 월납입금을 선납한 것으로 보되, 그 금액이 24회의 월납입금 합계를 초과하는 경우 초과하는 금액은 월납입금을 선납한 것으로 인정하지 아니한다.

③ 주택청약종합저축 가입자가 월납입금을 연체하여 납입한 경우 그 연체하여 납입한 월납 입금은 다음 산식에 따라 산정된 날(1일 미만은 산입하지 아니한다)에 납입된 것으로 본다.

$$\text{회차별 납입인정일} = \text{약정납입일} + \frac{\text{연체총일수} - \text{선납총일수}}{\text{납입횟수}}$$

④ 다음 각 호의 어느 하나에 해당하는 경우 제27조에 따른 월납입금의 납입횟수는 각 호에서 정한 기준에 따라 산정한다. <개정 2018. 12. 11.>

1. 납입횟수(제2항에 따라 선납한 것으로 인정되는 납입횟수를 포함한다)가 순차납입횟수 (가입한 날부터 가입자가 공급신청하는 주택의 입주자모집공고일까지 월납입금을 납입 하여야 하는 횟수를 말한다)를 초과하는 경우: 순차납입횟수만 인정한다.

2. 미성년지(성년자가 아닌 경우에만 해당한다. 이하 같다)로서 납입한 횟수가 24회를 초과하는 경우: 24회의 납입횟수만 인정한다.

⑤ 다음 각 호의 어느 하나에 해당하는 경우 제27조에 따른 저축총액은 각 호에서 정한 기준에 따라 산정한다.

1. 월납입금이 10만원을 초과한 경우: 해당 월납입금을 10만원으로 산정한다.

2. 미성년자로서 납입한 저축총액이 24회의 월납입금 합계를 초과하는 경우: 24회의 월납입급 합계만 인정한다.

⑥ 제28조제2항 및 같은 조 제4항 단서에 따라 가점제를 적용하여 입주자를 선정하는 경우로서 별표 1 제2호나목의 입주자저축가입기간을 산정할 때 미성년자로서 가입한 기간이 2년을 초과하면 2년만 인정한다. [전문개정 2017.11.24.]

제11조(주택청약종합저축 가입의무)

국민주택 또는 민영주택에 청약하려는 자는 입주자모집공고일 현재 주택청약종합저축에 가입되어 있어야 한다. 다만, 제31조, 제32조, 제35조부터 제39조까지, 제42조 및 제44조에 따라 우선공급 또는 특별공급되는 주택에 청약하려는 경우로서 이 규칙에 따라 주택청약종합저축 가입여부에 대하여 따로 정한 경우에는 그러하지 아니하다. [전문개정 2017.11.24.]

제12조(주택청약종합저축의 가입자 명의변경 등)

① 주택청약종합저축의 가입자명의는 가입자가 사망하여 그 상속인 명의로 변경하는 경우를 제외하고는 변경할 수 없다.

② 삭제 <2016.12.30.>

③ 제1항에 따라 주택청약종합저축의 가입자명의를 변경하려는 자는 증명서류를 첨부하여 입주자저축취급기관에 신청하여야 한다. <개정 2017.11.24.>

④ 삭제 <2016.12.30.>

제13조(주택청약종합저축의 해지에 따른 처리)

주택청약종합저축을 해지하는 경우에는 다음 각 호에 따라 원금 및 이자를 지급한다.

1. 원금 및 이자는 주택청약종합저축을 해지할 때에 한꺼번에 지급 한다.

2. 이자는 한국은행이 발표하는 예금은행 정기예금 가중평균 수신금리 등을 고려하여 주택청약종합저축의 가입일부터 해지일까지의 기간에 따라 국토교통부장관이 정하여 고시하는 이자율을 적용하여 산정한다.

3. 주택청약종합저축 가입일부터 1개월 이내에 해지하는 경우에는 이자를 지급하지 아니한다.

제14조(해지된 주택청약종합저축에 관한 특례)

주택청약종합저축을 해지한 자가 다음 각 호의 구분에 따라 주택청약종합저축 납입금을 다시 납입하는 경우에는 종전의 주택청약종합저축은 해지되지 아니한 것으로 본다. <개정 2021.11.16.>

1. 제57조제4항제4호에 해당하는 사람이나 제58조의3제1항에 따라 사전당첨자 선정이 취소된 사람이 그 사실을 통보받은 날부터 1년 이내에 주택청약종합저축 납입금을 다시 납입하는 경우

2. 제58조에 따라 당첨이 취소된 사람이 당첨이 취소된 날부터 1년 이내에 주택청약종합저축 납입금을 다시 납입하는 경우

3. 분양전환되지 아니하는 공공임대주택의 입주자로 선정된 사람이 주택청약종합저축을 해지한 날부터 1년 이내에 주택청약종합저축 납입금을 다시 납입하는 경우

4. 사전당첨자 지위를 포기한 사람이 그 명단을 사업주체가 주택청약업무수행기관에 통보한 날부터 1년 이내에 주택청약종합저축 납입금을 다시 납입하는 경우

제3장 입주자모집 및 주택공급 신청

제1절 입주자모집 시기 및 조건

제15조(입주자모집 시기)

① 사업주체(영 제16조에 따라 토지소유자 및 등록사업자가 공동사업주체인 경우에는 등록사업자를 말한다. 이하 이 조에서 같다)는 다음 각 호의 요건을 모두 갖춘 경우에는 **착공과 동시에 입주자를 모집할 수 있다.** <개정 2018.12.11.>

1. 주택이 건설되는 대지(법 제15조제3항에 따라 입주자를 공구별로 분할하여 모집한 주택 또는 이 규칙 제28조제10항제2호에 따라 입주자를 분할하여 모집한 주택에 입주자가 있는 경우에는 그 입주자가 소유한 토지를 제외한다. 이하 이 조에서 같다)의 소유권을 확보할 것(법 제61조제6항에 따라 주택이 건설되는 대지를 신탁한 경우를 포함한다. 이하 이 조에서 같다). 다만, 법 제22조 및 제23조에 따른 매도청구소송(이하 이 호에서 "매도청구소송"이라 한다) 대상 대지로서 다음 각 목의 어느 하나에 해당하는 경우에는 법 제49조에 따른 사용검사 전까지 해당 주택건설대지의 소유권을 확보하여야 한다.

   가. 매도청구소송을 제기하여 법원의 승소 판결(판결이 확정될 것을 요구하지 아니한다)을 받은 경우

   나. 소유자 확인이 곤란한 대지에 대하여 매도청구소송을 제기하고 법 제23조제2항 및 제3항에 따른 감정평가액을 공탁한 경우

   다. 사업주체가 소유권을 확보하지 못한 대지로서 법 제15조에 따라 최초로 사업계획 승인을 받은 날 이후 소유권이 제3자에게 이전된 대지에 대하여 매도청구소송을 제기하고 법 제23조제2항 및 제3항에 따른 감정평가액을 공탁한 경우

2. 다음 각 목의 어느 하나에 해당하는 기관으로부터 「주택도시기금법 시행령」 제21조 제1항제1호에 따른 분양보증(이하 "분양보증"이라 한다)을 받을 것

   가. 「주택도시기금법」 제16조에 따른 주택도시보증공사

   나. 「보험업법」 제2조제5호에 따른 보험회사(같은 법 제4조제1항제2호라목의 보증 보험을 영위하는 보험회사만 해당한다) 중 국토교통부장관이 지정하는 보험회사

② 사업주체는 제1항제1호의 요건은 갖추었으나 같은 항 제2호의 요건을 갖추지 못한 경우에는 해당 주택의 사용검사에 대하여 제1호 각 목의 요건을 모두 갖춘 등록사업자(「건설산업기본법」 제9조에 따라 일반건설업 등록을 한 등록사업자 또는 영 제17조제1항에 적합한 등록사업자를 말한다) **2 이상의 연대보증을 받아 이를 공증**을 받아 이를 공증을 받으면 제2호 각 목의 구분에 따른 건축공정에 달한 후에 입주자를 모집할 수 있다. <개정 2019.12.6.>

1. **등록사업자의 요건**

   가. 시공권이 있는 등록사업자로서 전년도 또는 해당 연도의 주택건설실적이 100호

또는 100세대 이상인 자일 것

나. 전년도 또는 해당 연도의 주택건설실적이 100호 또는 100세대 이상인 자 중에서 자본금 및 주택건설실적 등을 고려하여 특별자치시장·특별자치도지사·시장·군수· 구청장(이하 "시장·군수·구청장"이라 한다)이 인정하는 자일 것

다. 「독점규제 및 공정거래에 관한 법률」 제2조에 따른 사업주체의 계열회사가 아닐 것

2. **건축공정의 기준**

가. **아파트의 경우: 전체 동의 골조공사가 완료된 때** <개정 2019.12.6.>

나. 연립주택, 다세대주택 및 단독주택의 경우

1) 분양주택: 조적공사가 완성된 때

2) 공공임대주택: 미장공사가 완성된 때

③ 제1항 및 제2항에도 불구하고 법 제54조제1항제2호가목에 따라 사업주체 또는 시공자가 영 별표 1 또는 「건설산업기본법 시행령」 별표 6에 따른 영업정지처분을 받았거나 「건설기술 진흥법 시행령」 별표 8에 따른 벌점을 받은 경우에는 별표 4에서 정한 기준에 따른 건축공정에 달한 후에 입주자를 모집할 수 있다. 다만, 제2항에 따른 입주자모집 시기가 별표 4에서 정한 기준에 따른 입주자모집 시기보다 더 늦은 경우에는 제2항에 따른다. <개정 2018.9.18.>

④ **삭제** <2021.11.16.>

제16조(입주자모집 조건)

① 사업주체는 주택이 건설되는 대지의 소유권을 확보하고 있으나 그 대지에 저당권·가등기 담보권·가압류·가처분·전세권·지상권 및 등기되는 부동산임차권 등(이하 "저당권등" 이라 한다)이 설정되어 있는 경우에는 그 저당권등을 말소해야 입주자를 모집할 수 있다. 다만, 다음 각 호의 어느 하나에 해당하는 경우는 그렇지 않다. <개정 2019.11.1.>

1. 사업주체가 영 제71조제1호 또는 제2호에 따른 융자를 받기 위하여 해당 금융기관에 대하여 저당권등을 설정한 경우

2. 저당권등의 말소소송을 제기하여 법원의 승소 판결(판결이 확정될 것을 요구하지 아니 한다)을 받은 경우. 이 경우 사업시행자는 법 제49조에 따른 사용검사 전까지 해당 주택건설 대지의 저당권등을 말소하여야 한다.

3. 다음 각 목의 어느 하나에 해당하는 구분지상권이 설정된 경우로서 구분지상권자의 동의를 받은 경우

가. 「도로법」 제28조에 따른 구분지상권

나. 「도시철도법」 제12조에 따른 구분지상권

다. 「철도의 건설 및 철도시설 유지관리에 관한 법률」 제12조의3에 따른 구분지상권

② 사업주체는 대지의 사용승낙을 받아 주택을 건설하는 경우에는 입주자를 모집하기 전에 해당 대지의 소유권을 확보하여야 한다. 다만, 다음 각 호의 어느 하나에 해당하는 경우 에는 그러하지 아니하다.

1. 대지의 소유자가 국가 또는 지방자치단체인 경우

2. 사업주체가 공공사업의 시행자와 택지분양계약을 체결하여 해당 공공사업으로 조성된 택지를 사용할 수 있는 권원을 확보한 경우

③ 사업주체는 입주자를 모집하려는 때에는 시장·군수·구청장으로부터 제15조에 따른 착공확인 또는 공정확인을 받아야 한다.

제17조(건축공정확인서의 발급)

영(주택법 시행령) 제47조제1항에 따른 감리자(이하 "감리자"라 한다)는 제16조제3항 및 제60조제6항에 따른 건축공정확인서를 사업주체로부터 해당 공정의 이행을 완료한 사실을 통보받은 날부터 3일 이내에 발급하여야 한다. <개정 2016.8.12.>

제18조(입주자모집 요건의 특례)

다음 각 호의 어느 하나에 해당하는 사업주체는 제15조 및 제16조에도 불구하고 입주자를 모집할 수 있다. <개정 2019.11.1.>
1. 국가, 지방자치단체, 한국토지주택공사, 지방공사 또는 「공공주택 특별법 시행령」 제6조 제1항에 따른 공공주택사업자
2. 제1호에 해당하는 자가 단독 또는 공동으로 총지분의 50퍼센트를 초과하여 출자한 부동산 투자회사

제2절 입주자모집 절차

제19조(입주자모집 방법)

① 사업주체는 공개모집의 방법으로 입주자를 모집하여야 한다.
② 사업주체(입주자저축취급기관이 제50조제1항에 따라 청약접수를 대행하는 경우에는 입주자 저축취급기관을 포함한다)는 인터넷접수의 방법으로 입주자를 모집하되, 정보취약계층 등 인터넷접수의 방법으로 청약신청을 할 수 없는 사람의 경우에는 방문접수의 방법으로 청약 신청을 할 수 있도록 조치하여야 한다. <개정 2018.5.4.>
③ 제2항에도 불구하고 다음 각 호의 요건을 모두 충족하는 경우에는 방문접수의 방법으로 입주자를 모집할 수 있다. <신설 2018.5.4.>
1. 제4항 각 호의 어느 하나에 해당하는 지역에서 공급하는 주택이 아닐 것
2. 제20조제1항에 따른 입주자모집승인권자(이하 "입주자모집승인권자"라 한다)가 인터넷 접수의 방법으로 입주자를 모집하는 것이 곤란하다고 인정할 것
3. 제31조부터 제33조까지의 규정 또는 제35조부터 제46조까지의 규정에 따라 입주자를 모집하는 경우일 것
④ 다음 각 호의 어느 하나에 해당하는 지역에서 공급되는 주택의 입주자를 모집하는 경우 (제34조에 따라 입주자를 모집하는 경우는 제외한다)로서 제27조제1항제1호 또는 제28조 제1항제1호에 따른 제1순위 청약 신청을 접수하는 경우에는 해당 주택건설지역에 거주 하는 자와 그 밖의 지역에 거주하는 자의 청약 신청 접수일을 각각 다른 날로 정하되, 해당 주택건설지역에 거주하는 자의 청약 신청 접수일이 그 밖의 지역에 거주하는 자의 청약 신청 접수일보다 우선하도록 하여야 한다. <신설 2018.5. 2021.5.28.>
1. 투기과열지구

2. **청약과열지구**

⑤ 사업주체는 다음 각 호의 어느 하나에 해당하는 경우 <u>주택청약업무수행기관</u>에 의뢰하여 **해당 주택건설지역에 거주하는 무주택세대구성원인** 성년자를 대상으로 인터넷 접수의 방법으로 입주자를 모집해야 한다. 이 경우 추첨의 방법으로 입주자를 선정해야 한다. <신설 2021.2.2., 2021.5.28.>

1. 제26조제5항 단서 또는 제28조제10항제1호에도 불구하고 제59조제2항 본문에 따른 공급계약 체결일 이전에 공급신청을 받고 입주자를 선정하려는 경우

2. 제26조제5항 단서에도 불구하고 투기과열지구 및 청약과열지역에서 **입주자를 선정하려는 경우**

제20조(입주자모집 승인 및 통보) [시행일 : 2021.1.1.] 제20조제1항제3호

① 사업주체(제18조 각 호의 사업주체는 제외한다)는 입주자를 모집하려면 다음 각 호의 서류를 갖추어 시장·군수·구청장의 승인을 받아야 한다. 이 경우 시장·군수·구청장은 「전자정부법」 제36조제1항에 따른 행정정보의 공동이용을 통하여 토지 등기사항증명서를 확인하여야 한다. <개정 2016.12.30., 2019.11.1.>

1. 입주자모집공고안

2. 제15조 및 제17조에 따른 보증서·공증서·건축공정확인서 및 대지사용승낙서(해당하는 자만 제출한다.)

3. 제50조의2제1항에 따른 교육의 수료를 증명하는 서류(법 제54조의2제2항에 따른 분양대행자에게 제50조의2제1항에 따른 업무를 대행하게 하는 경우만 해당한다)

② 제18조 각 호의 사업주체는 입주자를 모집하려면 입주자모집내용을 국토교통부장관 및 주택청약업무수행기관에 통보하여야 한다. <개정 2021.2.2.>

③ 제1항에 따른 신청을 받은 시장·군수·구청장은 다음 각 호의 사항을 확인해야 한다. <개정 2019.11.1.>

1. 사업주체나 시공자가 제15조제3항에 해당하는지 여부. 이 경우 법 제85조에 따른 협회 또는 「건설산업기본법 시행령」 제10조에 따른 건설산업종합정보망을 통하여 확인하여야 한다.

2. 제16조제1항제3호 각 목에 따른 구분지상권자의 동의 여부(제1항 각 호 외의 부분 후단에 따라 확인한 토지 등기사항증명서에 제16조제1항제3호 각 호에 따른 구분지상권이 설정되어 있는 경우만 해당한다)

④ <u>제1항 및 제2항에 따른 승인이나 통보는 국토교통부장관이 지정하는 전자정보처리시스템을 통하여 할 수 있다.</u> <개정 2018.9.18.>

⑤ <u>시장·군수·구청장은 제1항에 따른 신청을 받으면 신청일부터 5일 이내에 승인 여부를 결정하여야 한다. 다만, 법 제57조에 따른 분양가상한제 적용주택의 경우에는 10일 이내에 결정하여야 하며, 부득이한 사유가 있으면 5일의 범위에서 연장할 수 있다.</u> <개정 2018.9.18.>

⑥ 시장·군수·구청장은 <u>제5항에</u> 따라 입주자모집공고안을 <u>승인했으면</u> 그 승인내용을 다음 각 호의 자에게 각각 통보하여야 한다. <개정 2018.9.18., 2021.2.2.>

1. 국토교통부장관

2. <u>주택청약업무수행기관</u>

3. 주택도시기금수탁자(「주택도시기금법」 제10조제2항 및 제3항에 따라 주택도시기금의 운용·관리에 관한 사무를 위탁 또는 재위탁받은 자를 말한다)

4. 분양보증기관(제15조제1항제2호 각 목의 기관을 말한다. 이하 같다)

5. 법 제85조제1항에 따라 설립된 협회

⑦ 사업주체는 제5항에 따라 승인받은 입주자모집공고안의 내용 중 제21조제3항 단서에 따른 중요 사항이 변경되는 경우에는 제1항에 따라 시장·군수·구청장의 승인을 다시 받아야 한다. <신설 2021.2.2.>

제21조(입주자모집 공고)

① 사업주체는 입주자를 모집하고자 할 때에는 입주자모집공고를 해당 주택건설지역 주민이 널리 볼 수 있는 일간신문, 관할 시·군·자치구의 인터넷 홈페이지 또는 해당 주택건설 지역 거주자가 쉽게 접할 수 있는 일정한 장소에 게시하여 공고하여야 한다. 다만, 수도권 및 광역시에서 100호 또는 100세대(**사전청약의 방식으로 공급하는 주택의 호수 또는 세대 수를 포함한다**) 이상의 주택을 공급하거나 시장·군수·구청장이 투기 및 과열경쟁의 우려가 있다고 인정하는 경우에는 일간신문에 공고하여야 하며, 시장·군수·구청장은 인터넷 에도 게시하게 할 수 있다. <개정 2021.11.16.>

② <u>입주자모집공고는 최초 청약 신청 접수일 5일 이전에 하여야 한다</u>. 다만, 시장·군수·구 청장은 제35조 및 제36조에 따른 특별공급의 경우로서 공급물량이 적거나 청약 관심도가 낮다고 판단되는 등의 경우에는 5일 전으로 단축할 수 있다. <개정 2019.11.1.>
<시행일 : 2020.1.1.>

③ 입주자모집공고에는 다음 각 호의 사항이 포함되어야 한다. 다만, 일간신문에 공고하는 경우에는 제1호부터 제9호까지, 제11호, 제23호, 제25호 및 제26호에 해당하는 사항 중 중요 사항만 포함할 수 있되, 글자 크기는 9호 이상으로 해야 한다. <개정 2019.11.1., 2021.5.28.>

1. 사업주체명, 시공업체명, 연대보증인 및 사업주체의 등록번호 또는 지정번호

2. 감리회사명 및 감리금액

3. 주택의 건설위치 및 공급세대수(특별공급 및 단체공급이 있는 경우에는 공급방법별로 세대수를 구분하여야 한다)

4. 입주자를 분할하여 모집하는 경우에는 분할 모집시기 및 분양시기 별 주택공급에 관한 정보

5. 제32조제1항에 따라 주택을 우선 공급하는 경우에는 그 대상 주택에 관한 정보

6. <u>「도시 및 주거환경정비법」 제79조제2항, 제3항, 제5항 및 제6항</u> **또는** <u>「빈집 및 소규모 주택 정비에 관한 특례법」 제34조제2항, 제3항, 제5항 및 제6항</u>의 공급대상자에 대한 주택의 공급이 있는 경우 해당 세대수 및 **공급면적**.

7. 법 제15조제3항에 따라 공구별로 입주자를 모집하는 경우에는 다른 공구의 주택건설 세대수, 세대당 **주택공급면적**, 입주자 모집시기, 공사 착공 예정일, 입주예정일 등에 관한 정보

8. 호당 또는 세대당 **주택공급면적** 및 대지면적

9. 주택의 공급신청자격, 신청시의 구비서류, 신청일시 및 장소

10. **주택의 공급신청 방법**

11. 분양가격 및 임대보증금, 임대료와 청약금·계약금·중도금·잔금(법 제49조제1항

단서에 따른 동별 사용검사 또는 같은 조 제4항 단서에 따른 임시 사용승인을 받는 경우의 잔금을 포함한다) 등의 납부시기 및 납부방법

12. 「공동주택 분양가격의 산정 등에 관한 규칙」 제3조제3항제1호에 따른 기본선택품목의 종류

13. 「공동주택 분양가격의 산정 등에 관한 규칙」 제3조제3항제1호에 따른 기본선택품목을 제외한 부분의 분양가격

14. 「공동주택 분양가격의 산정 등에 관한 규칙」 제4조제1항 각 호의 추가선택품목 비용. **이 경우 추가선택품목별로 구분해 비용을 표시해야 하며, 둘 이상의 추가선택품목을 한꺼번에 선택하도록 해서는 안 된다.**

15. 「공동주택 분양가격의 산정 등에 관한 규칙」 제11조제4항에 따른 감정평가기관이 평가한 택지에 대한 감정평가액과 해당 감정평가기관

16. 「공동주택 분양가격의 산정 등에 관한 규칙」 별표 1의3 제3호에 따라 건축비 가산비용을 인정받은 공동주택성능에 대한 등급

17. 분양보증기관의 분양보증 또는 임대보증금에 대한 보증을 받은 경우에는 그 내용

18. 입주자에 대한 융자지원내용

19. 분양전환공공임대주택인 경우에는 그 분양전환시기와 분양예정가격의 산출기준 등 분양전환조건에 관한 사항

20. 부대시설 및 복리시설의 내용(주민운동시설의 경우에는 시설의 종류와 수)

21. 「주택건설 기준 등에 관한 규정」 제64조에 따른 친환경주택의 성능 수준

22. 입주자 또는 예비입주자 선정 일시 및 방법

23. 당첨자 발표의 일시·장소 및 방법

24. 이중당첨자 및 부적격당첨자의 처리 및 계약취소에 관한 사항

25. 입주자의 계약일·계약장소 등의 계약사항

26. 입주예정일

27. 도장공사, 도배공사, 가구공사, 타일공사, 주방용구공사 및 위생기구공사의 상태를 확인하기 위한 입주자의 사전방문에 관한 사항

28. 법 제22조 및 제23조에 따른 매도청구 진행상황

28의2. 제16조제1항제3호에 따른 구분지상권에 관한 사항

29. 법 제39조에 따라 발급받은 공동주택성능에 대한 등급

29의2. 「주택건설기준 등에 관한 규칙」 제6조의2에 따른 주차장 차로 및 출입구의 높이

30. 그밖에 시장·군수·구청장이 필요하다고 인정하는 사항

④ 시장·군수·구청장은 사업주체로 하여금 제3항 각 호의 사항 외에 주택공급신청자가 주택공급계약체결시 알아야 할 사항 그 밖의 필요한 사항을 접수 장소에 따로 게시공고한 후 별도의 안내서를 작성하여 주택공급신청자에게 교부하게 할 수 있으며, 제3항제10호에 따라 인터넷을 활용하여 공급신청을 받는 경우에는 공급신청을 받는 인터넷 홈페이지에도 게시하게 할 수 있다.

⑤ **제3항제8호에 따라 공동주택의 공급면적을 세대별로 표시하는 경우에는 주거의 용도로만 쓰이는 면적(이하 "주거전용면적"이라 한다)으로 표시하여야 한다. 다만, 주거전용면적 외에 다음 각 호의 공용면적을 별도로 표시할 수 있다.**

1. 주거공용면적: 계단, 복도, 현관 등 공동주택의 지상층에 있는 공용면적

2. 그 밖의 공용면적: 주거공용면적을 제외한 지하층, 관리사무소, 노인정 등 공용면적

⑥ 사업주체는 국민주택 중 주택도시기금의 지원을 받는 주택을 공급하는 경우에는 입주자 모집공고에 해당 주택이 정부가 무주택국민을 위하여 저금리의 자금을 지원한 주택임을 분명하게 밝혀야 한다. <개정 2021.2.2.>

⑦ 사업주체는 토지임대주택을 공급하는 경우에는 입주자 모집공고에 토지임대주택임을 명시하여야 한다.

제22조(견본주택 건축기준 등)

① 법 제60조제2항에 따라 마감자재의 공급가격을 표시하는 경우에는 해당 자재 등에 공급가격 및 가격표시 사유를 기재한 가로 25센티미터 세로 15센티미터 이상의 표지를 설치하여야 한다. <개정 2016.8.12.>

② 가설건축물인 견본주택은 인접 대지의 경계선으로부터 3미터 이상 떨어진 곳에 건축하여야 한다. 다만, 다음 각 호의 어느 하나에 해당하는 경우에는 1.5미터 이상 떨어진 곳에 건축할 수 있다.

1. 견본주택의 외벽(外壁)과 처마가 내화구조 및 불연재료로 설치되는 경우

2. 인접 대지가 도로, 공원, 광장 그 밖에 건축이 허용되지 아니하는 공지인 경우

③ 견본주택의 각 세대에 설치하는 발코니를 거실 등으로 확장하여 설치하는 경우에는 일반인이 알 수 있도록 발코니 부분을 표시하여야 한다.

④ 가설건축물인 견본주택은 다음 각 호의 요건을 모두 충족하여야 한다.

1. 각 세대에서 외부로 직접 대피할 수 있는 출구를 한 군데 이상 설치하고 직접 지상으로 통하는 직통계단을 설치할 것

2. 각 세대 안에는 「소방시설 설치유지 및 안전관리에 관한 법률」 제9조제1항에 따라 고시된 화재안전기준에 적합한 능력단위 1 이상의 소화기 두 개 이상을 배치할 것

⑤ 국토교통부장관은 필요하다고 인정되면 사업주체에게 국토교통부장관이 정하여 고시하는 기준에 따른 사이버견본주택(인터넷을 활용하여 운영하는 견본주택을 말한다. 이하 같다)을 전시하게 할 수 있다.

⑥ 삭제 <2016.12.30.>

제3절 주택공급 신청방법

제23조(주택공급신청서 교부 및 신청서류)

① 사업주체(제50조제1항에 따라 청약접수업무를 입주자저축취급기관에서 대행하는 경우에는 입주자저축취급기관을 말한다. 이하 이 조에서 같다)는 별지 제4호서식의 국민주택 공급신청서 또는 별지 제5호서식의 민영주택 공급신청서를 비치하고 공급신청자에게 교부하여야 한다. <개정 2016.8.12.>

② 주택의 공급신청을 하려는 자는 다음 각 호의 서류를 사업주체에게 제출하여야 한다. 다만, 제2호, 제3호, 제5호 및 제7호부터 제9호까지의 규정에 따른 서류는 주택의 공급

신청 시에 제출하지 않고 공급계약을 체결하기 전에 제출하게 할 수 있다. <개정 2019.11.1., 2021.2.2., 2021.11.16.>

1. 주택공급신청서(인터넷을 활용하여 주택의 공급신청을 하는 경우에는 사업주체가 정하는 전자문서인 신청서를 말한다)

2. 세대주 또는 세대원인 사실 등을 증명하는 다음 각 목의 서류

　가. 주민등록표 등본(과거 주소 변동 사항 및 변동 사유, 세대 구성일 및 사유, 발생일 등이 포함되어야 하며, 입주자모집공고일 이후 발행된 것이어야 한다)

　나. 「가족관계의 등록 등에 관한 법률」에 따른 가족관계증명서

3. 주민등록증 사본 또는 여권 사본

4. 별지 제6호서식에 따른 서약서(다음 각 목의 어느 하나에 해당하는 자에 한하며, 전자문서를 포함한다)

　가. 국민주택을 공급받으려는 자

　나. 투기과열지구 또는 청약과열지역에서 공급되는 주택을 제1순위 자격으로 공급받으려는 자

　다. 무주택세대구성원에게 특별공급되는 주택을 공급받으려는 자

　라. 나목 외의 지역에서 가점제를 적용하여 입주자를 선정하는 민영주택을 공급받으려는 자

　마. 사전청약의 방식으로 주택을 공급받으려는 사람

　바. 제28조제8항 및 제11항에 따라 투기과열지구, 청약과열지역, 수도권 및 광역시에서 공급되는 주택을 기존 소유 주택의 처분 조건으로 우선 공급받으려는 사람

5. 특별공급대상임을 증명하는 다음 각 목의 서류(특별공급을 받으려는 자만 해당한다)

　가. 국가기관, 지방자치단체 등 관련 기관의 장이 특별공급대상임을 인정하는 서류

　나. 국가기관, 지방자치단체, 한국토지주택공사 또는 지방공사에서 발행하는 특별공급대상임을 입증하는 서류

6. 입주자저축취급기관 또는 주택청약업무수행기관이 발행하는 주택청약종합저축 가입(순위)증명서

7. 외국거주기간을 증명하는 다음 각 목의 서류(해당자에 한하며, 이 경우 외국거주기간은 입국일 및 출국일을 기준으로 산정한다)

　가. 「출입국관리법」 제88조에 따른 출입국에 관한 사실증명

　나. 여권사본

　다. 그밖에 외국거주기간을 증명하는 서류

8. 거주지 및 거주기간 등을 확인할 수 있는 다음 각 목의 서류

　가. 국내에 거주하는 대한민국 국민(재외국민을 포함한다): 주민등록표 초본(과거 주소 변동 사항 및 변동 사유, 발생일 등이 포함되어야 하며, 입주자모집공고일 이후 발행된 것이어야 한다)

　나. 외국국적동포: 국내거소신고증 사본

　다. 외국인: 외국인등록증 사본

9. 별표 1 제1호가목2)에 따른 소형·저가주택등의 가격을 확인할 수 있는 서류(제28조에 따른 일반공급을 신청하는 경우로서 소형·저가주택등으로 인정받으려는 경우만 해당한다)

③ 주택공급신청자는 거주지 등의 변경이 있는 경우에는 그 변경사항을 증명하는 서류(국가 또는 지방자치단체가 발급하는 것만 해당한다)를 제출하여야 한다. <개정 2018.12.11.>

④ 사업주체는 주택공급신청자의 공급순위 또는 무주택기간의 사실 여부 등을 확인하기 위하여 필요한 경우에는 주택소유여부를 증명할 수 있는 다음 각 호의 어느 하나에 해당하는 서류를 제출하게 할 수 있다. 이 경우 주택 소유 또는 무주택기간은 다음 각 호에서 정한 날을 기준으로 하되, 제1호와 제2호의 처리일자가 다를 경우에는 먼저 처리된 날을 기준으로 한다. <개정 2019.11.1.>

1. 건물 등기사항증명서: 등기접수일
2. 건축물대장등본: 처리일
2의2. 분양권등에 관한 계약서: 「부동산 거래신고 등에 관한 법률」 제3조에 따라 신고된 공급계약체결일
2의3. 제2조제4호다목에 따른 분양권등의 매매계약서
　　가. 분양권등의 매매 후 「부동산 거래신고 등에 관한 법률」 제3조에 따라 신고된 경우에는 신고서상 매매대금 완납일
　　나. 분양권등을 증여나 그 밖의 사유로 처분한 경우 사업주체와의 계약서상 명의변경일
3. 그밖에 주택소유여부를 증명할 수 있는 서류: 시장 또는 군수 등 공공기관이 인정하는 날

제24조(주택공급 신청 서류의 관리)

① 사업주체 또는 입주자저축취급기관은 제23조제2항 각 호의 서류 중 입주자로 선정되지 아니한 자의 서류는 접수일부터 6개월 동안 보관하고 입주자로 선정된 자의 서류는 접수일부터 5년 동안 보관하여야 한다.

② 주택청약업무수행기관은 사업주체 또는 입주자저축취급기관으로부터 제출받아 보관하는 청약접수 정보(입주자선정 및 동·호수 배정에 필요한 정보로 한정한다)를 제1항에 따른 접수일부터 10년 동안 보관하여야 한다. <개정 2021.2.2.>

③ 사업주체, 입주자저축취급기관 및 주택청약업무수행기관은 관계 기관의 요청이 있으면 제1항 및 제2항에 따라 보관하는 서류를 제출하여야 한다. <개정 2021.2.2.>

제4절 주택 사전청약 <신설 2021.11.16.>

제24조의2(사전당첨자 모집 시기) [본조신설 2021.11.16.]

사업주체(제18조 각 호의 사업주체는 제외한다)는 공공택지를 공급받아 주택을 건설·공급하려는 경우 제15조제1항에도 불구하고 주택의 건축설계안이 완성된 때부터 사전당첨자를 모집할 수 있다.

제24조의3(사전당첨자 모집 승인 및 통보) [본조신설 2021.11.16.]

① 사업주체는 제24조의2에 따라 사전당첨자를 모집하려면 다음 각 호의 서류를 갖추어 시장·

군수·구청장의 승인을 받아야 한다. 이 경우 시장·군수·구청장은 「전자정부법」 제36조 제1항에 따른 행정정보의 공동이용을 통하여 토지 등기사항증명서를 확인해야 한다.

1. 사전당첨자모집공고안
2. 제50조의2제1항에 따른 교육의 수료를 증명하는 서류(법 제54조의2제2항에 따른 분양대행자에게 제50조의2제1항에 따른 업무를 대행하게 하는 경우만 해당한다)
3. 공공택지 공급계약서 등 사업주체가 주택이 건설되는 대지의 소유권을 확보하였음을 증명할 수 있는 서류
4. 주택 건축설계안
5. 국토교통부장관이 정하는 기관의 검증을 받은 추정 분양가격에 관한 검증서

② 시장·군수·구청장은 사업주체가 공급받은 공공택지의 조성·공급과 관련된 사업계획 등의 허가·승인·인가권자 등에게 해당 사업계획 등의 사본의 제출을 요청할 수 있다. 이 경우 허가·승인·인가권자 등은 특별한 사유가 없으면 요청에 따라야 한다.

③ 사업주체는 제1항에 따라 승인받은 사전당첨자모집공고안의 내용 중 제24조의4제2항 단서에 따른 사항이 변경되는 경우에는 제1항에 따라 시장·군수·구청장의 승인을 다시 받아야 한다.

④ 사전당첨자 모집 승인에 관하여는 제20조제3항부터 제6항까지의 규정을 준용한다.

제24조의4(사전당첨자모집공고) [본조신설 2021.11.16.]

① 사업주체는 사전당첨자를 모집하려는 때에는 최초 사전청약 신청 접수일의 10일 전까지 사전당첨자모집공고를 일간신문, 관할 시·군·자치구의 인터넷 홈페이지 또는 해당 주택 건설지역 거주자가 쉽게 접할 수 있는 일정한 장소에 게시하여 공고해야 한다. 다만, 수도권 및 광역시에서 100호 또는 100세대(사전청약의 방식으로 공급하는 주택을 포함한 전체 호수 또는 세대수를 말한다) 이상의 주택을 공급하거나 시장·군수·구청장이 투기 및 과열경쟁의 우려가 있다고 인정하는 경우에는 일간신문에 공고해야 하며, 시장·군수·구청장은 인터넷에도 게시하게 할 수 있다.

② 제1항에 따른 사전당첨자모집공고에는 제21조제3항제1호(연대보증인은 제외한다)·제3호·제8호·제10호 및 제24호의 사항과 다음 각 호의 사항이 포함돼야 한다. 다만, 일간신문에 공고하는 경우에는 제1호부터 제5호까지에 해당하는 사항 및 제21조제3항제1호(연대보증인은 제외한다)·제3호·제8호의 사항만 포함할 수 있되, 글자 크기는 9호 이상으로 해야 한다.

1. 세대별 평면도. 이 경우 공급면적 표시에 관하여는 제21조제5항을 준용한다.
2. 사전청약 신청 자격, 신청 시 구비서류, 신청 일시 및 장소
3. 추정 분양가격, 제15조제1항에 따른 입주자 모집 시기(추정 시기를 말한다) 및 추정 입주시점
4. 사전당첨자 발표 일시·장소 및 방법
5. 사전당첨자의 계약일·계약장소 등 계약 체결에 관한 사항
6. 사전청약 신청 시 유의사항
7. 그 밖에 시장·군수·구청장이 필요하다고 인정하는 사항

③ 사업주체는 제2항 단서에도 불구하고 일간신문에 같은 항 제1호의 세대별 평면도를 공고하기

어려운 경우에는 사업주체가 운영하는 인터넷 홈페이지에 세대별 평면도를 따로 공고해야 한다. 이 경우 사업주체는 일간신문에 세대별 평면도를 따로 공고할 인터넷 홈페이지 주소를 표시해야 한다.

④ 사전당첨자모집 공고에 관하여는 제21조제4항부터 제7항까지를 준용한다.

제24조의5(주택공급신청서 교부 및 신청서류에 관한 규정의 준용) [본조신설 2021.11.16.]

사전청약 신청서의 교부 및 사전청약 신청자가 제출해야 하는 서류에 관하여는 제23조를 준용한다.

제24조의6(사전청약 신청서류의 관리) [본조신설 2021.11.16.]

① 사업주체 또는 입주자저축취급기관은 제24조의5에서 준용하는 제23조제2항 각 호의 서류 중 사전당첨자로 선정되지 않은 사람이 제출한 서류는 접수일부터 6개월 동안 보관해야 하고, 사전당첨자로 선정된 사람이 제출한 서류는 제21조제3항제9호에 따른 신청일의 첫 날부터 기산하여 5년이 되는 날까지 보관해야 한다.

② 주택청약업무수행기관은 사업주체 또는 입주자저축취급기관으로부터 제출받아 보관하는 청약접수 정보(입주자선정 및 동·호수 배정에 필요한 정보로 한정한다)를 제21조제3항 제9호에 따른 신청일의 첫 날부터 기산하여 10년이 되는 날까지 보관해야 한다.

③ 사업주체, 입주자저축취급기관 및 주택청약업무수행기관은 관계 기관의 요청이 있으면 제1항 및 제2항에 따라 보관하는 서류를 제출해야 한다.

제4장 주택공급 방법

제1절 주택공급의 기준

제25조(주택의 공급방법)

① 주택의 공급방법은 일반공급, 우선공급 및 특별공급으로 구분한다.

② 사업주체는 입주자를 선정하는 경우 동·호수는 추첨의 방법에 따라 배정한다.

③ 다음 각 호의 주택건설지역에서 공급하는 주택의 공급신청자 중 같은 순위에서는 해당 주택건설지역의 거주자(제4조제5항에 따른 거주기간 요건을 충족한 자에 한한다)가 우선한다. <개정 2017.11.24.>

1. 제4조제1항제3호가목에 따른 행정중심복합도시 예정지역
2. 제4조제1항제3호나목에 따른 도청이전신도시 개발예정지구
3. 제4조제1항제3호다목에 따른 혁신도시개발예정지구
4. 제4조제1항제3호라목에 따른 기업도시개발구역
5. 제4조제1항제3호마목에 따른 평택시등
6. 제4조제1항제3호바목에 따른 산업단지
6의2. 위축지역
7. 제4조제3항 각 호에 해당하는 지역

④ 사업주체는 입주자(사전당첨자를 포함한다. 이하 이 항에서 같다) 및 예비입주자를 선정한 때 그 사실을 지체 없이 사업주체의 인터넷 홈페이지(제18조제2호에 따른 사업주체의 경우에는 「부동산투자회사법」 제2조제5호에 따른 자산관리회사의 인터넷 홈페이지를 말한다)에 공고하고, 주택공급신청자가 <u>주택청약업무수행기관</u>의 인터넷 홈페이지에서 그 선정 여부를 개별적으로 확인할 수 있도록 하여야 한다. 이 경우 사업주체는 주택공급신청자의 요청이 있으면 입주자 또는 예비입주자로 선정된 자에게 휴대전화 문자메시지로 그 선정 사실을 알려줄 수 있다. <개정 2021.2.2., 2021.11.16.>

⑤ 삭제 <2017.11.24.>

⑥ 국토교통부장관은 필요한 경우에는 영(주택법 시행령) 제27조제3항제2호에 따라 수도권 또는 광역시 지역의 주택난 해소를 위하여 국토교통부장관이 지정하는 지역에서 건설하는 주택 또는 근로자주택 등 법령에 따라 건설하거나 정부시책의 일환으로 건설하는 주택에 대해서는 공급방법, 입주자관리방법 및 입주자 자격확인 절차 등을 따로 정하고 이를 고시하여야 한다. <개정 2016.8.12.>

⑦ 사업주체는 제31조부터 제33조까지의 규정 또는 제35조부터 제46조까지의 규정에 따른 우선공급 또는 특별공급 대상 주택의 입주자를 선정하고 남은 주택의 입주자는 제35조부터 제46조까지의 규정에 따른 다른 공급유형의 특별공급 신청자 중 입주자로 선정되지 아니한 자를 대상으로 추첨의 방법으로 선정하여야 한다. <신설 2018.5.4.>

⑧ 사업주체는 제7항 및 제47조에 따라 입주자를 선정하고 남은 주택은 제27조 또는 제28조에 따라 주택의 일반공급 신청자에게 공급한다. <신설 2018.5.4.>

제26조(<u>일반공급</u> 예비입주자의 선정) [제목개정 2018.5.4.]

① 사업주체는 제27조 및 제28조에 따라 입주자를 선정하는 경우에는 순위에 따라 일반공급 대상 주택수의 40퍼센트 이상(소수점 이하는 절상한다)의 예비입주자를 선정하여야 한다. 다만, 제2순위까지 입주자를 모집한 결과 공급 신청자수가 일반공급 대상 주택수의 140퍼센트 미만인 경우에는 입주자로 선정되지 아니한 공급신청자 모두를 예비입주자로 한다. <개정 2017.11.24.>

② 사업주체는 제28조제2항 및 같은 조 제4항 단서에 따라 가점제를 적용하여 입주자를 선정하는 주택의 예비입주자를 선정하는 경우 제1순위에서 가점제가 적용되는 공급신청자 중 가점이 높은 자(가점이 같은 경우에는 추첨을 통하여 선정된 자)를 앞 순번의 예비입주자로 정하고, 그 다음 순번의 예비입주자는 가점제가 적용되지 아니하는 제1순위 공급신청자 중에서 추첨의 방법으로 정한다. <개정 2017.9.20.>

③ <u>사업주체는 가점제가 적용되지 않는 주택의 예비입주자를 선정하는 경우에는 추첨의 방법으로 예비입주자를 선정해야 한다.</u> <개정 2019.12.6.>

④ 사업주체는 제1항부터 제3항까지의 규정에 따른 순번이 포함된 예비입주자 현황을 최초 공급계약 체결일부터 60일까지(예비입주자가 소진될 경우에는 그 때까지로 한다) 인터넷 홈페이지(제18조제2호에 따른 사업주체의 경우에는 「부동산투자회사법」 제2조제5호에 따른 자산관리회사의 인터넷 홈페이지를 말한다)에 공개하여야 한다. <개정 2016.5.19.>

⑤ 사업주체는 입주자로 선정된 자 중 당첨이 취소되거나 공급계약을 체결하지 아니한 자

또는 공급계약을 해약한 자가 있거나 제26조의2제5항에 따라 공급되는 주택이 있는 경우 제52조제3항 및 제57조제8항에 따른 소명기간이 지난 후 제1항부터 제3항까지의 규정에 따라 선정된 예비입주자에게 순번에 따라 공급하되, 최초로 예비입주자를 입주자로 선정하는 경우에는 당첨 취소 또는 미계약 물량과 해당 주택의 동·호수를 공개한 후 동·호수를 배정하는 추첨에의 참가의사를 표시한 예비입주자에 대하여 추첨의 방법으로 동·호수를 배정하여 공급하여야 한다. 다만, 예비입주자가 없는 경우에는 **해당 주택건설지역에 거주하는 무주택세대구성원인** 성년자에게 1인 1주택의 기준으로 공개 모집의 방법으로 사업주체가 따로 공급방법을 정하여 공급할 수 있다. <개정 2021.5.28.>

⑥ **예비입주자로 선정된 자가 다른 주택의 공급을 신청하여 입주자로 선정된 경우에는 제5항 본문에 따라 예비입주자로서 주택을 공급받을 수 없으며, 동·호수를 배정하는 추첨에도 참가할 수 없다.** <개정 2018.5.4.>

⑦ 사업주체는 제5항에 따라 예비입주자를 입주자로 선정한 경우에는 30일 이내에 별지 제 7호 서식에 따라 예비입주자의 순번과 순번에 따른 공급명세 등을 시장·군수·구청장에게 보고하여야 한다. 다만, 제18조 각 호의 어느 하나에 해당하는 사업주체는 예외로 한다. <개정 2016.5.19.>

⑧ 제7항에 따른 보고를 받은 시장·군수·구청장은 예비입주자 선정의 적정성 여부를 확인하여야 한다.

⑨ 예비입주자의 지위는 제4항에 따른 공개기간이 경과한 다음 날에 소멸되며, 사업주체는 예비입주자의 지위가 소멸된 때 예비입주자와 관련한 개인정보를 파기하여야 한다. <신설 2017.11.24.>

제26조의2(**특별공급 예비입주자의 선정**) [본조신설 2018.5.4.]

① 사업주체는 제35조부터 제46조까지의 규정(제31조부터 제33조까지의 규정 또는 제35조 부터 제46조까지의 규정에 따라 입주자를 선정하고 남은 주택이 있는 경우에는 제25조 제7항을 말한다)에 따라 입주자를 선정하는 경우에는 특별공급 대상 주택수(제35조부터 제46조까지의 규정에 따른 특별공급 대상 주택수의 합계를 말한다. 이하 이 항에서 같다)의 40퍼센트 이상의 예비입주자를 선정하여야 한다. 다만, 입주자를 모집한 결과 특별공급 신청자수(제35조부터 제46조까지의 규정에 따른 특별공급 신청자수의 합계를 말한다)가 특별공급 대상 주택수의 140퍼센트 미만인 경우에는 입주자로 선정되지 아니한 특별공급 신청자 모두를 예비입주자로 한다.

② 사업주체는 제47조에 따라 입주자를 선정하는 경우에는 제47조에 따른 특별공급 대상 주택수의 40퍼센트 이상의 예비입주자를 선정하여야 한다. 다만, 입주자를 모집한 결과 제47조에 따른 특별공급 신청자수가 제47조에 따른 특별공급 대상 주택수의 140퍼센트 미만인 경우에는 입주자로 선정되지 아니한 특별공급 신청자 모두를 예비입주자로 한다.

③ 제1항 및 제2항에 따른 예비입주자의 선정 및 순번의 부여는 추첨의 방법으로 한다.

④ 사업주체는 특별공급 입주자로 선정된 자 중 당첨이 취소되거나 공급계약을 체결하지 아니한 자 또는 공급계약을 해약한 자가 있으면 제52조제3항 및 제57조제8항에 따른 소명기간이 지난 후 제1항부터 제3항까지의 규정에 따라 선정된 예비입주자에게 순번에 따라 공급하되,

최초로 예비입주자를 입주자로 선정하는 경우에는 당첨 취소 또는 미계약 물량과 해당 주택의 동·호수를 공개한 후 동·호수를 배정하는 추첨에의 참가의사를 표시한 예비입주자에 대하여 추첨의 방법으로 동·호수를 배정하여 공급하여야 한다.

⑤ 제4항에 따라 예비입주자에게 공급하고 남은 주택은 제26조에 따라 일반공급 예비입주자에게 공급한다.

⑥ 제1항부터 제5항까지의 규정 외에 예비입주자의 공개·선정 및 보고 등에 관하여는 제26조 제4항 및 제6항부터 제9항까지의 규정을 준용한다.

제2절 일반공급

제27조(국민주택의 일반공급) [제목개정 2016.8.12.]

① 사업주체는 국민주택의 입주자를 선정하는 경우에는 입주자모집공고일(사전청약의 경우에는 사전당첨자모집공고일로 한다. 이하 이 조, 제28조, 제30조, 제33조부터 제38조까지 및 제40조부터 제46조까지에서 같다) 현재 다음 각 호의 순위에 따라 선정하여야 한다.<개정 2017.11.24., 2021.11.16.>

1. 제1순위: 다음 각 목의 어느 하나에 해당하는 자

   가. 수도권(다목 및 라목에 해당하는 경우는 제외한다): 주택청약종합저축에 가입하여 1년이 지난 자로서 매월 약정납입일에 월납입금을 12회 이상 납입한 자. 다만, 시·도지사는 청약과열이 우려되는 등 필요한 경우에는 청약 1순위를 위한 주택청약종합저축 가입기간 및 납입횟수를 각각 24개월 및 24회까지 연장하여 공고할 수 있다.

   나. 수도권 외의 지역(다목 및 라목에 해당하는 경우는 제외한다): 주택청약종합저축에 가입하여 6개월이 지난 자로서 매월 약정납입일에 월납입금을 6회 이상 납입한 자. 다만, 시·도지사는 청약과열이 우려되는 등 필요한 경우에는 청약 1순위를 위한 주택청약종합저축 가입기간 및 납입횟수를 12개월 및 12회까지 연장하여 공고할 수 있다.

   다. 투기과열지구 또는 청약과열지역: 다음의 요건을 모두 충족하는 자

      1) 주택청약종합저축에 가입하여 2년이 지난 자로서 매월 약정납입일에 월납입금을 24회 이상 납입하였을 것

      2) 세대주일 것

      3) 무주택세대구성원으로서 과거 5년 이내 무주택세대구성원 전원이 다른 주택의 당첨자가 되지 아니하였을 것

   라. 위축지역: 주택청약종합저축에 가입하여 1개월이 지난 자

2. 제2순위: 제1순위에 해당하지 아니하는 자

② 제1항제1호에 따른 제1순위에서 경쟁이 있으면 다음 각 호의 순차별로 공급한다.

1. 40제곱미터를 초과하는 주택의 공급순차

   가. 3년 이상의 기간 무주택세대구성원으로서 저축총액이 많은 자

나. 저축총액이 많은 자

2. 40제곱미터 이하인 주택의 공급순차

가. 3년 이상의 기간 무주택세대구성원으로서 납입횟수가 많은 자

나. 납입횟수가 많은 자

③ 제2항제1호가목 및 제2호가목에 따른 무주택기간은 다음 각 호의 기준에 따라 산정한다.

1. 입주자모집공고일 현재 무주택세대구성원 전원이 주택을 <u>소유</u>하지 아니한 기간을 무주택기간으로 산정. 이 경우 무주택세대 구성원 중 주택공급신청자의 무주택기간은 30세가 되는 날(주택공급신청자가 30세가 되기 전에 혼인한 경우에는 「가족관계의 등록 등에 관한 법률」에 따른 혼인관계증명서에 혼인신고일로 등재된 날)부터 계속하여 무주택인 기간으로 산정한다.

2. 무주택세대구성원이 주택을 소유한 사실이 있는 경우에는 그 주택을 처분한 후 무주택자가 된 날(두 차례 이상 주택을 소유한 사실이 있는 경우에는 최근에 무주택자가 된 날을 말한다)부터 무주택기간을 산정

④ 다음 각 호의 어느 하나에 해당하는 경우에는 추첨의 방법으로 입주자를 선정한다.

1. 제1항제2호에 따른 제2순위에서 경쟁이 있는 경우

2. 제2항제1호 각 목에 따른 순차 안에서 저축총액이 동일하거나 같은 항 제2호 각 목에 따른 순차 안에서 납입횟수가 동일하여 경쟁이 있는 경우

⑤ 사업주체는 제1항부터 제4항까지의 규정에 따라 입주자를 선정하고 남은 주택이 있는 경우에는 제4조에도 불구하고 선착순의 방법으로 입주자를 선정할 수 있다.

제28조(민영주택의 일반공급)

① 사업주체는 민영주택의 입주자를 선정하는 경우에는 입주자모집공고일 현재 다음 각 호의 순위에 따라 선정하여야 한다. <개정 2018.12.11.>

1. **제1순위**: 다음 각 목의 어느 하나에 해당하는 자. 다만, 85제곱미터를 초과하는 공공건설임대주택의 입주자를 선정하는 경우에는 2주택 이상을 소유한 세대에 속한 자는 제외한다.

가. 수도권(다목 및 라목에 해당하는 경우는 제외한다): 다음의 요건을 모두 충족하는 자

1) 주택청약종합저축에 가입하여 1년이 지나고 별표 2의 예치기준금액에 상당하는 금액을 납입할 것. 다만, 시·도지사는 청약과열이 우려되는 등 필요한 경우에는 청약 1순위를 위한 주택청약종합저축 가입기간을 24개월까지 연장하여 공고할 수 있다.

2) 공공주택지구(「공공주택 특별법」제2조제2호에 따른 공공주택지구를 말하며, 개발제한구역에서 해제된 면적이 해당 지구면적의 50퍼센트 이상인 경우로 한정한다)에서 주택을 공급하는 경우에는 2주택(토지임대주택을 공급하는 경우에는 1주택을 말한다) 이상을 소유한 세대에 속한 자가 아닐 것

나. 수도권 외의 지역(다목 및 라목에 해당하는 경우는 제외한다): 주택청약종합저축에 가입하여 6개월이 지나고 별표 2의 예치기준금액에 상당하는 금액을 납입한 자. 다만, 시·도지사는 청약과열이 우려되는 등 필요한 경우에는 청약 1순위를 위한

주택청약종합저축 가입기간을 12개월까지 연장하여 공고할 수 있다.

　다. 투기과열지구 또는 청약과열지역: 다음의 요건을 모두 충족하는 자

　　1) 주택 청약종합저축에 가입하여 2년이 지난 자로서 별표 2의 예치기준금액에 상당하는 금액을 납입하였을 것

　　2) 세대주일 것

　　3) 과거 5년 이내 다른 주택의 당첨자가 된 자의 세대에 속한 자가 아닐 것

　　4) 2주택(토지임대주택을 공급하는 경우에는 1주택을 말한다) 이상을 소유한 세대에 속한 자가 아닐 것

　라. 위축지역: 주택청약종합저축에 가입하여 1개월이 지나고별표 2의 예치기준금액에 상당하는 금액을 납입한 자

2. **제2순위**: 제1순위에 해당하지 아니하는 자

② 사업주체는 제1순위에서 85제곱미터 이하인 민영주택의 입주자를 선정하는 경우 같은 순위에서 경쟁이 있으면 그 순위에 해당하는 자에게 일반공급되는 주택 중 다음 각 호(제3호의 경우는 시장·군수·구청장이 별도로 정하여 공고한 경우만 해당한다)의 구분에 따른 비율에 해당하는 수(다음 각 호 중 둘 이상에 해당되는 경우에는 가장 높은 비율에 해당하는 수를 말하며, 소수점 이하는 절상한다. 이하 이 조에서 같다)의 주택은 가점제를 우선적으로 적용하여 입주자를 선정하고, 그 나머지 수의 주택은 추첨의 방법으로 입주자를 선정하여야 한다. <개정 2017.11.24.>

1. 수도권에 지정된 공공주택지구(개발제한구역에서 해제된 면적이 해당 지구면적의 50퍼센트 이상인 경우로 한정한다)에서 입주자를 선정하는 경우: 100퍼센트

2. 투기과열지구에서 입주자를 선정하는 경우: 100퍼센트

2의2. 청약과열지역에서 입주자를 선정하는 경우: 75퍼센트

3. 제1호, 제2호 및 제2호의2 외의 경우: 40퍼센트 이하에서 시장·군수·구청장이 정하여 공고하는 비율

③ 삭제 <2017.9.20.>

④ 사업주체는 제1순위에서 85제곱미터를 초과하는 민영주택의 입주자를 선정하는 경우 같은 순위에서 경쟁이 있으면 추첨의 방법으로 입주자를 선정하여야 한다. 다만, 다음 각 호의 구분에 따른 비율에 해당하는 수의 주택은 가점제를 우선적으로 적용하여 입주자를 선정하고, 그 나머지 수의 주택은 추첨의 방법으로 입주자를 선정하여야 한다. <개정 2017.11.24.>

1. 공공건설임대주택의 입주자를 선정하는 경우: 100퍼센트

2. 수도권에 지정된 공공주택지구(개발제한구역에서 해제된 면적이 해당 지구면적의 50퍼센트 이상인 경우로 한정한다): 50퍼센트 이하에서 시장·군수·구청장이 정하여 공고하는 비율

3. 투기과열지구: 50퍼센트

4. 청약과열지역에서 입주자를 선정하는 경우: 30퍼센트

⑤ 삭제 <2017.9.20.>

⑥ 제2항 및 제4항 단서에 따라 가점제를 우선적으로 적용하여 제1순위에서 입주자를 선정하는 경우 다음 각 호의 어느 하나에 해당하는 자는 가점제의 적용 대상자에서 제외한다. 다만, 제2항제3호에 따라 입주자를 선정하는 경우에는 제1호에 해당하는 자는

가점제의 적용 대상자에 포함한다. <개정 2018.12.11.>

1. 1호 또는 1세대의 주택을 소유한 세대에 속한 자

2. 과거 2년 이내에 가점제를 적용받아 다른 주택의 당첨자가 된 자의 세대에 속한 자

⑦ 사업주체는 제2항 및 제4항 단서에 따라 가점제를 적용하여 가점제 점수가 같은 경우에는 추첨의 방법에 따르며, 가점제를 적용하는 주택의 입주자로 선정되지 못한 자에 대해서는 별도의 신청절차 없이 추첨제를 적용하는 주택의 추첨 대상자에 포함하여 입주자를 선정하여야 한다. <개정 2017.9.20.>

⑧ 사업주체는 투기과열지구, 청약과열지역, 수도권 및 광역시에서 제2항부터 제7항까지의 규정에 따라 추첨의 방법으로 입주자를 선정하는 주택수보다 추첨 대상자가 많으면 다음 각 호의 순서에 따라 입주자를 선정해야 한다. <신설 2018.12.11.>

1. 제2항 및 제4항 단서에 따라 추첨의 방법으로 공급되는 주택수의 75퍼센트(소수점 이하는 올림 한다)를 무주택세대구성원에게 공급한다.

2. 나머지 주택(제1호에 따라 무주택세대구성원에게 공급하고 남은 주택을 포함한다)은 무주택세대구성원과 1주택을 소유한 세대에 속한 사람(기존 소유 주택 처분조건을 승낙한 사람으로 한정한다)을 대상으로 공급한다.

3. 제1호와 제2호에 따라 공급한 후 남은 주택은 제1순위에 해당하는 사람에게 공급한다.

⑨ 제2순위에서 경쟁이 있는 경우에는 추첨의 방법으로 입주자를 선정하여야 한다. <개정 2018.12.11.>

⑩ 사업주체는 다음 각 호의 어느 하나에 해당하는 경우에는 제4조에도 불구하고 선착순의 방법으로 입주자를 선정할 수 있다. <개정 2018.12.11.>

1. 제1항부터 제9항까지의 규정에 따라 입주자를 선정하고 남은 주택이 있는 경우

2. 분양주택에 대하여 법 제49조에 따른 사용검사를 받아 그 전부 또는 일부를 2년 이상 임대(「민간임대주택에 관한 특별법」 및 「공공주택 특별법」에 따라 임대하는 경우는 제외한다) 후 입주자모집 승인을 받아 공급하는 경우

⑪ 제8항제2호에 따라 1주택을 소유한 세대(분양권등을 소유한 세대는 제외한다)에 속한 사람이 주택을 공급받으려는 경우에는 다음 각 호의 요건을 모두 갖춰야 한다. <신설 2018.12.11.>

1. 공급받은 주택의 입주 이전에 기존 소유 주택의 소유권 처분 조건을 승낙할 것

2. 공급받은 주택의 입주예정일 이전에 기존 소유 주택의 소유권 처분계약에 관한 다음 각 목의 어느 하나에 해당하는 신고를 하거나 검인을 받을 것

　가. 「부동산 거래신고 등에 관한 법률」 제3조에 따른 신고

　나. 「부동산등기 특별조치법」 제3조에 따른 검인

3. 공급받은 주택의 입주가능일부터 6개월 이내에 기존 소유 주택의 소유권 처분을 완료할 것

제29조 삭제 <2016.12.30.>

제3절 우선공급

제30조(행정구역 변경에 따른 우선공급)

① 특별시장·광역시장·특별자치시장·시장 또는 군수는 시·군의 행정구역의 통합으로 주택건설지역의 변동이 있는 경우 통합 전의 군주택건설지역에서 통합일부터 2년 이내에 사업주체가 민영주택을 공급하는 때에는 통합 전의 군주택건설지역을 별도의 주택건설지역으로 정할 수 있다. <개정 2017.9.20.>

② 특별시장·광역시장·특별자치시장·시장 또는 군수는 제1항에 따라 민영주택을 공급하는 사업주체로 하여금 입주자모집공고일 현재 제1항에 따라 별도의 주택건설지역으로 지정된 주택건설지역에 일정 기간 이상 거주하고 있는 자에게 주택을 우선 공급하게 할 수 있다. <신설 2017.9.20.>

제31조(주상복합건축물에 대한 우선공급)

건축주는 「건축법」 제11조에 따른 건축허가를 받아 주택외의 시설과 주택을 동일 건축물로 하여 법 제15조제1항에 따른 호수 이상으로 건설·공급하는 건축물 중 주택에 대해서는 해당 사업부지의 소유자에게 1세대 1주택을 기준으로 우선공급할 수 있다. <개정 2016.8.12.>

제32조(임대사업자 등에 대한 우선공급)

① 시장·군수·구청장은 사업주체가 민영주택을 공급하는 경우로서 주택의 공급물량, 청약률, 임대수요 등 지역 여건을 고려하여 필요하다고 인정하는 경우에는 다음 각 호의 어느 하나에 해당하는 임대사업자 또는 「공공주택 특별법」 제4조에 따른 공공주택사업자(제1호, 제2호 및 제4호의 경우에는 임대사업을 하려는 자를 포함한다)에게 주택의 전부 또는 일부를 우선공급하게 할 수 있다. 이 경우 시장·군수·구청장은 우선공급에 관한 기준을 별도로 정할 수 있다.
1. 「부동산투자회사법」에 따른 부동산투자회사
2. 「자본시장과 금융투자업에 관한 법률」에 따른 집합투자기구
3. 입주자모집 승인 당시 「민간임대주택에 관한 특별법」에 따른 민간임대주택 및 「공공주택 특별법」에 따른 공공임대주택을 단독주택은 20호 이상, 공동주택은 20세대 이상 임대하는 자
4. 소속 근로자에게 임대하려는 고용자(법인으로 한정한다)

② 제1항에 따라 주택을 우선공급 받은 자(「공공주택 특별법」 제4조에 따른 공공주택사업자(이하 "공공주택사업자"라 한다)는 제외한다)는 입주금의 잔금 납부 시까지 「민간임대주택에 관한 특별법」 제5조에 따라 임대사업자로 등록(변경등록을 포함한다)하고 그 등록증 사본을 시장·군수·구청장 및 사업주체에게 제출하여야 한다. <개정 2018.5.4.>

③ 사업주체는 제1항에 따라 주택을 우선공급받은 자가 제2항에 따라 등록증 사본을 제출하지 아니하는 경우에는 공급계약을 취소하고 그 결과를 시장·군수·구청장에게 제출하여야 한다.

제33조(직장주택조합에 대한 우선공급)

① 사업주체는 국민주택을 입주자모집공고일 현재 법 제11조제5항에 따라 설립 신고된

직장주택조합(조합원이 20명 이상인 직장주택조합으로 한정한다)에 그 건설량의 40퍼센트의 범위 안에서 우선공급(이하 "단체공급"이라 한다)할 수 있다. 다만, 제4항에 따른 순위별로 단체공급을 받음으로써 그 주택조합의 남은 조합원 수가 20명에 미달하는 경우에는 주택의 단체공급 신청에 있어서 그 수를 제한하지 아니한다. <개정 2016.8.12.>

② 제1항에 따라 국민주택을 단체공급받으려는 직장주택조합의 조합원은 주택청약종합저축에 가입하여 매월 약정납입일에 월납입금을 6회 이상 납입한 자이어야 한다. <개정 2016.8.12.>

③ 제1항에 따라 단체공급을 받으려는 직장주택조합은 다음 각 호의 서류를 사업주체에게 제출하여야 한다.

1. 주택조합설립신고필증사본

2. 조합원의 주택청약종합저축 통장 사본. 이 경우 해당 직장주택조합의 조합장은 원본을 확인하여야 한다.

④ 사업주체는 단체공급에 경쟁이 있으면 다음 각 호의 순위에 따라 공급하여야 한다. 다만, 같은 순위에서 경쟁이 있는 때에는 신청조합원의 평균저축총액이 많은 조합에 우선공급 하여야 한다.

1. 제1순위: 해당 주택건설지로부터 4킬로미터 이내에 조합원의 직장이 있는 조합

2. 제2순위: 해당 주택건설지로부터 8킬로미터 이내에 조합원의 직장이 있는 조합

3. 제3순위: 해당 주택건설지역에 조합원의 직장이 있는 조합

제34조(대규모 택지개발지구 등에서의 우선공급) [제목개정 2016.5.19.]

① 사업주체는 대규모 택지개발지구[「택지개발촉진법」에 따른 택지개발사업이 시행되는 지역(수도권지역에 한정한다), 「공공주택 특별법」에 따른 공공주택지구조성사업이 시행되는 지역(수도권지역에 한정한다) 및 「경제자유구역의 지정 및 운영에 관한 법률」에 따른 경제자유구역 개발사업이 시행되는 구역(이하 "경제자유구역개발사업시행구역"이라 한다)으로서 면적이 66만제곱미터 이상인 지역을 말한다. 이하 같다] 또는 행정중심복합도시 예정지역에서 건설·공급하는 주택은 제25조제3항에도 불구하고 다음 각 호의 구분에 따라 시·도지사가 정하는 기간(해당 주택건설지역이 투기과열지구인 경우에는 1년 이상의 범위에서 정하는 기간) 이상 거주하고 있는 자에게 우선공급할 수 있다. 다만, 수도권 외의 경제자유구역개발사업시행구역으로서 면적이 66만제곱미터 이상인 지역에서 건설·공급하는 주택 수의 30퍼센트의 범위에서는 국토교통부장관이 정하는 바에 따라 입주자모집 공고일 현재 해당 주택건설지역에 광역시장·시장 또는 군수가 정하는 기간 이상 거주하고 있는 자에게 우선공급할 수 있으며, 그 나머지 수의 주택의 공급에 대해서는 국토교통부 장관이 정하는 바에 따른다. <개정 2019.11.1., 2020.4.17 >

1. 주택건설지역이 특별시·광역시인 경우에는 해당 주택건설지역 거주자에게 50퍼센트

1의2. 주택건설지역이 행정중심복합도시 예정지역인 경우에는 해당 주택건설지역 거주자에게 행정중심복합도시건설청장이 정하여 고시하는 비율

2. 주택건설지역이 경기도인 경우에는 해당 주택건설지역 거주자에게 30퍼센트, 경기도 거주자에게는 20퍼센트. 다만, 해당 주택건설지역의 주택공급신청자가 공급량에 미달될 경우에는 경기도 거주자 공급물량에 포함한다.

② 사업주체가 제1항에 따라 주택을 우선공급하는 경우 사전청약 신청자가 해당 주택건설지역에서 거주한 기간은 입주자모집공고일을 기준으로 산정한다. 다만, 사전청약 신청자는 사전당첨자모집공고일 당시 해당 주택건설지역에 거주하고 있어야 한다. <신설 2021.11.16.>

③ 제1항에 따른 대규모 택지개발지구가 둘 이상의 특별시·광역시 또는 시·군의 행정구역에 걸치는 경우에는 국토교통부장관이 정하는 바에 따른다. <개정 2021.11.16.>

제4절 특별공급

제35조(국민주택의 특별공급) [제목개정 2018.12.11.]

① 사업주체는 제4조제1항, 같은 조 제5항 및 제25조 제3항에도 불구하고 건설하여 공급하는 국민주택을 그 건설량의 10퍼센트의 범위에서 입주자모집공고일 현재 제4조제3항에 따른 공급대상인 무주택세대구성원(제27호의2에 해당하는 경우는 제외한다)으로서 다음 각 호의 어느 하나에 해당하는 자에게 관계기관의 장이 정하는 우선순위기준에 따라 한 차례(제12호부터 제14호까지 및 제27호의2에 해당하는 경우는 제외한다)에 한정하여 1세대 1주택의 기준으로 특별공급할 수 있다. 다만, 시·도지사의 승인을 받은 경우에는 10퍼센트를 초과하여 특별공급할 수 있다. <개정, 2019.8.16., 2021.2.2.>

1. 「독립유공자예우에 관한 법률」에 따른 독립유공자 또는 그 유족
1의2. **「국가유공자 등 예우 및 지원에 관한 법률」에 따른 국가유공자 또는 그 유족**
2. 「보훈보상대상자 지원에 관한 법률」에 따른 보훈보상대상자 또는 그 유족
3. 「5·18민주유공자 예우에 관한 법률」에 따른 5·18민주유공자 또는 그 유족
4. 「특수임무유공자 예우 및 단체설립에 관한 법률」에 따른 특수임무유공자 또는 그 유족
5. 「참전유공자예우 및 단체설립에 관한 법률」에 따른 참전유공자
6. 「제대군인지원에 관한 법률」에 따른 장기복무 제대군인
7. 「군인복지기본법」 제10조에 따른 10년 이상 복무한 군인
8. 「의사상자 등 예우 및 지원에 관한 법률」 제2조 제4호 및 5호에 따른 의사상자 또는 의사자유족
9. 「북한이탈주민의 보호 및 정착지원에 관한 법률」 제2조제1호의 규정에 의한 북한이탈주민
10. 「군사정전에 관한 협정 체결 이후 납북피해자의 보상 및 지원에 관한 법률」 제2조 제3호에 따른 납북피해자
11. 「국군포로의 송환 및 대우 등에 관한 법률」 제2조제5호에 따른 등록포로(세대주 및 세대원 요건은 제외한다)
12. 다음 각 목의 어느 하나에 해당하는 주택(관계법령에 따라 허가를 받거나 신고를 하고 건축하여야 하는 경우에 허가를 받거나 신고를 하지 <u>않고</u> 건한 주택은 제외한다. 에서 같다)을 소유하고 있는 자로서 해당 특별시장·광역시장·특별자치시장·시장 또는 군수가 인정하는 자. 다만, 바목에 해당하는 주택의 경우에는 관계법령에 따라 해당 사업시행을 위한 고시 등이 있은 날 이전부터 소유하고 있는 자로 한정한다.
   가. 국가, 지방자치단체, 한국토지주택공사 및 지방공사인 사업주체가 해당 주택건설

사업(「도시 및 주거환경정비법」 제2조제2호나목 및 다목에 따른 재개발사업 및 재건축사업은 제외한다)을 위하여 철거하는 주택

나. 사업주체가 공공사업으로 조성된 택지를 공급받아 주택을 건설하는 경우 해당 공공사업의 시행을 위하여 철거되는 주택

다. 도시·군계획사업(「도시 및 주거환경정비법」에 따른 **재개발사업 및 재건축사업은 제외한다**)으로 철거되는 주택

라. 재해로 인하여 철거되는 주택

마. 시·도지사, 한국토지주택공사 또는 지방공사가 주택의 내력구조부 등에 중대한 하자가 발생하여 해당 거주자의 보호를 위하여 이주 및 철거가 필요하다고 인정하는 주택

바. 「공익사업을 위한 토지 등의 취득 및 보상에 관한 법률」 제4조에 따른 공익사업의 시행을 위하여 철거되는 주택(가목부터 다목까지의 규정에 해당하는 사업을 위하여 철거되는 주택은 제외한다)

13. 제12호에 해당하는 주택 및 「도시 및 주거환경정비법」에 따른 재개발사업으로 철거되는 주택의 세입자로서 해당 사업을 위한 고시 등이 있은 날 현재 3개월 이상 거주하거나 재해가 발생한 날 현재 전입신고를 하고 거주하고 있는 성년자

14. 「도시 및 주거환경정비법」에 따른 주거환경개선사업(개발제한구역 안에서 시행되는 것으로 한정한다)으로 철거되는 주택의 세입자로서 같은 법 시행령 별표 2 제1호가목에 따른 기준일 현재 3개월 이상 거주한 성년자

15. 「일제하 일본군위안부 피해자에 대한 생활안정지원 및 기념사업 등에 관한 법률」에 의한 일본군위안부 피해자.

16. 「주택도시기금법 시행령」 제3조제1항에 따라 주택도시기금에 예탁된 연금기금 또는 자금을 적립한 자. 이 경우 특별공급되는 주택에 대한 융자금의 합계액은 해당 연도에 예탁된 기금 또는 자금의 총액범위 안에서 제한할 수 있다.

17. 「장애인복지법」 제32조에 따라 장애인등록증이 교부된 <u>사람(지적장애인</u>, 정신장애인 및 <u>장애의 정도가 심한</u> 뇌병변장애인의 경우에는 그 배우자를 포함한다)

18. 「다문화가족지원법」 제2조에 따른 다문화가족의 구성원으로서 배우자와 3년 이상 같은 주소지에서 거주한 자

19. 「공무원연금법」 또는 「군인연금법」의 적용을 받는 공무원 또는 군인으로 10년 이상 근무한 사람으로서 전(全) 가족이 국외에서 2년 이상 거주하고 귀국한 사람 또는 정부의 인사발령에 따른 근무지 이전으로 전 가족이 주택건설지역을 달리하여 거주하는 사람 중 그 사유가 발생한 날부터 2년 이내인 사람

20. 과학기술정보통신부장관이 국가시책상 국내유치가 필요하다고 인정하여 영주귀국하게 하는 박사학위 소지 전문가로서 입국일부터 2년 이내인 자

21. 탄광근로자 또는 공장근로자의 주거안정을 위하여 특별히 건설하는 주택을 공급받고자 하는 탄광근로자 또는 공장근로자

22. 올림픽대회, 국제기능올림픽대회 및 세계선수권대회(국제경기연맹, 국제대학스포츠연맹, 아시아경기대회조직위원회 등이 주최하는 대회로서 단체경기의 경우에는 15개국 이상, 개인경기인 경우에는 10개국 이상이 참가한 대회를 말한다)에서 3위 이상의

성적으로 입상한 우수선수 및 우수기능인

23. 「중소기업인력 지원특별법」 제3조에 따른 같은 법의 적용대상 중소기업에 종사하는 근로자

24. 다음 각 목의 어느 하나에 해당하는 시책을 추진하기 위하여 주택의 특별공급이 필요한 경우로서 해당 시·도지사가 정하여 고시한 기준에 해당하는 자
   가. 지역경제의 활성화 및 경쟁력 제고
   나. 외국인 투자의 촉진
   다. 전통문화의 보존과 관리

25. 투자촉진 또는 지역경제의 활성화 등을 위하여 국외에서 15년 이상 거주한 후 대한민국에 영주귀국하거나 귀화하는 재외동포에게 주택의 특별공급이 필요한 경우로서 해당 시·도지사가 정하여 고시하는 기준에 해당하는 자

26. 「국민체육진흥법」 제14조의2에 따른 대한민국체육유공자 또는 그 유족

27. 「한부모가족지원법 시행규칙」 제3조에 따라 **여성가족부장관이 정하여 고시하는** 한부모가족

27의2. 특별시장·광역시장·특별자치시장·시장·군수 또는 공공주택사업자가 「국가균형발전특별법」에 따른 도시활력증진지역 개발사업 또는 「도시재생 활성화 및 지원에 관한 특별법」 제2조제1항제7호의 도시재생사업과 관련하여 공공임대주택 또는 도시재생기반시설(「도시재생 활성화 및 지원에 관한 특별법」 제2조제1항 제10호의 시설을 말한다)을 공급할 목적으로 취득하는 토지 또는 건축물(이하 이 호에서 "토지등"이라 한다)의 소유자로서 다음 각 목의 요건을 모두 충족하는 자
   가. 입주자모집공고일 현재 취득 대상 토지등 외에 다른 주택을 소유하고 있지 아니하거나 주거전용면적 85제곱미터 이하 주택 1호 또는 1세대를 소유하고 있을 것
   나. 매매계약일 현재 취득 대상 토지등을 3년 이상 소유하였을 것

28. 그밖에 법령의 규정 또는 국가시책상 특별공급이 필요한 자로서 주무부장관이 국토교통부장관과 협의한 자

② 제1항제11호, 제13호부터 제15호 및 제27호에 해당하는 자에 대한 특별공급은 공공임대주택만 해당한다.

제36조(85제곱미터 이하 민영주택의 특별공급)

사업주체는 제4조제1항·제5항 및제25조제3항에도 불구하고 건설하여 공급하는 85제곱미터 이하의 민영주택을 그 건설량의 10퍼센트의 범위에서 입주자모집공고일 현재제4조 제3항에 따른 공급대상인 무주택세대구성원(제8호의2에 해당하는 경우는 제외한다)으로서 다음 각 호의 어느 하나에 해당하는 자에게 관계기관의 장이 정하는 우선순위기준에 따라 한 차례(제1호 및 제8호의2에 해당하는 경우는 제외한다)에 한정하여 1세대 1주택의 기준으로 특별공급할 수 있다. 다만, 시·도지사의 승인을 받은 경우에는 수도권에서는 15퍼센트, 그 외의 지역에서는 20퍼센트의 범위에서 특별공급할 수 있다. <개정 2018.12.11.>

1. 해당 주택을 건설하는 지역에서 철거되는 주택을 관계법령에 따라 해당 사업시행을 위한 고시 등이 있은 날 이전부터 소유 및 거주한 자(대지와 건물의 소유자가 같은 경우에 한하며, 1세대 1주택에 한한다)

2. 「독립유공자예우에 관한 법률」에 따른 독립유공자 또는 그 유족

2의2. 「국가유공자 등 예우 및 지원에 관한 법률」에 따른 국가유공자 또는 그 유족

3. 「보훈보상대상자 지원에 관한 법률」에 따른 보훈보상대상자 또는 그 유족

4. 「5·18민주유공자 예우에 관한 법률」에 따른 5·18민주유공자 또는 그 유족

5. 「특수임무유공자 예우 및 단체설립에 관한 법률」에 따른 특수임무유공자 또는 그 유족

6. 「참전유공자예우 및 단체설립에 관한 법률」에 따른 참전유공자

7. 「의사상자 등 예우 및 지원에 관한 법률」제2조 제4호 및 제5호에 따른 의사상자 또는 의사자유족

8. 제35조 제1항 제6호,제7호, 제9호, 제10호,제15호, 제17호, 제19호, 제20호, 제22호부터 제24호까지, 제26호에 해당되는 자

8의2. 제35조제1항 제27호의2에 해당하는 자

9. 국외에서 1년 이상 취업한 근로자 중 귀국일부터 2년 이내인 자로서 주택청약종합저축에 가입하여 제1순위에 해당하는 자

제37조(개발제한구역 해제 공공택지 주택의 특별공급)

「택지개발촉진법」에 따른 택지개발사업, 「도시개발법」에 따른 도시개발사업 또는 「공공주택 특별법」에 따른 공공주택건설사업을 위하여 해제된 개발제한구역의 지역에서 해당 공공사업으로 조성된 택지 또는 토지를 공급받아 주택을 건설하여 공급하는 사업주체는 그 건설하여 공급하는 85제곱미터 이하의 분양주택을 제4조에도 불구하고 입주자모집공고일 현재 무주택세대구성원으로서 다음 각 호의 어느 하나에 해당하는 자에게 한 차례에 한정하여 1세대 1주택의 기준으로 특별공급할 수 있다. 다만, 「공익사업을 위한 토지 등의 취득 및 보상에 관한 법률」제78조에 따라 수립된 이주대책의 대상자에 포함되어 있거나 이주정착금을 지급받은 자는 제외한다. <개정 2020.9.29.. 2021.9.27.>

1. 해당 공공사업의 시행을 위하여 철거되는 주택의 소유자[「공공주택 특별법 시행규칙」 별표 4 제2호가목4)에 따라 국민임대주택의 입주자로 선정된 자는 제외한다]

2. 「택지개발촉진법 시행령」제13조의2제5항제4호에 따라 택지를 공급받을 수 있는 자로서 해당 택지개발사업으로 조성된 택지를 공급받지 못하거나 공급받지 않은 자

3. 「도시개발법 시행령」제57조제5항제3호에 따라 토지를 공급받을 수 있는 자로서 해당 도시개발사업으로 조성된 토지를 공급받지 못하거나 공급받지 않은 자

4. 「공공주택 특별법 시행령」제24조제5항제4호에 따라 토지를 양도한 자로서 그 면적이 400제곱미터 이상이고 해당 공공주택건설사업으로 조성된 토지를 공급받지 못하거나 공급받지 않은 자

제38조(경제자유구역 내 민영주택의 특별공급)

사업주체는 경제자유구역(「경제자유구역의 시정 및 운영에 관한 특별법」에 따른 경제자유구역을 말한다. 이하 같다) 안에서 건설하여 공급하는 민영주택을 제4조 및 제28조에도 불구하고 그 건설량의 10퍼센트의 범위에서 입주자모집공고일 현재 무주택세대구성원(외국인인 경우에는 무주택자를 말한다)으로서 다음 각 호의 어느 하나에 해당하는 자에게 관계 기관의 장이 정하는 우선순위 기준에 따라 1세대 1주택의 기준으로 특별공급할 수 있다. 다만,

시·도지사의 승인을 받은 경우에는 10퍼센트를 초과하여 특별공급할 수 있다.

1. 해당 경제자유구역에 입주하는 외국인투자기업(「외국인투자 촉진법」 제2조제1항제6호에 따른 외국인투자기업을 말한다)의 종사자
2. 다음 각 목의 어느 하나에 해당하는 자로서 해당 시·도지사의 확인을 받은 자
   가. 「경제자유구역의 지정 및 운영에 관한 특별법」 제22조에 따라 설립된 외국교육기관 또는 국제고등학교의 교원 또는 종사자
   나. 「경제자유구역의 지정 및 운영에 관한 특별법」 제23조에 따라 개설된 외국인전용 의료기관 또는 외국인전용 약국의 종사자
   다. 경제자유지역 안에 소재하는 국제연합기구, 「외국인투자촉진법 시행령」 제2조제1항에 따른 국제협력기구, 그 밖의 국제기구 종사자

제39조(비수도권 민영주택의 특별공급)

사업주체는 수도권 외의 지역에서 건설하여 공급하는 민영주택을 제28조에도 불구하고 그 건설량의 10퍼센트의 범위에서 다음 각 호의 어느 하나에 해당하는 자에게 무주택세대구성원을 제1순위로 하여 관계기관의 장이 정하는 우선순위 기준에 따라 한 차례에 한정하여 1세대 1주택의 기준으로 특별공급할 수 있다. 다만, 그 주택건설지역의 청약률, 분양률, 특별공급 수요 등을 고려하여 시·도지사의 승인을 받은 경우에는 20퍼센트까지 특별공급할 수 있다.

1. 수도권에서 수도권 외의 지역으로 이전하는 학교(「수도권정비계획법 시행령」 제3조제1호에 따른 학교를 말한다)에 근무하는 자
2. 수도권에서 수도권 외의 지역으로 이전하는 공장(「수도권정비계획법 시행령」 제3조제2호에 따른 공장을 말한다)에 근무하는 자
3. 수도권에서 수도권 외의 지역으로 이전하는 기업 중 「국가균형발전 특별법 시행령」 제17조 제3항에 따라 산업통상자원부장관이 정한 세부기준에 따라 지원대상이 되는 기업에 근무하는 자
4. 수도권에서 수도권 외의 지역으로 이전하는 기업연구소(「산업기술혁신 촉진법」 제34조에 따른 기업연구소를 말한다)에 근무하는 자

제40조(다자녀가구 특별공급)

① 사업주체는 건설하여 공급하는 주택을 그 건설량의 10퍼센트(출산 장려의 목적으로 지역별 출산율, 다자녀가구의 청약현황 등을 고려하여 입주자모집 승인권자가 인정하는 경우에는 15퍼센트)의 범위에서 입주자모집공고일 현재 미성년자인 세 명 이상의 자녀(태아를 포함한다. 이하 같다)를 둔 무주택세대구성원에게 한 차례에 한정하여 1세대 1주택의 기준으로 특별공급 할 수 있다. <개정 2018.5.4.>
② 제1항에도 불구하고 제18조 각 호의 어느 하나에 해당하는 사업주체가 건설하여 공급하는 85제곱미터 이하의 주택은 해당 세대의 월평균소득이 전년도 도시근로자 가구당 월평균소득 (태아를 포함한 가구원 수가 4명 이상인 세대는 가구원수별 가구당 월평균소득을 말한다. 이하 같다)의 120퍼센트 이하인 무주택세대구성원에게 특별공급할 수 있다. <개정 2020.9.29.>
③ 태아나 입양한 자녀를 포함하여 제1항에 따른 입주자로 선정된 경우에는 국토교통부장관이

정하는 출산 등과 관련한 자료를 제출하거나 입주시까지 입양이 유지되어야 한다.
<신설 2016.11.15.>

제41조(신혼부부 특별공급)

① 사업주체는 건설하여 공급하는 85제곱미터 이하의 주택을 그 건설량의 20퍼센트의 범위에서 연간 주택건설계획량 등을 고려하여 국토교통부장관이 정하여 고시하는 비율의 주택을 제1호 각 목의 요건을 모두 갖춘 자에게 제2호 각 목의 순위에 **따르거나 추첨의 방법으로** 한 차례에 한정하여 1세대 1주택의 기준으로 특별공급할 수 있다. 다만, 제18조 각 호의 어느 하나에 해당하는 사업주체가 건설하여 공급하는 주택은 30 퍼센트의 범위에서 특별공급할 수 있다. <개정 2020.9.29., 2021.2.2., 2021.11.16.>

 1. 공급요건

  가. 입주자모집공고일 현재 혼인기간(「가족관계의 등록 등에 관한 법률」 제15조 제1항제3호에 따른 혼인관계증명서의 신고일을 기준으로 산정한다. 이하 같다)이 7년 이내일 것

  나. 삭제 <2018.5.4.>

  다. 무주택세대구성원일 것. 다만, 신혼부부는 혼인신고일부터 입주자모집공고일까지 계속하여 무주택자여야 한다.

  라. 해당 세대의 월평균 소득이 다음의 어느 하나에 해당할 것

   1) 전년도 도시근로자 가구당 월평균 소득의 140퍼센트(배우자가 소득이 있는 경우에는 160퍼센트로 한다) 이하일 것

   2) 전년도 도시근로자 가구당 월평균 소득의 140퍼센트(배우자가 소득이 있는 경우에는 160퍼센트로 한다)를 초과하는 경우로서 세대원이 소유하는 부동산의 가액의 합계가 「국민건강보험법 시행령」 별표 4 제3호에 따른 재산등급 중 29등급에 해당하는 재산금액의 하한과 상한을 산술평균한 금액 이하일 것. 이 경우 부동산 가액의 산정방법은 국토교통부장관이 정하여 고시한다.

 2. 공급순위

  가. 제1순위: 다음의 어느 하나에 해당하는 경우

   1) 제1호가목에 따른 혼인기간 중 자녀를 출산(임신 중이거나 입양한 경우를 포함한다)하여 자녀가 있는 경우

   2) 「민법」 제855조제2항에 따라 혼인 중의 출생자로 인정되는 혼인 외의 출생자가 있는 경우

  나. 제2순위: 제1순위에 해당하지 아니하는 경우

② 제1항제2호 각 목에 따른 제1순위 및 제2순위 안에서 경쟁이 있는 경우에는 다음 각 호의 순서대로 입주자를 선정하여야 한다. 다만, 제34조제1항의 경우에는 제1호를 적용하지 아니한다.

 1. 해당 주택건설지역의 거주자. 다만, 제4조제1항 각 호에 해당하는 지역에 주택공급을 신청하는 경우와 같은 조 제3항 각 호에 해당하는 지역의 거주자가 해당 지역에 주택공급을 신청하는 경우만 해당한다.

 2. 자녀수가 많은 자

3. 자녀수가 같은 경우에는 추첨으로 선정된 자

③ 제1항에 따른 특별공급 대상 주택은 다음 각 호의 구분에 따라 공급해야 한다. <개정 2021. 11. 16.>

   1. 특별공급 대상 주택 수의 50퍼센트는 제1항제1호 각 목의 요건을 모두 갖춘 사람 중 해당 세대의 월평균 소득이 전년도 도시근로자 가구당 월평균 소득의 100퍼센트(배우자가 소득이 있는 경우에는 120퍼센트로 한다) 이하인 사람에게 우선 공급한다. 이 경우 공급순위는 제1항제2호 및 제2항에 따른다.

   2. 특별공급 대상 주택 수의 20퍼센트는 제1항제1호 각 목의 요건을 모두 갖춘 사람 중 해당 세대의 월평균 소득이 전년도 도시근로자 가구당 월평균 소득의 140퍼센트(배우자가 소득이 있는 경우에는 160퍼센트로 한다) 이하인 사람에게 공급한다. 이 경우 공급순위는 제1항제2호 및 제2항에 따른다.

   3. 나머지 특별공급 대상 주택은 제1항제1호 각 목의 요건을 모두 갖춘 사람에게 추첨의 방법으로 공급한다.

④ 제1항제2호가목에 따라 임신 또는 입양하여 입주자로 선정된 경우에는 국토교통부장관이 정하는 출산 등과 관련한 자료를 제출하거나 입주할 때까지 입양이 유지되어야 한다. <개정 2020.9.29.>

제42조(외국인 특별공급)

사업주체는 건설하여 공급하는 주택을 그 건설량의 10퍼센트의 범위에서 입주자모집공고일 현재 무주택자(국민주택의 경우에는 입주자모집공고일부터 입주시까지 무주택자이어야 한다)인 외국인에게 외국인투자의 촉진을 위한 시책을 추진하기위하여 해당 시·도지사가 정하여 고시하는 기준에 따라 한 차례에 한정하여 1세대 1주택의 기준으로 특별공급할 수 있다. 다만, 시·도지사의 승인을 받은 경우에는 10퍼센트를 초과하여 특별공급할 수 있다. <개정 2016.8.12.>

제43조(생애최초 주택 구입자 특별공급)

① 사업주체는 건설하여 공급하는 **국민주택**을 그 건설량의 25퍼센트의 범위에서 입주자모집공고일 현재 생애 최초(세대에 속한 모든 자가 과거 주택을 소유한 사실이 없는 경우로 한정한다. 이하 이 조에서 같다)로 주택을 구입하는 자로서 **다음 각 호의 요건을 모두 갖춘 자**에게 한 차례에 한정하여 1세대 1주택의 기준으로 추첨의 방법으로 입주자를 선정하여 특별공급할 수 있다. <개정 2020.9.29., 2021.2.2.>

   1. 제27조제1항의 1순위에 해당하는 무주택세대구성원으로서 저축액이 선납금을 포함하여 600만원 이상인 자

   2. 입주자모집공고일 현재 혼인 중이거나 자녀가 있는 자

   3. 입주자모집공고일 현재 근로자 또는 자영업자[과거 1년 내에 소득세(「소득세법」 제19조 또는 제20조에 해당하는 소득에 대하여 납부하는 것을 말한다. 이하 이 **조에서 같다**)를 납부한 자를 포함한다. 이하 **이조에서 같다**]로서 5년 이상 소득세를 납부한 자. 이 경우 해당 소득세납부의무자이나 소득공제, 세액공제, 세액감면 등으로 납부의무액이 없는 경우를 포함한다.

   4. 해당 세대의 월평균 소득이 전년도 도시근로자 가구당 월평균 소득[4명 이상인 세대는

가구원수에 포함한다)별 가구당 월평균 소득을 말한다. 이하 이 조에서 같다]의 130퍼센트 이하인 자

② 제1항에 따른 특별공급 대상 주택수의 70퍼센트는 제1항 각 목의 요건을 모두 갖춘 자로서 해당 세대의 월평균소득이 전년도 도시근로자 가구당 월평균소득의 100퍼센트 이하인 자에게 추첨의 방법으로 우선 공급해야 한다. <신설 2021.2.2.>

③ 사업주체는 건설하여 공급하는 85제곱미터 이하의 민영주택을 그 건설량의 **20퍼센트** (공공택지 외의 택지에 건설하여 공급하는 경우에는 **10퍼센트**를 말한다)의 범위에서 입주자 모집공고일 현재 생애 최초로 주택을 구입하는 자로서 다음 각 호의 요건을 모두 갖춘 자에게 한 차례에 한정하여 1세대 1주택의 기준으로 추첨의 방법으로 입주자를 선정하여 특별공급할 수 있다. <신설 2020.9.29., 2021.2.2., 2021.11.16.>

1. 제28조제1항의 1순위에 해당하는 무주택세대구성원인 자

2. **입주자모집공고일 현재 다음 각 목의 어느 하나에 해당하는 사람**

　가. **혼인 중이거나 자녀가 있는 사람**

　나. **가목에 해당하지 않는 사람으로서 제4호에 해당하는 사람**

3. 입주자모집공고일 현재 근로자 또는 자영업자로서 5년 이상 소득세를 납부한 자. 이 경우 해당 소득세납부의무자이나 소득공제, 세액공제, 세액감면 등으로 납부의무액이 없는 경우를 포함한다.

4. 해당 세대의 월평균 소득이 다음 각 목의 어느 하나에 해당할 것

　가. 전년도 도시근로자 가구당 월평균 소득의 160퍼센트 이하일 것

　나. 전년도 도시근로자 가구당 월평균 소득의 160퍼센트를 초과하는 경우로서 세대원이 소유하는 부동산의 가액의 합계가 「국민건강보험법 시행령」 별표 4 제3호에 따른 재산등급 중 29등급에 해당하는 재산금액의 하한과 상한을 산술평균한 금액 이하일 것. 이 경우 부동산 가액의 산정방법은 국토교통부장관이 정하여 고시한다.

④ 제3항에 따른 특별공급 대상 주택은 다음 각 호의 구분에 따라 공급해야 한다. <개정 2021.11.16.>

1. 특별공급 대상 주택 수의 50퍼센트는 제3항제1호, 같은 항 제2호가목, 같은 항 제3호 및 제4호가목의 요건을 모두 갖춘 사람으로서 해당 세대의 월평균 소득이 전년도 도시근로자 가구당 월평균 소득의 130퍼센트 이하인 사람에게 추첨의 방법으로 우선 공급한다.

2. 특별공급 대상 주택 수의 20퍼센트는 제3항제1호, 같은 항 제2호가목, 같은 항 제3호 및 제4호가목의 요건을 모두 갖춘 사람으로서 해당 세대의 월평균 소득이 전년도 도시근로자 가구당 월평균 소득의 160퍼센트 이하인 사람에게 추첨의 방법으로 공급한다.

3. 나머지 특별공급 대상 주택은 제3항 각 호의 요건을 모두 갖춘 사람에게 추첨의 방법으로 공급한다.

제44조(도시개발사업에 따른 철거주택 소유자에 대한 특별공급)

사업주체는 도시개발사업(「도시개발법」 제11조제1항제5호 또는 제11호에 해당하는 자가 같은 법에 따라 시행하는 도시개발사업으로서 개발면적이 33만제곱미터 이상인 경우만 해당

한다)으로 조성된 토지에 건설하여 공급하는 85제곱미터 이하의 민영주택을 입주자모집공고일 현재 무주택세대구성원으로서 해당 도시개발사업의 시행을 위하여 철거되는 주택의 소유자에게 한 차례에 한정하여 1세대 1주택의 기준으로 특별공급할 수 있다. 다만, 「공익사업을 위한 토지 등의 취득 및 보상에 관한 법률」 제78조에 따라 수립된 이주대책의 대상자에 포함되어 있거나 이주정착금을 지급받은 자는 제외한다.

제45조(국가유공자 등 특별공급) [전문개정 2019.11.1.]

사업주체는 2024년 3월 31일까지 입주자모집승인을 신청(「공공주택 특별법」 제4조에 따른 공공주택사업자의 경우에는 입주자모집공고를 말한다)하여 건설·공급하는 국민주택을 제4조제1항·제5항 및 제25조제3항에도 불구하고 그 건설량의 5퍼센트(공공임대주택의 경우에는 10퍼센트)의 범위에서 입주자모집공고일 현재 제4조제3항에 따른 공급대상인 무주택세대구성원으로서 다음 각 호의 어느 하나에 해당하는 자에게 국가보훈처장이 정하는 기준에 따라 한 차례에 한정하여 1세대 1주택의 기준으로 특별공급할 수 있다.

1. 「독립유공자예우에 관한 법률」에 따른 독립유공자 또는 그 유족
2. 「국가유공자 등 예우 및 지원에 관한 법률」에 따른 국가유공자 또는 그 유족
3. 「보훈보상대상자 지원에 관한 법률」에 따른 보훈보상대상자 또는 그 유족
4. 「5·18민주유공자 예우에 관한 법률」에 따른 5·18민주유공자 또는 그 유족
5. 「특수임무유공자 예우 및 단체설립에 관한 법률」에 따른 특수임무유공자 또는 그 유족
6. 「참전유공자 예우 및 단체설립에 관한 법률」에 따른 참전유공자

제46조(노부모 부양자에 대한 특별공급)

① 사업주체는 건설하여 공급하는 주택을 그 건설량의 3퍼센트의 범위에서 입주자모집공고일 현재 65세 이상의 직계존속(배우자의 직계존속을 포함한다)을 3년 이상 계속하여 부양(같은 세대별주민등록표상에 등재되어 있는 경우에 한정한다)하고 있는 자로서 다음 각 호의 요건을 모두 갖춘 자에게 한 차례에 한정하여 1세대 1주택의 기준으로 특별공급할 수 있다.

1. 제27조 및 제28조에 따른 제1순위에 해당하는 자일 것
2. 무주택세대구성원(세대주에 한정하며, 피부양자의 배우자도 무주택자이어야 하고 피부양자의 배우자가 주택을 소유하고 있었던 기간은 무주택기간에서 제외한다. 이하 이 조에서 같다)일 것

② 제1항에 따라 특별공급을 할 때 제1순위에서 경쟁이 있는 경우 국민주택은 제27조제2항의 공급방법에 따르고, 민영주택은 가점제를 적용하되, 동점일 경우에는 추첨의 방법에 따른다. <개정 2016.8.12.>

③ 제1항에도 불구하고 제18조 각 호의 어느 하나에 해당하는 사업주체는 건설하여 공급하는 85제곱미터 이하의 주택을 그 건설량의 5퍼센트의 범위에서 다음 각 호의 요건을 모두 갖춘 자에게 특별공급할 수 있다. <개정 2016.5.19., 2020.9.29.>

1. 해당 세대의 월평균소득이 전년도 도시근로자 가구당 월평균소득(4명 이상인 세대는 가구원수별 가구당 월평균소득을 말한다)의 120퍼센트 이하일 것

2. 무주택세대구성원일 것

제47조(이전기관 종사자 등 특별공급)

① 삭제 <2021.7.5.>

② 사업주체는 「도청 이전을 위한 도시건설 및 지원에 관한 특별법」에 따른 도청이전신도시에서 건설하여 공급하는 주택을 다음 각 호의 어느 하나에 해당하는 자에게 한 차례에 한정하여 1세대 1주택의 기준으로 특별공급할 수 있다. <개정 2021.5.24.>

1. 도청이전신도시에 건설되는 도청 및 공공기관에 근무하기 위하여 이주하는 종사자

2. 도청이전신도시로 이전하거나 설립하는 「국가과학기술 경쟁력 강화를 위한 이공계지원 특별법」 제2조제2호에 따른 대학의 교원 또는 종사자

3. 도청이전신도시에 입주하는 기업, 연구기관, 의료기관 및 공익단체의 종사자 중 도시 활성화 및 투자 촉진 등을 위하여 특별공급이 필요하다고 도지사가 인정하는 자

③ 사업주체는 제1호 각 목의 지역에서 건설하여 공급하는 주택을 제2호 각 목의 어느 하나에 해당하는 사람에게 한 차례에 한정하여 1세대 1주택의 기준으로 특별공급할 수 있다. 다만, 2주택 이상을 소유한 세대에 속한 사람은 제외한다. <개정 2018.3.27., 2021.5.28.>

1. 공급지역

가. 「혁신도시 건설 및 지원에 관한 특별법」 제6조에 따라 지정되는 혁신도시개발예정지구와 같은 법 제29조제1항 단서에 따라 개별 이전하는 지역(이하 이 항에서 "혁신도시예정지역"이라 한다)

나. 해당 시·도지사가 인정하는 혁신도시예정지역 인근의 주택건설지역

2. 공급대상자

가. 혁신도시예정지역으로 이전하거나 혁신도시예정지역에 설치하는 국가기관, 지방자치단체 및 공공기관 종사자

나. 혁신도시예정지역으로 이전하거나 혁신도시예정지역에 설립하는 다음에 해당하는 교육기관의 교원 또는 종사자

1) 「유아교육법」 제2조에 따른 유치원

2) 「초·중등교육법」 제2조에 따른 학교

3) 「고등교육법」 제2조에 따른 학교

다. 혁신도시예정지역에 입주하는 기업, 연구기관 및 의료기관의 종사자 중 도시활성화 및 투자 촉진 등을 위하여 특별공급이 필요하다고 해당 시·도지사가 인정하는 자

④ 사업주체는 해당 시·도지사가 주거여건, 주택의 수요·공급 상황 등을 고려하여 필요하다고 인정하는 경우에는 2018년 12월 31일까지 혁신도시예정지역에서 건설하여 공급하는 주택(소속 직원의 관사나 숙소로 사용하는 경우로 한정한다)을 「혁신도시 조성 및 발전에 관한 특별법」 제2조제2호에 따른 이전공공기관에 특별공급할 수 있다. <개정 2018.3.27.>

⑤ 사업주체는 「제주특별자치도 설치 및 국제자유도시 조성을 위한 특별법」 제189조의2에 따라 건설되는 영어교육도시에서 건설하여 공급하는 주택을 그 도시에 설립되는 다음 각 호의 학교 또는 법인에 근무하기 위하여 전입하는 사람으로서 제주특별자치도지사가 인정하는 사람에게 한 차례에 한정하여 1세대 1주택(외국인인 경우에는 1인 1주택을 말한다)의 기준

으로 특별공급할 수 있다.

1. 「제주특별자치도 설치 및 국제자유도시 조성을 위한 특별법」 제182조제1항에 따른 외국교육기관 중 외국대학

2. 「제주특별자치도 설치 및 국제자유도시 조성을 위한 특별법」 제189조의4에 따른 국제학교

3. 「제주특별자치도 설치 및 국제자유도시 조성을 위한 특별법」 제189조의7에 따라 국제학교 설립승인을 받은 법인. 이 경우 설립승인 후 국제학교의 운영을 위탁한 경우는 그러하지 아니하다.

4. 「제주특별자치도 설치 및 국제자유도시 조성을 위한 특별법」 제189조의8에 따라 국제학교의 운영을 위탁받은 법인

⑥ 사업주체는 「주한미군기지 이전에 따른 평택시 등의 지원 등에 관한 특별법」 제2조제5호에 따른 평택시등(이하 "평택시등"이라 한다)에서 건설하여 공급하는 주택을 다음 각 호의 어느 하나에 해당하는 **자(으)로서** 평택시등의 장이 인정하는 자에게 한 차례에 한정하여 1세대 1주택의 기준으로 특별공급할 수 있다.

1. 대한민국 국민으로서 「대한민국과 아메리카합중국 간의 상호방위조약 제4조에 의한 시설과 구역 및 대한민국에서의 합중국 군대의 지위에 관한 협정」 제17조에 따른 민간인인 고용원

2. 대한민국 국민으로서 「대한민국과 미합중국간의 한국노무단의 지위에 관한 협정」 제1조에 따라 미합중국 군대를 위하여 노역을 수행하는 한국노무단의 민간인인 고용원

⑦ 사업주체는 「산업입지 및 개발에 관한 법률」 제2조제8호에 따른 산업단지(이하 이 항에서 "산업단지"라 한다)에서 건설하여 공급하는 주택을 같은 법 시행규칙 제27조의2에 따라 다음 각 호의 어느 하나에 해당하는 자에게 한 차례에 한정하여 1세대 1주택의 기준으로 특별공급할 수 있다. <개정 2021.7.5.>

1. 해당 산업단지(해당 주택건설지역 내의 다른 산업단지로서 주택건설사업계획 승인권자가 입주기업 종사자 지원을 위해 필요하다고 인정하는 산업단지를 포함한다. 이하 이 항에서 같다)의 입주기업(「산업입지 및 개발에 관한 법률」 제2조제9호에 따른 산업단지개발사업의 시행자와 분양계약을 체결한 입주예정기업을 포함한다. 이하 이 항에서 같다), 연구기관 및 의료기관의 종사자

2. 해당 산업단지 내로 이전하거나 산업단지 내에 설립하는 다음 각 목에 해당하는 교육기관의 교원 또는 종사자

   가. 「유아교육법」 제2조제2호에 따른 유치원

   나. 「초·중등교육법」 제2조에 따른 학교

   다. 「고등교육법」 제2조에 따른 학교

⑧ 사업주체는 「기업도시개발 특별법」 제5조에 따라 지정된 기업도시개발구역에서 건설하여 공급하는 주택을 같은 법 시행령 제39조제1항 각 호에 해당하는 자에게 한 차례에 한정하여 1세대 1주택의 기준으로 특별공급할 수 있다. <신설 2017.11.24.>

⑨ 사업주체는 해당 시·도지사가 주거여건, 주택의 수급상황 등을 고려하여 필요하다고 인정하는 경우에는 산업단지에서 건설하여 공급하는 주택(국토교통부장관이 제9항제3호에서 정하는 바에 따라 소속 직원의 숙소로 사용하는 경우로 한정한다)을 산업단지 입주기업에 특별공급할 수 있다. <개정 2017.11.24.>

⑩ 제1항부터 제8항까지에 따른 특별공급에 필요한 세부적인 사항은 다음 각 호에서 정하는 사람이 따로 정할 수 있다. <개정 2017.11.24., 2021.7.5.>

1. **삭제** <2021.7.5.>

2. 제2항의 경우: 도지사

3. 제3항 및 제7항의 경우: 국토교통부장관

4. 제5항의 경우: 제주특별자치도지사

5. 제6항의 경우: 평택시등의 장

⑪ 제1항부터 제10항까지의 규정에 따라 주택을 공급하는 경우에는 다음 각 호에서 정하는 바에 따른다. <개정 2017.11.24., 2021.7.5.>

1. 제4항 및 제9항에 따라 주택을 공급하는 경우에는 이 규칙의 다른 조항을 적용하지 아니한다.

2. 제1호 외의 경우에는 제54조, 제55조, 제57조 및 제58조만을 적용한다.

제47조의2(특별공급 제외 주택) [본조신설 2018.5.4.]

사업주체는 제35조부터 제47조까지의 규정에도 불구하고 투기과열지구에서 공급되는 주택으로서 분양가격(제21조제3항제11호에 따른 분양가격을 말한다)이 9억원을 초과하는 주택은 특별공급할 수 없다.

제47조의3(불법전매 등으로 계약취소된 주택의 재공급)[전문개정 2019.8.16.]

① 사업주체는 다음 각 호의 어느 하나에 해당하는 지구 또는 지역 등에서 법 제64조제3항 및 제65조제3항에 따라 입주자로 선정된 지위나 주택을 취득하는 경우 매분기 말일을 기준으로 취득해야 한다. <개정 2021.2.2.>

1. 투기과열지구 또는 청약과열지역

2. **국토교통부장관 및** 시·도지사가 투기과열지구 또는 청약과열지역이 아닌 지역에서 필요하다고 인정하여 지정하는 주택단지

② 사업주체는 제1항에 따라 취득하는 입주자로 선정된 지위 또는 주택(이하 이 조에서 "계약취소주택"이라 한다)을 입주자모집공고일 현재 다음 각 호의 요건을 모두 갖춘 사람에게 추첨의 방법으로 공급해야 한다. <개정 2021.5.28.>

1. 해당 주택건설지역의 거주자일 것

2. 세대주로서 무주택세대구성원일 것

3. 다음 각 목의 어느 하나에 해당하는 제한기간 중에 있지 않을 것

　가. 제54조제2항에 따른 재당첨 제한기간

　나. 제56조제1항에 따른 입주자 자격 제한기간

　다. 제58조제3항에 따른 입주자선정 제한기간

③ 사업주체는 제2항에도 불구하고 계약취소주택이 제35조부터 제47조까지의 규정에 따라 공급되는 주택인 경우에는 해당 주택건설지역의 거주자로서 입주자모집공고일 현재 해당 특별공급의 요건을 갖춘 사람을 대상으로 추첨의 방법으로 공급해야 한다. 다만, 특별공급 요건을 갖춘 사람이 신청을 하지 않거나 본문에 따라 입주자를 선정하고 남은 주택이 있는 경우에는 제2항 각 호의 요건을 모두 갖춘 사람을 대상으로 추첨의 방법으로 공급한다.

④ 사업주체는 제2항 및 제3항에 따라 계약취소주택을 공급하는 경우 계약취소주택수의 40 퍼센트 이상(소수점 이하는 올림한다)의 예비입주자를 선정해야 한다.

⑤ 사업주체는 입주자를 선정한 경우 제57조제1항에 따라 당첨자의 명단을 **주택청약업무 수행기관에 통보해야 한다**. <개정 2021.2.2.>

⑥ 입주자모집승인권자는 각 사업주체들과 협의하여 관할 지역에 있는 계약취소주택을 분기별 또는 반기별로 통합하여 한꺼번에 공급하게 할 수 있다.

⑦ **입주자모집승인권자는 계약취소주택의 재공급을 위한 입주자모집을 승인하는 경우 계약 취소주택의 당초 분양가격, 법 제64조제3항 및 제65조제3항에 따른 매입비용 및 지급금액, 계약취소주택의 재공급에 들어간 법률 자문 비용, 홍보비·인건비 등의 부대경비 등을 고려할 때 그 재공급가격이 적절한지를 검토·확인해야 한다.** <신설 2021.5.28.>

⑧ 사업주체는 제52조에 따라 입주자모집승인권자 또는 전산관리지정기관을 통해 무주택 기간 및 주택소유여부 등 입주대상자의 자격을 확인해야 한다. <개정 2021.2.2., 2021. 5.28.>

제48조(특별공급의 입주자저축 요건)

제35조제1항(제1호부터 제5호까지, 제12호, 제13호, 제14호, 제17호, 제27호의2 및 제28호를 제외한다), 제36조[제1호부터 제6호까지, 제8호(제35조제1항제17호에 해당하는 부분만을 말한다) 및 제8호의2를 제외한다], 제38조, 제39조, 제40조 및제41조제1항에 따라 주택을 특별공급받고자 하는 자는 다음 각 호의 어느 하나에 해당하는 요건을 갖추어야 한다. <개정 2018.12.11., 2018.12.11.>

1. 국민주택을 특별공급받으려는 경우: 주택청약종합저축에 가입하여 6개월이 지나고 매월 약정납입일에 월납입금을 6회 이상 납입하였을 것
2. 민영주택을 특별공급받으려는 경우: 주택청약종합저축에 가입하여 6개월이 지나고 별표 2의 예치기준금액에 상당하는 금액을 납입하였을 것

제49조(특별공급의 비율 조정 등)

① 입주자모집승인권자는 제40조, 제41조, 제43조 및 제46조에 따른 각 특별공급의 비율을 증가 또는 감소시킬 수 있다. 이 경우 다음 각 호의 요건을 모두 충족하여야 한다.
  1. 각 특별공급 비율은 10퍼센트(전체 건설량을 기준으로 한다)의 범위 내의 비율에서 증가 또는 감소시킬 것
  2. 각 유형별 특별공급비율은 최소 3퍼센트 이상일 것
  3. 특별공급 비율의 조정 후 각 유형별 비율의 합이 조정 전의 각 유형별 비율의 합을 초과하지 아니할 것

② 국토교통부장관은 제40조, 제41조, 제43조 및 제46조에 따른 입주자 선정에 관한 세부 적인 사항을 정할 수 있다 <개정 2017.11.24.>

③ 시·도지사는 제35조제1항 제24호,제36조제8호(제35조제1항제24호에 해당되는 사람 으로 한정한다), 제39조, 제42조 및 제44조에 따른 입주자 선정에 관한 세부적인 사항을 정할 수 있다. <신설 2018.12.11.>

제5장 입주자 선정 및 관리

제1절 입주자 선정

제50조(입주자선정업무 등의 대행)

① 사업주체는 입주자를 선정하려는 경우에는 다음 각 호의 구분에 따른 기관에 청약접수 및 입주자선정업무의 대행을 의뢰하여야 한다. 다만, 제19조제3항에 따라 방문접수의 방법으로 입주자를 모집하거나 제47조에 따라 입주자를 모집하는 경우에는 예외로 한다. <개정 2019.8.16., 2021.2.2.>
  1. 청약접수
    가. 제27조 및 제28조에 따라 입주자를 선정하려는 경우: 주택청약업무수행기관
    나. 제19조제5항, 제31조부터 제33조까지 및 제35조부터 제46조까지 및 제47조의3 (해당 주택이 20세대 또는 20호 이상인 경우로 한정한다)에 따라 입주자를 선정하려는 경우: 주택청약업무수행기관
  2. 입주자 선정 및 동·호수 배정: 주택청약업무수행기관
② 제1항에도 불구하고 제18조 각 호의 어느 하나에 해당하는 사업주체는 다음 각 호의 업무를 직접 할 수 있다. <개정 2019.11.1.>
  1. 청약접수
  2. 제27조 및 제28조에 따라 입주자를 선정하고 남은 주택 및 분양전환되지 아니하는 공공임대주택의 입주자 선정
③ 제1항 및 제2항에 따라 청약접수 업무를 수행하는 기관은 청약률을 인터넷 홈페이지 등에 게시하여야 한다.
④ 법 제54조의2제2항 각 호 외의 부분에서 "입주자자격, 공급 순위 등을 증명하는 서류의 확인 등 국토교통부령으로 정하는 업무"란 다음 각 호의 업무를 말한다. <개정 2019.11.1.>
  1. 제23조 및 제24조에 따라 주택공급 신청자가 제출한 서류의 확인 및 관리
  2. 제52조에 따른 입주자 자격의 확인 및 제57조제8항에 따른 부적격 당첨 여부 확인
  3. 제57조 및 제58조에 따른 당첨자·부적격 당첨자의 명단관리
  4. 제59조에 따른 주택의 공급계약 체결에 관한 업무
  5. 제1호부터 제4호까지의 규정과 관련된 상담 및 안내 등
⑤ 사업주체는 주택청약업무수행기관에 제35조에서 제49조까지의 규정에 따른 입주자선정 업무 중 동·호수 배정업무의 대행을 의뢰하여야 한다. <개정 2021.2.2.>

제50조의2(분양대행자에 대한 교육 등) [본조신설 2019.11.1.]

① 사업주체는 법 제54조의2제2항에 따른 분양대행자(이하 이 조에서 "분양대행자"라 한다)에게 제50조제4항 각 호의 업무(이하 이 조에서 "분양대행 업무"라 한다)를 대행하게 하는 경우 법 제54조의2제3항에 따라 분양대행자가 국토교통부장관이 전문교육기관으로 지정·고시하는 관련 기관·단체에서 다음 각 호에 해당하는 사항을 교육받도록 해야 한다.

1. 다음 각 목의 내용을 포함하는 분양대행 업무에 필요한 전문지식에 관한 사항

　가. 주택의 공급방법 및 공급순위

　나. 특별공급 대상자 자격 및 특별공급 요건

　다. 투기과열지구 및 법 제63조의2에 따른 조정대상지역의 지정 및 해제

　라. 법 제64조에 따른 전매행위 제한 및 법 제65조에 따른 공급질서 교란 금지

2. 분양대행자의 소양 및 윤리에 관한 사항

② 제1항에 따른 교육은 분양대행 업무를 하려는 주택의 입주자모집공고일(**사전청약의 경우에는 사전당첨자모집공고일로 한다**) 전 1년 이내에 받아야 한다.

③ 제1항에 따른 전문교육기관은 매년 11월 30일까지 다음 각 호의 내용이 포함된 다음 연도의 교육계획서를 작성하여 입주자모집승인권자 및 사업주체에게 통보해야 한다.

1. 교육 일시·장소 및 시간. 이 경우 교육 기간은 1일로 한다.

2. 교육 예정 인원

3. 교육 과목 및 내용

4. 교육 수료 기준 및 수료증 발급에 관한 사항

5. 그 밖에 교육의 시행에 필요한 사항

④ 사업주체는 분양대행자가 이 규칙에서 정한 절차와 기준에 따라 분양대행 업무를 수행하도록 감독해야 한다.

⑤ 제1항부터 제3항까지의 규정에 따른 교육에 관하여 필요한 사항은 국토교통부장관이 정하여 고시한다.

[시행일 : 2021.1.1.] 제50조의2제1항, 제50조의2제2항

제51조(최하층 우선배정)

주택청약업무수행기관은 사업주체가 5층 이상의 주택을 건설·공급하여 제50조제1항 및 제5항에 따라 대행을 의뢰하는 경우 당첨자 또는 그 세대에 속한 자가 다음 각 호의 어느 하나에 해당하여 주택의 최하층(해당 주택의 분양가격이 바로 위층 주택의 분양가격보다 높은 경우는 제외한다)을 희망하는 때에는 해당 최하층을 그 당첨자에게 우선 배정하여야 한다. 이 경우 제1호 또는 제2호에 해당하는 자와 제3호에 해당하는 자 사이에 경쟁이 있으면 제1호 또는 제2호에 해당하는 자에게 우선 배정하여야 한다.<개정 2017.11.24., 2021.2.2.>

1. 입주자 모집공고일 현재 65세 이상인 자

2. 「장애인복지법」 제32조에 따라 장애인등록증이 발급된 자

3. 입주자모집공고일 현재 미성년자인 세 명 이상의 자녀를 둔 자

제52조(입주대상자 자격 확인 등)

① 사업주체(사업주체가 국가 또는 지방자치단체인 경우에는 시·도지사를 말한다. 이하 이 조에서 같다)는 주택의 입주자를 선정하거나 사업계획상의 입주자를 확정하려는 경우에는 입주대상자(예비입주대상자를 포함한다. 이하 이 조에서 같다)로 선정된 자 또는 사업계획상의 입주대상자로 확정된 자에 대하여 「정보통신망 이용촉진 및 정보보호 등에 관한 법률」에 따라 구성된 주택전산망을 이용한 무주택기간 및 주택소유 여부 등의 전산검색을

국토교통부장관이 정하는 방법과 절차에 따라 국토교통부장관에게 의뢰하여야 한다. 다만, 입주자저축취급기관이 제50조제1항에 따라 청약접수를 대행하는 경우에는 입주자저축 취급기관이 **주택청약업무수행기관**으로 하여금 국토교통부장관에게 전산검색을 의뢰하도록 요청하여야 한다. <개정 2021.2.2.>

② 제23조제2항 각 호 외의 부분 단서에 따라 주택의 공급신청시에 구비서류의 제출을 생략한 경우 사업주체는 주택의 공급계약을 체결하기 전에 당첨예정자로부터 같은 항 제2호부터 제4호까지, 제8호 및 제9호에 따른 서류를 제출받아 세대주, 세대원 및 해당 거주지 등을 확인하여야 한다.

③ 사업주체는 제1항 및 제2항에 따른 전산검색 및 제출서류의 확인 결과 공급자격 또는 선정 순위를 달리한 부적격자로 판정된 자에 대해서는 그 결과를 통보하고, 통보한 날부터 7일 이상의 기간을 정하여 제23조제4항 각 호에 따른 주택 소유 여부를 증명할 수 있는 서류, 세대주, 세대원 및 해당 거주지 등을 확인할 수 있는 증명서류 등을 제출하도록 하여 공급자격 또는 선정순위의 정당 여부를 확인한 후 입주자를 선정하거나 사업계획상의 입주대상자를 확정하여야 한다.

④ 사업주체는 제3항에 따른 서류를 접수일부터 5년(제54조에 따른 재당첨제한기간이 10년에 해당하는 경우에는 10년) 동안 보관하여야 하며, 관계기관의 요청이 있는 경우에는 해당 서류를 제출하여야 한다.

⑤ 법 제5조제3항에 따라 근로자를 고용한 자가 그 근로자를 위하여 건설하는 주택의 경우 해당 사업계획 승인 당시 입주대상자의 일부를 확정할 수 없는 때에는 입주대상자의 명단을 해당 주택의 사용검사일 이전까지 확정하여 시·도지사에게 통보한 후 입주대상자로 확정된 자의 무주택기간 및 주택소유 여부 등을 전산검색하여야 한다. 이 경우 전산검색의 방법 및 절차에 관하여는 제1항을 준용한다. <개정 2016.8.12.>

⑥ 제1항 또는 제5항에 따른 의뢰를 받은 국토교통부장관은 14일 이내에 전산검색 결과를 사업주체 또는 **주택청약업무수행기관에 통보해야 한다**. <개정 2021.2.2.>

제52조의2(입주자자격 및 공급 순위 등 정보의 사전제공) [본조신설 2021.2.2.]

① 주택을 공급받으려는 자는 주택공급 신청 전에 법 제89조제4항제3호에 따라 국토교통부 장관으로부터 같은 호의 업무를 위탁받은 주택청약업무수행기관의 인터넷 홈페이지를 통하여 법 제56조의3제2항에 따른 개인정보의 수집·제공 동의를 하고 입주자자격, 주택의 소유 여부, 재당첨 제한 여부, 공급 순위 등에 관한 정보를 요청할 수 있다.

② 주택청약업무수행기관은 제1항에 따른 요청이 있는 경우 입주자저축 가입자의 입주자 자격 및 공급 순위 등에 대한 자료 및 정보를 검색하고, 그 결과를 인터넷 홈페이지, 휴대전화 문자메시지 등의 방법으로 통지해야 한다.

제52조의3(입주대상자 자격 확인 및 정보의 사전제공에 관한 규정의 준용) [본조신설 2021.11.16.]

사전당첨자의 자격 확인과 사전당첨자 자격 및 공급 순위 등에 관한 정보의 사전제공에 관하여는 제52조(제5항은 제외한다) 및 제52조의2를 준용한다.

제53조(주택소유 여부 판정기준)

주택소유 여부를 판단할 때 분양권등을 갖고 있거나 주택 또는 분양권등의 공유지분을 소유하고 있는 경우에는 주택을 소유하고 있는 것으로 보되, 다음 각 호의 어느 하나에 해당하는 경우에는 주택을 소유하지 아니한 것으로 본다. 다만, 공공임대주택의 공급, 제46조, 「공공주택 특별법 시행규칙」 별표 6 제2호라목에 따른 특별공급의 경우 무주택 세대구성원에 해당하는지 여부를 판단할 때에는 제6호를 적용하지 아니한다. <개정 2018.12.11.>

1. 상속으로 주택의 공유지분을 취득한 사실이 판명되어 사업주체로부터 제52조제3항에 따라 부적격자로 통보받은 날부터 3개월 이내에 그 지분을 처분한 경우

2. 도시지역이 아닌 지역 또는 면의 행정구역(수도권은 제외한다)에 건축되어 있는 주택으로서 다음 각 목의 어느 하나에 해당하는 주택의 소유자가 해당 주택건설지역에 거주(상속으로 주택을 취득한 경우에는 피상속인이 거주한 것을 상속인이 거주한 것으로 본다)하다가 다른 주택건설지역으로 이주한 경우
   가. 사용승인 후 20년 이상 경과된 단독주택
   나. 85제곱미터 이하의 단독주택
   다. 소유자의 「가족관계의 등록 등에 관한 법률」에 따른 최초 등록기준지에 건축되어 있는 주택으로서 직계존속 또는 배우자로부터 상속 등에 의하여 이전받은 단독주택

3. 개인주택사업자가 분양을 목적으로 주택을 건설하여 이를 분양 완료하였거나 사업주체로부터 제52조제3항에 따른 부적격자로 통보받은 날부터 3개월 이내에 이를 처분한 경우

4. 세무서에 사업자로 등록한 개인사업자가 그 소속 근로자의 숙소로 사용하기 위하여 법 제5조제3항에 따라 주택을 건설하여 소유하고 있거나 사업주체가 정부시책의 일환으로 근로자에게 공급할 목적으로 사업계획 승인을 받아 건설한 주택을 공급받아 소유하고 있는 경우

5. 20제곱미터 이하의 주택 또는 분양권등을 소유하고 있는 경우. 다만, 2호 또는 2세대 이상의 주택 또는 분양권등을 소유하고 있는 사람은 제외한다.

6. 60세 이상의 직계존속(배우자의 직계존속을 포함한다)이 주택 또는 분양권등을 소유하고 있는 경우

7. 건물등기부 또는 건축물대장등의 공부상 주택으로 등재되어 있으나 주택이 낡아 사람이 살지 아니하는 폐가이거나 주택이 멸실되었거나 주택이 아닌 다른 용도로 사용되고 있는 경우로서 사업주체로부터 제52조제3항에 따른 부적격자로 통보받은 날부터 3개월 이내에 이를 멸실시키거나 실제 사용하고 있는 용도로 공부를 정리한 경우

8. 무허가건물[종전의 「건축법」(법률 제7696호 건축법 일부개정법률로 개정되기 전의 것을 말한다) 제8조 및 제9조에 따라 건축허가 또는 건축신고 없이 건축한 건물을 말한다]을 소유하고 있는 경우. 이 경우 소유자는 해당 건물이 건축 당시의 법령에 따른 적법한 건물임을 증명하여야 한다.

9. 소형·저가주택등을 1호 또는 1세대만을 소유한 세대에 속한 사람으로서 제28조에 따라 주택의 공급을 신청하는 경우

10. 제27조제5항 및 제28조제10항제1호에 따라 입주자를 선정하고 남은 주택을 선착순의

방법으로 공급받아 분양권등을 소유하고 있는 경우(해당 분양권등을 매수한 사람은 제외한다)

제54조(재당첨 제한)

① 다음 각 호의 어느 하나에 해당하는 주택에 당첨된 자의 세대(제47조의3에 따른 당첨자의 경우 주택공급신청자 및 그 배우자만 해당한다. 이하 이 조에서 같다)에 속한 자는 제2항에 따른 재당첨 제한기간 동안 다른 분양주택(분양전환공공임대주택을 포함하되, 투기과열지구 및 청약과열지역이 아닌 지역에서 공급되는 민영주택은 제외한다)의 입주자(사전당첨자를 포함한다)로 선정될 수 없다. <개정 2018.12.11., 2021.11.16.>

1. 제3조 제2항 제1호·제2호·제4호·제6호, 같은 항 제7호가목(투기과열지구에서 공급되는 주택으로 한정한다) 및 같은 항 제8호의 주택

2. 제47조에 따라 이전기관 종사자 등에 특별공급되는 주택

3. 분양가상한제 적용주택

4. 분양전환공공임대주택

5. 토지임대주택

6. 투기과열지구에서 공급되는 주택

7. 청약과열지역에서 공급되는 주택

② 제1항에 따른 재당첨 제한기간은 다음 각 호의 구분에 따른다. 이 경우 당첨된 주택에 대한 제한기간이 둘 이상에 해당하는 경우 그 중 가장 긴 제한기간을 적용한다. <개정 2020.4.17.>

1. 당첨된 주택이 제1항제3호 및 제6호에 해당하는 경우: **당첨일부터 10년간**

2. 당첨된 주택이 제1항제7호에 해당하는 경우: **당첨일부터 7년간**

3. 당첨된 주택이 제1항제5호 및 제3조제2항제7호가목의 주택(투기과열지구에서 공급되는 주택으로 한정한다)인 경우: **당첨일부터 5년간**

4. 당첨된 주택이 제1항제2호·제4호 및 제3조제2항제1호·제2호·제4호·제6호·제8호에 해당하는 경우로서 **85제곱미터 이하인 경우**

   가. 「수도권정비계획법」 제6조제1항에 따른 과밀억제권역(이하 "과밀억제권역"이라 한다)에서 당첨된 경우: **당첨일부터 5년간**

   나. 과밀억제권역 외의 지역에서 당첨된 경우: **당첨일부터 3년간**

5. 당첨된 주택이 제1항제2호·제4호 및 제3조제2항제1호·제2호·제4호·제6호·제8호에 해당하는 경우로서 **85제곱미터를 초과하는 경우**

   가. 과밀억제권역에서 당첨된 경우: **당첨일부터 3년간**

   나. 과밀억제권역 외의 지역에서 당첨된 경우: **당첨일부터 1년간**

③ 주택청약업무수행기관은 제57조제1항에 따라 통보받은 당첨자명단을 전산검색하여 제2항 각 호의 어느 하나에 해당하는 기간 동안 제1항에 따른 재당첨제한 적용주택의 당첨자가 된 자의 세대에 속한 자의 명단을 발견한 때에는 지체 없이 사업주체에게 그 사실을 통보하여야 한다. <개정 2017.11.24., 2021.2.2.>

④ 제3항에 따라 통보를 받은 사업주체는 이들을 입주자 선정대상에서 제외하거나 주택공급 계약을 취소하여야 한다. <개정 2017.11.24.>

제55조(특별공급 횟수 제한)

제35조부터 제49조까지의 규정에 따른 특별공급은 한 차례에 한정하여 1세대 1주택의 기준으로 공급한다. 다만, 다음 각 호의 어느 하나에 해당하는 경우에는 그러하지 아니하다. <개정 2018.12.11., 2021.5.24.>

1. 삭제 <2021.5.24.>
2. 삭제 <2021.5.24.>
3. 삭제 <2021.5.24.>

제56조(주택의 입주자자격 제한) [제목개정 2021.2.2.]

① 법 제64조제7항 및 제65조제5항에 따른 주택의 입주자 자격제한은 법 제64조제1항을 위반한 행위를 적발한 날부터 **10년까지로 한다**. <개정 2020.4.17., 2021.2.2.>
  1. 삭제 <2020.4.17.>
  2. 삭제 <2020.4.17.>
  3. 삭제 <2020.4.17.>
② 법 제64조제1항 및 법 제65조제1항을 위반한 행위를 적발한 행정기관은 지체 없이 그 명단을 국토교통부장관 및 주택청약업무수행기관에 알려야 한다. <개정 2021.2.2.>
③ 주택청약업무수행기관은 제2항에 따라 통보받은 명단을 전산관리하여야 한다. <개정 2021.2.2.>
[시행일:2021.2.19.] 제56조(주택의 전매제한 위반에 관한 부분만 해당한다)

제2절 당첨자 관리 등

제57조(당첨자의 명단관리)

① 사업주체는 당첨자의 명단이 확정된 경우에는 그 명단을 지체 없이 별지 제8호서식에 따라 주택청약업무수행기관이 정하는 방식으로 주택청약업무수행기관에 통보하여야 한다. 다만, 다음 각 호에 해당하는 자가 아닌 사업주체(지역주택조합, 직장주택조합, 「도시 및 주거환경정비법」에 따른 정비사업조합 또는 「빈집 및 소규모주택 정비에 관한 특례법」에 따른 조합 등을 말한다)의 경우에는 시장·군수·구청장이 통보하여야 한다. <개정 2021.2.2.>
  1. 제18조 각 호의 사업주체
  2. 등록사업자
② 시·도지사는 제3조제2항제1호가목에 따른 주택의 경우 사업계획승인 당시 입주대상자가 결정되지 아니한 때에는 제1항에도 불구하고 입주대상자의 명단을 해당 주택의 사용검사일 이전까지 확정하여 주택청약업무수행기관에 통보하여야 한다. <개정 2021.2.2.>
③ 주택청약업무수행기관은 제1항 및 제2항에 따라 통보받은 당첨자명단과 「공공주택 특별법 시행규칙」 제13조제7항 후단에 따라 국토교통부장관이 정하여 고시하는 시기에 통보받은

입주예약자(같은 항 전단에 따른 입주예약자를 말하며, 이하 "입주예약자"라 한다) 명단을 영구적(입주예약자 명단의 경우에는 통보받은 날부터 10년 동안) 전산관리해야 하며, 사업주체가 당첨자를 선정하고 그 명단을 당첨자가 확정된 날부터 30일 이내에 통보하지 않는 경우에는 통보를 촉구해야 한다. <개정 2021.2.2., 2021.11.16.>

④ 제3항에 따라 당첨자명단을 관리할 때 당첨자로 선정 또는 확정된 후 다음 각 호의 어느 하나에 해당하게 된 자는 당첨자로 보지 않는다. 이 경우 사업주체(제4호 및 제5호의 경우에는 특별시장·광역시장·특별자치시장·시장·군수 또는 제15조제1항제2호에 따른 분양보증기관을 말한다)는 그 명단을 주택청약업무수행기관에 통보하여 당첨자명단에서 삭제하게 해야 한다. <개정 2018.2.9., 2021.2.2.>

1. 세대주 또는 세대원 중 한 명이 취학·질병요양·근무상 또는 생업상의 사정으로 세대원 전원이 다른 주택건설지역으로 퇴거함으로써 계약을 체결하지 아니하였거나 해약한 자

2. 세대주 및 세대원 전원이 국외이주함으로써 계약을 체결하지 아니하였거나 해약한 자

3. 분양전환공공임대주택을 공급받은 후 다음 각 목의 어느 하나에 해당하게 된 자

　　가. 상속으로 인하여 다른 주택을 취득하여 세대원 전원이 해당 주택으로 이주함에 따라 사업주체에게 분양전환공공임대주택을 명도한 자

　　나. 이혼으로 인하여 분양전환공공임대주택의 입주자로 선정된 지위를 배우자에게 이전한 자

4. 사업주체의 파산, 입주자모집승인 취소 등으로 이미 납부한 입주금을 반환받았거나 해당 주택에 입주할 수 없게 된 자

5. **법 제11조, 법 제15조, 「도시 및 주거환경정비법」 또는 「빈집 및 소규모주택 정비에 관한 특례법」에 따른 사업계획 승인의 취소 또는 조합설립인가, 사업시행계획인가의 취소 등으로 사실상 주택을 공급받을 수 없게 된 자**

6. 제58조에 따라 당첨이 취소된 부적격 당첨자

⑤ 제4항 각 호의 어느 하나에 해당하는 자는 그 사유를 증명할 수 있는 재학증명서, 요양증명서, 재직증명서, 사업자등록증명서, 출입국사실증명원, 임대주택명도확인서, 파산 등으로 입주금을 반환받았거나 입주할 수 없게 되었음을 확인하는 서류(분양보증기관이나 특별시장·광역시장·특별자치시장·시장 또는 군수가 작성한 서류를 말한다) 및 주민등록표등본을 사업주체 또는 특별시장·광역시장·특별자치시장·시장·군수에게 제출하여야 한다.

⑥ **주택청약업무수행기관**은 제1항 및 제4항에 따라 전산관리되고 있는 당첨자 명단을 입주자저축취급기관에 제공하여야 한다. <개정 2021.2.2.>

⑦ **주택청약업무수행기관**은 제1항부터 제3항까지의 규정에 따라 통보받은 당첨자(**사전당첨자를 포함한다. 이하 이 항에서 같다**)와 그 세대에 속한 자(당첨자와 동일한 세대별 주민등록표상에 등재되어 있지 않은 당첨자의 배우자 및 배우자와 동일한 세대를 이루고 있는 세대원을 포함한다)에 대하여 당첨자 명단을 전산검색하고, 그 결과 다음 각 호의 어느 하나에 해당하는 자가 있는 경우에는 그 명단을 사업주체에게 통보하여야 한다. 다만, 제1호의 경우에는 제1항부터 제3항까지의 규정에 따라 통보받은 당첨자에 대해서만 당첨자 명단을 전산검색한다. <개정 2021.2.2., 2021.11.16.>>

1. **법 제64조제1항** 및 법 제65조제1항을 위반한 사람이 제56조제1항 각 호의 구분에 따른 입주자자격 제한기간 중에 있는 경우

2. 제27조 및 제28조에 따라 제1순위로 공급신청할 수 없는 자가 제1순위로 공급신청하여

당첨된 경우

2의2. 제28조제6항에 따라 가점제의 적용 대상자가 아닌 자가 가점제를 적용받아 당첨된 경우

3. 제35조에서 제49조까지의 규정에 따라 주택특별공급을 받은 자가 다른 주택을 한 번 이상 특별공급받은 사실이 발견된 경우

4. 제54조제1항 각 호의 주택에 당첨된 자가 같은 조 제2항에 따른 재당첨 제한 기간 내에 분양주택(분양전환공공임대주택을 포함하되, 투기과열지구 및 청약과열지역이 아닌 지역에서 공급되는 민영주택은 제외한다)의 입주자로 선정된 경우

5. 제58조에 따라 당첨이 취소된 부적격 당첨자가 당첨일부터 1년 동안 다른 분양주택 (분양전환공공임대주택을 포함한다)의 입주자로 선정된 경우

6. 사전당첨자로 선정된 사람이 다른 분양주택(분양전환임대주택을 포함한다)의 입주자 (사전당첨자를 포함한다) 또는 입주예약자로 선정된 경우

7. 입주예약자가 사전당첨자로 선정된 경우

⑧ 사업주체는 제7항에 따라 통보받은 부적격당첨자에게 그 사실을 통보하고, 통보한 날부터 7일 이상의 기간을 정하여 소명자료를 제출받아 공급자격의 정당여부를 확인하여야 하며, 그 기간 내에 소명하지 아니한 자에 대해서는 입주자선정대상에서 제외하거나 공급계약을 취소하여야 한다.

제57조의2(사전당첨자 명단관리) [본조신설 2021.11.16.]

① 사업주체는 사전당첨자 명단이 확정된 경우에는 지체 없이 주택청약업무수행기관이 정하는 방식으로 그 명단을 주택청약업무수행기관에 통보해야 한다.

② 주택청약업무수행기관은 제1항에 따라 사전당첨자 명단을 통보받은 경우 제57조제1항에 따라 당첨자 명단을 통보받을 때까지 전산관리해야 하며, 사업주체가 사전당첨자를 확정한 후 30일 이내에 그 명단을 통보하지 않는 경우에는 통보를 촉구해야 한다.

③ 주택청약업무수행기관은 제2항에 따라 전산관리되고 있는 당첨자 명단을 입주자저축취급 기관에 제공해야 한다.

④ 사전당첨자 명단관리에 관하여는 제57조제7항 및 제8항을 준용한다.

제58조(부적격 당첨자의 명단관리 등)

① 사업주체는 제52조제3항 및 제57조제8항에 따른 부적격 당첨자가 소명기간에 해당 공급 자격 또는 선정순위가 정당함을 소명하지 못하고 제4항에도 해당하지 못하여 당첨이 취소 되는 경우에는 7일 이내에 그 명단을 **주택청약업무수행기관**에 통보하여야 한다. <개정 2021.2.2.>

② **주택청약업무수행기관**은 제1항에 따라 통보받은 자의 명단을 당첨자 명단에서 삭제하는 등 전산관리하고, 제57조제7항에 따라 사업주체에게 전산검색 결과를 통보할 때 제3항에 해당 하는지를 표시하여 **통보해야** 한다. <개정 2021.2.2.>

③ 제1항에 따라 당첨이 취소된 자는 공급을 신청하려는 주택의 입주자모집공고일을 기준으로 당첨일부터 다음 각 호의 구분에 따른 지역에서 해당 호에서 정한 기간 동안 다른 분양 주택(분양전환공공임대주택을 포함한다)의 입주자(**사전당첨자를 포함한다**)로 선정될 수 없다. <개정 2018.12., 2021.11.16.>

1. 수도권: 1년

2. 수도권 외의 지역: 6개월(투기과열지구 및 청약과열지역은 1년으로 한다)

3. 제1호 및 제2호의 지역 중 위축지역: 3개월

④ 사업주체는 부적격 당첨자가 다음 각 호의 어느 하나에 해당하는 경우에는 제1항에도 불구하고 당첨자로 본다. 다만, 제57조제7항 각 호의 어느 하나에 해당하는 경우에는 그러하지 아니하다.

1. 같은 순위(제27조 및 제28조에 따른 순위를 말한다. 이하 이 항에서 같다)에서 경쟁이 없는 경우에는 해당 순위의 자격을 갖춘 자

2. 같은 순위에서 경쟁이 있는 경우에는 사업주체가 제52조제3항에 따른 소명기간에 재산정한 가점제 점수(가점제를 적용하여 공급하는 경우로 한정한다) 또는 공급 순차별 자격(순차별로 공급하는 경우로 한정한다)이 해당 순위의 당첨자로 선정되기 위한 가점제 점수 또는 자격 이상에 해당하는 자

제58조의2(부적격 사전당첨자의 명단관리 등) [본조신설 2021.11.16.]

① 사업주체는 제52조의3에서 준용하는 제52조제3항 및 제57조의2에서 준용하는 제57조 제8항에 따른 부적격 사전당첨자가 소명기간에 해당 사전당첨자 선정 자격 또는 선정 순위가 정당함을 소명하지 못하여 사전당첨자 선정이 취소되는 경우에는 취소된 날부터 7일 이내에 그 명단을 주택청약업무수행기관에 통보해야 한다.

② 주택청약업무수행기관은 제1항에 따라 통보받은 명단을 사전당첨자 명단에서 삭제해야 하고, 제57조의2제4항에서 준용하는 제57조제7항에 따라 사업주체에게 전산검색 결과를 통보할 때 이 조 제3항에서 준용하는 제58조제3항에 해당하는지를 표시하여 통보해야 한다.

③ 제1항에 따라 사전당첨자 선정이 취소된 자의 다른 분양주택의 입주자 선정 등에 관하여는 제58조제3항 및 제4항을 준용한다.

제58조의3(사업계획 승인 취소 등에 따른 사전당첨자의 명단관리) [본조신설 2021.11.16.]

① 사업주체는 사업계획의 변경 등으로 주택의 건설·공급이 어렵게 되어 사전당첨자 선정이 취소된 경우 지체 없이 그 명단을 사전당첨자, 시장·군수·구청장, 주택청약업무수행 기관에 각각 통보해야 한다.

② 사업주체는 제58조의6제1항에 따른 확인 결과 사전당첨자가 제59조 따른 공급계약을 체결하지 않기로 하거나 제58조의6제3항에 따라 공급계약 체결을 거절한 것으로 보는 경우에는 그 명단을 지체 없이 주택청약업무수행기관에 통보해야 한다.

③ 주택청약업무수행기관은 제1항 및 제2항에 따라 명단을 통보받은 때에는 해당 명단을 사전당첨자 명단에서 삭제해야 한다.

제2절의2 사전공급계약 등 <신설 2021.11.16.>

제58조의4(사전당첨자 사전공급계약) [본조신설 2021.11.16.]

① 사업주체는 제52조의3에서 준용하는 제52조와 제57조의2에 따른 전산검색 및 세대주·세대원 등의 확인 결과에 따른 정당한 사전당첨자와 제25조제4항 전단에 따른 사전당첨자 선정사실 공고일부터 11일이 경과한 후 3일 이상의 기간을 정하여 해당 기간에 사전

공급계약을 체결해야 한다.

② 사업주체와 사전당첨자가 체결하는 사전공급계약서에는 다음 각 호의 사항이 포함되어야 한다.

1. 최종 입주자 확정 절차 및 추정 분양가격에 관한 사항

2. 사전당첨자 지위 포기, 계약취소의 조건 및 절차

3. 호당 또는 세대당 주택공급면적 및 대지면적. 이 경우 공급면적 표시방법은 제21조 제5항을 준용한다.

4. 사전당첨자 지위의 유지와 관련된 사항

5. 그 밖에 사전당첨자 모집 승인권자가 필요하다고 인정하는 사항

③ 사업주체는 사전당첨자가 제1항에 따른 사전공급계약의 체결을 거절하거나 사전당첨자로 선정된 지위를 포기하는 등의 사유로 공급계약을 체결하지 않은 경우 그 명단을 지체 없이 주택청약업무수행기관에 통보해야 한다.

④ 주택청약업무수행기관은 제3항에 따라 사전공급계약의 체결을 거절한 사람 등의 명단을 통보받은 경우 그 명단을 사전당첨자 명단에서 삭제해야 한다.

⑤ 사업주체는 제1항에 따른 사전공급계약의 체결을 완료한 경우 전체 사전당첨자 계약체결 현황을 주택청약업무수행기관에 통보해야 한다.

제58조의5(사전당첨자 중복 선정 제한 등) [본조신설 2021.11.16.]

① 사전당첨자로 선정된 사람과 그 세대에 속한 사람은 다른 분양주택의 사전당첨자(입주예약자를 포함한다) 및 입주자로 선정될 수 없다.

② 사전당첨자로 선정된 자는 제57조제1항 본문에 따른 당첨자 명단 확정일부터 당첨자로 본다.

제58조의6(사전당첨자의 공급계약 체결의사 확인) [본조신설 2021.11.16.]

① 사업주체는 제21조제1항에 따른 입주자모집 승인 신청일의 15일 전부터 7일 전까지 사전당첨자에게 제59조에 따른 공급계약의 체결의사를 확인해야 한다.

② 사업주체는 제1항에 따라 공급계약 체결의사를 확인하는 경우 사전당첨자에게 분양가격 등 제20조제1항제1호에 따른 입주자모집공고안의 내용(제공 당시 그 내용이 확정된 것으로 한정한다)을 제공해야 한다.

③ 사전당첨자가 제1항에 따른 기간에 공급계약 체결의사를 밝히지 않은 경우 공급계약을 거절한 것으로 본다.

④ 사업주체는 제1항에 따라 공급계약 체결의사의 확인을 마친 경우 그 결과를 주택청약업무수행기관에 통보해야 한다.

⑤ 주택청약업무수행기관은 제4항에 따라 공급계약 체결의사 확인 결과를 통보받은 경우 공급계약 체결의사가 없는 사전당첨자 및 제3항에 따라 공급계약 체결의사를 밝히지 않은 사전당첨자의 명단을 사전당첨자 명단에서 삭제해야 한다.

제3절 주택의 공급계약 및 관리

제59조(주택의 공급계약)

① 사업주체는제52조 및제57조에 따른 전산검색 및 세대주, 세대원 등의 확인 결과에 따른 정당한 당첨자 및제19조제5항, 제26조 제5항에 따라 선정된 사람과 공급계약을 체결하여야 한다. <개정 2018.12.11.>

② 제1항에 따른 공급계약은 제25조제4항 전단에 따른 입주자 및 예비입주자 선정사실 공고일부터 11일이 경과한 후 3일 이상의 기간을 정하여 해당 기간 동안에 체결하여야 한다. 다만, 제19조제5항 및 제47조의3에 따라 입주자로 선정된 사람과의 계약은 입주자모집공고에서 정한 바에 따른다. <신설 2018.12.11.>

③ 사업주체와 주택을 공급받는 자(공급받은 자로부터 매수한 자를 포함한다)가 체결하는 주택공급계약서에는 다음 각 호의 내용이 포함되어야 한다. <개정 2021.2.2.>

1. 입주예정일

1의2. 실제 입주가 가능한 날의 통보에 관한 사항

1의3. 공급계약 주택의 계약자별 전매행위 제한기간

1의4. 제28조제11항에 따라 기존 소유 주택의 처분 조건으로 우선 공급받은 경우 다음 각 목의 내용

　　가. 기존 소유 주택의 소유권 처분계약에 관한 제28조제11항제2호에 따른 신고를 하거나 검인을 받지 않으면 입주할 수 없다는 내용

　　나. 입주가능일부터 6개월 이내에 처분을 완료하지 않은 경우 공급계약을 해지할 수 있다는 내용

2. 연대보증인 또는 분양보증기관의 분양보증을 받은 경우에는 보증약관 등 보증내용

2의2. 제16조제1항제3호에 따른 구분지상권에 관한 사항

3. 호당 또는 세대당 주택공급면적(공동주택인 경우에는 주거전용면적, 주거공용면적 및 그 밖의 공용면적을 구분하여 표시하여야 한다) 및 대지면적

4. 입주금과 그 납부시기

5. 연체료의 산정 및 납부방법

6. 지체상금(遲滯償金)의 산정 및 지급방법

7. 주택도시기금이나 금융기관으로부터 주택건설자금의 융자를 받아 입주자에게 제공하는 경우 입주자가 납부할 입주금으로의 융자전환 계획, 그 이자를 부담하는 시기 및 입주자가 융자전환을 원하지 아니하는 경우의 사업주체에 대한 융자금 상환절차. 이 경우 주택공급계약서에는 입주자가 납부할 입주금으로의 융자전환을 원하지 아니하는 경우에는 세대별 융자금액에 해당하는 입주금을 입주자가 주택건설자금을 융자한 은행이 관리하는 계좌에 직접 납부하여 사업주체에 대한 융자금이 상환되게 할 수 있는 내용이 포함되어야 한다.

8. 「공동주택관리법 시행령」 제36조 및 제37조에 따른 하자담보책임의 기간 및 범위

9. 해약조건

10. 공공임대주택의 경우 「공공주택 특별법 시행규칙」 제25조에 따른 관리 및 임대 기간만료 후의 재계약에 관한 사항

11. 분양전환공공임대주택인 경우 분양시기, 분양예정가격의 산출 등 분양전환조건에 관한 사항

12. 이중당첨 및 부적격당첨 등으로 인한 계약취소에 관한 사항

13. 「주택도시기금법 시행령」 제8조에 따른 제2종국민주택채권 매입의무 위반으로 인한 계약취소에 관한 사항

14. 그밖에 입주자모집승인권자가 필요하다고 인정하는 사항

④ 사업주체(제18조 각 호의 사업주체는 제외한다)는 분양보증기관의 분양보증을 받아 입주자를 모집하여 공급계약을 체결하는 경우 제3항제2호에 따른 보증약관등 보증내용(보증이행 대상이 아닌 사항을 포함한다)을 주택을 공급받는 자가 이해할 수 있도록 설명하여야 하며, 서명 또는 기명날인의 방법으로 주택을 공급받는 자의 확인을 받아야 한다. <개정 2017.11.24.>

⑤ 사업주체는 제3항제7호에 해당하는 사항이 있는 경우에는 주택공급계약서안을 미리 입주자 모집승인권자에게 제출하여야 한다. <개정 2017.11.24.>

⑥ 사업주체(제18조 각 호의 사업주체는 제외한다)는 분양보증기관의 분양보증을 받아 입주자를 모집하여 공급계약을 체결한 경우에는 공급계약체결 후 10일 이내에 계약자명단을 분양 보증기관에 통보하여야 한다. <개정 2017.11.24.>

제60조(입주금의 납부)

① 사업주체가 주택을 공급하는 경우 입주자로부터 받는 입주금은 청약금, 계약금, 중도금 및 잔금으로 구분한다.

② 분양주택의 청약금은 주택가격의 10퍼센트, 계약금은 청약금을 포함하여 주택가격의 20 퍼센트, 중도금은 주택가격의 60퍼센트(계약금을 주택가격의 10퍼센트 범위 안에서 받은 경우에는 70퍼센트를 말한다)의 범위 안에서 받을 수 있다. 다만, 주택도시기금이나 금융기관으로부터 주택건설자금의 융자를 받아 입주자에게 제공하는 경우에는 계약금 및 중도금의 합계액은 세대별 분양가에서 세대별 융자지원액을 뺀 금액을 초과할 수 없다.

③ 공공임대주택의 청약금은 임대보증금의 10퍼센트, 계약금은 청약금을 포함하여 임대보증금의 20퍼센트, 중도금은 임대보증금의 40퍼센트의 범위 안에서 받을 수 있다.

④ 입주금은 다음 각 호의 구분에 따라 그 해당되는 시기에 받을 수 있다. <개정2017.11.24.>

1. 청약금: 입주자 모집 시

2. 계약금: 계약 체결 시

3. 중도금: 다음 각 목에 해당하는 때

가. 공공임대주택의 경우에는 건축공정이 다음의 어느 하나에 달할 것

(1) 아파트의 경우: 전체 공사비(부지매입비를 제외한다)의 50퍼센트 이상이 투입된 때. 다만, 동별 건축공정이 30퍼센트 이상이어야 한다.

(2) 연립주택, 다세대주택 및 단독주택의 경우: 지붕의 구조가 완성된 때

나. 분양주택의 경우에는 다음의 기준에 의할 것

(1) 건축공정이 가목(1) 또는 (2)에 달한 때를 기준으로 그 전후 각 2회(중도금이 분양 가격의 30퍼센트 이하인 경우 1회) 이상 분할하여 받을 것. 다만, 기준시점 이전 에는 중도금의 50퍼센트를 초과하여 받을 수 없다.

(2) (1)의 경우 최초 중도금은 계약일부터 1개월이 경과한 후 받을 것

4. 잔금: 사용검사일 이후. 다만, 다음 각 목의 어느 하나에 해당하는 경우에는 전체입주금의 10퍼센트에 해당하는 금액을 제외한 잔금은 입주일에, 전체입주금의 10퍼센트에 해당하는

잔금은 사용검사일 이후에 받을 수 있되, 잔금의 구체적인 납부시기는 입주자모집공고 내용에 따라 사업주체와 당첨자 간에 체결하는 주택공급계약에 따라 정한다.

　가. 법 제49조제1항 단서에 따른 동별 사용검사 또는 같은 조 제4항 단서에 따른 임시 사용승인을 받아 입주하는 경우

　나. 법 제49조제1항 단서에 따른 동별 사용검사 또는 같은 조 제4항 단서에 따른 임시 사용승인을 받은 주택의 입주예정자가 사업주체가 정한 입주예정일까지 입주하지 아니하는 경우

⑤ 제27조제1항 및 제28조제1항에 따른 제1순위에 해당하는 자가 주택공급을 신청하는 경우에는 제1항부터 제4항까지의 규정에도 불구하고 청약금을 따로 받을 수 없다.

⑥ 사업주체(국가, 지방자치단체, 한국토지주택공사 또는 지방공사인 사업주체를 제외한다)는 분양주택의 건축공정이 제4항제3호가목(1) 또는 (2)에 달한 이후의 첫 회 중도금을 받고자 하는 때에는 감리자로부터 건축공정이 제4항제3호가목(1) 또는 (2)에 달하였음을 확인하는 건축공정확인서를 발급받아 시장·군수·구청장에게 제출한 후 건축공정확인서 사본을 첨부하여 입주자에게 납부통지를 하여야 한다.

제60조의2(입주예정일 통보 및 입주지정기간 설정) [본조신설 2021.2.2.]

① 사업주체는 제21조에 따른 입주자모집 공고에 포함된 입주예정일을 고려하여 실제 입주가 가능한 날부터 2개월 전에 입주예정월을, 실제 입주가 가능한 날부터 1개월 전에 실제 입주가 가능한 날을 제59조에 따른 주택 공급계약의 계약자에게 각각 통보해야 한다.

② 사업주체는 원활한 입주를 위하여 입주가 가능한 날부터 60일 이상의 입주지정기간을 설정해야 한다. 다만, 500호 또는 500세대 미만의 주택을 공급하는 경우에는 45일 이상으로 할 수 있다.

제61조(연체료 및 지체상금 등)

① 공급계약 체결시 사업주체와 공급계약을 체결한 자가 중도금과 잔금을 기한 내에 납부하지 아니한 때에 연체료를 납부할 것을 정하는 경우 그 연체료는 계약시 정한 금융기관에서 적용하는 연체금리의 범위 안에서 정한 연체료율에 따라 산출하는 연체료(금융기관의 연체금리가 변동된 때에는 변동된 연체료율을 적용하여 산출한 연체료를 말한다) 이내이어야 한다.

② 사업주체는 입주자모집공고에서 정한 입주예정일 내에 입주를 시키지 못한 경우에는 실입주개시일 이전에 납부한 입주금에 대하여 입주시 입주자에게 제1항에서 정한 연체료율을 적용한 금액을 지체상금으로 지급하거나 주택잔금에서 해당액을 공제하여야 한다.

제6장 보 칙

제62조(복리시설의 공급)

① 사업주체는 법 제15조에 따라 사업계획 승인을 받은 복리시설 중 근린생활시설 및 유치원 등 일반에게 공급하는 복리시설의 입주자를 모집하는 경우에는 입주자모집 5일 전까지 **제20조제1항제2호의** 서류를 갖추어 시장·군수·구청장에게 신고하여야 한다.

② 제1항에 따른 공급대상자의 모집 시기 및 조건에 관하여는 제15조, 제16조 및 제18조를 준용한다.

제63조(규제의 재검토): (기록 생략)

부   칙 ＜국토교통부령 제760호, 2020.9.29.＞ 부칙보기

제1조(시행일)

이 규칙은 공포한 날부터 시행한다.

제2조(주택의 공급방법 등에 관한 적용례)

다음 각 호의 개정규정은 이 규칙 시행 이후 입주자 모집승인을 신청(제18조 각 호에 해당하는 사업주체의 경우에는 입주자모집공고를 말한다)하는 경우부터 적용한다.

1. 거주기간의 산정에 관한 제4조제7항의 개정규정
2. 개발제한구역 해제 공공택지 주택의 특별공급에 관한 제37조의 개정규정

3. 신혼부부 특별공급에 관한 제41조제1항제1호라목 단서 및 같은 항 제2호가목2)의 개정규정
4. 생애최초 주택 구입자 특별공급에 관한 제43조제1항 각 호 외의 부분 및 같은 조 제2항의 개정규정

부   칙 ＜국토교통부령 제816호, 2021.2.2.＞

제1조(시행일)

이 규칙은 공포한 날부터 시행한다. 다만, 제56조(주택의 전매제한 위반에 관한 부분만 해당한다) 및 제57조제7항제1호의 개정규정은 2021년 2월 19일부터 시행한다.

제2조(주택의 공급방법 등에 관한 적용례)

다음 각 호의 개정규정은 이 규칙 시행 이후 입주자 모집승인을 신청(제18조 각 호에 해당하는 사업주체의 경우에는 입주자모집공고를 말한다)하는 경우부터 적용한다.

1. 25년 이상 장기복무 중인 군인의 거주요건에 관한 제4조제8항의 개정규정
2. 신혼부부의 특별공급 요건에 관한 제41조제1항제1호라목 및 같은 조 제3항 전단의 개정규정
3. 생애최초 주택 구입자의 특별공급 요건에 관한 제43조제1항제4호, 같은 조 제2항, 같은 조 제3항제4호 및 같은 조 제4항의 개정규정
4. 입주예정일 통보 및 입주지정기간 선정에 관한 제59조제3항제1호의2 및 제60조의2의 개정규정

제3조(행정중심복합도시 예정지역에 설립하는 기관 종사자의 특별공급에 관한 경과조치)

이 규칙 시행 전에 특별공급 대상자로 인정된 사람에 대해서는 제47조제1항제3호의 개정규정에도 불구하고 종전의 규정에 따른다.

부   칙 <국토교통부령 제867호, 2021.7.5.>

제1조(시행일)

이 규칙은 공포한 날부터 시행한다.

제2조(행정중심복합도시 예정지역에서 건설하여 특별공급한 주택의 재공급에 관한 경과조치)

이 규칙 시행 전에 종전의 제47조제1항에 따라 특별공급한 주택의 입주자로 선정된 지위나 주택을 사업주체가 법 제64조제3항 및 제65조제3항에 따라 취득하여 이 규칙 제47조의3에 따라 재공급하는 경우에는 같은 조 제3항에도 불구하고 같은 조 제2항에 따른다.

부   칙 <국토교통부령 제914호, 2021.11.16.>

제1조(시행일)

이 규칙은 공포한 날부터 시행한다.

제2조(주택 특별공급 요건에 관한 적용례)

다음 각 호의 개정규정은 이 영 시행 이후 사전 당첨자 모집승인이나 입주자 모집승인을 신청(제18조 각 호에 해당하는 사업주체의 경우에는 입주자모집공고를 말한다)하는 경우부터 적용한다.

1. 신혼부부 특별공급 요건에 관한 제41조제1항제1호라목 및 제3항의 개정규정

2. 생애최초 주택 구입자 특별공급 요건에 관한 제43조제3항 및 제4항의 개정규정

<별표 및 별지서식>

- [별표 1] 가점제 적용기준(제2조제8호 관련)
- [별표 2] 민영주택 청약 예치기준금액(제9조제3항 관련)
- [별표 3] 삭제 <2017.11.24.>
- [별표 4] 입주자모집 시기(제15조제3항 관련)
- [별지 제1호서식] 입주자저축취급기관 지정신청서
- [별지 제2호서식] 입주자저축취급기관 지정서
- [별지 제3호서식] 주택청약종합저축 가입신청서
- [별지 제4호서식] 국민주택등 공급신청서
- [별지 제5호서식] 민영주택 공급신청서
- [별지 제6호서식] 서약서
- [별지 제7호서식] 예비입주자 선정 및 주택공급명세 보고서
- [별지 제8호서식] 주택[국민·민영] 당첨자 명단 통보

㈜ **별표 및 별지서식은 법제처 국가법령정보**

▌박 정삼

現 김·장 법률사무소 구성원 변호사

서울대학교 법과대학 졸업

▌박 용범

前 반포주공2단지 재건축조합 기술이사

고려대학교 건축공학과 졸업

2022 재건축·재개발사업을 위한

조 합 행 정 업 무 지 침 서 (하 권)

발 행 일 : 2017년 3월 30일 초판 발행

　　　　　2018년 5월 30일 개정판 발행

　　　　　2020년 1월 30일 보정판 발행

　　　　　2022년 1월 30일 제2개정판 발행

편 저 자 : 박 용범

감 　 수 : 박 정삼

발 행 인 : 김 용성

발 행 처 : **법률출판사**

주 　 소 : 서울시 동대문구 휘경로2길 3. 4층

등록번호 : 제1-1982호

전 　 화 : 02) 962-9154

팩 　 스 : 02) 962-9156

홈페이지 : www. LnBpress.com

ISBN 978-89-5821-397-0-13360

정가 120,000원